世界银行集团旗舰报告

第 15 期

2018 年营商环境报告
改革以创造就业

世界银行　编著

190 个经济体的国内企业商业监管之比较

世界银行集团

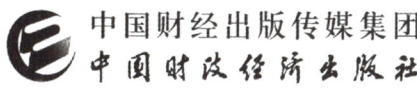
中国财经出版传媒集团
中国财政经济出版社

《营商环境报告》网站提供的资源

最新报道
有关《营商环境报告》项目的新闻
http://www.doingbusiness.org

排名
经济体的排名情况——从第1至第190名
http://www.doingbusiness.org/rankings

数据
190个经济体的所有数据——不同课题的排名、指标值、监管程序清单以及与指标相关的详情
http://www.doingbusiness.org/data

报告
《营商环境报告》以及地方和区域报告、案例研究和定制化的经济和区域基本情况
http://www.doingbusiness.org/reports

方法论
《营商环境报告》所采用的方法论和研究论文
http://www.doingbusiness.org/methodology

研究方法
有关营商环境主题和相关政策议题的论文摘要
http://www.doingbusiness.org/research

营商环境改革
《2018年营商环境报告》商业监管改革概述以及自从《2006年营商环境报告》以来的改革清单
http://www.doingbusiness.org/reforms

历史数据
自从《2004年营商环境报告》以来的定制化数据集
http://www.doingbusiness.org/custom-query

法律图书馆
在线收集与商业相关的商法和规定
http://www.doingbusiness.org/law-library

参与人员
参与《营商环境报告》的来自190个经济体的1.3万余名专家
http://www.doingbusiness.org/contributors/doing-business

创业数据
143个经济体中有关新企业密度的数据（每1000名劳动适龄人口中新注册的企业数量）
http://www.doingbusiness.org/data/exploretopics/entrepreneurship

前沿距离分数
将190个经济体的监管实践数据与前沿监管实践数据进行对标，并提供前沿距离计算器
http://www.doingbusiness.org/data/distance-to-frontier

有关良好实践的信息
展示《营商环境报告》所发现的诸多良好实践的具体应用
http://www.doingbusiness.org/data/good-practice

目录

2018 年营商环境报告

- V 前 言
- 1 概 述
- 12 关于《营商环境报告》
- 25 2016/2017 年度营商环境改革

案例研究

- 42 开办企业
  企业注册机构的信息透明度
- 48 办理施工许可证
  私营部门参与建筑监管
- 54 登记财产
  利用信息透明来遏制腐败行为
- 60 办理破产
  成功实施企业破产改革所面临的挑战

- 66 参考文献
- 72 数据说明
- 128 前沿距离分数与营商便利度排名
- 135 2016/2017 年度营商环境改革总结
- 150 国别（地区）表格
- 246 劳动力市场监管
- 262 致 谢

■《2018 年营商环境报告》是该年度报告的第 15 期，旨在衡量监管法规是否有助于推动或限制商业活动。《营商环境报告》应用量化的指标，分析不同时间下，从阿富汗到津巴布韦的 190 个经济体的商业监管法规和产权保护情况。

■《营商环境报告》衡量影响一项商业经营的 11 个领域的法规。2018 年的营商难易程度排名涵盖了 10 个领域：开办企业、办理施工许可证、获得电力、登记财产、获得信贷、保护少数投资者、纳税、跨境贸易、执行合同和办理破产。《营商环境报告》也衡量劳动力市场监管，但该指标 2018 年不包括在排名内。

■《2018 年营商环境报告》的数据搜集截至 2017 年 6 月 1 日。指标被应用于分析经济结果并指出什么样的商业法规改革发生了作用，在什么地方以及为什么发生了作用。

2018 年营商环境报告

前 言

《营商环境报告》已经出版了14年，并在此过程中取得了长足进展。在近期举办的一次国际论坛上，我听到印度和俄罗斯的领导人谈及，该报告在为其本国提高营商环境排名和为年轻人创造更多就业机会方面发挥了重要作用。

报告第一次出版是在2003年9月，当时在影响商业活动的监管方面基本没有什么可获得的数据。《营商环境报告》创建了一种政策改革的新方法——这种方法是基于硬数据的，主要关注点在国内企业。《营商环境报告》的目标不但明确，而且雄心勃勃：为改革设计提供相关信息，并通过国家对标分析促进上述改革。每一组指标都是建立在与领先学者合作开展的严格的学术研究基础之上的。例如，有关高效办理破产系统的指标是在哈佛大学奥利弗·哈特（Oliver Hart）教授的帮助下制定的，哈特教授是2016年诺贝尔经济学奖获得者。[1] 在项目开始之后的这些年中，使用《营商环境报告》数据撰写的同侪审核的学术论文超过3000篇，工作论文数量达7000篇。这些论文的研究成果增进了我们对经济政策运营方式的了解。

《营商环境报告》首次出版时涵盖145个经济体，目前该报告的覆盖范围已经扩展至全球范围内的190个经济体。报告所评估的监管领域也得到了扩展，目前涵盖了与国内中小型企业日常运营相关的更多方面。针对11组营商指标中的8组，本报告按照以往惯例将关注重点放在效率上面，即成立新企业或者将仓库与电网连接所需的时间、费用和互动次数，目前又增加了对监管质量的关注，作为对之前关注重点的补充。《营商环境报告》的数据表明，效率和质量是密不可分且相互促进的。

尽管存在上述补充和改进，但《营商环境报告》保持不变的一个方面是：一直将其侧重点放在促进监管改革，以增强私营部门创造就业机会、帮助人们脱贫以及创造更多机会，促进经济繁荣。私营部门具备强大的经济、社会和发展影响这一理念目前已经得到广泛认同。在发展中国家，私营部门所创造的工作岗位估计达到90%，私营部门通过提供就业机会来保障良好且可持续的生活水平，从而更好地减

1　Djankov and others，2008.

轻贫困。

政策改革推动私人投资。对于任何政府而言，促进私营部门的良好运转都是一项重要的事业。这需要采取消除行政壁垒的长期政策，以及完善可促进创业的法律。

硬数据有助于实现这一目标。这样，也使民众能够有机会表达其要求改善公共服务的呼声，并且这也将改善政府的问责制。在过去的10年中，60多个经济体建立了监管改革委员会，这些委员会均采用《营商环境报告》指标。鉴于此，各国政府所报告的监管改革次数超过3180次，其中大约920次改革是受到《营商环境报告》启发之后进行的。这就是所产生的真实影响。

克里斯塔利娜·格奥尔基耶娃
（Kristalina Georgieva）
世界银行首席执行官
美国华盛顿特区

2018 年营商环境报告

概 述

2018年是我们第15次出版《营商环境报告》。自2003年项目启动以来，全球的商业监管环境业已发生了翻天覆地的变化。各国政府积极接纳并推动信息技术的进步，以降低官僚主义壁垒，提高透明度。当前，在《营商环境报告》所涵盖的190个经济体之中，有65个经济体通过在线方式可至少完成一项企业注册成立手续，而在2004年《营商环境报告》所评估的145个经济体中仅有9个。此外，目前有31个经济体可以通过在线方式提起商业纠纷诉讼。在《营商环境报告》所评估的其他领域，也可以看到此类进步。

《营商环境报告》对商业监管的多个维度及其对企业成立和运营的影响进行了评估。报告并未覆盖与企业决策相关的所有议题，但是确实涵盖了由政策制定者所掌控的重要领域。各国政府认同，改善商业监管会产生经济和政治方面的收益。事实上，《2018年营商环境报告》所评估的190个经济体中，有119个在2016/2017年度进行了至少一次商业监管改革。这些经济体中有79.8%的经济体在第二年至少实施了一项改革，而连续三年至少实施一项改革的经济体的比例达到了64.7%。

商业监管可促进创新。当一位软件工程师意识到他可以开发出一个比当前可用产品更好且价格更加低廉的产品时，他可能会选择开办自己的企业来开发这一创意。在一个经济体中，如果针对初创企业的监管规定易于获得、透明且可预测，则他会更加愿意成为一名企业家。反之，如果该经济体的商业监管程序非常烦琐且模棱两可，他开创个人企业的意愿可能就会降低。这样，该经济体就损失了一位新的企业家——同时也就失去了与此相关的资本投资和创造就业的机会。于是，消费者的产品选择就会变少、产品品质变低且价格变得更高。上述情形表明，烦琐的监管程序会抑制企业家的积极性，使其更倾向于维持次优状态，从而造成对资源分配的扭曲。

我们考虑一下这位潜在软件企业家的案例。如果他是加拿大公民，那么他仅需花费一天半的时间和不足人均收入1%的成本就可完成两项手续，在多伦多

- 《营商环境报告》采用11组指标来评估对创业至关重要的商业监管的各个方面。

- 尽管全球各地均存在良好的监管实践，但在经合组织高收入经济体以及欧洲和中亚经济体中是最为常见的。

- 撒哈拉以南非洲地区是《营商环境报告》所评估的各区域中表现差异最大的地区，该地区中，毛里求斯排名第25位，而索马里排名第190位。

- 南亚是营商便利度指数排名前50名中唯一未出现的区域。但是，2018年印度表现出色，成为《营商环境报告》所评估区域中改善程度最为显著的10个经济体之一。

- 《2018年营商环境报告》中实施改革的经济体所占比例最高的区域是欧洲和中亚、南亚，以及撒哈拉以南非洲地区。

- 危机为改革提供了机会；在《营商环境报告》所评估的区域中，经济体在遭受财政困境的时候更加有可能实施监管改革。有证据表明，经济危机对改革的促进作用比政府更迭更为显著。

- 《营商环境报告》中所提及的表现变好与失业水平和贫困程度下降相关。

开办企业。首先，他通过加拿大工业部的电子备案中心，以在线方式申请联邦企业注册和省级注册；这个手续需缴纳200加元（159美元），并在1天之内办理完毕。第2项手续是，他需要通过在线方式进行增值税登记；这项手续不收取费用，并且可在半天之内完成。这样，他在自己家中舒适的环境里就可以在线完成上述步骤。随着企业不断扩大并实现盈利，他每年需要上缴其商业利润的20.9%作为税费。不过，如果这位企业家是生活在奎松市的菲律宾公民的话，那么办理企业注册登记流程将需要16项手续，花费28天，交纳占人均收入大约16%的费用。而且他将需要交纳20种不同的税费，并亲自到访多家机构进行办理。此外，企业每年预计需要缴纳其商业利润的42.9%作为税费。如此繁杂的商业监管结构限制了企业家将其创意转化为可运转企业的能力。

《营商环境报告》评估了如下领域的办理流程：开办企业、办理施工许可证、获得电力、产权转移、纳税、商业纠纷诉讼、破产案件处理以及信贷和权益市场规定及商品进出口物流（见图1.1）。还有许多其他因素对企业决策产生影响，比如熟练工人的可得性和市场规模——这些因素在《营商环境报告》中并未涉及。《营商环境报告》所关注的重点是政府和企业家之间进行互动的关键领域。在这些领域中，政策制定者和监管机构可以直接对流程产生影响，以促进此类互动。如需了解更多有关报告所评估和未评估领域的资讯，请参见《关于营商环境报告》一章。

改善商业监管的益处有哪些？

通过《营商环境报告》的11组指标，可了解商业监管的有效性和质量。研究结果证实了《营商环境报告》所评估的商业监管维度的经济相关性。例如，近期的研究探讨了改进商业监管所带来的成效。一项研究发现，较高的企业初创成本可能导致整体生产效率降低。具体而言，现有企业尽管生产效率低下，但由于几乎没有生产效率更高的新进企业加入与之竞争，它们持续经营的可能性更大。在缺乏有效监管的情形下，企业也不愿意离开非正式行业。[1]

此外，《营商环境报告》对信用信息登记机构和征信局所提供的信用信息的覆盖面、范围和质量进行评估。在运行良好的情形下，这些机构通过加强金融服务，尤其是信贷的提供，可以成为经济体金融基础设施的一个必要组成要素。通过收集和共享信用信息，此类征信机构可降低信息不对称、改善小型企业的信贷获取、降低利率并严肃借款人纪律、强化银行监督和信贷风险监控。事实上，针对一家服务于美国设备融资行业的征信机构的研究发现，改进出借方之间的信息交流可促进企业偿还行为的改善，如降低拖欠和违约发生率。对于那些通常信息透明度不高的企业，如小型企业和新建企业，这一影响更为显著。[2]

《营商环境报告》重视法律架构的质量和法律机构的能力。例如，保护少数投资者这一指标集衡量对少数投资者的保护程

图1.1 《营商环境报告》衡量的内容

资料来源：《营商环境报告》数据库。
注：劳动力市场监管未包含在营商便利度排名之中。

度。对于想保证股权融资的企业而言，需要制定法律机制，以防止企业内部人员利用企业资产谋取个人利益，尤其是在出现金融危机或市场困境的情况下。研究表明，在2008年全球金融危机中，投资者保障较好且企业治理水平较强的经济体，企业市场价值缩水的幅度较小；反之，在那些法律架构较为薄弱的经济体中，企业市值下降更为严重。[3]

《营商环境报告》有关办理破产的指标为监管质量和高效产出之间的密切相关性提供了证据。这组指标集按照有担保债权人的债务回收率，以及国内法律纳入国际公认的清算和重组程序原则的程度，来评估监管质量。当尚有活力的企业能获得存活机会，而易亏损、效率不佳的企业会退出市场，从而将资源配置给经济体中的其他领域，以让资源发挥更好的作用，这时就会产生高效的成果。然而，在缺乏强大的破产立法的情况下，企业存活和高效退出之间的平衡是被扭曲的。基于匈牙利提供的数据所进行的研究充分体现了这种扭曲。在匈牙利，多数申请破产的企业都被保存下来并得以作为盈利企业持续经营——尽管这些企业产生了大量的运营亏损并导致债权人的债款回收率较低。造成这种扭曲的主要原因是有担保债权人和无担保债权人之间控制权的分配不当，并且债权人无法在破产程序中做出与企业资产相关的决定，从而导致回收率低。另外一个原因是，基于企业所售资产和营业收入对管理破产程序的代理机构制定了一项报酬计划，这导致了破产程序成本的显著提升，并降低了债权人的债务回收率。[4]

在跨境贸易领域，《营商环境报告》对贸易物流的效率进行了评估。几项研究已经指出了港口自动化和效率对贸易便利化和区域经济发展的重要性。上述研究发现，那些自动化程度更高的港口所需的维护较少，成本效益也更高，并且可更好地保证工人的安全。此外，一项关于从拉丁美洲到美国之间航运成本决定因素的研究表明，对于大多数出口经济体而言，较高的交通成本对贸易产生的壁垒作用要高于进口关税，同时，港口的低效会显著增加上述成本。其中一项最引人注目的发现是，通过将港口效率从第25百分位提升至第75百分位，航运成本可降低12%，从而显著提高了双边贸易量。[5] 产生港口低效现象的一个主要原因是过度监管，而这恰恰是《营商环境报告》主张应予以限制的。

哪里的商业监管更好？

营商便利度的总体衡量指标指出了国内中小型企业在哪里更加容易开展商业活动。尽管那些监管最有利于开展商业活动的经济体在2018年的营商便利度排名中相对分散，但排名前20位的经济体存在着某些共同特征。排名前20位的经济体中有14个为经合组织高收入经济体；3个来自欧洲和中亚，3个来自东亚和太平洋地区。排名前20位的经济体中有18个属于高收入经济体。其中，前5名分别为新西兰、新加坡、丹麦、韩国和中国香港特别行政区。在此榜单中，马其顿共和国是唯一的中高收入经济体，而格鲁吉亚是仅有的中低收入经济体（见表1.1）。迄今为止，还尚无低收入经济体跻身前20名。不过，富裕本身并不能保证在营商便利度排名中成为佼佼者；许多高收入经济体还有很大的进步空间。在营商便利度排名中取得较好表现的三个重要因素包括较少的官僚壁垒、强有力的法律制度以及基于良好国际惯例的法律法规。

在排名前20位的经济体中，格鲁吉亚排名第9位。自从2003年《营商环境报告》推出以来，该国所实施的商业监管改革次数最多，共47次。马其顿共和国实施的改革次数次之，共41次。在同一期间，拉脱维亚和立陶宛也对其商业监管环境进行了积极改革，其改革次数分别为28次和31次。在立陶宛实施的这些改革之中，有6次是针对其开办企业注册流程的，5次是针对破产程序的，4次是针对其税收体系的。许多其他排名领先的经济体也采取了这种持续改革的方式。这表明，综合性的改革措施可以使一个经济体的监管和商业环境取得长足进步。这前20名经济体所共有的另外一个特征是——尽管《营商环境报告》没有对其进行评估——平均而言，

表1.1 营商便利度排名

DB 2018 排名	经济体	前沿距离分数	前沿距离分数变化	DB 2018 排名	经济体	前沿距离分数	前沿距离分数变化	DB 2018 排名	经济体	前沿距离分数	前沿距离分数变化
1	新西兰	86.55	−0.18	65	阿尔巴尼亚	68.70	+0.96	129	圣文森特和格林纳丁斯	55.72	+0.01
2	新加坡	84.57	+0.04	66	巴林	68.13	+0.01	130	帕劳	55.58	+0.46
3	丹麦	84.06	−0.01	67	希腊	68.02	+0.01	131	尼加拉瓜	55.39	−0.09
4	韩国	83.92	0.00	68	越南	67.93	+2.85	132	巴巴多斯	55.20	−0.09
5	中国香港特别行政区	83.44	+0.29	69	摩洛哥	67.91	−0.03	133	黎巴嫩	54.67	−0.10
6	美国	82.54	−0.01	70	牙买加	67.27	+0.57	134	圣基茨和尼维斯	54.52	+0.18
7	英国	82.22	−0.12	71	阿曼	67.20	+0.08	135	柬埔寨	54.47	+0.23
8	挪威	82.16	−0.25	72	印度尼西亚	66.47	+2.25	136	马尔代夫	54.42	+0.64
9	格鲁吉亚	82.04	+2.12	73	萨尔瓦多	66.42	+3.54	137	坦桑尼亚	54.04	+0.11
10	瑞典	81.27	+0.03	74	乌兹别克斯坦	66.33	+4.46	138	莫桑比克	54.00	+0.97
11	马其顿共和国	81.18	−0.21	75	不丹	66.27	+1.06	139	科特迪瓦	53.71	+2.04
12	爱沙尼亚	80.80	+0.05	76	乌克兰	65.75	+1.90	140	塞内加尔	53.06	+3.75
13	芬兰	80.37	−0.11	77	吉尔吉斯斯坦	65.70	+0.54	141	老挝	53.01	+0.43
14	澳大利亚	80.14	0.00	78	中国	65.29	+0.40	142	格林纳达	52.94	−0.11
15	中国台湾	80.07	+0.41	79	巴拿马	65.27	+1.25	143	马里	52.92	+0.30
16	立陶宛	79.87	+1.05	80	肯尼亚	65.15	+2.59	144	尼日尔	52.34	+2.26
17	爱尔兰	79.51	−0.19	81	博茨瓦纳	64.94	+0.07	145	尼日利亚	52.03	+3.85
18	加拿大	79.29	−0.09	82	南非	64.89	−0.08	146	冈比亚	51.92	−0.01
19	拉脱维亚	79.26	−0.79	83	卡塔尔	64.86	+0.61	147	巴基斯坦	51.65	+0.71
20	德国	79.00	−0.19	84	马耳他	64.72	+0.43	148	布基纳法索	51.54	−0.20
21	阿联酋	78.73	+1.87	85	赞比亚	64.50	+3.92	149	马绍尔群岛	51.45	+0.05
22	奥地利	78.54	−0.15	86	波黑	64.20	+0.42	150	毛里塔尼亚	50.88	+1.56
23	冰岛	78.50	+0.01	87	萨摩亚	63.89	+2.06	151	贝宁	50.47	+1.85
24	马来西亚	78.43	+0.96	88	突尼斯	63.58	−0.20	152	玻利维亚	50.18	+0.32
25	毛里求斯	77.54	+2.09	89	汤加	63.43	+0.50	153	几内亚	49.80	+0.32
26	泰国	77.44	+5.68	90	瓦努阿图	63.08	+0.02	154	吉布提	49.58	+3.99
27	波兰	77.30	+0.18	91	圣卢西亚	62.88	+0.01	155	密克罗尼西亚联邦	48.99	+0.01
28	西班牙	77.02	0.00	92	沙特阿拉伯	62.50	+2.92	156	多哥	48.88	+0.64
29	葡萄牙	76.84	−0.14	93	圣马力诺	62.47	−0.03	157	基里巴斯	48.74	−0.31
30	捷克	76.27	+0.03	94	乌拉圭	61.99	+0.35	158	科摩罗	48.52	+0.47
31	法国	76.13	−0.06	95	塞舌尔	61.41	+1.01	159	津巴布韦	48.47	+0.80
32	荷兰	76.03	+0.51	96	科威特	61.23	+1.52	160	塞拉利昂	48.18	−0.06
33	瑞士	75.92	+0.19	97	危地马拉	61.18	−0.43	161	埃塞俄比亚	47.77	+2.08
34	日本	75.68	+0.07	98	多米尼克	60.96	+0.34	162	马达加斯加	47.67	+3.05
35	俄罗斯	75.50	+0.81	99	多米尼加共和国	60.93	+2.52	163	喀麦隆	47.23	+2.18
36	哈萨克斯坦	75.44	+1.06	100	印度	60.76	+4.71	164	布隆迪	46.92	+0.06
37	斯洛文尼亚	75.42	+0.99	101	斐济	60.74	+0.04	165	苏里南	46.87	+0.11
38	白俄罗斯	75.06	+0.55	102	特立尼达和多巴哥	60.68	−0.19	166	阿尔及利亚	46.71	+0.01
39	斯洛伐克	74.90	−0.25	103	约旦	60.58	+2.38	167	加蓬	46.19	+1.33
40	科索沃	73.49	+4.98	104	莱索托	60.42	+0.54	168	伊拉克	44.87	+0.48
41	卢旺达	73.40	+3.21	105	尼泊尔	59.95	+2.35	169	圣多美和普林西比	44.84	+0.39
42	黑山	73.18	+1.64	106	纳米比亚	59.94	+0.54	170	苏丹	44.46	+0.17
43	塞尔维亚	73.13	+0.26	107	安提瓜和巴布达	59.63	+0.98	171	缅甸	44.21	+0.30
44	摩尔多瓦	73.00	+0.20	108	巴拉圭	59.18	+0.06	172	利比里亚	43.55	+3.10
45	罗马尼亚	72.87	+0.17	109	巴布亚新几内亚	59.04	+0.17	173	赤道几内亚	41.66	+1.77
46	意大利	72.70	+1.15	110	马拉维	58.94	+6.33	174	叙利亚	41.55	+0.08
47	亚美尼亚	72.51	+0.59	111	斯里兰卡	58.86	+0.13	175	安哥拉	41.49	+1.38
48	匈牙利	72.39	+0.26	112	斯威士兰	58.82	+0.25	176	几内亚比绍	41.45	+0.02
49	墨西哥	72.27	+0.18	113	菲律宾	58.74	+0.42	177	孟加拉国	40.99	+0.15
50	保加利亚	71.91	+0.10	114	西岸和加沙	58.68	+3.80	178	东帝汶	40.62	−0.07
51	克罗地亚	71.70	+0.05	115	洪都拉斯	58.46	−0.07	179	刚果共和国	39.57	−0.52
52	比利时	71.69	−0.23	116	所罗门群岛	58.13	−0.01	180	乍得	38.30	−0.28
53	塞浦路斯	71.63	−0.49	117	阿根廷	58.11	−0.07	181	海地	38.24	+0.01
54	以色列	71.42	+0.05	118	厄瓜多尔	57.83	−0.01	182	刚果民主共和国	37.65	+0.22
55	智利	71.22	+0.37	119	巴哈马	57.47	+0.82	183	阿富汗	36.19	−1.80
56	文莱	70.60	+5.83	120	加纳	57.24	−0.34	184	中非共和国	34.86	+0.05
57	阿塞拜疆	70.19	+3.12	121	伯利兹	57.11	+0.03	185	利比亚	33.21	+0.03
58	秘鲁	69.45	+0.01	122	乌干达	56.94	+0.42	186	也门	33.00	+0.06
59	哥伦比亚	69.41	−0.11	123	塔吉克斯坦	56.86	+0.93	187	南苏丹	32.86	−0.33
60	土耳其	69.14	+1.16	124	伊朗	56.48	+0.26	188	委内瑞拉	30.87	−0.79
61	哥斯达黎加	69.13	+1.23	125	巴西	56.45	+0.38	189	厄立特里亚	22.87	+0.42
62	蒙古	69.03	+1.27	126	圭亚那	56.28	+0.39	190	索马里	19.98	−0.31
63	卢森堡	69.01	+0.35	127	佛得角	56.24	+0.42				
64	波多黎各自治邦(美国)	68.85	+0.05	128	埃及	56.22	+0.10				

资料来源:《营商环境报告》数据库。

注: 2018年营商环境排名以2017年6月的情况为基准,并基于每个经济体在总排名中10个主题方面的前沿距离分数的平均分得出。对于那些数据涵盖两个城市的经济体而言,其分数是这两个城市人口加权的平均值。分值如果发生正向的变化,说明2016年和2017年之间分数有所提高(因此在《营商环境报告》所评估的总体营商环境方面有所改善),而负向的变化则说明情形出现恶化,如果变化为0.00,则说明分数没有变化。

其劳动力参与率较高，而收入不平等程度较低。事实上，这20个经济体的平均基尼系数[6]为0.3（0代表绝对平等，1代表绝对不平等），而排在后20位的经济体的基尼系数平均为0.4。[7]

《2018年营商环境报告》数据能够告诉我们哪些有关全球格局的信息？全球几乎所有区域都存在好的监管实践。除了经合组织内的28个高收入经济体之外，在排名前50位的经济体中，13个来自欧洲和中亚、5个来自东亚和太平洋地区、2个来自撒哈拉以南非洲、1个来自拉丁美洲和加勒比地区，1个来自中东和北非。同时，每个地区也包括大量监管表现较好和较差的经济体。对各经济体的排名是基于其前沿距离分数的排序。这一衡量指标体现的是每个经济体与"前沿水平"的距离，这里"前沿水平"代表着每个指标在《营商环境报告》样本的所有经济体中所观测到的最佳表现（见专栏1.1）。例如，在经合组织高收入经济体中，新西兰、丹麦和韩国的前沿距离总分最高，分别为86.55、84.06和83.92。相反，希腊、卢森堡和智利是这一群组中分数最低的，分别为68.02、69.01和71.22。但是，经合组织高收入国家群组中的各经济体之间的差距最小，仅为18.53个百分点（见图1.2）。而撒哈拉以南非洲地区的差距最大（57.56个百分点），该区域的平均分数仅为50.43——这是在所有区域中最低的。在撒哈拉以南非洲地区

> **专栏1.1　什么是前沿距离分数？**
>
> 《营商环境报告》衡量了商业监管的许多不同维度。为了将衡量指标与办理施工许可证所需天数以及开办企业的手续数量等各种指标整合为一个单一的分数，《营商环境报告》对前沿距离分数进行计算。前沿距离分数体现的是一个经济体的当前表现与《营商环境报告》10个指标集所采用的全部41个指标样本中的最佳实践之间的差距。例如，根据包含所有经济体的长期营商环境数据库，开办企业所需花费的最短时间为0.5天，而在最差的5%的案例中，注册成立一家企业需要100多天。于是，我们将0.5天作为最佳实践前沿，而100天则为最差情形。前沿距离分数较高表明营商便利度更高（100个百分点代表前沿水平），而分数较低则一定表明营商便利度较差（0个百分点代表表现最差）。计算经济体在不同指标上与前沿距离分数的百分点的平均值，可以得到前沿距离的总体分数。如需了解更多详情，请参见"前沿距离分数与营商便利度排名"一章。

的各经济体中，毛里求斯的前沿距离分数最高（77.54），而索马里的分数最低（19.98）。

《营商环境报告》指标集的区域排名也呈现出很大的差异。例如，南亚是未进入前50名榜单的唯一区域，但该区域在开办企业方面的分数相对较好，其前沿距离平均分数为83.27。但南亚在办理破产方面，其区域平均分数仅为33.04。事实上，《营商环境报告》数据反映了相同区域和相同监管区域内各经济体表现的显著差异。在南亚，印度在

图1.2　营商便利度更高的区域和营商难度更大的区域

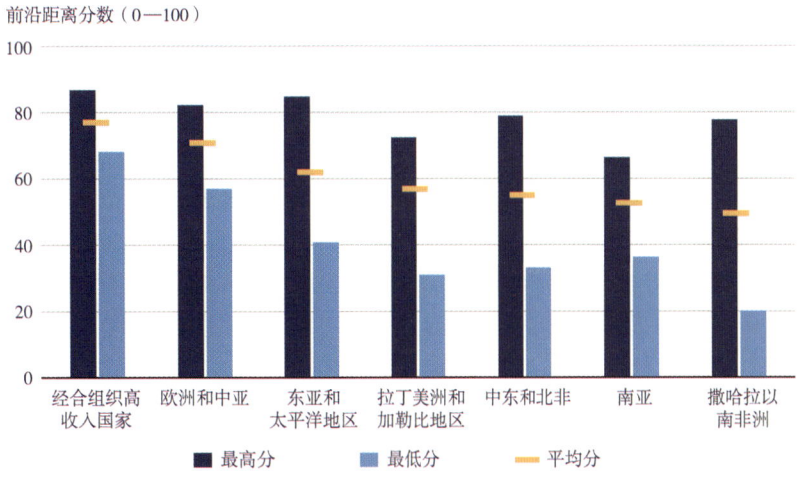

资料来源：《营商环境报告》数据库。

保护少数投资者方面的分数是最高的（80），而阿富汗的分数仅为10。与此类似，中东和北非的各经济体之间也存在着显著的差距。例如，马耳他在跨境贸易方面的前沿距离分数为91.01，而阿尔及利亚的分数仅为24.15。有趣的是，所有区域都至少有一个经济体在保护少数投资者这一指标上跻身前20，并且所有区域——经合组织高收入群组除外——至少有一个经济体在保护少数投资者这一指标上处于最后20名之列。上述特征表明，所有区域各收入水平的经济体均存在进一步提升的空间。

《2018年营商环境报告》中提升最为显著的经济体

《2018年营商环境报告》共覆盖了所评估的10个指标集的264次商业监管改革。与以往年份相同，撒哈拉以南非洲地区是实施改革次数最多的区域（共83次），其次为东亚和太平洋地区（45次）以及欧洲和中亚（44次）。实施改革的经济体所占份额最高的区域为欧洲和中亚（79%）、南亚（75%）以及撒哈拉以南非洲地区（79%），而经合组织高收入群组的份额最低，为46%。开办企业和获得信贷是2016/2017年度改革发展最快的领域，各有38项改革，跨境贸易紧追其后，共记录了33项改革。在《营商环境报告》所覆盖的领域中，改革次数最少的依然是那些侧重于法律环节的指标，如办理破产（13项改革）和执行合同（20项）。法律领域的改革通常进展缓慢，这主要是由于此类改革需要长期的政治承诺、大量的资源以及不同监管机构和立法机构之间的密切合作。

重要的是，我们不但应该考察改革的次数，还应该了解改革对前沿距离分数的影响，因为它们可以提供不同的信息。改革次数表明经济体所选择的待改进领域的数量，而前沿距离分数的变化则表明相关变革对营商数据的影响程度。在所有经济体中，前沿距离分数的平均值提高了0.76个百分点，其中提升幅度最大的区域为撒哈拉以南非洲（1.18个百分点），尽管该地区实施至少一项商业监管改革的经济体所占百分比并不是最高的。不过，改革次数和实际提高的前沿距离分数之间存在着密切关联。[8]《营商环境报告》数据表明，在全球62.6%经济体（即《营商环境报告》所评估190个经济体中的119个）中，中小企业的营商便利度有所提高。

撒哈拉以南非洲地区的经济体在前沿距离分数的平均增速方面位列第一，而经合组织高收入群组的平均增速最慢（0.11个百分点）。这一点不足为奇，因为多数经合组织高收入经济体已经非常接近全球良好实践。《营商环境报告》所采用的指标集展示了2016/2017年度各地区实施最多的商业监管改革，其主要涉及纳税和跨境贸易。事实上，经合组织高收入经济体以及东亚和太平洋地区经济体的改革议程似乎主要为与纳税指标集相关的监管变革（见图1.3）。中低收入经济体以各经济体平均实施1.9次改革而位列第一；低收入经济体次之，其平均改革次数为1.3次。不出所料，高收入经济体的平均改革次数最少（1次）。

根据《营商环境报告》的指标，在获得改进最大的10个经济体中，3个来自撒哈拉以南非洲，2个来自东亚和太平洋地区，2个来自欧洲和中亚，1个来自拉丁美洲和加勒比地区，1个来自中东和北非，1个来自南亚。文莱是上述排名前10位榜单中唯一的高收入经济体，继在2016/2017年度实施了8项改革之后，该国正向全球良好实践前沿不断迈进，取得了最大的进步；该国也是连续第二年跻身该榜单。萨尔瓦多、印度、马拉维、尼日利亚和泰国也取得了骄人的进展，并首次跻身前10位的榜单。2016/2017年度在进步最快的经济体中，文莱、印度和泰国实施的商业监管改革数量最多，分别进行了8项改革。榜单中的其余4个经济体分别为科索沃、乌兹别克斯坦、赞比亚和吉布提。如需了解更多有关这些经济体进行改革的详细情况，请参见"2016/2017年度营商环境改革"一章。

《营商环境报告》改革数据库展示了相关主题以及不同区域改革力度方面的差异。为什么改革出现在某些年份比其他年份更加常见呢？经济体什么时候倾向

图 1.3 南亚经济体的平均改革次数最多，而撒哈拉以南非洲地区的平均影响力最大

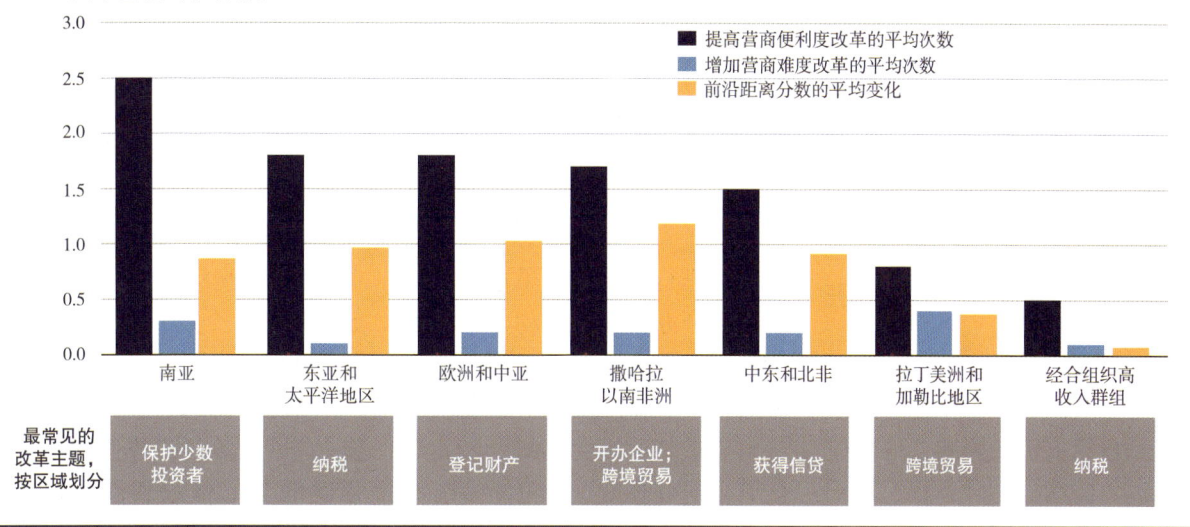

资料来源：《营商环境报告》数据库。
注：前沿距离分数的平均变化所展示的是《2018年营商环境报告》和《2017年营商环境报告》之间的变化差异。

于在《营商环境报告》所覆盖的领域进行改革？以下两个主要理论解释了监管改革的时间安排。第一个理论认为，经济体会在必要的时候进行改革——换言之，这是指除了实施监管变革之外，别无其他选择的情况。在这种情形下，发生危机时进行改革的数量更有可能增加。[9] 根据第二个理论，经济体会在具备改革可行性的时候进行改革，即新政府刚成立的时候或者还处于"蜜月期"的时候。[10]

《营商环境报告》数据可用来研究哪个理论更符合实际情况。近期的研究表明，各经济体政府在经历财政危机的时候实施商业监管改革的可能性更大。[11] 这在有关办理破产的监管方面尤为突出，这方面的改革活动在2008/2009年金融危机爆发2—3年之后，即2010/2011年，达到高峰。[12] 其原因在于，此类改革的实施以及纳入《营商环境报告》都需要时间（见图1.4）。不过，当公共债务水平较低时，财政危机对改革力度的影响相对较小。当财政危机可以通过增加借款的方式得到解决时，改革的需求就变得没有那么紧迫，尽管这只是暂时的。与此相反，对改革

图 1.4 往往会加大改革力度以应对危机

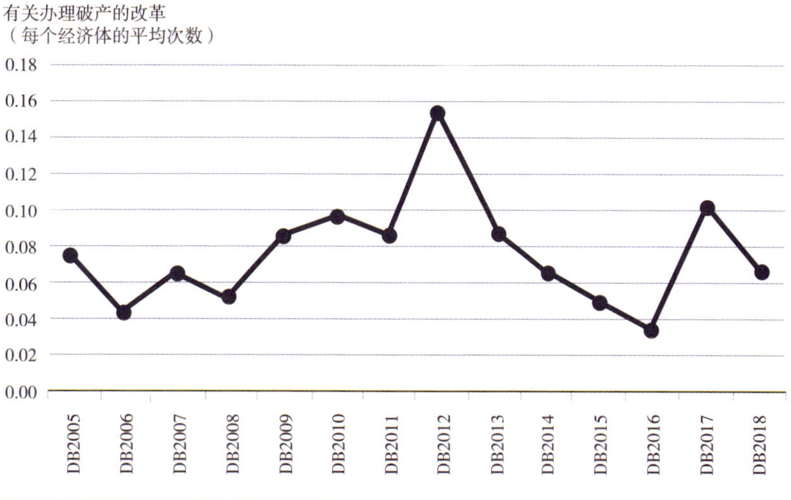

有关办理破产的改革
（每个经济体的平均次数）

资料来源：Djankov, Georgieva and Ramalho, 2017a。

的"蜜月期"理论可提供的相关支撑性论据较少。总而言之,除非政治变革在财政危机之后发生,否则政治变革与改革的增加没有关联。事实上,经济体倾向于在其必须进行改革时,而非在其可以进行改革时开启改革进程。

商业监管对就业和贫困产生了哪些影响?

造成贫困的因素很多,包括易受到自然灾害的影响、地理位置偏远、监管质量、产权、基础设施和服务的可得性、与市场的远近、社会关系、户主的性别、就业状态、工作时长、所拥有的资产以及受教育程度。[13] 上述因素之中,有些与《营商环境报告》所评估的领域直接相关,因为《营商环境报告》指标衡量监管质量和产权等因素。此外,《营商环境报告》与上述因素之间可能存在间接的联系,因为商业监管的改进可促进创造更多的就业岗位,而且作为一项可靠的收入来源,就业可以帮助人们脱贫。

在《营商环境报告》所评估的领域进行改革,如果这些改革发生在开办企业或劳动力市场监管领域,可能更有益于创造就业机会。[14] 不过,探索企业进入监管与创造就业机会之间因果关系的其他研究也就这个论断给出了一些警示。[15] 此外,让商业监管对就业直接产生影响的机制之一是简化有关开办企业的规定。在不同经济体之中,就业增长和前沿距离分数之间存在着显著的正相关性(见图1.5)。尽管这种结果体现了相关性,同时也不能被解释为因果关系,但是我们看到,根据《营商环境报告》的评估,商业监管情况更好的经济体一般会产生更多的工作机会,这一点还是令人感到欣慰的。[16] 在失业方面,我们所预期的负相关情况是显而易见的。平均而言,商业监管效率较低的经济体的失业率较高。事实上,前沿距离分数每提高一个点,失业率可能会下降0.02个百分点。[17]

根据《2017年营商环境报告》,显示各经济体收入不平等程度的基尼指数和前沿距离分数之间存在负相关关系。一般而言,商业监管质量欠佳的经济体,其收入不平等程度较高。这在一定程度上与贫困和前沿距离分数这两个衡量指标存在显著的相关性有关。当商业监管过于繁

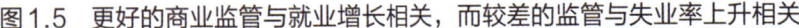

图1.5 更好的商业监管与就业增长相关,而较差的监管与失业率上升相关

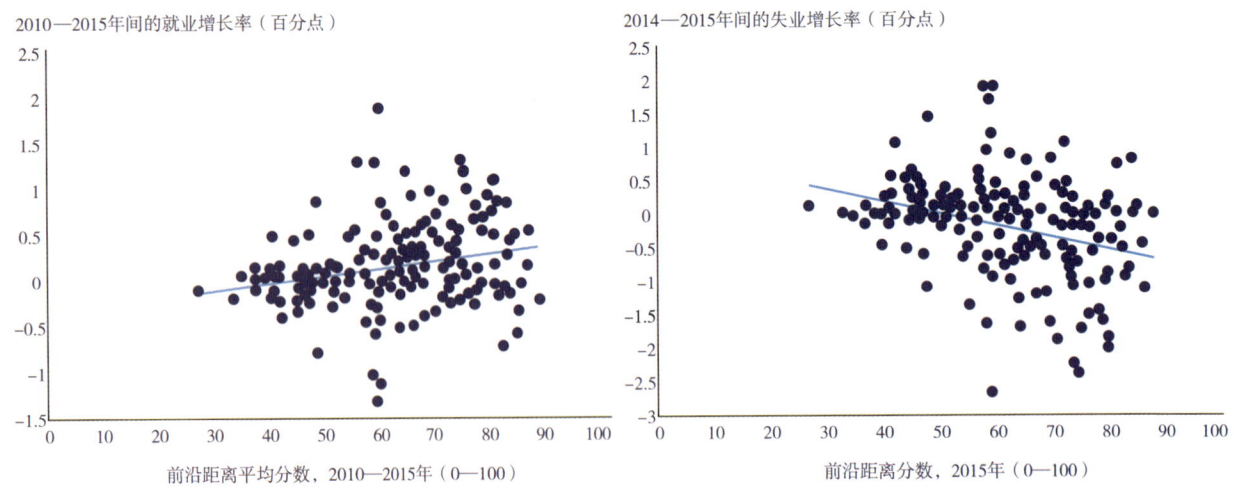

资料来源:《营商环境报告》数据库;国际劳工组织数据(http://www.ilo.org/ilostat)。

注:在考虑了人均收入之后,相关性显著,保持在1%的水平。当使用2010—2015年间的就业增长率和前沿距离平均分数时,左侧的相关性也存在。

复时,企业家和工作者就会被迫退出正规行业,不得不从事非正规行业的运营。[18、19]非正规行业的特点是缺乏监管、社会保障程度极低,而且将导致贫困水平不断上升。[20]这些处于贫困之中的人可能会从更加智能化和效率更高的商业监管中获益。当官僚壁垒较高时,只有那些社会中最有特权的阶层才能顺利办理相关事务,如通过聘用第三方或进行贿赂的方式。例如,在开办企业注册流程复杂的经济体中,企业家一般会聘用律师来帮助其完成企业注册流程。

相关数据也支持了这一解释,在不平等、贫困和商业监管之间存在着显著的相关性。事实上,平均而言,具备更好商业监管的经济体,其贫困程度较低。数据显示,前沿距离分数每提高10个百分点,贫困率就会下降2个百分点,其中贫困率是按照每天收入不足1.90美元的人口所占比例来衡量的。[21]脆弱性也是与贫困相关联的一个因素。然而,即便是脆弱的经济体,也能在一些领域实现改善,而这些领域最终将降低贫困水平。尽管处于脆弱状态,但是这些经济体进行了改革,并被收录于《2018年营商环境报告》之中(见专栏1.2)。

专栏 1.2 危机是一个机会?

处于脆弱状态的国家,其特征通常为管理薄弱、依然存在暴力以及贫困和不平等现象集中。此类国家面临多种发展和人道主义挑战。这类国家的人力资本殆尽、法治程度极低以及暴力的存在导致了严重的——通常是极高的——贫困率。[a]尽管脆弱国家并非全球大部分贫困人口的聚居地,但在脆弱国家,贫困人口所占的比例极高,[b]这凸显了治理上述经济体贫困问题的必要性。在贫困的脆弱国家中,私营部门通常受困于基础设施的缺乏、政治的不稳定、高比例的非正规性以及商业技能的欠缺。通过私营部门创造工作岗位是减少暴力的途径之一,因此可以同时降低脆弱性和贫困程度。[c]

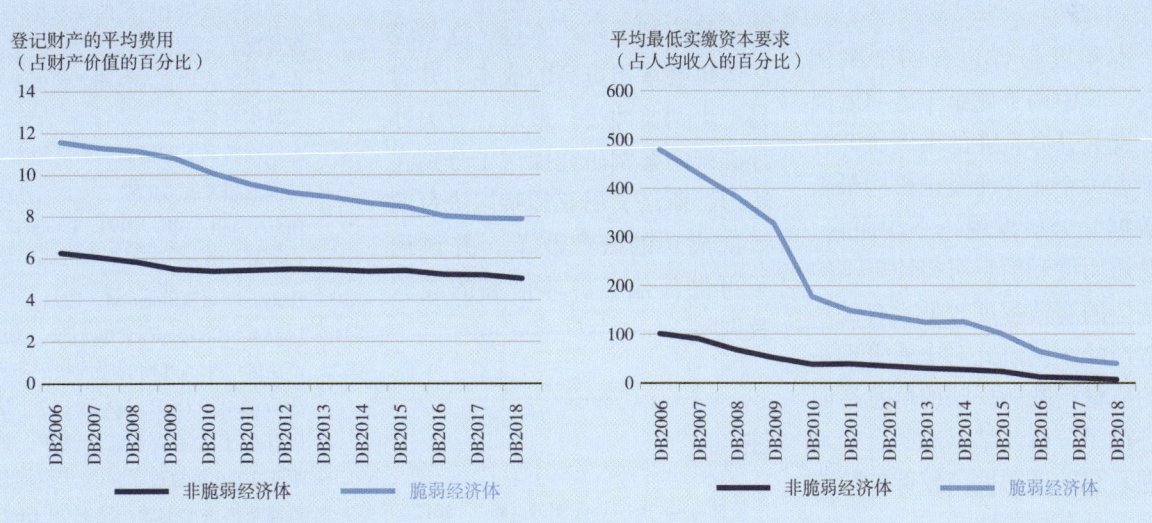

图1.6 在登记财产和开办企业成本方面,脆弱经济体与非脆弱经济体之间的差距正在缩小

资料来源:《营商环境报告》数据库。

注:脆弱经济体的分类基于世界银行集团的2017财年脆弱状态协调清单。本样本包含了从2006年《营商环境报告》开始可获得相关数据的174个经济体。

《营商环境报告》的数据表明，脆弱经济体正在进行改革，并将危机视为改善商业监管的机会。因此，在过去的一段时期之内，脆弱经济体在商业监管的某些领域与非脆弱经济体之间的差距一直在缩小（见图1.6）。2016/2017年度，在被世界银行集团2017年脆弱状态协调清单（Harmonized List of Fragile Situations）分类为极度脆弱的34个经济体中，[d] 14个经济体至少实施了一项商业监管改革，6个经济体实施了两项及以上的改革。获得信贷是实施商业监管改革最多的领域，在这些经济体所进行的24项改革中，其中8项是关于此领域内的改革。吉布提实施了5项改革，这在全部脆弱国家之中是最多的。该国降低了与开办企业和施工检查相关的费用，针对参与建筑项目的所有专业人士实施了为期10年的责任制，提高了其土地管理系统的透明度，并建立了新的信贷信息系统。在进行了上述改革之后，吉布提的前沿距离分数提高了3.79个百分点。

科索沃是脆弱经济体中实施改革次数居第二位的国家。该国实施了三项商业监管改革。伊拉克、马达加斯加、缅甸和塞拉利昂在2016/2017年度分别实施了两项改革。伊拉克通过合并注册流程并缩短企业注册时间，简化了企业开办流程。该国还成立了新的征信机构，改善了信用信息的获得。与此类似，缅甸通过了一项规定，允许建立征信局；马达加斯加扩大了其征信机构的覆盖范围。科索沃和利比里亚于2016/2017年度在办理破产领域进行了改革。上述两个经济体推出了针对企业破产的法律框架，使债务人和债权人可采用清算和重组程序。

a. 世界银行，2011。
b. Burt，Hughes and Milante，2014。
c. Collier and Hoeffler，2004年。
d. 协调清单中还包括图瓦卢，这是清单中《营商环境报告》唯一没有对其进行评估的经济体。

本年度报告中有哪些新的内容？

本年度报告包含四个案例研究，其中两个侧重于透明度问题。有关开办企业的案例研究分析了有关企业注册登记机构最新的数据。分析发现，平均而言，信息透明度和信息可得性更高的经济体的腐败程度较低。有关登记财产的案例研究对土地管理系统的质量指数所反映的信息透明度进行了分析。结果表明，土地管理系统的透明度与较低的贿赂发生率具有相关性。

有关办理施工许可证的案例研究分析了私营部门在建筑施工监管中的参与程度。研究显示，在建筑施工监管方面，让私营部门以某种形式参与其中的经济体通常具备更加高效的流程和更好的质量控制手段。不过，这些经济体也会承担更高的成本，并容易产生利益冲突。最后，有关办理破产的案例研究探讨了分别在法国、斯洛文尼亚和泰国进行的三次成功的破产改革，并讨论了可供其他经济体借鉴的经验教训。

注

1. Moscoso Boedo and Mukoyama，2012。
2. Doblas-Madrid and Minetti，2013。
3. Enikolopov，Petrova and Stepanov，2014。
4. Franks and Loranth，2014。
5. Clark, Dollar and Micco，2004。
6. 基尼系数是衡量不平等程度最常用的指标，是一种统计离差衡量指标，用于描述经济体中居民的收入或财富分配情况。
7. 在考虑了人均收入差异之后，这种相关性依然显著。
8. 改革次数和实际提高的前沿距离分数之间的相关度为0.57。
9. Drazen and Grilli，1993；Ranciere and Tornell，2015。
10. Haggard and Williamson，1994。
11. Djankov，Georgieva and Ramalho，2017a。
12. 产生第二个高峰期的原因在于非洲商法协调组织（OHADA）的17个成员国开展了大量商业监管改革。该组织于2015年通过了《关于组织债务清除集体诉讼的统一法案》（Uniform Act Organizing Collective Proceedings for Wiping Off Debts）的修改稿，该法案推出了简化的针对小型企业的预防性解决程序以及针对面临财务困境的企业的新的和解程序，鼓励债务人与其主要债权人之间达成协议。此外，非洲商法协调组织的这一《统一法案》还制定了有关跨境破产的条款，目前已在非洲商法协调组织的全部17个成员国实施。

13. Kraay and McKenzie, 2014; Banerjee and Duflo, 2011; Rodrick, Subramanian and Trebbi, 2004; Buvinic and Gupta, 1997。
14. Bruhn, 2011; Bruhn, 2013; Branstetter and others, 2014。
15. Bruhn, 2013; Fajnzylber, Maloney and Montes-Rojas, 2011; Kaplan, Piedra and Seira, 2011。
16. 在考虑了人均收入之后，相关性较为显著，保持在1%的水平。
17. 在考虑了人均收入和人口规模之后，相关性较为显著，保持在1%的水平，如图1.5所示。
18. De Soto, 1989。
19. Dabla-Norris, Gradstein and Inchauste, 2008。
20. Loayza and Serven, 2010。
21. Djankov, Georgieva and Ramalho, 2017b。当单独使用开办企业、办理施工许可证、获得信贷和执行合同指标集时，这种相关性是显著的。在考虑了人均收入和政府支出之后，这种相关性依然存在。

2018 年营商环境报告

关于《营商环境报告》

《营商环境报告》基于如下理念,即经济活动受益于明确且统一的规则:这些规则确立并明确了产权,同时促进了争议的解决,还提高了经济互动的可预测性,并为合作伙伴提供了防止武断和滥用职权的基本保障措施。如果此类规则设计有效、透明、能被其所针对的目标群体所了解且以合理的成本予以实施,则将通过促进增长和发展的方式,更有效地创建经济主体的激励机制。规则的质量对社会如何分配收益以及为支付发展战略和政策的成本筹措资金具有决定性的作用。

- 《营商环境报告》所评估的是影响国内中小企业的商业监管领域的情况,其中中小企业的定义是基于标准化案例情境且位于各经济体最大商业城市的企业。此外,针对其中的11个经济体,还覆盖了其第二大城市。
- 《营商环境报告》覆盖190个经济体影响商业经营的11个领域的法规,其中的10个领域被选入前沿距离分数和营商便利度排名。这10个领域包括开办企业、办理施工许可证、获得电力、登记财产、获得信贷、保护少数投资者、纳税、跨境贸易、执行合同以及办理破产。此外,《营商环境报告》还衡量了劳动力市场监管,但2018年该指标不包括在排名内。
- 《营商环境报告》所采用信息来自四大主要来源:相关法律和规定、《营商环境报告》受访对象、所覆盖的各经济体政府以及世界银行集团各区域的员工。
- 在过去的15年中,190个经济体中的43000多名专业人士为《营商环境报告》指标的编制提供过数据。
- 《营商环境报告》数据被各国政府、研究人员、国际组织和智库所广泛采用,用以为政策制定、开展研究和指数编制提供指导。

良好的规则可以创建一个良好的环境,让具备驱动力和优质创意的新进入者进行创业,让优秀的企业可以进行投资、扩大规模并创造新的就业岗位。政府政策对国内中小企业的日常运营所发挥的作用是《营商环境报告》数据的一个主要关注焦点。其目的是,鼓励监管法规的设定更加高效,让所有人都可以知晓法规,并且易于实施。烦琐的监管法规会分散企业家扩展业务的精力,而那些高效、透明且易于实施的法规则可以促进业务的扩展和创新,并助力志向高远的企业家在平等的基础上展开竞争。

《营商环境报告》通过客观的方式,对国内企业的商业监管的诸多领域进行了评估。项目重点是各经济体内最大商业城市中的中小企业。基于标准化案例研究,《营商环境报告》针对适用于企业生命周期不同阶段的法规,提供了定量指标。随着时间的推移,可将每个经济体的结果与189个其他经济体的结果进行比较。

《营商环境报告》所评估的因素

由于适用于当地企业,《营商环境报告》获得了有关监管环境的几个重要维度的信息。报告提供有关监管的定量指标,涵盖开办企业、办理施工许可证、获得电力、登记财产、获得信贷、保护少数投资者、纳税、跨境贸易、执行合同以及办理破产等领域(见表2.1)。《营商环境报告》同时还评估了劳动力市场监管的特征。尽管《营商环境报告》未提供劳动力市场监管指标方面的经济体排名，也未涵盖相关主题的前沿距离分数和营商便利度排名，但报告给出了有关上述指标的数据。

如何选择指标

《营商环境报告》的指标设计借鉴了大量研究和文献资料中针对制度在促进经济发展方面的作用的理论洞察。[1] 此外，《营商环境报告》指标集中，各项指标设计方法的相关背景论文确定了该报告所关注的规则和法规的重要意义。这些规则和法规主要针对如下经济成果，如贸易量、外商直接投资、证券交易所的市值以及私人信贷在GDP中所占百分比。[2]

对于《营商环境报告》中11组指标的选择，经济研究和企业层级的数据也起到了指导作用，其中来自世界银行企业调查的数据尤为关键。[3] 该调查所提供的数据突出显示了139个经济体中超过131000家公司的企业家所报告的商业活动的主要障碍。例如，调查报告显示，获得融资和电力接入对于企业来说是非常重要的因素——这启发了《营商环境报告》将获得信贷和获得电力设计成为营商环境指标。

《营商环境报告》的一些指标对于监管的强化以及运转更为高效的机构（如法院或征信局）给予了更高的分数。例如，在保护少数投资者领域，强化相关方交易的披露要求会获得更高的分数。简化应用法规的方式有助于企业维持较低的合规成本，也可以获得较高的分数——如通过提供一站式服务或者简单的在线门户网站，为初创企业减轻办理手续方面的负担。最后，《营商环境报告》通过给予更高的分数来表彰那些采用基于风险的监管方法来解决社会和环境问题的经济体，如针对会带来较高风险的活动施加更重的监管负担，而对风险较低的活动则减轻相关监管负担。因此，在营商便利度指标方面，排名最高的经济体并非那些没有监管的经济体，而是那些政府制定规则设法促进市场互动且不会无端阻碍私营部门发展的经济体。

前沿距离分数以及营商便利度排名

为了提供观察数据的不同视角，《营商环境报告》中的数据既针对每个单独的指标，也针对两个整合的衡量标准，即前沿距离分数以及营商便利度排名。前沿距离分数有助于评估监管绩效的绝对水平，以及随着时间推移的改进程度。这一衡量指标体现了每个经济体离"前沿水平"的差距，"前沿"是指《营商环境报告》所覆盖的所有经济体自2005年以来或者针对该指标的数据采集之后的第三年，每个指标曾到达的最佳表现。"前沿"是指以分值形式计算的指标的最高可能数值，比如，合法权利力度指数和土地管理系统质量指数。这凸显了某个经济体与最佳表现在任何时间点的差距，并被《营商环境报告》用于评估经济体随着时间推移的监管环境的绝对改进。前沿距离分数首先是针对每个主题进行计算的，然后将所有主题的分值加总，计算平均值，这样就获得了前沿距离总分。营商便利度排名为前沿距离分

表2.1　《营商环境报告》所评估的领域——商业经营11个领域的法规	
指标集	所评估的对象
开办企业	开办有限责任公司所需办理的手续、时间、费用和最低实缴资本
办理施工许可证	建设一个仓库所需的全部手续、时间和费用，以及施工许可系统的质量控制和安全机制
获得电力	获得与电网电力接入所需的手续、时间和费用，以及电力供应的可靠性和电费的透明度
登记财产	财产转让所需的流程、时间和费用，以及土地管理系统质量
获得信贷	有关动产抵押的法律和信用信息系统
保护少数投资者	少数股东在关联方交易和公司治理方面的权利
纳税	企业遵从所有税务法规所缴纳的税项、限定时间及缴纳的总税额和强制性派款率，以及报税后流程
跨境贸易	具有比较优势的产品出口所需的时间和费用，以及进口汽车配件的时间和费用
执行合同	解决商业纠纷所需的时间和费用，以及司法程序质量
办理破产	办理商业破产所需的时间、费用、结果和回收率，以及破产框架力度
劳动力市场监管	就业监管的灵活性以及工作质量维度

数提供了补充。该排名展示了经济体在商业监管方面的表现,并将其与《营商环境报告》中所评估的其他经济体的表现进行比较。

《营商环境报告》在进行各项指标的加权、计算排名以及确定前沿距离分数方面采用了简单平均法。[4]该报告所覆盖的每个主题都与商业监管环境的一个方面相关。每个经济体的前沿距离分数和排名各不相同,而且不同主题之间通常存在着较大的差距,这表明经济体在某个监管领域表现出色,但在另外一个领域可能较为薄弱(见图2.1)。评估上述差异的一个方法是研究其在不同主题下的前沿距离分数(参见"国别表格")。例如,摩洛哥的前沿距离总分是67.91,这表明该国位于最差表现和最佳表现之间约2/3的位置。该国在开办企业方面的前沿距离分数为92.46,在纳税和跨境贸易方面的分数分别为85.72和81.12。此外,该国在办理破产、获得信贷以及保护少数投资者方面的前沿距离分数分别为34.03、45和58.33。

《营商环境报告》未评估的因素

许多重要的政策领域并未被涵盖在《营商环境报告》之中,即便在那些被涵盖的领域,其范围也是狭窄的(见表2.2)。《营商环境报告》并未评估对经济体的商业环境质量或其国家竞争力产生影响的全部因素、政策和制度。例如,报告未覆盖宏观经济稳定性、金融系统发展、市场规模、贿赂或腐败的发生率或劳动力素质等维度。

即便在《营商环境报告》所涵盖的相对较小的指标体系中,也有意将其所关注的重心范围缩窄。比如,跨境贸易指标所评估的是货物进出口的物流流程所需的时间和费用,但是该指标并未评估关税或国际运输的成本。《营商环境报告》通过上述指标,为企业所面对的基础设施挑战提供了一个较为狭窄的视角,这些挑战在发展中世界尤为突出。该报告没有探讨道路、铁路、港口和通信等基础设施不足会在多大程度上增加企业成本和破坏企业竞争力(不过跨境贸易指标间接

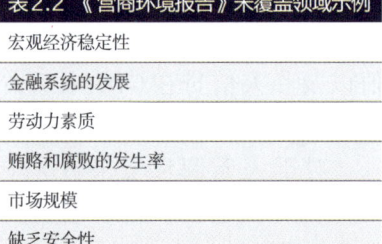

表2.2 《营商环境报告》未覆盖领域示例

宏观经济稳定性
金融系统的发展
劳动力素质
贿赂和腐败的发生率
市场规模
缺乏安全性

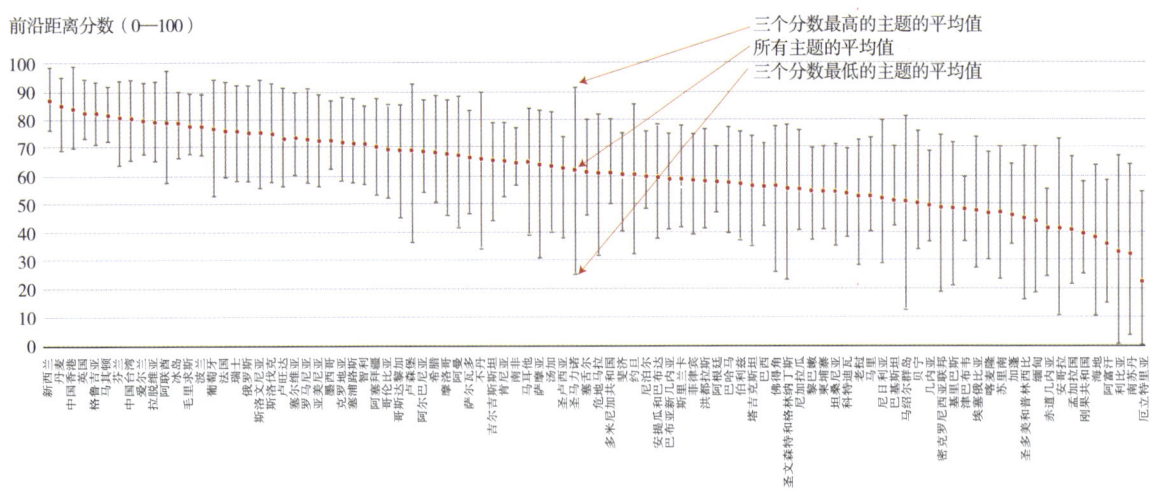

图2.1 一个经济体的监管环境可能在某些领域比另外一些领域更加有利于开展商业活动

资料来源:《营商环境报告》数据库。

注:本图所体现的前沿距离分数主要针对本年度前沿距离总分所包括的10个营商主题。本图仅在释义,不包括本年度报告所涵盖的全部190个经济体。如需了解每个经济体在每个营商主题下的前沿距离分数,请参阅各国的相关表格。

地衡量了港口和边境联系的质量）。与有关跨境贸易的指标相似，有关开办企业或保护少数投资者的指标并未覆盖商业立法的所有方面。尽管《营商环境报告》仅评估了其所覆盖每个领域之中的某些方面，但商业监管改革不应仅侧重于上述这几个方面，因为报告所未涉及的方面也非常重要。

《营商环境报告》并未试图量化某一特定法律或法规对整个社会产生的全部成本和收益。纳税指标衡量的是税率和强制性派款率。单独来看，这属于企业的一项成本。然而，这些指标并未衡量利用税收收入投资开展社会和经济项目所实现的收益，这也不是设置这些指标的初衷。对商业监管的质量和效率进行评估，仅为针对与实现监管目标相关的监管负担的讨论提供信息，而各经济体的监管目标可能存在差异。《营商环境报告》为上述讨论提供了一个出发点，应与其他数据来源结合使用。

《营商环境报告》方法论的优势与局限性

《营商环境报告》有意采用了一种易于复制的方法，可对商业监管的特定方面进行基准设置。在使用数据的时候，应了解其优势和局限性（见表2.3）。

确保全球各经济体的数据具有可比性是《营商环境报告》制定各项指标时的一个核心考虑事项。在制定这些指标时，采用了

表2.3 《营商环境报告》方法论的优势和局限性

特征	优势	局限性
使用标准化案例情境	使数据在不同经济体之间具有可比性，并且方法透明	缩小数据范围；只能对所评估领域的监管改革进行系统化跟进
主要侧重于规模最大的商业城市[a]	使数据收集变得易于管理（具有成本效益），同时使数据具有可比性	如果一个经济体不同区域之间存在显著差异，则降低了数据的代表性
侧重于国内的正规部门	持续关注正规部门——在这些部门中，法规具有针对性，并且企业的效率极高	不能反映非正规部门的实际情况（如果非正规部门规模庞大，掌握其实际情况将具有重要意义），也不能反映面临不同限制条件的国外企业的实际情况
依赖于受访专家	确保数据能够反映受访对象所掌握的情况，这些受访对象在开展所评估的交易方面具有最为丰富的经验	指标不太擅长捕捉企业家在经验方面的差异
侧重于法律	使指标具有"可操作性"——因为法律是政策制定者所能够改变的	如果无法一以贯之地遵守法律，那么监管变革将无法全部实现预期结果

a. 对截至2013年人口超过1亿人的经济体，《营商环境报告》涵盖了其最大和第二大商业城市的商业监管情况。

在特定假设基础上的标准化案例情境。其中一个此类假设是，标准化的企业（《营商环境报告》案例所研究的主体）位于该经济体最大的商业城市。而事实上，在一个国家的不同地区，商业监管及实施可能存在差异，这种情况在联邦制国家和大型经济体中尤为突出。但是，在《营商环境报告》所覆盖的190个经济体中，采集所有相关司法管辖区域的数据是不现实的。尽管如此，如果政策制定者希望获得最大商业城市以外的其他地方层面的数据，并借鉴地方的良好实践，也可以参考《营商环境报告》通过地方研究对全球指标所进行的补充（见专栏2.1）。与此同时，《2015年营商环境报告》也将覆盖面扩展至人口超过1亿人（截至2013年）的经济体中的第二大商业城市。

《营商环境报告》承认标准化案例情境和假设所存在的局限性。但是，尽管此类假设没有考虑一般性情况，但是也有助于确保数据的可比性。《营商环境报告》中的某些主题比较复杂，所以应该对标准化案例进行认真定义，这一点很重要。例如，标准化案例情境通常涉及有限责任公司或者同等的法律实体。而采用这一假设是出于两个原因：首先，在全球许多经济体中，私人有限责任公司是最普遍的企业形式（对于具有一个以上所有者的公司而言）；其次，这一选择反映了《营商环境报告》对扩大创业机会的侧重：鼓励投资者在潜在损失仅限于其所投资金的情况下，大胆投入商业活动。

《营商环境报告》的指标所采用的另外一项假设是，企业家了解并遵守所适用的规定。而在实践中，企业家可能并不了解需要做些什么以及如何遵守规定，并且可能浪费大量时间来寻找答案。或者，他们可能会有意避开这些规定，如不进行社会保障登记。在规定特别繁冗的情况下，

> **专栏 2.1 《次国家级区域营商环境报告》指标：欧盟的区域水平对标**
>
> 《次国家级区域营商环境报告》研究指出，在同一个经济体或区域的不同地方，在商业法规及实施以及监管改革速度方面存在差异。在几个经济体中，目前我们正在定期对次国家级区域研究进行更新，以衡量在一段时期中的变化情况；或扩大地理覆盖范围，以涵盖更多的城市。2018年，6个经济体完成了次国家级区域研究，其中包括阿富汗、哥伦比亚、3个欧盟成员国（保加利亚、匈牙利和罗马尼亚）和哈萨克斯坦。此外，还在一项正在进行的研究中更新了尼日利亚的数据。
>
> 在欧盟委员会区域和城市政策总司（DG REGIO）的资金支持下，新的次国家级区域系列报告中的首篇已经面世，该篇报告主要侧重于欧盟成员国。《2017年欧盟营商环境报告：保加利亚、匈牙利和罗马尼亚》以意大利、西班牙和波兰所完成的次国家级区域报告为基础。该次国家级区域系列报告的下一项研究将覆盖克罗地亚、捷克、葡萄牙和斯洛伐克。
>
> 这些研究将为"欧洲学期"（欧盟经济和财政政策协调框架）所推出的国别报告提供宝贵的建议，并将与欧盟委员会于2015年6月启动的"落后区域"倡议密切联动，研究欧盟低收入和低增长区域的增长和投资限制因素。
>
> 《2017年欧盟营商环境报告：保加利亚、匈牙利和罗马尼亚》所覆盖的范围超出了索菲亚、布达佩斯和布加勒斯特这三座最大的商业城市，增加了对19个城市的基准测试。该研究总共评估了22个城市的商业监管——其中6个城市位于保加利亚、7个城市位于匈牙利、9个城市位于罗马尼亚。该项研究通过5个《营商环境报告》指标，对上述城市进行基准测试。这5个指标为开办企业、办理施工许可证、获得电力、登记财产和执行合同。
>
> 此项研究发现，每个经济体均有一些城市在至少一个领域的表现要优于欧盟平均值。例如，在保加利亚，瓦尔纳市和普列文市在开办企业指标方面的表现超过了欧盟平均水平。匈牙利的佩克斯市和塞格德市在办理施工许可证指标方面的表现优于欧盟平均值。所有匈牙利城市和罗马尼亚的奥拉迪亚市在登记财产方面的表现都超过了欧洲平均水平；并且大部分城市在执行合同方面的表现也是如此。不过，接受调查的地区级城市在获得电力指标方面没有能够接近欧盟平均水平。
>
> 尽管没有哪一个城市在研究所覆盖的5个领域中全部胜出，但是大部分城市在至少一个领域的表现较为突出，这为意欲改革的政府官员提供了现成的且可供复制的良好实践经验。例如，保加利亚的各个城市可通过采用瓦尔纳市的良好做法来提高开办企业的便利度。匈牙利的各个城市可以通过效仿塞格德市和塞盖什费海尔瓦尔市的良好实践经验来提高获得电力的便利度。而在罗马尼亚，则可以通过学习蒂米什瓦拉市的先进经验来加强其自身的合同执行制度。这项研究还包含了与全球范围内其他187个经济体的对比情况，从而提供了实用的建议并展示了用于改进营商环境的良好实践。

企业可能会选择采用贿赂或者其他非正规手段来规避这些规定——这就可以解释为什么《营商环境报告》依法提供的数据与世界银行企业调查基于事实的洞察之间会存在差异。[5]在那些监管程序特别繁冗的经济体中，非正规程度往往更高。与正规部门相比，非正规部门的企业通常增长更为缓慢，获得信贷的难度更大，同时雇用的员工人数更少——这些员工一直无法享受劳动法中规定的各项保障，以及法律所规定的其他更为广义的法律保障。[6]非正规企业的纳税意愿也更低。《营商环境报告》对一系列可以体现非正规部门产生的因素进行了评估，并为政策决策者提供了有关哪些领域可以发起监管改革的洞察。

数据收集实践

《营商环境报告》的数据是基于对国内法律法规以及行政要求的详细解读。本报告覆盖了190个经济体——其中包括最小、最贫穷的一些经济体,而从其他来源获得的有关这些经济体的数据很少,甚至没有。数据的获得历经与受访专家的几轮沟通(受访对象既包括私营部门从业人员,也包括政府官员),具体方式包括调查问卷、电话会议、书面信函以及团队拜访。《营商环境报告》依赖于四大主要信息来源:相关法律法规、《营商环境报告》受访对象、所覆盖的经济体政府以及世界银行集团各区域的员工(见图2.2)。如需详细了解《2018年营商环境报告》所采取的方法,请参见"数据说明"。

相关法律法规

《营商环境报告》的指标主要基于相关法律法规:其指标中所包含的数据大约有2/3是基于对法律的解读。《营商环境报告》的受访者除了填写调查问卷,还提交所参照的相关法律法规和费率表。《营商环境报告》团队收集相关法律法规的文本,并检查调查问卷中回答的准确性。例如,该团队会查阅民事诉讼法,查看商业法庭纠纷的最长延期天数,并阅读破产法以确定债务人是否可以启动清算或重组程序。《营商环境报告》的法律图书馆网站收录了此类法律,以及其他类型的法律。[7] 由于在数据收集的过程中需要每年对现有数据库进行更新,因此拥有大量的受访者样本并非必要。原则上,参与者大多是发挥顾问作用——帮助《营商环境报告》团队发现并了解相关法律法规。如果扩大参与者的规模,则反馈将快速减少。尽管如此,参与者的人数在2010年至2017年间增加了60%。

团队与多个参与者进行广泛咨询,以便最大限度地减少其余数据的评估错误。对某些指标而言,如与办理施工许可证、执行合同以及办理破产相关的指标,其时间指标与部分费用指标(在缺少费率表的情况下)是基于实际做法而非书本上的法律做出的。这在一定程度上会受到受访者对实际做法的个人判断的影响。如果受访者有分歧,则《营商环境报告》所报告的时间指标为假设标准化案例情境下几项答案的中位值(见专栏2.2)。

《营商环境报告》的受访者

在过去的15年里,190个经济体中有超过43000名专业人士为《营商环境报告》指标提供了数据。[8] 2018年的报告吸取了超过13000名专业人士所提供的信息和建议。[9]《营商环境报告》网站给出了每个经济体以及每个指标集的受访者人数。

图2.2 《营商环境报告》如何采集并验证数据

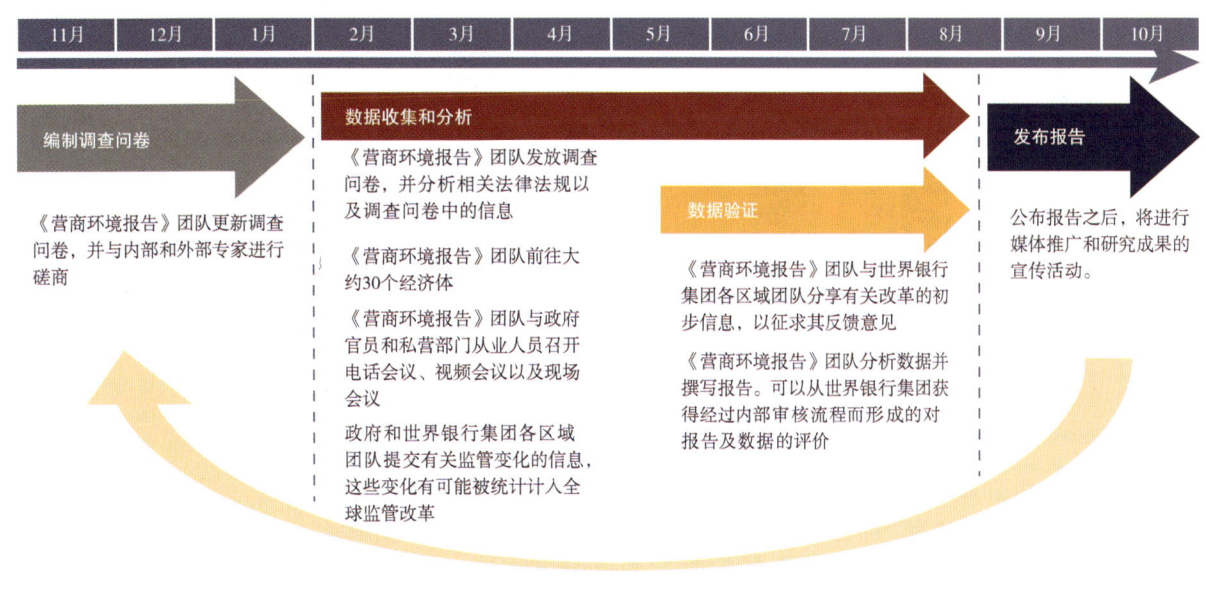

受访者的选择以其在各自领域的专长为基础，这些专业人士的日常工作是针对《营商环境报告》所覆盖特定领域的法律和监管要求进行管理或者给出咨询建议。由于其侧重点为法律和监管安排，因此大多数受访者为律师、法官或公证人员等法律专业人士。此外，征信局或注册机构的官员也完成了征信信息调查表的填写。会计师、建筑师、工程师、货运代理人以及其他专业人士回答了与纳税、办理施工许可证、跨境贸易和获得电力相关的调查问卷。某些公职人员（如公司或财产登记处的登记员）提供了指标所整合的部分信息。

《营商环境报告》所采取的

专栏 2.2　哪里的监管更具可预测性，这重要吗？

《营商环境报告》通过时间指标来评估各指标体系中每个程序或流程的持续时间中位数。但在实践中，不同的企业家完成同样的事所花费的时间可能存在显著差异。因为企业家重视可靠性和低风险，所以在时间方面的差异可能具有重要的意义。

2018年，《营商环境报告》开始着手深入理解在将时间因素纳入8项指标考量后将产生的上述差别。这8项指标分别是开办企业、办理施工许可证、获得电力、登记财产、纳税、跨境贸易、执行合同和办理破产。为了实现这一目标，《营商环境报告》收集数据，对经济体在最佳和最差案例情境中完成一项流程所需的时间进行估测。数据显示，在西班牙，商业纠纷审判时间在正常情况下平均需要280天，不过根据具体情况的不同，具体时间范围在180天至550天之间。

数据显示，在上述8个营商指标中，高收入经济体的时间差异较小，因此，与中低收入经济体相比，其监管环境更加具有可预测性（见下表中的示例）。此外，数据证实，中位数确实处于时间分布的中间位置。比如，在英国，办理施工许可证的时间中位数为90天。其最差案例情境为120天，而最佳案例情境为60天，这说明时间分布范围为围绕中位数加减30天。

在高收入经济体的最佳和最差案例情境中，预估时间的差异最小

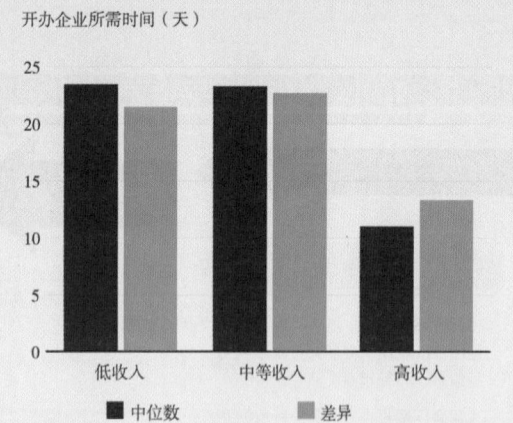
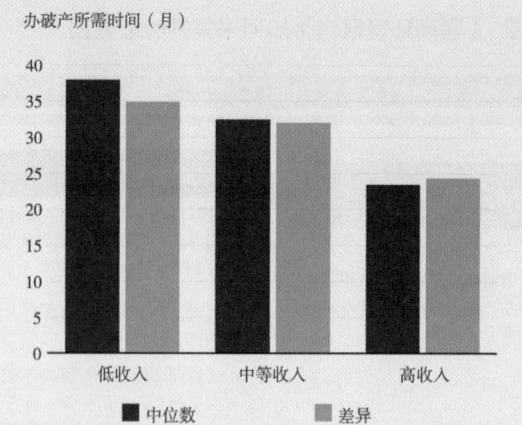

资料来源：《营商环境报告》数据库。

《营商环境报告》的数据还表明，中位数与最佳和最差案例情境之间的差异正相关（见下图）。遵守法规所需时间的中位数越大，就越难以预测达成目标所需的时间。由此，中位数成为衡量时间不可预测性的一个标准。事实上，在时间差异较大的经济体内，腐败程度一般都不高于根据中位数所预测到的情况。

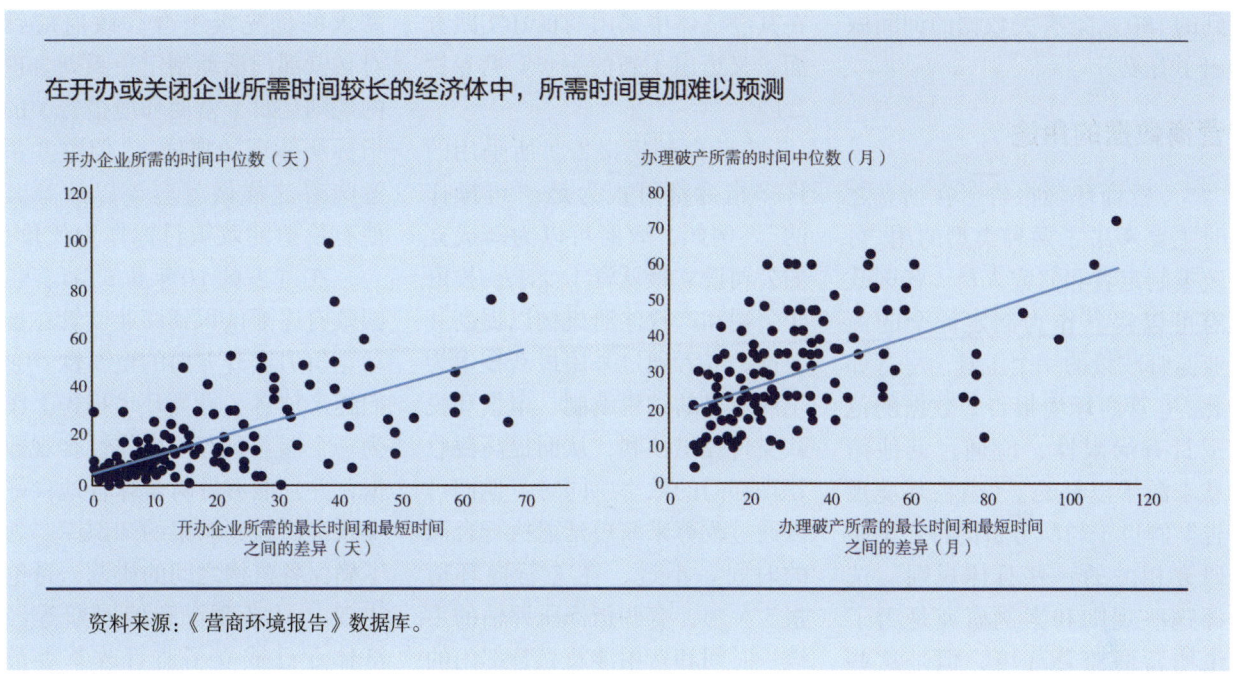

在开办或关闭企业所需时间较长的经济体中,所需时间更加难以预测

资料来源:《营商环境报告》数据库。

方法是与经常从事相关工作的法律从业人员或其他专业人士进行合作。《营商环境报告》采用标准化的时间与动作研究(time-and-motion)方法,将开办企业或办理施工许可证等每个流程或事项分解成为单独的步骤,以确保对时间做出更好的预估。每个步骤的预估时间是由日常从事该项事务并具备丰富经验的从业人员给出的。

《营商环境报告》不对企业进行调查出于两个主要原因。第一个原因是,企业参与指标所评估的事项的频率通常较低。例如,一家公司在其存续过程中仅经历了一次企业开办流程,而从事企业注册成立的律师每个月可能会完成10次这样的事务。因此,与企业相比,为《营商环境报告》提供信息的企业注册律师和其他专家能更好地对开办企业的流程进行评估。他们了解当前的规定和做法,而企业在数年前成立时所面对的规定可能已经与现在的规定不同了。第二个原因是,《营商环境报告》的调查问卷主要是收集法律信息,而企业不可能做到对这些信息非常熟悉。例如,很少有企业能够了解通过法院解决商业纠纷所涉及的全部主要法律程序,即便这些企业曾办理过这些程序。但是,诉讼律师提供全部程序的有关信息则几乎毫无困难。

政府和世界银行集团各区域的员工

在收到《营商环境报告》受访者所完成的调查问卷之后,我们将相关信息与法律进行验证,并进行后续询问以确保获得了全部相关信息。然后,《营商环境报告》团队与各国政府(通过世界银行集团执行理事会)和世界银行集团各区域的员工分享监管改革的初步描述。通过这一流程,政府部门和从事《营商环境报告》所覆盖经济体相关工作的世界银行集团员工可提请团队注意受访者所未汇报的监管改革或者更多的监管改革成果等等。这样,《营商环境报告》团队就可以求助于当地私营部门专家,进行深入咨询,并在需要的时候进行验证。此外,团队正式回应各国政府或区域员工的评论,并为评分决策提供解释。

数据调整

我们在"数据说明"中或者在《营商环境报告》网站上提供有关数据更正的信息。所有人均可通过透明的投诉程序,对数据提出质疑。在2016年11月至2017年10月期间,团队对所收到的180余条有关数据的询问做出了答复。

营商数据的用途

《营商环境报告》在创立之时主要考虑了两种类型的用户：政策制定者和研究人员。各国政府可以将其作为制定健全的商业监管政策的一个工具。尽管如此，《营商环境报告》数据的范围具有局限性，应通过其他信息来源予以补充。《营商环境报告》侧重于与所分析的特定案例研究相关的一些具体规则。选择这些规则和案例研究是为了说明营商监管环境，但是这些规则和案例研究并不能给出对环境的全面描述。《营商环境报告》提供了独特的数据集，让人们能够进行分析，以更好地了解商业监管在经济发展中发挥的作用，所以该报告也是研究人员的一个重要的信息来源。

政府和政策制定者

《营商环境报告》通过揭示潜在挑战并发现可资借鉴的良好做法和经验教训，为政策制定者提供促进政策辩论的对标工具。尽管指标的侧重范围较为狭窄，但在经济体中针对这些指标所突出反映之结果的初步讨论，通常会转化为对于哪些领域需要开展商业监管改革的深刻讨论，甚至会包括那些大大超出《营商环境报告》所评估的领域。在开展次国家级区域级研究的经济体中，《营商环境报告》的指标在为政策制定者提供工具以确定可在其经济体中采用的良好实践方面，又迈出了新的一步（见专栏2.1）。

《营商环境报告》所采用的许多指标都可视为是"可操作的"。例如，政府可以为新成立的公司设立最低资本要求，投资于公司和产权注册机构以提高其效率，或者通过采用最新技术为工商业界的纳税编制、申报和税款支付提供便利，从而提高税收管理部门的效率。同时，他们可以通过改革来缩短延迟执行合同的时间。不过，在《营商环境报告》中，有些指标所评估的手续、时间和费用涉及私营部门的参与者，如律师、公证人员、建筑师、电工或者货运代理人。尽管政府可以通过强化职业许可机制和预防反竞争行为来对此加以管控，但从短期来看，政府可能无法对上述职业的收费问题产生较大影响。同时，政府也无法控制本国的地理位置，而这个因素可能会对企业产生负面影响。

尽管许多《营商环境报告》的指标具有可操作性，但这并不一定意味着这些指标在特定环境中都是"值得采取的行动"。商业监管改革只是旨在提高竞争力和为可持续性经济增长奠定坚实基础的战略的一个组成部分。此外，还存在许多其他需要达成的目标，如公共财政的有效管理、对教育和培训给予充分的重视、采用最新技术来提高效率和公共服务的质量，以及适度考虑空气和水的质量问题以保障公众健康。政府必须决定最适合自身需求的优先级组合。政府应针对私营部门活动制定一系列合理的规则（如《营商环境报告》的指标所体现的那样），但这并不意味着这样做就应该以放弃其他有价值的政策目标作为代价。

在过去的10年里，随着各国政府逐渐认识到商业监管在推动竞争力提升方面的重要性，它们越来越将《营商环境报告》作为一个涵盖具有可操作性客观数据，并且能够针对全球各地良好实践提供独到洞察的知识库。为了确保各机构之间的协调，哥伦比亚、马来西亚和俄罗斯等经济体业已成立了监管改革委员会。这些委员会将《营商环境报告》的指标作为其商业环境改善计划的信息来源。其他60多个经济体也组建了这样的委员会：在东亚和太平洋地区，包括文莱、印度尼西亚、韩国、菲律宾、中国台湾和泰国；在中东和北非，包括埃及、科威特、摩洛哥、沙特阿拉伯和阿联酋；在南亚，包括孟加拉国、印度和巴基斯坦；在欧洲和中亚，包括阿尔巴尼亚、克罗地亚、格鲁吉亚、哈萨克斯坦、科索沃、吉尔吉斯斯坦、马其顿共和国、摩尔多瓦、黑山、波兰、塔吉克斯坦、土耳其、乌克兰和乌兹别克斯坦；在撒哈拉以南非洲地区，包括贝宁、布隆迪、科摩罗、刚果民主共和国、刚果共和国、科特迪瓦、几内亚、几内亚比绍、肯尼亚、利比里亚、马拉维、马里、毛里求斯、尼日尔、尼日利亚、卢旺达、塞内加尔、塞拉利昂、苏丹、坦桑尼亚、多哥、赞比亚和津巴布韦；在拉丁美洲和加勒比地区，包括阿根廷、巴西、智利、哥斯达黎加、多米尼加共和国、危地马拉、牙买加、墨西哥、尼加拉瓜、巴拿马、秘鲁和圣卢西亚。自从2003年以来，各国政府共报告了超过3180次的监管改革，其中920次改革曾经采用了《营商环境报告》所提供的信息。[10]

许多经济体针对与《营商环境报告》所评估的领域相关的监管改革进行了知识分享。开展此类知识分享最常见的形式是同侪学习活动——如来自一个区域，甚至全球范围内的各国政府官员参与的研讨会，他们在会议上讨论监管改革所面临的挑战并分享其各自的经验。

智库和其他研究机构

《营商环境报告》的数据被许多智库和其他研究机构所广泛采用，用来编制新的指数或者撰写研究论文。

许多研究论文已论述了商业监管的重要性，并说明了其与各种经济成果之间的关系。[11]一个被广泛引用的有关过度商业监管如何影响经济表现和发展的理论机制认为，商业监管使企业参与正规经济的成本过于高昂，从而抑制了企业的投资或使其转向非正规部门。近期的研究通过使用《营商环境报告》的指标和其他相关指标，对这一命题展开了广泛的实证性测试。根据一项研究，在墨西哥各城市，一项简化企业注册登记的改革使得企业注册和有薪就业分别提升了5%和2.2%——以及，由于竞争的加剧，现有企业的收入降低了3%。[12]墨西哥的商业注册改革还推动了14.9%的非正规企业业主转向正规经济。[13]

高效、未扭曲的商业监管是生产效率提升的重要驱动因素。例如，一项针对印度的研究表明，效率低下的许可制和规模限制造成资源配置不合理，并且由于阻止高效率公司实现其最优规模，而又保留市场上无效率的公司，从而导致全要素生产率的降低。[14]该研究表明，取消上述限制预计将会推动全要素生产率提高40%—60%。有研究指出，在欧盟和日本，针对资本使用的隐性税收使得企业的平均规模缩减了20%，总产出和每家企业的产出分别降低了8.1%和25.6%。[15]近期针对科特迪瓦、埃塞俄比亚、加纳和肯尼亚的一项研究表明：在消除了因不均衡的规定而造成的企业层面的扭曲并改善了商业环境之后，上述国家的生产效率得到了显著提升。[16]研究还表明，在部分经合组织高收入经济体中，将破产法的效率提高到与美国相当的水平，并加大银行对大企业的放贷力度之后，这些经济体的全要素生产率将提高30%左右。[17]

在有关企业准入的政府监管与就业增长之间的相关性方面，业已投入了大量的研究力量。在葡萄牙，商业改革使得企业正规化所需时间和成本缩减，初创企业的数量增加了17%，同时每月每10万居民中产生的新的就业岗位数达到了7个。与改革之前相比，新的初创企业的所有者可能大多为女性，其企业规模较小，并且企业家的经验和教育程度都相对较低。这表明，改革为雄心勃勃的企业家创造了一个更具包容性的环境。[18]

在许多经济体，从事国际贸易的企业正处于苦苦挣扎之中，因为它们正面临高昂的运输和物流成本，同时还要应对那些妨碍其提升竞争力以及那些使其无法充分利用其产能的各种监管限制。基于《营商环境报告》所提供的跨境贸易指标（该指标评估进出口的时间、程序和货币成本），几项实证性研究评估了贸易成本如何对经济体的进出口表现产生影响。此外，大量的实证研究表明，高效的基础设施以及健康的营商环境与出口表现呈正相关关系。[19]

事实证明，提高基础设施效率和贸易物流，能够为经济体的贸易平衡和各贸易商带来益处。不过，运输时间的延误可能会造成出口额的下降：一项关于贸易物流重要性的分析研究发现，在撒哈拉以南非洲，运输时间延长一天将会导致出口额平均下降7%。[20]另外一项研究还发现，对于内陆经济体以及对时间有要求的农业和制造业产品而言，运输时间延迟一天将会产生巨大的负面影响，每延误一天将带来至少1%的贸易额缩减。[21]海关清关流程的延误也将对企业的出口能力产生负面影响，这在首次将商品发给新客户的时候表现得尤为突出。[22] 在企业准入监管较为灵活的经济体中，贸易额每增长1%，人均收入就会增长0.5%以上，但在监管更为严格的经济体中，则不会产生积极的收入方面的影响。[23] 研究还发现，尽管国内买家可从质量和价格各异的产品中进行选择并从中获益，但进口竞争对经合组织中监管烦琐的高收入经济体而言，仅带来了微乎其微的质量提升，而对于非经合组织中监管烦琐的经济体而言，在质量提升方面没有产生影响。[24] 因此，如果监管烦琐，消费者从进口竞争中可能获得的收益会被削减。

《营商环境报告》对影响国内企业的商业监管维度进行了评估。然而，研究表明，更好的商业监管——如《营商环境报告》所评估的——与更高水平的外国直接投资相关。[25] 此外，外国直接投资既能阻碍也能促进国内投资，这取决于东道国经济体中准入监管的营商便利水平。实际情况表明，在企业开办流程成本高昂的经济体中，外国直接投资会对国内投资产生挤出效应。[26] 根据另外一项研究，在国际市场整合度较高的经济体中，开办企业的流程一般而言会更加轻松和简单。[27]

近期的实证研究表明，设计良好的信贷市场法规和运行顺畅的法院系统对债务追讨有重要意义。例如，哥伦比亚实施了旨在提高破产法律效率的改革，显著提升了可存活公司的追偿率。[28] 一项对多个经济体的研究显示，对动产进行抵押登记可使公司的融资渠道改善提升约8%。[29] 印度建立了债务追偿法院，将不良贷款减少了28%，并针对金额较大的贷款降低了利率，这表明加快债务追偿案件的处理可以削减信贷成本。[30] 深入回顾全球的银行流动可以发现，如果经济体具备较好的信贷信息共享系统，并且企业分支机构的覆盖率较高，那么企业逃税的程度较低。[31] 根据调查发现，强大的股东权利可以降低金融摩擦，尤其是那些外部资金相对于股本而言规模较大的公司（如小型公司或处于困境中的公司）。[32]

在研究高税率和烦琐的税法及程序所造成的扭曲影响方面，也已进行了大量的理论和实证工作。根据一项研究成果，巴西在进行完税收改革之后，零售企业中的营业许可提升了13%。[33] 另外一项研究结果表明，将税收的复杂性降低10%相当于实际公司税率降低1%。[34]

研究表明，劳动力市场监管——如《营商环境报告》所评估的——对劳动力市场会产生重大影响。根据一项研究发现，如果学生在经济条件不利的时候从学校毕业，那么将会对劳动者后续的就业机会产生持续性的负面影响。这一负面影响的持续性在就业保障立法更为严格的经济体中更为强烈。[35] 严格的就业保障立法也可能产生负面的分配影响。例如，一项针对智利的研究发现，强化工作保障规定与青年、无技能工作者以及女性就业率降低相关。[36]

通过扩大时间序列维度以及数据范围，《营商环境报告》希望能够在世界银行集团内外，继续为有关商业监管对经济发展的重要性的辩论提供重要的参考（见专栏2.3）。

指数

《营商环境报告》发现，有17个不同的数据项目或指数采用了《营商环境报告》作为其数据的来源。[37] 大多数上述项目或机构采用指标层面的数据，而非总的营商便利度排名。使用最为广泛的指标集是开办企业，其次是劳动力市场监管和纳税。这些指数通常将《营商环境报告》的数据与来自其他来源的数据进行整合，以便在竞争力或创新等某一特定的总体维度方面对经济体进行评估。

例如，美国传统基金会的经济自由指数采用了22个《营商环境报告》指标来衡量全球范围内四个领域的经济自由度，其中包括法制、政府规模、监管效率以及市场开放度。[38] 那些在上述四个领域中得分较高的经济体通常具有较高的经济自由度。

与此类似，世界经济论坛在其全球竞争力指数中采用《营商环境报告》的数据来证明竞争力如何成为经济增长的全球性驱动因素。该机构还在其对机构、产品市场效率、劳动力市场效率、金融市场发展和企业活力这五项

专栏 2.3 最新的《营商环境报告》研究采用了《营商环境报告》和世界银行企业调查中的新数据

《营商环境报告》团队于2016/2017年度进行了数项研究,分析当前来自《营商环境报告》以及世界银行企业调查有关商业监管的数据如何与各种经济和制度成果产生相连。此类研究发现:

- 中小型企业更易受到信贷限制。此外,更加先进的信用信息系统与较低水平的信贷限制相关,在那些小型企业、未进行外部审计的企业以及缺乏质量认证的企业表现得尤为突出。[a]
- 财政压力会推动监管改革。不过,当政府能够依托于较低的借贷成本时,财政失衡对改革的影响会有所减弱。[b]
- 服务不可靠是低收入经济体的一个重要因素。在这些经济体中,时常停电。此外,繁冗的电力接入与公用事业腐败相关,同时较高的电力行业限制条件也降低了企业对能源输入的需求。[c]
- 当商业监管水平较高的时候,腐败与企业生产效率之间存在显著的负相关关系。但在商业监管水平较低的情况下,则没有显著的关联。[d]

a. Chávez,2017。
b. Djankov,Georgieva and Ramalho,2017a。
c. Arlet,2017。
d. Amin and Ulku,2017。

评估中采用了13个《营商环境报告》指标。这些可公开获得的信息来源扩大了《营商环境报告》提供的一般商业环境数据,将其整合成为不同经济体和区域有关其他重要社会和经济问题的研究。上述情况说明,单独来看,对于不同领域和维度的大量研究分析而言,《营商环境报告》指标依然是一个有用的出发点。

注

1. Djankov,2016。
2. 这些论文可在《营商环境报告》网站中查阅,http://www.doingbusiness.org/methodology。
3. 如需获得更多有关世界银行企业调查的咨询,请访问http://www.enterprisesurveys.org。
4. 获得信贷指标是根据其对总体分数的贡献率,按比例加权的,为合法权利力度指数和信贷信息深度指数分配的权重分别是60%和40%。按照这种方法,上述指标中所包含的每个点都具有相同的值,并且与其所归属的组成部分无关。针对所有其他主题的指标,采用相同的权重。如需获得更多信息,请参见"前沿距离分数与营商便利度排名"一章。
5. Hallward-Driemeier and Pritchett,2015。
6. Schneider,2005;La Porta and Shleifer,2008。
7. 如需浏览法律图书馆,请访问http://www.doingbusiness.org/law-library。
8. 年度数据的采集工作是对数据库进行的更新。《营商环境报告》团队及其参与者考察了监管框架通过与指标体系所捕捉特征相关的方式发生变化的程度。因此,数据采集流程应被视为每年在前一年报告所体现的已有知识库的基础上增添新的内容,而非创建一个全新的数据集。
9. 大约有13000名参与者为今年的报告提供了数据,他们中的很多人完成了《营商环境报告》一个以上指标集的调查问卷。本年度报告共接收了超过16000份的信息和建议,这真实地反映了所收到的反馈数量。每个指标集和经济体的平均反馈数量都超过了7个。如需了解更多详情,请访问http://www.doingbusiness.org/contributors/doing-business。
10. 《营商环境报告》认为,这些改革在制定改革议程的时候,使用了《营商环境报告》所提供的信息。
11. 此处引用的论文仅为《营商环境报告》在所评估领域开展研究的部分示例。自从2003年《营商环境报告》首次出版以来,发表于同行评议的专业期刊上的工作论文和研究文章超过了10000篇,这些文章探讨了《营商环境报告》所评估领域中的监管如何对其经济产出产生影响。
12. Bruhn,2011。

13. Bruhn, 2013。
14. Hsieh and Klenow, 2009。
15. Guner, Ventura and Xu, 2008。
16. Cirera, Fattal Jaef and Maemir, 2017。
17. Neira, 2017。
18. Branstetter and others, 2014。
19. Portugal-Perez and Wilson, 2011。
20. Freund and Rocha, 2011。
21. Djankov, Freund and Pham, 2010。
22. Martincus, Carballo and Graziano, 2015。
23. Freund and Bolaky, 2008。
24. Amiti and Khandelwal, 2011。
25. Corcoran and Gillanders, 2015。
26. Munemo, 2014。
27. Norbäck, Persson and Douhan, 2014。
28. Giné and Love, 2006。
29. Love, Martinez-Peria and Singh, 2013。
30. Visaria, 2009。
31. Beck, Lin and Ma, 2014。
32. Claessens, Ueda and Yafeh, 2014。
33. Monteiro and Assunção, 2012。
34. Lawless, 2013。
35. Kawaguchi and Murao, 2014。
36. Montenegro and Pagé, 2003。
37. 采用《营商环境报告》作为数据来源的项目和指数包括：弗雷泽研究所（Fraser Institute）的世界经济自由（EFW）；传统基金会的经济自由指数（IEF）；世界经济论坛的全球竞争力指数（GCI）；网络就绪指数（NRI，与欧洲工商管理学院合作）；人力资本指数（HCI）；贸易促进指数（ETI）；旅行和旅游竞争力指数（TTCI）；欧洲工商管理学院的全球人才竞争力指数（GTCI）；全球创新指数（GII，与康奈尔大学和世界知识产权组织合作）；毕马威会计事务所的应变能力指数（Change Readiness Index, CRI）；花旗集团和伦敦帝国理工学院的数字货币指数；国际管理发展研究所的《世界竞争力年鉴》；敦豪公司的全球连通性指数（GCI）；普华永道的《税收2016：全球全景报告》；列格坦研究所的列格坦繁荣指数；千年挑战公司（Millennium Challenge Corporation）的开放数据目录；牛津大学、巴拉瓦尼克政治学院和政府研究所的国际公务服务效能（InCiSE）指数。
38. 如需了解更多有关传统基金会经济自由指数的信息，请访问http://heritage.org/index。

2018年营商环境报告

2016/2017年度营商环境改革

过去，在泰国开办企业要花费27.5天，而现在由于进行了一系列商业监管改革，该流程仅需要花费4.5天。首先，泰国取消了加盖企业印章的要求。之前，每一份股权证明均需要至少一位董事签字，并加盖企业印章。其次，泰国废除了从劳动部获得企业工作规程申请的要求。在改革之前，员工人数超过10名的企业需要向劳动部提交工作规程以获得批准。目前，企业的工作规程改为在常规劳动监察中予以检查。采取这种做法的并不仅仅只有泰国。2016/2017年度，共有38个经济体降低了开办企业流程的复杂性和费用，从而帮助企业家提高了开办企业的便利度与速度。

改革取得了成效。减少行政负担、简化监管规定、加强竞争并减少繁文缛节等改革与低收入经济体中制造业生产率的提高以及中等收入经济体中总体生产率增长呈正相关关系。[1] 大量证据显示，在《营商环境报告》所涉及的领域中，在开办企业、纳税以及跨境贸易领域实施的改革次数达到了历史最高水平，并产生了积极影响。例如，为提高开办正规企业的便利度所进行的监管改革，与注册企业的数量增加以及就业水平和生产率的提高相关。[2] 税收的组成和质量会对生产率和经济增长产生显著影响。[3] 税收政策可以对生产率产生负面影响，比如：针对企业的创新活动，制定令人沮丧的条件，或者通过征收强制性派款等劳动所得税扭曲资本—劳动力的配置。研究表明，在未来20年里，取消此类财政性壁垒，每年将使实际GDP增长率平均提高1个百分点。[4] 提高基础设施效率和贸易物流，将为经济体的对外贸易平衡和个人贸易商带来有据可查的益处，但是过境延迟可能会降低出口额。一项对贸易物流重要性进行分析的研究发现，在撒哈拉以南非洲，过境时间推迟一天就会使出口额平均降低7%。[5]

2016/2017年度改革力度最大的国家有哪些？

在2016年6月2日至2017年6月1日期间，《营商环境报告》

- 在2016年6月2日至2017年6月1日期间，《营商环境报告》记录了264项营商便利度监管改革，其中有119个经济体在《营商环境报告》所评估的不同领域实施了至少一项改革。

- 在《2018年营商环境报告》中，进展最为显著的经济体包括文莱、泰国、马拉维、科索沃、印度、乌兹别克斯坦、赞比亚、尼日利亚、吉布提和萨尔瓦多。

- 2016/2017年度，开办企业和获得信贷是改革发生比率最高的领域，在这两个领域中分别实施了38项改革。简化注册手续是改革中最常见的做法，这提升了开办企业的便利程度。在提升信贷获得便利程度的改革中，最常见的做法是建立新的征信局和信用信息登记机构。

- 欧洲和中亚，有79%的经济体实行了至少一项营商法规改革，是实施这一改革的经济体数量最多的地区，并且这一情况持续了10年以上。而撒哈拉以南非洲是2016/2017年度实施改革总次数最多的区域，在《营商环境报告》所评估的所有领域共进行了83次改革。

- 2016/2017年度，从实施营商便利度改革的经济体的数量和改革次数来看，东亚和太平洋地区位列第一。文莱和泰国各实施了8项改革，印度尼西亚实施了7项改革。

记录了264项提升营商便利度的监管改革——其中有119个经济体在《营商环境报告》所评估的不同领域实施了至少一项改革（见本章末尾的表3A.1）。不过，开办企业、获得信贷和跨境贸易是2016/2017年度改革发生率最高的领域（见表3.1）。

在所有领域进行改革的经济体所占比例最高的区域是欧洲和中亚，这种趋势已经延续了十多年之久。具体而言，按照《2018年营商环境报告》的记录，该区域79%的经济体实施了至少一项营商法规改革。乌兹别克斯坦进行了5次改革，在改革总量方面处于该区域的翘楚地位；立陶宛和阿塞拜疆次之，这两个国家的改革次数各为4次。2016/2017年度在区域改革总次数方面，撒哈拉以南非洲地区领先于其他区域，在《营商环境报告》所评估的各领域共实施了83次改革。该区域有3/4的经济体在2016/2017年度至少实施了一次商业监管改革。与此类似，根据《2018年营商环境报告》，南亚有75%的经济体至少实施了一项商业监管改革。

2016/2017年度东亚和太平洋地区是实施提升营商便利度改革的总次数最多，且参与改革的经济体数量最多的区域；文莱和泰国均实施了8项改革，印度尼西亚实施了7项改革。拉丁美洲和加勒比地区以及经合组织高收入国家中，进行商业监管改革的经济体所占比例最低。中东和北非也属于实施改革的经济体所占比例相对较少的区域（65%）。不过，沙特阿拉伯实施了6项改革。

以2016/2017年度《营商环境报告》所评估的指标衡量，进步最显著的10个经济体是：文莱、泰国、马拉维、科索沃、印度、乌兹别克斯坦、赞比亚、尼日利亚、吉布提和萨尔瓦多（见表3.2）。上述经济体在《营商环境报告》所评估的10个领域中共实施了53项商业监管改革。总体而言，这10个表现最佳的经济体在获得信贷（8项改革）、开办企业、办理施工许可证以及纳税领域（每个领域各实施了7项改革）所实施的监管改革数量最多。

在这10个进步最大的经济体中，文莱通过实施8项营商便利度改革，连续第二年在迈向监管前沿的过程中取得最大进展。文莱取消了企业注册成立后的手续，并实施了新的建筑指导原则，取消了获得围板许可证和向一站式服务机构提交开工公告与竣工公告的要求。此外，文莱通过了新的担保交易法，加强了借款方和债权人的权利，并通过提高股东在重大公司决策中的权利和作用、明确所有权和控制结构，以及要求提高公司透明度，增强了对少数投资者的保护。该国还推出了供法官和律师使用的电子案件管理系统，并采用在线系统来申报和缴纳员工的公积金。最后，在2016/2017年度，文莱还改进了其针对货物清关的全国单一窗口服务。

泰国是东亚和太平洋地区各经济体中另一个成功跻身前十个进步最大的经济体。该国在《营商环境报告》所评估的8个领域实施了改革。泰国简化了开办新企业的登记后流程。此外，还通过了一项新的担保交易法，借以加强借款人和债权人的权利，同

表3.1	2016/2017年度，欧洲和中亚地区经济体在提升营商便利度的改革中所占比例最高	
改革领域	2016/2017年度实施的改革次数	2016/2017年度改革占比最高的区域
开办企业	38	南亚
办理施工许可证	22	撒哈拉以南非洲
获得电力	20	欧洲和中亚
登记财产	29	欧洲和中亚
获得信贷	38	南亚
保护少数投资者	21	南亚
纳税	30	东亚和太平洋地区
跨境贸易	33	南亚
执行合同	20	南亚
办理破产	13	南亚

资料来源：《营商环境报告》数据库。

注：《2018年营商环境报告》中也记录了劳动力市场监管指标的17个监管变化。这些变化并未包括在总改革次数之中。

表3.2 2016/2017年度在《营商环境报告》所评估的三个或更多领域进步最大的10个经济体

经济体	营商便利度排名	前沿距离分数变化	开办企业	办理施工许可证	获得电力	登记财产	获得信贷	保护少数投资者	纳税	跨境贸易	执行合同	办理破产
文莱	56	5.77	√	√		√	√	√	√	√	√	
泰国	26	5.65	√		√	√	√	√	√	√		√
马拉维	110	5.42		√			√			√		√
科索沃	40	4.94	√				√					√
印度	100	4.66	√	√				√	√			√
乌兹别克斯坦	74	4.50	√		√			√	√			
赞比亚	85	3.94					√			√		
尼日利亚	145	3.82	√	√		√	√		√			
吉布提	154	3.79					√			√		
萨尔瓦多	73	3.56	√	√					√	√		

资料来源:《营商环境报告》数据库。

注:本报告按照改革的次数选择经济体,并根据前沿距离分数的提升幅度对其进行排名。首先,《营商环境报告》对实施营商便利化改革的经济体进行了选择,这些改革涉及在本年度纳入前沿距离总分评定的10个领域中的3个及以上领域。此外,在营商便利化监管改革的次数中还剔除了使营商难度加大的监管改革。其次,《营商环境报告》按照因上年改革而提升的前沿距离分数对经济体进行排名(不包括人均收入和贷款利率变化所造成的影响)。分数的提升幅度是按照能够反映数据修订和方法论变化的可比数据进行计算,而非2016年发布的数据。改善最为显著的经济体是从至少实施3项改革的经济体中选择的前沿距离分数提升最大的经济体。

时采用了基于风险的自动化系统来选择税务审计公司,并提高了曼谷执行流程的自动化水平和效率。另外,泰国通过实施地理信息系统以及对曼谷的大部分地图进行扫描,强化了其土地管理系统。

尼日利亚、马拉维和赞比亚这三个撒哈拉以南非洲经济体在2016/2017年度也成功跻身前十个进步最大的经济体榜单。尼日利亚采用了对注册文件进行电子审批的模式,从而加快了开办企业的速度。该国还通过在线公布全部相关规定、费用表和预申请要求,提高了办理施工许可证的透明度。此外,尼日利亚通过法律确保借款人享有查看其个人数据的权利,并开始向银行、金融机构和借款人提供信用得分,从而改善了信用信息的获取。尼日利亚还为全部联邦税款的缴纳提

供了新的集中式电子支付渠道。马拉维将市政府所收取的费用减半,并缩短了办理建筑规划许可所需时间。该国还通过建立新的征信局,改善信用信息的获取。赞比亚采用了ASYCUDA World数据管理系统,提高了进出口的便利度,同时推出了用于纳税申报和税款支付的在线平台,以改进纳税合规制度。此外,上述三个经济体都颁布了担保交易法,或对其相关法律进行了修订。

科索沃和乌兹别克斯坦是2016/2017年度欧洲和中亚地区在向前沿迈进过程中取得进展最大的两个经济体。科索沃实施了三项营商便利度改革,其中包括推出新的法律,为担保债权人在破产中制定了明确的优先性原则,并确定了担保债权人在重组程序中获得中止程序救济的明确

依据。乌兹别克斯坦实施了五项改革。该国的电力公司推出"交钥匙"服务,可完成包括外部连接的设计和施工在内的所有与电力接入相关的服务,从而简化了获得电力接入的流程。

在2016/2017年度,印度凭借8项营商便利化改革,成功跻身进步最大的前十大经济体榜单,这在南亚尚属首例。印度在建设计划审批中应用了在线单一窗口系统,加快了获得施工许可证的速度;根据新的系统,可在申请施工许可证之前提交建设计划并获得批准。印度还推出了SPICe表格(INC-32),简化企业注册流程,该表格将永久账号(PAN)和税务账号(TAN)的申请合二为一,允许申请者一并提交。此外,由于2016年印度对在线系统进行了改进,使完成

向雇员公积金组织（EPFO）以及职工国家保险公司（ESIC）申请所需的时间有所缩短。2017年1月，孟买增值税（VAT）和职业税（PT）的联合申请也全面实施。印度还修订了相关规定来明确重组程序之外担保债权人的优先权，并通过了一部新的资不抵债和破产法，针对公司债务人推出了重组程序，从而增加了信贷的获取渠道。在跨境贸易方面，印度通过改善孟买那瓦西瓦港的基础设施，缩短了边界合规审查所需时间。在取消了商户超时费之后，德里和孟买的进出口边界合规审查成本均有所降低。由于电子平台和移动平台使用范围的扩大，自2016年7月以来，参加经认证经营者（AEO）计划的进口商得以通过简化的海关程序，加快货物清关速度。

凭借在相关指标所涵盖的四大领域——办理施工许可证、获得电力、纳税和跨境贸易——实施了四项改革，萨尔瓦多成为拉丁美洲和加勒比地区唯一跻身2018年前十个进步最大的经济体榜单的经济体。与此类似，吉布提实施了五项改革，成为中东和北非地区入选该榜单的唯一经济体。

扫清开办企业的障碍

在许多经济体，企业家在开办企业的时候依然面临巨大的障碍。繁冗的管理程序和昂贵的费用可能使企业家无法进入正规经济，从而对公共部门和私营部门产生负面影响。企业正规化可以让企业家和员工都能享有为注册公司提供的法律和金融服务（如获得贷款和社会保障福利）。有明确的证据表明，简化监管手续会促进经营准入、业务增长、岗位创造以及国民收入的提高。

2016/2017年度38个经济体通过简化开办企业的手续、缩短时间与降低成本，提高了开办企业的便利度。例如，在上述经济体中，有2/3的经济体通过取消各种审批要求或者通过合并若干注册流程，简化了注册手续。其他经济体不再要求获得一般性营业执照或公司印章，从而简化了注册后流程。还有一些经济体建立或改进了一站式服务机构，降低或取消了最低实缴资本要求，并为企业家建立了在线平台。在上述38个经济体中，12个经济体实施了综合且涉及两至三类改革的改进措施。

2016/2017年度赤道几内亚在向开办企业前沿迈进方面取得了最大进展。该国的具体做法是，取消了从总理办公室获得开办企业批准的要求。之前，每家新企业获得这一批准平均需要花费4个月的时间。

尼日尔是另外一个显著提升了开办企业便利度的经济体。该国降低了最低实缴资本要求，为其一站式服务机构配备了更多的工作人员，从而缩短了公司注册所需的时间，此外还允许免费在线公布公司注册成立公告。

自从《营商环境报告》推出以来，我们发现近95%的经济体实施了至少一项提升开办企业便利度的改革。这些改革提高了企业成立和正式运营的速度和便利度。15年前，在全球范围内，企业家开办企业并实现正式运营平均需要花费52天，而现在只需要20天。

简化登记要求包括从合并注册手续到取消冗余流程等在内的多种方法。撒哈拉以南非洲地区的几个经济体在2016/2017年度采取了简化上述手续的措施（见图3.1）。刚果民主共和国通过取消对女性注册企业必须获得其丈夫许可的要求，提高了女性注册企业的便利度；并且通过合并多项企业注册流程，将开办企业所需时间缩短了将近一个工作周。

简化办理施工许可证的流程

建筑行业是经济体健康程度的一个重要指标。如果大量建筑项目停滞不前，则是经济陷入困境的明显迹象，而建筑行业欣欣向荣则彰显了经济的增长。尽管仍然存在各种障碍——如建筑行业分散化，以及建筑行业在适应技术变革方面的犹疑不决——但世界各国政府非常重视进行旨在缩短获得施工许可证的时间和降低相关成本的改革。[6] 2016/2017年度在针对建筑许可流程进行改革的22个经济体中，有5个将其改革的重点放在缩短获得施工许可证所需的时间方面（见图3.2）。

2016/2017年度科特迪瓦在办理施工许可证方面的进步最为显著。该国建立了一站式服务机构，并发布了与获得城市规划许

图3.1 2016/2017年度，南亚和撒哈拉以南非洲地区实施有关开办企业便利度改革的经济体数量最多

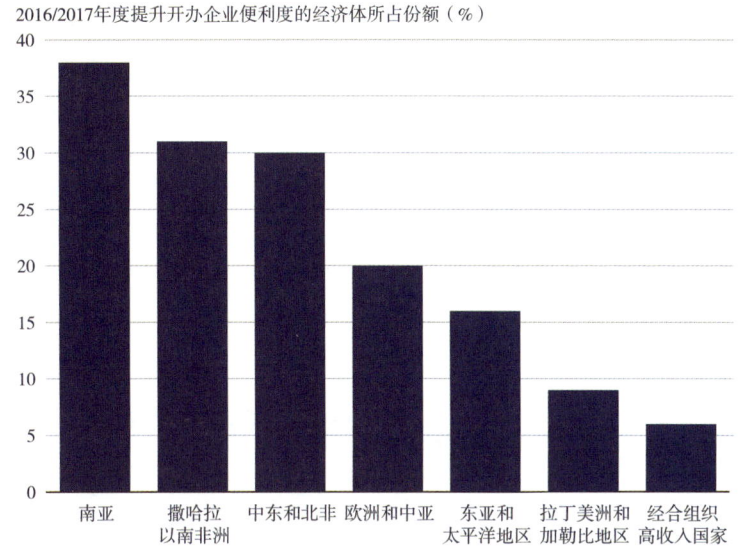

资料来源：《营商环境报告》数据库。

图3.2 2016/2017年度许多经济体提高了获得施工许可证的速度

资料来源：《营商环境报告》数据库。

可证相关的最后期限、成本和程序。科特迪瓦将所需办理的流程数目降低了4个，并将处理申请的时间缩短了210天。

撒哈拉以南非洲地区的其他经济体也取得了明显的进步，15个经济体针对其建筑许可流程的诸多方面进行了改革。加蓬制定了内部预先批准会议制度，参加会议的相关技术专家在正式委员会会议之前对申请进行审查，由此简化了流程并缩短了获得施工许可证所需的时间。此外，加蓬还通过在线方式公布其建筑行业规定、获得施工许可证的费用表和相关要求。同样地，贝宁和加纳也在线公布与建筑行业相关的各种规定，从而提高了透明度，而卢旺达采用了基于风险的检查来改进建筑期间的质量控制。肯尼亚取消了国家环境管理局和国家建筑管理局收取的清理费用，从而降低了建筑费用。马拉维将施工许可证费用降低了一半。坦桑尼亚提高了其一站式服务机构的效率，并将建筑许可委员会的会议频率增加至每月一次，从而简化了其许可流程。

在欧洲和中亚，乌克兰大幅减少了投资者向基辅的社会与工程运输基础设施的强制性派款，由此降低了建筑成本。立陶宛缩减了获得技术条件和施工许可证所需的时间。乌兹别克斯坦简化了从不同机构获得地块分配审批的流程。

提高电力接入的效率和可靠性

世界银行企业调查数据显示，发展中经济体的企业主将获得可靠的电力服务视为营商的第四大障碍。[7] 不过，电力行业的掣肘作用各有不同。电力接入流程困难重重，与电力公司的腐败息息相关，同时也可能会阻碍企业的发展，[8] 而电力供应的不稳

定与企业较低的生产效率相关。[9] 高效的电力接入流程和缓解电力中断风险的保障措施，对于企业主而言是至关重要的。有效的客户保障措施和规定也为企业提供了可预测性，帮助他们更好地预测风险。

鉴于电力行业的重要地位，许多经济体计划改善电力接入以及电力供应的质量，从而改善中小企业的运营环境。《营商环境报告》记录了20个经济体在2016/2017年度所实施的提高获得电力的改革。其中，12个经济体侧重于改善电力接入流程，而另外8个经济体则将电力供应的可靠性作为重点。

2017年，电力改革中最普遍的特征是电力接入流程的改进。一些监管方面的改革减少了客户申请电力接入时需要与电力公司或其他第三方进行互动的次数，这是改进电力接入流程的一个有效途径。亚美尼亚于2016/2017年度安装了地理信息系统，成功减少了互动次数，取消了必须经过现场勘查才能签发技术条件的要求。因此，获得电力接入所需的总时间从2016年的138天缩减至2017年的127天。

多米尼加共和国和肯尼亚实施了一系列改善电力供应可靠性的改革。在圣多明各和内罗毕，对网络基础设施进行重要升级，此举大幅缩短了停电持续时间（见图3.3）。在肯尼亚，内罗毕的电力公司投资于输电线路和变压器，并建立了专门的团队负责在断电时恢复电力供应。在多米尼加共和国，圣多明各的电力公司建造了新的变电站、重新设计网络分区规划，并建立了一支在断电之后快速恢复电力服务的响应团队。这两个经济体的电力公司通过采取这些举措，使得电力供应大幅提升。由于肯尼亚和多米尼加共和国的系统平均停电持续时间指数（SAIDI）和系统平均停电频率指数（SAIFI）得分均在100以下，因此这两个国家都有资格在《营商环境报告》的电力供应可靠性和电费透明度指数上获得分数。

提高土地管理系统的质量

有效的产权对于支持投资以及提高生产率和经济增长是必不可少的。全球各地经济体均有迹象表明，已做过产权登记的财产所有者进行投资的可能性更大。他们在使用其财产作为抵押品时，获得信贷的机会也更大。同

图3.3 多米尼加共和国和肯尼亚的电力中断持续时间缩短

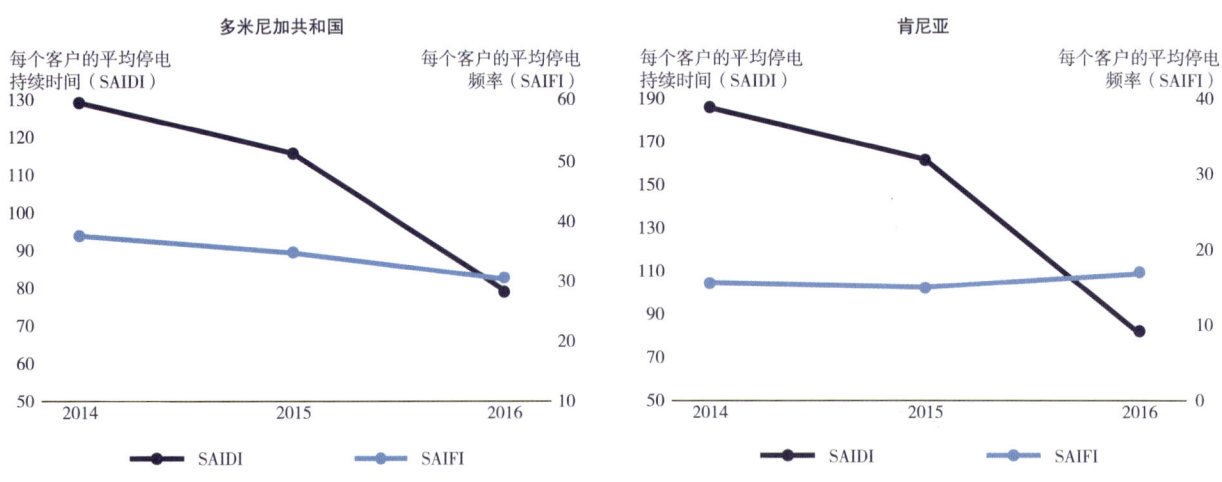

资料来源：《营商环境报告》数据库。

注：本图所显示的是每个经济体中的最大商业城市在一年中电力中断的平均小时数（用SAIDI来衡量），以及每个客户的平均停电次数（用SAIFI来衡量）。

样,土地清册和土地登记机构记载和掌握可靠的最新信息,这对于政府正确评估和征收财产税而言是不可或缺的。

2016/2017年度29个经济体通过提高财产转让的效率和改善土地系统管理的质量,提高了财产登记的便利度。其中,最常见的改进措施包括提高信息的透明度,以及通过缩短财产转让所需的时间来提高管理效率。

2016/2017年度毛里求斯在财产登记便利度方面取得的进展最为显著。该国取消了10%的转让税和登记税,启动了投诉机制,并公布了服务标准。在此期间,卢旺达在财产登记流程方面也取得了进步。该国通过推出用户搜索财产信息等新的在线服务,以及在线进行财产转让申报和登记,缩短了财产转让所需的时间(见图3.4)。目前,财产所有者可以在线搜索具体的财产、所在位置以及影响财产的各种障碍。此外,相关方或公证人员可以在线申报财产转让契据,用于财产登记。尼日尔降低了公证费,之前是财产价值的4%,目前采用基于财产价值的递减费用计划,从而显著降低了注册成本。该国政府还对《税法通则》进行了修订,以降低财产转让登记费。

在各区域中,欧洲和中亚以及撒哈拉以南非洲地区是2016/2017年度实施与财产转让相关改革次数最多的地区,二者旗鼓相当。在欧洲和中亚,克罗地亚通过了《房地产转让法案》,将房地产转让税从5%下调至4%;哈萨克斯坦通过政府网站向公众公布了阿拉木图的地籍规划,并开始公布有关土地纠纷的数据;俄罗斯通过一站式服务机构提供财产登记服务,并通过立法来要求在9个工作日之内完成财产登记。在撒哈拉以南非洲地区,毛里塔尼亚的土地登记部门推出了一个网站,向公众提供有关土地登记服务的相关信息,如财产转让规则、流程和费用。塞内加尔通过简化不同部门之间在财产登记机构的沟通,推出可发现瓶颈问题的内部机制,以及制定内部时间期限以加快登记流程办理,从而缩短财产登记所需的时间。

拓宽获得信贷的渠道

2016/2017年度24个经济体通过实施改革,改善了其信用信息系统,主要是通过设立新的征信机构和信用信息登记机构,以增进信用信息的共享。马拉维于2016年7月正式运行新的征信机构——信用数据征信局(Credit Data CRB),因此在征信领域实现了最为显著的改善。该征信局发布有关企业和个人的正面和负面信用信息,同时借款人拥有具备法律保障的权利去查看自身数据。喀麦隆、印度尼西亚、伊拉克、约旦和斯洛文尼亚在2016/2017年度成立了新的征信局或者信用信息登记机构。阿塞拜疆、吉布提和缅甸改进了其征信监管框架,以推动在近期成立新的征信机构。

西非地区的经济体也在2016/2017年度实施了改革,以改进其征信报告系统。西非经济与货币联盟(WAEMU)的所有成员国目前已经正式通过了《信贷信息局监管统一法》。西

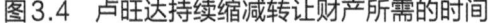

图3.4 卢旺达持续缩减转让财产所需的时间

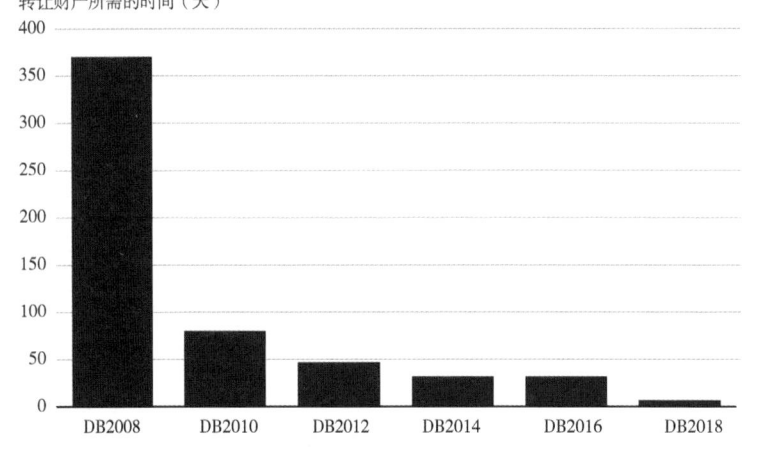

资料来源:《营商环境报告》数据库。

非经济与货币联盟的区域征信局（Creditinfo VoLo）在2017年初便开始在布基纳法索、几内亚比绍和多哥开始运营。此外，2016年Creditinfo VoLo在科特迪瓦、马里、尼日尔和塞内加尔开始运营（见图3.5）。

在其他地区，各经济体采用了在征信方面的全球良好实践。尼日利亚、卡塔尔和阿联酋的征信局开始向其数据用户提供信用评分，作为一项增值服务。除金融机构以外，其他的数据来源分布也有所改善。在不丹，两家公用事业公司开始向征信机构提供客户账户的正面和负面信息。肯尼亚目前要求公共事业公司以及储蓄和信用合作机构共享信用信息。在伊朗，一家汽车经销商开始与征信机构共享信用交易相关信息。

2016/2017年度18个经济体修改其立法，鼓励利用动产作为抵押品，进一步方便企业获得信贷。改革最常见的做法包括：改进担保交易的立法框架，将功能上的类似品纳入担保权益之中，创建可查询的现代担保登记机构，并允许企业在线登记、修改和取消担保权益。2016/2017年度约旦河西岸和加沙地带的进步最引人注目。该地区于2016年通过了担保交易法，据此建立了现代担保登记机构，允许对当前和未来用作担保权益的资产进行总体描述。新的规则还确立了破产程序之外的担保债权人的优先权，并允许庭外执行。

白俄罗斯于2016年建立了动产权利负担登记机构，以记录、保存并提供有关动产担保权益的信息。蒙古的《动产和无形资产质押法》于2017年3月生效，对应收账款的转让、金融租赁和保留所有权的交易进行了规定，并要求其在抵押登记机构进行登记。与此类似，文莱、吉尔吉斯斯坦、蒙古、马来西亚、尼泊尔、尼日利亚、俄罗斯、萨摩亚、土耳其和赞比亚也推出了建立现代担保登记机构的新法律。

保护少数投资者权益

2016/2017年度吉布提在保护少数投资者权益方面的进步最为显著。该国推出了一部新的法律，法律编号为191/AN/17/7。该法律修改了《商法典》，采取了重要措施来缓解企业之间有害的利益冲突。该法律要求董事向董事会详细说明他们在拟议交易上可能存在的任何利益冲突。如果他们想要继续进行交易，还须将交易条款以及利益冲突的程度列入年报之中。即便在采取了上述防范措施之后，如果交易对公司有害，股东依然可以诉至法院，要求取消交易并追偿利益各方所取得的利润。股东在提起诉讼之前，还可以查看交易文件，并可针对其相关法律费用寻求补偿。此外，该法律还规定，交易所涉及的资产如果达到公司资产的51%，则必须经股东授权，并且应提前21天发送股东会议通知。鉴于以上及其他修订内容，吉布提在相关指标集的全部六个指数上的得分均有所上升，其保护少数投资者的前沿距离分数提高了21.67个百分点（见图3.6）。

2016/2017年度其他20个经济体也加强了对少数投资者的保护。[10]哥斯达黎加于2016年10月实施了第9392号法律，规定对少数投资者给予特定保障，并强化了针对利益冲突的保障措施。现在，董事会必须针对与利益各方的交易进行投票，同时涉

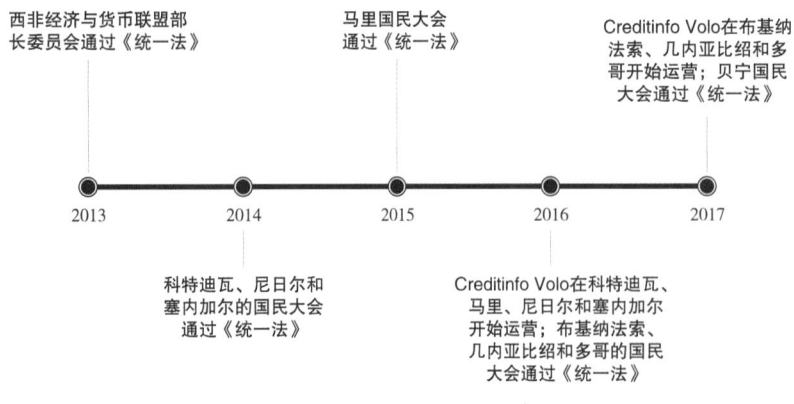

图3.5　西非经济与货币联盟区域征信局大事年表

资料来源：《营商环境报告》数据库。

图 3.6　2016/2017 年度吉布提增强了对少数投资者的保护

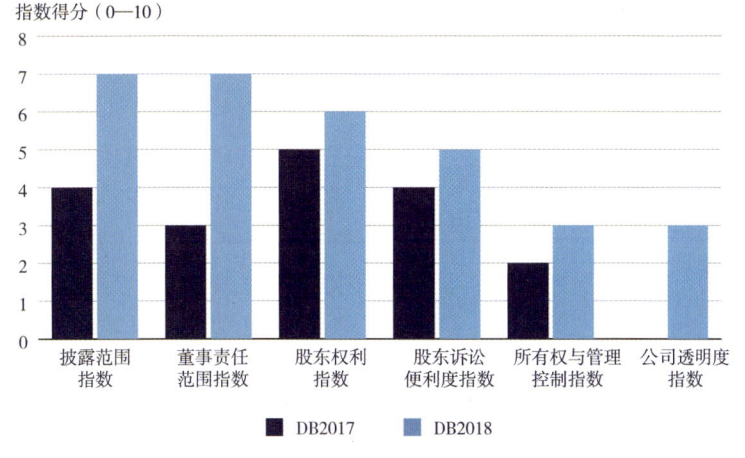

资料来源：《营商环境报告》数据库。

及个人利益的董事会成员必须明确公开其相关利益情况，并在此情况下放弃投票。如果股东选择针对交易提起诉讼，该法律也有助于股东在诉讼程序启动之前以及之中获得证据。因此，哥斯达黎加在披露范围指数和股东诉讼便利度指数的得分上均实现了显著提升，因此其保护少数投资者的前沿距离分数提高了10个百分点。

13个经济体——阿塞拜疆、文莱、吉布提、埃及、法国、印度尼西亚、哈萨克斯坦、立陶宛、马来西亚、尼泊尔、卢旺达、沙特阿拉伯和乌兹别克斯坦——于2016/2017年度通过了提高公司透明度要求的立法。该法律赋予了股东更多议程设置权，并要求披露董事会成员在其他公司的活动、高管薪酬以及审计报告。因此，所有上述经济体在公司透明度指数上的分数均有所提高。

阿塞拜疆、不丹、文莱、吉布提、格鲁吉亚、哈萨克斯坦、卢旺达、沙特阿拉伯和泰国通过颁布法律，要求公司任命独立董事或建立审计委员会等措施来明确公司治理、所有权和控制架构。通过上述变革，这9个经济体在所有权和管理控制指数上的得分均有所提升。

最后，2016/2017年度有11个经济体颁布了有关规定，以提高关联方交易的审批和披露要求。其中，卢森堡提高了持有公司10%股份资本的股东获得公司信息以及在发生不公平第三方交易时起诉董事的权利。这11个经济体——哥斯达黎加、吉布提、格鲁吉亚、印度、哈萨克斯坦、卢森堡、巴基斯坦、卢旺达、沙特阿拉伯、泰国和乌克兰——在审批范围、董事责任范围以及股东诉讼便利度指数方面均得到了提高。

改进纳税合规制度

制定合理有效的税收系统对于一个运转良好的社会而言是至关重要的。在大多数经济体，税收是教育、医疗卫生、公共交通、基础设施和社会项目等公共支出的主要收入来源。税收政策是公共政策中争议最大的政策领域之一。针对高税率和复杂财政体系的影响，我们进行了大量理论研究和实证考察工作。当一些经济体希望最大化其社会福祉时，鉴于其所处环境至关重要，所以要确定最优的税收体系非常困难。尽管如此，从理论和实证的角度来看，高税收和烦琐的税收体系都很可能产生扭曲的影响。良好的税收体系应确保税收比例均衡且具有稳定性（而非任意的），同时纳税的途径对于纳税人而言具有便利性。最后，税种应易于管理，方便征收。

2016/2017年度，萨尔瓦多在纳税方面取得的进步最为显著。在实施了监管变革之后，目前所有公司须以电子方式提交其纳税申报单。如今，萨尔瓦多的大多数公司在缴纳利润税、增值税和包括强制性派款在内的劳务所得税时，均采用电子支付的方式。税务管理部门在抽选公司进行税务审查的时候，也开始采用不同的评估标准，但当前其工作重心主要放在规模较大的公司上。在出现缴款不足，或者在企业所得税自行申报中出现错误的情况下，不选取其中的低风险公司和小型企业进行税务审计。

在过去一年里，纳税领域改革最为常见的一个做法是实施或者改进电子申报和支付系统。除萨尔瓦多之外，还有16个经济体——博茨瓦纳、文莱、印度、印度尼西亚、肯尼亚、立陶宛、马尔代夫、摩洛哥、新西兰、菲律宾、卢旺达、沙特阿拉伯、乌拉圭、乌兹别克斯坦、越南和赞比亚——推出或改进了其在线纳税申报和支付系统。印度采用在线平台用于员工公积金的电子缴付，并实施了放宽企业所得税合规要求的管理措施，从而放宽了针对企业的税务合规要求（见图3.7）。

自从2006年以来，电子纳税申报和支付系统的使用显著增加，其中欧洲和中亚的经济体所取得的进步最引人关注。撒哈拉以南非洲地区依然是使用电子纳税申报或支付系统的经济体所占份额最低的区域。不过，2016年在线纳税申报和支付系统的使用促进了该区域中几个经济体的效率提升，其中包括博茨瓦纳、肯尼亚、卢旺达和赞比亚。安哥拉、毛里塔尼亚、塞内加尔和多哥目前正在改进其系统，使纳税人能够在近期从手工纳税申报转变至在线申报。

其他经济体也在采取措施以降低纳税对企业造成的财务负担，并将税率保持在合理的水平，以鼓励私人部门的发展。为了促进就业情况更加平稳，意大利在2015年1月1日至2015年12月31日期间对那些与员工签订无固定期限合同的雇主免除最长36个月的社会保障缴款。日本在从2015年4月1日开始的财年里，在全国范围内将企业所得税税率从25.5%下调至23.9%。巴哈马于2016年将土地销售的印花税税率从2015年的10%下调至2.5%。

国际贸易便利化

国际贸易是经济发展的基石，因为进入国际市场与经济增长高度相关。[11]尽管平均而言，进出口关税在最近几十年间有所下降，但非关税措施的影响日益突出。[12]优化贸易行业中的时间和成本，与贸易增长、多元化和经济扩张显著相关。[13]因而，全球贸易政策的核心已经从关税转向贸易便利化，其中包括取消与贸易相关的交易成本。《营商环境报告》跟踪记录了全球范围内通过实施具有成本效益、时间效率和透明度的监管实践来实现贸易便利化的贸易政策和改革（见图3.8）。

在2016/2017年度实施了提高跨境贸易便利度方面改革的33个经济体中，有22个经济体改善了其现有进出口电子系统，将单证合规和过界合规总审查时间缩短了至少760个小时。所节约的时间中有一半以上与现有电子系统的改进有关。赞比亚将完成单证和过界合规审查的时间缩短了大约30%，凸显了将海关自动化管理系统ASYCUDA World推广至全国多个海关办公室所产生的成效。2017年，赞比亚增加了该平台的功能，借此可通过电子方式提交声明和支持文件并可在线支付海关费用。在玻利维亚将ASYCUDA升级至现代化单一海关系统（SUMA）之后，贸易商可以通过电子方式办理货物清关手续、在线提交海关声明和支持性

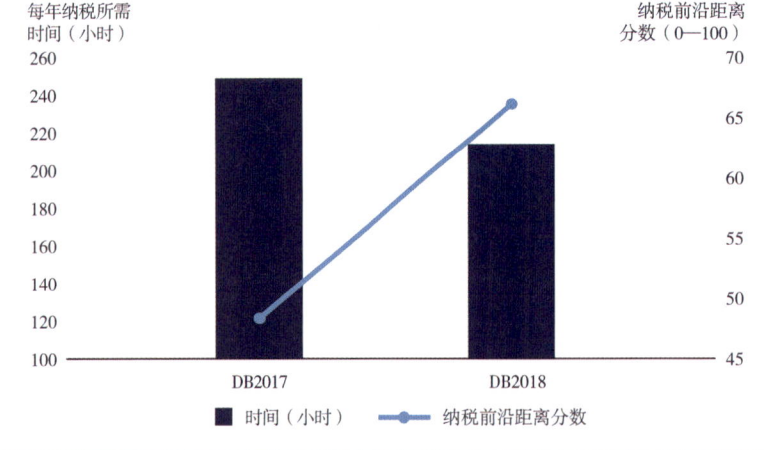

图3.7 印度要求部分税种通过电子方式缴付，从而加快了纳税速度

资料来源：《营商环境报告》数据库。

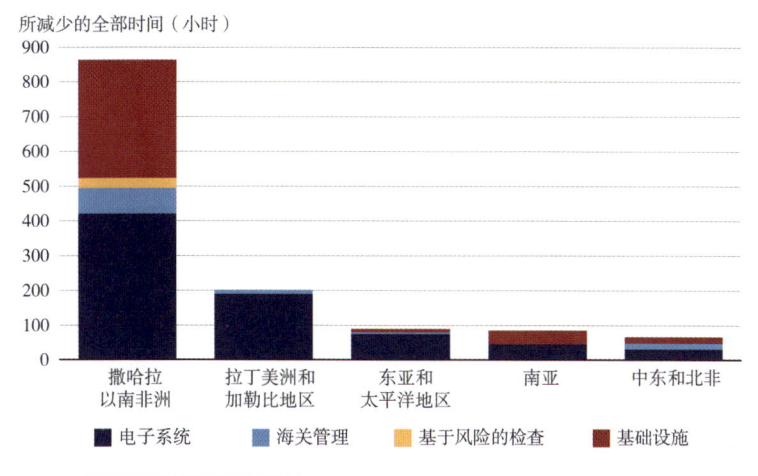

图3.8 那些因对海关产生影响的改革措施而节省的时间在各国区域内都是最多的，尤其是有关实施电子系统实施的改革

资料来源：《营商环境报告》数据库。

注：减少的时间所针对的是那些业已实施的、对2016—2017年的跨境贸易指标集产生积极影响的改革。所收录的此期间的改革被汇总划分为四个范围广泛的类别：电子系统、海关管理、基于风险的检查以及基础设施。本图未记录那些未及时进行改革的领域。

单证，无须奔走于多家政府机构以完成货物清关。因此，玻利维亚在整体上将准备和提交所需单证的时间缩短了72个小时。

此外，有11个经济体于2016/2017年度显著提升了其贸易物流基础设施。基础设施不完善是国际贸易中的主要负担之一。[14] 作为安哥拉2013—2017年国家发展计划中的一部分，该国着力修缮并升级罗安达港，扩建了码头、增加了新的码头并购置了设备。这些举措改善了处理流程，并缩短了进出口过界合规审查的时间。

2016/2017年度，从跨境贸易便利化改革的次数来看，撒哈拉以南非洲地区（46%的改革发生在该地区）以及东亚和太平洋地区（18%）遥遥领先。根据《2018年营商环境报告》，这两个地区的经济体所实施的改革次数总和在跨境贸易便利度改革总数中的占比接近64%。其他实施改革的地区包括拉丁美洲和加勒比地区（15%）、中东和北非（9%），南亚（9%）以及欧洲和中亚（3%）。

提高司法效率

能有效解决商业纠纷的司法系统是一个经济体健康发展的重要基础。[15] 借助表格和文档的手工案件流案件管理系统有助于司法系统实现总体时效性和效率，尤其是在法院自动化和信息通信技术解决方案的使用日益增加的情况下。[16] 推出新的案件管理功能，或者扩展现有案件管理或法院自动化系统是2016/2017年度最为常见的改革的特征。一些经济体（如圭亚那、哈萨克斯坦）将重点放在强化监管案例管理原则方面，其具体做法是为关键的法庭事件制定更为严格的时间标准。其他经济体（如瑞士、中国台湾）主要侧重于启用一个专用平台，以电子化的方式提交最初的诉状。匈牙利将其现有电子起诉立案系统与诉讼当事人可通过电子方式支付诉讼费的平台整合起来，从而强化了其现有电子起诉立案系统。

纳米比亚是2016/2017年度在合同执行领域进步最为突出的经济体。该国历时七年的案例管理和信息通信技术系统改革已经取得了良好的成果。在改革之初，该国曾与一些在合同执行指标方面表现卓越的经济体开展同侪学习训练。在改革过程中，纳米比亚于2014年批准了新的法院规则，其中纳入了许多案件管理原则，如重大庭审事件的时限、审前会议的早期案件管理、法官的早期干预、处理已经被相关方"放弃"案件的工具，以及法院附设调解制度。法院也升级了其信息通信技术系统，目前用户可以在线提交其初始诉状，而法官和律师可使用专门的在线案件管理系统。现在温特和克高等法院的结案率超过了110%（见图3.9），这一比例高于包括芬兰和瑞典在内的全球最成熟的经济体。[17]

其他经济体业已通过建立专门的商业法庭，提高了司法效率。不丹就指定专门的法官来处理商业案件。圭亚那、尼加拉

图 3.9 纳米比亚通过采用案件管理系统，减少了案件的积压

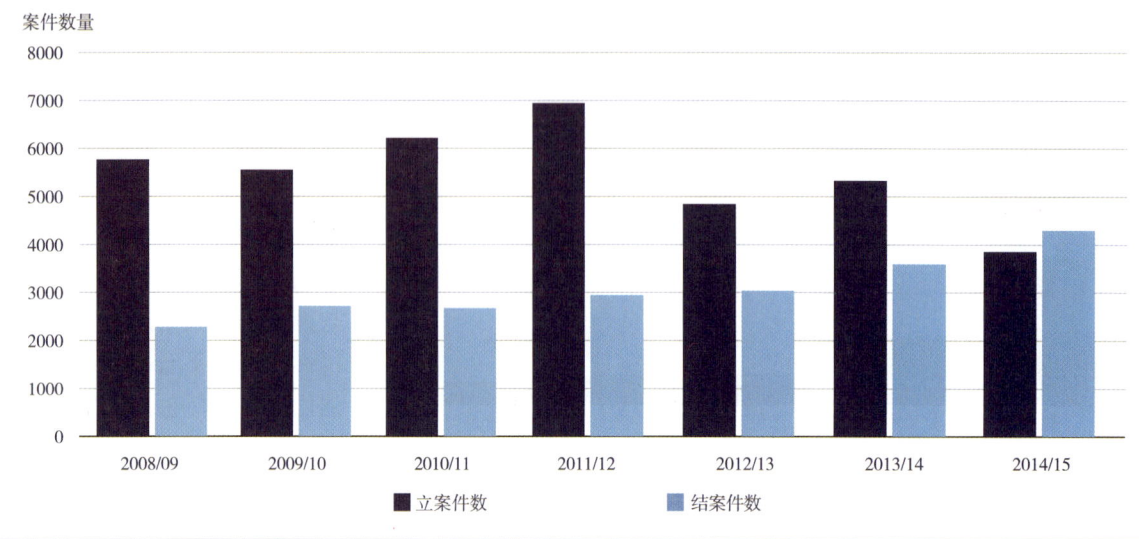

资料来源：纳米比亚高级法院数据（http://www.ejustice.moj.na）。

瓜、斯洛伐克和越南通过颁布新的《民事诉讼法典》，强化了其监管环境。

提升破产制度的效率

对企业破产的高效监管与企业获得更多信贷渠道和信贷条款的改善之间具有相关性。[18] 债权人的资金出借意愿有所提高，因为他们回收其贷款的可能性增大。此外，那些通过改革破产法而为企业提供救援机制的经济体，可能会降低企业的破产率，使经济体中保持更高的总体创业水平并维护就业机会。[19] 而破产体制的建立能够加速不具活力企业的快速退出和清算，为资源在整个经济中的有效重新配置提供有力支持。[20]

2016/2017 年度《营商环境报告》记录了 13 项提升破产办理便利度的改革。最常见的改革做法是推出重组程序作为破产清算的一个替代选择。佛得角、多米尼加共和国、格林纳达、印度、科索沃、利比里亚、马拉维、巴拿马、新加坡和阿联酋通过了相关的法律，使相关方能够通过采用重组程序来挽救那些具备财务复苏前景的、有生命力的企业。

科索沃的改革尤为引人注目。该国于 2016 年 7 月通过了一部综合性的破产法，引入了许多与国际最佳实践接轨的现代做法。该法律除了制定重组和清算程序之外，还为债务人提供了在启动重组程序之前提交预先制定的恢复计划的选择，并为中小型企业制定了快捷的破产程序。这些新的举措不仅在总体上简化了清算和重组流程，还有可能缩短破产办理的时间。该法律还允许债务人在破产程序启动之后获得新的融资以促进持续运营，管控合同处理并建立了跨境破产机制（见表 3.3）。

2016/2017 年中高收入和高收入经济体主要将精力集中在加强债权人在破产程序中的权利。阿塞拜疆、多米尼加共和国、格林纳达和巴拿马对其法律框架进行了重大修订，为债权人提供额外的保障措施，并使其能够参与影响其利益的重要决策。多米尼加共和国和格林纳达为债权人赋予了审核批准销售债务人重要资产的权利。阿塞拜疆和格林纳达为债权人赋予了在任何时候都可要求获得债务人财务情况信息的权利。此外，在阿塞拜疆和格鲁吉亚，债权人有权就是否接受破产债权的决定提出反对意见。

不断变化的劳动力市场监管

劳动力市场监管对于实现基

表3.3 科索沃旧的破产框架和新的破产框架

旧的框架	新的框架
债务人是否能够启动清算或重组流程?	
不提供破产或重组	是的,债务人可以启动上述两项流程
债权人是否针对重组计划投票表决?	
不提供重组	是的,那些受到拟定计划影响的债权人有权进行投票表决
法院是否可以判定在破产程序之前完成的优惠交易或者估价较低的交易无效?	
没有规定	是的
债务人在破产程序启动之后是否能够获得信贷?	
没有规定	是的,在破产程序启动之后,债务人或者管理人员可以获得新的融资,同时明确立了新融资的优先级
债权人是否能够参与重要决策?	
没有规定	是的,每个债权人都有权通过破产代表要求获得有关债务人财务状况的信息,也可以反对有关其自身权利主张及其他债权人权利主张的决定

资料来源:《营商环境报告》数据库。

本经济目标至关重要,如资源的高效分配,即将资源分配至可最高效利用资源的领域。[21] 劳动力监管在保护弱势群体免受强迫劳动或歧视等市场失效影响方面也是不可或缺的。[22] 除上述基本功能之外,巧妙的劳动力监管有助于推进大量经济和社会目标的实现,如更好地应对经济冲击、促进机会平等和提高社会凝聚力。而在制定劳动力政策方面所面临的挑战是,在劳动力灵活性及劳动保障之间保持平衡,以防止过度管制或管制不足。[23]

2016/2017年《营商环境报告》记载了劳动力市场监管指标所涵盖的17项改革,其中包括雇用员工、工作时长、裁员规则和工作质量。一些经济体实施了更加严格的劳动力监管,而另外一些经济体的监管方式却变得更为灵活;在一些经济体中,这两方面的改变都存在。例如,波多黎各自治邦(美国)开展了一项重要的监管改革:通过了《转型和劳动力灵活性法案》(Transformation and Labor Flexibility Act,TLFA),并在劳动力市场监管指标所评估的所有领域都推出了综合性的监管变革(见表3.4)。此外,该法案延长了永久雇员最长试用期的时间、下调了日常加班以及周末加班的工资补助、缩短了法定带薪年假,并为所有被不当裁员的员工提供遣散费。

基里巴斯也在劳动力监管方面进行了重要变革。该国批准通过了《就业和劳资关系法》(EIRC),该法律规定了每天的工作时长、确定了带薪年假和带薪病假,并明确了有关裁员的规定。

在2016/2017年,改变工作时长方面的规定是常见的改革措施。阿尔巴尼亚将每周的工作时长缩减至48小时。与此类似,刚果民主共和国确定了每天8小时工作制,并将星期日作为每周的休息日。中国台湾将每周休息日从一天增至两天,并延长了法定带薪年假的时间。波黑降低了加班工作、夜班工作和周末加班的工资补助。塔吉克斯坦取消了对非妊娠女性和非哺乳母亲上夜班的限制。

此外,一些经济体对规范裁员规则和成本的立法做出了一些修订。塔吉克斯坦提高了雇主在解雇员工时必须提供的遣散费金额。巴哈马修订了其法律规定,推出了针对再就业的优先性原则,而新加坡通过立法要求雇主在同时解雇9名员工时需通知新

表3.4 波多黎各自治邦(美国)的《转型和劳动力灵活性法案》(TLFA)

旧框架	劳工改革
永久雇员的最长试用期期限	
3个月	9个月
日常加班和周末加班的工资补助	
100%	50%
法定带薪年假,任职1年的工作者	
15天	9天
法定带薪年假,工龄为5—10年的工作者	
15天	12天

资料来源:《营商环境报告》数据库。

加坡人力部。在2016/2017年度，还有经济体进行了有关工作质量领域的立法。美国（洛杉矶）确定每年的最长带薪病假天数为6个工作日。哥伦比亚、多米尼加共和国、印度和巴拉圭延长了带薪产假的时间。

注

1. Djankov and others，2013。
2. Klapper and Love，2011。
3. IMF，2015。
4. IMF，2017。
5. Freund and Rocha，2011。
6. World Economic Forum，2017。
7. 企业调查数据库（http://www.enterprisesurveys.org/），世界银行。
8. Geginat and Ramalho，2015。
9. Grimm，Hartwig and Lay，2012。
10. 在2016/2017年度加强对中小投资者保护的20个经济体包括：阿塞拜疆、不丹、文莱、哥斯达黎加、吉布提、埃及、法国、格鲁吉亚、印度、印度尼西亚、哈萨克斯坦、立陶宛、卢森堡、马来西亚、尼泊尔、巴基斯坦、卢旺达、沙特阿拉伯、泰国、乌克兰和乌兹别克斯坦。
11. World Bank Group and WTO，2015。
12. Hoekman and Nicita，2011。
13. Arvis and others，2016。
14. Lanz，Roberts and Taal，2016。
15. Ramello and Voigt，2012。
16. Gramckow and others，2016。
17. CEPEJ，2016。
18. Cirmizi，Klapper and Uttamchandani，2010。
19. Klapper and Love，2011。
20. 如需获得更多有关破产框架如何支持经济体中资源的高效重新配置的内容，请参阅Djankov，2009；Funchal，2008；Klapper，2011，以及Visaria，2009。
21. World Bank，2012。
22. Agell，1999。
23. Kuddo and others，2015。

2016/2017 年度营商环境改革

表 3A.1　哪些经济体在 2016/2017 年度降低了监管复杂性、成本和/或强化了法律制度——它们采取了哪些措施？

特点	经济体	部分要点
提高开办企业的便利度		
简化预先登记和登记手续（发布、公证、检查和其他要求）	不丹、中国、刚果民主共和国、刚果共和国、捷克、吉布提、多米尼加共和国、赤道几内亚、埃塞俄比亚、加蓬、印度尼西亚、伊拉克、牙买加、肯尼亚、马达加斯加、毛里求斯、摩洛哥、尼日利亚、巴基斯坦、沙特阿拉伯、塞内加尔、塞尔维亚、泰国、乌兹别克斯坦	吉布提降低了登记商业活动和发布公告的费用，从而降低了开办企业的费用
削减或简化登记后手续（税收登记、社会保障登记、许可）	巴哈马、文莱、希腊、印度、伊拉克、肯尼亚、科索沃、马达加斯加、马耳他、尼日尔、塔吉克斯坦、泰国、津巴布韦	巴哈马通过合并营业执照登记流程和增值税登记流程，提高了开办企业的便利度希腊建立了统一的社会保障制度，从而提高了开办企业的便利度
推出或改进了在线流程	印度、科威特、沙特阿拉伯	沙特阿拉伯使用在线系统，将名称预留和组织章程提交手续合二为一，从而提高了开办企业的便利度。沙特阿拉伯还改进了在线支付系统，无须再当面支付费用
创建或改进了一站式服务机构	刚果民主共和国、科威特、毛里塔尼亚、摩尔多瓦、尼日尔、塞拉利昂	毛里塔尼亚合并了多项注册流程，从而提高了开办企业的便利度
取消或降低了最低实缴资本要求	喀麦隆、刚果共和国、埃塞俄比亚、加蓬、尼日尔	喀麦隆通过降低最低实缴资本要求，提高了开办企业的便利度。加蓬降低了最低实缴资本要求并将企业注册文件的公证作为非强制性要求，从而提高了开办企业的便利度
提高办理施工许可证的便利度		
缩短处理许可证申请的时间	安哥拉、文莱、科特迪瓦、萨尔瓦多、加蓬、印度、肯尼亚、立陶宛、毛里求斯、尼日尔、尼日利亚、坦桑尼亚、阿联酋、乌兹别克斯坦	立陶宛缩短了获得技术资质和施工许可证所需的时间。尼日尔颁布了有关供水连接服务的新规以及服务交付目标，从而缩短了获得供水连接所需的时间。毛里求斯废水管理局将污水连接工程的设计和建设外包给五家私营公司，从而缩短了污水管道连接所需的时间
提高透明度	贝宁、佛得角、加纳、尼日尔、尼日利亚、塞舌尔	加蓬通过在线公布与建筑行业相关的立法，提高了信息的透明度。尼日利亚（卡诺、拉各斯）在线公布全部相关规定、费率表以及预申请要求，从而提高了透明度
简化流程	文莱、加蓬、尼日尔、尼日利亚、乌兹别克斯坦	文莱取消了获得围板许可证，以及向一站式服务机构提交开工公告和竣工公告的要求。尼日尔简化了其内部流程并建立了建筑许可委员会，该委员会每周四召开会议，对许可证申请进行裁定
通过新的建筑行业规定	吉布提、萨尔瓦多、尼日尔、卢旺达、阿联酋、乌兹别克斯坦	吉布提实施了一项法令，明确规定所有从事建筑项目的专业人员需承担为期十年的责任。乌兹别克斯坦推出了一项新的土地分配制度，针对1公顷以内的土地地块开展竞争性选择流程
降低费用	吉布提、肯尼亚、马拉维、尼日尔、乌克兰、阿联酋	肯尼亚降低了获得国家环境管理局和国家建设管理局批准的费用。马拉维将获得施工许可证的费用减半。吉布提国家实验室公布了其所提供服务的官方费用，降低了混凝土检验的成本
改进或推出电子平台或在线服务	安哥拉、萨尔瓦多、印度	萨尔瓦多推出了单一窗口系统，借此可在线支付初步建设费用。大孟买市采用了在线单一窗口系统，可在申请施工许可证之前提交和审批建筑计划，以及提供各种其他服务
推出或改进一站式服务机构	科特迪瓦、坦桑尼亚	科特迪瓦建立了一站式服务机构，用以处理施工许可证。坦桑尼亚通过改善各机构之间的协调性，提高了其一站式服务机构的效率
提高获得电力的便利度		
促进提升电力供应的可靠性以及电费信息的透明度	多米尼加共和国、萨尔瓦多、牙买加、肯尼亚、墨西哥、黑山、塞内加尔、越南	牙买加通过安装智能电表和配电自动化开关等多种举措投资于配电网络，从而提高了首都金斯敦的供电可靠性
提高流程效率	安哥拉、亚美尼亚、印度尼西亚、意大利、尼日尔、菲律宾	亚美尼亚为电力接入流程设置了新的时间期限，并为电力公司引进了新的地理信息系统，从而提高了获得电力的便利度
简化审批流程	印度尼西亚、立陶宛、莫桑比克、泰国、阿联酋、乌兹别克斯坦	莫桑比克简化了通过电力公司获得电力接入所需的相关流程，无须再通过各种代理机构，从而缩短了所需时间。该国还取消大型商业客户的保证金，从而降低了成本
改进电力接入流程和成本的监管	格鲁吉亚、印度尼西亚、莫桑比克、阿联酋	格鲁吉亚降低了新客户的电力接入成本，从而使获得电力更加容易
提高财产登记的便利度		
增强信息的透明度	贝宁、文莱、吉布提、中国香港、哈萨克斯坦、科威特、毛里塔尼亚、毛里求斯、尼日利亚、巴基斯坦、塞舌尔、苏里南	毛里塔尼亚在其政府网站上增加了一个新的版块，其中包含有关土地管理局所提供各种服务的信息。哈萨克斯坦将阿拉木图的地籍计划向公众公开，并开始公布有关土地纠纷数量的数据
提高管理效率	安提瓜和巴布达、哥斯达黎加、圭亚那、科威特、尼日利亚、俄罗斯、卢旺达、沙特阿拉伯、塞内加尔、塔吉克斯坦	沙特阿拉伯建立了一个在线系统，用于查看财产所有权和财产留置权。卢旺达通过减少财产所有权调查和登记所需的时间，将完成产权转移的时间从12天缩短为7天
降低税费	贝宁、克罗地亚、印度尼西亚、毛里求斯、缅甸、尼日尔、塞内加尔、土耳其	尼日尔降低了登记费用，从而将财产登记所需的费用降低了15%。土耳其将砂浆费（财产转让登记费）从4%降低至3%，从而提高了财产登记的便利度
提高基础设施的可靠性	中国香港、罗马尼亚、塞尔维亚、塞舌尔、泰国	塞尔维亚和泰国通过推行地理信息系统，提高了其土地管理系统的可靠性。中国香港将土地部门所记载的信息与土地登记部门的信息进行连接共享。罗马尼亚实现了布加勒斯特土地登记簿系统的数字化
提高对土地纠纷解决机制的可及性	亚美尼亚、文莱、哈萨克斯坦、沙特阿拉伯	亚美尼亚、文莱、哈萨克斯坦和沙特阿拉伯通过公布在初审法院备案的土地相关案件的数据，提高了对土地纠纷机制的可及性

续表

特点	经济体	部分要点
加大力度保护借款人和出借人的法律权利		
针对动产创建统一的和/或现代的抵押登记机构	白俄罗斯、文莱、吉尔吉斯斯坦、马来西亚、蒙古、尼泊尔、尼日利亚、俄罗斯、萨摩亚、土耳其、约旦河西岸和加沙、赞比亚	赞比亚通过了有关担保交易的法律并借此建立了集中管理的现代抵押登记部门，从而扩大了人们获取信贷资金的渠道
推出发挥担保交易功能的系统	文莱、蒙古、尼泊尔、尼日利亚、萨摩亚、约旦河西岸和加沙、赞比亚	约旦河西岸和加沙通过了《动产的担保权益法案》，强化了人们获得信贷资金的能力。这部有关担保交易的新法案采用了有实用功能的担保交易体系。该法规范了相当于动产担保贷款的各项功能，如金融租赁和保留所有权的交易等等
允许对可用作担保品的资产进行概括描述	阿尔巴尼亚、泰国、约旦河西岸和加沙	阿尔巴尼亚实施了新的法律，允许对可用作担保品的资产进行概括描述
扩大可用作担保品的动产范围	泰国、越南	泰国通过制定法律，扩大了可用作贷款担保品的资产范围
为担保债权人赋予绝对优先权或允许庭外执行	阿尔巴尼亚、文莱、印度、科索沃、马拉维、泰国、土耳其、约旦河西岸和加沙	土耳其通过制定法律，允许庭外执行
在破产程序中让担保权人免受自动冻结的影响	印度、科索沃、泰国	科索沃通过了一部新的破产法，其中包括在重组过程中为担保债权人提供保障，使其免受自动冻结的影响
改进信用信息的共享		
设立新的征信局或信用信息登记机构	布基纳法索、喀麦隆、几内亚比绍、印度尼西亚、伊拉克、约旦、马来西亚、斯洛文尼亚、多哥	印度尼西亚建立了一个新的征信局，拓宽了获得信用信息的渠道
改进征信的监管框架	阿塞拜疆、贝宁、吉布提、几内亚比绍、吉尔吉斯斯坦、缅甸、土耳其	吉布提制定了新的法律，并借此建立了新的信用信息体系，从而拓宽了获得信用信息的渠道
扩大征信局或登记机构所采集和报告的信息范围	不丹、伊朗、肯尼亚、荷兰	不丹的两家公用事业公司开始向征信局提交消费者账户信息，包括正面和负面信息
推出征信局或登记机构评分，作为一项增值服务	尼日利亚、卡塔尔、阿联酋	阿联酋的征信局开始向银行和金融机构提供消费者信用评分，将其作为一项增值服务，以帮助后者评估借款人的信用情况
通过法律保障借款人查看数据的权利	尼日利亚、斯威士兰	斯威士兰于2016年通过了《消费者信用法案》，保证借款人具备查看其自身数据的权利
扩大征信局或登记机构所覆盖的借款人范围	马达加斯加	马达加斯加整合了小额信贷机构和银行的信用登记机构，将登记机构数据库所载列的借款人人数增加至成年人口的5%以上；登记机构的数据库囊括了借款人过去5年的借款情况
加强对少数投资者的保护		
扩大股东在公司管理中的作用	阿塞拜疆、不丹、文莱、吉布提、埃及、法国、格鲁吉亚、印度尼西亚、哈萨克斯坦、立陶宛、马来西亚、尼泊尔、卢旺达、沙特阿拉伯、泰国、乌兹别克斯坦	立陶宛颁布了一部法律，要求披露有关董事会成员担任其他管理职位的信息以及有关其主要职位的基本信息
拓宽了股东诉讼中获得信息的渠道	哥斯达黎加、吉布提、格鲁吉亚、哈萨克斯坦、卢森堡、卢旺达、泰国	卢森堡通过了一项法规，允许占股比例至少达到10%的股东在提起诉讼之前查看交易文件
提高关联交易的披露要求	哥斯达黎加、吉布提、印度、沙特阿拉伯、乌克兰	哥斯达黎加通过了一项法律，要求那些对拟议交易具有个人利益的董事会成员明确披露相关事宜并不得参与决策
增强董事责任	吉布提、印度、卢森堡、巴基斯坦	吉布提通过了一项法律，根据该法律，如果股东与利益各方的交易存在不公平或不公正的情况，股东有权要求相关董事（以及其他董事会成员）承担责任，并在申诉成功的情况下，要求他们偿还从交易中获得的利益
提高纳税便利度		
推出或改进电子系统	博茨瓦纳、文莱、萨尔瓦多、印度、印度尼西亚、肯尼亚、立陶宛、马尔代夫、摩洛哥、新西兰、菲律宾、卢旺达、沙特阿拉伯、乌拉圭、乌兹别克斯坦、越南、赞比亚	萨尔瓦多强制要求所有企业纳税人通过所提供的多种电子方式中的一种（DET软件或在线处理）申报其年度所得税。同时，该国还对一般在线税务处理和支付系统进行了整合
降低利润税税率	日本、挪威	日本于2016年2月5日通过了《2016年税收改革法案》，在全国范围内，将始于2015年4月1日或之后纳税年度的企业所得税税率从25.5%下调至23.9%
降低劳动所得税和强制性派款	比利时、法国、意大利、日本、乌克兰	乌克兰于2016年针对由雇主支付的统一社会保障缴费税施行22%的统一税率，取代了之前税率范围为36.76%至49.7%的差异化税率
降低除利润税和劳动所得税之外的其他税率	巴哈马、印度尼西亚、泰国、赞比亚	印度尼西亚于2016年将资本收益的法定税率从5%下调至2.5%
简化纳税合规流程或者减少纳税申报或支付次数	中国、印度、意大利、尼日利亚、毛里塔尼亚、帕劳、乌克兰	印度于2016年推出了收入计算和披露标准，以规范计算应税收入的方法和其他税务会计标准。由于印度采用了现代企业资源规划（ERP）软件，其数据采集的自动化程度得到了提高
推出基于风险的税务审计选择系统	萨尔瓦多、泰国	泰国于2016年实施了新的基于风险的自动化系统，用以选择进行税务审计的企业。该系统对自行申报错误或者到期税款支付不足的情况并不标记提示进行税务审计
为处理增值税现金退税设定时间限制	塞内加尔	塞内加尔通过制定法律，强制要求税务当局应在收到纳税人文件起的90日内完成增值税退税，同时税务部门在收到增值税抵免退税申请的30日内必须对此加以考虑上述改革业已实施

续表

特点	经济体	部分要点
提高跨境贸易的便利度		
推出或改进出口单证的电子提交和处理模式	玻利维亚、博茨瓦纳、巴西、文莱、佛得角、科摩罗、马拉维、毛里求斯、阿曼、巴基斯坦、塞拉利昂、斯里兰卡、圣基茨和尼维斯、斯威士兰、中国台湾、乌干达、越南、赞比亚	玻利维亚升级了其自动化海关系统（SUMA），并缩短了出口单证的合规审查时间。赞比亚将其海关管理系统扩展至全国范围，使电子支付成为可能
推出或改进进口单证的电子提交和处理模式	玻利维亚、巴西、文莱、佛得角、科摩罗、印度尼西亚、牙买加、肯尼亚、马拉维、毛里求斯、阿曼、巴基斯坦、斯里兰卡、斯威士兰、越南、赞比亚	佛得角和肯尼亚改进了其各自的电子海关平台，从而将进口单证合规审查时间缩短了24小时。巴西通过升级其电子系统——整合海关、税务和行政管理机构——提高了跨境贸易的速度，将进口单证合规审查时间缩短了72小时
加强出口运输或港口基础设施	安哥拉、印度、马来西亚、毛里塔尼亚、毛里求斯、莫桑比克、巴基斯坦、卡塔尔、俄罗斯、新加坡、乌干达	安哥拉对罗安达港进行了修缮，改进了装卸流程并缩短了过界合规审查所需时间。俄罗斯在芬兰湾沿岸设立了一个新的深水港，增强了其竞争力并降低了圣彼得堡港的过界合规成本
加强进口运输或港口基础设施	安哥拉、印度、马来西亚、毛里塔尼亚、毛里求斯、巴基斯坦、卡塔尔、俄罗斯、新加坡	卡塔尔启用了哈马德港口，从而提高了跨境贸易的便利度。新加坡和马来西亚扩建了现有港口，改进了码头装卸流程
增强进出口海关管理	博茨瓦纳、文莱、萨尔瓦多、埃塞俄比亚、印度、毛里塔尼亚、毛里求斯、圣多美和普林西比、沙特阿拉伯、塞拉利昂、越南	萨尔瓦多增加了海关清关和查验的人员数量，从而缩短了过界合规审查所需时间。毛里求斯降低了侵入式查验的次数，从而将进出口过界合规检查时间缩短了10个小时
提高执行合同的便利度		
对适用的民事诉讼程序或执行规则进行重大改革	圭亚那、哈萨克斯坦、尼加拉瓜、塞内加尔、塞尔维亚、斯洛伐克、西班牙、越南	尼加拉瓜和斯洛伐克均推出了新的民事诉讼法塞尔维亚通过了新的强制执行法。扩大并明确了强制执行代理机构的责任西班牙降低了新案起诉立案的费用
通过采用电子支付或公布判决书的方式，扩大法院自动化范围	阿塞拜疆、匈牙利、毛里塔尼亚、卢旺达、泰国	阿塞拜疆、匈牙利和泰国启动了可网上支付费用的平台。毛里塔尼亚和卢旺达公开公布商事案件各个层级的判决
推出或扩大电子案件管理系统	文莱、印度、纳米比亚、沙特阿拉伯	在印度，能够生成绩效评估报告。文莱、纳米比亚和沙特阿拉伯推出了案件管理电子系统
推出电子立案申请功能	纳米比亚、瑞士、中国台湾	纳米比亚、瑞士和中国台湾针对商业案件推出了电子立案申请系统，可以通过在线方式发出传票
推出或扩大专门的商事法庭	不丹	不丹通过指定专门的法官来处理商业案件
扩大替代性纠纷解决框架	越南	越南推出了一部规范自愿调解的新法律
提高破产办理的便利度		
提高重组成功的可能性	阿塞拜疆、佛得角、多米尼加共和国、格鲁吉亚、格林纳达、巴拿马、泰国、阿联酋	佛得角使债务人在破产程序启动之后有可能获得新的融资，并推出了相应的优先性原则
推出新的重组程序	佛得角、多米尼加共和国、格林纳达、印度、科索沃、利比里亚、马拉维、巴拿马、新加坡、阿联酋	阿联酋提供了商业实体的重组选择，作为破产清算的替代性选择方案
加大对债权人权利保护的力度	阿塞拜疆、佛得角、多米尼加共和国、格鲁吉亚、格林纳达、科索沃、利比里亚、巴拿马	多米尼加共和国赋予了债权人反对由破产代表做出的特别重要决策的权利，如在破产程序中出售债务人的重要资产
改善有关破产期间合同处理的规定	阿塞拜疆、佛得角、多米尼加共和国、格鲁吉亚、科索沃、利比里亚、马拉维、巴拿马、阿联酋	利比里亚允许对破产程序启动之前达成的特惠和估值过低的交易予以废止
规范破产管理者的专业化程度	印度、利比里亚、马拉维、巴拿马	马拉维从职责、权利和责任方面规范了破产管理者的专业精神
修改劳动立法		
修改雇用规定和试用期	芬兰、蒙古、波多黎各自治邦（美国）	波多黎各自治邦（美国）延长了在《转型和劳动力灵活性法案》（TLFA）生效日之后雇用的长期员工的最长试用期
修改有关工作时长的规定	阿尔巴尼亚、波黑、刚果民主共和国、基里巴斯、中国台湾、塔吉克斯坦	基里巴斯制定了有关每天工作时长以及每周最长工作天数的规定
更改裁员规定和成本	巴哈马、基里巴斯、波多黎各自治邦（美国）、新加坡、塔吉克斯坦	新加坡通过立法要求雇主在同时解聘9名员工时应通知新加坡人力部
改革监管工作者保障和社会福利的立法	阿尔巴尼亚、哥伦比亚、多米尼加共和国、印度、基里巴斯、拉脱维亚、巴拉圭、波多黎各自治邦（美国）、美国	美国（洛杉矶）通过了《带薪病假条例》，允许员工通过口头或书面申请的方式获得最多六个工作日的带薪病假

资料来源：《营商环境报告》数据库。

注：本表包括影响劳动力市场监管指标的改革，但是不影响营商便利度的排名。

2018年营商环境报告

开办企业

- 企业注册机构向公众提供透明信息，可降低交易成本，促进投资决策。
- 企业注册机构分享的最常见的信息类别包括：公司名称、法定地址和董事姓名。
- 企业注册机构通常不采集有关实际所有权、公司结构和年度财务收益的信息，也不将其向公众公开。
- 技术进步大大拓宽了获取信息的渠道。
- 企业注册机构的信息透明度与效率的提高和行贿受贿发生率的下降之间有密切的联系。

企业注册机构的信息透明度

近年来，政府和民间团体携手共同提高企业信息透明度。已经有新的法规出台来提高透明度，特别针对企业数据的公开。此前发生的事件（如巴拿马文件泄密和巴哈马数据泄露事件）所暴露出的一系列问题显示了个人利用企业所有权结构的模糊状态在全球进行非法转移资金的严重程度。目前，对拓宽获取所有权等企业信息渠道的呼声很高。

提高营商环境透明度的方法之一是公开披露实际所有权信息——换言之，披露最终享有财产权益的个人身份，即使他们不是法定所有人。披露实际所有权有助于识别可疑的洗钱和潜在的恐怖融资行为。

为了提高所有权的透明度，新加坡修改了《公司法》，要求本地注册公司和在新加坡注册的外国公司保存实际所有权信息，并在必要时将其公之于众。为监管对实际所有权信息的披露，2016年加纳修改了《公司法》。2017年5月德国议会通过法律要求德国所有企业（包括离岸实体）所有人在实际所有权电子注册机构注明其身份。获得企业信息，对期望做出理性投资决策的个人和机构而言至关重要；在经济全球化的环境下，这对投资者了解其业务伙伴起到了重要的作用。

提供通过企业注册机构获得企业信息的公开渠道，不但可提振对企业和机构的信心，还有助于管理金融敞口，增强市场稳定性，由此降低营商风险。若要提高透明度，需要通过制定法律来扩大获得更多企业数据的公开渠道，如公司董事、股东和实际所有人等的身份。

2018年的《营商环境报告》根据企业注册机构采集并分享的信息，在190个经济体收集了初步数据。这些信息既包括企业详细信息是否得到公开（如公司名称、董事、股东和实际所有人等），也包括开办企业所需的信息是否得到公开（如文件清单、费率表、服务标准和开办企业的官方统计数据等）。对每一类无须人际互动即可获得的信息都给予计分，以体现其更高的透明度。信息透明度计分区间为0（透明度最低）至18（透明度最高），目的是记录与企业注册制度相关的新实践，并了解各区域企业注册信息透明度的差异情况及其如何与企业治理效益和经济效益相关。

企业注册机构的透明度有多重要？

企业注册机构主要负责企业注册，让企业获得合法身份。这种合法地位使企业有资格与其他公司订立合同、使用正规的融资渠道，以及在公共部门合同招标时进行投标。[1]企业注册机构在对于确保所采集的企业信息来源于其内部系统，以及确保将这些信息向公众公开方面发挥着至关重要的作用。公开分享信息更容易确保信息的准确性。

企业注册信息透明可以增强对企业和公职人员的责任追究。通过提高交易的可预测性，企业注册信息透明还可以使金融机构和公司服务提供商获益匪浅，原因是它们更易获得所需信息来有效地满足尽职调查的要求。[2]注册机构明确说明注册要求，便于办理注册手续及核实信息。在企业较易进入市场的经济体中，通常会存在鼓励竞争、促进经济增长的文化氛围。[3]

由于增强的信息透明度降低了人们私下联络的必要性，所以能够扩大潜在的投资者群体。以初露头角的企业家为例，正是因为缺少必要的人脉关系，他们难以正式创办自己的公司。信息透明能为其创造公平的竞争环境。通过降低投资风险，信息透明还能够帮助投资者判断交易的可行性。[4]为抑制信息不对称而披露公共信息还可提高证券市场的流动性，吸引大型投资者，降低企业的资本成本。[5]数据缺乏透明度会造成高昂的财务成本：仅在2011年，发展中经济体就因资金非法外流而遭受了估计近1万亿美元的损失。[6]保持企业所有权的数据透明，对打击洗钱、逃税、腐败和其他非法活动而言至关重要。

哪类企业信息应对公众公开？

多数企业注册机构会将在其机构所注册企业的数据与公众进行分享。企业注册机构所公开的最常见的信息类别为：公司名称、法定地址、注册年份、业务类型及董事姓名。[7]

但企业注册机构通常不向公众公开有关公司治理结构、年度收益和实际所有权的信息。仅在为数不多的经济体中可以获得有关公司治理结构和实际所有权的信息，即该公司是否有子公司或是否隶属于某控股公司（见图4.1）。

以企业结构数据信息为例，全世界只有不到1/3的经济体向公众公开这类数据。此外，全球不到1/4的经济体公开企业实际受益所有人的身份；在东亚和太平洋地区，只有8%的经济体采集并向公众公开与实际受益所有权相关的数据信息，而在经合组织高收入国家，这个比例为15%。

总体而言，各经济体之间公开公布的企业注册信息类别几乎一样。例如，在《营商环境报告》所调查的高收入经济体中，有92%公开公布公司董事的姓名；而在低收入经济体中，该比例略低一些（84%）。然而，对于其他信息类别，各经济体公开公布这些数据的程度并不相同。例如，在75%的高收入经济体中可以核实公司股票的类型和数量；而在低收入经济体中，不足一半的经济体允许企业注册机构公开此类信息。同样，多数高收入经济体公开公布企业年度报表，而在低收入经济体中，该比例仅为10%。许多发展中经济体的注册机构要么不要求企业提交年度报表，要么向公众提供有限的渠道来查询企业的年度报表。正因如此，一旦企业治理机制的质量跟不上，就会限制信息查询渠道，减少投资回报，从而可能使经济遭受负面影响。[8]

某些类别的企业数据比较容易获得。总体而言，当可查的信息不太敏感时，公众更易获得这类信息。在多数经济体中，企业活动类型或注册年份等基本数据均可轻松获得，然而出于商业原因，有些企业可能会选择不披露其年度收益或年度报表。

如何向公众公开信息？

在过去10年间，世界各地的

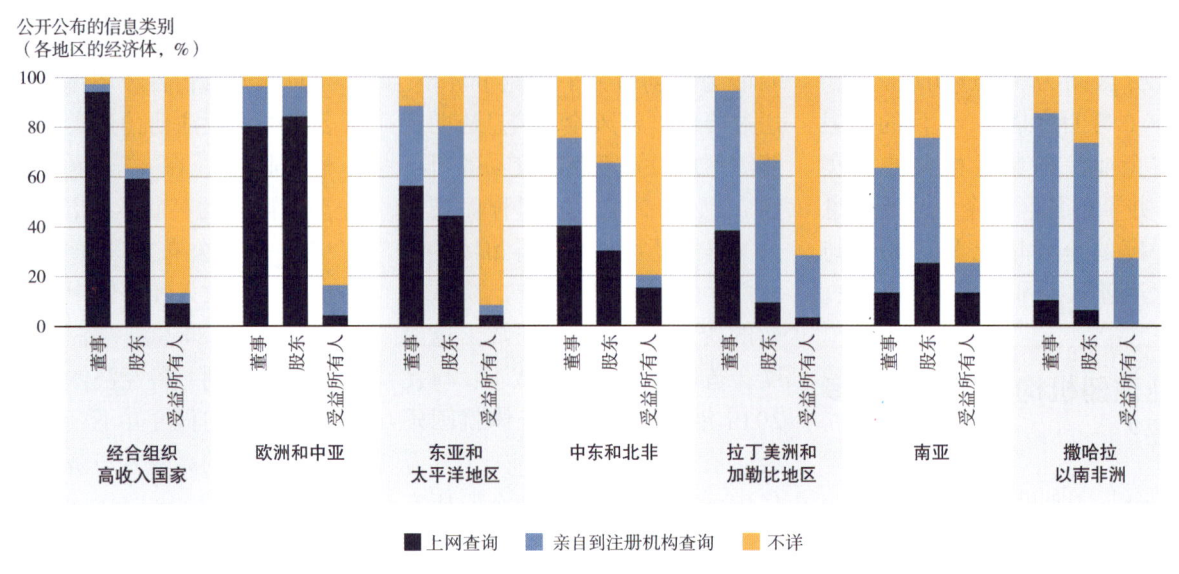

图4.1 与有关受益所有人的数据相比,与股东和董事相关的数据信息更容易查到

资料来源:《营商环境报告》数据库。

政府机构纷纷在探索提高企业注册机构透明度的方法。名义上是提高透明度,实则是需要获取企业信息,推动多数经济体实现企业注册机构的数字化,在网上发布数据。继开通24小时网上查询注册机构信息的服务之后,亲自到注册机构进行查询的需求大大减少,这提高了注册机构的效率。

在可以远程搜索企业详细信息的情况下,信息和交易成本双双下降。支持潜在贸易或交易的基本信息都可快速查询获得,如某实体是否具有法定授权来对出口合同做出承诺,或某公司的财务状况是否良好。在《营商环境报告》所涵盖的经济体中,多数企业注册机构会在网上分享企业的部分信息。在经合组织高收入经济体中,企业注册机构在其网站上公布所收集的大部分信息。

网上公布的最常见的企业注册信息包括公司名称、公司识别码、公司法定地址及公司注册年份。最基本的信息(公司名称)是网上可查询到的最常见信息。在《营商环境报告》所覆盖的经济体中,有62%在网上公布存续公司的名称,主要是因为在注册成为新企业之前,必须核实公司名称。在所有经合组织高收入经济体中,企业注册机构都提供公司名称的网上搜索功能。相比之下,在撒哈拉以南非洲地区(包括尼日利亚和卢旺达),只有不到10个经济体的企业注册机构提供此项服务(见图4.2)。更详细的信息通常不在网上公布,如公司股东、董事或实际所有权情况。

有关公司董事、股东和实际受益所有人的信息尤其重要,因为这些信息可使企业代表和个人确定企业的所有权状况,进而可能对选择是否与其开展业务或进行投资产生影响。

然而,在某些地区,这类信息要么不详,要么只能亲自去注册机构进行查询。比如,在南亚,有75%的经济体只允许亲自去企业注册机构查询有关股东的信息。相比之下,在欧洲和中亚,只有在不到20%的经济体要求寻找该信息的人亲自到企业注册机构进行查询;在该地区的多数经济体中,股东信息可直接在网上查到。在撒哈拉以南非洲地区,有77%的经济体的企业注册机构不在网上公布注册企业的名称。在东亚和太平洋地区,有1/3的经济体不在网上公布企业的法定地址或董事姓名。在决定是否与其进行业务往来前,这类信息可使企业或个人提前核实某

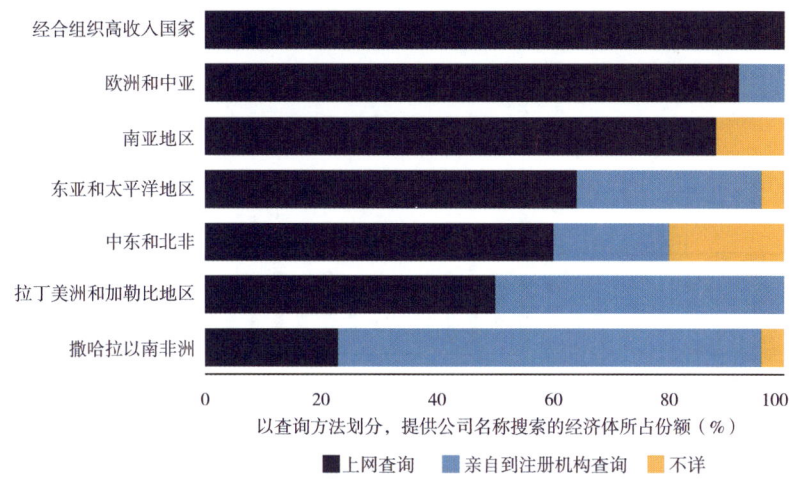

图4.2 在撒哈拉以南非洲地区，通常需要亲自到注册机构查询公司名称

以查询方法划分，提供公司名称搜索的经济体所占份额（%）

■ 上网查询　■ 亲自到注册机构查询　■ 不详

资料来源：《营商环境报告》数据库。

印象。事实也确实如此。研究显示，经济体的公信水平和透明度与企业注册机构的信息透明度高度相关（见图4.3）。如果想要轻易查到并可远程搜索企业的注册信息，需要取消不必要的手续，减少交易成本，为企业交易提供便利。

企业注册机构的信息透明度还与开办企业所需要的时间和费用相关。数据显示，在信息透明度较高的经济体内，办理开办企业的手续往往较快且费用较低（见图4.4）。在有些经济体中，如果不能随时查到有关如何注册企业的官方信息，那么为找到可靠信息，企业家可能必须向第三方寻求法律咨询，或亲自拜访各个政府部门。相比之下，如果对

人是否为企业的合法代表。

即便在网上公开企业注册信息，这类信息也并非一直免费，或可轻易搜索得到。在许多经济体中，只有事先登记或支付订阅费后才能在网上获取有关的公司信息，这使得公司信息的查询限制在有能力付费的人群。相反，丹麦和英国则将企业登记数据库全部向公众公开，并且不收取任何费用。[9] 有时，信息的呈现形式也可能会构成一道障碍。例如，如果数据只能一条一条地查询，那么人们必须从公司名称或识别码开始搜索，才能查到相关信息。

信息透明度与效率和腐败之间有何关系？

企业注册机构能够为经济体中的企业正规运营提供便利，它们往往是与企业家进行互动的第一家公共机构。首次互动的经历可奠定企业家对公共管理效能的

图4.3 提高企业注册机构的透明度与提高整个经济体的透明度相关

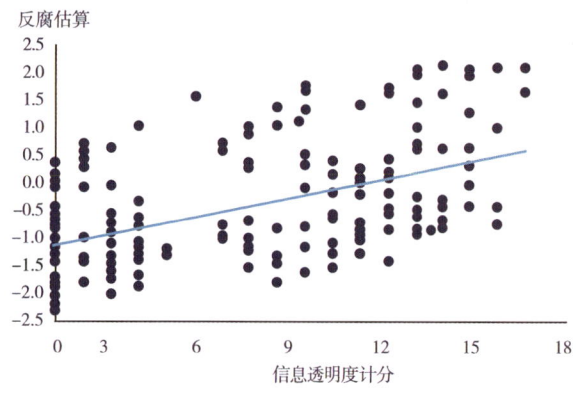

资料来源：《营商环境报告》数据库；全球治理指标（https://www.govindicators.org），世界银行。

注：全球治理指标中的反腐指标有助于人们认识公共权力在多大程度上被用来获取私人利益，其中包括不同形式、不同规模的腐败行为，以及在多大程度上被精英和私人利益集团用来"俘虏"政府。在估算中，以标准正态分布单位给经济体在总指标方面的表现打分，计分区间大约在–2.5至2.5之间，分值越高说明对腐败行为的认识越浅。信息透明度计分区间在0（不透明）至18（透明）之间。该抽样包括《营商环境报告》和反腐估计所涵盖的189个经济体（圣马力诺的反腐概数不详）。假设人均收入不变，该关系在1%的水平上具有统计显著性。

图4.4 在企业注册机构信息透明度较高的经济体内,开办企业所需要的时间和费用较少

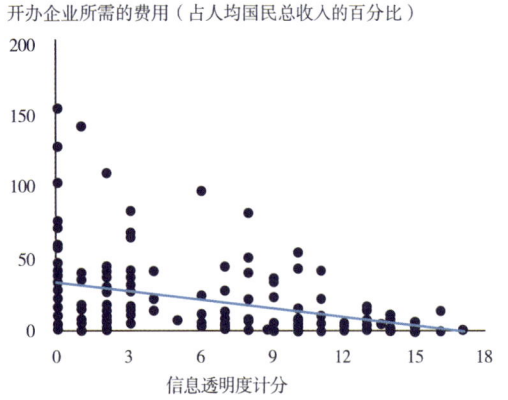
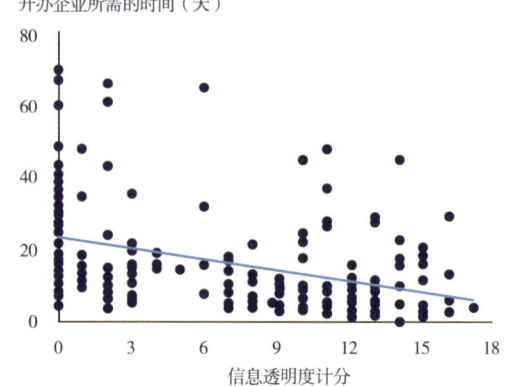

资料来源:《营商环境报告》数据库。

注:开办企业所需的费用以人均国民收入的百分比计。开办企业所需的时间以日历日计。信息透明度计分区间为0(不透明)至18(透明)。将5个最高费用概数和6个最高时间概数作为异常值分别取消后,费用样本和时间样本分别包括185个和184个经济体。假设人均收入不变,开办企业所需的费用和信息透明度计分之间的关系在1%的水平上具有统计显著性。在用开办企业的时间进行分析时,上述关系同样适用。

全部相关信息进行整理合并,使其容易查取,那么企业家在信息获取方面就能少花时间和费用,从而有更多的时间来经营企业。

实现信息透明有多种途径。除了提供现有的且可靠的有关存续公司的信息,重要的是,企业家能在公开渠道获知开办企业的要求(如所需文件的清单、费率表和服务标准)。如果获取企业注册要求的公开渠道受限,那么这对于想要开办企业的人而言可能是重大的障碍。

然而,如果企业注册机构将透明度放在首位,并将所有注册要求公之于众,那么更多企业就能够进行正规经营。如果交易前人人都能轻松获取透明的信息,就可提高企业落实"了解客户"程序的能力,从而增强其对交易本身和交易对手的信任。轻松获取相关信息还与同公职人员互动的更高的透明度相关。《营商环境报告》的数据显示,在企业注册机构保持透明的经济体,行贿受贿的发生率通常较低(见图4.5)。透明信息向公民提供了能够追究对方责任所需的数据,并提高了其对公共机构(包括企业注册机构)的信任,尤其是在透明度是通过多个层面来实现的情况下(如明确说明企业注册费用以及预计收到注册文件的时间)。

结束语

企业注册机构所提供的透明信息在经济体中发挥着至关重要的作用。企业注册机构的透明化减少了对个人关系的需求,这在一定程度上纠正了企业家之间的信息不对称,扩大了潜在投资者群体。增强透明度还可加强对公职人员的问责,增强对公共机构的信任。过去10年间,世界各地政府机构纷纷利用科技手段来提高其公共服务的透明度。通过使用这类技术,政府提高了企业所有权和企业开办手续的透明度。本案例研究显示,公开企业所有权和开办企业的信息,与经济体中总体透明度的提高、企业注册效率的提高和行贿受贿的减少相关。

注

本案例研究由Cyriane Coste、Frederic Meunier、Nadia Novik、Morgann Reeves和Erick Tjong共同撰写。

1. ASORLAC, CRF, ECRF, IACA, 2016。
2. De Simone and Fagan,2014。
3. Klapper, Laeven and Rajan, 2006。

图4.5 在企业注册机构信息透明度较高的经济体，行贿受贿的水平较低

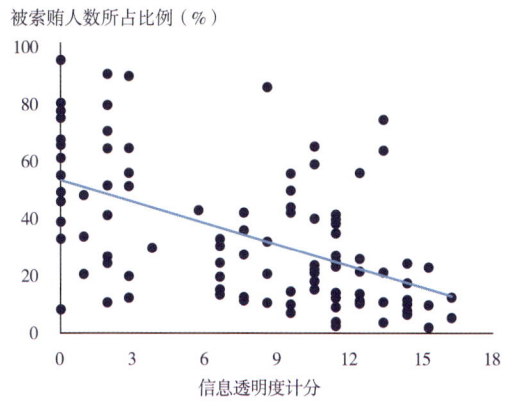
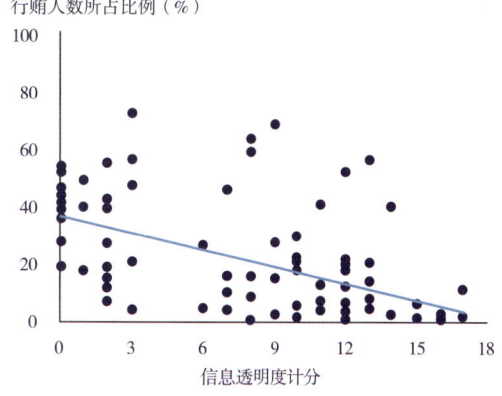

资料来源：《营商环境报告》数据库；透明国际的数据库（https://www.transparency.org）。

注：信息透明度计分区间为0（不透明）至18（透明）。抽样包括《营商环境报告》数据库和透明国际数据库所分别涵盖的100个和189个经济体。假设人均收入不变，这些关系在1%的水平上具有统计显著性。

4. Malesky，McCulloch and Duc Nhat，2015。
5. Diamond and Verrecchia，1991。
6. Palstra，2014。
7. 本案例研究包括如何获得14类企业信息，包括公司名称、董事姓名、股东姓名、实际受益所有人姓名、公司章程、注册年份、公司识别码、法定地址、实际地址、业务类型、年度报表、年度收益、资本结构和公司结构。另外还包括开办企业所需的文件、费用、服务标准和统计数据。
8. Bradley，2003。
9. Quintanilla and Darbishire，2016。

2018年营商环境报告

办理施工许可证

私营部门参与建筑监管

- 在全球各经济体中,让私营部门的工程师或公司参与建筑监管是大势所趋,其牵引力越来越强。

- 在《营商环境报告》所调查的190个经济体中,有93个经济体让私营部门以一定形式参与建筑监管。

- 私营部门参与建筑监管流程对监管目标的实现发挥着积极作用。然而,将监管权限从公共部门下放到私营部门也面临着重大挑战。

- 对各经济体而言,采用某种形式让私营部门参与建筑监管往往会提高效率并改善质量管理。不过,这同时也让经济体面临着成本增加和利益冲突加剧等问题。

- 在政策层面,让私营部门实体承担建筑监管者的角色的同时应当建立适当的保障措施,确保公共利益处于首要位置,私营部门实体的盈利目标位居其次。

近几十年来,世界各地城市规模空前扩张。预计截至2030年,发展中经济体的城市人口将增加一倍,同时城市占地面积将增加两倍。[1] 与此同时,截至2025年,预计建筑业增长将超过70%,[2] 达到15万亿美元。[3] 随着全球城市人口的增加,对市政服务的需求也不断增加,市政部门所受的压力越来越大。尤其在发展中经济体,建筑部门的运营受到预算紧张和资源约束的双重压力,在执行建筑规范、确保质量达标以及在规定的处理时限内高效交付服务方面越来越吃力。

一些经济体为加强其建筑监管能力,地方市政与私营部门建立了合作伙伴关系。然而,由第三方检查员所提供的更快、更高效的服务必然会导致成本的增加。《营商环境报告》的数据显示,在中低收入经济体,由于需要聘用建筑工程领域的合格的第三方专业人士,合规成本平均提高了1%,而在中高收入经济体,该成本平均提高了1.3%。在低收入经济体,由于没有第三方的参与,合规监管的成本平均要低7.8%,但代价是所花费的时间更长。

在建筑监管中,聘用独立的私营部门实体不但为私营部门越来越多地参与监管过程提供了通道——同时,如果保障措施到位且适当——还为填补监管缺口提供了创新的方法。公共部门的监管机构报酬较低,这导致地方政府缺乏合格的建筑专业人才。聘用私营部门的专家不仅能填补急需的人才缺口,而且还提高了监管过程的效率。聘用第三方私营工程和建筑公司的专家后,公共部门可利用他们的专业技能来展开更为稳健的合规检查。在监控施工的各个阶段,在建筑法规的执行、确保遵守质控标准方面,受聘企业发挥了关键作用。

让私营第三方工程师或专业建筑公司参与提供公共服务最初在高收入经济体(如澳大利亚、日本和英国)兴起并形成一种趋势,现在这种做法对中低收入和中高收入经济体也逐渐产生吸引力。现代建筑体系有越来越多的持证或经授权的私营企业的工程师或私营企业参与其中,这通常是市政府和地方执法部门给予了他们授权,让其发挥建筑监管职能。事实上,数据显示,在《营商环境报告》所涵盖的190个经济体中,有93个经济体让私营第三方以某种形式提供监管服务。高收入和中高收入经济体中在建筑监管方面使用第三方服务的比例分别为66.1%和56.9%,而在中低收入经济体,这个比例为37.7%。相比之下,低收入经济体的该比例只有25%(见图5.1)。

私营部门在建筑监管中的作用

过去20年间,私营部门参与建筑监管过程在全球各经济体中出现了几种模式。建筑体制中的私人参与度从非常有限(比如,在埃及,"特许工程师辛迪加组织"仅对监理工程师的资格进行认证),到全程参与,让私营企业在整个监管过程中享有全部权限——比如,在澳大利亚,私人建筑测量师可直接监督建筑设计、控制建筑质量和进行施工检查。在英国,建筑商有两种选择:或与一位经认证的来自私营企业的检查员共事,或与公共部门一同完成要求的程序。在其他经济体(如法国、刚果共和国),建筑管理与以保险推动的监管体制相关,在这个体制中,保险和担保公司在第三方审查中雇用私营检查公司进行工作。尽管这两个经济体有相同的保险体制,但是在质量管理指标上的表现却相去甚远,因此前者得分远远高于后者。在允许第三方参与的高收入经济体中,有32%要求至少双方要为10年内出现的任何建筑故障承担责任,但在低收入经济体中,该比例下降至仅9%。在这个法律框架内,只有被独立第三方实体确定为安全的建筑,才能被保险公司承保。

在不同的经济体,私营部门在监管活动中的参与程度大不相同(见图5.2)。不过,在参与建筑监管时,私营第三方实体的主要职能往往集中在项目施工期间的建筑监管,在有私人参与机制的经济体中,有92%的经济体属于这种情况。在这些经济体中,61%雇用了私营实体审核建设计划,54%雇用了私营实体进行竣工前的最后检查,33%雇用了私营实体进行项目风险评估。尽管如此,施工许可和占用许可的发放基本上仍然是地方部门保留的权限,只有9%的经济体将这些监管权限下放给私营部门。

第三方参与建筑监管的好处

如果通过一个统一的监管框架来审慎落实私营部门的参与,经济体可获得许多益处。在多数欧盟经济体,建筑监管机制的主体已完全从公共部门转移到私营部门,这反映了对改善监管质量、减少申请人行政负担和促进对风险缓解给予更多关注的愿望。[4]

建筑监管方面的公私协作已经取得了积极的成果,其中包括建筑法规合规性得到改善,项目整个生命周期的质量控制更加严格,以及提高了处理效率。《营商环境报告》的数据显示,私营第三方参与和由建筑质量控制指数衡量的建筑质量改善相关。[5] 私营部门参与建筑监管有助于建筑规范和其他适用法规的实施,

图5.1 高收入和中高收入经济体更普遍地使用私营第三方建筑监管服务

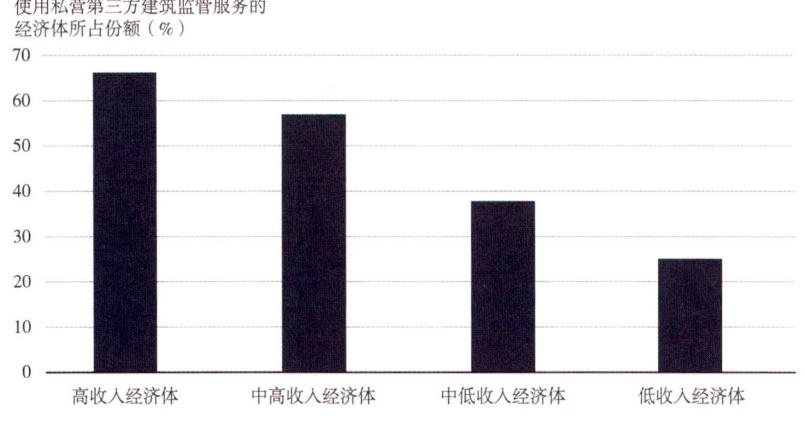

资料来源:《营商环境报告》数据库。

图 5.2　几乎所有雇用私营部门来支持监管工作的经济体都允许第三方监理施工

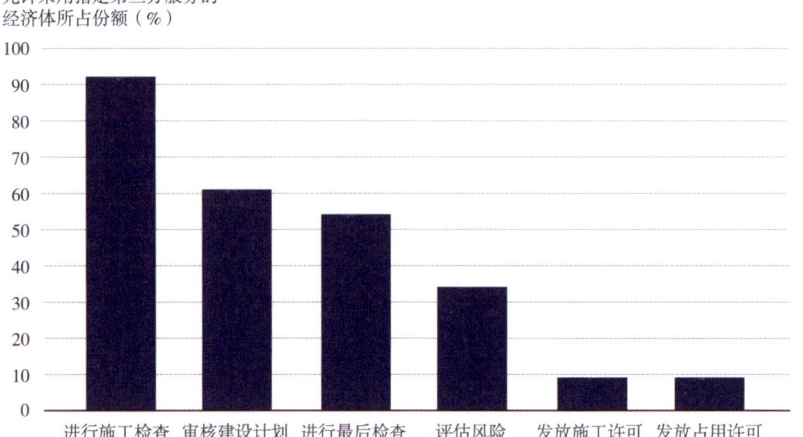

资料来源：《营商环境报告》数据库。

能够有效促进对现有法律框架的遵从，尤其是在具备清晰、透明的规范和具体技术指导的经济体。

数十年之前就让私营部门承担监管职能的经济体，在建筑质量控制方面取得了令人瞩目的成就。以日本为例，该国数十年来一直面临着台风和地震等自然灾害的极大风险。1998年，日本当局改革了建筑法规，引入私营第三方服务来大规模提高其执行建筑监理的能力。通过这项改革，日本成功地将最终检查率由2000年6月的仅40%提高至2016年的90%以上。在成功建立了通过第三方进行检查的监管体系之后，日本提高了检测建筑设计和施工缺陷的能力，一旦检测到缺陷，能及时提供适当的补救措施。目前，私营第三方企业在监理工作中发挥着重要且支配性的作用（见图5.3）。

同样，为了提高大量存量新楼的能源利用效率，2005年中国政府开创性地设立了私营第三方机制，执行对绿色建筑规范条款的合规审查，有效地利用了私营部门现有的、巨大的专业技能力量。改革五年来，对法规要求的实际合规率增长了一倍。[6]

2007/2008年度，马其顿启动了大规模的建筑业改革，授权持有工程师商会（Chamber of Engineers）执照的私营工程师独立承担建筑计划审核。正如《营商环境报告》所衡量的，自改革以来该国的建筑监管效率大幅提高，但其代价是监管成本也有所上升（见图5.4）。作为欧盟国家中为数不多的、坚持仅公共部门有权进行建筑监管的国家之一，荷兰目前也在准备采取混合的执行制度，让私营第三方参与监管机制。

在建筑监管体制中引入私营第三方参与可以通过提高效率来增强监管能力。私营部门第三方服务有助于提高雇用专业技术力量的灵活性，而地方市政府通常极其需要这种专业技术，这在低收入和中等收入经济体中尤其明显。地方政府运营常常受雇用方

图 5.3　私营第三方监理公司已成为日本重要的参与者

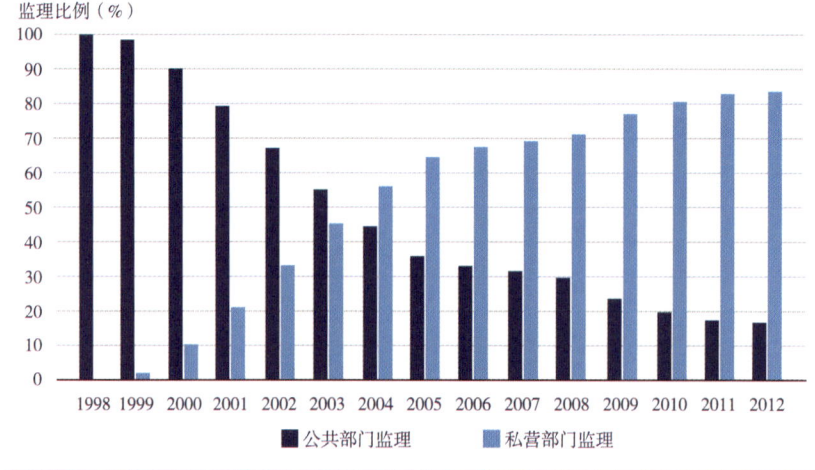

资料来源：日本国土交通省数据库（http://www.mlit.go.jp）。

图5.4 引入私营第三方建筑计划审查后，马其顿削减了建造的办理手续，缩短了审批时间

资料来源：《营商环境报告》数据库。

办理施工许可 51

当局眼下正在考虑让专业工程师参与建筑监理，而该领域目前仍由地方公职人员专有管辖。

第三方参与建筑监管所面临的挑战

私营部门参与建筑体制的模式各有不同。虽然第三方参与建筑监管可减轻地方当局的负担，并进而为建筑业开展业务提供便利，然而有利就有弊，其代价之一是建筑成本的上升。公共服务私有化应当审慎实施，适当考虑透明度和可问责性等问题。在将如此重要的监管职责授权给私营部门的同时，应设置严格的监督措施，以确保公共利益处于首要位置，私人盈利目的位居其次。

为了使私营部门顺利地承担起如此重要的监管角色，应当建立稳健的审批制度来保驾护航。委托私营第三方实体实施建筑控制，其目的在于促进建筑法和建筑规范合规，并实施严格的措施，确保公共利益不受侵犯。此外，为实现私人参与建筑监管的目标，公共部门应该对私营行业的第三方专业人士和企业进行监管。监管方法包括：公共部门机构实施专业认证标准，让个人和企业有资格获得监管授权。如果私营企业的个人或私营企业的资格不够，那么会阻碍监管机制目标的实现，因为这些专业人士的服务质量无法满足必要的安全标准。

那些让第三方承担监管职能的经济体常常会规定具体的资格标准，以确保私营部门实体有能

面的制约，由于薪金水平缺乏竞争力，使其无法聘用资质优秀的雇员或遏制雇员的高流失率。加上其他各种因素，往往使这个问题变得更加复杂，这些因素包括地方税基不够充足，难以为服务提供足够的资金，中央政府的转移支付能力有限，以及机构的能力不足。

《营商环境报告》的数据显示，在有私营部门参与建筑监管的经济体中，办理施工许可的流程更快。相较于不依靠第三方参与的经济体，雇用私营部门来支持监管的高收入经济体一般可节省长达60天的时间。私营部门参与建筑控制活动可能会促进行政效率的提高，从而实现更好的经济产出。根据一项有关加速办理许可证所产生的经济影响的研究显示，提高行政效率可使财产税收入增加16.5%，建筑支出上升5.7%，投资者财务收益率提高0.6%。[7]相比之下，监管延误可侵蚀建筑项目的盈利能力，[8]增加财务负担，使开发商的总建筑成本增加5%，[9]并降低追加投资的可能性。

在施工许可办理流程效率最低的经济体，执行制度往往完全依靠政府当局。与此相反，一些经济体已经从公共部门模式成功过渡到有私营部门参与合作的、更为开放的制度，并由此实现了效率的大幅提高。例如，哥伦比亚首都波哥大的规划部门继引入私营企业的专业人士进行计划审查并颁发施工许可之后，将办理施工许可的平均时间从1995年的3年缩短至2012年的73天。鉴于让第三方专业人士参与建筑质量控制活动的成功经验，有关

力承担如此重要的监管角色。这些标准一般包括：专业经验的最低年限、公认的专业机构认证，以及以前履行合同的证据。20世纪90年代，新西兰当局由于私人认证要求未能得到适当执行，因此迅速放弃了由私营部门进行建筑控制的做法，恢复了由公共部门进行监管的传统做法。由于缺乏强大的监管保障措施，新西兰对采用第三方监理的尝试以失败告终，并由此导致了"渗漏建筑物综合征"。2008年，新西兰维修42000幢建筑物渗漏的成本估计达到113亿新西兰元（约合83亿美元）。[10]第三方参与建筑监管有望优化监管框架，不过如果实施不当，也可能导致始料不及的不良后果。在《营商环境报告》所调查的允许第三方参与监管的高收入经济体中，有22.2%的经济体有严格的资格标准要求，其中包括相关经验的年限、大学学位及完成类似项目的证据，但是只有3.3%的低收入经济体采用上述标准资格要求。

上述专业标准的实施由认证机构按授权要求进行监管。在《营商环境报告》所调查的经济体中，政府机构在认证机构中所占的份额最大（68.5%），其次是国家工程师职责协会（19.6%）及其他独立机构（13%）（见表5.1）。在美国，第三方服务的专业认证由非政府组织——国际规范委员会（ICC）负责。相比之下，日本和中国则让中央部级部门履行该重要职责。[11]英国已授权建筑工业委员会这样的独立组织来管理有关"经核准检查员"的登记制度。

设置严格的资格标准是第三方监管体制的基本要素，不过仅靠这些标准还不足以确保合格的专业人士提供令人满意的服务，还应对专业认证要求的有效执行给予特别关注。为此，可能需要引入监督机制、责任和保险机制以及纪律框架，为监管权限从公务人员转移至第三方实体保驾护航，这是第三方服务提供商质量保证机制基本建设的组成部分。以中国为例，政府责令住房和城乡建设部对私营第三方公司进行认证，就其对绿色建筑规范条款的实施进行合规检查。住房和城乡建设部拥有网上公开的综合数据库，其中包含了经认证的第三方公司的信息。同时，该部要求建筑监理公司管理层维护问责制度和服务质量，并在第三方公司从定期检查中发现违规之后实施处罚。

如果监管框架明确规定了私营服务提供商的职责，第三方实体就能了解其法定权利和义务，能在透明的法律环境下行使权利。此外，还需设定有关利益冲突的责任条款，以最大限度地降低利益冲突的发生，倡导公正独立的监管控制。在使用第三方检查员的经济体中，有76%的经济体通过法规明确要求第三方检查员必须保持独立，不得在相关项目中持有财务方面的利益，也不得是检查员或建筑商的关联方。

如果缺乏强大的责任和保险体制以及严格的专业认证机

表5.1 参与建筑监管的第三方实体的认证机构的分布情况

建筑业第三方实体的认证机构	经济体数量
政府认证机构	63
建筑师或工程师职责协会	18
其他独立机构	12

资料来源：《营商环境报告》数据库。

制，第三方参与建筑监管不但效率不高，而且不能确保贯彻高质量的建筑标准。此外，建筑商可能要承担通常因私营部门的监管控制所造成的高昂成本，却不能充分享受这种控制模式带来的益处。一些经济体通过执行（行业指南所建议的）费率表，或要求投资者或当地建筑公司减少所雇用的外部专业人士的数量，将这类服务的成本控制在可接受的水平上。以韩国为例，根据《建筑师服务范围和收费标准规定》（Scope of Architect Services and Fee Standard），独立第三方的收费不得超过建筑估算成本的1.29%。在其他经济体中，当地建筑部门要么进行全面的施工监督，要么通过外包把施工过程中聘用外部第三方专业人士所产生的成本消化掉。在南非，地方当局可临时任命外部建筑检查员代表其进行检查。

结束语

健全的建筑监管不但能够拯救生命，增进健康和安全，支持建筑业和经济的持续繁荣，[12]还能通过保障投资利润、加大对财产权益的保护力度，以及保护大众不受违法建筑行为的危害，为营商提供便利。私营部门参与实施建筑法规在实现监管目标方面取得了积极成果。[13]然而，在执行私营部门参与建筑监管的政策之前，还需要解决数项挑战。监管权限从公共部门下放至私营部门可能损害公共利益。如果当局实施了根本性的保障措施，如严格的资格要求、有效的监督机制和利益冲突审查等，建筑监管方面的公私协作才能取得成功。对于打算引入第三方实体参与建筑监管的经济体而言，已有同行近20年积累的大量经验可供借鉴。

注

本案例研究由Baria Nabil Daye、Marie Lily Delion、Imane Fahli、Thomas Moullier、Keiko Sakoda、Jayashree Srinivasan和Yelizaveta Yanovich共同撰写。

1. UN-Habitat，2016。
2. Moullier，2013。
3. Global Construction Perspectives and Oxford Economics，2013。
4. Meijer and Visscher，2005。
5. 有关建筑质量控制指数的更多信息，请参见"数据说明"。
6. 由美国能源效率经济委员会报告，http://aceee.org/research-report/i121。
7. PricewaterhouseCoopers，2005。
8. Wrenn and Irwin，2015。
9. Hsueh，2010。
10. Lovegrove，2016。
11. 日本国土交通省和中华人民共和国住房和城乡建设部。
12. Van der Heijden，2009。
13. Moullier，2017。

2018 年营商环境报告

登记财产

利用信息透明来遏制腐败行为

- 保持土地管理系统的信息透明可减少交易成本，促进不动产投资。
- 在能轻松查询费率表以及文件要求的经济体中，办理财产转让手续的效率更高。
- 2013年以来，25个经济体纷纷采取措施提高透明度，其中包括：推出网站、公布费率表、设定期限，并实施特定的投诉机制。
- 在51个经济体中，查询财产登记所需文件的唯一方法是亲自上门咨询公务人员。
- 全球范围内尚未普遍实施针对特定不动产的独立投诉机制，这说明在提高透明度方面仍存在提升空间。
- 透明的土地管理系统可减少滋生腐败的机会。

透明度的高低是衡量土地管理系统是否成功的关键要素。就土地管理机构提供的服务而言，制度透明能消除用户和公务人员之间的信息不对称问题，因此可提高房地产市场的效率。制度透明还可增强政府的公信力，并大幅降低营商成本。

2013年，透明国际在其报告中称，在全球范围内，每5位土地服务用户中就有1位表示自己曾为了土地所有权登记或获得最新的产权信息等服务而贿赂土地服务官员。土地管理部门行贿受贿成风，这大大增加了登记或转让土地所有权的非正常成本。对无力负担这些非法费用的人而言，这还可能增加其获得土地管理服务的难度，从而妨碍不动产登记，增加土地所有制的非正规性。除了行贿受贿以外，腐败形式还包括：伪造土地登记记录进行欺诈，或篡改土地登记记录、伪造土地登记文件，以及多次分配同一地块等。土地服务官员还可能利用职务之便，从购买、处置和开发土地的利益相关者处捞取好处。[1]

高效透明的土地管理系统包括以下重要内容：提供可轻松获得清晰且可靠的不动产所有权信息的渠道、向公众公开获得有关办理公共服务的程序和费用的信息渠道，以及向公众传播影响土地权益的规定。这些措施可减少腐败行为，增强土地管理部门的问责。[2] 作为登记财产指标集中的一个指标，《营商环境报告》衡量了过去四年间土地管理系统的透明度。[3] 这项研究的重点在于是否公开有关财产所有权和实际位置的信息，是否公开有关财产转让进程的基本信息，是否建立特定且独立的投诉机制，以回应土地登记用户所提的问题，以及是否公布经济体中最大商业城市的财产转让的统计数据。[4]

自2013年以来，有25个经济体纷纷采取措施以提高土地管理系统的透明度，其中包括推出网站、公布费率表、设定期限，以及实施特定的投诉机制。塞内加尔建立了一个土地管理系统综合网站，公布了办理手续清单、所需文件、服务标准及完成财产交易的官方收费标准。[5] 同样地，卡塔尔和圭亚那也改进了各自的土地管理门户网站，增加了专项服务和综合服务，由此提高了土地管理系统的透明度。[6, 7]

尽职调查期间的信息查询

财产、交易各方和转让手续等信息对一项交易的达成而言至关重要。只有大规模公开这类信息，同时收取低廉的费用或完全免费，买卖双方才能做出明智的决策。交易前，各方应该了解交易成本、所需文件以及办理转让手续所需时间。尽管这些信息都是健全土地管理系统的必要条件，但是土地管理机构能否高效且负责任地提供服务取决于基础设施的能力和可靠性等其他变量。

在全球范围内，共有158个经济体公布土地登记机构的服务费率表。如果费率表向公众公开，人们也可以在网上进行查询。在131个经济体中，这类信息可通过专门的网站进行查询。尽管高收入经济体普遍使用在线平台提供查询服务——其中80%的经济体在网站上公布收费信息——但仅有1/3的低收入经济体拥有这类门户网站。以津巴布韦为例，2016年该经济体推出了官方网站，公布完成土地交易所需的文件和费用清单，以及对提交具有法律约束力、证明财产所有权的文件所允许的具体时间。

有关土地登记的文件要求也应该向公众公开。如果事先了解需要提交的文件，财产交易方就能减少往返财产登记机构的次数。在办理财产转让手续的过程中，这会大大降低意外延迟或中途受阻的风险——其中包括不正规付款的发生率。比如，如果财产登记机构公开完整的所需文件清单，那么交易各方提交补充文件的可能性就会降低，从而加快登记的进程。

文件要求的透明可简化交易，因为这可能会减少聘请第三方专业人士准备财产转让申请文件的必要性（见图6.1）。在51个经济体中，人们要想获取财产登记的相关文件要求的唯一途径是亲自与公职人员互动。比如，在津巴布韦，由于没有公开所需的文件，因此一旦要转让商用仓库，就需要聘请律师来完成财产转让的大部分手续，这会增加企业家的成本，该成本高达财产价值的2.5%。

为了实现完全透明化，土地登记机构不仅要规定所需的文件和费率表，还要明确所提供的所有服务，如所有权检索、所有权证书查询或所有权转让，此外还包括完成每项服务的时间表。这可让公众提前了解并预计服务水平、服务费用及服务期限。此外，在向公众提供明确指引的同时，政府也要为其土地管理系统的服务设定问责标准。如果没有制定完成土地登记服务的时间表，可能会滋生行贿受贿等腐败行为。例如，公职人员可能会故意拖延登记时间，鼓励客户支付

图6.1 土地制度透明可提高效率

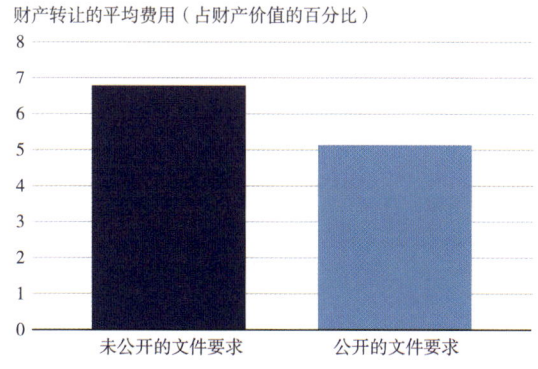
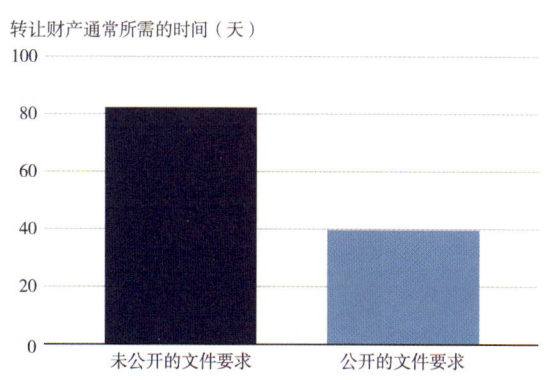

资料来源：《营商环境报告》数据库。

疏通费以加快办理进度。进一步来看，如果没有强制规定的时限，土地登记用户就不能监控其交易状态。但出台服务标准的土地登记机构少之又少。在《营商环境报告》所涵盖的122个经济体中，土地登记用户不知道法律规定的任何具体时限。此外，不设定具体时限等服务标准的经济体完成财产转让的效率往往较低（见图6.2）。

2013年，尼泊尔土地改革和管理部发布了《土地收入署宪章》（Land Revenues Office Charter），这是如何设定有效时限的一个绝佳案例。该宪章的内容包括土地收入署的综合服务清单、完成每项服务所需文件的清单、适用的费用，以及该机构提供具体服务的有效截止时间。同样，泰国政府设定了当日完成财产交易登记的服务标准。为履行此承诺，泰国根据需要登记的交易平均数来决定办理人员数量，以防出现延误。[8]

财产交易期间的信息查询

联合国欧洲经济委员会（UNECE）将土地管理定义为："在实施土地管理政策期间，确定、记录并公布有关土地所有权、土地价值和土地使用权信息的过程。"[9]土地登记机构的主要职能之一是公开土地交易，这样可以保护买卖或租赁各方的权益。

在进行财产交易时，对于交易实际涉及的财产，需要获得合法且可靠的信息，这一点至关重要。获得有关财产及其所有人或债权人的信息有助于消除财产权利或义务的不确定性，这些权利或义务可能会阻碍财产交易。如果缺乏财产的公开记录或有关财产的权利，交易成本可能会非常高昂，并使交易各方面临无法跟踪所有权所带来的风险。

在《营商环境报告》所涵盖的190个经济体中，有127个经济体的土地登记机构向公众公开信息。而在其他经济体中，出于隐私方面的考虑，只有所有人或证明有合法权益的第三方才能查询土地登记机构所保存的信息。在这些经济体，相关方必须聘请经授权的专业人士来获取有关所有权的信息，这使得手续更加烦琐。在上述两种情况中，负责登记财产信息的机构还可自主决定是否拒绝所有权信息查询和检索的申请。所以，应该将公开查询纳入土地管理系统之中。

在《营商环境报告》所涵盖的经济体中，70%以上的中高收入和高收入经济体向公众公开财产所有权信息，其中有些经济体会收取一定费用，有些经济体则免费提供。相比之下，只有50%的低收入经济体向公众公开土地所有权的记录。从全球范围来看，31%的经济体仅向中介机构和利益相关者提供土地所有权信息。在190个经济体中，只有27个经济体（包括智利、波兰和美国）提供免费查询服务（见图6.3）。

由于地籍图通常不包含任何有关财产所有人的个人信息，个人隐私的相关因素一般不会影响地籍图绘制机构。然而，公开地籍图的经济体数量与公开土地所有权信息的经济体数量相当。[10]总体而言，在《营商环境报告》所涵盖的经济体中，33%的经济体不公开有关地块边界的信息。但是，瑞典的线上系统允许所有人免费查询财产所有权信息，以及追溯至400年前的地籍图。[11]

图6.2　公布有效时限的经济体完成财产转让的效率更高

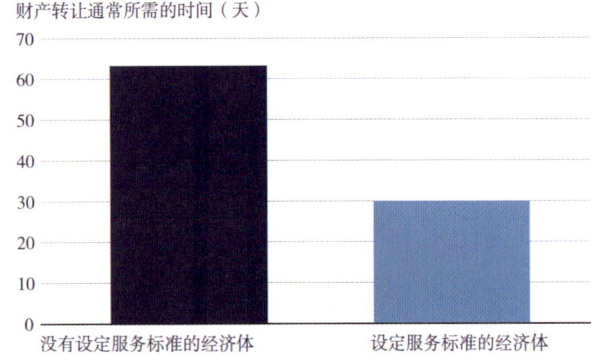

资料来源：《营商环境报告》数据库。

图6.3 低收入经济体的公民获取土地所有权信息的渠道有限

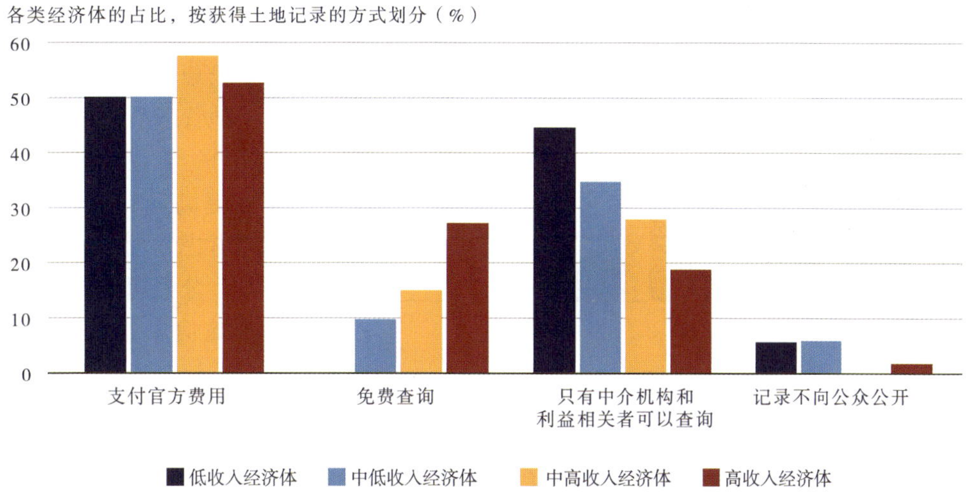

各类经济体的占比，按获得土地记录的方式划分（%）

支付官方费用 ｜ 免费查询 ｜ 只有中介机构和利益相关者可以查询 ｜ 记录不向公众公开

■ 低收入经济体　■ 中低收入经济体　■ 中高收入经济体　■ 高收入经济体

资料来源：《营商环境报告》数据库。

财产交易完成后的信息查询

财产交易完成之后，向公民提供安全的投诉受理环境至关重要。与法院不同的是，非正规程序鼓励用户大胆举报可能的职权滥用行为，从而减轻法院积案的压力。除了鼓励公民共同改善商业环境之外，建立独立和专门的投诉机制也有助于政府跟踪问题的进展，并做出相应回应。[12]

上述投诉机制有利于获得三个理想结果：首先，保障公民权利，使其免受土地登记机构劣质服务的困扰——不论是因为错误还是因为故障。因此，公民可期望土地登记机构按照适用的规范和服务指南提供服务。其次，公民可以更加信任保持信息透明的土地使用权治理制度，以及提供土地转让服务且能为自己行为负责的公职人员。最后，真诚的反馈有助于土地登记机构改进其管理工作，提供更优质的服务。

在《营商环境报告》所衡量的经济体中，只有24个经济体建立了投诉机制来提高土地登记机构的总体服务质量，其中半数（12个）是经合组织高收入经济体或东亚和太平洋地区的经济体。然而，在南亚或中东和北非经济体中，没有一个经济体设有投诉机制（见图6.4）。在全球范围内，有22个经济体在其地籍簿或地籍图机构中提供投诉机制。《营商环境报告》的数据显示，这是全球范围内提升空间最大的领域之一。

建立独立而具体的投诉机制对打击腐败行为至关重要。透明国际在布隆迪、肯尼亚、卢旺达、坦桑尼亚、乌干达进行的一项研究发现，在曾经遭遇行贿受贿的受访者中，约90%的受访者并未向任何当局或官员投诉，其理由因经济体的不同而不同。在肯尼亚，多数受访者表示，他们不知道去哪里揭发行贿受贿行为，而在坦桑尼亚，多数受访者认为，他们的投诉不会得到任何回应。[13]截至2017年6月，在《营商环境报告》所覆盖的经济体中，只有19个经济体可以在网上进行投诉。新加坡土地管理局最近推出了一个门户网站，用来接受任何与其服务相关的投诉。瑞典土地和地籍登记局建立了一个新机制，用来处理针对地图上地块的误差的投诉。[14]同样，危地马拉和瓦努阿图已成功实施了线下备选方案。在危地马拉，公共部下属的一家机构负责调查针对土地登记机构的投诉。2014年，瓦努阿图任命了首位负责跟进所有投诉的土地巡视官，

图6.4 多数经济体没有设立独立的投诉机制来专门解决土地登记争议

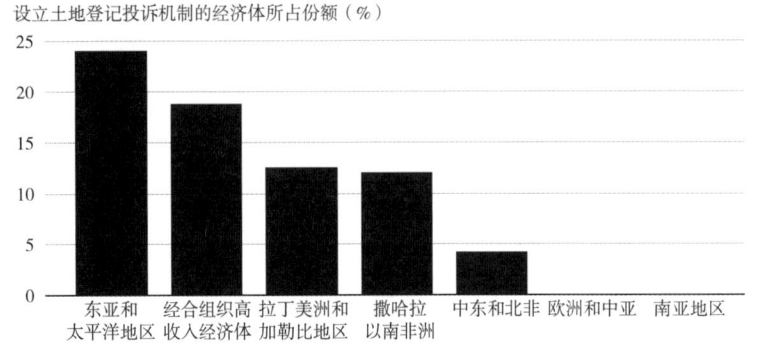

资料来源：《营商环境报告》数据库。

其职责是在30日内向土地部门和客户报告投诉处理的进程。

各国政府可以让相关利益者收集并公布土地交易的统计数据。交易统计数据对监管机构和房地产部门都有益处，是政策决策者监控房地产市场的数据分析工具。在《营商环境报告》所覆盖的经济体中，目前有122个经济体公布土地交易统计数据。比如，日本每月公布城市土地交易数据；阿联酋每天都会整理迪拜的土地交易数量，然后将其公布在土地登记机构的门户网站上。

通过提高透明度来减少腐败

透明的土地管理系统可以防范为了加快财产登记、所有权变更、获取土地信息或处理地籍勘查等手续的贿赂行为。土地管理的腐败可能导致土地转让欺诈，损害公众对现有土地权利的信心，同时还会造成土地投资下降，并妨碍正规的土地登记。[15] 这些腐败行为还会削弱行使土地所有权的效率，致使土地被最腐败的人士所拥有。[16]

更有甚者，腐败和权力滥用会阻碍房地产市场的发展，对营商环境和经济活动产生不良影响，增加营商成本，从而损害私营部门的信心。成本居高不下、手续效率低下会打击人们登记土地交易的积极性，使他们进入非正规的土地市场。土地管理的腐败可能对企业经营活动产生直接的负面影响。

要想成功实施全面的土地管理系统改革，不仅耗时，而且代价高昂，因此需要各级政府和利益相关者付出巨大的努力。但是，公开透明的土地管理系统——公开所有有关土地的信息，清晰记录财产交易涉及的所有手续，可轻松查询公共服务的收费信息——能最大限度地减少非正常收费和滥用土地管理系统的机会。事实上，根据国家间的数据比较显示，土地管理系统的质量和透明度越高，对土地登记官员的行贿概率就越低（见图6.5）。

结束语

保持信息透明是打击腐败的最重要工具之一，因为它是提高土地管理系统质量的根本支柱。[17] 此外，在设计土地政策时，应当将提高透明度作为关键要素加以考虑，而不是将其看作辅助工具。公民可查询官方公布的全部土地信息、法规和适用的手续费，这一点至关重要。通过建立保护机制，让公民不必支付非正常费用或免于遭受其他职权滥用行为的伤害，这样政府不仅可以强化体制，还能提高公信力。制定明确的规则和标准——并创造谴责不道德行为的安全环境——对确保土地使用权的管理质量和效率而言至关重要。

注

本案例研究由 Yuriy Valentinovich Avramov、Albert Nogués i Comas、Laura Diniz、Brendan Meighan、Esperanza Pastor Nunes 和 Geyi Zheng 共同撰写。

1. Kakai, 2012; Obala and Mattingly, 2014。
2. Zakout, Wehrmann and Törhönen, 2006。
3. 有关信息透明指数的更多信息，请参考"数据说明"。
4. 在截至2013年人口逾1亿的11个经济体中，《营商环境报告》还收集了其第二大商业城市的数据。
5. 有关塞内加尔土地管理制度的信息，请访问 http://www.impotsetdomaines.gouv.sn/fr/demarches-affaires-domaniales-cadastres。
6. 有关卡塔尔门户网站的信息，请访问网站 https://sak.gov.qa/。

图6.5 土地管理系统的透明度越高，土地登记机构受贿的发生率就越低

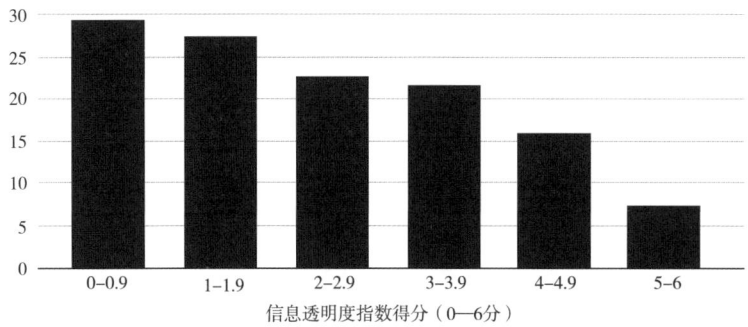

资料来源：《营商环境报告》数据库；透明国际数据（https://www.transparency.org/gcb2013）。

注：本分析基于2013/2014年度《营商环境报告》和透明国际2013年发布的"全球贪腐晴雨表"所涵盖的95个经济体的数据。假设人均收入不变，该关系在1%的水平上具有统计显著性。

7. 为进一步了解圭亚那采取的提高土地管理透明度的措施，请访问http://minbusiness.gov.gy/doing-business/3-how-to-get-property/。

8. Zakout，Wehrmann and Törhönen，2006。

9. UNECE，1996。

10. 根据《营商环境报告》的数据显示，有129个经济体提供公开渠道查询测量机构所保存的私有地块地籍图的记录，有127个经济体提供公开渠道查询土地登记机构所保存的土地所有权信息。

11. 有关瑞典制图、地籍和土地登记部门的更多信息，请访问http://www.lantmateriet.se。

12. 登记财产指标集仅考虑了以下的纠纷解决机制：（1）专门解决有关土地登记机构所提供服务的纠纷；（2）机制的管理独立于土地登记机构。这些要求对建立高效、公正、合法的土地使用权治理制度不可或缺。

13. Transparency International，2014。

14. 有关瑞典针对地图上地块的误差的投诉机制，详见网站http://www.sla.gov.sg/。

15. Transparency International，2013。

16. Søreide and Williams，2014。

17. Peisakhin，2012；Rose-Ackerman，2004。

2018年营商环境报告

办理破产

成功实施企业破产改革所面临的挑战

- 自2013/2014年以来,19个经济体成功推行了企业重组程序,还有9个经济体则改进了现有程序。然而,如何使这些程序切实可行却是一大挑战。

- 法国于2005年推行企业重组程序——保障程序(procédure de sauvegarde)——来增强债务人防范经济和财务困境的能力。现今,在每四个破产申请案中就有三个的企业通过保障程序得以生存。

- 2013年,斯洛文尼亚对法律框架进行了改革,使其更接近国际最佳实践。改革拓宽了债权人申请企业重组的渠道,从而大幅提高了可持续经营企业的生存率。

- 尽管泰国利益相关者经历了相当长的时间来适应重组程序,但在所有破产案件中,向中央破产法院申请破产的案件比例从2011年的1%稳步上升至2016年的近9%。

融资渠道对私营部门的发展至关重要。放款人需要利用工具来评估贷款得不到偿还会带来哪些风险,还需要评估债务到期后债务人无力偿债的后果。良好的破产制度具有明晰的规则,可高效恢复可持续经营企业的营运能力,并对不具生存能力的企业进行破产清算。这个制度向企业家和放款人提供了评估工具,用来评估在最坏的情况下会产生的后果。

现有文献显示,对债权人的法律保护和高效执法有利于资本市场的发展壮大,而且破产改革和信贷渠道之间存在一定联系。[1] 在一个经济体中,破产机制的具体特征及其强制力是向债权人提供法律保护的重要方面。各项研究表明,旨在完善破产制度的改革可降低信贷成本,提高信贷水平,降低大额贷款的利率。[2] 一项关于2005年巴西破产改革的研究发现,当债务成本下降时,长期债务总额会大幅增加。[3] 最近的一项研究显示,在巴西各地市政府实施改革后的数年里,担保贷款增加,投资和产值双双增长,法院积案减少。[4] 另一项研究显示,根据从经合组织国家采集的样本来看,在新增银行贷款中,对大型企业的贷款占比上升和破产程序效率提高之间存在着联系。[5]

其他研究显示,参考国际最佳实践,在企业破产改革中推行或推动重组程序可降低无力偿债企业的破产率。对哥伦比亚1999年破产改革的研究表明,新法通过简化重组程序、强制设定程序有效期等举措降低了重组成本,从而促使可持续经营的企业进行重组,并让效率低下的企业进行破产清算(这在改革前是不可能做到的)。[6]

《营商环境报告》跟踪研究了190个经济体内的企业破产改革。自《2005年营商环境报告》发布以来,为了提高解决企业破产问题的效率,110个经济体实施了205项改革。本案例研究采用法国、斯洛文尼亚和泰国的具体案例来阐明企业破产改革的制胜之道,以激励其他国家和地区效仿。

经济体如何对其企业破产制度进行改革？

传统的企业破产法都侧重于迅速清算破产企业，同时组织对债权人的偿付。而现代的企业破产机制则一贯主张，对于经济上有生存能力但暂时陷入财务困境的公司，要向其提供重组工具来维持其经营活动。从全球范围来看，在近年进行的改革尝试中，各国纷纷将现代破产制度的这个特征引入自己的破产制度，同时允许对无生存能力的企业迅速进行破产清算。

有关办理破产的指标于2013/2014年度开始衡量各经济体的破产法是否符合国际标准，其中包括债务人和债权人如何申请重组程序。2013/2014年以来，这些指标记录的最常见的改革类型是推行或改进重组程序。在此期间，19个经济体推行了重组程序，还有9个经济体则改进了现有的重组程序。[7]

在企业破产程序中，另一个常见的改革领域是拓宽债权人申请企业破产程序的渠道，同时提高其在企业破产程序中的参与度。按此方向实施改革的经济体包括塞浦路斯、牙买加、哈萨克斯坦、墨西哥、莫桑比克、圣文森特和格林纳丁斯、瑞士和乌干达。让债权人参与企业破产程序，重要的一点是能增强其配合度、减少其提起诉讼的频率，并最终加快破产程序的办理。

然而，许多因素可对实施企业破产改革构成挑战。为实施企业破产改革，不仅需要制定企业破产法或修改现有法律，而且为了使企业破产法切实可行，还需要修改现有法规。企业破产法通常要求在监管框架内设立新的组织机构，如专业的企业破产管理机构。为了成功地实施企业破产法，还需要司法部门的认同和积极参与。

成功实施改革的企业与其他企业有何不同？

《营商环境报告》记录了数项著名的破产改革活动。然而，本案例研究选择了法国、斯洛文尼亚和泰国的案例，其原因有二。首先，这三个经济体实施的企业破产改革，尤其是重组程序的引入与改进（见表7.1），使其更接近于国际公认的最佳实践。其次，这三个经济体都存在大量有关按照上述改革工作审判程序而相应演变的信息。在这三个国家中，对于具备生存能力但正陷于财务困境的企业而言，业务重组正日益成为它们的优选方案。

法国案例

自20世纪80年代以来，为鼓励企业复苏，法国定期评估并更新其企业破产法律制度。20世纪80年代中期——宣布破产的企业数量与10年前相比增加了一倍——对于身处财务困境的企业而言，破产清算是唯一的选择。企业清算的数量从1970年的11000家增至1984年的25000家。立法部门意识到，如果有重组工具，有些企业或许可免于破产。因此，为了拯救有生存能力的企业，立法部门于1985年通过了三部法律。新法引入了重组程序，任何已中止还贷但能够生存下来的债务人都可使用这个重组程序。

然而，仍有许多企业最终停止运营并进行清算，其中的主要原因是：这些公司在启动重组程序前，其财务状况就已经非常糟糕。为了应对这种情况，法国政府于2005年修改了企业破产法，重在预防企业陷入经济和财务困境。因此，保障程序（procédure de sauvegarde）这个全新的重组

表7.1 法国、斯洛文尼亚和泰国成功实施了企业破产改革

国家	改革动机	改革内容	改革成果
法国	大量企业破产案例；改革前，企业不可能重组	于1985年推行重组程序，重点在于防止企业陷入经济和财务困境	重组申请案数量和重组成功的数量实现双增长
斯洛文尼亚	2008年全球金融危机导致破产企业的数量居高不下；重组程序功能不匹配；未制定防范程序	2008年开始在大中型企业推行防范性重组程序；在小微企业间推行简化的重组程序；拓宽了债权人参与重组程序的渠道	重组申请案数量和重组成功的数量实现双增长
泰国	在1997年亚洲金融危机背景下，不良贷款数量居高不下；改革前，企业不可能进行重组	1998年开始在企业债务人间推行重组程序；创建了专业的破产法院	重组申请案数量和重组成功的数量实现双增长

资料来源：《营商环境报告》数据库。

工具应运而生。该程序允许面临困难（但尚未中止还贷）的债务人申请法院保护，并与债权人就重组方案进行谈判。

然而，出乎意料的是，保障程序并没有得到广泛的应用。2006年，在刚开始采用保障程序时，提交保障申请的案件仅有509件（相比之下，司法重组案件为16046件，司法清算案达31045件）。[8] 其中的原因是，启动保障程序所要求的标准过于严格。债务人必须证明他们目前正面临可能导致其破产的困境，这是个相当大的挑战。另一个原因是，法律没有明确规定哪一方——公司经营者还是法院指定的管理人——负责拟定保障方案，这个问题可能使经营者打消了启动保障程序的念头。

2008年，法国又对企业破产法进行了修订，精简了资格标准，使保障程序更容易吸引债务人。修订后的企业破产法规定，要启动保障程序，债务人仅需证明其面临无法克服的困难——经济困难、财务困难或法律困难——而无须清楚说明或确定所面临的困难的严重程度。2008年修订后的破产法还明确指出，企业管理人员在法院指定管理人的协助下拟定保障方案，这增加了保障程序的吸引力。另外，2011年法国又推行了另一个程序（加速金融保障程序）。根据该程序，债务人可先与多数财务债权人在庭外达成协议，然后启动即决法庭的程序使该协议产生法律效力，而不对非财务性债权人产生负面影响。

对企业破产法的这些修订导致申请保障程序案件数量大幅增加，2009年为1386件。此后，申请保障程序的案件数量稳步上升，2014年达到1620件。不仅保障程序的使用量增加，而且3/4的保障程序案件都以与债权人达成协议而结案，使当事企业能够持续运营（见图7.1）。然而，随着保障程序使用率的上升，申请清算案件的数量也大幅增加，2014年在所有申请破产的案件中，提交清算申请的案件的比例达到69%。

通过允许有生存能力的企业进行重组并作为存续企业继续运营，对企业破产法的修订实现了支持创业者承担风险并鼓励其开办企业的目的。2000年以来，法国新办企业数量明显增加，企业破产法改革可能对此做出了部分贡献——2015年法国新办企业达525000家，是2000年的两倍。新办企业数量的大幅增长凸显了研究文献所指出的健全的企业破产制度与创业发展水平息息相关这个问题，企业发展水平主要通过新进企业的增长率和创业支持来衡量。[9]

图7.1 大量采用重组程序的法国企业最终得以持续运营

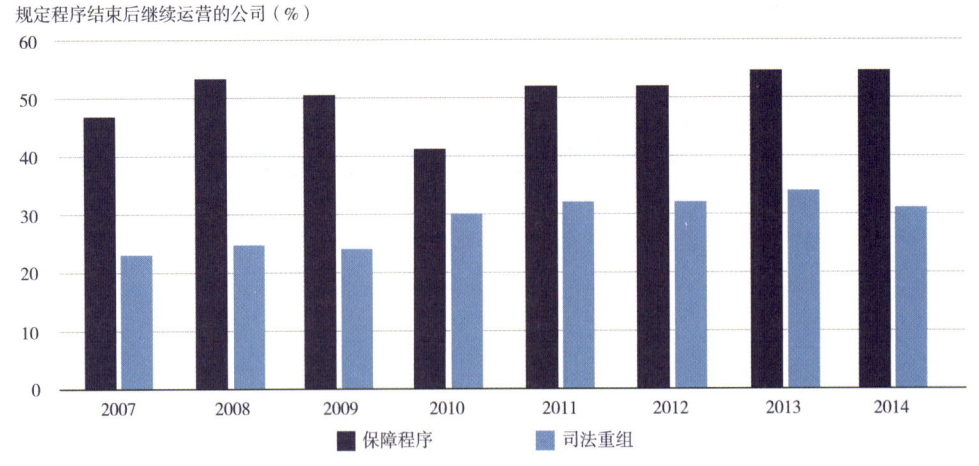

资料来源：Deloitte and Altares，2016。

注：持续运营的企业包括采用重组或保障计划的企业，也包括被整体出售的企业。

斯洛文尼亚案例

20世纪初是斯洛文尼亚进行重大改革的时期，因为该国想要在2004年加入欧盟。2007年斯洛文尼亚通过了新的企业破产法，但这还不足以应对2008年全球金融危机带来的经济和金融挑战，许多公司无力还债。众多公司债台高筑，还债困难，导致企业不良贷款在总贷款中的占比上升至20%左右。[10]因此，斯洛文尼亚急需有效的企业重组程序来引导债务重组。

为了满足上述需求，并使其法律制度向国际最佳实践靠近，斯洛文尼亚政府于2013年修改了企业重组法律制度。修改的内容包括：创建新的破产重组前置程序来解决深陷困境的大中型企业的债务重组问题；设置新的强制和解简化程序，为小微企业提供重组解决方案；同时，修改现有强制和解程序，首次赋予债权人启动企业重组程序的权利。

这些程序迅速被债务人和债权人普遍采用。在实施改革的最初两年间，在上述三种程序中选用其一的企业占比增加了一倍以上，从2013年占全部破产程序的6%上升至2015年的14%。[11]然而，2016年，进行企业清算程序的微型企业占全部破产案的比例达96%。相比之下，微型企业应对重组挑战的能力较弱，在面临财务困境时，它们也没有足够的资源来保障持续运营。尽管面临上述挑战，微型企业也从重组方案中受益匪浅。事实上，为了微型企业的利益而启动强制和解简化程序的案件数量从2014年的59件增加至2016年的85件。

自从2013年首次被赋予启动强制和解程序的权利以后，行使此权利的债权人逐渐增多，截至2016年，债权人启动的破产案件占全部破产案件的1/3左右。与此同时，成功结案的重组程序也大幅增加。2016年，多数破产案以获准和解而结案（见图7.2）。

从重组程序中获益的公司之一是斯洛文尼亚最大的酿酒厂Pivovarna Laško。截至2014年年末，该公司的债务总额达2.268亿欧元（约合2.68亿美元）。Pivovarna Laško与其债权人谈判，达成了债务重组方案，其内容包括一份为期两年的延期偿债方案、出售其在其他公司的股份，以及尽力寻求追加资本。协议达成后，Pivovarna Laško被喜力国际收购，后者承诺提供贷款以维持其财务稳定。在出售其在各公司的资产，并与喜力国际达成长期贷款协议之后，Pivovarna Laško于2015年10月偿清了所有债务。Pivovarna Laško的估值随之上升，从而获得了继续运营的能力，并让数百个岗位得以保留。

除了提高企业存续的可能性以外——比如，成功结案的强制和解程序与简化的和解程序数量不断增加——企业破产改革还有助于扩大积极的经济效益。首先，斯洛文尼亚的创业水平提高了，开办的企业数量增加。改革实施一年后，斯洛文尼亚新注册企业6243家，为10年来的最高水平（接近危机前的水平）；其次，斯洛文尼亚在解决不良贷款额偏高的问题上取得进展，该国不良贷款占贷款总额的比例从2012年的15%降至2016年的7.9%。虽然还未证明这些成果与企业破产改革之间存在因果关系，但是这些成果显示，健全的企业破产制度可鼓励创业，加速

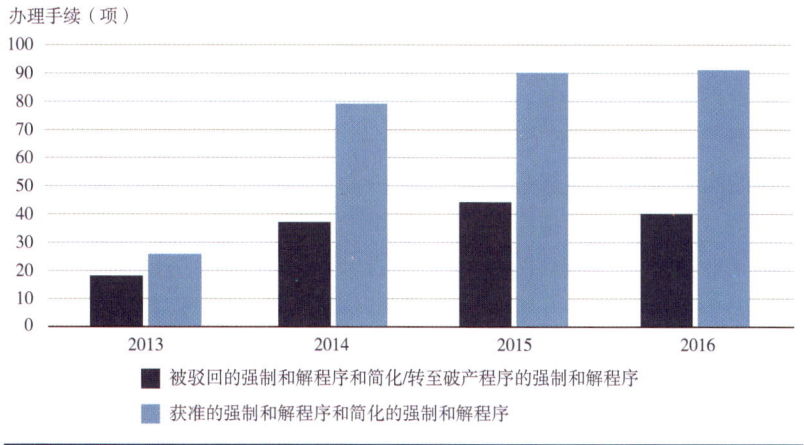

图7.2　斯洛文尼亚的企业重组活动日益成功

资料来源：斯洛文尼亚司法部，2017。

不良贷款的调整速度。[12]

泰国案例

1997年亚洲金融危机促使泰国启动重大破产改革。在危机之前，泰国的不良贷款就已不断增加，1998年该国的不良贷款占总贷款的比例达到峰值（42.9%）。泰国陈旧的破产法早已需要修改，增加必要的内容。1940年的《泰国破产法案》为无力履行其财务义务的债务人设置了司法清算程序。该法案借助司法部内部的一家机构——法律执行局（Legal Execution Department）——来指导司法清算程序。破产法的唯一目的是通过清算程序来组织对债权人的偿付，但没有为有生存能力的企业提供生路。

1998年的《破产法》所做的修改主要是基于当时的法律和制度框架。修改内容包括为企业实体引入重组程序，为无力偿债的债务人提供与其债权人就债务重组方案进行谈判的机会。1999年，泰国设立了专业破产法院来裁判破产案件。同时，（在法律执行局内部）设立企业重组办公室来管理新的重组案件。

泰国利益相关者花费了相当长的时间来适应重组程序。实践证明，发现在泰国拟定重组方案的专业技能是所面临的一大挑战，因为这要求具备在短时间内与多个债权人进行重组方案谈判的能力，以便企业恢复盈利能力。对于陷入财务困境的企业来说，管理人员发现如何制定一项有效的债务重组计划困难重重。于是，债务人纷纷向拥有海外人力资源的大型公司求助，因为这些大型公司的海外员工拥有起草重组方案的专业技能。然而，这种做法成本高昂，因此能够利用重组程序的仅限于少数大型债务人。

正因如此，在改革后的数年间，每年申请重组的案件数量较少，平均介于30—70件（远低于每年近700件的清算申请案件）。[13]在泰国政府意识到有必要向利益相关者解释程序的益处之后，开始寻求更广泛的帮助。在曼谷，随着本土企业逐步掌握了在重组程序中向债务人提供咨询所需的专业知识，重组实践也渐渐地在该地得到普及。结果，所有相关方都能够亲身体验到新机制的优势，这让他们能够利用新的机制来拯救尚有生存能力的企业。同时，由于市场主体对法律的理解越来越深刻，2014年重组申请案件在破产案件中的占比升至3.5%（2011年为1.1%）。[14]该比例在2015年几乎增加了一倍，并于2016年继续上升，在当年司法部门收到的破产申请案件中，重组案件占8.5%（见图7.3）。

在泰国，重组程序的利用率不断上升，这提高了成功实现重组的比率（换言之，无论企业是否会在较长的时期内持续运营，案件都以重组方案获得批准而结束）。2016年，中央破产法院对重组方案的批准率达到25%，高于2015年的20%。

《营商环境报告》中的数据反映了企业破产改革与企业生存可能性之间存在联系。在曼谷，随着时间的推移，解决简单的重组案件变得越来越容易。如今，企业在重组程序结束后更可能继续运营。目前，截至重组方案获得债权人批准之时，小型企业完成重组程序平均需要18个月的时间，是2010年的一半。

在研究加快企业破产程序的破产改革的效果时，研究人员发现这些改革提高了总体信贷水平。其他研究显示，企业破产机制越有效，债权人放贷的意愿就越高，因为一旦发生不良贷款，他们收回较大份额贷款的可能性很大。[15]改革实施之后，泰国私营部门的国内贷款在国内生产总值中的占比从2001年的93%升至2016年的147%。[16]与东亚和太平洋地区的其他经济体相比，泰国银行更愿意放贷。来自《世界银行企业调查》的数据显示，泰国的企业中只有2.4%认为融资渠道是营商的主要制约因素，而这一比率在该地区高达12.2%，在所有经济体中，该比率为26.5%。虽然目前尚未证明这些成果与泰国的企业破产改革之间是否存在因果关系，但是这些成果明确显示，在改革后的这些年中，信贷渠道的确得到了拓宽。

结束语

成功实施企业破产改革并非易事。要使企业破产改革在企业破产实践和经济中产生积极效应，必须充分发挥多个因素的作用。

图7.3 如今，曼谷受困企业较7年前更有可能寻求重组

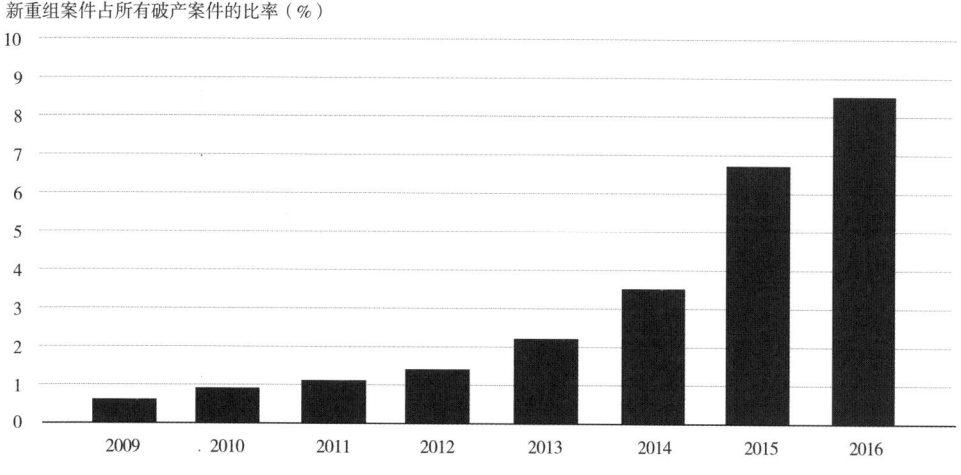

资料来源：泰国司法部企业重组办公室，2016。

即使在具备强大法律框架和体制的经济体中，进行企业破产改革也需要时日。企业破产法是一项复杂法案，这也是不同机构（包括司法部门和破产管理人）不但需要培训，还需要获得相应的工具来执行法律规定的任务的原因。

同时，还要从世界范围内的改革中吸取经验教训。法国和斯洛文尼亚的案例说明，不断评估企业破产制度具有重要意义。企业破产法并非一成不变，相反，企业破产法服务于经济制度，需要随着经济结构的演变而调整。实施并细化企业破产改革需要时间；一蹴而就的权宜之计不会在长期内产生积极效果。泰国的案例说明了利用现有基础设施推动改革的重要性——应重点建设现有法律和体制，只有在现有制度无法适应时才创建新的制度。新制度的实施离不开耐心的培训。从本质而言，修改法律不是目标，而是为之后彻底地贯彻执行法律法规所迈出的第一步。

总之，上述三个案例说明，健全的企业破产改革能产生积极的经济效益。在债权人看来，向企业债务人提供重组解决方案提高了其收回债务的可能性，也提高了其放贷的意愿。对有生存能力的企业而言，设置到位的重组程序使其即使面临财务困境，也会有更大的可能性继续保持运营，从而降低企业破产率，保护就业岗位，并鼓励企业家进行创业。

注

本案例研究由Faiza El Fezzazi El Maziani、Raman Maroz和María A. Quesada共同撰写。

1. La Porta and others，1997；La Porta and others，1998；Klapper，2011。
2. Visaria，2009；Funchal，2008；Rodano，Serrano-Velarde and Tarantino，2011。
3. Araujo，Ferreira and Funchal，2012。
4. Ponticelli and Alencar，2016。
5. Neira，2017。
6. Foley，1999；Dewaelheyns and Van Hulle，2006。有关哥伦比亚的部分，请参考Giné and Love 2008年的研究。
7. 引入重组程序的19个经济体分别为文莱、佛得角、塞浦路斯、多米尼加共和国、格林纳达、印度、牙买加、肯尼亚、科索沃、利比里亚、马拉维、莫桑比克、巴拿马、圣基茨和尼维斯、圣文森特和格林纳丁斯、塞舌尔、特立尼达和多巴哥、乌干达和阿联酋。改进现有重组程序的9个经济体包括智利、格鲁吉亚、哈萨克斯坦、肯尼亚、墨西哥、罗马尼亚、斯洛文尼亚、泰国和瑞士。
8. Deloitte and Altares，2016。
9. Lee and others，2011；Peng，Yamakawa and Lee，2010。
10. IMF，2015。
11. 斯洛文尼亚司法部，2017。
12. Carpus-Carcea and others，2015。
13. Wisitsora-at，2015。
14. 泰国司法部企业重组办公室，2016。
15. Visaria，2009；Funchal，2008。
16. 这些数据来自世界银行的《世界发展指标》数据库（http://data.worldbank.org/indicator）。

参考文献

Agell, Jonas. 1999. "On the Benefits from Rigid Labour Markets: Norms, Market Failures, and Social Insurance." *The Economic Journal* 109 (453): 143-64.

Amin, Mohammad. 2007. "Are Labor Regulations Driving Computer Usage in India's Retail Stores?" Policy Research Working Paper 4274, World Bank, Washington, DC.

Amin, Mohammad, and Hulya Ulku. 2017. "Corruption, Regulatory Burden and Firm Productivity." World Bank, Washington, DC.

Amiti, Mary, and Amit K. Khandelwal. 2011. "Import Competition and Quality Upgrading." *Review of Statistics and Economics* 95 (2): 476-90.

Araujo, Aloisio P., Rafael V. X. Ferreira, and Bruno Funchal. 2012. "The Brazilian Bankruptcy Law Experience." *Journal of Corporate Finance* 18 (4): 994-1004.

Arlet, Jean. 2017. "Electricity Sector Constraints for Firms Across Economies: A Comparative Analysis." Doing Business Research Notes No.1, World Bank Group, Washington, DC.

Arvis, Jean-François, Daniel Saslavsky, Lauri Ojala, Ben Shepherd, Christina Busch, Anasuya Raj, and Tapio Naula. 2016. *Connecting to Compete 2016: Trade Logistics in the Global Economy—The Logistics Performance Index and Its Indicators*. World Bank, Washington, DC.

ASORLAC (Association of Registers of Latin America and the Caribbean), CRF (Corporate Registers Forum), ECRF (European Commerce Registers'Forum) and IACA (International Association of Commercial Administrators). 2016. The International Business *Registers Report*. Available from http://www.corporateregistersforum.org/wp-content/uploads/IBRR_2016_webb.pdf.

Banerjee, Abhijit V., and Esther Duflo. 2011. *Poor Economics: A Radical Rethinking of the Way to Fight Global Poverty*. New York, NY: Public Affairs.

Beck, Thorsten, Chen Lin, and Yue Ma. 2014. "Why Do Firms Evade Taxes? The Role of Information Sharing and Financial Sector Outreach." Journal of Finance 69: 763-817.

Botero, Juan Carlos, Simeon Djankov, Rafael La Porta, Florencio López-de-Silanes, and Andrei Shleifer. 2004. "The Regulation of Labor." Quarterly Journal of Economics 119 (4): 1339-82.

Bradley, Nick. 2003. "Corporate Governance: A Risk Worth Measuring?" *In Selected Issues in Corporate Governance: Regional and Country Experiences*. New York and Geneva: UNCTAD (United Nations Conference on Trade and Development).

Branstetter, Lee G., Francisco Lima, Lowell J. Taylor, and Ana Venancio.

2014. "Do Entry Regulations Deter Entrepreneurship and Job Creation? Evidence from Recent Reforms in Portugal." *Economic Journal* 124 (577): 805-32. doi:10.1111//ecoj.12044.

Bruhn, Miriam. 2011. "License to Sell: The Effect of Business Registration Reform on Entrepreneurial Activity in Mexico." *Review of Economics and Statistics* 93 (1): 382-86.

———. 2013. "A Tale of Two Species: Revisiting the Effect of Registration Reform on Informal Business Owners in Mexico." Journal of Development Economics 103: 275-83.

Burt, Alison, Barry Hughes, and Gary Milante. 2014. "Eradicating Poverty in Fragile States: Prospects of Reaching the 'High-Hanging' Fruit by 2030." Policy Research Working Paper 7002, World Bank, Washington, DC.

Buvinic, M., and G. R. Gupta. 1997. "Female-Headed Households and Female-Maintained Families: Are They Worth Targeting to Reduce Poverty in Developing Countries?" *Economic Development and Cultural Change* 45 (2): 259-80.

Carpus-Carcea, Mihaela, Daria Ciriaci, Carlos Cuerpo, Dimitri Lorenzani, and Peter Pontuch. 2015. "The Economic Impact of Rescue and Recovery Frameworks in the EU." EU Discussion Paper 004, European Union, Luxembourg.

CEPEJ (European Commission for the Efficiency of Justice). 2016. *European Judicial Systems. Efficiency and Quality of Justice*. Strasbourg: European Commission for the Efficiency of Justice.

Chávez, Édgar. 2017. "Credit Information and Firms' Access to Finance: Evidence from an Alternative Measure of Credit Constraints." Doing Business Research Notes No. 2, World Bank Group, Washington, DC.

Cirera, Xavier, Roberto N. Fattal Jaef, and Hibret B. Maemir. 2017. "Taxing the Good? Distortions, Misallocation, and Productivity in Sub-Saharan Africa." Policy Research Working Paper 7949, World Bank, Washington, DC.

Cirmizi, Elena, Leora Klapper, and Mahesh Uttamchandani. 2010. "The Challenges of Bankruptcy Reform." Policy Research Working Paper 5448, World Bank, Washington, DC.

Claessens, Stijn, Kenichi Ueda, and Yishay Yafeh. 2014. "Institutions and Financial Frictions: Estimating with Structural Restrictions on Firm Value and Investment." Journal of Development Economics 110: 107-22.

Clark, Ximena, David Dollar, and Alejandro Micco. 2004. "Port Efficiency, Maritime Transport Costs and Bilateral Trade." *Journal of Development Economics* 75 (2):417-50.

Collier, Paul, and Anke Hoeffler. 2004. "Greed and Grievance in Civil War." *Oxford Economic Papers* 56 (2004): 563-95.

Corcoran, Adrian, and Robert Gillanders. 2015. "Foreign Direct Investment and the Ease of Doing Business." *Review of World Economic*s 151 (1): 103-26.

Dabla-Norris, Era, Mark Gradstein, and Gabriela Inchauste. 2008. "What Causes Firms to Hide Output? The Determinants of Informality." Journal of Development Economics 85 (1-2): 1-27.

Dabla-Norris, Era, Giang Ho, Kalpana Kochhar, Annette Kyobe, and Robert Tchaidze. 2013. "Anchoring Growth: The Importance of Productivity-Enhancing Reforms in Emerging Market and Developing Economies." IMF Staff Discussion Notes 13/08, International Monetary Fund, Washington, DC.

Deloitte and Altares. 2016. *L'entreprise en difficulté en France. Gagner plus de lisibilité pour aller de l'avant*. 11th edition, March.

De Simone, Matteo, and Craig Fagan. 2014. "Ending Secrecy to End Impunity: Tracing the Beneficial Owner." Transparency International Policy Brief 02/2014, Berlin: Transparency International.

De Soto, H. 1989. *The Other Path: The Invisible Revolution in the Third World*. New York: Harper and Row.

Dewaelheyns, Nico, and Cynthia Van Hulle. 2006. "Legal Reform and Aggregate Small and Micro Business Bankruptcy Rates: Evidence from the 1997 Belgian Bankruptcy Code." *Small Business Economics* 31 (4): 409-24.

Diamond, Douglas, and Robert E. Verrecchia. 1991. "Disclosure, Liquidity, and the Cost of Capital." *Journal of Finance* (46): 1325-59.

Djankov, Simeon. 2009. "Bankruptcy Regimes during Financial Distress." Working Paper 50332, World Bank, Washington, DC.

———. 2016. "The Doing Business Project: How It Started: Correspondence." *Journal of Economic Perspectives* 30 (1): 247-48.

Djankov, Simeon, Caroline Freund, and Cong S. Pham. 2010. "Trading on Time." *Review of Economics and Statistics* 92 (1): 166-73.

Djankov, Simeon, Dorina Georgieva, and Rita Ramalho. 2017a. "Determinants of Regulatory Reform." LSE Discussion Paper 765, Financial Management Group, London School of Economics, London. Available from http://www.lse.ac.uk /fmg/news/newsPDFs /Dja nkovDeterminantsOfRegulatoryReform. pdf.

———. 2017b. "Business Regulation and Poverty." LSE Discussion Paper 766, London School of Economics, London. Available from http://www.lse.ac.uk /fmg/dp/discussionPapers/ fmgdps /DP766.pdf.

Djankov, Simeon, Oliver Hart, Caralee McLiesh, and Andrei Shleifer. 2008. "Debt Enforcement around the World." *Journal of Political Economy* 116 (6): 1105-49.

Djankov, Simeon, Rafael La Porta, Florencio López-de-Silanes, and Andrei Shleifer. 2002. "The Regulation of Entry." *Quarterly Journal of Economics* 117 (1): 1-37.

Djankov, Simeon, Darshini Manraj, Caralee McLiesh, and Rita Ramalho. 2005. "Doing Business Indicators: Why Aggregate, and How to Do It." World Bank, Washington, DC.

Djankov, Simeon, Caralee McLiesh, and Andrei Shleifer. 2003. "Courts." *Quarterly Journal of Economics* 118 (2): 453-517.

———. 2007. "Private Credit in 129 Countries." *Journal of Financial Economics* 84 (2): 299-329.

Doblas-Madrid, Antonio, and Raoul Minetti. 2013. "Sharing Information in the Credit Market: Contract-Level Evidence from US firms." *Journal of Financial Economics* 109 (1): 198-223.

Drazen, Allan, and Vittorio Grilli. 1993. "The Benefit of Crises for Economic Reforms." *American Economic Review* 83 (3): 598-607.

Enikolopov, Ruben, Maria Petrova, and Sergey Stepanov. 2014. "Firm Value in Crisis: Effects of Firm-Level Transparency and Country-Level Institutions." *Journal of Banking and Finance* 46 (C): 72-84.

Fajnzylber, P., W. Maloney, and G. Montes-Rojas. 2011. "Does Formality Improve Micro-Firm Performance? Evidence from the Brazilian SIMPLES Program."*Journal of Development Economics* 94 (2): 262-76.

Foley, C. Fritz. 1999. "Going Bust in Bangkok: Lessons from Bankruptcy Law Reform in Thailand." Harvard Business School, Cambridge, MA. Available from http://www.people.hbs.edu/ffoley /ThaiBankruptcy.pdf.

Franks, Julian, and Gyongyi Loranth. 2014. "A Study of Bankruptcy Costs and the Allocation of Control." *The Review of Finance* 18 (3): 961-97.

Freund, Caroline, and Bineswaree Bolaky. 2008. "Trade, Regulations, and Income." *Journal of Development Economics* 87: 309-21.

Freund, Caroline, and Nadia Rocha. 2011. "What Constrains Africa's Exports?" *The World Bank Economic Review* 25 (3): 361-86.

Funchal, Bruno. 2008. "The Effects of the 2005 Bankruptcy Reform in Brazil." *Economics Letters* 101 (2008): 84-86.

Geginat, Carolin, and Rita Ramalho. 2015. "Electricity Connections and Firm Performance in 183 Countries." Global Indicators Group, World Bank Group, Washington, DC. Available from http://www.doingbusiness.org /~/ media/GIAWB/Doing%20Business /Documents/Special-Reports / DB15-Electricity-Connections-and-Firm-Performance.pdf.

Giné, Xavier, and Inessa Love. 2006. "Do Reorganization Costs Matter for Efficiency? Evidence from a Bankruptcy Reform in Colombia." Policy Research Working Paper 3970, World Bank, Washington, DC.

Global Construction Perspectives and Oxford Economics. 2013. *Global Construction* 2025. London: Global Construction Perspectives.

Gramckow, Heike, Omniah Ebeid, Erica Bosio, and Jorge Luis Silva Mendez. 2016. "Good Practices for Courts Report: Helpful Elements for Good Court Performance and the World Bank's Quality of Judicial Process Indicators—Key Elements, Lessons Learned, and Good Practice Examples." Working Paper 108234, World Bank, Washington, DC.

Grimm, Michael, Renate Hartwig, and Jann Lay. 2012. "How Much Does Utility Access Matter for the Performance of Micro and Small Enterprises?" Policy Research Working Paper 77935, World Bank, Washington, DC.

Guner, Nezih, Gustavo Ventura, and Yi Xu. 2008. "Macroeconomic Implications of Size-Dependent Policies." *Review of Economic Dynamics* 11: 721-44.

Haggard, Stephan, and John Williamson. 1994. "The Political Conditions for Economic Reform." In *The Political Economy of Policy Reform*, edited by J. Williamson, 525-96. Washington, DC: Institute for International Economics.

Hallward-Driemeier, Mary, and Lant Pritchett. 2015. "How Business Is Done in the Developing World: Deals versus Rules." *Journal of Economic Perspectives* 29 (3): 121-40.

Hoekman, Bernard, and Alessandro Nicita. 2011. "Trade Policy, Trade Costs, and Developing Country Trade." *World Development* 39 (12): 2069-79.

Hsieh, Chang-Tai, and Peter J. Klenow. 2009. "Misallocation and Manufacturing TFP in China and India." *Quarterly Journal of Economics* 124 (4): 1403-48.

Hsueh, Natalie. 2010. "Philadelphia's Development Permit Review Process: Recommendations for Reform." Presented to the City of Philadelphia, Pennsylvania, January 2010.

IMF (International Monetary Fund). 2015. Country Report No. 15/42, *Republic of Slovenia*. Washington, DC: International Monetary Fund.

———. 2017. *Fiscal Monitor: Achieving More with Less*. Washington, DC, April.

Kakai, Sèdagban Hygin F. 2012. "Government and Land Corruption in Benin." Land Deal Politics Initiative Working Paper 12, The Land Deal Politics Initiative, International Institute of Social Studies, The Hague.

Kawaguchi, Daiji, and Tetsushi Murao. 2014. "Labor-Market Institutions and Long-Term Effects of Youth Unemployment." *Journal of Money Credit and Banking* 46 (S2): 95-116.

Kaplan, David, Eduardo Piedra, and Enrique Seira. 2011. "Entry Regulation and Business Start-ups: Evidence from Mexico." *Journal of Public Economics* 95 (11-12): 1501-15.

Klapper, Leora. 2011. "Saving Viable Businesses." Public Policy Journal Note 328, World Bank Group, Washington DC.

Klapper, Leora, Luc Laeven, and Raghuram Rajan. 2006. "Entry Regulation as a Barrier to Entrepreneurship." *Journal of Financial Economics* (82): 591-629.

Klapper, Leora, and Inessa Love. 2011. "The Impact of Business Environment Reforms on New Firm Registration." Policy Research Working Paper 5493, World Bank, Washington, DC.

Kraay, Aart, and David McKenzie. 2014. "Do Poverty Traps Exist? Assessing the Evidence." *Journal of Economic Perspectives* 28 (3): 127-48.

Kuddo, Arvo, D. Robalino, and Michael Weber. 2015. "Balancing Regulations to Promote Jobs: from Employment Contracts to Unemployment Benefits." Working Paper 101596, World Bank, Washington, DC.

Lanz, Rainer, Michael Roberts, and Sainabou Taal. 2016. "Reducing Trade Costs in LDCs: The Role of Aid for Trade." WTO Working Paper, World Trade Organization, Geneva.

La Porta, Rafael, Florencio Lopez-de-Silanes, Andrei Shleifer, and Robert W. Vishny. 1997. "Legal Determinants of External Finance." *The Journal of Finance* (52): 1131-50.

———. 1998. "Law and Finance." *Journal of Political Economy* (106): 1113-55.

La Porta, Rafael, and Andrei Shleifer. 2008. "The Unofficial Economy and Economic Development." Tuck School of Business Working Paper 2009-57, Dartmouth College, Hanover, NH. Available from Social Science Research Network (SSRN). http://ssrn.com/abstract=1304760.

Lawless, Martina. 2013. "Do Complicated Tax Systems Prevent Foreign Direct Investment?" *Economica* 80 (317): 1-22.

Lee, Seung-Hyun, Yasuhiro Yamakawa, Mike W. Peng, and Jay B. Barney. 2011. "How do Bankruptcy Laws Affect Entrepreneurship Development Around the World?" *Journal of Business Venturing* 26 (5): 505-20.

Loayza, Norman, and Luis Serven. 2010. *Business Regulation and Economic Performance*. Washington, DC: World Bank.

Love, Inessa, María Soledad Martínez Pería, and Sandeep Singh. 2013. "Collateral Registries for Movable Assets: Does Their Introduction Spur Firms' Access to Bank Finance?" Policy Research Working Paper 6477, World Bank, Washington, DC.

Lovegrove, Kim. 2016. "Australasian Building Control: A Journey from Monopoly to Free Market to Benefits of Hindsight." Background paper, World Bank, Washington, DC.

Malesky, Edmund, Neil McCulloch, and Nguyen Duc Nhat. 2015. "The Impact of Governance and Transparency on Firm Investment in Vietnam." *Economics of Transition* (23): 677-715.

Martin, John P. P., and Stefano Scarpetta. 2012. "Setting It Right: Employment Protection, Labour Reallocation and Productivity." *De Economist* 160 (2): 89-116.

Martincus, Christian Volpe, Jeronimo Carballo, and Alejandro Graziano. 2015. "Customs." *Journal of International Economics* 96 (2015): 119-37.

Meijer, Frits, and Henk Visscher. 2005. "Building Control: Private Versus Public Responsibilities." Delft University, Delft.

Monteiro, Joana, and Juliano J. Assunção. 2012. "Coming Out of the Shadows? Estimating the Impact of Bureaucracy Simplification and Tax Cut on Formality in Brazilian Microenterprises." *Journal of Development Economics* 99: 105-15.

Montenegro, Claudio, and Carmen Pagés. 2003. "Who Benefits from Labor Market Regulations?" Policy Research Working Paper 3143, World Bank, Washington DC.

Moscoso Boedo, Hernan J., and Toshihiko Mukoyama. 2012. "Evaluating the Effects of Entry

Regulations and Firing Costs on International Income Differences." *Journal of Economic Growth* 17 (2): 143-70.

Moullier, Thomas. 2013. "Good Practices for Construction Regulation and Enforcement Reform: Guidelines for Reformers." World Bank Working Paper 77100, World Bank, Washington, DC.

_____. 2017. "Building Regulatory Capacity Assessment: Level 1 - Initial Screening." Global Facility for Disaster Reduction and Recovery (GFDRR) Working Paper, World Bank, Washington, DC.

Munemo, Jonathan. 2014. "Business Start-Up Regulations and the Complementarity Between Foreign and Domestic Investment" *Review of World Economics* 150 (4): 745-61.

Neira, Julian. 2017. "Bankruptcy and Cross-Country Differences in Productivity." *Journal of Economic Behavior and Organization* (2017). Available from http://dx.doi.org/10.1016/j.jebo.2017.07.011.

Norbäk, Pehr-Johan, Lars Persson, and Robin Douhan. 2014. "Entrepreneurship Policy and Globalization." *Journal of Development Economics* 110: 22-38

Obala, Luke, and Michael Mattingly. 2014. "Ethnicity, Corruption and Violence in Urban Land Conflict in Kenya." *Urban Studies* 51: 2735-51.

Palstra, Nienke. 2014. "Fighting Money Laundering in the EU: From Secret Ownership to Public Registries." EU Policy Paper 01/2014, Brussels: Transparency International.

Peisakhin, Leonid. 2012. "Transparency and Corruption: Evidence from India." *The Journal of Law and Economics* 55 (1): 129-49.

Peng, Mike W., Yasuhiro Yamakawa, and Seung-Hyun Lee. 2010. "Bankruptcy Laws and Entrepreneur-Friendliness." *Entrepreneurship Theory and Practice* (34): 517-30.

Ponticelli, Jacopo, and Leonardo S. Alencar. 2016. "Court Enforcement, Bank Loans and Firm Investment: Evidence from a Bankruptcy Reform in Brazil." Working Paper 425, Research Department, Central Bank of Brazil.

Portugal-Perez, Alberto, and John S. Wilson. 2011. "Export Performance and Trade Facilitation Reform: Hard and Soft Infrastructure." *World Development* 40 (7): 1295-1307.

PricewaterhouseCoopers. 2005. "Economic Impact of Accelerating Permit Processes on Local Development and Government Revenues." Report prepared for the American Institute of Architects, Washington, DC.

Quintanilla, Pamela Bartlett and Helen Darbishire. 2016. "It's None of Your Business! 10 Obstacles to Accessing Company Register Data Using the Right to Information." Access Info Europe and Organized Crime and Corruption Reporting Project. Available from http:// slideflix.net/doc/4075921/%E2%80%9Cit%E2%80%99s-none-of-yourbusiness-%E2%80%9D-10-obstaclesto-accessing-c.

Ramello, Giovanni, and Stephen Voigt. 2012. "The Economics of Efficiency and the Judicial System." *International Review of Law and Economics* 32: 1-2.

Ranciere, Romain, and Aaron Tornell. 2015. "Why Do Reforms Occur in Crises Times?" Economics Department Working Paper, University of California at Los Angeles (UCLA), Los Angeles.

Rodano, Giacomo, Nicolas Andre Benigno Serrano-Velarde, and Emanuele Tarantino. 2011. "The Causal Effect of Bankruptcy Law on the Cost of Finance." Available from Social Science Research Network (SSRN): http://dx.doi.org/10.2139/ssrn.1967485.

Rodrick, D., A. Subramanian, and F. Trebbi. 2004. "Institutions Rule: The Primacy of Institutions over Geography and Integration in Economic Development." *Journal of Economic Growth* 9 (2): 131-65.

Rose-Ackerman, Susan. 2004. "Governance and Corruption." In *Global Crises, Global Solutions*, edited by Bjorn Lomborg, 301-38. Cambridge: Cambridge University Press.

Schneider, Friedrich. 2005. "The Informal Sector in 145 Countries." Department of Economics, University Linz, Austria.

Slovenia, Ministry of Justice. 2017. "Evaluation of the Implementation of ZFPPIPP after the enforcement of ZFPPIPP-E and ZFPPIPP-F Amending Acts, Including ZFPPIPP-G Amending act (January 2017) Preliminary Report." Ministry of Justice, Slovenia.

Søeide, Tina, and Aled Williams, ed. 2014. *Corruption, Grabbing and Development: Real World Problems*. Edward Elgar: Cheltenham.

Thailand, Office of the Judiciary. 2016. Annual Judicial Statistics (2008-2016). Statistics Division, Planning and Budget Department, Bangkok. Transparency International. 2013. *Global Corruption Barometer* 2013. Berlin: Transparency International. Available from http://www.wingia.com/web/files /news/61/file/61.pdf.

_____. 2014. *East African Bribery Index* 2014. Nairobi: Transparency International Kenya.

UNCITRAL (United Nations

Commission on International Trade Law). 2004. *Legislative Guide on Insolvency Law*. New York: United Nations.

UNECE (United Nations Economic Commission for Europe). 1996. *Land Administration Guidelines with Special Reference to Countries in Transition*. New York and Geneva: UNECE.

UN-Habitat (United Nations Human Settlements Programme). 2016. *World Cities Report 2016. Urbanization and Development: Emerging Futures*. Nairobi: UN-Habitat.

Van der Heijden, Jeroen. 2009. "Building Regulatory Enforcement Regimes: Comparative Analysis of Private Sector Involvement in the Enforcement of Public Building Regulations." PhD thesis, Delft University of Technology.

Visaria, Sujata. 2009. "Legal Reform and Loan Repayment: The Microeconomic Impact of Debt Recovery Tribunals in India." American Economic *Journal: Applied Economics* 1(3): 59-81.

Wisitsora-at, Wisit. 2015. "Bankruptcy Reform in Thailand and the Lessons to be Learned from this." *Assumption University* 50 (2550): 129-135.

World Bank. 2011a. *World Development Report 2011*. Washington DC: World Bank.

———. 2011b. Principles for Effective Insolvency and Creditor/Debtor Regimes. Revised. Washington, DC: World Bank. Available from http://siteresources.worldbank.org/EXTGILD

———. 2011b. *Principles for Effective Insolvency and Creditor/Debtor Regimes*. Revised. Washington, DC: World Bank. Available from http://siteresources.worldbank.org/EXTGILD/ources/5807554-1357753926066/ICRPrinciples-Jan2011[FINAL].pdf.

———.2012. *World Development Report 2013: Jobs*. Washington, DC: World Bank.

World Bank Group and World Trade Organization (WTO). 2015. *The Role of Trade in Ending Poverty*. Geneva: WTO.

World Economic Forum. 2017. *Shaping the Future of Construction: Inspiring Innovators Redefine the Industry*. Geneva: World Economic Forum.

WTO (World Trade Organization). 2015. *World Trade Report 2015*. Geneva: WTO.

———. 2016. *World Trade Report 2016*. Geneva: WTO.

Wrenn, Douglas H., and Elena G. Irwin. 2015. "Time is Money: An Empirical Examination of the Effects of Regulatory Delay on Residential Subdivision Development." *Regional Science and Urban Economics* (51): 25-36.

Zakout, Wael, Babette Wehrmann, and Mika-Petteri Törhönen. 2006. "Good Governance in Land Administration Principles and Good Practices." Food and Agriculture Organization of the United Nations (FAO), Rome, Italy.

2018 年营商环境报告

数据说明

《营商环境报告》提出并分析了不同指标，旨在衡量商业监管和对财产权益的保护力度，及其对各国企业，尤其是中小企业的影响。第一，这些指标记录了商业监管的复杂性，如开办企业或登记商业财产转让所需手续的数量。第二，这些指标衡量了实现监管目标或达到监管合规所需的时间和费用，如执行合同、办理破产程序或跨境贸易所需的时间和费用。第三，这些指标衡量了法律对财产权益的保护力度，如对少数投资者权益的保护，以免公司董事掠夺公司财产，或根据担保交易法明确可以用作担保的资产范围。第四，设立指标集来记录企业的税务负担。最后，涵盖就业监管各个方面的数据集。《营商环境报告》中衡量的11个指标集是随着时间的推移而逐步建立起来的，在此过程中对样本中的经济体和城市的数量也进行了相应的扩充（见表8.1）。

方法论

《营商环境报告》的数据采用标准方法进行采集。首先，由《营商环境报告》团队和专家顾问设计调查问卷。问卷利用简单的商业案例，以确保各经济体之间及不同时段的可比性——辅之以对企业的法律形式、规模、法定地址和运营性质所做的假设。

调查问卷发给各地逾13000名专家，其中有律师、企业顾问、会计师、货运代理人、政府官员和其他提供法律和监管咨询的专业人士（见表8.2）。这些专家与《营商环境报告》团队通过不同形式进行数轮互动，如电话会议、书面通信和团队拜访。为核实数据并招募受访者，《2018年营商环境报告》团队成员访问了26个经济体。从问卷中采集的数据都要进行反复核实，进而对所采集的信息进行修改或扩充。

《营商环境报告》的研究方法有数项优势。首先，该方法使用的是法律法规规定的事实信息，因而保持了透明度；而且为了澄清对问题可能产生的误解，该方法还允许与当地受访者进行多次互动。对于该研究方法而言，获得有代表性的受访者样

表8.1 各期《营商环境报告》所涵盖的主题和经济体

主题	DB 2004	DB 2005	DB 2006	DB 2007	DB 2008	DB 2009	DB 2010	DB 2011	DB 2012	DB 2013	DB 2014	DB 2015	DB 2016	DB 2017	DB 2018
获得电力									✓	✓	✓	✓	✓	✓	✓
办理施工许可证			✓	✓	✓	✓	✓	✓	✓	✓	✓	✓	✓	✓	✓
跨境贸易			✓	✓	✓	✓	✓	✓	✓	✓	✓	✓	✓	✓	✓
纳税			✓	✓	✓	✓	✓	✓	✓	✓	✓	✓	✓	✓	✓
保护少数投资者		✓	✓	✓	✓	✓	✓	✓	✓	✓	✓	✓	✓	✓	✓
登记财产		✓	✓	✓	✓	✓	✓	✓	✓	✓	✓	✓	✓	✓	✓
获得信贷	✓	✓	✓	✓	✓	✓	✓	✓	✓	✓	✓	✓	✓	✓	✓
办理破产	✓	✓	✓	✓	✓	✓	✓	✓	✓	✓	✓	✓	✓	✓	✓
执行合同	✓	✓	✓	✓	✓	✓	✓	✓	✓	✓	✓	✓	✓	✓	✓
劳动力市场监管	✓	✓	✓	✓	✓	✓	✓	✓	✓	✓	✓	✓	✓	✓	✓
开办企业	✓	✓	✓	✓	✓	✓	✓	✓	✓	✓	✓	✓	✓	✓	✓
经济体数量	133	145	155	175	178	181	183	183	183	185	189	189	189	190	190

注：DB=《营商环境报告》。对于每年样本中新增经济体的数据，均为通过反算得出的上年数据。但科索沃和黑山除外，这两个国家在成为世界银行集团成员后才被纳入样本。从《2015年营商环境报告》开始，有11个城市（但没有经济体）被纳入样本之中。《2018年营商环境报告》中对各组指标数据的采集时间截至2017年6月。[1]

表8.2 《营商环境报告》咨询的专家数

指标集	受访者	有给定数量受访者的经济体（%）		
		1—2	3—5	6+
开办企业	2235	10	22	68
办理施工许可证	1316	14	41	45
获得电力	1121	17	42	41
登记财产	1282	20	35	45
获得信贷	1764	7	26	67
保护少数投资者	1450	16	36	48
纳税	1685	8	29	63
执行合同	1412	14	41	45
跨境贸易	1259	18	41	41
办理破产	1325	19	35	46
劳动力市场监管	1230	17	37	46
合计	16079	15	35	50

本不是问题，因为《营商环境报告》不是统计调查报告，而且为了准确起见，本报告采纳了相关的法律法规的内容，并对调查问卷的答案进行了核对。其次，该方法容易复制，所以可以从大量的经济体样本中采集数据。由于在数据采集中运用了标准假设，所以每项比较和基准对各个经济体都有效。最后，数据不仅突出说明了具体的商业监管障碍的严重程度，还指明了其来源，并指出需要进行哪些改革。从指标层面而言，《2018年营商环境报告》的研究方法没有重大变动。

所衡量内容的局限性

《营商环境报告》的方法论存在五大局限，在解读数据时需要将此纳入考量。第一，对多数经济体而言，采集的数据是最大商业城市的企业的数据（在一些经济体中，最大商业城市不是首都），这可能代表不了该经济体其他地区的监管状况。（这里不包括2013年人口逾1亿的11个经济体；对于这些经济体，《营商环境报告》目前也采集了第二大商业城市的数据。）[2] 为了克服这个局限，《营商环境报告》创建了地方指标（见专栏8.1）。第二，采集的数据常将焦点放在具体的企业组织形式上——通常是具一定规模的有限责任公司（或具有同等法律效力的实体）——

这对其他形式的企业监管可能不具代表性（如独资企业）。第三，标准案例情景所描述的交易指的是某一类具体问题，可能无法代表企业遇到的各类问题。第四，对时间的衡量包括了受访专家的判断。如果资料来源中包括不同的估算，那么《营商环境报告》中的时间指标则代表了在假设情景为标准案例的情况下受访者所给出的反馈的中位数。

最后，该方法论假设企业知晓所有必要的信息，而且在办完手续后没有浪费时间进行下一步工作。但实际上，如果企业缺乏信息或未能立即跟进，办完一项手续可能需要更长的时间。或者，企业可能选择不理会那些烦琐的手续。基于以上两种原因，《2018年营商环境报告》中所涉及的时间延误会有别于《世界银行企业调查报告》或其他企业级调查报告中企业家所回忆的内容。

数据带来的挑战与数据修正

对《营商环境报告》中的

专栏8.1　标杆监管与向地方最佳实践学习：《次国家级区域营商环境报告》的相关性

同一经济体内不同地区之间营商环境究竟怎么不同，政策制定者对此越来越感兴趣。在相同的法律和监管制度下，不同地区之间存在的重大差异可能会给人们带来启发：地方官员发现，他们很难解释为什么在其辖区内做生意比在邻区更加困难。通过将分析范围扩大到经济体最大的商业城市之外的地方，《次国家级区域营商环境报告》（受政府委托而做）在地区层面上找到了这些不同，使政策制定者能够有针对性且有效地解决这些瓶颈问题，改善其整个经济体的营商环境。

次国家级区域研究显示，在一个经济体（如哈萨克斯坦），各地区在监管或国家法律的实施方面可能存在重大差异。同样，在各个经济体（如保加利亚、匈牙利和罗马尼亚）不同地区内也会存在这方面的差异。

一些经济体呈现出的差异较其他经济体更大。例如，2017年完成的一项研究对阿富汗的5个地区进行了对标分析，结果显示，就办理施工许可证而言，在坎大哈市需要96天，而在喀布尔市所需时间几乎是坎大哈市的4倍；同样，就登记财产转让而言，在坎大哈市需要75天，但在喀布尔市所需时间为坎大哈市的3倍以上。

那么，从中可汲取哪些重要经验？阿富汗的政策制定者不必向与其相距甚远的其他国家求教以改进喀布尔的交易流程，也不需要在任何情况下都进行立法改革。在一些情况下，其答案可能是增加人员，或减少需要提交的文件数量。参考其他地区的有效流程——如本案例中的坎大哈市——可以协助政策制定者复制这些最佳实践。

进一步而言，无论在经济体内不同地区之间还是在国际层面上，由于《次国家级区域营商环境报告》得出的数据都具有可比性，政策制定者既可以在地方层面也可以在国际层面将其结果作为基准。这可以使他们明白如果最大的商业城市能够采用其境内记录的所有最佳实践，那么《营商环境报告》会如何调高对其总体表现的评估。2017年，阿富汗（5个地区）、哥伦比亚（32个地区）、3个欧盟成员国（保加利亚、匈牙利和罗马尼亚的22个城市）和哈萨克斯坦（32个地区）共6个经济体完成了次国家级区域研究报告。报告显示，如果后4个经济体采用了区域最佳实践，比如在获得电力各个指标方面的区域最佳实践，那么其在这些指标方面的总体表现会更好。

次国家级区域研究涵盖世界所有地区以及收入水平各异的经济体，其中包括饱受冲突影响、经济脆弱的国家，阿富汗就是其中之一，该国在2017年完成了《阿富汗营商环境报告》。正在进行次国家级区域研究的还包括尼日利亚（36个州和联邦首都特区阿布贾）和4个欧盟成员国（克罗地亚、捷克、葡萄牙和斯洛伐克）。自2005年以来，次国家级区域营商报告覆盖了71个经济体中485个地区。为衡量随着时间的推移而取得的进步，17个经济体——包括埃及、墨西哥、尼日利亚、菲律宾和俄罗斯——已进行了两轮或两轮以上的次国家级区域数据采集。

《次国家级区域营商环境报告》涵盖全球大多数城市，包括拉丁美洲和加勒比地区的109个城市、东亚和太平洋地区的76个城市、撒哈拉以南非洲的82个城市、南亚的46个城市、中东和北非的30个城市、欧洲和中亚的79个城市、经合组织高收入经济体的63个城市。同时，该报告还包含关于进行过一次和一次以上次国家级或区域研究的经济体的情况，具体可参见《次国家级区域营商环境报告》(http://www.doingbusiness.org/subnational)。

经济体特色

人均国民收入

《2018年营商环境报告》报告了2016年的人均收入数据，该数据发表于世界银行《2017年世界发展指标》。收入计算使用图谱法（以现值美元计）。对于按人均收入占比所表示的成本指标，以现值美元表示的2016年人均国民总收入（GNI）作为其分母。在下列经济体中，用图谱法计算的GNI数据不详：巴林、文莱、吉布提、厄立特里亚、伊朗、科威特、利比亚、缅甸、阿曼、巴布亚新几内亚、波多黎各自由邦（美国）、卡塔尔、圣马力诺、索马里、南苏丹、叙利亚、中国台湾、东帝汶、瓦努阿图和委内瑞拉。在上述经济体中，其人均国内生产总值（GDP）或国民生产总值（GNP）数据和增长率来自其他来源，如国际货币基金组织的《世界经济展望》数据库及经济学人智库等。

按区域和收入对经济体分组

《营商环境报告》采用世界银行的方法，按区域和收入对经济体进行分组，分组方法公布在网站上：https://datahelpdesk.worldbank.org/knowledgebase/articles/906519。《营商环境报告》在图表中呈现的区域平均值包括所有收入组别（低收入、中低收入、中高收入和高收入）的经济体数据，尽管高收入经合组织经济体被划分到经合组织高收入"区域"组。

人口

《2018年营商环境报告》中的人口数据为2016年年中的人口统计数据，该数据发表于世界银行的《2017年世界发展指标》。

数据提供支持的多数法律法规均刊载于《营商环境报告》的网站http:// www.doingbusiness.org。所有的问卷样本及对指标提供支持的详细内容也都公布在该网站上。若您对方法论或数据存疑，请发送电子邮件至：rru@worldbank.org。

《营商环境报告》每年发布24120项指标（每个经济体120项指标）。为了创建这些指标，《营商环境报告》团队衡量了逾118000个数据点，每个数据点都在《营商环境报告》网站上公布。从编写指标或将经济体纳入报告的第一年开始，每项指标及经济体的历史数据都公布在上述网站上。为了给此次研究提供可比的时间序列，对数据集进行了反算调整，以便反映方法论的变化或因更正而对数据进行的修正。网站还发布了所有背景文件的原始数据集。与《2017年营商环境报告》相比，《2018年营商环境报告》的修正率为8.8%。[3]

各经济体政府纷纷提交了有关数据的问询，也向《营商环境报告》提供了新的信息。在《2018年营商环境报告》撰写期间，撰写小组收到了来自各个经济体政府共计181项有关数据的问询。另外，撰写小组还多次召开视频会议，有来自65个经济体所委派政府代表参与；此外，还有44个经济体委派了政府代表参加其现场会议。

开办企业

《营商环境报告》记录了在开办并正式运营工商企业时所有官方要求或实践中普遍办理的手续,办完这些手续所需的时间和费用,以及企业需缴纳的最低实缴资本(见图8.1);这些手续包括在办理如下事项时所需办的所有手续:获取所有必要的执照和许可,并完成企业及员工应向相关主管机关做出的通告、验证及注册所经历的程序。各个经济体在开办企业便利度方面的排名取决于其在开办企业方面的前沿距离分数的排序。这些分数是其各个分指标的前沿距离分数的简单平均值(见图8.2)。前沿距离分数显示每个经济体距离"前沿水平"的距离,"前沿水平"通常是每个指标上最有效率的模式或者获得最高的分数。

在开办企业使用的研究方法中,考虑了两类当地有限责任公司。这两类公司在其他方面都相同,只是其中一家公司由5位已婚女士所有,另一家公司由5位已婚男士所有。每个指标的前沿距离分数是这两类标准企业所得分数的平均值。

在研究了有关企业登记的法律、法规和公开公布的信息后,列出详细的手续清单和正常情况下每项手续合规审查所需的时间和费用,以及最低实缴资本。然后,由当地创业咨询律师、公证人员和政府官员审查并核实数据。

同时还收集了有关办理手续

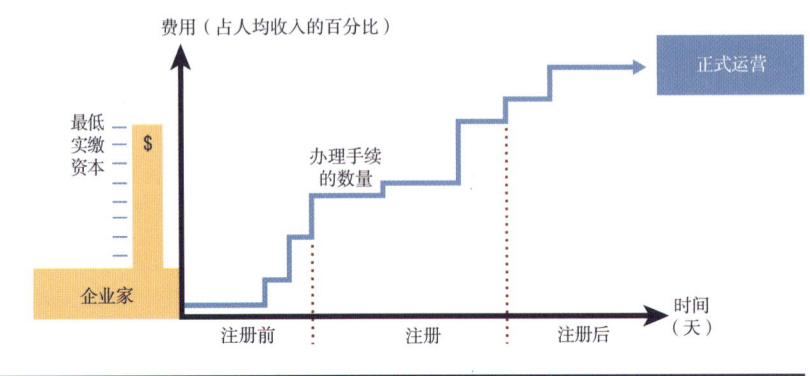

图8.1 在当地开办并运营一家有限责任公司所需的时间与费用、最低实缴资本,以及手续的数量

的顺序以及手续是否可以同时办理的信息。我们的假设是:所有必要的信息可随时查到,并且企业家没有行贿。如果当地专家之间的回答不一致,就继续进行调查,直至得到一致的数据为止。

为使数据在各个经济体之间具有可比性,使用了以下有关企业和手续的相关假设。

有关企业的假设

假设企业:

■ 是一家有限责任公司(或具有同等法律效力的实体)。如果经济体中有几种类型的有限责任公司,则选择国内企业最常见的一种类型。有关最常见公司类型的信息可从公司律师或统计办公室获得。

■ 在经济体中最大的商业城市中运营。对于人口逾1亿的11个经济体,还采集了其第二大商业城市的数据(参见"数据说明"表8A.1)。

■ 由国内投资人100%持有,有5位所有人,这些所有人中没有法律实体。

■ 创业资本为人均收入的10倍。

■ 从事一般性的工商业活动,如生产或向公众销售产品或服务。企业不进行外贸活动,不经营适用特别税制的产品,如酒水或烟草。不使用污染严重的生

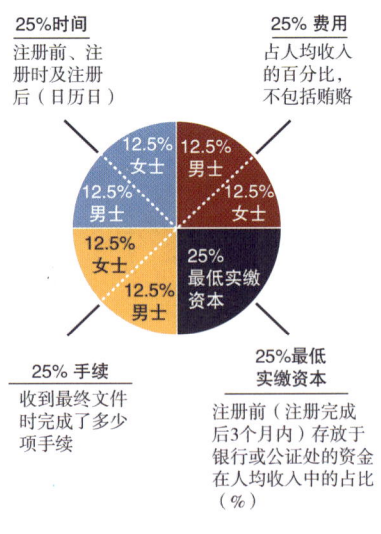

图8.2 开办企业:在当地开办并运营一家有限责任公司

排名基于其四项指标前沿距离分数

产工艺。
- 租赁商业厂房或办公室，不是不动产所有者。
- 办公区域的年租金相当于单一人均收入。
- 整个办公空间大小约929平方米（10000平方英尺）。
- 没资格享受投资奖励或其他特殊优惠。
- 开始运营1个月后，至少有10名员工，最多有50名员工，所有员工都是本国公民。
- 营业额至少为人均收入的100倍。
- 有长达10页的企业规章。

企业所有者：
- 已达到法定成人年龄，能像成人一样做出决定。如果经济体没有规定法定成人年龄，假设投资人的年龄为30岁。
- 神志清醒，能胜任工作，身体健康，没有犯罪记录。
- 已婚，婚姻是一夫一妻制，在有关当局有登记注册。
- 根据适用于当事女性投资人或当事男性投资人的法律制度，如果出现不同答案（如果经济体中存在多元性法律，可能会出现这种情况），就选用适用于大多数人的答案。

手续

手续的定义是企业创办人与外部人员（如政府机构、律师、审计员或公证员）或配偶（如果法律要求）之间的所有互动。企业创办人或企业管理人和员工之间的互动不算作手续。必须在同一幢办公楼内，但在不同办公室或不同柜台办妥的手续视为不同的手续。如果创始人必须多次访问同一间办公室办理不同顺序的手续，每项手续都单独计算。这里假设创办人自己办完各项手续，没有经纪商、中间商、会计师或律师的帮助，除非法律强制规定使用此类第三方服务，或大多数企业家都主动使用这种服务。

如果需要专业人士的服务，此专业人士代表企业办理的各项手续都应单独计算。每项电子手续也被单独计算。同时，如果法律要求开办企业或离家工作需要获得配偶的同意，或如果未获得一方配偶同意，另一方配偶将承受法律后果，比如丧失获得赡养费的权利，那么获得此类同意也被视为一项手续。如果公司的注册和运营只需要获得特殊的性别许可，或办理公民身份证只需获得其他特殊的性别文件，那么它们则被视为额外手续。在上述情况下，只有要求配偶一方办理的手续才被计算在内。为了让企业家能正式运营企业，官方要求办理或实际中经常办理的登记前和登记后的手续都被记录在案（见表8.3）。

官方信函或与公共机构往来所要求的手续也计算在内。比如，按照官方文件要求，纳税申报需要加盖公司印章，那么就将加盖印章算为手续。同样，为完成后续手续（如增值税纳税人资格登记，或出示最低资本存款证明），企业必须开立银行账户，那么开立银行账户的过程也算为手续。对于捷径，只有在其满足如下四项标准时才算为手续：一是合法；二是一般公众都可使用；三是大多数公司都在使用；四是避而不用这些捷径会导致延误。只有要求所有企业都要办理的手续才计算在内。针对特定行业的手续不包括在内。例如，环保合规手续，只有在其适用于所有开展一般性工商活动的企业时才计算在内。在开办企业的组成指标中，没有将公司电网接入、水、气和废物处理服务需要办理的手续纳入其中。

表8.3 开办企业指标包括的内容
合法开办并正式运营公司的手续（项）
注册前（如核实或保留公司名称、公证）
在经济体中最大商业城市注册公司[a]
注册后（如社会保险登记、刻制公司印章）
为了开办企业或为注册公司而离家需要获得配偶的同意
为了公司注册和运营，或办理公民身份证，需要获得特殊的性别文件
办完每项手续所需的时间（日历日）
不包括收集信息所花费的时间
每项手续开始办理的日期各自分别单独计算（两项手续不能同一天开始）——但完全可以网上办理的手续例外
一旦收到最终注册文件或公司可正式开始运营，注册过程即视为完成
与公职人员事前没有接触
办完每项手续的费用（占人均收入的百分比）
只计算官方费用，不包括贿赂
除非法律要求或实际中经常使用专业服务，否则不会收取专业服务费
最低实缴资本（占人均收入的百分比）
注册前或注册完成后3个月内存放于银行或第三方（如公证处）的资金

a. 对于人口超过1亿的11个经济体，也采集了其第二大商业城市的数据。

时间

时间以日历日来计算。该指标采用创业咨询律师或公证员认为的实际完成一项手续所需时间的中位值，这项手续最大限度地减少了政府机构的跟进，并且没有非官方收费。假设每项手续至少需要1天的时间，但完全可以在网上办理的手续除外，后者需要的最少时间记为半天。尽管有些手续可同时办理，但这些手续不可能在同一天开始办理（也就是说，同步手续分别逐日逐项办理）。企业一旦收到了最终注册文件，或可以正式开始业务经营，那么注册手续就算办妥了。如果根据法律规定，一项手续在支付额外费用的情况下可以加速办理，那么就选择速度最快的办理方式，前提是这种选择对经济体的前沿距离分数产生有利影响。对于获得配偶同意的手续，本报告假设办理此类许可不需要任何额外费用，除非需要公证。同时，本报告假设企业家没有浪费时间，而且在办理余下的每项手续时没有耽误任何时间。此外，本报告未计算企业家收集信息的时间。本报告假设企业家从一开始就知道所有的准入要求及其先后顺序，但事先并未和任何办事的官员联系。

费用

费用以在经济体人均收入中的占比计，包括所有官方收费及法律或专业服务费，如果此类服务为法律要求或在实际中普遍采用。如果法律规定需要购买公司簿册并办理相应的法律手续，那么应将其采购支出和手续费计算在内。尽管将增值税纳税人资格登记当作一项单独的手续，但增值税本身不是注册费的组成部分。公司法、商法、单行条例和费率表是用于计算费用的资料来源。如果没有费率表，就将政府官员的估算作为官方资料来源。如果没有政府官员的估算，就采用公司注册专家的估算。如果几位公司注册专家的估算各不相同，就采用中值。在上述所有情况中，费用一律不包括贿赂。

最低实缴资本

对最低实缴资本的要求反映了企业家于注册前及企业成立后3个月内需要存放在银行或第三方（如公证处）的资金金额。最低实缴资本以其在经济体人均收入中的占比计。商法典或公司法一般都会对最低实缴资本的金额做出规定。该规定需要被采纳、执行并全面实施。对于与支付最低资本的要求相关的公司运营或决策的任何法律限制都记录在案。如果法定最低实缴资本以单股形式计算，那么需要乘以公司的股东人数。许多经济体规定了最低实缴资本，但允许企业在注册前仅交付其中的一部分，运营一年后再支付余下部分。以土耳其为例，2017年6月其最低资本要求为10000里拉，其中需要注册前支付的只有1/4，因此土耳其的最低实缴资本为2500里拉，或人均收入的7.8%。

改革

开办企业指标集跟踪每年与注册并运营有限责任公司便利度相关的变化。基于对数据的影响程度，其中一些变化被视为改革，并且被纳入本报告中的"2016/2017年度营商环境改革总结"一节，以确认一些重大改革的实施。改革分为两类：一类是使营商更便利的改革，另一类是使营商更困难的改革。开办企业指标集采用一个标准来识别改革。

本报告采用距离指标集前沿距离总分的整体差距来评估数据变化对指标集的影响。使距离前沿距离的差距发生2%或以上变化的任何数据更新都被视为改革（更多细节请参见"前沿距离分数与营商便利度排名"一章）。以企业注册为例，如果实施新的一站式服务将缩短注册时间、减少注册手续，从而使距离指标集前沿距离的整体差距缩小2%或以上，那么该变化就被视为改革。相反，如果收费的小幅调整或指标的其他微小变化对差距的整体影响低于2%，那么这些调整或变化不会被视为改革，不过数据仍会得到相应更新。

有关各经济体开办企业的详细数据，请访问http://www.doingbusiness.org。该方法由Djankov等人（2002）开发，本书对其进行了小幅调整。

办理施工许可证

《营商环境报告》记录了建筑企业建造库房要办理的所有手续，以及办完每项手续所需的时间和费用。另外，《营商环境报告》还衡量了建筑质量控制指数,该指数评估的内容包括建筑法规的质量、质量控制力度和安全机制、责任和保险制度,以及职业资格认证要求。信息是以调查问卷的形式从建筑许可方面的专家那里收集的,包括建筑师、土木工程师、建筑咨询律师、建筑公司、公用事业服务提供商以及办理建筑法规相关手续(包括审批、颁发许可和检查)的政府官员。

各个经济体在办理施工许可证便利度方面的排名由其在办理施工许可证方面的前沿距离分数排序决定。这些分数是各个分指标的前沿距离分数的简单平均值(见图8.3)。

施工许可证的发放效率

在问卷中,《营商环境报告》将建造一座库房的过程分为各项独立的手续,并采集数据来计算办完每项手续的时间和费用(见图8.4)。这些手续包括但不限于:

图8.3 办理施工许可证:建筑监管的效率和质量

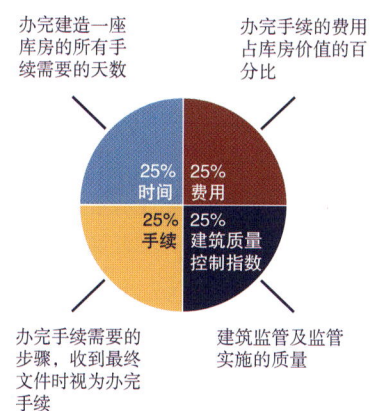

图8.4 建造一座库房需要办理的手续数量以及办完所有手续所需要的时间和费用

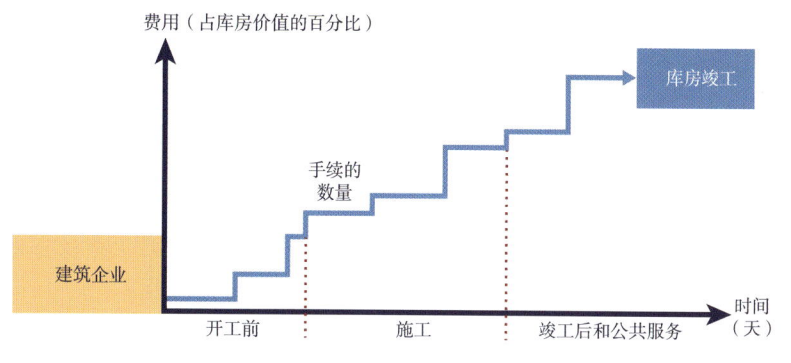

■ 获得建筑师和工程师所要求的各项图纸和测量(如地形测量图、定位图和土质测试),以开始设计建筑图纸。

■ 从相关部门得到并向它们提交所有的项目相关文件(如建筑图纸、平面图及各种城市建设资格证)。

■ 聘请外部第三方监督员、咨询师、工程师或检查员(如有必要)。

■ 取得各项必要的放行许可、执照、许可证和资格证。

■ 按要求提交各项开工通知、竣工通知和质量报检通知。

■ 申请并接受所有必要的质量检查(除非这些检查已经由聘请的第三方检查员完成)。

《营商环境报告》还记录了接入城市供水和污水处理系统所需要办理的手续。登记库房以用作担保或转让给另一个实体所需的手续也计算在内。

为了使数据在经济体之间具有可比性,对建筑企业、库房工程和接入公共设施服务做了以下数项假设。

有关建筑企业的假设

假设建筑企业:

■ 是有限责任公司(或具有同等法律效力的实体)。

■ 在经济体的最大商业城市运营。对于人口逾1亿的11个经济体,也采集其第二个最大商业城市的数据(见表8A.1)。

■ 100%由国内私人所有。

■ 有5位所有人,每个所有人都不是法律实体。

■ 为实施建筑项目(如建设库房),获得所有许可和办理所有保险。

■ 有60位施工人员和其他员工,这些人都是本国公民,拥有获得施工许可和审批所需的专业技术和执业经验。

■ 有一位持证建筑师和一位持证工程师,并在当地建筑师协会或工程师协会注册(如适用)。假设该企业的员工中没有其他技术专家或持证专家,如地质专家或地形专家。

- 已缴纳所有税款，并购买了适用于一般商业活动的所有必备的保险（如建筑工人意外险和第三方责任险）。
- 拥有建房土地，并计划于库房竣工后将其出售。

有关库房的建设

库房：
- 将用于贮存一般物品，如贮存书籍或文具。该库房不用来储存有特殊条件要求的商品，如食品、化工产品或药品。
- 两层楼，楼层都在地面以上，总建筑面积约1300.6平方米（14000平方英尺），每层楼高3米（9英尺10英寸）。
- 附近有公路，位于经济体最大商业城市的市区外围地带（也就是说，在城市边缘，但仍在官方规定的市区边界以内）。对于人口逾1亿的11个经济体，也采集了其第二大商业城市的数据。
- 不在经济特区或工业特区。
- 所在地块约929平方米（10000平方英尺），100%由建筑企业所有，该地块准确地登记于地籍机构和土地登记机构，后者办理永久业权。然而，如果该地块为政府所有，由建筑企业承租，那么本报告假设建筑企业在库房竣工后将根据适用情况把土地登记于地籍机构或土地登记机构，或在两处都进行登记。
- 价值为人均收入的50倍。
- 为新建项目（所在土地上以前没有建筑物），该地块上既无树木或自然水源，也不是自然保护区或历史遗址。
- 有完整的建筑平面图和技术布置图，图纸由持证建筑师和持证工程师绘制。如果绘制图纸前还需获得额外证明文件或外部机构的事先批准等，这都应算作办理手续。
- 将安装所需的全部技术设备，以保证充分运营。
- 建造周期为30周（不包括因行政或监管要求而发生的延误）。

有关接入公共设施服务的假设

接入城市供水和污水处理系统：
- 距离现有水源和污水处理系统接口150米（492英尺）。如果经济体中没有供水基础设施，就挖一口井。如果没有污水处理基础设施，就安装或建造一个体积最小的化粪池。
- 消防无须用水，而是采用灭火系统（干粉灭火系统）。如果法律要求使用湿式防火系统，则下文假设的自来水需求还包括消防用水。
- 平均每日用水量为662公升（175加仑），平均每日污水排放量为568公升（150加仑）。每日最高峰用水量为1325公升（350加仑），每日最高峰污水排放量为1136公升（300加仑）。
- 全年自来水需求和污水排放量稳定不变。
- 自来水连接管道直径1英寸，污水处理系统连接管道直径4英寸。

手续

手续是建筑企业员工、管理人员或公司代表与外部人员之间的任何互动，外部人员包括政府机构、公证机构、土地登记机构、地籍管理机构、公共设施服务公司和公共检查机构，以及在需要时所聘请的外部私营检查机构和技术专家。企业员工之间的互动都不算作手续，如库房施工图的绘制及内部工程师所做的检查。然而，如果准备绘制建筑图纸，工程师需要与外部第三方之间互动（如获得地形测量或地质测量调查结果），或将上述图纸送外部第三方批准或盖章，这种互动就视为手续。公司为了将库房接入城市供水和污水处理系统而需办理的所有相关手续也包括在内。针对建造库房，凡是法律要求或大多数建筑企业在实际工作中需要办理的手续，都一一纳入计算，尽管在个别情况下有些手续可以不用办理。如果获得电力技术条件或清理电力规划需要提前得到建筑许可，那我们也将这些手续包括在内（见表8.4）。

时间

时间以日历日计算。该指标采用当地专家指出的实际办完手续所需要时间的中值。这里假设每项手续最少需要1天的时间，可在网上办完的手续除外，后者所需的时间最少记为半天。尽管有些手续可同时办理，但这些手续不可能在同一天开始办理（也就是说，同步手续分别逐日逐项

表8.4 施工许可证手续效率指标包括的内容
合法建造一座库房的全部手续（项）
提交所有相关文件并取得各项必须持有的放行许可、执照、许可和资格证
按要求提交各项通知，接受所有必要的检查
接入城市供水和污水处理系统
竣工后将库房产权进行登记（如将库房用作抵押或转让）
办完每项手续所需的时间（日历日）
不包括采集信息所花费的时间
每项手续各自另起日期计算——但可在网上办完的手续除外
一旦收到最终文件，手续就视为办完
与公职人员事前没有接触
办完每项手续所需的费用（占库房价值的百分比）
仅计算官方费用，不包括贿赂

办理），可在网上办完的手续除外。如果根据法律规定，一项手续可以在支付额外费用的情况下加速办理，并且这种选择对经济体的前沿距离分数产生有利影响，那就选择速度最快的手续。这里假设该建筑企业没有浪费时间，承诺毫不延误地办完余下每项手续。该建筑企业收集信息所花的时间不予衡量。原因是，这里假设该建筑企业根据规定了解所有手续要求及办理的先后顺序。

费用

办理手续的费用以库房价值的百分比计（假设库房价值为人均收入的50倍）。只有官方规定的费用才计算在内。记录的所有费用都与合法建造库房需办的手续相关，手续涉及：获得用地批文以及施工前的设计验证放行许可，施工前、施工过程中及竣工后接受检查，接入公共设施服务系统，及在不动产登记机构将库房产权进行登记。此外，对库房工程竣工要求交纳的一次性税款也进行了登记；但不记录销售税（如增值税）或资本利得税，以及那些必须预付但后来返还的款项。记录费用的依据来源为建筑法、当地专家提供的信息、单行规章和公开公布的费率表。如果当地数位合作者提供的估计值有出入，就采用中值。

建筑质量控制

建筑质量控制指数有六项组成指数——建筑法规质量指标，施工前、施工过程中及竣工后质量控制指标，责任和保险制度指标，以及职业资格认证指标（见表8.5）。该指数所依据的案例研究假设与效率指标相同。

建筑法规质量指数

建筑法规质量指数包括两个组成部分：

- 建筑法规是否可轻松查到。如果建筑法规（包括建筑规范）或办理施工许可证的规范可在网上获取，并在新法规通过后及时更新，得1分；如果建筑法规可从相关许可发放当局免费（或象征性收取费用）查询，得0.5分；如果建筑法规必须购买或任何地方都不能轻松查到，则为0分。

- 针对获得施工许可的要求是否具体清晰。如果建筑法规（包括建筑规范）或任何公开的网站、说明书或宣传册清楚列明需要提交的文件、需要支付的费用，以及针对布置图（如配电、供水和污水处理、环保图纸）或相关机构出具的平面图的所有必要的前置审批，那么可得1分；如果上述来源都没有对上述任何要求加以说明，或说明的要求不到三项，则得0分。

该指数的计分区间为0—2，分值越高，说明建筑法规的清晰度和透明度就越高。以新西兰为例，所有相关法规都可在政府官方网站上找到（1分）。法规具体列明了需要提交的文件清单、支付的费用，以及需要得到相关机构预先批准的图纸或规划（1分）。将这些分数加总，新西兰在建筑法规质量指数方面的得分为2分。

表8.5 建筑质量控制指数包括的内容
建筑法规质量指数（0—2）
建筑法规是否公开（0—1）
针对获得施工许可证所规定要求的明晰度（0—1）
施工前质量控制指数（0—1）
是否有持证专家或技术专家批准平面图（0—1）
施工过程中质量控制指数（0—3）
施工过程中法定检查的类型（0—2）
实际中法定检查的实施（0—1）
竣工后质量控制指数（0—3）
竣工后的最终法定检查（0—2）
实际中竣工后最终法定检查的实施（0—1）
责任和保险制度指数（0—2）
哪些相关方在建筑使用后对结构性瑕疵负法律责任（0—1）
法律强制要求哪些相关方为建筑使用后结构性瑕疵购买保险，或实际中通常购买哪些保险（0—1）
职业资格认证指数（0—4）
对平面图审批人的个人资质要求（0—2）
对施工监理或施工检查者的个人资质要求（0—2）
建筑质量控制指数（0—15）
包括反映建筑法规质量指数、施工前质量控制指数、施工过程中质量控制指数、竣工后质量控制指数、责任和保险制度指数及职业资格认证指数。

施工前质量控制指数

施工前质量控制指数只有一个组成部分：

- 法律是否规定审核或批准施工许可申请的审查委员会或审查小组中必须有一位持证建筑师或工程师，并且如果平面图不符合规范，审核人有权拒绝申请。满足下列四种情况之一的，得1分：一是对平面图的审核必须由国家建筑师协会或工程师协会（或同等机构）来进行；二是对平面图的审核必须由独立的企业或独立的持证建筑师或持证工程师来完成；三是绘制平面图的建筑师或工程师必须向许可发放当局提交证据，说明平面图符合建筑法规；四是持有执照的建筑师或工程师为相关许可发放部门负责批准建筑设计图的委员会或团队的成员；而没有持证建筑师或持证工程师参与平面图审核，无法保证平面图符合建筑法规的，则计为0分。

该指数计分区间为0—1，分值越高，说明平面图审核的质量控制越严。以卢旺达为例，首都基加利市政厅必须审核施工许可申请，包括平面图和布置图，而且审核平面图和布置图的审核小组不但有一位持证建筑师，还有一位持证工程师。因此，卢旺达在施工前质量控制指数方面的分数为1分。

施工中质量控制指数

施工中质量控制指数由两部分组成：

- 法律是否强制规定要在施工过程中进行检查。符合下列情况的，得2分：如果（1）法律强制规定政府机构在不同的施工阶段要进行技术检查，或者内部工程师（即建筑企业员工）、外部监理工程师或外部监理企业在不同的建筑施工阶段要进行技术检查，并需要在竣工后提交详细的检查报告；以及（2）法律强制规定进行风险防范检查。符合下列情况的，得1分：法律仅强制规定政府机构在施工的不同阶段仅进行技术检查，或内部工程师（即建筑企业员工）、外部监理工程师在建筑施工的不同阶段进行技术检查，并要求于竣工后提交详细的检查报告。如果法律强制规定政府机构进行不定期检查，或法律没有强制规定进行技术检查，则计为0分。

- 实际中是否在施工过程中实施检查。如果法律强制规定的在施工过程中进行的检查都得到了实施，得1分；如果法律强制要求的检查没有实施过，或在大多数情况下进行检查，但不是所有检查都实施了，或不论在实际中检查是否实施，法律对此没有强制规定，则计为0分。

该指数计分区间为0—3，分值越高，说明施工过程中质量控制越严。以安提瓜和巴布达为例，2003年《实体规划法》（Physical Planning Act）强制规定发展管理局（Development Control Authority）要分阶段进行检查（1分）。然而，实际中发展管理局很少实施检查（0分）。将所有分数相加，安提瓜和巴布达在施工过程中质量控制指数方面的总得分为1分。

竣工后质量控制指数

竣工后质量控制指数由两个组成部分：

- 法律是否强制规定了最终检查，以便核实建筑物的建造符合获批的平面图和现有建筑法规。符合下列情况的，得2分：如果法律强制规定内部监理工程师（即建筑企业员工）、外部监理工程师或外部检查企业负责核实建筑物的建造是否符合已批平面图和现有建筑法规；或法律强制规定政府机构在建筑竣工后进行最终检查；如果法律没有强制规定竣工后的最后检查，也没有要求第三方进行核实建筑物的建造是否符合已批平面图和现有建筑规范，则计为0分。

- 是否在实际中实施最后检查。符合下列情况的，得1分：如果能实施法律强制规定的竣工后最后检查，或如果监理工程师或监理企业证实建筑物的建造符合已批平面图和现有建筑法规；如果法律强制规定的最后检查在实际中并没有实施，或者如果法律强制规定的最后检查在大多数情况下会实施，但不是都能实施，又或者不论实际中最后检查是否实施，法律对其没有强制规定，则计为0分。

该指数计分区间为0—3，分值越高，说明竣工后质量控制越严。以海地为例，2012年《国家建筑规范》（National Building Code of 2012）强制规定首都太子港市政当局必须进行最后检查（2分）。然而，实际中并没有实施最后检查（0分）。将所有分数加总，海地在竣工后质量控制指数方面的总得分为2分。

责任和保险制度指数

责任和保险制度指数由两个部分组成：

■ 建筑物一旦投入使用后，参与施工过程的各方是否为建筑物的结构性缺陷或结构性问题等潜在瑕疵负法律责任。符合下列情况的，得1分：如果建筑物一旦投入使用，下列各方中至少有两方为建筑物的结构性缺陷或结构性问题负法律责任，包括设计建筑物平面图的建筑师或工程师、实施技术检查的专业人士或机构，或建筑企业；符合下列情况的，得0.5分：如果建筑物一旦投入使用，只有一方为建筑物的结构性缺陷或结构性问题负法律责任；而符合下列四种情况的，则计为0分：一是建筑物一旦投入使用，没有人对建筑物的机构性缺陷或结构性问题负法律责任；二是只有项目负责人或投资人承担责任；三是责任由法庭裁判；四是责任在合同中进行约定。

■ 法律是否要求参与施工过程的各方购买潜在缺陷责任保险或10年责任保险，以防一旦投入使用后建筑物可能存在结构性缺陷或结构性问题。符合下列情况的，得1分：如果法律要求设计建筑物平面图的建筑师或工程师、实施技术检查的专业人士或机构、建筑企业或项目负责人或投资人购买10年责任保险或潜在缺陷责任保险，以防一旦投入使用后建筑物可能存在结构性缺陷或结构性问题；或者如果在实际中即使法律不要求，上述各方中的大多数也会普遍购买10年责任保险或潜在缺陷责任保险。而符合下列四种情况之一的，则计为0分：一是法律没有要求任何参与施工过程的相关方购买10年责任保险或潜在缺陷责任保险，在实际中也没有哪一方通常会购买此类保险；二是购买保险的要求在合同中约定；三是有一方为保障施工工人的安全或防范施工过程中任何其他瑕疵，必须购买职业保险或全险保险，但不是10年责任保险或潜在缺陷责任保险，以防一旦投入使用后建筑物有瑕疵；四是虽然不要求任何一方购买保险，但自己赔偿所导致的损失。

该指数计分区间为0—2，分值越高，说明潜在瑕疵责任和保险制度越严。以在马达加斯加为例，其《民法》第1792条规定，设计平面图的建筑师和建筑企业在建筑物竣工后为期10年的期间内，为潜在瑕疵负法律责任（1分）。然而，法律没有要求任何一方为结构缺陷购买10年责任保险，而且在实际中多数相关方也不购买这类保险（0分）。将上述分数加总，马达加斯加在责任和保险制度指数方面的总得分为1分。

专业资格认证指数

专业资格认证指数有两个组成部分：

■ 对负责核实建筑平面图或布置图是否符合建筑法规的专业人士的资格要求。符合下列情况的，得2分：如果国家或政府法规强制规定这些专业人士必须具备最低年限的执业经验，必须有大学建筑学或工程学学位（至少是学士学位），而且必须是国家建筑师职责协会或国家工程师职责协会的注册会员，或通过资格考试。符合下列情况的，得1分：如果国家或政府法规强制规定这些专业人士必须有大学建筑学或工程学学会（至少是学士学位），而且必须具备最低年限的执业经验，或者是国家建筑师职责协会或国家工程师职责协会的注册会员，或通过资格考试。而属于下列三种情况之一的，则计为0分：一是国家或政府法规强制规定这些专业人士只需满足上述要求之一；二是国家或政府法规强制规定这些专业人士必须满足上述要求中的两项，但没有一项是有关大学学位的要求；三是国家或政府法规没有对这些专业人士的资格要求做出规定。

■ 对在施工过程中实施技术检查的专业人士的资格要求。符合下列情况的，得2分：如果国家或政府法规强制要求这些专业人士必须具备最低年限的执业经验，必须有大学工程学学位（至少是学士学位），而且必须是国家工程师职责协会的注册会员，或通过资格考试。符合下列情况的，得1分：如果国家或政府法规强制规定这些专业人士必须有大学工程学学位（至少是学士学位），而且必须具备最低年限的执业经验，或者是国家工程师职责协会的注册会员，或通过资格考试。而属于下列三种情况之一的，则计为0分：一是国家或政府法规强制规定这些专业人士只需满足上述要求之一；二是国家或政府法规强制规定这些专业人士必须满足上述要求中的两项，但没有一项是有关大学学位的要求；三是国家或政府法规没有对这些专业人士的资格要求做出规定。

该指数的计分区间为0—4，分值越高，说明对专业资格认证的要求越严。以阿尔巴尼亚为例，在施工过程中进行技术检查的专业人士必须具备最低年限的实际经验、有相关大学学位，还必须是注册建筑师或工程师（2分）。然而，针对负责核实建筑平面图或布置图是否符合建筑规范的专业人士，仅要求其必须具备最低年限的实际经验和建筑学或工程学大学学位（1分）。将上述分数加总，阿尔巴尼亚在职业资格认证指数方面的总得分为3分。

建筑质量控制指数

建筑质量控制指数是建筑法规质量指数、施工前质量控制指数、施工过程中质量控制指数、竣工后质量控制指数、责任和保险制度指数及专业资格认证指数的分数之和。该指数计分区间为0—15，分值越高，说明质量控制越严，建筑监管体系中安全防范制度越严。

如果在2016年6月至2017年6月期间某一经济体没有发放施工许可证，或者该经济体中适用的建筑法规没有得到实施；那么针对发放施工许可证的各项手续、所需时间和费用方面的指标，就标注"无实践"。另外，标注了"无实践"的经济体，即使其法律制度包括相关建筑质量控制和安全防范机制，其在建筑质量控制指数方面的得分仍为0分。

改革

办理施工许可证指标集跟踪每年与施工许可证制度的质量和效率相关的变化。基于对数据的影响程度，其中一些变化被视为改革，并且被纳入本报告中的"2016/2017年度营商环境改革总结"一节，以确认一些重大改革的实施。改革分为两类：一类是使营商更便利的改革，另一类是使营商更困难的改革。办理施工许可指标集仅使用一个标准来识别改革。

本报告采用与指标集前沿距离总分的整体差距来评估数据变化对指标集的影响。使距离前沿距离的差距发生2%或以上变化的任何数据更新都被视为改革（更多细节请参见"前沿距离与营商便利度排名"一章）。以办理施工许可证为例，如果实施新的电子许可制度缩短了注册时间，使之与前沿距离的差距缩小了2%或以上，就将这项新制度归为改革。相反，如果收费的小幅调整或指标的其他微小变化对差距的整体影响低于2%，那么这些调整或变化不被视为改革，但它们的影响仍会反映在指标集最新更新的指标之中。

有关各经济体内办理施工许可证的详细数据，请访问http://www.doingbusiness.org。

获得电力

《营商环境报告》所记录的手续是企业将一座标准库房接入电网并获得永久性电力供应所需要办的各项手续（见图8.5）。这些手续包括：递交申请并与电力公共服务公司签订合同，配电公共服务公司和其他机构实施各项必要检查并出具放行证，以及外部人员所做的最后接入作业。调查问卷将获得电力过程划分为诸项单独手续，并采集数据，以便计算办完每项手续的时间和费用。

另外，《营商环境报告》还衡量了供电可靠性和电费透明度指数（包含在"前沿距离分数及营商便利度排名"一章）及电价（在总体衡量指标中省略）。供电可靠性和电费透明度指数包含有关断电持续时间和断电频率的量化数据，以及如下定性信息：电力公共服务公司设置的用来监测断电并恢复供电的机制，供电系统向主管部门报告断电的报告机制，电费透明度和电费公开公布，以及为限制断电而对电力公共服务公司采取的罚款措施（比如，如果断电超过一定限度，就要求电力服务公司赔偿用户损失或交纳罚款）。

各个经济体在获得电力便利度方面的排名由其在获得电力方

图8.5 《营商环境报告》衡量配电公共服务层面的电力接入过程

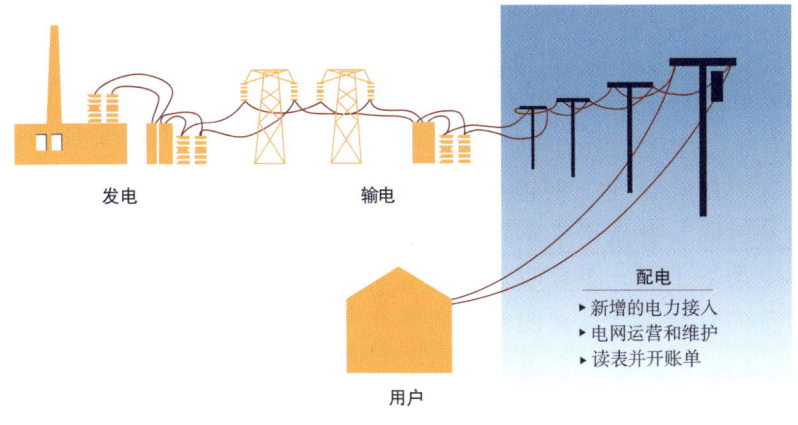

发电　　　输电

配电
- 新增的电力接入
- 电网运营和维护
- 读表并开账单

用户

面的前沿距离分数排序决定。这些分数是每个分指标前沿距离分数的简单平均值，但电价除外（见图8.6）。

有关供电可靠性的数据由配电公共服务公司或监管机构提供并采集，视数据的具体技术性质而定。其他信息，包括电费透明度和接入电网手续方面的信息，来自所有市场主体——配电公共服务公司、电力监管机构、独立的专业人士（如电气工程师）、电气承包商和施工企业。接受咨询的配电公共服务公司指的是在多数库房通常所在的地区提供服务的配电公共服务公司。如果可以选择配电公共服务公司，选择客户数量最多的公司。

为了使数据在各个经济体之间具有可比性，对库房、电力接入和每月用电量做了如下假设。

有关库房的假设

库房：
- 为当地企业家所有。
- 坐落在经济体最大商业城市。对于人口逾1亿的11大经济体而言，也采集了其第二大商业城市的数据（表8A.1）。
- 位于同类库房通常坐落的地区。在该地区，最新获得电力接入的企业不具备享受特殊招商引资政策的资格（例如，提供特别补贴或者快捷服务）。
- 所在地区不受物理条件约束。例如，库房附近没有铁路。
- 是新建库房，而且是第一次接入电网。
- 有两个楼层，都在地面以上，总面积约为1300.6平方米（14000平方英尺）。库房占地面积为929平方米（10000平方英尺）。
- 用于贮存货物。

对接入电网的假设

接入电网：
- 常年连接。
- 三相、四线Y型接入，订购功率为140千伏安（kVA），功率因数为1，即1 kVA = 1千瓦（kW）。
- 接线长150米。接到中低电压配电网，可以是高架线，也可以是埋地线，在库房坐落的地区里哪种方法使用更为普遍就采用哪种方法。
- 所需施工要穿越10米宽的公路（通过挖土施工，高架线），不过所有施工都在公共土地上进行。不需要穿越其他业主的私人不动产，因为库房有通道通向公路。
- 接线在用户私人领域内的长度可忽略不计。
- 不需要在库房内部装线。这些工作已经做完，包括用户服务仪表板，或配电盘和电表座的安装。

有关3月份月度用电量的假设

- 假定库房每月运营30天，每天运营时间为上午9点至下午

图8.6 获得电力：效率、稳定性和透明度

排名基于其四个组成指标的前沿距离分数

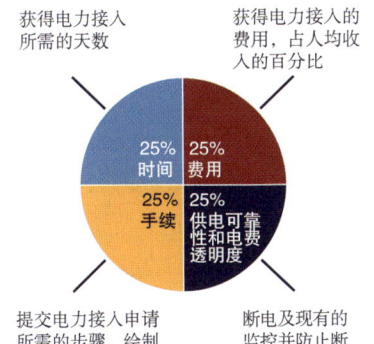

- 获得电力接入所需的天数 25% 时间
- 获得电力接入的费用，占人均收入的百分比 25% 费用
- 提交电力接入申请所需的步骤，绘制设计图、完成施工，获得批准，通过检查，安装电表，签订供电合同 25% 手续
- 断电及现有的监控并防止断电的监管机制；电费透明度 25% 供电可靠性和电费透明度

注：对电价也进行了衡量，但排名时没有将其计算在内。

5点（每天8个小时），设备利用率平均为80%，并且没有断电的情况发生（为简单而作的假设）。

- 月度能耗为26880千瓦时；每小时能耗112千瓦时。
- 如果有多个电力供应商，选择价格最低廉的供应商为库房提供服务。
- 从当年3月开始计算库房的电费。尽管3月有31天，为方便起见，仅按30天计算。

手续

手续的定义是：企业员工或其主要电工或电气工程师（可能是内部接线工作人员）与外部机构（如配电公共服务公司、电力供应公共服务公司、政府机构、电气承保商及电气企业）之间的互动。至于企业员工之间的互动以及与内部电气连接有关的步骤，如设计并执行内部电气安装计划，都不被视为手续。对于在同一公共服务公司不同部门办理的手续，以单独手续计算（见表8.6）。

假定企业员工自己办完所有手续，除非法律强制要求使用第三方服务，如只允许在配电公共服务公司注册的电工才能提交申请。如果企业能够办理，但不要求其请求专业人士的服务（如私人公司），就将实际中通常进行的每次互动算作手续。

时间

时间以日历日计。该指数采用的不是法律规定的办理期间，而是电力公共服务公司和专家认为的在后续跟进可忽略且没有额外费用的情况下办完手续所需的实际时间的中值。此外，假设办完一项手续至少需要1天的时间。尽管多项手续可以同时办理，但各项手续不能在同一天启动（即，同时办理的手续随后逐日逐项开始）；并且假设企业不浪费时间，并承诺毫不延误地办完余下手续。企业收集信息所花的时间不计算在内，因为假设企业一开始就知道电力接入的所有手续，以及其办理的先后顺序。

费用

办理手续的费用以经济体的人均收入百分比计，不包括增值税。所有与办理库房电网接入手续相关的费用和成本都加以记录，包括从政府机构获得放行证、申请接入电网、接受现场和内部布线检查、购买原材料、实施实际接线作业以及支付担保押金等所需的费用和成本。计算费用和成本的资料来源包括当地专家提供的估值、具体法规和收费明细表。如果当地多位合作者所提供的估计间存在差异，就采用报告值的中值。需要说明的是，贿赂款一律排除在外。

担保押金

公共服务公司可能要求用户交一定的押金作为担保，以应对因用户不付电费而带来的风险。正因如此，向新用户收取的担保押金通常通过一个估算用户用电量的函数来计算。

《营商环境报告》不记录担保押金的全部金额。如果把用户

表8.6 获得电力指标包括的内容
成功接入电网所需的手续（项）
提交所有相关文件，并获得所有必要的放行证和许可证
按要求发出所有通知，并接受所有必要的检查
获得外部安装工程，或许要购买施工材料
签订所有必要的电力供应合同，并最后获得供电
办完每项手续所需的时间（日历日）
至少需要一个日历日
每项手续开始办理的日期单独计算
不包括收集信息所花的时间
反映在几乎没有跟进，也没有与公职人员事先接触的情况下实际所花费的时间
办完每项手续所需费用（占人均收入的百分比）
只计算官方规定的费用，不包括贿赂
不包括增值税
供电可靠性和电费透明度指数（0—8）
断电持续时间和频率（0—3）
监测断电的工具（0—1）
恢复供电的工具（0—1）
监管机构对电力公共服务公司表现的监测（0—1）
旨在限制断电的罚款措施（0—1）
电费透明度和电费公开公布（0—1）
电价（美分/千瓦时）
电价计算依据案例研究中商用库房的月度电费

注：尽管《营商环境报告》衡量了电价，但在计算获得电力的前沿距离分数或对获得电力便利度指标进行排名时，并没有包含这些数据。

的实际用电量作为计算押金的基础，那么案例研究中也以实际用电量为基础来进行假设。《营商环境报告》记录用户因公共服务公司长期扣押保证金所遭受的利息收益损失现值，在多数情况下保证金被扣押至合同结束时（假定为5年后）。如果担保押金用于支付第一个月的电费账单，则不予记录。对于计算利息收益损失的现值，采用国际货币基金组织《国际金融统计》中2016

年年底的贷款利率。如果担保押金连本带息返还，那么就使用上述贷款利率与公共服务公司所支付的利息之差来计算损失现值。

在一些经济体中，担保押金可以保函的形式交付：企业可以从银行或保险公司处获得一份根据其在上述金融公司所持有的财产所签发的保函。与用户以现金的形式向公共服务公司支付担保押金相比，在可以出具保函的情况下，企业没有失去对保证金全额的所有权控制，并可继续使用这笔资金；作为回报，企业向银行支付手续费来换取银行保函。所收手续费依据企业信用评级而有所不同。假定企业拥有最高信用评级，那么所支付的手续费最少。如果可以出具保函，那么记录的担保押金金额为每年手续费乘以5年合同假设期限。如果两种选择方案都存在，就记录两者中较低的一个。

以中国香港为例，2017年3月申请140-kVA电网接入的用户必须以现金或支票的方式支付63600港元（约合7850美元）的担保押金，并且押金只有在合同到期后才能返还。如果没有支付担保押金的要求，用户可将这笔钱以5.0%的现行贷款利率进行投资。这意味着在合同存续的5年里将损失现值13760港元（约合1700美元）的利息收入。相比之下，如果允许用户选择以年率1.5%的银行保函提交押金，其在5年内损失的金额仅4770港元（约合590美元）。

供电可靠性和电费透明度指数

《营商环境报告》使用系统平均停电持续时间指数（SAIDI）和系统平均停电频率指数（SAIFI）来衡量每个经济体最大的商业城市停电持续的时间和频率（对于人口逾1亿的11个经济体，也采集了其第二大商业城市的数据；表8A.1）。SAIDI指每个由系统供电的用户在一年中所遭受的平均停电持续时间。SAIFI是指每个由系统供电的用户在单位时间内所遭受到的平均停电次数。SAIDI和SAIFI年度数据（为日历年计算）可以从配电公共服务公司和监管机构处进行采集。SAIDI和SAIFI估值应包括计划内和计划外停电以及甩负荷数据。

如果一个经济体满足如下两个条件，就有资格在供电可靠性和电费透明度指数方面获得1分：第一，该公共服务公司必须收集各类停电数据（衡量每个用户遭受的平均停电持续时间以及平均停电次数）；第二，SAIDI必须低于100小时的临界值，SAIFI必须少于100次。

如果停电次数太频繁，或停电持续时间太长，其供电就不稳定——也就是说，如果SAIDI或SAIFI分别高于规定临界值，就不能给该经济体计分。如果经济体不收集停电数据，或数据收集不全（例如，计划内停电或甩负荷数据没有纳入SAIDI和SAIFI的计算），且如果用于计算SAIDI和SAIFI的最短断电时间长于5分钟，也不能给该经济体计分。

对所有满足《营商环境报告》规定的标准情境下的经济体而言，基于以下六个组成部分来计算供电可靠性和电费透明度指数得分：

- SAIDI和SAIFI的分值各是多少。如果SAIDI和SAIFI的分值分别为12或低于12（相当于每月停电1小时），计1分。如果SAIDI和SAIFI的分值分别为4或低于4（相当于每季度停电1小时），再计1分。最后，如果SAIDI和SAIFI的分值分别为1或低于1（相当于每年停电1小时），则再计1分。
- 配电公共服务公司使用什么工具来检测停电。如果公共服务公司使用自动化工具，比如停电/故障管理系统（OMS/IMS）或监控和数据采集（SCADA）系统，计1分；如果其仅靠用户打电话报告停电事故且手工记录并检测，则计为0分。
- 配电公共服务公司使用什么工具来恢复供电。如果公共服务公司使用自动化工具，比如OMS/IMS或SCADA系统；计1分；如果其仅靠人工服务恢复供电，比如现场工作人员或维修人员，则计为0分。
- 监管机构——即不同于公共服务公司的实体——是否监测供电公共服务公司在供电稳定性方面的表现。如果监管机构实施定期或实时审查，计1分；如果监管机构不对停电事故进行监测，也不要求公共服务公司报告供电稳定性情况，则计为0分。
- 是否采取罚款措施来限制停电。当停电超过一定限度时，要求公共服务公司赔偿用户损失，或公共服务公司被监管机构罚款，或以上两个条件都满足，计1分；如果不存在任何形式的制约机制，则计为0分。

- 电费是否透明且可轻松查到。如果可在网上查到有效电费价目表，并且在电费发生变动时会在下一个结算周期（即一个月）之前通知用户，计1分，否则计为0分。

该指数计分区间为0—8，分值越高，说明供电可靠性和电费透明度越高。以英国为例，配电公共服务公司英国电网公司（UK Power Networks）使用SAIDI和SAIFI来监测并采集停电方面的数据。2016年，伦敦每个用户遭受的平均停电总时长为0.326小时，每个用户遭受的平均停电次数为0.166次。SAIDI和SAIFI都低于临界值，说明每个用户一年中经历的停电次数不到一次，时间总计不足1小时。所以英国不仅满足了在该指数上得分的资格标准，而且还在该指数的第一个组成部分方面得到了3分。此外，英国电网公司利用通用电气自动化PowerOn控制系统来查找电网故障（1分），以及恢复电力服务（1分）。英国天然气和电力市场办公室（一家独立的国家监管机构）也积极地审查该公共服务公司在提供可靠电力服务方面的表现（1分），并在停电持续时间超过其规定的上限时，要求该公司赔偿用户损失（1分）。在收费发生变化时，用户能提前一个结算周期收到通知，并能轻松上网核对现行有效的电费价目表（1分）。将上述得分加总，英国在供电可靠性和电费透明度指数方面的分数为8分。

另一方面，在供电可靠性和电费透明度指数上有几个经济体的得分为0。其原因可能是：一个月内停电次数超过一次，以及该指数衡量的机制和工具都没有到位。如果SAIDI或SAIFI的分值分别高于临界值100，或在计算组成指标时并不是每次停电都纳入考虑。以苏里南为例，在计算SAIDI和SAIFI时，公共服务公司没有纳入甩负荷的情况，因此基于规定的标准，苏里南在该指数的得分为0分，尽管公共服务公司使用自动化系统来检测断电并恢复供电，而且其电费收费也透明。

在2016年6月至2017年6月期间，如果某经济体没有新用户并入电网，或在此期间没有供电，那么在手续、时间和费用指标方面，该经济体会被标注为"无实践"。另外，即便标记了"无实践"的经济体对公用服务公司进行了电力中断方面的监管，但这个经济体在电力供应可靠性和电费透明度指数方面的得分都为0。

电价

《营商环境报告》衡量了电价，但在计算获得电力指标前沿距离分数以及对各个经济体在获得电力便利度方面进行排名时，没有纳入这些数据。这些数据公布在《营商环境报告》网站上（http://www.doingbusiness.org）。为确保数据在各个经济体之间具有可比性，其计算依据皆为标准情境案例假设。

电价以美分/千瓦时来衡量。假设用电为月度电耗，就可为坐落在经济体最大商业城市的库房计算3月份的月度电费账单（对于人口逾1亿的11个经济体，也采集其第二大商业城市的数据，表8A.1）。假如库房每月用电30天，从上午9时至下午5时，那么如果采用分时段计费，就可使用不同的费率。

改革

获得电力的指标集跟踪每年与接入电网过程的效率、供电稳定性和收费透明度相关的变化。基于对数据的影响程度，其中一些变化被视为改革，并且被纳入本报告中的"2016/2017年度营商环境改革总结"一节，以确认一些重大改革的实施。改革分为两类：一类是使营商更便利的改革，另一类是使营商更困难的改革。获得电力的指标集采用两个标准来认可改革。

首先，本报告采用与指标集前沿距离总分的整体差距来评估数据变化对指标集的影响。使距离前沿距离的差距发生2%或以上变化的任何数据更新都被视为改革（更多细节请参见"前沿距离与营商便利度排名"一章）。以新增电网接入为例，如果公共服务机构实施新的一站式服务缩短了处理接入电网申请的时间，让指标集与前沿距离的差距缩小

2%或2%以上，那么就将这项措施列为改革。相反，如果收费的小幅调整或指标的其他微小变化对差距的整体影响低于2%，那么这些调整或变化不会被视为改革，但它们的影响仍会反映在指标集最新更新的指标之中。

其次，要被视为改革，数据变化必须是内因所致，即公共服务机构或政府部门主动出台的措施，而非外因（即外部事件）引起的。例如，由于天气恶劣，断电次数逐年大幅增加，这种情况不能被视为加大营商难度的改革。同样，如果因为货币贬值，有关接入电网材料（如电缆和变压器）的成本大幅下降，也不能被视为使营商更便利的改革。然而，如果公共服务机构建立了一站式服务，简化接入电网手续，或如果公共服务机构安装了自动系统，提高了其监控停电并恢复供电的能力，那么这些措施可被视为使营商更便利的改革。

各经济体有关获得电力的详细数据，请访问 http://www.doingbusiness.org。本研究方法最初由 Geginat 和 Ramalho（2015）开发，本文进行了一定的调整。

登记财产

《营商环境报告》完整地记录了一家企业（买方）向另一家企业（卖方）购买财产，并将产权转移到买方名下，买方利用这项财产扩大业务，用作担保取得新贷款，或者在必要时将其转售给另一企业所需要办理的全部手续。

《营商环境报告》还衡量了办完每项手续所需要的时间和费用，也衡量了每个经济体土地管理系统的质量。土地管理系统质量指数有五个组成部分：基础设施的可靠性、信息透明度、地理覆盖面、土地纠纷解决及财产权益机会均等。

各经济体在登记财产便利度方面的排名由其登记财产的前沿距离分数决定。该分数是每个组成指标的前沿距离分数的简单平均值（见图8.7）。

转让财产的效率

如《营商环境报告》所记，转让财产首先要获得必要的文件，如要求卖方提供财产所有权证书副本（如有要求），以及在必要时进行尽职调查。如果交易能对抗第三方的产权异议，且买方可将财产用作银行贷款抵押或转售（见图8.8），则交易视为完成。不论是卖方责任还是买方责任，或必须由第三方代为履行，法律要求或实际中必要的手续都应予以记录。当地的财产律师、公证人及财产登记机构提供了与各项手续及办完每项手续的时间和费用相关的信息。

为使数据在各个经济体之间具有可比性，对交易各方、财产和相关手续进行了如下假设。

有关交易各方的假设

交易各方（买方和卖方）：
- 是有限责任公司（或具有同等法律效力的实体）。

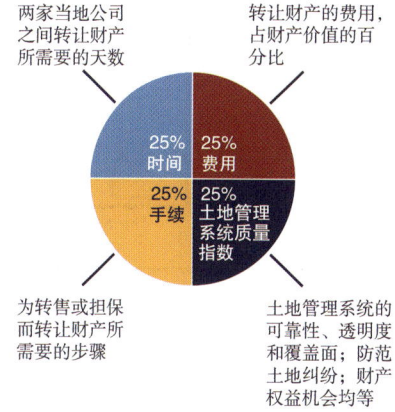

图8.7 登记财产：土地管理系统的效率和质量

排名基于四个组成指标的前沿距离分数

- 主要营业地在经济体最大的商业城市的边缘地带。对于人口逾1亿的11个经济体，也采集了其第二大商业城市的数据（表8A.1）。
- 100%由国内私人所有。
- 各拥有50名员工，所有员工都是本国公民。
- 开展一般性商业活动。

有关财产的假设

财产：
- 价值为人均收入的50倍，同售价。
- 完全为卖方所有。
- 没有被用作抵押，近10年来一直由卖方单独所有。
- 在土地登记机构或地籍簿机构，或这两个机构都进行了登记，没有产权纠纷。
- 位于城市边缘商业区，不要求重新分区规划。
- 由土地和地上建筑物组成。

图8.8 两家本地公司之间转让财产所需要的时间、费用和手续

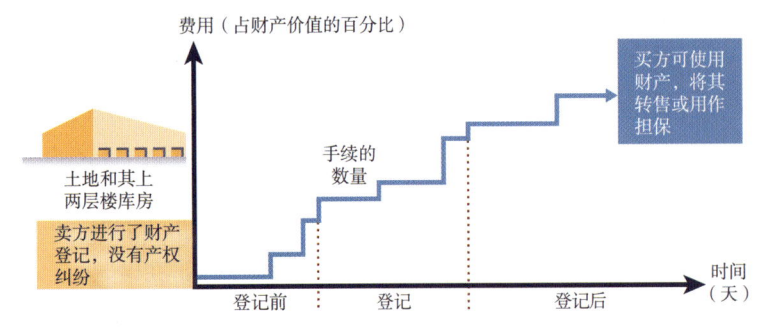

土地面积557.4平方米（6000平方英尺）。地上有面积929平方米（10000平方英尺）的两层楼库房。库房10年前建成，状况良好，没有供暖系统，符合所有安全标准、建筑规范和其他法律要求。由土地和其上建筑物组成的财产将全部完整地进行转让。

- 买卖完成后，不能进行翻修或扩建。
- 既没有树木和自然水源，也不是自然保护区或历史遗迹。
- 不被用作特殊目的，也不要求特殊许可证，如居民住宅、工业厂房、废料贮存或特定类型的农业活动等。
- 除卖方以外，没有其他占有人，也没有任何第三方对财产拥有法律权益。

手续

手续的定义是买方或卖方、其代理人（如果法律要求或实际中要求的代理人）与政府机构、检查人员、公证人和律师等外部人员之间的互动，不包括企业管理人员和员工之间的互动。但需记录法律要求或实际中要求的财产登记的所有手续，尽管这些手续在某些情况下可免办（见表8.7）。如果法律规定在支付额外费用的情况下可加速办理某项手续，那么就选择最快的办理方式，只要这个选择对经济体的前沿距离分数更为有利，而且多数财产所有者都这么选择。尽管在登记过程中，买方可在必要时聘用律师或其他专业人士，但我们的研究假设登记过程中买方没有聘用外部服务商，除非法律或实际要求这样做。

时间

时间以日历日计。该指标采用财产律师、公证人或登记机构公职人员提供的办完手续所需要的时间的中值。假设每项手续最少需要1天的时间，可在网上办完的手续除外，后者需要的时间最少记为半天。尽管多项手续可同时办理，但这些手续不可能在同一天开始办理，可在网上全部办完的手续除外。并且假设买方没有浪费时间，并承诺毫不延误地办完余下每项手续。如果在支付额外费用的情况下，某项手续可加速办理，就选择适用的速度最快且绝大多数财产所有者都选用的法定手续。如果多项手续可同时办理，那么就这样假设。这里还假设相关各方一开始就了解所有手续要求及其办理顺序，因此不计算其收集信息所花的时间。如果不同资料来源对时间的估计有出入，就采用报告值的中值。

费用

费用以财产价值的百分比计（假设为人均收入的50倍）。只有法律规定的官方费用才予以记录，包括手续费、转让费、印花税，以及支付给财产登记机构、公证处、公共服务机构或律师的所有其他费用，但不包括资本利得税或增值税等其他税项。买卖双方承担的费用都予以记录。如果各方资料来源对费用的估计存

表8.7 转让财产效率指标包括的内容

合法转让财产所有权的手续（项）
登记前手续（例如，核查财产的留置权、公证销售合同、财产转让缴税）
经济体中最大商业城市的登记手续[a]
登记后手续（例如，填写提交至市政局的财产所有权文件）
办完每项手续所需的时间
不包括收集信息所花费的时间
每项手续于不同日期启动——完全可在网上办完的手续除外
一旦收到最终文件，手续则视为办完
与公职人员事前没有接触
办完每项手续所需的费用（占财产价值的百分比）
只记录官方费用（如管理费、捐税）
不包括增值税、资本利得税和违法款项

a. 对于人口逾1亿人的11个经济体，也采集了其第二大商业城市的数据。

在差异，则采用报告值的中值。

土地管理系统质量

土地管理系统质量指数由五个指数构成：基础设施的可靠性、信息透明度、地理覆盖面、土地纠纷解决和同等的财产权益（见表8.8）。每个经济体的最大商业城市的数据都在采集之列。对于人口逾1亿的11个经济体，也采集了其第二大商业城市的数据。

基础设施可靠性指数

基础设施可靠性指数有六个组成部分：

- 经济体中最大商业城市的登记机构如何保存土地所有权信息。如果绝大多数土地所有权信息完全数字化保存，得2分；如果对绝大多数土地所有权信息进行了扫描，得1分；如果绝大多数土地所有权信息以纸质形式保存，则计为0分。

- 是否有电子数据库来核查产权负担。如有，得1分；如无，计为0分。

- 经济体中最大商业城市的地籍图机构如何保存地块的地籍图。如果绝大多数地籍图完全数字化保存，得2分；如果对绝大多数的地籍图进行了扫描，得1分；如果绝大多数的地籍图以纸质形式保存，则计为0分。

- 是否有地理信息系统——用来记录地块边界、核查规划并提供地籍图信息的电子数据库。如有，得1分，如无，则计为0分。

- 土地所有权登记机构和地籍图机构如何建立连接。如果土地所有权和地籍图相关信息保存在同一个数据库中，或在相互链接的数据库中保存，得1分；如果各个数据库之间没有连接，则计为0分。

- 如何识别不动产。如果绝大多数地块上的不动产都有一个唯一识别码，得1分；如果一块地有多个识别码，则计为0分。

该指数计分区间为0—8，分值越高，说明基础设施的质量越高，越能确保不动产产权和边界信息的可靠性。以土耳其为例，伊斯坦布尔的土地登记办公室不但完全以数字化的形式保存不动产所有权信息（2分），还有一个完全电子化的数据库用来核查产权负担（1分）。伊斯坦布尔的地籍厅办公室有数字地籍图（2分），其地理信息厅有公共门户网站，用户可借助卫星图像核查土地规划和地块的地籍信息（1分）。土地所有权和地籍图数据库通过土耳其土地登记和地籍图信息系统（TAKBIS）相连，该系统是土地登记办公室和地籍图办公室共享的综合信息系统（1分）。最后，所有不动产都有唯一的识别码（1分）。将上述分数加总，土耳其在基础设施可靠性指数方面的得分是8分。

信息透明度指数

信息透明度指数有10个组成部分：

- 土地所有权信息是否公开。如果每个人都可以查询土地所有权信息，得1分；如果查询受限，则计为0分。

- 办理财产交易登记手续所需的文件清单是否公开。如果可在网上或公告区查询文件清单，得0.5分；如果不向公众公布文件清单或者只能当面获取，则计为0分。

- 办理财产交易登记的费率表是否公开。如果可在网上或公告区或免费查询费率表，得0.5分；如果不向公众公布费率表或只能当面获取，则计为0分。

- 负责登记财产的机构是否

表8.8 土地管理系统质量指数包括的内容

基础设施可靠性指数（0—8）
土地所有权信息存档制度的类型
是否有电子数据库来核查产权负担
地籍图存档制度的类型
是否存在地理信息系统
财产所有权登记和地籍图制度之间的联系
信息透明度指数（0—6）
能否获得土地所有权信息
是否有地块地籍图
公布费率表、登记文件清单及服务标准
是否建立了独立且具体的投诉机制
公布有关财产交易量的统计数据
地理覆盖度指数（0—8）
在最大商业城市和整个经济体层面的土地登记机构的覆盖范围[a]
在最大商业城市和整个经济体层面的地籍图机构的覆盖范围[a]
土地纠纷解决指数（0—8）
财产登记的法律制度
防范及解决土地纠纷的机制
同等的财产权益（−2—0）
未婚男性和未婚女性财产所有权不平等
已婚男性和已婚女性财产所有权不平等
土地管理系统质量指数（0—30）
涵盖五个组成指数：基础设施可靠性指数、信息透明度指数、地理覆盖面指数、土地纠纷解决指数及同等产权指数

a. 对于人口超过1亿人的11个经济体，也采集了第二大商业城市的数据。

承诺在规定期限内交付证明财产所有权的具有法律约束力文件。如果在网上或公告区公布服务标准,得0.5分;如果没有向公众公布服务标准或只能当面获取,则计为0分。

- 针对在不动产登记机构内发生的问题,是否设有独立专用的机制来受理上述问题的投诉。如果存在独立专用的投诉受理机制,得1分;如果只有一般的投诉受理机制或没有投诉受理机制,则计为0分。

- 是否有公开的官方统计数据跟踪在不动产登记机构登记的交易数量。如果最晚在次年的6月1日前公开最大商业城市上一日历年的财产转让数据,得0.5分;如果不公开上述数据,则计为0分。

- 地块的地籍图是否公开。如果每个人都可查到地籍图,得0.5分,如果查询受限,则计为0分。

- 查询地籍图的费率表是否公开。如果在网上或公告区公开或可免费查询费率表,得0.5分;如果不向公众公布费率表或只能当面获取,则计为0分。

- 地籍图机构是否承诺在规定时间限制内交付最新地籍图。如果在网上或公告区公布服务标准,得0.5分,如果不向公众公布服务标准或只能当面获取,则计为0分。

- 针对在地籍图机构内发生的问题,是否设有独立专用的机制,来受理上述问题的投诉。如果存在独立专用的投诉受理机制,得0.5分;如果只有一般的投诉受理机制或没有投诉受理机制,则计为0分。

该指数计分区间为0—6,分值越高,说明土地管理系统的信息透明度越高。以荷兰为例,每个人都可付费查询土地所有权数据库(1分)。相关信息可在不动产登记局的办公地点查询,也可通过电子邮件或在不动产登记局(Kadaster)网站(http://www.kadaster.nl)查询。此外,每个人还可查到有关不动产登记需要提交的文件清单(0.5分)、办理登记手续的费率表(0.5分)及服务标准(0.5分)。任何人如果在土地登记机构遇到了问题,都可在网上填写专门的投诉表进行投诉或报告错误(1分)。另外,不动产登记局还公开土地交易统计数据。报告显示,2016年阿姆斯特丹共发生财产转让交易214793宗(0.5分)。而且,每个人都可付费在网上查询地籍图(0.5分),还可以通过公开渠道查询地籍图的费率表(0.5分)、针对提交最新规划所提供的服务的标准(0.5分),以及专门针对地籍图的投诉机制(0.5分)。将上述10项分数加总,荷兰在信息透明度指数方面的得分为6分。

地理覆盖面指数

地理覆盖面指数有四个组成部分:

- 从最大商业城市层面而言,土地登记机构的覆盖范围有多广。如果该市所有私人持有的地块都在土地登记机构正式登记,得2分;否则,计为0分。

- 在经济体层面,土地登记机构的覆盖范围有多广。如果经济体中所有私人持有的地块都在土地登记机构正式登记,得2分;否则,计为0分。

- 从最大商业城市层面而言,地籍图机构的覆盖范围有多广。如果该市所有私人持有的地块都有地籍图,得2分;否则,计为0分。

- 在经济体层面,地籍图机构的覆盖范围有多广。如果经济体中所有私人持有的地块都有地籍图,得2分,否则,计为0分。

该指数计分区间为0—8,分值越高,说明土地所有权登记和地籍图绘图的覆盖范围越广。以韩国为例,在首尔(2分)和整个经济体(2分),所有私人持有的地块都在土地登记机构有正式登记。而且,在首尔(2分)和整个经济体(2分),所有私人持有的地块都有地籍图。将上述四项计分相加,韩国在地理覆盖面指数方面的得分为8分。

土地纠纷解决指数

土地纠纷解决指数评估不动产登记的法律制度,以及是否有不动产纠纷解决机制。该指数有八个组成部分:

- 法律是否要求所有不动产买卖交易都必须在不动产登记机构登记,以使交易能对抗第三方的产权异议。如果有要求,得1.5分,否则,计为0分。

- 正式的不动产登记制度是否需要担保。如果法律要求政府或私人对不动产登记做担保,得

0.5分；如果不要求进行上述担保，则计为0分。

■ 是否有专门的赔偿机制来弥补各方在本着诚信原则进行的产权交易中因不动产登记部门认证的错误信息而导致的损失。如果有，得0.5分，如果无，则计为0分。

■ 是否有相应的法律制度要求核实财产交易所需文件的法律效力。如果有登记人员或专业人士（如公证人或律师）审核法律效力，则得0.5分，如果没有，则计为0分。

■ 针对财产交易各方的身份，是否设有相应的法律审查制度。如果登记人员或专业人士（如公证人或律师）对身份进行核查，得0.5分，如果没有，则计为0分。

■ 是否有全国统一的数据库，用于核实身份证明文件。如果有这样的全国统一数据库，得1分，如果无，则计为0分。

■ 在一宗标准的土地纠纷案中，两个当地企业就价值人均收入50倍的位于最大商业城市的土地使用权产生了纠纷，需要多长时间才能从一审法院（没有上诉）拿到判决。如果能在1年内拿到判决，得3分；如果能在1—2年拿到判决，得2分；如果能在2—3年内拿到判决，得1分；如果需要3年以上的时间才能拿到判决，则计为0分。

■ 对于一审土地纠纷案件的数量，是否公开其统计数据。如果公开有关上一日历年土地纠纷案件的统计数据，得0.5分，如果不公开此类统计数据，则计为0分。

该指数计分区间为0—8，分值越高，说明针对土地纠纷所提供的保护力度越大。以立陶宛为例，根据《民法》和《不动产登记法》，财产交易必须在土地登记机构登记，才能对抗第三方的产权异议（1.5分）。财产转让制度由政府担保（0.5分），并且设立了赔偿机制，以弥补各方在本着诚信原则进行的产权交易中因不动产登记部门认证的错误信息而发生的损失（0.5分）。《公证法》（Law I-2882）规定，公证人要核实财产交易文件的法律效力（0.5分）及相关各方的身份（0.5分）。立陶宛有全国统一的数据库，用于核实身份证明文件的准确性（1分）。在首都维尔纽斯市，如果两家立陶宛公司就价值为770000美元的房产的土地使用权发生纠纷，维尔纽斯地区法院将在不到1年的时间内做出判决（3分）。最后，该国采集并公布有关土地纠纷案件的统计数据；2016年立陶宛共发生549宗土地纠纷案（0.5分）。将上述分数加总，立陶宛在土地纠纷解决指数方面的得分为8分。

同等产权指数

同等产权指数包含两个部分：

■ 未婚男女是否享有同等的财产所有权。如果他们在财产所有权方面的法律地位不平等，计-1分，如果平等，则计0分。

■ 已婚男女是否享有同等的财产所有权。如果他们在财产所有权方面的法律地位不平等，计-1分，如果平等，则计0分。

所有权的内容包括经营、控制、管理、取得财产，对抗第三人的所有权异议，以及接收、处置及转让财产。如果在默认的夫妻财产机制中，男性和女性被区别对待，那么每项约束都将被纳入考量。传统的土地制度一律将男女视为平等，除非法律规定要对其进行区别对待。

该指数计分区间为-2—0分，分值越高说明财产权的包容性越强。以马里为例，未婚男女在财产所有权方面享有平等的法律地位（0分）。这同样适用于已婚男女，他们可以同样的方式使用自己的财产（0分）。将两项分值相加，马里在同等产权指数方面的得分为0，这说明男性和女性在财产权益方面具有平等的法律地位。而汤加的情况则相反，《土地法》（[Cap 132]）第7、45及82节规定，未婚男女在财产所有权方面不享有平等的法律地位（-1分）。这同样适用于已婚男女，《土地法》（[Cap 132]）第7、45及82节规定，已婚男女不可以同样的方式使用财产（-1分）。将上述两项分数相加，汤加在同等产权指数方面的得分为-2分，这说明男性和女性不享有同等产权。

土地管理系统质量指数

土地管理系统质量指数是基础设施可靠性指数、信息透明度指数、地理覆盖面指数、土地纠纷解决指数及同等产权指数的得分总和。该指数计分区间为0—

30，分值越高说明土地管理系统的质量越高。

如果在2016年6月至2017年6月期间，经济体中的私营部门实体无法登记财产转让，在相关手续、时间和费用指标方面就对该经济体标上"无实践"的标记。标有"无实践"标记的经济体在土地管理系统质量指数方面的分数为0，尽管其法律制度包括有关土地管理的规定。

改革

登记财产指标集每年跟踪与土地管理系统的效率和质量相关的变化。根据对数据的影响，一些变化被视为改革，并被列入"2016/2017年度营商环境改革总结"一节，以确认重大改革的实施。改革分为两类：一类是使营商更便利的改革，另一类是使营商更困难的改革。登记财产指标集根据这两个标准来识别改革。

首先，本报告采用距离指标集前沿距离总分的整体差距来评估数据变化对指标集的影响。使距离前沿距离的差距发生2%或以上变化的任何数据更新都被视为改革（更多细节请参见"前沿距离与营商便利度排名"一章）。以财产登记制度为例，如果公共服务机构实施新的电子财产登记制度，缩短了办理财产登记手续的时间，使指标集距离前沿距离的差距缩小2%或以上，这项措施被归为改革。相反，如果收费的小幅调整或指标的其他微小变化对差距的整体影响低于2%，那么这些调整或变化不会被视为改革，但它们的影响仍会反映在指标集最新更新的指标之中。

其次，将土地管理系统质量指数总分也视为一个标准。如果该项总分发生1分或以上的变化，就被视为改革。如增加商业城市中土地登记机构的办理网点，使其达到地理全覆盖（2分），这项措施就被视为改革。

有关各经济体登记财产的详细数据，请访问http://www.doingbusiness.org。

获得信贷

《营商环境报告》中使用一个指标集来衡量借贷双方对担保交易的合法权益，使用另一指标集来衡量信贷信息报告。第一个指标集衡量在适用的担保法和破产法范围内，是否存在鼓励放款的功能。第二个指标集衡量现有信贷信息的覆盖面、范围和获得该信息的渠道。这些信息由信用报告服务提供商提供，比如征信局和信用信息登记机构（见图8.9）。各经济体在获得信贷的便利度方面的排名由获得信贷的前沿距离分数决定。这些分数是合法权利力度指数和信贷信息深度指数的前沿距离分数的总和（见图8.10）。

借贷双方的合法权益

有关借贷双方的合法权益数据是通过对金融律师的问卷调查来收集得来的，并通过法律法规分析及有关担保法和破产法信息的公共信息源进行核实。调查问卷的答案通过与受访者的数轮跟进沟通，以及通过联系第三方和公共的咨询来源来核实。在所有经济体中，问卷数据都通过电话会议或现场调查进行证实。

合法权利力度指数

合法权利力度指数衡量担保法和破产法对借贷双方权益的保护力度，并借此鼓励放款（见表8.9）。对每个经济体而言，首先确定其是否有统一的担保交易制度。其次，利用两个案例情景（案例A和案例B）来确定如何依法生成、公布并执行非占有性担保权

图8.9 贷款人是否有申请信贷的企业家的信用信息？法律是否鼓励借贷双方用动产做担保？

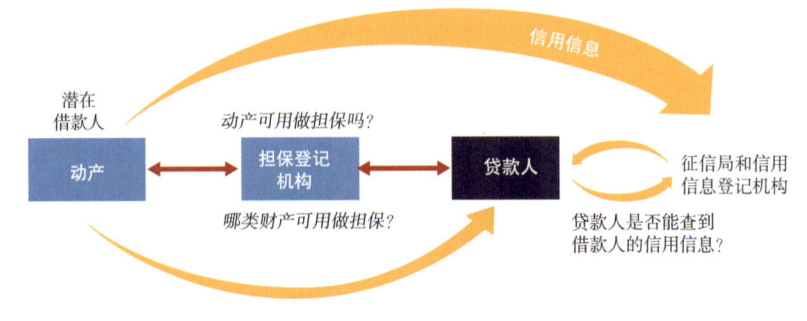

图8.10 获得信贷：担保法规和信用信息

排名基于两个组成指标的前沿距离分数之和

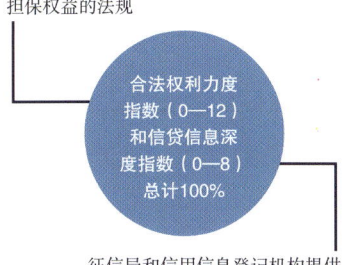

注：衡量了征信局覆盖范围和信用信息登记机构覆盖范围，但没有将其纳入排名。

表8.9 获得信贷指标包括的内容
合法权利力度指数（0—12）
担保法对借贷双方权益的保护（0—10）
破产法对担保债权人权益的保护（0—2）
信贷信息深度指数（0—8）
征信局和信用信息登记机构发布信用信息的范围及发布信息的渠道（0—8）
征信局的覆盖面（占成年人口的百分比）
规模最大的征信局所登记的个人和公司的数量，占成年人口的百分比
信用信息登记机构的覆盖面（占成年人口的百分比）
在信用信息登记机构登记的个人和公司的数量，占成年人口的百分比

益。同时，对担保登记机构如何运行给予特别关注（假设可对担保权益进行登记）。案例情景假设借贷双方一个是担保借款人ABC公司，另一个是担保贷款人BizBank。

在某些经济体中，其担保交易的法律制度仅可适用案例A或案例B（不能两个都适用）。两个案例分别审查了有关动产担保的同组法律条款。

有关担保借款人（ABC公司）和担保贷款人（BizBank银行）的假设：

■ ABC公司是经济体内一家有限责任公司（或具有同等法律效力的实体）。

■ ABC公司至多有50名员工。

■ ABC公司总部及其唯一运营基地都在经济体的最大商业城市。对于人口逾1亿的11个经济体，也采集了其第二大商业城市的数据（表8A.1）。

■ ABC公司和BizBank银行都由国内股东100%持股。

案例情景中还包括其他一些假设。在案例A中，作为贷款担保，ABC公司向BizBank银行授予了有关一类流动资产（如机器或库存）的非占有性担保权益。ABC公司既想保持对担保资产的占有，又想保有对担保资产的所有权。在一些经济体中，由于法律规定不得对动产持有非占有性担保权益，ABC公司和BizBank银行采用了让与担保安排（或相当于非占有性担保权益的替代安排）。

在案例B中，ABC公司向BizBank银行提供商业抵押、企业抵押、浮动抵押或任何其他名义的抵押，通过这些抵押让BizBank银行获得对ABC公司的组合流动资产（或尽可能多的ABC公司的流动资产）的担保权益。这样，ABC公司保留了资产的所有权和占有权。

为了评估经济体担保交易法律制度的完整性或一致性，合法权利力度指数仅在其第一个组成部分中涵盖了功能上等同于担保权益的内容（如能够保留所有权的融资租赁和销售）。

合法权利力度指数包括12个组成部分，其中10个与担保法法律权益有关，另外2个与破产法有关。下文所述的法律功能中，每个功能的得分都是1分。

■ 经济体有完整或统一的担保交易法律制度，该制度涵盖了功能上等同于动产担保权益的四个权益的生成、公示及执行，即让与担保、融资租赁、应收账款让与或转让，以及能保留所有权的交易。

■ 法律允许企业转让单一动产（如机械或库存）的非占有性担保权益，而不必具体描述担保财产的内容。

■ 法律允许企业转让几乎所有动产的非占有性担保权益，而不要求具体描述担保财产。

■ 担保权益可以设置在将来或并购后的资产上，并可自动涵盖原始资产的产品、收益或替代品。

■ 在担保协议和登记文件中，允许对债务及义务进行概括性描述，双方可以给各类债务及义务提供担保，担保协议可以明确承受担保负担资产的最大金额。

■ 有一家已经投入运营的担保登记处或登记机构，为法人实体和非法人实体授予的动产担保权益服务；该登记处或登记机构在地理上保持一致，同时还有根据债务人姓名进行索引的电子数据库。

■ 担保登记机构的登记以通知为依据——登记机构只对有关

存在担保权益的通知（而非基础文件）进行备案，并且不对交易进行法律审查。登记机构也公布功能等同于担保权益的权益。

- 担保登记机构具有现代功能，比如让有担保的债权人（或其代表）在网上登记担保权益，还可搜索、修改或注销担保权益登记。
- 当债务人在破产程序之外还有拖欠款项的情况出现时，有担保债权人第一顺位受偿（如先于纳税和员工赔偿）。
- 在企业清算时，有担保债权人第一顺位受偿（如先于纳税和员工赔偿）。
- 在债务人进入由法庭监督的重组程序时，有担保债权人也要服从自动冻结的执行程序，但是法律明确规定了免受自动冻结影响的理由（如存在损失动产的危险），并设定了自动冻结的时间期限，以保护有担保债权人的权利。
- 法律允许当事人在担保合同中约定放款人可以在法庭外执行其担保权利；法律还允许公开和非公开拍卖，并让有担保债权人用担保资产来偿债。

该指数计分区间为0—12，分值越高，说明担保法和破产法的设计越有利于扩大信贷渠道。

改革

合法权利力度指数每年跟踪与担保交易和破产相关的变化。根据对数据的影响，一些变化被视为改革，并被列入"2016/2017年度营商环境改革总结"一节，以确认重大改革的实施。改革分为两类：一类是使营商更便利的改革，另一类是使营商更困难的改革。合法权利力度指数使用下列标准来识别改革。

改革包括法律法规的所有变化，这些法律法规会影响经济体在是否存在担保交易法律制度方面的得分，而该制度则调节非占有性担保权益及功能上相当于非占有性担保权益的建立、公示及执行。每年都对新法及修订的法规进行评估，以确定其是否有助于中小企业获得信贷，使中小企业在担保资产的选择上具备最大的灵活性。需要说明的是，指引、示范规则、原则、建议和判例法未纳入评估。

影响合法权利力度指数的改革包括修订或引入新的担保交易法、破产法或民法，设立指标衡量担保登记机构的全部功能，并对其进行现代化。比如，通过有关设立担保登记机构的新法，并设立该担保登记机构——该登记机构地理上比较集中，涵盖所有类型的可移动资产以及可按照债务人姓名搜索到法人及非法人实体。此举是一项改革，可计1分，因而会在报告中得到确认。

信贷信息

报告信贷信息的数据分两阶段构建。第一阶段，调查银行业监管当局和公开的信息来源，来证实经济体中存在一家信用报告服务提供商，如征信局或信用信息登记机构。第二阶段，在合适的情况下，首先根据征信局或信用信息登记机构的组织结构、相关法律及实施细则，制作详细的调查问卷，然后将问卷发给实体。通过与受访者的数轮跟进沟通，联系第三方以查询公共来源，来核实问卷答案。在所有经济体中，调查问卷数据都通过电话会议或现场访问进行确认。

信贷信息深度指数

信贷信息深度指数通过征信局或信用信息登记机构来衡量影响信贷信息的覆盖面、范围和现有渠道的实施细则和惯例。

对于下文所述的征信局或信用信息登记机构（或两者）的八项功能，每项功能计1分：

- 公布企业和个人信息。
- 不但公布正面信贷信息（如原始贷款金额、贷款余额及准时还款方式），也公布负面信贷信息（如拖欠还款、违约次数和违约金额）。
- 不但公布来自金融机构的数据，也公布来自零售商和公共服务公司的数据。
- 公布至少两年的历史数据。如果征信局和信用信息登记机构在逾期贷款偿还后立即删除违约信息，或仍然在公布10年前就已偿还的逾期贷款的负面信息，那么在本部分计0分。
- 公布有关贷款额低于人均收入1%的数据。
- 法律规定，借款人有权在经济体中规模最大的征信局或信用信息登记机构查询其信贷数据。如果针对借款人查询其信用数据，征信局和信用信息登记机构的收费高于人均收入的1%，那么在本部分计0分。

■ 银行和其他金融机构可以网上查询信贷信息（如通过网上平台、系统之间的连接，或两者都可）。

■ 征信局和信用信息登记机构提供信用评分增值服务，帮助银行和其他金融机构评估借款人的信誉。

该指数计分区间为0—8，分值越高，说明可以从征信局或信用信息登记机构获得的信贷信息越多，更有助于做出贷款决策。如果经济体没有已经投入运营的征信局或信用信息登记机构，或其覆盖面不足成年人口的5%，其信贷信息深度指数为0分。

以立陶宛为例，该经济体的征信局和信用信息登记机构都在运营。两者都公布企业和个人信息（1分）。虽然信用信息登记机构不公布按时还贷数据，但征信局公布全部正面和负面信用信息（1分）。虽然信用信息登记机构不公布来自零售商或公共服务机构的数据，但征信局公布此类信息（1分）。两家机构都公布至少两年以上的历史数据（1分）。虽然信用信息登记机构只公布金额高于290欧元的贷款数据，但征信局公布所有贷款数据，不论金额大小（1分）。借款人有权每年在征信局和信用信息登记机构对其信用数据进行一次免费查询（1分）。两家机构都通过网上平台让数据用户访问自己的数据库（1分）。虽然信用信息登记机构不提供信用评分，但征信局提供此类信息（计1分）。将上述分数加总，立陶宛在信贷信息深度指数方面的得分为8分。

征信局覆盖面

征信局覆盖面指标包含了截至2017年1月1日征信局数据库中所登记的个人和企业的数量及其过去5年中的借贷历史；以及在过去5年中没有信贷历史，但在2016年1月2日至2017年1月1日期间有放款人要求征信局出具相关信用报告的个人和企业的数量。该数值以占成年人口（根据世界银行《世界发展指标》，成人指的是到2016年，年龄在15岁及以上的人口）的比重来表示。征信局指的是私营企业或非营利组织，他们拥有有关借款人（个人或企业）在金融体系中的信誉的数据库，并协助债权人在彼此间进行信贷信息交换。（在现实生活中，多数征信局支持对银行和整个金融体系进行监管，尽管这不是其主要目标。）不考虑不直接协助银行和其他金融机构交换信息的信用调查局。如果没有征信局在运营，征信局覆盖值为0.0%。

信用信息登记机构覆盖面

信用信息登记机构指标体现了截至2017年1月1日在信用信息登记机构登记的个人和企业的数量及其过去5年中有关其借贷历史的信息；以及在过去5年中没有信贷历史，但在2016年1月2日至2017年1月1日期间有放款人要求信贷信息登记出具相关信用报告的个人和企业的数量。该数值以占成年人口（根据世界银行《世界发展指标》，成人指的是到2016年年龄在15岁及以上的人口）的占重来表示。信用信息登记机构指的是由公共部门——通常是中央银行或银行的监管部门——管理的一个数据库，该数据库收集金融体系内借款人的信用信息，并促进银行和其他受监管的金融机构之间进行信用信息交流（尽管他们的主要目标是协助银行监管）。如果没有信用信息登记机构在运营，信用信息登记机构覆盖值为0.0%。

改革

信贷信息深度指数每年都通过征信局或信用信息登记机构来跟踪与现有信贷信息覆盖面、范围及获取渠道相关的变化。根据对数据的影响，一些变化被视为改革，并被列入"2016/2017年度营商环境改革总结"一节，以确认重大改革的实施。改革分为两类：一类是使营商更便利的改革，另一类是使营商更加困难的改革。信贷信息深度指数用三个标准来识别改革。

首先，任何影响经济体信贷信息指数得分的法律、法规和惯例的变化都被视为改革。例如，对该指数有影响的改革包括：同时公布正面和负面信用数据的举措，公布来自公共服务公司或零售商的信贷数据，或提供作为增值服务的信用评级得分。所有其他方面的变化，只要能提高经济体在该指数的八个功能方面的得分，都被列入改革。有些改革的影响不限于该指数的一种功能。例如，新建一家覆盖面超过成年人口5%的征信局来公布企业和个人信息以及正负面数据，同时还为数据用户提供在线访问的渠道，这使该指数得分增加3分。相比之下，通过立法来保证借款人权益，使其能够向经济体中最大的征信局或信用信息登记机构查询其信贷信息，这也是一种改革，计1分。

其次，有些变革可将经济体中最大征信局或信用信息登记机构的覆盖面提高到成年人口的5%以上，这也可以被列为改革。根据获得信贷的方法论，如果征信局或信用信息登记机构没有处于运营状态或覆盖面不足成年人口的5%，那么经济体在信贷信息深度指数方面的得分为0。由于涉及该指数的八项功能，所以改革的影响取决于经济体信贷报告制度的特点。覆盖面扩大后，如果仍不及成年人口的5%，就不能列为改革，但其影响仍通过更新的统计数据予以反映。

再次，信贷信息深度指数偶尔也将立法方面的变化视为改革，尽管其当前对数据没有影响。这个做法常见于具有重大意义的立法变化，如设立新法允许征信局运营或保护个人数据。

有关各经济体获得信贷的详细数据，请访问 http://www.doingbusiness.org。该方法最初由Djankov、McLiesh和Shleifer（2007）开发，本文进行了小幅调整。

保护少数投资者权益

《营商环境报告》用一组指标衡量在存在利益冲突的情况下少数投资者受到的保护；使用另一组指标衡量在企业治理结构中股份持有人的权利（见表8.10）。数据来自对企业法和证券法律师的调查，并以证券监管规则、企业法、民事诉讼法以及法庭的证据规则为依据。各经济体少数投资者保护力度指标的排名由其在保护少数投资者权益方面的前沿距离分数决定。这些分数是利益冲突监管指数和股东治理指数的简单平均值（见图8.11）。

保护股东权益不因利益冲突受损

利益冲突监管指数通过突出能够解决利益冲突的三大维度的监管来衡量对股东的保护力度，以免滥用企业资产，中饱私囊。这三大维度分别是：关联交易的透明度（披露程度指数）；股东是否有能力起诉董事，并让其对自我交易负责（董事责任程度指数）；以及股东诉讼取证和诉讼费用的分担（股东诉讼便利度指数）。为使数据

图8.11 保护少数投资者权益：在利益冲突和企业治理方面保护股东权益

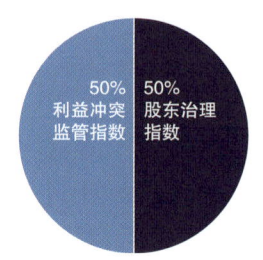

排名基于两组指标的前沿距离分数

表8.10 保护少数投资者权益指标包括的内容	
披露程度指数（0—10）	股东权利范围指数（0—10）
审批关联方交易的要求	股东在重大企业决策中所享有的权利和所发挥的作用
在企业内部即时、定期披露关联方交易的要求	
董事责任程度指数（0—10）	所有权和控制程度指数（0—10）
少数股东是否有能力起诉与关联交易存在利益关系的董事，并要求其对损害企业利益的关联交易负责	治理保障措施，防止董事会的不当控制和管理，保护股东权益
现有的法律补救措施（损害赔偿、返还利润、取消资格、解除交易合同）	
股东诉讼便利度指数（0—10）	企业透明度指数（0—10）
查阅企业内部文件的渠道	完全透明地公开大股东姓名、管理层薪酬、年度股东大会和审计报告
审判期间取证	
分担法律费用	
利益冲突监管指数（0—10）	股东治理指数（0—10）
披露程度指数、董事责任程度指数和股东诉讼便利度指数的简单平均分	股东权利范围指数、所有权和控制程度指数和企业透明度指数的简单平均分
少数投资者权益保护力度指标（0—10）	
利益冲突监管指数和股东治理指数计分的简单平均	

数据说明

在各个经济体之间具有可比性，对企业和交易进行了如下几项假设（见图8.12）。

有关企业的假设

企业（买方）：

- 是一家在经济体最重要的证券交易所公开上市的企业。如果在该交易所公开上市的企业数量不足10家，或该经济体没有证券交易所，就假设买方是一家有多位股东的大型私营企业。
- 有董事会和首席执行官（CEO），CEO可在获准时依法代表买方公司，即使法律对此没有明确的要求。
- 设有监事会（适用于实施双层制公司治理结构的经济体），其中60%的股东选举产生的成员由詹姆斯先生任命，詹姆斯先生是买方公司的控股股东，也是买方公司的董事会成员。
- 除了满足最低要求外，没有制定任何实施细则或公司章程。没有依照任何非强制性的规范、准则、建议或指导文件。
- 是一家制造企业，有自己的分销网络。

有关交易的假设

- 詹姆斯先生持有买方公司60%的股份，并选任两位董事到买方董事会任职，董事会拥有5位成员。
- 詹姆斯先生同时持有卖方公司90%的股份，卖方公司是一家硬件连锁零售店。该公司在近期内关闭了许多店面。
- 詹姆斯先生提议买方公司收购卖方公司不用的卡车车队，以扩大自身的食品分销配送，买方公司接受了詹姆斯先生的提议。收购价相当于买方资产价值的10%，并且高于市场价值。
- 所提交易是企业正常业务的一部分，也没有超出企业的授权范围。
- 买方公司签订了交易合同。所有要求批准的事项都已获批，所有要求披露的事项都已披露（即该笔交易不是欺诈）。
- 这次交易导致买方公司遭受损失。股东们对詹姆斯先生和批准交易的其他各方提起诉讼。

披露程度指数

披露程度指数有五个组成部分：

- 企业的哪个法人主体可以完全合法地批准此交易。如果只需要首席执行官或董事总经理批准，得0分；如果必须由董事会或监事会或股东投票表决，同时允许詹姆斯先生投票，则得1分；如果必须由董事会或监事会投票表决，且不允许詹姆斯先生投票，则为2分；如果必须由股东投票表决，且不允许詹姆斯先生投票，得3分。
- 是否要求有外部机构（如外部审计机构）在签约前对此交易进行事先审核。如果不要求，得0分；如果要求，则计为1分。
- 是否要求詹姆斯先生向董事会或监事会披露交易。如果不要求其披露，得0分；如果要求其简要披露利益冲突，不须披露细节，得1分；如果要求就詹姆斯先生在买卖交易中所得利益披露所有重大事实，得2分。
- 是否要求立即向公众、监管部门或股东披露收购交易。[4] 如果不要求立即披露，得0分；如果要求立即披露交易条件，但不要求披露詹姆斯先生在交易中的利益冲突，则计为1分；如果既要求披露交易条件，也要求披露詹姆斯先生在交易中的利益冲突，得2分。
- 是否要求在年报中披露收购交易。如果不要求在年报中披露收购交易，得0分；如果要求在年报中披露交易条件，但不要求披露詹姆斯先生在交易中的利益冲突，得1分；如果既要求在

图8.12 保护少数股东权益不受利益冲突侵害

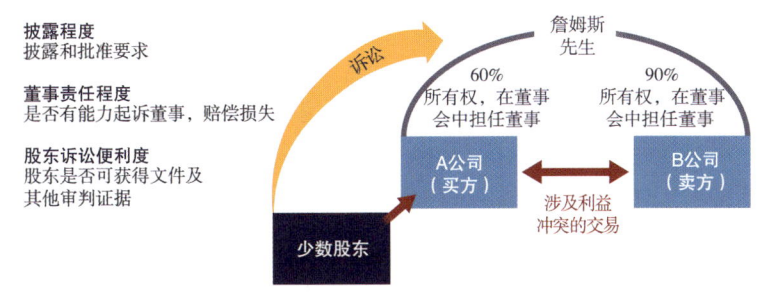

年报中披露交易条件，也要求在年报中披露詹姆斯先生在交易中的利益冲突，则计为2分。

该指数范围为0—10，分数越高，说明披露范围越大。以波兰为例，交易必须由董事会批准，并且不允许詹姆斯先生投票（得2分）。波兰不要求任何外部机构审核交易（得0分）。在交易前，詹姆斯必须向其他董事披露其在交易中的利益冲突，但不要求他提供有关利益冲突的详细信息（得1分）。要求买方公司必须立即披露所有影响股价的信息，包括利益冲突信息（得2分）。买方公司还必须在其年报中披露收购交易的条件，以及詹姆斯先生在买方卖双方所持的股份（得2分）。将上述分数加总，波兰在披露程度指数方面的得分为7分。

董事责任程度指数

董事责任程度指数由七个部分组成：[5]

- 原告股东是否可以直接起诉或提起股东派生诉讼，要求赔偿企业因交易而遭受的损失。如果不可以起诉，或只有持有公司10%以上股份的股东才有资格起诉，得0分；如果持有公司10%的股份的股东可直接起诉或提起派生诉讼，得1分。

- 原告股东是否可以因此项买卖交易给企业带来的损失要求詹姆斯先生承担责任。如果不能让詹姆斯先生承担责任，或追究詹姆斯先生的欺诈、恶意或重大过失责任，得0分；如果只有在其影响了交易批准或存在过失时才追究詹姆斯先生的责任，得1分；如果在交易显失公平或损害其他股东利益时，能够追究詹姆斯先生的责任，得2分。

- 原告股东是否可以因此项买卖交易给企业带来的损失要求批准部门（首席执行官、董事会董事或监事会监事）承担责任。如果不能让批准部门承担责任，或只有在欺诈、恶意或有重大过失时，批准部门才承担责任，得0分；如果可让批准部门承担过失责任，得1分；如果在交易显失公平或损害股东利益时，批准部门要承担责任，得2分。

- 如果原告股东胜诉，詹姆斯先生是否要为其给企业所造成的损失支付赔偿金。如果回答为否，得0分；如果回答为是，得1分。

- 如果原告股东胜诉，詹姆斯先生是否要返还其从交易中所得的收益。如果回答为否，得0分；如果回答为是，得1分。

- 如果原告股东胜诉，詹姆斯先生是否会被取消任职资格。如果回答为否，得0分；如果其被取消任职资格，也就是说，在1年或更长的时间内不允许詹姆斯先生担任企业代表或管理职位，得1分。

- 如果原告股东胜诉，法庭是否可以宣布交易无效。如果没有解除交易合同，或只有在欺诈、恶意或重大过失时才可解除交易合同，得0分；如果在交易条款苛刻或损害其他股东利益时可以解除交易合同，得1分；如果在交易有失公平或涉及利益冲突时可以解除交易合同，得2分。

该指数分数区间为0—10，分数越高，说明董事责任范围越大。以奥地利为例，在股本中持股10%的股东可以提起派生诉讼（1分）。假设损害企业利益的收购交易正常获准并披露，原告股东必须证明詹姆斯先生影响了批准部门或行为有过失，才能追究詹姆斯先生的责任（1分）。要让其他董事承担责任，原告股东必须证明其他董事行为有过失（1分）。如果法庭判决詹姆斯先生承担责任，詹姆斯先生必须支付赔偿金（1分），并且要返还其所得收益（1分）。但詹姆斯先生不被要求支付罚金，也不能被监禁和被免职（0分）。法庭不能宣布损害企业利益的交易无效（0分）。将上述所有分数加总，奥地利在董事责任程度指数方面的得分为5分。

股东诉讼便利度指数

股东诉讼便利度指数有六个组成部分：

- 持有企业10%股份的股东是否有权在起诉前查阅交易文件，或者只要求政府监察员调查买卖双方的收购交易而不起诉。如果回答为否，得0分；如果回答为是，得1分。

- 在审判期间，原告股东可以要求被告和证人提供哪些文件。如果以下文件全部都要提供，得1分：被告表示用来为自己辩护的资料；直接证明原告所主张的具体事实的资料；与主张标的相关的任何资料。

■ 原告是否可以在不指明每个文件的情况下从被告处获得多类相关文件。如果回答为否，得0分；如果回答为是，得1分。

■ 审判期间，原告是否可直接质询被告和证人。如果回答为否，得0分；如果回答为是，但所问问题需要事先得到法官批准，得1分；如果回答为是，且无须法官事先批准，得2分。

■ 民事诉讼的举证标准是否低于刑事诉讼案件。如果回答为否，得0分；如果回答为是，得1分。

■ 原告股东是否可就其所发生的诉讼费用从企业获得补偿。如果回答为否，得0分；如果原告只有在胜诉后才能要求企业补偿其诉讼费用，或者企业是否支付律师费要依股东是否胜诉而定，得1分；如果无论是否胜诉，原告股东都可以让企业补偿其发生的诉讼费用，得2分。

该指数的计分区间为0—10，分数越高，说明股东对交易提出质疑的权力越大。以克罗地亚为例，持有买方10%股本的股东，如果怀疑詹姆斯先生和首席执行官管理不善，可以请求政府监察员进行审查，不用将案件起诉到法院（1分）。原告可以查阅被告依其为自己辩护的文件（1分）。原告必须明确指出正在寻找的具体文件（比如，2015年7月15日买卖双方签订的采购协议），不能简单地要求多类文件，如所有与协议相关的文件（0分）。审判过程中，原告可以在无须法庭事先批准的情况下询问被告和证人（2分）。民事诉讼的举证标准是优势证据，而刑事案件的标准则是排除合理怀疑（1分）。原告只有在胜诉后才能就其发生的诉讼费用从企业得到补偿（1分）。将上述分值加总，克罗地亚在股东诉讼便利度指数方面的分数为6分。

利益冲突监管指数

利益冲突监管指数分数是披露程度指数、董事责任程度指数和股东诉讼便利度指数的简单平均。该指数计分区间为0—10，分数越高，说明对利益冲突监管的力度越大。

股东在企业治理中的权益

股东治理指数依据善治理论从三个方面衡量股东在企业治理中的权利：股东在重大企业决策中所享有的权利和所发挥的作用（股东权利范围指数）、防止股东遭受董事会不当的控制或"掘壕自保"行为的影响所采取的治理保障措施（所有权和管理控制指数），以及有关股权、薪酬、审计及财务前景的公司透明度（企业透明度指数）。该指数下设子集，用以衡量有限责任公司中股东的相关权利和保障措施。

有关企业的假设

■ 买方（企业）是在经济体内最重要的证券交易所公开上市的一家企业。如果该经济体中没有证券交易所，则假设买方是一家有多个股东的大型私营企业。可上市且有一定数量股东的企业类型包括：股份公司（JSC）、公开有限公司（PLC）、C类公司、欧洲股份公司（SE）、德国股份公司（AG）及法国股份公司（SA）。

■ 在10个问题中，通过"假设买方是一家有限公司"进行评估。但买方实际上是一家有限责任公司，或具有同等法律效力的实体，即不向公众发行股票，形式更简单、更独特的公司形式，如私人有限公司（Ltd）、有限责任公司（LLC）、西班牙有限责任公司（SRL）、德国有限责任公司（GmbH）及法国有限责任公司（SARL）。

股东权利范围指数

对于下文所述的股东权利范围指数的各个组成部分，如果回答为否，得0分；如果回答为是，得1分。该指数有10个组成部分：

■ 出售买方51%及以上的资产，是否需要股东批准。

■ 持有买方股本10%的股东，是否有权利要求召开股东特别大会。

■ 买方每次发行新股时，是否必须获得股东批准。

■ 买方每次发行新股时，股东是否自动得到优先购买权或认购权。

■ 选聘或解聘外部审计师时，是否必须由股东批准。

■ 是否只有在征得某类股票的持有人的同意后才能更改该类

股票所附的股权。

■ 假设买方是一家有限公司，出售买方51%的资产是否需要股东的批准。

■ 假设买方是一家有限公司，持有其10%资产的股东是否有权利召集股东会议。

■ 假设买方是一家有限公司，是否需要所有股东的同意才能吸纳新成员。

■ 假设买方是一家有限公司，股东在将其股份出售给非股东之前，是否必须先向其他股东表达出售意愿。

所有权和管理控制指数

对于下文所述的所有权和管理控制指数的各个组成部分，如果回答为否，得0分；如果回答为是，得1分。该指数有10个组成部分：

■ CEO是否不可兼任董事会主席。

■ 董事会是否必须包括独立的且不是行政人员的董事。

■ 股东是否可以在董事会董事任期届满之前无理由地解除其职务。

■ 董事会内部是否必须设立独立的审计委员会。

■ 在收购了买方50%的股份后，潜在收购方是否必须向所有股东发出收购要约。

■ 在法定最长时限内，买方是否必须向股东分配已公告的股利。

■ 子公司是否不可收购母公司发行的股票。

■ 假设买方是有限公司，买方是否必须设立解决投资成员分歧的机制。

■ 假设买方是有限公司，在收购了买方50%的股份后，潜在收购方是否必须向所有投资成员公开发出收购要约。

■ 假设买方是有限公司，买方是否必须在法律规定的最长期限内向股东分红。

企业透明度指数

对于下文所述的企业透明度指数的各个组成部分，如果回答为否，得0分；如果回答为是，得1分。该指数有10个组成部分：

■ 买方是否必须披露持有5%股权的直接股东及间接股东。

■ 买方是否必须披露董事的主要职务及其在其他企业担任董事职位的信息。

■ 买方是否必须披露管理人员的薪酬。

■ 股东大会的详细通知是否必须提前21个日历日发出。

■ 持有买方5%股权的股东是否能够将拟议事项列入股东大会议事日程。

■ 买方的年度财务报表是否必须由外部审计师审计。

■ 买方是否必须公开披露其审计报告。

■ 假设买方是有限公司，是否每年至少召开一次股东会议。

■ 假设买方是有限公司，持有其5%股权的股东是否能够将拟议事项提上年会的议事日程。

■ 假设买方是有限公司，企业规模超过了法律规定的最低水平，其年度财务报表是否必须由外部审计机构审计。

股东治理指数

股东治理指数是股东权利范围指数、所有权和管理控制指数，以及企业透明度指数的简单平均。该指数计分区间为0—10，分值越高，说明股东在公司治理中的权力越大。

改革

保护少数投资者权益指标集每年都记录有关关联交易监管及公司治理的变化。根据对数据的影响，一些变化被视为改革，并被列入"2016/2017年度营商环境改革总结"一节，以确认重大改革的实施。改革分为两类：一类是提高营商便利度的改革，另一类是使营商更困难的改革。保护少数投资者指标集用下列标准来识别改革。

保护少数投资者权益指标包含6个指数、48个问题，任何影响经济体在这些指数上的得分的立法与监管政策的变化都被列为改革。改革必须是强制性的，换言之，只要企业在上述变化方面不合规，股东就有权向法院提起诉讼，监管机构（如企业注册管理局、资本市场监管机构或证券交易监督委员会）也有权采取相应的制裁措施。然而，指南、示范规则、原则、建议以及不合规时的解释义务均不在考虑之列。如果一个变化仅影响在证券交易所上市的企业，那么只有在该证券交易所拥有10个或以上上市股票时，该变化才会被纳入考量。如果经济体没有证券交易所，或证券交易所的上市股票不足10家，那么只有在该变化对企业产生影响时才会被纳入考量，无论企业上市与否。

影响保护少数投资者权益指标的改革包括修改或出台新的公司法、商法、证券监管、民事诉讼法、法院规则、法律、法令、命令、最高法院的裁决，以及证券交易所上市规则。这些变化必须影响到相关各方的权利和义务，其中包括发行人、公司管理人员、参与关联交易的董事和股东，或者从更广的层面来讲，变化必须影响到指标所衡量的有关企业治理的方方面面。例如，在某个经济体内，关联交易必须由董事会批准，其中包括交易成功后能从中牟取个人经济利益的董事。如果该经济体出台了一项法律，要求关联交易改由股东大会批准，并且要求有利益冲突的股东不能参与投票，那么在有关披露程度指数的问题上，这项法律会使该经济体的得分增加2分，因而会在报告中得到承认。

有关各经济体在保护少数投资者权益方面的详细数据，请访问http://www.doingbusiness.org。本方法最初由Djankov和La Porta等人开发。

纳税

《营商环境报告》记录某中型企业在某一特定年度内必须缴纳的各种税款和强制性派款，以及针对纳税和支付派款及报税后手续合规所带来的行政负担所采取的举措（见图8.13）。该项目与普华永道合作开发实施。[6] 所衡量的税费包括利润税或企业所得税、雇主缴纳的强制性派款和劳务税、财产税、财产转让税、股息税、资本利得税、金融交易税、废物回收税、机动车和道路使用税，以及任何其他小额税费。

各经济体的纳税便利度排名取决于其在纳税方面的前沿距离分数的排序。这些分数是各个组成指标的前沿距离分数的简单平均（见图8.14），同时报告对总税率和强制性派款

图8.14 纳税：当地制造企业的税务合规

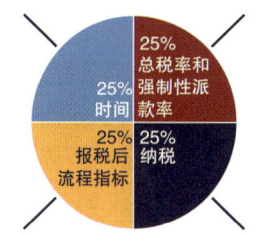

注：对于总税率和强制性派款率低于和等于此下限的各个经济体，得分均相同。如果既适用增值税，也适用企业所得税，报税后流程指标分数是其四个组成指标的前沿距离分数的简单平均值。四个组成指标包括：增值税退税合规所需时间、获得增值税退税所需时间、企业所得税审计合规所需时间，以及完成企业所得税审计所需时间。如果只适用增值税或企业所得税，报税后流程指标分数仅为适用相关税种的两个组成指标的前沿距离分数的简单平均值。如果既不适用增值税，也不适用企业所得税，报税后流程指标将不纳入纳税便利度排名。

图8.13 当地中型企业缴纳所有税费需要的时间、总税率和派款率及当地中型企业在遵从报税后手续方面的效率

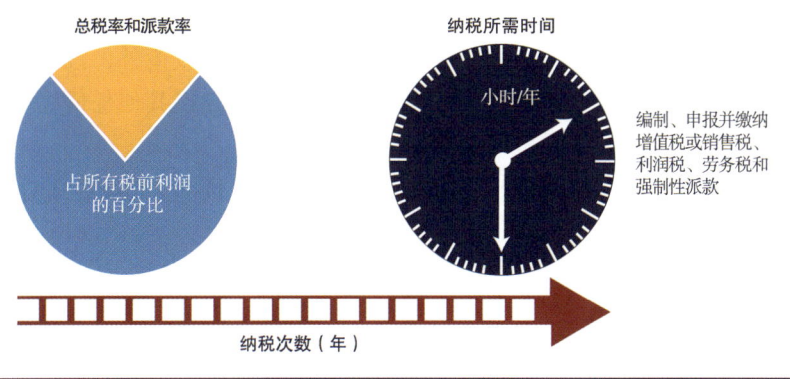

率指标设定了下限并进行非线性转化。[7]该下限被定义为在历年数据总体分布中排名前15%的总税率和强制性派款率（26.1%），包括《2015年营商环境报告》在内。总税率和强制性派款率低于和等于此下限的各个经济体得分均相同。

该下限并非基于任何与以最小化扭曲或最大化经济体整体税收系统的效率有关的"最优税率"经济理论。相反，根据实证经验，该下限被设定在从纳税指标观察到的向制造业中型企业征收的税率分布的低端。对于无须向《营商环境报告》标准化案例研究的企业大幅征税的经济体而言，这么做减少了总税率和强制性派款率指标对这些经济体造成的偏差，因为这些经济体可以用其他方法来获得公共收入，如通过向外国企业征税、通过向非制造业企业征税或通过自然资源（所有这些都不在本报告的方法论范围之内）。

《营商环境报告》衡量所有政府（包括联邦、州或地方等任何一级政府）强令征收的税费，这些税费适用于标准化企业，并对其财务报表产生影响。因此，《营商环境报告》所使用的税收概念不同于传统意义上的税收概念。传统意义上的税收概念的目的是为政府国民账户服务，其含义只包括通常向政府支付的强制性且无返还的费用。《营商环境报告》没有使用传统的税收定义，因为它衡量的是那些只影响企业账户，不影响政府账户的强制征缴的费用。两者的主要区别之一是劳动派款。《营商环境报告》衡量的内容包括雇主向返还型私人养老基金，或职工保险基金支付的政府强制规定的派款。以澳大利亚为例，其税收范围包括政府强制规定缴纳的退休金保障和职工补偿保险等。为了便于计算总税率和强制性派款率（见下文定义），只有造成企业负担的税项才被包含在内。例如，一般不包括增值税（它们是无法返还的），因为增值税不影响企业的会计利润——也就是说，增值税不被反映在收入报表上。然而，在合规指标（时间和缴税次数）中却包括这些税项，因为它们增加了企业税收合规的行政负担。

《营商环境报告》运用了一个案例情景对一家标准化企业支付的税费以及经济体税务合规体系的复杂性进行了衡量。该案例情景使用一整套财务报表以及对一个会计年度内所发生的交易所作的假设。在各个经济体中，来自不同企业（在许多经济体中包括普华永道）的税务专家，根据标准化的案例研究来计算其辖区内应纳的税款和强制性派款。同时，还对申报次数和纳税次数、经济体中税务合规所需时间、申请和处理增值税退税申请所需时间、企业所得税审计合规所需时间及完成企业所得税审计所需时间进行分析。为使各个经济体的数据具可比性，《营商环境报告》对有关企业及税费和派款做出了以下假设。

有关企业的假设

企业：

- 是一家有限责任、应纳税的企业。如果经济体中有不止一类有限责任公司，则选择国内最常见的有限责任公司形式。最常见的形式由公司律师或统计局报告。
- 于2015年1月1日开始运营。当时企业购买了其资产负债表上显示的所有资产，雇用了所有职工。
- 在经济体最大的商业城市运营。对于人口逾1亿的11个经济体，也采集了其第二大商业城市的数据（见表8A.1）。
- 100%由国内投资人持有，共有5位所有人，且都是自然人。
- 2015年年底，其初始资本为人均收入的102倍。
- 从事一般性工商业活动。具体而言，该企业从事陶瓷花盆的生产和零售。不参与外贸（没有进出口业务），也不经营受特别税制约束的产品，如酒类或烟草。
- 2016年年初，拥有两块土地、一幢建筑物、机械装置、办公设备、计算机以及一辆卡车，此外，还租了一辆卡车。
- 除了与企业年限或规模相关的优惠政策外，没有享受投资激励措施或其他任何优惠政策的资格。
- 拥有60名员工，其中包括4名管理人员、8名助理及48名工人。所有员工都是本国公民，其中一位管理者为企业所有人之一。企业为员工购买额外的医疗保险（法律没有强制要求），作为额外福利。另外，在某些经济体中，将能报销的差旅费和客户招待费视为员工额外福利。在适用的情况下，假设企业支付了此项费用的附加福利税，或假设该福利是员工的应纳税收入。案例研究假设企业没有为支付餐费、交通费、教育费或其他费用而增加员工的薪资。因此，即使公司经常给予员工这些福利，它们也不会被计入应纳税薪资总额或者从应纳税薪资总额中剔除，从而最终进入劳务税或派款的计算之中。

- 营业额为人均收入的1050倍。
- 在第一年运营中出现亏损。毛利率（税前）为20%，即销售收入是主营业务成本的120%。
- 在第二年年末，将净利润的50%作为红利分配给企业所有人。
- 在第二年年初将其中一块地出售并获利。
- 为了使本案例进一步标准化，对该企业的支出和交易也有一系列具体的假设。比如，身为企业管理人员之一的那位所有人为公司出公差的开支为人均收入的10%（其中20%的费用纯为私人花费，20%的费用用在招待客户上，60%的费用为业务差旅费）。财务报表中的所有变量都与2012年人均收入成比例（此处是对《2013年营商环境报告》和往年报告的更新，其中变量与2005年人均收入成比例）。对有些经济体而言，将人均收入的2倍或3倍用于估计财务报表的变量；[8]原因是，2012年的人均收入不足以使案例中的雇员的薪水达到这些经济体的最低工资标准。

有关税费和派款的假设

- 记录的所有税费和派款都在运营第二年缴纳（2016年日历年）。如果一项税费或派款有不同名称或由不同机构征收，则被视为不同税目。如果其名称及征收机构相同，但针对不同企业所征收的税率不同，则被视为相同的税项或派款。
- 企业每年缴纳税费的次数等于各项税费乘以缴纳（或预扣）每种税费的次数。纳税次数包括预交（预扣）次数，也包括定期缴纳（预扣）的次数。

纳税

纳税指标反映的是该标准化案例研究所涉及的公司在运营第二年所缴纳的税费和派款总数、缴纳方法、缴纳次数、申报次数，以及征收机构的数目（见表8.11）。税项包括企业代扣代缴的税种，如销售税、增值税和员工缴纳的劳务税。传统意义上，这些税项是公司从消费者或雇员那里代扣代缴的。尽管其不影响企业的收入报表，但增加了企业税务合规的行政负担，所以被纳入纳税指标的范围中。

纳税次数包括电子申报。如果所有纳税申报和支付可以完全电子化，并且绝大多数中小企业选择使用电子申报和支付税

表8.11 纳税指标包括的内容

2016年某制造企业纳税次数（每年纳税次数，经过电子申报与合并申报调整及缴纳调整）
所纳税费项目总数，包括消费税（增值税、销售税，或商品和服务税）
申报与缴纳方法及申报与缴纳次数
三大税项合规所需时间（小时/年）
收集信息并计算应纳税额
完成纳税申报表，向适当机构提交
安排支付或预扣税款
如有需要，准备单独的、强制性缴纳税项会计账簿
总税率和强制性派款率（占所有税前利润的百分比）
利润或企业所得税
雇主支付的强制性派款和劳务税
财产税和财产转让税
股息税、资本利得税和金融交易税
废物回收税、车辆和道路使用税及其他
报税后流程指标
增值税退税过程中税务合规所需时间
收到增值税退税所需时间
纠正企业所得税纳税申报表中的错误时，税务合规所需时间（如适用，包括审计过程合规）
完成企业所得税审计所需时间

款，那么，即使申报次数和纳税次数都不止一次，纳税仍按一年一次来计算。对于通过第三方纳税，如金融机构扣缴的利息税或燃油分销商扣缴的燃油税，尽管缴纳次数不止一次，也只按一次计算。

如果将两种或以上的税费或派款在一个报表中合并申报并缴纳，则每次合并纳税都按一次计算。例如，如果强制性健康保险派款和强制性养老金派款合并申报及缴纳，那么在计算交费次数时，只有一项派款会包括在内。

时间

时间以每年小时数来记录。

该指标衡量准备、申报并缴纳三大税项和派款所需的时间：企业所得税、增值税或销售税以及劳务税，其中包括工资税和强制性派款。准备时间包括为计算应纳税项和应纳税额，以及收集全部必要信息所用的时间。如果必须保留单独的税务会计账簿或进行单独的计算，那么，与这些工作相关的时间也应计算在内。只有在常规会计工作不足以满足税务会计要求时，才将这些额外时间纳入计算。申报时间包括填写所有必要的纳税申报表，并将其提交给税务机关所需要的时间。纳税时间包括在线支付税款，或亲自到税务机关缴纳税款所需的时间。如果亲自到税务机关缴纳税款，等待时所造成延误的时间也应计算在内。

总税率和强制性派款率

总税率和强制性派款率衡量企业在运营第二年所缴纳的税款和强制性派款，以占商业利润的比例来表示。《2018年营商环境报告》报告的是2016年的总税率和强制性派款率。企业所负担的总税额和派款是允许抵扣和减免以后的所有应缴税额和派款的总和，不包括由企业代扣的税项（如个人所得税）或由企业代收后上缴税务部门但不由企业负担的税项（如增值税、营业税或商品和服务税）。纳入计算的税项可分为五类：一是利润或企业所得税；二是雇主缴纳的强制性派款和劳务税（包括所有强制性派款，甚至包括交付给返还型养老金之类的私营实体的派款）；三是财产税；四是流转税；五是其他税费（如市政收费以及车辆使用税）。燃油税不再纳入总税率和强制性派款率里，因为对于所调查的所有经济体，难以用统一的方式来计算这些税。多数情况下燃油税税额很小，而且燃油税税额的算法通常比较复杂，因为其数额取决于耗油量。不过，在计算纳税次数时，燃油税继续纳入计算。

总税率和强制性派款率旨在对企业负担的所有纳税成本进行全面测量。总税率和强制性派款率不同于法定税率，法定税率仅规定适用于税基的一个因素。而总税率和强制性派款率的计算公式是用实际应纳税费除以商业利润。表8.12以伊拉克的数据为例，展开进一步说明。

商业利润实质上是企业缴纳所有税费前的净利润，它不同于传统的在财务报表中报告的税前利润。在计算税前利润时，企业负担的许多税项是可以扣除的，而在计算商业利润时，这些税项是不可扣除的。因此，商业利润可以清晰地反映企业在一个财年中的实际税前利润。

商业利润的计算公式是：商业利润=销售额−主营业务成本−工资总额−行政费用−其他费用−计提准备+资本利得（来自不动产出售）−利息支出+利息收入−商业折旧。计算商业折旧时采用直线折旧法，按以下折旧率进行计算：土地折旧率为0%，建筑物为5%，机械设备为10%，计算机为33%，办公设备为20%，卡车为20%，业务开发支出为10%。商业利润额为人均收入的59.4倍。

表8.12 以伊拉克为例，计算总税率和强制性派款率					
	法定税率	税基（ID）	实际应纳税额 = 税率 x 税基（ID）	商业利润（ID）	总税率和强制性派款率
企业所得税（应税收入）	15	452 461 855	67 869 278	453 188 210	14.98%
雇主缴纳的社会保险派款（应税工资）	12	511 191 307	61 342 957	453 188 210	13.54%
员工缴纳的社会保险派款（应税工资）	5.00%	511 191 307			不纳入计算
合同印花税	固定缴费	变化	小额		小额
不动产所有权转让税	0%—6%	不动产价值	10 480 197	453 188 210	2.31%
合计			139 692 432		30.82%

资料来源：《营商环境报告》数据库。
注：假设商业利润为人均收入的59.4倍。ID代表伊拉克第纳尔。
* 税前利润。

计算总税率和强制性派款率的方法基本上与普华永道开发的总体税负框架一致,也符合框架内税负的计算。不过,普华永道的计算通常是基于经济体中规模最大的企业所提供的数据,而《营商环境报告》重点关注的是在案例研究中的标准化中小企业。

报税后流程指标

报税后流程指标有四个组成部分——增值税退税合规所需的时间、获得增值税退税所需的时间、企业所得税审计合规所需的时间,以及完成企业所得税审计所需的时间。如果同时适用增值税和企业所得税,报税后流程指标是四个组成部分各自前沿距离分数的简单平均。如果只适用增值税或企业所得税,报税后流程指标的得分只是与所适用的税项的两个组成部分的简单平均。如果既不适用增值税也不适用企业所得税,在对纳税便利度进行排名时不考虑报税后流程指标。

税务审计的定义包括在提交纳税申报表并支付到期应缴税额后,纳税人与税务机关之间的任何互动。税务审计还包括纳税人与税务主管机关之间关于审查纳税人记录和交易的任何通信,以核实该纳税人是否正确评估和报告其纳税义务,并履行了其他义务。

这些指标基于扩展的案例研究假设。

关于增值税退税过程的假设

- 2016年6月,应纳税企业购置了高价资本设备;又购置了一台制造锅具的机器。
- 机器的价值为经济体人均收入的65倍。
- 销售额每月平均分布(也就是说,为人均收入的1050倍除以12)。
- 商品销售成本按月均摊(也就是说,为人均收入的875倍除以12)。
- 机器销售商需要缴纳增值税。
- 如果投入、销售、机器的增值税税率相同,并且纳税申报期为每月申报,那么6月份发生的增值税进项税超额将在随后的4个月内连续被冲抵。
- 2016年6月,增值税进项税额将超过增值税销项税额(见表8.13)。

企业所得税审核过程假设

- 所得税负债计算错误(例如:使用了错误的税务折旧率,或错误地将某项费用作为减免税款来对待)导致所得税纳税申报表出错,结果少缴纳企业所得税。
- 应纳税企业发现了错误,主动将企业所得税申报表上的错误通知税务机关。
- 少缴纳的所得税负债金额为企业所得税应纳税额的5%。
- 在过了提交年度纳税报表的最后期限后,应纳税企业提交了更正的信息,但在税务评估期之内。

增值税退税合规所需时间

时间以小时计。该指标有两个组成部分:

- 申报增值税退税的过程。所需时间包括:应纳税企业在内部收集增值税信息所用的时间,其中包括进一步分析会计信息与计算增值税退税额所用的时间;应纳税企业准备增值税退税申报所用的时间;应纳税企业准备增值税退税申报所需的补充文件所花费的时间;如果退税申请与标准的增值税申报表分开递交,递交增值税退税申请和补充文件所用的时间;纳税人前往税收部门所需的时间;应纳税企业完成与增值税退税有关的任何其他强制性活动或任务所用的时间(见表8.13)。作为《2017年营商环境报告》方法论变更的延续,从《2018年营商环境报告》开始,增值税退税申请和补充文件的提交将被纳入考量,前提是退税申请和文件的提交与标准增值税申报分开进行。
- 增值税审计过程。如果

表8.13 计算阿尔巴尼亚的增值税进项税额

	增值税率 R	增值税销项税额 R×销售额	增值税进项税额 (R×A+R×B)
销售额=37 398 864.84列克	20%	7 479 772.97列克	
资本设备购置额(A)=27 782 013.88列克	20%		5 556 402.78列克
原材料成本(B)=31 165 720.70列克	20%		31 165 720.70列克
增值税退税额 (R×A+R×B)-(R×销售额)			4 309 773.95列克

资料来源:《营商环境报告》数据库。

企业因资本购买而申请以现金形式对增值税退税，从而导致要对50%或以上案件进行审计，那么审计过程将会被记录。所需时间包括：应纳税企业收集税务审计师要求的信息并准备相关文件（诸如收据、财务报表以及工资存根等信息）所用的时间；应纳税企业提交审计师要求的文件所用的时间。

如果增值税退税的申请过程在标准报税表中自动进行，并且不必完成报税表的任何其他内容，而进项税抵扣又不需要递交其他文件或完成其他任务，同时，在50%或更多类似的案例中，不需要对企业进行审计，那么增值税退税合规的总时长预估为零小时。

如果所需文件可以以电子方式提交，并可在几分钟内完成，则将提交文件的时间估算为半小时。如遇现场审计，应纳税企业在其经营场所亲自递交文件，则时间被估算为0小时。

以科索沃为例，纳税人花35.5个小时来满足增值税退税申报的流程规定。除了标准的增值税纳税申报表以外，纳税人还必须提交一份特殊的增值税退税申请表。纳税人用2个小时从内部资源和会计记录中收集信息，并用1个小时准备申请表。在提供审查材料过程中，纳税人还必须准备好如下单证文件并使其随时可查：过去3个月所有的购销发票、针对大额采购或投资中多交增值税的情况出具的业务说明、银行对账单、所有遗漏的纳税申报材料，以及财务方面的资格证和增值税纳税人资格证书副本。纳税人花4个小时准备这些额外文件，并且又花5.5个小时亲自到主管税务机关提交上述文件。纳税人还必须亲自到税务办公室解释增值税退税申请以及6月份增值税进项超额的原因，这又需要3个小时。另外，申请增值税退税将要求在纳税人营业场所进行全面的审计。纳税人花20个小时准备审计师要求的文件，包括购销发票、票据、银行交易记录、会计软件记录、纳税申报表及相关合同。纳税人在其营业场所将上述文件亲自交给审计师（提交时间计为0小时）。

获得增值税退税所需的时间

获得增值税退税所需的时间以周来计算。该时间衡量自提交增值税退税申请那一刻起直到收到增值税退税款时总计需要等待的时长。如果企业因资本购买而申请以现金形式对增值税退税，从而导致要对50%或以上案件进行审计，那么等待时间包括：自增值税退税申请提交时就开始审计的时间；在自从审计工作开始时至应纳税企业与审计人之间没有进一步互动为止的这段时间内，应纳税企业与审计员互动所需花费的时间（包括应纳税企业与审计人之间的多轮互动）；从应纳税企业提交了所有相关信息和文件，且应纳税企业与审计员之间没有进一步互动开始，到税务审计员发布最终审计意见，应纳税企业等待的时长；自审计人发布最终审计意见开始到增值税退税款项发放等待的时间。作为《2017年营商环境报告》方法论变更的延续，从《2018年营商环境报告》开始，增加了两个新的时间组成指标，分别是税务审计开始的时间和等待增值税退税款发放所需的时间。

等待时长还包括提交增值税退税申请平均等待时间。如果增值税退税申请每月提交，提交增值税退税申请的平均等待时间为半个月。如果增值税退税申请每两个月提交，提交增值税退税申请的平均等待时间为1个月。如果增值税退税申请每季提交，提交增值税退税申请的平均等待时间为1.5个月。如果增值税退税申请每半年提交，提交增值税退税申请的平均等待时间为3个月。如果增值税退税申请每年提交，提交增值税退税申请的平均等待时间为6个月。

此外，等待时长还包括以现金形式对增值税进行退税之前的强制性结转时间。如果没有强制性结转时间，那么结转时间为零。

以阿尔巴尼亚为例，纳税人收到增值税退税款需要等待37周。增值税退税申请引发税务机关审计。税务机关需要4周时间进行审计。纳税人花费8.6周和审计人员交流，并且在最终结果出来之前还需等待4周时间。只有在审计完成后，纳税人才能收到增值税退税款。纳税人需要等待5周才拿到增值税退税款。阿尔巴尼亚规定，在申请以现金形式退回增值税之前，纳税人必须在连续的3个增值税会计周期内结转增值税退税（在阿尔巴尼亚是3个月）。所以，收到增值税退税款的等待时间也包括3个月（13周）的结转时间。由于增值税退税申请是按月度提交的，因此收到增值税退税款的等待时间还包括0.5个月（2.1周）。

如果一经济体没有增值税，在衡量增值税退税过程的两个指标——增值税退税合规所需的时间和获得增值税退税所需的时间——方面不给该经济体计分。巴林就是这种情况。如果一经济体有增值税，但购置机器设备不适用增值税，在增值税退税合规所需的时间和获得增值税退税所需的时间方面不给该经济体计分，如塞拉利昂。如果一经济体在2016日历年开始实施增值税，但没有足够数据来评估退税流程，在增值税退税合规所需时间和获得增值税退税所需的时间方面不给该经济体计分。

如果一经济体征收增值税，不过仅特定类别的纳税人有资格申请退税，而本案例研究中的公司不包括在内，那么该经济体在满足增值税退税条件所需时间和获得增值税退税所需时间上的前沿距离分数是0。以玻利维亚为例，只有出口商才有资格申请增值税退税。因此，玻利维亚在增值税退税合规所需时间和获得增值税退税所需时间上的前沿距离分数为0。如果一经济体征收增值税，且本案例研究中的公司有资格申请增值税退税，但实际上并不能获得现金退税，那么该经济体在增值税退税合规所需时间和获得增值税退税所需时间的前沿距离分数为0。中非共和国就是这种情况。如果一经济体有增值税，但实际中没有增值税退税体制，那么该经济体在增值税退税合规所需时间和获得增值税退税所需时间上的前沿距离分数为0，如苏丹。如果一经济体有增值税，不过在资本采购项目中进项税作为企业成本计算，在增值税退税合规所需时间和获得增值税退税所需的时间方面的前沿距离分数，该经济体得分为0，如缅甸。作为《2017年营商环境报告》方法论变更的延续，关于4个月或更长时间的强制性结转时间的方法论得到了完善。从《2018年营商环境报告》开始，所有要求纳税人在获得增值税现金退税之前结转4个月或更长时间的增值税进项税所超金额的经济体都会在增值税退税合规的时间和获得增值税退税的时间这两个方面得到分析，这里假设在结转期之后，仍有一部分增值税抵免。

企业所得税审计合规所需时间

时间以小时计。该指标包括两个组成部分：

- 将错误通知税务机关修改纳税申报表的过程，以及补交税款的过程。所需时间包括：应纳税企业收集信息以及准备通知税务机关所需文件所花的时间，应纳税企业提交文件所费的时间，以及应纳税企业补交税款所费的时间（如果税款补缴和提交修正的纳税申报表不同时进行）。作为《2017年营商环境报告》方法论变更的延续，从《2018年营商环境报告》开始，如果税款补缴和提交修订的纳税申报表不能同时完成，补交税款所花时间将被计算在内。

- 企业所得税审计合规流程。如果企业主动报告在所得税申报表中存在的错误，且该错误已经造成应付企业所得税支付不足，从而引起25%或以上的案件都要被审计，那么该流程就会被记录。评估企业所得税审计的门槛低于增值税现金退税的门槛。这是因为应纳税企业主动报告企业所得税纳税申报表中存在的且已经造成应付企业所得税支付不足的错误这个案例研究情景应该只发生在要进行税务审计的一小部分样本企业中。与增值税现金退税相反，只要提出一次增值税现金退税申请就要进行税务审计的情况却很常见。这里的时间包括：应纳税企业收集信息并准备税务审计员要求的文件（有关收据、财务报表以及工资存根等信息）所花的时间，以及应纳税企业提交审计员要求的文件所花的时间。

如果提交文件或缴纳所得税到期债务可以电子方式在几分钟内完成，那么提交文件或缴纳所得税到期债务的时间估计计为半小时。如果在纳税人营业场所进行现场审计，纳税人亲自提交文件，则时间估算为0小时。

以斯洛伐克为例，纳税人以

电子方式提交企业所得税纳税申报修正表。纳税人需花1小时修改申报表中的错误，花0.5小时在网上提交修正表，再花0.5小时在网上补缴税款。在该案例研究情况下，斯洛伐克的企业修改所得税纳税申报表不会启动税务审计程序。所以，该国所得税合规所需时间总计为2小时。

完成企业所得税审计所需时间

时间以周计算。税务审计时间包括：自税务机关收到企业所得税申报表存在错误的通知到开始审计所花的时间；在开始审计后，应纳税企业与审计员互动，直至在应纳税企业和审计人员（包括应纳税企业和审计员之间的每轮互动）之间不再有进一步的互动为止所经历的时间；以及自纳税人提交了所有相关信息和文件后到在应纳税企业和审计人员之间没有进一步的互动为止，等待税务审计人签发最终税务评估报告所经历的时间。作为《2017年营商环境报告》方法论变更的延续，现在将把等待税务审计开始所需的时间纳入计算。

如果在不足25%的类似案件中，纳入案例研究的企业不走审计程序，那么完成企业所得税审计所需的时间计为0。

以瑞士为例，根据案例研究情境，应纳税企业修改企业所得税纳税申报表的结果是要接受在其营业场所进行单一问题的审计。这样直至税务机关开始审计，纳税人需要等30天（4.28周）的时间，与审计人员的互动总计4天（0.57周），此外还需再等4周审计人员才发布最终评估报告，因此该企业完成企业所得税审计的时间总计为8.86周。

如果一经济体不征收企业所得税，在企业所得税审计合规所需的时间以及完成企业所得税审计所需的时间方面，该经济体没有分数。瓦努阿图就是这种情况。

如果一经济体不征收任何税赋或强制性派款，该经济体在纳税次数、纳税所需时间、总税率和强制性派款率和报税后流程指标方面，将被标记为"无实践"。

改革

纳税指标集追踪了一家中型企业在某一年内必须缴纳的不同税费和强制性派款的相关变化以及缴纳税费和派款，以及税后合规（增值税退税和税务审计）而产生的行政负担。根据对数据的影响，一些变化被视为改革，并被列入"2016/2017年度营商环境改革总结"一节，以确认重大改革的实施。改革分为两类：一类是使营商更便利的改革，另一类是使营商更加困难的改革。纳税指标集用一个标准来识别改革。

本报告采用距离指标集前沿距离总分的整体差距来评估数据变化对指标集的影响。使距离前沿距离的差距发生2%或以上变化的任何数据更新都被视为改革（更多细节，请参见"前沿距离分数及营商便利度排名"一章）。例如，如果针对三大税种（企业所得税、增值税、劳务税以及强制性派款）实施的新的电子申报或缴纳制度缩短了纳税时间或减少了缴款次数，从而导致距离前沿距离的整体差距缩小2%或以上，那么上述变化就被视为改革。相反，如果税率或其他固定费用的小幅调整或指标的其他微小变化对差距的整体影响低于2%，那么这些调整或变化不会被视为改革，但它们的影响仍会反映在该指标集最新更新的指标之中。

有关各经济体纳税的详细数据，请访问http://www.doingbusiness.org。该方法由Djankov等人开发（2010）。

跨境贸易

《营商环境报告》记录了与进出口商品物流过程相关的时间与费用。《营商环境报告》衡量了与货物进出口总过程中的三组程序——单证合规、边界合规及国内运输——相关的时间与费用（不包括关税）。图8.15以巴西（出口国）和中国（进口国）为例，显示了通过港口将货物从原产地仓库出口到海外贸易伙伴的仓库的过程。图8.16以肯尼亚（出口国）和乌干达（进口国）为例，显示了通过陆地边界将货物从原产地仓库出口到区域贸易伙伴的仓库的过程。各个经济体在跨境贸易便利度方面的排名由其在跨境贸易方面的前沿距离分数的排序来决定。这些分数是进出口单证合规和边界合规的时间和费用的前沿距离分数的简单平均（见图8.17）。

尽管《营商环境报告》采集并公布有关国内运输相关时间和

图8.15 出口到海外贸易伙伴所需的时间与费用

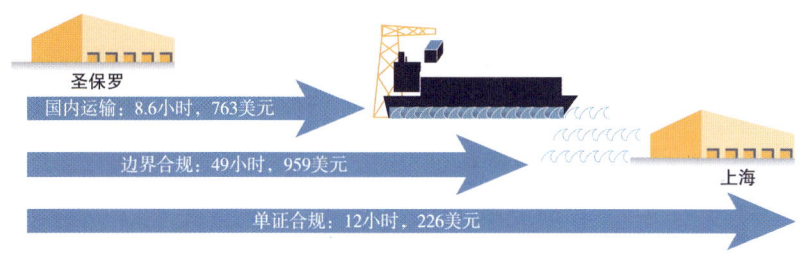

资料来源:《营商环境报告》数据库。

图8.16 出口到区域贸易伙伴所需的时间和费用

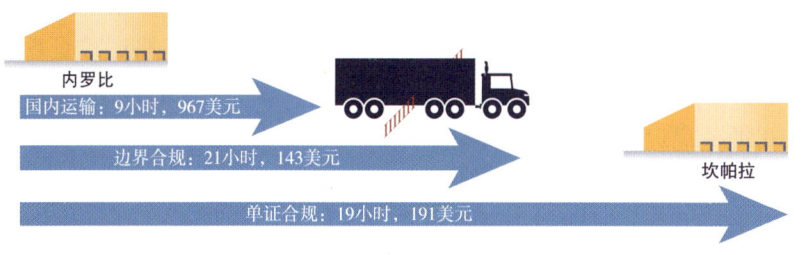

资料来源:《营商环境报告》数据库。

图8.17 跨境贸易：进出口时间与费用

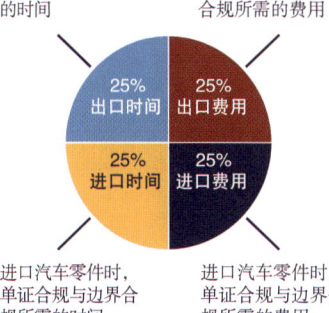

排名基于其8项组成指标的前沿距离分数

注：对国内运输的时间与费用以及进出口所需单证的数量进行了衡量，不过排名时不将其纳入考量。

费用的数据，但在计算距离跨境贸易方面的前沿距离分数或对跨境贸易便利度进行排名时，并不采用这些数据。其主要原因是，国内运输的时间和费用受许多外部因素的影响，如过境领土的地理地貌、道路通行能力及一般性基础设施、是否接近最近港口或陆地边境，以及贮存贸易货物仓库的位置，因此其并不会受到经济体贸易政策和改革的直接影响。

有关跨境贸易数据的采集是通过向当地货运代理人、报关行、港务局和贸易商分发调查问卷的形式来进行的。如果经济体由于政府管制、武装冲突或自然灾害而没有发生正式的、大规模的、私营部门的跨国界贸易，该经济体被标记为"无实践"的经济体。"无实践"经济体在所有跨国界贸易指标上的前沿距离分数均为0。

案例研究假设

为了使数据在各个经济体之间具可比性，对贸易货物和交易做如下假设：

- 对《营商环境报告》所涵盖的190个经济体，假设货物从出口经济体最大商业城市的仓库运至进口经济体最大商业城市的仓库。对于人口逾1亿的11个经济体，在同样的案例研究假设条件下，也采集了其第二大商业城市的数据（见表8A.1）。

- 进出口案例研究中假设贸易产品不同。根据假设，各经济体都从其常规进口伙伴——从这些经济体中进口的汽车零部件价值最大（价格乘以数量）——进口一标准船的重达15吨且用集装箱装运的汽车零部件（HS 8708）。同时还假设设各经济体都向其常规出口伙伴——针对这些经济体的出口额最大——出口具比较优势的产品（按最大出口额界定）。在可能的出口产品清单中，排除贵金属、宝石、矿物燃料、石油产品、活体动物、食品和产品的残废品以及药品，然而在这些产品中，第二大品类的产品不予排除。[9]

- 一船货物为一个贸易单位。出口货物不一定采用集装箱装运，而进口的汽车零部件则假设采用集装箱装运。

- 如果政府收费由装运产品的价值来决定，那么假设价值为50000美元。

- 产品为新产品，不是二手或使用过的商品。
- 进出口公司雇用货运代理人或报关行（或两者）并向其支付与国内运输、由海关和其他机构进行的通关及强制检查、港口和边境装卸、单证合规等相关的费用。
- 运输方式为所选进出口商品和贸易伙伴最广泛使用的运输方式，如海港或陆地边境通道。
- 政府机构要求提交的与所运货物相关的所有电子信息都视为进出口过程中获得、准备并提交的单证。
- 港口或陆地边界的定义为商品进出一经济体的地方（海港或陆地边境通道）。
- 相关政府机构为海关、港务局、道路警察、边境警卫队、标准化机构、工业部或农业部、国家安全局、中央银行以及任何其他政府机构。

时间

时间以小时衡量，1天24个小时（比如，22天计为22 × 24=528小时）。如果通关需要7.5小时，则数据就计为7.5小时。或者，假设单证于上午8点提交给海关并连夜处理，第二天上午8点可取。在这种情况下，通关时间被记录为24小时，因为办完手续实际用时24小时。

费用

保险费或不开收据的非正规付费不计在成本之内。费用以美元计。要求受访者根据回答调查问卷当天的汇率将本地货币换算成美元。受访者是在国际贸易物流业私人部门任职的专家，他们了解有关汇率及其最新动态的信息。

单证合规

单证合规指标记录了为满足原产国、目的地经济体和过境经济体各政府机构对单据合规的要求所需的时间和费用（见表8.14）。其目的是衡量准备一系列单证所承受的整体负担，这些单证使得案例研究中所假设的产品和成对贸易伙伴之间的国际贸易得以完成。例如，货物从孟买运到纽约市，货运代理人必须准备并将单据分别提交给印度海关、孟买港务局以及纽约市海关。

单证合规所需时间和费用包括以下所发生的时间和费用：获得单证（如签发单证并盖章所花时间）、准备单证（如收集信息来完成报关单和原产地证明所花的时间）、处理单证（如等待相关机构签发植物检疫证书所花的时间）、出示单证（如向港务局出示港口码头收据所花的时间），以及提交单证（亲自或以电子方式将报关单提交给海关机构所花的时间）。

任何政府机构所要求的以电子方式或纸质形式提交的有关货运的所有信息都视为进出口过程中获得、准备及提交的单证。案例研究假设，货运代理人或报关行准备的全部产品相关单证和贸易伙伴需要的单证都包括在内，无论这些单证是法律要求还是实际需要。为获得优惠待遇而准备并提交的单证（如原产地证明）也纳入单证合规的时间和费用的计算之中。同时，为方便货物通行而准备并提交的单证也包括在内（如货运代理人可能会准备一份装箱单，因为根据他们的经验，这会降低实物检查或其他突击式检查的概率）。

另外，强制要求提交的所有进出口单证都纳入时间和费用计算之列。然而，只需要一次性

表8.14 进出口时间和费用指标包括的内容

单证合规
在原产国内，在运输、通关、检查、港口或边境装卸过程中获得、准备并提交的单证
获得、准备并提交给目的地经济体或任何过境经济体要求的单证
涵盖所有法律和实际要求提交的单证，包括以电子方式提交的信息，以及完成贸易需要的非特殊性货物单证
边界合规
通关以及海关检验
其他机构检查（如适用于20%以上的出货量）
在经济体港口或陆地边境，最普遍采用的港口或陆地边境处理
国内运输
在仓库、无水港或陆地边境对所运货物的装卸
在仓库和终端或无水港之间最普遍采用的运输方式
在终端/无水港和最常见的陆地边境/港口之间最普遍采用的运输方式
货运途中交通延误和道路警察检查

获取的单证不包括在内。《营商环境报告》不将在国内市场生产和出售产品所需的单证纳入计算之中，如在国内市场销售玩具可能需要的第三方安全标准测试证书，除非在出口过程中政府机构需要查验上述单证。

边界合规

边界合规指标衡量的时间和费用，一方面是经济体的通关合规以及其他强制性的货物过境检查合规的时间和费用，另一方面是在港口或边境装卸所需要的时间和费用。后者包括由其他机构进行的通关和检查程序所需要的时间和费用。例如，完成植物检疫检验所需的时间和费用被纳入其中。

边界合规时间与费用的计算依赖于办理边界合规手续的地点、要求和办理合规程序的主体，以及进行检验的概率。如果所有通关和其他检验都在港口或陆地边境同时进行，那么对边界合规所需时间的估计就需要将同时进行这一因素纳入考虑。有时，边境合规的时间和费用完全可以忽略不计或者为0，如欧盟或其他关税同盟成员之间的贸易就是这样。

如果有些或所有通关或其他检验手续在其他地方进行，那么就将办理上述手续的时间和费用以及在港口或陆地边境办理的时间和费用相加。以哈萨克斯坦为例，所有通关和检验手续都在阿拉木图海关检查站进行，而阿拉木图海关检查站不是哈萨克斯坦和中国之间的陆地边界。在这种情况下，边界合规时间是在阿拉木图检查站所花的时间加上在陆地边境装载所花的时间。

《营商环境报告》请受访者估计海关机构完成通关和检查的时间和费用，这是为了通过核查品类、确认产品数量、确定原产地并检查报关单上其他信息的真实性来计算关税而进行的书面或实物检查（这类检查包括为防止走私而进行的所有检查）。这些是绝大多数情况下都要办理的通关和检查手续，因此被视为"标准"案例。其时间和费用估计反映经济体中海关机构的办事效率。

《营商环境报告》还请受访者估计海关和所有其他机构完成对特定产品的通关以及检验所需的总体时间和费用。这些估计解释说明了有关健康、安全、植物检疫标准、合格等的检验情况，因此，反映的是要求并进行这些额外检验的机构的办事效率。

如果由非海关机构进行的检验只占20%或不到20%，那么边界合规的时间和费用指标的计算仅考虑由海关进行的通关和检验情况（标准案例）。如果由其他机构进行的检验占20%以上，则边界合规的时间和费用指标需将所有机构进行的通关和检验都纳入计算。不同类型的检验的实施概率可能各不相同，例如，扫描检查是100%会进行的，而实物检验发生的概率仅为5%。在这种情况下，《营商环境报告》只计算扫描的时间，因为其发生的概率高于20%，相比之下，实物检验发生的概率低于20%，不纳入计算。经济体为满足边界合规而花费的时间和费用不包括遵从任何其他经济体的法规所要花费的时间和费用。

国内运输

国内运输指标反映的是将货物从经济体最大商业城市的仓库运到其使用最广泛的海港或陆地边界的时间和费用。对于人口超过1亿的11个经济体，也采集了其第二大商业城市的数据（见表8A.1）。这些手续包括实际运输的时间（和费用），交通延误和道路警察检查的时间，以及在仓库或陆地边境装卸货物的时间。对于有海外贸易伙伴的沿海经济体来说，国内运输指标包括从货物在仓库装载开始直至货物抵达该经济体的海港的时间和费用（见图8.15）。对于通过陆地边境进行贸易的经济体来说，国内运输指标反映了从货物在仓库装载开始直至货物运抵经济体的陆上边界的时间和费用（见图8.16）。

对时间和费用的估计是依据受访者所报告的使用最普遍的运输方式（卡车、火车、江轮）和使用最广泛的运输路线（道路、边境口岸），以及多数受访者所选择的运输方式和路线做出的。对于人口超过1亿的11个经济体，同时采集了其最大和第二大商业城市的数据，《营商环境报告》允许两个城市采取不同但最普遍的运输路线和运输方式。例如，从德里发货，由火车运往蒙德拉港出口，从孟买发货，由卡车运到那瓦舍瓦港出口。

如上所示，在出口案例研究中，《营商环境报告》没有假设用集装箱运输，对时间和费用估计可能是基于对15吨没用集装箱装运的货物的运输做出的。在进口案例研究中，假设汽车零件由集装箱运输。在货物由集装箱运输的案例中，对运输和其他程序的时间和费用估计是依据由《商品名称及编码协调制度》（HS）内涉及的同种货物所构成的一般货物做出的。这一假设对检测而言尤其重要，因为与各自有不同HS编码的产品相比，同类产品运输接受检查的次数通常较少，检查用时也较短。

在有些案例中，货物先从仓库运到海关检查站进行通关或检测，然后再运到港口或陆地边界。在这种情况下，国内运输的时间是两段运输所用时间之和。通关或检测的时间和费用纳入对边界合规指标的计算，但不是对国内运输的计算。

改革

跨境贸易指标集记录了每年与商品进出口物流过程相关的时间和费用。根据对数据的影响，一些变化被视为改革，并被列入"2016/2017年度营商环境改革总结"一节，以确认重大改革的实施。改革分为两类：一类是使营商更便利的改革，另一类是使营商更困难的改革。跨境贸易指标集使用一个标准来识别改革。

本报告采用距离指标集前沿距离总分的整体差距来评估数据变化对指标集的影响。使距离前沿距离的差距发生2%或以上变化的任何数据更新都被视为改革（更多细节请参见"前沿距离与营商便利度排名"一章）。例如，如果实施单一窗口通关制度缩短了通关时间，降低了通关费用，使之与前沿距离的整体差距缩小了2%或2%以上，那么这种变化就被视为改革。相反，如果运费的小幅调整或指标的其他微小变化对差距的整体影响低于2%，那么这些调整或变化不会被视为改革，但它们的影响仍会反映在该指标集最新更新的指标之中。

有关各经济体跨境贸易的详细数据，请访问http://www.doingbusiness.org。该方法最初由Djankov等人开发，并于2015年进行了修订。

执行合同

《营商环境报告》通过一家当地一审法院为例来衡量解决一起商务纠纷所需的时间和费用（见表8.15）以及司法程序质量指数，从而评估各个经济体是否采用了一系列最佳实践来提高法院系统的质量和效率。数据的采集一方面通过研究民事诉讼法和其他法院规章来进行，另一面通过地方诉讼律师和法官完成的调查问卷来获取。经济体执行合同便利度的排名取决于其在执行合同方面的前沿距离分数的排序。这

表8.15 解决商务纠纷的效率指标包括的内容
通过法院执行合同所需时间（日历日）
立案和送达所需时间
审判和收到判决所需时间
执行判决所需时间
通过法院执行合同的费用（占索赔额的百分比）
平均律师费
诉讼费
执行费

些分数为各个分指标的前沿距离分数的简单平均值（见图8.18）。

解决商务纠纷的效率

解决商务纠纷的时间和费用的数据是通过跟踪一宗商务销售纠纷的逐步发展过程而建立起来的（见图8.19）。数据是根据对如下案件的假设，按照案件涉及的每个城市的一个特定法院而采集的。"管辖法院"是指对纠纷有管辖权的法院，纠纷金额为人均收入的200%或5000美元，以金额较高者为准。当不

图8.18 执行合同：解决商务纠纷的效率和质量

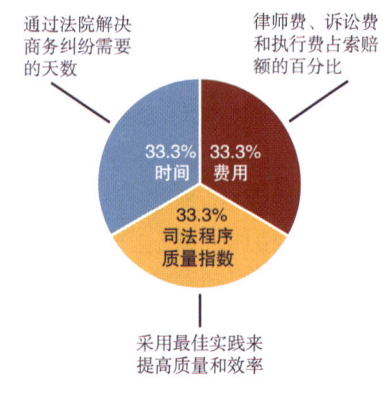

图8.19 通过当地一审法院解决商务纠纷所需的时间和费用

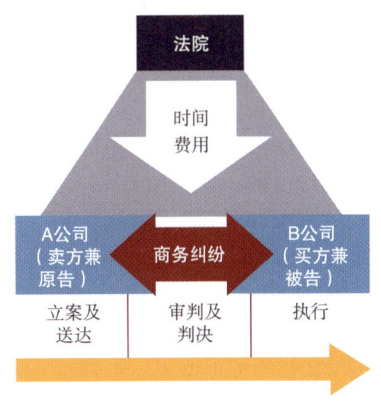

止一个法院对标准案例研究中类似的案件有初审管辖权时，则采集绝大多数案件中诉讼当事人选择的法院作为数据收集的依据。各经济体相关法院的名称公布于《营商环境报告》网站：http://www.doingbusiness.org/data/exploretopics/enforcing-contracts。对于人口超过1亿的11个经济体，也采集了其第二大商业城市的数据，同时给出了该市相关法院的名称。

有关案件的假设

索赔额相当于经济体人均收入的200%或5000美元，以金额较高者为准。

■ 纠纷涉及两个企业（卖方和买方）之间的一项合法交易，两个企业所在地都是经济体最大的商业城市。对于人口逾1亿的11个经济体，也采集了其第二大商业城市的数据（见表8A.1）。根据两企业订立的合同，卖方向买方销售价值经济体人均收入200%或5000美元的定制家具，取较大值。卖方向买方交付商品后，买方以商品质量不合格为由拒绝支付合同货款。由于家具是定制的，卖方无法将其销售给他人。

■ 为了收回销售协议中规定的货款金额，卖方（原告）起诉了买方（被告）。受理这起纠纷的是该经济体最大商业城市内的一家法院，该法院有权管辖涉案金额为人均收入200%或5000美元（以金额较高者为准）的商业案件。如上所述，对于人口逾1亿的11个经济体，也采集了其第二大商业城市的数据。

■ 因担心买方隐藏财产或者破产，卖方在获得判决之前扣押了买方的流动资产（如办公设备和车辆等）。

■ 双方对该索赔要求的是非曲直存在纠纷，因为买方宣称商品质量不合格。由于法院无法仅凭书面证据或法律所有权判决该纠纷，所以需要专家对货物的质量进行评估。如果该经济体的惯例是各方可以传唤自己的专家证人，则双方各自传唤了一位专家证人。如果按惯例法官可以指定独立专家，则由法官指定一位独立专家。在本案中，法官不允许任何一方对专家证词提出异议。

■ 根据专家意见，法官裁定卖方交付的商品质量合格，买方必须按约定价格支付货款。因此，法官最后判决卖方100%胜诉。

■ 买方没有就判决结果提出上诉。卖方决定在法律规定的上诉期结束后开始执行判决。

■ 卖方为立即执行判决采取了所有必要措施。通过公开拍卖买方流动资产（如办公设备和车辆等），成功收回了货款。假设买方银行账户上没有任何资金，不可能通过冻结其账户来执行判决。

时间

时间以日历日计，从卖方决定向法院起诉开始计算直至收到货款为止，其中包括诉讼进行的天数以及期间等待的天数。需要记录的是下述纠纷解决三个不同阶段的平均持续时间：（1）立案和送达；（2）审判和判决；（3）执行判决。时间是根据上述案例研究的假设计算的，仅适用于管辖法院。时间根据实际情况来计算，若法律规定了一定的时间限制，但多数案件在实际审理时不予考虑，在此处也不予考虑。

立案和送达阶段包括：

■ 卖方通过发非诉讼请求书试图在庭外获得货款所需的时间，包括拟定非诉讼请求书的时间，以及买方需要遵守的截止时间。

■ 当地律师撰写立案起诉状、收集立案需要的支持性文件，包括在必要情况下对其进行认证或公证的时间。

■ 在法院立案所需的时间。

■ 起诉书向买方送达所需的时间，包括法院处理时间，以及各次未成功送达之间等待的时间，前提是通常需要一次以上的送达尝试。

审判和判决阶段包括：

- 如果预审会议是管辖法院采用的案件管理方法的一部分，那么自案件送达买方时起至召开预审会议那一刻止所需要的时间。
- 如果预审会议是管辖法院使用的案件管理方法的一部分，那么从预审会议至第一次听证会所需的时间；如果不是，则从案件送达买方至举行第一次听证会时计算时间。
- 所有庭审活动所需的时间，包括案件摘要和证据交换、举办多次听证会、等待听证会和获得专家意见的时间。
- 举证时限结束后，法官发出最终书面判决所需的时间。
- 上诉期限。

执行阶段包括：

- 获得一份可执行的判决书以及联系相关执行部门所需的时间。
- 确定、识别、扣押并运送败诉方流动资产所需的时间（如适用，包括获得法院令来查封并扣押败诉方流动资产所需的时间）。
- 宣传、组织并举行拍卖所需的时间。如果在符合标准案例研究假设的案件中，通常需要进行多次拍卖才能完全收回案件中主张的金额，那么需记录各次拍卖尝试之间间隔的时间。
- 拍卖成功完成后，胜诉方完全收回索赔额所需的时间。

费用

费用以索赔额的百分比来计算，假设索赔额为人均收入的200%或5000美元（以金额较高者为准）。需记录的费用包括三类：平均律师费、诉讼费和执行费。

平均律师费是卖方（原告）必须事先付给当地律师的费用，律师在标准案件中代表卖方，无论原告最终是否得到补偿。诉讼费包括卖方（原告）预先向法院支付的所有费用，无论卖方最终是否承担诉讼费。诉讼费还包括双方必须支付的获得专家意见的费用，无论这部分费用是支付给法院，还是直接支付给专家。执行费是卖方（原告）必须事先支付、通过拍卖买方流动资产来执行判决的费用，无论卖方最后是否承担执行费。贿赂不纳入计算。

司法程序质量

司法程序质量指数从四个方面来衡量各个经济体在其法院系统中采用的一系列最佳实践：法院结构和诉讼程序、案件管理、法院自动化，以及替代性纠纷解决机制（见表8.16）。

法院结构和诉讼程序指数

法院结构和诉讼程序指数有五个组成部分：

- 是否设有专门审理商业案件的商事法庭、商事审判部或商事审判处。回答是，得1.5分，回答否，得0分。
- 是否设有小额诉讼法院和/或小额诉讼快速通道程序。如果有这类法院或程序，其适用于所有民事案件，而且对于通过其处理的案件，法律规定了涉讼金

表8.16 司法程序质量指数包括的内容
法院结构和诉讼程序指数（0—5）
是否设有专门的商事法庭、商事审判部或商事审判处（0—1.5）
是否设有小额诉讼法院/小额诉讼简易程序（0—1.5）
是否有审前查封救济（0—1）
给法官分配案件的标准（0—1）
女性证人的证词有效性（−1—0）
案件管理指数（0—6）
法规对关键法院事件设定的时间标准（0—1）
有关休庭和延期审理的规则（0—1）
是否有法院表现评估报告（0—1）
是否设有预审会议（0—1）
是否有法官专用的电子案件管理系统（0—1）
是否有律师专用的电子案件管理系统（0—1）
法院自动化指数（0—4）
能否以电子方式提交立案起诉状（0—1）
能否以电子方式送达立案起诉状（0—1）
能否以电子方式支付诉讼费（0—1）
发布判决（0—1）
替代性纠纷解决机制指数（0—3）
仲裁（0—1.5）
自愿调解和/或和解（0—1.5）
司法程序质量指数（0—18）
法院结构和诉讼程序指数、案件管理指数、法院自动化指数以及替代性纠纷解决机制指数分值合计

额的上限，得1分。如果小额诉讼由一家独立法院处理，只有在这家法院适用简易程序时才能得1分。如果当事各方可以在这个法院或者在这个程序中陈述自己的主张，则额外得0.5分。如果没有小额诉讼法院或简易程序，则计为0分。

- 如果原告担心被告的动产可能被转移到司法管辖区之外或者被挥霍掉，原告能否在审判前扣押被告的动产。回答是，得1分；回答否，得0分。

- 在整个管辖法院范围内，案件是否随机且自动地分配给法官。如果对案件的分配是随机且自动的，得1分；如果是随机的但不是自动的，得0.5分，如果既不是随机的也不是自动的，得0分。
- 女性证人的证词与男性证人的证词是否在法庭上具有同等的效力。如果在各类民事诉讼案件中，法律区别对待女性证人和男性证人的证言，计为-1分；如果在各类民事诉讼案件中，法律平等对待女性证人和男性证人的证言，得0分。

该指数计分区间为0—5，分值越高，说明法院的组织结构越精简。以波黑为例，其设有专业的商事法院（1.5分），小额纠纷可通过专门的商事审判部来解决，并允许自己陈述主张（1.5分）。如果原告担心审判期间被告的财产遭挥霍，原告可在审判前扣押被告的动产（1分）。案件通过电子案件管理系统随机分配（1分）。女性证人与男性证人的证词在法庭上具有同等效力（0分）。将这些分数加总，波黑在法院结构和诉讼程序指数上的得分为5分。

案件管理指数

案件管理指数有六个组成部分：

- 针对下列重大诉讼活动，有关民事诉讼的适用法律或法规是否对至少其中三个规定了时间标准：（1）送达法律程序文件；（2）首次庭审；（3）提交答辩陈述书；（4）举证期间结束；（5）提交专家证言；（6）提交终审判决。如果有针对上述关键法院事件的时间标准，并且其在50%以上的案件中得到遵守，得1分；如果有此标准，但其在50%以上的案件中没有遵守这些标准，得0.5分；如果在上述关键法院事件中，对其规定有时间标准的不足三项或一项都没有，得0分。
- 是否有法律规定最多可允许的休庭或延期审理的次数，法律是否规定休庭限于意外或异常的情况，以及这些规则是否在50%以上的案件中得到遵守。如果满足上述三个条件，得1分；如果在上述三个条件中仅满足其中两个，得0.5分；如果在上述三个条件中仅满足其中一个或一个都没有满足，得0分。
- 是否具有关管辖法院表现的评估报告，以监控该法院的表现、追踪案件在该法院的审理进展，以及确保既定的时间标准得到遵守。如果下述四项报告中至少有两项公开公布，则可以得1分：（1）处理时间报告（衡量法院处理/判决案件所需时间）；（2）结案率报告（衡量结案数量占备审案件数量的比例）；（3）待决案件案龄报告（根据案件类型、案龄、上次诉讼活动及下次诉讼活动安排，提供全部待决案件的概览）；（4）个案进展报告（提供单个案件的诉讼状态概览）。如果上述报告中只有一个公开或一个也没有，则得0分。
- 审前会议是否为管辖法院实际使用的案件管理方法之一，在下述问题中，审前会议至少讨论其中三个：（1）时间安排（包括向法庭提交动议以及其他文件的期限）；（2）案件复杂性以及审判预计时间；（3）和解或替代性纠纷解决方案的可能性；（4）交换证人名单；（5）证据；（6）管辖权以及其他程序性问题；（7）缩小存在的争议范围。如果上述活动中，其中至少有三个在管辖法院举行的审前会议上讨论，则得1分；否则，得0分。
- 在下述有关电子案件管理系统的用途中，是否至少四个可为管辖法院法官所用：（1）查询法律、法规和案例法；（2）对于全部备审案件自动生成案件审判时间表；（3）向律师发送通知（如电子邮件）；（4）跟踪全部备审案件的状态；（5）审阅并管理案卷（案件摘要、动议）；（6）协助撰写判决书；（7）半自动生成法院判令；（8）审阅特定案件的法院判令和判决。在上述有关电子案件管理系统的用途中，如果至少四个可为管辖法院法官所用，得1分；否则，得0分。
- 在下述有关电子案件管理系统的用途中，是否至少四个可为律师所用：（1）查询法律、法规和案例法；（2）获取向法院提交的表格；（3）接收通知（如电子邮件）；（4）跟踪案件状态；（5）查阅并管理案卷（案件摘要、动议）；（6）向法院提交诉书及文件；（7）查阅特定案件的法院判令和判决。上述有关电子案件管理系统的用途中，如果至少四个可为律师所用，则得1分；否则，得0分。

该指数计分区间为0—6，分值越高，说明案件管理系统的质量和效率越高。以澳大利亚为例，在其适用的民事诉讼程序法规中，至少三项重大诉讼活动规定了时间标准，而且在50%以上的案件中遵守了这些标准（1分）。法律规定只有在意外和异常情况下才允许休庭，并且50%以上的案件遵循了此规则（0.5分）。可以生成有关管辖法院的处理时间报告、结案率报告，以及未结案件案龄报告（1分）。新南威尔士州地区法院在案件管理中使用的方法包括审前会议（1分）。法官（1分）和律师（1分）可以使用符合上述标准的电子案件管理系统。将上述分数加总，澳大利亚在案件管理指数方面的分数为5.5分，是所有经济体在该指数方面得分最高的。

法院自动化指数

法院自动化指数有四个组成部分：

■ 立案起诉状是否可以通过管辖法院内的专用平台以电子形式（不是电子邮件或传真）提交。如果有这样的平台可以使用，而且诉讼当事人不需要再提交一份纸质起诉状，得1分；否则，得0分。无论使用者所占比例高低，只要不另外要求亲自互动，而且当地专家使用了该专用平台，并确认其可以完全正常运行即可。

■ 对于在管辖法院立案的案件，是否可通过专用系统或电子邮件、传真或短信（SMS）将立案起诉状以电子方式送达至被告。如果可以使用电子服务，而且无须进一步的流程，得1分；否则，得0分。无论使用者所占比例高低，只要不另外要求亲自互动，而且当地专家使用了电子送达，并确认其可以完全正常运行即可。

■ 对于在管辖法院立案的案件，其诉讼费是否可通过专用平台或网上银行以电子方式支付。如果诉讼费可电子支付，而且诉讼当事人不需要再提交一份纸质收据或出示一份盖章收据副本，得1分；否则，得0分。无论使用者所占比例高低，只要不另外要求亲自互动，而且当地专家使用了电子支付，并确认其可以完全正常运行即可。

■ 当地法院所做的判决是否通过在政府公报、报纸或网络向公众公布。如果各级法院所做的商业案件判决都向公众公布，得1分；如果只有上诉法院和最高法院所做的判决才向公众公布，得0.5分；如果是除上述两种情况以外的所有其他情况，均得0分。如果查询判决需要向法院个别申请，或者要得到判决副本需要提供案号或当事人详细情况，都不计分。

该指数计分区间为0—4，分值越高，说明法院系统自动化程度越高，效率和透明度也越高。以爱沙尼亚为例，可以在网上发布首次开庭传票（1分），传票可以电子形式向被告送达（1分），也可以电子形式支付诉讼费（1分）。另外，各级法院所做的商业案件判决都在网上向公众公布（1分）。将上述分数加总，爱沙尼亚在法院自动化指数方面的得分为4分。

替代性纠纷解决机制指数

替代性纠纷解决机制指数有六个组成部分：

■ 国内商业仲裁是否由一部完整的涵盖所有方面的法律或者适用的民事诉讼法的完整的章节所管辖。如果是，得0.5分；如果不是，不得分。

■ 除了涉及公共秩序、公共政策、破产、消费者权益、就业问题或知识产权的纠纷以外，是否所有的商业纠纷都可以提交仲裁。如果是，得0.5分，如果不是，不得分。

■ 当地法院是否50%以上的案件都执行了有效仲裁条款或有效仲裁协议。如果是，得0.5分，如果不是，不得分。

■ 自愿调解或和解或两者皆有，是否是公认的解决商事纠纷的方法。如果是，得0.5分，如果不是，不得分。

■ 自愿调解或和解或两者皆有，是否由一部完整的涵盖所有方面的法律或者适用的民事诉讼法的完整的章节所管辖。如果是，得0.5分；如果不是，不得分。

■ 对于试图调解或和解的当事人，是否给予金钱奖励（比如，如果调解或和解成功，退回立案费、抵免所得税等）。如果是，得0.5分；如果不是，不得分。

该指数计分区间为0—3，

分值越高,说明对替代性纠纷解决机制的使用率越高。以以色列为例,仲裁是通过一部专门的法规来管辖的(0.5分),所有与商业相关的纠纷都可提交仲裁(0.5分),而且有效仲裁条款通常由法院执行(0.5分)。自愿调解是公认的商事纠纷解决方法(0.5分),由一部专门的法规来管辖(0.5分),如果仲裁成功,部分立案费将被退回(0.5分)。将上述分值加总,以色列在替代性纠纷解决机制指数方面的得分为3分。

司法程序质量指数

司法程序质量指数是法院结构和诉讼程序指数、案件管理指数、法院自动化指数和替代性纠纷解决机制指数的得分总和。该指数计分区间为0—18,分值越高,说明司法程序的质量越好,效率更高。

改革

执行合同指标集跟踪每年与商业纠纷解决制度效率和质量相关的变化。根据对数据的影响,一些变化被视为改革,并被列入"2016/2017年度营商环境改革总结"一节。改革分为两类:一类是使营商更便利的改革,另一类是使营商更困难的改革。执行合同指标集使用三个标准来识别改革。

第一,针对法律和法规变化,只要其影响了经济体在司法程序质量指数方面的得分,就将其列为改革。对司法程序质量指数有影响的改革包括:立案起诉状以电子形式提交,设立商事法庭或商事审判部,以及引入解决小额诉讼的专有制度等。对司法程序质量指数有影响的各种变化在程度和范围方面可能参差不齐,不过都可以被认为是改革。例如,实施供法官和律师使用的新的电子案件管理系统就是一项改革,可得2分,对利用调解机制的当事人进行奖励,也是一项改革,可得0.5分。

第二,依其变化程度的大小,对于影响纠纷解决的时间和成本的变化的措施也可被视为改革。根据执行合同的方法论,使距离时间和成本指标的前沿距离的差距发生2%或以上变化的任何立法更新都被视为改革(更多细节请参见"前沿距离与营商便利度排名"一章)。影响低于2%的变化不被视为改革,但它们的影响仍会反映在最新的指标数据之中。

第三,特别重大的立法变化,如对适用的民事诉讼法或执行法进行大幅修订,并且这种修订预计将对未来的时间和成本产生巨大影响。

有关各经济体执行合同的详细数据,请访问http://www.doingbusiness.org。该方法论最初由Djankov等人(2003)开发,本报告在采用时做了几处改动。《2016年营商环境报告》开始引入司法程序质量指数。该指数衡量的最佳实践是依据国际公认的提高司法效率的最佳实践开发的。

办理破产

《营商环境报告》研究国内实体参与破产程序的时间、费用和结果,以及适用于清算和重组程序的法律框架的力度。办理破产指数的数据来源为当地破产处理从业者对调查问卷的反馈,并通过研究有关破产制度的法律法规和公共信息对数据进行核实。各个经济体在办理破产便利度方面的排名取决于其在办理破产方面的前沿距离分数的排序。这些分数为回收率和破产框架力度前沿距离分数的简单平均值(见图8.20)。

破产债务追偿

计算债务回收率的基础是各个经济体破产程序的时间、费用和结果。为了使破产程序的时间、费用和结果数据在各个经济体之间具可比性,使用了以下数项有关企业和案例的假设。

有关企业的假设

企业:

- 是有限责任公司。
- 在经济体最大的商业城市运营。对于人口逾1亿人的11个经济体,也收集了其第二大商业城市的数据(见表8A.1)。

图8.20 办理破产:回收率和破产框架力度

排名基于两个指标的前沿距离分数

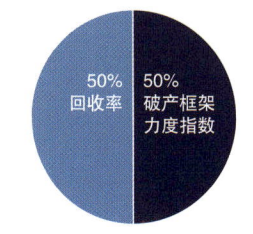

- 100%由国内投资人拥有，其创始人持有51%的股权（其他股东所持股权均不超过5%），该创始人兼任监事会主席。
- 其主要资产是位于市中心的不动产，在那里经营一家酒店。
- 聘有一位职业总经理。
- 有201位员工，50位供应商，每家供应商最后一次交货后的货款均拖欠未付。
- 用酒店的不动产做抵押，与国内银行签订一项为期10年的贷款协议。在认可这种抵押的经济体中，还假设了常见的商业抵押（企业抵押）。如果所在经济体的法律对企业抵押没有做出具体规定，但贷款合同却通常使用其他规定来实现同等的效果，那么需在贷款协议中明确做出此类规定。
- 到目前为止，一直遵守还款时间表和其他所有贷款条件。
- 运营一家持续盈利的企业，其市值为人均收入的100倍或200000美元（以金额较高者为准）。如果将企业资产逐项卖掉，那么资产市值是企业市值的70%。

有关案例的假设

该企业正为流动性问题所困扰。2016年发生的亏损使其净值为负数。2017年1月1日，企业没有现金来全额支付将于次日（即1月2日）到期的银行贷款利息或本金，因此将面临还贷违约。管理层认为，2017年和2018年企业都将发生亏损。但其预计2017年的现金流足以支付全部运营费用，包括应付供应商的款项、薪资、维护成本和税金，不过不足以支付银行贷款本金或利息。

贷款协议项下尚未偿还的金额正好与酒店业务的市值相等，占企业总债务的74%。另外26%的债务由无担保债权人持有（供应商、员工和税务机关）。

该企业的债权人太多，无法协商出一个非正式的庭外解决方案。但有如下方案可选：通过司法程序对公司进行重建或重组，使之能继续运营；通过司法程序清算或解散企业；通过司法程序对企业进行债务执行（取消抵押品赎回权或破产管理）。

有关相关各方的假设

银行希望尽可能多地收回其贷款，并且越快越好，费用越少越好。在适用法律允许的范围内，无担保债权人将采取一切可能的措施来避免将企业资产逐项出售。大股东希望企业继续运营，并继续保持对企业的控制。管理层希望企业继续运营，并保住员工的工作。各方都为本地实体或公民，没有国外当事方参与。

时间

债权人收回其贷款的时间以日历年计算（见表8.17）。《营商环境报告》衡量的时间段是从企业违约开始，直到其偿还部分或全部银行债务为止。各方可能采取的拖延战术都被纳入考虑，如为拖延时间而提交上诉状或申请延长审理期限。

表8.17 企业破产程序中收回债务指标包括的内容

收回债务所需的时间（年）
以日历年衡量
包括上诉和申请延长审理期限
收回债务所需的费用（占债务人财产的百分比）
以财产价值的百分比衡量
诉讼费
支付给破产管理人的费用
律师费
评估费和拍卖费
其他相关费用
结果
企业是否作为持续经营企业而继续运营，或者其资产是否被逐项出售
担保债权人的债务回收率（百分比）
衡量担保债权人的债务回收率（百分比）
收回债务的现值扣除破产程序的官方费用
家具折旧被纳入考量
企业的结局（存活与否）影响可收回的最大价值

费用

破产程序的费用以债务人财产价值的百分比计。费用的计算是基于调查问卷的反馈，包括诉讼费、政府收费、破产管理费用、拍卖费、评估费和律师费，以及所有其他费用和成本。

结果

债权人的债务回收率依赖于酒店业务是否以持续经营的形式在破产程序中存续下来，或者企业的资产是否被逐项出售。如果企业继续运营，酒店价值100%可被保住。如果资产被逐项出售，可收回的最大金额是酒店价值的70%。

债务回收率

债务回收率记录的是通过司法重组、司法清算或司法债务执行（取消抵押品赎回权或破产管理）程序，有担保债权人回收债务的百分比（见图8.21）。债务回收率的计算需考虑破产程序的结果：在破产程序结束后，企业能够以持续经营的形式存活下来，还是其资产被逐项出售。然后，需扣除破产程序的成本（债务人的财产价值每增加一个百分点，就以1%计算）。最后，由于资金在破产程序进行期间被冻结，因这一时间因素而损失的价值也计算在内，包括因酒店家具折旧而损失的价值。为了与国际会计准则保持一致，家具的年折旧率假设为20%。假设家具占资产总值的25%。债务回收率是剩余实收款项的现值，折现利率以国际货币基金会发布的《国际金融统计年鉴》2016年年底的贷款利率为基础，并以来自各国央行和经济学人智库的数据作为补充。

如果一个经济体在过去的五年中，每年都没有案件涉及司法重组、司法清算或债务执行程序（取消抵押品赎回权或破产管理），那么，在时间、费用和结果指标方面，对该经济体标记为"无实践"。这意味着债权人不可能通过正式法律程序收回其钱财。在"无实践"经济体中，债务回收率为0。另外，有"无实践"标志的经济体在破产框架力度指数方面的得分为0，尽管其法律框架包括有关破产程序（清算或重组）的规定。

破产框架力度

破产框架力度指数的依据是如下四个指数：启动破产程序指数、管理债务人资产指数、重组程序指数和债权人参与指数（见图8.22、表8.18）。

启动破产程序指数

启动破产程序指数有三个组成部分：

- 债务人是否可以启动清算和重组程序。如果债务人两种程序都可启动，得1分；如果在两种程序中债务人只可启动其一（要么清算程序、要么重组程序），得0.5分；如果债务人不能启动破产程序，得0分。

- 债权人是否可启动清算和重组程序。如果债权人两种程序都可启动，得1分；如果在两种程序中债权人只可启动其一（要么清算程序、要么重组程序），得0.5分；如果债权人不能启动破产程序，得0分。

图8.22 破产框架力度指数衡量管理债务人、债权人与法院三者关系的破产法的质量

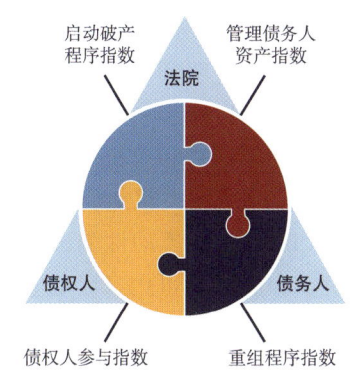

表8.18 有关破产框架力度指数包括的内容

启动破产程序指数（0—3）
债务人和债权人是否可利用清算和重组程序（0—2）
启动破产程序的标准（0—1）
管理债务人资产指数（0—6）
在进行破产程序期间继续履行或拒绝履行合同（0—2）
是否可撤销优惠交易和被低估的交易（0—2）
启动破产程序后融资（0—2）
重组程序指数（0—3）
重组计划的内容与批准（0—3）
债权人参与指数（0—4）
债权人参与清算程序和重组程序以及债权人相关权益（0—4）
破产框架力度指数（0—16）
启动破产程序指数、管理债务人资产指数、重组程序指数以及债权人参与指数的分数合计

- 启动破产程序使用什么标准。如果使用流动性测试（债务人通常不能偿还到期债务），得1分；如果使用资产负债表测试（债务人的债务高于资产），得0.5分；如果流动性测试和资产负债表测试都可用，但只要求使用一种测试来启动破产程序，得

图8.21 债务回收率是有关当地企业启动破产程序的时间、费用和结果的函数

1分；如果流动性测试和资产负债表测试两者都要使用，得0.5分；如果使用其他不同于上述两种的测试，得0分。

该指数计分区间为0—3，分值越高，说明利用破产程序的渠道越多。以保加利亚为例，债务人可启动清算和重组两种程序（1分），但债权人只能启动清算程序（0.5分）。流动性测试或资产负债表测试都可用来启动破产程序（1分）。将上述得分加总，保加利亚在启动破产程序指数方面的分数为2.5分。

管理债务人资产指数

管理债务人资产指数有六个组成部分：

- 债务人（或其破产管理人）是否可继续履行对债务人生存至关重要的合同。如果是，得1分；如果不可能继续履行合同或法律对此没有规定，得0分。

- 债务人（或代表债务人的破产管理人）是否可拒绝负担过重的合同。如果是，得1分；如果不可能拒绝合同或法律对此没有规定，得0分。

- 在启动破产程序之后，是否可以撤销在启动破产程序前达成的、给予一个或几个债权人优惠的交易。如果是，得1分；如果不可能撤销这类交易或法律对此没有规定，得0分。

- 在启动破产程序之后，是否可以撤销启动破产程序前达成的被低估的交易。如果是，得1分；如果不可能撤销这类交易或法律对此没有规定，得0分。

- 破产制度是否对于破产程序启动后允许债务人（或代表债务人的破产管理人）获得对破产程序期间运营至关重要的融资做了具体规定。如果是，得1分，如果不可能在破产程序启动后获得融资或法律对此没有规定，得0分。

- 在资产分配期间，破产程序启动后的融资是否优先于普通无担保债权人。如果是，得1分；如果破产程序启动后的融资获得优先于有担保和无担保债权人的超级优先权，得0.5分；如果破产程序启动后的融资在资产分配优先次序排列方面没有优先权，或法律对此没有规定，得0分。

该指数计分区间为0—6，分值越高，说明从企业股东的角度而言，对债务人资产的处理对其越有利。以莫桑比克为例，在破产程序进行期间，债务人可继续履行对其生存至关重要的合同（1分），也可拒绝对其负担过重的合同（1分）。破产框架允许撤销优惠交易（1分）和被低估的交易（1分）。然而，破产框架没有规定破产程序启动后是否允许融资（0分）或给予这类融资优先权（0分）。将上述得分加总，莫桑比克在管理债务人资产指数方面的分数为4分。

重组程序指数

重组程序指数有三个组成部分：

- 重组计划是否只能由其权利受计划调整或受其影响的债权人来投票。如果是，得1分；如果所有债权人都可对重组计划投票，无论重组计划对其利益有何影响，得0.5分。如果债权人不能对重组计划进行投票或没有重组计划，得0分。

- 是否对有权对重组计划投票的债权人进行分组，各组债权人分别投票，并且同组债权人待遇平等。如果投票程序有上述三个特征，得1分；如果投票程序没有上述三特征或不公布重组计划，得0分。

- 破产框架是否要求持不同意见的债权人通过重组计划收回的债务等于其通过清算程序收回的债务。如果是，得1分；如果无此规定或不公布重组计划，得0分。

该指数计分区间为0—3，分值越高，说明重组程序越合乎国际惯例。以尼加拉瓜为例，该经济体没有司法重组程序，因此在重组程序指数方面的分数为0分。另外一个例子是爱沙尼亚。在该国只有权益受到影响的债权人才可以投票（1分）。重组计划将债权人分组，每组分别投票，同组债权人待遇平等（1分）。但重组计划没有规定持不同意见的债权人通过重组计划收回的债务是否等于其通过清算程序收回的债务（0分）。将上述分数加总，爱沙尼亚在重组程序方面的得分为2分。

债权人参与指数

债权人参与指数有四个组成部分：

- 债权人是否可以任命破产管理人，或者赞成、批准或反对任命破产管理人。如果是，得1

分，如果不是，得0分。

■ 在破产程序过程中，出售债务人大量资产是否要求债权人同意。如果是，得1分，如果不是，得0分。

■ 在破产程序过程中，各个债权人是否都有权查询债务人的财务信息。如果是，得1分，如果不是，得0分。

■ 个别债权人能否反对法院或破产管理人做出的有关是否批准其自己或其他债权人提出的要求债务人还款的决议。如果是，得1分，如果不是，得0分。

该指数的计分区间为0—4，分值越高，说明债权人的参与程度越高。以冰岛为例，法院不经债权人批准即可指定破产管理人（0分）。破产管理人可单方面决定是否出售债务人的资产（0分），任何债权人都可以检查破产管理人的记录（1分）。如果破产管理人做出的有关是否批准还款要求的决定影响某位债权人的权利，该债权人可对破产管理人的决定提出质询（1分）。将上述所有分数加总，冰岛在债权人参与指数方面的得分为2分。

破产框架力度指数

破产框架力度指数的分数是启动破产程序指数、管理债务人资产指数、重组程序指数，以及债务人参与指数的分数之和。该指数计分区间为0—16，分值越高，说明破产立法的设计对于有生存能力的企业而言更有利于其恢复运营能力，而对于无生存能力的企业而言也有利于其进行破产清算。

改革

办理破产指标集跟踪每年与破产制度的效率和质量相关的变化。根据对数据的影响，一些变化被视为改革，并被列入"2016/2017年度营商环境改革总结"一节，以确认重大改革的实施。改革分为两类：一类是使营商更便利的改革，一类是使营商更困难的改革。办理破产指标集用三个标准来识别改革。

第一，对于所有的法律法规变化，只要影响经济体在破产框架力度指数方面的分数，都被归为改革。对破产框架力度指数产生影响的改革包括：破产程序的启动标准发生变化、首次引入重组程序，以及规范启动破产程序后的信贷及受偿顺序的举措。影响破产框架力度指数的各种变化在影响幅度和范围方面可能参差不齐，不过都可被认为是改革。例如，实施破产程序启动后的信贷规定，并给这类贷款一定的优先权被视为一项改革，可使办理破产指数的分数增加2分；同样，将破产程序的启动标准由资产负债表测试改为流动性测试也是一项改革，可得0.5分。

第二，影响办理破产所需的时间、费用或结果的各种变化也都可能被归为改革，这取决于变化的力度。根据办理破产的研究方法，所有立法的更新如果导致债务回收率指标的前沿距离差距（更多细节请参见"前沿距离与营商便利度排名"一章）变化2%或以上，就将其归为改革；影响较小的变化将不被视为改革，但它们的影响仍会反映在指标集中最新更新的指标之中。

第三，在少数情况下，办理破产指标集会把现阶段对数据没有影响的立法变化认定为改革。这种做法一般都针对十分重大的立法变化，如对公司破产法进行的大范围修订。

本研究方法由Djankov、Hart等人（2008）开发，本报告在采用时做了几处改动。《2015年营商环境报告》开始引入破产框架力度指数。该指数所测试的最佳实践的开发工作主要依据世界银行的《有效的破产和债权人/债务人权利制度的原则与指南》（世界银行2011b），以及《联合国国际贸易法委员会破产法立法指南》（UNCITRAL，2004a）。

劳动力市场监管

《营商环境报告》研究就业监管的灵活性，具体涉及雇用员工、工作时长和裁员规则三个领域。《营商环境报告》还衡量了影响工作质量的几大重要方面，如是否有产假和带薪病假、职场上男女待遇平等（见图8.23）。

《2018年营商环境报告》在附录中提供了劳动力市场监管指标的数据。但该报告不提供各经济体在劳动力市场监管指标方面的排名，也没有将其纳入综合前沿距离分数或营商便利度的排名。有关劳动力市场监管的详

图8.23 劳动力市场监管指标涵盖的内容

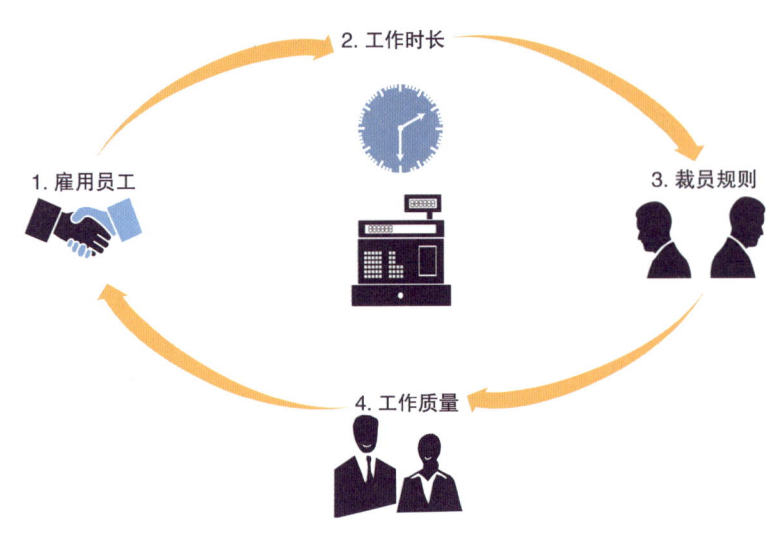

细数据公布在《营商环境报告》网站（http://www.doing business.org）。有关劳动力市场监管数据是依据当地律师和公务人员对就业监管详细调查问卷的反馈。为了确保数据的准确性，还核查了劳动法规以及第二手资料来源。

为了使数据在各个经济体之间具可比性，对以下有关员工和企业做出了数项假设。

有关员工的假设

员工：
- 是超市或杂货店收银员，有一年的工作经验。[10]
- 是一名全职员工。
- 不是工会会员，除非有强制规定必须加入工会。

有关企业的假设

企业：
- 是有限责任公司（或具有同等法律效力的实体）。
- 在经济体最大的商业城市里运营一家超市或杂货店。对于人口逾1亿的11个经济体，还采集了其第二大商业城市的数据（见表8 A.1）。
- 有60名员工。
- 若集体谈判协议制度涵盖食品零售行业的50%以上且这个制度甚至适用于那些不签订此类协议的公司，则集体谈判协议制度也适用于该企业。
- 遵守各项法律法规，但不给员工更多的福利，除非法律、法规或劳资谈判合同强制规定（如适用）。

就业

有关就业的数据包括雇用员工、工作时长和裁员三个方面（见表8.19）。

有关雇用员工的数据包括五个方面：（1）对于无固定时间的工作，是否禁止签订固定期限合同；（2）固定期限合同的累积最长期限；（3）无固定期限员工的最长试用期（月）；（4）年满19周岁，有一年工作经验的收银员的最低工资；（5）最低工资与每位员工所产生的平均附加值的比例。[11]

有关工作时长的数据包括九个方面：（1）每周最多工作天数；（2）夜间加班费（占小时工资的百分比）；（3）周休息日加班费（占小时工资的百分比）；（4）超时加班费（占小时工资的百分比）；（5）对夜班是否有限制；（6）非妊娠和非哺乳女性员工的夜班工作时间是否与男性员工相同；（7）对周假日工作是否有限制；（8）对超时工作是否有限制；（9）工龄满1年、5年和10年的员工的平均带薪年假。

有关裁员的数据包括八个方面：（1）裁员是否可成为解聘员工的理由；（2）解聘一名员工，雇主是否需要通知第三方（如政府机构）；（3）若要一次性解聘九名员工，雇主是否需要通知第三方；（4）解聘一名员工，雇主是否需要第三方批准；（5）若要一次性解聘九名员工，雇主是否需要第三方批准；（6）解聘前，法律是否规定雇主为其重新分派工作，或对其进行再次培训；（7）是否有适用于裁员的优先规则；（8）是否有适用于再聘的优先规则。

裁员成本

裁员成本衡量的是解聘一名员工时因提前通知而产生的成本

表8.19 劳动力市场监管指标包括的内容

就业

雇用员工
- 对于无固定时间的工作,是否禁止签订固定期限合同
- 固定期限合同的最长期限(月),包括续签期限
- 无固定期限合同的员工的最长试用期(月)
- 年满19周岁及有一年工作经验的收银员的最低工资(美元/月)
- 最低工资与每位员工的附加值的比例

工作时长
- 每周至多有多少个工作日
- 夜间加班费、周休息日加班费和超时加班费(占小时工资的百分比)
- 对夜班、周休息日工作和加班是否有限制
- 非妊娠和非哺乳女性员工的夜班时间是否与男性员工相同
- 工龄满1年、5年和10年的员工各有多少天带薪年假

裁员规则
- 无固定期限合同的员工的最长试用期(月)
- 裁员是否可成为解聘的理由
- 解聘一名员工或一组员工是否要求通知第三方
- 解聘一名员工或一组员工是否要求第三方同意
- 解聘前,雇主是否有义务为员工重新分配工作或对员工进行再次培训,并遵守有关解聘和再聘的优先权规则
- 裁员成本(周薪)
- 解聘一名员工时因通知而产生的成本和应付的遣散费,按周薪计算

工作质量
- 法律是否强制规定同工同酬
- 法律是否强制规定聘用时不许有性别歧视
- 法律是否强制规定带薪或不带薪产假
- 最短带薪产假(日历日)
- 休产假的员工是否能拿到100%工资
- 每年是否有5天带薪病假
- 就业一年后是否有失业保障
- 失业保障最短要求几个月供款期(月)

和应付的遣散费,按周薪计算。对于遣散工龄满1年、5年或10年的员工,因通知而产生的成本和应付的遣散费的平均价值都被纳入考虑。一个月以(4+1/3)周来计算。

工作质量

《营商环境报告》于2015年开始介绍有关工作质量的新数据。《2018年营商环境报告》涵盖如下有关工作质量的八个问题:(1)法律是否强制规定同工同酬;(2)法律是否强制规定在聘用时无性别歧视;(3)法律是否强制规定带薪或不带薪产假;[12] (4)最短带薪产假(按日历日计算);[13] (5)休产假的员工是否能拿到100%的工资;[14] (6)一年是否有5天带薪病假;(7)员工任职一年后,是否有资格领取失业保护计划救济;(8)领取失业保护救济所需的最短供款期(月)。

改革

劳动力市场监管指标跟踪每年劳动法规方面的变化。基于对数据的影响程度,其中一些变化被视为改革,并且被纳入本报告中的"2016/2017年度营商环境改革总结"一节,以认可一些重大改革的实施。

这方面的例子包括:固定期限合同中最长聘任期限的变化,对每周假日工作的监管,裁员规则,针对被裁员工的通知要求和遣散费的变动,引入失业保险,推出要求在聘用员工时无性别歧视的法律以及符合国际劳工组织标准的同工同酬的法律。在私营部门引入最低工资也被认定为一项重大改革,并在改革总结中加以认可。最低工资的变化反映在《营商环境报告》数据中,但没有在改革总结中确认。产假的推出或产假期限的延长都会在改革总结中确认。劳动力市场监管指标集偶尔也会确认其组成指标不直接衡量的领域中的立法变化。这种做法一般都针对十分重大的立法变化,如引入新的劳动法。

有关各个经济体劳动力市场监管的详细数据,请访问http://www.doingbusiness.org。《营商环境报告》网站还提供历史数据集。本方法由Botero等人(2004)开发。《2018年营商环境报告》不呈现各个经济体在劳动力市场监管指标方面的排名。

注

1. 纳税数据是2016年1—12月的数据。
2. 这些国家包括孟加拉国、巴西、中国、印度、印度尼西亚、日本、墨西哥、尼日利亚、巴基斯坦、俄罗斯和美国。
3. 修正率反映了向上或向下超过5%的修正幅度。
4. 通常信息披露由证券交易所或证券法规定。只有在其最重要的证券交易所中有10家以上的上市公司，经济体才能获得分。
5. 在评估有关公司董事为损害公司利益的关联交易承担多少责任的制度时，《营商环境报告》假设该交易被正常披露并获得批准。《营商环境报告》不衡量董事的欺诈责任。
6. 普华永道国际有限公司（PwCIL）的各个成员公司所组成的公司网络，或根据上下文要求，指普华永道公司网络的个别成员公司。每个成员公司都是一个独立的法律实体，并不是PwCIL或任何其他成员公司的代理人。PwCIL不向客户提供任何形式的服务。PwCIL不承担任何成员公司因其行为或过失所产生的责任，也无法控制他们的专业判断，或以任何方式对其进行约束。任何成员公司也不承担任何其他成员公司因其行为或过失所产生的责任，也无法控制该些成员公司的专业判断，或以任何方式对其他成员公司或PwCIL进行约束。
7. 总税率和强制性派款率的非线性前沿距离分数等于总税率和强制性派款率前沿距离分数的0.8次方。
8. 使用人均收入3倍来计算的经济体包括洪都拉斯、莫桑比克、约旦河西岸和加沙，以及津巴布韦。使用人均收入2倍来计算的经济体包括伯利兹、贝宁、波黑、布基纳法索、中非共和国、乍得、斐济、危地马拉、海地、肯尼亚、莱索托、马达加斯加、密克罗尼西亚联邦、摩洛哥、尼泊尔、尼加拉瓜、尼日尔、尼日尼亚、菲律宾、所罗门群岛、南非、南苏丹、坦桑尼亚、多哥、瓦努阿图和赞比亚。
9. 为了确定各个经济体的贸易伙伴和出口产品，《营商环境报告》采集了联合国商品贸易统计数据库（UN Comtrade）等国际数据库最近4年期的贸易流量数据。对于采集不到其贸易流量数据的经济体，采用来自辅助性政府来源（政府各部各司）和世界银行集团驻各国办事处的数据来确定其出口产品和自然贸易伙伴。
10. 案例研究假设，该员工年满19周岁、有一年工作经验，该假设仅在计算最低工资时予以考虑。对于所有其他关系到员工的工作年限的问题，《营商环境报告》收集了工龄为1年、5年和10年的员工的数据。
11. 每位员工的平均附加值是经济体人均国民总收入与劳动适龄人口（以占总人口的百分比来表示）的比率。
12. 如果法律没有关于产假的强制规定，则衡量育婴假（如适用）。
13. 法律强制规定政府或雇主（或两者）必须提供的最短带薪产假。如果没有法律强制规定的产假，则衡量育婴假（如适用）。
14. 如果没有法律强制规定的产假，则衡量育婴假（如适用）。

表8A.1 《营商环境报告》涵盖的各经济体城市

经济体	城市	经济体	城市	经济体	城市	经济体	城市	经济体	城市
阿富汗	喀布尔	刚果共和国	布拉柴维尔	伊朗	德黑兰	摩洛哥	卡萨布兰卡	索马里	摩加迪沙
阿尔巴尼亚	地拉那	哥斯达黎加	圣何塞	伊拉克	巴格达	莫桑比克	马普托	南非	约翰内斯堡
阿尔及利亚	阿尔及尔	科特迪瓦	阿比让	爱尔兰	都柏林	缅甸	仰光	南苏丹	朱巴
安哥拉	罗安达	克罗地亚	萨格勒布	以色列	特拉维夫	纳米比亚	温得和克	西班牙	马德里
安提瓜和巴布达	圣约翰	塞浦路斯	尼科西亚	意大利	罗马	尼泊尔	加德满都	斯里兰卡	科伦坡
阿根廷	布宜诺斯艾利斯	捷克	布拉格	牙买加	金斯敦	荷兰	阿姆斯特丹	圣基茨和尼维斯	巴斯特尔
亚美尼亚	埃里温	丹麦	哥本哈根	日本	东京、大阪	新西兰	奥克兰	圣卢西亚	卡斯特里
澳大利亚	悉尼	吉布提	吉布提市	约旦	安曼	尼加拉瓜	马那瓜	圣文森特和格林纳丁斯	金斯敦
奥地利	维也纳	多米尼克	罗索	哈萨克斯坦	阿拉木图	尼日尔	尼亚美	苏丹	喀土穆
阿塞拜疆	巴库	多米尼加共和国	圣多明各	肯尼亚	内罗毕	尼日利亚	拉各斯、卡诺	苏里南	帕拉马里博
巴哈马	拿骚	厄瓜多尔	基多	基里巴斯	塔拉瓦	挪威	奥斯陆	斯威士兰	姆巴巴内
巴林	麦纳麦	埃及	开罗	韩国	首尔	阿曼	马斯喀特	瑞典	斯德哥尔摩
孟加拉国	达卡、吉大港	萨尔瓦多	圣萨尔瓦多市	科索沃	普里什蒂纳	巴基斯坦	卡拉奇、拉合尔	瑞士	苏黎世
巴巴多斯	布里奇顿	赤道几内亚	马拉博	科威特	科威特城	帕劳	科罗尔	叙利亚	大马士革
白俄罗斯	明斯克	厄立特里亚	阿斯马拉	吉尔吉斯斯坦	比什凯克	巴拿马	巴拿马城	中国台湾	台北
比利时	布鲁塞尔	爱沙尼亚	塔林	老挝	万象	巴布亚新几内亚	莫尔兹比港	塔吉克斯坦	杜尚别
伯利兹	伯利兹城	埃塞俄比亚	亚的斯亚贝巴	拉脱维亚	里加	巴拉圭	亚松森	坦桑尼亚	达累斯萨拉姆
贝宁	科托努	斐济	苏瓦	黎巴嫩	贝鲁特	秘鲁	利马	泰国	曼谷
不丹	廷布	芬兰	赫尔辛基	莱索托	马塞卢	菲律宾	奎松市	东帝汶	帝力
玻利维亚	拉巴斯	法国	巴黎	利比里亚	蒙罗维亚	波兰	华沙	多哥	洛美
波黑	萨拉热窝	加蓬	利伯维尔	利比亚	的黎波里	葡萄牙	里斯本	汤加	努库阿洛法
博茨瓦纳	哈博罗内	冈比亚	班珠尔	立陶宛	维尔纽斯	波多黎各自治邦（美国）	圣胡安	特立尼达和多巴哥	西班牙港
巴西	圣保罗、里约热内卢	格鲁吉亚	第比利斯	卢森堡	卢森堡市	卡塔尔	多哈	突尼斯	突尼斯市
文莱	斯里巴加湾	德国	柏林	马其顿共和国	斯科普里	罗马尼亚	布加勒斯特	土耳其	伊斯坦布尔
保加利亚	索非亚	加纳	阿克拉	马达加斯加	塔那那利佛	俄罗斯	莫斯科、圣彼得堡	乌干达	坎帕拉
布基纳法索	瓦加杜古	希腊	雅典	马拉维	布兰太尔	卢旺达	基加利	乌克兰	基辅
布隆迪	布琼布拉	格林纳达	圣乔治	马来西亚	吉隆坡	萨摩亚	阿皮亚	阿联酋	迪拜
佛得角	普拉亚	危地马拉	危地马拉城	马尔代夫	马累	圣马力诺	圣马力诺	英国	伦敦
柬埔寨	金边	几内亚	科纳克里	马里	巴马科	圣多美和普林西比	圣多美	美国	纽约、洛杉矶
喀麦隆	杜阿拉	几内亚比绍	比绍	马耳他	瓦莱塔	沙特阿拉伯	利雅得	乌拉圭	蒙得维的亚
加拿大	多伦多	圭亚那	乔治敦	马绍尔群岛	马朱罗	塞内加尔	达喀尔	乌兹别克斯坦	塔什干
中非共和国	班吉	海地	太子港	毛里塔尼亚	努瓦克肖特	塞尔维亚	贝尔格莱德	瓦努阿图	维拉港
乍得	恩贾梅纳	洪都拉斯	特古西加尔巴	毛里求斯	路易港	塞舌尔	维多利亚	委内瑞拉	加拉加斯
智利	圣地亚哥	中国香港	中国香港特别行政区	墨西哥	墨西哥城，蒙特雷	塞拉利昂	弗里敦	越南	胡志明市
中国	上海、北京	匈牙利	布达佩斯	密克罗尼西亚联邦	波纳佩岛	新加坡	新加坡	约旦河西岸和加沙	拉姆安拉
哥伦比亚	波哥大	冰岛	雷克雅未克	摩尔多瓦	基希讷乌	斯洛伐克	布拉迪斯拉发	也门	萨那
科摩罗	莫罗尼	印度	孟买、德里	蒙古	乌兰巴托	斯洛文尼亚	卢布尔雅那	赞比亚	卢萨卡
刚果民主共和国	金沙萨	印度尼西亚	雅加达、泗水	黑山	波德戈里察	所罗门群岛	霍尼亚拉	津巴布韦	哈拉雷

2018 年营商环境报告

前沿距离分数与营商便利度排名

《营商环境报告》提供了两项综合衡量结果：前沿距离分数和营商便利度排名。营商便利度排名以前沿距离分数为基础，对各个经济体进行相互比较；前沿距离分数是各个经济体与最佳监管实践之间进行对标的结果，显示了各经济体在《营商环境报告》的各个指标上的表现与最佳表现之间的绝对差距。在进行各年度间的相互比较时，前沿距离分数揭示了随着时间的推移，经济体内针对本地企业的监管环境所发生的绝对变化；而营商便利度排名则只能反映一个经济体的监管环境相对于其他经济体所发生的变化。

前沿距离分数

在所有10个营商环境议题的41项指标中（劳动力市场监管指标除外），前沿距离分数衡量的是一个经济体的表现与最佳实践之间的差距。以开办企业为例，新西兰的手续最少（1项），办完手续所需的时间最短（0.5天）；斯洛文尼亚的手续费最低（0.0）；澳大利亚、哥伦比亚和其他112个经济体没有最低实缴资本的要求（见表9.1）。

前沿距离分数的计算

各经济体前沿距离分数的计算都包括两个主要步骤。第一步，将各个经济体的组成指标标准化为一个通用单元，通用单元里包含的41个组成指标y（总税率和强制性派款率除外），使用线性转换公式（最差–y）/（最差－前沿），对41个组成指标逐个进行二次调整。在上述转换公式中，前沿水平代表自2005年或收集指标所需数据的第三年以来，所有经济体在该指标方面的最佳表现。最佳表现和最差表现每五年确定一次，在所确定的未来五年内其水平各自保持不变，依据是截至确立最佳和最差表现当年的《营商环境报告》数据，不考虑中间年份的数据变化。因此，一个经济体可以为某项指标设定前沿水平，即使它在以后年度会失去这样的前沿地位。

对于合法权利力度指数或土地管理系统质量指数的评分，前沿水平尽可能设在最高水平。对于总税率和强制性派款率，由于计算在该指标方面的排名时使用

表9.1　监管实践中的前沿经济体及水平

议题和指标	前沿经济体	前沿水平	最差表现
开办企业			
办理手续（项）	新西兰	1	18[a]
办理时间（天）	新西兰	0.5	100[b]
费用（占人均收入的百分比）	斯洛文尼亚	0.0	200.0[b]
最低实缴资本（占人均收入的百分比）	澳大利亚；哥伦比亚[c]	0.0	400.0[b]
办理施工许可证			
办理手续（项）	截至2017年6月1日，没有经济体达到前沿水平	5	30[a]
办理时间（天）	截至2017年6月1日，没有经济体达到前沿水平	26	373[b]
费用（占库房价值的百分比）	截至2017年6月1日，没有经济体达到前沿水平	0.0	20.0[b]
建筑质量控制指数（0—15）	卢森堡；新西兰；阿联酋	15	0[d]
获得电力			
办理手续（项）	德国；韩国[e]	3	9[a]
办理时间（天）	韩国；圣基茨和尼维斯；阿联酋	18	248[b]
费用（占人均收入的百分比）	日本	0.0	8 100.0[b]
供电可靠性和电费透明度指数（0—8）	比利时；爱尔兰；马来西亚[f]	8	0[d]
登记财产			
办理手续（项）	格鲁吉亚；挪威；葡萄牙；瑞典	1	13[a]
办理时间（天）	格鲁吉亚；新西兰；葡萄牙	1	210[b]
费用（占财产价值的百分比）	沙特阿拉伯	0.0	15.0[b]
土地管理系统质量指数（0—30）	目前尚无经济体达到前沿水平	30	0[d]
获得信贷			
合法权利力度指数（0—12）	文莱；哥伦比亚；黑山；新西兰	12	0[d]
信贷信息深度指数（0—8）	厄瓜多尔；英国[g]	8	0[d]
保护少数投资者			
信息披露指数（0—10）	中国；马来西亚[h]	10	0[d]
董事责任指数（0—10）	柬埔寨	10	0[d]
股东诉讼便利度指数（0—10）	没有经济体达到前沿水平	10	0[d]
股东权利指数（0—10）	印度；哈萨克斯坦	10	0[d]
所有权和管理控制指数（0—10）	没有经济体达到前沿水平	10	0[d]
企业透明度指数（0—10）	法国；挪威；中国台湾	10	0[d]
纳税			
纳税次数（次/年）	中国香港；沙特阿拉伯	3	63[b]
所需时间（小时/年）	新加坡	49[i]	696[b]
总税率和强制性派款率（占利润的百分比）	加拿大；新加坡[j]	26.1[k]	84.0[b]
报税后流程指标（0—100）	在征收企业所得税（CIT）和增值税（VAT）的经济体中，没有经济体达到前沿水平	100	0
增值税退税申报时间（小时）	克罗地亚；荷兰[l]	0	50[b]
增值税退税到账时间（周）	澳大利亚；巴哈马；爱沙尼亚	3.2	55[b]
企业所得税审计申报时间（小时）	立陶宛；葡萄牙[m]	1.5	56[b]
企业所得税审计完成时间（周）	瑞典；美国[n]	0	32[b]
跨境贸易			
出口所需的时间			
单证合规时间（小时）	加拿大；波兰；西班牙[o]	1[p]	170[b]

续表

议题和指标	前沿经济体	前沿水平	最差表现
边界合规时间（小时）	澳大利亚；比利时；丹麦[q]	1[p]	160[b]
出口费用			
单证合规费用（美元）	匈牙利；卢森堡；挪威[r]	0	400[b]
边界合规费用（美元）	法国；荷兰；葡萄牙[s]	0	1 060[b]
进口所需的时间			
单证合规时间（小时）	韩国；拉脱维亚；新西兰[t]	1[p]	240[b]
边界合规时间（小时）	爱沙尼亚；法国；德国[u]	1[p]	280[b]
进口费用			
单证合规费用（美元）	冰岛；拉脱维亚；英国[v]	0	700[b]
边界合规费用（美元）	比利时；丹麦；爱沙尼亚[w]	0	1 200[b]
执行合同			
时间（天）	新加坡	120	1 340[b]
费用（占索赔额的百分比）	不丹	0.1	89.0[b]
司法程序质量指数（0—18）	没有经济体达到前沿水平	18	0[d]
办理破产			
债务回收率（美分/美元）	挪威	92.9	0[d]
破产框架力度指数（0—16）	没有经济体达到前沿水平	16	0[d]

资料来源：《营商环境报告》数据库。

a. 在《营商环境报告》抽样的所有经济体中，将最差表现确定为第 99 个百分位。
b. 在《营商环境报告》抽样的所有经济体中，将最差表现确定为第 95 个百分位。
c. 其他 112 个经济体的最低实缴资本要求为 0。
d. 最差表现是指记录在案的最低值。
e. 在另外的 17 个经济体中，接入电电网所需的办理的手续不超过 3 项。
f. 另有 25 个经济体在供电可靠性和电费透明度指数方面的分数也为 8 分。
g. 另有 32 个经济体在信贷信息深度指数方面的分数也为 8 分。
h. 另有 10 个经济体在信息披露指数方面的分数也为 10 分。
i. 前沿水平指的是在《营商环境报告》抽样中，征收三大税——利润税、劳动税和强制性派款、增值税或者营业税——的所有经济体中，所需的记录在案的最短时间。
j. 另有 30 个经济体的总税率和强制性派款率等于或低于利润的 26.1%。
k. 在截至并包括《2015 年营商环境报告》纳入分析的、所有年度《营商环境报告》样本中总税率和强制性派款率最低的 15% 的经济体中，前沿水平确定为其最高总税率和强制性派款率。
l. 另有 8 个经济体的增值税退税的申报时间为 0 小时。
m. 另有 10 个经济体的企业所得税审计申报时间不超过 1.5 小时。
n. 另有 92 个经济体的企业所得税审计的完成时间为 0 周。
o. 另有 22 个经济体的出口单证合规时间不超过 1 小时。
p. 确定为 1 小时，但在许多经济体中，此时间低于 1 小时。
q. 另有 15 个经济体的出口边界合规时间不超过 1 小时。
r. 另有 16 个经济体的出口单证合规费用为 0.0。
s. 另有 16 个经济体的出口边界合规费用为 0.0。
t. 另有 26 个经济体的进口单证合规时间不超过 1 小时。
u. 另有 22 个经济体的进口边界合规时间不超出 1 小时。
v. 另有 27 个经济体的进口单证合规费用为 0.0。
w. 另有 24 个经济体的进口 - 边界合规费用为 0.0。

临界值,为保持前后一致,前沿水平确定为:截至并包括《2015年营商环境报告》纳入分析中的所有年度总分布的第15个百分位所代表的总税率和强制性派款率。对于纳税所需的时间,前沿水平定义为征收三大税——利润税、劳动税和强制性派款、增值税或营业税——的所有经济体记录在案的最短时间。对于跨境贸易,各个经济体所需的时间参差不齐,前沿水平定义为1小时;即使许多经济体中跨境贸易所需时间少于1小时,也按1小时计算。

在同一公式中,由于大部分组成指标调整数据的分布中有极端异常值,为减少极端异常值的影响(在极少数经济体,办完开办企业的手续需要700天,但在许多经济体仅需9天),在去掉异常值后,计算了最差表现。异常值的定义依据各个组成指标的分布。简化这一前沿设置过程的两条规则为:对于分布最分散的(包括最低实缴资本、纳税次数和各项时间和费用指标)指标,使用第95个百分位;对于手续项数,使用第99个百分位。不剔除异常值的,是那些由定义或结构约束的组成指标,包括法律指数评分(如信贷信息深度指数、信息披露指数和破产框架力度指数)和债务回收率(见图9.1)。

计算前沿距离分数的第二步如下。首先,对于各个经济体,先针对一项议题,计算出该议题各个组成指标的前沿距离分数,接着将各个组成指标的前沿距离分数进行简单平均,得出该议题的前沿距离分数,然后重复上述过程,计算所有10个议题的前沿距离分数,进而将10个议题的前沿距离分数进行简单平均,得出经济体唯一的前沿距离分数。上述10个议题分别为:开办企业、办理施工许可证、获得电力、登记财产、获得信贷、保护少数投资者、纳税、跨境交易、执行合同和办理破产。较复杂的汇总方法——如主要组成指标方法和未观察到的组成指标方法——在对各个经济体营商便利度排名时所得出的结果几乎等同于《营商环境报告》用简单平均数方法得出的结果[1]。因此《营商环境报告》使用了最简单的方法:每个议题所占的权重相同,在每个议题中,对每个议题组成指标分配的权重也相同。[2]

一个经济体的前沿距离分数使用1—100之间的数值表示,其中0代表最差表现,100代表前沿水平。所有前沿距离分数最多保留五位小数。但是,议题排名结果和营商便利度排名结果保留两位小数。

图9.1 计算指标的前沿距离分数

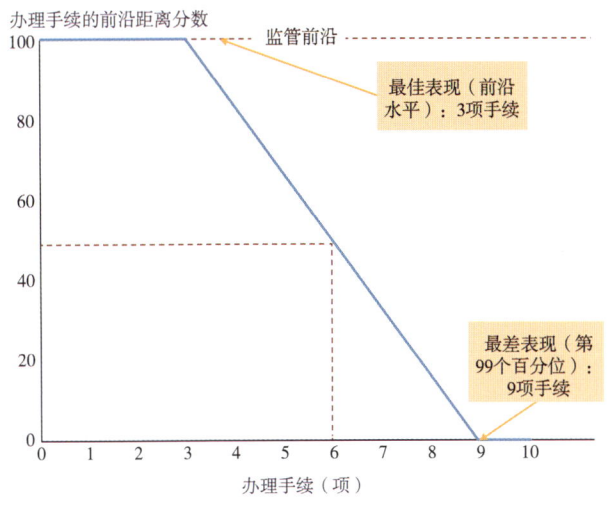
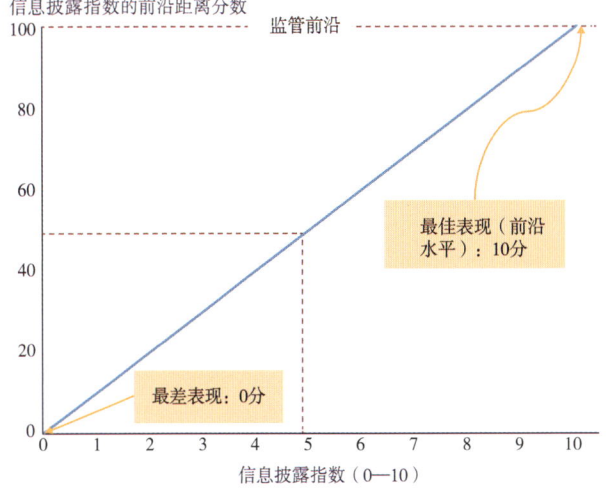

资料来源:《营商环境报告》数据库。

一个经济体2017年的前沿距离分数与以前任一年度的分数之差表明，在此期间该经济体在多大程度上缩短了与监管前沿之间的差距。在任何特定年度，此分数都可用于衡量一个经济体与当年最佳表现之间的差距。

总税率和强制性派款率的处理

纳税议题中的总税率和强制性派款率组成指数对前沿距离的计算方法与其他任何指标都不同。在计算纳税前沿距离分数之前，对所得的总税率和强制性派款率前沿距离分数进行非线性转换。与《2015年营商环境报告》（图9.2，B线小于A线）采用此方法之前相比，非线性转换所导致的总税率和强制性派款率的提高——对总税率和强制性派款率低于平均水平的经济体而言——对总税率和强制性派款率前沿距离分数的影响较小——进而对纳税指标前沿距离分数的影响也较小；对于总税率和强制性派款率极高（远高于总税率和强制性派款率的平均水平）的经济体而言，总税率和强制性派款率的提高不但对总税率和强制性派款率前沿距离分数的影响较大，而且对纳税指标前沿距离分数的影响也较大（见图9.2，D线大于C线）。

非线性转化并不以任何关于"最优税率"——即能够最大程度减少对经济体总体税制的扭曲，并最大化税制效率的税率——的经济理论为依据。相反，非线性转化是实证性质的。有些经济体的大部分税收来源不是向类似《营商环境报告》标准化案例研究中的企业征税；而是通过其他渠道筹集公共收入，如向外商投资企业征税，向非制造业征税，或是通过自然资源筹集公共收入（这些都不在本文研究方法的范围之内）。对于上述经济体而言，非线性转换与临界值结合使用可缩小指标计算中的偏差。此外，非线性转换方法确认经济体有向企业征税的需要。

计算有两大城市涵盖在本报告中的经济体的得分

对于人口逾1亿的11个经济体而言，《营商环境报告》采集其第一和第二大城市的数据，前沿距离分数的计算是两个城市前沿距离分数的人口加权平均值（见表9.2）。对于总分、每个议题的分数和每个议题各个组成指标的分数，计算方法同上。

经济体各议题分数变化

《营商环境报告》的各个议题衡量商业监管环境对应的不同方面。各个经济体在每个议题上的前沿距离分数和经济体的相关排名可能互不相同，甚至有时差异很大。前沿距离总分中10个议题间的平均相关系数为0.49，两个议题间的相关系数从0.34（获得信贷和纳税之间）到0.63（获得电力和跨境贸易之间）不等。这些相关关系说明，各经济体在《营商环境报告》研究议题上的得分很少都是高分或都是低分（见表9.3）。

以葡萄牙为例。该国的前沿距离总分为76.84，开办企业的前沿距离分数为91.26，跨境贸

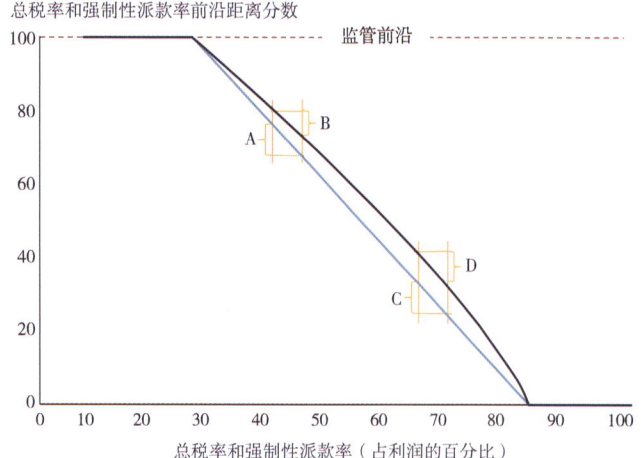

图9.2　非线性转换对总税率和强制性派款率前沿距离分数的影响

资料来源：《营商环境报告》数据库。

注：总税率和强制性派款率的非线性前沿距离分数等于总税率和强制性派款率前沿距离分数的0.8次方。

表9.2 计算涵盖两大城市的经济体前沿距离分数时所用的权重		
经济体	城市	权重（%）
孟加拉国	达卡	78
	吉大港	22
巴西	圣保罗	61
	里约热内卢	39
中国	上海	55
	北京	45
印度	孟买	47
	德里	53
印度尼西亚	雅加达	78
	泗水	22
日本	东京	65
	大阪	35
墨西哥	墨西哥城	83
	蒙特雷	17
尼日利亚	拉各斯	77
	卡诺	23
巴基斯坦	卡拉奇	65
	拉合尔	35
俄罗斯	莫斯科	70
	圣彼得堡	30
美国	纽约	60
	洛杉矶	40

资料来源：联合国经济和社会事务部人口司，《世界城镇化展望》2014年修订版，"文件12：2014年各国拥有30万及以上居民的城市群的人口，1950—2030年（单位：千人）"，网址：http://esa.un.org/unpd/wup/CD-ROM/Default.aspx。

易的前沿距离分数为100.00，但保护少数投资者的前沿距离分数仅为60.00，获得信贷的前沿距离分数只有45.00。

在"关于营商环境报告"一章中，图2.1显示了各经济体在报告所涵盖的商业监管的各个领域中所体现的差异程度。在本年度前沿距离总分包括的10项议题中，该图通过显示各个经济体中三个最高前沿距离分数间的平均数与三个最低前沿距离分数间的平均数之间的差距，引起了对表现很不平稳的经济体的关注。上述两个平均数之间的差距较小，说明在《营商环境报告》所衡量的商业监管的各个领域中，监管方法基本上前后一致；差距较大则说明监管方法前后差异较大，在某些方面有更大的改进空间。

各个议题的表现互不相同，这不是什么异常现象。这说明政府当局对特定商业监管领域改革的重视程度不一，以及各个政府部门在其责任范围内交付具体成果的能力参差不齐。

前沿距离差距的变化

许多议题使用其前沿距离差距的变化幅度，将变化归为改革。前沿距离差距变化幅度的计算公式为：$(dtf^{前一年} - dtf^{今年})/(100 - dtf^{前一年})$，其中dtf为特定议题的前沿距离总分。例如，在2016/2017年度，喀麦隆降低了最低实缴资本要求，使得喀麦隆开办企业的前沿距离总分从75.27上升到82.39。那么，在《2018年营商环境报告》中，开办企业前沿距离差距降低了$(75.27 - 82.39)/(100 - 75.27)$或28.79%。若想全面了解有关本报告将变化归为改革的研究方法，请参见"数据说明"一章。

2016/2017年度在至少三项营商环境议题方面改善最大的经济体

《2018年营商环境报告》使

表9.3 经济体在《营商环境报告》研究议题上的前沿距离分数之间的关系									
	办理施工许可证	获得电力	登记财产	获得信贷	保护少数投资者	纳税	跨境贸易	执行合同	办理破产
开办企业	0.51	0.51	0.45	0.39	0.54	0.57	0.44	0.42	0.49
办理施工许可证		0.60	0.48	0.39	0.45	0.45	0.50	0.37	0.40
获得电力			0.51	0.44	0.51	0.55	0.63	0.52	0.55
登记财产				0.46	0.54	0.51	0.50	0.60	0.53
获得信贷					0.56	0.34	0.42	0.36	0.52
保护少数投资者						0.50	0.44	0.48	0.61
纳税							0.54	0.47	0.45
跨境贸易								0.47	0.57
执行合同									0.45

资料来源：《营商环境报告》数据库。

用简单方法来计算哪些经济体的营商环境便利度提升幅度最大。首先，该报告选择2016/2017年度实施监管改革的经济体，在本年度前沿距离总分所包含的10项议题中，这些经济体至少在三项议题方面提升了其营商环境便利度。[3]符合此标准的有34个国家，分别是安哥拉、阿塞拜疆、贝宁、不丹、文莱、佛得角、吉布提、萨尔瓦多、格鲁吉亚、印度、印度尼西亚、牙买加、哈萨克斯坦、肯尼亚、科索沃、立陶宛、马拉维、马来西亚、毛里塔尼亚、毛里求斯、尼日尔、尼日利亚、巴基斯坦、俄罗斯、卢旺达、沙特阿拉伯、塞内加尔、塞尔维亚、泰国、乌克兰、阿联酋、乌兹别克斯坦、越南和赞比亚。其次，《营商环境报告》使用可比数据得出经济体的前沿距离分数较上年提高了多少，然后依据提高分数的多少对各个经济体进行排名。

选中的经济体不但在至少三项议题方面实施了监管改革，而且在前沿距离分数方面提高最多，这么做的目的是突出显示那些正在广泛推行改革项目的经济体。用前沿距离分数提升来确定哪些经济体提高分数最多，其原因是：这可直接反映各个经济体在营商监管环境上的绝对改进情况——相比之下，营商便利度排名反映的是营商监管环境的相对改善。

营商便利度排名

营商环境便利度的排名范围为第1名至第190名。各个经济体在营商环境便利度方面的排名由其在前沿距离总分方面的排序决定，总分精确到小数点后两位。

注

1. 参见 Djankov and others，2005。主要组成指标方法和未观察到的组成指标方法得出的排名结果与简单平均数方法几乎相同，因为这两种方法分配到各议题的权重大致相等，各议题间的两两相关性变化不大。简单平均数法的替代方案是：根据其对特定经济体监管环境重要性程度，对不同议题分配不同权重。
2. 对于获得信贷，各个组成指标的权重依其对总计分的贡献按比例分配，60%的权重分配给合法权利力度指数，40%分配给信贷信息深度指数。所有其他议题的指标分配的权重相同。
3. 在使营商环境更为便利的所有变革中，去掉了那些使营商环境变得更困难的变革。

2018年营商环境报告

2016/2017年度营商环境改革总结

在2016年6月至2017年6月期间实施的营商环境改革影响了2018年报告的所有指标。

√ 改革为营商提供了更多便利
× 改革增加了营商难度

阿富汗
× 开办企业
阿富汗要求创业者在公司注册成立的时候支付3年的营业执照费用，这增加了开办企业的成本。

阿尔巴尼亚
√ 获得信贷
阿尔巴尼亚通过修订《民法》和《担保费用法》，以及最新通过的破产法，来拓宽获取信贷的渠道。目前，可在包括有形和无形资产在内的任何类型的动产上设置担保权益——担保债权人在破产程序中被给予了绝对的优先权。

劳动力市场监管*
阿尔巴尼亚修订了立法，以缩短1个工作周中所允许工作的最长时间（其中包括加班时间），同时要求男女同工同酬。

安哥拉
√ 办理施工许可证
安哥拉通过改善其施工许可证申请系统，简化了施工许可证的办理手续，并缩短了办理时间。

√ 获得电力
安哥拉通过对其首都罗安达的电网进行升级，提高了获得电力的便利程度，这样便缩短了电网公司为接入新的电网进行可行性研究所需花费的时间。

√ 跨境贸易
安哥拉通过改进其罗安达港的基础设施，从而提高了跨境贸易的便利度。

安提瓜和巴布达
√ 登记财产
安提瓜和巴布达通过清理因地政局火灾而积压的申请，从而加快了登记财产的速度。

阿根廷
× 办理施工许可证
阿根廷通过了一部针对布宜诺斯艾利斯市的新税法，从而提高了获取施工许可证的成本。

亚美尼亚
√ 获得电力
亚美尼亚为电力并网流程设置新的最后期限，并为供电设施引进新的地理信息系统，从而增强了获得电力的便利度。

√ 登记财产
亚美尼亚改进了土地管理系

*这里包含影响劳动力市场监管指数的改革，但并不影响营商便利度排名。

统的争议解决机制，从而使登记财产变得更为简单。

阿塞拜疆

√ 获得信贷
阿塞拜疆通过了一部法律，允许建立征信局，从而增加了信贷信息的获取渠道。

√ 保护少数投资者
阿塞拜疆加强了对少数投资者的保护，其具体做法是提高股东权利及其在公司重要决策中所发挥的作用，明确所有权和管控结构，并要求提高公司透明度。

√ 执行合同
阿塞拜疆通过推出一种可以使用户以电子方式支付诉讼费用的系统，提高了合同执行的便利度。

√ 办理破产
阿塞拜疆提高了办理破产的便利度，其具体做法包括使得债权人提起破产诉讼更为方便，赋予他们更多的诉讼参与权，改进有关破产期间合同处理的条款，并使其在破产程序启动后获得融资成为可能。

巴哈马

√ 开办企业
巴哈马通过合并营业执照登记流程和增值税登记流程，提高了开办企业的便利度。

√ 纳税
巴哈马通过减少土地出售的印花税而降低了税负。

劳动力市场监管
巴哈马修订了其立法，针对再就业推出了优先性规定。

巴林

× 纳税
巴林推出了一种新的由雇主缴纳的医疗保健费用，这增加了税款支付的复杂性。

孟加拉国

× 开办企业
孟加拉国提高了在股份制公司和普通公司注册机构办理营业登记的成本，从而增加了开办企业的成本。该项改革适用于吉大港和达卡两市。

巴巴多斯

× 纳税
巴巴多斯在全国范围内推出了一项新的社会责任税，旨在在征收增值税之前对产品价值征收2%的社会责任税，这增加了纳税的难度。

白俄罗斯

√ 获得信贷
白俄罗斯通过了两项新的法令，并据此设立了统一的担保登记机构，从而增加了信贷的获取渠道。

比利时

√ 纳税
比利时通过降低由雇主支付的社会保障缴款率，降低了税款支付的成本。

贝宁

√ 办理施工许可证
贝宁通过免费在线公布有关建筑业的规定，提高了办理施工许可证的透明度。

√ 登记财产
贝宁通过取消登记税，并公布登记财产所需的费用明细表和文件清单，降低了登记财产的成本。

√ 获得信贷
贝宁通过引入相关法规改善了征信体系，而这些法规是用于规范西非经济与货币联盟成员国的征信机构的资格许可和运作的。

不丹

√ 开办企业
不丹缩短了获得安全许可证书的时间、在注册办公室进行注册的时间以及税务注册时间，由此提高了开办企业的便利度。

√ 获得信贷
通过两家公用设施公司发布支付数据，并借此改善了信贷信息的获取。

√ 保护少数投资者
不丹通过明确所有权和管控结构，增强了对少数投资者的保护，但也由于降低了股东权利而削弱了对少数投资者的保护。

√ 执行合同
不丹通过指定专门的法官来处理商业案件，提高了合同执行的便利度。

玻利维亚

√ 跨境贸易
玻利维亚通过采用SUMA这一自动化海关数据管理系统，提高了进出口的便利度。

波黑

劳动力市场监管
波黑通过了相关立法，以降低加班费、周末假日加班和夜班补助。

博茨瓦纳

× 登记财产
博茨瓦纳通过用电脑录入替代人工记录，降低了契据登记官的效率，从而增加了登记财产的难度。

√ 纳税
博茨瓦纳通过建立线上税务申报支付系统，提高了纳税的便利度。

√跨境贸易

博茨瓦纳通过采用新的自动化海关数据管理系统，提高了跨境贸易的便利度。

巴西
√跨境贸易

巴西通过改进其电子数据交换系统，缩短了进出口单证合规查验时间。该项改革适用于里约热内卢和圣保罗两市。

文莱
√开办企业

文莱通过取消公司成立之后的程序，加快了开办企业的速度。

√办理施工许可证

文莱通过简化获得施工许可证的流程，使办理施工许可证变得更为便利。

×获得电力

文莱增加了接入新的电网所需的流程数量，从而增加了获得电力的难度。与此同时，该国推出了一项新的薪酬制度，以激励电力公司提高可靠性。

√登记财产

文莱通过提高其土地管理系统的透明度，以及改善其土地管理系统的争议解决机制，提高了登记财产的便利度。

√获得信贷

文莱通过了一项有关担保交易的新法律，借此为流动资产建立了统一的法律框架，并创建了一个基于公告的现代化担保登记机构，从而增加了获取信贷的渠道。同时，该项法律也针对破产程序中和破产程序外的担保债权人确立了优先性原则，并允许庭外执行。

√保护少数投资者

文莱增强了对少数投资者的保护，其具体做法包括：增强股东权利及其在主要公司决策中所发挥的作用，明确所有权和管控结构，并要求提高公司透明度。

√纳税

文莱为纳税的个人建立了线上报税和缴税系统，从而提高了纳税便利度。

√跨境贸易

文莱通过改善全国单一窗口以及海关清关流程，提高了进出口的便利度。

√执行合同

文莱针对法官和律师推出了电子案件管理系统，从而提高了合同执行的便利度。

布基纳法索
√获得信贷

布基纳法索成立了新的征信局，借此拓宽了获得信贷信息的渠道。

布隆迪
×开办企业

布隆迪提高了企业注册成本，从而增加了开办企业的费用。

佛得角
√办理施工许可证

佛得角通过免费在线公布所有与建筑业相关的规定，提高了办理施工许可证的便利度。

√跨境贸易

佛得角通过实施海关数据自动化系统ASYCUDA World，提高了进出口的便利度。

√办理破产

佛得角通过了一项法律，借此推出了重组程序，并使债务人在破产程序开始后继续开展业务变得更加容易，从而提高了办理破产的便利度。该法还允许债权人在进入破产程序之后更多地参与重大决策的制定。

喀麦隆
√开办企业

喀麦隆通过降低最低实缴资本要求，提高了开办企业的便利度。

√获得信贷

喀麦隆成立了新的信用信息登记机构，借此拓宽了获得信贷信息的渠道。

加拿大
×办理施工许可证

加拿大提高了场地规划审批和施工许可证的费用，因而提高了办理施工许可证的成本。

中国
√开办企业

中国通过简化注册流程，提高了开办企业的便利度。该项改革适用于北京和上海两市。

√纳税

中国推出了几项旨在缓解合规要求的举措，从而使纳税变得更加便利。该项改革适用于北京和上海两市。

哥伦比亚
劳动力市场监管

哥伦比亚延长了带薪产假的法定时间。

科摩罗
√跨境贸易

科摩罗采用自动化海关数据管理系统SYDONIA++，降低了制作和提交进出口文件所需时间，从而提高了跨境贸易的便利度。

刚果民主共和国
√开办企业

刚果民主共和国取消了妇女开办企业需征得其丈夫许可的要

求，并合并了多项营业登记程序，从而提高了开办企业的便利度。

× 办理施工许可证

刚果民主共和国通过修改评估施工许可费的公式，增加了办理施工许可证的成本。但与此同时，刚果民主共和国免费在线公布所有与建筑行业相关的规定，从而提高了办理施工许可证的透明度。

劳动力市场监管

刚果民主共和国发布了有关工作时长的规定。

刚果共和国

√ 开办企业

刚果共和国降低了注册公司的最低实缴资本要求，并在公司注册时用宣誓声明取代提供经理人犯罪记录方面的要求，从而提高了开办企业的便利度。

哥斯达黎加

√ 登记财产

哥斯达黎加采取多种措施缩短了财产转让所需的时间，其中包括制定时限。

√ 保护少数投资者

哥斯达黎加通过拓宽在审判前和审理期间获得公司信息的渠道，并提高了信息披露要求，从而增强了对少数投资者的保护，但是在一些大型交易中却削弱了股东的权利。

科特迪瓦

√ 办理施工许可证

科特迪瓦通过一站式服务简化流程，从而提高了办理施工许可证的便利度。

克罗地亚

× 办理施工许可证

克罗地亚通过提高建筑和占用许可证的管理费用，提高了办理施工许可证的成本。

√ 登记财产

克罗地亚降低了不动产转让税，从而减少了财产转让成本。

塞浦路斯

× 纳税

塞浦路斯通过提高增值税审核的频率和数量，增加了纳税的难度，其中包括增值税现金退税请求。与此同时，由于推出了名义利息可税款抵扣以及提高了不动产的贴现率，纳税的成本得以降低。

捷克

√ 开办企业

捷克通过降低普通有限责任公司的费用，减轻了开办企业的成本。

× 纳税

捷克通过实施有关申报增值税控制报表的新规定，增加了纳税的复杂程度。

丹麦

× 办理施工许可证

丹麦通过提高办理建筑许可证的成本，以及供水和污水处理的接入成本，提高了办理施工许可证的成本。

吉布提

√ 开办企业

吉布提免除了新成立公司的专业许可费，并降低了企业注册和发布开工通知的费用，从而降低了开办企业的成本。

√ 办理施工许可证

吉布提降低了具体检查的成本，并针对参与建筑项目的所有专业人员实施10年责任制，借此提高了办理施工许可证的便利度。

√ 登记财产

吉布提通过提高土地管理系统的透明度，增加了登记财产的便利度。

√ 获得信贷

吉布提通过了一项法律，并据此建立了新的信用信息系统，进而拓宽了获得信用信息的渠道。

√ 保护少数投资者

吉布提增强了对少数投资者的保护，其具体做法是：要求相关方披露更多的交易信息，在利益相关董事损害公司利益时加强相应救济，在审判前加大对公司信息的了解，增强股东在公司主要决策中的权利和作用，明确所有权和控制结构，并要求提高公司透明度。

多米尼加共和国

√ 开办企业

多米尼加共和国通过简化商会的相关流程，缩短了公司注册所需时间。

√ 获得电力

多米尼加共和国通过投资于电网扩建、重新设计网络分区，以及建立应对电力中断的电力恢复团队，改善了供电可靠性。

× 纳税

多米尼加共和国降低了通胀率，从而提高了纳税的成本。

√ 办理破产

多米尼加共和国通过了一项法律，借此推出了重组程序，并使债务人在破产程序开始后继续开展业务变得更加容易，从而提高了办理破产的便利度。该法还允许债权人在进入破产程序之后更多地参与重大决策的制定。

劳动力市场监管

多米尼加共和国延长了带薪

产假的法定时间。

厄瓜多尔

× 登记财产

厄瓜多尔要求在财产转让登记时提供估值证明，这使得登记财产相关手续变得更加烦琐。

× 纳税

厄瓜多尔推出了由雇主和雇员通过工资扣缴支付的"团结税"(solidarity tax)，提高了纳税成本。

埃及

× 登记财产

埃及通过提高验证和批准销售合同的成本，增加了登记财产的难度。

√ 保护少数投资者

埃及通过增强股东在公司主要决策中的权利和作用，加强了对少数投资者的保护。

萨尔瓦多

√ 办理施工许可证

圣萨尔瓦多市政当局立法，要求在施工期间进行分期检查，同时要求负责检查的专业人员具有一定的经验。此外，针对初步施工费用的支付，采用了在线系统方式。

√ 获得电力

萨尔瓦多推出了新的软件程序，可更好地管理电力中断并进行维护规划，从而提高了供电的可靠性。

√ 纳税

萨尔瓦多推出了一个在线平台用于申报和支付税款，并采用了主要针对较大型公司且基于风险的审计评估选择系统，从而提高了纳税的便利度。

√ 跨境贸易

萨尔瓦多在安圭阿图（Anguiatú）陆地边境增加了海关官员的人数，从而提高了进出口的便利度。

赤道几内亚

√ 开办企业

赤道几内亚取消了从总理办公室获得开办企业的授权的要求，从而提高了开办企业的便利度。

埃塞俄比亚

√ 开办企业

埃塞俄比亚取消了在公司注册之前开立银行账户的要求，从而提高了开办企业的便利度。

√ 跨境贸易

埃塞俄比亚采取了包括实施风险检查制度、简化进口商相关单证以及加强海关权力等一系列措施，从而提高了跨境贸易的便利度。

芬兰

劳动力市场监管

芬兰延长了长期雇员的最长试用期。

法国

√ 保护少数投资者

法国通过提高公司透明度，增强了对少数投资者的保护。

√ 纳税

法国通过降低社会保障和培训的税费，减轻了纳税成本。

加蓬

√ 开办企业

加蓬降低了最低资本需求，并将公司成立文件公证作为一项非强制性要求，从而提高了开办企业的便利度。

√ 办理施工许可证

加蓬通过简化流程，提高了办理施工许可证的速度，并通过免费在线公布与建筑行业相关的规定，增强了透明度。

格鲁吉亚

√ 获得电力

格鲁吉亚通过降低新客户接入电网的成本，使获得电力供应的价格更加实惠。

√ 保护少数投资者

格鲁吉亚增强了对少数投资者的保护，其具体做法包括：提高利益相关方之间不公平交易案件中起诉董事的便利度，增强股东在公司主要决策中的权利和作用，并明晰所有权和控制结构。

√ 办理破产

格鲁吉亚提高了办理破产的便利度，其具体举措包括：使债务人和债权人进行破产诉讼变得更加容易，改进有关破产期间合同处理的条款，并允许债权人在进入破产程序之后更多地参与重大决策的制定。

加纳

√ 办理施工许可证

加纳通过免费在线公布与建筑行业相关的规定，提高了办理施工许可证的透明度。

希腊

√ 开办企业

希腊制定了统一的社会保障制度，从而提高了开办企业的便利度。

格林纳达

× 纳税

格林纳达提高了印花税率，从而增加了纳税的成本。

√ 办理破产

格林纳达通过为公司实体引入重组程序，提高了办理破产的便利度；出台了一系列规定，以促进债务人在破产程序开始之后继续开展业务，并允许债权人在诉讼过程中更多地参与重大决策的制定；此外，还设立了一个公共办公室，负责破产案件的整体管理。

危地马拉
× 办理施工许可证

危地马拉扩大了要求进行的环境影响评估的项目类别，从而增加了办理施工许可证的费用和复杂程度。

几内亚
× 办理施工许可证

几内亚提高了建筑许可证的成本，由此提高了办理施工许可证的成本。与此同时，几内亚定期更新网站以公布法律和法规，从而提高了透明度。

几内亚比绍
√ 获得信贷

几内亚比绍通过引入相关法规改善了征信体系，而这些法规是用于规范西非经济与货币联盟成员国的征信机构的资格许可和运作的。

圭亚那
√ 登记财产

圭亚那通过为基础设施和人员配置更多资源，缩短了财产转让所需时间。

√ 执行合同

圭亚那通过了新的民事诉讼法，为主要的诉讼事件设立了时间标准，从而提高了合同执行的便利度。

海地
× 纳税

海地提高了营业执照税率，由此增加了纳税成本。

洪都拉斯
× 登记财产

洪都拉斯减少了土地登记部门的人员数量，从而增加了登记财产的难度。

中国香港
× 开办企业

中国香港通过重新征收营业登记费，提高了开办企业的成本。

√ 登记财产

中国香港通过提高其可靠性并建立投诉机制，改善了土地管理系统的质量。

匈牙利
√ 执行合同

匈牙利推出了一个电子支付系统，用户可在该平台上支付诉讼费用，从而提高了合同执行的便利度。

印度
√ 开办企业

印度合并了永久账户和纳税账户申请，并改进了在线申请系统，因而加快了开办企业的速度。该项改革适用于德里和孟买两市。孟买通过合并增值税和职业税的申报，提高了开办企业的速度。

√ 办理施工许可证

印度推出了一个在线系统，简化了新德里和大孟买市政当局的办理流程，从而减少了办理施工许可证所需的手续和时间。

√ 获得信贷

印度拓宽了获得信贷的渠道，修订了重组程序未涉及的担保债权人的优先性规则，同时还通过了新的破产法，该法规定了重组过程中影响担保债权人的自动冻结的时限，并明确了免责事由。该项改革适用于德里和孟买两市。

√ 保护少数投资者

印度增加了解决利益相关方之间不公平交易的方法，由此增强了对少数投资者的保护。该项改革适用于德里和孟买两市。

√ 纳税

印度提高了纳税的便利度，要求通过电子方式缴纳员工公积金，同时又推出了一系列旨在便利企业所得税合规审查的管理举措。该项改革适用于德里和孟买两市。

√ 跨境贸易

印度通过改善孟买新港的基础设施，缩短了孟买进口边界合规审查的时间。通过取消商户的加班费用，并加大电子和移动平台的使用，德里和孟买的进出口边界合规审查的成本也得以下降。

√ 执行合同

印度推出了国家司法数据网，借助该数据网，可以生成有关地方法院案件管理的报告，这提高了合同执行的便利度。该项改革适用于德里和孟买两市。

√ 办理破产

印度通过了一项新的资不抵债和破产法令，该法令规定了公司债务人的重组程序，并推动债务人在破产程序进行中继续开展业务，从而提高了办理破产的便利度。该项改革适用于德里和孟买两市。

劳动力市场监管

印度延长了带薪产假的法定时间。该项改革适用于德里和孟买两市。

印度尼西亚
√ 开办企业

印度尼西亚降低了有限责任公司的启动费用，从而减轻了开办企业的成本。该项改革适用于雅加达和泗水两市。

√ 获得电力

印度尼西亚降低了电力并网

和内部接线认证费用，从而减少了获得电力的成本。在雅加达，简化了电力公司新的并网申请手续之后，获得电力的便利度也得以提高。

√登记财产

印度尼西亚降低了转让税，从而提高了登记财产的便利度。该项改革适用于雅加达和泗水两市。

√获得信贷

印度尼西亚成立了新的征信机构，借此拓宽了获得信贷信息的渠道。该项改革适用于雅加达和泗水两市。

√保护少数投资者

印度尼西亚通过增强股东在公司主要决策中的权利和作用，以及要求提高公司透明度，加强了对少数投资者的保护。该项改革适用于雅加达和泗水两市。

√纳税

印度尼西亚通过推进在线税务申报、降低资本利得税率，提高了纳税的便利度。该项改革适用于雅加达和泗水两市。

√跨境贸易

印度尼西亚通过推出电子单一计费系统，提高了办理进口的速度。该项改革适用于雅加达和泗水两市。

伊朗

√获得信贷

伊朗要求汽车零售商报告其信用支付数据，从而拓宽了获得信贷信息的渠道。

伊拉克

√开办企业

伊拉克通过合并多项注册程序，缩短了公司注册所需时间，提高了开办企业的便利度。

√获得信贷

伊拉克成立了新的信用信息登记机构，从而拓宽了获得信用信息的渠道。

意大利

√获得电力

意大利提高了获得电力的便利度，其做法是简化申请流程，并缩减室外工程和仪表安装时间。

√纳税

意大利通过暂时免征雇主的社会保障税，减轻了纳税负担。意大利还废除了增值税沟通记录表，使纳税变得更加便利。

牙买加

√开办企业

牙买加恢复了在公司成立申请受理之后的次日完成注册的服务，从而加快了开办企业的速度。

√获得电力

牙买加实施了安装智能电表以及配电自动化开关等若干举措，进行配电网络方面的投资，因而提高了其首都金斯敦的供电可靠性。

√跨境贸易

牙买加采用了基于网络的海关数据管理平台ASYCUDA World，并借此缩短了进口单证合规审查的时间。

日本

√纳税

日本降低了企业所得税的法定税率和其他税的税率，比如强制性劳动税，从而减轻了纳税成本。该项改革适用于大阪和东京。

约旦

√获得信贷

约旦通过设立新的征信机构，拓宽了获得信贷信息的渠道。

哈萨克斯坦

√登记财产

哈萨克斯坦通过提高透明度，以及改进土地管理系统的争议解决机制，提高了财产转让的便利度。

√保护少数投资者

哈萨克斯坦通过提高股东在公司重大决策中的权利和作用，明确所有权和控制结构，要求提高公司透明度，并允许在审判中获得更多公司信息等方式加强了对少数投资者的保护。

√执行合同

哈萨克斯坦就多数案件所重视的关键诉讼事件增设了时间标准，从而增强了执行合同的便利度。

肯尼亚

√开办企业

肯尼亚合并了公司正式运营所需的程序，从而提高了开办企业的便利度。

√办理施工许可证

肯尼亚取消了国家环境管理署以及国家建设管理局的审查费用，从而减轻了办理施工许可证的成本。

√获得电力

肯尼亚通过投资配电线路和变压器以及建立专门队伍，以在停电时进行电力恢复，从而改善了供电的可靠性。

√获得信贷

肯尼亚开始通过两家公用事业公司来发布数据，从而拓宽了获得信贷信息的渠道。

√纳税

肯尼亚推出了iTax在线平台，用于申报和支付企业所得税和各种标准税费，从而提高了纳税的便利度。

√ 跨境贸易

肯尼亚实施了单一窗口系统，以电子化形式提交进口报关资料，从而缩短了进口单证合规审核所需的时间。

基里巴斯

劳动力市场监管

基里巴斯发布了法定最低工资标准，制定了有关工作时长的具体规定，推行年度带薪休假，并梳理了有关裁员的规定。

科索沃

√ 开办企业

科索沃通过简化员工注册流程，提高了开办企业的便利度。

√ 获得信贷

科索沃通过了一项新的法律，该项法律确立了担保债权人在破产中所享有的优先性原则，明确了有关重组程序中影响担保债权人的冻结的免责事由，从而拓宽了获取信贷的渠道。

√ 办理破产

科索沃推出了一个公司破产法律框架，借此债务人和债权人可实行清算和重组程序，从而提高了办理破产的便利度。

科威特

√ 开办企业

科威特通过建立一站式服务站点，改进在线登记注册，提高了开办企业的便利度。

√ 登记财产

科威特缩短了财产登记所需时间，并提高了土地管理系统的透明度，从而提高了登记财产的便利度。

吉尔吉斯共和国

× 登记财产

吉尔吉斯共和国不再向公众公布有关财产转让的官方数据，这降低了登记财产的透明度。

√ 获得信贷

吉尔吉斯共和国通过了两项新的法令，并据此建立了统一的现代化担保登记机构，从而拓宽了获得信贷的渠道。吉尔吉斯共和国还通过了一项有关信贷信息交换的新法律，改进了征信系统。

拉脱维亚

劳动力市场监管

拉脱维亚对相关法律进行了修订，延长了缴税期限，以便让员工有权获得失业保障。

利比里亚

√ 办理破产

利比里亚推出了一个公司破产法律框架，借此债务人和债权人可实行清算和重组程序，从而提高了办理破产的便利度。

立陶宛

√ 办理施工许可证

立陶宛通过缩短获得技术条件和施工许可的时间，提高了办理施工许可证的便利度。

√ 获得电力

立陶宛简化了程序，并设定了颁发内部布线检验合格证的时限，从而提高了获得电力的便利度。

√ 保护少数投资者

立陶宛通过提高公司透明性，增强了对少数投资者的保护。

√ 纳税

立陶宛提高了纳税的便利度，其具体做法是推出了一个电子系统，借此可进行增值税、企业所得税的申报和支付以及社会保障缴款。此外，该国还提高了环境税。

卢森堡

√ 保护少数投资者

卢森堡降低了在出现不公平相关方交易的情况下起诉董事的难度，同时拓宽了获得公司信息的渠道，因而增强了对少数投资者的保护。

马达加斯加

√ 开办企业

马达加斯加提高了开办企业的便利度，其具体做法包括：免费在线公布公司成立通告，以及允许在一站式服务站点直接支付注册费用。

√ 获得信贷

马达加斯加通过扩大信用信息登记机构的覆盖范围，拓宽了获得信贷信息的渠道。

马拉维

× 开办企业

马拉维提高了在注册总署进行企业注册的成本，这增加了开办企业的费用。

√ 办理施工许可证

马拉维通过将市政局处理建筑计划审批所收取的费用降低一半，减轻了办理施工许可证的成本。

√ 获得信贷

马拉维成立了新的征信局，借此拓宽了获得信贷信息的渠道。此外，马拉维还通过了一项新的法律，确立了破产程序中和破产程序外的优先性规则，从而拓宽了信贷的获取渠道。

√ 跨境贸易

马拉维升级了基于网络的海关数据管理平台ASYCUDA World，并借此提高了进出口的便利度。

√ 办理破产

马拉维出台了重组程序，以方便债务人在破产程序开始后继续开展业务，并制定了针对破产办理人员的法规，从而提高了破产办理的便利度。

马来西亚

√获得信贷
马来西亚通过了一项新的法律，并据此建立了一个现代化的担保登记机构，从而拓宽了信贷的获取渠道。

√保护少数投资者
马来西亚要求提高公司透明度，从而增强了对少数投资者的保护。

√跨境贸易
马来西亚通过改善巴生港的基础设施、设备和装置，提高了进出口的便利度。

马尔代夫

√纳税
马尔代夫推出税务申报和支付在线系统，从而提高了纳税的便利度。

马耳他

√开办企业
马耳他通过取消对一般商业活动交易许可证的要求，提高了开办企业的便利度。

毛里塔尼亚

√开办企业
毛里塔尼亚通过合并多项注册手续，提高了开办企业的便利度。

√登记财产
毛里塔尼亚通过提高土地注册机构的透明性，增加了登记财产的便利度。

√纳税
毛里求斯允许按季度进行社会保障缴款的申报和支付，这提高了纳税的便利度。

√跨境贸易
毛里塔尼亚在努瓦克肖特港采取了一系列举措，如取消称量所有进口集装箱的要求、投资基础设施、简化货物搬运、合并费用支付，由此提高了跨境贸易的便利度。

√执行合同
毛里塔尼亚通过对法院网站上公布的各种等级的商业案件进行判定，提高了执行合同的便利度。

毛里求斯

√开办企业
毛里求斯不再收取低于5000卢比的许可证交易费用，并推出了电子版的营业执照，由此提高了开办企业的便利度。

√办理施工许可证
毛里求斯通过外包污水接驳工程的设计和施工，加快了施工许可证的办理。

√登记财产
毛里求斯取消了转让税和登记税，并且实施了投诉机制并公布了服务标准，从而提高了财产转让的便利度。

√跨境贸易
毛里求斯改进了货运公司公用系统，推出了先进的电子单证提交系统，并更新了基于风险的检查系统，从而提高了跨境贸易的便利度。

墨西哥

×办理施工许可证
墨西哥提高了几项收费，从而增加了办理施工许可证的成本。该项改革适用于墨西哥城和蒙特雷市。

√获得电力
墨西哥（墨西哥城）通过安装智能电表、扩展中压网络以及实施远程恢复电力服务的新系统，提高了电力供应的可靠性。

×登记财产
墨西哥（蒙特雷）提高了市政财产转让税，从而增加了登记财产的成本。

摩尔多瓦

√开办企业
摩尔多瓦取消了社会保障基金登记要求，从而提高了开办企业的便利度。

蒙古

√获得信贷
蒙古推出了一项新的有关动产和无形资产质押的法律，并建立了一个新的担保登记机构，从而拓宽了获得信贷的渠道。这项新的法律确立了一项功能完善的担保交易制度。担保登记机构是基于通知操作的现代化机构，不因地域的不同而不同，并且可通过债务人的唯一标识符进行检索。

×纳税
蒙古不允许将企业资本支出所产生的进项增值税作为进项税进行抵扣，从而增加了纳税负担。

劳动力市场监管
蒙古修改了法律，以缩短员工试用期的最长时间。

黑山

√获得电力
黑山采用了监控与数据采集（SCADA）自动化能源管理系统，并开始记录数据，用于计算年度系统平均停电持续时间指数（SAIDI）以及系统平均停电频率指数（SAIFI），从而改善了电力供应的稳定性。

摩洛哥

√开办企业
摩洛哥合并了印花税支付与

公司注册申请，从而提高了开办企业的便利度。

× 登记财产

摩洛哥通过提高登记费用，增加了登记财产成本。

√ 纳税

摩洛哥通过改善在线税务申报和支付系统，提高了纳税的便利度。

莫桑比克

√ 获得电力

莫桑比克以公用事业公司取代代理机构，并简化了手续，缩短了电力连接所需的时间。该国还取消了大型商业客户的保证金，从而降低了获得电力的成本。

√ 跨境贸易

莫桑比克通过改进马普托—马托拉港口综合设施的公共建设，提高了出口便利度。

缅甸

√ 登记财产

缅甸降低了印花税，从而减少了登记财产的成本。

√ 获得信贷

缅甸通过了一项法规，允许建立征信机构，从而拓宽了获得信贷信息的渠道。

纳米比亚

√ 执行合同

纳米比亚针对法官和律师推出了电子存档系统和电子案件管理系统，从而使合同的执行变得更加便利。

尼泊尔

√ 获得信贷

尼泊尔根据现有的有关担保交易的法律，采用了功能性的担保交易制度，并建立了一个统一管理且基于通知操作的现代化担保登记机构，从而拓宽了获得信贷的渠道。

√ 保护少数投资者

尼泊尔通过要求提高公司透明度，从而增强了对少数投资者的保护。

荷兰

√ 获得信贷

荷兰通过降低被收录在征信局数据库中的最低贷款额，改善了信用信息的可得性。

新西兰

√ 纳税

新西兰改进了申报和支付一般销售税的在线门户网站，从而提高了纳税的便利度。

× 执行合同

新西兰在建立新的商业委员会期间，暂停通过新西兰高等法院商业清单对新的商业案例备案，此举暂时增加了执行合同的难度。

尼加拉瓜

√ 执行合同

尼加拉瓜通过了新的民事诉讼法，制定了更为严格的案件管理规则，从而提高了合同执行的便利度。

尼日尔

√ 开办企业

尼日尔通过降低公司注册的最低实缴资本要求、缩短公司注册所需时间，并在线免费公布公司成立公告，提高了开办企业的便利度。

√ 办理施工许可证

尼日尔通过免费在线公布与建筑行业相关的规定，提高了办理施工许可证的透明度。这还缩短了获得施工许可证和自来水接入的时间。

√ 获得电力

尼日尔采用"单一窗口"模式，缩短了电力并网的时间。

√ 登记财产

尼日尔通过降低财产转让成本，提高了登记财产的便利度。

尼日利亚

√ 开办企业

尼日利亚通过允许对注册文件进行电子盖章，提高了开办企业的速度。该项改革适用于卡诺和拉各斯两市。

√ 办理施工许可证

尼日利亚卡诺市通过在线公布所有相关规定、费率表以及预申请要求，提高了透明度。尼日利亚拉各斯简化了批准流程，并通过在线公布所有相关规定、费率表和预申请要求，提高了办理施工许可证的便利度。

√ 登记财产

尼日利亚卡诺市通过公布有关财产交易的文件清单、费率表以及服务标准，提高了财产转让的透明度。尼日利亚拉各斯取消了有关土地所有权认证证书的宣誓书，推出了特别的、独立的投诉机制，并公布了土地转让数据，由此提高了财产转让的便利度和透明度。

√ 获得信贷

尼日利亚保障借款人从征信局查看其信用数据的法律权利，并开始向银行、金融机构和借款人提供信用评分，从而改善了信贷信息的可得性。此外，尼日利亚还颁布了一部有关担保交易的新法律，并成立了现代化担保登记机构，从而拓宽了获得信贷的渠道。上述改革适用于卡诺和拉各斯两市。

√ 纳税

尼日利亚引入了纳税新渠道，

并强制要求纳税人在最近的联邦国内税收局（FIRS）报税，由此提高了纳税便利度。该项改革适用于卡诺和拉各斯两市。

挪威
√纳税

挪威降低了法定企业所得税税率，从而减轻了纳税成本。

阿曼
√跨境贸易

阿曼改进了其在线进出口单一窗口服务，缩短了单证合规审查所需时间，从而提高了进出口的便利度。

巴基斯坦
√开办企业

巴基斯坦不再要求公司在注册时提供数字化签名，代之以成本更为低廉的个人识别号，从而提高了开办企业的便利度。该项变革适用于卡拉奇和拉合尔。

√登记财产

巴基斯坦（卡拉奇）通过在线公布费用表以及财产登记所需提交的文件，提高了土地登记流程的透明度。

√保护少数投资者

巴基斯坦使在与利益相关方发生不公平交易时起诉董事变得更为便利，从而加强了对少数投资者的保护。该项改革适用于卡拉奇和拉合尔。

√跨境贸易

巴基斯坦建设了一个新的集装箱码头，并改进了用以提交电子单证的海关平台，从而增强了进出口的便利度。上述变革适用于卡拉奇和拉合尔。

帕劳
√纳税

帕劳采用了可编辑可填写的总收入报税表格以及条形码支付系统，从而提高了纳税的便利度。

巴拿马
√办理破产

巴拿马通过了一部新的破产法，该法引入了重组程序，并使债务人在破产程序开始后继续开展业务变得更加容易，从而提高了办理破产的便利度。该法还允许债权人在进入破产程序之后更多地参与重大决策的制定，并对破产办理人员进行监管。

巴拉圭
劳动力市场监管

巴拉圭延长了带薪产假的法定时间。

菲律宾
√获得电力

菲律宾通过实施新的资产管理系统，并成立一个新的调度和规划办公室，缩短了电力并网的时间。

√纳税

菲律宾针对住房发展基金的税收推出了新的电子收付系统，提高了纳税的便利度。

波多黎各自治邦（美国）
劳动力市场监管

波多黎各自治邦（美国）延长了长期员工最长试用期的时间，降低了日常加班和周末加班工资补助，缩短了法定带薪年假，并向所有遭到不正当解雇的员工支付遣散费。

卡塔尔
√获得信贷

卡塔尔开始向银行、金融机构和借款方提供消费者信用评分，从而拓宽了获得信用信息的渠道。

√跨境贸易

卡塔尔正式启用了新的哈马德港口，从而提高了进出口的便利度。

罗马尼亚
√登记财产

罗马尼亚通过实现所有权和土地记录的数字化，提高了土地管理水平。

俄罗斯
√登记财产

俄罗斯针对所有权转让缩短了申请国家注册证的时间，从而提高了转让财产的便利度。这项改革适用于莫斯科和圣彼得堡。

√获得信贷

俄罗斯通过了一项新的法律，据此成立了现代化担保登记机构，从而拓宽了获得信贷的渠道。这项改革适用于莫斯科和圣彼得堡。

√跨境贸易

俄罗斯通过在芬兰湾沿岸启用一个新的深水港，加强了竞争并降低圣彼得堡港口的边境合规审查成本，提高了进出口的便利度。这项改革适用于莫斯科和圣彼得堡。

卢旺达
√办理施工许可证

卢旺达通过实施基于风险的审查，加强了施工期间的质量控制。

√登记财产

卢旺达推出在线服务，为财产转让登记提供方便，从而提高了登记财产的便利度。

√保护少数投资者

卢旺达通过降低起诉董事的难度、明确所有权和控制结构，并要求提高公司透明度，加强了对少数投资者的保护。

√ 纳税

卢旺达通过建立在线税务申报和支付系统，提高了纳税的便利度。

√ 执行合同

卢旺达在其司法机构网站上向公众公开各个层级商业案件的判决结果，从而提高了合同执行的便利度。

萨摩亚

√ 获得信贷

萨摩亚实施了个人财产担保法，成立了基于通知操作的现代担保登记机构，用以登记各类费用和功能等价物，从而拓宽了获得信贷的渠道。

圣多美和普林西比

√ 跨境贸易

圣多美和普林西比通过实施一站式服务，提高了进出口的便利度。

沙特阿拉伯

√ 开办企业

沙特阿拉伯通过在线系统将名称预留和公司章程提交合并为一个手续，由此提高了开办企业的便利度。同时，该国还改进了在线支付系统，无须本人亲自到场支付费用。

√ 登记财产

沙特阿拉伯推出了一个在线平台，以检查所有权和权利限制，同时还简化了财产登记流程，因而提高了其土地管理系统的效率。此外，沙特阿拉伯通过改进土地管理系统的争议解决机制，提高了财产登记的便利度。

√ 保护少数投资者

沙特阿拉伯通过提高股东在重大决策中的权利和作用、明确所有权和控制结构、要求公司提高透明度，以及监管与利益相关方进行交易的信息披露，增强了对少数投资者的保护。

√ 纳税

沙特阿拉伯通过改善其用于纳税申报和支付的在线平台，提高了纳税的便利度。

√ 跨境贸易

沙特阿拉伯通过减少海关清关所需提交的单证数量，缩短了进出口单证合规审查所需时间。

√ 执行合同

沙特阿拉伯针对法官和律师推出了电子案件管理系统，使合同的执行变得更加便利。

塞内加尔

√ 开办企业

塞内加尔通过降低公司注册的公证费用，减轻了开办企业的成本。

√ 获得电力

塞内加尔开始记录数据，用来计算年度系统平均停电持续时间指数（SAIDI）以及系统平均停电频率指数（SAIFI），从而改善了对电力中断的监控和管理。

√ 登记财产

塞内加尔通过降低财产转让成本，缩短财产转让和登记所需时间，提高了财产登记的便利度。

√ 纳税

塞内加尔在"税法通则"中设定了办理增值税现金退款的时限，并将其付诸实施，从而提高了纳税的便利度。

√ 执行合同

塞内加尔推出了更加严格的审前听证会规则，借此缩短了解决商业纠纷所需时间，从而提高了合同执行的便利度。

塞尔维亚

√ 开办企业

塞尔维亚降低了签字认证费用，提高了注册机构的效率，并缩短了工商注册所需时间，因而提高了开办企业的便利度。

√ 登记财产

塞尔维亚通过实施地理信息系统，提高了土地管理体系的可靠性。

√ 执行合同

塞尔维亚通过了一项新的强制执行法律，该法扩大并明确了执行代理机构的责任，以及法院在强制执行程序中的权利，从而提高了合同执行的便利度。

塞舌尔

√ 办理施工许可证

塞舌尔通过免费在线公布建筑行业的规定，提高了办理施工许可证的透明度。

√ 登记财产

塞舌尔通过实现地图的数字化，并推出一项投诉机制，提高了土地管理系统的水平。

塞拉利昂

√ 开办企业

塞拉利昂通过合并多项注册手续，提高了开办企业的便利度。

√ 跨境贸易

塞拉利昂通过取消出口许可证，以及实施预办清关手续等一系列举措，提高了跨境贸易的便利度。

新加坡

√ 跨境贸易

新加坡改善了港口的基础设施和电子设备，从而提高了进出口的便利度。

√ 办理破产

新加坡确立了一个新的流程安排计划，该计划具备破产保护企业重组机制的功能，同时还出台了适用于预先重组的规定，由此提高了办理破产的便利度。

劳动力市场监管

新加坡通过了一项立法，根据该法规定：如果一家有10名以上员工的企业想要在6个月内裁减5名或以上员工，应将此事通知新加坡人力部。

斯洛伐克

√执行合同

斯洛伐克通过了一项新的民事诉讼法，该法引入了预审会议，以此作为法院案件管理技能的一部分，从而提高了合同执行的便利度。

斯洛文尼亚

√获得信贷

斯洛文尼亚通过报告有关个人和商业借贷者的正面和负面数据，拓宽了获得信贷信息的渠道。

南苏丹

×开办企业

南苏丹通过提高工商注册费用，增加了开办企业的成本。

西班牙

√执行合同

西班牙通过降低索赔的诉讼费，提高了合同执行的便利度。

斯里兰卡

√跨境贸易

斯里兰卡通过设置海关单一窗口，提高了进出口的便利度。

圣基茨和尼维斯

√跨境贸易

圣基茨和尼维斯更新了其网站，并采用了海关自动化数据管理系统ASYCUDA，缩短了进出口的单证合规审查时间，从而提高了跨境贸易的便利度。

苏里南

√登记财产

苏里南通过在线公布费率表以及用于登记财产所需的文件清单，提高了财产转让的透明度。

斯威士兰

×办理施工许可证

斯威士兰要求所有新的建筑项目须向建筑行业委员会登记并且需支付税费，这增加了办理施工许可证的难度。

√获得信贷

斯威士兰通过了一项法律，以保障借款人获取自身数据的权利，从而拓宽了获取信贷信息的渠道。

√跨境贸易

斯威士兰采用基于网络的海关数据管理平台ASYCUDA World，提高了进出口的便利度。

瑞士

√执行合同

瑞士采用了电子立案系统，从而提高了合同执行的便利度。

中国台湾

√跨境贸易

中国台湾允许各组织机构通过电子方式发放原产地证书，从而提高了出口的便利度。

√执行合同

中国台湾采用了电子立案系统，从而提高了合同执行的便利度。

劳动力市场监管

中国台湾通过立法，延长了法定带薪休假的天数以及每周休息的天数。

塔吉克斯坦

√开办企业

塔吉克斯坦通过提高法定增值税登记的收入门槛，增强了开办企业的便利度。

√登记财产

塔吉克斯坦通过取消在市政办公室登记买卖协议的要求，提高了登记财产的便利性并降低了成本。同时，该国还提高了财产转让所需的费用，增加了财产转让成本。

劳动力市场监管

塔吉克斯坦通过立法，修改了有关遣散费的规定。该国还废除了对非妊娠妇女和非哺乳期母亲上夜班的限制。

坦桑尼亚

√办理施工许可证

坦桑尼亚通过提供一站式服务并简化施工许可证流程，提高了办理施工许可证的便利度。

×登记财产

坦桑尼亚通过提高土地和财产登记费，增加了登记财产的成本。

泰国

√开办企业

泰国取消了必须获得公司公章的要求，同时允许公司不必为工作规定获得劳动部的批准，从而提高了开办企业的便利度。

√获得电力

泰国通过采用地理信息系统，取消外部站点检查，从而简化了手续，提高了获得电力供应的便利度。

√登记财产

泰国通过实施地理信息系统，以及对大部分曼谷地区进行地图扫描，提高了其土地管理系统的可靠性。

√获得信贷

泰国通过了一项新的法律，

该法扩大了可用作担保品的资产范围,从而拓宽了获得信贷的渠道。目前,泰国允许对作为担保品的资产进行简单描述,也允许将担保权益自动设置在原始资产的变现收益上。同时,该国还明确了有关重组过程中影响担保债权人的冻结的免责事由,允许对担保品进行庭外执行。

√保护少数投资者

泰国增强了对少数投资者的保护,使其在与利益相关方发生不公平交易时起诉董事变得更为便利,增强股东在公司重大决策中的权利及所发挥的作用,并明晰所有权和管控结构。

√纳税

泰国推出了一项基于风险的自动系统,以选择公司进行税务审计,从而提高了纳税便利度。该国还降低了财产转让税率,从而减轻了纳税成本。

√执行合同

泰国推出了一个系统,允许用户通过电子方式支付诉讼费,从而提高了执行合同的便利度。此外,该国还通过提高执法程序的自动化程度和效率,降低了执法次数。

√办理破产

泰国通过改变重组计划的投票程序,提高了办理破产的便利度。

多哥

√获得信贷

多哥成立了新的征信机构,借此拓宽了获得信贷信息的渠道。

特立尼达和多巴哥

×纳税

特立尼达和多巴哥通过提高环境税税率以及雇主所需支付的社会保障缴款比例,增加了纳税成本。

突尼斯

×纳税

突尼斯针对企业所得税推出了一项新的额外税,从而增加了纳税成本。

土耳其

√登记财产

土耳其通过降低财产转让成本,提高了登记财产的便利度。

√获得信贷

土耳其通过了一项新的法律,成立了一个统一的担保登记机构,同时允许对担保品进行庭外执行,从而拓宽了获得信贷的渠道。土耳其还通过了一项有关个人数据保护的法律,从而改善了征信系统。

×办理破产

土耳其暂停了对在紧急状态发生之前和发生之时所推出的破产程序的推迟申请,从而增加了办理破产的难度。

乌干达

√跨境贸易

乌干达允许企业提交电子单证并通过电子方式办理原产地证明,同时进一步开发马拉巴一站式边防哨所,由此缩短了出口单证合规审查和边界合规审查的时间。

乌克兰

√办理施工许可证

乌克兰通过降低费用,提高了办理施工许可证的便利度。

√保护少数投资者

乌克兰要求对关联方交易立即进行详尽的公开披露,从而加强了对少数投资者的保护。

√纳税

乌克兰通过降低统一社会保险税税率,提高了纳税便利度。

阿联酋

√办理施工许可证

阿联酋对审核图纸的专业人员提高了资格要求,从而加强了建筑质量控制。该国还取消了一项手续,从而缩短了取得施工许可证的时间,并降低了相关成本。

√获得电力

阿联酋简化了电力并网流程,同时不再要求客户为了获得外部工程而与电力公司进行互动,从而提高了获得电力供应的便利度。该国还取消了150kVA以下电力并网的保证金支付要求,从而降低了获得电力供应的成本。

√获得信贷

阿联酋通过向银行和金融机构提供消费者信用评分,拓宽了获得信贷信息的渠道。

√办理破产

阿联酋通过一项破产法律,推出重组程序,并促进债务人在破产程序开始后继续开展业务,这提高了办理破产的便利度。

美国

劳动力市场监管

美国(洛杉矶)延长了每年带薪病假的最长天数。

乌拉圭

×开办企业

乌拉圭提高了用于支付政府费用的官方纳税单位的价值,同时提高了公司注册费用,从而增加了企业开办的成本。

√纳税

乌拉圭改进了用于纳税申报和支付的在线门户网站,并强制要求采用电子付款方式,从而提高了纳税的便利度。

乌兹别克斯坦

√ 开办企业

乌兹别克斯坦推出了一个新的营业登记平台，将名称认证作为首要步骤，从而提高了开办企业的便利度。

√ 办理施工许可证

乌兹别克斯坦简化了不同机构对地块分配的批准流程，从而提高了办理施工许可证的便利度。

√ 获得电力

乌兹别克斯坦电力公司推出了一项"交钥匙服务"，可完成所有与电力并网相关的服务，其中包括外部连接的设计和实施，从而简化了接入电网的流程。

√ 保护少数投资者

乌兹别克斯坦通过提高公司透明度方面的要求，增强了对少数投资者的保护。

√ 纳税

乌兹别克斯坦推出了一个电子系统，用于增值税、土地税、统一社会保险、企业所得税、基础设施开发税、环境税、个人养老金以及累积型养老金的申报和支付，从而提高了纳税便利度，并降低了成本。然而，土地税税率的提高却增加了纳税成本。

委内瑞拉

× 开办企业

委内瑞拉提高了在营业登记的过程中所收取的几项费用，从而增加了开办企业的成本。此外，律师费和出版成本也有所增加。

越南

√ 获得电力

越南推出了监测控制和数据采集（SCADA）自动化能源管理系统，用于停电的监控以及服务恢复，从而提高了电力供应的可靠性。

√ 获得信贷

越南通过了一部新的民事法典，扩大了可用作担保品的资产范围，从而拓宽了获取信贷的渠道。

√ 纳税

越南废除了为期12个月的法定增值税抵免结转期，并推出了一个在线平台用于申报社会保障税，从而提高了纳税的便利度。

√ 跨境贸易

越南升级了其货物自动清关系统，并延长了海关部门的工作时间，从而提高了进出口的便利度。

√ 执行合同

越南通过了一部新的民事诉讼法，并出台了一部对自愿调解给出统一规定的法律，从而提高了合同执行的便利度。

约旦河西岸和加沙

√ 获得信贷

约旦河西岸和加沙出台了一部新的有关担保交易的法律，并成立了一个新的担保登记机构，从而拓宽了获取信贷的渠道。新法要求推出功能完善的担保交易制度。该法还允许对单一资产类别、债务和义务分别进行简单描述。担保登记机构是基于通知操作的现代化机构，不因地域的不同而不同，并且可通过债务人的唯一标识符进行检索。新法确定了破产程序外的担保债权人所享有的优先权，并允许庭外执行。

赞比亚

√ 获得信贷

赞比亚通过了一部新的动产法案，并成立了一个新的担保登记机构，从而拓宽了获得信贷的渠道。新法要求推出功能完善的担保交易制度。担保登记机构是基于通知操作的现代化机构，不因地域的不同而不同，并且可通过债务人的唯一标识符进行检索。

√ 纳税

赞比亚通过建立在线税务申报和支付平台，提高了纳税的便利度，并通过降低财产转让税税率，降低了纳税成本。

√ 跨境贸易

赞比亚推出了一个基于网络的海关数据平台ASYCUDA World，从而提高了进出口的便利度。

津巴布韦

√ 开办企业

津巴布韦取消了公布营业执照申请的要求，从而提高了开办企业的便利度。

× 获得信贷

津巴布韦设立了新的信用信息登记机构，借此拓宽了获得信贷信息的渠道。不过，信用评分的中止却减少了获得信贷信息的渠道。

国别（地区）表格

√ 改革使营商更加便利　　× 改革增加营商难度

阿富汗		南亚		人均国民收入（美元）	580
营商环境便利度排名（1—190）	183	前沿距离总分（0—100）	36.19	人口	34656032
× 开办企业（排名）	107	获得信贷（排名）	105	跨境贸易（排名）	175
开办企业前沿距离分数（0—100）	84.28	获得信贷前沿距离分数（0—100）	45.00	跨境贸易前沿距离分数（0—100）	30.63
办理手续（项）	3.5	合法权利力度指数（0—12）	9	出口所需时间	
办理时间（天）	7.5	信贷信息深度指数（0—8）	0	单证合规时间（小时）	228
费用（占人均收入的百分比）	82.3	信用局覆盖率	0.0	边界合规时间（小时）	48
最低实缴资本（占人均收入的百分比）	0.0	信贷登记机构覆盖率（占成年人口的百分比）	1.0	出口费用	
				单证合规费用（美元）	344
办理施工许可证（排名）	185	保护少数投资者（排名）	189	边界合规费用（美元）	453
办理施工许可证前沿距离分数（0—100）	22.54	保护少数投资者前沿距离分数（0—100）	10.00	进口所需时间	
办理手续（项）	13	信息披露指数（0—10）	1	单证合规时间（小时）	324
办理时间（天）	354	董事责任指数（0—10）	1	边界合规时间（小时）	96
费用（占库房价值的百分比）	89.8	股东诉讼便利度指数（0—10）	3	进口费用	
建筑质量控制指数（0—15）	2.5	股东权利指数（0—10）	0	单证合规费用（美元）	900
		所有权和管理控制指数（0—10）	0	边界合规费用（美元）	750
获得电力（排名）	163	公司透明度指数（0—10）	1		
获得电力前沿距离分数（0—100）	44.58			执行合同（排名）	181
办理手续（项）	6	纳税（排名）	176	执行合同前沿距离分数（0—100）	31.76
办理时间（天）	114	纳税前沿距离分数（0—100）	41.97	时间（天）	1642
费用（占人均收入的百分比）	2426.7	纳税次数（次/年）	19	费用（占索赔额的百分比）	29.0
供电可靠性和电费透明度指数（0—8）	0	所需时间（小时/年）	275	司法程序质量指数（0—18）	5.0
		总税率和强制性派款率（占利润的百分比）	71.4		
登记财产（排名）	186	报税后流程指标（0—100）	0.00	办理破产（排名）	161
登记财产前沿距离分数（0—100）	27.50			办理破产前沿距离分数（0—100）	23.62
办理手续（项）	9			时间（年）	2.0
办理时间（天）	250			费用（占资产价值的百分比）	25.0
费用（占财产价值的百分比）	5.0			债务回收率（美分/美元）	26.5
土地管理系统质量指数（0—30）	3.0			破产框架力度指数（0—16）	3.0

阿尔巴尼亚		欧洲和中亚		人均国民收入（美元）	4250
营商环境便利度排名（1—190）	65	前沿距离总分（0—100）	68.70	人口	2876101
开办企业（排名）	45 √	获得信贷（排名）	42	跨境贸易（排名）	24
开办企业前沿距离分数（0—100）	91.49	获得信贷前沿距离分数（0—100）	70.00	跨境贸易前沿距离分数（0—100）	96.29
办理手续（项）	5	合法权利力度指数（0—12）	8	出口所需时间	
办理时间（天）	5	信贷信息深度指数（0—8）	6	单证合规时间（小时）	6
费用（占人均收入的百分比）	12.0	信用局覆盖率	0.0	边界合规时间（小时）	9
最低实缴资本（占人均收入的百分比）	0.0	信贷登记机构覆盖率（占成年人口的百分比）	51.6	出口费用	
				单证合规费用（美元）	10
办理施工许可证（排名）	106	保护少数投资者（排名）	20	边界合规费用（美元）	55
办理施工许可证前沿距离分数（0—100）	66.27	保护少数投资者前沿距离分数（0—100）	71.67	进口所需时间	
办理手续（项）	17	信息披露指数（0—10）	9	单证合规时间（小时）	8
办理时间（天）	220	董事责任指数（0—10）	7	边界合规时间（小时）	10
费用（占库房价值的百分比）	3.5	股东诉讼便利度指数（0—10）	7	进口费用	
建筑质量控制指数（0—15）	13.0	股东权利指数（0—10）	6	单证合规费用（美元）	10
		所有权和管理控制指数（0—10）	6	边界合规费用（美元）	77
获得电力（排名）	157	公司透明度指数（0—10）	8		
获得电力前沿距离分数（0—100）	48.31			执行合同（排名）	120
办理手续（项）	6	纳税（排名）	125	执行合同前沿距离分数（0—100）	53.66
办理时间（天）	134	纳税前沿距离分数（0—100）	63.94	时间（天）	525
费用（占人均收入的百分比）	513.0	纳税次数（次/年）	35	费用（占索赔额的百分比）	34.9
供电可靠性和电费透明度指数（0—8）	0	所需时间（小时/年）	261	司法程序质量指数（0—18）	6.0
		总税率和强制性派款率（占利润的百分比）	37.3		

续表　　　　　　　　　　　　　　　　　　　　　　　　　　√ 改革使营商更加便利　　× 改革增加营商难度

指标	值	指标	值	指标	值
登记财产（排名）	103	报税后流程指标（0—100）	57.61	办理破产（排名）	41
登记财产前沿距离分数（0—100）	59.28			办理破产前沿距离分数（0—100）	66.13
办理手续（项）	6			时间（年）	2.0
办理时间（天）	19			费用（占资产价值的百分比）	10.0
费用（占财产价值的百分比）	9.6			债务回收率（美分/美元）	41.6
土地管理系统质量指数（0—30）	15.5			破产框架力度指数（0—16）	14.0

阿尔及利亚　　　中东和北非　　　人均国民收入（美元） 4270

指标	值	指标	值	指标	值
营商环境便利度排名（1—190）	166	前沿距离总分（0—100）	46.71	人口	40606052
开办企业（排名）	145	获得信贷（排名）	177 √	跨境贸易（排名）	181
开办企业前沿距离分数（0—100）	77.54	获得信贷前沿距离分数（0—100）	10.00	跨境贸易前沿距离分数（0—100）	24.15
办理手续（项）	12	合法权利力度指数（0—12）	2	出口所需时间	
办理时间（天）	20	信贷信息深度指数（0—8）	0	单证合规时间（小时）	149
费用（占人均收入的百分比）	11.1	信用局覆盖率	0.0	边界合规时间（小时）	118
最低实缴资本（占人均收入的百分比）	0.0	信贷登记机构覆盖率（占成年人口的百分比）	2.9	出口费用	
			170	单证合规费用（美元）	374
办理施工许可证（排名）	146	保护少数投资者（排名）	33.33	边界合规费用（美元）	593
办理施工许可证前沿距离分数（0—100）	58.89	保护少数投资者前沿距离分数（0—100）	4	进口所需时间	
办理手续（项）	19	信息披露指数（0—10）	1	单证合规时间（小时）	249
办理时间（天）	146	董事责任指数（0—10）	5	边界合规时间（小时）	327
费用（占库房价值的百分比）	8.1	股东诉讼便利度指数（0—10）	3	进口费用	
建筑质量控制指数（0—15）	10.0	股东权利指数（0—10）	4	单证合规费用（美元）	400
		所有权和管理控制指数（0—10）	3	边界合规费用（美元）	466
		公司透明度指数（0—10）			
获得电力（排名）	120			执行合同（排名）	103
获得电力前沿距离分数（0—100）	60.56	纳税（排名）	157	执行合同前沿距离分数（0—100）	55.49
办理手续（项）	5	纳税前沿距离分数（0—100）	54.11	时间（天）	630
办理时间（天）	180	纳税次数（次/年）	27	费用（占索赔额的百分比）	19.9
费用（占人均收入的百分比）	1335.3	所需时间（小时/年）	265	司法程序质量指数（0—18）	5.5
供电可靠性和电费透明度指数（0—8）	5	总税率和强制性派款率（占利润的百分比）	65.6		
		报税后流程指标（0—100）	49.77	办理破产（排名）	71
登记财产（排名）	163			办理破产前沿距离分数（0—100）	49.24
登记财产前沿距离分数（0—100）	43.83			时间（年）	1.3
办理手续（项）	10			费用（占资产价值的百分比）	7.0
办理时间（天）	55			债务回收率（美分/美元）	50.8
费用（占财产价值的百分比）	7.1			破产框架力度指数（0—16）	7.0
土地管理系统质量指数（0—30）	7.0				

安哥拉　　　撒哈拉以南非洲　　　人均国民收入（美元） 3440

指标	值	指标	值	指标	值
营商环境便利度排名（1—190）	175	前沿距离总分（0—100）	41.49	人口	28813463
开办企业（排名）	134	获得信贷（排名）	183	跨境贸易（排名）	180
开办企业前沿距离分数（0—100）	80.09	获得信贷前沿距离分数（0—100）	5.00 √	跨境贸易前沿距离分数（0—100）	25.28
办理手续（项）	7	合法权利力度指数（0—12）	1	出口所需时间	
办理时间（天）	36	信贷信息深度指数（0—8）	0	单证合规时间（小时）	169
费用（占人均收入的百分比）	17.4	信用局覆盖率	0.0	边界合规时间（小时）	192
最低实缴资本（占人均收入的百分比）	0.0	信贷登记机构覆盖率（占成年人口的百分比）	1.9	出口费用	
				单证合规费用（美元）	240
√ 办理施工许可证（排名）	80	保护少数投资者（排名）	81	边界合规费用（美元）	825
办理施工许可证前沿距离分数（0—100）	68.80	保护少数投资者前沿距离分数（0—100）	55.00	进口所需时间	
办理手续（项）	10	信息披露指数（0—10）	4	单证合规时间（小时）	180
办理时间（天）	173	董事责任指数（0—10）	6	边界合规时间（小时）	96
费用（占库房价值的百分比）	0.5	股东诉讼便利度指数（0—10）	6	进口费用	
建筑质量控制指数（0—15）	6.0	股东权利指数（0—10）	7	单证合规费用（美元）	460
		所有权和管理控制指数（0—10）	6	边界合规费用（美元）	1030
		公司透明度指数（0—10）	4		
√ 获得电力（排名）	165	纳税（排名）	103	执行合同（排名）	186
获得电力前沿距离分数（0—100）	44.08	纳税前沿距离分数（0—100）	69.54	执行合同前沿距离分数（0—100）	26.26
办理手续（项）	7	纳税次数（次/年）	31	时间（天）	1296
办理时间（天）	121			费用（占索赔额的百分比）	44.4
费用（占人均收入的百分比）	990.1				

续表　　　　　　　　　　　　　　　　　　　　　　　　　　　√ 改革使营商更加便利　　× 改革增加营商难度

供电可靠性和电费透明度指数（0—8）	0	所需时间（小时/年）	287	司法程序质量指数（0—18）	4.5
登记财产（排名）	172	总税率和强制性派款率（占利润的百分比）	49.1		
登记财产前沿距离分数（0—100）	40.86	报税后流程指标（0—100）	94.95	办理破产（排名）	168
办理手续（项）	7			办理破产前沿距离分数（0—100）	0.00
办理时间（天）	190			时间（年）	无实践
费用（占财产价值的百分比）	2.9			费用（占资产价值的百分比）	无实践
土地管理系统质量指数（0—30）	7.0			债务回收率（美分/美元）	0.0
				破产框架力度指数（0—16）	0.0

安提瓜和巴布达　　　　　　**拉丁美洲和加勒比地区**　　　　　　人均国民收入（美元）　　13400

营商环境便利度排名（1—190）　107　　前沿距离总分（0—100）　59.63　　人口　100963

开办企业（排名）	126	获得信贷（排名）	159	跨境贸易（排名）	101
开办企业前沿距离分数（0—100）	81.69	获得信贷前沿距离分数（0—100）	25.00	跨境贸易前沿距离分数（0—100）	68.73
办理手续（项）	9	合法权利力度指数（0—12）	5	出口所需时间	
办理时间（天）	22	信贷信息深度指数（0—8）	0	单证合规时间（小时）	51
费用（占人均收入的百分比）	9.1	信用局覆盖率	0.0	边界合规时间（小时）	61
最低实缴资本（占人均收入的百分比）	0.0	信贷登记机构覆盖率（占成年人口的百分比）	0.0	出口费用	
				单证合规费用（美元）	121
办理施工许可证（排名）	99	保护少数投资者（排名）	96	边界合规费用（美元）	546
办理施工许可证前沿距离分数（0—100）	67.09	保护少数投资者前沿距离分数（0—100）	51.67	进口所需时间	
办理手续（项）	19	信息披露指数（0—10）	4	单证合规时间（小时）	48
办理时间（天）	135	董事责任指数（0—10）	8	边界合规时间（小时）	61
费用（占库房价值的百分比）	0.8	股东诉讼便利度指数（0—10）	8	进口费用	
建筑质量控制指数（0—15）	9.0	股东权利指数（0—10）	4	单证合规费用（美元）	100
		所有权和管理控制指数（0—10）	4	边界合规费用（美元）	546
获得电力（排名）	39	公司透明度指数（0—10）	3		
获得电力前沿距离分数（0—100）	83.50			执行合同（排名）	33
办理手续（项）	4	纳税（排名）	144	执行合同前沿距离分数（0—100）	68.11
办理时间（天）	42	纳税前沿距离分数（0—100）	58.69	时间（天）	476
费用（占人均收入的百分比）	114.9	纳税次数（次/年）	57	费用（占索赔额的百分比）	27.1
供电可靠性和电费透明度指数（0—8）	5	所需时间（小时/年）	192	司法程序质量指数（0—18）	11.5
		总税率和强制性派款率（占利润的百分比）	41.9		
√ 登记财产（排名）	118	报税后流程指标（0—100）	69.40	办理破产（排名）	128
登记财产前沿距离分数（0—100）	56.61			办理破产前沿距离分数（0—100）	35.26
办理手续（项）	7			时间（年）	3.0
办理时间（天）	32			费用（占资产价值的百分比）	7.0
费用（占财产价值的百分比）	10.8			债务回收率（美分/美元）	36.5
土地管理系统质量指数（0—30）	19.0			破产框架力度指数（0—16）	5.0

阿根廷　　　　　　**拉丁美洲和加勒比地区**　　　　　　人均国民收入（美元）　　11960

营商环境便利度排名（1—190）　117　　前沿距离总分（0—100）　58.11　　人口　43847430

开办企业（排名）	157	获得信贷（排名）	77	跨境贸易（排名）	116
开办企业前沿距离分数（0—100）	75.15	获得信贷前沿距离分数（0—100）	55.00	跨境贸易前沿距离分数（0—100）	65.36
办理手续（项）	13	合法权利力度指数（0—12）	3	出口所需时间	
办理时间（天）	24	信贷信息深度指数（0—8）	8	单证合规时间（小时）	30
费用（占人均收入的百分比）	10.4	信用局覆盖率	80.0	边界合规时间（小时）	21
最低实缴资本（占人均收入的百分比）	0.0	信贷登记机构覆盖率（占成年人口的百分比）	44.8	出口费用	
				单证合规费用（美元）	60
× 办理施工许可证（排名）	171	保护少数投资者（排名）	43	边界合规费用（美元）	150
办理施工许可证前沿距离分数（0—100）	49.27	保护少数投资者前沿距离分数（0—100）	63.33	进口所需时间	
办理手续（项）	22	信息披露指数（0—10）	7	单证合规时间（小时）	192
办理时间（天）	347	董事责任指数（0—10）	2	边界合规时间（小时）	60
费用（占库房价值的百分比）	3.1	股东诉讼便利度指数（0—10）	6	进口费用	
建筑质量控制指数（0—15）	11.0	股东权利指数（0—10）	9	单证合规费用（美元）	120
		所有权和管理控制指数（0—10）	7	边界合规费用（美元）	1200
获得电力（排名）	95	公司透明度指数（0—10）	7		
获得电力前沿距离分数（0—100）	70.01			执行合同（排名）	102

续表　　　　　　　　　　　　　　　　　　　　　　　　　　　√ 改革使营商更加便利　　× 改革增加营商难度

办理手续（项）	6	纳税（排名）	169	执行合同前沿距离分数（0—100）	55.66
办理时间（天）	92	纳税前沿距离分数（0—100）	49.34	时间（天）	995
费用（占人均收入的百分比）	24.5	纳税次数（次/年）	9	费用（占索赔额的百分比）	22.5
供电可靠性和电费透明度指数（0—8）	5	所需时间（小时/年）	311.5	司法程序质量指数（0—18）	11.5
		总税率和强制性派款率（占利润的百分比）	106.0		
登记财产（排名）	117	报税后流程指标（0—100）	47.94	办理破产（排名）	101
登记财产前沿距离分数（0—100）	56.75			办理破产前沿距离分数（0—100）	41.24
办理手续（项）	7			时间（年）	2.4
办理时间（天）	51.5			费用（占资产价值的百分比）	16.5
费用（占财产价值的百分比）	6.6			债务回收率（美分/美元）	21.5
土地管理系统质量指数（0—30）	13.5			破产框架力度指数（0—16）	9.5

亚美尼亚　　　　　　　　　　　　　　欧洲和中亚　　　　　　　　　　　　　　　人均国民收入（美元）　3760

营商环境便利度排名（1—190）	47	前沿距离总分（0—100）	72.51	人口	2924816
开办企业（排名）	15	获得信贷（排名）	42	跨境贸易（排名）	52
开办企业前沿距离分数（0—100）	94.47	获得信贷前沿距离分数（0—100）	70.00	跨境贸易前沿距离分数（0—100）	86.45
办理手续（项）	4	合法权利力度指数（0—12）	6	出口所需时间	
办理时间（天）	4.5	信贷信息深度指数（0—8）	8	单证合规时间（小时）	2
费用（占人均收入的百分比）	0.9	信用局覆盖率	77.2	边界合规时间（小时）	39
最低实缴资本（占人均收入的百分比）	0.0	信贷登记机构覆盖率（占成年人口的百分比）	0.0	出口费用	
				单证合规费用（美元）	150
办理施工许可证（排名）	89	保护少数投资者（排名）	62	边界合规费用（美元）	100
办理施工许可证前沿距离分数（0—100）	67.99	保护少数投资者前沿距离分数（0—100）	58.33	进口所需时间	
办理手续（项）	19	信息披露指数（0—10）	5	单证合规时间（小时）	2
办理时间（天）	98	董事责任指数（0—10）	6	边界合规时间（小时）	41
费用（占库房价值的百分比）	0.9	股东诉讼便利度指数（0—10）	8	进口费用	
建筑质量控制指数（0—15）	8.0	股东权利指数（0—10）	7	单证合规费用（美元）	100
		所有权和管理控制指数（0—10）	2	边界合规费用（美元）	100
		公司透明度指数（0—10）	7		
√ 获得电力（排名）	66			执行合同（排名）	47
获得电力前沿距离分数（0—100）	78.53	纳税（排名）	87	执行合同前沿距离分数（0—100）	66.00
办理手续（项）	3	纳税前沿距离分数（0—100）	72.49	时间（天）	570
办理时间（天）	127	纳税次数（次/年）	14	费用（占索赔额的百分比）	16.0
费用（占人均收入的百分比）	78.9	所需时间（小时/年）	313	司法程序质量指数（0—18）	9.5
供电可靠性和电费透明度指数（0—8）	5	总税率和强制性派款率（占利润的百分比）	18.5		
		报税后流程指标（0—100）	49.08	办理破产（排名）	97
√ 登记财产（排名）	13			办理破产前沿距离分数（0—100）	43.01
登记财产前沿距离分数（0—100）	87.78			时间（年）	1.9
办理手续（项）	3			费用（占资产价值的百分比）	11.0
办理时间（天）	7			债务回收率（美分/美元）	36.4
费用（占财产价值的百分比）	0.2			破产框架力度指数（0—16）	7.5
土地管理系统质量指数（0—30）	21.5				

澳大利亚　　　　　　　　　　　　　　经合组织高收入国家　　　　　　　　　　　人均国民收入（美元）　54420

营商环境便利度排名（1—190）	14	前沿距离总分（0—100）	80.14	人口	24127159
开办企业（排名）	7	获得信贷（排名）	6	跨境贸易（排名）	95
开办企业前沿距离分数（0—100）	96.47	获得信贷前沿距离分数（0—100）	90.00	跨境贸易前沿距离分数（0—100）	70.65
办理手续（项）	3	合法权利力度指数（0—12）	11	出口所需时间	
办理时间（天）	2.5	信贷信息深度指数（0—8）	7	单证合规时间（小时）	7
费用（占人均收入的百分比）	0.7	信用局覆盖率	100.0	边界合规时间（小时）	36
最低实缴资本（占人均收入的百分比）	0.0	信贷登记机构覆盖率（占成年人口的百分比）	0.0	出口费用	
				单证合规费用（美元）	264
办理施工许可证（排名）	6	保护少数投资者（排名）	57	边界合规费用（美元）	749
办理施工许可证前沿距离分数（0—100）	84.39	保护少数投资者前沿距离分数（0—100）	60.00	进口所需时间	
办理手续（项）	11	信息披露指数（0—10）	8	单证合规时间（小时）	4
办理时间（天）	121	董事责任指数（0—10）	2	边界合规时间（小时）	39
费用（占库房价值的百分比）	0.9	股东诉讼便利度指数（0—10）	8	进口费用	
建筑质量控制指数（0—15）	14.0	股东权利指数（0—10）	5	单证合规费用（美元）	100

续表　　　　　　　　　　　　　　　　　　　　　　　　　　　　　　　　　　√ 改革使营商更加便利　　× 改革增加营商难度

获得电力（排名）	47	所有权和管理控制指数（0—10）	4	边界合规费用（美元）	525
获得电力前沿距离分数（0—100）	82.31	公司透明度指数（0—10）	9	执行合同（排名）	3
办理手续（项）	5	纳税（排名）	26	执行合同前沿距离分数（0—100）	79.00
办理时间（天）	75	纳税前沿距离分数（0—100）	85.62	时间（天）	402
费用（占人均收入的百分比）	12.4	纳税次数（次/年）	11	费用（占索赔额的百分比）	23.2
供电可靠性和电费透明度指数（0—8）	7	所需时间（小时/年）	105	司法程序质量指数（0—18）	15.5
		总税率和强制性派款率（占利润的百分比）	47.5		
登记财产（排名）	51	报税后流程指标（0—100）	95.34	办理破产（排名）	18
登记财产前沿距离分数（0—100）	74.17			办理破产前沿距离分数（0—100）	78.79
办理手续（项）	5			时间（年）	1.0
办理时间（天）	4.5			费用（占资产价值的百分比）	8.0
费用（占财产价值的百分比）	5.2			债务回收率（美分/美元）	82.5
土地管理系统质量指数（0—30）	20.0			破产框架力度指数（0—16）	11.0

奥地利		经合组织高收入国家		人均国民收入（美元）	45230
营商环境便利度排名（1—190）	22	前沿距离总分（0—100）	78.54	人口	8747358
开办企业（排名）	118	获得信贷（排名）	77	跨境贸易（排名）	1
开办企业前沿距离分数（0—100）	83.13	获得信贷前沿距离分数（0—100）	55.00	跨境贸易前沿距离分数（0—100）	100.00
办理手续（项）	8	合法权利力度指数（0—12）	4	出口所需时间	
办理时间（天）	21	信贷信息深度指数（0—8）	7	单证合规时间（小时）	1
费用（占人均收入的百分比）	5.1	信用局覆盖率	52.8	边界合规时间（小时）	0
最低实缴资本（占人均收入的百分比）	12.5	信贷登记机构覆盖率（占成年人口的百分比）	2.2	出口费用	
办理施工许可证（排名）	42	保护少数投资者（排名）	29	单证合规费用（美元）	0
办理施工许可证前沿距离分数（0—100）	75.00	保护少数投资者前沿距离分数（0—100）	68.33	边界合规费用（美元）	0
办理手续（项）	11	信息披露指数（0—10）	5	进口所需时间	
办理时间（天）	222	董事责任指数（0—10）	5	单证合规时间（小时）	1
费用（占库房价值的百分比）	1.2	股东诉讼便利度指数（0—10）	7	边界合规时间（小时）	0
建筑质量控制指数（0—15）	13.0	股东权利指数（0—10）	7	进口费用	
		所有权和管理控制指数（0—10）	9	单证合规费用（美元）	0
获得电力（排名）	22	公司透明度指数（0—10）	8	边界合规费用（美元）	0
获得电力前沿距离分数（0—100）	87.71	纳税（排名）	39	执行合同（排名）	9
办理手续（项）	5	纳税前沿距离分数（0—100）	83.34	执行合同前沿距离分数（0—100）	75.49
办理时间（天）	23	纳税次数（次/年）	12	时间（天）	397
费用（占人均收入的百分比）	93.5	所需时间（小时/年）	131	费用（占索赔额的百分比）	20.6
供电可靠性和电费透明度指数（0—8）	7	总税率和强制性派款率（占利润的百分比）	51.8	司法程序质量指数（0—18）	13.0
登记财产（排名）	31	报税后流程指标（0—100）	98.54	办理破产（排名）	23
登记财产前沿距离分数（0—100）	79.97			办理破产前沿距离分数（0—100）	77.43
办理手续（项）	3			时间（年）	1.1
办理时间（天）	20.5			费用（占资产价值的百分比）	10.0
费用（占财产价值的百分比）	4.6			债务回收率（美分/美元）	80.0
土地管理系统质量指数（0—30）	23.0			破产框架力度指数（0—16）	11.0

阿塞拜疆		欧洲和中亚		人均国民收入（美元）	4760
营商环境便利度排名（1—190）	57	前沿距离总分（0—100）	70.19	人口	9762274
开办企业（排名）	18 √	获得信贷（排名）	122	跨境贸易（排名）	83
开办企业前沿距离分数（0—100）	94.36	获得信贷前沿距离分数（0—100）	40.00	跨境贸易前沿距离分数（0—100）	73.56
办理手续（项）	4	合法权利力度指数（0—12）	2	出口所需时间	
办理时间（天）	4.5	信贷信息深度指数（0—8）	6	单证合规时间（小时）	33
费用（占人均收入的百分比）	1.8	信用局覆盖率	0.0	边界合规时间（小时）	29
最低实缴资本（占人均收入的百分比）	0.0	信贷登记机构覆盖率（占成年人口的百分比）	37.5	出口费用	
办理施工许可证（排名）	161 √	保护少数投资者（排名）	10	单证合规费用（美元）	300
办理施工许可证前沿距离分数（0—100）	54.90	保护少数投资者前沿距离分数（0—100）	75.00	边界合规费用（美元）	214
办理手续（项）	21	信息披露指数（0—10）	10	进口所需时间	
办理时间（天）	242	董事责任指数（0—10）	5	单证合规时间（小时）	38
				边界合规时间（小时）	30

续表　　　　　　　　　　　　　　　　　　　　　　　　　　　　　　　　　　　√ 改革使营商更加便利　× 改革增加营商难度

费用（占库房价值的百分比）	6.8	股东诉讼便利度指数（0—10）	8	进口费用	
建筑质量控制指数（0—15）	12.0	股东权利指数（0—10）	8	单证合规费用（美元）	200
		所有权和管理控制指数（0—10）	6	边界合规费用（美元）	300
获得电力（排名）	**102**	公司透明度指数（0—10）	8		
获得电力前沿距离分数（0—100）	67.98			√ **执行合同（排名）**	**38**
办理手续（项）	7	**纳税（排名）**	**35**	执行合同前沿距离分数（0—100）	67.51
办理时间（天）	69	纳税前沿距离分数（0—100）	84.21	时间（天）	277
费用（占人均收入的百分比）	141.4	纳税次数（次/年）	6	费用（占索赔额的百分比）	18.5
供电可靠性和电费透明度指数（0—8）	5	所需时间（小时/年）	195	司法程序质量指数（0—18）	6.5
		总税率和强制性派款率（占利润的百分比）	39.8	√ **办理破产（排名）**	**47**
登记财产（排名）	**21**	报税后流程指标（0—100）	83.79	办理破产前沿距离分数（0—100）	62.27
登记财产前沿距离分数（0—100）	82.07			时间（年）	1.5
办理手续（项）	3			费用（占资产价值的百分比）	12.0
办理时间（天）	5.5			债务回收率（美分/美元）	40.2
费用（占财产价值的百分比）	0.2			破产框架力度指数（0—16）	13.0
土地管理系统质量指数（0—30）	14.5				

巴哈马		**拉丁美洲和加勒比地区**		**人均国民收入（美元）**	**21020**
营商环境便利度排名（1—190）	119	前沿距离总分（0—100）	57.47	人口	391232
√ **开办企业（排名）**	**108**	**获得信贷（排名）**	**142**	**跨境贸易（排名）**	**157**
开办企业前沿距离分数（0—100）	84.18	获得信贷前沿距离分数（0—100）	30.00	跨境贸易前沿距离分数（0—100）	53.07
办理手续（项）	7	合法权利力度指数（0—12）	6	出口所需时间	
办理时间（天）	21.5	信贷信息深度指数（0—8）	0	单证合规时间（小时）	12
费用（占人均收入的百分比）	13.8	信用局覆盖率	0.0	边界合规时间（小时）	36
最低实缴资本（占人均收入的百分比）	0.0	信贷登记机构覆盖率（占成年人口的百分比）	0.0	出口费用	
				单证合规费用（美元）	550
办理施工许可证（排名）	**86**	**保护少数投资者（排名）**	**129**	边界合规费用（美元）	512
办理施工许可证前沿距离分数（0—100）	68.30	保护少数投资者前沿距离分数（0—100）	45.00	进口所需时间	
办理手续（项）	16	信息披露指数（0—10）	2	单证合规时间（小时）	6
办理时间（天）	180	董事责任指数（0—10）	5	边界合规时间（小时）	51
费用（占库房价值的百分比）	1.0	股东诉讼便利度指数（0—10）	8	进口费用	
建筑质量控制指数（0—15）	10.0	股东权利指数（0—10）	8	单证合规费用（美元）	550
		所有权和管理控制指数（0—10）	1	边界合规费用（美元）	1385
获得电力（排名）	**117**	公司透明度指数（0—10）	3		
获得电力前沿距离分数（0—100）	60.96			**执行合同（排名）**	**74**
办理手续（项）	5	√ **纳税（排名）**	**55**	执行合同前沿距离分数（0—100）	59.43
办理时间（天）	67	纳税前沿距离分数（0—100）	78.09	时间（天）	532
费用（占人均收入的百分比）	124.1	纳税次数（次/年）	31	费用（占索赔额的百分比）	28.9
供电可靠性和电费透明度指数（0—8）	0	所需时间（小时/年）	233	司法程序质量指数（0—18）	8.0
		总税率和强制性派款率（占利润的百分比）	31.5		
登记财产（排名）	**167**	报税后流程指标（0—100）	95.00	**办理破产（排名）**	**64**
登记财产前沿距离分数（0—100）	42.71			办理破产前沿距离分数（0—100）	52.93
办理手续（项）	7			时间（年）	3.0
办理时间（天）	122			费用（占资产价值的百分比）	12.0
费用（占财产价值的百分比）	4.7			债务回收率（美分/美元）	63.5
土地管理系统质量指数（0—30）	3.0			破产框架力度指数（0—16）	6.0

巴林		**中东和北非**		**人均国民收入（美元）**	**22858**
营商环境便利度排名（1—190）	66	前沿距离总分（0—100）	68.13	人口	1425171
开办企业（排名）	**75**	**获得信贷（排名）**	**105**	**跨境贸易（排名）**	**78**
开办企业前沿距离分数（0—100）	87.87	获得信贷前沿距离分数（0—100）	45.00	跨境贸易前沿距离分数（0—100）	75.97
办理手续（项）	7.5	合法权利力度指数（0—12）	1	出口所需时间	
办理时间（天）	9.5	信贷信息深度指数（0—8）	8	单证合规时间（小时）	24
费用（占人均收入的百分比）	1.0	信用局覆盖率	27.8	边界合规时间（小时）	71
最低实缴资本（占人均收入的百分比）	2.9	信贷登记机构覆盖率（占成年人口的百分比）	0.0	出口费用	
				单证合规费用（美元）	100
办理施工许可证（排名）	**47**	**保护少数投资者（排名）**	**108**	边界合规费用（美元）	47

续表　　　　　　　　　　　　　　　　　　　　　　　　　　　　　　　　　✓改革使营商更加便利　　×改革增加营商难度

办理施工许可证前沿距离分数（0—100）	73.73	保护少数投资者前沿距离分数（0—100）	50.00	进口所需时间	
办理手续（项）	11	信息披露指数（0—10）	8	单证合规时间（小时）	84
办理时间（天）	174	董事责任指数（0—10）	4	边界合规时间（小时）	54
费用（占库房价值的百分比）	3.7	股东诉讼便利度指数（0—10）	4	进口费用	
建筑质量控制指数（0—15）	12.0	股东权利指数（0—10）	5	单证合规费用（美元）	130
		所有权和管理控制指数（0—10）	4	边界合规费用（美元）	397
获得电力（排名）	79	公司透明度指数（0—10）	5		
获得电力前沿距离分数（0—100）	74.83			执行合同（排名）	111
办理手续（项）	5　×	纳税（排名）	5	执行合同前沿距离分数（0—100）	54.53
办理时间（天）	85	纳税前沿距离分数（0—100）	93.89	时间（天）	635
费用（占人均收入的百分比）	57.0	纳税次数（次/年）	14	费用（占索赔额的百分比）	14.7
供电可靠性和电费透明度指数（0—8）	5	所需时间（小时/年）	28.5	司法程序质量指数（0—18）	4.0
		总税率和强制性派款率（占利润的百分比）	13.8		
登记财产（排名）	25	报税后流程指标（0—100）	不适用	办理破产（排名）	90
登记财产前沿距离分数（0—100）	81.07			办理破产前沿距离分数（0—100）	44.42
办理手续（项）	2			时间（年）	2.5
办理时间（天）	31			费用（占资产价值的百分比）	9.5
费用（占财产价值的百分比）	1.7			债务回收率（美分/美元）	41.9
土地管理系统质量指数（0—30）	17.5			破产框架力度指数（0—16）	7.0

孟加拉国　　　　　南亚　　　　　人均国民收入（美元）　1330

×　营商环境便利度排名（1—190）	177	前沿距离总分（0—100）	40.99	人口	162951560
开办企业（排名）	131	获得信贷（排名）	159	跨境贸易（排名）	173
开办企业前沿距离分数（0—100）	80.67	获得信贷前沿距离分数（0—100）	25.00	跨境贸易前沿距离分数（0—100）	34.86
办理手续（项）	9	合法权利力度指数（0—12）	5	出口所需时间	
办理时间（天）	19.5	信贷信息深度指数（0—8）	0	单证合规时间（小时）	147
费用（占人均收入的百分比）	22.3	信用局覆盖率	0.0	边界合规时间（小时）	99.7
最低实缴资本（占人均收入的百分比）	0.0	信贷登记机构覆盖率（占成年人口的百分比）	0.9	出口费用	
				单证合规费用（美元）	225
办理施工许可证（排名）	130	保护少数投资者（排名）	76	边界合规费用（美元）	408.2
办理施工许可证前沿距离分数（0—100）	61.97	保护少数投资者前沿距离分数（0—100）	56.67	进口所需时间	
办理手续（项）	14.2	信息披露指数（0—10）	6	单证合规时间（小时）	144
办理时间（天）	269	董事责任指数（0—10）	7	边界合规时间（小时）	183
费用（占库房价值的百分比）	2.4	股东诉讼便利度指数（0—10）	6	进口费用	
建筑质量控制指数（0—15）	10.0	股东权利指数（0—10）	5	单证合规费用（美元）	370
		所有权和管理控制指数（0—10）	4	边界合规费用（美元）	1293.8
获得电力（排名）	185	公司透明度指数（0—10）	6		
获得电力前沿距离分数（0—100）	16.97			执行合同（排名）	189
办理手续（项）	9	纳税（排名）	152	执行合同前沿距离分数（0—100）	22.21
办理时间（天）	428.9	纳税前沿距离分数（0—100）	56.13	时间（天）	1442
费用（占人均收入的百分比）	2602.9	纳税次数（次/年）	33	费用（占索赔额的百分比）	66.8
供电可靠性和电费透明度指数（0—8）	0	所需时间（小时/年）	435	司法程序质量指数（0—18）	7.5
		总税率和强制性派款率（占利润的百分比）	33.4		
登记财产（排名）	185	报税后流程指标（0—100）	44.36	办理破产（排名）	152
登记财产前沿距离分数（0—100）	27.67			办理破产前沿距离分数（0—100）	27.71
办理手续（项）	8			时间（年）	4.0
办理时间（天）	244			费用（占资产价值的百分比）	8.0
费用（占财产价值的百分比）	6.9			债务回收率（美分/美元）	28.3
土地管理系统质量指数（0—30）	4.5			破产框架力度指数（0—16）	4.0

巴巴多斯　　　　　拉丁美洲和加勒比比地区　　　　　人均国民收入（美元）　14830

营商环境便利度排名（1—190）	132	前沿距离总分（0—100）	55.20	人口	284996
开办企业（排名）	99	获得信贷（排名）	133	跨境贸易（排名）	129
开办企业前沿距离分数（0—100）	85.11	获得信贷前沿距离分数（0—100）	35.00	跨境贸易前沿距离分数（0—100）	61.88
办理手续（项）	8	合法权利力度指数（0—12）	7	出口所需时间	
办理时间（天）	15	信贷信息深度指数（0—8）	0	单证合规时间（小时）	54
费用（占人均收入的百分比）	7.6	信用局覆盖率	0.0	边界合规时间（小时）	41

续表 √ 改革使营商更加便利 × 改革增加营商难度

最低实缴资本（占人均收入的百分比）	0.0	信贷登记机构覆盖率（占成年人口的百分比）	0.0	出口费用	
				单证合规费用（美元）	109
办理施工许可证（排名）	155	保护少数投资者（排名）	167	边界合规费用（美元）	350
办理施工许可证前沿距离分数（0—100）	56.63	保护少数投资者前沿距离分数（0—100）	35.00	进口所需时间	
办理手续（项）	9	信息披露指数（0—10）	2	单证合规时间（小时）	74
办理时间（天）	442	董事责任指数（0—10）	2	边界合规时间（小时）	104
费用（占库房价值的百分比）	0.2	股东诉讼便利度指数（0—10）	7	进口费用	
建筑质量控制指数（0—15）	6.5	股东权利指数（0—10）	4	单证合规费用（美元）	146
		所有权和管理控制指数（0—10）	1	边界合规费用（美元）	1585
获得电力（排名）	160	公司透明度指数（0—10）	5		
获得电力前沿距离分数（0—100）	46.36			执行合同（排名）	167
办理手续（项）	8	×纳税（排名）	89	执行合同前沿距离分数（0—100）	38.02
办理时间（天）	88	纳税前沿距离分数（0—100）	71.90	时间（天）	1340
费用（占人均收入的百分比）	64.0	纳税次数（次/年）	29	费用（占索赔额的百分比）	19.7
供电可靠性和电费透明度指数（0—8）	0	所需时间（小时/年）	245	司法程序质量指数（0—18）	6.5
		总税率和强制性派款率（占利润的百分比）	35.3		
登记财产（排名）	133	报税后流程指标（0—100）	74.08	办理破产（排名）	34
登记财产前沿距离分数（0—100）	52.35			办理破产前沿距离分数（0—100）	69.79
办理手续（项）	6			时间（年）	1.8
办理时间（天）	105			费用（占资产价值的百分比）	15.0
费用（占财产价值的百分比）	5.6			债务回收率（美分/美元）	65.8
土地管理系统质量指数（0—30）	11.5			破产框架力度指数（0—16）	11.0
白俄罗斯		**欧洲和中亚**		**人均国民收入（美元）**	5600
营商环境便利度排名（1—190）	38	前沿距离总分（0—100）	75.06	人口	9507120
开办企业（排名）	30	√获得信贷（排名）	90	跨境贸易（排名）	30
开办企业前沿距离分数（0—100）	92.91	获得信贷前沿距离分数（0—100）	50.00	跨境贸易前沿距离分数（0—100）	93.71
办理手续（项）	5	合法权利力度指数（0—12）	3	出口所需时间	
办理时间（天）	5	信贷信息深度指数（0—8）	7	单证合规时间（小时）	4
费用（占人均收入的百分比）	0.6	信用局覆盖率	0.0	边界合规时间（小时）	5
最低实缴资本（占人均收入的百分比）	0.0	信贷登记机构覆盖率（占成年人口的百分比）	72.2	出口费用	
				单证合规费用（美元）	140
办理施工许可证（排名）	22	保护少数投资者（排名）	40	边界合规费用（美元）	108
办理施工许可证前沿距离分数（0—100）	78.34	保护少数投资者前沿距离分数（0—100）	65.00	进口所需时间	
办理手续（项）	16	信息披露指数（0—10）	7	单证合规时间（小时）	4
办理时间（天）	115	董事责任指数（0—10）	2	边界合规时间（小时）	1
费用（占库房价值的百分比）	0.7	股东诉讼便利度指数（0—10）	8	进口费用	
建筑质量控制指数（0—15）	13.0	股东权利指数（0—10）	6	单证合规费用（美元）	0
		所有权和管理控制指数（0—10）	8	边界合规费用（美元）	0
获得电力（排名）	25	公司透明度指数（0—10）	8		
获得电力前沿距离分数（0—100）	86.04			执行合同（排名）	24
办理手续（项）	4	纳税（排名）	96	执行合同前沿距离分数（0—100）	70.36
办理时间（天）	105	纳税前沿距离分数（0—100）	70.81	时间（天）	275
费用（占人均收入的百分比）	110.0	纳税次数（次/年）	7	费用（占索赔额的百分比）	23.4
供电可靠性和电费透明度指数（0—8）	8	所需时间（小时/年）	184	司法程序质量指数（0—18）	9.0
		总税率和强制性派款率（占利润的百分比）	52.9		
登记财产（排名）	5	报税后流程指标（0—100）	50.00	办理破产（排名）	68
登记财产前沿距离分数（0—100）	92.19			办理破产前沿距离分数（0—100）	51.26
办理手续（项）	2			时间（年）	1.5
办理时间（天）	3			费用（占资产价值的百分比）	17.0
费用（占财产价值的百分比）	0.0			债务回收率（美分/美元）	37.2
土地管理系统质量指数（0—30）	23.5			破产框架力度指数（0—16）	10.0
比利时		**经合组织高收入国家**		**人均国民收入（美元）**	41860
营商环境便利度排名（1—190）	52	前沿距离总分（0—100）	71.69	人口	11348159
开办企业（排名）	16	获得信贷（排名）	105	跨境贸易（排名）	1
开办企业前沿距离分数（0—100）	94.43	获得信贷前沿距离分数（0—100）	45.00	跨境贸易前沿距离分数（0—100）	100.00
办理手续（项）	3	合法权利力度指数（0—12）	4	出口所需时间	

续表 √ 改革使营商更加便利　× 改革增加营商难度

办理时间（天）	4	信贷信息深度指数（0—8）	5	单证合规时间（小时）	1
费用（占人均收入的百分比）	5.6	信用局覆盖率	0.0	边界合规时间（小时）	0
最低实缴资本（占人均收入的百分比）	16.8	信贷登记机构覆盖率（占成年人口的百分比）	95.5	出口费用	
办理施工许可证（排名）	**39**	**保护少数投资者（排名）**	**57**	单证合规费用（美元）	0
办理施工许可证前沿距离分数（0—100）	75.36	保护少数投资者前沿距离分数（0—100）	60.00	边界合规费用（美元）	0
办理手续（项）	10	信息披露指数（0—10）	8	进口所需时间	
办理时间（天）	212	董事责任指数（0—10）	6	单证合规时间（小时）	1
费用（占库房价值的百分比）	1.0	股东诉讼便利度指数（0—10）	7	边界合规时间（小时）	0
建筑质量控制指数（0—15）	12.0	股东权利指数（0—10）	4	进口费用	
获得电力（排名）	**103**	所有权和管理控制指数（0—10）	4	单证合规费用（美元）	0
获得电力前沿距离分数（0—100）	67.30	公司透明度指数（0—10）	7	边界合规费用（美元）	0
办理手续（项）	6 √	**纳税（排名）**	**59**	**执行合同（排名）**	**52**
办理时间（天）	201	纳税前沿距离分数（0—100）	77.69	执行合同前沿距离分数（0—100）	64.25
费用（占人均收入的百分比）	101.1	纳税次数（次/年）	11	时间（天）	505
供电可靠性和电费透明度指数（0—8）	8	所需时间（小时/年）	136	费用（占索赔额的百分比）	18.0
登记财产（排名）	**138**	总税率和强制性派款率（占利润的百分比）	57.1	司法程序质量指数（0—18）	8.0
登记财产前沿距离分数（0—100）	51.40	报税后流程指标（0—100）	83.45	**办理破产（排名）**	**11**
办理手续（项）	8			办理破产前沿距离分数（0—100）	81.46
办理时间（天）	56			时间（年）	0.9
费用（占财产价值的百分比）	12.7			费用（占资产价值的百分比）	3.5
土地管理系统质量指数（0—30）	22.5			债务回收率（美分/美元）	84.6
				破产框架力度指数（0—16）	11.5
伯利兹		**拉丁美洲和加勒比地区**		**人均国民收入（美元）**	**4410**
营商环境便利度排名（1—190）	121	前沿距离总分（0—100）	57.11	人口	366954
开办企业（排名）	**161**	**获得信贷（排名）**	**170**	**跨境贸易（排名）**	**104**
开办企业前沿距离分数（0—100）	73.24	获得信贷前沿距离分数（0—100）	20.00	跨境贸易前沿距离分数（0—100）	68.13
办理手续（项）	9	合法权利力度指数（0—12）	4	出口所需时间	
办理时间（天）	43	信贷信息深度指数（0—8）	0	单证合规时间（小时）	38
费用（占人均收入的百分比）	34.6	信用局覆盖率	0.0	边界合规时间（小时）	96
最低实缴资本（占人均收入的百分比）	0.0	信贷登记机构覆盖率（占成年人口的百分比）	0.0	出口费用	
办理施工许可证	**114**	**保护少数投资者（排名）**	**132**	单证合规费用（美元）	28
办理施工许可证前沿距离分数（0—100）	65.28	保护少数投资者前沿距离分数（0—100）	43.33	边界合规费用（美元）	710
办理手续（项）	16	信息披露指数（0—10）	3	进口所需时间	
办理时间（天）	127	董事责任指数（0—10）	4	单证合规时间（小时）	36
费用（占库房价值的百分比）	2.5	股东诉讼便利度指数（0—10）	7	边界合规时间（小时）	48
建筑质量控制指数（0—15）	7.0	股东权利指数（0—10）	6	进口费用	
获得电力（排名）	**83**	所有权和管理控制指数（0—10）	1	单证合规费用（美元）	75
获得电力前沿距离分数（0—100）	72.97	公司透明度指数（0—10）	5	边界合规费用（美元）	688
办理手续（项）	5	**纳税（排名）**	**48**	**执行合同（排名）**	**132**
办理时间（天）	66	纳税前沿距离分数（0—100）	79.90	执行合同前沿距离分数（0—100）	50.11
费用（占人均收入的百分比）	317.7	纳税次数（次/年）	29	时间（天）	892
供电可靠性和电费透明度指数（0—8）	4	所需时间（小时/年）	147	费用（占索赔额的百分比）	27.5
登记财产（排名）	**132**	总税率和强制性派款率（占利润的百分比）	31.1	司法程序质量指数（0—18）	8.0
登记财产前沿距离分数（0—100）	52.42	报税后流程指标（0—100）	85.09	**办理破产（排名）**	**83**
办理手续（项）	9			办理破产前沿距离分数（0—100）	45.74
办理时间（天）	60			时间（年）	2.0
费用（占财产价值的百分比）	4.8			费用（占资产价值的百分比）	22.5
土地管理系统质量指数（0—30）	11.0			债务回收率（美分/美元）	55.9
				破产框架力度指数（0—16）	5.0

贝宁

营商环境便利度排名（1—190）	151
开办企业（排名）	56 ✓
开办企业前沿距离分数（0—100）	90.58
办理手续（项）	5.5
办理时间（天）	8.5
费用（占人均收入的百分比）	3.7
最低实缴资本（占人均收入的百分比）	5.4
✓ 办理施工许可证（排名）	46
办理施工许可证前沿距离分数（0—100）	73.85
办理手续（项）	13
办理时间（天）	88
费用（占库房价值的百分比）	2.9
建筑质量控制指数（0—15）	9.0
获得电力（排名）	174
获得电力前沿距离分数（0—100）	33.84
办理手续（项）	5
办理时间（天）	90
费用（占人均收入的百分比）	12304.6
供电可靠性和电费透明度指数（0—8）	0
✓ 登记财产（排名）	127
登记财产前沿距离分数（0—100）	54.14
办理手续（项）	4
办理时间（天）	120
费用（占财产价值的百分比）	3.5
土地管理系统质量指数（0—30）	6.5

撒哈拉以南非洲

前沿距离总分（0—100）	50.47
获得信贷（排名）	142
获得信贷前沿距离分数（0—100）	30.00
合法权利力度指数（0—12）	6
信贷信息深度指数（0—8）	0
信用局覆盖率	0.0
信贷登记机构覆盖率（占成年人口的百分比）	0.7
保护少数投资者（排名）	146
保护少数投资者前沿距离分数（0—100）	40.00
信息披露指数（0—10）	7
董事责任指数（0—10）	1
股东诉讼便利度指数（0—10）	5
股东权利指数（0—10）	4
所有权和管理控制指数（0—10）	3
公司透明度指数（0—10）	4
纳税（排名）	174
纳税前沿距离分数（0—100）	44.73
纳税次数（次/年）	57
所需时间（小时/年）	270
总税率和强制性派款率（占利润的百分比）	57.4
报税后流程指标（0—100）	49.31

人均国民收入（美元） 820
人口 10872298

跨境贸易（排名）	136
跨境贸易前沿距离分数（0—100）	60.78
出口所需时间	
单证合规时间（小时）	48
边界合规时间（小时）	78
出口费用	
单证合规费用（美元）	80
边界合规费用（美元）	412
进口所需时间	
单证合规时间（小时）	59
边界合规时间（小时）	82
进口费用	
单证合规费用（美元）	529
边界合规费用（美元）	599
执行合同（排名）	170
执行合同前沿距离分数（0—100）	36.34
时间（天）	750
费用（占索赔额的百分比）	64.7
司法程序质量指数（0—18）	6.0
办理破产（排名）	105
办理破产前沿距离分数（0—100）	40.46
时间（年）	4.0
费用（占资产价值的百分比）	21.5
债务回收率（美分/美元）	22.9
破产框架力度指数（0—16）	9.0

不丹

营商环境便利度排名（1—190）	75
✓ 开办企业（排名）	88
开办企业前沿距离分数（0—100）	86.33
办理手续（项）	8
办理时间（天）	12
费用（占人均收入的百分比）	3.9
最低实缴资本（占人均收入的百分比）	0.0
办理施工许可证（排名）	82
办理施工许可证前沿距离分数（0—100）	68.69
办理手续（项）	21
办理时间（天）	150
费用（占库房价值的百分比）	1.1
建筑质量控制指数（0—15）	12.0
获得电力（排名）	56
获得电力前沿距离分数（0—100）	80.36
办理手续（项）	4
办理时间（天）	61
费用（占人均收入的百分比）	461.4
供电可靠性和电费透明度指数（0—8）	5
登记财产（排名）	56
登记财产前沿距离分数（0—100）	73.41
办理手续（项）	3
办理时间（天）	77
费用（占财产价值的百分比）	5.0
土地管理系统质量指数（0—30）	24.0

南亚

前沿距离总分（0—100）	66.27
✓ 获得信贷（排名）	77
获得信贷前沿距离分数（0—100）	55.00
合法权利力度指数（0—12）	4
信贷信息深度指数（0—8）	7
信用局覆盖率	25.9
信贷登记机构覆盖率（占成年人口的百分比）	0.0
✓ 保护少数投资者（排名）	124
保护少数投资者前沿距离分数（0—100）	46.67
信息披露指数（0—10）	4
董事责任指数（0—10）	4
股东诉讼便利度指数（0—10）	6
股东权利指数（0—10）	4
所有权和管理控制指数（0—10）	5
公司透明度指数（0—10）	5
纳税（排名）	17
纳税前沿距离分数（0—100）	88.00
纳税次数（次/年）	18
所需时间（小时/年）	85
总税率和强制性派款率（占利润的百分比）	35.3
报税后流程指标（0—100）	95.50

人均国民收入（美元） 2510
人口 797765

跨境贸易（排名）	26
跨境贸易前沿距离分数（0—100）	94.25
出口所需时间	
单证合规时间（小时）	9
边界合规时间（小时）	5
出口费用	
单证合规费用（美元）	50
边界合规费用（美元）	59
进口所需时间	
单证合规时间（小时）	8
边界合规时间（小时）	5
进口费用	
单证合规费用（美元）	50
边界合规费用（美元）	110
✓ 执行合同（排名）	25
执行合同前沿距离分数（0—100）	69.99
时间（天）	225
费用（占索赔额的百分比）	23.1
司法程序质量指数（0—18）	8.0
办理破产（排名）	168
办理破产前沿距离分数（0—100）	0.00
时间（年）	无实践
费用（占资产价值的百分比）	无实践
债务回收率（美分/美元）	0.0
破产框架力度指数（0—16）	0.0

玻利维亚		拉丁美洲和加勒比地区		人均国民收入（美元）	3070
营商环境便利度排名（1—190）	152	前沿距离总分（0—100）	50.18	人口	10887882
开办企业（排名）	179	获得信贷（排名）	133 ✓	跨境贸易（排名）	89
开办企业前沿距离分数（0—100）	62.95	获得信贷前沿距离分数（0—100）	35.00	跨境贸易前沿距离分数（0—100）	71.59
办理手续（项）	14	合法权利力度指数（0—12）	0	出口所需时间	
办理时间（天）	45	信贷信息深度指数（0—8）	7	单证合规时间（小时）	144
费用（占人均收入的百分比）	54.0	信用局覆盖率	49.8	边界合规时间（小时）	48
最低实缴资本（占人均收入的百分比）	0.0	信贷登记机构覆盖率（占成年人口的百分比）	16.1	出口费用	
				单证合规费用（美元）	25
办理施工许可证（排名）	158	保护少数投资者（排名）	146	边界合规费用（美元）	65
办理施工许可证前沿距离分数（0—100）	55.56	保护少数投资者前沿距离分数（0—100）	40.00	进口所需时间	
办理手续（项）	13	信息披露指数（0—10）	1	单证合规时间（小时）	72
办理时间（天）	322	董事责任指数（0—10）	5	边界合规时间（小时）	114
费用（占库房价值的百分比）	1.4	股东诉讼便利度指数（0—10）	6	进口费用	
建筑质量控制指数（0—15）	7.0	股东权利指数（0—10）	6	单证合规费用（美元）	30
		所有权和管理控制指数（0—10）	2	边界合规费用（美元）	315
获得电力（排名）	101	公司透明度指数（0—10）	4		
获得电力前沿距离分数（0—100）	68.18			执行合同（排名）	109
办理手续（项）	8	纳税（排名）	186	执行合同前沿距离分数（0—100）	54.65
办理时间（天）	42	纳税前沿距离分数（0—100）	21.62	时间（天）	591
费用（占人均收入的百分比）	689.0	纳税次数（次/年）	42	费用（占索赔额的百分比）	25.0
供电可靠性和电费透明度指数（0—8）	6	所需时间（小时/年）	1025	司法程序质量指数（0—18）	5.5
		总税率和强制性派款率（占利润的百分比）	83.7		
登记财产（排名）	144	报税后流程指标（0—100）	50.00	办理破产（排名）	99
登记财产前沿距离分数（0—100）	49.89			办理破产前沿距离分数（0—100）	42.32
办理手续（项）	7			时间（年）	1.8
办理时间（天）	90			费用（占资产价值的百分比）	14.5
费用（占财产价值的百分比）	4.7			债务回收率（美分/美元）	40.9
土地管理系统质量指数（0—30）	7.0			破产框架力度指数（0—16）	6.5

波黑		欧洲和中亚		人均国民收入（美元）	4880
营商环境便利度排名（1—190）	86	前沿距离总分（0—100）	64.20	人口	3516816
开办企业（排名）	175	获得信贷（排名）	55	跨境贸易（排名）	37
开办企业前沿距离分数（0—100）	65.91	获得信贷前沿距离分数（0—100）	65.00	跨境贸易前沿距离分数（0—100）	91.87
办理手续（项）	12	合法权利力度指数（0—12）	7	出口所需时间	
办理时间（天）	65	信贷信息深度指数（0—8）	6	单证合规时间（小时）	4
费用（占人均收入的百分比）	7.7	信用局覆盖率	12.1	边界合规时间（小时）	5
最低实缴资本（占人均收入的百分比）	12.0	信贷登记机构覆盖率（占成年人口的百分比）	41.5	出口费用	
				单证合规费用（美元）	92
办理施工许可证（排名）	166	保护少数投资者（排名）	62	边界合规费用（美元）	106
办理施工许可证前沿距离分数（0—100）	51.77	保护少数投资者前沿距离分数（0—100）	58.33	进口所需时间	
办理手续（项）	16	信息披露指数（0—10）	3	单证合规时间（小时）	8
办理时间（天）	193	董事责任指数（0—10）	6	边界合规时间（小时）	6
费用（占库房价值的百分比）	17.5	股东诉讼便利度指数（0—10）	5	进口费用	
建筑质量控制指数（0—15）	13.0	股东权利指数（0—10）	8	单证合规费用（美元）	97
		所有权和管理控制指数（0—10）	6	边界合规费用（美元）	109
获得电力（排名）	122	公司透明度指数（0—10）	7		
获得电力前沿距离分数（0—100）	60.18			执行合同（排名）	71
办理手续（项）	8	纳税（排名）	137	执行合同前沿距离分数（0—100）	59.67
办理时间（天）	125	纳税前沿距离分数（0—100）	60.43	时间（天）	595
费用（占人均收入的百分比）	357.7	纳税次数（次/年）	33	费用（占索赔额的百分比）	36.0
供电可靠性和电费透明度指数（0—8）	6	所需时间（小时/年）	411	司法程序质量指数（0—18）	10.5
		总税率和强制性派款率（占利润的百分比）	23.7		
登记财产（排名）	97	报税后流程指标（0—100）	47.68	办理破产（排名）	40
登记财产前沿距离分数（0—100）	61.56			办理破产前沿距离分数（0—100）	67.28
办理手续（项）	7			时间（年）	3.3
办理时间（天）	24			费用（占资产价值的百分比）	9.0
费用（占财产价值的百分比）	5.2			债务回收率（美分/美元）	37.9
土地管理系统质量指数（0—30）	12.5			破产框架力度指数（0—16）	15.0

博茨瓦纳		撒哈拉以南非洲		人均国民收入（美元）	6610
营商环境便利度排名（1—190）	81	前沿距离总分（0—100）	64.94	人口	2250260
开办企业（排名）	153	获得信贷（排名）	77 ✓	跨境贸易（排名）	50
开办企业前沿距离分数（0—100）	76.22	获得信贷前沿距离分数（0—100）	55.00	跨境贸易前沿距离分数（0—100）	86.65
办理手续（项）	9	合法权利力度指数（0—12）	5	出口所需时间	
办理时间（天）	48	信贷信息深度指数（0—8）	6	单证合规时间（小时）	18
费用（占人均收入的百分比）	0.7	信用局覆盖率	54.0	边界合规时间（小时）	5
最低实缴资本（占人均收入的百分比）	0.0	信贷登记机构覆盖率（占成年人口的百分比）	0.0	出口费用	
				单证合规费用（美元）	179
办理施工许可证（排名）	59	保护少数投资者（排名）	76	边界合规费用（美元）	317
办理施工许可证前沿距离分数（0—100）	72.27	保护少数投资者前沿距离分数（0—100）	56.67	进口所需时间	
办理手续（项）	19	信息披露指数（0—10）	7	单证合规时间（小时）	3
办理时间（天）	106	董事责任指数（0—10）	8	边界合规时间（小时）	4
费用（占库房价值的百分比）	0.4	股东诉讼便利度指数（0—10）	3	进口费用	
建筑质量控制指数（0—15）	10.5	股东权利指数（0—10）	6	单证合规费用（美元）	67
		所有权和管理控制指数（0—10）	3	边界合规费用（美元）	98
获得电力（排名）	124	公司透明度指数（0—10）	7		
获得电力前沿距离分数（0—100）	59.38			执行合同（排名）	133
办理手续（项）	5 ✓	纳税（排名）	47	执行合同前沿距离分数（0—100）	49.99
办理时间（天）	77	纳税前沿距离分数（0—100）	80.01	时间（天）	660
费用（占人均收入的百分比）	283.8	纳税次数（次/年）	34	费用（占索赔额的百分比）	39.8
供电可靠性和电费透明度指数（0—8）	0	所需时间（小时/年）	120	司法程序质量指数（0—18）	7.0
		总税率和强制性派款率（占利润的百分比）	25.1		
× 登记财产（排名）	81	报税后流程指标（0—100）	82.70	办理破产（排名）	79
登记财产前沿距离分数（0—100）	65.45			办理破产前沿距离分数（0—100）	47.76
办理手续（项）	4			时间（年）	1.7
办理时间（天）	27			费用（占资产价值的百分比）	18.0
费用（占财产价值的百分比）	5.1			债务回收率（美分/美元）	65.5
土地管理系统质量指数（0—30）	10.0			破产框架力度指数（0—16）	4.0

巴西		拉丁美洲和加勒比地区		人均国民收入（美元）	8840
营商环境便利度排名（1—190）	125	前沿距离总分（0—100）	56.45	人口	207652865
开办企业（排名）	176	获得信贷（排名）	105 ✓	跨境贸易（排名）	139
开办企业前沿距离分数（0—100）	65.05	获得信贷前沿距离分数（0—100）	45.00	跨境贸易前沿距离分数（0—100）	59.78
办理手续（项）	11	合法权利力度指数（0—12）	2	出口所需时间	
办理时间（天）	79.5	信贷信息深度指数（0—8）	7	单证合规时间（小时）	12
费用（占人均收入的百分比）	5.0	信用局覆盖率	79.3	边界合规时间（小时）	49
最低实缴资本（占人均收入的百分比）	0.0	信贷登记机构覆盖率（占成年人口的百分比）	75.6	出口费用	
				单证合规费用（美元）	226.4
办理施工许可证（排名）	170	保护少数投资者（排名）	43	边界合规费用（美元）	958.7
办理施工许可证前沿距离分数（0—100）	49.83	保护少数投资者前沿距离分数（0—100）	63.33	进口所需时间	
办理手续（项）	19.2	信息披露指数（0—10）	5	单证合规时间（小时）	48
办理时间（天）	434	董事责任指数（0—10）	8	边界合规时间（小时）	63.1
费用（占库房价值的百分比）	0.8	股东诉讼便利度指数（0—10）	4	进口费用	
建筑质量控制指数（0—15）	9.0	股东权利指数（0—10）	7	单证合规费用（美元）	106.9
		所有权和管理控制指数（0—10）	6	边界合规费用（美元）	969.6
获得电力（排名）	45	公司透明度指数（0—10）	8		
获得电力前沿距离分数（0—100）	82.46			执行合同（排名）	47
办理手续（项）	4	纳税（排名）	184	执行合同前沿距离分数（0—100）	66.00
办理时间（天）	64.4	纳税前沿距离分数（0—100）	32.97	时间（天）	731
费用（占人均收入的百分比）	54.5	纳税次数（次/年）	9.6	费用（占索赔额的百分比）	22.0
供电可靠性和电费透明度指数（0—8）	5.4	所需时间（小时/年）	1958	司法程序质量指数（0—18）	13.1
		总税率和强制性派款率（占利润的百分比）	68.4		
登记财产（排名）	131	报税后流程指标（0—100）	7.80	办理破产（排名）	80
登记财产前沿距离分数（0—100）	52.60			办理破产前沿距离分数（0—100）	47.46
办理手续（项）	13.6			时间（年）	4.0
办理时间（天）	31.4			费用（占资产价值的百分比）	12.0
费用（占财产价值的百分比）	3.2			债务回收率（美分/美元）	12.7
土地管理系统质量指数（0—30）	13.8			破产框架力度指数（0—16）	13.0

文莱		东亚和太平洋地区		人均国民收入（美元）	32840
营商环境便利度排名（1—190）	56	前沿距离总分（0—100）	70.60	人口	423196
✓ 开办企业（排名）	58	✓ 获得信贷（排名）	2	跨境贸易（排名）	144
开办企业前沿距离分数（0—100）	90.23	获得信贷前沿距离分数（0—100）	95.00	跨境贸易前沿距离分数（0—100）	58.70
办理手续（项）	5.5	合法权利力度指数（0—12）	12	出口所需时间	
办理时间（天）	12.5	信贷信息深度指数（0—8）	7	单证合规时间（小时）	155
费用（占人均收入的百分比）	1.1	信用局覆盖率	0.0	边界合规时间（小时）	117
最低实缴资本（占人均收入的百分比）	0.0	信贷登记机构覆盖率（占成年人口的百分比）	71.9	出口费用	
✓ 办理施工许可证（排名）	48	✓ 保护少数投资者（排名）	40	单证合规费用（美元）	90
办理施工许可证前沿距离分数（0—100）	73.62	保护少数投资者前沿距离分数（0—100）	65.00	边界合规费用（美元）	340
办理手续（项）	20	信息披露指数（0—10）	4	进口所需时间	
办理时间（天）	83	董事责任指数（0—10）	8	单证合规时间（小时）	132
费用（占库房价值的百分比）	1.8	股东诉讼便利度指数（0—10）	8	边界合规时间（小时）	48
建筑质量控制指数（0—15）	12.0	股东权利指数（0—10）	7	进口费用	
✗ 获得电力（排名）	24	所有权和管理控制指数（0—10）	4	单证合规费用（美元）	50
获得电力前沿距离分数（0—100）	86.46	公司透明度指数（0—10）	8	边界合规费用（美元）	395
办理手续（项）	5	✓ 纳税（排名）	104	执行合同（排名）	61
办理时间（天）	36	纳税前沿距离分数（0—100）	69.41	执行合同前沿距离分数（0—100）	60.95
费用（占人均收入的百分比）	41.5	纳税次数（次/年）	15	时间（天）	540
供电可靠性和电费透明度指数（0—8）	7	所需时间（小时/年）	64.2	费用（占索赔额的百分比）	36.6
		总税率和强制性派款率（占利润的百分比）	8.0	司法程序质量指数（0—18）	10.5
✓ 登记财产（排名）	136	报税后流程指标（0—100）	0.00	办理破产（排名）	60
登记财产前沿距离分数（0—100）	51.48			办理破产前沿距离分数（0—100）	55.11
办理手续（项）	7			时间（年）	2.5
办理时间（天）	298.5			费用（占资产价值的百分比）	3.5
费用（占财产价值的百分比）	0.6			债务回收率（美分/美元）	47.2
土地管理系统质量指数（0—30）	18.0			破产框架力度指数（0—16）	9.5

保加利亚		欧洲和中亚		人均国民收入（美元）	7470
营商环境便利度排名（1—190）	50	前沿距离总分（0—100）	71.91	人口	7127822
开办企业（排名）	95	获得信贷（排名）	42	跨境贸易（排名）	21
开办企业前沿距离分数（0—100）	85.37	获得信贷前沿距离分数（0—100）	70.00	跨境贸易前沿距离分数（0—100）	97.41
办理手续（项）	7	合法权利力度指数（0—12）	9	出口所需时间	
办理时间（天）	23	信贷信息深度指数（0—8）	5	单证合规时间（小时）	2
费用（占人均收入的百分比）	1.2	信用局覆盖率	0.0	边界合规时间（小时）	4
最低实缴资本（占人均收入的百分比）	0.0	信贷登记机构覆盖率（占成年人口的百分比）	74.3	出口费用	
办理施工许可证（排名）	51	保护少数投资者（排名）	24	单证合规费用（美元）	52
办理施工许可证前沿距离分数（0—100）	73.35	保护少数投资者前沿距离分数（0—100）	70.00	边界合规费用（美元）	55
办理手续（项）	18	信息披露指数（0—10）	10	进口所需时间	
办理时间（天）	97	董事责任指数（0—10）	2	单证合规时间（小时）	1
费用（占库房价值的百分比）	4.2	股东诉讼便利度指数（0—10）	8	边界合规时间（小时）	1
建筑质量控制指数（0—15）	13.0	股东权利指数（0—10）	8	进口费用	
获得电力（排名）	141	所有权和管理控制指数（0—10）	5	单证合规费用（美元）	0
获得电力前沿距离分数（0—100）	54.80	公司透明度指数（0—10）	9	边界合规费用（美元）	0
办理手续（项）	6	纳税（排名）	90	执行合同（排名）	40
办理时间（天）	262	纳税前沿距离分数（0—100）	71.78	执行合同前沿距离分数（0—100）	67.04
费用（占人均收入的百分比）	468.4	纳税次数（次/年）	14	时间（天）	564
供电可靠性和电费透明度指数（0—8）	6	所需时间（小时/年）	453	费用（占索赔额的百分比）	18.6
		总税率和强制性派款率（占利润的百分比）	27.1	司法程序质量指数（0—18）	10.5
登记财产（排名）	67	报税后流程指标（0—100）	69.30	办理破产（排名）	50
登记财产前沿距离分数（0—100）	69.30			办理破产前沿距离分数（0—100）	60.02
办理手续（项）	8			时间（年）	3.3
办理时间（天）	19			费用（占资产价值的百分比）	9.0
费用（占财产价值的百分比）	2.9			债务回收率（美分/美元）	36.0
土地管理系统质量指数（0—30）	19.0			破产框架力度指数（0—16）	13.0

布吉纳法索		撒哈拉以南非洲		人均国民收入（美元）	640
营商环境便利度排名（1—190）	148	前沿距离总分（0—100）	51.54	人口	18646433
开办企业（排名）	74 ✓	获得信贷（排名）	142	跨境贸易（排名）	113
开办企业前沿距离分数（0—100）	88.17	获得信贷前沿距离分数（0—100）	30.00	跨境贸易前沿距离分数（0—100）	66.58
办理手续（项）	3	合法权利力度指数（0—12）	6	出口所需时间	
办理时间（天）	13	信贷信息深度指数（0—8）	0	单证合规时间（小时）	84
费用（占人均收入的百分比）	42.6	信用局覆盖率	0.3	边界合规时间（小时）	75
最低实缴资本（占人均收入的百分比）	6.7	信贷登记机构覆盖率（占成年人口的百分比）	0.4	出口费用	
				单证合规费用（美元）	86
办理施工许可证（排名）	53	保护少数投资者（排名）	146	边界合规费用（美元）	261
办理施工许可证前沿距离分数（0—100）	73.20	保护少数投资者前沿距离分数（0—100）	40.00	进口所需时间	
办理手续（项）	14	信息披露指数（0—10）	7	单证合规时间（小时）	96
办理时间（天）	121	董事责任指数（0—10）	1	边界合规时间（小时）	102
费用（占库房价值的百分比）	4.8	股东诉讼便利度指数（0—10）	5	进口费用	
建筑质量控制指数（0—15）	12.0	股东权利指数（0—10）	4	单证合规费用（美元）	197
		所有权和管理控制指数（0—10）	3	边界合规费用（美元）	265
获得电力（排名）	179	公司透明度指数（0—10）	4		
获得电力前沿距离分数（0—100）	29.42			执行合同（排名）	163
办理手续（项）	4	纳税（排名）	153	执行合同前沿距离分数（0—100）	41.05
办理时间（天）	169	纳税前沿距离分数（0—100）	55.89	时间（天）	446
费用（占人均收入的百分比）	9438.4	纳税次数（次/年）	45	费用（占索赔额的百分比）	81.7
供电可靠性和电费透明度指数（0—8）	0	所需时间（小时/年）	270	司法程序质量指数（0—18）	7.5
		总税率和强制性派款率（占利润的百分比）	41.3		
登记财产（排名）	140	报税后流程指标（0—100）	49.31	办理破产（排名）	104
登记财产前沿距离分数（0—100）	50.44			办理破产前沿距离分数（0—100）	40.68
办理手续（项）	4			时间（年）	4.0
办理时间（天）	67			费用（占资产价值的百分比）	21.0
费用（占财产价值的百分比）	12.0			债务回收率（美分/美元）	23.3
土地管理系统质量指数（0—30）	11.5			破产框架力度指数（0—16）	9.0

布隆迪		撒哈拉以南非洲		人均国民收入（美元）	280
营商环境便利度排名（1—190）	164	前沿距离总分（0—100）	46.92	人口	10524117
开办企业（排名） ✗	42	获得信贷（排名）	177	跨境贸易（排名）	164
开办企业前沿距离分数（0—100）	91.94	获得信贷前沿距离分数（0—100）	10.00	跨境贸易前沿距离分数（0—100）	47.02
办理手续（项）	3	合法权利力度指数（0—12）	2	出口所需时间	
办理时间（天）	4	信贷信息深度指数（0—8）	0	单证合规时间（小时）	120
费用（占人均收入的百分比）	33.9	信用局覆盖率	0.0	边界合规时间（小时）	59
最低实缴资本（占人均收入的百分比）	0.0	信贷登记机构覆盖率（占成年人口的百分比）	4.6	出口费用	
				单证合规费用（美元）	150
办理施工许可证（排名）	168	保护少数投资者（排名）	132	边界合规费用（美元）	136
办理施工许可证前沿距离分数（0—100）	51.16	保护少数投资者前沿距离分数（0—100）	43.33	进口所需时间	
办理手续（项）	15	信息披露指数（0—10）	8	单证合规时间（小时）	180
办理时间（天）	70	董事责任指数（0—10）	7	边界合规时间（小时）	154
费用（占库房价值的百分比）	12.5	股东诉讼便利度指数（0—10）	2	进口费用	
建筑质量控制指数（0—15）	3.0	股东权利指数（0—10）	6	单证合规费用（美元）	1025
		所有权和管理控制指数（0—10）	1	边界合规费用（美元）	444
获得电力（排名）	182	公司透明度指数（0—10）	2		
获得电力前沿距离分数（0—100）	26.45			执行合同（排名）	150
办理手续（项）	5	纳税（排名）	138	执行合同前沿距离分数（0—100）	45.74
办理时间（天）	158	纳税前沿距离分数（0—100）	60.34	时间（天）	832
费用（占人均收入的百分比）	15517.3	纳税次数（次/年）	25	费用（占索赔额的百分比）	38.6
供电可靠性和电费透明度指数（0—8）	0	所需时间（小时/年）	232	司法程序质量指数（0—18）	7.0
		总税率和强制性派款率（占利润的百分比）	41.5		
登记财产（排名）	95	报税后流程指标（0—100）	28.21	办理破产（排名）	144
登记财产前沿距离分数（0—100）	62.54			办理破产前沿距离分数（0—100）	30.71
办理手续（项）	5			时间（年）	5.0
办理时间（天）	23			费用（占资产价值的百分比）	30.0
费用（占财产价值的百分比）	3.1			债务回收率（美分/美元）	7.7

佛得角		撒哈拉以南非洲		人均国民收入（美元）	2970
营商环境便利度排名（1—190）	127	前沿距离总分（0—100）	56.24	人口	539560
开办企业（排名）	98	获得信贷（排名）	122 ✓	跨境贸易（排名）	107
开办企业前沿距离分数（0—100）	85.14	获得信贷前沿距离分数（0—100）	40.00	跨境贸易前沿距离分数（0—100）	67.41
办理手续（项）	8	合法权利力度指数（0—12）	2	出口所需时间	
办理时间（天）	11	信贷信息深度指数（0—8）	6	单证合规时间（小时）	24
费用（占人均收入的百分比）	15.4	信用局覆盖率	0.0	边界合规时间（小时）	72
最低实缴资本（占人均收入的百分比）	0.0	信贷登记机构覆盖率（占成年人口的百分比）	19.6	出口费用	
				单证合规费用（美元）	125
✓ 办理施工许可证（排名）	67	保护少数投资者（排名）	164	边界合规费用（美元）	780
办理施工许可证前沿距离分数（0—100）	71.25	保护少数投资者前沿距离分数（0—100）	36.67	进口所需时间	
办理手续（项）	16	信息披露指数（0—10）	1	单证合规时间（小时）	24
办理时间（天）	107	董事责任指数（0—10）	5	边界合规时间（小时）	60
费用（占库房价值的百分比）	4.2	股东诉讼便利度指数（0—10）	6	进口费用	
建筑质量控制指数（0—15）	11.0	股东权利指数（0—10）	3	单证合规费用（美元）	125
		所有权和管理控制指数（0—10）	5	边界合规费用（美元）	588
获得电力（排名）	145	公司透明度指数（0—10）	2		
获得电力前沿距离分数（0—100）	53.47			执行合同（排名）	43
办理手续（项）	7	纳税（排名）	75	执行合同前沿距离分数（0—100）	66.69
办理时间（天）	88	纳税前沿距离分数（0—100）	75.15	时间（天）	425
费用（占人均收入的百分比）	1136.3	纳税次数（次/年）	30	费用（占索赔额的百分比）	19.8
供电可靠性和电费透明度指数（0—8）	2	所需时间（小时/年）	180	司法程序质量指数（0—18）	8.5
		总税率和强制性派款率（占利润的百分比）	36.6		
登记财产（排名）	71	报税后流程指标（0—100）	80.65 ✓	办理破产（排名）	168
登记财产前沿距离分数（0—100）	66.57			办理破产前沿距离分数（0—100）	0.00
办理手续（项）	6			时间（年）	无实践
办理时间（天）	22			费用（占资产价值的百分比）	无实践
费用（占财产价值的百分比）	2.3			债务回收率（美分/美元）	0.0
土地管理系统质量指数（0—30）	10.0			破产框架力度指数（0—16）	0.0

柬埔寨		东亚和太平洋地区		人均国民收入（美元）	1140
营商环境便利度排名（1—190）	135	前沿距离总分（0—100）		人口	15762370
开办企业（排名）	183	获得信贷（排名）	20	跨境贸易（排名）	108
开办企业前沿距离分数（0—100）	51.91	获得信贷前沿距离分数（0—100）	80.00	跨境贸易前沿距离分数（0—100）	67.28
办理手续（项）	9	合法权利力度指数（0—12）	10	出口所需时间	
办理时间（天）	99	信贷信息深度指数（0—8）	6	单证合规时间（小时）	132
费用（占人均收入的百分比）	51.3	信用局覆盖率	49.9	边界合规时间（小时）	48
最低实缴资本（占人均收入的百分比）	82.5	信贷登记机构覆盖率（占成年人口的百分比）	0.0	出口费用	
				单证合规费用（美元）	100
办理施工许可证（排名）	179	保护少数投资者（排名）	108	边界合规费用（美元）	375
办理施工许可证前沿距离分数（0—100）	41.73	保护少数投资者前沿距离分数（0—100）	50.00	进口所需时间	
办理手续（项）	20	信息披露指数（0—10）	6	单证合规时间（小时）	132
办理时间（天）	652	董事责任指数（0—10）	10	边界合规时间（小时）	8
费用（占库房价值的百分比）	5.3	股东诉讼便利度指数（0—10）	4	进口费用	
建筑质量控制指数（0—15）	8.0	股东权利指数（0—10）	1	单证合规费用（美元）	120
		所有权和管理控制指数（0—10）	3	边界合规费用（美元）	240
获得电力（排名）	137	公司透明度指数（0—10）	6		
获得电力前沿距离分数（0—100）	56.56			执行合同（排名）	179
办理手续（项）	4	纳税（排名）	136	执行合同前沿距离分数（0—100）	32.67
办理时间（天）	179	纳税前沿距离分数（0—100）	61.28	时间（天）	483
费用（占人均收入的百分比）	1993.2	纳税次数（次/年）	40	费用（占索赔额的百分比）	103.4
供电可靠性和电费透明度指数（0—8）	3	所需时间（小时/年）	173	司法程序质量指数（0—18）	5.0
		总税率和强制性派款率（占利润的百分比）	21.7		
登记财产（排名）	123	报税后流程指标（0—100）	25.97	办理破产（排名）	74
登记财产前沿距离分数（0—100）	55.00			办理破产前沿距离分数（0—100）	48.25
办理手续（项）	7			时间（年）	6.0
办理时间（天）	56			费用（占资产价值的百分比）	18.0
费用（占财产价值的百分比）	4.3			债务回收率（美分/美元）	14.2
土地管理系统质量指数（0—30）	7.5			破产框架力度指数（0—16）	13.0

喀麦隆		撒哈拉以南非洲		人均国民收入（美元）	1200
营商环境便利度排名（1—190）	163	前沿距离总分（0—100）	47.23	人口	23439189
✓ 开办企业（排名）	122	获得信贷（排名）	68	跨境贸易（排名）	186
开办企业前沿距离分数（0—100）	82.39	获得信贷前沿距离分数（0—100）	60.00	跨境贸易前沿距离分数（0—100）	15.99
办理手续（项）	6.5	合法权利力度指数（0—12）	6	出口所需时间	
办理时间（天）	16.5	信贷信息深度指数（0—8）	6	单证合规时间（小时）	66
费用（占人均收入的百分比）	35.7	信用局覆盖率	0.0	边界合规时间（小时）	202
最低实缴资本（占人均收入的百分比）	16.6	信贷登记机构覆盖率（占成年人口的百分比）	8.0	出口费用	
				单证合规费用（美元）	306
办理施工许可证（排名）	140	保护少数投资者（排名）	138	边界合规费用（美元）	983
办理施工许可证前沿距离分数（0—100）	59.74	保护少数投资者前沿距离分数（0—100）	41.67	进口所需时间	
办理手续（项）	15	信息披露指数（0—10）	7	单证合规时间（小时）	163
办理时间（天）	135	董事责任指数（0—10）	1	边界合规时间（小时）	271
费用（占库房价值的百分比）	15.3	股东诉讼便利度指数（0—10）	6	进口费用	
建筑质量控制指数（0—15）	13.0	股东权利指数（0—10）	4	单证合规费用（美元）	849
		所有权和管理控制指数（0—10）	3	边界合规费用（美元）	1407
获得电力（排名）	121	公司透明度指数（0—10）	4		
获得电力前沿距离分数（0—100）	60.35			执行合同（排名）	162
办理手续（项）	4	纳税（排名）	183	执行合同前沿距离分数（0—100）	41.76
办理时间（天）	64	纳税前沿距离分数（0—100）	36.34	时间（天）	800
费用（占人均收入的百分比）	1776.9	纳税次数（次/年）	44	费用（占索赔额的百分比）	46.6
供电可靠性和电费透明度指数（0—8）	0	所需时间（小时/年）	624	司法程序质量指数（0—18）	6.0
		总税率和强制性派款率（占利润的百分比）	57.7		
登记财产（排名）	176	报税后流程指标（0—100）	49.31	办理破产（排名）	125
登记财产前沿距离分数（0—100）	37.33			办理破产前沿距离分数（0—100）	36.73
办理手续（项）	5			时间（年）	2.8
办理时间（天）	86			费用（占资产价值的百分比）	33.5
费用（占财产价值的百分比）	19.0			债务回收率（美分/美元）	16.0
土地管理系统质量指数（0—30）	7.0			破产框架力度指数（0—16）	9.0

加拿大		经合组织高收入国家		人均国民收入（美元）	43660
营商环境便利度排名（1—190）	18	前沿距离总分（0—100）	79.29	人口	36286425
开办企业（排名）	2	获得信贷（排名）	12	跨境贸易（排名）	46
开办企业前沿距离分数（0—100）	98.23	获得信贷前沿距离分数（0—100）	85.00	跨境贸易前沿距离分数（0—100）	88.36
办理手续（项）	2	合法权利力度指数（0—12）	9	出口所需时间	
办理时间（天）	1.5	信贷信息深度指数（0—8）	8	单证合规时间（小时）	1
费用（占人均收入的百分比）	0.4	信用局覆盖率	100.0	边界合规时间（小时）	2
最低实缴资本（占人均收入的百分比）	0.0	信贷登记机构覆盖率（占成年人口的百分比）	0.0	出口费用	
				单证合规费用（美元）	156
× 办理施工许可证（排名）	54	保护少数投资者（排名）	8	边界合规费用（美元）	167
办理施工许可证前沿距离分数（0—100）	72.87	保护少数投资者前沿距离分数（0—100）	78.33	进口所需时间	
办理手续（项）	12	信息披露指数（0—10）	8	单证合规时间（小时）	1
办理时间（天）	249	董事责任指数（0—10）	9	边界合规时间（小时）	2
费用（占库房价值的百分比）	1.9	股东诉讼便利度指数（0—10）	9	进口费用	
建筑质量控制指数（0—15）	14.0	股东权利指数（0—10）	6	单证合规费用（美元）	163
		所有权和管理控制指数（0—10）	7	边界合规费用（美元）	172
获得电力（排名）	105	公司透明度指数（0—10）	8		
获得电力前沿距离分数（0—100）	66.89			执行合同（排名）	114
办理手续（项）	7	纳税（排名）	16	执行合同前沿距离分数（0—100）	54.35
办理时间（天）	137	纳税前沿距离分数（0—100）	88.05	时间（天）	910
费用（占人均收入的百分比）	125.3	纳税次数（次/年）	8	费用（占索赔额的百分比）	22.3
供电可靠性和电费透明度指数（0—8）	7	所需时间（小时/年）	131	司法程序质量指数（0—18）	9.5
		总税率和强制性派款率（占利润的百分比）	20.9		
登记财产（排名）	33	报税后流程指标（0—100）	73.23	办理破产（排名）	11
登记财产前沿距离分数（0—100）	79.31			办理破产前沿距离分数（0—100）	81.46
办理手续（项）	5			时间（年）	0.8
办理时间（天）	4			费用（占资产价值的百分比）	7.0
费用（占财产价值的百分比）	2.9			债务回收率（美分/美元）	87.5
土地管理系统质量指数（0—30）	21.5			破产框架力度指数（0—16）	11.0

中非共和国		撒哈拉以南非洲		人均国民收入（美元）	370
营商环境便利度排名（1—190）	184	前沿距离总分（0—100）	34.86	人口	4594621
开办企业（排名）	188	获得信贷（排名）	142	跨境贸易（排名）	145
开办企业前沿距离分数（0—100）	37.02	获得信贷前沿距离分数（0—100）	30.00	跨境贸易前沿距离分数（0—100）	58.64
办理手续（项）	10	合法权利力度指数（0—12）	6	出口所需时间	
办理时间（天）	22	信贷信息深度指数（0—8）	0	单证合规时间（小时）	48
费用（占人均收入的百分比）	154.7	信用局覆盖率	0.0	边界合规时间（小时）	141
最低实缴资本（占人均收入的百分比）	446.7	信贷登记机构覆盖率（占成年人口的百分比）	3.3	出口费用	
				单证合规费用（美元）	60
办理施工许可证（排名）	180	保护少数投资者（排名）	146	边界合规费用（美元）	280
办理施工许可证前沿距离分数（0—100）	38.86	保护少数投资者前沿距离分数（0—100）	40.00	进口所需时间	
办理手续（项）	16	信息披露指数（0—10）	7	单证合规时间（小时）	120
办理时间（天）	219	董事责任指数（0—10）	1	边界合规时间（小时）	98
费用（占库房价值的百分比）	17.0	股东诉讼便利度指数（0—10）	5	进口费用	
建筑质量控制指数（0—15）	6.0	股东权利指数（0—10）	4	单证合规费用（美元）	500
		所有权和管理控制指数（0—10）	3	边界合规费用（美元）	209
获得电力（排名）	183	公司透明度指数（0—10）	4		
获得电力前沿距离分数（0—100）	24.64			执行合同（排名）	182
办理手续（项）	7	纳税（排名）	187	执行合同前沿距离分数（0—100）	30.46
办理时间（天）	98	纳税前沿距离分数（0—100）	18.89	时间（天）	660
费用（占人均收入的百分比）	12688.1	纳税次数（次/年）	56	费用（占索赔额的百分比）	82.0
供电可靠性和电费透明度指数（0—8）	0	所需时间（小时/年）	483	司法程序质量指数（0—18）	5.0
		总税率和强制性派款率（占利润的百分比）	73.3		
登记财产（排名）	169	报税后流程指标（0—100）	5.13	办理破产（排名）	150
登记财产前沿距离分数（0—100）	41.92			办理破产前沿距离分数（0—100）	28.13
办理手续（项）	5			时间（年）	4.8
办理时间（天）	75			费用（占资产价值的百分比）	76.0
费用（占财产价值的百分比）	11.0			债务回收率（美分/美元）	0.0
土地管理系统质量指数（0—30）	3.0			破产框架力度指数（0—16）	9.0

乍得		撒哈拉以南非洲		人均国民收入（美元）	720
营商环境便利度排名（1—190）	180	前沿距离总分（0—100）	38.30	人口	14452543
开办企业（排名）	185	获得信贷（排名）	142	跨境贸易（排名）	172
开办企业前沿距离分数（0—100）	50.26	获得信贷前沿距离分数（0—100）	30.00	跨境贸易前沿距离分数（0—100）	40.12
办理手续（项）	9	合法权利力度指数（0—12）	6	出口所需时间	
办理时间（天）	60	信贷信息深度指数（0—8）	0	单证合规时间（小时）	87
费用（占人均收入的百分比）	171.3	信用局覆盖率	0.0	边界合规时间（小时）	106
最低实缴资本（占人均收入的百分比）	25.8	信贷登记机构覆盖率（占成年人口的百分比）	2.4	出口费用	
				单证合规费用（美元）	188
办理施工许可证（排名）	153	保护少数投资者（排名）	160	边界合规费用（美元）	319
办理施工许可证前沿距离分数（0—100）	56.79	保护少数投资者前沿距离分数（0—100）	38.33	进口所需时间	
办理手续（项）	13	信息披露指数（0—10）	7	单证合规时间（小时）	172
办理时间（天）	226	董事责任指数（0—10）	1	边界合规时间（小时）	242
费用（占库房价值的百分比）	12.0	股东诉讼便利度指数（0—10）	4	进口费用	
建筑质量控制指数（0—15）	11.5	股东权利指数（0—10）	4	单证合规费用（美元）	500
		所有权和管理控制指数（0—10）	3	边界合规费用（美元）	669
获得电力（排名）	177	公司透明度指数（0—10）	4		
获得电力前沿距离分数（0—100）	32.17			执行合同（排名）	154
办理手续（项）	6	纳税（排名）	188	执行合同前沿距离分数（0—100）	44.58
办理时间（天）	67	纳税前沿距离分数（0—100）	17.92	时间（天）	743
费用（占人均收入的百分比）	9821.5	纳税次数（次/年）	54	费用（占索赔额的百分比）	45.7
供电可靠性和电费透明度指数（0—8）	0	所需时间（小时/年）	766	司法程序质量指数（0—18）	6.5
		总税率和强制性派款率（占利润的百分比）	63.5		
登记财产（排名）	159	报税后流程指标（0—100）	13.07	办理破产（排名）	150
登记财产前沿距离分数（0—100）	44.67			办理破产前沿距离分数（0—100）	28.13
办理手续（项）	6			时间（年）	4.0
办理时间（天）	44			费用（占资产价值的百分比）	60.0
费用（占财产价值的百分比）	12.9			债务回收率（美分/美元）	0.0
土地管理系统质量指数（0—30）	8.0			破产框架力度指数（0—16）	9.0

智利		经合组织高收入国家		人均国民收入（美元）	13530
营商环境便利度排名（1—190）	55	前沿距离总分（0—100）	71.22	人口	17909754
开办企业（排名）	65	**获得信贷（排名）**	90	**跨境贸易（排名）**	68
开办企业前沿距离分数（0—100）	89.55	获得信贷前沿距离分数（0—100）	50.00	跨境贸易前沿距离分数（0—100）	80.56
办理手续（项）	7	合法权利力度指数（0—12）	4	出口所需时间	
办理时间（天）	5.5	信贷信息深度指数（0—8）	6	单证合规时间（小时）	24
费用（占人均收入的百分比）	3.0	信用局覆盖率	14.3	边界合规时间（小时）	60
最低实缴资本（占人均收入的百分比）	0.0	信贷登记机构覆盖率（占成年人口的百分比）	49.5	出口费用	
				单证合规费用（美元）	50
办理施工许可证（排名）	15	**保护少数投资者（排名）**	57	边界合规费用（美元）	290
办理施工许可证前沿距离分数（0—100）	80.28	保护少数投资者前沿距离分数（0—100）	60.00	进口所需时间	
办理手续（项）	12	信息披露指数（0—10）	8	单证合规时间（小时）	36
办理时间（天）	133	董事责任指数（0—10）	6	边界合规时间（小时）	54
费用（占库房价值的百分比）	1.3	股东诉讼便利度指数（0—10）	7	进口费用	
建筑质量控制指数（0—15）	13.0	股东权利指数（0—10）	9	单证合规费用（美元）	50
		所有权和管理控制指数（0—10）	4	边界合规费用（美元）	290
		公司透明度指数（0—10）	2		
获得电力（排名）	44			**执行合同（排名）**	56
获得电力前沿距离分数（0—100）	82.49	**纳税（排名）**	72	执行合同前沿距离分数（0—100）	62.81
办理手续（项）	5	纳税前沿距离分数（0—100）	76.17	时间（天）	480
办理时间（天）	43	纳税次数（次/年）	7	费用（占索赔额的百分比）	28.6
费用（占人均收入的百分比）	68.1	所需时间（小时/年）	291	司法程序质量指数（0—18）	9.0
供电可靠性和电费透明度指数（0—8）	6	总税率和强制性派款率（占利润的百分比）	33.0		
		报税后流程指标（0—100）	58.36	**办理破产（排名）**	52
登记财产（排名）	61			办理破产前沿距离分数（0—100）	59.47
登记财产前沿距离分数（0—100）	70.90			时间（年）	2.0
办理手续（项）	6			费用（占资产价值的百分比）	14.5
办理时间（天）	28.5			债务回收率（美分/美元）	40.8
费用（占财产价值的百分比）	1.2			破产框架力度指数（0—16）	12.0
土地管理系统质量指数（0—30）	14.0				

中国		东亚和太平洋地区		人均国民收入（美元）	8260
营商环境便利度排名（1—190）	78	前沿距离总分（0—100）	65.29	人口	1378665000
✓ **开办企业（排名）**	93	**获得信贷（排名）**	68	**跨境贸易（排名）**	97
开办企业前沿距离分数（0—100）	85.47	获得信贷前沿距离分数（0—100）	60.00	跨境贸易前沿距离分数（0—100）	69.91
办理手续（项）	7	合法权利力度指数（0—12）	4	出口所需时间	
办理时间（天）	22.9	信贷信息深度指数（0—8）	8	单证合规时间（小时）	21.2
费用（占人均收入的百分比）	0.6	信用局覆盖率	21.4	边界合规时间（小时）	25.9
最低实缴资本（占人均收入的百分比）	0.0	信贷登记机构覆盖率（占成年人口的百分比）	95.3	出口费用	
				单证合规费用（美元）	84.6
办理施工许可证（排名）	172	**保护少数投资者（排名）**	119	边界合规费用（美元）	484.1
办理施工许可证前沿距离分数（0—100）	47.28	保护少数投资者前沿距离分数（0—100）	48.33	进口所需时间	
办理手续（项）	23	信息披露指数（0—10）	10	单证合规时间（小时）	65.7
办理时间（天）	247.1	董事责任指数（0—10）	1	边界合规时间（小时）	92.3
费用（占库房价值的百分比）	7.8	股东诉讼便利度指数（0—10）	4	进口费用	
建筑质量控制指数（0—15）	9.6	股东权利指数（0—10）	3	单证合规费用（美元）	170.9
		所有权和管理控制指数（0—10）	2	边界合规费用（美元）	745
		公司透明度指数（0—10）	9		
获得电力（排名）	98			**执行合同（排名）**	5
获得电力前沿距离分数（0—100）	68.83			执行合同前沿距离分数（0—100）	78.23
办理手续（项）	5.5 ✓	**纳税（排名）**	130	时间（天）	496
办理时间（天）	143.2	纳税前沿距离分数（0—100）	62.90	费用（占索赔额的百分比）	16.2
费用（占人均收入的百分比）	356.0	纳税次数（次/年）	9	司法程序质量指数（0—18）	15.1
供电可靠性和电费透明度指数（0—8）	6	所需时间（小时/年）	207		
		总税率和强制性派款率（占利润的百分比）	67.3	**办理破产（排名）**	56
登记财产（排名）	41	报税后流程指标（0—100）	49.08	办理破产前沿距离分数（0—100）	55.82
登记财产前沿距离分数（0—100）	76.15			时间（年）	1.7
办理手续（项）	4			费用（占资产价值的百分比）	22.0
办理时间（天）	19.5			债务回收率（美分/美元）	36.9
费用（占财产价值的百分比）	3.4			破产框架力度指数（0—16）	11.5
土地管理系统质量指数（0—30）	18.3				

哥伦比亚		拉丁美洲和加勒比地区		人均国民收入（美元）	6320
营商环境便利度排名（1—190）	59	前沿距离总分（0—100）	69.41	人口	48653419
开办企业（排名）	96	获得信贷（排名）	2	跨境贸易（排名）	125
开办企业前沿距离分数（0—100）	85.32	获得信贷前沿距离分数（0—100）	95.00	跨境贸易前沿距离分数（0—100）	62.83
办理手续（项）	8	合法权利力度指数（0—12）	12	出口所需时间	
办理时间（天）	11	信贷信息深度指数（0—8）	7	单证合规时间（小时）	60
费用（占人均收入的百分比）	14.0	信用局覆盖率	94.5	边界合规时间（小时）	112
最低实缴资本（占人均收入的百分比）	0.0	信贷登记机构覆盖率（占成年人口的百分比）	0.0	出口费用	
				单证合规费用（美元）	90
办理施工许可证（排名）	81	保护少数投资者（排名）	16	边界合规费用（美元）	545
办理施工许可证前沿距离分数（0—100）	68.71	保护少数投资者前沿距离分数（0—100）	73.33	进口所需时间	
办理手续（项）	13	信息披露指数（0—10）	9	单证合规时间（小时）	64
办理时间（天）	132	董事责任指数（0—10）	7	边界合规时间（小时）	112
费用（占库房价值的百分比）	7.2	股东诉讼便利度指数（0—10）	8	进口费用	
建筑质量控制指数（0—15）	11.0	股东权利指数（0—10）	6	单证合规费用（美元）	50
		所有权和管理控制指数（0—10）	8	边界合规费用（美元）	545
获得电力（排名）	81	公司透明度指数（0—10）	6		
获得电力前沿距离分数（0—100）	74.18			执行合同（排名）	177
办理手续（项）	5	纳税（排名）	142	执行合同前沿距离分数（0—100）	34.29
办理时间（天）	106	纳税前沿距离分数（0—100）	59.08	时间（天）	1288
费用（占人均收入的百分比）	542.3	纳税次数（次/年）	12	费用（占索赔额的百分比）	45.8
供电可靠性和电费透明度指数（0—8）	6	所需时间（小时/年）	239	司法程序质量指数（0—18）	9.0
		总税率和强制性派款率（占利润的百分比）	69.8		
登记财产（排名）	60	报税后流程指标（0—100）	48.17	办理破产（排名）	33
登记财产前沿距离分数（0—100）	71.34			办理破产前沿距离分数（0—100）	70.02
办理手续（项）	7			时间（年）	1.7
办理时间（天）	15			费用（占资产价值的百分比）	8.5
费用（占财产价值的百分比）	1.9			债务回收率（美分/美元）	66.2
土地管理系统质量指数（0—30）	16.5			破产框架力度指数（0—16）	11.0

科摩罗		撒哈拉以南非洲		人均国民收入（美元）	760
营商环境便利度排名（1—190）	158	前沿距离总分（0—100）	48.52	人口	795601
开办企业（排名）	166	获得信贷（排名）	122 √	跨境贸易（排名）	111
开办企业前沿距离分数（0—100）	72.01	获得信贷前沿距离分数（0—100）	40.00	跨境贸易前沿距离分数（0—100）	66.87
办理手续（项）	9	合法权利力度指数（0—12）	6	出口所需时间	
办理时间（天）	16	信贷信息深度指数（0—8）	2	单证合规时间（小时）	50
费用（占人均收入的百分比）	84.1	信用局覆盖率	0.0	边界合规时间（小时）	51
最低实缴资本（占人均收入的百分比）	29.1	信贷登记机构覆盖率（占成年人口的百分比）	9.8	出口费用	
				单证合规费用（美元）	124
办理施工许可证（排名）	79	保护少数投资者（排名）	146	边界合规费用（美元）	651
办理施工许可证前沿距离分数（0—100）	69.19	保护少数投资者前沿距离分数（0—100）	40.00	进口所需时间	
办理手续（项）	10	信息披露指数（0—10）	7	单证合规时间（小时）	26
办理时间（天）	108	董事责任指数（0—10）	1	边界合规时间（小时）	70
费用（占库房价值的百分比）	1.3	股东诉讼便利度指数（0—10）	5	进口费用	
建筑质量控制指数（0—15）	4.0	股东权利指数（0—10）	4	单证合规费用（美元）	93
		所有权和管理控制指数（0—10）	3	边界合规费用（美元）	765
获得电力（排名）	135	公司透明度指数（0—10）	4		
获得电力前沿距离分数（0—100）	57.58			执行合同（排名）	180
办理手续（项）	3	纳税（排名）	168	执行合同前沿距离分数（0—100）	32.05
办理时间（天）	120	纳税前沿距离分数（0—100）	49.86	时间（天）	506
费用（占人均收入的百分比）	2050.5	纳税次数（次/年）	33	费用（占索赔额的百分比）	89.4
供电可靠性和电费透明度指数（0—8）	0	所需时间（小时/年）	100	司法程序质量指数（0—18）	5.0
		总税率和强制性派款率（占利润的百分比）	216.5		
登记财产（排名）	111	报税后流程指标（0—100）	57.33	办理破产（排名）	168
登记财产前沿距离分数（0—100）	57.66			办理破产前沿距离分数（0—100）	0.00
办理手续（项）	4			时间（年）	无实践
办理时间（天）	30			费用（占资产价值的百分比）	无实践
费用（占财产价值的百分比）	8.1			债务回收率（美分/美元）	0.0
土地管理系统质量指数（0—30）	7.0			破产框架力度指数（0—16）	0.0

刚果民主共和国		撒哈拉以南非洲		人均国民收入（美元）	420
营商环境便利度排名（1—190）	182	前沿距离总分（0—100）	37.65	人口	78736153
✓ 开办企业（排名）	62	获得信贷（排名）	142	跨境贸易（排名）	188
开办企业前沿距离分数（0—100）	89.78	获得信贷前沿距离分数（0—100）	30.00	跨境贸易前沿距离分数（0—100）	1.26
办理手续（项）	4	合法权利力度指数（0—12）	6	出口所需时间	
办理时间（天）	7	信贷信息深度指数（0—8）	0	单证合规时间（小时）	698
费用（占人均收入的百分比）	28.6	信用局覆盖率	0.0	边界合规时间（小时）	515
最低实缴资本（占人均收入的百分比）	9.7	信贷登记机构覆盖率（占成年人口的百分比）	0.7	出口费用	
✗ 办理施工许可证（排名）	121	保护少数投资者（排名）	164	单证合规费用（美元）	2500
办理施工许可证前沿距离分数（0—100）	63.91	保护少数投资者前沿距离分数（0—100）	36.67	边界合规费用（美元）	2223
办理手续（项）	12	信息披露指数（0—10）	7	进口所需时间	
办理时间（天）	122	董事责任指数（0—10）	1	单证合规时间（小时）	216
费用（占库房价值的百分比）	8.4	股东诉讼便利度指数（0—10）	3	边界合规时间（小时）	588
建筑质量控制指数（0—15）	8.0	股东权利指数（0—10）	4	进口费用	
		所有权和管理控制指数（0—10）	3	单证合规费用（美元）	875
获得电力（排名）	175	公司透明度指数（0—10）	4	边界合规费用（美元）	3039
获得电力前沿距离分数（0—100）	33.59				
办理手续（项）	6			执行合同（排名）	172
办理时间（天）	54	纳税（排名）	181	执行合同前沿距离分数（0—100）	36.06
费用（占人均收入的百分比）	14885.8	纳税前沿距离分数（0—100）	39.40	时间（天）	610
供电可靠性和电费透明度指数（0—8）	0	纳税次数（次/年）	52	费用（占索赔额的百分比）	80.6
		所需时间（小时/年）	346	司法程序质量指数（0—18）	7.0
登记财产（排名）	158	总税率和强制性派款率（占利润的百分比）	54.6		
登记财产前沿距离分数（0—100）	45.85	报税后流程指标（0—100）	27.08	办理破产（排名）	168
办理手续（项）	8			办理破产前沿距离分数（0—100）	0.00
办理时间（天）	38			时间（年）	无实践
费用（占财产价值的百分比）	11.1			费用（占资产价值的百分比）	无实践
土地管理系统质量指数（0—30）	10.0			债务回收率（美分/美元）	0.0
				破产框架力度指数（0—16）	0.0

刚果共和国		撒哈拉以南非洲		人均国民收入（美元）	1710
营商环境便利度排名（1—190）	179	前沿距离总分（0—100）	39.57	人口	5125821
✓ 开办企业（排名）	177	获得信贷（排名）	133	跨境贸易（排名）	184
开办企业前沿距离分数（0—100）	64.69	获得信贷前沿距离分数（0—100）	35.00	跨境贸易前沿距离分数（0—100）	19.68
办理手续（项）	10	合法权利力度指数（0—12）	6	出口所需时间	
办理时间（天）	49	信贷信息深度指数（0—8）	1	单证合规时间（小时）	120
费用（占人均收入的百分比）	77.7	信用局覆盖率	0.0	边界合规时间（小时）	276
最低实缴资本（占人均收入的百分比）	2.9	信贷登记机构覆盖率（占成年人口的百分比）	11.9	出口费用	
办理施工许可证（排名）	125	保护少数投资者（排名）	146	单证合规费用（美元）	165
办理施工许可证前沿距离分数（0—100）	63.07	保护少数投资者前沿距离分数（0—100）	40.00	边界合规费用（美元）	1975
办理手续（项）	12	信息披露指数（0—10）	7	进口所需时间	
办理时间（天）	164	董事责任指数（0—10）	1	单证合规时间（小时）	208
费用（占库房价值的百分比）	8.0	股东诉讼便利度指数（0—10）	5	边界合规时间（小时）	397
建筑质量控制指数（0—15）	9.0	股东权利指数（0—10）	4	进口费用	
		所有权和管理控制指数（0—10）	3	单证合规费用（美元）	310
获得电力（排名）	181	公司透明度指数（0—10）	4	边界合规费用（美元）	1581
获得电力前沿距离分数（0—100）	28.42				
办理手续（项）	6	纳税（排名）	185	执行合同（排名）	155
办理时间（天）	134	纳税前沿距离分数（0—100）	26.79	执行合同前沿距离分数（0—100）	43.99
费用（占人均收入的百分比）	6957.7	纳税次数（次/年）	50	时间（天）	560
供电可靠性和电费透明度指数（0—8）	0	所需时间（小时/年）	602	费用（占索赔额的百分比）	53.2
		总税率和强制性派款率（占利润的百分比）	54.3	司法程序质量指数（0—18）	5.0
登记财产（排名）	177	报税后流程指标（0—100）	12.29		
登记财产前沿距离分数（0—100）	36.04			办理破产（排名）	118
办理手续（项）	6			办理破产前沿距离分数（0—100）	37.98
办理时间（天）	55			时间（年）	3.3
费用（占财产价值的百分比）	16.1			费用（占资产价值的百分比）	25.0
土地管理系统质量指数（0—30）	3.5			债务回收率（美分/美元）	18.3
				破产框架力度指数（0—16）	9.0

哥斯达黎加		拉丁美洲和加勒比地区		人均国民收入（美元）	10840
营商环境便利度排名（1—190）	61	前沿距离总分（0—100）	69.13	人口	4857274
开办企业（排名）	127	获得信贷（排名）	12	跨境贸易（排名）	73
开办企业前沿距离分数（0—100）	81.65	获得信贷前沿距离分数（0—100）	85.00	跨境贸易前沿距离分数（0—100）	79.32
办理手续（项）	9	合法权利力度指数（0—12）	10	出口所需时间	
办理时间（天）	22.5	信贷信息深度指数（0—8）	7	单证合规时间（小时）	24
费用（占人均收入的百分比）	8.5	信用局覆盖率	100.0	边界合规时间（小时）	20
最低实缴资本（占人均收入的百分比）	0.0	信贷登记机构覆盖率（占成年人口的百分比）	32.2	出口费用	
				单证合规费用（美元）	80
办理施工许可证（排名）	70 ✓	保护少数投资者（排名）	119	边界合规费用（美元）	375
办理施工许可证前沿距离分数（0—100）	71.02	保护少数投资者前沿距离分数（0—100）	48.33	进口所需时间	
办理手续（项）	17	信息披露指数（0—10）	5	单证合规时间（小时）	26
办理时间（天）	135	董事责任指数（0—10）	5	边界合规时间（小时）	80
费用（占库房价值的百分比）	2.0	股东诉讼便利度指数（0—10）	8	进口费用	
建筑质量控制指数（0—15）	11.0	股东权利指数（0—10）	4	单证合规费用（美元）	75
		所有权和管理控制指数（0—10）	4	边界合规费用（美元）	420
获得电力（排名）	21	公司透明度指数（0—10）	3		
获得电力前沿距离分数（0—100）	88.21			执行合同（排名）	129
办理手续（项）	5	纳税（排名）	60	执行合同前沿距离分数（0—100）	51.48
办理时间（天）	45	纳税前沿距离分数（0—100）	77.46	时间（天）	852
费用（占人均收入的百分比）	168.1	纳税次数（次/年）	10	费用（占索赔额的百分比）	24.3
供电可靠性和电费透明度指数（0—8）	8	所需时间（小时/年）	151	司法程序质量指数（0—18）	7.5
		总税率和强制性派款率（占利润的百分比）	58.3		
✓ 登记财产（排名）	49	报税后流程指标（0—100）	85.06	办理破产（排名）	131
登记财产前沿距离分数（0—100）	74.36			办理破产前沿距离分数（0—100）	34.42
办理手续（项）	5			时间（年）	3.0
办理时间（天）	11			费用（占资产价值的百分比）	14.5
费用（占财产价值的百分比）	3.4			债务回收率（美分/美元）	29.1
土地管理系统质量指数（0—30）	17.5			破产框架力度指数（0—16）	6.0

科特迪瓦		撒哈拉以南非洲		人均国民收入（美元）	1520
营商环境便利度排名（1—190）	139	前沿距离总分（0—100）	53.71	人口	23695919
开办企业（排名）	44	获得信贷（排名）	142	跨境贸易（排名）	155
开办企业前沿距离分数（0—100）	91.72	获得信贷前沿距离分数（0—100）	30.00	跨境贸易前沿距离分数（0—100）	54.15
办理手续（项）	4	合法权利力度指数（0—12）	6	出口所需时间	
办理时间（天）	7	信贷信息深度指数（0—8）	0	单证合规时间（小时）	120
费用（占人均收入的百分比）	16.5	信用局覆盖率	4.0	边界合规时间（小时）	110
最低实缴资本（占人均收入的百分比）	2.8	信贷登记机构覆盖率（占成年人口的百分比）	0.3	出口费用	
				单证合规费用（美元）	136
✓ 办理施工许可证（排名）	152	保护少数投资者（排名）	146	边界合规费用（美元）	387
办理施工许可证前沿距离分数（0—100）	57.50	保护少数投资者前沿距离分数（0—100）	40.00	进口所需时间	
办理手续（项）	21	信息披露指数（0—10）	7	单证合规时间（小时）	89
办理时间（天）	162	董事责任指数（0—10）	1	边界合规时间（小时）	125
费用（占库房价值的百分比）	5.4	股东诉讼便利度指数（0—10）	5	进口费用	
建筑质量控制指数（0—15）	9.0	股东权利指数（0—10）	4	单证合规费用（美元）	267
		所有权和管理控制指数（0—10）	3	边界合规费用（美元）	456
获得电力（排名）	129	公司透明度指数（0—10）	4		
获得电力前沿距离分数（0—100）	58.73			执行合同（排名）	101
办理手续（项）	8	纳税（排名）	175	执行合同前沿距离分数（0—100）	55.74
办理时间（天）	55	纳税前沿距离分数（0—100）	43.88	时间（天）	525
费用（占人均收入的百分比）	2280.8	纳税次数（次/年）	63	费用（占索赔额的百分比）	41.7
供电可靠性和电费透明度指数（0—8）	5	所需时间（小时/年）	270	司法程序质量指数（0—18）	8.5
		总税率和强制性派款率（占利润的百分比）	50.1		
登记财产（排名）	113	报税后流程指标（0—100）	44.50	办理破产（排名）	77
登记财产前沿距离分数（0—100）	57.56			办理破产前沿距离分数（0—100）	47.81
办理手续（项）	6			时间（年）	2.2
办理时间（天）	30			费用（占资产价值的百分比）	18.0
费用（占财产价值的百分比）	7.4			债务回收率（美分/美元）	36.6
土地管理系统质量指数（0—30）	10.5			破产框架力度指数（0—16）	9.0

克罗地亚		欧洲和中亚		人均国民收入（美元）	12110
营商环境便利度排名（1—190）	51	前沿距离总分（0—100）	71.70	人口	4170600
开办企业（排名）	87	获得信贷（排名）	77	跨境贸易（排名）	1
开办企业前沿距离分数（0—100）	86.39	获得信贷前沿距离分数（0—100）	55.00	跨境贸易前沿距离分数（0—100）	100.00
办理手续（项）	8	合法权利力度指数（0—12）	5	出口所需时间	
办理时间（天）	7	信贷信息深度指数（0—8）	6	单证合规时间（小时）	1
费用（占人均收入的百分比）	7.2	信用局覆盖率	100.0	边界合规时间（小时）	0
最低实缴资本（占人均收入的百分比）	12.5	信贷登记机构覆盖率（占成年人口的百分比）	0.0	出口费用	
				单证合规费用（美元）	0
办理施工许可证（排名）	126	保护少数投资者（排名）	29	边界合规费用（美元）	0
办理施工许可证前沿距离分数（0—100）	63.00	保护少数投资者前沿距离分数（0—100）	68.33	进口所需时间	
办理手续（项）	18	信息披露指数（0—10）	5	单证合规时间（小时）	1
办理时间（天）	126	董事责任指数（0—10）	6	边界合规时间（小时）	0
费用（占库房价值的百分比）	9.4	股东诉讼便利度指数（0—10）	6	进口费用	
建筑质量控制指数（0—15）	12.0	股东权利指数（0—10）	8	单证合规费用（美元）	0
		所有权和管理控制指数（0—10）	9	边界合规费用（美元）	0
获得电力（排名）	75	公司透明度指数（0—10）	7		
获得电力前沿距离分数（0—100）	76.26			执行合同（排名）	23
办理手续（项）	5	纳税（排名）	95	执行合同前沿距离分数（0—100）	70.60
办理时间（天）	65	纳税前沿距离分数（0—100）	70.90	时间（天）	650
费用（占人均收入的百分比）	298.5	纳税次数（次/年）	35	费用（占索赔额的百分比）	15.2
供电可靠性和电费透明度指数（0—8）	5	所需时间（小时/年）	206	司法程序质量指数（0—18）	13.0
		总税率和强制性派款率（占利润的百分比）	20.6		
登记财产（排名）	59	报税后流程指标（0—100）	61.20	办理破产（排名）	60
登记财产前沿距离分数（0—100）	71.44			办理破产前沿距离分数（0—100）	55.11
办理手续（项）	5			时间（年）	3.1
办理时间（天）	62			费用（占资产价值的百分比）	14.5
费用（占财产价值的百分比）	4.0			债务回收率（美分/美元）	32.7
土地管理系统质量指数（0—30）	22.5			破产框架力度指数（0—16）	12.0

塞浦路斯		欧洲和中亚		人均国民收入（美元）	23680
营商环境便利度排名（1—190）	53	前沿距离总分（0—100）	71.63	人口	1170125
开办企业（排名）	50	获得信贷（排名）	68	跨境贸易（排名）	45
开办企业前沿距离分数（0—100）	91.19	获得信贷前沿距离分数（0—100）	60.00	跨境贸易前沿距离分数（0—100）	88.44
办理手续（项）	5	合法权利力度指数（0—12）	7	出口所需时间	
办理时间（天）	6	信贷信息深度指数（0—8）	5	单证合规时间（小时）	2
费用（占人均收入的百分比）	12.4	信用局覆盖率	72.9	边界合规时间（小时）	18
最低实缴资本（占人均收入的百分比）	0.0	信贷登记机构覆盖率（占成年人口的百分比）	0.0	出口费用	
				单证合规费用（美元）	50
办理施工许可证（排名）	120	保护少数投资者（排名）	43	边界合规费用（美元）	300
办理施工许可证前沿距离分数（0—100）	63.99	保护少数投资者前沿距离分数（0—100）	63.33	进口所需时间	
办理手续（项）	8	信息披露指数（0—10）	8	单证合规时间（小时）	2
办理时间（天）	507	董事责任指数（0—10）	4	边界合规时间（小时）	15
费用（占库房价值的百分比）	1.1	股东诉讼便利度指数（0—10）	7	进口费用	
建筑质量控制指数（0—15）	11.0	股东权利指数（0—10）	6	单证合规费用（美元）	50
		所有权和管理控制指数（0—10）	6	边界合规费用（美元）	335
获得电力（排名）	67	公司透明度指数（0—10）	7		
获得电力前沿距离分数（0—100）	78.32			执行合同（排名）	138
办理手续（项）	5	纳税（排名）	44	执行合同前沿距离分数（0—100）	48.59
办理时间（天）	137	纳税前沿距离分数（0—100）	80.59	时间（天）	1100
费用（占人均收入的百分比）	133.2	纳税次数（次/年）	28	费用（占索赔额的百分比）	16.4
供电可靠性和电费透明度指数（0—8）	8	所需时间（小时/年）	127	司法程序质量指数（0—18）	8.0
		总税率和强制性派款率（占利润的百分比）	22.7		
登记财产（排名）	92	报税后流程指标（0—100）	76.07	办理破产（排名）	21
登记财产前沿距离分数（0—100）	63.41			办理破产前沿距离分数（0—100）	78.46
办理手续（项）	7			时间（年）	1.5
办理时间（天）	9			费用（占资产价值的百分比）	14.5
费用（占财产价值的百分比）	10.4			债务回收率（美分/美元）	73.2
土地管理系统质量指数（0—30）	23.0			破产框架力度指数（0—16）	12.5

捷克		经合组织高收入国家		人均国民收入（美元）	17570
营商环境便利度排名（1—190）	30	前沿距离总分（0—100）	76.27	人口	10561633
✓ 开办企业（排名）	81	获得信贷（排名）	42	跨境贸易（排名）	1
开办企业前沿距离分数（0—100）	87.44	获得信贷前沿距离分数（0—100）	70.00	跨境贸易前沿距离分数（0—100）	100.00
办理手续（项）	8	合法权利力度指数（0—12）	7	出口所需时间	
办理时间（天）	9	信贷信息深度指数（0—8）	7	单证合规时间（小时）	1
费用（占人均收入的百分比）	1.0	信用局覆盖率	79.5	边界合规时间（小时）	0
最低实缴资本（占人均收入的百分比）	0.0	信贷登记机构覆盖率（占成年人口的百分比）	7.0	出口费用	
				单证合规费用（美元）	0
办理施工许可证（排名）	127	保护少数投资者（排名）	62	边界合规费用（美元）	0
办理施工许可证前沿距离分数（0—100）	62.77	保护少数投资者前沿距离分数（0—100）	58.33	进口所需时间	
办理手续（项）	21	信息披露指数（0—10）	2	单证合规时间（小时）	1
办理时间（天）	247	董事责任指数（0—10）	6	边界合规时间（小时）	0
费用（占库房价值的百分比）	0.2	股东诉讼便利度指数（0—10）	9	进口费用	
建筑质量控制指数（0—15）	12.0	股东权利指数（0—10）	6	单证合规费用（美元）	0
		所有权和管理控制指数（0—10）	7	边界合规费用（美元）	0
获得电力（排名）	15	公司透明度指数（0—10）	5		
获得电力前沿距离分数（0—100）	90.33			执行合同（排名）	91
办理手续（项）	4 ✗	纳税（排名）	53	执行合同前沿距离分数（0—100）	58.21
办理时间（天）	68	纳税前沿距离分数（0—100）	79.26	时间（天）	611
费用（占人均收入的百分比）	23.8	纳税次数（次/年）	8	费用（占索赔额的百分比）	33.8
供电可靠性和电费透明度指数（0—8）	8	所需时间（小时/年）	248	司法程序质量指数（0—18）	9.5
		总税率和强制性派款率（占利润的百分比）	50.0		
登记财产（排名）	32	报税后流程指标（0—100）	90.75	办理破产（排名）	25
登记财产前沿距离分数（0—100）	79.68			办理破产前沿距离分数（0—100）	76.69
办理手续（项）	4			时间（年）	2.1
办理时间（天）	28			费用（占资产价值的百分比）	17.0
费用（占财产价值的百分比）	4.0			债务回收率（美分/美元）	67.0
土地管理系统质量指数（0—30）	25.0			破产框架力度指数（0—16）	13.0

丹麦		经合组织高收入国家		人均国民收入（美元）	56730
营商环境便利度排名（1—190）	3	前沿距离总分（0—100）	84.06	人口	5731118
开办企业（排名）	34	获得信贷（排名）	42	跨境贸易（排名）	1
开办企业前沿距离分数（0—100）	92.50	获得信贷前沿距离分数（0—100）	70.00	跨境贸易前沿距离分数（0—100）	100.00
办理手续（项）	5	合法权利力度指数（0—12）	8	出口所需时间	
办理时间（天）	3.5	信贷信息深度指数（0—8）	6	单证合规时间（小时）	1
费用（占人均收入的百分比）	0.2	信用局覆盖率	7.4	边界合规时间（小时）	0
最低实缴资本（占人均收入的百分比）	13.5	信贷登记机构覆盖率（占成年人口的百分比）	0.0	出口费用	
				单证合规费用（美元）	0
✗ 办理施工许可证（排名）	1	保护少数投资者（排名）	33	边界合规费用（美元）	0
办理施工许可证前沿距离分数（0—100）	86.79	保护少数投资者前沿距离分数（0—100）	66.67	进口所需时间	
办理手续（项）	7	信息披露指数（0—10）	7	单证合规时间（小时）	1
办理时间（天）	64	董事责任指数（0—10）	5	边界合规时间（小时）	0
费用（占库房价值的百分比）	1.4	股东诉讼便利度指数（0—10）	8	进口费用	
建筑质量控制指数（0—15）	11.0	股东权利指数（0—10）	6	单证合规费用（美元）	0
		所有权和管理控制指数（0—10）	5	边界合规费用（美元）	0
获得电力（排名）	16	公司透明度指数（0—10）	9		
获得电力前沿距离分数（0—100）	90.21			执行合同（排名）	32
办理手续（项）	4	纳税（排名）	8	执行合同前沿距离分数（0—100）	68.37
办理时间（天）	38	纳税前沿距离分数（0—100）	91.22	时间（天）	485
费用（占人均收入的百分比）	106.2	纳税次数（次/年）	10	费用（占索赔额的百分比）	23.3
供电可靠性和电费透明度指数（0—8）	7	所需时间（小时/年）	130	司法程序质量指数（0—18）	11.0
		总税率和强制性派款率（占利润的百分比）	24.2		
登记财产（排名）	11	报税后流程指标（0—100）	89.06	办理破产（排名）	7
登记财产前沿距离分数（0—100）	89.88			办理破产前沿距离分数（0—100）	84.93
办理手续（项）	3			时间（年）	1.0
办理时间（天）	4			费用（占资产价值的百分比）	4.0
费用（占财产价值的百分比）	0.6			债务回收率（美分/美元）	88.1
土地管理系统质量指数（0—30）	24.5			破产框架力度指数（0—16）	12.0

吉布提		中东和北非		人均国民收入（美元）	1908
营商环境便利度排名（1—190）	154	前沿距离总分（0—100）	49.58	人口	942333
开办企业（排名）	115	获得信贷（排名）	183	跨境贸易（排名）	159
开办企业前沿距离分数（0—100）	83.38	获得信贷前沿距离分数（0—100）	5.00	跨境贸易前沿距离分数（0—100）	51.87
办理手续（项）	7	合法权利力度指数（0—12）	1	出口所需时间	
办理时间（天）	14	信贷信息深度指数（0—8）	0	单证合规时间（小时）	72
费用（占人均收入的百分比）	35.2	信用局覆盖率	0.0	边界合规时间（小时）	109
最低实缴资本（占人均收入的百分比）	0.0	信贷登记机构覆盖率（占成年人口的百分比）	0.4	出口费用	
办理施工许可证（排名）	84	保护少数投资者（排名）	96	单证合规费用（美元）	95
办理施工许可证前沿距离分数（0—100）	68.48	保护少数投资者前沿距离分数（0—100）	51.67	边界合规费用（美元）	944
办理手续（项）	17	信息披露指数（0—10）	7	进口所需时间	
办理时间（天）	111	董事责任指数（0—10）	7	单证合规时间（小时）	50
费用（占库房价值的百分比）	5.4	股东诉讼便利度指数（0—10）	3	边界合规时间（小时）	78
建筑质量控制指数（0—15）	11.0	股东权利指数（0—10）	6	进口费用	
		所有权和管理控制指数（0—10）	5	单证合规费用（美元）	100
获得电力（排名）	169	公司透明度指数（0—10）	3	边界合规费用（美元）	1209
获得电力前沿距离分数（0—100）	40.75				
办理手续（项）	4	纳税（排名）	108	执行合同（排名）	175
办理时间（天）	125	纳税前沿距离分数（0—100）	68.91	执行合同前沿距离分数（0—100）	34.78
费用（占人均收入的百分比）	5979.9	纳税次数（次/年）	35	时间（天）	1025
供电可靠性和电费透明度指数（0—8）	0	所需时间（小时/年）	76	费用（占索赔额的百分比）	34.0
		总税率和强制性派款率（占利润的百分比）	37.7	司法程序质量指数（0—18）	3.0
登记财产（排名）	168	报税后流程指标（0—100）	49.57	办理破产（排名）	73
登记财产前沿距离分数（0—100）	42.65			办理破产前沿距离分数（0—100）	48.32
办理手续（项）	6			时间（年）	2.3
办理时间（天）	39			费用（占资产价值的百分比）	11.0
费用（占财产价值的百分比）	12.7			债务回收率（美分/美元）	37.5
土地管理系统质量指数（0—30）	4.5			破产框架力度指数（0—16）	9.0

多米尼克		拉丁美洲和加勒比地区		人均国民收入（美元）	6750
营商环境便利度排名（1—190）	98	前沿距离总分（0—100）	60.96	人口	73543
开办企业（排名）	67	获得信贷（排名）	142	跨境贸易（排名）	81
开办企业前沿距离分数（0—100）	89.29	获得信贷前沿距离分数（0—100）	30.00	跨境贸易前沿距离分数（0—100）	74.26
办理手续（项）	5	合法权利力度指数（0—12）	6	出口所需时间	
办理时间（天）	12	信贷信息深度指数（0—8）	0	单证合规时间（小时）	12
费用（占人均收入的百分比）	15.5	信用局覆盖率	0.0	边界合规时间（小时）	36
最低实缴资本（占人均收入的百分比）	0.0	信贷登记机构覆盖率（占成年人口的百分比）	0.0	出口费用	
办理施工许可证（排名）	74	保护少数投资者（排名）	96	单证合规费用（美元）	50
办理施工许可证前沿距离分数（0—100）	70.07	保护少数投资者前沿距离分数（0—100）	51.67	边界合规费用（美元）	625
办理手续（项）	11	信息披露指数（0—10）	4	进口所需时间	
办理时间（天）	191	董事责任指数（0—10）	8	单证合规时间（小时）	24
费用（占库房价值的百分比）	0.3	股东诉讼便利度指数（0—10）	8	边界合规时间（小时）	39
建筑质量控制指数（0—15）	8.0	股东权利指数（0—10）	4	进口费用	
		所有权和管理控制指数（0—10）	4	单证合规费用（美元）	50
获得电力（排名）	46	公司透明度指数（0—10）	3	边界合规费用（美元）	906
获得电力前沿距离分数（0—100）	82.43				
办理手续（项）	5	纳税（排名）	77	执行合同（排名）	79
办理时间（天）	61	纳税前沿距离分数（0—100）	74.91	执行合同前沿距离分数（0—100）	59.17
费用（占人均收入的百分比）	466.1	纳税次数（次/年）	37	时间（天）	681
供电可靠性和电费透明度指数（0—8）	7	所需时间（小时/年）	117	费用（占索赔额的百分比）	36.0
		总税率和强制性派款率（占利润的百分比）	35.2	司法程序质量指数（0—18）	11.5
登记财产（排名）	164	报税后流程指标（0—100）	79.66	办理破产（排名）	132
登记财产前沿距离分数（0—100）	43.40			办理破产前沿距离分数（0—100）	34.41
办理手续（项）	5			时间（年）	4.0
办理时间（天）	42			费用（占资产价值的百分比）	10.0
费用（占财产价值的百分比）	13.3			债务回收率（美分/美元）	29.1
土地管理系统质量指数（0—30）	4.5			破产框架力度指数（0—16）	6.0

多米尼加共和国		拉丁美洲和加勒比地区		人均国民收入（美元）	6390
营商环境便利度排名（1—190）	99	前沿距离总分（0—100）	60.93	人口	10648791
✓ 开办企业（排名）	116	获得信贷（排名）	105	跨境贸易（排名）	59
开办企业前沿距离分数（0—100）	83.23	获得信贷前沿距离分数（0—100）	45.00	跨境贸易前沿距离分数（0—100）	83.51
办理手续（项）	7	合法权利力度指数（0—12）	1	出口所需时间	
办理时间（天）	16.5	信贷信息深度指数（0—8）	8	单证合规时间（小时）	10
费用（占人均收入的百分比）	14.5	信用局覆盖率	68.3	边界合规时间（小时）	16
最低实缴资本（占人均收入的百分比）	33.9	信贷登记机构覆盖率（占成年人口的百分比）	26.4	出口费用	
				单证合规费用（美元）	15
办理施工许可证（排名）	62	保护少数投资者（排名）	96	边界合规费用（美元）	488
办理施工许可证前沿距离分数（0—100）	71.73	保护少数投资者前沿距离分数（0—100）	51.67	进口所需时间	
办理手续（项）	15	信息披露指数（0—10）	5	单证合规时间（小时）	14
办理时间（天）	184	董事责任指数（0—10）	4	边界合规时间（小时）	24
费用（占库房价值的百分比）	2.8	股东诉讼便利度指数（0—10）	8	进口费用	
建筑质量控制指数（0—15）	13.0	股东权利指数（0—10）	7	单证合规费用（美元）	40
		所有权和管理控制指数（0—10）	2	边界合规费用（美元）	579
✓ 获得电力（排名）	108	公司透明度指数（0—10）	5		
获得电力前沿距离分数（0—100）	64.74			执行合同（排名）	136
办理手续（项）	7 ×	纳税（排名）	149	执行合同前沿距离分数（0—100）	48.71
办理时间（天）	67	纳税前沿距离分数（0—100）	57.45	时间（天）	590
费用（占人均收入的百分比）	248.6	纳税次数（次/年）	7	费用（占索赔额的百分比）	40.9
供电可靠性和电费透明度指数（0—8）	4	所需时间（小时/年）	317	司法程序质量指数（0—18）	5.5
		总税率和强制性派款率（占利润的百分比）	48.8		
登记财产（排名）	79	报税后流程指标（0—100）	10.71 ✓	办理破产（排名）	121
登记财产前沿距离分数（0—100）	65.67			办理破产前沿距离分数（0—100）	37.59
办理手续（项）	6			时间（年）	3.5
办理时间（天）	45			费用（占资产价值的百分比）	38.0
费用（占财产价值的百分比）	3.4			债务回收率（美分/美元）	8.9
土地管理系统质量指数（0—30）	14.5			破产框架力度指数（0—16）	10.5

厄瓜多尔		拉丁美洲和加勒比地区		人均国民收入（美元）	5820
营商环境便利度排名（1—190）	118	前沿距离总分（0—100）	57.83	人口	16385068
开办企业（排名）	168	获得信贷（排名）	105	跨境贸易（排名）	102
开办企业前沿距离分数（0—100）	70.50	获得信贷前沿距离分数（0—100）	45.00	跨境贸易前沿距离分数（0—100）	68.65
办理手续（项）	11	合法权利力度指数（0—12）	1	出口所需时间	
办理时间（天）	48.5	信贷信息深度指数（0—8）	8	单证合规时间（小时）	24
费用（占人均收入的百分比）	21.9	信用局覆盖率	71.0	边界合规时间（小时）	96
最低实缴资本（占人均收入的百分比）	0.0	信贷登记机构覆盖率（占成年人口的百分比）	0.0	出口费用	
				单证合规费用（美元）	140
办理施工许可证（排名）	105	保护少数投资者（排名）	124	边界合规费用（美元）	560
办理施工许可证前沿距离分数（0—100）	66.32	保护少数投资者前沿距离分数（0—100）	46.67	进口所需时间	
办理手续（项）	17	信息披露指数（0—10）	2	单证合规时间（小时）	120
办理时间（天）	132	董事责任指数（0—10）	5	边界合规时间（小时）	24
费用（占库房价值的百分比）	1.9	股东诉讼便利度指数（0—10）	6	进口费用	
建筑质量控制指数（0—15）	8.0	股东权利指数（0—10）	9	单证合规费用（美元）	75
		所有权和管理控制指数（0—10）	3	边界合规费用（美元）	250
获得电力（排名）	85	公司透明度指数（0—10）	3		
获得电力前沿距离分数（0—100）	72.16			执行合同（排名）	75
办理手续（项）	7 ×	纳税（排名）	145	执行合同前沿距离分数（0—100）	59.38
办理时间（天）	74	纳税前沿距离分数（0—100）	58.39	时间（天）	523
费用（占人均收入的百分比）	636.1	纳税次数（次/年）	10	费用（占索赔额的百分比）	27.2
供电可靠性和电费透明度指数（0—8）	7	所需时间（小时/年）	666	司法程序质量指数（0—18）	7.5
		总税率和强制性派款率（占利润的百分比）	32.5		
× 登记财产（排名）	74	报税后流程指标（0—100）	49.54	办理破产（排名）	157
登记财产前沿距离分数（0—100）	66.18			办理破产前沿距离分数（0—100）	25.01
办理手续（项）	8			时间（年）	5.3
办理时间（天）	38			费用（占资产价值的百分比）	18.0
费用（占财产价值的百分比）	2.1			债务回收率（美分/美元）	17.4
土地管理系统质量指数（0—30）	16.5			破产框架力度指数（0—16）	5.0

埃及		中东和北非		人均国民收入（美元）	3460
营商环境便利度排名（1—190）	128	前沿距离总分（0—100）	56.22	人口	95688681
开办企业（排名）	103	**获得信贷（排名）**	90	**跨境贸易（排名）**	170
开办企业前沿距离分数（0—100）	84.53	获得信贷前沿距离分数（0—100）	50.00	跨境贸易前沿距离分数（0—100）	42.23
办理手续（项）	8.5	合法权利力度指数（0—12）	2	*出口所需时间*	
办理时间（天）	14.5	信贷信息深度指数（0—8）	8	单证合规时间（小时）	88
费用（占人均收入的百分比）	7.4	信用局覆盖率	25.3	边界合规时间（小时）	48
最低实缴资本（占人均收入的百分比）	0.0	信贷登记机构覆盖率（占成年人口的百分比）	7.8	*出口费用*	
				单证合规费用（美元）	100
办理施工许可证（排名）	66 ✓	**保护少数投资者（排名）**	81	边界合规费用（美元）	258
办理施工许可证前沿距离分数（0—100）	71.43	保护少数投资者前沿距离分数（0—100）	55.00	*进口所需时间*	
办理手续（项）	19	信息披露指数（0—10）	8	单证合规时间（小时）	265
办理时间（天）	172	董事责任指数（0—10）	3	边界合规时间（小时）	240
费用（占库房价值的百分比）	1.9	股东诉讼便利度指数（0—10）	3	*进口费用*	
建筑质量控制指数（0—15）	14.0	股东权利指数（0—10）	5	单证合规费用（美元）	1000
		所有权和管理控制指数（0—10）	7	边界合规费用（美元）	554
获得电力（排名）	89	公司透明度指数（0—10）	7		
获得电力前沿距离分数（0—100）	71.24			**执行合同（排名）**	160
办理手续（项）	5	**纳税（排名）**	167	执行合同前沿距离分数（0—100）	42.75
办理时间（天）	53	纳税前沿距离分数（0—100）	50.67	时间（天）	1010
费用（占人均收入的百分比）	324.7	纳税次数（次/年）	29	费用（占索赔额的百分比）	26.2
供电可靠性和电费透明度指数（0—8）	3	所需时间（小时/年）	392	司法程序质量指数（0—18）	5.5
		总税率和强制性派款率（占利润的百分比）	45.3		
✗ **登记财产（排名）**	119	报税后流程指标（0—100）	26.62	**办理破产（排名）**	115
登记财产前沿距离分数（0—100）	55.50			办理破产前沿距离分数（0—100）	38.89
办理手续（项）	8			时间（年）	2.5
办理时间（天）	75			费用（占资产价值的百分比）	22.0
费用（占财产价值的百分比）	1.1			债务回收率（美分/美元）	25.8
土地管理系统质量指数（0—30）	7.0			破产框架力度指数（0—16）	8.0

萨尔瓦多		拉丁美洲和加勒比地区		人均国民收入（美元）	3920
营商环境便利度排名（1—190）	73	前沿距离总分（0—100）	66.42	人口	6344722
开办企业（排名）	140	**获得信贷（排名）**	20	✓ **跨境贸易（排名）**	43
开办企业前沿距离分数（0—100）	78.88	获得信贷前沿距离分数（0—100）	80.00	跨境贸易前沿距离分数（0—100）	89.29
办理手续（项）	9	合法权利力度指数（0—12）	9	*出口所需时间*	
办理时间（天）	16.5	信贷信息深度指数（0—8）	7	单证合规时间（小时）	9
费用（占人均收入的百分比）	41.4	信用局覆盖率	35.4	边界合规时间（小时）	30
最低实缴资本（占人均收入的百分比）	2.5	信贷登记机构覆盖率（占成年人口的百分比）	28.6	*出口费用*	
				单证合规费用（美元）	50
✓ **办理施工许可证（排名）**	139	**保护少数投资者（排名）**	160	边界合规费用（美元）	128
办理施工许可证前沿距离分数（0—100）	60.16	保护少数投资者前沿距离分数（0—100）	38.33	*进口所需时间*	
办理手续（项）	23	信息披露指数（0—10）	3	单证合规时间（小时）	13
办理时间（天）	122.5	董事责任指数（0—10）	0	边界合规时间（小时）	36
费用（占库房价值的百分比）	5.2	股东诉讼便利度指数（0—10）	7	*进口费用*	
建筑质量控制指数（0—15）	10.0	股东权利指数（0—10）	6	单证合规费用（美元）	67
		所有权和管理控制指数（0—10）	1	边界合规费用（美元）	128
✓ **获得电力（排名）**	88	公司透明度指数（0—10）	6		
获得电力前沿距离分数（0—100）	71.40			**执行合同（排名）**	105
办理手续（项）	7	✓ **纳税（排名）**	61	执行合同前沿距离分数（0—100）	55.20
办理时间（天）	56	纳税前沿距离分数（0—100）	77.35	时间（天）	786
费用（占人均收入的百分比）	502.0	纳税次数（次/年）	7	费用（占索赔额的百分比）	19.2
供电可靠性和电费透明度指数（0—8）	6	所需时间（小时/年）	180	司法程序质量指数（0—18）	7.5
		总税率和强制性派款率（占利润的百分比）	35.5		
登记财产（排名）	69	报税后流程指标（0—100）	49.54	**办理破产（排名）**	84
登记财产前沿距离分数（0—100）	67.92			办理破产前沿距离分数（0—100）	45.69
办理手续（项）	5			时间（年）	3.5
办理时间（天）	31			费用（占资产价值的百分比）	12.0
费用（占财产价值的百分比）	3.8			债务回收率（美分/美元）	32.6
土地管理系统质量指数（0—30）	13.5			破产框架力度指数（0—16）	9.0

赤道几内亚		撒哈拉以南非洲		人均国民收入（美元）	6550
营商环境便利度排名（1—190）	173	前沿距离总分（0—100）	41.66	人口	1221490
✓ 开办企业（排名）	182	获得信贷（排名）	122	跨境贸易（排名）	174
开办企业前沿距离分数（0—100）	54.96	获得信贷前沿距离分数（0—100）	40.00	跨境贸易前沿距离分数（0—100）	32.05
办理手续（项）	16	合法权利力度指数（0—12）	6	出口所需时间	
办理时间（天）	33	信贷信息深度指数（0—8）	2	单证合规时间（小时）	154
费用（占人均收入的百分比）	103.4	信用局覆盖率	0.0	边界合规时间（小时）	132
最低实缴资本（占人均收入的百分比）	30.3	信贷登记机构覆盖率（占成年人口的百分比）	6.3	出口费用	
办理施工许可证（排名）	160	保护少数投资者（排名）	146	单证合规费用（美元）	85
办理施工许可证前沿距离分数（0—100）	54.95	保护少数投资者前沿距离分数（0—100）	40.00	边界合规费用（美元）	760
办理手续（项）	13	信息披露指数（0—10）	7	进口所需时间	
办理时间（天）	144	董事责任指数（0—10）	1	单证合规时间（小时）	240
费用（占库房价值的百分比）	4.2	股东诉讼便利度指数（0—10）	5	边界合规时间（小时）	240
建筑质量控制指数（0—15）	1.0	股东权利指数（0—10）	4	进口费用	
		所有权和管理控制指数（0—10）	3	单证合规费用（美元）	70
获得电力（排名）	146	公司透明度指数（0—10）	4	边界合规费用（美元）	985
获得电力前沿距离分数（0—100）	53.44				
办理手续（项）	5	纳税（排名）	177	执行合同（排名）	104
办理时间（天）	106	纳税前沿距离分数（0—100）	41.54	执行合同前沿距离分数（0—100）	55.25
费用（占人均收入的百分比）	1185.2	纳税次数（次/年）	46	时间（天）	475
供电可靠性和电费透明度指数（0—8）	0	所需时间（小时/年）	492	费用（占索赔额的百分比）	19.5
		总税率和强制性派款率（占利润的百分比）	79.4	司法程序质量指数（0—18）	3.0
登记财产（排名）	162	报税后流程指标（0—100）	93.12	办理破产（排名）	168
登记财产前沿距离分数（0—100）	44.45			办理破产前沿距离分数（0—100）	0.00
办理手续（项）	6			时间（年）	无实践
办理时间（天）	23			费用（占资产价值的百分比）	无实践
费用（占财产价值的百分比）	12.5			债务回收率（美分/美元）	0.0
土地管理系统质量指数（0—30）	4.0			破产框架力度指数（0—16）	0.0

厄立特里亚		撒哈拉以南非洲		人均国民收入（美元）	823
营商环境便利度排名（1—190）	189	前沿距离总分（0—100）	22.87	人口	5869869
开办企业（排名）	184	获得信贷（排名）	186	跨境贸易（排名）	189
开办企业前沿距离分数（0—100）	50.60	获得信贷前沿距离分数（0—100）	0.00	跨境贸易前沿距离分数（0—100）	0.00
办理手续（项）	13	合法权利力度指数（0—12）	0	出口所需时间	
办理时间（天）	84	信贷信息深度指数（0—8）	0	单证合规时间（小时）	无实践
费用（占人均收入的百分比）	27.0	信用局覆盖率	0.0	边界合规时间（小时）	无实践
最低实缴资本（占人均收入的百分比）	118.5	信贷登记机构覆盖率（占成年人口的百分比）	0.0	出口费用	
办理施工许可证（排名）	186	保护少数投资者（排名）	172	单证合规费用（美元）	无实践
办理施工许可证前沿距离分数（0—100）	0.00	保护少数投资者前沿距离分数（0—100）	31.67	边界合规费用（美元）	无实践
办理手续（项）	无实践	信息披露指数（0—10）	3	进口所需时间	
办理时间（天）	无实践	董事责任指数（0—10）	0	单证合规时间（小时）	无实践
费用（占库房价值的百分比）	无实践	股东诉讼便利度指数（0—10）	5	边界合规时间（小时）	无实践
建筑质量控制指数（0—15）	0.0	股东权利指数（0—10）	5	进口费用	
		所有权和管理控制指数（0—10）	3	单证合规费用（美元）	无实践
获得电力（排名）	187	公司透明度指数（0—10）	3	边界合规费用（美元）	无实践
获得电力前沿距离分数（0—100）	0.00				
办理手续（项）	无实践	纳税（排名）	148	执行合同（排名）	119
办理时间（天）	无实践	纳税前沿距离分数（0—100）	57.50	执行合同前沿距离分数（0—100）	53.68
费用（占人均收入的百分比）	无实践	纳税次数（次/年）	30	时间（天）	490
供电可靠性和电费透明度指数（0—8）	0	所需时间（小时/年）	216	费用（占索赔额的百分比）	22.6
		总税率和强制性派款率（占利润的百分比）	83.7	司法程序质量指数（0—18）	3.0
登记财产（排名）	178	报税后流程指标（0—100）	99.54	办理破产（排名）	168
登记财产前沿距离分数（0—100）	35.29			办理破产前沿距离分数（0—100）	0.00
办理手续（项）	11			时间（年）	无实践
办理时间（天）	78			费用（占资产价值的百分比）	无实践
费用（占财产价值的百分比）	9.0			债务回收率（美分/美元）	0.0
土地管理系统质量指数（0—30）	6.5			破产框架力度指数（0—16）	0.0

爱沙尼亚		经合组织高收入国家		人均国民收入（美元）	17750
营商环境便利度排名（1—190）	12	前沿距离总分（0—100）	80.80	人口	1316481
开办企业（排名）	12	获得信贷（排名）	42	跨境贸易（排名）	17
开办企业前沿距离分数（0—100）	95.15	获得信贷前沿距离分数（0—100）	70.00	跨境贸易前沿距离分数（0—100）	99.92
办理手续（项）	3	合法权利力度指数（0—12）	7	出口所需时间	
办理时间（天）	3.5	信贷信息深度指数（0—8）	7	单证合规时间（小时）	1
费用（占人均收入的百分比）	1.2	信用局覆盖率	35.2	边界合规时间（小时）	2
最低实缴资本（占人均收入的百分比）	16.0	信贷登记机构覆盖率（占成年人口的百分比）	0.0	出口费用	
				单证合规费用（美元）	0
办理施工许可证（排名）	8	保护少数投资者（排名）	76	边界合规费用（美元）	0
办理施工许可证前沿距离分数（0—100）	82.50	保护少数投资者前沿距离分数（0—100）	56.67	进口所需时间	
办理手续（项）	10	信息披露指数（0—10）	8	单证合规时间（小时）	1
办理时间（天）	103	董事责任指数（0—10）	3	边界合规时间（小时）	0
费用（占库房价值的百分比）	0.2	股东诉讼便利度指数（0—10）	6	进口费用	
建筑质量控制指数（0—15）	11.0	股东权利指数（0—10）	8	单证合规费用（美元）	0
		所有权和管理控制指数（0—10）	3	边界合规费用（美元）	0
获得电力（排名）	41	公司透明度指数（0—10）	6		
获得电力前沿距离分数（0—100）	83.21			执行合同（排名）	11
办理手续（项）	5	纳税（排名）	14	执行合同前沿距离分数（0—100）	74.34
办理时间（天）	91	纳税前沿距离分数（0—100）	89.56	时间（天）	455
费用（占人均收入的百分比）	168.8	纳税次数（次/年）	8	费用（占索赔额的百分比）	21.9
供电可靠性和电费透明度指数（0—8）	8	所需时间（小时/年）	50	司法程序质量指数（0—18）	13.5
		总税率和强制性派款率（占利润的百分比）	48.7		
登记财产（排名）	6	报税后流程指标（0—100）	99.38	办理破产（排名）	44
登记财产前沿距离分数（0—100）	91.02			办理破产前沿距离分数（0—100）	65.62
办理手续（项）	3			时间（年）	3.0
办理时间（天）	17.5			费用（占资产价值的百分比）	9.0
费用（占财产价值的百分比）	0.5			债务回收率（美分/美元）	40.6
土地管理系统质量指数（0—30）	27.5			破产框架力度指数（0—16）	14.0

埃塞俄比亚		撒哈拉以南非洲		人均国民收入（美元）	660
营商环境便利度排名（1—190）	161	前沿距离总分（0—100）	47.77	人口	102403196
✓ 开办企业（排名）	174	获得信贷（排名）	173	✓ 跨境贸易（排名）	167
开办企业前沿距离分数（0—100）	68.43	获得信贷前沿距离分数（0—100）	15.00	跨境贸易前沿距离分数（0—100）	45.34
办理手续（项）	12	合法权利力度指数（0—12）	3	出口所需时间	
办理时间（天）	33	信贷信息深度指数（0—8）	0	单证合规时间（小时）	76
费用（占人均收入的百分比）	57.8	信用局覆盖率	0.0	边界合规时间（小时）	51
最低实缴资本（占人均收入的百分比）	0.0	信贷登记机构覆盖率（占成年人口的百分比）	0.3	出口费用	
				单证合规费用（美元）	175
办理施工许可证（排名）	169	保护少数投资者（排名）	176	边界合规费用（美元）	172
办理施工许可证前沿距离分数（0—100）	50.55	保护少数投资者前沿距离分数（0—100）	28.33	进口所需时间	
办理手续（项）	13	信息披露指数（0—10）	3	单证合规时间（小时）	194
办理时间（天）	130	董事责任指数（0—10）	0	边界合规时间（小时）	166
费用（占库房价值的百分比）	16.5	股东诉讼便利度指数（0—10）	2	进口费用	
建筑质量控制指数（0—15）	7.0	股东权利指数（0—10）	5	单证合规费用（美元）	750
		所有权和管理控制指数（0—10）	3	边界合规费用（美元）	738
获得电力（排名）	125	公司透明度指数（0—10）	4		
获得电力前沿距离分数（0—100）	59.29			执行合同（排名）	68
办理手续（项）	4	纳税（排名）	133	执行合同前沿距离分数（0—100）	59.99
办理时间（天）	95	纳税前沿距离分数（0—100）	62.14	时间（天）	530
费用（占人均收入的百分比）	1027.9	纳税次数（次/年）	30	费用（占索赔额的百分比）	15.2
供电可靠性和电费透明度指数（0—8）	0	所需时间（小时/年）	306	司法程序质量指数（0—18）	5.5
		总税率和强制性派款率（占利润的百分比）	38.6		
登记财产（排名）	139	报税后流程指标（0—100）	50.89	办理破产（排名）	122
登记财产前沿距离分数（0—100）	51.32			办理破产前沿距离分数（0—100）	37.31
办理手续（项）	7			时间（年）	3.0
办理时间（天）	52			费用（占资产价值的百分比）	14.5
费用（占财产价值的百分比）	6.0			债务回收率（美分/美元）	28.7
土地管理系统质量指数（0—30）	6.0			破产框架力度指数（0—16）	7.0

斐济

		东亚和太平洋地区		人均国民收入（美元）	4840
营商环境便利度排名（1—190）	101	前沿距离总分（0—100）	60.74	人口	898760
开办企业（排名）	160	**获得信贷（排名）**	159	**跨境贸易（排名）**	75
开办企业前沿距离分数（0—100）	73.26	获得信贷前沿距离分数（0—100）	25.00	跨境贸易前沿距离分数（0—100）	77.57
办理手续（项）	11	合法权利力度指数（0—12）	5	出口所需时间	
办理时间（天）	40	信贷信息深度指数（0—8）	0	单证合规时间（小时）	56
费用（占人均收入的百分比）	16.9	信用局覆盖率	0.0	边界合规时间（小时）	56
最低实缴资本（占人均收入的百分比）	0.0	信贷登记机构覆盖率（占成年人口的百分比）	0.0	出口费用	
				单证合规费用（美元）	76
办理施工许可证（排名）	92	**保护少数投资者（排名）**	96	边界合规费用（美元）	317
办理施工许可证前沿距离分数（0—100）	67.69	保护少数投资者前沿距离分数（0—100）	51.67	进口所需时间	
办理手续（项）	15	信息披露指数（0—10）	2	单证合规时间（小时）	34
办理时间（天）	141	董事责任指数（0—10）	8	边界合规时间（小时）	42
费用（占库房价值的百分比）	0.6	股东诉讼便利度指数（0—10）	7	进口费用	
建筑质量控制指数（0—15）	7.0	股东权利指数（0—10）	5	单证合规费用（美元）	58
		所有权和管理控制指数（0—10）	4	边界合规费用（美元）	320
获得电力（排名）	84	公司透明度指数（0—10）	5		
获得电力前沿距离分数（0—100）	72.19			**执行合同（排名）**	89
办理手续（项）	4	**纳税（排名）**	120	执行合同前沿距离分数（0—100）	58.44
办理时间（天）	81	纳税前沿距离分数（0—100）	66.00	时间（天）	397
费用（占人均收入的百分比）	1391.9	纳税次数（次/年）	38	费用（占索赔额的百分比）	38.9
供电可靠性和电费透明度指数（0—8）	4	所需时间（小时/年）	247	司法程序质量指数（0—18）	7.5
		总税率和强制性派款率（占利润的百分比）	33.0		
登记财产（排名）	58	报税后流程指标（0—100）	62.62	**办理破产（排名）**	92
登记财产前沿距离分数（0—100）	71.86			办理破产前沿距离分数（0—100）	43.72
办理手续（项）	4			时间（年）	1.8
办理时间（天）	69			费用（占资产价值的百分比）	10.0
费用（占财产价值的百分比）	3.0			债务回收率（美分/美元）	46.4
土地管理系统质量指数（0—30）	19.5			破产框架力度指数（0—16）	6.0

芬兰

		经合组织高收入国家		人均国民收入（美元）	44730
营商环境便利度排名（1—190）	13	前沿距离总分（0—100）	80.37	人口	5495096
开办企业（排名）	26	**获得信贷（排名）**	55	**跨境贸易（排名）**	34
开办企业前沿距离分数（0—100）	93.15	获得信贷前沿距离分数（0—100）	65.00	跨境贸易前沿距离分数（0—100）	92.44
办理手续（项）	3	合法权利力度指数（0—12）	7	出口所需时间	
办理时间（天）	14	信贷信息深度指数（0—8）	6	单证合规时间（小时）	2
费用（占人均收入的百分比）	1.0	信用局覆盖率	20.9	边界合规时间（小时）	36
最低实缴资本（占人均收入的百分比）	6.4	信贷登记机构覆盖率（占成年人口的百分比）	0.0	出口费用	
				单证合规费用（美元）	70
办理施工许可证（排名）	37	**保护少数投资者（排名）**	62	边界合规费用（美元）	213
办理施工许可证前沿距离分数（0—100）	75.74	保护少数投资者前沿距离分数（0—100）	58.33	进口所需时间	
办理手续（项）	17	信息披露指数（0—10）	6	单证合规时间（小时）	1
办理时间（天）	65	董事责任指数（0—10）	4	边界合规时间（小时）	2
费用（占库房价值的百分比）	0.9	股东诉讼便利度指数（0—10）	8	进口费用	
建筑质量控制指数（0—15）	10.0	股东权利指数（0—10）	6	单证合规费用（美元）	0
		所有权和管理控制指数（0—10）	2	边界合规费用（美元）	0
获得电力（排名）	20	公司透明度指数（0—10）	9		
获得电力前沿距离分数（0—100）	88.97			**执行合同（排名）**	46
办理手续（项）	5	**纳税（排名）**	12	执行合同前沿距离分数（0—100）	66.40
办理时间（天）	42	纳税前沿距离分数（0—100）	90.14	时间（天）	485
费用（占人均收入的百分比）	27.1	纳税次数（次/年）	8	费用（占索赔额的百分比）	16.2
供电可靠性和电费透明度指数（0—8）	8	所需时间（小时/年）	93	司法程序质量指数（0—18）	8.5
		总税率和强制性派款率（占利润的百分比）	38.4		
登记财产（排名）	27	报税后流程指标（0—100）	93.09	**办理破产（排名）**	2
登记财产前沿距离分数（0—100）	80.73			办理破产前沿距离分数（0—100）	92.82
办理手续（项）	3			时间（年）	0.9
办理时间（天）	47			费用（占资产价值的百分比）	3.5
费用（占财产价值的百分比）	4.0			债务回收率（美分/美元）	88.3
土地管理系统质量指数（0—30）	26.5			破产框架力度指数（0—16）	14.5

法国

营商环境便利度排名（1—190）	31
开办企业（排名）	25
开办企业前沿距离分数（0—100）	93.28
办理手续（项）	5
办理时间（天）	3.5
费用（占人均收入的百分比）	0.7
最低实缴资本（占人均收入的百分比）	0.0
办理施工许可证（排名）	18
办理施工许可证前沿距离分数（0—100）	79.29
办理手续（项）	9
办理时间（天）	183
费用（占库房价值的百分比）	3.0
建筑质量控制指数（0—15）	14.0
获得电力（排名）	26
获得电力前沿距离分数（0—100）	85.89
办理手续（项）	5
办理时间（天）	71
费用（占人均收入的百分比）	6.0
供电可靠性和电费透明度指数（0—8）	8
登记财产（排名）	100
登记财产前沿距离分数（0—100）	60.69
办理手续（项）	8
办理时间（天）	64
费用（占财产价值的百分比）	7.3
土地管理系统质量指数（0—30）	24.0

经合组织高收入国家

前沿距离总分（0—100）	76.13
获得信贷（排名）	90
获得信贷前沿距离分数（0—100）	50.00
合法权利力度指数（0—12）	4
信贷信息深度指数（0—8）	6
信用局覆盖率	0.0
信贷登记机构覆盖率（占成年人口的百分比）	47.2
保护少数投资者（排名）	33
保护少数投资者前沿距离分数（0—100）	66.67
信息披露指数（0—10）	8
董事责任指数（0—10）	3
股东诉讼便利度指数（0—10）	6
股东权利指数（0—10）	5
所有权和管理控制指数（0—10）	8
公司透明度指数（0—10）	10
纳税（排名）	54
纳税前沿距离分数（0—100）	78.55
纳税次数（次/年）	9
所需时间（小时/年）	139
总税率和强制性派款率（占利润的百分比）	62.2
报税后流程指标（0—100）	92.40

人均国民收入（美元）：38950
人口：66896109

跨境贸易（排名）	1
跨境贸易前沿距离分数（0—100）	100.00
出口所需时间	
单证合规时间（小时）	1
边界合规时间（小时）	0
出口费用	
单证合规费用（美元）	0
边界合规费用（美元）	0
进口所需时间	
单证合规时间（小时）	1
边界合规时间（小时）	0
进口费用	
单证合规费用（美元）	0
边界合规费用（美元）	0
执行合同（排名）	15
执行合同前沿距离分数（0—100）	73.04
时间（天）	395
费用（占索赔额的百分比）	17.4
司法程序质量指数（0—18）	11.0
办理破产（排名）	28
办理破产前沿距离分数（0—100）	73.91
时间（年）	1.9
费用（占资产价值的百分比）	9.0
债务回收率（美分/美元）	73.5
破产框架力度指数（0—16）	11.0

加蓬

营商环境便利度排名（1—190）	167
开办企业（排名）	132
开办企业前沿距离分数（0—100）	80.48
办理手续（项）	8
办理时间（天）	33
费用（占人均收入的百分比）	7.2
最低实缴资本（占人均收入的百分比）	2.5
办理施工许可证（排名）	149
办理施工许可证前沿距离分数（0—100）	58.33
办理手续（项）	14
办理时间（天）	276
费用（占库房价值的百分比）	1.1
建筑质量控制指数（0—15）	7.0
获得电力（排名）	170
获得电力前沿距离分数（0—100）	40.21
办理手续（项）	7
办理时间（天）	148
费用（占人均收入的百分比）	1294.5
供电可靠性和电费透明度指数（0—8）	0
登记财产（排名）	173
登记财产前沿距离分数（0—100）	40.00
办理手续（项）	5
办理时间（天）	102
费用（占财产价值的百分比）	10.5
土地管理系统质量指数（0—30）	3.5

撒哈拉以南非洲

前沿距离总分（0—100）	46.19
获得信贷（排名）	122
获得信贷前沿距离分数（0—100）	40.00
合法权利力度指数（0—12）	6
信贷信息深度指数（0—8）	2
信用局覆盖率	0.0
信贷登记机构覆盖率（占成年人口的百分比）	28.9
保护少数投资者（排名）	160
保护少数投资者前沿距离分数（0—100）	38.33
信息披露指数（0—10）	7
董事责任指数（0—10）	1
股东诉讼便利度指数（0—10）	4
股东权利指数（0—10）	4
所有权和管理控制指数（0—10）	3
公司透明度指数（0—10）	4
纳税（排名）	165
纳税前沿距离分数（0—100）	51.64
纳税次数（次/年）	26
所需时间（小时/年）	488
总税率和强制性派款率（占利润的百分比）	46.8
报税后流程指标（0—100）	42.47

人均国民收入（美元）：7210
人口：1979786

跨境贸易（排名）	169
跨境贸易前沿距离分数（0—100）	43.94
出口所需时间	
单证合规时间（小时）	60
边界合规时间（小时）	96
出口费用	
单证合规费用（美元）	200
边界合规费用（美元）	1633
进口所需时间	
单证合规时间（小时）	120
边界合规时间（小时）	84
进口费用	
单证合规费用（美元）	170
边界合规费用（美元）	1320
执行合同（排名）	178
执行合同前沿距离分数（0—100）	32.84
时间（天）	1160
费用（占索赔额的百分比）	34.3
司法程序质量指数（0—18）	4.0
办理破产（排名）	126
办理破产前沿距离分数（0—100）	36.11
时间（年）	5.0
费用（占资产价值的百分比）	14.5
债务回收率（美分/美元）	14.8
破产框架力度指数（0—16）	9.0

冈比亚

营商环境便利度排名（1—190）	146
开办企业（排名）	171
开办企业前沿距离分数（0—100）	69.00
办理手续（项）	7
办理时间（天）	25
费用（占人均收入的百分比）	128.2
最低实缴资本（占人均收入的百分比）	0.0
办理施工许可证（排名）	118
办理施工许可证前沿距离分数（0—100）	64.31
办理手续（项）	12
办理时间（天）	144
费用（占库房价值的百分比）	2.2
建筑质量控制指数（0—15）	4.5
获得电力（排名）	156
获得电力前沿距离分数（0—100）	49.29
办理手续（项）	5
办理时间（天）	78
费用（占人均收入的百分比）	3517.9
供电可靠性和电费透明度指数（0—8）	0
登记财产（排名）	129
登记财产前沿距离分数（0—100）	53.28
办理手续（项）	5
办理时间（天）	66
费用（占财产价值的百分比）	7.6
土地管理系统质量指数（0—30）	8.5

撒哈拉以南非洲

前沿距离总分（0—100）	51.92
获得信贷（排名）	122
获得信贷前沿距离分数（0—100）	40.00
合法权利力度指数（0—12）	8
信贷信息深度指数（0—8）	0
信用局覆盖率	0.0
信贷登记机构覆盖率（占成年人口的百分比）	0.0
保护少数投资者（排名）	164
保护少数投资者前沿距离分数（0—100）	36.67
信息披露指数（0—10）	2
董事责任指数（0—10）	5
股东诉讼便利度指数（0—10）	5
股东权利指数（0—10）	4
所有权和管理控制指数（0—10）	1
公司透明度指数（0—10）	5
纳税（排名）	169
纳税前沿距离分数（0—100）	49.34
纳税次数（次/年）	49
所需时间（小时/年）	326
总税率和强制性派款率（占利润的百分比）	51.3
报税后流程指标（0—100）	53.46

人均国民收入（美元） 440
人口 2038501

跨境贸易（排名）	105
跨境贸易前沿距离分数（0—100）	67.81
出口所需时间	
单证合规时间（小时）	48
边界合规时间（小时）	109
出口费用	
单证合规费用（美元）	133
边界合规费用（美元）	381
进口所需时间	
单证合规时间（小时）	32
边界合规时间（小时）	87
进口费用	
单证合规费用（美元）	152
边界合规费用（美元）	326
执行合同（排名）	107
执行合同前沿距离分数（0—100）	54.84
时间（天）	407
费用（占索赔额的百分比）	37.9
司法程序质量指数（0—18）	5.5
办理破产（排名）	130
办理破产前沿距离分数（0—100）	34.71
时间（年）	2.0
费用（占资产价值的百分比）	14.5
债务回收率（美分/美元）	26.8
破产框架力度指数（0—16）	6.5

格鲁吉亚

营商环境便利度排名（1—190）	9
开办企业（排名）	4
开办企业前沿距离分数（0—100）	97.84
办理手续（项）	2
办理时间（天）	2
费用（占人均收入的百分比）	2.5
最低实缴资本（占人均收入的百分比）	0.0
办理施工许可证（排名）	29 ✓
办理施工许可证前沿距离分数（0—100）	77.57
办理手续（项）	11
办理时间（天）	63
费用（占库房价值的百分比）	0.3
建筑质量控制指数（0—15）	7.0
✓ **获得电力（排名）**	30
获得电力前沿距离分数（0—100）	84.32
办理手续（项）	3
办理时间（天）	71
费用（占人均收入的百分比）	176.8
供电可靠性和电费透明度指数（0—8）	5
登记财产（排名）	4
登记财产前沿距离分数（0—100）	92.85
办理手续（项）	1
办理时间（天）	1
费用（占财产价值的百分比）	0.0
土地管理系统质量指数（0—30）	21.5

欧洲和中亚

前沿距离总分（0—100）	82.04
获得信贷（排名）	12
获得信贷前沿距离分数（0—100）	85.00
合法权利力度指数（0—12）	9
信贷信息深度指数（0—8）	8
信用局覆盖率	95.7
信贷登记机构覆盖率（占成年人口的百分比）	0.0
保护少数投资者（排名）	2
保护少数投资者前沿距离分数（0—100）	81.67
信息披露指数（0—10）	9
董事责任指数（0—10）	6
股东诉讼便利度指数（0—10）	9
股东权利指数（0—10）	7
所有权和管理控制指数（0—10）	9
公司透明度指数（0—10）	9
纳税（排名）	22
纳税前沿距离分数（0—100）	87.14
纳税次数（次/年）	5
所需时间（小时/年）	269
总税率和强制性派款率（占利润的百分比）	16.4
报税后流程指标（0—100）	85.89 ✓

人均国民收入（美元） 3810
人口 3719300

跨境贸易（排名）	62
跨境贸易前沿距离分数（0—100）	82.43
出口所需时间	
单证合规时间（小时）	2
边界合规时间（小时）	48
出口费用	
单证合规费用（美元）	35
边界合规费用（美元）	383
进口所需时间	
单证合规时间（小时）	2
边界合规时间（小时）	15
进口费用	
单证合规费用（美元）	189
边界合规费用（美元）	396
执行合同（排名）	7
执行合同前沿距离分数（0—100）	75.97
时间（天）	285
费用（占索赔额的百分比）	25.0
司法程序质量指数（0—18）	12.5
办理破产（排名）	57
办理破产前沿距离分数（0—100）	55.59
时间（年）	2.0
费用（占资产价值的百分比）	10.0
债务回收率（美分/美元）	39.4
破产框架力度指数（0—16）	11.0

德国		经合组织高收入国家		人均国民收入（美元）	43660
营商环境便利度排名（1—190）	20	前沿距离总分（0—100）	79.00	人口	82667685
开办企业（排名）	113	获得信贷（排名）	42	跨境贸易（排名）	39
开办企业前沿距离分数（0—100）	83.46	获得信贷前沿距离分数（0—100）	70.00	跨境贸易前沿距离分数（0—100）	91.77
办理手续（项）	9	合法权利力度指数（0—12）	6	出口所需时间	
办理时间（天）	10.5	信贷信息深度指数（0—8）	8	单证合规时间（小时）	1
费用（占人均收入的百分比）	1.9	信用局覆盖率	100.0	边界合规时间（小时）	36
最低实缴资本（占人均收入的百分比）	32.4	信贷登记机构覆盖率（占成年人口的百分比）	1.9	出口费用	
				单证合规费用（美元）	45
办理施工许可证（排名）	24	保护少数投资者（排名）	62	边界合规费用（美元）	345
办理施工许可证前沿距离分数（0—100）	78.16	保护少数投资者前沿距离分数（0—100）	58.33	进口所需时间	
办理手续（项）	9	信息披露指数（0—10）	5	单证合规时间（小时）	1
办理时间（天）	126	董事责任指数（0—10）	5	边界合规时间（小时）	0
费用（占库房价值的百分比）	1.2	股东诉讼便利度指数（0—10）	5	进口费用	
建筑质量控制指数（0—15）	9.5	股东权利指数（0—10）	7	单证合规费用（美元）	0
		所有权和管理控制指数（0—10）	6	边界合规费用（美元）	0
获得电力（排名）	5	公司透明度指数（0—10）	7		
获得电力前沿距离分数（0—100）	98.79			执行合同（排名）	22
办理手续（项）	3	纳税（排名）	41	执行合同前沿距离分数（0—100）	71.32
办理时间（天）	28	纳税前沿距离分数（0—100）	82.14	时间（天）	499
费用（占人均收入的百分比）	40.2	纳税次数（次/年）	9	费用（占索赔额的百分比）	14.4
供电可靠性和电费透明度指数（0—8）	8	所需时间（小时/年）	218	司法程序质量指数（0—18）	11.0
		总税率和强制性派款率（占利润的百分比）	48.9		
登记财产（排名）	77	报税后流程指标（0—100）	97.67	办理破产（排名）	4
登记财产前沿距离分数（0—100）	65.71			办理破产前沿距离分数（0—100）	90.27
办理手续（项）	6			时间（年）	1.2
办理时间（天）	52			费用（占资产价值的百分比）	8.0
费用（占财产价值的百分比）	6.7			债务回收率（美分/美元）	80.6
土地管理系统质量指数（0—30）	22.0			破产框架力度指数（0—16）	15.0

加纳		撒哈拉以南非洲		人均国民收入（美元）	1380
营商环境便利度排名（1—190）	120	前沿距离总分（0—100）	57.24	人口	28206728
开办企业（排名）	110	获得信贷（排名）	55	跨境贸易（排名）	158
开办企业前沿距离分数（0—100）	84.02	获得信贷前沿距离分数（0—100）	65.00	跨境贸易前沿距离分数（0—100）	52.32
办理手续（项）	8	合法权利力度指数（0—12）	7	出口所需时间	
办理时间（天）	14	信贷信息深度指数（0—8）	6	单证合规时间（小时）	89
费用（占人均收入的百分比）	17.5	信用局覆盖率	16.5	边界合规时间（小时）	108
最低实缴资本（占人均收入的百分比）	1.7	信贷登记机构覆盖率（占成年人口的百分比）	0.0	出口费用	
				单证合规费用（美元）	155
✓ 办理施工许可证（排名）	131	保护少数投资者（排名）	96	边界合规费用（美元）	490
办理施工许可证前沿距离分数（0—100）	61.90	保护少数投资者前沿距离分数（0—100）	51.67	进口所需时间	
办理手续（项）	16	信息披露指数（0—10）	7	单证合规时间（小时）	76
办理时间（天）	170	董事责任指数（0—10）	5	边界合规时间（小时）	89
费用（占库房价值的百分比）	5.4	股东诉讼便利度指数（0—10）	7	进口费用	
建筑质量控制指数（0—15）	9.0	股东权利指数（0—10）	6	单证合规费用（美元）	474
		所有权和管理控制指数（0—10）	3	边界合规费用（美元）	553
获得电力（排名）	136	公司透明度指数（0—10）	3		
获得电力前沿距离分数（0—100）	56.81			执行合同（排名）	116
办理手续（项）	5	纳税（排名）	116	执行合同前沿距离分数（0—100）	54.00
办理时间（天）	78	纳税前沿距离分数（0—100）	66.47	时间（天）	710
费用（占人均收入的百分比）	1080.5	纳税次数（次/年）	31	费用（占索赔额的百分比）	23.0
供电可靠性和电费透明度指数（0—8）	0	所需时间（小时/年）	224	司法程序质量指数（0—18）	6.5
		总税率和强制性派款率（占利润的百分比）	33.2		
登记财产（排名）	119	报税后流程指标（0—100）	49.54	办理破产（排名）	158
登记财产前沿距离分数（0—100）	55.50			办理破产前沿距离分数（0—100）	24.77
办理手续（项）	6			时间（年）	1.9
办理时间（天）	47			费用（占资产价值的百分比）	22.0
费用（占财产价值的百分比）	6.2			债务回收率（美分/美元）	22.8
土地管理系统质量指数（0—30）	8.0			破产框架力度指数（0—16）	4.0

希腊

营商环境便利度排名（1—190）	67
✓ 开办企业（排名）	37
开办企业前沿距离分数（0—100）	92.30
办理手续（项）	4
办理时间（天）	12.5
费用（占人均收入的百分比）	2.2
最低实缴资本（占人均收入的百分比）	0.0
办理施工许可证（排名）	58
办理施工许可证前沿距离分数（0—100）	72.48
办理手续（项）	18
办理时间（天）	124
费用（占库房价值的百分比）	2.0
建筑质量控制指数（0—15）	12.0
获得电力（排名）	76
获得电力前沿距离分数（0—100）	75.97
办理手续（项）	7
办理时间（天）	55
费用（占人均收入的百分比）	70.1
供电可靠性和电费透明度指数（0—8）	7
登记财产（排名）	145
登记财产前沿距离分数（0—100）	49.67
办理手续（项）	10
办理时间（天）	20
费用（占财产价值的百分比）	4.8
土地管理系统质量指数（0—30）	4.5

经合组织高收入国家

前沿距离总分（0—100）	68.02
获得信贷（排名）	90
获得信贷前沿距离分数（0—100）	50.00
合法权利力度指数（0—12）	3
信贷信息深度指数（0—8）	7
信用局覆盖率	78.3
信贷登记机构覆盖率（占成年人口的百分比）	0.0
保护少数投资者（排名）	43
保护少数投资者前沿距离分数（0—100）	63.33
信息披露指数（0—10）	7
董事责任指数（0—10）	4
股东诉讼便利度指数（0—10）	5
股东权利指数（0—10）	7
所有权和管理控制指数（0—10）	7
公司透明度指数（0—10）	8
纳税（排名）	65
纳税前沿距离分数（0—100）	76.97
纳税次数（次/年）	8
所需时间（小时/年）	193
总税率和强制性派款率（占利润的百分比）	51.7
报税后流程指标（0—100）	75.70

人均国民收入（美元） 18960

人口	10746740
跨境贸易（排名）	29
跨境贸易前沿距离分数（0—100）	93.72
出口所需时间	
单证合规时间（小时）	1
边界合规时间（小时）	24
出口费用	
单证合规费用（美元）	30
边界合规费用（美元）	300
进口所需时间	
单证合规时间（小时）	1
边界合规时间（小时）	1
进口费用	
单证合规费用（美元）	0
边界合规费用（美元）	0
执行合同（排名）	131
执行合同前沿距离分数（0—100）	50.19
时间（天）	1580
费用（占索赔额的百分比）	14.4
司法程序质量指数（0—18）	12.0
办理破产（排名）	57
办理破产前沿距离分数（0—100）	55.59
时间（年）	3.5
费用（占资产价值的百分比）	9.0
债务回收率（美分/美元）	33.6
破产框架力度指数（0—16）	12.0

格林纳达

营商环境便利度排名（1—190）	142
开办企业（排名）	82
开办企业前沿距离分数（0—100）	87.09
办理手续（项）	6
办理时间（天）	15
费用（占人均收入的百分比）	15.3
最低实缴资本（占人均收入的百分比）	0.0
办理施工许可证（排名）	128
办理施工许可证前沿距离分数（0—100）	62.22
办理手续（项）	15
办理时间（天）	146
费用（占库房价值的百分比）	2.0
建筑质量控制指数（0—15）	5.0
获得电力（排名）	73
获得电力前沿距离分数（0—100）	76.41
办理手续（项）	5 ×
办理时间（天）	38
费用（占人均收入的百分比）	187.8
供电可靠性和电费透明度指数（0—8）	4
登记财产（排名）	141
登记财产前沿距离分数（0—100）	50.15
办理手续（项）	8
办理时间（天）	32
费用（占财产价值的百分比）	7.4
土地管理系统质量指数（0—30）	7.0

拉丁美洲和加勒比地区

前沿距离总分（0—100）	52.94
获得信贷（排名）	142
获得信贷前沿距离分数（0—100）	30.00
合法权利力度指数（0—12）	6
信贷信息深度指数（0—8）	0
信用局覆盖率	0.0
信贷登记机构覆盖率（占成年人口的百分比）	0.0
保护少数投资者（排名）	132
保护少数投资者前沿距离分数（0—100）	43.33
信息披露指数（0—10）	4
董事责任指数（0—10）	8
股东诉讼便利度指数（0—10）	8
股东权利指数（0—10）	3
所有权和管理控制指数（0—10）	2
公司透明度指数（0—10）	1
纳税（排名）	141
纳税前沿距离分数（0—100）	59.39
纳税次数（次/年）	42
所需时间（小时/年）	140
总税率和强制性派款率（占利润的百分比）	48.4
报税后流程指标（0—100）	48.85 ✓

人均国民收入（美元） 8830

人口	107317
跨境贸易（排名）	131
跨境贸易前沿距离分数（0—100）	61.52
出口所需时间	
单证合规时间（小时）	13
边界合规时间（小时）	101
出口费用	
单证合规费用（美元）	40
边界合规费用（美元）	1034
进口所需时间	
单证合规时间（小时）	24
边界合规时间（小时）	37
进口费用	
单证合规费用（美元）	50
边界合规费用（美元）	1745
执行合同（排名）	76
执行合同前沿距离分数（0—100）	59.33
时间（天）	688
费用（占索赔额的百分比）	32.6
司法程序质量指数（0—18）	11.0
办理破产（排名）	168
办理破产前沿距离分数（0—100）	0.00
时间（年）	无实践
费用（占资产价值的百分比）	无实践
债务回收率（美分/美元）	0.0
破产框架力度指数（0—16）	0.0

危地马拉		拉丁美洲和加勒比地区		人均国民收入（美元）	3790
营商环境便利度排名（1—190）	97	前沿距离总分（0—100）	61.18	人口	16582469
开办企业（排名）	139	获得信贷（排名）	20	跨境贸易（排名）	79
开办企业前沿距离分数（0—100）	79.30	获得信贷前沿距离分数（0—100）	80.00	跨境贸易前沿距离分数（0—100）	75.31
办理手续（项）	8	合法权利力度指数（0—12）	9	出口所需时间	
办理时间（天）	26.5	信贷信息深度指数（0—8）	7	单证合规时间（小时）	48
费用（占人均收入的百分比）	22.9	信用局覆盖率	7.4	边界合规时间（小时）	36
最低实缴资本（占人均收入的百分比）	16.3	信贷登记机构覆盖率（占成年人口的百分比）	17.5	出口费用	
				单证合规费用（美元）	105
办理施工许可证（排名）	116	保护少数投资者（排名）	172	边界合规费用（美元）	310
办理施工许可证前沿距离分数（0—100）	64.63	保护少数投资者前沿距离分数（0—100）	31.67	进口所需时间	
办理手续（项）	12	信息披露指数（0—10）	3	单证合规时间（小时）	32
办理时间（天）	205	董事责任指数（0—10）	2	边界合规时间（小时）	72
费用（占库房价值的百分比）	7.0	股东诉讼便利度指数（0—10）	5	进口费用	
建筑质量控制指数（0—15）	11.0	股东权利指数（0—10）	5	单证合规费用（美元）	140
		所有权和管理控制指数（0—10）	1	边界合规费用（美元）	405
		公司透明度指数（0—10）	3		
获得电力（排名）	36			执行合同（排名）	176
获得电力前沿距离分数（0—100）	84.02	纳税（排名）	100	执行合同前沿距离分数（0—100）	34.55
办理手续（项）	5	纳税前沿距离分数（0—100）	70.30	时间（天）	1402
办理时间（天）	44	纳税次数（次/年）	8	费用（占索赔额的百分比）	26.5
费用（占人均收入的百分比）	550.6	所需时间（小时/年）	248	司法程序质量指数（0—18）	6.0
供电可靠性和电费透明度指数（0—8）	7	总税率和强制性派款率（占利润的百分比）	35.2		
		报税后流程指标（0—100）	33.04	办理破产（排名）	153
登记财产（排名）	85			办理破产前沿距离分数（0—100）	27.57
登记财产前沿距离分数（0—100）	64.44			时间（年）	3.0
办理手续（项）	7			费用（占资产价值的百分比）	14.5
办理时间（天）	24			债务回收率（美分/美元）	28.0
费用（占财产价值的百分比）	3.7			破产框架力度指数（0—16）	4.0
土地管理系统质量指数（0—30）	13.0				

几内亚		撒哈拉以南非洲		人均国民收入（美元）	490
营商环境便利度排名（1—190）	153	前沿距离总分（0—100）	49.80	人口	12395924
开办企业（排名）	125	获得信贷（排名）	142	跨境贸易（排名）	165
开办企业前沿距离分数（0—100）	81.77	获得信贷前沿距离分数（0—100）	30.00	跨境贸易前沿距离分数（0—100）	46.24
办理手续（项）	6	合法权利力度指数（0—12）	6	出口所需时间	
办理时间（天）	8	信贷信息深度指数（0—8）	0	单证合规时间（小时）	139
费用（占人均收入的百分比）	67.5	信用局覆盖率	0.0	边界合规时间（小时）	72
最低实缴资本（占人均收入的百分比）	8.9	信贷登记机构覆盖率（占成年人口的百分比）	0.0	出口费用	
				单证合规费用（美元）	128
办理施工许可证（排名）	75	保护少数投资者（排名）	146	边界合规费用（美元）	778
办理施工许可证前沿距离分数（0—100）	69.92	保护少数投资者前沿距离分数（0—100）	40.00	进口所需时间	
办理手续（项）	15	信息披露指数（0—10）	7	单证合规时间（小时）	156
办理时间（天）	161	董事责任指数（0—10）	1	边界合规时间（小时）	91
费用（占库房价值的百分比）	4.3	股东诉讼便利度指数（0—10）	5	进口费用	
建筑质量控制指数（0—15）	12.0	股东权利指数（0—10）	4	单证合规费用（美元）	180
		所有权和管理控制指数（0—10）	3	边界合规费用（美元）	909
		公司透明度指数（0—10）	4		
获得电力（排名）	158			执行合同（排名）	117
获得电力前沿距离分数（0—100）	47.88	纳税（排名）	182	执行合同前沿距离分数（0—100）	53.87
办理手续（项）	4	纳税前沿距离分数（0—100）	38.93	时间（天）	311
办理时间（天）	69	纳税次数（次/年）	33	费用（占索赔额的百分比）	45.0
费用（占人均收入的百分比）	5639.8	所需时间（小时/年）	400	司法程序质量指数（0—18）	5.0
供电可靠性和电费透明度指数（0—8）	0	总税率和强制性派款率（占利润的百分比）	61.4		
		报税后流程指标（0—100）	12.77	办理破产（排名）	111
登记财产（排名）	143			办理破产前沿距离分数（0—100）	39.27
登记财产前沿距离分数（0—100）	50.07			时间（年）	3.8
办理手续（项）	6			费用（占资产价值的百分比）	8.0
办理时间（天）	44			债务回收率（美分/美元）	20.7
费用（占财产价值的百分比）	8.9			破产框架力度指数（0—16）	9.0
土地管理系统质量指数（0—30）	6.5				

几内亚比绍		撒哈拉以南非洲		人均国民收入（美元）	620
营商环境便利度排名（1—190）	176	前沿距离总分（0—100）	41.45	人口	1815698
开办企业（排名）	178 ✓	获得信贷（排名）	142	跨境贸易（排名）	141
开办企业前沿距离分数（0—100）	63.76	获得信贷前沿距离分数（0—100）	30.00	跨境贸易前沿距离分数（0—100）	59.60
办理手续（项）	8.5	合法权利力度指数（0—12）	6	出口所需时间	
办理时间（天）	8.5	信贷信息深度指数（0—8）	0	单证合规时间（小时）	60
费用（占人均收入的百分比）	48.9	信用局覆盖率	0.3	边界合规时间（小时）	118
最低实缴资本（占人均收入的百分比）	273.4	信贷登记机构覆盖率（占成年人口的百分比）	0.1	出口费用	
				单证合规费用（美元）	160
办理施工许可证（排名）	176	保护少数投资者（排名）	138	边界合规费用（美元）	585
办理施工许可证前沿距离分数（0—100）	44.40	保护少数投资者前沿距离分数（0—100）	41.67	进口所需时间	
办理手续（项）	13	信息披露指数（0—10）	7	单证合规时间（小时）	36
办理时间（天）	143	董事责任指数（0—10）	1	边界合规时间（小时）	84
费用（占库房价值的百分比）	28.2	股东诉讼便利度指数（0—10）	6	进口费用	
建筑质量控制指数（0—15）	6.5	股东权利指数（0—10）	4	单证合规费用（美元）	205
		所有权和管理控制指数（0—10）	3	边界合规费用（美元）	550
获得电力（排名）	180	公司透明度指数（0—10）	4		
获得电力前沿距离分数（0—100）	29.01			执行合同（排名）	168
办理手续（项）	7	纳税（排名）	155	执行合同前沿距离分数（0—100）	36.76
办理时间（天）	257	纳税前沿距离分数（0—100）	54.93	时间（天）	1785
费用（占人均收入的百分比）	1399.8	纳税次数（次/年）	46	费用（占索赔额的百分比）	28.0
供电可靠性和电费透明度指数（0—8）	0	所需时间（小时/年）	218	司法程序质量指数（0—18）	7.5
		总税率和强制性派款率（占利润的百分比）	45.5		
登记财产（排名）	126	报税后流程指标（0—100）	45.34	办理破产（排名）	168
登记财产前沿距离分数（0—100）	54.41			办理破产前沿距离分数（0—100）	0.00
办理手续（项）	5			时间（年）	无实践
办理时间（天）	48			费用（占资产价值的百分比）	无实践
费用（占财产价值的百分比）	5.5			债务回收率（美分/美元）	0.0
土地管理系统质量指数（0—30）	3.0			破产框架力度指数（0—16）	0.0

圭亚那		拉丁美洲和加勒比地区		人均国民收入（美元）	4250
营商环境便利度排名（1—190）	126	前沿距离总分（0—100）	56.28	人口	773303
开办企业（排名）	92	获得信贷（排名）	90	跨境贸易（排名）	142
开办企业前沿距离分数（0—100）	85.55	获得信贷前沿距离分数（0—100）	50.00	跨境贸易前沿距离分数（0—100）	59.33
办理手续（项）	7	合法权利力度指数（0—12）	3	出口所需时间	
办理时间（天）	18	信贷信息深度指数（0—8）	7	单证合规时间（小时）	200
费用（占人均收入的百分比）	9.8	信用局覆盖率	52.8	边界合规时间（小时）	72
最低实缴资本（占人均收入的百分比）	0.0	信贷登记机构覆盖率（占成年人口的百分比）	0.0	出口费用	
				单证合规费用（美元）	78
办理施工许可证（排名）	163	保护少数投资者（排名）	96	边界合规费用（美元）	378
办理施工许可证前沿距离分数（0—100）	54.66	保护少数投资者前沿距离分数（0—100）	51.67	进口所需时间	
办理手续（项）	17	信息披露指数（0—10）	5	单证合规时间（小时）	156
办理时间（天）	208	董事责任指数（0—10）	5	边界合规时间（小时）	84
费用（占库房价值的百分比）	1.5	股东诉讼便利度指数（0—10）	8	进口费用	
建筑质量控制指数（0—15）	4.0	股东权利指数（0—10）	6	单证合规费用（美元）	63
		所有权和管理控制指数（0—10）	2	边界合规费用（美元）	265
获得电力（排名）	132	公司透明度指数（0—10）	5		
获得电力前沿距离分数（0—100）	58.35			✓ 执行合同（排名）	93
办理手续（项）	8	纳税（排名）	123	执行合同前沿距离分数（0—100）	57.87
办理时间（天）	82	纳税前沿距离分数（0—100）	65.08	时间（天）	581
费用（占人均收入的百分比）	441.7	纳税次数（次/年）	35	费用（占索赔额的百分比）	27.0
供电可靠性和电费透明度指数（0—8）	4	所需时间（小时/年）	256	司法程序质量指数（0—18）	7.5
		总税率和强制性派款率（占利润的百分比）	32.3		
✓ 登记财产（排名）	110	报税后流程指标（0—100）	54.24	办理破产（排名）	162
登记财产前沿距离分数（0—100）	57.90			办理破产前沿距离分数（0—100）	22.38
办理手续（项）	6			时间（年）	3.0
办理时间（天）	45			费用（占资产价值的百分比）	28.5
费用（占财产价值的百分比）	4.6			债务回收率（美分/美元）	18.4
土地管理系统质量指数（0—30）	7.5			破产框架力度指数（0—16）	4.0

海地		拉丁美洲和加勒比地区		人均国民收入（美元）	780
营商环境便利度排名（1—190）	181	前沿距离总分（0—100）	38.24	人口	10847334
开办企业（排名）	**189**	**获得信贷（排名）**	**177**	**跨境贸易（排名）**	**77**
开办企业前沿距离分数（0—100）	33.70	获得信贷前沿距离分数（0—100）	10.00	跨境贸易前沿距离分数（0—100）	76.90
办理手续（项）	12	合法权利力度指数（0—12）	2	*出口所需时间*	
办理时间（天）	97	信贷信息深度指数（0—8）	0	单证合规时间（小时）	22
费用（占人均收入的百分比）	200.2	信用局覆盖率	0.0	边界合规时间（小时）	28
最低实缴资本（占人均收入的百分比）	14.0	信贷登记机构覆盖率（占成年人口的百分比）	1.5	*出口费用*	
				单证合规费用（美元）	48
办理施工许可证（排名）	**177**	**保护少数投资者（排名）**	**188**	边界合规费用（美元）	368
办理施工许可证前沿距离分数（0—100）	44.15	保护少数投资者前沿距离分数（0—100）	20.00	*进口所需时间*	
办理手续（项）	14	信息披露指数（0—10）	2	单证合规时间（小时）	28
办理时间（天）	98	董事责任指数（0—10）	3	边界合规时间（小时）	83
费用（占库房价值的百分比）	21.6	股东诉讼便利度指数（0—10）	4	*进口费用*	
建筑质量控制指数（0—15）	5.0	股东权利指数（0—10）	2	单证合规费用（美元）	150
		所有权和管理控制指数（0—10）	1	边界合规费用（美元）	563
获得电力（排名）	**138**	公司透明度指数（0—10）	0		
获得电力前沿距离分数（0—100）	55.40			**执行合同（排名）**	**125**
办理手续（项）	4	**纳税（排名）**	**147**	执行合同前沿距离分数（0—100）	52.49
办理时间（天）	60	纳税前沿距离分数（0—100）	57.55	时间（天）	530
费用（占人均收入的百分比）	3522.0	纳税次数（次/年）	47	费用（占索赔额的百分比）	42.6
供电可靠性和电费透明度指数（0—8）	0	所需时间（小时/年）	184	司法程序质量指数（0—18）	7.0
		总税率和强制性派款率（占利润的百分比）	42.8		
登记财产（排名）	**180**	报税后流程指标（0—100）	48.17	**办理破产（排名）**	**168**
登记财产前沿距离分数（0—100）	32.22			办理破产前沿距离分数（0—100）	0.00
办理手续（项）	5			时间（年）	无实践
办理时间（天）	312			费用（占资产价值的百分比）	无实践
费用（占财产价值的百分比）	6.9			债务回收率（美分/美元）	0.0
土地管理系统质量指数（0—30）	2.5			破产框架力度指数（0—16）	0.0

洪都拉斯		拉丁美洲和加勒比地区		人均国民收入（美元）	2150
营商环境便利度排名（1—190）	115	前沿距离总分（0—100）	58.46	人口	9112867
开办企业（排名）	**150**	**获得信贷（排名）**	**12**	**跨境贸易（排名）**	**115**
开办企业前沿距离分数（0—100）	76.98	获得信贷前沿距离分数（0—100）	85.00	跨境贸易前沿距离分数（0—100）	65.85
办理手续（项）	11	合法权利力度指数（0—12）	9	*出口所需时间*	
办理时间（天）	13	信贷信息深度指数（0—8）	8	单证合规时间（小时）	48
费用（占人均收入的百分比）	41.3	信用局覆盖率	44.9	边界合规时间（小时）	88
最低实缴资本（占人均收入的百分比）	0.0	信贷登记机构覆盖率（占成年人口的百分比）	20.9	*出口费用*	
				单证合规费用（美元）	80
办理施工许可证（排名）	**113**	**保护少数投资者（排名）**	**129**	边界合规费用（美元）	601
办理施工许可证前沿距离分数（0—100）	65.44	保护少数投资者前沿距离分数（0—100）	45.00	*进口所需时间*	
办理手续（项）	17	信息披露指数（0—10）	3	单证合规时间（小时）	72
办理时间（天）	94	董事责任指数（0—10）	8	边界合规时间（小时）	96
费用（占库房价值的百分比）	7.5	股东诉讼便利度指数（0—10）	6	*进口费用*	
建筑质量控制指数（0—15）	10.0	股东权利指数（0—10）	5	单证合规费用（美元）	70
		所有权和管理控制指数（0—10）	2	边界合规费用（美元）	483
获得电力（排名）	**144**	公司透明度指数（0—10）	3		
获得电力前沿距离分数（0—100）	53.61			**执行合同（排名）**	**152**
办理手续（项）	7	**纳税（排名）**	**164**	执行合同前沿距离分数（0—100）	45.54
办理时间（天）	39	纳税前沿距离分数（0—100）	51.74	时间（天）	920
费用（占人均收入的百分比）	790.8	纳税次数（次/年）	48	费用（占索赔额的百分比）	35.2
供电可靠性和电费透明度指数（0—8）	0	所需时间（小时/年）	224	司法程序质量指数（0—18）	7.5
		总税率和强制性派款率（占利润的百分比）	44.4		
登记财产（排名）	**91**	报税后流程指标（0—100）	35.14	**办理破产（排名）**	**142**
登记财产前沿距离分数（0—100）	63.42			办理破产前沿距离分数（0—100）	32.07
办理手续（项）	6			时间（年）	3.8
办理时间（天）	29			费用（占资产价值的百分比）	14.5
费用（占财产价值的百分比）	5.7			债务回收率（美分/美元）	18.9
土地管理系统质量指数（0—30）	14.0			破产框架力度指数（0—16）	7.0

中国香港		东亚和太平洋地区		人均国民收入（美元）	43240
营商环境便利度排名（1—190）	5	前沿距离总分（0—100）	83.44	人口	7346700
✕ 开办企业（排名）	3	获得信贷（排名）	29	跨境贸易（排名）	31
开办企业前沿距离分数（0—100）	98.14	获得信贷前沿距离分数（0—100）	75.00	跨境贸易前沿距离分数（0—100）	93.56
办理手续（项）	2	合法权利力度指数（0—12）	8	出口所需时间	
办理时间（天）	1.5	信贷信息深度指数（0—8）	7	单证合规时间（小时）	1
费用（占人均收入的百分比）	1.1	信用局覆盖率	100.0	边界合规时间（小时）	2
最低实缴资本（占人均收入的百分比）	0.0	信贷登记机构覆盖率（占成年人口的百分比）	0.0	出口费用	
				单证合规费用（美元）	57
办理施工许可证（排名）	5	保护少数投资者（排名）	9	边界合规费用（美元）	0
办理施工许可证前沿距离分数（0—100）	84.86	保护少数投资者前沿距离分数（0—100）	76.67	进口所需时间	
办理手续（项）	11	信息披露指数（0—10）	10	单证合规时间（小时）	1
办理时间（天）	72	董事责任指数（0—10）	8	边界合规时间（小时）	19
费用（占库房价值的百分比）	0.7	股东诉讼便利度指数（0—10）	9	进口费用	
建筑质量控制指数（0—15）	12.0	股东权利指数（0—10）	7	单证合规费用（美元）	57
		所有权和管理控制指数（0—10）	4	边界合规费用（美元）	266
获得电力（排名）	4	公司透明度指数（0—10）	8		
获得电力前沿距离分数（0—100）	99.02			执行合同（排名）	28
办理手续（项）	3	纳税（排名）	3	执行合同前沿距离分数（0—100）	69.13
办理时间（天）	27	纳税前沿距离分数（0—100）	98.82	时间（天）	385
费用（占人均收入的百分比）	1.4	纳税次数（次/年）	3	费用（占索赔额的百分比）	23.6
供电可靠性和电费透明度指数（0—8）	8	所需时间（小时/年）	72	司法程序质量指数（0—18）	10.0
		总税率和强制性派款率（占利润的百分比）	22.9		
✓ 登记财产（排名）	55	报税后流程指标（0—100）	98.85	办理破产（排名）	43
登记财产前沿距离分数（0—100）	73.54			办理破产前沿距离分数（0—100）	65.69
办理手续（项）	5			时间（年）	0.8
办理时间（天）	27.5			费用（占资产价值的百分比）	5.0
费用（占财产价值的百分比）	7.7			债务回收率（美分/美元）	87.2
土地管理系统质量指数（0—30）	27.5			破产框架力度指数（0—16）	6.0

匈牙利		经合组织高收入国家		人均国民收入（美元）	12570
营商环境便利度排名（1—190）	48	前沿距离总分（0—100）	72.39	人口	9817958
开办企业（排名）	79	获得信贷（排名）	29	跨境贸易（排名）	1
开办企业前沿距离分数（0—100）	87.60	获得信贷前沿距离分数（0—100）	75.00	跨境贸易前沿距离分数（0—100）	100.00
办理手续（项）	6	合法权利力度指数（0—12）	10	出口所需时间	
办理时间（天）	7	信贷信息深度指数（0—8）	5	单证合规时间（小时）	1
费用（占人均收入的百分比）	5.4	信用局覆盖率	89.8	边界合规时间（小时）	0
最低实缴资本（占人均收入的百分比）	43.8	信贷登记机构覆盖率（占成年人口的百分比）	0.0	出口费用	
				单证合规费用（美元）	0
办理施工许可证（排名）	90	保护少数投资者（排名）	108	边界合规费用（美元）	0
办理施工许可证前沿距离分数（0—100）	67.93	保护少数投资者前沿距离分数（0—100）	50.00	进口所需时间	
办理手续（项）	20	信息披露指数（0—10）	2	单证合规时间（小时）	1
办理时间（天）	205.5	董事责任指数（0—10）	4	边界合规时间（小时）	0
费用（占库房价值的百分比）	0.6	股东诉讼便利度指数（0—10）	6	进口费用	
建筑质量控制指数（0—15）	13.0	股东权利指数（0—10）	6	单证合规费用（美元）	0
		所有权和管理控制指数（0—10）	5	边界合规费用（美元）	0
获得电力（排名）	110	公司透明度指数（0—10）	7		
获得电力前沿距离分数（0—100）	63.26			✓ 执行合同（排名）	13
办理手续（项）	5	纳税（排名）	93	执行合同前沿距离分数（0—100）	73.75
办理时间（天）	257	纳税前沿距离分数（0—100）	71.49	时间（天）	605
费用（占人均收入的百分比）	90.3	纳税次数（次/年）	11	费用（占索赔额的百分比）	15.0
供电可靠性和电费透明度指数（0—8）	7	所需时间（小时/年）	277	司法程序质量指数（0—18）	14.0
		总税率和强制性派款率（占利润的百分比）	46.5		
登记财产（排名）	29	报税后流程指标（0—100）	63.94	办理破产（排名）	62
登记财产前沿距离分数（0—100）	80.09			办理破产前沿距离分数（0—100）	54.75
办理手续（项）	4			时间（年）	2.0
办理时间（天）	17.5			费用（占资产价值的百分比）	14.5
费用（占财产价值的百分比）	5.0			债务回收率（美分/美元）	43.7
土地管理系统质量指数（0—30）	26.0			破产框架力度指数（0—16）	10.0

冰岛 | 经合组织高收入国家 | 人均国民收入（美元）56990

冰岛		经合组织高收入国家		人均国民收入（美元）	56990
营商环境便利度排名（1—190）	23	前沿距离总分（0—100）	78.50	人口	334252
开办企业（排名）	55	获得信贷（排名）	68	跨境贸易（排名）	69
开办企业前沿距离分数（0—100）	90.71	获得信贷前沿距离分数（0—100）	60.00	跨境贸易前沿距离分数（0—100）	80.27
办理手续（项）	5	合法权利力度指数（0—12）	5	出口所需时间	
办理时间（天）	11.5	信贷信息深度指数（0—8）	7	单证合规时间（小时）	2
费用（占人均收入的百分比）	1.8	信用局覆盖率	100.0	边界合规时间（小时）	36
最低实缴资本（占人均收入的百分比）	6.8	信贷登记机构覆盖率（占成年人口的百分比）	0.0	出口费用	
				单证合规费用（美元）	40
办理施工许可证（排名）	64	保护少数投资者（排名）	29	边界合规费用（美元）	655
办理施工许可证前沿距离分数（0—100）	71.72	保护少数投资者前沿距离分数（0—100）	68.33	进口所需时间	
办理手续（项）	17	信息披露指数（0—10）	7	单证合规时间（小时）	3
办理时间（天）	84	董事责任指数（0—10）	5	边界合规时间（小时）	24
费用（占库房价值的百分比）	0.3	股东诉讼便利度指数（0—10）	8	进口费用	
建筑质量控制指数（0—15）	8.0	股东权利指数（0—10）	6	单证合规费用（美元）	0
		所有权和管理控制指数（0—10）	7	边界合规费用（美元）	655
获得电力（排名）	11	公司透明度指数（0—10）	8		
获得电力前沿距离分数（0—100）	92.24			执行合同（排名）	29
办理手续（项）	4	纳税（排名）	33	执行合同前沿距离分数（0—100）	69.10
办理时间（天）	22	纳税前沿距离分数（0—100）	84.54	时间（天）	417
费用（占人均收入的百分比）	9.4	纳税次数（次/年）	21	费用（占索赔额的百分比）	9.0
供用可靠性和电费透明度指数（0—8）	7	所需时间（小时/年）	140	司法程序质量指数（0—18）	7.5
		总税率和强制性派款率（占利润的百分比）	29.7		
登记财产（排名）	15	报税后流程指标（0—100）	87.20	办理破产（排名）	13
登记财产前沿距离分数（0—100）	86.61			办理破产前沿距离分数（0—100）	81.44
办理手续（项）	3			时间（年）	1.0
办理时间（天）	3.5			费用（占资产价值的百分比）	3.5
费用（占财产价值的百分比）	3.6			债务回收率（美分/美元）	84.5
土地管理系统质量指数（0—30）	26.5			破产框架力度指数（0—16）	11.5

印度		南亚		人均国民收入（美元）	1680
营商环境便利度排名（1—190）	100	前沿距离总分（0—100）	60.76	人口	1324171354
✓ 开办企业（排名）	156	✓ 获得信贷（排名）	29	✓ 跨境贸易（排名）	146
开办企业前沿距离分数（0—100）	75.40	获得信贷前沿距离分数（0—100）	75.00	跨境贸易前沿距离分数（0—100）	58.56
办理手续（项）	11.5	合法权利力度指数（0—12）	8	出口所需时间	
办理时间（天）	29.8	信贷信息深度指数（0—8）	7	单证合规时间（小时）	38.4
费用（占人均收入的百分比）	14.8	信用局覆盖率	43.5	边界合规时间（小时）	106.1
最低实缴资本（占人均收入的百分比）	0.0	信贷登记机构覆盖率（占成年人口的百分比）	0.0	出口费用	
				单证合规费用（美元）	91.9
✓ 办理施工许可证（排名）	181	✓ 保护少数投资者（排名）	4	边界合规费用（美元）	382.4
办理施工许可证前沿距离分数（0—100）	38.80	保护少数投资者前沿距离分数（0—100）	80.00	进口所需时间	
办理手续（项）	30.1	信息披露指数（0—10）	8	单证合规时间（小时）	61.3
办理时间（天）	143.9	董事责任指数（0—10）	7	边界合规时间（小时）	264.5
费用（占库房价值的百分比）	23.2	股东诉讼便利度指数（0—10）	7	进口费用	
建筑质量控制指数（0—15）	11.5	股东权利指数（0—10）	10	单证合规费用（美元）	134.8
		所有权和管理控制指数（0—10）	8	边界合规费用（美元）	543.2
获得电力（排名）	29	公司透明度指数（0—10）	8		
获得电力前沿距离分数（0—100）	85.21			✓ 执行合同（排名）	164
办理手续（项）	5	✓ 纳税（排名）	119	执行合同前沿距离分数（0—100）	40.76
办理时间（天）	45.9	纳税前沿距离分数（0—100）	66.06	时间（天）	1445
费用（占人均收入的百分比）	96.7	纳税次数（次/年）	13	费用（占索赔额的百分比）	31.0
供用可靠性和电费透明度指数（0—8）	7	所需时间（小时/年）	214	司法程序质量指数（0—18）	10.3
		总税率和强制性派款率（占利润的百分比）	55.3		
登记财产（排名）	154	报税后流程指标（0—100）	49.31	✓ 办理破产（排名）	103
登记财产前沿距离分数（0—100）	47.08			办理破产前沿距离分数（0—100）	40.75
办理手续（项）	8			时间（年）	4.3
办理时间（天）	53			费用（占资产价值的百分比）	9.0
费用（占财产价值的百分比）	8.4			债务回收率（美分/美元）	26.4
土地管理系统质量指数（0—30）	8.2			破产框架力度指数（0—16）	8.5

印度尼西亚		东亚和太平洋地区		人均国民收入（美元）	3400
营商环境便利度排名（1—190）	72	前沿距离总分（0—100）	66.47	人口	261115456
✓ 开办企业（排名）	144	获得信贷（排名）	55	✓ 跨境贸易（排名）	112
开办企业前沿距离分数（0—100）	77.93	获得信贷前沿距离分数（0—100）	65.00	跨境贸易前沿距离分数（0—100）	66.59
办理手续（项）	11.2	合法权利力度指数（0—12）	6	出口所需时间	
办理时间（天）	23.1	信贷信息深度指数（0—8）	7	单证合规时间（小时）	61.3
费用（占人均收入的百分比）	10.9	信用局覆盖率	18.3	边界合规时间（小时）	53.3
最低实缴资本（占人均收入的百分比）	0.0	信贷登记机构覆盖率（占成年人口的百分比）	55.3	出口费用	
				单证合规费用（美元）	138.8
办理施工许可证（排名）	108	✓ 保护少数投资者（排名）	43	边界合规费用（美元）	253.7
办理施工许可证前沿距离分数（0—100）	66.08	保护少数投资者前沿距离分数（0—100）	63.33	进口所需时间	
办理手续（项）	17	信息披露指数（0—10）	10	单证合规时间（小时）	119.2
办理时间（天）	200.2	董事责任指数（0—10）	5	边界合规时间（小时）	99.4
费用（占库房价值的百分比）	4.8	股东诉讼便利度指数（0—10）	2	进口费用	
建筑质量控制指数（0—15）	13.0	股东权利指数（0—10）	7	单证合规费用（美元）	164.4
		所有权和管理控制指数（0—10）	7	边界合规费用（美元）	382.6
✓ 获得电力（排名）	38	公司透明度指数（0—10）	7		
获得电力前沿距离分数（0—100）	83.87			执行合同（排名）	145
办理手续（项）	4	✓ 纳税（排名）	114	执行合同前沿距离分数（0—100）	47.23
办理时间（天）	34	纳税前沿距离分数（0—100）	68.04	时间（天）	403
费用（占人均收入的百分比）	276.1	纳税次数（次/年）	43	费用（占索赔额的百分比）	70.3
供电可靠性和电费透明度指数（0—8）	5	所需时间（小时/年）	207.5	司法程序质量指数（0—18）	7.9
		总税率和强制性派款率（占利润的百分比）	30.0		
✓ 登记财产（排名）	106	报税后流程指标（0—100）	68.82	办理破产（排名）	38
登记财产前沿距离分数（0—100）	59.01			办理破产前沿距离分数（0—100）	67.61
办理手续（项）	5			时间（年）	1.1
办理时间（天）	27.6			费用（占资产价值的百分比）	21.6
费用（占财产价值的百分比）	8.3			债务回收率（美分/美元）	64.7
土地管理系统质量指数（0—30）	11.3			破产框架力度指数（0—16）	10.5

伊朗		中东和北非		人均国民收入（美元）	4683
营商环境便利度排名（1—190）	124	前沿距离总分（0—100）	56.48	人口	80277428
开办企业（排名）	97	✓ 获得信贷（排名）	90	跨境贸易（排名）	166
开办企业前沿距离分数（0—100）	85.16	获得信贷前沿距离分数（0—100）	50.00	跨境贸易前沿距离分数（0—100）	46.11
办理手续（项）	8.5	合法权利力度指数（0—12）	2	出口所需时间	
办理时间（天）	15	信贷信息深度指数（0—8）	8	单证合规时间（小时）	120
费用（占人均收入的百分比）	1.4	信用局覆盖率	55.8	边界合规时间（小时）	101
最低实缴资本（占人均收入的百分比）	0.0	信贷登记机构覆盖率（占成年人口的百分比）	54.7	出口费用	
				单证合规费用（美元）	125
办理施工许可证（排名）	25	保护少数投资者（排名）	170	边界合规费用（美元）	565
办理施工许可证前沿距离分数（0—100）	78.07	保护少数投资者前沿距离分数（0—100）	33.33	进口所需时间	
办理手续（项）	15	信息披露指数（0—10）	7	单证合规时间（小时）	192
办理时间（天）	99	董事责任指数（0—10）	4	边界合规时间（小时）	141
费用（占库房价值的百分比）	2.0	股东诉讼便利度指数（0—10）	1	进口费用	
建筑质量控制指数（0—15）	12.5	股东权利指数（0—10）	3	单证合规费用（美元）	197
		所有权和管理控制指数（0—10）	3	边界合规费用（美元）	660
获得电力（排名）	99	公司透明度指数（0—10）	2		
获得电力前沿距离分数（0—100）	68.43			执行合同（排名）	80
办理手续（项）	6	纳税（排名）	150	执行合同前沿距离分数（0—100）	59.07
办理时间（天）	77	纳税前沿距离分数（0—100）	56.57	时间（天）	505
费用（占人均收入的百分比）	1064.9	纳税次数（次/年）	20	费用（占索赔额的百分比）	17.0
供电可靠性和电费透明度指数（0—8）	5	所需时间（小时/年）	344	司法程序质量指数（0—18）	5.0
		总税率和强制性派款率（占利润的百分比）	44.7		
登记财产（排名）	87	报税后流程指标（0—100）	26.88	办理破产（排名）	160
登记财产前沿距离分数（0—100）	64.16			办理破产前沿距离分数（0—100）	23.93
办理手续（项）	7			时间（年）	4.5
办理时间（天）	12			费用（占资产价值的百分比）	15.0
费用（占财产价值的百分比）	5.7			债务回收率（美分/美元）	15.4
土地管理系统质量指数（0—30）	15.0			破产框架力度指数（0—16）	5.0

伊拉克		中东和北非		人均国民收入（美元）	5430
营商环境便利度排名（1—190）	168	前沿距离总分（0—100）	44.87	人口	37202572
√ 开办企业（排名）	154	√ 获得信贷（排名）	186	跨境贸易（排名）	179
开办企业前沿距离分数（0—100）	75.87	获得信贷前沿距离分数（0—100）	0.00	跨境贸易前沿距离分数（0—100）	25.33
办理手续（项）	8.5	合法权利力度指数（0—12）	0	出口所需时间	
办理时间（天）	26.5	信贷信息深度指数（0—8）	0	单证合规时间（小时）	504
费用（占人均收入的百分比）	43.3	信用局覆盖率	0.0	边界合规时间（小时）	85
最低实缴资本（占人均收入的百分比）	18.5	信贷登记机构覆盖率（占成年人口的百分比）	1.2	出口费用	
				单证合规费用（美元）	1800
办理施工许可证（排名）	93	保护少数投资者（排名）	124	边界合规费用（美元）	1118
办理施工许可证前沿距离分数（0—100）	67.66	保护少数投资者前沿距离分数（0—100）	46.67	进口所需时间	
办理手续（项）	11	信息披露指数（0—10）	4	单证合规时间（小时）	176
办理时间（天）	167	董事责任指数（0—10）	5	边界合规时间（小时）	131
费用（占库房价值的百分比）	0.3	股东诉讼便利度指数（0—10）	5	进口费用	
建筑质量控制指数（0—15）	5.5	股东权利指数（0—10）	8	单证合规费用（美元）	500
		所有权和管理控制指数（0—10）	3	边界合规费用（美元）	644
获得电力（排名）	116	公司透明度指数（0—10）	3		
获得电力前沿距离分数（0—100）	61.64			执行合同（排名）	144
办理手续（项）	5	纳税（排名）	129	执行合同前沿距离分数（0—100）	48.02
办理时间（天）	51	纳税前沿距离分数（0—100）	63.55	时间（天）	520
费用（占人均收入的百分比）	466.6	纳税次数（次/年）	15	费用（占索赔额的百分比）	28.1
供电可靠性和电费透明度指数（0—8）	0	所需时间（小时/年）	312	司法程序质量指数（0—18）	1.5
		总税率和强制性派款率（占利润的百分比）	30.8		
登记财产（排名）	101	报税后流程指标（0—100）	21.43	办理破产（排名）	168
登记财产前沿距离分数（0—100）	59.97			办理破产前沿距离分数（0—100）	0.00
办理手续（项）	5			时间（年）	无实践
办理时间（天）	51			费用（占资产价值的百分比）	无实践
费用（占财产价值的百分比）	5.7			债务回收率（美分/美元）	0.0
土地管理系统质量指数（0—30）	10.5			破产框架力度指数（0—16）	0.0

爱尔兰		经合组织高收入国家		人均国民收入（美元）	52560
营商环境便利度排名（1—190）	17	前沿距离总分（0—100）	79.51	人口	4773095
开办企业（排名）	8	获得信贷（排名）	42	跨境贸易（排名）	47
开办企业前沿距离分数（0—100）	95.91	获得信贷前沿距离分数（0—100）	70.00	跨境贸易前沿距离分数（0—100）	87.25
办理手续（项）	3	合法权利力度指数（0—12）	7	出口所需时间	
办理时间（天）	5	信贷信息深度指数（0—8）	7	单证合规时间（小时）	1
费用（占人均收入的百分比）	0.2	信用局覆盖率	100.0	边界合规时间（小时）	24
最低实缴资本（占人均收入的百分比）	0.0	信贷登记机构覆盖率（占成年人口的百分比）	0.0	出口费用	
				单证合规费用（美元）	75
办理施工许可证（排名）	30	保护少数投资者（排名）	10	边界合规费用（美元）	305
办理施工许可证前沿距离分数（0—100）	76.99	保护少数投资者前沿距离分数（0—100）	75.00	进口所需时间	
办理手续（项）	10	信息披露指数（0—10）	9	单证合规时间（小时）	1
办理时间（天）	149.5	董事责任指数（0—10）	8	边界合规时间（小时）	24
费用（占库房价值的百分比）	4.6	股东诉讼便利度指数（0—10）	9	进口费用	
建筑质量控制指数（0—15）	13.0	股东权利指数（0—10）	7	单证合规费用（美元）	75
		所有权和管理控制指数（0—10）	4	边界合规费用（美元）	253
获得电力（排名）	35	公司透明度指数（0—10）	8		
获得电力前沿距离分数（0—100）	84.22			执行合同（排名）	98
办理手续（项）	5	纳税（排名）	4	执行合同前沿距离分数（0—100）	56.03
办理时间（天）	85	纳税前沿距离分数（0—100）	94.46	时间（天）	650
费用（占人均收入的百分比）	52.8	纳税次数（次/年）	9	费用（占索赔额的百分比）	26.9
供电可靠性和电费透明度指数（0—8）	8	所需时间（小时/年）	82	司法程序质量指数（0—18）	7.5
		总税率和强制性派款率（占利润的百分比）	26.0		
√ 登记财产（排名）	40	报税后流程指标（0—100）	92.93	办理破产（排名）	17
登记财产前沿距离分数（0—100）	76.29			办理破产前沿距离分数（0—100）	79.00
办理手续（项）	5			时间（年）	0.4
办理时间（天）	31.5			费用（占资产价值的百分比）	9.0
费用（占财产价值的百分比）	2.5			债务回收率（美分/美元）	85.8
土地管理系统质量指数（0—30）	21.0			破产框架力度指数（0—16）	10.5

以色列

营商环境便利度排名（1—190）	54

开办企业（排名）	37
开办企业前沿距离分数（0—100）	92.30
办理手续（项）	4
办理时间（天）	12
费用（占人均收入的百分比）	3.2
最低实缴资本（占人均收入的百分比）	0.0

办理施工许可证（排名）	65
办理施工许可证前沿距离分数（0—100）	71.69
办理手续（项）	15
办理时间（天）	209
费用（占库房价值的百分比）	1.4
建筑质量控制指数（0—15）	13.0

获得电力（排名）	77
获得电力前沿距离分数（0—100）	75.20
办理手续（项）	6
办理时间（天）	102
费用（占人均收入的百分比）	14.1
供电可靠性和电费透明度指数（0—8）	7

登记财产（排名）	130
登记财产前沿距离分数（0—100）	52.84
办理手续（项）	6
办理时间（天）	81
费用（占财产价值的百分比）	8.3
土地管理系统质量指数（0—30）	14.0

经合组织高收入国家

前沿距离总分（0—100）	71.42

获得信贷（排名）	55
获得信贷前沿距离分数（0—100）	65.00
合法权利力度指数（0—12）	6
信贷信息深度指数（0—8）	7
信用局覆盖率	71.4
信贷登记机构覆盖率（占成年人口的百分比）	0.0

保护少数投资者（排名）	16
保护少数投资者前沿距离分数（0—100）	73.33
信息披露指数（0—10）	7
董事责任指数（0—10）	9
股东诉讼便利度指数（0—10）	9
股东权利指数（0—10）	7
所有权和管理控制指数（0—10）	3
公司透明度指数（0—10）	9

纳税（排名）	99
纳税前沿距离分数（0—100）	70.35
纳税次数（次/年）	33
所需时间（小时/年）	235
总税率和强制性派款率（占利润的百分比）	27.0
报税后流程指标（0—100）	61.36

人均国民收入（美元） 36190
人口 8547100

跨境贸易（排名）	60
跨境贸易前沿距离分数（0—100）	82.85
出口所需时间	
单证合规时间（小时）	13
边界合规时间（小时）	36
出口费用	
单证合规费用（美元）	73
边界合规费用（美元）	150
进口所需时间	
单证合规时间（小时）	44
边界合规时间（小时）	64
进口费用	
单证合规费用（美元）	70
边界合规费用（美元）	307

执行合同（排名）	92
执行合同前沿距离分数（0—100）	57.93
时间（天）	975
费用（占索赔额的百分比）	25.3
司法程序质量指数（0—18）	13.0

办理破产（排名）	29
办理破产前沿距离分数（0—100）	72.74
时间（年）	2.0
费用（占资产价值的百分比）	23.0
债务回收率（美分/美元）	62.6
破产框架力度指数（0—16）	12.5

意大利

营商环境便利度排名（1—190）	46

开办企业（排名）	66
开办企业前沿距离分数（0—100）	89.42
办理手续（项）	6
办理时间（天）	6.5
费用（占人均收入的百分比）	13.7
最低实缴资本（占人均收入的百分比）	0.0

办理施工许可证（排名）	96
办理施工许可证前沿距离分数（0—100）	67.26
办理手续（项）	12
办理时间（天）	227.5
费用（占库房价值的百分比）	3.6
建筑质量控制指数（0—15）	11.0

✓ 获得电力（排名）	28
获得电力前沿距离分数（0—100）	85.27
办理手续（项）	4
办理时间（天）	82
费用（占人均收入的百分比）	156.5
供电可靠性和电费透明度指数（0—8）	7

登记财产（排名）	23
登记财产前沿距离分数（0—100）	81.70
办理手续（项）	4
办理时间（天）	16
费用（占财产价值的百分比）	4.4
土地管理系统质量指数（0—30）	26.5

经合组织高收入国家

前沿距离总分（0—100）	72.70

获得信贷（排名）	105
获得信贷前沿距离分数（0—100）	45.00
合法权利力度指数（0—12）	2
信贷信息深度指数（0—8）	7
信用局覆盖率	100.0
信贷登记机构覆盖率（占成年人口的百分比）	30.1

保护少数投资者（排名）	62
保护少数投资者前沿距离分数（0—100）	58.33
信息披露指数（0—10）	7
董事责任指数（0—10）	4
股东诉讼便利度指数（0—10）	6
股东权利指数（0—10）	6
所有权和管理控制指数（0—10）	4
公司透明度指数（0—10）	8

✓ 纳税（排名）	112
纳税前沿距离分数（0—100）	68.29
纳税次数（次/年）	14
所需时间（小时/年）	238
总税率和强制性派款率（占利润的百分比）	48.0
报税后流程指标（0—100）	52.39

人均国民收入（美元） 31590
人口 60600590

跨境贸易（排名）	1
跨境贸易前沿距离分数（0—100）	100.00
出口所需时间	
单证合规时间（小时）	1
边界合规时间（小时）	0
出口费用	
单证合规费用（美元）	0
边界合规费用（美元）	0
进口所需时间	
单证合规时间（小时）	1
边界合规时间（小时）	0
进口费用	
单证合规费用（美元）	0
边界合规费用（美元）	0

执行合同（排名）	108
执行合同前沿距离分数（0—100）	54.79
时间（天）	1120
费用（占索赔额的百分比）	23.1
司法程序质量指数（0—18）	13.0

办理破产（排名）	24
办理破产前沿距离分数（0—100）	76.97
时间（年）	1.8
费用（占资产价值的百分比）	22.0
债务回收率（美分/美元）	64.6
破产框架力度指数（0—16）	13.5

牙买加		拉丁美洲和加勒比地区		人均国民收入（美元）	4660
营商环境便利度排名（1—190）	70	前沿距离总分（0—100）	67.27	人口	2881355
√ 开办企业（排名）	5	获得信贷（排名）	20 √	跨境贸易（排名）	130
开办企业前沿距离分数（0—100）	97.30	获得信贷前沿距离分数（0—100）	80.00	跨境贸易前沿距离分数（0—100）	61.54
办理手续（项）	2	合法权利力度指数（0—12）	9	出口所需时间	
办理时间（天）	3	信贷信息深度指数（0—8）	7	单证合规时间（小时）	47
费用（占人均收入的百分比）	4.8	信用局覆盖率	24.1	边界合规时间（小时）	58
最低实缴资本（占人均收入的百分比）	0.0	信贷登记机构覆盖率（占成年人口的百分比）	0.0	出口费用	
				单证合规费用（美元）	90
办理施工许可证（排名）	98	保护少数投资者（排名）	81	边界合规费用（美元）	876
办理施工许可证前沿距离分数（0—100）	67.22	保护少数投资者前沿距离分数（0—100）	55.00	进口所需时间	
办理手续（项）	19	信息披露指数（0—10）	4	单证合规时间（小时）	56
办理时间（天）	141.5	董事责任指数（0—10）	8	边界合规时间（小时）	80
费用（占库房价值的百分比）	1.7	股东诉讼便利度指数（0—10）	5	进口费用	
建筑质量控制指数（0—15）	10.0	股东权利指数（0—10）	6	单证合规费用（美元）	90
		所有权和管理控制指数（0—10）	4	边界合规费用（美元）	906
√ 获得电力（排名）	91	公司透明度指数（0—10）	6		
获得电力前沿距离分数（0—100）	71.11			执行合同（排名）	127
办理手续（项）	7	纳税（排名）	122	执行合同前沿距离分数（0—100）	51.87
办理时间（天）	95	纳税前沿距离分数（0—100）	65.67	时间（天）	550
费用（占人均收入的百分比）	237.3	纳税次数（次/年）	11	费用（占索赔额的百分比）	50.2
供电可靠性和电费透明度指数（0—8）	7	所需时间（小时/年）	268	司法程序质量指数（0—18）	8.5
		总税率和强制性派款率（占利润的百分比）	33.1		
登记财产（排名）	128	报税后流程指标（0—100）	19.68	办理破产（排名）	35
登记财产前沿距离分数（0—100）	53.70			办理破产前沿距离分数（0—100）	69.31
办理手续（项）	8			时间（年）	1.1
办理时间（天）	18			费用（占资产价值的百分比）	18.0
费用（占财产价值的百分比）	9.8			债务回收率（美分/美元）	64.9
土地管理系统质量指数（0—30）	14.0			破产框架力度指数（0—16）	11.0

日本		经合组织高收入国家		人均国民收入（美元）	38000
营商环境便利度排名（1—190）	34	前沿距离总分（0—100）	75.68	人口	126994511
开办企业（排名）	106	获得信贷（排名）	77	跨境贸易（排名）	51
开办企业前沿距离分数（0—100）	84.37	获得信贷前沿距离分数（0—100）	55.00	跨境贸易前沿距离分数（0—100）	86.51
办理手续（项）	9	合法权利力度指数（0—12）	5	出口所需时间	
办理时间（天）	12.2	信贷信息深度指数（0—8）	6	单证合规时间（小时）	2.4
费用（占人均收入的百分比）	7.5	信用局覆盖率	100.0	边界合规时间（小时）	22.6
最低实缴资本（占人均收入的百分比）	0.0	信贷登记机构覆盖率（占成年人口的百分比）	0.0	出口费用	
				单证合规费用（美元）	54
办理施工许可证（排名）	50	保护少数投资者（排名）	62	边界合规费用（美元）	264.9
办理施工许可证前沿距离分数（0—100）	73.36	保护少数投资者前沿距离分数（0—100）	58.33	进口所需时间	
办理手续（项）	12	信息披露指数（0—10）	7	单证合规时间（小时）	3.4
办理时间（天）	197	董事责任指数（0—10）	6	边界合规时间（小时）	39.6
费用（占库房价值的百分比）	0.5	股东诉讼便利度指数（0—10）	8	进口费用	
建筑质量控制指数（0—15）	11.0	股东权利指数（0—10）	6	单证合规费用（美元）	107
		所有权和管理控制指数（0—10）	3	边界合规费用（美元）	299.2
获得电力（排名）	17	公司透明度指数（0—10）	5		
获得电力前沿距离分数（0—100）	89.88			执行合同（排名）	51
办理手续（项）	3.4 √	纳税（排名）	68	执行合同前沿距离分数（0—100）	65.26
办理时间（天）	97.7	纳税前沿距离分数（0—100）	76.71	时间（天）	360
费用（占人均收入的百分比）	0.0	纳税次数（次/年）	14	费用（占索赔额的百分比）	23.4
供电可靠性和电费透明度指数（0—8）	8	所需时间（小时/年）	151	司法程序质量指数（0—18）	7.5
		总税率和强制性派款率（占利润的百分比）	47.4		
登记财产（排名）	52	报税后流程指标（0—100）	71.69	办理破产（排名）	1
登记财产前沿距离分数（0—100）	73.92			办理破产前沿距离分数（0—100）	93.44
办理手续（项）	6			时间（年）	0.6
办理时间（天）	13			费用（占资产价值的百分比）	4.2
费用（占财产价值的百分比）	5.8			债务回收率（美分/美元）	92.4
土地管理系统质量指数（0—30）	24.5			破产框架力度指数（0—16）	14.0

约旦

营商环境便利度排名（1—190）	103
开办企业（排名）	105 ✓
开办企业前沿距离分数（0—100）	84.40
办理手续（项）	7.5
办理时间（天）	12.5
费用（占人均收入的百分比）	24.2
最低实缴资本（占人均收入的百分比）	0.1
办理施工许可证（排名）	110
办理施工许可证前沿距离分数（0—100）	65.74
办理手续（项）	15
办理时间（天）	62
费用（占库房价值的百分比）	12.0
建筑质量控制指数（0—15）	11.0
获得电力（排名）	40
获得电力前沿距离分数（0—100）	83.33
办理手续（项）	5
办理时间（天）	55
费用（占人均收入的百分比）	384.1
供电可靠性和电费透明度指数（0—8）	7
登记财产（排名）	72
登记财产前沿距离分数（0—100）	66.40
办理手续（项）	6
办理时间（天）	17
费用（占财产价值的百分比）	9.0
土地管理系统质量指数（0—30）	22.5

中东和北非

前沿距离总分（0—100）	60.58
获得信贷（排名）	159
获得信贷前沿距离分数（0—100）	25.00
合法权利力度指数（0—12）	0
信贷信息深度指数（0—8）	5
信用局覆盖率	15.3
信贷登记机构覆盖率（占成年人口的百分比）	2.2
保护少数投资者（排名）	146
保护少数投资者前沿距离分数（0—100）	40.00
信息披露指数（0—10）	4
董事责任指数（0—10）	4
股东诉讼便利度指数（0—10）	2
股东权利指数（0—10）	2
所有权和管理控制指数（0—10）	5
公司透明度指数（0—10）	7
纳税（排名）	97
纳税前沿距离分数（0—100）	70.75
纳税次数（次/年）	25
所需时间（小时/年）	128.5
总税率和强制性派款率（占利润的百分比）	28.1
报税后流程指标（0—100）	34.69

人均国民收入（美元） 3920
人口 9455802

跨境贸易（排名）	53
跨境贸易前沿距离分数（0—100）	85.93
出口所需时间	
单证合规时间（小时）	6
边界合规时间（小时）	38
出口费用	
单证合规费用（美元）	16
边界合规费用（美元）	131
进口所需时间	
单证合规时间（小时）	55
边界合规时间（小时）	79
进口费用	
单证合规费用（美元）	30
边界合规费用（美元）	181
执行合同（排名）	118
执行合同前沿距离分数（0—100）	53.71
时间（天）	642
费用（占索赔额的百分比）	31.2
司法程序质量指数（0—18）	7.0
办理破产（排名）	146
办理破产前沿距离分数（0—100）	30.53
时间（年）	3.0
费用（占资产价值的百分比）	20.0
债务回收率（美分/美元）	27.7
破产框架力度指数（0—16）	5.0

哈萨克斯坦

营商环境便利度排名（1—190）	36
开办企业（排名）	41
开办企业前沿距离分数（0—100）	91.95
办理手续（项）	5
办理时间（天）	9
费用（占人均收入的百分比）	0.3
最低实缴资本（占人均收入的百分比）	0.0
办理施工许可证（排名）	52 ✓
办理施工许可证前沿距离分数（0—100）	73.30
办理手续（项）	19
办理时间（天）	123
费用（占库房价值的百分比）	1.9
建筑质量控制指数（0—15）	13.0
获得电力（排名）	70
获得电力前沿距离分数（0—100）	76.77
办理手续（项）	7
办理时间（天）	77
费用（占人均收入的百分比）	47.4
供电可靠性和电费透明度指数（0—8）	8
✓ 登记财产（排名）	17
登记财产前沿距离分数（0—100）	84.61
办理手续（项）	3
办理时间（天）	3.5
费用（占财产价值的百分比）	0.1
土地管理系统质量指数（0—30）	17.0

欧洲和中亚

前沿距离总分（0—100）	75.44
获得信贷（排名）	77
获得信贷前沿距离分数（0—100）	55.00
合法权利力度指数（0—12）	4
信贷信息深度指数（0—8）	7
信用局覆盖率	54.4
信贷登记机构覆盖率（占成年人口的百分比）	0.0
保护少数投资者（排名）	1
保护少数投资者前沿距离分数（0—100）	85.00
信息披露指数（0—10）	9
董事责任指数（0—10）	6
股东诉讼便利度指数（0—10）	9
股东权利指数（0—10）	10
所有权和管理控制指数（0—10）	8
公司透明度指数（0—10）	9
纳税（排名）	50
纳税前沿距离分数（0—100）	79.47
纳税次数（次/年）	7
所需时间（小时/年）	178
总税率和强制性派款率（占利润的百分比）	29.2
报税后流程指标（0—100）	48.85

人均国民收入（美元） 8710
人口 17797032

跨境贸易（排名）	123
跨境贸易前沿距离分数（0—100）	63.19
出口所需时间	
单证合规时间（小时）	128
边界合规时间（小时）	133
出口费用	
单证合规费用（美元）	320
边界合规费用（美元）	574
进口所需时间	
单证合规时间（小时）	6
边界合规时间（小时）	2
进口费用	
单证合规费用（美元）	0
边界合规费用（美元）	0
✓ 执行合同（排名）	6
执行合同前沿距离分数（0—100）	77.55
时间（天）	370
费用（占索赔额的百分比）	22.0
司法程序质量指数（0—18）	14.0
办理破产（排名）	39
办理破产前沿距离分数（0—100）	67.52
时间（年）	1.5
费用（占资产价值的百分比）	15.0
债务回收率（美分/美元）	38.3
破产框架力度指数（0—16）	15.0

肯尼亚

营商环境便利度排名（1—190）	80
✓ 开办企业（排名）	117
开办企业前沿距离分数（0—100）	83.20
办理手续（项）	6
办理时间（天）	25
费用（占人均收入的百分比）	26.3
最低实缴资本（占人均收入的百分比）	0.0
✓ 办理施工许可证（排名）	124
办理施工许可证前沿距离分数（0—100）	63.16
办理手续（项）	16
办理时间（天）	159
费用（占库房价值的百分比）	5.0
建筑质量控制指数（0—15）	9.0
✓ 获得电力（排名）	71
获得电力前沿距离分数（0—100）	76.68
办理手续（项）	3
办理时间（天）	97
费用（占人均收入的百分比）	724.7
供电可靠性和电费透明度指数（0—8）	4
登记财产（排名）	125
登记财产前沿距离分数（0—100）	54.49
办理手续（项）	9
办理时间（天）	61
费用（占财产价值的百分比）	6.0
土地管理系统质量指数（0—30）	16.0

撒哈拉以南非洲

前沿距离总分（0—100）	65.15
✓ 获得信贷（排名）	29
获得信贷前沿距离分数（0—100）	75.00
合法权利力度指数（0—12）	7
信贷信息深度指数（0—8）	8
信用局覆盖率	30.4
信贷登记机构覆盖率（占成年人口的百分比）	0.0
保护少数投资者（排名）	62
保护少数投资者前沿距离分数（0—100）	58.33
信息披露指数（0—10）	6
董事责任指数（0—10）	5
股东诉讼便利度指数（0—10）	9
股东权利指数（0—10）	5
所有权和管理控制指数（0—10）	6
公司透明度指数（0—10）	4
纳税（排名）	92
纳税前沿距离分数（0—100）	71.67
纳税次数（次/年）	26
所需时间（小时/年）	185.5
总税率和强制性派款率（占利润的百分比）	37.4
报税后流程指标（0—100）	62.03

人均国民收入（美元）：1380
人口：48461567

跨境贸易（排名）	106
跨境贸易前沿距离分数（0—100）	67.63
出口所需时间	
单证合规时间（小时）	19
边界合规时间（小时）	21
出口费用	
单证合规费用（美元）	191
边界合规费用（美元）	143
进口所需时间	
单证合规时间（小时）	60
边界合规时间（小时）	180
进口费用	
单证合规费用（美元）	115
边界合规费用（美元）	833
执行合同（排名）	90
执行合同前沿距离分数（0—100）	58.27
时间（天）	465
费用（占索赔额的百分比）	41.8
司法程序质量指数（0—18）	9.0
办理破产（排名）	95
办理破产前沿距离分数（0—100）	43.11
时间（年）	4.5
费用（占资产价值的百分比）	22.0
债务回收率（美分/美元）	27.9
破产框架力度指数（0—16）	9.0

基里巴斯

营商环境便利度排名（1—190）	157
开办企业（排名）	147
开办企业前沿距离分数（0—100）	77.47
办理手续（项）	7
办理时间（天）	31
费用（占人均收入的百分比）	40.2
最低实缴资本（占人均收入的百分比）	16.2
办理施工许可证（排名）	111
办理施工许可证前沿距离分数（0—100）	65.72
办理手续（项）	15
办理时间（天）	150
费用（占库房价值的百分比）	0.3
建筑质量控制指数（0—15）	6.0
获得电力（排名）	168
获得电力前沿距离分数（0—100）	41.50
办理手续（项）	6
办理时间（天）	97
费用（占人均收入的百分比）	4022.3
供电可靠性和电费透明度指数（0—8）	0
登记财产（排名）	146
登记财产前沿距离分数（0—100）	49.12
办理手续（项）	5
办理时间（天）	513
费用（占财产价值的百分比）	0.0
土地管理系统质量指数（0—30）	9.0

东亚和太平洋地区

前沿距离总分（0—100）	48.74
获得信贷（排名）	170
获得信贷前沿距离分数（0—100）	20.00
合法权利力度指数（0—12）	4
信贷信息深度指数（0—8）	0
信用局覆盖率	0.0
信贷登记机构覆盖率（占成年人口的百分比）	0.0
保护少数投资者（排名）	124
保护少数投资者前沿距离分数（0—100）	46.67
信息披露指数（0—10）	6
董事责任指数（0—10）	5
股东诉讼便利度指数（0—10）	8
股东权利指数（0—10）	5
所有权和管理控制指数（0—10）	2
公司透明度指数（0—10）	2
纳税（排名）	94
纳税前沿距离分数（0—100）	71.42
纳税次数（次/年）	11
所需时间（小时/年）	168
总税率和强制性派款率（占利润的百分比）	32.7
报税后流程指标（0—100）	26.68

人均国民收入（美元）：2380
人口：114395

跨境贸易（排名）	127
跨境贸易前沿距离分数（0—100）	62.08
出口所需时间	
单证合规时间（小时）	24
边界合规时间（小时）	72
出口费用	
单证合规费用（美元）	310
边界合规费用（美元）	420
进口所需时间	
单证合规时间（小时）	48
边界合规时间（小时）	96
进口费用	
单证合规费用（美元）	120
边界合规费用（美元）	685
执行合同（排名）	121
执行合同前沿距离分数（0—100）	53.39
时间（天）	660
费用（占索赔额的百分比）	25.8
司法程序质量指数（0—18）	6.0
办理破产（排名）	168
办理破产前沿距离分数（0—100）	0.00
时间（年）	无实践
费用（占资产价值的百分比）	无实践
债务回收率（美分/美元）	0.0
破产框架力度指数（0—16）	0.0

韩国

营商环境便利度排名（1—190）	4
开办企业（排名）	9
开办企业前沿距离分数（0—100）	95.83
办理手续（项）	2
办理时间（天）	4
费用（占人均收入的百分比）	14.6
最低实缴资本（占人均收入的百分比）	0.0
办理施工许可证（排名）	28
办理施工许可证前沿距离分数（0—100）	77.74
办理手续（项）	10
办理时间（天）	27.5
费用（占库房价值的百分比）	4.4
建筑质量控制指数（0—15）	8.0
获得电力（排名）	2
获得电力前沿距离分数（0—100）	99.89
办理手续（项）	3
办理时间（天）	13
费用（占人均收入的百分比）	37.0
供电可靠性和电费透明度指数（0—8）	8
登记财产（排名）	39
登记财产前沿距离分数（0—100）	76.34
办理手续（项）	7
办理时间（天）	5.5
费用（占财产价值的百分比）	5.1
土地管理系统质量指数（0—30）	27.5

经合组织高收入国家

前沿距离总分（0—100）	83.92
获得信贷（排名）	55
获得信贷前沿距离分数（0—100）	65.00
合法权利力度指数（0—12）	5
信贷信息深度指数（0—8）	8
信用局覆盖率	100.0
信贷登记机构覆盖率（占成年人口的百分比）	0.0
保护少数投资者（排名）	20
保护少数投资者前沿距离分数（0—100）	71.67
信息披露指数（0—10）	7
董事责任指数（0—10）	6
股东诉讼便利度指数（0—10）	8
股东权利指数（0—10）	7
所有权和管理控制指数（0—10）	6
公司透明度指数（0—10）	9
纳税（排名）	24
纳税前沿距离分数（0—100）	86.69
纳税次数（次/年）	12
所需时间（小时/年）	188
总税率和强制性派款率（占利润的百分比）	33.1
报税后流程指标（0—100）	93.04

人均国民收入（美元）	27600
人口	51245707
跨境贸易（排名）	33
跨境贸易前沿距离分数（0—100）	92.52
出口所需时间	
单证合规时间（小时）	1
边界合规时间（小时）	13
出口费用	
单证合规费用（美元）	11
边界合规费用（美元）	185
进口所需时间	
单证合规时间（小时）	1
边界合规时间（小时）	6
进口费用	
单证合规费用（美元）	27
边界合规费用（美元）	315
执行合同（排名）	1
执行合同前沿距离分数（0—100）	84.15
时间（天）	290
费用（占索赔额的百分比）	12.7
司法程序质量指数（0—18）	14.5
办理破产（排名）	5
办理破产前沿距离分数（0—100）	89.33
时间（年）	1.5
费用（占资产价值的百分比）	3.5
债务回收率（美分/美元）	84.7
破产框架力度指数（0—16）	14.0

科索沃

营商环境便利度排名（1—190）	40
√ 开办企业（排名）	10
开办企业前沿距离分数（0—100）	95.67
办理手续（项）	3
办理时间（天）	5.5
费用（占人均收入的百分比）	1.0
最低实缴资本（占人均收入的百分比）	0.0
办理施工许可证（排名）	122
办理施工许可证前沿距离分数（0—100）	63.72
办理手续（项）	15
办理时间（天）	152
费用（占库房价值的百分比）	5.8
建筑质量控制指数（0—15）	9.0
获得电力（排名）	106
获得电力前沿距离分数（0—100）	66.12
办理手续（项）	6
办理时间（天）	36
费用（占人均收入的百分比）	219.1
供电可靠性和电费透明度指数（0—8）	2
登记财产（排名）	34
登记财产前沿距离分数（0—100）	78.12
办理手续（项）	6
办理时间（天）	27
费用（占财产价值的百分比）	0.3
土地管理系统质量指数（0—30）	20.5

欧洲和中亚

前沿距离总分（0—100）	73.49
√ 获得信贷（排名）	12
获得信贷前沿距离分数（0—100）	85.00
合法权利力度指数（0—12）	11
信贷信息深度指数（0—8）	6
信用局覆盖率	0.0
信贷登记机构覆盖率（占成年人口的百分比）	40.5
保护少数投资者（排名）	89
保护少数投资者前沿距离分数（0—100）	53.33
信息披露指数（0—10）	6
董事责任指数（0—10）	6
股东诉讼便利度指数（0—10）	4
股东权利指数（0—10）	9
所有权和管理控制指数（0—10）	2
公司透明度指数（0—10）	5
纳税（排名）	45
纳税前沿距离分数（0—100）	80.28
纳税次数（次/年）	10
所需时间（小时/年）	155
总税率和强制性派款率（占利润的百分比）	15.2
报税后流程指标（0—100）	49.16 √

人均国民收入（美元）	3850
人口	1816200
跨境贸易（排名）	48
跨境贸易前沿距离分数（0—100）	86.87
出口所需时间	
单证合规时间（小时）	38
边界合规时间（小时）	28
出口费用	
单证合规费用（美元）	127
边界合规费用（美元）	105
进口所需时间	
单证合规时间（小时）	6
边界合规时间（小时）	16
进口费用	
单证合规费用（美元）	42
边界合规费用（美元）	128
执行合同（排名）	49
执行合同前沿距离分数（0—100）	65.66
时间（天）	330
费用（占索赔额的百分比）	34.4
司法程序质量指数（0—18）	9.5
办理破产（排名）	49
办理破产前沿距离分数（0—100）	60.13
时间（年）	2.0
费用（占资产价值的百分比）	15.0
债务回收率（美分/美元）	39.1
破产框架力度指数（0—16）	12.5

科威特		中东和北非		人均国民收入（美元）	39050
营商环境便利度排名（1—190）	96	前沿距离总分（0—100）	61.23	人口	4052584
✓ 开办企业（排名）	149	获得信贷（排名）	133	跨境贸易（排名）	154
开办企业前沿距离分数（0—100）	77.21	获得信贷前沿距离分数（0—100）	35.00	跨境贸易前沿距离分数（0—100）	54.24
办理手续（项）	9.5	合法权利力度指数（0—12）	1	出口所需时间	
办理时间（天）	38.5	信贷信息深度指数（0—8）	6	单证合规时间（小时）	72
费用（占人均收入的百分比）	1.7	信用局覆盖率	31.0	边界合规时间（小时）	96
最低实缴资本（占人均收入的百分比）	8.5	信贷登记机构覆盖率（占成年人口的百分比）	15.0	出口费用	
				单证合规费用（美元）	191
办理施工许可证（排名）	129	保护少数投资者（排名）	81	边界合规费用（美元）	602
办理施工许可证前沿距离分数（0—100）	62.20	保护少数投资者前沿距离分数（0—100）	55.00	进口所需时间	
办理手续（项）	23	信息披露指数（0—10）	4	单证合规时间（小时）	96
办理时间（天）	236	董事责任指数（0—10）	9	边界合规时间（小时）	89
费用（占库房价值的百分比）	1.1	股东诉讼便利度指数（0—10）	4	进口费用	
建筑质量控制指数（0—15）	13.0	股东权利指数（0—10）	3	单证合规费用（美元）	332
		所有权和管理控制指数（0—10）	5	边界合规费用（美元）	491
获得电力（排名）	97	公司透明度指数（0—10）	8		
获得电力前沿距离分数（0—100）	69.60			执行合同（排名）	73
办理手续（项）	7	纳税（排名）	6	执行合同前沿距离分数（0—100）	59.58
办理时间（天）	85	纳税前沿距离分数（0—100）	92.48	时间（天）	566
费用（占人均收入的百分比）	64.2	纳税次数（次/年）	12	费用（占索赔额的百分比）	18.6
供电可靠性和电费透明度指数（0—8）	6	所需时间（小时/年）	98	司法程序质量指数（0—18）	6.5
		总税率和强制性派款率（占利润的百分比）	13.0		
✓ 登记财产（排名）	70	报税后流程指标（0—100）	不适用	办理破产（排名）	110
登记财产前沿距离分数（0—100）	67.55			办理破产前沿距离分数（0—100）	39.44
办理手续（项）	9			时间（年）	4.2
办理时间（天）	35			费用（占资产价值的百分比）	10.0
费用（占财产价值的百分比）	0.5			债务回收率（美分/美元）	32.6
土地管理系统质量指数（0—30）	17.0			破产框架力度指数（0—16）	7.0

吉尔吉斯共和国		欧洲和中亚		人均国民收入（美元）	1100
营商环境便利度排名（1—190）	77	前沿距离总分（0—100）	65.70	人口	6082700
开办企业（排名）	29	✓ 获得信贷（排名）	29	跨境贸易（排名）	84
开办企业前沿距离分数（0—100）	92.94	获得信贷前沿距离分数（0—100）	75.00	跨境贸易前沿距离分数（0—100）	73.34
办理手续（项）	4	合法权利力度指数（0—12）	9	出口所需时间	
办理时间（天）	10	信贷信息深度指数（0—8）	6	单证合规时间（小时）	21
费用（占人均收入的百分比）	2.1	信用局覆盖率	37.0	边界合规时间（小时）	20
最低实缴资本（占人均收入的百分比）	0.0	信贷登记机构覆盖率（占成年人口的百分比）	0.0	出口费用	
				单证合规费用（美元）	145
办理施工许可证（排名）	31	保护少数投资者（排名）	51	边界合规费用（美元）	445
办理施工许可证前沿距离分数（0—100）	76.85	保护少数投资者前沿距离分数（0—100）	61.67	进口所需时间	
办理手续（项）	11	信息披露指数（0—10）	7	单证合规时间（小时）	36
办理时间（天）	142	董事责任指数（0—10）	5	边界合规时间（小时）	72
费用（占库房价值的百分比）	1.7	股东诉讼便利度指数（0—10）	8	进口费用	
建筑质量控制指数（0—15）	11.0	股东权利指数（0—10）	4	单证合规费用（美元）	200
		所有权和管理控制指数（0—10）	6	边界合规费用（美元）	512
获得电力（排名）	164	公司透明度指数（0—10）	7		
获得电力前沿距离分数（0—100）	44.19			执行合同（排名）	139
办理手续（项）	7	纳税（排名）	151	执行合同前沿距离分数（0—100）	48.57
办理时间（天）	125	纳税前沿距离分数（0—100）	56.55	时间（天）	410
费用（占人均收入的百分比）	814.4	纳税次数（次/年）	51	费用（占索赔额的百分比）	47.0
供电可靠性和电费透明度指数（0—8）	0	所需时间（小时/年）	225	司法程序质量指数（0—18）	4.0
		总税率和强制性派款率（占利润的百分比）	29.0		
✗ 登记财产（排名）	8	报税后流程指标（0—100）	37.38	办理破产（排名）	119
登记财产前沿距离分数（0—100）	90.21			办理破产前沿距离分数（0—100）	37.67
办理手续（项）	3			时间（年）	1.5
办理时间（天）	3.5			费用（占资产价值的百分比）	15.0
费用（占财产价值的百分比）	0.2			债务回收率（美分/美元）	35.2
土地管理系统质量指数（0—30）	24.0			破产框架力度指数（0—16）	6.0

老挝		东亚和太平洋地区		人均国民收入（美元）	2150
营商环境便利度排名（1—190）	141	前沿距离总分（0—100）	53.01	人口	6758353
开办企业（排名）	164	**获得信贷（排名）**	77	**跨境贸易（排名）**	124
开办企业前沿距离分数（0—100）	72.56	获得信贷前沿距离分数（0—100）	55.00	跨境贸易前沿距离分数（0—100）	62.98
办理手续（项）	8	合法权利力度指数（0—12）	6	*出口所需时间*	
办理时间（天）	67	信贷信息深度指数（0—8）	5	单证合规时间（小时）	216
费用（占人均收入的百分比）	3.5	信用局覆盖率	0.0	边界合规时间（小时）	12
最低实缴资本（占人均收入的百分比）	0.0	信贷登记机构覆盖率（占成年人口的百分比）	11.2	*出口费用*	
				单证合规费用（美元）	235
办理施工许可证（排名）	40	**保护少数投资者（排名）**	172	边界合规费用（美元）	73
办理施工许可证前沿距离分数（0—100）	75.25	保护少数投资者前沿距离分数（0—100）	31.67	*进口所需时间*	
办理手续（项）	11	信息披露指数（0—10）	6	单证合规时间（小时）	216
办理时间（天）	83	董事责任指数（0—10）	1	边界合规时间（小时）	14
费用（占库房价值的百分比）	0.4	股东诉讼便利度指数（0—10）	3	*进口费用*	
建筑质量控制指数（0—15）	6.5	股东权利指数（0—10）	4	单证合规费用（美元）	115
		所有权和管理控制指数（0—10）	4	边界合规费用（美元）	153
获得电力（排名）	149	公司透明度指数（0—10）	1		
获得电力前沿距离分数（0—100）	52.65			**执行合同（排名）**	97
办理手续（项）	6	**纳税（排名）**	156	执行合同前沿距离分数（0—100）	56.22
办理时间（天）	134	纳税前沿距离分数（0—100）	54.18	时间（天）	443
费用（占人均收入的百分比）	1132.5	纳税次数（次/年）	35	费用（占索赔额的百分比）	31.6
供电可靠性和电费透明度指数（0—8）	2	所需时间（小时/年）	362	司法程序质量指数（0—18）	5.5
		总税率和强制性派款率（占利润的百分比）	26.2		
登记财产（排名）	65	报税后流程指标（0—100）	18.57	**办理破产（排名）**	168
登记财产前沿距离分数（0—100）	69.55			办理破产前沿距离分数（0—100）	0.00
办理手续（项）	4			时间（年）	无实践
办理时间（天）	53			费用（占资产价值的百分比）	无实践
费用（占财产价值的百分比）	1.0			债务回收率（美分/美元）	0.0
土地管理系统质量指数（0—30）	10.5			破产框架力度指数（0—16）	0.0

拉脱维亚		经合组织高收入国家		人均国民收入（美元）	14630
营商环境便利度排名（1—190）	19	前沿距离总分（0—100）	79.26	人口	1960424
开办企业（排名）	21	**获得信贷（排名）**	12	**跨境贸易（排名）**	25
开办企业前沿距离分数（0—100）	94.11	获得信贷前沿距离分数（0—100）	85.00	跨境贸易前沿距离分数（0—100）	95.26
办理手续（项）	4	合法权利力度指数（0—12）	9	*出口所需时间*	
办理时间（天）	5.5	信贷信息深度指数（0—8）	8	单证合规时间（小时）	2
费用（占人均收入的百分比）	1.8	信用局覆盖率	43.1	边界合规时间（小时）	24
最低实缴资本（占人均收入的百分比）	0.0	信贷登记机构覆盖率（占成年人口的百分比）	88.8	*出口费用*	
				单证合规费用（美元）	35
办理施工许可证（排名）	49	**保护少数投资者（排名）**	43	边界合规费用（美元）	150
办理施工许可证前沿距离分数（0—100）	73.41	保护少数投资者前沿距离分数（0—100）	63.33	*进口所需时间*	
办理手续（项）	14	信息披露指数（0—10）	5	单证合规时间（小时）	1
办理时间（天）	192	董事责任指数（0—10）	4	边界合规时间（小时）	0
费用（占库房价值的百分比）	0.5	股东诉讼便利度指数（0—10）	9	*进口费用*	
建筑质量控制指数（0—15）	12.0	股东权利指数（0—10）	7	单证合规费用（美元）	0
		所有权和管理控制指数（0—10）	5	边界合规费用（美元）	0
获得电力（排名）	62	公司透明度指数（0—10）	8		
获得电力前沿距离分数（0—100）	79.05			**执行合同（排名）**	20
办理手续（项）	4	**纳税（排名）**	13	执行合同前沿距离分数（0—100）	71.66
办理时间（天）	107	纳税前沿距离分数（0—100）	89.79	时间（天）	469
费用（占人均收入的百分比）	278.1	纳税次数（次/年）	7	费用（占索赔额的百分比）	23.1
供电可靠性和电费透明度指数（0—8）	6	所需时间（小时/年）	168.5	司法程序质量指数（0—18）	12.5
		总税率和强制性派款率（占利润的百分比）	35.9		
登记财产（排名）	22	报税后流程指标（0—100）	98.11	**办理破产（排名）**	53
登记财产前沿距离分数（0—100）	81.87			办理破产前沿距离分数（0—100）	59.10
办理手续（项）	4			时间（年）	1.5
办理时间（天）	16.5			费用（占资产价值的百分比）	10.0
费用（占财产价值的百分比）	2.0			债务回收率（美分/美元）	40.1
土地管理系统质量指数（0—30）	22.0			破产框架力度指数（0—16）	12.0

黎巴嫩		中东和北非		人均国民收入（美元）	7680
营商环境便利度排名（1—190）	133	前沿距离总分（0—100）	54.67	人口	6006668
开办企业（排名）	143	获得信贷（排名）	122	跨境贸易（排名）	140
开办企业前沿距离分数（0—100）	78.17	获得信贷前沿距离分数（0—100）	40.00	跨境贸易前沿距离分数（0—100）	59.71
办理手续（项）	8	合法权利力度指数（0—12）	2	出口所需时间	
办理时间（天）	15	信贷信息深度指数（0—8）	6	单证合规时间（小时）	48
费用（占人均收入的百分比）	42.0	信用局覆盖率	0.0	边界合规时间（小时）	96
最低实缴资本（占人均收入的百分比）	42.3	信贷登记机构覆盖率（占成年人口的百分比）	22.9	出口费用	
				单证合规费用（美元）	100
办理施工许可证（排名）	142	保护少数投资者（排名）	138	边界合规费用（美元）	410
办理施工许可证前沿距离分数（0—100）	59.66	保护少数投资者前沿距离分数（0—100）	41.67	进口所需时间	
办理手续（项）	19	信息披露指数（0—10）	9	单证合规时间（小时）	72
办理时间（天）	249	董事责任指数（0—10）	1	边界合规时间（小时）	180
费用（占库房价值的百分比）	5.6	股东诉讼便利度指数（0—10）	5	进口费用	
建筑质量控制指数（0—15）	13.0	股东权利指数（0—10）	4	单证合规费用（美元）	135
		所有权和管理控制指数（0—10）	1	边界合规费用（美元）	695
获得电力（排名）	123	公司透明度指数（0—10）	5		
获得电力前沿距离分数（0—100）	60.07			执行合同（排名）	134
办理手续（项）	5	纳税（排名）	113	执行合同前沿距离分数（0—100）	49.85
办理时间（天）	75	纳税前沿距离分数（0—100）	68.21	时间（天）	721
费用（占人均收入的百分比）	130.2	纳税次数（次/年）	20	费用（占索赔额的百分比）	30.8
供电可靠性和电费透明度指数（0—8）	0	所需时间（小时/年）	181	司法程序质量指数（0—18）	6.0
		总税率和强制性派款率（占利润的百分比）	30.3		
登记财产（排名）	102	报税后流程指标（0—100）	27.48	办理破产（排名）	147
登记财产前沿距离分数（0—100）	59.93			办理破产前沿距离分数（0—100）	29.42
办理手续（项）	8			时间（年）	3.0
办理时间（天）	34			费用（占资产价值的百分比）	15.0
费用（占财产价值的百分比）	5.9			债务回收率（美分/美元）	31.4
土地管理系统质量指数（0—30）	16.0			破产框架力度指数（0—16）	4.0

莱索托		撒哈拉以南非洲		人均国民收入（美元）	1210
营商环境便利度排名（1—190）	104	前沿距离总分（0—100）	60.42	人口	2203821
开办企业（排名）	119	获得信贷（排名）	77	跨境贸易（排名）	40
开办企业前沿距离分数（0—100）	83.06	获得信贷前沿距离分数（0—100）	55.00	跨境贸易前沿距离分数（0—100）	91.60
办理手续（项）	7	合法权利力度指数（0—12）	5	出口所需时间	
办理时间（天）	29	信贷信息深度指数（0—8）	6	单证合规时间（小时）	3
费用（占人均收入的百分比）	7.7	信用局覆盖率	7.5	边界合规时间（小时）	4
最低实缴资本（占人均收入的百分比）	0.0	信贷登记机构覆盖率（占成年人口的百分比）	0.0	出口费用	
				单证合规费用（美元）	90
办理施工许可证（排名）	167	保护少数投资者（排名）	108	边界合规费用（美元）	150
办理施工许可证前沿距离分数（0—100）	51.57	保护少数投资者前沿距离分数（0—100）	50.00	进口所需时间	
办理手续（项）	10	信息披露指数（0—10）	3	单证合规时间（小时）	3
办理时间（天）	183	董事责任指数（0—10）	4	边界合规时间（小时）	5
费用（占库房价值的百分比）	12.4	股东诉讼便利度指数（0—10）	9	进口费用	
建筑质量控制指数（0—15）	5.0	股东权利指数（0—10）	6	单证合规费用（美元）	90
		所有权和管理控制指数（0—10）	3	边界合规费用（美元）	150
获得电力（排名）	152	公司透明度指数（0—10）	5		
获得电力前沿距离分数（0—100）	52.09			执行合同（排名）	95
办理手续（项）	5	纳税（排名）	111	执行合同前沿距离分数（0—100）	57.18
办理时间（天）	114	纳税前沿距离分数（0—100）	68.68	时间（天）	615
费用（占人均收入的百分比）	1341.8	纳税次数（次/年）	32	费用（占索赔额的百分比）	31.3
供电可靠性和电费透明度指数（0—8）	0	所需时间（小时/年）	333	司法程序质量指数（0—18）	8.5
		总税率和强制性派款率（占利润的百分比）	13.6		
登记财产（排名）	109	报税后流程指标（0—100）	66.94	办理破产（排名）	124
登记财产前沿距离分数（0—100）	58.12			办理破产前沿距离分数（0—100）	36.91
办理手续（项）	4			时间（年）	2.6
办理时间（天）	43			费用（占资产价值的百分比）	20.0
费用（占财产价值的百分比）	8.1			债务回收率（美分/美元）	27.9
土地管理系统质量指数（0—30）	9.5			破产框架力度指数（0—16）	7.0

利比里亚

营商环境便利度排名（1—190）	172
开办企业（排名）	54
开办企业前沿距离分数（0—100）	90.77
办理手续（项）	5
办理时间（天）	6
费用（占人均收入的百分比）	15.7
最低实缴资本（占人均收入的百分比）	0.0
办理施工许可证（排名）	184
办理施工许可证前沿距离分数（0—100）	28.94
办理手续（项）	25
办理时间（天）	87
费用（占库房价值的百分比）	39.1
建筑质量控制指数（0—15）	2.0
获得电力（排名）	176
获得电力前沿距离分数（0—100）	32.95
办理手续（项）	4
办理时间（天）	482
费用（占人均收入的百分比）	4174.9
供电可靠性和电费透明度指数（0—8）	0
登记财产（排名）	183
登记财产前沿距离分数（0—100）	31.04
办理手续（项）	10
办理时间（天）	44
费用（占财产价值的百分比）	13.8
土地管理系统质量指数（0—30）	3.5

撒哈拉以南非洲

前沿距离总分（0—100）	43.55
获得信贷（排名）	105
获得信贷前沿距离分数（0—100）	45.00
合法权利力度指数（0—12）	9
信贷信息深度指数（0—8）	0
信用局覆盖率	0.0
信贷登记机构覆盖率（占成年人口的百分比）	1.9
保护少数投资者（排名）	177
保护少数投资者前沿距离分数（0—100）	26.67
信息披露指数（0—10）	4
董事责任指数（0—10）	1
股东诉讼便利度指数（0—10）	6
股东权利指数（0—10）	3
所有权和管理控制指数（0—10）	1
公司透明度指数（0—10）	1
纳税（排名）	69
纳税前沿距离分数（0—100）	76.70
纳税次数（次/年）	33
所需时间（小时/年）	139.5
总税率和强制性派款率（占利润的百分比）	45.5
报税后流程指标（0—100）	98.62 √

人均国民收入（美元） 370
人口 4613823

跨境贸易（排名）	177
跨境贸易前沿距离分数（0—100）	27.77
出口所需时间	
单证合规时间（小时）	144
边界合规时间（小时）	193
出口费用	
单证合规费用（美元）	155
边界合规费用（美元）	1113
进口所需时间	
单证合规时间（小时）	144
边界合规时间（小时）	217
进口费用	
单证合规费用（美元）	230
边界合规费用（美元）	1013
执行合同（排名）	174
执行合同前沿距离分数（0—100）	35.23
时间（天）	1300
费用（占索赔额的百分比）	35.0
司法程序质量指数（0—18）	7.5
办理破产（排名）	106
办理破产前沿距离分数（0—100）	40.43
时间（年）	3.0
费用（占资产价值的百分比）	30.0
债务回收率（美分/美元）	17.1
破产框架力度指数（0—16）	10.0

利比亚

营商环境便利度排名（1—190）	185
开办企业（排名）	167
开办企业前沿距离分数（0—100）	71.72
办理手续（项）	10
办理时间（天）	35
费用（占人均收入的百分比）	30.3
最低实缴资本（占人均收入的百分比）	41.5
办理施工许可证（排名）	186
办理施工许可证前沿距离分数（0—100）	0.00
办理手续（项）	无实践
办理时间（天）	无实践
费用（占库房价值的百分比）	无实践
建筑质量控制指数（0—15）	0.0
获得电力（排名）	130
获得电力前沿距离分数（0—100）	58.66
办理手续（项）	4
办理时间（天）	118
费用（占人均收入的百分比）	422.4
供电可靠性和电费透明度指数（0—8）	0
登记财产（排名）	187
登记财产前沿距离分数（0—100）	0.00
办理手续（项）	无实践
办理时间（天）	无实践
费用（占财产价值的百分比）	无实践
土地管理系统质量指数（0—30）	0.0

中东和北非

前沿距离总分（0—100）	33.21
获得信贷（排名）	186
获得信贷前沿距离分数（0—100）	0.00
合法权利力度指数（0—12）	0
信贷信息深度指数（0—8）	0
信用局覆盖率	0.0
信贷登记机构覆盖率（占成年人口的百分比）	0.6
保护少数投资者（排名）	183
保护少数投资者前沿距离分数（0—100）	25.00
信息披露指数（0—10）	4
董事责任指数（0—10）	1
股东诉讼便利度指数（0—10）	4
股东权利指数（0—10）	4
所有权和管理控制指数（0—10）	1
公司透明度指数（0—10）	1
纳税（排名）	128
纳税前沿距离分数（0—100）	63.61
纳税次数（次/年）	19
所需时间（小时/年）	889
总税率和强制性派款率（占利润的百分比）	32.6
报税后流程指标（0—100）	90.16

人均国民收入（美元） 5193
人口 6293253

跨境贸易（排名）	118
跨境贸易前沿距离分数（0—100）	64.66
出口所需时间	
单证合规时间（小时）	72
边界合规时间（小时）	72
出口费用	
单证合规费用（美元）	50
边界合规费用（美元）	575
进口所需时间	
单证合规时间（小时）	96
边界合规时间（小时）	79
进口费用	
单证合规费用（美元）	60
边界合规费用（美元）	637
执行合同（排名）	141
执行合同前沿距离分数（0—100）	48.41
时间（天）	690
费用（占索赔额的百分比）	27.0
司法程序质量指数（0—18）	4.0
办理破产（排名）	168
办理破产前沿距离分数（0—100）	0.00
时间（年）	无实践
费用（占资产价值的百分比）	无实践
债务回收率（美分/美元）	0.0
破产框架力度指数（0—16）	0.0

立陶宛

营商环境便利度排名（1—190）	16
开办企业（排名）	**27**
开办企业前沿距离分数（0—100）	93.05
办理手续（项）	4
办理时间（天）	5.5
费用（占人均收入的百分比）	0.6
最低实缴资本（占人均收入的百分比）	19.3
✓ **办理施工许可证（排名）**	**12**
办理施工许可证前沿距离分数（0—100）	81.43
办理手续（项）	13
办理时间（天）	75
费用（占库房价值的百分比）	0.3
建筑质量控制指数（0—15）	11.0
✓ **获得电力（排名）**	**33**
获得电力前沿距离分数（0—100）	84.25
办理手续（项）	5
办理时间（天）	85
费用（占人均收入的百分比）	42.0
供电可靠性和电费透明度指数（0—8）	8
登记财产（排名）	**3**
登记财产前沿距离分数（0—100）	92.94
办理手续（项）	3
办理时间（天）	3.5
费用（占财产价值的百分比）	0.8
土地管理系统质量指数（0—30）	28.5

欧洲和中亚	
前沿距离总分（0—100）	79.87
获得信贷（排名）	**42**
获得信贷前沿距离分数（0—100）	70.00
合法权利力度指数（0—12）	6
信贷信息深度指数（0—8）	8
信用局覆盖率	100.0
信贷登记机构覆盖率（占成年人口的百分比）	45.3
保护少数投资者（排名）	**43**
保护少数投资者前沿距离分数（0—100）	63.33
信息披露指数（0—10）	7
董事责任指数（0—10）	4
股东诉讼便利度指数（0—10）	7
股东权利指数（0—10）	6
所有权和管理控制指数（0—10）	6
公司透明度指数（0—10）	8
✓ **纳税（排名）**	**18**
纳税前沿距离分数（0—100）	87.81
纳税次数（次/年）	11
所需时间（小时/年）	109.3
总税率和强制性派款率（占利润的百分比）	42.7
报税后流程指标（0—100）	97.52

人均国民收入（美元）	14770
人口	2872298
跨境贸易（排名）	**19**
跨境贸易前沿距离分数（0—100）	97.70
出口所需时间	
单证合规时间（小时）	3
边界合规时间（小时）	9
出口费用	
单证合规费用（美元）	28
边界合规费用（美元）	58
进口所需时间	
单证合规时间（小时）	1
边界合规时间（小时）	0
进口费用	
单证合规费用（美元）	0
边界合规费用（美元）	0
执行合同（排名）	**4**
执行合同前沿距离分数（0—100）	78.80
时间（天）	370
费用（占索赔额的百分比）	23.6
司法程序质量指数（0—18）	15.0
办理破产（排名）	**70**
办理破产前沿距离分数（0—100）	49.37
时间（年）	2.3
费用（占资产价值的百分比）	10.0
债务回收率（美分/美元）	45.3
破产框架力度指数（0—16）	8.0

卢森堡

营商环境便利度排名（1—190）	63
开办企业（排名）	**70**
开办企业前沿距离分数（0—100）	88.76
办理手续（项）	5
办理时间（天）	16.5
费用（占人均收入的百分比）	1.7
最低实缴资本（占人均收入的百分比）	18.0
办理施工许可证（排名）	**7**
办理施工许可证前沿距离分数（0—100）	83.71
办理手续（项）	11
办理时间（天）	157
费用（占库房价值的百分比）	0.7
建筑质量控制指数（0—15）	15.0
获得电力（排名）	**31**
获得电力前沿距离分数（0—100）	84.31
办理手续（项）	5
办理时间（天）	56
费用（占人均收入的百分比）	34.4
供电可靠性和电费透明度指数（0—8）	7
登记财产（排名）	**88**
登记财产前沿距离分数（0—100）	63.85
办理手续（项）	7
办理时间（天）	26.5
费用（占财产价值的百分比）	10.1
土地管理系统质量指数（0—30）	25.5

经合组织高收入国家	
前沿距离总分（0—100）	69.01
获得信贷（排名）	**173**
获得信贷前沿距离分数（0—100）	15.00
合法权利力度指数（0—12）	3
信贷信息深度指数（0—8）	0
信用局覆盖率	0.0
信贷登记机构覆盖率（占成年人口的百分比）	0.0
✓ **保护少数投资者（排名）**	**119**
保护少数投资者前沿距离分数（0—100）	48.33
信息披露指数（0—10）	6
董事责任指数（0—10）	5
股东诉讼便利度指数（0—10）	4
股东权利指数（0—10）	5
所有权和管理控制指数（0—10）	2
公司透明度指数（0—10）	7
纳税（排名）	**21**
纳税前沿距离分数（0—100）	87.37
纳税次数（次/年）	23
所需时间（小时/年）	55
总税率和强制性派款率（占利润的百分比）	20.5
报税后流程指标（0—100）	83.75

人均国民收入（美元）	76660
人口	582972
跨境贸易（排名）	**1**
跨境贸易前沿距离分数（0—100）	100.00
出口所需时间	
单证合规时间（小时）	1
边界合规时间（小时）	0
出口费用	
单证合规费用（美元）	0
边界合规费用（美元）	0
进口所需时间	
单证合规时间（小时）	1
边界合规时间（小时）	0
进口费用	
单证合规费用（美元）	0
边界合规费用（美元）	0
执行合同（排名）	**14**
执行合同前沿距离分数（0—100）	73.32
时间（天）	321
费用（占索赔额的百分比）	9.7
司法程序质量指数（0—18）	8.5
办理破产（排名）	**86**
办理破产前沿距离分数（0—100）	45.42
时间（年）	2.0
费用（占资产价值的百分比）	14.5
债务回收率（美分/美元）	43.8
破产框架力度指数（0—16）	7.0

马其顿共和国

营商环境便利度排名（1—190）	11
开办企业（排名）	22
开办企业前沿距离分数（0—100）	93.94
办理手续（项）	4
办理时间（天）	7
费用（占人均收入的百分比）	0.1
最低实缴资本（占人均收入的百分比）	0.0
办理施工许可证（排名）	26
办理施工许可证前沿距离分数（0—100）	78.01
办理手续（项）	11
办理时间（天）	96
费用（占库房价值的百分比）	6.1
建筑质量控制指数（0—15）	13.0
获得电力（排名）	53
获得电力前沿距离分数（0—100）	81.42
办理手续（项）	3
办理时间（天）	97
费用（占人均收入的百分比）	200.1
供电可靠性和电费透明度指数（0—8）	5
登记财产（排名）	48
登记财产前沿距离分数（0—100）	74.49
办理手续（项）	7
办理时间（天）	30
费用（占财产价值的百分比）	3.2
土地管理系统质量指数（0—30）	25.0

欧洲和中亚

前沿距离总分（0—100）	81.18
获得信贷（排名）	12
获得信贷前沿距离分数（0—100）	85.00
合法权利力度指数（0—12）	10
信贷信息深度指数（0—8）	7
信用局覆盖率	100.0
信贷登记机构覆盖率（占成年人口的百分比）	39.7
保护少数投资者（排名）	4
保护少数投资者前沿距离分数（0—100）	80.00
信息披露指数（0—10）	10
董事责任指数（0—10）	9
股东诉讼便利度指数（0—10）	5
股东权利指数（0—10）	8
所有权和管理控制指数（0—10）	7
公司透明度指数（0—10）	9
纳税（排名）	29
纳税前沿距离分数（0—100）	84.72
纳税次数（次/年）	7
所需时间（小时/年）	119
总税率和强制性派款率（占利润的百分比）	13.0
报税后流程指标（0—100）	56.36

人均国民收入（美元） 4980
人口 2081206

跨境贸易（排名）	27
跨境贸易前沿距离分数（0—100）	93.87
出口所需时间	
单证合规时间（小时）	2
边界合规时间（小时）	9
出口费用	
单证合规费用（美元）	45
边界合规费用（美元）	103
进口所需时间	
单证合规时间（小时）	3
边界合规时间（小时）	8
进口费用	
单证合规费用（美元）	50
边界合规费用（美元）	150
执行合同（排名）	35
执行合同前沿距离分数（0—100）	67.79
时间（天）	634
费用（占索赔额的百分比）	28.8
司法程序质量指数（0—18）	14.0
办理破产（排名）	30
办理破产前沿距离分数（0—100）	72.54
时间（年）	1.5
费用（占资产价值的百分比）	10.0
债务回收率（美分/美元）	47.7
破产框架力度指数（0—16）	15.0

马达加斯加

营商环境便利度排名（1—190）	162
✓ 开办企业（排名）	76
开办企业前沿距离分数（0—100）	87.76
办理手续（项）	5
办理时间（天）	8
费用（占人均收入的百分比）	35.8
最低实缴资本（占人均收入的百分比）	0.0
办理施工许可证（排名）	183
办理施工许可证前沿距离分数（0—100）	35.88
办理手续（项）	16
办理时间（天）	185
费用（占库房价值的百分比）	54.5
建筑质量控制指数（0—15）	5.0
获得电力（排名）	184
获得电力前沿距离分数（0—100）	21.07
办理手续（项）	6
办理时间（天）	450
费用（占人均收入的百分比）	5322.0
供电可靠性和电费透明度指数（0—8）	0
登记财产（排名）	161
登记财产前沿距离分数（0—100）	44.63
办理手续（项）	6
办理时间（天）	100
费用（占财产价值的百分比）	9.1
土地管理系统质量指数（0—30）	8.5

撒哈拉以南非洲

前沿距离总分（0—100）	47.67
✓ 获得信贷（排名）	133
获得信贷前沿距离分数（0—100）	35.00
合法权利力度指数（0—12）	2
信贷信息深度指数（0—8）	5
信用局覆盖率	0.0
信贷登记机构覆盖率（占成年人口的百分比）	5.1
保护少数投资者（排名）	96
保护少数投资者前沿距离分数（0—100）	51.67
信息披露指数（0—10）	7
董事责任指数（0—10）	6
股东诉讼便利度指数（0—10）	5
股东权利指数（0—10）	4
所有权和管理控制指数（0—10）	5
公司透明度指数（0—10）	4
纳税（排名）	131
纳税前沿距离分数（0—100）	62.70
纳税次数（次/年）	23
所需时间（小时/年）	183
总税率和强制性派款率（占利润的百分比）	38.1
报税后流程指标（0—100）	21.84

人均国民收入（美元） 400
人口 24894551

跨境贸易（排名）	134
跨境贸易前沿距离分数（0—100）	60.95
出口所需时间	
单证合规时间（小时）	49
边界合规时间（小时）	70
出口费用	
单证合规费用（美元）	117
边界合规费用（美元）	868
进口所需时间	
单证合规时间（小时）	58
边界合规时间（小时）	99
进口费用	
单证合规费用（美元）	150
边界合规费用（美元）	595
执行合同（排名）	158
执行合同前沿距离分数（0—100）	42.85
时间（天）	871
费用（占索赔额的百分比）	33.6
司法程序质量指数（0—18）	5.0
办理破产（排名）	133
办理破产前沿距离分数（0—100）	34.24
时间（年）	
费用（占资产价值的百分比）	8.5
债务回收率（美分/美元）	11.4
破产框架力度指数（0—16）	9.0

马拉维		撒哈拉以南非洲		人均国民收入（美元）	320
营商环境便利度排名（1—190）	110	前沿距离总分（0—100）	58.94	人口	18091575
开办企业（排名）	152	获得信贷（排名）	6	跨境贸易（排名）	117
开办企业前沿距离分数（0—100）	76.43	获得信贷前沿距离分数（0—100）	90.00	跨境贸易前沿距离分数（0—100）	65.29
办理手续（项）	7	合法权利力度指数（0—12）	11	出口所需时间	
办理时间（天）	37	信贷信息深度指数（0—8）	7	单证合规时间（小时）	75
费用（占人均收入的百分比）	44.6	信用局覆盖率	23.5	边界合规时间（小时）	78
最低实缴资本（占人均收入的百分比）	0.0	信贷登记机构覆盖率（占成年人口的百分比）	0.0	出口费用	
				单证合规费用（美元）	342
办理施工许可证（排名）	144	保护少数投资者（排名）	96	边界合规费用（美元）	243
办理施工许可证前沿距离分数（0—100）	59.22	保护少数投资者前沿距离分数（0—100）	51.67	进口所需时间	
办理手续（项）	13	信息披露指数（0—10）	4	单证合规时间（小时）	55
办理时间（天）	153	董事责任指数（0—10）	7	边界合规时间（小时）	55
费用（占库房价值的百分比）	11.6	股东诉讼便利度指数（0—10）	7	进口费用	
建筑质量控制指数（0—15）	9.5	股东权利指数（0—10）	7	单证合规费用（美元）	162
		所有权和管理控制指数（0—10）	2	边界合规费用（美元）	143
获得电力（排名）	166	公司透明度指数（0—10）	4		
获得电力前沿距离分数（0—100）	43.43			执行合同（排名）	151
办理手续（项）	6	纳税（排名）	134	执行合同前沿距离分数（0—100）	45.55
办理时间（天）	127	纳税前沿距离分数（0—100）	62.10	时间（天）	522
费用（占人均收入的百分比）	2341.6	纳税次数（次/年）	35	费用（占索赔额的百分比）	69.1
供电可靠性和电费透明度指数（0—8）	0	所需时间（小时/年）	177.5	司法程序质量指数（0—18）	8.5
		总税率和强制性派款率（占利润的百分比）	34.5		
登记财产（排名）	96	报税后流程指标（0—100）	33.41	办理破产（排名）	138
登记财产前沿距离分数（0—100）	62.45			办理破产前沿距离分数（0—100）	33.28
办理手续（项）	6			时间（年）	2.6
办理时间（天）	69			费用（占资产价值的百分比）	25.0
费用（占财产价值的百分比）	1.6			债务回收率（美分/美元）	12.5
土地管理系统质量指数（0—30）	10.5			破产框架力度指数（0—16）	8.5

马来西亚		东亚和太平洋地区		人均国民收入（美元）	9850
营商环境便利度排名（1—190）	24	前沿距离总分（0—100）	78.43	人口	31187265
开办企业（排名）	111	获得信贷（排名）	20	跨境贸易（排名）	61
开办企业前沿距离分数（0—100）	83.78	获得信贷前沿距离分数（0—100）	80.00	跨境贸易前沿距离分数（0—100）	82.75
办理手续（项）	8.5	合法权利力度指数（0—12）	8	出口所需时间	
办理时间（天）	18.5	信贷信息深度指数（0—8）	8	单证合规时间（小时）	10
费用（占人均收入的百分比）	5.4	信用局覆盖率	82.6	边界合规时间（小时）	45
最低实缴资本（占人均收入的百分比）	0.0	信贷登记机构覆盖率（占成年人口的百分比）	63.6	出口费用	
				单证合规费用（美元）	45
办理施工许可证（排名）	11	保护少数投资者（排名）	4	边界合规费用（美元）	321
办理施工许可证前沿距离分数（0—100）	82.19	保护少数投资者前沿距离分数（0—100）	80.00	进口所需时间	
办理手续（项）	14	信息披露指数（0—10）	10	单证合规时间（小时）	10
办理时间（天）	78	董事责任指数（0—10）	9	边界合规时间（小时）	69
费用（占库房价值的百分比）	1.4	股东诉讼便利度指数（0—10）	7	进口费用	
建筑质量控制指数（0—15）	13.0	股东权利指数（0—10）	8	单证合规费用（美元）	60
		所有权和管理控制指数（0—10）	6	边界合规费用（美元）	321
获得电力（排名）	8	公司透明度指数（0—10）	8		
获得电力前沿距离分数（0—100）	94.33			执行合同（排名）	44
办理手续（项）	4	纳税（排名）	73	执行合同前沿距离分数（0—100）	66.61
办理时间（天）	31	纳税前沿距离分数（0—100）	76.07	时间（天）	425
费用（占人均收入的百分比）	28.0	纳税次数（次/年）	8	费用（占索赔额的百分比）	37.3
供电可靠性和电费透明度指数（0—8）	8	所需时间（小时/年）	188	司法程序质量指数（0—18）	12.0
		总税率和强制性派款率（占利润的百分比）	39.2		
登记财产（排名）	42	报税后流程指标（0—100）	52.65	办理破产（排名）	46
登记财产前沿距离分数（0—100）	76.06			办理破产前沿距离分数（0—100）	62.51
办理手续（项）	8			时间（年）	1.0
办理时间（天）	13			费用（占资产价值的百分比）	10.0
费用（占财产价值的百分比）	3.5			债务回收率（美分/美元）	81.3
土地管理系统质量指数（0—30）	27.5			破产框架力度指数（0—16）	6.0

马尔代夫

营商环境便利度排名（1—190）	136
开办企业（排名）	68
开办企业前沿距离分数（0—100）	89.06
办理手续（项）	6
办理时间（天）	12
费用（占人均收入的百分比）	4.7
最低实缴资本（占人均收入的百分比）	1.7
办理施工许可证（排名）	54
办理施工许可证前沿距离分数（0—100）	72.87
办理手续（项）	10
办理时间（天）	140
费用（占库房价值的百分比）	0.5
建筑质量控制指数（0—15）	7.0
获得电力（排名）	143
获得电力前沿距离分数（0—100）	53.69
办理手续（项）	6
办理时间（天）	91
费用（占人均收入的百分比）	283.5
供电可靠性和电费透明度指数（0—8）	0
登记财产（排名）	174
登记财产前沿距离分数（0—100）	39.97
办理手续（项）	6
办理时间（天）	57
费用（占财产价值的百分比）	15.8
土地管理系统质量指数（0—30）	8.5

南亚

前沿距离总分（0—100）	54.42
获得信贷（排名）	133
获得信贷前沿距离分数（0—100）	35.00
合法权利力度指数（0—12）	2
信贷信息深度指数（0—8）	5
信用局覆盖率	0.0
信贷登记机构覆盖率（占成年人口的百分比）	18.8
保护少数投资者（排名）	132
保护少数投资者前沿距离分数（0—100）	43.33
信息披露指数（0—10）	0
董事责任指数（0—10）	8
股东诉讼便利度指数（0—10）	8
股东权利指数（0—10）	5
所有权和管理控制指数（0—10）	1
公司透明度指数（0—10）	4
纳税（排名）	118
纳税前沿距离分数（0—100）	66.08
纳税次数（次/年）	17
所需时间（小时/年）	390.5
总税率和强制性派款率（占利润的百分比）	30.2
报税后流程指标（0—100）	46.10

人均国民收入（美元） 7430
人口 417492

跨境贸易（排名）	152
跨境贸易前沿距离分数（0—100）	55.87
出口所需时间	
单证合规时间（小时）	48
边界合规时间（小时）	42
出口费用	
单证合规费用（美元）	300
边界合规费用（美元）	596
进口所需时间	
单证合规时间（小时）	61
边界合规时间（小时）	100
进口费用	
单证合规费用（美元）	180
边界合规费用（美元）	981
执行合同（排名）	106
执行合同前沿距离分数（0—100）	55.07
时间（天）	760
费用（占索赔额的百分比）	16.5
司法程序质量指数（0—18）	6.5
办理破产（排名）	139
办理破产前沿距离分数（0—100）	33.26
时间（年）	1.5
费用（占资产价值的百分比）	4.0
债务回收率（美分/美元）	50.2
破产框架力度指数（0—16）	2.0

马里

营商环境便利度排名（1—190）	143
开办企业（排名）	104
开办企业前沿距离分数（0—100）	84.46
办理手续（项）	5
办理时间（天）	8.5
费用（占人均收入的百分比）	58.4
最低实缴资本（占人均收入的百分比）	5.6
办理施工许可证（排名）	134
办理施工许可证前沿距离分数（0—100）	61.36
办理手续（项）	13
办理时间（天）	124
费用（占库房价值的百分比）	6.2
建筑质量控制指数（0—15）	5.5
获得电力（排名）	154
获得电力前沿距离分数（0—100）	51.12
办理手续（项）	4
办理时间（天）	120
费用（占人均收入的百分比）	2794.6
供电可靠性和电费透明度指数（0—8）	0
登记财产（排名）	137
登记财产前沿距离分数（0—100）	51.43
办理手续（项）	5
办理时间（天）	29
费用（占财产价值的百分比）	11.1
土地管理系统质量指数（0—30）	8.0

撒哈拉以南非洲

前沿距离总分（0—100）	52.92
获得信贷（排名）	142
获得信贷前沿距离分数（0—100）	30.00
合法权利力度指数（0—12）	6
信贷信息深度指数（0—8）	0
信用局覆盖率	0.8
信贷登记机构覆盖率（占成年人口的百分比）	0.1
保护少数投资者（排名）	146
保护少数投资者前沿距离分数（0—100）	40.00
信息披露指数（0—10）	7
董事责任指数（0—10）	1
股东诉讼便利度指数（0—10）	5
股东权利指数（0—10）	4
所有权和管理控制指数（0—10）	3
公司透明度指数（0—10）	4
纳税（排名）	166
纳税前沿距离分数（0—100）	51.55
纳税次数（次/年）	35
所需时间（小时/年）	270
总税率和强制性派款率（占利润的百分比）	48.3
报税后流程指标（0—100）	25.71

人均国民收入（美元） 750
人口 17994837

跨境贸易（排名）	85
跨境贸易前沿距离分数（0—100）	73.30
出口所需时间	
单证合规时间（小时）	48
边界合规时间（小时）	48
出口费用	
单证合规费用（美元）	33
边界合规费用（美元）	242
进口所需时间	
单证合规时间（小时）	77
边界合规时间（小时）	98
进口费用	
单证合规费用（美元）	90
边界合规费用（美元）	545
执行合同（排名）	159
执行合同前沿距离分数（0—100）	42.80
时间（天）	620
费用（占索赔额的百分比）	52.0
司法程序质量指数（0—18）	5.0
办理破产（排名）	94
办理破产前沿距离分数（0—100）	43.22
时间（年）	3.6
费用（占资产价值的百分比）	18.0
债务回收率（美分/美元）	28.0
破产框架力度指数（0—16）	9.0

马耳他		中东和北非		人均国民收入（美元）	24140
营商环境便利度排名（1—190）	84	前沿距离总分（0—100）	64.72	人口	436947
✓ 开办企业（排名）	102	获得信贷（排名）	142	跨境贸易（排名）	41
开办企业前沿距离分数（0—100）	84.83	获得信贷前沿距离分数（0—100）	30.00	跨境贸易前沿距离分数（0—100）	91.01
办理手续（项）	8	合法权利力度指数（0—12）	2	出口所需时间	
办理时间（天）	16	信贷信息深度指数（0—8）	4	单证合规时间（小时）	3
费用（占人均收入的百分比）	7.3	信用局覆盖率	0.0	边界合规时间（小时）	24
最低实缴资本（占人均收入的百分比）	1.1	信贷登记机构覆盖率（占成年人口的百分比）	53.6	出口费用	
				单证合规费用（美元）	25
办理施工许可证（排名）	45	保护少数投资者（排名）	51	边界合规费用（美元）	325
办理施工许可证前沿距离分数（0—100）	73.86	保护少数投资者前沿距离分数（0—100）	61.67	进口所需时间	
办理手续（项）	15	信息披露指数（0—10）	3	单证合规时间（小时）	1
办理时间（天）	167	董事责任指数（0—10）	6	边界合规时间（小时）	2
费用（占库房价值的百分比）	2.1	股东诉讼便利度指数（0—10）	8	进口费用	
建筑质量控制指数（0—15）	13.0	股东权利指数（0—10）	7	单证合规费用（美元）	0
		所有权和管理控制指数（0—10）	4	边界合规费用（美元）	230
获得电力（排名）	78	公司透明度指数（0—10）	9		
获得电力前沿距离分数（0—100）	75.16			执行合同（排名）	37
办理手续（项）	5	纳税（排名）	71	执行合同前沿距离分数（0—100）	67.57
办理时间（天）	106	纳税前沿距离分数（0—100）	76.19	时间（天）	505
费用（占人均收入的百分比）	222.5	纳税次数（次/年）	8	费用（占索赔额的百分比）	21.5
供电可靠性和电费透明度指数（0—8）	6	所需时间（小时/年）	139	司法程序质量指数（0—18）	10.5
		总税率和强制性派款率（占利润的百分比）	43.9		
登记财产（排名）	147	报税后流程指标（0—100）	52.51	办理破产（排名）	117
登记财产前沿距离分数（0—100）	48.86			办理破产前沿距离分数（0—100）	38.07
办理手续（项）	7			时间（年）	3.0
办理时间（天）	15			费用（占资产价值的百分比）	10.0
费用（占财产价值的百分比）	13.4			债务回收率（美分/美元）	38.8
土地管理系统质量指数（0—30）	12.5			破产框架力度指数（0—16）	5.5

马绍尔群岛		东亚和太平洋地区		人均国民收入（美元）	4450
营商环境便利度排名（1—190）	149	前沿距离总分（0—100）	51.45	人口	53066
开办企业（排名）	72	获得信贷（排名）	90	跨境贸易（排名）	67
开办企业前沿距离分数（0—100）	88.49	获得信贷前沿距离分数（0—100）	50.00	跨境贸易前沿距离分数（0—100）	80.59
办理手续（项）	5	合法权利力度指数（0—12）	10	出口所需时间	
办理时间（天）	17	信贷信息深度指数（0—8）	0	单证合规时间（小时）	24
费用（占人均收入的百分比）	11.9	信用局覆盖率	0.0	边界合规时间（小时）	60
最低实缴资本（占人均收入的百分比）	0.0	信贷登记机构覆盖率（占成年人口的百分比）	0.0	出口费用	
				单证合规费用（美元）	20
办理施工许可证（排名）	71	保护少数投资者（排名）	177	边界合规费用（美元）	220
办理施工许可证前沿距离分数（0—100）	70.93	保护少数投资者前沿距离分数（0—100）	26.67	进口所需时间	
办理手续（项）	7	信息披露指数（0—10）	2	单证合规时间（小时）	60
办理时间（天）	38	董事责任指数（0—10）	0	边界合规时间（小时）	84
费用（占库房价值的百分比）	2.3	股东诉讼便利度指数（0—10）	8	进口费用	
建筑质量控制指数（0—15）	1.0	股东权利指数（0—10）	3	单证合规费用（美元）	43
		所有权和管理控制指数（0—10）	1	边界合规费用（美元）	220
获得电力（排名）	126	公司透明度指数（0—10）	2		
获得电力前沿距离分数（0—100）	59.26			执行合同（排名）	99
办理手续（项）	5	纳税（排名）	83	执行合同前沿距离分数（0—100）	55.93
办理时间（天）	67	纳税前沿距离分数（0—100）	73.45	时间（天）	616
费用（占人均收入的百分比）	675.4	纳税次数（次/年）	9	费用（占索赔额的百分比）	32.1
供电可靠性和电费透明度指数（0—8）	0	所需时间（小时/年）	120	司法程序质量指数（0—18）	8.0
		总税率和强制性派款率（占利润的百分比）	64.8		
登记财产（排名）	187	报税后流程指标（0—100）	不适用	办理破产（排名）	167
登记财产前沿距离分数（0—100）	0.00			办理破产前沿距离分数（0—100）	9.19
办理手续（项）	无实践			时间（年）	2.0
办理时间（天）	无实践			费用（占资产价值的百分比）	38.0
费用（占财产价值的百分比）	无实践			债务回收率（美分/美元）	17.1
土地管理系统质量指数（0—30）	0.0			破产框架力度指数（0—16）	0.0

毛里塔尼亚		撒哈拉以南非洲		人均国民收入（美元）	1120
营商环境便利度排名（1—190）	150	前沿距离总分（0—100）	50.88	人口	4301018
✓ 开办企业（排名）	43	获得信贷（排名）	159	✓ 跨境贸易（排名）	138
开办企业前沿距离分数（0—100）	91.80	获得信贷前沿距离分数（0—100）	25.00	跨境贸易前沿距离分数（0—100）	60.30
办理手续（项）	4	合法权利力度指数（0—12）	2	出口所需时间	
办理时间（天）	6	信贷信息深度指数（0—8）	3	单证合规时间（小时）	51
费用（占人均收入的百分比）	19.3	信用局覆盖率	0.0	边界合规时间（小时）	62
最低实缴资本（占人均收入的百分比）	0.0	信贷登记机构覆盖率（占成年人口的百分比）	7.1	出口费用	
				单证合规费用（美元）	92
办理施工许可证（排名）	109	保护少数投资者（排名）	108	边界合规费用（美元）	749
办理施工许可证前沿距离分数（0—100）	66.03	保护少数投资者前沿距离分数（0—100）	50.00	进口所需时间	
办理手续（项）	13	信息披露指数（0—10）	6	单证合规时间（小时）	64
办理时间（天）	104	董事责任指数（0—10）	3	边界合规时间（小时）	69
费用（占库房价值的百分比）	4.3	股东诉讼便利度指数（0—10）	7	进口费用	
建筑质量控制指数（0—15）	6.0	股东权利指数（0—10）	5	单证合规费用（美元）	400
		所有权和管理控制指数（0—10）	5	边界合规费用（美元）	580
获得电力（排名）	148	公司透明度指数（0—10）	4		
获得电力前沿距离分数（0—100）	53.31			执行合同（排名）	65
办理手续（项）	5	纳税（排名）	179	执行合同前沿距离分数（0—100）	60.43
办理时间（天）	67	纳税前沿距离分数（0—100）	40.71	时间（天）	370
费用（占人均收入的百分比）	4628.4	纳税次数（次/年）	33	费用（占索赔额的百分比）	23.2
供电可靠性和电费透明度指数（0—8）	2	所需时间（小时/年）	270	司法程序质量指数（0—18）	5.0
		总税率和强制性派款率（占利润的百分比）	71.3		
✓ 登记财产（排名）	98	报税后流程指标（0—100）	17.20	办理破产（排名）	168
登记财产前沿距离分数（0—100）	61.25			办理破产前沿距离分数（0—100）	0.00
办理手续（项）	4			时间（年）	无实践
办理时间（天）	49			费用（占资产价值的百分比）	无实践
费用（占财产价值的百分比）	4.6			债务回收率（美分/美元）	0.0
土地管理系统质量指数（0—30）	7.0			破产框架力度指数（0—16）	0.0

毛里求斯		撒哈拉以南非洲		人均国民收入（美元）	9760
营商环境便利度排名（1—190）	25	前沿距离总分（0—100）	77.54	人口	1263473
✓ 开办企业（排名）	40	获得信贷（排名）	55	✓ 跨境贸易（排名）	70
开办企业前沿距离分数（0—100）	92.00	获得信贷前沿距离分数（0—100）	65.00	跨境贸易前沿距离分数（0—100）	79.90
办理手续（项）	5.5	合法权利力度指数（0—12）	6	出口所需时间	
办理时间（天）	5.5	信贷信息深度指数（0—8）	7	单证合规时间（小时）	9
费用（占人均收入的百分比）	1.0	信用局覆盖率	0.0	边界合规时间（小时）	38
最低实缴资本（占人均收入的百分比）	0.0	信贷登记机构覆盖率（占成年人口的百分比）	86.1	出口费用	
				单证合规费用（美元）	128
✓ 办理施工许可证（排名）	9	保护少数投资者（排名）	33	边界合规费用（美元）	303
办理施工许可证前沿距离分数（0—100）	82.45	保护投资者前沿距离分数（0—100）	66.67	进口所需时间	
办理手续（项）	15	信息披露指数（0—10）	6	单证合规时间（小时）	9
办理时间（天）	98	董事责任指数（0—10）	8	边界合规时间（小时）	41
费用（占库房价值的百分比）	0.6	股东诉讼便利度指数（0—10）	9	进口费用	
建筑质量控制指数（0—15）	14.0	股东权利指数（0—10）	7	单证合规费用（美元）	166
		所有权和管理控制指数（0—10）	3	边界合规费用（美元）	372
获得电力（排名）	51	公司透明度指数（0—10）	7		
获得电力前沿距离分数（0—100）	82.03			执行合同（排名）	27
办理手续（项）	4	纳税（排名）	10	执行合同前沿距离分数（0—100）	69.58
办理时间（天）	81	纳税前沿距离分数（0—100）	90.85	时间（天）	519
费用（占人均收入的百分比）	229.4	纳税次数（次/年）	8	费用（占索赔额的百分比）	25.0
供电可靠性和电费透明度指数（0—8）	6	所需时间（小时/年）	152	司法程序质量指数（0—18）	12.5
		总税率和强制性派款率（占利润的百分比）	21.9		
✓ 登记财产（排名）	35	报税后流程指标（0—100）	87.65	办理破产（排名）	36
登记财产前沿距离分数（0—100）	77.89			办理破产前沿距离分数（0—100）	69.06
办理手续（项）	5			时间（年）	1.7
办理时间（天）	17			费用（占资产价值的百分比）	14.5
费用（占财产价值的百分比）	0.6			债务回收率（美分/美元）	67.4
土地管理系统质量指数（0—30）	17.0			破产框架力度指数（0—16）	10.5

墨西哥		拉丁美洲和加勒比地区		人均国民收入（美元）	9040
营商环境便利度排名（1—190）	49	前沿距离总分（0—100）	72.27	人口	127540423
开办企业（排名）	90	**获得信贷（排名）**	6	**跨境贸易（排名）**	63
开办企业前沿距离分数（0—100）	85.84	获得信贷前沿距离分数（0—100）	90.00	跨境贸易前沿距离分数（0—100）	82.09
办理手续（项）	7.8	合法权利力度指数（0—12）	10	出口所需时间	
办理时间（天）	8.4	信贷信息深度指数（0—8）	8	单证合规时间（小时）	8
费用（占人均收入的百分比）	17.0	信用局覆盖率	100.0	边界合规时间（小时）	20.4
最低实缴资本（占人均收入的百分比）	0.0	信贷登记机构覆盖率（占成年人口的百分比）	0.0	出口费用	
办理施工许可证（排名）	87	**保护少数投资者（排名）**	62	单证合规费用（美元）	60
办理施工许可证前沿距离分数（0—100）	68.28	保护少数投资者前沿距离分数（0—100）	58.33	边界合规费用（美元）	400
办理手续（项）	14.7	信息披露指数（0—10）	8	进口所需时间	
办理时间（天）	82.3	董事责任指数（0—10）	5	单证合规时间（小时）	17.6
费用（占库房价值的百分比）	9.9	股东诉讼便利度指数（0—10）	5	边界合规时间（小时）	44.2
建筑质量控制指数（0—15）	11.7	股东权利指数（0—10）	7	进口费用	
		所有权和管理控制指数（0—10）	6	单证合规费用（美元）	100
获得电力（排名）	92	公司透明度指数（0—10）	4	边界合规费用（美元）	450
获得电力前沿距离分数（0—100）	70.99				
办理手续（项）	6.8	**纳税（排名）**	115	**执行合同（排名）**	41
办理时间（天）	100.4	纳税前沿距离分数（0—100）	67.01	执行合同前沿距离分数（0—100）	67.01
费用（占人均收入的百分比）	314.3	纳税次数（次/年）	6	时间（天）	341
供电可靠性和电费透明度指数（0—8）	7	所需时间（小时/年）	240.5	费用（占索赔额的百分比）	33.0
		总税率和强制性派款率（占利润的百分比）	52.1	司法程序质量指数（0—18）	10.1
登记财产（排名）	99	报税后流程指标（0—100）	40.51	**办理破产（排名）**	31
登记财产前沿距离分数（0—100）	60.81			办理破产前沿距离分数（0—100）	72.31
办理手续（项）	7.7			时间（年）	1.8
办理时间（天）	38.8			费用（占资产价值的百分比）	18.0
费用（占财产价值的百分比）	5.6			债务回收率（美分/美元）	67.6
土地管理系统质量指数（0—30）	16.3			破产框架力度指数（0—16）	11.5

密克罗尼西亚联邦		东亚和太平洋地区		人均国民收入（美元）	1120
营商环境便利度排名（1—190）	150	前沿距离总分（0—100）	50.88	人口	4301018
开办企业（排名）	43	**获得信贷（排名）**	159	**跨境贸易（排名）**	138
开办企业前沿距离分数（0—100）	91.80	获得信贷前沿距离分数（0—100）	25.00	跨境贸易前沿距离分数（0—100）	60.30
办理手续（项）	4	合法权利力度指数（0—12）	2	出口所需时间	
办理时间（天）	6	信贷信息深度指数（0—8）	3	单证合规时间（小时）	51
费用（占人均收入的百分比）	19.3	信用局覆盖率	0.0	边界合规时间（小时）	62
最低实缴资本（占人均收入的百分比）	0.0	信贷登记机构覆盖率（占成年人口的百分比）	7.1	出口费用	
办理施工许可证（排名）	109	**保护少数投资者（排名）**	108	单证合规费用（美元）	92
办理施工许可证前沿距离分数（0—100）	66.03	保护少数投资者前沿距离分数（0—100）	50.00	边界合规费用（美元）	749
办理手续（项）	13	信息披露指数（0—10）	6	进口所需时间	
办理时间（天）	104	董事责任指数（0—10）	3	单证合规时间（小时）	64
费用（占库房价值的百分比）	4.3	股东诉讼便利度指数（0—10）	7	边界合规时间（小时）	69
建筑质量控制指数（0—15）	6.0	股东权利指数（0—10）	5	进口费用	
		所有权和管理控制指数（0—10）	5	单证合规费用（美元）	400
获得电力（排名）	148	公司透明度指数（0—10）	4	边界合规费用（美元）	580
获得电力前沿距离分数（0—100）	53.31				
办理手续（项）	5	**纳税（排名）**	179	**执行合同（排名）**	65
办理时间（天）	67	纳税前沿距离分数（0—100）	40.71	执行合同前沿距离分数（0—100）	60.43
费用（占人均收入的百分比）	4628.4	纳税次数（次/年）	33	时间（天）	370
供电可靠性和电费透明度指数（0—8）	2	所需时间（小时/年）	270	费用（占索赔额的百分比）	23.2
		总税率和强制性派款率（占利润的百分比）	71.3	司法程序质量指数（0—18）	5.0
登记财产（排名）	98	报税后流程指标（0—100）	17.20	**办理破产（排名）**	168
登记财产前沿距离分数（0—100）	61.25			办理破产前沿距离分数（0—100）	0.00
办理手续（项）	4			时间（年）	无实践
办理时间（天）	49			费用（占资产价值的百分比）	无实践
费用（占财产价值的百分比）	4.6			债务回收率（美分/美元）	0.0
土地管理系统质量指数（0—30）	7.0			破产框架力度指数（0—16）	0.0

摩尔多瓦		欧洲和中亚		人均国民收入（美元）	9760
营商环境便利度排名（1—190）	25	前沿距离总分（0—100）	77.54	人口	1263473
✓ 开办企业（排名）	40	获得信贷（排名）	55	跨境贸易（排名）	70
开办企业前沿距离分数（0—100）	92.00	获得信贷前沿距离分数（0—100）	65.00	跨境贸易前沿距离分数（0—100）	79.90
办理手续（项）	5.5	合法权利力度指数（0—12）	6	出口所需时间	
办理时间（天）	5.5	信贷信息深度指数（0—8）	7	单证合规时间（小时）	9
费用（占人均收入的百分比）	1.0	信用局覆盖率	0.0	边界合规时间（小时）	38
最低实缴资本（占人均收入的百分比）	0.0	信贷登记机构覆盖率（占成年人口的百分比）	86.1	出口费用	
				单证合规费用（美元）	128
办理施工许可证（排名）	9	保护少数投资者（排名）	33	边界合规费用（美元）	303
办理施工许可证前沿距离分数（0—100）	82.45	保护少数投资者前沿距离分数（0—100）	66.67	进口所需时间	
办理手续（项）	15	信息披露指数（0—10）	6	单证合规时间（小时）	9
办理时间（天）	98	董事责任指数（0—10）	8	边界合规时间（小时）	41
费用（占库房价值的百分比）	0.6	股东诉讼便利度指数（0—10）	9	进口费用	
建筑质量控制指数（0—15）	14.0	股东权利指数（0—10）	7	单证合规费用（美元）	166
		所有权和管理控制指数（0—10）	3	边界合规费用（美元）	372
获得电力（排名）	51	公司透明度指数（0—10）	7		
获得电力前沿距离分数（0—100）	82.03			执行合同（排名）	27
办理手续（项）	4	纳税（排名）	10	执行合同前沿距离分数（0—100）	69.58
办理时间（天）	81	纳税前沿距离分数（0—100）	90.85	时间（天）	519
费用（占人均收入的百分比）	229.4	纳税次数（次/年）	8	费用（占索赔额的百分比）	25.0
供电可靠性和电费透明度指数（0—8）	6	所需时间（小时/年）	152	司法程序质量指数（0—18）	12.5
		总税率和强制性派款率（占利润的百分比）	21.9		
登记财产（排名）	35	报税后流程指标（0—100）	87.65	办理破产（排名）	36
登记财产前沿距离分数（0—100）	77.89			办理破产前沿距离分数（0—100）	69.06
办理手续（项）	5			时间（年）	1.7
办理时间（天）	17			费用（占资产价值的百分比）	14.5
费用（占财产价值的百分比）	0.6			债务回收率（美分/美元）	67.4
土地管理系统质量指数（0—30）	17.0			破产框架力度指数（0—16）	10.5

蒙古		东亚和太平洋地区		人均国民收入（美元）	9040
营商环境便利度排名（1—190）	49	前沿距离总分（0—100）	72.27	人口	127540423
开办企业（排名）	90	✓ 获得信贷（排名）	6	跨境贸易（排名）	63
开办企业前沿距离分数（0—100）	85.84	获得信贷前沿距离分数（0—100）	90.00	跨境贸易前沿距离分数（0—100）	82.09
办理手续（项）	7.8	合法权利力度指数（0—12）	10	出口所需时间	
办理时间（天）	8.4	信贷信息深度指数（0—8）	8	单证合规时间（小时）	8
费用（占人均收入的百分比）	17.0	信用局覆盖率	100.0	边界合规时间（小时）	20.4
最低实缴资本（占人均收入的百分比）	0.0	信贷登记机构覆盖率（占成年人口的百分比）	0.0	出口费用	
				单证合规费用（美元）	60
办理施工许可证（排名）	87	保护少数投资者（排名）	62	边界合规费用（美元）	400
办理施工许可证前沿距离分数（0—100）	68.28	保护少数投资者前沿距离分数（0—100）	58.33	进口所需时间	
办理手续（项）	14.7	信息披露指数（0—10）	8	单证合规时间（小时）	17.6
办理时间（天）	82.3	董事责任指数（0—10）	5	边界合规时间（小时）	44.2
费用（占库房价值的百分比）	9.9	股东诉讼便利度指数（0—10）	5	进口费用	
建筑质量控制指数（0—15）	11.7	股东权利指数（0—10）	7	单证合规费用（美元）	100
		所有权和管理控制指数（0—10）	6	边界合规费用（美元）	450
获得电力（排名）	92	公司透明度指数（0—10）	4		
获得电力前沿距离分数（0—100）	70.99			执行合同（排名）	41
办理手续（项）	6.8 ×	纳税（排名）	115	执行合同前沿距离分数（0—100）	67.01
办理时间（天）	100.4	纳税前沿距离分数（0—100）	67.01	时间（天）	341
费用（占人均收入的百分比）	314.3	纳税次数（次/年）	6	费用（占索赔额的百分比）	33.0
供电可靠性和电费透明度指数（0—8）	7	所需时间（小时/年）	240.5	司法程序质量指数（0—18）	10.1
		总税率和强制性派款率（占利润的百分比）	52.1		
登记财产（排名）	99	报税后流程指标（0—100）	40.51	办理破产（排名）	31
登记财产前沿距离分数（0—100）	60.81			办理破产前沿距离分数（0—100）	72.31
办理手续（项）	7.7			时间（年）	1.8
办理时间（天）	38.8			费用（占资产价值的百分比）	18.0
费用（占财产价值的百分比）	5.6			债务回收率（美分/美元）	67.6
土地管理系统质量指数（0—30）	16.3			破产框架力度指数（0—16）	11.5

黑山		欧洲和中亚		人均国民收入（美元）	6970
营商环境便利度排名（1—190）	42	前沿距离总分（0—100）	73.18	人口	622781
开办企业（排名）	60	获得信贷（排名）	12	跨境贸易（排名）	44
开办企业前沿距离分数（0—100）	90.07	获得信贷前沿距离分数（0—100）	85.00	跨境贸易前沿距离分数（0—100）	88.75
办理手续（项）	6	合法权利力度指数（0—12）	12	出口所需时间	
办理时间（天）	10	信贷信息深度指数（0—8）	5	单证合规时间（小时）	5
费用（占人均收入的百分比）	1.5	信用局覆盖率	0.0	边界合规时间（小时）	8
最低实缴资本（占人均收入的百分比）	0.0	信贷登记机构覆盖率（占成年人口的百分比）	31.6	出口费用	
				单证合规费用（美元）	67
办理施工许可证（排名）	78	保护少数投资者（排名）	51	边界合规费用（美元）	158
办理施工许可证前沿距离分数（0—100）	69.30	保护少数投资者前沿距离分数（0—100）	61.67	进口所需时间	
办理手续（项）	8	信息披露指数（0—10）	5	单证合规时间（小时）	10
办理时间（天）	152	董事责任指数（0—10）	8	边界合规时间（小时）	23
费用（占库房价值的百分比）	10.9	股东诉讼便利度指数（0—10）	6	进口费用	
建筑质量控制指数（0—15）	12.0	股东权利指数（0—10）	6	单证合规费用（美元）	100
		所有权和管理控制指数（0—10）	3	边界合规费用（美元）	306
✓ 获得电力（排名）	127	公司透明度指数（0—10）	9		
获得电力前沿距离分数（0—100）	59.17			执行合同（排名）	42
办理手续（项）	7	纳税（排名）	70	执行合同前沿距离分数（0—100）	66.75
办理时间（天）	142	纳税前沿距离分数（0—100）	76.67	时间（天）	545
费用（占人均收入的百分比）	425.6	纳税次数（次/年）	18	费用（占索赔额的百分比）	25.7
供电可靠性和电费透明度指数（0—8）	5	所需时间（小时/年）	300	司法程序质量指数（0—18）	11.5
		总税率和强制性派款率（占利润的百分比）	22.1		
登记财产（排名）	76	报税后流程指标（0—100）	70.49	办理破产（排名）	37
登记财产前沿距离分数（0—100）	65.76			办理破产前沿距离分数（0—100）	68.70
办理手续（项）	6			时间（年）	1.4
办理时间（天）	69			费用（占资产价值的百分比）	8.0
费用（占财产价值的百分比）	3.2			债务回收率（美分/美元）	49.3
土地管理系统质量指数（0—30）	17.5			破产框架力度指数（0—16）	13.5

摩洛哥		中东和北非		人均国民收入（美元）	2850
营商环境便利度排名（1—190）	69	前沿距离总分（0—100）	67.91	人口	35276786
✓ 开办企业（排名）	35	获得信贷（排名）	105	跨境贸易（排名）	65
开办企业前沿距离分数（0—100）	92.46	获得信贷前沿距离分数（0—100）	45.00	跨境贸易前沿距离分数（0—100）	81.12
办理手续（项）	4	合法权利力度指数（0—12）	2	出口所需时间	
办理时间（天）	9	信贷信息深度指数（0—8）	7	单证合规时间（小时）	26
费用（占人均收入的百分比）	8.0	信用局覆盖率	25.0	边界合规时间（小时）	19
最低实缴资本（占人均收入的百分比）	0.0	信贷登记机构覆盖率（占成年人口的百分比）	0.0	出口费用	
				单证合规费用（美元）	107
办理施工许可证（排名）	17	保护少数投资者（排名）	62	边界合规费用（美元）	156
办理施工许可证前沿距离分数（0—100）	79.73	保护少数投资者前沿距离分数（0—100）	58.33	进口所需时间	
办理手续（项）	13	信息披露指数（0—10）	9	单证合规时间（小时）	26
办理时间（天）	88.5	董事责任指数（0—10）	2	边界合规时间（小时）	106
费用（占库房价值的百分比）	3.5	股东诉讼便利度指数（0—10）	6	进口费用	
建筑质量控制指数（0—15）	13.0	股东权利指数（0—10）	6	单证合规费用（美元）	116
		所有权和管理控制指数（0—10）	5	边界合规费用（美元）	228
获得电力（排名）	72	公司透明度指数（0—10）	7		
获得电力前沿距离分数（0—100）	76.52			执行合同（排名）	57
办理手续（项）	5	✓ 纳税（排名）	25	执行合同前沿距离分数（0—100）	61.85
办理时间（天）	49	纳税前沿距离分数（0—100）	85.72	时间（天）	510
费用（占人均收入的百分比）	1791.6	纳税次数（次/年）	6	费用（占索赔额的百分比）	26.5
供电可靠性和电费透明度指数（0—8）	6	所需时间（小时/年）	155	司法程序质量指数（0—18）	8.5
		总税率和强制性派款率（占利润的百分比）	49.8		
✗ 登记财产（排名）	86	报税后流程指标（0—100）	98.62	办理破产（排名）	134
登记财产前沿距离分数（0—100）	64.35			办理破产前沿距离分数（0—100）	34.03
办理手续（项）	6			时间（年）	3.5
办理时间（天）	22			费用（占资产价值的百分比）	18.0
费用（占财产价值的百分比）	6.4			债务回收率（美分/美元）	28.4
土地管理系统质量指数（0—30）	15.5			破产框架力度指数（0—16）	6.0

莫桑比克		撒哈拉以南非洲		人均国民收入（美元）	480
营商环境便利度排名（1—190）	138	前沿距离总分（0—100）	54.00	人口	28829476
开办企业（排名）	137	获得信贷（排名）	159 ✓	跨境贸易（排名）	109
开办企业前沿距离分数（0—100）	79.86	获得信贷前沿距离分数（0—100）	25.00	跨境贸易前沿距离分数（0—100）	67.25
办理手续（项）	10	合法权利力度指数（0—12）	1	出口所需时间	
办理时间（天）	19	信贷信息深度指数（0—8）	4	单证合规时间（小时）	70
费用（占人均收入的百分比）	18.1	信用局覆盖率	0.0	边界合规时间（小时）	66
最低实缴资本（占人均收入的百分比）	0.0	信贷登记机构覆盖率（占成年人口的百分比）	7.4	出口费用	
				单证合规费用（美元）	220
办理施工许可证（排名）	56	保护少数投资者（排名）	138	边界合规费用（美元）	602
办理施工许可证前沿距离分数（0—100）	72.80	保护少数投资者前沿距离分数（0—100）	41.67	进口所需时间	
办理手续（项）	11	信息披露指数（0—10）	5	单证合规时间（小时）	24
办理时间（天）	118	董事责任指数（0—10）	4	边界合规时间（小时）	14
费用（占库房价值的百分比）	6.3	股东诉讼便利度指数（0—10）	7	进口费用	
建筑质量控制指数（0—15）	11.0	股东权利指数（0—10）	6	单证合规费用（美元）	171
		所有权和管理控制指数（0—10）	2	边界合规费用（美元）	354
✓ 获得电力（排名）	150	公司透明度指数（0—10）	1		
获得电力前沿距离分数（0—100）	52.54			执行合同（排名）	184
办理手续（项）	5	纳税（排名）	117	执行合同前沿距离分数（0—100）	27.32
办理时间（天）	68	纳税前沿距离分数（0—100）	66.13	时间（天）	950
费用（占人均收入的百分比）	2817.3	纳税次数（次/年）	37	费用（占索赔额的百分比）	119.0
供电可靠性和电费透明度指数（0—8）	0	所需时间（小时/年）	200	司法程序质量指数（0—18）	9.0
		总税率和强制性派款率（占利润的百分比）	36.1		
登记财产（排名）	104	报税后流程指标（0—100）	58.56	办理破产（排名）	75
登记财产前沿距离分数（0—100）	59.27			办理破产前沿距离分数（0—100）	48.20
办理手续（项）	6			时间（年）	1.5
办理时间（天）	40			费用（占资产价值的百分比）	20.5
费用（占财产价值的百分比）	5.1			债务回收率（美分/美元）	31.5
土地管理系统质量指数（0—30）	9.5			破产框架力度指数（0—16）	10.0

缅甸		东亚和太平洋地区		人均国民收入（美元）	1315
营商环境便利度排名（1—190）	171	前沿距离总分（0—100）	44.21	人口	52885223
开办企业（排名）	155 ✓	获得信贷（排名）	177	跨境贸易（排名）	163
开办企业前沿距离分数（0—100）	75.42	获得信贷前沿距离分数（0—100）	10.00	跨境贸易前沿距离分数（0—100）	47.67
办理手续（项）	12	合法权利力度指数（0—12）	2	出口所需时间	
办理时间（天）	14	信贷信息深度指数（0—8）	0	单证合规时间（小时）	144
费用（占人均收入的百分比）	40.1	信用局覆盖率	0.0	边界合规时间（小时）	142
最低实缴资本（占人均收入的百分比）	0.0	信贷登记机构覆盖率（占成年人口的百分比）	0.0	出口费用	
				单证合规费用（美元）	140
办理施工许可证（排名）	73	保护少数投资者（排名）	183	边界合规费用（美元）	432
办理施工许可证前沿距离分数（0—100）	70.33	保护少数投资者前沿距离分数（0—100）	25.00	进口所需时间	
办理手续（项）	15	信息披露指数（0—10）	3	单证合规时间（小时）	48
办理时间（天）	95	董事责任指数（0—10）	0	边界合规时间（小时）	230
费用（占库房价值的百分比）	3.8	股东诉讼便利度指数（0—10）	3	进口费用	
建筑质量控制指数（0—15）	9.0	股东权利指数（0—10）	5	单证合规费用（美元）	210
		所有权和管理控制指数（0—10）	1	边界合规费用（美元）	457
获得电力（排名）	151	公司透明度指数（0—10）	3		
获得电力前沿距离分数（0—100）	52.52			执行合同（排名）	188
办理手续（项）	6	纳税（排名）	125	执行合同前沿距离分数（0—100）	24.53
办理时间（天）	77	纳税前沿距离分数（0—100）	63.94	时间（天）	1160
费用（占人均收入的百分比）	1155.3	纳税次数（次/年）	31	费用（占索赔额的百分比）	51.5
供电可靠性和电费透明度指数（0—8）	0	所需时间（小时/年）	282	司法程序质量指数（0—18）	3.0
		总税率和强制性派款率（占利润的百分比）	31.2		
✓ 登记财产（排名）	134	报税后流程指标（0—100）	45.54	办理破产（排名）	164
登记财产前沿距离分数（0—100）	52.30			办理破产前沿距离分数（0—100）	20.39
办理手续（项）	6			时间（年）	5.0
办理时间（天）	85			费用（占资产价值的百分比）	18.0
费用（占财产价值的百分比）	4.1			债务回收率（美分/美元）	14.7
土地管理系统质量指数（0—30）	5.5			破产框架力度指数（0—16）	4.0

纳米比亚		撒哈拉以南非洲		人均国民收入（美元）	4620
营商环境便利度排名（1—190）	106	前沿距离总分（0—100）	59.94	人口	2479713
开办企业（排名）	172	获得信贷（排名）	68	跨境贸易（排名）	132
开办企业前沿距离分数（0—100）	68.90	获得信贷前沿距离分数（0—100）	60.00	跨境贸易前沿距离分数（0—100）	61.47
办理手续（项）	10	合法权利力度指数（0—12）	5	出口所需时间	
办理时间（天）	66	信贷信息深度指数（0—8）	7	单证合规时间（小时）	90
费用（占人均收入的百分比）	11.3	信用局覆盖率	61.0	边界合规时间（小时）	120
最低实缴资本（占人均收入的百分比）	0.0	信贷登记机构覆盖率（占成年人口的百分比）	0.0	出口费用	
				单证合规费用（美元）	348
办理施工许可证（排名）	107	保护少数投资者（排名）	89	边界合规费用（美元）	745
办理施工许可证前沿距离分数（0—100）	66.10	保护少数投资者前沿距离分数（0—100）	53.33	进口所需时间	
办理手续（项）	12	信息披露指数（0—10）	5	单证合规时间（小时）	3
办理时间（天）	160	董事责任指数（0—10）	5	边界合规时间（小时）	6
费用（占库房价值的百分比）	2.5	股东诉讼便利度指数（0—10）	7	进口费用	
建筑质量控制指数（0—15）	6.5	股东权利指数（0—10）	4	单证合规费用（美元）	63
		所有权和管理控制指数（0—10）	3	边界合规费用（美元）	145
获得电力（排名）	68	公司透明度指数（0—10）	8		
获得电力前沿距离分数（0—100）	78.12			√ 执行合同（排名）	59
办理手续（项）	6	纳税（排名）	79	执行合同前沿距离分数（0—100）	61.58
办理时间（天）	37	纳税前沿距离分数（0—100）	74.52	时间（天）	460
费用（占人均收入的百分比）	343.7	纳税次数（次/年）	27	费用（占索赔额的百分比）	35.8
供电可靠性和电费透明度指数（0—8）	6	所需时间（小时/年）	302	司法程序质量指数（0—18）	9.5
		总税率和强制性派款率（占利润的百分比）	20.7		
登记财产（排名）	175	报税后流程指标（0—100）	77.17	办理破产（排名）	123
登记财产前沿距离分数（0—100）	38.35			办理破产前沿距离分数（0—100）	37.04
办理手续（项）	8			时间（年）	2.5
办理时间（天）	52			费用（占资产价值的百分比）	14.5
费用（占财产价值的百分比）	13.8			债务回收率（美分/美元）	34.0
土地管理系统质量指数（0—30）	8.5			破产框架力度指数（0—16）	6.0

尼泊尔		南亚		人均国民收入（美元）	730
营商环境便利度排名（1—190）	105	前沿距离总分（0—100）	59.95	人口	28982771
开办企业（排名）	109 √	获得信贷（排名）	90	跨境贸易（排名）	76
开办企业前沿距离分数（0—100）	84.04	获得信贷前沿距离分数（0—100）	50.00	跨境贸易前沿距离分数（0—100）	77.17
办理手续（项）	7	合法权利力度指数（0—12）	10	出口所需时间	
办理时间（天）	16.5	信贷信息深度指数（0—8）	0	单证合规时间（小时）	43
费用（占人均收入的百分比）	24.9	信用局覆盖率	1.7	边界合规时间（小时）	56
最低实缴资本（占人均收入的百分比）	0.0	信贷登记机构覆盖率（占成年人口的百分比）	0.0	出口费用	
				单证合规费用（美元）	110
办理施工许可证（排名）	157 √	保护少数投资者（排名）	62	边界合规费用（美元）	288
办理施工许可证前沿距离分数（0—100）	55.74	保护少数投资者前沿距离分数（0—100）	58.33	进口所需时间	
办理手续（项）	12	信息披露指数（0—10）	6	单证合规时间（小时）	48
办理时间（天）	117	董事责任指数（0—10）	1	边界合规时间（小时）	61
费用（占库房价值的百分比）	16.6	股东诉讼便利度指数（0—10）	9	进口费用	
建筑质量控制指数（0—15）	9.0	股东权利指数（0—10）	7	单证合规费用（美元）	80
		所有权和管理控制指数（0—10）	6	边界合规费用（美元）	190
获得电力（排名）	133	公司透明度指数（0—10）	6		
获得电力前沿距离分数（0—100）	57.95			执行合同（排名）	153
办理手续（项）	5	纳税（排名）	146	执行合同前沿距离分数（0—100）	45.26
办理时间（天）	70	纳税前沿距离分数（0—100）	58.01	时间（天）	910
费用（占人均收入的百分比）	993.7	纳税次数（次/年）	34	费用（占索赔额的百分比）	26.8
供电可靠性和电费透明度指数（0—8）	0	所需时间（小时/年）	339	司法程序质量指数（0—18）	5.5
		总税率和强制性派款率（占利润的百分比）	29.6		
登记财产（排名）	84	报税后流程指标（0—100）	33.35	办理破产（排名）	76
登记财产前沿距离分数（0—100）	64.82			办理破产前沿距离分数（0—100）	48.15
办理手续（项）	4			时间（年）	2.0
办理时间（天）	6			费用（占资产价值的百分比）	9.0
费用（占财产价值的百分比）	4.8			债务回收率（美分/美元）	43.0
土地管理系统质量指数（0—30）	5.5			破产框架力度指数（0—16）	8.0

荷兰		经合组织高收入国家		人均国民收入（美元）	46310
营商环境便利度排名（1—190）	32	前沿距离总分（0—100）	76.03	人口	17018408
开办企业（排名）	**20**	**获得信贷（排名）**	**105**	**跨境贸易（排名）**	**1**
开办企业前沿距离分数（0—100）	94.28	获得信贷前沿距离分数（0—100）	45.00	跨境贸易前沿距离分数（0—100）	100.00
办理手续（项）	4	合法权利力度指数（0—12）	2	出口所需时间	
办理时间（天）	3.5	信贷信息深度指数（0—8）	7	单证合规时间（小时）	1
费用（占人均收入的百分比）	4.4	信用局覆盖率	95.2	边界合规时间（小时）	0
最低实缴资本（占人均收入的百分比）	0.0	信贷登记机构覆盖率（占成年人口的百分比）	0.0	出口费用	
				单证合规费用（美元）	0
办理施工许可证（排名）	**76**	**保护少数投资者（排名）**	**62**	边界合规费用（美元）	0
办理施工许可证前沿距离分数（0—100）	69.33	保护少数投资者前沿距离分数（0—100）	58.33	进口所需时间	
办理手续（项）	13	信息披露指数（0—10）	4	单证合规时间（小时）	1
办理时间（天）	161	董事责任指数（0—10）	4	边界合规时间（小时）	0
费用（占库房价值的百分比）	3.7	股东诉讼便利度指数（0—10）	6	进口费用	
建筑质量控制指数（0—15）	10.0	股东权利指数（0—10）	6	单证合规费用（美元）	0
		所有权和管理控制指数（0—10）	7	边界合规费用（美元）	0
获得电力（排名）	**52**	公司透明度指数（0—10）	8		
获得电力前沿距离分数（0—100）	81.58			**执行合同（排名）**	**69**
办理手续（项）	5	**纳税（排名）**	**20**	执行合同前沿距离分数（0—100）	59.94
办理时间（天）	110	纳税前沿距离分数（0—100）	87.59	时间（天）	514
费用（占人均收入的百分比）	29.5	纳税次数（次/年）	9	费用（占索赔额的百分比）	23.9
供电可靠性和电费透明度指数（0—8）	8	所需时间（小时/年）	119	司法程序质量指数（0—18）	7.0
		总税率和强制性派款率（占利润的百分比）	40.7		
登记财产（排名）	**30**	报税后流程指标（0—100）	91.95	**办理破产（排名）**	**8**
登记财产前沿距离分数（0—100）	80.04			办理破产前沿距离分数（0—100）	84.22
办理手续（项）	5			时间（年）	1.1
办理时间（天）	2.5			费用（占资产价值的百分比）	3.5
费用（占财产价值的百分比）	6.1			债务回收率（美分/美元）	89.7
土地管理系统质量指数（0—30）	28.5			破产框架力度指数（0—16）	11.5

新西兰		经合组织高收入国家		人均国民收入（美元）	39070
营商环境便利度排名（1—190）	1	前沿距离总分（0—100）	86.55	人口	4692700
开办企业（排名）	**1**	**获得信贷（排名）**	**1**	**跨境贸易（排名）**	**56**
开办企业前沿距离分数（0—100）	99.96	获得信贷前沿距离分数（0—100）	100.00	跨境贸易前沿距离分数（0—100）	84.63
办理手续（项）	1	合法权利力度指数（0—12）	12	出口所需时间	
办理时间（天）	0.5	信贷信息深度指数（0—8）	8	单证合规时间（小时）	3
费用（占人均收入的百分比）	0.3	信用局覆盖率	100.0	边界合规时间（小时）	37
最低实缴资本（占人均收入的百分比）	0.0	信贷登记机构覆盖率（占成年人口的百分比）	0.0	出口费用	
				单证合规费用（美元）	67
办理施工许可证（排名）	**3**	**保护少数投资者（排名）**	**2**	边界合规费用（美元）	337
办理施工许可证前沿距离分数（0—100）	86.36	保护少数投资者前沿距离分数（0—100）	81.67	进口所需时间	
办理手续（项）	11	信息披露指数（0—10）	10	单证合规时间（小时）	1
办理时间（天）	93	董事责任指数（0—10）	9	边界合规时间（小时）	25
费用（占库房价值的百分比）	2.3	股东诉讼便利度指数（0—10）	9	进口费用	
建筑质量控制指数（0—15）	15.0	股东权利指数（0—10）	7	单证合规费用（美元）	80
		所有权和管理控制指数（0—10）	7	边界合规费用（美元）	367
获得电力（排名）	**37**	公司透明度指数（0—10）	7		
获得电力前沿距离分数（0—100）	83.97			**执行合同（排名）**	**21**
办理手续（项）	5	**纳税（排名）**	**9**	执行合同前沿距离分数（0—100）	71.48
办理时间（天）	58	纳税前沿距离分数（0—100）	91.08	时间（天）	216
费用（占人均收入的百分比）	72.4	纳税次数（次/年）	7	费用（占索赔额的百分比）	27.2
供电可靠性和电费透明度指数（0—8）	7	所需时间（小时/年）	140	司法程序质量指数（0—18）	9.5
		总税率和强制性派款率（占利润的百分比）	34.5		
登记财产（排名）	**1**	报税后流程指标（0—100）	96.90	**办理破产（排名）**	**32**
登记财产前沿距离分数（0—100）	94.47			办理破产前沿距离分数（0—100）	71.85
办理手续（项）	2			时间（年）	1.3
办理时间（天）	1			费用（占资产价值的百分比）	3.5
费用（占财产价值的百分比）	0.1			债务回收率（美分/美元）	84.2
土地管理系统质量指数（0—30）	26.0			破产框架力度指数（0—16）	8.5

尼加拉瓜		拉丁美洲和加勒比地区		人均国民收入（美元）	2050
营商环境便利度排名（1—190）	131	前沿距离总分（0—100）	55.39	人口	6149928
开办企业（排名）	138	获得信贷（排名）	105	跨境贸易（排名）	74
开办企业前沿距离分数（0—100）	79.61	获得信贷前沿距离分数（0—100）	45.00	跨境贸易前沿距离分数（0—100）	78.99
办理手续（项）	7	合法权利力度指数（0—12）	1	出口所需时间	
办理时间（天）	14	信贷信息深度指数（0—8）	8	单证合规时间（小时）	48
费用（占人均收入的百分比）	65.4	信用局覆盖率	55.9	边界合规时间（小时）	60
最低实缴资本（占人均收入的百分比）	0.0	信贷登记机构覆盖率（占成年人口的百分比）	20.4	出口费用	
				单证合规费用（美元）	47
办理施工许可证（排名）	174	保护少数投资者（排名）	167	边界合规费用（美元）	150
办理施工许可证前沿距离分数（0—100）	45.82	保护少数投资者前沿距离分数（0—100）	35.00	进口所需时间	
办理手续（项）	18	信息披露指数（0—10）	1	单证合规时间（小时）	16
办理时间（天）	225	董事责任指数（0—10）	5	边界合规时间（小时）	72
费用（占库房价值的百分比）	6.1	股东诉讼便利度指数（0—10）	6	进口费用	
建筑质量控制指数（0—15）	3.5	股东权利指数（0—10）	4	单证合规费用（美元）	86
		所有权和管理控制指数（0—10）	1	边界合规费用（美元）	400
获得电力（排名）	100	公司透明度指数（0—10）	4		
获得电力前沿距离分数（0—100）	68.33			✓ 执行合同（排名）	87
办理手续（项）	6	纳税（排名）	159	执行合同前沿距离分数（0—100）	58.58
办理时间（天）	55	纳税前沿距离分数（0—100）	52.86	时间（天）	490
费用（占人均收入的百分比）	856.5	纳税次数（次/年）	43	费用（占索赔额的百分比）	26.8
供电可靠性和电费透明度指数（0—8）	4	所需时间（小时/年）	201	司法程序质量指数（0—18）	6.5
		总税率和强制性派款率（占利润的百分比）	60.2		
登记财产（排名）	148	报税后流程指标（0—100）	52.55	办理破产（排名）	102
登记财产前沿距离分数（0—100）	48.85			办理破产前沿距离分数（0—100）	40.89
办理手续（项）	9			时间（年）	2.2
办理时间（天）	56			费用（占资产价值的百分比）	14.5
费用（占财产价值的百分比）	5.0			债务回收率（美分/美元）	35.3
土地管理系统质量指数（0—30）	6.5			破产框架力度指数（0—16）	7.0

尼日尔		撒哈拉以南非洲		人均国民收入（美元）	370
营商环境便利度排名（1—190）	144	前沿距离总分（0—100）	52.34	人口	20672987
✓ 开办企业（排名）	24	获得信贷（排名）	142	跨境贸易（排名）	122
开办企业前沿距离分数（0—100）	93.65	获得信贷前沿距离分数（0—100）	30.00	跨境贸易前沿距离分数（0—100）	63.61
办理手续（项）	3	合法权利力度指数（0—12）	6	出口所需时间	
办理时间（天）	7	信贷信息深度指数（0—8）	0	单证合规时间（小时）	51
费用（占人均收入的百分比）	8.3	信用局覆盖率	0.2	边界合规时间（小时）	48
最低实缴资本（占人均收入的百分比）	11.8	信贷登记机构覆盖率（占成年人口的百分比）	0.3	出口费用	
				单证合规费用（美元）	39
✓ 办理施工许可证（排名）	164	保护少数投资者（排名）	146	边界合规费用（美元）	543
办理施工许可证前沿距离分数（0—100）	53.70	保护少数投资者前沿距离分数（0—100）	40.00	进口所需时间	
办理手续（项）	15	信息披露指数（0—10）	7	单证合规时间（小时）	156
办理时间（天）	91	董事责任指数（0—10）	1	边界合规时间（小时）	78
费用（占库房价值的百分比）	13.3	股东诉讼便利度指数（0—10）	5	进口费用	
建筑质量控制指数（0—15）	6.0	股东权利指数（0—10）	4	单证合规费用（美元）	282
		所有权和管理控制指数（0—10）	3	边界合规费用（美元）	462
✓ 获得电力（排名）	162	公司透明度指数（0—10）	4		
获得电力前沿距离分数（0—100）	44.86			执行合同（排名）	137
办理手续（项）	4	纳税（排名）	160	执行合同前沿距离分数（0—100）	48.70
办理时间（天）	97	纳税前沿距离分数（0—100）	52.49	时间（天）	430
费用（占人均收入的百分比）	5632.6	纳税次数（次/年）	41	费用（占索赔额的百分比）	52.6
供电可靠性和电费透明度指数（0—8）	0	所需时间（小时/年）	270	司法程序质量指数（0—18）	5.5
		总税率和强制性派款率（占利润的百分比）	47.3		
✓ 登记财产（排名）	116	报税后流程指标（0—100）	38.02	办理破产（排名）	112
登记财产前沿距离分数（0—100）	57.15			办理破产前沿距离分数（0—100）	39.19
办理手续（项）	4			时间（年）	5.0
办理时间（天）	35			费用（占资产价值的百分比）	18.0
费用（占财产价值的百分比）	6.5			债务回收率（美分/美元）	20.6
土地管理系统质量指数（0—30）	4.0			破产框架力度指数（0—16）	9.0

尼日利亚 | 撒哈拉以南非洲 | 人均国民收入（美元） 2450

营商环境便利度排名（1—190） 145   前沿距离总分（0—100） 52.03   人口 185989640

指标	值	指标	值	指标	值
✓ 开办企业（排名）	130	✓ 获得信贷（排名）	6	跨境贸易（排名）	183
开办企业前沿距离分数（0—100）	80.80	获得信贷前沿距离分数（0—100）	90.00	跨境贸易前沿距离分数（0—100）	19.93
办理手续（项）	8.5	合法权利力度指数（0—12）	10	出口所需时间	
办理时间（天）	18.9	信贷信息深度指数（0—8）	8	单证合规时间（小时）	131.4
费用（占人均收入的百分比）	28.8	信用局覆盖率	7.8	边界合规时间（小时）	135.4
最低实缴资本（占人均收入的百分比）	0.0	信贷登记机构覆盖率（占成年人口的百分比）	0.1	出口费用	
				单证合规费用（美元）	250
✓ 办理施工许可证（排名）	147	保护少数投资者（排名）	33	边界合规费用（美元）	785.7
办理施工许可证前沿距离分数（0—100）	58.81	保护少数投资者前沿距离分数（0—100）	66.67	进口所需时间	
办理手续（项）	15.1	信息披露指数（0—10）	7	单证合规时间（小时）	172.7
办理时间（天）	110.3	董事责任指数（0—10）	7	边界合规时间（小时）	283.7
费用（占库房价值的百分比）	18.5	股东诉讼便利度指数（0—10）	7	进口费用	
建筑质量控制指数（0—15）	11.8	股东权利指数（0—10）	5	单证合规费用（美元）	564.3
		所有权和管理控制指数（0—10）	5	边界合规费用（美元）	1076.8
获得电力（排名）	172	公司透明度指数（0—10）	9		
获得电力前沿距离分数（0—100）	34.68			执行合同（排名）	96
办理手续（项）	9.8	✓ 纳税（排名）	171	执行合同前沿距离分数（0—100）	56.32
办理时间（天）	149.4	纳税前沿距离分数（0—100）	48.44	时间（天）	454
费用（占人均收入的百分比）	334.8	纳税次数（次/年）	59	费用（占索赔额的百分比）	42.3
供电可靠性和电费透明度指数（0—8）	0	所需时间（小时/年）	360.4	司法程序质量指数（0—18）	7.9
		总税率和强制性派款率（占利润的百分比）	34.8		
✓ 登记财产（排名）	179	报税后流程指标（0—100）	47.48	办理破产（排名）	145
登记财产前沿距离分数（0—100）	34.08			办理破产前沿距离分数（0—100）	30.60
办理手续（项）	11.3			时间（年）	2.0
办理时间（天）	68.9			费用（占资产价值的百分比）	22.0
费用（占财产价值的百分比）	10.5			债务回收率（美分/美元）	27.8
土地管理系统质量指数（0—30）	7.4			破产框架力度指数（0—16）	5.0

挪威 | 经合组织高收入国家 | 人均国民收入（美元） 82330

营商环境便利度排名（1—190） 8   前沿距离总分（0—100） 82.16   人口 5232929

指标	值	指标	值	指标	值
开办企业（排名）	19	获得信贷（排名）	77	跨境贸易（排名）	22
开办企业前沿距离分数（0—100）	94.30	获得信贷前沿距离分数（0—100）	55.00	跨境贸易前沿距离分数（0—100）	96.97
办理手续（项）	4	合法权利力度指数（0—12）	5	出口所需时间	
办理时间（天）	4	信贷信息深度指数（0—8）	6	单证合规时间（小时）	2
费用（占人均收入的百分比）	0.9	信用局覆盖率	100.0	边界合规时间（小时）	2
最低实缴资本（占人均收入的百分比）	4.8	信贷登记机构覆盖率（占成年人口的百分比）	0.0	出口费用	
				单证合规费用（美元）	0
办理施工许可证（排名）	21	保护少数投资者（排名）	10	边界合规费用（美元）	125
办理施工许可证前沿距离分数（0—100）	78.83	保护少数投资者前沿距离分数（0—100）	75.00	进口所需时间	
办理手续（项）	11	信息披露指数（0—10）	7	单证合规时间（小时）	2
办理时间（天）	110.5	董事责任指数（0—10）	5	边界合规时间（小时）	2
费用（占库房价值的百分比）	0.6	股东诉讼便利度指数（0—10）	8	进口费用	
建筑质量控制指数（0—15）	10.0	股东权利指数（0—10）	7	单证合规费用（美元）	0
		所有权和管理控制指数（0—10）	8	边界合规费用（美元）	125
获得电力（排名）	23	公司透明度指数（0—10）	10		
获得电力前沿距离分数（0—100）	87.46			执行合同（排名）	8
办理手续（项）	4	纳税（排名）	28	执行合同前沿距离分数（0—100）	75.71
办理时间（天）	66	纳税前沿距离分数（0—100）	85.18	时间（天）	400
费用（占人均收入的百分比）	11.4	纳税次数（次/年）	4	费用（占索赔额的百分比）	9.9
供电可靠性和电费透明度指数（0—8）	7	所需时间（小时/年）	83	司法程序质量指数（0—18）	11.0
		总税率和强制性派款率（占利润的百分比）	37.5		
登记财产（排名）	14	报税后流程指标（0—100）	63.69	办理破产（排名）	6
登记财产前沿距离分数（0—100）	87.26			办理破产前沿距离分数（0—100）	85.94
办理手续（项）	1			时间（年）	0.9
办理时间（天）	3			费用（占资产价值的百分比）	1.0
费用（占财产价值的百分比）	2.5			债务回收率（美分/美元）	93.1
土地管理系统质量指数（0—30）	20.0			破产框架力度指数（0—16）	11.5

阿曼		中东和北非		人均国民收入（美元）	15871
营商环境便利度排名（1—190）	71	前沿距离总分（0—100）	67.20	人口	4424762
开办企业（排名）	31	获得信贷（排名）	133 ✓	跨境贸易（排名）	72
开办企业前沿距离分数（0—100）	92.85	获得信贷前沿距离分数（0—100）	35.00	跨境贸易前沿距离分数（0—100）	79.39
办理手续（项）	4.5	合法权利力度指数（0—12）	1	出口所需时间	
办理时间（天）	6.5	信贷信息深度指数（0—8）	6	单证合规时间（小时）	7
费用（占人均收入的百分比）	4.0	信用局覆盖率	0.0	边界合规时间（小时）	52
最低实缴资本（占人均收入的百分比）	0.0	信贷登记机构覆盖率（占成年人口的百分比）	26.7	出口费用	
				单证合规费用（美元）	107
办理施工许可证（排名）	60	保护少数投资者（排名）	124	边界合规费用（美元）	261
办理施工许可证前沿距离分数（0—100）	72.15	保护少数投资者前沿距离分数（0—100）	46.67	进口所需时间	
办理手续（项）	14	信息披露指数（0—10）	8	单证合规时间（小时）	7
办理时间（天）	172	董事责任指数（0—10）	5	边界合规时间（小时）	70
费用（占库房价值的百分比）	1.3	股东诉讼便利度指数（0—10）	3	进口费用	
建筑质量控制指数（0—15）	11.0	股东权利指数（0—10）	4	单证合规费用（美元）	124
		所有权和管理控制指数（0—10）	4	边界合规费用（美元）	394
获得电力（排名）	61	公司透明度指数（0—10）	4		
获得电力前沿距离分数（0—100）	79.35			执行合同（排名）	67
办理手续（项）	6	纳税（排名）	11	执行合同前沿距离分数（0—100）	60.02
办理时间（天）	62	纳税前沿距离分数（0—100）	90.60	时间（天）	598
费用（占人均收入的百分比）	77.7	纳税次数（次/年）	15	费用（占索赔额的百分比）	15.1
供电可靠性和电费透明度指数（0—8）	7	所需时间（小时/年）	68	司法程序质量指数（0—18）	6.5
		总税率和强制性派款率（占利润的百分比）	23.9		
登记财产（排名）	54	报税后流程指标（0—100）	85.32	办理破产（排名）	98
登记财产前沿距离分数（0—100）	73.62			办理破产前沿距离分数（0—100）	42.40
办理手续（项）	2			时间（年）	4.0
办理时间（天）	16			费用（占资产价值的百分比）	3.5
费用（占财产价值的百分比）	5.0			债务回收率（美分/美元）	38.1
土地管理系统质量指数（0—30）	13.0			破产框架力度指数（0—16）	7.0

巴基斯坦		南亚		人均国民收入（美元）	1510
营商环境便利度排名（1—190）	147	前沿距离总分（0—100）	51.65	人口	193203476
✓ 开办企业（排名）	142	获得信贷（排名）	105 ✓	跨境贸易（排名）	171
开办企业前沿距离分数（0—100）	78.61	获得信贷前沿距离分数（0—100）	45.00	跨境贸易前沿距离分数（0—100）	41.94
办理手续（项）	12	合法权利力度指数（0—12）	2	出口所需时间	
办理时间（天）	17.5	信贷信息深度指数（0—8）	7	单证合规时间（小时）	55
费用（占人均收入的百分比）	7.6	信用局覆盖率	6.7	边界合规时间（小时）	75
最低实缴资本（占人均收入的百分比）	0.0	信贷登记机构覆盖率（占成年人口的百分比）	9.9	出口费用	
				单证合规费用（美元）	257
办理施工许可证（排名）	141 ✓	保护少数投资者（排名）	20	边界合规费用（美元）	406
办理施工许可证前沿距离分数（0—100）	59.72	保护少数投资者前沿距离分数（0—100）	71.67	进口所需时间	
办理手续（项）	15	信息披露指数（0—10）	6	单证合规时间（小时）	143
办理时间（天）	262.1	董事责任指数（0—10）	7	边界合规时间（小时）	129.3
费用（占库房价值的百分比）	6.6	股东诉讼便利度指数（0—10）	6	进口费用	
建筑质量控制指数（0—15）	12.0	股东权利指数（0—10）	8	单证合规费用（美元）	735
		所有权和管理控制指数（0—10）	9	边界合规费用（美元）	936.6
获得电力（排名）	167	公司透明度指数（0—10）	7		
获得电力前沿距离分数（0—100）	42.39			执行合同（排名）	156
办理手续（项）	5.4	纳税（排名）	172	执行合同前沿距离分数（0—100）	43.49
办理时间（天）	180.7	纳税前沿距离分数（0—100）	46.43	时间（天）	1071
费用（占人均收入的百分比）	1663.7	纳税次数（次/年）	47	费用（占索赔额的百分比）	20.5
供电可靠性和电费透明度指数（0—8）	0	所需时间（小时/年）	311.5	司法程序质量指数（0—18）	5.7
		总税率和强制性派款率（占利润的百分比）	33.8		
✓ 登记财产（排名）	170	报税后流程指标（0—100）	10.49	办理破产（排名）	82
登记财产前沿距离分数（0—100）	41.41			办理破产前沿距离分数（0—100）	45.83
办理手续（项）	7.7			时间（年）	2.6
办理时间（天）	154.8			费用（占资产价值的百分比）	4.0
费用（占财产价值的百分比）	4.6			债务回收率（美分/美元）	44.5
土地管理系统质量指数（0—30）	7.6			破产框架力度指数（0—16）	7.0

帕劳		东亚和太平洋地区		人均国民收入（美元）	12450
营商环境便利度排名（1—190）	130	前沿距离总分（0—100）	55.58	人口	21503
开办企业（排名）	124	获得信贷（排名）	90	跨境贸易（排名）	133
开办企业前沿距离分数（0—100）	81.96	获得信贷前沿距离分数（0—100）	50.00	跨境贸易前沿距离分数（0—100）	60.98
办理手续（项）	8	合法权利力度指数（0—12）	10	出口所需时间	
办理时间（天）	28	信贷信息深度指数（0—8）	0	单证合规时间（小时）	72
费用（占人均收入的百分比）	2.9	信用局覆盖率	0.0	边界合规时间（小时）	102
最低实缴资本（占人均收入的百分比）	7.7	信贷登记机构覆盖率（占成年人口的百分比）	0.0	出口费用	
				单证合规费用（美元）	100
办理施工许可证（排名）	85	保护少数投资者（排名）	177	边界合规费用（美元）	505
办理施工许可证前沿距离分数（0—100）	68.38	保护少数投资者前沿距离分数（0—100）	26.67	进口所需时间	
办理手续（项）	19	信息披露指数（0—10）	0	单证合规时间（小时）	96
办理时间（天）	72	董事责任指数（0—10）	0	边界合规时间（小时）	84
费用（占库房价值的百分比）	0.8	股东诉讼便利度指数（0—10）	7	进口费用	
建筑质量控制指数（0—15）	7.0	股东权利指数（0—10）	5	单证合规费用（美元）	100
		所有权和管理控制指数（0—10）	2	边界合规费用（美元）	605
获得电力（排名）	140	公司透明度指数（0—10）	2		
获得电力前沿距离分数（0—100）	54.84			执行合同（排名）	126
办理手续（项）	5 ✓	纳税（排名）	107	执行合同前沿距离分数（0—100）	52.21
办理时间（天）	125	纳税前沿距离分数（0—100）	69.22	时间（天）	810
费用（占人均收入的百分比）	64.7	纳税次数（次/年）	11	费用（占索赔额的百分比）	35.3
供电可靠性和电费透明度指数（0—8）	0	所需时间（小时/年）	52	司法程序质量指数（0—18）	9.5
		总税率和强制性派款率（占利润的百分比）	75.5		
登记财产（排名）	43	报税后流程指标（0—100）	不适用	办理破产（排名）	166
登记财产前沿距离分数（0—100）	75.16			办理破产前沿距离分数（0—100）	16.38
办理手续（项）	5			时间（年）	2.0
办理时间（天）	14			费用（占资产价值的百分比）	22.5
费用（占财产价值的百分比）	0.2			债务回收率（美分/美元）	30.4
土地管理系统质量指数（0—30）	12.5			破产框架力度指数（0—16）	0.0

巴拿马		拉丁美洲和加勒比地区		人均国民收入（美元）	12140
营商环境便利度排名（1—190）	79	前沿距离总分（0—100）	65.27	人口	4034119
开办企业（排名）	39	获得信贷（排名）	29	跨境贸易（排名）	54
开办企业前沿距离分数（0—100）	92.02	获得信贷前沿距离分数（0—100）	75.00	跨境贸易前沿距离分数（0—100）	85.47
办理手续（项）	5	合法权利力度指数（0—12）	7	出口所需时间	
办理时间（天）	6	信贷信息深度指数（0—8）	8	单证合规时间（小时）	6
费用（占人均收入的百分比）	5.7	信用局覆盖率	66.8	边界合规时间（小时）	24
最低实缴资本（占人均收入的百分比）	0.0	信贷登记机构覆盖率（占成年人口的百分比）	0.0	出口费用	
				单证合规费用（美元）	60
办理施工许可证（排名）	88	保护少数投资者（排名）	96	边界合规费用（美元）	270
办理施工许可证前沿距离分数（0—100）	68.16	保护少数投资者前沿距离分数（0—100）	51.67	进口所需时间	
办理手续（项）	18	信息披露指数（0—10）	4	单证合规时间（小时）	6
办理时间（天）	105	董事责任指数（0—10）	4	边界合规时间（小时）	24
费用（占库房价值的百分比）	2.5	股东诉讼便利度指数（0—10）	8	进口费用	
建筑质量控制指数（0—15）	9.0	股东权利指数（0—10）	8	单证合规费用（美元）	50
		所有权和管理控制指数（0—10）	1	边界合规费用（美元）	490
获得电力（排名）	18	公司透明度指数（0—10）	6		
获得电力前沿距离分数（0—100）	89.77			执行合同（排名）	148
办理手续（项）	5	纳税（排名）	180	执行合同前沿距离分数（0—100）	46.19
办理时间（天）	35	纳税前沿距离分数（0—100）	39.66	时间（天）	790
费用（占人均收入的百分比）	17.2	纳税次数（次/年）	52	费用（占索赔额的百分比）	38.0
供电可靠性和电费透明度指数（0—8）	8	所需时间（小时/年）	417	司法程序质量指数（0—18）	6.5
		总税率和强制性派款率（占利润的百分比）	37.2		
登记财产（排名）	83	报税后流程指标（0—100）	12.84 ✓	办理破产（排名）	107
登记财产前沿距离分数（0—100）	65.17			办理破产前沿距离分数（0—100）	39.59
办理手续（项）	7			时间（年）	2.5
办理时间（天）	22.5			费用（占资产价值的百分比）	25.0
费用（占财产价值的百分比）	2.4			债务回收率（美分/美元）	27.1
土地管理系统质量指数（0—30）	11.0			破产框架力度指数（0—16）	8.0

巴布亚新几内亚		东亚和太平洋地区		人均国民收入（美元）	2528
营商环境便利度排名（1—190）	109	前沿距离总分（0—100）	59.04	人口	8084991
开办企业（排名）	129	**获得信贷（排名）**	42	**跨境贸易（排名）**	137
开办企业前沿距离分数（0—100）	81.04	获得信贷前沿距离分数（0—100）	70.00	跨境贸易前沿距离分数（0—100）	60.47
办理手续（项）	6	合法权利力度指数（0—12）	9	出口所需时间	
办理时间（天）	41	信贷信息深度指数（0—8）	5	单证合规时间（小时）	96
费用（占人均收入的百分比）	11.5	信用局覆盖率	7.0	边界合规时间（小时）	42
最低实缴资本（占人均收入的百分比）	0.0	信贷登记机构覆盖率（占成年人口的百分比）	0.0	出口费用	
				单证合规费用（美元）	75
办理施工许可证（排名）	117	**保护少数投资者（排名）**	89	边界合规费用（美元）	660
办理施工许可证前沿距离分数（0—100）	64.42	保护少数投资者前沿距离分数（0—100）	53.33	进口所需时间	
办理手续（项）	17	信息披露指数（0—10）	5	单证合规时间（小时）	120
办理时间（天）	217	董事责任指数（0—10）	5	边界合规时间（小时）	72
费用（占库房价值的百分比）	1.2	股东诉讼便利度指数（0—10）	9	进口费用	
建筑质量控制指数（0—15）	10.0	股东权利指数（0—10）	8	单证合规费用（美元）	85
		所有权和管理控制指数（0—10）	2	边界合规费用（美元）	790
获得电力（排名）	107	公司透明度指数（0—10）	3		
获得电力前沿距离分数（0—100）	65.53			**执行合同（排名）**	171
办理手续（项）	4	**纳税（排名）**	91	执行合同前沿距离分数（0—100）	36.21
办理时间（天）	66	纳税前沿距离分数（0—100）	71.71	时间（天）	591
费用（占人均收入的百分比）	27.2	纳税次数（次/年）	32	费用（占索赔额的百分比）	110.3
供电可靠性和电费透明度指数（0—8）	0	所需时间（小时/年）	199	司法程序质量指数（0—18）	8.5
		总税率和强制性派款率（占利润的百分比）	39.3		
登记财产（排名）	122	报税后流程指标（0—100）	77.12	**办理破产（排名）**	141
登记财产前沿距离分数（0—100）	55.38			办理破产前沿距离分数（0—100）	32.31
办理手续（项）	4			时间（年）	3.0
办理时间（天）	72			费用（占资产价值的百分比）	23.0
费用（占财产价值的百分比）	5.2			债务回收率（美分/美元）	25.2
土地管理系统质量指数（0—30）	4.5			破产框架力度指数（0—16）	6.0

巴拉圭		拉丁美洲和加勒比地区		人均国民收入（美元）	4070
营商环境便利度排名（1—190）	108	前沿距离总分（0—100）	59.18	人口	6725308
开办企业（排名）	146	**获得信贷（排名）**	122	**跨境贸易（排名）**	120
开办企业前沿距离分数（0—100）	77.52	获得信贷前沿距离分数（0—100）	40.00	跨境贸易前沿距离分数（0—100）	64.03
办理手续（项）	7	合法权利力度指数（0—12）	1	出口所需时间	
办理时间（天）	35	信贷信息深度指数（0—8）	7	单证合规时间（小时）	24
费用（占人均收入的百分比）	39.9	信用局覆盖率	44.6	边界合规时间（小时）	120
最低实缴资本（占人均收入的百分比）	0.0	信贷登记机构覆盖率（占成年人口的百分比）	25.4	出口费用	
				单证合规费用（美元）	120
办理施工许可证（排名）	72	**保护少数投资者（排名）**	138	边界合规费用（美元）	815
办理施工许可证前沿距离分数（0—100）	70.52	保护少数投资者前沿距离分数（0—100）	41.67	进口所需时间	
办理手续（项）	14	信息披露指数（0—10）	6	单证合规时间（小时）	36
办理时间（天）	121	董事责任指数（0—10）	5	边界合规时间（小时）	48
费用（占库房价值的百分比）	1.6	股东诉讼便利度指数（0—10）	6	进口费用	
建筑质量控制指数（0—15）	8.0	股东权利指数（0—10）	3	单证合规费用（美元）	135
		所有权和管理控制指数（0—10）	3	边界合规费用（美元）	500
获得电力（排名）	104	公司透明度指数（0—10）	2		
获得电力前沿距离分数（0—100）	67.09			**执行合同（排名）**	70
办理手续（项）	5	**纳税（排名）**	127	执行合同前沿距离分数（0—100）	59.77
办理时间（天）	67	纳税前沿距离分数（0—100）	63.73	时间（天）	606
费用（占人均收入的百分比）	161.6	纳税次数（次/年）	20	费用（占索赔额的百分比）	30.0
供电可靠性和电费透明度指数（0—8）	2	所需时间（小时/年）	378	司法程序质量指数（0—18）	9.5
		总税率和强制性派款率（占利润的百分比）	35.0		
登记财产（排名）	75	报税后流程指标（0—100）	46.56	**办理破产（排名）**	100
登记财产前沿距离分数（0—100）	66.12			办理破产前沿距离分数（0—100）	41.32
办理手续（项）	6			时间（年）	3.9
办理时间（天）	46			费用（占资产价值的百分比）	9.0
费用（占财产价值的百分比）	1.8			债务回收率（美分/美元）	21.6
土地管理系统质量指数（0—30）	12.0			破产框架力度指数（0—16）	9.5

秘鲁		拉丁美洲和加勒比地区		人均国民收入（美元）	5950
营商环境便利度排名（1—190）	58	前沿距离总分（0—100）	69.45	人口	31773839
开办企业（排名）	114	获得信贷（排名）	20	跨境贸易（排名）	92
开办企业前沿距离分数（0—100）	83.39	获得信贷前沿距离分数（0—100）	80.00	跨境贸易前沿距离分数（0—100）	71.45
办理手续（项）	7	合法权利力度指数（0—12）	8	出口所需时间	
办理时间（天）	26.5	信贷信息深度指数（0—8）	8	单证合规时间（小时）	48
费用（占人均收入的百分比）	10.0	信用局覆盖率	100.0	边界合规时间（小时）	48
最低实缴资本（占人均收入的百分比）	0.0	信贷登记机构覆盖率（占成年人口的百分比）	37.4	出口费用	
				单证合规费用（美元）	50
办理施工许可证（排名）	61	保护少数投资者（排名）	51	边界合规费用（美元）	460
办理施工许可证前沿距离分数（0—100）	71.90	保护少数投资者前沿距离分数（0—100）	61.67	进口所需时间	
办理手续（项）	15	信息披露指数（0—10）	9	单证合规时间（小时）	72
办理时间（天）	188	董事责任指数（0—10）	6	边界合规时间（小时）	72
费用（占库房价值的百分比）	1.1	股东诉讼便利度指数（0—10）	6	进口费用	
建筑质量控制指数（0—15）	12.0	股东权利指数（0—10）	8	单证合规费用（美元）	80
		所有权和管理控制指数（0—10）	3	边界合规费用（美元）	583
获得电力（排名）	63	公司透明度指数（0—10）	5		
获得电力前沿距离分数（0—100）	79.01			执行合同（排名）	63
办理手续（项）	5	纳税（排名）	121	执行合同前沿距离分数（0—100）	60.70
办理时间（天）	67	纳税前沿距离分数（0—100）	65.81	时间（天）	426
费用（占人均收入的百分比）	349.6	纳税次数（次/年）	9	费用（占索赔额的百分比）	35.7
供电可靠性和电费透明度指数（0—8）	6	所需时间（小时/年）	260	司法程序质量指数（0—18）	8.5
		总税率和强制性派款率（占利润的百分比）	35.6		
登记财产（排名）	44	报税后流程指标（0—100）	19.24	办理破产（排名）	84
登记财产前沿距离分数（0—100）	74.90			办理破产前沿距离分数（0—100）	45.69
办理手续（项）	5			时间（年）	3.1
办理时间（天）	7.5			费用（占资产价值的百分比）	7.0
费用（占财产价值的百分比）	3.3			债务回收率（美分/美元）	29.7
土地管理系统质量指数（0—30）	17.5			破产框架力度指数（0—16）	9.5

菲律宾		东亚和太平洋地区		人均国民收入（美元）	3580
营商环境便利度排名（1—190）	113	前沿距离总分（0—100）	58.74	人口	103320222
开办企业（排名）	173	获得信贷（排名）	142	跨境贸易（排名）	99
开办企业前沿距离分数（0—100）	68.88	获得信贷前沿距离分数（0—100）	30.00	跨境贸易前沿距离分数（0—100）	69.39
办理手续（项）	16	合法权利力度指数（0—12）	1	出口所需时间	
办理时间（天）	28	信贷信息深度指数（0—8）	5	单证合规时间（小时）	72
费用（占人均收入的百分比）	15.8	信用局覆盖率	8.0	边界合规时间（小时）	42
最低实缴资本（占人均收入的百分比）	3.0	信贷登记机构覆盖率（占成年人口的百分比）	0.0	出口费用	
				单证合规费用（美元）	53
办理施工许可证（排名）	101	保护少数投资者（排名）	146	边界合规费用（美元）	456
办理施工许可证前沿距离分数（0—100）	66.84	保护少数投资者前沿距离分数（0—100）	40.00	进口所需时间	
办理手续（项）	23	信息披露指数（0—10）	2	单证合规时间（小时）	96
办理时间（天）	122	董事责任指数（0—10）	3	边界合规时间（小时）	72
费用（占库房价值的百分比）	2.6	股东诉讼便利度指数（0—10）	7	进口费用	
建筑质量控制指数（0—15）	12.0	股东权利指数（0—10）	0	单证合规费用（美元）	50
		所有权和管理控制指数（0—10）	5	边界合规费用（美元）	580
获得电力（排名）	31	公司透明度指数（0—10）	7		
获得电力前沿距离分数（0—100）	84.31			执行合同（排名）	149
办理手续（项）	4	纳税（排名）	105	执行合同前沿距离分数（0—100）	45.96
办理时间（天）	37	纳税前沿距离分数（0—100）	69.27	时间（天）	962
费用（占人均收入的百分比）	25.3	纳税次数（次/年）	20	费用（占索赔额的百分比）	31.0
供电可靠性和电费透明度指数（0—8）	5	所需时间（小时/年）	182	司法程序质量指数（0—18）	7.5
		总税率和强制性派款率（占利润的百分比）	42.9		
登记财产（排名）	114	报税后流程指标（0—100）	50.00	办理破产（排名）	59
登记财产前沿距离分数（0—100）	57.55			办理破产前沿距离分数（0—100）	55.22
办理手续（项）	9			时间（年）	2.7
办理时间（天）	35			费用（占资产价值的百分比）	32.0
费用（占财产价值的百分比）	4.3			债务回收率（美分/美元）	21.3
土地管理系统质量指数（0—30）	12.5			破产框架力度指数（0—16）	14.0

波兰		经合组织高收入国家		人均国民收入（美元）	12680
营商环境便利度排名（1—190）	27	前沿距离总分（0—100）	77.30	人口	37948016
开办企业（排名）	120	获得信贷（排名）	29	跨境贸易（排名）	1
开办企业前沿距离分数（0—100）	82.78	获得信贷前沿距离分数（0—100）	75.00	跨境贸易前沿距离分数（0—100）	100.00
办理手续（项）	5	合法权利力度指数（0—12）	7	*出口所需时间*	
办理时间（天）	37	信贷信息深度指数（0—8）	8	单证合规时间（小时）	1
费用（占人均收入的百分比）	12.0	信用局覆盖率	85.7	边界合规时间（小时）	0
最低实缴资本（占人均收入的百分比）	10.7	信贷登记机构覆盖率（占成年人口的百分比）	0.0	*出口费用*	
				单证合规费用（美元）	0
办理施工许可证（排名）	41	保护少数投资者（排名）	51	边界合规费用（美元）	0
办理施工许可证前沿距离分数（0—100）	75.16	保护少数投资者前沿距离分数（0—100）	61.67	*进口所需时间*	
办理手续（项）	12	信息披露指数（0—10）	7	单证合规时间（小时）	1
办理时间（天）	153	董事责任指数（0—10）	2	边界合规时间（小时）	0
费用（占库房价值的百分比）	0.3	股东诉讼便利度指数（0—10）	9	*进口费用*	
建筑质量控制指数（0—15）	10.0	股东权利指数（0—10）	6	单证合规费用（美元）	0
		所有权和管理控制指数（0—10）	5	边界合规费用（美元）	0
获得电力（排名）	54	公司透明度指数（0—10）	8		
获得电力前沿距离分数（0—100）	81.35			执行合同（排名）	55
办理手续（项）	4	纳税（排名）	51	执行合同前沿距离分数（0—100）	63.44
办理时间（天）	122	纳税前沿距离分数（0—100）	79.42	时间（天）	685
费用（占人均收入的百分比）	18.6	纳税次数（次/年）	7	费用（占索赔额的百分比）	19.4
供电可靠性和电费透明度指数（0—8）	7	所需时间（小时/年）	260	司法程序质量指数（0—18）	10.5
		总税率和强制性派款率（占利润的百分比）	40.5		
登记财产（排名）	38	报税后流程指标（0—100）	77.36	办理破产（排名）	22
登记财产前沿距离分数（0—100）	76.49			办理破产前沿距离分数（0—100）	77.71
办理手续（项）	6			时间（年）	3.0
办理时间（天）	33			费用（占资产价值的百分比）	15.0
费用（占财产价值的百分比）	0.3			债务回收率（美分/美元）	63.1
土地管理系统质量指数（0—30）	19.5			破产框架力度指数（0—16）	14.0

葡萄牙		经合组织高收入国家		人均国民收入（美元）	19850
营商环境便利度排名（1—190）	29	前沿距离总分（0—100）	76.84	人口	10324611
开办企业（排名）	48	获得信贷（排名）	105	跨境贸易（排名）	1
开办企业前沿距离分数（0—100）	91.26	获得信贷前沿距离分数（0—100）	45.00	跨境贸易前沿距离分数（0—100）	100.00
办理手续（项）	6	合法权利力度指数（0—12）	2	*出口所需时间*	
办理时间（天）	5	信贷信息深度指数（0—8）	7	单证合规时间（小时）	1
费用（占人均收入的百分比）	2.1	信用局覆盖率	7.8	边界合规时间（小时）	0
最低实缴资本（占人均收入的百分比）	0.0	信贷登记机构覆盖率（占成年人口的百分比）	100.0	*出口费用*	
				单证合规费用（美元）	0
办理施工许可证（排名）	32	保护少数投资者（排名）	57	边界合规费用（美元）	0
办理施工许可证前沿距离分数（0—100）	76.52	保护少数投资者前沿距离分数（0—100）	60.00	*进口所需时间*	
办理手续（项）	14	信息披露指数（0—10）	6	单证合规时间（小时）	1
办理时间（天）	113	董事责任指数（0—10）	5	边界合规时间（小时）	0
费用（占库房价值的百分比）	1.2	股东诉讼便利度指数（0—10）	7	*进口费用*	
建筑质量控制指数（0—15）	11.0	股东权利指数（0—10）	4	单证合规费用（美元）	0
		所有权和管理控制指数（0—10）	6	边界合规费用（美元）	0
获得电力（排名）	58	公司透明度指数（0—10）	8		
获得电力前沿距离分数（0—100）	80.18			执行合同（排名）	19
办理手续（项）	7	纳税（排名）	38	执行合同前沿距离分数（0—100）	71.74
办理时间（天）	46	纳税前沿距离分数（0—100）	83.75	时间（天）	547
费用（占人均收入的百分比）	36.0	纳税次数（次/年）	8	费用（占索赔额的百分比）	17.2
供电可靠性和电费透明度指数（0—8）	8	所需时间（小时/年）	243	司法程序质量指数（0—18）	12.5
		总税率和强制性派款率（占利润的百分比）	39.8		
登记财产（排名）	28	报税后流程指标（0—100）	92.71	办理破产（排名）	15
登记财产前沿距离分数（0—100）	80.26			办理破产前沿距离分数（0—100）	79.67
办理手续（项）	1			时间（年）	3.0
办理时间（天）	1			费用（占资产价值的百分比）	9.0
费用（占财产价值的百分比）	7.3			债务回收率（美分/美元）	63.8
土地管理系统质量指数（0—30）	21.0			破产框架力度指数（0—16）	14.5

波多黎各自治邦（美国）

拉丁美洲和加勒比地区		人均国民收入（美元）	29697
营商环境便利度排名（1—190）	64	前沿距离总分（0—100）	68.85	人口	3411307

开办企业（排名）	47	获得信贷（排名）	6	跨境贸易（排名）	64
开办企业前沿距离分数（0—100）	91.29	获得信贷前沿距离分数（0—100）	90.00	跨境贸易前沿距离分数（0—100）	81.86
办理手续（项）	6	合法权利力度指数（0—12）	11	出口所需时间	
办理时间（天）	5.5	信贷信息深度指数（0—8）	7	单证合规时间（小时）	2
费用（占人均收入的百分比）	0.8	信用局覆盖率	100.0	边界合规时间（小时）	48
最低实缴资本（占人均收入的百分比）	0.0	信贷登记机构覆盖率（占成年人口的百分比）	0.0	出口费用	
				单证合规费用（美元）	75
办理施工许可证（排名）	138	保护少数投资者（排名）	108	边界合规费用（美元）	386
办理施工许可证前沿距离分数（0—100）	60.17	保护少数投资者前沿距离分数（0—100）	50.00	进口所需时间	
办理手续（项）	22	信息披露指数（0—10）	7	单证合规时间（小时）	2
办理时间（天）	165	董事责任指数（0—10）	6	边界合规时间（小时）	48
费用（占库房价值的百分比）	6.3	股东诉讼便利度指数（0—10）	8	进口费用	
建筑质量控制指数（0—15）	12.0	股东权利指数（0—10）	1	单证合规费用（美元）	75
		所有权和管理控制指数（0—10）	2	边界合规费用（美元）	386
获得电力（排名）	69	公司透明度指数（0—10）	6		
获得电力前沿距离分数（0—100）	76.94			执行合同（排名）	113
办理手续（项）	5	纳税（排名）	161	执行合同前沿距离分数（0—100）	54.41
办理时间（天）	32	纳税前沿距离分数（0—100）	52.42	时间（天）	630
费用（占人均收入的百分比）	228.3	纳税次数（次/年）	16	费用（占索赔额的百分比）	30.2
供电可靠性和电费透明度指数（0—8）	4	所需时间（小时/年）	218	司法程序质量指数（0—18）	7.0
		总税率和强制性派款率（占利润的百分比）	63.4		
登记财产（排名）	153	报税后流程指标（0—100）	13.76	办理破产（排名）	9
登记财产前沿距离分数（0—100）	47.19			办理破产前沿距离分数（0—100）	84.20
办理手续（项）	8			时间（年）	2.5
办理时间（天）	191			费用（占资产价值的百分比）	11.0
费用（占财产价值的百分比）	1.0			债务回收率（美分/美元）	69.4
土地管理系统质量指数（0—30）	13.5			破产框架力度指数（0—16）	15.0

卡塔尔

中东和北非		人均国民收入（美元）	67630
营商环境便利度排名（1—190）	83	前沿距离总分（0—100）	64.86	人口	2569804

开办企业（排名）	89 ✓	获得信贷（排名）	133 ✓	跨境贸易（排名）	90
开办企业前沿距离分数（0—100）	86.00	获得信贷前沿距离分数（0—100）	35.00	跨境贸易前沿距离分数（0—100）	71.51
办理手续（项）	8.5	合法权利力度指数（0—12）	1	出口所需时间	
办理时间（天）	9	信贷信息深度指数（0—8）	6	单证合规时间（小时）	10
费用（占人均收入的百分比）	6.7	信用局覆盖率	0.0	边界合规时间（小时）	25
最低实缴资本（占人均收入的百分比）	0.0	信贷登记机构覆盖率（占成年人口的百分比）	28.1	出口费用	
				单证合规费用（美元）	150
办理施工许可证（排名）	19	保护少数投资者（排名）	177	边界合规费用（美元）	382
办理施工许可证前沿距离分数（0—100）	79.16	保护少数投资者前沿距离分数（0—100）	26.67	进口所需时间	
办理手续（项）	16	信息披露指数（0—10）	2	单证合规时间（小时）	72
办理时间（天）	58	董事责任指数（0—10）	2	边界合规时间（小时）	48
费用（占库房价值的百分比）	2.0	股东诉讼便利度指数（0—10）	2	进口费用	
建筑质量控制指数（0—15）	12.0	股东权利指数（0—10）	4	单证合规费用（美元）	290
		所有权和管理控制指数（0—10）	2	边界合规费用（美元）	558
获得电力（排名）	65	公司透明度指数（0—10）	4		
获得电力前沿距离分数（0—100）	78.60			执行合同（排名）	123
办理手续（项）	4	纳税（排名）	1	执行合同前沿距离分数（0—100）	52.79
办理时间（天）	90	纳税前沿距离分数（0—100）	99.44	时间（天）	570
费用（占人均收入的百分比）	11.7	纳税次数（次/年）	4	费用（占索赔额的百分比）	21.6
供电可靠性和电费透明度指数（0—8）	5	所需时间（小时/年）	41	司法程序质量指数（0—18）	3.5
		总税率和强制性派款率（占利润的百分比）	11.3		
登记财产（排名）	26	报税后流程指标（0—100）	不适用	办理破产（排名）	116
登记财产前沿距离分数（0—100）	81.06			办理破产前沿距离分数（0—100）	38.41
办理手续（项）	7			时间（年）	2.8
办理时间（天）	13			费用（占资产价值的百分比）	22.0
费用（占财产价值的百分比）	0.3			债务回收率（美分/美元）	30.7
土地管理系统质量指数（0—30）	24.5			破产框架力度指数（0—16）	7.0

罗马尼亚		欧洲和中亚		人均国民收入（美元）	9470
营商环境便利度排名（1—190）	45	前沿距离总分（0—100）	72.87	人口	19705301
开办企业（排名）	64	获得信贷（排名）	20	跨境贸易（排名）	1
开办企业前沿距离分数（0—100）	89.67	获得信贷前沿距离分数（0—100）	80.00	跨境贸易前沿距离分数（0—100）	100.00
办理手续（项）	6	合法权利力度指数（0—12）	9	出口所需时间	
办理时间（天）	12	信贷信息深度指数（0—8）	7	单证合规时间（小时）	1
费用（占人均收入的百分比）	0.4	信用局覆盖率	54.8	边界合规时间（小时）	0
最低实缴资本（占人均收入的百分比）	0.5	信贷登记机构覆盖率（占成年人口的百分比）	17.3	出口费用	
				单证合规费用（美元）	0
办理施工许可证（排名）	150	保护少数投资者（排名）	57	边界合规费用（美元）	0
办理施工许可证前沿距离分数（0—100）	58.13	保护少数投资者前沿距离分数（0—100）	60.00	进口所需时间	
办理手续（项）	24	信息披露指数（0—10）	9	单证合规时间（小时）	1
办理时间（天）	260	董事责任指数（0—10）	4	边界合规时间（小时）	0
费用（占库房价值的百分比）	2.1	股东诉讼便利度指数（0—10）	5	进口费用	
建筑质量控制指数（0—15）	13.0	股东权利指数（0—10）	6	单证合规费用（美元）	0
		所有权和管理控制指数（0—10）	5	边界合规费用（美元）	0
获得电力（排名）	147	公司透明度指数（0—10）	7		
获得电力前沿距离分数（0—100）	53.34			执行合同（排名）	17
办理手续（项）	9	纳税（排名）	42	执行合同前沿距离分数（0—100）	72.25
办理时间（天）	174	纳税前沿距离分数（0—100）	80.86	时间（天）	512
费用（占人均收入的百分比）	510.9	纳税次数（次/年）	14	费用（占索赔额的百分比）	25.8
供电可靠性和电费透明度指数（0—8）	7	所需时间（小时/年）	163	司法程序质量指数（0—18）	14.0
		总税率和强制性派款率（占利润的百分比）	38.4		
√ 登记财产（排名）	45	报税后流程指标（0—100）	76.82	办理破产（排名）	51
登记财产前沿距离分数（0—100）	74.70			办理破产前沿距离分数（0—100）	59.78
办理手续（项）	6			时间（年）	3.3
办理时间（天）	16			费用（占资产价值的百分比）	10.5
费用（占财产价值的百分比）	1.4			债务回收率（美分/美元）	35.6
土地管理系统质量指数（0—30）	17.0			破产框架力度指数（0—16）	13.0

俄罗斯		欧洲和中亚		人均国民收入（美元）	9720
营商环境便利度排名（1—190）	35	前沿距离总分（0—100）	75.50	人口	144342396
开办企业（排名）	28	√ 获得信贷（排名）	29	√ 跨境贸易（排名）	100
开办企业前沿距离分数（0—100）	93.03	获得信贷前沿距离分数（0—100）	75.00	跨境贸易前沿距离分数（0—100）	69.20
办理手续（项）	4	合法权利力度指数（0—12）	8	出口所需时间	
办理时间（天）	10.1	信贷信息深度指数（0—8）	7	单证合规时间（小时）	25.4
费用（占人均收入的百分比）	1.1	信用局覆盖率	81.8	边界合规时间（小时）	72
最低实缴资本（占人均收入的百分比）	0.0	信贷登记机构覆盖率（占成年人口的百分比）	0.0	出口费用	
				单证合规费用（美元）	92
办理施工许可证（排名）	115	保护少数投资者（排名）	51	边界合规费用（美元）	665
办理施工许可证前沿距离分数（0—100）	65.25	保护少数投资者前沿距离分数（0—100）	61.67	进口所需时间	
办理手续（项）	14.4	信息披露指数（0—10）	6	单证合规时间（小时）	42.5
办理时间（天）	239.4	董事责任指数（0—10）	2	边界合规时间（小时）	38.6
费用（占库房价值的百分比）	1.3	股东诉讼便利度指数（0—10）	7	进口费用	
建筑质量控制指数（0—15）	10.0	股东权利指数（0—10）	9	单证合规费用（美元）	152.5
		所有权和管理控制指数（0—10）	5	边界合规费用（美元）	587.5
获得电力（排名）	10	公司透明度指数（0—10）	8		
获得电力前沿距离分数（0—100）	92.81			执行合同（排名）	18
办理手续（项）	3	纳税（排名）	52	执行合同前沿距离分数（0—100）	72.18
办理时间（天）	83	纳税前沿距离分数（0—100）	79.29	时间（天）	337
费用（占人均收入的百分比）	41.5	纳税次数（次/年）	7	费用（占索赔额的百分比）	16.5
供电可靠性和电费透明度指数（0—8）	8	所需时间（小时/年）	168	司法程序质量指数（0—18）	9.5
		总税率和强制性派款率（占利润的百分比）	47.5		
√ 登记财产（排名）	12	报税后流程指标（0—100）	73.14	办理破产（排名）	54
登记财产前沿距离分数（0—100）	88.72			办理破产前沿距离分数（0—100）	57.83
办理手续（项）	4			时间（年）	2.0
办理时间（天）	13			费用（占资产价值的百分比）	9.0
费用（占财产价值的百分比）	0.2			债务回收率（美分/美元）	40.7
土地管理系统质量指数（0—30）	26.0			破产框架力度指数（0—16）	11.5

卢旺达		撒哈拉以南非洲		人均国民收入（美元）	700
营商环境便利度排名（1—190）	41	前沿距离总分（0—100）	73.40	人口	11917508
开办企业（排名）	78	获得信贷（排名）	6	跨境贸易（排名）	87
开办企业前沿距离分数（0—100）	87.66	获得信贷前沿距离分数（0—100）	90.00	跨境贸易前沿距离分数（0—100）	72.44
办理手续（项）	5	合法权利力度指数（0—12）	10	出口所需时间	
办理时间（天）	4	信贷信息深度指数（0—8）	8	单证合规时间（小时）	42
费用（占人均收入的百分比）	44.6	信用局覆盖率	19.5	边界合规时间（小时）	97
最低实缴资本（占人均收入的百分比）	0.0	信贷登记机构覆盖率（占成年人口的百分比）	8.2	出口费用	
				单证合规费用（美元）	110
✓ 办理施工许可证（排名）	112	✓ 保护少数投资者（排名）	16	边界合规费用（美元）	183
办理施工许可证前沿距离分数（0—100）	65.56	保护少数投资者前沿距离分数（0—100）	73.33	进口所需时间	
办理手续（项）	15	信息披露指数（0—10）	7	单证合规时间（小时）	48
办理时间（天）	113	董事责任指数（0—10）	9	边界合规时间（小时）	86
费用（占库房价值的百分比）	13.2	股东诉讼便利度指数（0—10）	5	进口费用	
建筑质量控制指数（0—15）	14.0	股东权利指数（0—10）	8	单证合规费用（美元）	121
		所有权和管理控制指数（0—10）	8	边界合规费用（美元）	282
获得电力（排名）	119	公司透明度指数（0—10）	7		
获得电力前沿距离分数（0—100）	60.69			✓ 执行合同（排名）	85
办理手续（项）	4	纳税（排名）	31	执行合同前沿距离分数（0—100）	58.62
办理时间（天）	34	纳税前沿距离分数（0—100）	84.60	时间（天）	230
费用（占人均收入的百分比）	2722.6	纳税次数（次/年）	8	费用（占索赔额的百分比）	82.7
供电可靠性和电费透明度指数（0—8）	0	所需时间（小时/年）	94.5	司法程序质量指数（0—18）	14.0
		总税率和强制性派款率（占利润的百分比）	33.2		
✓ 登记财产（排名）	2	报税后流程指标（0—100）	63.68	办理破产（排名）	78
登记财产前沿距离分数（0—100）	93.26			办理破产前沿距离分数（0—100）	47.79
办理手续（项）	3			时间（年）	2.5
办理时间（天）	7			费用（占资产价值的百分比）	29.0
费用（占财产价值的百分比）	0.1			债务回收率（美分/美元）	19.1
土地管理系统质量指数（0—30）	28.0			破产框架力度指数（0—16）	12.0

萨摩亚		东亚和太平洋地区		人均国民收入（美元）	4100
营商环境便利度排名（1—190）	87	前沿距离总分（0—100）	63.89	人口	195125
开办企业（排名）	33	✓ 获得信贷（排名）	105	跨境贸易（排名）	148
开办企业前沿距离分数（0—100）	92.54	获得信贷前沿距离分数（0—100）	45.00	跨境贸易前沿距离分数（0—100）	57.81
办理手续（项）	4	合法权利力度指数（0—12）	9	出口所需时间	
办理时间（天）	9	信贷信息深度指数（0—8）	0	单证合规时间（小时）	24
费用（占人均收入的百分比）	7.3	信用局覆盖率	0.0	边界合规时间（小时）	51
最低实缴资本（占人均收入的百分比）	0.0	信贷登记机构覆盖率（占成年人口的百分比）	0.0	出口费用	
				单证合规费用（美元）	180
办理施工许可证（排名）	83	保护少数投资者（排名）	76	边界合规费用（美元）	1400
办理施工许可证前沿距离分数（0—100）	68.68	保护少数投资者前沿距离分数（0—100）	56.67	进口所需时间	
办理手续（项）	18	信息披露指数（0—10）	5	单证合规时间（小时）	25
办理时间（天）	58	董事责任指数（0—10）	6	边界合规时间（小时）	84
费用（占库房价值的百分比）	0.8	股东诉讼便利度指数（0—10）	9	进口费用	
建筑质量控制指数（0—15）	6.0	股东权利指数（0—10）	8	单证合规费用（美元）	230
		所有权和管理控制指数（0—10）	3	边界合规费用（美元）	900
获得电力（排名）	60	公司透明度指数（0—10）	3		
获得电力前沿距离分数（0—100）	79.70			执行合同（排名）	86
办理手续（项）	4	纳税（排名）	64	执行合同前沿距离分数（0—100）	58.59
办理时间（天）	34	纳税前沿距离分数（0—100）	77.04	时间（天）	455
费用（占人均收入的百分比）	615.2	纳税次数（次/年）	37	费用（占索赔额的百分比）	24.4
供电可靠性和电费透明度指数（0—8）	4	所需时间（小时/年）	224	司法程序质量指数（0—18）	5.5
		总税率和强制性派款率（占利润的百分比）	19.3		
登记财产（排名）	66	报税后流程指标（0—100）	91.88	办理破产（排名）	137
登记财产前沿距离分数（0—100）	69.51			办理破产前沿距离分数（0—100）	33.38
办理手续（项）	5			时间（年）	2.0
办理时间（天）	15			费用（占资产价值的百分比）	38.0
费用（占财产价值的百分比）	3.8			债务回收率（美分/美元）	18.5
土地管理系统质量指数（0—30）	13.0			破产框架力度指数（0—16）	7.5

圣马力诺		欧洲和中亚		人均国民收入（美元）	46447
营商环境便利度排名（1—190）	93	前沿距离总分（0—100）	62.47	人口	33203
开办企业（排名）	**112**	**获得信贷（排名）**	**183**	**跨境贸易（排名）**	**20**
开办企业前沿距离分数（0—100）	83.65	获得信贷前沿距离分数（0—100）	5.00	跨境贸易前沿距离分数（0—100）	97.48
办理手续（项）	8	合法权利力度指数（0—12）	1	出口所需时间	
办理时间（天）	12.5	信贷信息深度指数（0—8）	0	单证合规时间（小时）	1
费用（占人均收入的百分比）	9.1	信用局覆盖率	0.0	边界合规时间（小时）	0
最低实缴资本（占人均收入的百分比）	30.4	信贷登记机构覆盖率（占成年人口的百分比）	0.0	出口费用	
				单证合规费用（美元）	0
办理施工许可证（排名）	**68**	**保护少数投资者（排名）**	**175**	边界合规费用（美元）	0
办理施工许可证前沿距离分数（0—100）	71.20	保护少数投资者前沿距离分数（0—100）	30.00	进口所需时间	
办理手续（项）	15	信息披露指数（0—10）	3	单证合规时间（小时）	3
办理时间（天）	145.5	董事责任指数（0—10）	2	边界合规时间（小时）	4
费用（占库房价值的百分比）	5.5	股东诉讼便利度指数（0—10）	8	进口费用	
建筑质量控制指数（0—15）	13.0	股东权利指数（0—10）	4	单证合规费用（美元）	100
		所有权和管理控制指数（0—10）	1	边界合规费用（美元）	50
获得电力（排名）	**14**	公司透明度指数（0—10）	0		
获得电力前沿距离分数（0—100）	90.63			**执行合同（排名）**	**78**
办理手续（项）	3	**纳税（排名）**	**40**	执行合同前沿距离分数（0—100）	59.25
办理时间（天）	45	纳税前沿距离分数（0—100）	82.32	时间（天）	575
费用（占人均收入的百分比）	60.8	纳税次数（次/年）	18	费用（占索赔额的百分比）	13.9
供电可靠性和电费透明度指数（0—8）	6	所需时间（小时/年）	52	司法程序质量指数（0—18）	5.5
		总税率和强制性派款率（占利润的百分比）	35.4		
登记财产（排名）	**78**	报税后流程指标（0—100）	67.80	**办理破产（排名）**	**109**
登记财产前沿距离分数（0—100）	65.68			办理破产前沿距离分数（0—100）	39.48
办理手续（项）	9			时间（年）	2.3
办理时间（天）	42.5			费用（占资产价值的百分比）	5.0
费用（占财产价值的百分比）	4.1			债务回收率（美分/美元）	47.2
土地管理系统质量指数（0—30）	23.0			破产框架力度指数（0—16）	4.5

圣多美和普林西比		撒哈拉以南非洲		人均国民收入（美元）	1730
营商环境便利度排名（1—190）	169	前沿距离总分（0—100）	44.84	人口	199910
开办企业（排名）	**148**	**获得信贷（排名）**	**159**√	**跨境贸易（排名）**	**114**
开办企业前沿距离分数（0—100）	77.33	获得信贷前沿距离分数（0—100）	25.00	跨境贸易前沿距离分数（0—100）	66.03
办理手续（项）	6	合法权利力度指数（0—12）	0	出口所需时间	
办理时间（天）	7	信贷信息深度指数（0—8）	5	单证合规时间（小时）	46
费用（占人均收入的百分比）	13.2	信用局覆盖率	0.0	边界合规时间（小时）	83
最低实缴资本（占人均收入的百分比）	192.4	信贷登记机构覆盖率（占成年人口的百分比）	11.9	出口费用	
				单证合规费用（美元）	194
办理施工许可证（排名）	**103**	**保护少数投资者（排名）**	**187**	边界合规费用（美元）	426
办理施工许可证前沿距离分数（0—100）	66.49	保护少数投资者前沿距离分数（0—100）	21.67	进口所需时间	
办理手续（项）	16	信息披露指数（0—10）	3	单证合规时间（小时）	17
办理时间（天）	67	董事责任指数（0—10）	1	边界合规时间（小时）	150
费用（占库房价值的百分比）	2.3	股东诉讼便利度指数（0—10）	6	进口费用	
建筑质量控制指数（0—15）	5.0	股东权利指数（0—10）	2	单证合规费用（美元）	75
		所有权和管理控制指数（0—10）	0	边界合规费用（美元）	406
获得电力（排名）	**115**	公司透明度指数（0—10）	1		
获得电力前沿距离分数（0—100）	61.97			**执行合同（排名）**	**185**
办理手续（项）	4	**纳税（排名）**	**135**	执行合同前沿距离分数（0—100）	27.00
办理时间（天）	89	纳税前沿距离分数（0—100）	61.81	时间（天）	1185
费用（占人均收入的百分比）	370.8	纳税次数（次/年）	46	费用（占索赔额的百分比）	50.5
供电可靠性和电费透明度指数（0—8）	0	所需时间（小时/年）	424	司法程序质量指数（0—18）	4.5
		总税率和强制性派款率（占利润的百分比）	37.0		
登记财产（排名）	**171**	报税后流程指标（0—100）	92.20	**办理破产（排名）**	**168**
登记财产前沿距离分数（0—100）	41.06			办理破产前沿距离分数（0—100）	0.00
办理手续（项）	8			时间（年）	无实践
办理时间（天）	52			费用（占资产价值的百分比）	无实践
费用（占财产价值的百分比）	10.2			债务回收率（美分/美元）	0.0
土地管理系统质量指数（0—30）	4.5			破产框架力度指数（0—16）	0.0

沙特阿拉伯		中东和北非		人均国民收入（美元）	21750
营商环境便利度排名（1—190）	92	前沿距离总分（0—100）	62.50	人口	32275687
✓ 开办企业（排名）	135	获得信贷（排名）	90	✓ 跨境贸易（排名）	161
开办企业前沿距离分数（0—100）	80.04	获得信贷前沿距离分数（0—100）	50.00	跨境贸易前沿距离分数（0—100）	49.59
办理手续（项）	11	合法权利力度指数（0—12）	2	出口所需时间	
办理时间（天）	18	信贷信息深度指数（0—8）	8	单证合规时间（小时）	81
费用（占人均收入的百分比）	6.8	信用局覆盖率	50.2	边界合规时间（小时）	69
最低实缴资本（占人均收入的百分比）	0.0	信贷登记机构覆盖率（占成年人口的百分比）	0.0	出口费用	
				单证合规费用（美元）	105
办理施工许可证（排名）	38	✓ 保护少数投资者（排名）	10	边界合规费用（美元）	363
办理施工许可证前沿距离分数（0—100）	75.52	保护少数投资者前沿距离分数（0—100）	75.00	进口所需时间	
办理手续（项）	17	信息披露指数（0—10）	9	单证合规时间（小时）	122
办理时间（天）	89.5	董事责任指数（0—10）	8	边界合规时间（小时）	228
费用（占库房价值的百分比）	2.3	股东诉讼便利度指数（0—10）	4	进口费用	
建筑质量控制指数（0—15）	12.0	股东权利指数（0—10）	7	单证合规费用（美元）	390
		所有权和管理控制指数（0—10）	8	边界合规费用（美元）	779
获得电力（排名）	59	公司透明度指数（0—10）	9		
获得电力前沿距离分数（0—100）	79.88			✓ 执行合同（排名）	83
办理手续（项）	5	✓ 纳税（排名）	76	执行合同前沿距离分数（0—100）	58.78
办理时间（天）	68	纳税前沿距离分数（0—100）	75.00	时间（天）	575
费用（占人均收入的百分比）	32.1	纳税次数（次/年）	3	费用（占索赔额的百分比）	27.5
供电可靠性和电费透明度指数（0—8）	6	所需时间（小时/年）	47	司法程序质量指数（0—18）	8.0
		总税率和强制性派款率（占利润的百分比）	15.7		
✓ 登记财产（排名）	24	报税后流程指标（0—100）	0.00	办理破产（排名）	168
登记财产前沿距离分数（0—100）	81.19			办理破产前沿距离分数（0—100）	0.00
办理手续（项）	2			时间（年）	无实践
办理时间（天）	1.5			费用（占资产价值的百分比）	无实践
费用（占财产价值的百分比）	0.0			债务回收率（美分/美元）	0.0
土地管理系统质量指数（0—30）	10.0			破产框架力度指数（0—16）	0.0

塞内加尔		撒哈拉以南非洲		人均国民收入（美元）	950
营商环境便利度排名（1—190）	140	前沿距离总分（0—100）	53.06	人口	15411614
✓ 开办企业（排名）	63	获得信贷（排名）	142	跨境贸易（排名）	135
开办企业前沿距离分数（0—100）	89.70	获得信贷前沿距离分数（0—100）	30.00	跨境贸易前沿距离分数（0—100）	60.85
办理手续（项）	4	合法权利力度指数（0—12）	6	出口所需时间	
办理时间（天）	6	信贷信息深度指数（0—8）	0	单证合规时间（小时）	26
费用（占人均收入的百分比）	33.8	信用局覆盖率	2.4	边界合规时间（小时）	61
最低实缴资本（占人均收入的百分比）	4.6	信贷登记机构覆盖率（占成年人口的百分比）	0.6	出口费用	
				单证合规费用（美元）	96
办理施工许可证（排名）	145	保护少数投资者（排名）	138	边界合规费用（美元）	547
办理施工许可证前沿距离分数（0—100）	59.11	保护少数投资者前沿距离分数（0—100）	41.67	进口所需时间	
办理手续（项）	14	信息披露指数（0—10）	7	单证合规时间（小时）	72
办理时间（天）	177	董事责任指数（0—10）	1	边界合规时间（小时）	53
费用（占库房价值的百分比）	10.1	股东诉讼便利度指数（0—10）	6	进口费用	
建筑质量控制指数（0—15）	10.0	股东权利指数（0—10）	4	单证合规费用（美元）	545
		所有权和管理控制指数（0—10）	3	边界合规费用（美元）	702
✓ 获得电力（排名）	118	公司透明度指数（0—10）	4		
获得电力前沿距离分数（0—100）	60.76			执行合同（排名）	142
办理手续（项）	6	✓ 纳税（排名）	178	执行合同前沿距离分数（0—100）	48.15
办理时间（天）	75	纳税前沿距离分数（0—100）	40.79	时间（天）	740
费用（占人均收入的百分比）	3619.6	纳税次数（次/年）	58	费用（占索赔额的百分比）	36.4
供电可靠性和电费透明度指数（0—8）	5	所需时间（小时/年）	441	司法程序质量指数（0—18）	6.5
		总税率和强制性派款率（占利润的百分比）	45.1		
✓ 登记财产（排名）	121	报税后流程指标（0—100）	42.67	✓ 办理破产（排名）	91
登记财产前沿距离分数（0—100）	55.41			办理破产前沿距离分数（0—100）	44.12
办理手续（项）	5			时间（年）	3.0
办理时间（天）	56			费用（占资产价值的百分比）	20.0
费用（占财产价值的百分比）	7.8			债务回收率（美分/美元）	29.7
土地管理系统质量指数（0—30）	10.0			破产框架力度指数（0—16）	9.0

塞尔维亚		欧洲和中亚		人均国民收入（美元）	5280
营商环境便利度排名（1—190）	43	前沿距离总分（0—100）	73.13	人口	7057412
✓ 开办企业（排名）	32	获得信贷（排名）	55	跨境贸易（排名）	23
开办企业前沿距离分数（0—100）	92.57	获得信贷前沿距离分数（0—100）	65.00	跨境贸易前沿距离分数（0—100）	96.64
办理手续（项）	5	合法权利力度指数（0—12）	6	出口所需时间	
办理时间（天）	5.5	信贷信息深度指数（0—8）	7	单证合规时间（小时）	2
费用（占人均收入的百分比）	2.3	信用局覆盖率	100.0	边界合规时间（小时）	4
最低实缴资本（占人均收入的百分比）	0.0	信贷登记机构覆盖率（占成年人口的百分比）	0.0	出口费用	
				单证合规费用（美元）	35
办理施工许可证（排名）	10	保护少数投资者（排名）	76	边界合规费用（美元）	47
办理施工许可证前沿距离分数（0—100）	82.38	保护少数投资者前沿距离分数（0—100）	56.67	进口所需时间	
办理手续（项）	11	信息披露指数（0—10）	4	单证合规时间（小时）	3
办理时间（天）	110	董事责任指数（0—10）	6	边界合规时间（小时）	4
费用（占库房价值的百分比）	1.8	股东诉讼便利度指数（0—10）	5	进口费用	
建筑质量控制指数（0—15）	13.0	股东权利指数（0—10）	6	单证合规费用（美元）	35
		所有权和管理控制指数（0—10）	7	边界合规费用（美元）	52
获得电力（排名）	96	公司透明度指数（0—10）	6		
获得电力前沿距离分数（0—100）	69.97			✓ 执行合同（排名）	60
办理手续（项）	5	纳税（排名）	82	执行合同前沿距离分数（0—100）	61.41
办理时间（天）	125	纳税前沿距离分数（0—100）	73.63	时间（天）	635
费用（占人均收入的百分比）	223.5	纳税次数（次/年）	33	费用（占索赔额的百分比）	40.8
供电可靠性和电费透明度指数（0—8）	5	所需时间（小时/年）	225.5	司法程序质量指数（0—18）	13.0
		总税率和强制性派款率（占利润的百分比）	39.7		
登记财产（排名）	57	报税后流程指标（0—100）	91.09	办理破产（排名）	48
登记财产前沿距离分数（0—100）	72.59			办理破产前沿距离分数（0—100）	60.49
办理手续（项）	6			时间（年）	2.0
办理时间（天）	21			费用（占资产价值的百分比）	20.0
费用（占财产价值的百分比）	2.8			债务回收率（美分/美元）	34.0
土地管理系统质量指数（0—30）	18.0			破产框架力度指数（0—16）	13.5

塞舌尔		撒哈拉以南非洲		人均国民收入（美元）	15410
营商环境便利度排名（1—190）	95	前沿距离总分（0—100）	61.41	人口	94677
开办企业（排名）	141	获得信贷（排名）	133	跨境贸易（排名）	88
开办企业前沿距离分数（0—100）	78.68	获得信贷前沿距离分数（0—100）	35.00	跨境贸易前沿距离分数（0—100）	71.79
办理手续（项）	9	合法权利力度指数（0—12）	2	出口所需时间	
办理时间（天）	32	信贷信息深度指数（0—8）	5	单证合规时间（小时）	44
费用（占人均收入的百分比）	13.2	信用局覆盖率	0.0	边界合规时间（小时）	82
最低实缴资本（占人均收入的百分比）	0.0	信贷登记机构覆盖率（占成年人口的百分比）	66.9	出口费用	
				单证合规费用（美元）	115
✓ 办理施工许可证（排名）	131	保护少数投资者（排名）	108	边界合规费用（美元）	332
办理施工许可证前沿距离分数（0—100）	61.90	保护少数投资者前沿距离分数（0—100）	50.00	进口所需时间	
办理手续（项）	17	信息披露指数（0—10）	4	单证合规时间（小时）	33
办理时间（天）	151	董事责任指数（0—10）	8	边界合规时间（小时）	97
费用（占库房价值的百分比）	0.3	股东诉讼便利度指数（0—10）	5	进口费用	
建筑质量控制指数（0—15）	5.0	股东权利指数（0—10）	4	单证合规费用（美元）	93
		所有权和管理控制指数（0—10）	5	边界合规费用（美元）	341
获得电力（排名）	134	公司透明度指数（0—10）	4		
获得电力前沿距离分数（0—100）	57.86			执行合同（排名）	130
办理手续（项）	6	纳税（排名）	29	执行合同前沿距离分数（0—100）	51.25
办理时间（天）	137	纳税前沿距离分数（0—100）	84.72	时间（天）	915
费用（占人均收入的百分比）	349.6	纳税次数（次/年）	29	费用（占索赔额的百分比）	15.4
供电可靠性和电费透明度指数（0—8）	3	所需时间（小时/年）	85	司法程序质量指数（0—18）	6.5
		总税率和强制性派款率（占利润的百分比）	30.1		
✓ 登记财产（排名）	62	报税后流程指标（0—100）	93.42	办理破产（排名）	67
登记财产前沿距离分数（0—100）	70.75			办理破产前沿距离分数（0—100）	52.14
办理手续（项）	4			时间（年）	2.0
办理时间（天）	33			费用（占资产价值的百分比）	11.0
费用（占财产价值的百分比）	7.0			债务回收率（美分/美元）	38.8
土地管理系统质量指数（0—30）	21.0			破产框架力度指数（0—16）	10.0

塞拉利昂		撒哈拉以南非洲		人均国民收入（美元）	490
营商环境便利度排名（1—190）	160	前沿距离总分（0—100）	48.18	人口	7396190
✓ 开办企业（排名）	83	获得信贷（排名）	159	✓ 跨境贸易（排名）	162
开办企业前沿距离分数（0—100）	86.95	获得信贷前沿距离分数（0—100）	25.00	跨境贸易前沿距离分数（0—100）	48.99
办理手续（项）	5	合法权利力度指数（0—12）	5	出口所需时间	
办理时间（天）	11	信贷信息深度指数（0—8）	0	单证合规时间（小时）	72
费用（占人均收入的百分比）	36.2	信用局覆盖率	0.0	边界合规时间（小时）	55
最低实缴资本（占人均收入的百分比）	0.0	信贷登记机构覆盖率（占成年人口的百分比）	1.5	出口费用	
				单证合规费用（美元）	227
办理施工许可证（排名）	182	保护少数投资者（排名）	81	边界合规费用（美元）	552
办理施工许可证前沿距离分数（0—100）	38.43	保护少数投资者前沿距离分数（0—100）	55.00	进口所需时间	
办理手续（项）	17	信息披露指数（0—10）	6	单证合规时间（小时）	137
办理时间（天）	182	董事责任指数（0—10）	8	边界合规时间（小时）	120
费用（占库房价值的百分比）	22.8	股东诉讼便利度指数（0—10）	6	进口费用	
建筑质量控制指数（0—15）	7.0	股东权利指数（0—10）	5	单证合规费用（美元）	387
		所有权和管理控制指数（0—10）	2	边界合规费用（美元）	821
获得电力（排名）	178	公司透明度指数（0—10）	6		
获得电力前沿距离分数（0—100）	30.65			执行合同（排名）	100
办理手续（项）	8	纳税（排名）	85	执行合同前沿距离分数（0—100）	55.92
办理时间（天）	82	纳税前沿距离分数（0—100）	72.86	时间（天）	515
费用（占人均收入的百分比）	5365.7	纳税次数（次/年）	34	费用（占索赔额的百分比）	39.5
供电可靠性和电费透明度指数（0—8）	0	所需时间（小时/年）	343	司法程序质量指数（0—18）	8.0
		总税率和强制性派款率（占利润的百分比）	31.0		
登记财产（排名）	165	报税后流程指标（0—100）	95.41	办理破产（排名）	159
登记财产前沿距离分数（0—100）	43.27			办理破产前沿距离分数（0—100）	24.72
办理手续（项）	7			时间（年）	2.3
办理时间（天）	56			费用（占资产价值的百分比）	42.0
费用（占财产价值的百分比）	10.8			债务回收率（美分/美元）	11.1
土地管理系统质量指数（0—30）	6.5			破产框架力度指数（0—16）	6.0

新加坡		东亚和太平洋地区		人均国民收入（美元）	51880
营商环境便利度排名（1—190）	2	前沿距离总分（0—100）	84.57	人口	5607283
✓ 开办企业（排名）	6	获得信贷（排名）	29	✓ 跨境贸易（排名）	42
开办企业前沿距离分数（0—100）	96.49	获得信贷前沿距离分数（0—100）	75.00	跨境贸易前沿距离分数（0—100）	89.57
办理手续（项）	3	合法权利力度指数（0—12）	8	出口所需时间	
办理时间（天）	2.5	信贷信息深度指数（0—8）	7	单证合规时间（小时）	2
费用（占人均收入的百分比）	0.5	信用局覆盖率	67.8	边界合规时间（小时）	10
最低实缴资本（占人均收入的百分比）	0.0	信贷登记机构覆盖率（占成年人口的百分比）	0.0	出口费用	
				单证合规费用（美元）	37
办理施工许可证（排名）	16	保护少数投资者（排名）	4	边界合规费用（美元）	335
办理施工许可证前沿距离分数（0—100）	80.26	保护少数投资者前沿距离分数（0—100）	80.00	进口所需时间	
办理手续（项）	10	信息披露指数（0—10）	10	单证合规时间（小时）	3
办理时间（天）	54	董事责任指数（0—10）	9	边界合规时间（小时）	33
费用（占库房价值的百分比）	6.2	股东诉讼便利度指数（0—10）	9	进口费用	
建筑质量控制指数（0—15）	12.0	股东权利指数（0—10）	7	单证合规费用（美元）	40
		所有权和管理控制指数（0—10）	5	边界合规费用（美元）	220
获得电力（排名）	12	公司透明度指数（0—10）	8		
获得电力前沿距离分数（0—100）	91.33			执行合同（排名）	2
办理手续（项）	4	纳税（排名）	7	执行合同前沿距离分数（0—100）	83.61
办理时间（天）	30	纳税前沿距离分数（0—100）	91.58	时间（天）	164
费用（占人均收入的百分比）	25.3	纳税次数（次/年）	5	费用（占索赔额的百分比）	25.8
供电可靠性和电费透明度指数（0—8）	7	所需时间（小时/年）	64	司法程序质量指数（0—18）	15.0
		总税率和强制性派款率（占利润的百分比）	20.3		
登记财产（排名）	19	报税后流程指标（0—100）	71.97	✓ 办理破产（排名）	27
登记财产前沿距离分数（0—100）	83.57			办理破产前沿距离分数（0—100）	74.31
办理手续（项）	6			时间（年）	0.8
办理时间（天）	4.5			费用（占资产价值的百分比）	4.0
费用（占财产价值的百分比）	2.9			债务回收率（美分/美元）	88.7
土地管理系统质量指数（0—30）	29.0			破产框架力度指数（0—16）	8.5

斯洛伐克		经合组织高收入国家		人均国民收入（美元）	16810
营商环境便利度排名（1—190）	39	前沿距离总分（0—100）	74.90	人口	5428704
开办企业（排名）	83	获得信贷（排名）	55	跨境贸易（排名）	1
开办企业前沿距离分数（0—100）	86.95	获得信贷前沿距离分数（0—100）	65.00	跨境贸易前沿距离分数（0—100）	100.00
办理手续（项）	7	合法权利力度指数（0—12）	7	出口所需时间	
办理时间（天）	12.5	信贷信息深度指数（0—8）	6	单证合规时间（小时）	1
费用（占人均收入的百分比）	1.1	信用局覆盖率	79.4	边界合规时间（小时）	0
最低实缴资本（占人均收入的百分比）	17.2	信贷登记机构覆盖率（占成年人口的百分比）	3.2	出口费用	
				单证合规费用（美元）	0
办理施工许可证（排名）	91	保护少数投资者（排名）	89	边界合规费用（美元）	0
办理施工许可证前沿距离分数（0—100）	67.82	保护少数投资者前沿距离分数（0—100）	53.33	进口所需时间	
办理手续（项）	10	信息披露指数（0—10）	3	单证合规时间（小时）	1
办理时间（天）	286	董事责任指数（0—10）	4	边界合规时间（小时）	0
费用（占库房价值的百分比）	0.1	股东诉讼便利度指数（0—10）	7	进口费用	
建筑质量控制指数（0—15）	10.0	股东权利指数（0—10）	6	单证合规费用（美元）	0
		所有权和管理控制指数（0—10）	6	边界合规费用（美元）	0
获得电力（排名）	57	公司透明度指数（0—10）	6	执行合同（排名）	84
获得电力前沿距离分数（0—100）	80.31			执行合同前沿距离分数（0—100）	58.63
办理手续（项）	5	纳税（排名）	49	时间（天）	775
办理时间（天）	121	纳税前沿距离分数（0—100）	79.88	费用（占索赔额的百分比）	30.6
费用（占人均收入的百分比）	50.8	纳税次数（次/年）	8	司法程序质量指数（0—18）	11.5
供电可靠性和电费透明度指数（0—8）	8	所需时间（小时/年）	192		
		总税率和强制性派款率（占利润的百分比）	51.6	办理破产（排名）	42
登记财产（排名）	7	报税后流程指标（0—100）	87.17	办理破产前沿距离分数（0—100）	66.08
登记财产前沿距离分数（0—100）	91.00			时间（年）	4.0
办理手续（项）	3			费用（占资产价值的百分比）	18.0
办理时间（天）	16.5			债务回收率（美分/美元）	47.3
费用（占财产价值的百分比）	0.0			破产框架力度指数（0—16）	13.0
土地管理系统质量指数（0—30）	26.5				

斯洛文尼亚		经合组织高收入国家		人均国民收入（美元）	21660
营商环境便利度排名（1—190）	37	前沿距离总分（0—100）	75.42	人口	2064845
开办企业（排名）	46	获得信贷（排名）	105	跨境贸易（排名）	1
开办企业前沿距离分数（0—100）	91.48	获得信贷前沿距离分数（0—100）	45.00	跨境贸易前沿距离分数（0—100）	100.00
办理手续（项）	4	合法权利力度指数（0—12）	3	出口所需时间	
办理时间（天）	7	信贷信息深度指数（0—8）	6	单证合规时间（小时）	1
费用（占人均收入的百分比）	0.0	信用局覆盖率	0.0	边界合规时间（小时）	0
最低实缴资本（占人均收入的百分比）	39.6	信贷登记机构覆盖率（占成年人口的百分比）	100.0	出口费用	
				单证合规费用（美元）	0
办理施工许可证（排名）	100	保护少数投资者（排名）	24	边界合规费用（美元）	0
办理施工许可证前沿距离分数（0—100）	67.01	保护少数投资者前沿距离分数（0—100）	70.00	进口所需时间	
办理手续（项）	14	信息披露指数（0—10）	5	单证合规时间（小时）	1
办理时间（天）	239.5	董事责任指数（0—10）	9	边界合规时间（小时）	0
费用（占库房价值的百分比）	2.9	股东诉讼便利度指数（0—10）	8	进口费用	
建筑质量控制指数（0—15）	12.0	股东权利指数（0—10）	8	单证合规费用（美元）	0
		所有权和管理控制指数（0—10）	6	边界合规费用（美元）	0
获得电力（排名）	19	公司透明度指数（0—10）	6	执行合同（排名）	122
获得电力前沿距离分数（0—100）	89.16			执行合同前沿距离分数（0—100）	52.97
办理手续（项）	5	纳税（排名）	58	时间（天）	1160
办理时间（天）	38	纳税前沿距离分数（0—100）	77.78	费用（占索赔额的百分比）	12.7
费用（占人均收入的百分比）	107.1	纳税次数（次/年）	10	司法程序质量指数（0—18）	10.5
供电可靠性和电费透明度指数（0—8）	8	所需时间（小时/年）	245		
		总税率和强制性派款率（占利润的百分比）	31.0	办理破产（排名）	10
登记财产（排名）	36	报税后流程指标（0—100）	59.94	办理破产前沿距离分数（0—100）	83.69
登记财产前沿距离分数（0—100）	77.05			时间（年）	0.8
办理手续（项）	5			费用（占资产价值的百分比）	4.0
办理时间（天）	49.5			债务回收率（美分/美元）	88.7
费用（占财产价值的百分比）	2.0			破产框架力度指数（0—16）	11.5
土地管理系统质量指数（0—30）	23.5				

所罗门群岛 | 东亚和太平洋地区 | 人均国民收入（美元） 1880

所罗门群岛		东亚和太平洋地区		人均国民收入（美元）	1880
营商环境便利度排名（1—190）	116	前沿距离总分（0—100）	58.13	人口	599419
开办企业（排名）	**94**	**获得信贷（排名）**	**90**	**跨境贸易（排名）**	**156**
开办企业前沿距离分数（0—100）	85.42	获得信贷前沿距离分数（0—100）	50.00	跨境贸易前沿距离分数（0—100）	53.45
办理手续（项）	7	合法权利力度指数（0—12）	10	*出口所需时间*	
办理时间（天）	9	信贷信息深度指数（0—8）	0	单证合规时间（小时）	60
费用（占人均收入的百分比）	28.9	信用局覆盖率	1.1	边界合规时间（小时）	110
最低实缴资本（占人均收入的百分比）	0.0	信贷登记机构覆盖率（占成年人口的百分比）	0.0	*出口费用*	
办理施工许可证（排名）	**57**	**保护少数投资者（排名）**	**108**	单证合规费用（美元）	257
办理施工许可证前沿距离分数（0—100）	72.74	保护少数投资者前沿距离分数（0—100）	50.00	边界合规费用（美元）	630
办理手续（项）	13	信息披露指数（0—10）	3	*进口所需时间*	
办理时间（天）	98	董事责任指数（0—10）	7	单证合规时间（小时）	37
费用（占库房价值的百分比）	1.3	股东诉讼便利度指数（0—10）	9	边界合规时间（小时）	108
建筑质量控制指数（0—15）	7.5	股东权利指数（0—10）	7	*进口费用*	
获得电力（排名）	**113**	所有权和管理控制指数（0—10）	3	单证合规费用（美元）	215
获得电力前沿距离分数（0—100）	63.10	公司透明度指数（0—10）	1	边界合规费用（美元）	740
办理手续（项）	4			**执行合同（排名）**	**156**
办理时间（天）	53	**纳税（排名）**	**37**	执行合同前沿距离分数（0—100）	43.49
费用（占人均收入的百分比）	1273.7	纳税前沿距离分数（0—100）	83.81	时间（天）	497
供电可靠性和电费透明度指数（0—8）	0	纳税次数（次/年）	34	费用（占索赔额的百分比）	78.9
登记财产（排名）	**152**	所需时间（小时/年）	80	司法程序质量指数（0—18）	9.0
登记财产前沿距离分数（0—100）	47.37	总税率和强制性派款率（占利润的百分比）	32.0	**办理破产（排名）**	**143**
办理手续（项）	10	报税后流程指标（0—100）	100.00	办理破产前沿距离分数（0—100）	31.95
办理时间（天）	86.5			时间（年）	1.0
费用（占财产价值的百分比）	4.7			费用（占资产价值的百分比）	38.0
土地管理系统质量指数（0—30）	11.0			债务回收率（美分/美元）	24.5
				破产框架力度指数（0—16）	6.0

索马里		撒哈拉以南非洲		人均国民收入（美元）	442
营商环境便利度排名（1—190）	190	前沿距离总分（0—100）	19.98	人口	14317996
开办企业（排名）	**187**	**获得信贷（排名）**	**186**	**跨境贸易（排名）**	**160**
开办企业前沿距离分数（0—100）	45.77	获得信贷前沿距离分数（0—100）	0.00	跨境贸易前沿距离分数（0—100）	51.60
办理手续（项）	9	合法权利力度指数（0—12）	0	*出口所需时间*	
办理时间（天）	70	信贷信息深度指数（0—8）	0	单证合规时间（小时）	73
费用（占人均收入的百分比）	203.6	信用局覆盖率	0.0	边界合规时间（小时）	44
最低实缴资本（占人均收入的百分比）	0.0	信贷登记机构覆盖率（占成年人口的百分比）	0.0	*出口费用*	
办理施工许可证（排名）	**186**	**保护少数投资者（排名）**	**190**	单证合规费用（美元）	350
办理施工许可证前沿距离分数（0—100）	0.00	保护少数投资者前沿距离分数（0—100）	0.00	边界合规费用（美元）	495
办理手续（项）	无实践	信息披露指数（0—10）	0	*进口所需时间*	
办理时间（天）	无实践	董事责任指数（0—10）	0	单证合规时间（小时）	76
费用（占库房价值的百分比）	无实践	股东诉讼便利度指数（0—10）	0	边界合规时间（小时）	85
建筑质量控制指数（0—15）	0.0	股东权利指数（0—10）	0	*进口费用*	
获得电力（排名）	**187**	所有权和管理控制指数（0—10）	0	单证合规费用（美元）	300
获得电力前沿距离分数（0—100）	0.00	公司透明度指数（0—10）	0	边界合规费用（美元）	952
办理手续（项）	无实践			**执行合同（排名）**	**110**
办理时间（天）	无实践	**纳税（排名）**	**190**	执行合同前沿距离分数（0—100）	54.58
费用（占人均收入的百分比）	无实践	纳税前沿距离分数（0—100）	0.00	时间（天）	575
供电可靠性和电费透明度指数（0—8）	0	纳税次数（次/年）	无实践	费用（占索赔额的百分比）	21.4
登记财产（排名）	**150**	所需时间（小时/年）	无实践	司法程序质量指数（0—18）	4.5
登记财产前沿距离分数（0—100）	47.83	总税率和强制性派款率（占利润的百分比）	无实践	**办理破产（排名）**	**168**
办理手续（项）	5	报税后流程指标（0—100）	无实践	办理破产前沿距离分数（0—100）	0.00
办理时间（天）	188			时间（年）	无实践
费用（占财产价值的百分比）	1.6			费用（占资产价值的百分比）	无实践
土地管理系统质量指数（0—30）	7.5			债务回收率（美分/美元）	0.0
				破产框架力度指数（0—16）	0.0

南非

营商环境便利度排名（1—190）	82
开办企业（排名）	136
开办企业前沿距离分数（0—100）	79.97
办理手续（项）	7
办理时间（天）	45
费用（占人均收入的百分比）	0.2
最低实缴资本（占人均收入的百分比）	0.0
办理施工许可证（排名）	94
办理施工许可证前沿距离分数（0—100）	67.53
办理手续（项）	20
办理时间（天）	149
费用（占库房价值的百分比）	1.6
建筑质量控制指数（0—15）	11.0
获得电力（排名）	112
获得电力前沿距离分数（0—100）	63.21
办理手续（项）	4
办理时间（天）	84
费用（占人均收入的百分比）	146.6
供电可靠性和电费透明度指数（0—8）	0
登记财产（排名）	107
登记财产前沿距离分数（0—100）	58.43
办理手续（项）	7
办理时间（天）	23
费用（占财产价值的百分比）	7.6
土地管理系统质量指数（0—30）	13.5

撒哈拉以南非洲

前沿距离总分（0—100）	64.89
获得信贷（排名）	68
获得信贷前沿距离分数（0—100）	60.00
合法权利力度指数（0—12）	5
信贷信息深度指数（0—8）	7
信用局覆盖率	64.4
信贷登记机构覆盖率（占成年人口的百分比）	0.0
保护少数投资者（排名）	24
保护少数投资者前沿距离分数（0—100）	70.00
信息披露指数（0—10）	8
董事责任指数（0—10）	8
股东诉讼便利度指数（0—10）	8
股东权利指数（0—10）	8
所有权和管理控制指数（0—10）	6
公司透明度指数（0—10）	4
纳税（排名）	46
纳税前沿距离分数（0—100）	80.02
纳税次数（次/年）	7
所需时间（小时/年）	210
总税率和强制性派款率（占利润的百分比）	28.9
报税后流程指标（0—100）	55.45

人均国民收入（美元）	5480
人口	55908865
跨境贸易（排名）	147
跨境贸易前沿距离分数（0—100）	58.01
出口所需时间	
单证合规时间（小时）	68
边界合规时间（小时）	100
出口费用	
单证合规费用（美元）	170
边界合规费用（美元）	428
进口所需时间	
单证合规时间（小时）	36
边界合规时间（小时）	144
进口费用	
单证合规费用（美元）	213
边界合规费用（美元）	657
执行合同（排名）	115
执行合同前沿距离分数（0—100）	54.10
时间（天）	600
费用（占索赔额的百分比）	33.2
司法程序质量指数（0—18）	7.0
办理破产（排名）	55
办理破产前沿距离分数（0—100）	57.59
时间（年）	2.0
费用（占资产价值的百分比）	18.0
债务回收率（美分/美元）	34.4
破产框架力度指数（0—16）	12.5

南苏丹

营商环境便利度排名（1—190）	187
开办企业（排名）	181
开办企业前沿距离分数（0—100）	55.68
办理手续（项）	12
办理时间（天）	13
费用（占人均收入的百分比）	305.0
最低实缴资本（占人均收入的百分比）	0.0
办理施工许可证（排名）	178
办理施工许可证前沿距离分数（0—100）	42.54
办理手续（项）	23
办理时间（天）	124
费用（占库房价值的百分比）	15.3
建筑质量控制指数（0—15）	7.0
获得电力（排名）	187
获得电力前沿距离分数（0—100）	0.00
办理手续（项）	无实践
办理时间（天）	无实践
费用（占人均收入的百分比）	无实践
供电可靠性和电费透明度指数（0—8）	0
登记财产（排名）	181
登记财产前沿距离分数（0—100）	31.79
办理手续（项）	9
办理时间（天）	50
费用（占财产价值的百分比）	14.9
土地管理系统质量指数（0—30）	5.0

撒哈拉以南非洲

前沿距离总分（0—100）	32.86
获得信贷（排名）	177
获得信贷前沿距离分数（0—100）	10.00
合法权利力度指数（0—12）	2
信贷信息深度指数（0—8）	0
信用局覆盖率	0.0
信贷登记机构覆盖率（占成年人口的百分比）	0.0
保护少数投资者（排名）	177
保护少数投资者前沿距离分数（0—100）	26.67
信息披露指数（0—10）	2
董事责任指数（0—10）	1
股东诉讼便利度指数（0—10）	5
股东权利指数（0—10）	2
所有权和管理控制指数（0—10）	3
公司透明度指数（0—10）	3
纳税（排名）	66
纳税前沿距离分数（0—100）	76.75
纳税次数（次/年）	37
所需时间（小时/年）	210
总税率和强制性派款率（占利润的百分比）	31.4
报税后流程指标（0—100）	95.87

人均国民收入（美元）	182
人口	12230730
跨境贸易（排名）	178
跨境贸易前沿距离分数（0—100）	26.19
出口所需时间	
单证合规时间（小时）	192
边界合规时间（小时）	146
出口费用	
单证合规费用（美元）	194
边界合规费用（美元）	763
进口所需时间	
单证合规时间（小时）	360
边界合规时间（小时）	179
进口费用	
单证合规费用（美元）	350
边界合规费用（美元）	781
执行合同（排名）	81
执行合同前沿距离分数（0—100）	58.99
时间（天）	228
费用（占索赔额的百分比）	30.0
司法程序质量指数（0—18）	3.5
办理破产（排名）	168
办理破产前沿距离分数（0—100）	0.00
时间（年）	无实践
费用（占资产价值的百分比）	无实践
债务回收率（美分/美元）	0.0
破产框架力度指数（0—16）	0.0

西班牙		经合组织高收入国家		人均国民收入（美元）	27520
营商环境便利度排名（1—190）	28	前沿距离总分（0—100）	77.02	人口	46443959
开办企业（排名）	86	**获得信贷（排名）**	68	**跨境贸易（排名）**	1
开办企业前沿距离分数（0—100）	86.65	获得信贷前沿距离分数（0—100）	60.00	跨境贸易前沿距离分数（0—100）	100.00
办理手续（项）	7	合法权利力度指数（0—12）	5	出口所需时间	
办理时间（天）	13	信贷信息深度指数（0—8）	7	单证合规时间（小时）	1
费用（占人均收入的百分比）	4.8	信用局覆盖率	15.9	边界合规时间（小时）	0
最低实缴资本（占人均收入的百分比）	12.5	信贷登记机构覆盖率（占成年人口的百分比）	79.3	出口费用	
				单证合规费用（美元）	0
办理施工许可证（排名）	123	**保护少数投资者（排名）**	24	边界合规费用（美元）	0
办理施工许可证前沿距离分数（0—100）	63.50	保护少数投资者前沿距离分数（0—100）	70.00	进口所需时间	
办理手续（项）	15	信息披露指数（0—10）	7	单证合规时间（小时）	1
办理时间（天）	208	董事责任指数（0—10）	6	边界合规时间（小时）	0
费用（占库房价值的百分比）	5.4	股东诉讼便利度指数（0—10）	6	进口费用	
建筑质量控制指数（0—15）	11.0	股东权利指数（0—10）	9	单证合规费用（美元）	0
		所有权和管理控制指数（0—10）	5	边界合规费用（美元）	0
获得电力（排名）	42	公司透明度指数（0—10）	9		
获得电力前沿距离分数（0—100）	82.99			**执行合同（排名）**	26
办理手续（项）	5	**纳税（排名）**	34	执行合同前沿距离分数（0—100）	69.97
办理时间（天）	95	纳税前沿距离分数（0—100）	84.44	时间（天）	510
费用（占人均收入的百分比）	100.1	纳税次数（次/年）	9	费用（占索赔额的百分比）	17.2
供电可靠性和电费透明度指数（0—8）	8	所需时间（小时/年）	152	司法程序质量指数（0—18）	11.0
		总税率和强制性派款率（占利润的百分比）	46.9		
登记财产（排名）	53	报税后流程指标（0—100）	93.60	**办理破产（排名）**	19
登记财产前沿距离分数（0—100）	73.88			办理破产前沿距离分数（0—100）	78.74
办理手续（项）	5			时间（年）	1.5
办理时间（天）	12.5			费用（占资产价值的百分比）	11.0
费用（占财产价值的百分比）	6.1			债务回收率（美分/美元）	76.6
土地管理系统质量指数（0—30）	22.5			破产框架力度指数（0—16）	12.0

斯里兰卡		南亚		人均国民收入（美元）	3780
营商环境便利度排名（1—190）	111	前沿距离总分（0—100）	58.86	人口	21203000
开办企业（排名）	77	**获得信贷（排名）**	122	**跨境贸易（排名）**	86
开办企业前沿距离分数（0—100）	87.74	获得信贷前沿距离分数（0—100）	40.00	跨境贸易前沿距离分数（0—100）	73.29
办理手续（项）	7	合法权利力度指数（0—12）	2	出口所需时间	
办理时间（天）	9	信贷信息深度指数（0—8）	6	单证合规时间（小时）	48
费用（占人均收入的百分比）	10.4	信用局覆盖率	35.0	边界合规时间（小时）	43
最低实缴资本（占人均收入的百分比）	0.0	信贷登记机构覆盖率（占成年人口的百分比）	0.0	出口费用	
				单证合规费用（美元）	58
办理施工许可证（排名）	76	**保护少数投资者（排名）**	43	边界合规费用（美元）	366
办理施工许可证前沿距离分数（0—100）	69.33	保护少数投资者前沿距离分数（0—100）	63.33	进口所需时间	
办理手续（项）	13	信息披露指数（0—10）	8	单证合规时间（小时）	48
办理时间（天）	115	董事责任指数（0—10）	5	边界合规时间（小时）	72
费用（占库房价值的百分比）	0.3	股东诉讼便利度指数（0—10）	7	进口费用	
建筑质量控制指数（0—15）	5.5	股东权利指数（0—10）	6	单证合规费用（美元）	283
		所有权和管理控制指数（0—10）	6	边界合规费用（美元）	300
获得电力（排名）	93	公司透明度指数（0—10）	6		
获得电力前沿距离分数（0—100）	70.98			**执行合同（排名）**	165
办理手续（项）	5	**纳税（排名）**	158	执行合同前沿距离分数（0—100）	39.31
办理时间（天）	100	纳税前沿距离分数（0—100）	53.70	时间（天）	1318
费用（占人均收入的百分比）	777.0	纳税次数（次/年）	47	费用（占索赔额的百分比）	22.8
供电可靠性和电费透明度指数（0—8）	5	所需时间（小时/年）	168	司法程序质量指数（0—18）	7.5
		总税率和强制性派款率（占利润的百分比）	55.2		
登记财产（排名）	157	报税后流程指标（0—100）	49.31	**办理破产（排名）**	88
登记财产前沿距离分数（0—100）	45.92			办理破产前沿距离分数（0—100）	44.99
办理手续（项）	9			时间（年）	1.7
办理时间（天）	51			费用（占资产价值的百分比）	10.0
费用（占财产价值的百分比）	5.1			债务回收率（美分/美元）	42.9
土地管理系统质量指数（0—30）	2.5			破产框架力度指数（0—16）	7.0

圣基茨和尼维斯		拉丁美洲和加勒比地区		人均国民收入（美元）	15850
营商环境便利度排名（1—190）	134	前沿距离总分（0—100）	54.52	人口	54821
开办企业（排名）	91	**获得信贷（排名）**	159 ✓	**跨境贸易（排名）**	66
开办企业前沿距离分数（0—100）	85.76	获得信贷前沿距离分数（0—100）	25.00	跨境贸易前沿距离分数（0—100）	81.04
办理手续（项）	7	合法权利力度指数（0—12）	5	*出口所需时间*	
办理时间（天）	18.5	信贷信息深度指数（0—8）	0	单证合规时间（小时）	24
费用（占人均收入的百分比）	7.2	信用局覆盖率	0.0	边界合规时间（小时）	27
最低实缴资本（占人均收入的百分比）	0.0	信贷登记机构覆盖率（占成年人口的百分比）	0.0	*出口费用*	
				单证合规费用（美元）	100
办理施工许可证（排名）	33	**保护少数投资者（排名）**	119	边界合规费用（美元）	335
办理施工许可证前沿距离分数（0—100）	76.27	保护少数投资者前沿距离分数（0—100）	48.33	*进口所需时间*	
办理手续（项）	11	信息披露指数（0—10）	4	单证合规时间（小时）	33
办理时间（天）	105	董事责任指数（0—10）	8	边界合规时间（小时）	37
费用（占库房价值的百分比）	0.3	股东诉讼便利度指数（0—10）	8	*进口费用*	
建筑质量控制指数（0—15）	8.0	股东权利指数（0—10）	4	单证合规费用（美元）	90
		所有权和管理控制指数（0—10）	1	边界合规费用（美元）	311
获得电力（排名）	94	公司透明度指数（0—10）	4		
获得电力前沿距离分数（0—100）	70.10			**执行合同（排名）**	50
办理手续（项）	4	**纳税（排名）**	124	执行合同前沿距离分数（0—100）	65.51
办理时间（天）	18	纳税前沿距离分数（0—100）	64.41	时间（天）	578
费用（占人均收入的百分比）	239.2	纳税次数（次/年）	39	费用（占索赔额的百分比）	26.6
供电可靠性和电费透明度指数（0—8）	0	所需时间（小时/年）	203	司法程序质量指数（0—18）	11.5
		总税率和强制性派款率（占利润的百分比）	49.7		
登记财产（排名）	184	报税后流程指标（0—100）	75.73	**办理破产（排名）**	168
登记财产前沿距离分数（0—100）	28.80			办理破产前沿距离分数（0—100）	0.00
办理手续（项）	6			时间（年）	无实践
办理时间（天）	224			费用（占资产价值的百分比）	无实践
费用（占财产价值的百分比）	11.0			债务回收率（美分/美元）	0.0
土地管理系统质量指数（0—30）	9.0			破产框架力度指数（0—16）	0.0

圣卢西亚		拉丁美洲和加勒比地区		人均国民收入（美元）	7670
营商环境便利度排名（1—190）	91	前沿距离总分（0—100）	62.88	人口	178015
开办企业（排名）	69	**获得信贷（排名）**	159	**跨境贸易（排名）**	82
开办企业前沿距离分数（0—100）	88.79	获得信贷前沿距离分数（0—100）	25.00	跨境贸易前沿距离分数（0—100）	73.87
办理手续（项）	5	合法权利力度指数（0—12）	5	*出口所需时间*	
办理时间（天）	11	信贷信息深度指数（0—8）	0	单证合规时间（小时）	19
费用（占人均收入的百分比）	21.5	信用局覆盖率	0.0	边界合规时间（小时）	27
最低实缴资本（占人均收入的百分比）	0.0	信贷登记机构覆盖率（占成年人口的百分比）	0.0	*出口费用*	
				单证合规费用（美元）	63
办理施工许可证（排名）	34	**保护少数投资者（排名）**	96	边界合规费用（美元）	718
办理施工许可证前沿距离分数（0—100）	76.21	保护少数投资者前沿距离分数（0—100）	51.67	*进口所需时间*	
办理手续（项）	14	信息披露指数（0—10）	4	单证合规时间（小时）	14
办理时间（天）	116	董事责任指数（0—10）	8	边界合规时间（小时）	27
费用（占库房价值的百分比）	0.6	股东诉讼便利度指数（0—10）	8	*进口费用*	
建筑质量控制指数（0—15）	10.5	股东权利指数（0—10）	4	单证合规费用（美元）	98
		所有权和管理控制指数（0—10）	4	边界合规费用（美元）	842
获得电力（排名）	43	公司透明度指数（0—10）	3		
获得电力前沿距离分数（0—100）	82.88			**执行合同（排名）**	71
办理手续（项）	6	**纳税（排名）**	74	执行合同前沿距离分数（0—100）	59.67
办理时间（天）	26	纳税前沿距离分数（0—100）	75.73	时间（天）	645
费用（占人均收入的百分比）	203.7	纳税次数（次/年）	35	费用（占索赔额的百分比）	37.3
供电可靠性和电费透明度指数（0—8）	7	所需时间（小时/年）	110	司法程序质量指数（0—18）	11.5
		总税率和强制性派款率（占利润的百分比）	34.7		
登记财产（排名）	105	报税后流程指标（0—100）	77.80	**办理破产（排名）**	127
登记财产前沿距离分数（0—100）	59.16			办理破产前沿距离分数（0—100）	35.83
办理手续（项）	9			时间（年）	2.0
办理时间（天）	17			费用（占资产价值的百分比）	9.0
费用（占财产价值的百分比）	7.6			债务回收率（美分/美元）	43.3
土地管理系统质量指数（0—30）	18.5			破产框架力度指数（0—16）	4.0

圣文森特和格林纳丁斯

营商环境便利度排名（1—190）	129
开办企业（排名）	85
开办企业前沿距离分数（0—100）	86.82
办理手续（项）	7
办理时间（天）	10
费用（占人均收入的百分比）	15.8
最低实缴资本（占人均收入的百分比）	0.0
办理施工许可证（排名）	44
办理施工许可证前沿距离分数（0—100）	74.42
办理手续（项）	14
办理时间（天）	92
费用（占库房价值的百分比）	0.1
建筑质量控制指数（0—15）	8.0
获得电力（排名）	90
获得电力前沿距离分数（0—100）	71.14
办理手续（项）	3
办理时间（天）	52
费用（占人均收入的百分比）	52.5
供电可靠性和电费透明度指数（0—8）	0
登记财产（排名）	166
登记财产前沿距离分数（0—100）	43.10
办理手续（项）	7
办理时间（天）	47
费用（占财产价值的百分比）	11.8
土地管理系统质量指数（0—30）	7.0

拉丁美洲和加勒比地区

前沿距离总分（0—100）	55.72
获得信贷（排名）	159
获得信贷前沿距离分数（0—100）	25.00
合法权利力度指数（0—12）	5
信贷信息深度指数（0—8）	0
信用局覆盖率	0.0
信贷登记机构覆盖率（占成年人口的百分比）	0.0
保护少数投资者（排名）	96
保护少数投资者前沿距离分数（0—100）	51.67
信息披露指数（0—10）	4
董事责任指数（0—10）	8
股东诉讼便利度指数（0—10）	8
股东权利指数（0—10）	4
所有权和管理控制指数（0—10）	4
公司透明度指数（0—10）	3
纳税（排名）	101
纳税前沿距离分数（0—100）	70.26
纳税次数（次/年）	36
所需时间（小时/年）	108
总税率和强制性派款率（占利润的百分比）	39.3
报税后流程指标（0—100）	63.89

人均国民收入（美元） 6790
人口 109643

跨境贸易（排名）	93
跨境贸易前沿距离分数（0—100）	71.08
出口所需时间	
单证合规时间（小时）	72
边界合规时间（小时）	28
出口费用	
单证合规费用（美元）	80
边界合规费用（美元）	425
进口所需时间	
单证合规时间（小时）	24
边界合规时间（小时）	48
进口费用	
单证合规费用（美元）	90
边界合规费用（美元）	875
执行合同（排名）	53
执行合同前沿距离分数（0—100）	63.66
时间（天）	595
费用（占索赔额的百分比）	30.3
司法程序质量指数（0—18）	11.5
办理破产（排名）	168
办理破产前沿距离分数（0—100）	0.00
时间（年）	无实践
费用（占资产价值的百分比）	无实践
债务回收率（美分/美元）	0.0
破产框架力度指数（0—16）	0.0

苏丹

营商环境便利度排名（1—190）	170
开办企业（排名）	159
开办企业前沿距离分数（0—100）	73.51
办理手续（项）	10.5
办理时间（天）	36.5
费用（占人均收入的百分比）	27.8
最低实缴资本（占人均收入的百分比）	0.0
办理施工许可证（排名）	133
办理施工许可证前沿距离分数（0—100）	61.63
办理手续（项）	15
办理时间（天）	270
费用（占库房价值的百分比）	2.0
建筑质量控制指数（0—15）	10.0
获得电力（排名）	110
获得电力前沿距离分数（0—100）	63.26
办理手续（项）	5
办理时间（天）	70
费用（占人均收入的百分比）	2311.2
供电可靠性和电费透明度指数（0—8）	3
登记财产（排名）	89
登记财产前沿距离分数（0—100）	63.62
办理手续（项）	6
办理时间（天）	11
费用（占财产价值的百分比）	2.6
土地管理系统质量指数（0—30）	5.5

撒哈拉以南非洲

前沿距离总分（0—100）	44.46
获得信贷（排名）	173
获得信贷前沿距离分数（0—100）	15.00
合法权利力度指数（0—12）	3
信贷信息深度指数（0—8）	0
信用局覆盖率	2.4
信贷登记机构覆盖率（占成年人口的百分比）	0.0
保护少数投资者（排名）	186
保护少数投资者前沿距离分数（0—100）	23.33
信息披露指数（0—10）	3
董事责任指数（0—10）	1
股东诉讼便利度指数（0—10）	4
股东权利指数（0—10）	3
所有权和管理控制指数（0—10）	2
公司透明度指数（0—10）	1
纳税（排名）	163
纳税前沿距离分数（0—100）	51.80
纳税次数（次/年）	42
所需时间（小时/年）	180
总税率和强制性派款率（占利润的百分比）	45.4
报税后流程指标（0—100）	20.20

人均国民收入（美元） 2140
人口 39578828

跨境贸易（排名）	185
跨境贸易前沿距离分数（0—100）	19.16
出口所需时间	
单证合规时间（小时）	190
边界合规时间（小时）	162
出口费用	
单证合规费用（美元）	428
边界合规费用（美元）	950
进口所需时间	
单证合规时间（小时）	132
边界合规时间（小时）	144
进口费用	
单证合规费用（美元）	420
边界合规费用（美元）	1093
执行合同（排名）	146
执行合同前沿距离分数（0—100）	46.91
时间（天）	810
费用（占索赔额的百分比）	19.8
司法程序质量指数（0—18）	3.5
办理破产（排名）	154
办理破产前沿距离分数（0—100）	26.39
时间（年）	2.0
费用（占资产价值的百分比）	20.0
债务回收率（美分/美元）	31.6
破产框架力度指数（0—16）	3.0

苏里南		拉丁美洲和加勒比地区		人均国民收入（美元）	7070
营商环境便利度排名（1—190）	165	前沿距离总分（0—100）	46.87	人口	558368
开办企业（排名）	186	获得信贷（排名）	177	跨境贸易（排名）	80
开办企业前沿距离分数（0—100）	48.27	获得信贷前沿距离分数（0—100）	10.00	跨境贸易前沿距离分数（0—100）	75.02
办理手续（项）	13.5	合法权利力度指数（0—12）	2	出口所需时间	
办理时间（天）	84.5	信贷信息深度指数（0—8）	0	单证合规时间（小时）	12
费用（占人均收入的百分比）	97.8	信用局覆盖率	0.0	边界合规时间（小时）	84
最低实缴资本（占人均收入的百分比）	0.3	信贷登记机构覆盖率（占成年人口的百分比）	0.0	出口费用	
				单证合规费用（美元）	40
办理施工许可证（排名）	104	保护少数投资者（排名）	167	边界合规费用（美元）	468
办理施工许可证前沿距离分数（0—100）	66.40	保护少数投资者前沿距离分数（0—100）	35.00	进口所需时间	
办理手续（项）	10	信息披露指数（0—10）	1	单证合规时间（小时）	24
办理时间（天）	223	董事责任指数（0—10）	0	边界合规时间（小时）	48
费用（占库房价值的百分比）	0.2	股东诉讼便利度指数（0—10）	6	进口费用	
建筑质量控制指数（0—15）	6.5	股东权利指数（0—10）	8	单证合规费用（美元）	40
		所有权和管理控制指数（0—10）	4	边界合规费用（美元）	658
获得电力（排名）	131	公司透明度指数（0—10）	2		
获得电力前沿距离分数（0—100）	58.55			执行合同（排名）	187
办理手续（项）	4	纳税（排名）	102	执行合同前沿距离分数（0—100）	25.94
办理时间（天）	113	纳税前沿距离分数（0—100）	69.55	时间（天）	1715
费用（占人均收入的百分比）	633.7	纳税次数（次/年）	30	费用（占索赔额的百分比）	37.1
供电可靠性和电费透明度指数（0—8）	0	所需时间（小时/年）	199	司法程序质量指数（0—18）	3.5
		总税率和强制性派款率（占利润的百分比）	27.9		
√ 登记财产（排名）	156	报税后流程指标（0—100）	48.85	办理破产（排名）	135
登记财产前沿距离分数（0—100）	45.95			办理破产前沿距离分数（0—100）	33.98
办理手续（项）	6			时间（年）	5.0
办理时间（天）	46			费用（占资产价值的百分比）	30.0
费用（占财产价值的百分比）	13.7			债务回收率（美分/美元）	8.0
土地管理系统质量指数（0—30）	11.5			破产框架力度指数（0—16）	9.5

斯威士兰		撒哈拉以南非洲		人均国民收入（美元）	2830
营商环境便利度排名（1—190）	112	前沿距离总分（0—100）	58.82	人口	1343098
开办企业（排名）	158	√ 获得信贷（排名）	77	√ 跨境贸易（排名）	32
开办企业前沿距离分数（0—100）	74.35	获得信贷前沿距离分数（0—100）	55.00	跨境贸易前沿距离分数（0—100）	92.92
办理手续（项）	12	合法权利力度指数（0—12）	4	出口所需时间	
办理时间（天）	30	信贷信息深度指数（0—8）	7	单证合规时间（小时）	2
费用（占人均收入的百分比）	16.4	信用局覆盖率	44.2	边界合规时间（小时）	2
最低实缴资本（占人均收入的百分比）	0.3	信贷登记机构覆盖率（占成年人口的百分比）	0.0	出口费用	
				单证合规费用（美元）	76
× 办理施工许可证（排名）	102	保护少数投资者（排名）	138	边界合规费用（美元）	134
办理施工许可证前沿距离分数（0—100）	66.72	保护少数投资者前沿距离分数（0—100）	41.67	进口所需时间	
办理手续（项）	14	信息披露指数（0—10）	2	单证合规时间（小时）	4
办理时间（天）	116	董事责任指数（0—10）	5	边界合规时间（小时）	3
费用（占库房价值的百分比）	3.6	股东诉讼便利度指数（0—10）	6	进口费用	
建筑质量控制指数（0—15）	7.0	股东权利指数（0—10）	6	单证合规费用（美元）	76
		所有权和管理控制指数（0—10）	3	边界合规费用（美元）	134
获得电力（排名）	159	公司透明度指数（0—10）	3		
获得电力前沿距离分数（0—100）	47.24			执行合同（排名）	169
办理手续（项）	6	纳税（排名）	63	执行合同前沿距离分数（0—100）	36.72
办理时间（天）	137	纳税前沿距离分数（0—100）	77.27	时间（天）	956
费用（占人均收入的百分比）	753.7	纳税次数（次/年）	33	费用（占索赔额的百分比）	56.1
供电可靠性和电费透明度指数（0—8）	0	所需时间（小时/年）	122	司法程序质量指数（0—18）	7.5
		总税率和强制性派款率（占利润的百分比）	35.2		
登记财产（排名）	115	报税后流程指标（0—100）	83.15	办理破产（排名）	114
登记财产前沿距离分数（0—100）	57.40			办理破产前沿距离分数（0—100）	38.90
办理手续（项）	9			时间（年）	2.0
办理时间（天）	21			费用（占资产价值的百分比）	14.5
费用（占财产价值的百分比）	7.1			债务回收率（美分/美元）	37.4
土地管理系统质量指数（0—30）	16.0			破产框架力度指数（0—16）	6.0

瑞典		经合组织高收入国家		人均国民收入（美元）	54630
营商环境便利度排名（1—190）	10	前沿距离总分（0—100）	81.27	人口	9903122
开办企业（排名）	13	获得信贷（排名）	77	跨境贸易（排名）	18
开办企业前沿距离分数（0—100）	94.67	获得信贷前沿距离分数（0—100）	55.00	跨境贸易前沿距离分数（0—100）	98.04
办理手续（项）	3	合法权利力度指数（0—12）	6	出口所需时间	
办理时间（天）	7	信贷信息深度指数（0—8）	5	单证合规时间（小时）	1
费用（占人均收入的百分比）	0.5	信用局覆盖率	100.0	边界合规时间（小时）	2
最低实缴资本（占人均收入的百分比）	11.1	信贷登记机构覆盖率（占成年人口的百分比）	0.0	出口费用	
				单证合规费用（美元）	40
办理施工许可证（排名）	27	保护少数投资者（排名）	29	边界合规费用（美元）	55
办理施工许可证前沿距离分数（0—100）	77.89	保护少数投资者前沿距离分数（0—100）	68.33	进口所需时间	
办理手续（项）	8	信息披露指数（0—10）	8	单证合规时间（小时）	1
办理时间（天）	117	董事责任指数（0—10）	4	边界合规时间（小时）	0
费用（占库房价值的百分比）	2.0	股东诉讼便利度指数（0—10）	7	进口费用	
建筑质量控制指数（0—15）	9.0	股东权利指数（0—10）	7	单证合规费用（美元）	0
		所有权和管理控制指数（0—10）	7	边界合规费用（美元）	0
获得电力（排名）	6	公司透明度指数（0—10）	8		
获得电力前沿距离分数（0—100）	96.21			执行合同（排名）	36
办理手续（项）	3	纳税（排名）	27	执行合同前沿距离分数（0—100）	67.61
办理时间（天）	52	纳税前沿距离分数（0—100）	85.28	时间（天）	483
费用（占人均收入的百分比）	31.2	纳税次数（次/年）	6	费用（占索赔额的百分比）	30.4
供电可靠性和电费透明度指数（0—8）	8	所需时间（小时/年）	122	司法程序质量指数（0—18）	12.0
		总税率和强制性派款率（占利润的百分比）	49.1		
登记财产（排名）	9	报税后流程指标（0—100）	90.75	办理破产（排名）	16
登记财产前沿距离分数（0—100）	90.11			办理破产前沿距离分数（0—100）	79.53
办理手续（项）	1			时间（年）	2.0
办理时间（天）	7			费用（占资产价值的百分比）	9.0
费用（占财产价值的百分比）	4.3			债务回收率（美分/美元）	78.1
土地管理系统质量指数（0—30）	27.5			破产框架力度指数（0—16）	12.0

瑞士		经合组织高收入国家		人均国民收入（美元）	81240
营商环境便利度排名（1—190）	33	前沿距离总分（0—100）	75.92	人口	8372098
开办企业（排名）	73	获得信贷（排名）	68	跨境贸易（排名）	38
开办企业前沿距离分数（0—100）	88.38	获得信贷前沿距离分数（0—100）	60.00	跨境贸易前沿距离分数（0—100）	91.79
办理手续（项）	6	合法权利力度指数（0—12）	6	出口所需时间	
办理时间（天）	10	信贷信息深度指数（0—8）	6	单证合规时间（小时）	2
费用（占人均收入的百分比）	2.3	信用局覆盖率	25.6	边界合规时间（小时）	1
最低实缴资本（占人均收入的百分比）	25.4	信贷登记机构覆盖率（占成年人口的百分比）	0.0	出口费用	
				单证合规费用（美元）	75
办理施工许可证（排名）	62	保护少数投资者（排名）	108	边界合规费用（美元）	201
办理施工许可证前沿距离分数（0—100）	71.73	保护少数投资者前沿距离分数（0—100）	50.00	进口所需时间	
办理手续（项）	13	信息披露指数（0—10）	0	单证合规时间（小时）	2
办理时间（天）	156	董事责任指数（0—10）	5	边界合规时间（小时）	1
费用（占库房价值的百分比）	0.7	股东诉讼便利度指数（0—10）	5	进口费用	
建筑质量控制指数（0—15）	9.0	股东权利指数（0—10）	8	单证合规费用（美元）	75
		所有权和管理控制指数（0—10）	5	边界合规费用（美元）	201
获得电力（排名）	7	公司透明度指数（0—10）	7		
获得电力前沿距离分数（0—100）	94.41			执行合同（排名）	45
办理手续（项）	3	纳税（排名）	19	执行合同前沿距离分数（0—100）	66.49
办理时间（天）	39	纳税前沿距离分数（0—100）	87.66	时间（天）	510
费用（占人均收入的百分比）	59.2	纳税次数（次/年）	19	费用（占索赔额的百分比）	24.0
供电可靠性和电费透明度指数（0—8）	7	所需时间（小时/年）	63	司法程序质量指数（0—18）	10.5
		总税率和强制性派款率（占利润的百分比）	28.8		
登记财产（排名）	16	报税后流程指标（0—100）	83.21	办理破产（排名）	45
登记财产前沿距离分数（0—100）	86.12			办理破产前沿距离分数（0—100）	62.63
办理手续（项）	4			时间（年）	3.0
办理时间（天）	16			费用（占资产价值的百分比）	4.5
费用（占财产价值的百分比）	0.3			债务回收率（美分/美元）	46.7
土地管理系统质量指数（0—30）	23.5			破产框架力度指数（0—16）	12.0

叙利亚

营商环境便利度排名（1—190）	174
开办企业（排名）	133
开办企业前沿距离分数（0—100）	80.43
办理手续（项）	7.5
办理时间（天）	15.5
费用（占人均收入的百分比）	7.9
最低实缴资本（占人均收入的百分比）	84.0
办理施工许可证（排名）	186
办理施工许可证前沿距离分数（0—100）	0.00
办理手续（项）	无实践
办理时间（天）	无实践
费用（占库房价值的百分比）	无实践
建筑质量控制指数（0—15）	0.0
获得电力（排名）	153
获得电力前沿距离分数（0—100）	51.99
办理手续（项）	5
办理时间（天）	146
费用（占人均收入的百分比）	247.3
供电可靠性和电费透明度指数（0—8）	0
登记财产（排名）	155
登记财产前沿距离分数（0—100）	46.88
办理手续（项）	4
办理时间（天）	48
费用（占财产价值的百分比）	28.0
土地管理系统质量指数（0—30）	10.5

中东和北非

前沿距离总分（0—100）	41.55
获得信贷（排名）	173
获得信贷前沿距离分数（0—100）	15.00
合法权利力度指数（0—12）	1
信贷信息深度指数（0—8）	2
信用局覆盖率	0.0
信贷登记机构覆盖率（占成年人口的百分比）	7.1
保护少数投资者（排名）	89
保护少数投资者前沿距离分数（0—100）	53.33
信息披露指数（0—10）	7
董事责任指数（0—10）	5
股东诉讼便利度指数（0—10）	3
股东权利指数（0—10）	6
所有权和管理控制指数（0—10）	5
公司透明度指数（0—10）	6
纳税（排名）	81
纳税前沿距离分数（0—100）	73.97
纳税次数（次/年）	20
所需时间（小时/年）	336
总税率和强制性派款率（占利润的百分比）	42.7
报税后流程指标（0—100）	92.20

人均国民收入（美元）：1037　人口：18430453

跨境贸易（排名）	176
跨境贸易前沿距离分数（0—100）	29.83
出口所需时间	
单证合规时间（小时）	48
边界合规时间（小时）	84
出口费用	
单证合规费用（美元）	725
边界合规费用（美元）	1113
进口所需时间	
单证合规时间（小时）	149
边界合规时间（小时）	141
进口费用	
单证合规费用（美元）	742
边界合规费用（美元）	828
执行合同（排名）	161
执行合同前沿距离分数（0—100）	42.58
时间（天）	872
费用（占索赔额的百分比）	29.3
司法程序质量指数（0—18）	4.0
办理破产（排名）	163
办理破产前沿距离分数（0—100）	21.44
时间（年）	4.1
费用（占资产价值的百分比）	16.0
债务回收率（美分/美元）	10.8
破产框架力度指数（0—16）	5.0

中国台湾

营商环境便利度排名（1—190）	15
开办企业（排名）	16
开办企业前沿距离分数（0—100）	94.43
办理手续（项）	3
办理时间（天）	10
费用（占人均收入的百分比）	2.0
最低实缴资本（占人均收入的百分比）	0.0
办理施工许可证（排名）	4
办理施工许可证前沿距离分数（0—100）	86.32
办理手续（项）	10
办理时间（天）	93
费用（占库房价值的百分比）	0.4
建筑质量控制指数（0—15）	13.0
获得电力（排名）	3
获得电力前沿距离分数（0—100）	99.45
办理手续（项）	3
办理时间（天）	22
费用（占人均收入的百分比）	38.9
供电可靠性和电费透明度指数（0—8）	8
登记财产（排名）	18
登记财产前沿距离分数（0—100）	83.89
办理手续（项）	3
办理时间（天）	4
费用（占财产价值的百分比）	6.2
土地管理系统质量指数（0—30）	28.5

东亚和太平洋地区

前沿距离总分（0—100）	80.07
获得信贷（排名）	90 ✓
获得信贷前沿距离分数（0—100）	50.00
合法权利力度指数（0—12）	2
信贷信息深度指数（0—8）	8
信用局覆盖率	98.4
信贷登记机构覆盖率（占成年人口的百分比）	0.0
保护少数投资者（排名）	24
保护少数投资者前沿距离分数（0—100）	70.00
信息披露指数（0—10）	9
董事责任指数（0—10）	5
股东诉讼便利度指数（0—10）	6
股东权利指数（0—10）	7
所有权和管理控制指数（0—10）	5
公司透明度指数（0—10）	10
纳税（排名）	56
纳税前沿距离分数（0—100）	77.96
纳税次数（次/年）	11
所需时间（小时/年）	221
总税率和强制性派款率（占利润的百分比）	34.3
报税后流程指标（0—100）	63.17

人均国民收入（美元）：23284　人口：23539816

跨境贸易（排名）	55
跨境贸易前沿距离分数（0—100）	84.94
出口所需时间	
单证合规时间（小时）	5
边界合规时间（小时）	17
出口费用	
单证合规费用（美元）	84
边界合规费用（美元）	335
进口所需时间	
单证合规时间（小时）	4
边界合规时间（小时）	47
进口费用	
单证合规费用（美元）	65
边界合规费用（美元）	340
执行合同（排名）	10 ✓
执行合同前沿距离分数（0—100）	75.11
时间（天）	510
费用（占索赔额的百分比）	18.3
司法程序质量指数（0—18）	14.0
办理破产（排名）	20
办理破产前沿距离分数（0—100）	78.63
时间（年）	1.9
费用（占资产价值的百分比）	4.0
债务回收率（美分/美元）	82.2
破产框架力度指数（0—16）	11.0

塔吉克斯坦		欧洲和中亚		人均国民收入（美元）	1110
营商环境便利度排名（1—190）	123	前沿距离总分（0—100）	56.86	人口	8734951
✓ 开办企业（排名）	57	获得信贷（排名）	122	跨境贸易（排名）	149
开办企业前沿距离分数（0—100）	90.54	获得信贷前沿距离分数（0—100）	40.00	跨境贸易前沿距离分数（0—100）	57.17
办理手续（项）	4	合法权利力度指数（0—12）	1	出口所需时间	
办理时间（天）	11	信贷信息深度指数（0—8）	7	单证合规时间（小时）	66
费用（占人均收入的百分比）	19.3	信用局覆盖率	39.4	边界合规时间（小时）	75
最低实缴资本（占人均收入的百分比）	0.0	信贷登记机构覆盖率（占成年人口的百分比）	0.0	出口费用	
				单证合规费用（美元）	330
办理施工许可证（排名）	136	保护少数投资者（排名）	33	边界合规费用（美元）	313
办理施工许可证前沿距离分数（0—100）	61.21	保护少数投资者前沿距离分数（0—100）	66.67	进口所需时间	
办理手续（项）	25	信息披露指数（0—10）	8	单证合规时间（小时）	126
办理时间（天）	182	董事责任指数（0—10）	6	边界合规时间（小时）	107
费用（占库房价值的百分比）	2.0	股东诉讼便利度指数（0—10）	6	进口费用	
建筑质量控制指数（0—15）	12.0	股东权利指数（0—10）	9	单证合规费用（美元）	260
		所有权和管理控制指数（0—10）	4	边界合规费用（美元）	223
获得电力（排名）	171	公司透明度指数（0—10）	7		
获得电力前沿距离分数（0—100）	35.00			执行合同（排名）	54
办理手续（项）	9	纳税（排名）	132	执行合同前沿距离分数（0—100）	63.49
办理时间（天）	133	纳税前沿距离分数（0—100）	62.27	时间（天）	430
费用（占人均收入的百分比）	811.5	纳税次数（次/年）	6	费用（占索赔额的百分比）	25.5
供电可靠性和电费透明度指数（0—8）	0	所需时间（小时/年）	224	司法程序质量指数（0—18）	8.0
		总税率和强制性派款率（占利润的百分比）	65.2		
✓ 登记财产（排名）	90	报税后流程指标（0—100）	40.40	办理破产（排名）	148
登记财产前沿距离分数（0—100）	63.50			办理破产前沿距离分数（0—100）	28.76
办理手续（项）	5			时间（年）	1.7
办理时间（天）	36			费用（占资产价值的百分比）	9.0
费用（占财产价值的百分比）	3.1			债务回收率（美分/美元）	36.0
土地管理系统质量指数（0—30）	7.5			破产框架力度指数（0—16）	3.0

坦桑尼亚		撒哈拉以南非洲		人均国民收入（美元）	900
营商环境便利度排名（1—190）	137	前沿距离总分（0—100）	54.04	人口	55572201
开办企业（排名）	162	获得信贷（排名）	55	跨境贸易（排名）	182
开办企业前沿距离分数（0—100）	73.03	获得信贷前沿距离分数（0—100）	65.00	跨境贸易前沿距离分数（0—100）	20.21
办理手续（项）	11	合法权利力度指数（0—12）	5	出口所需时间	
办理时间（天）	28	信贷信息深度指数（0—8）	8	单证合规时间（小时）	96
费用（占人均收入的百分比）	42.9	信用局覆盖率	6.2	边界合规时间（小时）	96
最低实缴资本（占人均收入的百分比）	0.0	信贷登记机构覆盖率（占成年人口的百分比）	0.0	出口费用	
				单证合规费用（美元）	275
✓ 办理施工许可证（排名）	156	保护少数投资者（排名）	129	边界合规费用（美元）	1160
办理施工许可证前沿距离分数（0—100）	56.43	保护少数投资者前沿距离分数（0—100）	45.00	进口所需时间	
办理手续（项）	24	信息披露指数（0—10）	2	单证合规时间（小时）	240
办理时间（天）	184	董事责任指数（0—10）	6	边界合规时间（小时）	402
费用（占库房价值的百分比）	6.6	股东诉讼便利度指数（0—10）	8	进口费用	
建筑质量控制指数（0—15）	12.0	股东权利指数（0—10）	4	单证合规费用（美元）	375
		所有权和管理控制指数（0—10）	2	边界合规费用（美元）	1350
获得电力（排名）	82	公司透明度指数（0—10）	5		
获得电力前沿距离分数（0—100）	73.96			执行合同（排名）	58
办理手续（项）	4	纳税（排名）	154	执行合同前沿距离分数（0—100）	61.66
办理时间（天）	109	纳税前沿距离分数（0—100）	55.49	时间（天）	515
费用（占人均收入的百分比）	843.8	纳税次数（次/年）	60	费用（占索赔额的百分比）	14.3
供电可靠性和电费透明度指数（0—8）	5	所需时间（小时/年）	207	司法程序质量指数（0—18）	6.0
		总税率和强制性派款率（占利润的百分比）	44.1		
✗ 登记财产（排名）	142	报税后流程指标（0—100）	67.17	办理破产（排名）	108
登记财产前沿距离分数（0—100）	50.13			办理破产前沿距离分数（0—100）	39.52
办理手续（项）	8			时间（年）	3.0
办理时间（天）	67			费用（占资产价值的百分比）	22.0
费用（占财产价值的百分比）	5.2			债务回收率（美分/美元）	21.2
土地管理系统质量指数（0—30）	7.5			破产框架力度指数（0—16）	9.0

泰国		东亚和太平洋地区		人均国民收入（美元）	5640
营商环境便利度排名（1—190）	26	前沿距离总分（0—100）	77.44	人口	68863514
✓ 开办企业（排名）	36	✓ 获得信贷（排名）	42	跨境贸易（排名）	57
开办企业前沿距离分数（0—100）	92.34	获得信贷前沿距离分数（0—100）	70.00	跨境贸易前沿距离分数（0—100）	84.10
办理手续（项）	5	合法权利力度指数（0—12）	7	出口所需时间	
办理时间（天）	4.5	信贷信息深度指数（0—8）	7	单证合规时间（小时）	11
费用（占人均收入的百分比）	6.2	信用局覆盖率	56.6	边界合规时间（小时）	51
最低实缴资本（占人均收入的百分比）	0.0	信贷登记机构覆盖率（占成年人口的百分比）	0.0	出口费用	
				单证合规费用（美元）	97
办理施工许可证（排名）	43	✓ 保护少数投资者（排名）	16	边界合规费用（美元）	223
办理施工许可证前沿距离分数（0—100）	74.58	保护少数投资者前沿距离分数（0—100）	73.33	进口所需时间	
办理手续（项）	18	信息披露指数（0—10）	10	单证合规时间（小时）	4
办理时间（天）	104	董事责任指数（0—10）	7	边界合规时间（小时）	50
费用（占库房价值的百分比）	0.1	股东诉讼便利度指数（0—10）	8	进口费用	
建筑质量控制指数（0—15）	11.0	股东权利指数（0—10）	5	单证合规费用（美元）	43
		所有权和管理控制指数（0—10）	7	边界合规费用（美元）	233
✓ 获得电力（排名）	13	公司透明度指数（0—10）	7		
获得电力前沿距离分数（0—100）	90.99			✓ 执行合同（排名）	34
办理手续（项）	4	纳税（排名）	67	执行合同前沿距离分数（0—100）	67.91
办理时间（天）	32	纳税前沿距离分数（0—100）	76.73	时间（天）	420
费用（占人均收入的百分比）	63.1	纳税次数（次/年）	21	费用（占索赔额的百分比）	16.9
供电可靠性和电费透明度指数（0—8）	7	所需时间（小时/年）	262	司法程序质量指数（0—18）	8.5
		总税率和强制性派款率（占利润的百分比）	28.7		
✓ 登记财产（排名）	68	报税后流程指标（0—100）	73.41	✓ 办理破产（排名）	26
登记财产前沿距离分数（0—100）	68.75			办理破产前沿距离分数（0—100）	75.64
办理手续（项）	5			时间（年）	1.5
办理时间（天）	7			费用（占资产价值的百分比）	18.0
费用（占财产价值的百分比）	7.3			债务回收率（美分/美元）	68.0
土地管理系统质量指数（0—30）	18.0			破产框架力度指数（0—16）	12.5

东帝汶		东亚和太平洋地区		人均国民收入（美元）	1861
营商环境便利度排名（1—190）	178	前沿距离总分（0—100）	40.62	人口	1268671
开办企业（排名）	151	获得信贷（排名）	170	跨境贸易（排名）	98
开办企业前沿距离分数（0—100）	76.60	获得信贷前沿距离分数（0—100）	20.00	跨境贸易前沿距离分数（0—100）	69.90
办理手续（项）	4	合法权利力度指数（0—12）	0	出口所需时间	
办理时间（天）	9	信贷信息深度指数（0—8）	4	单证合规时间（小时）	33
费用（占人均收入的百分比）	0.5	信用局覆盖率	0.0	边界合规时间（小时）	96
最低实缴资本（占人均收入的百分比）	268.6	信贷登记机构覆盖率（占成年人口的百分比）	5.6	出口费用	
				单证合规费用（美元）	100
办理施工许可证（排名）	159	保护少数投资者（排名）	81	边界合规费用（美元）	350
办理施工许可证前沿距离分数（0—100）	55.29	保护少数投资者前沿距离分数（0—100）	55.00	进口所需时间	
办理手续（项）	16	信息披露指数（0—10）	5	单证合规时间（小时）	44
办理时间（天）	207	董事责任指数（0—10）	4	边界合规时间（小时）	100
费用（占库房价值的百分比）	0.5	股东诉讼便利度指数（0—10）	5	进口费用	
建筑质量控制指数（0—15）	3.0	股东权利指数（0—10）	8	单证合规费用（美元）	115
		所有权和管理控制指数（0—10）	6	边界合规费用（美元）	410
获得电力（排名）	114	公司透明度指数（0—10）	5		
获得电力前沿距离分数（0—100）	62.96			执行合同（排名）	190
办理手续（项）	3	纳税（排名）	139	执行合同前沿距离分数（0—100）	6.13
办理时间（天）	93	纳税前沿距离分数（0—100）	60.32	时间（天）	1285
费用（占人均收入的百分比）	1258.0	纳税次数（次/年）	18	费用（占索赔额的百分比）	163.2
供电可靠性和电费透明度指数（0—8）	0	所需时间（小时/年）	276	司法程序质量指数（0—18）	2.5
		总税率和强制性派款率（占利润的百分比）	11.2		
登记财产（排名）	187	报税后流程指标（0—100）	1.38	办理破产（排名）	168
登记财产前沿距离分数（0—100）	0.00			办理破产前沿距离分数（0—100）	0.00
办理手续（项）	无实践			时间（年）	无实践
办理时间（天）	无实践			费用（占资产价值的百分比）	无实践
费用（占财产价值的百分比）	无实践			债务回收率（美分/美元）	0.0
土地管理系统质量指数（0—30）	0.0			破产框架力度指数（0—16）	0.0

多哥		撒哈拉以南非洲		人均国民收入（美元）	540
营商环境便利度排名（1—190）	156	前沿距离总分（0—100）	48.88	人口	7606374
开办企业（排名）	121	**获得信贷（排名）**	142	**跨境贸易（排名）**	121
开办企业前沿距离分数（0—100）	82.51	获得信贷前沿距离分数（0—100）	30.00	跨境贸易前沿距离分数（0—100）	63.66
办理手续（项）	5	合法权利力度指数（0—12）	6	出口所需时间	
办理时间（天）	6	信贷信息深度指数（0—8）	0	单证合规时间（小时）	11
费用（占人均收入的百分比）	66.0	信用局覆盖率	0.0	边界合规时间（小时）	67
最低实缴资本（占人均收入的百分比）	31.5	信贷登记机构覆盖率（占成年人口的百分比）	0.6	出口费用	
办理施工许可证（排名）	173	**保护少数投资者（排名）**	146	单证合规费用（美元）	25
办理施工许可证前沿距离分数（0—100）	47.24	保护少数投资者前沿距离分数（0—100）	40.00	边界合规费用（美元）	163
办理手续（项）	11	信息披露指数（0—10）	7	进口所需时间	
办理时间（天）	163	董事责任指数（0—10）	1	单证合规时间（小时）	180
费用（占库房价值的百分比）	13.5	股东诉讼便利度指数（0—10）	5	边界合规时间（小时）	168
建筑质量控制指数（0—15）	3.0	股东权利指数（0—10）	4	进口费用	
		所有权和管理控制指数（0—10）	3	单证合规费用（美元）	252
获得电力（排名）	142	公司透明度指数（0—10）	4	边界合规费用（美元）	612
获得电力前沿距离分数（0—100）	54.30			**执行合同（排名）**	143
办理手续（项）	3	**纳税（排名）**	173	执行合同前沿距离分数（0—100）	48.10
办理时间（天）	66	纳税前沿距离分数（0—100）	44.99	时间（天）	488
费用（占人均收入的百分比）	5017.6	纳税次数（次/年）	49	费用（占索赔额的百分比）	47.5
供电可靠性和电费透明度指数（0—8）	0	所需时间（小时/年）	216	司法程序质量指数（0—18）	5.0
		总税率和强制性派款率（占利润的百分比）	48.5	**办理破产（排名）**	81
登记财产（排名）	182	报税后流程指标（0—100）	14.85	办理破产前沿距离分数（0—100）	46.41
登记财产前沿距离分数（0—100）	31.57			时间（年）	3.0
办理手续（项）	5			费用（占资产价值的百分比）	15.0
办理时间（天）	283			债务回收率（美分/美元）	34.0
费用（占财产价值的百分比）	9.1			破产框架力度指数（0—16）	9.0
土地管理系统质量指数（0—30）	6.0				

汤加		东亚和太平洋地区		人均国民收入（美元）	4020
营商环境便利度排名（1—190）	89	前沿距离总分（0—100）	63.43	人口	107122
开办企业（排名）	53	**获得信贷（排名）**	42	**跨境贸易（排名）**	103
开办企业前沿距离分数（0—100）	90.81	获得信贷前沿距离分数（0—100）	70.00	跨境贸易前沿距离分数（0—100）	68.20
办理手续（项）	4	合法权利力度指数（0—12）	10	出口所需时间	
办理时间（天）	16	信贷信息深度指数（0—8）	4	单证合规时间（小时）	168
费用（占人均收入的百分比）	7.1	信用局覆盖率	17.0	边界合规时间（小时）	52
最低实缴资本（占人均收入的百分比）	0.0	信贷登记机构覆盖率（占成年人口的百分比）	0.0	出口费用	
办理施工许可证（排名）	13	**保护少数投资者（排名）**	138	单证合规费用（美元）	70
办理施工许可证前沿距离分数（0—100）	80.86	保护少数投资者前沿距离分数（0—100）	41.67	边界合规费用（美元）	201
办理手续（项）	13	信息披露指数（0—10）	3	进口所需时间	
办理时间（天）	77	董事责任指数（0—10）	3	单证合规时间（小时）	72
费用（占库房价值的百分比）	2.0	股东诉讼便利度指数（0—10）	9	边界合规时间（小时）	26
建筑质量控制指数（0—15）	12.0	股东权利指数（0—10）	2	进口费用	
		所有权和管理控制指数（0—10）	2	单证合规费用（美元）	148
获得电力（排名）	74	公司透明度指数（0—10）	6	边界合规费用（美元）	330
获得电力前沿距离分数（0—100）	76.28			**执行合同（排名）**	94
办理手续（项）	5	**纳税（排名）**	98	执行合同前沿距离分数（0—100）	57.32
办理时间（天）	42	纳税前沿距离分数（0—100）	70.56	时间（天）	350
费用（占人均收入的百分比）	89.9	纳税次数（次/年）	30	费用（占索赔额的百分比）	30.5
供电可靠性和电费透明度指数（0—8）	4	所需时间（小时/年）	200	司法程序质量指数（0—18）	4.5
		总税率和强制性派款率（占利润的百分比）	27.5	**办理破产（排名）**	136
登记财产（排名）	160	报税后流程指标（0—100）	52.53	办理破产前沿距离分数（0—100）	33.97
登记财产前沿距离分数（0—100）	44.64			时间（年）	2.7
办理手续（项）	4			费用（占资产价值的百分比）	22.0
办理时间（天）	112			债务回收率（美分/美元）	28.3
费用（占财产价值的百分比）	15.1			破产框架力度指数（0—16）	6.0
土地管理系统质量指数（0—30）	17.0				

特立尼达和多巴哥		拉丁美洲和加勒比地区		人均国民收入（美元）	15680
营商环境便利度排名（1—190）	102	前沿距离总分（0—100）	60.68	人口	1364962
开办企业（排名）	**71**	**获得信贷（排名）**	**55**	**跨境贸易（排名）**	**126**
开办企业前沿距离分数（0—100）	88.57	获得信贷前沿距离分数（0—100）	65.00	跨境贸易前沿距离分数（0—100）	62.60
办理手续（项）	7	合法权利力度指数（0—12）	7	*出口所需时间*	
办理时间（天）	10.5	信贷信息深度指数（0—8）	6	单证合规时间（小时）	32
费用（占人均收入的百分比）	0.8	信用局覆盖率	75.5	边界合规时间（小时）	60
最低实缴资本（占人均收入的百分比）	0.0	信贷登记机构覆盖率（占成年人口的百分比）	0.0	*出口费用*	
				单证合规费用（美元）	250
办理施工许可证（排名）	**119**	**保护少数投资者（排名）**	**62**	边界合规费用（美元）	499
办理施工许可证前沿距离分数（0—100）	64.19	保护少数投资者前沿距离分数（0—100）	58.33	*进口所需时间*	
办理手续（项）	16	信息披露指数（0—10）	4	单证合规时间（小时）	44
办理时间（天）	253	董事责任指数（0—10）	9	边界合规时间（小时）	78
费用（占库房价值的百分比）	0.1	股东诉讼便利度指数（0—10）	8	*进口费用*	
建筑质量控制指数（0—15）	10.0	股东权利指数（0—10）	7	单证合规费用（美元）	250
		所有权和管理控制指数（0—10）	5	边界合规费用（美元）	635
获得电力（排名）	**33**	公司透明度指数（0—10）	2		
获得电力前沿距离分数（0—100）	84.25			**执行合同（排名）**	**173**
办理手续（项）	4	**纳税（排名）**	**162**	执行合同前沿距离分数（0—100）	35.62
办理时间（天）	61	纳税前沿距离分数（0—100）	52.22	时间（天）	1340
费用（占人均收入的百分比）	212.4	纳税次数（次/年）	39	费用（占索赔额的百分比）	33.5
供电可靠性和电费透明度指数（0—8）	6	所需时间（小时/年）	210	司法程序质量指数（0—18）	8.0
		总税率和强制性派款率（占利润的百分比）	36.2		
登记财产（排名）	**151**	报税后流程指标（0—100）	8.00	**办理破产（排名）**	**72**
登记财产前沿距离分数（0—100）	47.50			办理破产前沿距离分数（0—100）	48.48
办理手续（项）	9			时间（年）	2.5
办理时间（天）	77			费用（占资产价值的百分比）	25.0
费用（占财产价值的百分比）	7.0			债务回收率（美分/美元）	26.2
土地管理系统质量指数（0—30）	12.0			破产框架力度指数（0—16）	11.0

突尼斯		中东和北非		人均国民收入（美元）	3690
营商环境便利度排名（1—190）	88	前沿距离总分（0—100）	63.58	人口	11403248
开办企业（排名）	**100**	**获得信贷（排名）**	**105**	**跨境贸易（排名）**	**96**
开办企业前沿距离分数（0—100）	85.02	获得信贷前沿距离分数（0—100）	45.00	跨境贸易前沿距离分数（0—100）	70.50
办理手续（项）	9	合法权利力度指数（0—12）	3	*出口所需时间*	
办理时间（天）	11	信贷信息深度指数（0—8）	6	单证合规时间（小时）	3
费用（占人均收入的百分比）	4.6	信用局覆盖率	0.0	边界合规时间（小时）	50
最低实缴资本（占人均收入的百分比）	0.0	信贷登记机构覆盖率（占成年人口的百分比）	26.9	*出口费用*	
				单证合规费用（美元）	200
办理施工许可证（排名）	**95**	**保护少数投资者（排名）**	**119**	边界合规费用（美元）	469
办理施工许可证前沿距离分数（0—100）	67.49	保护少数投资者前沿距离分数（0—100）	48.33	*进口所需时间*	
办理手续（项）	18	信息披露指数（0—10）	4	单证合规时间（小时）	27
办理时间（天）	96	董事责任指数（0—10）	7	边界合规时间（小时）	80
费用（占库房价值的百分比）	6.2	股东诉讼便利度指数（0—10）	5	*进口费用*	
建筑质量控制指数（0—15）	11.0	股东权利指数（0—10）	4	单证合规费用（美元）	144
		所有权和管理控制指数（0—10）	3	边界合规费用（美元）	596
获得电力（排名）	**48**	公司透明度指数（0—10）	6		
获得电力前沿距离分数（0—100）	82.28			**执行合同（排名）**	**76**
办理手续（项）	4	**纳税（排名）**	**140**	执行合同前沿距离分数（0—100）	59.33
办理时间（天）	65	纳税前沿距离分数（0—100）	60.14	时间（天）	565
费用（占人均收入的百分比）	712.1	纳税次数（次/年）	9	费用（占索赔额的百分比）	21.8
供电可靠性和电费透明度指数（0—8）	6	所需时间（小时/年）	145	司法程序质量指数（0—18）	7.0
		总税率和强制性派款率（占利润的百分比）	64.1		
登记财产（排名）	**93**	报税后流程指标（0—100）	22.91	**办理破产（排名）**	**63**
登记财产前沿距离分数（0—100）	63.21			办理破产前沿距离分数（0—100）	54.53
办理手续（项）	4			时间（年）	1.3
办理时间（天）	39			费用（占资产价值的百分比）	7.0
费用（占财产价值的百分比）	6.1			债务回收率（美分/美元）	52.0
土地管理系统质量指数（0—30）	11.0			破产框架力度指数（0—16）	8.5

土耳其		欧洲和中亚		人均国民收入（美元）	11180
营商环境便利度排名（1—190）	60	前沿距离总分（0—100）	69.14	人口	79512426
开办企业（排名）	80 ✓	**获得信贷（排名）**	77	**跨境贸易（排名）**	71
开办企业前沿距离分数（0—100）	87.59	获得信贷前沿距离分数（0—100）	55.00	跨境贸易前沿距离分数（0—100）	79.71
办理手续（项）	7	合法权利力度指数（0—12）	4	出口所需时间	
办理时间（天）	6.5	信贷信息深度指数（0—8）	7	单证合规时间（小时）	5
费用（占人均收入的百分比）	12.8	信用局覆盖率	0.0	边界合规时间（小时）	16
最低实缴资本（占人均收入的百分比）	7.8	信贷登记机构覆盖率（占成年人口的百分比）	80.2	出口费用	
				单证合规费用（美元）	87
办理施工许可证（排名）	96	**保护少数投资者（排名）**	20	边界合规费用（美元）	376
办理施工许可证前沿距离分数（0—100）	67.26	保护少数投资者前沿距离分数（0—100）	71.67	进口所需时间	
办理手续（项）	18	信息披露指数（0—10）	9	单证合规时间（小时）	11
办理时间（天）	103	董事责任指数（0—10）	5	边界合规时间（小时）	41
费用（占库房价值的百分比）	4.0	股东诉讼便利度指数（0—10）	6	进口费用	
建筑质量控制指数（0—15）	9.5	股东权利指数（0—10）	8	单证合规费用（美元）	142
		所有权和管理控制指数（0—10）	7	边界合规费用（美元）	655
获得电力（排名）	55	公司透明度指数（0—10）	8		
获得电力前沿距离分数（0—100）	81.02			**执行合同（排名）**	30
办理手续（项）	4	**纳税（排名）**	88	执行合同前沿距离分数（0—100）	68.87
办理时间（天）	55	纳税前沿距离分数（0—100）	72.40	时间（天）	580
费用（占人均收入的百分比）	457.7	纳税次数（次/年）	11	费用（占索赔额的百分比）	24.9
供电可靠性和电费透明度指数（0—8）	5	所需时间（小时/年）	215.5	司法程序质量指数（0—18）	13.0
		总税率和强制性派款率（占利润的百分比）	41.1		
✓ **登记财产（排名）**	46	报税后流程指标（0—100）	50.00 ✗	**办理破产（排名）**	139
登记财产前沿距离分数（0—100）	74.67			办理破产前沿距离分数（0—100）	33.26
办理手续（项）	7			时间（年）	5.0
办理时间（天）	7			费用（占资产价值的百分比）	14.5
费用（占财产价值的百分比）	3.0			债务回收率（美分/美元）	15.3
土地管理系统质量指数（0—30）	21.5			破产框架力度指数（0—16）	8.0

乌干达		撒哈拉以南非洲		人均国民收入（美元）	660
营商环境便利度排名（1—190）	122	前沿距离总分（0—100）	56.94	人口	41487965
开办企业（排名）	165	**获得信贷（排名）**	55 ✓	**跨境贸易（排名）**	127
开办企业前沿距离分数（0—100）	72.25	获得信贷前沿距离分数（0—100）	65.00	跨境贸易前沿距离分数（0—100）	62.08
办理手续（项）	13	合法权利力度指数（0—12）	6	出口所需时间	
办理时间（天）	24	信贷信息深度指数（0—8）	7	单证合规时间（小时）	51
费用（占人均收入的百分比）	33.6	信用局覆盖率	6.4	边界合规时间（小时）	64
最低实缴资本（占人均收入的百分比）	0.0	信贷登记机构覆盖率（占成年人口的百分比）	0.0	出口费用	
				单证合规费用（美元）	102
办理施工许可证（排名）	148	**保护少数投资者（排名）**	108	边界合规费用（美元）	209
办理施工许可证前沿距离分数（0—100）	58.37	保护少数投资者前沿距离分数（0—100）	50.00	进口所需时间	
办理手续（项）	18	信息披露指数（0—10）	3	单证合规时间（小时）	138
办理时间（天）	122	董事责任指数（0—10）	5	边界合规时间（小时）	154
费用（占库房价值的百分比）	8.0	股东诉讼便利度指数（0—10）	7	进口费用	
建筑质量控制指数（0—15）	8.0	股东权利指数（0—10）	4	单证合规费用（美元）	296
		所有权和管理控制指数（0—10）	5	边界合规费用（美元）	412
获得电力（排名）	173	公司透明度指数（0—10）	6		
获得电力前沿距离分数（0—100）	34.11			**执行合同（排名）**	64
办理手续（项）	6	**纳税（排名）**	84	执行合同前沿距离分数（0—100）	60.60
办理时间（天）	66	纳税前沿距离分数（0—100）	73.10	时间（天）	490
费用（占人均收入的百分比）	7508.4	纳税次数（次/年）	31	费用（占索赔额的百分比）	31.3
供电可靠性和电费透明度指数（0—8）	0	所需时间（小时/年）	195	司法程序质量指数（0—18）	8.5
		总税率和强制性派款率（占利润的百分比）	33.7		
登记财产（排名）	124	报税后流程指标（0—100）	72.28	**办理破产（排名）**	113
登记财产前沿距离分数（0—100）	54.99			办理破产前沿距离分数（0—100）	38.94
办理手续（项）	10			时间（年）	2.2
办理时间（天）	42			费用（占资产价值的百分比）	29.5
费用（占财产价值的百分比）	3.1			债务回收率（美分/美元）	37.5
土地管理系统质量指数（0—30）	10.5			破产框架力度指数（0—16）	6.0

乌克兰		欧洲和中亚		人均国民收入（美元）	2310
营商环境便利度排名（1—190）	76	前沿距离总分（0—100）	65.75	人口	45004645
开办企业（排名）	52	获得信贷（排名）	29	跨境贸易（排名）	119
开办企业前沿距离分数（0—100）	91.05	获得信贷前沿距离分数（0—100）	75.00	跨境贸易前沿距离分数（0—100）	64.26
办理手续（项）	6	合法权利力度指数（0—12）	8	出口所需时间	
办理时间（天）	6.5	信贷信息深度指数（0—8）	7	单证合规时间（小时）	96
费用（占人均收入的百分比）	0.8	信用局覆盖率	47.3	边界合规时间（小时）	26
最低实缴资本（占人均收入的百分比）	0.0	信贷登记机构覆盖率（占成年人口的百分比）	0.0	出口费用	
				单证合规费用（美元）	292
办理施工许可证（排名）	35	保护少数投资者（排名）	81	边界合规费用（美元）	75
办理施工许可证前沿距离分数（0—100）	75.81	保护少数投资者前沿距离分数（0—100）	55.00	进口所需时间	
办理手续（项）	10	信息披露指数（0—10）	7	单证合规时间（小时）	168
办理时间（天）	76	董事责任指数（0—10）	2	边界合规时间（小时）	72
费用（占库房价值的百分比）	3.1	股东诉讼便利度指数（0—10）	6	进口费用	
建筑质量控制指数（0—15）	8.0	股东权利指数（0—10）	5	单证合规费用（美元）	212
		所有权和管理控制指数（0—10）	5	边界合规费用（美元）	100
获得电力（排名）	128	公司透明度指数（0—10）	8		
获得电力前沿距离分数（0—100）	58.80			执行合同（排名）	82
办理手续（项）	5	纳税（排名）	43	执行合同前沿距离分数（0—100）	58.96
办理时间（天）	281	纳税前沿距离分数（0—100）	80.77	时间（天）	378
费用（占人均收入的百分比）	525.2	纳税次数（次/年）	5	费用（占索赔额的百分比）	46.3
供电可靠性和电费透明度指数（0—8）	6	所需时间（小时/年）	327.5	司法程序质量指数（0—18）	9.0
		总税率和强制性派款率（占利润的百分比）	37.8		
登记财产（排名）	64	报税后流程指标（0—100）	85.95	办理破产（排名）	149
登记财产前沿距离分数（0—100）	69.61			办理破产前沿距离分数（0—100）	28.24
办理手续（项）	7			时间（年）	2.9
办理时间（天）	17			费用（占资产价值的百分比）	40.5
费用（占财产价值的百分比）	1.8			债务回收率（美分/美元）	8.9
土地管理系统质量指数（0—30）	14.5			破产框架力度指数（0—16）	7.5

阿联酋		中东和北非		人均国民收入（美元）	40480
营商环境便利度排名（1—190）	21	前沿距离总分（0—100）	78.73	人口	9269612
开办企业（排名）	51	获得信贷（排名）	90	跨境贸易（排名）	91
开办企业前沿距离分数（0—100）	91.16	获得信贷前沿距离分数（0—100）	50.00	跨境贸易前沿距离分数（0—100）	71.50
办理手续（项）	4.5	合法权利力度指数（0—12）	2	出口所需时间	
办理时间（天）	8.5	信贷信息深度指数（0—8）	8	单证合规时间（小时）	6
费用（占人均收入的百分比）	13.4	信用局覆盖率	54.5	边界合规时间（小时）	27
最低实缴资本（占人均收入的百分比）	0.0	信贷登记机构覆盖率（占成年人口的百分比）	8.8	出口费用	
				单证合规费用（美元）	178
办理施工许可证（排名）	2	保护少数投资者（排名）	10	边界合规费用（美元）	462
办理施工许可证前沿距离分数（0—100）	86.38	保护少数投资者前沿距离分数（0—100）	75.00	进口所需时间	
办理手续（项）	14	信息披露指数（0—10）	10	单证合规时间（小时）	12
办理时间（天）	50.5	董事责任指数（0—10）	9	边界合规时间（小时）	54
费用（占库房价值的百分比）	2.3	股东诉讼便利度指数（0—10）	4	进口费用	
建筑质量控制指数（0—15）	15.0	股东权利指数（0—10）	6	单证合规费用（美元）	283
		所有权和管理控制指数（0—10）	9	边界合规费用（美元）	678
获得电力（排名）	1	公司透明度指数（0—10）	7		
获得电力前沿距离分数（0—100）	99.92			执行合同（排名）	12
办理手续（项）	2	纳税（排名）	1	执行合同前沿距离分数（0—100）	74.02
办理时间（天）	10	纳税前沿距离分数（0—100）	99.44	时间（天）	445
费用（占人均收入的百分比）	25.2	纳税次数（次/年）	4	费用（占索赔额的百分比）	21.0
供电可靠性和电费透明度指数（0—8）	8	所需时间（小时/年）	12	司法程序质量指数（0—18）	13.0
		总税率和强制性派款率（占利润的百分比）	15.9		
登记财产（排名）	10	报税后流程指标（0—100）	不适用	办理破产（排名）	69
登记财产前沿距离分数（0—100）	90.02			办理破产前沿距离分数（0—100）	49.80
办理手续（项）	2			时间（年）	3.2
办理时间（天）	1.5			费用（占资产价值的百分比）	20.0
费用（占财产价值的百分比）	0.2			债务回收率（美分/美元）	28.7
土地管理系统质量指数（0—30）	21.0			破产框架力度指数（0—16）	11.0

英国		经合组织高收入国家		人均国民收入（美元）	42390
营商环境便利度排名（1—190）	7	前沿距离总分（0—100）	82.22	人口	65637239
开办企业（排名）	14	获得信贷（排名）	29	跨境贸易（排名）	28
开办企业前沿距离分数（0—100）	94.58	获得信贷前沿距离分数（0—100）	75.00	跨境贸易前沿距离分数（0—100）	93.76
办理手续（项）	4	合法权利力度指数（0—12）	7	出口所需时间	
办理时间（天）	4.5	信贷信息深度指数（0—8）	8	单证合规时间（小时）	4
费用（占人均收入的百分比）	0.0	信用局覆盖率	100.0	边界合规时间（小时）	24
最低实缴资本（占人均收入的百分比）	0.0	信贷登记机构覆盖率（占成年人口的百分比）	0.0	出口费用	
				单证合规费用（美元）	25
办理施工许可证（排名）	14	保护少数投资者（排名）	10	边界合规费用（美元）	280
办理施工许可证前沿距离分数（0—100）	80.39	保护少数投资者前沿距离分数（0—100）	75.00	进口所需时间	
办理手续（项）	9	信息披露指数（0—10）	10	单证合规时间（小时）	2
办理时间（天）	86	董事责任指数（0—10）	7	边界合规时间（小时）	3
费用（占库房价值的百分比）	1.0	股东诉讼便利度指数（0—10）	8	进口费用	
建筑质量控制指数（0—15）	9.0	股东权利指数（0—10）	7	单证合规费用（美元）	0
		所有权和管理控制指数（0—10）	5	边界合规费用（美元）	0
获得电力（排名）	9	公司透明度指数（0—10）	8		
获得电力前沿距离分数（0—100）	93.29			执行合同（排名）	31
办理手续（项）	3	纳税（排名）	23	执行合同前沿距离分数（0—100）	68.69
办理时间（天）	79	纳税前沿距离分数（0—100）	86.70	时间（天）	437
费用（占人均收入的百分比）	24.9	纳税次数（次/年）	8	费用（占索赔额的百分比）	45.7
供电可靠性和电费透明度指数（0—8）	8	所需时间（小时/年）	110	司法程序质量指数（0—18）	15.0
		总税率和强制性派款率（占利润的百分比）	30.7		
登记财产（排名）	47	报税后流程指标（0—100）	71.00	办理破产（排名）	14
登记财产前沿距离分数（0—100）	74.51			办理破产前沿距离分数（0—100）	80.24
办理手续（项）	6			时间（年）	1.0
办理时间（天）	21.5			费用（占资产价值的百分比）	6.0
费用（占财产价值的百分比）	4.8			债务回收率（美分/美元）	85.2
土地管理系统质量指数（0—30）	24.5			破产框架力度指数（0—16）	11.0

美国		经合组织高收入国家		人均国民收入（美元）	56180
营商环境便利度排名（1—190）	6	前沿距离总分（0—100）	82.54	人口	323127513
开办企业（排名）	49	获得信贷（排名）	2	跨境贸易（排名）	36
开办企业前沿距离分数（0—100）	91.23	获得信贷前沿距离分数（0—100）	95.00	跨境贸易前沿距离分数（0—100）	92.01
办理手续（项）	6	合法权利力度指数（0—12）	11	出口所需时间	
办理时间（天）	5.6	信贷信息深度指数（0—8）	8	单证合规时间（小时）	1.5
费用（占人均收入的百分比）	1.1	信用局覆盖率	100.0	边界合规时间（小时）	1.5
最低实缴资本（占人均收入的百分比）	0.0	信贷登记机构覆盖率（占成年人口的百分比）	0.0	出口费用	
				单证合规费用（美元）	60
办理施工许可证（排名）	36	保护少数投资者（排名）	42	边界合规费用（美元）	175
办理施工许可证前沿距离分数（0—100）	75.77	保护少数投资者前沿距离分数（0—100）	64.67	进口所需时间	
办理手续（项）	15.8	信息披露指数（0—10）	7.4	单证合规时间（小时）	7.5
办理时间（天）	80.6	董事责任指数（0—10）	8.6	边界合规时间（小时）	1.5
费用（占库房价值的百分比）	0.9	股东诉讼便利度指数（0—10）	9	进口费用	
建筑质量控制指数（0—15）	10.0	股东权利指数（0—10）	4	单证合规费用（美元）	100
		所有权和管理控制指数（0—10）	4.4	边界合规费用（美元）	175
获得电力（排名）	49	公司透明度指数（0—10）	5.4		
获得电力前沿距离分数（0—100）	82.14			执行合同（排名）	16
办理手续（项）	4.8	纳税（排名）	36	执行合同前沿距离分数（0—100）	72.61
办理时间（天）	89.6	纳税前沿距离分数（0—100）	84.13	时间（天）	420
费用（占人均收入的百分比）	23.7	纳税次数（次/年）	10.6	费用（占索赔额的百分比）	30.5
供电可靠性和电费透明度指数（0—8）	7.2	所需时间（小时/年）	175	司法程序质量指数（0—18）	13.8
		总税率和强制性派款率（占利润的百分比）	43.8		
登记财产（排名）	37	报税后流程指标（0—100）	94.04	办理破产（排名）	3
登记财产前沿距离分数（0—100）	76.80			办理破产前沿距离分数（0—100）	91.07
办理手续（项）	4.4			时间（年）	1.0
办理时间（天）	15.2			费用（占资产价值的百分比）	10.0
费用（占财产价值的百分比）	2.5			债务回收率（美分/美元）	82.1
土地管理系统质量指数（0—30）	17.6			破产框架力度指数（0—16）	15.0

乌拉圭		拉丁美洲和加勒比地区		人均国民收入（美元）	15230
营商环境便利度排名（1—190）	94	前沿距离总分（0—100）	61.99	人口	3444006
开办企业（排名）	61	获得信贷（排名）	68	跨境贸易（排名）	151
开办企业前沿距离分数（0—100）	89.80	获得信贷前沿距离分数（0—100）	60.00	跨境贸易前沿距离分数（0—100）	56.29
办理手续（项）	5	合法权利力度指数（0—12）	4	出口所需时间	
办理时间（天）	6.5	信贷信息深度指数（0—8）	8	单证合规时间（小时）	24
费用（占人均收入的百分比）	22.5	信用局覆盖率	100.0	边界合规时间（小时）	120
最低实缴资本（占人均收入的百分比）	0.0	信贷登记机构覆盖率（占成年人口的百分比）	100.0	出口费用	
				单证合规费用（美元）	231
办理施工许可证（排名）	161	保护少数投资者（排名）	132	边界合规费用（美元）	1095
办理施工许可证前沿距离分数（0—100）	54.90	保护少数投资者前沿距离分数（0—100）	43.33	进口所需时间	
办理手续（项）	21	信息披露指数（0—10）	3	单证合规时间（小时）	72
办理时间（天）	251	董事责任指数（0—10）	4	边界合规时间（小时）	6
费用（占库房价值的百分比）	1.0	股东诉讼便利度指数（0—10）	8	进口费用	
建筑质量控制指数（0—15）	8.0	股东权利指数（0—10）	5	单证合规费用（美元）	285
		所有权和管理控制指数（0—10）	5	边界合规费用（美元）	375
获得电力（排名）	50	公司透明度指数（0—10）	1		
获得电力前沿距离分数（0—100）	82.12			执行合同（排名）	112
办理手续（项）	5	纳税（排名）	106	执行合同前沿距离分数（0—100）	54.44
办理时间（天）	48	纳税前沿距离分数（0—100）	69.26	时间（天）	725
费用（占人均收入的百分比）	11.4	纳税次数（次/年）	20	费用（占索赔额的百分比）	23.2
供电可靠性和电费透明度指数（0—8）	6	所需时间（小时/年）	190	司法程序质量指数（0—18）	7.0
		总税率和强制性派款率（占利润的百分比）	41.8		
登记财产（排名）	112	报税后流程指标（0—100）	49.54	办理破产（排名）	66
登记财产前沿距离分数（0—100）	57.59			办理破产前沿距离分数（0—100）	52.15
办理手续（项）	9			时间（年）	1.8
办理时间（天）	66			费用（占资产价值的百分比）	7.0
费用（占财产价值的百分比）	7.0			债务回收率（美分/美元）	41.7
土地管理系统质量指数（0—30）	22.5			破产框架力度指数（0—16）	9.5

乌兹别克斯坦		欧洲和中亚		人均国民收入（美元）	2220
营商环境便利度排名（1—190）	74	前沿距离总分（0—100）	66.33	人口	31848200
开办企业（排名）	11	获得信贷（排名）	55	跨境贸易（排名）	168
开办企业前沿距离分数（0—100）	95.54	获得信贷前沿距离分数（0—100）	65.00	跨境贸易前沿距离分数（0—100）	44.31
办理手续（项）	3	合法权利力度指数（0—12）	6	出口所需时间	
办理时间（天）	5	信贷信息深度指数（0—8）	7	单证合规时间（小时）	174
费用（占人均收入的百分比）	3.1	信用局覆盖率	40.1	边界合规时间（小时）	112
最低实缴资本（占人均收入的百分比）	0.0	信贷登记机构覆盖率（占成年人口的百分比）	0.0	出口费用	
				单证合规费用（美元）	292
办理施工许可证（排名）	135	保护少数投资者（排名）	62	边界合规费用（美元）	278
办理施工许可证前沿距离分数（0—100）	61.26	保护少数投资者前沿距离分数（0—100）	58.33	进口所需时间	
办理手续（项）	17	信息披露指数（0—10）	8	单证合规时间（小时）	174
办理时间（天）	246	董事责任指数（0—10）	3	边界合规时间（小时）	111
费用（占库房价值的百分比）	3.4	股东诉讼便利度指数（0—10）	7	进口费用	
建筑质量控制指数（0—15）	11.0	股东权利指数（0—10）	6	单证合规费用（美元）	292
		所有权和管理控制指数（0—10）	4	边界合规费用（美元）	278
获得电力（排名）	27	公司透明度指数（0—10）	7		
获得电力前沿距离分数（0—100）	85.50			执行合同（排名）	39
办理手续（项）	4	纳税（排名）	78	执行合同前沿距离分数（0—100）	67.26
办理时间（天）	88	纳税前沿距离分数（0—100）	74.78	时间（天）	225
费用（占人均收入的百分比）	883.1	纳税次数（次/年）	10	费用（占索赔额的百分比）	20.5
供电可靠性和电费透明度指数（0—8）	8	所需时间（小时/年）	181	司法程序质量指数（0—18）	6.0
		总税率和强制性派款率（占利润的百分比）	38.3		
登记财产（排名）	73	报税后流程指标（0—100）	48.39	办理破产（排名）	87
登记财产前沿距离分数（0—100）	66.34			办理破产前沿距离分数（0—100）	45.00
办理手续（项）	9			时间（年）	2.0
办理时间（天）	46			费用（占资产价值的百分比）	10.0
费用（占财产价值的百分比）	1.2			债务回收率（美分/美元）	37.2
土地管理系统质量指数（0—30）	18.5			破产框架力度指数（0—16）	8.0

瓦努阿图		东亚和太平洋地区		人均国民收入（美元）	2815
营商环境便利度排名（1—190）	90	前沿距离总分（0—100）	63.08	人口	270402
开办企业（排名）	128	获得信贷（排名）	29	跨境贸易（排名）	143
开办企业前沿距离分数（0—100）	81.23	获得信贷前沿距离分数（0—100）	75.00	跨境贸易前沿距离分数（0—100）	59.13
办理手续（项）	7	合法权利力度指数（0—12）	11	出口所需时间	
办理时间（天）	18	信贷信息深度指数（0—8）	4	单证合规时间（小时）	72
费用（占人均收入的百分比）	44.4	信用局覆盖率	9.4	边界合规时间（小时）	38
最低实缴资本（占人均收入的百分比）	0.0	信贷登记机构覆盖率（占成年人口的百分比）	0.0	出口费用	
				单证合规费用（美元）	190
办理施工许可证（排名）	151	保护少数投资者（排名）	108	边界合规费用（美元）	709
办理施工许可证前沿距离分数（0—100）	57.58	保护少数投资者前沿距离分数（0—100）	50.00	进口所需时间	
办理手续（项）	14	信息披露指数（0—10）	5	单证合规时间（小时）	48
办理时间（天）	124	董事责任指数（0—10）	6	边界合规时间（小时）	126
费用（占库房价值的百分比）	7.8	股东诉讼便利度指数（0—10）	5	进口费用	
建筑质量控制指数（0—15）	5.0	股东权利指数（0—10）	8	单证合规费用（美元）	183
		所有权和管理控制指数（0—10）	2	边界合规费用（美元）	681
获得电力（排名）	86	公司透明度指数（0—10）	4		
获得电力前沿距离分数（0—100）	72.01			执行合同（排名）	135
办理手续（项）	4	纳税（排名）	57	执行合同前沿距离分数（0—100）	49.27
办理时间（天）	120	纳税前沿距离分数（0—100）	77.85	时间（天）	430
费用（占人均收入的百分比）	1090.4	纳税次数（次/年）	31	费用（占索赔额的百分比）	56.0
供电可靠性和电费透明度指数（0—8）	5	所需时间（小时/年）	120	司法程序质量指数（0—18）	6.5
		总税率和强制性派款率（占利润的百分比）	8.5		
登记财产（排名）	80	报税后流程指标（0—100）	69.04	办理破产（排名）	96
登记财产前沿距离分数（0—100）	65.63			办理破产前沿距离分数（0—100）	43.04
办理手续（项）	4			时间（年）	2.6
办理时间（天）	58			费用（占资产价值的百分比）	38.0
费用（占财产价值的百分比）	7.0			债务回收率（美分/美元）	45.1
土地管理系统质量指数（0—30）	18.5			破产框架力度指数（0—16）	6.0

委内瑞拉		拉丁美洲和加勒比地区		人均国民收入（美元）	9258
营商环境便利度排名（1—190）	188	前沿距离总分（0—100）	30.87	人口	31568179
× 开办企业（排名）	190	获得信贷（排名）	122	跨境贸易（排名）	187
开办企业前沿距离分数（0—100）	25.00	获得信贷前沿距离分数（0—100）	40.00	跨境贸易前沿距离分数（0—100）	7.93
办理手续（项）	20	合法权利力度指数（0—12）	1	出口所需时间	
办理时间（天）	230	信贷信息深度指数（0—8）	7	单证合规时间（小时）	528
费用（占人均收入的百分比）	351.6	信用局覆盖率	27.4	边界合规时间（小时）	288
最低实缴资本（占人均收入的百分比）	0.0	信贷登记机构覆盖率（占成年人口的百分比）	0.0	出口费用	
				单证合规费用（美元）	375
办理施工许可证（排名）	143	保护少数投资者（排名）	177	边界合规费用（美元）	1250
办理施工许可证前沿距离分数（0—100）	59.27	保护少数投资者前沿距离分数（0—100）	26.67	进口所需时间	
办理手续（项）	11	信息披露指数（0—10）	3	单证合规时间（小时）	1090
办理时间（天）	434	董事责任指数（0—10）	2	边界合规时间（小时）	240
费用（占库房价值的百分比）	1.8	股东诉讼便利度指数（0—10）	3	进口费用	
建筑质量控制指数（0—15）	10.5	股东权利指数（0—10）	2	单证合规费用（美元）	400
		所有权和管理控制指数（0—10）	3	边界合规费用（美元）	1500
获得电力（排名）	186	公司透明度指数（0—10）	3		
获得电力前沿距离分数（0—100）	16.85			执行合同（排名）	147
办理手续（项）	6	纳税（排名）	189	执行合同前沿距离分数（0—100）	46.89
办理时间（天）	208	纳税前沿距离分数（0—100）	15.18	时间（天）	720
费用（占人均收入的百分比）	16713.5	纳税次数（次/年）	70	费用（占索赔额的百分比）	43.7
供电可靠性和电费透明度指数（0—8）	0	所需时间（小时/年）	792	司法程序质量指数（0—18）	7.0
		总税率和强制性派款率（占利润的百分比）	65.0		
登记财产（排名）	135	报税后流程指标（0—100）	19.72	办理破产（排名）	165
登记财产前沿距离分数（0—100）	52.29			办理破产前沿距离分数（0—100）	18.66
办理手续（项）	9			时间（年）	4.0
办理时间（天）	52			费用（占资产价值的百分比）	38.0
费用（占财产价值的百分比）	2.7			债务回收率（美分/美元）	5.6
土地管理系统质量指数（0—30）	5.5			破产框架力度指数（0—16）	5.0

越南		东亚和太平洋地区		人均国民收入（美元）	2050
营商环境便利度排名（1—190）	68	前沿距离总分（0—100）	67.93	人口	92701100
开办企业（排名）	123	√ 获得信贷（排名）	29	√ 跨境贸易（排名）	94
开办企业前沿距离分数（0—100）	82.02	获得信贷前沿距离分数（0—100）	75.00	跨境贸易前沿距离分数（0—100）	70.83
办理手续（项）	9	合法权利力度指数（0—12）	8	出口所需时间	
办理时间（天）	22	信贷信息深度指数（0—8）	7	单证合规时间（小时）	50
费用（占人均收入的百分比）	6.5	信用局覆盖率	19.7	边界合规时间（小时）	55
最低实缴资本（占人均收入的百分比）	0.0	信贷登记机构覆盖率（占成年人口的百分比）	51.0	出口费用	
				单证合规费用（美元）	139
办理施工许可证（排名）	20	保护少数投资者（排名）	81	边界合规费用（美元）	290
办理施工许可证前沿距离分数（0—100）	79.03	保护少数投资者前沿距离分数（0—100）	55.00	进口所需时间	
办理手续（项）	10	信息披露指数（0—10）	7	单证合规时间（小时）	76
办理时间（天）	166	董事责任指数（0—10）	4	边界合规时间（小时）	56
费用（占库房价值的百分比）	0.7	股东诉讼便利度指数（0—10）	2	进口费用	
建筑质量控制指数（0—15）	12.0	股东权利指数（0—10）	7	单证合规费用（美元）	183
		所有权和管理控制指数（0—10）	6	边界合规费用（美元）	373
√ 获得电力（排名）	64	公司透明度指数（0—10）	7	√ 执行合同（排名）	66
获得电力前沿距离分数（0—100）	78.69			执行合同前沿距离分数（0—100）	60.22
办理手续（项）	5	纳税（排名）	86	时间（天）	400
办理时间（天）	46	纳税前沿距离分数（0—100）	72.77	费用（占索赔额的百分比）	29.0
费用（占人均收入的百分比）	1191.8	纳税次数（次/年）	14	司法程序质量指数（0—18）	6.5
供电可靠性和电费透明度指数（0—8）	6	所需时间（小时/年）	498		
		总税率和强制性派款率（占利润的百分比）	38.1		
登记财产（排名）	63	报税后流程指标（0—100）	95.71	办理破产（排名）	129
登记财产前沿距离分数（0—100）	70.61			办理破产前沿距离分数（0—100）	35.16
办理手续（项）	5			时间（年）	5.0
办理时间（天）	57.5			费用（占资产价值的百分比）	14.5
费用（占财产价值的百分比）	0.6			债务回收率（美分/美元）	21.8
土地管理系统质量指数（0—30）	14.0			破产框架力度指数（0—16）	7.5

约旦河西岸和加沙		中东和北非		人均国民收入（美元）	3230
营商环境便利度排名（1—190）	114	前沿距离总分（0—100）	58.68	人口	4551566
开办企业（排名）	169	√ 获得信贷（排名）	20	跨境贸易（排名）	49
开办企业前沿距离分数（0—100）	69.59	获得信贷前沿距离分数（0—100）	80.00	跨境贸易前沿距离分数（0—100）	86.67
办理手续（项）	10.5	合法权利力度指数（0—12）	8	出口所需时间	
办理时间（天）	43.5	信贷信息深度指数（0—8）	8	单证合规时间（小时）	72
费用（占人均收入的百分比）	45.1	信用局覆盖率	0.0	边界合规时间（小时）	6
最低实缴资本（占人均收入的百分比）	0.0	信贷登记机构覆盖率（占成年人口的百分比）	19.0	出口费用	
				单证合规费用（美元）	80
办理施工许可证（排名）	154	保护少数投资者（排名）	160	边界合规费用（美元）	51
办理施工许可证前沿距离分数（0—100）	56.70	保护少数投资者前沿距离分数（0—100）	38.33	进口所需时间	
办理手续（项）	20	信息披露指数（0—10）	6	单证合规时间（小时）	45
办理时间（天）	108	董事责任指数（0—10）	5	边界合规时间（小时）	6
费用（占库房价值的百分比）	13.9	股东诉讼便利度指数（0—10）	6	进口费用	
建筑质量控制指数（0—15）	12.0	股东权利指数（0—10）	2	单证合规费用（美元）	85
		所有权和管理控制指数（0—10）	1	边界合规费用（美元）	50
获得电力（排名）	87	公司透明度指数（0—10）	3	执行合同（排名）	124
获得电力前沿距离分数（0—100）	71.46			执行合同前沿距离分数（0—100）	52.51
办理手续（项）	5	纳税（排名）	109	时间（天）	540
办理时间（天）	47	纳税前沿距离分数（0—100）	68.84	费用（占索赔额的百分比）	27.0
费用（占人均收入的百分比）	1475.3	纳税次数（次/年）	28	司法程序质量指数（0—18）	4.0
供电可靠性和电费透明度指数（0—8）	4	所需时间（小时/年）	162		
		总税率和强制性派款率（占利润的百分比）	15.3		
登记财产（排名）	94	报税后流程指标（0—100）	34.47	办理破产（排名）	168
登记财产前沿距离分数（0—100）	62.71			办理破产前沿距离分数（0—100）	0.00
办理手续（项）	7			时间（年）	无实践
办理时间（天）	51			费用（占资产价值的百分比）	无实践
费用（占财产价值的百分比）	3.0			债务回收率（美分/美元）	0.0
土地管理系统质量指数（0—30）	13.5			破产框架力度指数（0—16）	0.0

也门		中东和北非		人均国民收入（美元）	1040
营商环境便利度排名（1—190）	186	前沿距离总分（0—100）	33.00	人口	27584213
开办企业（排名）	163	获得信贷（排名）	186	跨境贸易（排名）	189
开办企业前沿距离分数（0—100）	72.68	获得信贷前沿距离分数（0—100）	0.00	跨境贸易前沿距离分数（0—100）	0.00
办理手续（项）	6.5	合法权利力度指数（0—12）	0	出口所需时间	
办理时间（天）	40.5	信贷信息深度指数（0—8）	0	单证合规时间（小时）	无实践
费用（占人均收入的百分比）	73.5	信用局覆盖率	0.0	边界合规时间（小时）	无实践
最低实缴资本（占人均收入的百分比）	0.0	信贷登记机构覆盖率（占成年人口的百分比）	1.3	出口费用	
				单证合规费用（美元）	无实践
办理施工许可证（排名）	186	保护少数投资者（排名）	132	边界合规费用（美元）	无实践
办理施工许可证前沿距离分数（0—100）	0.00	保护少数投资者前沿距离分数（0—100）	43.33	进口所需时间	
办理手续（项）	无实践	信息披露指数（0—10）	6	单证合规时间（小时）	无实践
办理时间（天）	无实践	董事责任指数（0—10）	4	边界合规时间（小时）	无实践
费用（占库房价值的百分比）	无实践	股东诉讼便利度指数（0—10）	3	进口费用	
建筑质量控制指数（0—15）	0.0	股东权利指数（0—10）	5	单证合规费用（美元）	无实践
		所有权和管理控制指数（0—10）	4	边界合规费用（美元）	无实践
获得电力（排名）	187	公司透明度指数（0—10）	4		
获得电力前沿距离分数（0—100）	0.00			执行合同（排名）	140
办理手续（项）	无实践	纳税（排名）	80	执行合同前沿距离分数（0—100）	48.52
办理时间（天）	无实践	纳税前沿距离分数（0—100）	74.13	时间（天）	645
费用（占人均收入的百分比）	无实践	纳税次数（次/年）	44	费用（占索赔额的百分比）	30.0
供电可靠性和电费透明度指数（0—8）	0	所需时间（小时/年）	248	司法程序质量指数（0—18）	4.0
		总税率和强制性派款率（占利润的百分比）	26.6		
登记财产（排名）	82	报税后流程指标（0—100）	96.34	办理破产（排名）	156
登记财产前沿距离分数（0—100）	65.21			办理破产前沿距离分数（0—100）	26.14
办理手续（项）	6			时间（年）	3.0
办理时间（天）	19			费用（占资产价值的百分比）	15.0
费用（占财产价值的百分比）	1.8			债务回收率（美分/美元）	19.5
土地管理系统质量指数（0—30）	7.0			破产框架力度指数（0—16）	5.0

赞比亚		撒哈拉以南非洲		人均国民收入（美元）	1300
营商环境便利度排名（1—190）	85	前沿距离总分（0—100）	64.50	人口	16591390
开办企业（排名）	101 ✓	获得信贷（排名）	2 ✓	跨境贸易（排名）	150
开办企业前沿距离分数（0—100）	84.89	获得信贷前沿距离分数（0—100）	95.00	跨境贸易前沿距离分数（0—100）	56.88
办理手续（项）	7	合法权利力度指数（0—12）	11	出口所需时间	
办理时间（天）	8.5	信贷信息深度指数（0—8）	8	单证合规时间（小时）	96
费用（占人均收入的百分比）	34.2	信用局覆盖率	8.7	边界合规时间（小时）	120
最低实缴资本（占人均收入的百分比）	0.0	信贷登记机构覆盖率（占成年人口的百分比）	0.0	出口费用	
				单证合规费用（美元）	200
办理施工许可证（排名）	69	保护少数投资者（排名）	89	边界合规费用（美元）	370
办理施工许可证前沿距离分数（0—100）	71.04	保护少数投资者前沿距离分数（0—100）	53.33	进口所需时间	
办理手续（项）	10	信息披露指数（0—10）	4	单证合规时间（小时）	72
办理时间（天）	189	董事责任指数（0—10）	6	边界合规时间（小时）	120
费用（占库房价值的百分比）	3.1	股东诉讼便利度指数（0—10）	7	进口费用	
建筑质量控制指数（0—15）	10.0	股东权利指数（0—10）	6	单证合规费用（美元）	175
		所有权和管理控制指数（0—10）	5	边界合规费用（美元）	380
获得电力（排名）	155	公司透明度指数（0—10）	4		
获得电力前沿距离分数（0—100）	49.92			执行合同（排名）	128
办理手续（项）	6 ✓	纳税（排名）	15	执行合同前沿距离分数（0—100）	51.74
办理时间（天）	117	纳税前沿距离分数（0—100）	88.71	时间（天）	611
费用（占人均收入的百分比）	588.5	纳税次数（次/年）	11	费用（占索赔额的百分比）	38.7
供电可靠性和电费透明度指数（0—8）	0	所需时间（小时/年）	164	司法程序质量指数（0—18）	7.0
		总税率和强制性派款率（占利润的百分比）	15.6		
登记财产（排名）	149	报税后流程指标（0—100）	85.94	办理破产（排名）	89
登记财产前沿距离分数（0—100）	48.69			办理破产前沿距离分数（0—100）	44.85
办理手续（项）	6			时间（年）	1.0
办理时间（天）	45			费用（占资产价值的百分比）	9.0
费用（占财产价值的百分比）	9.9			债务回收率（美分/美元）	48.5
土地管理系统质量指数（0—30）	7.0			破产框架力度指数（0—16）	6.0

津巴布韦		撒哈拉以南非洲		人均国民收入（美元）	940
营商环境便利度排名（1—190）	159	前沿距离总分（0—100）	48.47	人口	16150362
✓ 开办企业（排名）	180 ×	获得信贷（排名）	105	跨境贸易（排名）	153
开办企业前沿距离分数（0—100）	59.28	获得信贷前沿距离分数（0—100）	45.00	跨境贸易前沿距离分数（0—100）	55.47
办理手续（项）	9	合法权利力度指数（0—12）	5	出口所需时间	
办理时间（天）	61	信贷信息深度指数（0—8）	4	单证合规时间（小时）	99
费用（占人均收入的百分比）	110.0	信用局覆盖率	32.0	边界合规时间（小时）	74
最低实缴资本（占人均收入的百分比）	0.0	信贷登记机构覆盖率（占成年人口的百分比）	3.2	出口费用	
				单证合规费用（美元）	170
办理施工许可证（排名）	175	保护少数投资者（排名）	89	边界合规费用（美元）	285
办理施工许可证前沿距离分数（0—100）	44.73	保护少数投资者前沿距离分数（0—100）	53.33	进口所需时间	
办理手续（项）	10	信息披露指数（0—10）	8	单证合规时间（小时）	81
办理时间（天）	238	董事责任指数（0—10）	2	边界合规时间（小时）	228
费用（占库房价值的百分比）	22.5	股东诉讼便利度指数（0—10）	5	进口费用	
建筑质量控制指数（0—15）	9.0	股东权利指数（0—10）	7	单证合规费用（美元）	150
		所有权和管理控制指数（0—10）	5	边界合规费用（美元）	562
获得电力（排名）	161	公司透明度指数（0—10）	5		
获得电力前沿距离分数（0—100）	44.90			执行合同（排名）	166
办理手续（项）	6	纳税（排名）	143	执行合同前沿距离分数（0—100）	38.73
办理时间（天）	106	纳税前沿距离分数（0—100）	58.83	时间（天）	410
费用（占人均收入的百分比）	2602.6	纳税次数（次/年）	51	费用（占索赔额的百分比）	83.1
供电可靠性和电费透明度指数（0—8）	0	所需时间（小时/年）	242	司法程序质量指数（0—18）	6.0
		总税率和强制性派款率（占利润的百分比）	31.6		
登记财产（排名）	108	报税后流程指标（0—100）	52.84	办理破产（排名）	155
登记财产前沿距离分数（0—100）	58.21			办理破产前沿距离分数（0—100）	26.21
办理手续（项）	5			时间（年）	3.3
办理时间（天）	36			费用（占资产价值的百分比）	22.0
费用（占财产价值的百分比）	7.6			债务回收率（美分/美元）	19.7
土地管理系统质量指数（0—30）	10.0			破产框架力度指数（0—16）	5.0

注：大多数指标集所针对的是经济体中最大的商业城市的案例情境，但对于其中11个经济体，所采集的数据是两大商业城市的人口加权平均值。对于某些指标而言，某个经济体可能会被标注为"无实践"；如需了解更多细节，可查看"数据说明"。在开办企业方面，手续（项）、时间（天）和费用（占人均收入的百分比）是以女性和男性的平均值进行计算的。对于报税后流程指标而言，某个经济体可能会被标注为"不适用"。

2018 年营商环境报告

劳动力市场监管

劳动力市场监管是营商环境的一个重要方面,可对就业动态和生产率产生影响。[1] 劳动力市场缺陷可能对工作质量和工作机会的创造产生负面影响。[2] 监管可缓解市场失灵并提高经济体中劳动力资源的分配效率。尽管旨在实现更加灵活的劳动力监管的改革会增加就业,[3] 但劳动力监管的不足也可能产生负面影响,如工作场所不安全或者劳动者的生活质量遭到损害。通过为雇主和雇员建立适当的激励和震慑机制,劳动力市场监管可以促进劳动力流动性和生产率的提高。[4]

在制定劳动力政策方面所面临的挑战是:通过实现劳动力灵活性和劳动者保障之间的平衡来避免过度监管和监管不足这两种极端情况。更加灵活的监管可使经济体能够更好地针对经济冲击、商业周期中的变化以及技术和人口变化等长期结构性转变进行调整。《2018年营商环境报告》收集的数据显示,64.7%的经济体允许对长期性的工作任务采用固定期限合同,78.9%的经济体对于夜班工作没有限制。在21.4%的经济体中,法律要求雇主在解雇雇员之前,需先对其重新安排岗位或者进行再培训。

另一方面,缺乏劳动者保障可能会导致生活水平下降,同时由于雇员健康状况欠佳且缺乏动力,会导致企业生产效率低下。《2018年营商环境报告》的数据显示,68.9%的经济体每年至少提供五天带薪病假。劳动力市场监管不足可能会对特定群体产生严重影响。对女性雇员而言,在获得就业机会方面所遭到的歧视以及长期的收入差距可能会打击其进入劳动力市场或在工作中发挥全部潜力的积极性。《2018年营商环境报告》的数据显示,48%的经济体禁止雇用员工的性别歧视,40.5%的经济体要求实行同工同酬。

近年来,《营商环境报告》通过扩展方法论的范围、拓宽自己的传统评估领域,为劳动力市场指标制定了更为精密的方法。过去,《营商环境报告》评估就业监管的灵活性,因为其与增加雇员、裁员及工作时长的安排有关。但是,自从《2016年营商环境报告》以来,加入了几个新的评估领域,其中包括每年至少5天带薪病假、带薪产假时间、失业保障、无差别性别待遇以及同工同酬。方法论的扩展源自与有意向的利益相关者以及国际劳工组织所开展的合作对话。所实施的变革旨在通过适当地平衡劳动力市场的监管,来提供一种更加全面的举措。《营商环境报告》劳动力市场监管指标已经成为学者、记者、私营部门研究人员和对劳动力市场监管感兴趣的其他人士的一项重要资源。

注

1. Martin and Scarpetta,2012。
2. World Bank,2012。
3. Amin,2007。
4. Martin and Scarpetta,2012。

劳动力市场监管数据

经济体	雇用员工				工时								带薪年假（工作日）[a]
	针对长期性的工作任务，是否禁止固定期限合同	固定期限合同的最长时间（月）[a]	具有 1 年工作经验、年满 19 岁的收银员的最低工资（美元/月）[a]	最低工资与每位劳动者附加值之比	试用期的最长时间（月）[c]	每周工作的最多天数	夜班工作的补助（占时薪的百分比）	每周休息日工作的补助（占时薪的%）	加班工作的补助（占时薪的%）	对夜班工作是否有限制	非孕期和非哺乳期女性是否可以同男性一样从事相同的夜班工作	对每周假日工作是否有限制	在加班工作方面是否有限制	
阿富汗	否	无限制	0.0	0.0	3.0	6.0	15.0	50.0	25.0	是	否	否	是	20.0
阿尔巴尼亚	是	无限制	182.3	0.4	3.0	5.5	50.0	25.0	25.0	是	是	否	否	20.0
阿尔及利亚	是	无限制	187.1	0.3	6.0	6.0	0.0	0.0	50.0	是	否	否	是	22.0
安哥拉	否	120.0	148.4	0.3	3.0	6.0	10.0	75.0	20.0	是	是	是	否	22.0
安提瓜和巴布达	否	无限制	604.9	0.4	3.0	6.0	0.0	0.0	50.0	否	是	否	否	12.0
阿根廷	是	60.0	936.7	0.6	3.0	5.5	13.0	100.0	50.0	否	是	否	否	18.0
亚美尼亚	是	无限制	117.0	0.3	3.0	6.0	30.0	100.0	50.0	是	是	否	否	20.0
澳大利亚	否	无限制	2068.3	0.3	6.0	6.0	25.0	100.0	50.0	是	是	否	否	20.0
奥地利	否	无限制	1590.5	0.3	1.0	5.5	67.0	100.0	50.0	是	是	否	否	25.0
阿塞拜疆	否	60.0	95.5	0.2	3.0	6.0	40.0	100.0	100.0	是	是	否	是	17.0
巴哈马	否	无限制	867.5	0.3	0.0	5.0	0.0	0.0	50.0	否	是	否	否	11.7
巴林	否	60.0	0.0	0.0	3.0	6.0	0.0	0.0	37.5	是	是	否	否	30.0
孟加拉国（吉大港）	否	无限制	0.0	0.0	3.0	5.5	0.0	0.0	100.0	是	是	否	否	17.0
孟加拉国（达卡）	否	无限制	0.0	0.0	3.0	5.5	0.0	0.0	100.0	是	是	否	否	17.0
巴巴多斯	否	无限制	518.2	0.3	不详	5.0	0.0	0.0	50.0	否	是	否	否	20.3
白俄罗斯	否	无限制	156.9	0.2	3.0	6.0	20.0	100.0	100.0	是	是	否	否	18.0
比利时	否	无限制	2280.1	0.4	0.0	6.0	0.0	0.0	50.0	是	是	是	否	20.0
伯利兹	否	无限制	332.0	0.6	6.0	6.0	0.0	50.0	50.0	否	是	否	是	12.0
贝宁		48.0	70.2	0.6	2.0	6.0	0.0	0.0	12.0	否	是	否	否	24.0
不丹	否	无限制	54.1	0.2	6.0	6.0	0.0	0.0	0.0	否	是	否	否	15.0
玻利维亚[h]	是	24.0	291.7	0.7	3.0	6.0	25.0	100.0	100.0	否	否	否	否	21.7
波黑	否	36.0	232.5	0.4	6.0	6.0	25.0	15.0	25.0	否	是	否	否	20.0
博茨瓦纳	否	无限制	84.5	0.1	3.0	6.0	0.0	100.0	50.0	否	是	否	否	15.0
巴西（里约热内卢）	是	24.0	382.0	0.4	3.0	6.0	20.0	0.0	50.0	是	是	否	否	26.0
巴西（圣保罗）	是	24.0	348.9	0.3	3.0	6.0	20.0	0.0	60.0	是	是	否	否	26.0
文莱	否	无限制	0.0	0.0	不详	6.0	0.0	50.0	50.0	否	是	否	否	11.7
保加利亚	否	36.0	266.8	0.3	6.0	6.0	7.6	0.0	50.0	是	是	否	否	20.0
布吉纳法索	否	无限制	90.8	0.9	2.0	6.0	0.0	0.0	15.0	是	是	是	否	22.0
布隆迪	否	无限制	2.4	0.1	6.0	6.0	35.0	0.0	35.0	否	是	否	否	21.0
佛得角	是	60.0	115.3	0.3	2.0	6.0	25.0	100.0	35.0	否	是	否	否	22.0
柬埔寨	否	24.0	0.0	0.0	1.0	6.0	30.0	0.0	50.0	否	是	否	否	19.3
喀麦隆	否	48.0	72.2	0.4	2.0	6.0	0.0	0.0	20.0	否	是	否	否	25.0

劳动力市场监管

	裁员规则						裁员成本		工作质量						
是否是法律允许的裁员	如果解雇1名员工，是否需要通过第三方通知	如果解雇1名员工，是否需要获得第三方的批准	如果解雇9名员工，是否需要通过第三方通知	如果解雇9名员工，是否需要获得第三方的批准	再培训或者重新安排	针对裁员的优先性原则	针对再就业的优先性原则	裁员的通知期（核定工资的周数）ᵃ	裁员所需要支付的遣散费（核定工资的周数）ᵃ	同工同酬	招聘过程中是否存在性别歧视	法律强制规定的带薪/无薪产假	产假的最短时间（日历天数）ᵍ	产假期间是否可领取全部工资	是否可获得5天带薪病假	对供职一年的员工是否提供失业保障计划	失业保障的最短供款期（月）
是	是	否	是	是	否	否	是	4.3	17.3	否	否	是	90	是	是	否	不详
是	否	否	否	否	否	否	是	10.1	10.7	是	是	是	365	否	是	是	12.0
是	是	否	是	是	是	是	否	4.3	13.0	是	是	是	98	是	是	是	36.0
是	是	是	是	是	否	是	是	4.3	13.6	是	是	是	90	是	是	否	不详
是	否	否	否	否	是	是	否	3.4	12.8	是	是	是	91	是	是	否	不详
是	否	否	否	否	是	是	是	7.2	23.1	是	是	是	90	是	否	是	6.0
是	否	否	是	否	是	否	否	8.7	4.3	否	否	是	140	否	否	否	不详
是	否	否	否	否	否	否	否	3.3	8.7	否	否	是	126	否	否	否	0.0
是	是	否	是	否	否	否	是	2.0	0.0	是	否	是	112	是	是	是	12.0
是	是	否	是	否	否	否	是	8.7	13.0	是	是	是	126	是	是	是	6.5
是	否	否	否	否	是	是	否	2.0	10.7	是	是	是	91	是	是	是	12.0
是	是	否	是	否	否	否	是	4.3	60.7	是	是	是	60	是	是	否	0.0
是	是	否	是	否	否	是	是	4.3	26.7	是	是	是	112	是	否	否	不详
是	是	否	是	否	否	是	是	4.3	26.7	是	是	是	112	是	否	否	不详
是	否	否	否	否	否	否	是	3.7	12.5	是	是	是	84	否	否	是	12.0
是	否	否	否	否	否	否	否	8.7	13.0	是	是	是	126	是	是	是	0.0
是	否	否	否	否	否	否	否	19.7	0.0	是	否	是	105	否	否	是	14.4
是	否	否	否	否	是	否	是	4.7	8.3	是	是	是	98	是	是	否	不详
是	是	否	是	否	否	否	否	4.3	7.3	是	是	是	98	是	是	否	不详
是	是	否	否	否	是	是	否	8.3	0.0	是	是	是	56	是	是	否	不详
否	不详	不详	不详	不详	不详	不详	不详	不详	不详	是	否	是	90	是	否	否	不详
是	否	否	是	否	是	否	是	2.0	7.2	否	是	是	365	否	是	是	8.0
是	是	否	否	否	是	是	是	3.8	16.8	否	否	是	84	是	是	否	不详
是	否	否	否	否	否	否	否	6.6	8.9	是	否	是	120	是	是	是	12.0
是	否	否	否	否	否	否	否	6.6	8.9	是	否	是	120	是	是	是	12.0
是	否	否	否	否	否	否	否	3.0	0.0	否	否	是	91	是	否	否	不详
是	否	否	否	否	否	否	否	4.3	4.3	是	否	是	410	否	否	是	9.0
是	否	否	否	否	否	否	否	4.3	6.1	是	否	是	98	是	否	否	不详
是	否	否	否	否	否	否	否	8.7	7.2	是	否	是	84	是	是	否	不详
是	否	否	否	否	否	否	否	2.1	15.2	否	否	是	60	是	是	是	6.0
是	否	否	否	否	否	否	否	7.9	11.4	是	否	是	90	是	否	否	不详
是	是	是	是	是	否	否	否	11.6	8.3	否	否	是	98	是	是	否	不详

劳动力市场监管数据

经济体	针对长期性的工作任务，是否禁止固定期限合同	固定期限合同的最长时间（月）[a]	具备1年工作经验、年满19岁的收银员的最低工资（美元/月）[b]	最低工资与每位劳动者附加值之比	试用期的最长时间（月）[c]	每周工作的最多天数	夜班工作的补助（占时薪的百分比）	每周休息日工作的补助（占时薪的百分比）	加班工作的补助（占时薪的百分比）	对夜班工作是否有限制	非孕期和非哺乳期女性是否可以同男性一样从事相同的夜班工作	对每周假日工作是否有限制	在加班工作方面是否限制	带薪年假（工作日）[c]
加拿大	否	无限制	1565.7	0.3	3.0	6.0	0.0	0.0	50.0	否	是	否	是	10.0
中非共和国	是	24.0	77.1	1.4	2.0	6.0	0.0	50.0	..	否	是	是	否	25.3
乍得	否	48.0	111.4	0.9	3.0	6.0	0.0	0.0	10.0	是	否	是	否	24.7
智利	否	12.0	393.9	0.2	不详	6.0	0.0	30.0	50.0	否	是	是	否	15.0
中国（北京）	否	无限制	290.1	0.3	6.0	6.0	0.0	100.0	50.0	否	是	否	是	6.7
中国（上海）	否	无限制	353.0	0.4	6.0	6.0	34.0	100.0	50.0	否	是	否	是	6.7
哥伦比亚	否	无限制	267.5	0.3	2.0	6.0	35.0	75.0	25.0	否	是	否	否	15.0
科摩罗	否	36.0	0.0	0.0	6.0	6.0	28.3	0.0	25.0	否	是	是	否	22.0
刚果民主共和国	是	48.0	65.0	1.0	1.0	6.0	25.0	0.0	37.5	是	否	否	否	13.0
刚果共和国	是	24.0	198.6	0.7	4.0	6.0	0.0	0.0	13.7	是	是	是	否	29.7
哥斯达黎加	是	12.0	588.3	0.4	3.0	6.0	0.0	100.0	50.0	否	否	否	否	12.0
科特迪瓦	否	24.0	103.7	0.4	2.0	6.0	37.5	0.0	23.8	否	是	否	否	27.4
克罗地亚	是	无限制	497.1	0.3	6.0	6.0	0.0	0.0	0.0	是	是	否	否	20.0
塞浦路斯	否	30.0	1076.2	0.4	24.0	5.5	0.0	100.0	100.0	否	是	否	否	20.0
捷克	否	108.0	559.6	0.3	3.0	6.0	10.0	10.0	25.0	否	是	否	否	20.0
丹麦	否	无限制	0.0	0.0	3.0	6.0	0.0	0.0	0.0	否	是	否	否	25.0
吉布提	是	24.0	0.0	0.0	2.0	6.0	0.0	0.0	0.0	否	是	否	是	30.0
多米尼克	否	无限制	344.9	0.4	6.0	6.0	0.0	100.0	50.0	否	是	否	否	13.3
多米尼加共和国	是	无限制	334.7	0.4	3.0	5.5	0.0	100.0	35.0	否	是	否	否	16.7
厄瓜多尔	是	无限制	434.8	0.6	3.0	5.0	25.0	100.0	50.0	否	是	否	是	12.0
埃及	否	无限制	0.0	0.0	3.0	6.0	0.0	0.0	35.0	否	是	否	否	24.0
萨尔瓦多	是	无限制	252.7	0.5	1.0	6.0	25.0	100.0	125.0	是	是	是	否	11.0
赤道几内亚	是	24.0	745.9	0.8	1.0	6.0	25.0	50.0	25.0	否	是	是	否	22.0
厄立特里亚	是	无限制	0.0	0.0	3.0	6.0	0.0	0.0	25.0	否	是	否	否	19.0
爱沙尼亚	是	120.0	533.2	0.2	4.0	5.0	25.0	0.0	50.0	是	是	否	否	24.0
埃塞俄比亚	是	无限制	0.0	0.0	1.5	6.0	0.0	0.0	25.0	否	是	否	否	18.3
斐济	否	无限制	296.3	0.5	3.0	6.0	4.3	0.0	50.0	否	是	否	否	10.0
芬兰	是	60.0	2026.1	0.3	6.0	6.0	15.7	100.0	50.0	否	是	否	否	30.0
法国	是	18.0	1765.1	0.3	2.0	6.0	7.5	20.0	25.0	是	是	是	是	30.3
加蓬	否	48.0	275.0	0.3	6.0	6.0	0.0	0.0	10.0	否	是	否	否	24.0
冈比亚	否	无限制	0.0	0.0	12.0	7.0	0.0	0.0	0.0	否	是	否	否	0.0
格鲁吉亚	否	30.0	17.7	0.0	6.0	7.0	0.0	0.0	0.0	否	是	否	否	24.0

劳动力市场监管

	裁员规则							裁员成本		工作质量						
是否是法律允许的裁员	如果解雇1名员工，是否需要通过第三方通知	如果解雇1名员工，是否需要获得第三方的批准	如果解雇9名员工，是否需要通过第三方通知	如果解雇9名员工，是否需要获得第三方的批准	再培训或者重新安排。	针对裁员的优先性原则	针对再就业的优先性原则	裁员的通知期（核定工资的周数）	裁员所需要支付的遣散费（核定工资的周数）	同工同酬	招聘过程中是否存在性别歧视	法律强制规定的带薪／无薪产假	产假的最短时间（日历天数）	产假期间是否可领取全部工资	可获得5天带薪病假	对供职1年的员工是否提供失业保障计划	失业保障的最短供款期（月）
是	否	否	否	否	否	否	否	5.0	5.0	是	否	是	105	否	否	是	3.2
是	是	否	是	是	否	是	是	4.3	17.3	否	否	是	98	是	否	否	不详
是	是	否	是	否	否	是	是	7.2	5.8	是	否	是	98	否	否	否	不详
是	是	否	是	否	否	否	否	4.3	23.1	是	否	是	126	是	否	否	12.0
是	否	否	是	否	是	是	是	4.3	23.1	是	否	是	98	是	否	否	12.0
是	否	否	是	否	是	是	是	4.3	23.1	是	否	是	128	是	否	否	12.0
是	否	否	是	否	否	否	否	0.0	16.7	是	否	是	126	是	否	是	12.0
是	是	是	是	是	否	是	是	8.7	5.0	是	否	是	98	是	..	否	不详
是	是	是	是	是	是	否	是	10.3	0.0	是	否	是	98	否	否	否	不详
是	是	是	是	是	是	是	是	8.7	6.9	是	否	是	105	否	否	否	不详
是	否	否	否	否	否	否	否	4.3	14.4	是	否	是	120	否	否	否	不详
是	否	否	否	否	否	否	否	5.8	7.3	是	否	是	98	是	否	否	不详
是	是	否	是	否	否	是	是	7.9	7.2	是	否	是	208	是	否	是	9.0
是	是	否	是	是	否	是	是	5.7	0.0	是	否	是	126	否	否	是	6.0
是	否	否	否	否	否	否	否	8.7	11.6	是	否	是	196	否	否	是	12.0
是	否	否	否	否	否	否	否	0.0	0.0	是	否	是	126	是	否	是	12.0
是	否	否	否	否	否	否	否	4.3	0.0	是	否	是	98	是	否	是	不详
是	否	否	否	否	否	否	否	10.1	9.3	否	否	是	84	否	否	否	不详
是	否	否	否	否	否	否	否	4.0	22.2	否	否	是	98	是	否	否	不详
是	否	否	否	否	否	否	否	0.0	31.8	是	否	是	84	是	否	是	不详
是	否	否	否	否	是	否	否	10.1	26.7	是	否	是	90	否	否	是	6.0
是	否	否	否	否	否	否	否	0.0	22.9	是	否	是	112	否	否	是	不详
是	是	否	是	否	是	是	是	4.3	34.3	是	否	是	84	否	否	是	不详
是	否	否	否	否	否	否	否	3.1	12.3	是	否	是	60	否	否	否	不详
是	否	否	否	否	是	否	否	8.6	4.3	是	是	是	140	否	否	是	12.0
是	否	否	否	否	否	否	否	8.7	10.5	否	否	是	90	否	否	否	不详
是	否	否	否	否	否	否	否	4.3	5.3	否	否	是	84	否	否	否	不详
是	否	否	否	否	否	否	否	10.1	0.0	是	否	是	105	否	否	是	6.0
是	否	否	否	否	否	否	否	7.2	4.6	是	否	是	112	否	否	是	4.0
是	是	是	是	是	是	否	否	14.4	4.3	是	否	是	98	是	否	否	不详
是	否	否	否	否	否	否	否	26.0	26.0	否	否	是	180	是	否	否	不详
是	否	否	否	否	否	否	否	4.3	4.3	否	否	是	183	是	是	否	不详

劳动力市场监管数据													
	雇用员工				工时								
经济体	针对长期性的工作任务，是否禁止固定期限合同	固定期限合同的最长时间（月）ᵃ	具有1年工作经验、年满19岁的收银员的最低工资（美元/月）ᵇ	最低工资与每位劳动者附加值之比	试用期的最长时间（月）ᶜ	每周工作的最多天数	夜班工作的补助（占时薪的百分比）	每周休息日工作的补助（占时薪的百分比）	加班工作的补助（占时薪的百分比）	对夜班工作是否有限制	非孕期和非哺乳期女性是否可以同男性一样从事相同的夜班工作	对每周假日工作是否有限制	在加班工作方面是否限制	带薪年假（工作日）ᵈ
德国	否	无限制	1736.1	0.3	6.0	6.0	0.0	0.0	0.0	否	是	否	否	24.0
加纳	否	无限制	45.4	0.2	不详	5.0	0.0	0.0	0.0	否	是	否	否	15.0
希腊	是	无限制	687.5	0.3	12.0	6.0	25.0	75.0	27.5	否	是	是	否	22.3
格林纳达	是	无限制	250.4	0.2	1.0	6.0	0.0	0.0	50.0	否	是	否	否	13.3
危地马拉	是	无限制	411.2	0.7	2.0	6.0	0.0	50.0	50.0	是	是	是	是	15.0
几内亚	否	24.0	50.0	0.7	1.0	6.0	20.0	0.0	30.0	否	是	否	是	30.0
几内亚比绍	是	12.0	0.0	0.0	1.0	6.0	25.0	50.0	50.0	否	是	否	否	21.0
圭亚那	否	无限制	202.9	0.4	不详	5.5	0.0	0.0	50.0	是	是	是	是	12.0
海地	否	无限制	154.1	1.5	0.0	6.0	50.0	50.0	50.0	否	是	否	否	13.0
洪都拉斯	是	24.0	460.4	1.6	2.0	6.0	25.0	100.0	37.5	是	是	是	是	16.7
中国香港	否	无限制	885.3	0.2	1.0	6.0	0.0	0.0	0.0	否	是	否	否	10.3
匈牙利	否	60.0	465.9	0.3	3.0	5.0	15.0	50.0	50.0	否	是	否	是	21.3
冰岛	否	24.0	2079.3	0.3	3.0	6.0	0.9	0.8	1.4	否	是	否	否	24.0
印度（德里）	否	无限制	217.6	1.0	3.0	6.0	0.0	0.0	100.0	是	否	否	是	15.0
印度（孟买）	否	无限制	134.1	0.6	3.0	6.0	0.0	0.0	100.0	是	否	否	是	21.0
印度尼西亚（雅加达）	是	36.0	248.9	0.6	3.0	6.0	0.0	0.0	75.0	否	是	否	否	12.0
印度尼西亚（泗水）	是	36.0	244.5	0.6	3.0	6.0	0.0	0.0	75.0	否	是	否	否	12.0
伊朗	否	无限制	300.8	0.5	1.0	6.0	35.0	40.0	40.0	否	是	否	否	24.0
伊拉克	是	12.0	120.4	0.1	3.0	6.0	0.0	50.0	50.0	是	否	否	否	23.0
爱尔兰	否	无限制	1832.8	0.3	12.0	6.0	0.0	0.0	0.0	否	是	否	否	20.0
以色列	否	无限制	1280.4	0.3	不详	5.5	0.0	50.0	25.0	否	是	否	是	18.0
意大利	否	36.0	1973.7	0.5	2.0	6.0	15.0	30.0	15.0	否	是	否	否	26.0
牙买加	否	无限制	213.7	0.4	3.0	6.0	0.0	100.0	0.0	否	是	否	否	11.7
日本（大阪）	否	无限制	1329.5	0.3	不详	6.0	25.0	35.0	25.0	否	是	否	是	15.3
日本（东京）	否	无限制	1403.3	0.3	不详	6.0	25.0	35.0	25.0	否	是	否	是	15.3
约旦	否	无限制	299.4	0.6	3.0	6.0	0.0	0.0	25.0	是	否	否	是	18.7
哈萨克斯坦	否	无限制	91.4	0.1	3.0	6.0	50.0	50.0	50.0	否	是	否	否	18.0
肯尼亚	否	无限制	233.2	1.1	12.0	6.0	0.0	0.0	50.0	否	是	否	否	21.0
基里巴斯	否	无限制	173.7	0.5	不详	5.0	0.0	0.0	0.0	是	是	是	是	30.0
韩国	否	24.0	967.7	0.3	3.0	6.0	50.0	50.0	50.0	否	是	否	否	17.0
科索沃	否	无限制	150.0	0.3	6.0	6.0	30.0	30.0	30.0	否	是	否	否	21.0
科威特	否	无限制	198.6	0.0	3.0	6.0	0.0	50.0	25.0	否	否	是	是	30.0

	裁员规则							裁员成本		工作质量							
是否是法律允许的裁员	如果解雇1名员工，是否需要通过第三方通知	如果解雇1名员工，是否需要获得第三方的批准	如果解雇9名员工，是否需要通过第三方通知	如果解雇9名员工，是否需要获得第三方的批准	再培训或者重新安排	针对裁员的优先性原则	针对再就业的优先性原则	裁员的通知期（核定工资的周数）	裁员所需要支付的遣散费（核定工资的周数）	同工同酬	招聘过程中是否存在性别歧视	法律强制规定的带薪/无薪产假	产假的最短时间（日历天数）	产假期间是否可领取全部工资	可获得5天带薪病假	对供职一年的员工是否提供失业保障计划	失业保障的最短供款期（月）
是	是	否	是	否	是	是	否	10.0	11.6	否	是	是	98	是	是	是	12.0
是	是	是	是	是	否	否	否	3.6	46.2	否	否	是	84	是	否	否	不详
是	否	否	是	是	否	否	否	0.0	15.9	是	是	是	119	是	否	是	4.0
是	否	否	否	否	否	否	否	7.2	5.3	是	是	是	84	否	是	是	不详
是	否	否	否	否	否	否	否	0.0	27.0	否	否	是	84	是	否	是	不详
是	是	否	是	否	是	否	否	4.3	5.8	否	否	是	98	是	否	是	不详
是	是	否	是	否	否	否	是	0.0	26.0	否	否	是	60	是	否	否	不详
是	是	否	是	否	否	否	否	4.3	7.0	否	是	是	91	否	是	否	不详
是	否	否	否	否	否	否	否	10.1	0.0	否	否	是	42	是	是	否	不详
是	是	否	是	否	否	否	否	7.2	23.1	否	是	是	84	是	否	否	不详
是	否	否	是	否	否	否	否	4.3	1.4	否	是	是	70	是	是	是	0.0
是	否	否	是	否	否	否	否	6.2	7.2	否	是	是	168	是	否	是	12.0
是	否	否	否	否	否	否	否	13.0	0.0	是	是	是	90	是	是	是	3.0
是	是	否	是	否	否	是	是	4.3	11.4	否	是	是	182	是	否	否	不详
是	是	否	是	否	否	否	是	4.3	11.4	否	否	是	182	是	否	否	不详
是	是	是	是	是	是	否	否	0.0	57.8	否	是	是	90	是	否	否	不详
是	是	是	是	是	否	否	否	0.0	57.8	否	是	是	90	是	否	否	不详
是	是	否	是	否	否	否	否	0.0	23.1	否	是	是	270	是	否	是	6.0
是	是	否	是	否	否	否	否	0.0	10.7	否	是	是	98	是	否	否	不详
是	否	否	是	否	否	否	否	3.7	10.7	是	是	是	182	否	否	是	24.0
是	否	否	否	否	否	否	否	4.3	23.1	否	是	是	98	是	是	是	12.0
是	是	否	是	否	是	是	是	4.5	0.0	否	是	是	150	是	否	是	3.0
是	否	否	否	否	否	否	否	4.0	10.0	否	否	是	56	否	否	否	不详
是	否	否	否	否	否	否	否	4.3	0.0	否	否	是	98	否	否	是	12.0
是	否	否	否	否	否	否	否	4.3	0.0	否	否	是	98	是	否	是	12.0
是	是	否	是	否	否	否	是	4.3	0.0	否	否	是	70	是	是	否	36.0
是	是	否	是	否	否	否	否	4.3	4.3	否	是	是	126	是	否	是	0.0
是	是	否	是	否	否	否	否	4.3	2.1	是	否	是	90	是	否	否	不详
是	否	否	否	否	否	否	否	3.7	0.0	否	否	是	84	是	否	否	不详
是	是	否	是	否	否	否	是	4.3	23.1	否	否	是	90	是	否	是	6.0
是	否	否	否	否	否	否	否	4.3	7.2	是	是	是	270	是	否	否	不详
是	否	否	否	否	否	否	否	13.0	15.1	否	否	是	70	是	是	是	6.0

劳动力市场监管数据

经济体	针对长期性的工作任务，是否禁止固定期限合同	固定期限合同的最长时间（月）[a]	具有1年工作经验、年满19岁的收银员的最低工资（美元/月）[b]	最低工资与每位劳动者附加值之比	试用期的最长时间（月）[c]	每周工作的最多天数	夜班工作的补助（占时薪的百分比）	每周休息日工作的补助（占时薪的百分比）	加班工作的补助（占时薪的百分比）	对夜班工作是否有限制	非孕期和非哺乳期女性是否可以同男性一样从事相同的夜班工作	对每周假日工作是否有限制	在加班工作方面是否有限制	带薪年假（工作日）[a]
吉尔吉斯共和国	是	60.0	17.4	0.1	3.0	6.0	50.0	100.0	50.0	否	是	否	否	20.0
老挝	否	36.0	105.8	0.4	2.0	6.0	15.0	150.0	50.0	否	是	否	否	15.0
拉脱维亚	是	60.0	434.6	0.2	3.0	5.5	50.0	0.0	100.0	否	是	否	是	20.0
黎巴嫩	否	24.0	438.9	0.5	3.0	5.5	0.0	50.0	50.0	否	是	否	是	15.0
莱索托	否	无限制	140.7	0.8	4.0	6.0	0.0	100.0	25.0	是	是	否	是	12.0
利比里亚	否	无限制	141.4	2.5	3.0	5.5	0.0	0.0	50.0	否	是	否	是	16.5
利比亚	否	48.0	323.7	0.5	1.0	6.0	0.0	0.0	50.0	是	是	否	否	30.0
立陶宛	否	60.0	433.5	0.2	3.0	5.5	50.0	100.0	50.0	是	是	否	否	20.7
卢森堡	是	24.0	2764.4	0.3	6.0	5.5	0.0	70.0	40.0	否	是	是	否	25.0
马其顿共和国	否	60.0	262.5	0.4	6.0	6.0	35.0	50.0	35.0	是	是	否	否	20.0
马达加斯加	是	24.0	55.7	0.9	3.0	6.0	30.0	40.0	30.0	是	是	否	否	24.0
马拉维	是	无限制	27.5	0.5	12.0	6.0	0.0	0.0	50.0	否	是	否	否	18.0
马来西亚	否	无限制	257.2	0.2	不详	6.0	0.0	100.0	50.0	否	是	否	否	13.3
马尔代夫	否	24.0	0.0	0.0	3.0	6.0	0.0	50.0	25.0	否	是	否	否	30.0
马里	是	72.0	67.4	0.5	6.0	6.0	0.0	0.0	10.0	否	是	否	否	22.0
马耳他	否	48.0	837.4	0.3	6.0	6.0	0.0	100.0	50.0	否	是	否	否	24.0
马绍尔群岛	否	无限制	517.5	0.8	不详	7.0	0.0	0.0	0.0	否	是	否	否	0.0
毛里塔尼亚	否	24.0	90.8	0.6	1.0	6.0	0.0	0.0	15.0	否	是	是	否	18.0
毛里求斯	否	24.0	236.8	0.2	不详	6.0	0.0	100.0	50.0	否	是	否	否	17.0
墨西哥（墨西哥城）	是	无限制	151.7	0.1	1.0	6.0	0.0	25.0	100.0	否	是	否	是	12.0
墨西哥（蒙特雷）	是	无限制	151.7	0.1	1.0	6.0	0.0	25.0	100.0	否	是	否	是	12.0
密克罗尼西亚联邦	否	无限制	361.7	0.7	不详	7.0	0.0	0.0	50.0	否	是	否	否	0.0
摩尔多瓦	是	无限制	110.4	0.5	0.5	6.0	50.0	100.0	50.0	是	是	是	否	20.0
蒙古	否	无限制	116.9	0.3	3.0	5.0	0.0	50.0	50.0	否	是	否	是	16.0
黑山	否	24.0	218.9	0.3	6.0	6.0	40.0	0.0	40.0	否	否	否	否	20.7
摩洛哥	是	12.0	268.3	0.8	1.5	6.0	0.0	0.0	25.0	否	是	是	否	19.5
莫桑比克	是	72.0	103.4	1.3	3.0	6.0	25.0	100.0	50.0	否	是	是	否	24.0
缅甸	否	无限制	68.3	0.4	不详	6.0	0.0	100.0	100.0	是	是	否	否	10.0
纳米比亚	否	无限制	0.0	0.0	不详	5.5	6.0	100.0	50.0	否	是	否	否	20.0
尼泊尔	是	无限制	89.1	0.9	12.0	6.0	0.0	50.0	50.0	否	否	否	否	18.0
荷兰	否	24.0	931.8	0.2	2.0	5.5	0.0	0.0	0.0	否	是	否	否	20.0
新西兰	否	无限制	1942.8	0.4	3.0	7.0	0.0	0.0	0.0	否	是	否	否	20.0

	裁员规则							裁员成本		工作质量						
是否是法律允许的裁员	如果解雇1名员工，是否需要通过第三方通知	如果解雇1名员工，是否需要获得第三方的批准	如果解雇9名员工，是否需要通过第三方通知	如果解雇9名员工，是否需要获得第三方的批准	再培训或者重新安排	针对裁员的优先性原则	针对再就业的优先性原则	裁员的通知期（核定工资的周数）	裁员所需要支付的遣散费（核定工资的周数）	同工同酬	招聘过程中是否存在性别歧视	法律强制规定的带薪/无薪产假	产假的最短时间（日历天数）	产假期间是否可领取全部工资	可获得5天带薪病假	对供职1年的员工是否提供失业保障计划	失业保障的最短供款期（月）
是	否	否	否	否	否	否	否	4.3	13.0	否	否	是	126	否	否	是	12.0
是	是	否	是	否	否	否	否	6.4	27.7	否	是	是	105	否	否	否	不详
是	否	否	否	否	是	是	是	4.3	8.7	是	是	是	112	是	是	是	12.0
是	是	是	是	是	否	是	是	8.7	0.0	否	是	是	70	是	是	否	不详
是	否	否	是	否	否	否	是	4.3	10.7	是	是	是	84	是	否	是	不详
是	是	是	是	是	是	是	是	4.3	21.3	是	是	是	98	是	是	否	不详
是	否	否	是	否	是	否	否	4.3	15.2	是	是	是	98	是	是	否	不详
是	否	否	否	否	是	是	是	8.7	15.9	是	是	是	126	是	是	是	18.0
是	是	否	是	否	否	否	是	17.3	4.3	是	是	是	112	是	否	是	6.0
是	否	否	否	否	否	否	否	4.3	8.7	否	是	是	270	是	是	是	12.0
是	是	否	是	否	否	否	否	5.8	8.9	是	是	是	98	是	否	否	不详
是	是	是	是	是	否	是	是	4.3	12.3	是	是	是	56	是	否	否	不详
是	是	是	是	是	否	是	否	6.7	17.2	是	是	是	60	是	否	否	不详
是	否	否	否	否	否	否	否	7.2	0.0	否	是	是	60	是	否	否	不详
是	是	否	是	否	否	否	是	4.3	9.3	否	是	是	98	是	是	否	不详
是	否	否	否	否	否	否	否	7.3	0.0	否	是	是	126	否	否	是	6.0
是	否	否	否	否	否	否	否	0.0	0.0	否	否	否	不详	不详	否	否	不详
是	否	否	否	否	否	否	否	4.3	6.1	否	否	是	98	是	是	否	不详
是	否	否	否	否	否	否	否	4.3	69.3	是	是	是	98	是	是	是	6.0
是	是	是	是	否	否	否	否	0.0	22.0	否	是	是	84	是	是	否	不详
是	是	是	是	否	否	否	否	0.0	22.0	否	是	是	84	是	是	否	不详
是	否	否	否	否	否	否	否	0.0	0.0	否	否	否	不详	不详	否	否	不详
是	是	是	是	是	是	是	是	8.7	15.0	否	是	是	126	是	是	是	9.0
是	否	否	否	否	否	否	否	4.3	4.3	否	是	是	120	是	是	是	9.0
是	否	否	是	否	是	是	是	4.3	6.9	否	是	是	45	是	否	是	12.0
是	是	是	是	是	否	否	是	7.2	13.5	是	是	是	98	是	否	否	36.0
是	是	否	是	否	否	否	否	4.3	33.2	否	是	是	60	否	否	否	不详
是	否	否	否	否	否	否	否	4.3	18.8	是	是	是	98	否	否	是	36.0
是	否	否	是	否	是	否	否	4.3	5.3	是	是	是	84	是	否	否	不详
是	否	否	否	否	否	是	否	4.3	22.9	否	是	是	52	否	否	否	不详
是	否	否	否	否	否	否	否	8.7	7.2	是	是	是	112	是	是	是	6.0
是	否	否	否	否	是	否	否	0.0	0.0	否	是	否	不详	否	是	否	不详

劳动力市场监管数据

经济体	雇用员工				工时								
	针对长期性的工作任务，是否禁止固定期限合同	固定期限合同的最长时间（月）[a]	具有一年工作经验、年满19岁的收银员的最低工资（美元/月）[b]	最低工资与每位劳动者附加值之比	试用期的最长时间（月）[c]	每周工作的最多天数	夜班工作的补助（占时薪的百分比）	每周休息日工作的补助（占时薪的百分比）	加班工作的补助（占时薪的百分比）	对夜班工作是否有限制	非孕期和非哺乳期女性是否可以同男性一样从事相同的夜班工作	对每周假日工作是否有限制	在加班工作方面是否有限制	带薪年假（工作日）[d]
尼加拉瓜	否	无限制	227.3	0.9	1.0	6.0	0.0	100.0	100.0	是	是	是	是	30.0
尼日尔	是	48.0	52.6	0.8	6.0	6.0	37.5	0.0	10.0	否	是	否	否	22.0
尼日利亚（卡诺）	否	无限制	81.8	0.2	不详	6.0	0.0	0.0	0.0	否	是	否	否	6.0
尼日利亚（拉各斯）	否	无限制	81.8	0.2	不详	6.0	0.0	0.0	0.0	否	是	否	否	6.0
挪威	否	48.0	3286.3	0.3	6.0	6.0	0.0	0.0	40.0	是	是	是	是	21.0
阿曼[h]	否	无限制	845.3	0.5	3.0	5.0	50.0	100.0	25.0	否	否	否	是	22.0
巴基斯坦（卡拉奇）	是	9.0	129.8	0.6	3.0	6.0	0.0	100.0	100.0	是	否	否	否	14.0
巴基斯坦（拉合尔）	是	9.0	129.8	0.6	3.0	6.0	0.0	100.0	100.0	是	否	否	否	14.0
帕劳	否	无限制	693.5	0.5	不详	7.0	0.0	0.0	0.0	否	是	否	否	0.0
巴拿马	是	12.0	558.8	0.4	3.0	6.0	13.0	50.0	50.0	否	是	是	是	22.0
巴布亚新几内亚	否	无限制	213.0	0.6	不详	6.0	0.0	0.0	50.0	否	是	否	否	11.0
巴拉圭	是	无限制	365.0	0.7	1.0	6.0	30.0	100.0	50.0	是	是	是	是	20.0
秘鲁	是	60.0	258.3	0.3	3.0	6.0	35.0	100.0	25.0	否	是	否	否	13.0
菲律宾	否	无限制	293.5	0.6	6.0	6.0	10.0	30.0	25.0	否	是	否	否	5.0
波兰	否	33.0	540.2	0.4	3.0	5.5	20.0	100.0	50.0	否	是	否	是	22.0
葡萄牙	是	36.0	735.2	0.3	3.0	6.0	25.0	50.0	31.3	否	是	否	否	22.0
波多黎各自治邦（美国）	否	无限制	1256.7	0.3	9.0	7.0	0.0	100.0	50.0	否	是	否	否	11.0
卡塔尔	否	无限制	0.0	0.0	6.0	6.0	0.0	0.0	25.0	是	是	否	是	22.0
罗马尼亚	是	60.0	365.7	0.3	3.0	5.0	25.0	100.0	75.0	否	是	否	是	20.0
俄罗斯（莫斯科）	是	60.0	299.0	0.3	3.0	6.0	20.0	100.0	50.0	否	是	是	是	22.0
俄罗斯（圣彼得堡）	是	60.0	272.5	0.2	3.0	6.0	20.0	100.0	50.0	否	是	是	是	22.0
卢旺达	否	无限制	0.0	0.0	6.0	6.0	0.0	0.0	0.0	否	是	否	否	19.3
萨摩亚	否	无限制	207.6	0.4	3.0	6.0	0.0	0.0	50.0	否	是	否	否	10.0
圣马力诺	是	18.0	2147.1	0.4	1.6	6.0	35.0	0.0	26.3	否	是	是	是	26.0
圣多美和普林西比	是	36.0	71.0	0.3	1.0	6.0	25.0	100.0	37.5	否	否	是	是	26.0
沙特阿拉伯	否	48.0	0.0	0.0	3.0	6.0	0.0	50.0	50.0	否	否	是	否	23.3
塞内加尔	是	24.0	160.9	1.1	2.0	6.0	38.0	0.0	10.0	否	是	是	是	24.3
塞尔维亚	是	24.0	212.0	0.3	6.0	6.0	26.0	110.0	26.0	否	是	否	是	20.0
塞舌尔	否	无限制	575.5	0.3	6.0	6.0	0.0	100.0	50.0	否	是	否	否	21.0
塞拉利昂	是	无限制	84.5	1.1	6.0	5.5	15.0	100.0	50.0	否	是	否	否	23.0
新加坡	否	无限制	0.0	0.0	6.0	6.0	0.0	100.0	50.0	否	是	否	否	10.7

劳动力市场监管

	裁员规则						裁员成本		工作质量						
是否是法律允许的裁员	如果解雇1名员工，是否需要通过第三方通知	如果解雇1名员工，是否需要获得第三方的批准	如果解雇9名员工，是否需要通过第三方通知	如果解雇9名员工，是否需要获得第三方的批准	再培训或者重新安排。	针对裁员的优先性原则	针对再就业的优先性原则	裁员的通知期（核定工资的周数）ᵃ	裁员所需要支付的遣散费（核定工资的周数）ᵃ	同工同酬	招聘过程中是否存在性别歧视	法律强制规定的带薪／无薪产假	产假的最短时间（日历天数）	产假期间是否可领取全部工资	可获得5天带薪病假	对供职1年的员工是否提供失业保障计划	失业保障的最短供款期（月）
是	否	否	否	否	否	否	否	0.0	14.9	否	是	是	84	是	是	否	不详
是	是	否	是	否	是	是	是	4.3	9.7	否	是	是	98	是	是	否	不详
是	否	否	否	否	否	否	否	3.2	0.0	否	是	是	84	否	否	否	不详
是	否	否	否	否	否	否	否	3.2	0.0	否	是	是	84	否	否	否	不详
是	否	否	否	否	否	否	否	8.7	0.0	否	是	是	343	是	是	是	0.0
否	不详	不详	不详	不详	不详	不详	不详	不详	不详	否	是	是	50	否	否	否	不详
是	否	否	否	否	否	否	是	4.3	22.9	否	是	是	84	是	是	否	不详
是	否	否	否	否	否	否	否	4.3	22.9	否	是	是	84	是	是	否	不详
是	否	否	否	否	否	否	否	0.0	0.0	否	是	否	不详	不详	否	否	不详
是	是	是	是	是	是	是	否	0.0	18.1	否	是	是	98	是	否	否	不详
是	否	否	否	否	否	否	否	3.3	9.2	否	是	是	0	不详	否	否	不详
是	是	是	是	是	否	是	是	10.8	18.6	否	是	是	126	否	否	否	不详
是	是	否	是	否	否	否	否	0.0	11.4	否	是	是	98	是	否	否	不详
是	是	否	是	否	否	否	否	4.3	23.1	否	是	是	60	否	否	否	不详
是	否	否	否	否	否	是	否	10.1	8.7	否	是	是	140	否	是	是	12.0
是	否	否	是	否	否	否	否	7.9	9.1	否	是	是	120	是	是	是	12.0
是	否	否	否	否	否	否	否	0.0	0.0	否	是	是	56	否	否	是	6.0
是	否	否	否	否	否	否	否	7.2	16.0	否	是	是	50	否	否	否	不详
是	否	否	否	否	是	否	否	4.0	0.0	否	是	是	126	否	否	是	12.0
是	是	否	是	否	是	是	否	8.7	8.7	否	是	是	140	是	否	是	0.0
是	是	否	是	否	是	是	否	8.7	8.7	否	是	是	140	是	否	是	0.0
是	否	否	否	否	否	否	否	4.3	8.7	否	是	是	84	是	是	否	不详
是	否	否	否	否	否	否	否	3.3	0.0	否	是	是	28	否	否	否	不详
是	是	是	是	是	否	是	是	0.0	0.0	否	是	是	630	否	是	是	9.0
是	否	否	否	否	否	否	否	4.3	26.0	否	是	是	98	是	是	否	不详
是	否	否	否	否	否	否	否	8.6	15.2	否	是	是	70	否	是	是	12.0
是	是	否	是	否	否	否	否	4.3	10.5	否	是	是	98	是	是	否	不详
是	否	否	否	否	是	否	否	0.0	7.7	否	是	是	135	是	否	是	12.0
是	是	是	是	是	否	否	否	4.3	7.6	否	是	是	98	是	否	否	不详
是	是	是	是	是	否	否	否	13.0	62.5	否	是	是	84	是	否	否	不详
是	否	否	否	否	否	否	否	3.0	0.0	否	是	是	105	是	否	否	不详

劳动力市场监管数据													
	雇用员工				工时								
经济体	针对长期性的工作任务，是否禁止固定期限合同	固定期限合同的最长时间（月）a	具有1年工作经验、年满19岁的收银员的最低工资（美元/月）b	最低工资与每位劳动者附加值之比	试用期的最长时间（月）c	每周工作的最多天数	夜班工作的补助（占时薪的百分比）	每周休息日工作的补助（占时薪的百分比）	加班工作的补助（占时薪的百分比）	对夜班工作是否有限制	非孕期和非哺乳期女性是否可以同男性一样从事相同的夜班工作	对每周假日工作是否有限制	在加班工作方面是否有限制	带薪年假（工作日）d
斯洛伐克	否	24.0	502.1	0.3	3.0	6.0	20.0	0.0	25.0	否	是	否	否	25.0
斯洛文尼亚	是	24.0	919.8	0.3	6.0	6.0	75.0	100.0	30.0	否	是	否	否	22.0
所罗门群岛	否	无限制	114.5	0.4	不详	6.0	0.0	0.0	50.0	否	是	否	否	15.0
索马里	否	无限制	0.0	0.0	不详	6.0	0.0	0.0	25.0	否	是	否	否	80.0
南非	是	无限制	285.5	0.4	不详	6.0	0.0	100.0	50.0	是	是	否	否	18.3
南苏丹	否	48.0	0.0	0.0	3.0	6.0	0.0	0.0	50.0	否	是	否	否	23.3
西班牙	是	48.0	1005.9	0.3	6.0	5.5	6.6	0.0	0.0	否	是	否	否	22.0
斯里兰卡	否	无限制	75.1	0.2	不详	5.5	0.0	0.0	50.0	是	是	否	否	14.0
圣基茨和尼维斯	否	无限制	563.3	0.3	3.0	0.0	0.0	0.0	50.0	否	是	否	否	14.0
圣卢西亚	否	24.0	0.0	0.0	3.0	6.0	0.0	100.0	50.0	否	是	否	否	21.0
圣文森特和格林纳丁斯	否	无限制	311.9	0.4	6.0	6.0	0.0	0.0	50.0	否	是	否	否	18.7
苏丹	否	48.0	67.1	0.2	3.0	6.0	0.0	0.0	50.0	否	是	否	否	23.3
苏里南	否	无限制	215.4	0.2	2.0	6.0	0.0	100.0	50.0	否	是	否	否	16.0
斯威士兰	否	无限制	130.5	0.3	3.0	5.5	0.0	0.0	50.0	否	是	否	否	15.0
瑞典	否	24.0	0.0	0.0	6.0	5.5	0.0	0.0	0.0	否	是	否	是	25.0
瑞士	否	120.0	0.0	0.0	3.0	6.0	25.0	50.0	25.0	是	是	是	否	20.0
叙利亚	否	60.0	35.2	0.2	3.0	6.0	0.0	100.0	37.5	否	否	是	否	21.7
中国台湾	是	无限制	649.8	0.2	不详	6.0	0.0	100.0	33.0	否	是	否	否	12.7
塔吉克斯坦	是	无限制	60.4	0.4	3.0	6.0	50.0	100.0	100.0	是	是	否	否	18.0
坦桑尼亚	是	无限制	54.5	0.4	6.0	6.0	5.0	100.0	50.0	否	是	否	否	20.0
泰国	是	无限制	229.4	0.3	0.0	6.0	0.0	0.0	50.0	否	是	否	否	6.0
东帝汶	是	36.0	115.0	0.4	1.0	6.0	25.0	100.0	50.0	否	是	是	否	12.0
多哥	是	48.0	92.0	1.1	2.0	6.0	0.0	0.0	20.0	否	是	否	否	30.0
汤加h	否	无限制	0.0	0.0	不详	0.0	0.0	0.0	0.0	否	是	否	否	0.0
特立尼达和多巴哥	否	无限制	411.9	0.2	不详	6.0	0.0	100.0	50.0	否	是	否	否	10.0
突尼斯	否	48.0	243.4	0.5	6.0	6.0	0.0	100.0	25.0	否	否	否	否	19.0
土耳其	是	无限制	616.3	0.4	2.0	6.0	0.0	100.0	50.0	是	否	否	否	18.0
乌干达	否	无限制	1.9	0.0	12.0	6.0	0.0	0.0	50.0	否	是	否	否	21.0
乌克兰	是	无限制	133.8	0.5	3.0	5.5	20.0	100.0	100.0	是	是	是	是	18.0
阿联酋	否	无限制	0.0	0.0	6.0	6.0	0.0	50.0	25.0	否	是	是	否	26.0
英国	否	无限制	1409.2	0.3	6.0	6.0	0.0	0.0	0.0	否	是	否	否	28.0

劳动力市场监管

	裁员规则							裁员成本		工作质量						
是否是法律允许的裁员	如果解雇1名员工，是否需要通过第三方通知	如果解雇1名员工，是否需要获得第三方的批准	如果解雇9名员工，是否需要通过第三方通知	如果解雇9名员工被解聘，是否总需要获得第三方的批准	再培训或者重新安排	针对裁员的优先性原则	针对再就业的优先性原则	裁员的通知期（核定工资的周数）	裁员所需要支付的遣散费（核定工资的周数）	同工同酬	招聘过程中是否存在性别歧视	法律强制规定的带薪/无薪产假	产假的最短时间（日历天数）	产假期间是否可领取全部工资	可获得5天带薪病假	对供职1年的员工是否提供失业保障计划	失业保障的最短供款期（月）
是	是	否	是	否	是	否	否	11.6	7.2	是	是	是	238	否	否	否	24.0
是	否	否	否	否	否	是	否	5.3	5.3	是	是	是	105	否	是	是	9.0
是	是	否	是	否	否	否	否	4.3	10.7	否	否	是	84	否	否	否	不详
是	否	否	是	否	否	否	否	4.3	23.1	否	否	是	98	否	否	否	不详
是	是	否	是	否	是	否	否	4.0	5.3	是	是	是	120	否	否	否	0.0
是	是	否	是	否	否	否	否	4.3	21.7	否	否	是	56	否	否	否	不详
是	是	否	是	否	否	否	否	2.1	15.2	是	是	是	112	是	否	是	12.0
是	是	否	是	否	否	否	否	4.3	54.2	否	否	是	84	否	否	否	不详
是	否	否	否	否	否	否	是	8.7	0.0	否	否	是	91	否	否	否	不详
是	是	否	是	否	否	否	否	3.7	9.3	是	是	是	91	是	否	否	不详
是	是	否	是	否	否	否	否	4.0	10.0	是	是	是	91	否	否	否	不详
是	是	否	是	否	否	否	否	4.3	21.7	是	是	是	56	否	否	否	不详
是	否	否	否	否	否	否	否	0.0	8.8	否	否	否	不详	不详	否	否	不详
是	否	否	否	否	否	是	否	5.9	8.7	否	否	是	14	是	否	否	不详
是	否	否	是	否	否	是	是	14.4	0.0	是	是	是	480	否	否	是	6.0
是	否	否	否	否	否	是	否	10.1	0.0	是	是	是	98	是	否	是	12.0
是	是	是	是	否	否	否	否	8.7	0.0	是	是	是	120	是	否	否	不详
是	否	否	是	否	是	是	是	3.8	11.6	是	是	是	56	是	否	是	12.0
是	是	是	是	是	是	是	是	8.7	13.0	是	是	是	140	是	否	是	18.0
是	是	否	是	否	否	否	是	4.0	5.3	是	是	是	84	是	否	否	不详
是	否	否	否	否	否	否	否	4.3	31.7	否	否	是	90	否	否	是	6.0
是	是	否	是	否	否	是	是	3.6	0.0	否	否	是	84	是	否	否	不详
是	是	否	是	否	否	否	否	4.3	8.8	否	否	是	98	是	否	否	不详
否	否	否	否	否	否	否	否	不详	不详	否	否	不详	不详	不详	否	否	不详
是	否	否	否	否	否	是	否	6.4	14.1	是	是	是	98	否	否	否	不详
是	是	否	是	否	否	否	否	4.3	17.2	否	否	是	30	否	否	否	不详
是	否	否	是	否	否	否	否	6.7	23.1	是	是	是	112	否	否	是	6.0
是	否	否	否	否	是	否	否	8.7	0.0	是	是	是	84	是	否	否	不详
是	否	否	是	否	否	否	否	8.7	4.3	否	否	是	126	否	否	是	6.0
是	否	否	否	否	否	否	否	4.3	0.0	否	否	是	45	否	否	否	不详
是	否	否	否	否	否	否	否	5.3	4.0	是	是	是	14	否	否	是	0.0

劳动力市场监管数据

经济体	雇用员工				工时								
	针对长期性的工作任务，是否禁止固定期限合同	固定期限合同的最长时间（月）[a]	具有一年工作经验、年满19岁的收银员的最低工资（美元/月）[b]	最低工资与每位劳动者附加值之比	试用期的最长时间（月）[c]	每周工作的最多天数	夜班工作的补助（占时薪的百分比）	每周休息日工作的补助（占时薪的百分比）	加班工作的补助（占时薪的百分比）	对夜班工作是否有限制	非孕期和非哺乳期女性是否可以同男性一样从事相同的夜班工作	对每周假日工作是否有限制	在加班工作方面是否有限制	带薪年假（工作日）[g]
美国（洛杉矶）	否	无限制	1762.1	0.2	不详	6.0	0.0	0.0	50.0	否	是	否	否	0.0
美国（纽约）	否	无限制	1846.0	0.3	不详	6.0	0.0	0.0	50.0	否	是	否	否	0.0
乌拉圭	否	无限制	628.1	0.3	不详	6.0	0.0	100.0	100.0	否	是	否	否	21.0
乌兹别克斯坦	是	60.0	129.2	0.5	3.0	6.0	50.0	100.0	100.0	否	是	否	否	15.0
瓦努阿图	否	无限制	271.5	0.7	6.0	6.0	0.0	50.0	25.0	否	否	否	否	17.0
委内瑞拉[h]	是	24.0	1217.0	6.0	1.0	5.0	30.0	50.0	50.0	是	是	是	是	19.3
越南	否	72.0	168.4	0.7	1.0	6.0	30.0	0.0	50.0	否	是	否	否	13.0
约旦河西岸和加沙	否	24.0	371.3	0.8	6.0	6.0	0.0	150.0	50.0	是	是	是	否	12.0
也门	否	无限制	75.7	0.5	6.0	6.0	15.0	100.0	50.0	否	否	否	否	30.0
赞比亚	是	无限制	176.4	0.8	不详	6.0	4.3	100.0	50.0	否	是	否	否	24.0
津巴布韦	否	无限制	304.5	2.2	3.0	6.0	0.0	0.0	50.0	否	是	否	否	22.0

注：a. 包括续签。
　　b. 那些显示0.0的经济体没有设置私营部门的最低工资。
　　c. 某些回答并不适用于没有试用期相关法律的经济体。
　　d. 工作年限为1年、5年和10年的劳动者的平均值。
　　e. 法律是否要求雇主在解雇员工之前为其重新安排岗位或者进行再培训。
　　f. 如果法律未强制要求给予产假，可在适用的时候对育婴假进行评估。
　　g. 政府、雇主或者双方必须依法支付相关费用的最低天数。
　　h. 对于那些不允许因为人员冗余而解聘员工的经济体而言，这些回答是不适用的。
　　i. 对于那些缺乏失业保障计划的经济体而言，有些回答是不适用的。

以下数据由世界银行集团《女性、经商和法律》（Women Business and the Law）报告制作团队共同收集：
- 非孕期和非哺乳期女性是否可以与男性一样从事同样的夜班工作？
- 同工同酬？
- 在招聘过程中是否存在性别歧视？
- 法律是否规定带薪/无薪产假？
- 产假的最短时间（日历天数）？
- 产假期间是否可领取全部工资？

	裁员规则							裁员成本		工作质量							
是否是法律允许的裁员	如果解雇1名员工，是否需要通过第三方通知	如果解雇1名员工，是否需要获得第三方的批准	如果解雇9名员工，是否需要通过第三方通知	如果解雇9名员工，是否需要获得第三方的批准	再培训或者重新安排。	针对裁员的优先性原则	针对再就业的优先性原则	裁员的通知期（核定工资的周数）ª	裁员所需要支付的遣散费（核定工资的周数）ª	同工同酬	招聘过程中是否存在性别歧视	法律强制规定的带薪/无薪产假	产假的最短时间（日历天数）ᵍ	产假期间是否可领取全部工资	可获得5天带薪病假	对供职1年的员工是否提供失业保障计划ⁱ	失业保障的最短供款期（月）
是	否	否	否	否	否	否	否	0.0	0.0	否	是	是	0	不详	是	是	12.0
是	否	否	否	否	否	否	否	0.0	0.0	否	是	是	0	不详	否	否	6.0
是	否	否	否	否	否	否	否	0.0	20.8	是	是	是	98	是	否	是	6.0
是	否	否	是	否	是	是	否	8.7	8.7	是	否	是	126	是	是	是	0.0
是	否	否	是	否	是	是	否	9.3	23.1	是	是	是	84	否	否	否	不详
否	不详	不详	不详	不详	不详	不详	不详	不详	不详	是	是	是	182	是	是	是	12.0
是	否	否	是	是	是	是	否	0.0	24.6	是	是	是	180	是	是	是	12.0
是	是	是	是	是	否	是	否	4.3	23.1	是	否	是	84	是	是	否	不详
是	否	是	是	否	否	否	是	4.3	23.1	是	否	是	70	是	是	否	不详
是	是	否	是	否	是	否	否	4.3	46.2	是	是	是	84	是	否	否	不详
是	是	否	是	否	是	否	否	13.0	12.3	否	是	是	98	是	是	否	不详

2018年营商环境报告

致　谢

《2018年营商环境报告》的数据采集和分析由《营商环境报告》代理经理Santiago Croci和其带领的团队在发展经济学全球指数小组代理主管Rita Ramalho的总体指导下完成。发展经济学高级主管Shantayanan Devarajan和世界银行高级副总裁兼首席经济师Paul Romer为本报告的编撰提供了总的指导。该项目的管理还得到了Adrian Gonzalez、Valentina Saltane和Hulya Ulku的支持。其他的团队成员包括：Nadine Abi Chakra、Ahmad AlKhuzam、Jean Arlet、Yuriy Valentinovich Avramov、Erica Bosio、Édgar Chávez、Maria Magdalena Chiquier、Cyriane Marie Coste、Baria Nabil Daye、Christian De la Medina Soto、Marie Lily Delion、Laura Diniz、Faiza El Fezzazi El Maziani、Imane Fahli、Cécile Ferro、Dorina Georgieva、Pelayo Gonzalez-Escalada Mena、Maksym Iavorskyi、Nan Jiang、Herve Kaddoura、Klaus Adolfo Koch-Saldarriaga、Olena Koltko、Magdalini Konidari、Khrystyna Kushnir、Nicole Anouk Leger、Tiziana Londero、Silvia Carolina Lopez Rocha、Raman Maroz、Brendan Meighan、Margherita Mellone、Nuno Filipe Mendes Dos Santos、Frédéric Meunier、Joanna Nasr、Marie-Jeanne Ndiaye、Albert Nogués i Comas、Nadia Novik、Kennedy Oyugi Okoyo、Tigran Parvanyan、Esperanza Pastor Nuñez De Castro、Madwa-Nika Phanord-Cadet、Martin Andres Poveda Amarfil、María Antonia Quesada Gámez、Parvina Rakhimova、Morgann Courtney Reeves、Anna Reva、Margarida Rodrigues、Julie Ryan、Jayashree Srinivasan、Mihaela Stangu、Erick Tjong、Camille Henri Vaillon、María Adelaida Vélez Posada、Jerry Wu、Yelizaveta Yanovich、Marilyne Florence Mafoboue Youbi、Inés Zabalbeitia Múgica、Philip Christopher Zager、Yasmin Zand、Muqiao Zhang and Geyi Zheng. Rami Abdulaziz Al Shaibani、Nyanya Browne、Melissa Bueno、Daniel De la Hormaza、Joseph El-Cassabgui、Francesca Ermice、Ismael Eduardo Wilson Franco Gonzales、Xu Han、Marcy Jagdeo Adekoya、Edison Jakurti、Zain Jarrar、Sarp Yanki Kalfa、Valeriya Khoroshun、Chung Myung Kim、Jamie Lee-Brown、Yousef Majzoub、Ahmed

Medhat M Garoub、Marie Parent、Izabela Prager、Victoria Ryan、Egiimaa Tsolmonbaatar、Gergana Tsvetanova、Yarmi Jose Vidal Horscheck、Hong Jing Wang、David Weinstein、Anthony Paul Winszman、Xinyu Wu、Rongpeng Yang 和 Mohamed W. Zakaria，在报告出版之前的数月中他们提供了巨大的支持。Thomas Moullier 和 Keiko Sakoda 为撰写有关办理施工许可证的章节提供了帮助。

《营商环境报告》数据库的在线服务由 Varun Doiphode、Fengsheng Huang、Manoj Mathew、Arun Chakravarthi Nageswaran、Kunal Patel、Kamalesh Sengaonkar、Bishal Raj Thakuri、Vinod Thottikkatu 和 Hashim Zia 管理。《2018年营商环境报告》的拓展战略由 Indira Chand 管理、Phillip Jeremy Hay 提供总体指导，并获得了世界银行集团全球传播部同仁们的支持。

我们团队对世界银行集团内部和外部同事所提供的宝贵建议表示感谢，同时也感谢世界银行集团执行董事所提供的指导。此外，我们还要特别向 Gabi George Afram、Miah Rahmat Ali、Ashani Chanuka Alles、Amjad Bashir、Karim Ouled Belayachi、Eugene Bempon、Lilia Burunciuc、Cesar Calderon、Mierta Capaul、Efrem Zephnath Chilima、Ted Haoquan Chu、Amila Indeewari Dahanayake、Fernando Dancausa、Annette Dixon、Simeon Djankov、Christian Eigen-Zucchi、Jorge Familiar Calderon、Manuela V. Ferro、Alvaro Gonzalez、Cemile Hacibeyoglu、Lucia Hanmer、Caroline Heider、Andras Horvai、Joyce Antoine Ibrahim、Jane Jamieson、Aphichoke Kotikula、Aart Kraay、Esperanza Lasagabaster、Yue Li、John Litwack、Gladys Lopez-Acevedo、William F. Maloney、Trimor Mici、Mamo Esmelealem Mihretu、Andrei Mikhnev、Ashish Narain、Claudia Nassif、Tatiana Nenova、Juri Oka、Sandie Okoro、Alice Ouedraogo、Madalina Papahagi、Samuel Pienkangura、Martin Rama、M. Masrur Reaz、Massimiliano Santini、Jaehyang So、Sylvia Solf、The Corporate Registers Forum、Moussa Traore、Yvonne M. Tsikata、Linda Van Gelder、Carlos Alberto Vegh Gramont、Julien Vilquin、John Wille、Ali Zafa 和 Albert G. Zeufack 所给予的建议和指导表示感谢。

有关纳税的项目是与普华永道合作完成的，负责人是 Stef van Weeghel。

Bronwen Brown 负责手稿的编辑。Corporate Visions 公司为报告和图表进行了设计。

如果没有1.3万多名本地合作伙伴的专业知识和慷慨付出，《营商环境报告》将无法付梓。这些合作伙伴包括法律专家、商业咨询顾问、会计师、货运代理、政府官员及其他专业人士，他们平常负责为本报告所涵盖的190个经济体管理相关法律和监管要求，并提供咨询。如需获得本地合作伙伴的联系方式，请访问《营商环境报告》的网站 www.doingbusiness.org。

以下是我们希望特别感谢的本地合作伙伴的名单。全球和地区参与者指的是已经在其全球各地不同分公司中完成多个调查问卷的公司。

全球参与者

ADVOCATES FOR INTERNATIONAL DEVELOPMENT

AMERICAN BAR ASSOCIATION, SECTION OF INTERNATIONAL LAW

BAKER & MCKENZIE

BDO

DELOITTE

DENTONS

DLA PIPER

EY

FIABCI, THE INTERNATIONAL REAL ESTATE FEDERATION

GRANT THORNTON

GRATA INTERNATIONAL

IUS LABORIS - ALLIANCE OF LABOR, EMPLOYMENT, BENEFITS AND PENSIONS LAW FIRMS

KPMG

LAW SOCIETY OF ENGLAND AND WALES

LEX MUNDI, ASSOCIATION OF INDEPENDENT LAW FIRMS

PWC[1]

REED SMITH LLP

RUSSELL BEDFORD INTERNATIONAL

WHITE & CASE

地区参与者

A.P. MOLLER - MAERSK GROUP

AL TAMIMI & COMPANY

ARIAS LAW

ASHURST LLP

ASSOCIATION OF CONSUMER CREDIT INFORMATION SUPPLIERS (ACCIS)

BOGA & ASSOCIATES

CENTIL LAW

DFDL

ENSAFRICA

EVERSHEDS SUTHERLAND

GARCÍA & BODÁN

JOHN W. FFOOKS & CO.

LEXINCORP

MAYER BROWN

SCHOENHERR

SORAINEN

TALAL ABU-GHAZALEH LEGAL (TAG-LEGAL)

TRANSUNION INTERNATIONAL

VDA - VIEIRA DE ALMEIDA & ASSOCIADOS

阿富汗

Taqi Ahmad
A.F. FERGUSON & CO., CHARTERED ACCOUNTANTS, A MEMBER FIRM OF PWC NETWORK

Gloria Ahmadi
KAKAR ADVOCATS

Bari Alkozai
PRAELEGAL

Shaheryar Aziz
A.F. FERGUSON & CO., CHARTERED ACCOUNTANTS, A MEMBER FIRM OF PWC NETWORK

Mazhar Bangash
RIAA BARKER GILLETTE AFG

Haidar Barak
RGM INTERNATIONAL GROUP LLC

Nadia Bazidwal
THE ASIA FOUNDATION

Sultan Maqsood Fazel
QADERDAN ELECTRICITY COMPANY

Hasibullah Ghaforzai
PRAELEGAL

Chantal Grut
ROSENSTOCK LEGAL SERVICES

Naheed Habibi
DA AFGHANISTAN BANK

Khan Hadawal
DA AFGHANISTAN BANK

Mohammad Afzal Hassanzada
DA AFGHANISTAN BANK

Khalid Hatam
RIAA BARKER GILLETTE AFG

Saduddin Haziq
AFGHAN UNITED BANK

Hussain Ali Hekmat
IKMAL ENGINEERING CONSTRUCTION COMPANY

Rashid Ibrahim
A.F. FERGUSON & CO., CHARTERED ACCOUNTANTS, A MEMBER FIRM OF PWC NETWORK

Waheed Iqbal
LEGAL ORACLES

Sanzar Kakar
AFGHANISTAN HOLDING GROUP

M. Wissal Khan
LEGAL ORACLES

Thomas Kraemer
KAKAR ADVOCATS

Khalid Massoudi
MASNAD LEGAL CONSULTANCY

Ghulam Reza Mohammady
KAKAR ADVOCATS

Saqib Naseer
A.F. FERGUSON & CO., CHARTERED ACCOUNTANTS, A MEMBER FIRM OF PWC NETWORK

Abdul Nasser Nazari
RAINBOW CONSULTING SERVICES

Tariq Nazarwall
DEHSABZ CITY DEVELOPMENT AUTHORITY, INDEPENDENT BOARD OF KABUL NEW CITY DEVELOPMENT

Habibullah Pirzada
ACCL INTERNATIONAL

Habiburahman Qaderdan
QADERDAN ELECTRICITY COMPANY

Shakir Rahimi
PRAELEGAL

Tamsil Rashid
AFGHANISTAN INTERNATIONAL BANK

Irisglyn Rivero
RGM INTERNATIONAL GROUP LLC

Abdul Wahid Rizwanzai
RIAA BARKER GILLETTE AFG

Ali Saberi
IKMAL ENGINEERING CONSTRUCTION COMPANY

Abdul Sami Sabir
DA AFGHANISTAN BANK

Zahid Safi
RIAA BARKER GILLETTE AFG

Abdul Nasser Sahak
DA AFGHANISTAN BANK

Saeeq Shajjan
SHAJJAN & ASSOCIATES

Aali Shan Ahmed
ICON TRADING AND FORWARDING COMPANY

Haris Syed Raza
GERRY'S DNATA PVT. LTD.

Mohammad Taimur Taimur
DA AFGHANISTAN BANK

Roshan Kumar Thapa
RGM INTERNATIONAL GROUP LLC

Madan Upadhyay
RGM INTERNATIONAL GROUP LLC

Najibullah Wardak
MINISTRY OF FINANCE

Maseeh Ahmad Wassil
DA AFGHANISTAN BANK

Rohullah Zarif
ACCL INTERNATIONAL

阿尔巴尼亚

WOLF THEISS

Anjola Aliaj
OPTIMA LEGAL AND FINANCIAL

Artur Asllani
TONUCCI & PARTNERS

Artan Babaramo
GENERAL DIRECTORATE OF TAXATION

Sabina Baboci
KALO & ASSOCIATES

Eglantina Bakiu Lala
BITRI & BAKIU LAW FIRM

Ledia Beçi
HOXHA, MEMI & HOXHA

Renis Bega
HOXHA, MEMI & HOXHA

Boiken Bendo
BENDO LAW, ADVOCATES & LEGAL CONSULTANTS

Jona Bica
EY

Artan Bozo
BOZO & ASSOCIATES LAW FIRM

Njazuela Braholli
GJIKA & ASSOCIATES

Irma Cacaj
BOGA & ASSOCIATES

Doris Carcani
ALBANIAN ENERGY REGULATOR (ERE)

Megi Caushi
AVANNTIVE CONSULTING SH.P.K.

Rozana Çelmeta
GENERAL DIRECTORATE OF TAXATION

Ilir Daci
OPTIMA LEGAL AND FINANCIAL

Besnik Duraj
DRAKOPOULOS LAW FIRM

Ana Dylgjeri
BANK OF ALBANIA

Sokol Elmazaj
BOGA & ASSOCIATES

Dorina Fezollari
AVANNTIVE CONSULTING SH.P.K.

Lorena Gega
PRICEWATERHOUSECOOPERS AUDIT SH.P.K.

Enida Gerxholli
REGISTRY OF SECURITY PLEDGES

Gjergji Gjika
GJIKA & ASSOCIATES

Valbona Gjonçari
BOGA & ASSOCIATES

Shirli Gorenca
KALO & ASSOCIATES

Bojana Hajdini
DRAKOPOULOS LAW FIRM

Esa Hala
TONUCCI & PARTNERS

Ergys Hasani
GJIKA & ASSOCIATES

Shpati Hoxha
HOXHA, MEMI & HOXHA

Elira Hroni
KALO & ASSOCIATES

Evis Jani
GJIKA & ASSOCIATES

Brunilda Jegeni
REGISTRY OF SECURITY PLEDGES

Ilir Johollari
HOXHA, MEMI & HOXHA

Bledar Kabashi
MINISTRY OF JUSTICE

Neritan Kallfa
TONUCCI & PARTNERS

Miranda Kapllani
BENIMPEX & CO.

Olta Kaziaj
AVANNTIVE CONSULTING SH.P.K.

Migena Kolonja
BOGA & ASSOCIATES

Rudi Laze
BOZO & ASSOCIATES LAW FIRM

Gilda Lika
BENDO LAW, ADVOCATES & LEGAL CONSULTANTS

Petraq Lika
OSHEE (OPERATORI I SHPERNDARJES SE ENERGJISE ELEKTRIKE)

Arbër Lloshi
OPTIMA LEGAL AND FINANCIAL

Tetis Lubonja
MINISTRY OF JUSTICE

Rezarta Mataj
TIRANA DISTRICT COURT

Andi Memi
HOXHA, MEMI & HOXHA

Eglon Metalia
EY

Naim Mete
GENERAL DIRECTORATE OF TAXATION

Aigest Milo
KALO & ASSOCIATES

Orgita Milo
BOGA & ASSOCIATES

---

1. PwC 指普华永道国际有限公司 (PwCIL) 的各个成员公司所组成的公司网络，或根据上下文要求，指PwC公司网络的个别成员公司。每个成员公司都是一个独立的法律实体，并不是PwCIL或任何其他成员公司的代理人。PwCIL 不向客户提供任何形式的服务。PwCIL 不承担任何成员公司因其行为或过失所产生的责任，也无法控制他们的专业判断、或以任何方式约束他们。任何成员公司也不承担任何其他成员公司因其行为或过失所产生的责任，也无法控制该些成员公司的专业判断、或以任何方式约束他们或PwCIL。

Eno Muja
BOGA & ASSOCIATES

Kristo Myridinas
PRICEWATERHOUSECOOPERS
AUDIT SH.P.K.

Gjergji Nestor
GENERAL DIRECTORATE
OF TAXATION

Dorina Nika
LAWYER

Albulen Pano
PRICEWATERHOUSECOOPERS
AUDIT SH.P.K.

Loreta Peci
PRICEWATERHOUSECOOPERS
AUDIT SH.P.K.

Ardjana Shehi
KALO & ASSOCIATES

Enian Sina
GENERAL DIRECTORATE
OF TAXATION

Ketrin Topçiu
BOZO & ASSOCIATES
LAW FIRM

Anora Topi
GENERAL DIRECTORATE
OF TAXATION

Bruno Turabi
BOGA & ASSOCIATES

Alketa Uruçi
BOGA & ASSOCIATES

Gerhard Velaj
BOGA & ASSOCIATES

Flavia Xhafo
KALO & ASSOCIATES

Donald Xhelili
FIRST COURT OF TIRANA

Evis Zaja
OPTIMA LEGAL
AND FINANCIAL

Enida Zeneli
BOZO & ASSOCIATES
LAW FIRM

Lareda Zenunaj
GJIKA & ASSOCIATES

阿尔及利亚

CABINET MOHAMMED
TAHAR BENABID

TRANSIT SAIDJI

Amel Aiad
ACCOUNTANT

Mohamed Nadir Aissani
PWC ALGERIA

Salima Aloui
LAW FIRM GOUSSANEM
& ALOUI

Arab Aoudj
CABINET D'AUDIT ET DE
CONTRÔLE DES COMPTES

Djelloul Aouidette
UNION NATIONALE
DES TRANSITAIRES ET
COMMISSIONNAIRES
ALGÉRIENS (UNTCA)

Mohamed Atbi
ETUDE NOTARIALE
MOHAMED ATBI

Hind Belhachmi
LPA-CGR AVOCATS

Abdelouahab Benali
TRANSIT MOUHOUB KAMAL

Othmane Benali
ACCOUNTANT

Adnane Bouchaib
BOUCHAIB LAW FIRM

Hamid Boughenou
BECOME SCP

Rachida Boughenou
BECOME SCP

Hafida Bounefrat
ACCOUNTANT

Merouane Chabane
SOCIÉTÉ DE DISTRIBUTION
DE L'ÉLECTRICITÉ ET DU
GAZ D'ALGER (SDA)

Djamel Chorfi

Said Dib
BANQUE D'ALGÉRIE

Ahmed Djouadi
LAW FIRM HADJ-HAMOU
& DJOUADI - ASSOCIATE
OFFICE OF DENTONS

Mourad El Besseghi
CABINET EL BESSEGHI

Hamil Faidi
STUDIO A

Mohamed Lahbib Goubi
BANQUE D'ALGÉRIE

Khaled Goussanem
LAW FIRM GOUSSANEM
& ALOUI

Mohamed El-Amine Haddad
CABINET DE MAÎTRE
AMINE HADDAD

Samir Hamouda
CABINET D'AVOCATS
SAMIR HAMOUDA

Halim Karabadji
SOCIÉTÉ DE DISTRIBUTION
DE L'ÉLECTRICITÉ ET DU
GAZ D'ALGER (SDA)

Abdelmalek Kherbachene
BOUCHEMLA LANOUAR
& ASSOCIÉS

Farouk Lakli
LAKELEC

Mohamed Lanouar
BOUCHEMLA LANOUAR
& ASSOCIÉS

Walid Laouar
CABINET LAOUAR

Vincent Lunel
DS AVOCATS

Harous Madjid
PWC ALGERIA

Sid-Ahmed Mekerba
GHELLAL & MEKERBA

Mohamed Mokrane
MINISTÈRE DES FINANCES -
DIRECTION GÉNÉRALE DU
DOMAINE NATIONAL

Hamid Ould Hocine
STUDIO A

Malika Redouani
PWC ALGERIA

Lazhar Sahbani
PWC ALGERIA

Mourad Seghir
BENNANI & ASSOCIÉS LLP

Madiha Silini
LPA-CGR AVOCATS

Rabah Tafighoult
CABINET TAFIGHOULT

Redouane Tazerouti
MICHEL HUREL ALGERIE SARL

Hachemi Yanat
ACCOUNTANT

Hakim Zerbout
MICHEL HUREL ALGERIE SARL

安哥拉

Luís Andrade
PWC ANGOLA

Sika Awoonor
GLOBAL CHOICE ANGOLA LDA

Jeanine Batalha Ferreira
PWC PORTUGAL

Pedro Bequengue
CÂMARA DOS DESPACHANTES
OFICIAIS DE ANGOLA

Edvaldo Cahombo
GUICHÉ ÚNICO DE EMPRESA

Guilherme Carreira
EDIFER ANGOLA

Luis Filipe Carvalho
ADCA LAW FIRM, MEMBER
OF DLA PIPER AFRICA GROUP

Jaime Carvalho Esteves
PWC PORTUGAL

Irineu Chingala
LOURDES CAPOSSO FERNANDES
& ASSOCIADOS (LCF)

Nelson Couto-Cabral
3C INTERNATIONAL

Inês Barbosa Cunha
PWC PORTUGAL

Alwin Leon Das
FAMS TRANSITÁRIOS LDA

Patricia Dias
AVM ADVOGADOS

Fernando F. Bastos
FBL ADVOGADOS

Lourdes Caposso Fernandes
LOURDES CAPOSSO
FERNANDES & ASSOCIADOS

João Fialho
VDA - VIEIRA DE ALMEIDA
& ASSOCIADOS

Marcelino Franco
GUICHÉ ÚNICO DE EMPRESA

Luís Fraústo Varona
ABREU ADVOGADOS

Marilia Frias
VDA - VIEIRA DE ALMEIDA
& ASSOCIADOS

Alberto Galhardo Simões
MIRANDA & ASSOCIADOS

Paulo Lobo
ABREU CARGA E TRÂNSITOS,
LDA - ANGOLA

Dilma Lopes
FBL ADVOGADOS

Chindalena Lourenço
FÁTIMA FREITAS ADVOGADOS

António Manuel da Silva
INSTITUTO REGULADOR DOS
SERVIÇOS DE ELECTRICIDADE
E ÁGUAS (IRSEA)

Arcelio Matias
ARCÉLIO INÁCIO DE
ALMEIDA MATIAS – ARDJA-
PRESTAÇÃO DE SERVIÇOS
E CONSULTORIA, LDA

Antonio Morgado
GUICHÉ ÚNICO DE EMPRESA

Marcos Neto
BANCO NACIONAL DE ANGOLA

Henrique Nogueira Nunes
ALBUQUERQUE & ASSOCIADOS

Janota Nzogi
ENERGY AND WATER MINISTRY

Joana Pacheco
ANGOLA COUNSEL

Júlio Pascoal
ENDE-EP

Antonio Pereira
EY

Joaquim Piedade
UNICARGAS

Djamila Pinto de Andrade
LEAD ADVOGADOS

André Miguel Pitéu
TRANSITEX ANGOLA

Laurinda Prazeres Cardoso
LEAD ADVOGADOS

José Quarta
INSTITUTO REGULADOR DOS
SERVIÇOS DE ELECTRICIDADE
E ÁGUAS (IRSEA)

Gonçalo Antunes Rita
BANCO NACIONAL DE ANGOLA

Sandra Saraiva
GABINETE LEGAL
ANGOLA – ADVOGADOS

Bruno Serejo
ELA – EXPERT LEGAL
ASSISTANCE

Dinamukueno Lukie Sérgio
OLICARGO ANGOLA SA

Tatiana Serrão
FBL ADVOGADOS

Gervasio Simao
GEPLI ANGOLA

Hugo Sipitali
ANGOLA COUNSEL

Beatriz Calcida Soares
Catumbela

Daniela Tavares Nunes
ABREU ADVOGADOS

Elsa Tchicanha
GABINETE LEGAL
ANGOLA – ADVOGADOS

Renata Valenti
GABINETE LEGAL
ANGOLA – ADVOGADOS

Ricardo Veloso
PWC ANGOLA

António Vicente Marques
AVM ADVOGADOS

Orlanda Vuite
ADCA LAW FIRM, MEMBER
OF DLA PIPER AFRICA GROUP

安提瓜和巴布达

ANTIGUA & BARBUDA
INTELLECTUAL PROPERTY &
COMMERCE OFFICE (ABIPCO)

MINISTRY OF LABOR

Aisha Caleb
MINISTRY OF INFORMATION,
BROADCASTING,
TELECOMMUNICATIONS
AND INFORMATION
TECHNOLOGY - CUSTOMS
AND EXCISE DIVISION

Neil Coates
GRANT THORNTON

Nkosi Cochrane
DEVELOPMENT CONTROL
AUTHORITY

Gilbert Findlay
ANTIGUA PUBLIC UTILITIES
AUTHORITY (APUA)

Colin John Jenkins
ROBERTS CONSTRUCTION
& ENGINEERING CO. LTD.

Hugh C. Marshall
MARSHALL & CO.

Gloria Martin
FRANCIS TRADING
AGENCY LIMITED

David Matthias
ANTIGUA BARBUDA SOCIAL
SECURITY BOARD

Septimus A. Rhudd
RHUDD & ASSOCIATES

Stedroy Roache
ANTIGUA PUBLIC UTILITIES
AUTHORITY (APUA)

Andrea Roberts
ROBERTS & CO.

Safiya Roberts
ROBERTS & CO.

Megan Samuel-Fields
SAMUEL FIELDS CONSULTING
GROUP LTD.

Sharon Simmons
LAND REGISTRY

Owren Smith
DEVELOPMENT CONTROL
AUTHORITY

Eleanor R. Solomon
CLARKE & CLARKE

Frederick Southwell
DEVELOPMENT CONTROL
AUTHORITY

Arthur Thomas
THOMAS, JOHN & CO.

Marietta Warren
INTERFREIGHT LTD.

阿根廷

PETROBRAS

Lucas Abal
RIVERA & ASOCIADOS

Ignacio Acedo
GONZALEZ & FERRARO MILA

Cecilia Andrea Acosta
MBB BALADO BEVILACQUA
ABOGADOS

Pablo J. Alliani
ALLIANI & BRUZZON

Jose María Allonca
ALLONCA ABOGADOS LEGAL
& BUSINESS CONSULTING

Marina Altieri
DE DIOS & GOYENA
ABOGADOS CONSULTORES

Ignacio E. Aramburu
ESTUDIO MOLTEDO

Sebastian Ariel Uberti
CITY OF BUENOS AIRES

Ariadna Artopoulos
M. & M. BOMCHIL

María Fernanda Arturi
CENTRAL BANK OF ARGENTINA

Mercedes Balado Bevilacqua
MBB BALADO BEVILACQUA
ABOGADOS

Vanesa Balda
VITALE, MANOFF & FEILBOGEN

Gonzalo Carlos Ballester
J.P. O'FARRELL ABOGADOS

Maria Laura Barbosa
ZANG, BERGEL &
VIÑES ABOGADOS

Federico Martín Basile
M. & M. BOMCHIL

Néstor J. Belgrano
M. & M. BOMCHIL

Pilar Etcheverry Boneo
MARVAL, O'FARRELL
& MAIRAL, MEMBER
OF LEX MUNDI

Ignacio Fernández Borzese
LUNA REQUENA & FERNÁNDEZ
BORZESE TAX LAW FIRM

Fernando L. Brunelli
ALLIANI & BRUZZON

Damián Burgio
SALAVERRI, DELLATORRE,
BURGIO & WETZLER MALBRÁN

Eduardo Bustamante
ESTUDIO MOLTEDO

Adriana Paola Caballero
WIENER SOTO CAPARRÓS

Federico Carenzo
LEONHARDT & DIETL

Gabriela Carissimo
ALFARO ABOGADOS

Mariano E. Carricart
BADENI, CANTILO,
LAPLACETTE & CARRICART

Luciano Cativa
LUNA REQUENA & FERNÁNDEZ
BORZESE TAX LAW FIRM

Ma. Cecilia Herrero de Pratesi
REGISTRO DE LA
PROPIEDAD INMUEBLE DE
LA CAPITAL FEDERAL

Hector Osvaldo Chomer
JUZGADO DE PRIMERA
INSTANCIA EN LO COMERCIAL

Agustín Comastri
G. BREUER

Roberto O. Condoleo
RCBM AUDITORES Y
CONSULTORES TRIBUTARIOS

Julio Condomí Alcorta
ESCRIBANÍA CONDOMÍ

Roberto H. Crouzel
ESTUDIO BECCAR VARELA

Gabriel de Albadalejo
ECOVIS ARGENTINA
RAMOGNINO, DE ALBALADEJO
& ASOCIADOS SC

Oscar Alberto del Río
CENTRAL BANK OF ARGENTINA

Noelia Aldana Di Stéfano
J.P. O'FARRELL ABOGADOS

Analía Verónica Durán
MBB BALADO BEVILACQUA
ABOGADOS

Dana Eizner
SEVERGNINI, ROBIOLA,
GRINBERG & TOMBEUR

Daniel Fernandez de la Torre
CONSULTORES SRL

Sonia Ferrari
CONSULTORES SRL

Pablo Ferraro Mila
GONZALEZ & FERRARO MILA

Diego M. Fissore
G. BREUER

María Victoria Funes
M. & M. BOMCHIL

Ignacio Funes de Rioja
FUNES DE RIOJA & ASOCIADOS,
MEMBER OF IUS LABORIS

Eduardo Galleazzi
ARCHITECT

Alfredo Garcia Samartino
SMART LOGISTICS

Martín Gastaldi
ESTUDIO BECCAR VARELA

Javier M. Gattó Bicain
CANDIOTI GATTO
BICAIN & OCANTOS

Juan José Glusman
PWC ARGENTINA

Gonzalo María Gros
J.P. O'FARRELL ABOGADOS

Eduardo Guglielmini
MINISTRY OF ENERGY
AND MINING

Sandra S. Guillan
DE DIOS & GOYENA
ABOGADOS CONSULTORES

Federico Guillermo Absi
G. BREUER

Carlos Hernandez
CONSULTORES SRL

Gabriela Hidalgo

Fabián Hilal
CASELLA & HILAL ABOGADOS

Mailen Hilen Rico
ESTUDIO MOLTEDO

Daniel Intile
RUSSELL BEDFORD
ARGENTINA - MEMBER
OF RUSSELL BEDFORD
INTERNATIONAL

Andrea Junquera
CANDIOTI GATTO
BICAIN & OCANTOS

Federico Leonhardt
LEONHARDT, DIETL, GRAF
& VON DER FECHT

Francisco Lobos
LLERENA & ASOCIADOS
ABOGADOS

Pilar Lodewyckx Hardy
ESTUDIO BECCAR VARELA

Juan Manuel Magadan
PWC ARGENTINA

Tomas Martinez Casas
LLERENA & ASOCIADOS
ABOGADOS

Andrés May
SECRETARÍA GENERAL DEL
GOBIERNO DE LA CIUDAD
DE BUENOS AIRES

Pedro Mazer
ALFARO ABOGADOS

Julián Melis
CANDIOTI GATTO
BICAIN & OCANTOS

María Fernanda Mierez
ESTUDIO BECCAR VARELA

Diego Minerva
MITRANI CABALLERO
OJAM & RUIZ MORENO

Jorge Miranda
CLIPPERS SA

Ino Mosse
CONSTRUIMOS

Miguel P. Murray
MURRAY, ANGUILLESI, GUYOT,
ROSSI & SIRITO DE ZAVALÍA

Pedro Nicholson
ESTUDIO BECCAR VARELA

Luciano José Nístico
J.P. O'FARRELL ABOGADOS

Alfredo Miguel O'Farrell
MARVAL, O'FARRELL
& MAIRAL, MEMBER
OF LEX MUNDI

Matías Olcese
HOLT ABOGADOS

Laura Piedrahita Abella
RIVERA & ASOCIADOS

Segundo Pinto
LLERENA & ASOCIADOS
ABOGADOS

Alejandro Poletto
ESTUDIO BECCAR VARELA

Gustavo M. Prestipino
INEC INGENIERIA ELECTRICA SA

María Clara Pujol
WIENER SOTO CAPARRÓS

Julio R. Martinez
MITRANI CABALLERO
OJAM & RUIZ MORENO

Rafael Ramognino
ECOVIS ARGENTINA
RAMOGNINO, DE ALBALADEJO
& ASOCIADOS SC

Natalia Rauchberger
MITRANI CABALLERO
OJAM & RUIZ MORENO

Federico José Reibestein
REIBESTEIN & ASOCIADOS

Juan Manuel Reyes Santa Cruz
PLANOSNET.COM
CONSULTORIA MUNICIPAL

Julio Cesar Rivera
RIVERA & ASOCIADOS

Matías Rivera
SALAVERRI, DELLATORRE,
BURGIO & WETZLER MALBRÁN

Sebastián Rodrigo
ALFARO ABOGADOS

Ignacio Rodriguez
PWC ARGENTINA

Juan Ignacio Ruiz
ALFARO ABOGADOS

Diego Salaverri
SALAVERRI, DELLATORRE,
BURGIO & WETZLER MALBRÁN

Luz María Salomón
J.P. O'FARRELL ABOGADOS

Juan Martin Salvadores de
Arzuaga
DE DIOS & GOYENA
ABOGADOS CONSULTORES

Gonzalo J. Sanchez
SANCHEZ, LUPI & ASOCIADOS

Ramiro Santurio
LEONHARDT, DIETL, GRAF
& VON DER FECHT

Mariela Alejandra Sas
M. & M. BOMCHIL

Enrique Schinelli
LEONHARDT, DIETL, GRAF
& VON DER FECHT

Carolina Serra
ESTUDIO BECCAR VARELA

Maria Shakespear
ESTUDIO BECCAR VARELA

Osvaldo Solari Costa
INTERNATIONAL UNION
OF NOTARIES

Federico Sosa
ESTUDIO BECCAR VARELA

Maria Florencia Sota Vazquez
ALFARO ABOGADOS

Pablo Staszewski
STASZEWSKI & ASSOCIATES

Ricardo Tavieres
PWC ARGENTINA

María Paula Terrel
HOLT ABOGADOS

Adolfo Tombolini
RUSSELL BEDFORD
ARGENTINA - MEMBER
OF RUSSELL BEDFORD
INTERNATIONAL

Valentina Toquier
M. & M. BOMCHIL

María Paola Trigiani
ALFARO ABOGADOS

María Victoria Tuculet
M. & M. BOMCHIL

Gonzalo Ugarte
BARBOSA ABOGADOS

Emilio Beccar Varela
ESTUDIO BECCAR VARELA

Abraham Viera
PLANOSNET.COM
CONSULTORIA MUNICIPAL

Eduardo J. Viñales
FUNES DE RIOJA & ASOCIADOS,
MEMBER OF IUS LABORIS

Germán Wetzler Malbrán
SALAVERRI, DELLATORRE,
BURGIO & WETZLER MALBRÁN

Roberto Wiman
GREEN INGENIERÍA

Joaquín Emilio Zappa
J.P. O'FARRELL ABOGADOS

亚美尼亚

THE STATE COMMITTEE OF
REAL PROPERTY CADASTRE
OF THE GOVERNMENT OF
THE REPUBLIC OF ARMENIA

Mher Aghabekyan
YEREVAN MUNICIPALITY

Sergey Aghinyan
PUBLIC SERVICES REGULATORY
COMMISSION OF ARMENIA

Mike Ahern
PWC

Amalia Artemyan
PARADIGMA ARMENIA CJSC

Zaruhi Arzuamnyan
LEGELATA

Hayk Asatryan
YEREVAN MUNICIPALITY

Ella Atoyan
PWC ARMENIA

Gayane Babayan
AVENUE CONSULTING GROUP

Anushik Baghdasaryan
AVENUE CONSULTING GROUP

Artur Buduryan
LEGELATA

Hovhannes Chamsaryan
AVENUE CONSULTING GROUP

Aharon Chilingaryan
PARADIGMA ARMENIA CJSC

Arsen Chitchyan
THE COLLEGIUM OF
BUSINESS-MANAGERS'
BANKRUPTCY - SRO

Azat Dunamalyan
ARSHINBANK CJSC

Aikanush Edigaryan
TRANS-ALLIANCE

Shoghik Gharibyan
KPMG

Mihran Grigoryan
AVENUE CONSULTING GROUP

Tigran Grigoryan
AVENUE CONSULTING GROUP

Alla Hakhnazaryan
LEGELATA

Anahit Hakhumyan
MINISTRY OF URBAN
DEVELOPMENT

Gevorg Hakobyan
ELAWPHANT LAW FIRM

Andranik Harutyunyan
ELECTRIC NETWORKS
OF ARMENIA

Hasmik Harutyunyan
PWC ARMENIA

Artak Hovakimyan
BIG ENERGO LLC

Izabela Hovhannisyan

Mariam Hovsepyan
TER-TACHATYAN LEGAL AND
BUSINESS CONSULTING

Angela Hovshannisyan
TER-TACHATYAN LEGAL AND
BUSINESS CONSULTING

Vahe G. Kakoyan

Anna Karapetyan
MINISTRY OF JUSTICE

Andranik Kasaryan
YEREVAN MUNICIPALITY

David Khachatryan
AVENUE CONSULTING GROUP

Georgi Khachatryan
AVENUE CONSULTING GROUP

Rafik Khachatryan
KPMG

Vigen Khachatryan
AVENUE CONSULTING GROUP

Stanislav Kolesnikov
ELECTRIC NETWORKS
OF ARMENIA

Hayk Mamajanyan
ARLEX INTERNATIONAL CJSC

Gor Margaryan
LEGELATA

Nshan Martirosyan
MINISTRY OF URBAN
DEVELOPMENT

Lilit Matevosyan
PWC ARMENIA

Nshan Matevosyan
ARLEX INTERNATIONAL CJSC

Armen Melkumyan
FIDELITY CONSULTING CJSC

Rajiv Nagri
GLOBALINK LOGISTICS GROUP

Narine Nersisyan
PWC ARMENIA

Shavarsh Petakchyan
ILEX LAW FIRM

Naira Petrosyan
PARADIGMA ARMENIA CJSC

Sarhat Petrosyan
URBANLAB YEREVAN

Suren Petrosyan
SP CONSULTING LLC

Hayk Pogosyan
ARSARQTEX LLC

Nare Sahakyan
ARSHINBANK CJSC

Thomas Samuelian
ARLEX INTERNATIONAL CJSC

Gor Shahbazyan
PWC ARMENIA

Ruben Shakhmuradyan
COMFORT R&V

Aleksey Sukoyan
COURT OF FIRST INSTANCE

Hakob Tadevosyan
GRANT THORNTON LLP

Anoush Ter-Vardanyan
AVENUE CONSULTING GROUP

Liana Yordanyan
TER-TACHATYAN LEGAL AND
BUSINESS CONSULTING

Aram Zakaryan
ACRA CREDIT BUREAU

澳大利亚

HILL SHIRE CITY COUNCIL

TREASURY OF AUSTRALIA

Paul Agnew
MCKAYS LAWYERS

Irene Argeres
WHITE & CASE AUSTRALIA

Mariam Azzo
CLAYTON UTZ, MEMBER
OF LEX MUNDI

Harold Bolitho
KING & WOOD MALLESONS

Lynda Brumm
PWC AUSTRALIA

Andrea Castle
WHITE & CASE AUSTRALIA

Amanda Coneyworth
FERRIER HODGSON
MH SDN BHD

Fiona Curl
WHITE & CASE AUSTRALIA

Mark Dalby
OFFICE OF STATE REVENUE,
NSW TREASURY

Stephen Davis
NEXIA AUSTRALIA

Kristy Dixon
MARQUE LAWYERS

Paul Evans
MCKAYS LAWYERS

Philip Harvey
KING & WOOD MALLESONS

Stephen Jauncey
HENRY DAVIS YORK

Morgan Kelly
FERRIER HODGSON
MH SDN BHD

Felicia Lal
MARQUE LAWYERS

Melanie Lam
CAMPHIN BOSTON - MEMBER
OF RUSSELL BEDFORD
INTERNATIONAL

John Martin
THOMSON GEER

Mitchell Mathas
NORTON ROSE FULBRIGHT

Nicholas Mavrakis
CLAYTON UTZ, MEMBER
OF LEX MUNDI

Aaron McKenzie
MARQUE LAWYERS

Patricia Muscat
PWC AUSTRALIA

Mia Rafa
MCKAYS LAWYERS

Dean Schiller
FAYMAN INTERNATIONAL
PTY. LTD.

Ruwan Senanayake

Jeremy Shelley
ATTORNEY-GENERAL'S
DEPARTMENT

Amy Stiles
NSW OFFICE OF THE
REGISTRAR GENERAL

Damian Sturzaker
MARQUE LAWYERS

Simon Truskett
CLAYTON UTZ, MEMBER
OF LEX MUNDI

Cameron Watson
WHITE & CASE AUSTRALIA

Bruce Whittaker
ASHURST LLP

Kellie Woodward
MCKAYS LAWYERS

Amanda Wu
ASHURST LLP

奥地利

MINISTRY FOR SCIENCE,
RESEARCH AND ECONOMY

Thomas Bareder
OESTERREICHISCHE
NATIONAL BANK

Henri Bellando
GRAF & PITKOWITZ
RECHTSANWÄLTE GMBH

Markus Bitterl
GRAF & PITKOWITZ
RECHTSANWÄLTE GMBH

Sonja Bydlinski
MINISTRY OF JUSTICE

Thomas Deutinger
FRESHFIELDS BRUCKHAUS
DERINGER

Martin Ebner
SCHOENHERR

Tibor Fabian
BINDER GRÖSSWANG
RECHTSANWÄLTE GMBH

Julian Feichtinger
CHSH CERHA HEMPEL
SPIEGELFELD HLAWATI,
MEMBER OF LEX MUNDI

Martin Foerster
GRAF & PITKOWITZ
RECHTSANWÄLTE GMBH

Ferdinand Graf
GRAF & PITKOWITZ
RECHTSANWÄLTE GMBH

Andreas Hable
BINDER GRÖSSWANG
RECHTSANWÄLTE GMBH

Sebastian Haensse
GRAF & PITKOWITZ
RECHTSANWÄLTE GMBH

Herbert Herzig
AUSTRIAN CHAMBER
OF COMMERCE

Alexander Hofmann
LAWYER

Marianne Hrdlicka

Armin Immervoll
MINISTRY OF FINANCE

Alexander Isola
GRAF & PITKOWITZ
RECHTSANWÄLTE GMBH

Rudolf Kaindl

Amith Gururaj Karanth
PPC INSULATORS
AUSTRIA GMBH

Zsofia Kerkapoly
SCWP SCHINDHELM AUSTRIA

Birgit Kettlgruber
FRESHFIELDS BRUCKHAUS
DERINGER

Alexander Klauser
BRAUNEIS KLAUSER PRÄNDL
RECHTSANWÄLTE GMBH

Florian Klimscha
FRESHFIELDS BRUCKHAUS
DERINGER

Christian Köttl
MINISTRY OF FINANCE

Rudolf Krickl
PWC AUSTRIA

Michaela Krist
CHSH CERHA HEMPEL
SPIEGELFELD HLAWATI,
MEMBER OF LEX MUNDI

Gerald Mitteregger
INTERNATIONAL
LOGISTIC GATEWAY

Johannes Mrazek
AUSTRIAN REGULATORY
AUTHORITY

Gerhard Muggenhuber
BEV - FEDERAL OFFICE OF
METROLOGY & SURVEYING

Thomas Müller
FRESHFIELDS BRUCKHAUS
DERINGER

Elke Napokoj
BPV HÜGEL
RECHTSANWÄLTE OG

Nikolaus Neubauer
PWC AUSTRIA

Felix Neuwirther
FRESHFIELDS BRUCKHAUS
DERINGER

Christopher Peitsch
CHSH CERHA HEMPEL
SPIEGELFELD HLAWATI,
MEMBER OF LEX MUNDI

Verena Pöchlinger
PWC AUSTRIA

Moritz Salzgeber
BINDER GRÖSSWANG
RECHTSANWÄLTE GMBH

Johannes Samaan
FRESHFIELDS BRUCKHAUS
DERINGER

Edwin Scharf
SCWP SCHINDHELM AUSTRIA

Georg Schima
KUNZ SCHIMA WALLENTIN
RECHTSANWÄLTE OG,
MEMBER OF IUS LABORIS

Stephan Schmalzl
GRAF & PITKOWITZ
RECHTSANWÄLTE GMBH

Daniel Schmidt
BINDER GRÖSSWANG
RECHTSANWÄLTE GMBH

Ernst Schmidt
HALPERN & PRINZ

Helmut Sprongl
AUSTRIAN REGULATORY
AUTHORITY

Thomas Trettnak
CHSH CERHA HEMPEL
SPIEGELFELD HLAWATI,
MEMBER OF LEX MUNDI

Eugen Velicu
STRABAG SE

Birgit Vogt-Majarek
KUNZ SCHIMA WALLENTIN
RECHTSANWÄLTE OG,
MEMBER OF IUS LABORIS

Gerhard Wagner
KSV 1870

Lukas A. Weber
BRAUNEIS KLAUSER PRÄNDL
RECHTSANWÄLTE GMBH

Elisabeth Zehetner-Piewald
AUSTRIAN CHAMBER
OF COMMERCE

Anton Zeilinger
MINISTRY OF FINANCE

Kathrin Zeller
FRESHFIELDS BRUCKHAUS
DERINGER

阿塞拜疆

AZERSUN

Parviz Abdullayev
PWC AZERBAIJAN

Husniyye Abdullayeva
MINISTRY OF TAXES

Chingiz Agarzaev

Mike Ahern
PWC

Ilham Ahmedov
BAKU ADMINISTRATIVE-
ECONOMICAL COURT NO. 1

Iftikhar Akhundov
MINISTRY OF TAXES

Nigar Alimova
MINISTRY OF TAXES

Jamil Alizada
BAKER & MCKENZIE - CIS,
LIMITED

Aykhan Asadov
BM MORRISON PARTNERS LLC

Ismail Askerov
MGB LAW OFFICES

Zulfigar Babayev
BHM BAKU LAW CENTRE LLC

Jamal Baghirov
BM MORRISON PARTNERS LLC

Natavan Baghirova
BM MORRISON PARTNERS LLC

Aida Bagirova
UNIBANK

Farid Bakhshiyev
GRATA INTERNATIONAL

Khayyam Bayramov
MINISTRY OF JUSTICE

Orkhan Beydiyev
CASPIAN LEGAL CENTER

Eyyub Fataliyev
PWC AZERBAIJAN

Ikram Fikretoglu
BUSINESS SERVICE CENTRE

Jahangir Gafarov
BAKER & MCKENZIE - CIS,
LIMITED

Rustam Gasimov
BAKER & MCKENZIE - CIS,
LIMITED

Arif Guliyev
PWC AZERBAIJAN

Konul Guliyeva
PWC AZERBAIJAN

Shaban Gurbanov
BM MORRISON PARTNERS LLC

Ayten Gurbanova
EXPERT SM LTD.

Fatima Gurbanova
PWC AZERBAIJAN

Elchin Habibov
FINANCIAL MARKETS
SUPERVISORY AUTHORITY

Arzu Hajiyeva
EY

Kamala Hajiyeva
EY

Shamkhal Hasanov
BAKER & MCKENZIE - CIS,
LIMITED

Farid Huseynov
EKVITA

Ruhiyya Isayeva
DENTONS

Gadir Ismayilov
AZERISHIQ OJSC

Delara Israfilova
BM MORRISON PARTNERS LLC

Zaki Jabiyev

Aladdin A. Jafarov
BAKU CITY YASAMAL
DISTRICT COURT

Ummi Jalilova
GRATA INTERNATIONAL

Anar Janmammadov
MGB LAW OFFICES

Gunduz Karimov
BAKER & MCKENZIE - CIS,
LIMITED

Bahar Kavuzova
PWC AZERBAIJAN

Elnur Mammadov
PWC AZERBAIJAN

Sahib Mammadov
CITIZENS' LABOUR RIGHTS
PROTECTION LEAGUE

Zaur Mammadov
EY

Aysel Mammadova
BHM BAKU LAW CENTRE LLC

Faiq S. Manafov
UNIBANK

Gumru Mehdiyeva
BHM BAKU LAW CENTRE LLC

Ilgar Mehti
EKVITA

Rauf Memmedov
AZERBAIJAN CUSTOMS
COMMITTEE

Telman Memmedov
MINISTRY OF TAXES

Elkhan Mikayilov
SECTOR OF ASSISTANT
SERVICE OF THE PRESIDENT
OF AZERBAIJAN REPUBLIC
ON ECONOMIC REFORMS

Farhad Mirzayev
BM MORRISON PARTNERS LLC

Ruslan Mirzayev
ADREM ATTORNEYS

Ruslan Mukhtarov
BM MORRISON PARTNERS LLC

Aynur Musayeva
EXPERT SM LTD.

Altay Mustafayev
BAKER & MCKENZIE - CIS,
LIMITED

Turkan Mustafayeva
BHM BAKU LAW CENTRE LLC

Sabina Orujova
DENTONS

Ramiz Rustamov
SIN RRG MMC

Zenfira Rzayeva
MINISTRY OF EMERGENCY
SITUATIONS, STATE AGENCY
FOR CONTROL OVER
CONSTRUCTION SAFETY

Shabnam Sadigova
GRATA INTERNATIONAL

Leyla Safarova
BM MORRISON PARTNERS LLC

Mustafa Salamov
BM MORRISON PARTNERS LLC

Nazim Shukurov
AUDIT AZERBAIJAN

Sona Taghiyeva
DENTONS

Anar A. Umudov
ALIBI PROFESSIONAL LEGAL
& CONSULTING SERVICES

Ilkin Veliyev
MINISTRY OF TAXES

Michael Wilson
MICHAEL WILSON &
PARTNERS LTD.

Javid Yusifov
CASPIAN LEGAL CENTER

Aygun Zeynalova
MGB LAW OFFICES

Ulvia Zeynalova-Bockin
DENTONS

巴哈马

Jane Adams
KPMG

Kevin Basden
BAHAMAS ELECTRICITY
CORPORATION

Sonia Brown
GRAPHITE ENGINEERING LTD.

Dayrrl Butler
MOORE STEPHENS BUTLER
& TAYLOR CHARTERED
ACCOUNTANTS AND
BUSINESS ADVISORS

Kimberley Cleare
PWC BAHAMAS

Kandice Davis
UTILITIES REGULATION &
COMPETITION AUTHORITY

Surinder Deal
HIGGS & JOHNSON

Craig G. Delancy
MINISTRY OF WORKS
& TRANSPORT

Randol Dorsett
UTILITIES REGULATION &
COMPETITION AUTHORITY

Amos J. Ferguson Jr.
FERGUSON ASSOCIATES
& PLANNERS

Wendy Forsythe
IMPORT EXPORT BROKERS LTD.

Vann P. Gaitor
HIGGS & JOHNSON

Bryan A. Glinton

Pamela Hill
BAHAMAS POWER AND LIGHT

Amanda John
LENNOX PATON

Yolande Julien

Ja'Ann Major
HIGGS & JOHNSON

Simone Morgan-Gomez
CALLENDERS & CO.

Lester J. Mortimer Jr.
CALLENDERS & CO.

Michael Moss
MINISTRY OF FINANCE

Andrea Moultrie
HIGGS & JOHNSON

Portia Nicholson
HIGGS & JOHNSON

Andrew G.S. O'Brien II
GLINTON | SWEETING | O'BRIEN

Arthur K. Parris, Jr.
PARRISWHITTAKER

Courtney Pearce-Hanna
CALLENDERS & CO.

Prince Rahming
PWC BAHAMAS

Chad D. Roberts
CALLENDERS & CO.

Castino D. Sands
LENNOX PATON

Rochelle Sealy
PWC BAHAMAS

Merrit A. Storr
CHANCELLOR CHAMBERS

Burlington Strachan
BAHAMAS ELECTRICITY
CORPORATION

Roy Sweeting
GLINTON | SWEETING | O'BRIEN

Peter Whitehead
OSPREY CONSTRUCTION

Thomas Whitehead
OSPREY CONSTRUCTION

Dwayne Whylly
LENNOX PATON

巴林

Ahmed Abbas Abdulla
HASSAN RADHI & ASSOCIATES

Ahmed Abdulla
MINISTRY OF WORKS,
MUNICIPALITIES AND
URBAN PLANNING

Mohammed Al Ali
AL ALI & LEGAL
CONSULTANTS LAW OFFICE

Amel Al Aseeri
ZEENAT AL MANSOORI
& ASSOCIATES

Zeenat Al Mansoori
ZEENAT AL MANSOORI
& ASSOCIATES

Salem Al Quti
MINISTRY OF WORKS,
MUNICIPALITIES AND
URBAN PLANNING

Reem Al Rayes
ZEENAT AL MANSOORI
& ASSOCIATES

Waleed Al Sabbagh
BAHRAIN CUSTOMS

Noor Al Taraif
ZU'BI & PARTNERS ATTORNEYS
& LEGAL CONSULTANTS

Dana Alghareeb
HAYA RASHED AL KHALIFA

Shehbaz Ameen
AGILITY LOGISTICS

Nada Azmi
BAHRAIN ECONOMIC
DEVELOPMENT BOARD

Laverne Bacaser
EY

Piyush Bhandari
INTUIT MANAGEMENT
CONSULTANCY

Steven Brown
ASAR – AL RUWAYEH
& PARTNERS

Samir Can'an
GULF HOUSE ENGINEERING SPC

Laith Damer
TALAL ABU-GHAZALEH
LEGAL (TAG-LEGAL)

Qays H. Zu'bi
ZU'BI & PARTNERS ATTORNEYS
& LEGAL CONSULTANTS

Najma Hassan
MINISTRY OF WORKS,
MUNICIPALITIES AND
URBAN PLANNING

Hessa Hussain
THE BENEFIT COMPANY

Khaled Jamsheer
BAHRAIN ENGINEERING
BUREAU

Jawad Habib Jawad
BDO

Anil Kumar
KANOO SHIPPING - YUSUF
BIN AHMED KANOO WLL

Khalid Leila
MINISTRY OF INDUSTRY
& COMMERCE

Ali Makki
MINISTRY OF INDUSTRY
& COMMERCE

Omar Manassaki
ZU'BI & PARTNERS ATTORNEYS
& LEGAL CONSULTANTS

Ali Marhoon
MINISTRY OF INDUSTRY
& COMMERCE

Eman Omar
ZU'BI & PARTNERS ATTORNEYS
& LEGAL CONSULTANTS

Hassan Ali Radhi
HASSAN RADHI & ASSOCIATES

Noor Radhi
HASSAN RADHI & ASSOCIATES

Najib F. Saade
ASAR – AL RUWAYEH
& PARTNERS

Naji Sabt
SURVEY AND LAND
REGISTRATION BUREAU

Oleg Shmal
PWC BAHRAIN

Baiju Thomas
AGILITY LOGISTICS

Aseel Zimmo
SUPREME JUDICIAL COUNCIL

孟加拉国

CHITTAGONG WATER SUPPLY
AND SEWERAGE AUTHORITY

DHAKA ELECTRICITY SUPPLY
COMPANY LTD. (DESCO)

Munir Uddin Ahamed
WAC LOGISTICS LIMITED

Suprim Ahammed
KPMG

Gias Ahmed
AUKO-TEX GROUP

Rajin Ahmed
DOULAH & DOULAH

Sayeed Abdullah Al Mamun
Khan
A.S. & ASSOCIATES

K.M. Tanjib-Ul Alam
TANJIB ALAM AND ASSOCIATES

Nafiu Alam
FM ASSOCIATES

Shajib Mahmood Alam
COUNSELS LAW PARTNERS

Mahdi Amin
COMFORT GROUP
OF INDUSTRIES

Mohammed Asaduzzaman
SYED ISHTIAQ AHMED
& ASSOCIATES

A.S.A. Bari
A.S. & ASSOCIATES

Kazi Bari
K.A. BARI & CO.

Avijit Barua
GEOSERVICES MARITIME
BD PVT. LTD.

Kapil Basu
PRICEWATERHOUSECOOPERS
PVT. LTD.

Sushmita Basu
PRICEWATERHOUSECOOPERS
PVT. LTD.

Md. Halim Bepari
HAFIZ AND HAQUE SOLICITORS

Mir Osman Bin Nasim
LAWYER

Paavan Chhabra
HEALY CONSULTANTS
GROUP PLC

Arif Moinuddin Chowdhury
MUNIM & ASSOCIATES

Junayed A. Chowdhury
VERTEX CHAMBERS

Md. Liaquat H. Chowdhury
M.L.H. CHOWDHURY & CO.

Mohammed Chowdhury
ANCHOR LOGISTICS

Swad Chowdhury
COUNSELS LAW PARTNERS

Md Khademul Islam Choyon
OBITER DICTUM

Nasirud Doulah
DOULAH & DOULAH

Shamsud Doulah
DOULAH & DOULAH

Dewan Faisal
A.S. & ASSOCIATES

Osman Goni
OGR LEGAL

Simon Guidecoq

Muhammad Tanvir Hashem
Munim
MUNIM & ASSOCIATES

Anam Hossain
FM ASSOCIATES

Farhana Hossain
FM ASSOCIATES

Faria Huq
A.S. & ASSOCIATES

Ashiq Imran
FIALKA

Arif Imtiaz

Aminur Islam
LEX JURIS

Md Aminul Islam
CITY APPAREL-TEX CO.

Shairee Islam
TANJIB ALAM AND ASSOCIATES

Abdul Jabbar
A.S. & ASSOCIATES

Mohammed Jabbar
DBL GROUP

Abdul Khaleque
FIALKA

Abdul Monem Khan
VERTEX CHAMBERS

Afsana Khan
LEE, KHAN & PARTNERS

Anwar A. Khan
GENESIS DENIM

Farhana Islam Khan
SYED ISHTIAQ AHMED
& ASSOCIATES

Mashfiqul Haque Khan
LEX JURIS

Md. Mydul H. Khan
LEX JURIS

Rukhsana Khan
LEX JURIS

Sarjean Rahman Lian
FM ASSOCIATES

Kazi Mahboob
A. WAHAB & CO.

Saqeb Mahbub
MAHBUB & COMPANY

Shyikh Mahdi
VERTEX CHAMBERS

Mohammad Moniruzzaman
THE LAW COUNSEL

Kamrun Nahar

Sifat Jahan Nikita
VERTEX CHAMBERS

Tanvir Quader
VERTEX CHAMBERS

Al Amin Rahman
FM ASSOCIATES

Habiba Rahman
SELF FASHION LIMITED

Md. Saidur Rahman
SELF FASHION LIMITED

Tameem Rahman
OGR LEGAL

Zarin Rahman
FM ASSOCIATES

Badhan Roy
RAHMAN'S CHAMBERS

Saroj Gopal Roy
RAHMAN'S CHAMBERS

Ridi Rubaiyat
TANJIB ALAM AND ASSOCIATES

Sadia Sarah
FM ASSOCIATES

Ammatul Uzma Sathi
A.S. & ASSOCIATES

Mohd. Shariful Islam Shaheen
BANGLADESH ENERGY
REGULATORY COMMISSION

Sohail Shakoor
PRONAYON

Karisma Sharif
HR SOLUTIONS

Imran Siddiq
THE LAW COUNSEL

Tasnia Siddiqui
FM ASSOCIATES

A.M. Mahbub Uddin
MAHBUB & COMPANY

Abdul Wahab
A. WAHAB & CO.

Nurul Wahab
A. WAHAB & CO.

Alicia Yen
HEALY CONSULTANTS
GROUP PLC

Sabrina Zarin
FM ASSOCIATES

巴巴多斯

CLARKE GITTENS FARMER

Alicia Archer
ARTEMIS LAW

Kevin Boulard
ROTHERLEY CONSTRUCTION INC.

Patricia Boyce
EVERSON R. ELCOCK & CO. LTD.

Andrew F. Brathwaite
KPMG BARBADOS

Kevin Burke
ROTHERLEY CONSTRUCTION INC.

Vincent Burnett
MINISTRY OF LABOR AND SOCIAL SECURITY AND HUMAN RESOURCE DEVELOPMENT

Trevor A. Carmichael
CHANCERY CHAMBERS

Adrian Carter
THE BARBADOS LIGHT AND POWER COMPANY LTD.

Berkeley Clark
BJS CUSTOMS SERVICE INC.

Heather A. Clarke
CORPORATE AFFAIRS AND INTELLECTUAL PROPERTY OFFICE

Andrew Cox
MINISTRY OF LABOR AND SOCIAL SECURITY AND HUMAN RESOURCE DEVELOPMENT

Sherica J. Mohammed Cumberbatch
CARRINGTON & SEALY

Adrian W. Cummins
CARRINGTON & SEALY

Gloria Eduardo
PWC BARBADOS

Adrian M. Elcock
EVERSON R. ELCOCK & CO. LTD.

Antonio Elcock
EVERSON R. ELCOCK & CO. LTD.

Andrew C. Ferreira
CHANCERY CHAMBERS

Mark Franklin

Sharalee M.J. Gittens
CHANCERY CHAMBERS

Anice C.N. Granville
LEX CARIBBEAN

Marianne Greenidge
KPMG BARBADOS

Liza A. Harridyal-Sodha
HARRIDYAL-SODHA & ASSOCIATES

Jomo Crowther McGlinne Hope
ARTEMIS LAW

Claudette Hope-Greenidge
MINISTRY OF LABOR AND SOCIAL SECURITY AND HUMAN RESOURCE DEVELOPMENT

Nicholas Hughes
BDO BARBADOS

Keisha N. Hyde Porchetta
HARRIDYAL-SODHA & ASSOCIATES

Louisa Lewis-Ward
KPMG BARBADOS

Percy Murrell
BIG P. CUSTOMS BROKERS AND AIR SEA AND LAND TRANSPORT INC.

Laurel Odle
PWC BARBADOS

Rohan Pennegan
KPMG BARBADOS

Sheridan A. Reece
CARRINGTON & SEALY

Thayreesha Singh
LEX CARIBBEAN

Lynthia Skeete
MOUNT GAY DISTILLERIES LTD./REMY AMERICAS

Heather Tull
DAVID KING & CO., ATTORNEYS-AT-LAW

Kaye A. Williams
PINEBRIDGE LAW

Stephen Worme
THE BARBADOS LIGHT AND POWER COMPANY LTD.

白俄罗斯

RUP BELENERGOSETPROEKT

Anastasia Akulich
BOROVTSOV & SALEI

Aliaksandr Anisovich
PROMAUDIT

Anastasia Belenkevich
FBK BEL - PKF INTERNATIONAL

Vladimir G. Biruk
CAPITAL GROUP

Sergei Boiko
MINSK CABLE (ELECTRICAL) NETWORK

Dmitry Bokhan
VERKHOVODKO & PARTNERS LLC

Katsiaryna Buraya
SYSOUEV, BONDAR, KHRAPOUTSKI SBH LAW OFFICE

Irina Butko
EGOROV PUGISNKY AFANASIEV AND PARTNERS (EPA&P)

Alexander Buzo
EGOROV PUGISNKY AFANASIEV AND PARTNERS (EPA&P)

Maksim Chernykh
MINSK CABLE (ELECTRICAL) NETWORK

Eugenia Chetverikova
PWC BELARUS

Sergey Chistyakov
STEPANOVSKI, PAPAKUL & PARTNERS ATTORNEYS-AT-LAW

Aliaksandr Danilevich
DANILEVICH & VOLOZHINETS

Tatsiana Fadzeyeva
BNT LEGAL & TAX

Aliaksei Fidzek
PWC BELARUS

Valentine Galich
VERDICT LAW OFFICE

Maria Golovko
ARZINGER & PARTNERS INTERNATIONAL LAW FIRM

Nikolai Gorelik
ARZINGER & PARTNERS INTERNATIONAL LAW FIRM

Elena Hmeleva
VERKHOVODKO & PARTNERS LLC

Antonina Ivanova
ANTONINA IVANOVA LEGAL PRACTICE

Ulyana Kavalionak
BNT LEGAL & TAX

Yurij Kazakevitch
RÖDL & PARTNER, BELARUS

Dmitry Khalimonchyk
SOFTCLUB LLC

Alexandre Khrapoutski
SYSOUEV, BONDAR, KHRAPOUTSKI SBH LAW OFFICE

Sergey Khromov
VERKHOVODKO & PARTNERS LLC

Siarhei Khvastovich
ALTHAUS LTD.

Alexander Kirienko
AGENCY OF TURNAROUND TECHNOLOGIES

Nina Knyazeva
VERKHOVODKO & PARTNERS LLC

Alexander Kononov
GRANT THORNTON

Nadezhda Koroleva
SYSOUEV, BONDAR, KHRAPOUTSKI SBH LAW OFFICE

Alexander Korsak
ARZINGER & PARTNERS INTERNATIONAL LAW FIRM

Mikhail Y. Kostyukov
ATTORNEY-AT-LAW

Dmitry Kovalchik
STEPANOVSKI, PAPAKUL & PARTNERS ATTORNEYS-AT-LAW

Yuriy Kozikov
BOROVTSOV & SALEI

Yevgeniya Leonidovna Kravchenko
AZ CONSULTANT

Inna Leus
MINISTRY OF JUSTICE

Yuliya Liashenko
VLASOVA MIKHEL & PARTNERS

Alexander Ließem
BNT LEGAL & TAX

Sergei Makarchuk
CHSH CERHA HEMPEL SPIEGELFELD HLAWATI BELARUS

Natalya Makhanek
GRANT THORNTON

Maksim Maksimov
VERKHOVODKO & PARTNERS LLC

Viktor Marinitch
RÖDL & PARTNER, BELARUS

Elena Mashonskaya
ARZINGER & PARTNERS INTERNATIONAL LAW FIRM

Sergey Mashonsky
ARZINGER & PARTNERS INTERNATIONAL LAW FIRM

Yuliya Matsiuk
ARZINGER & PARTNERS INTERNATIONAL LAW FIRM

Irina Mazurina
VERDICT LAW OFFICE

Aleksei Mikhailov
ARZINGER & PARTNERS INTERNATIONAL LAW FIRM

Anna Miritskaya
BNT LEGAL & TAX

Yulia Mironchik
ARZINGER & PARTNERS INTERNATIONAL LAW FIRM

Aleksandr Mironichenko
MINISTRY OF ECONOMY

Dmitry Montik
LAWYER

Andrei Mucha
MINSK CABLE (ELECTRICAL) NETWORK

Vitaliy Nasanovich
VERKHOVODKO & PARTNERS LLC

Valentina Neizvestnaya
RSM BEL AUDIT

Elena Orda
NATIONAL BANK OF THE REPUBLIC OF BELARUS

Veronika Pavlovskaya
ARZINGER & PARTNERS INTERNATIONAL LAW FIRM

Dzina Pinchuk
PWC BELARUS

Sergey Pinchuk
LAWYER

Victor Pleonkin
NATIONAL BANK OF THE REPUBLIC OF BELARUS

Vera Poklonskaya
EGOROV PUGISNKY AFANASIEV AND PARTNERS (EPA&P)

Kirill Prihodko
ARZINGER & PARTNERS INTERNATIONAL LAW FIRM

Anna Rusetskaya
EGOROV PUGISNKY AFANASIEV AND PARTNERS (EPA&P)

Olga Rybakovskaya
MINISTRY OF ENERGY

Illia Salei
BOROVTSOV & SALEI

Vassili I. Salei
BOROVTSOV & SALEI

Elena Sapego
STEPANOVSKI, PAPAKUL & PARTNERS ATTORNEYS-AT-LAW

Liubov Sergeevna Kulba
GOELLNER SPEDITION

Anna Shalimo
VERKHOVODKO & PARTNERS LLC

Katsiaryna Shmatsina
AMERICAN BAR ASSOCIATION SECTION OF INTERNATIONAL LAW

Yuliya Shuba
BOROVTSOV & SALEI

Maksim Slepitch
ARZINGER & PARTNERS INTERNATIONAL LAW FIRM

Vitaliy Sorokin
NATIONAL BANK OF THE REPUBLIC OF BELARUS

Klim Stashevsky
ARZINGER & PARTNERS INTERNATIONAL LAW FIRM

Alla Sundukova
MINISTRY OF TAXES AND DUTIES

Dmitry Tihno
PWC BELARUS

Nikita Tolkanitsa
CHSH CERHA HEMPEL SPIEGELFELD HLAWATI BELARUS

Elizaveta Trakhalina
ARZINGER & PARTNERS INTERNATIONAL LAW FIRM

Nikita Nikolayevich Trosko
VLASOVA MIKHEL & PARTNERS

Dennis Turovets
EGOROV PUGISNKY AFANASIEV AND PARTNERS (EPA&P)

Alena Usenia
ARZINGER & PARTNERS INTERNATIONAL LAW FIRM

Pavel Velishkevich
GRANT THORNTON

Irina Veremeichuk
VERKHOVODKO & PARTNERS LLC

Igor Verkhovodko
VERKHOVODKO & PARTNERS LLC

Dmitry Viltovsky
ARZINGER & PARTNERS INTERNATIONAL LAW FIRM

Ekaterina Zabello
VLASOVA MIKHEL & PARTNERS

Vadzim Zakreuski
MINISTRY OF ENERGY

Olga Zdobnova
VLASOVA MIKHEL & PARTNERS

Ekaterina Zheltonoga
VERDICT LAW OFFICE

Maksim Zhukov
SYSOUEV, BONDAR, KHRAPOUTSKI SBH LAW OFFICE

Maxim Znak
JURZNAK LAW FIRM LLC

比利时

Hubert André-Dumont
MCGUIREWOODS LLP

Jan Bael
NOTARIAAT 14

Herlinde Baert
NOTARIAAT 14

Matthias Bastiaen
PWC BELGIUM

Michel Bonne
VAN BAEL & BELLIS

Patrick Boone
PWC BELGIUM

Hakim Boularbah
LIEDEKERKE WOLTERS WAELBROECK KIRKPATRICK, MEMBER OF LEX MUNDI

Stan Brijs
NAUTADUTILH

Sara Cappelle
MONARD LAW

Martijn De Meulemeester
PWC BELGIUM

Kris De Schutter
LOYENS & LOEFF

Didier De Vliegher
NAUTADUTILH

Eric Dirix
COUR DE CASSATION

Camille Dümm
NATIONAL BANK OF BELGIUM

David DuPont
ASHURST LLP

Danaïs Fol
LOYENS & LOEFF

Alex Franchimont
CROWELL & MORING

Alain François
EUBELIUS ATTORNEYS

Liesbet Fransen
FEDERAL PUBLIC
SERVICE FINANCE

Pierre-Yves Gillet
CABINET D'ARCHITECTE

Conny Grenson
EUBELIUS ATTORNEYS

Jean-Luc Hagon
NAUTADUTILH

Cedric Hauben
DLA PIPER UK LLP

Sophie Jacmain
NAUTADUTILH

An Jacobs
LIEDEKERKE WOLTERS
WAELBROECK KIRKPATRICK,
MEMBER OF LEX MUNDI

Evelien Jamaels
CROWELL & MORING

Stéphanie Kervyn de
Meerendré
DEMINOR SA

Marianne Laruelle

Stephan Legein
FEDERAL PUBLIC
SERVICE FINANCE

Nathalie Locht
MCGUIREWOODS LLP

Catherine Longeval
VAN BAEL & BELLIS

Axel Maeterlinck
SIMONT BRAUN

Allan Magerotte
EUBELIUS ATTORNEYS

Jan Moerkerke
ROYAL FEDERATION OF
MORTGAGE KEEPERS
OF BELGIUM

Pascale Moreau
PWC BELGIUM

Johan Mouraux
DLA PIPER UK LLP

Leo Peeters
PEETERS ADVOCATEN-AVOCATS

Emmanuel Plasschaert
CROWELL & MORING

Johan Poedts
SIBELGA

Aurélie Pollie
NAUTADUTILH

Eric Schmitz
PWC BELGIUM

Kristof Slootmans
DLA PIPER UK LLP

Frédéric Souchon
PWC BELGIUM

Timothy Speelman
MCGUIREWOODS LLP

Bernard Thuysbaert
DEMINOR SA

Bram Van Cauwenberge
NAUTADUTILH

Jan Van Celst
DLA PIPER UK LLP

Gill Van Damme
PWC BELGIUM

Yannick Van Ranst
FEDERAL PUBLIC
SERVICE FINANCE

Bart Van Rossum
B.T.V.

Robert Vermetten
TRANSPORT & PROJECT
LOGISTICS

Ivan Verougstraete
COUR DE CASSATION

Katrien Vorlat
MONARD LAW

Bram Vuylsteke
NOTARY BRAM VUYLSTEKE

Tom Wallyn
PWC BELGIUM

Luc Weyts

Dirk Wouters
WOUTERS, VAN MERODE
& CO. BEDRIJFSREVISOREN
BVBA - MEMBER OF RUSSELL
BEDFORD INTERNATIONAL

Nicola Zenoni
ASHURST LLP

伯利兹

Emil Arguelles
ARGUELLES & COMPANY LLC

Jenny Armstrong
BELIZE COMPANIES AND
CORPORATE AFFAIRS REGISTRY

Andrew Bennett
GLENN D. GODFREY & CO. LLP

Herbert Bradley
HERBERT BRADLEY CUSTOM
HOUSE BROKERS

Christopher Coye
COURTENAY COYE LLP

Ana Maria Espat
STRUKTURE ARCHITECTS

Russell Longsworth
CARIBBEAN SHIPPING
AGENCIES LTD.

Fred Lumor
FRED LUMOR & CO.

Tania Moody
BARROW & WILLIAMS

Estevan Perera
ESTEVAN PERERA &
COMPANY LLP

Vanessa Retreage
REYES RETREAGE LLP

Aldo Reyes
REYES RETREAGE LLP

Wilfred Rhaburn
W. RHABURN CONSULTING

Patricia Rodriguez
BELIZE COMPANIES AND
CORPORATE AFFAIRS REGISTRY

Giacomo Sanchez
GRANT THORNTON LLP

Llewelyn Usher
INTERNATIONAL FINANCIAL
SERVICES COMMISSION

Saidi Vaccaro
ARGUELLES & COMPANY LLC

Lisa Zayden
HORWATH BELIZE LLP

贝宁

BCEAO

Fiduciaire Conseil et
Assistance (FCA)

GUOCE

JOHN W. FFOOKS & CO.

Modeste Abiala
BOLLORÉ TRANSPORT
& LOGISTICS

Abdou Kabir Adoumbou
CABINET MAÎTRE SAKARIYAOU
NOURO-GUIWA

Rodolphe Kadoukpe Akoto

Rafikou Agnila Alabi
CABINET MAÎTRE
RAFIKOU ALABI

Françoise Amoussou
NOUVELLE VISION

Aum Rockas Amoussouvi
CABINET RAFIKOU A. ALABI

Charles Badou
CABINET D'AVOCATS
CHARLES BADOU

Ferdinand Bokossa Yaou
ENGINEER

Is-Dine Bouraima
AGENCE DE PROMOTION DES
INVESTISSEMENTS ET DES
EXPORTATIONS (APIEX)

Sètondji Pierre Codjia
CABINET D'AVOCATS
CHARLES BADOU

Bonaventure Dansou
AFRICA HANDLING
AND LOGISTICS

Michel Degbo
SOCIÉTÉ BÉNINOISE
D'ENERGIE ELECTRIQUE

Nadine Dossou Sakponou
CABINET ROBERT M. DOSSOU

Rodrigue Dossou-Togbe

Djakaridja Fofana
PWC CÔTE D'IVOIRE

Nadege Honvo

Narcisse Justin Soglo
ORDRE NATIONAL DES
ARCHITECTES ET URBANISTES

Noel Kelembho
SDV LOGISTICS

William Kodjoh-Kpakpassou
TRIBUNAL DE PREMIÈRE
INSTANCE DE ABOMEY CALAVI

Monique Kothofa Faihun
ETUDE MAÎTRE
KOTHOFA FAIHUN

Victorien D. Kougblenou
AGENCE NATIONALE
DU DOMAINE ET DU
FONCIER (ANDF)

Alain René Kpetehoto
CABINET ARTECH

Sakariyaou Nourou-Guiwa
CABINET MAÎTRE SAKARIYAOU
NOURO-GUIWA

Arouna Oloulade
SOCIÉTÉ BÉNINOISE
D'ENERGIE ELECTRIQUE

Claude Olympio
MINISTERE DE LA JUSTICE
ET DE LA LEGISLATION

Jules Pofagi

Alexandrine Falilatou
Saizonou-Bedie
CABINET D'AVOCATS
ALEXANDRINE F.
SAIZONOU-BEDIE

Olagnika Salam
OFFICE NOTARIAL
OLAGNIKA SALAM

Alidou Sare
AGENCE NATIONALE
DU DOMAINE ET DU
FONCIER (ANDF)

Hermann Senou
ENTREPRISE GÉNÉRALE DE
CONSTRUCTION MACKHO

Agbodjan Serge Prince
LAWYER

Yessoufou Tanda
MINISTÈRE DU CADRE DE VIE ET
DU DÉVELOPPEMENT DURABLE

Jean-Bosco Todjinou
ECOPLAN SARL

Gilles Togan
MAERSK BENIN SA

Augustin Fatondji Tonan
PORT AUTONOME
DE COTONOU

Bénoît Wandi
AGENCE NATIONALE
DU DOMAINE ET DU
FONCIER (ANDF)

Adjété Fabrice O. Wilson
CABINET MAÎTRE
RAFIKOU ALABI

不丹

BHUTAN POWER
CORPORATION LTD.

Tika Ram Bhandari
CONTINENTAL ACCOUNTS
& CONSULTANCY SERVICE

Sonam Chophel
CREDIT INFORMATION
BUREAU OF BHUTAN

Samten Dhendup
THIMPHU THROMDE

Bhim Dhungel
ZORIG CONSULTANCY PVT. LTD.

Kencho Dorji
LEKO PACKERS

Kencho Dorji
MINISTRY OF FINANCE

Choki Gyeltshen
MINISTRY OF FINANCE

Goutam Mukherjee
KCR PRIVATE LIMITED

Tenzin Namgay
NATIONAL LAND
COMMISSION SECRETARIAT

Tashi Penjor
MINISTRY OF
ECONOMIC AFFAIRS

Dorji Phuntsho
ROYAL SECURITIES EXCHANGE
OF BHUTAN LTD.

Shrowan Pradhan
NICHE FINANCIAL SERVICES

Parishad Rai
BHUTAN SILICON METAL
PRIVATE LIMITED

Jamyang Sherab
GARUDA LEGAL SERVICES

Neelam Thapa
LEKO PACKERS

Karma Tshewang
VISIT ASIA

Prakash Veer Tyagi
GATEWAY RAIL FRIGHT LIMITED

Kinley Wangdi
CREDIT INFORMATION
BUREAU OF BHUTAN

Phuntsho Wangdi
MINISTRY OF FINANCE

Sonam Wangdi
MINISTRY OF LABOUR AND
HUMAN RESOURCES

Karma Yeshey
MINISTRY OF
ECONOMIC AFFAIRS

玻利维亚

PWC BOLIVIA

Fernando Aguirre
BUFETE AGUIRRE SOC. CIV.

Ignacio Aguirre
BUFETE AGUIRRE SOC. CIV.

Carolina Aguirre Urioste
BUFETE AGUIRRE SOC. CIV.

René Alcázar
AUTORIDAD DE SUPERVISIÓN
DEL SISTEMA FINANCIERO

Richard César Alcócer Garnica
AUTORIDAD DE FISCALIZACIÓN
Y CONTROL SOCIAL DE
ELECTRICIDAD (AE)

Daniela Aragonés Cortez
SANJINÉS &
ASOCIADOS - ABOGADOS

Geovanni Armaza R.
A. R. LOGISTICS BOLIVIA

Johnny Arteaga Chavez
DIRECCIÓN GENERAL DE
TIERRAS DE SANTA CRUZ

Pedro Asturizaga
AUTORIDAD DE SUPERVISIÓN
DEL SISTEMA FINANCIERO

Sergio Avendaño
RIGOBERTO PAREDES
& ASSOCIATES

Rigoberto Paredes Ayllón
RIGOBERTO PAREDES
& ASSOCIATES

Leonardo Azurduy Saunero
QUINTANILLA, SORIA &
NISHIZAWA SOC. CIV.

Andrea Bollmann-Duarte
SALAZAR SALAZAR
& ASOCIADOS

Walter B. Calla Cardenas
COLEGIO DEPARTAMENTAL
DE ARQUITECTOS DE LA PAZ

Grisett Carrasco Guerra
C.R. & F. ROJAS ABOGADOS,
MEMBER OF LEX MUNDI

Asdrúval Columba Jofre
AC CONSULTORES LEGALES

Carla De la Barra
RIGOBERTO PAREDES
& ASSOCIATES

Sergio Delgadillo
BOLIVIAN BANK LAWYER

Jose Diaz
DM CONSULTORES LEGALES

Cynthia Diaz Quevedo
FERRERE ATTORNEYS

Jose Luis Diaz Romero
SERVICIOS GENERALES
EN ELECTRICIDAD Y
CONSTRUCCIÓN (SGEC)

Alejandra Guevara
GUEVARA & GUTIÉRREZ SC

Sergio Gutierrez
GUTIERREZ CONSTRUCCION
Y MATERIALES

Jorge Herrera
DM CONSULTORES LEGALES

Juan Carlos Ibañez Pereyra
GLOBAL LINES - FREIGHT
AND CARGO SRL

Jorge Luis Inchauste
GUEVARA & GUTIÉRREZ SC

Jaime M. Jiménez Alvarez
COLEGIO DE INGENIEROS
ELECTRICISTAS Y
ELECTRÓNICOS LA PAZ

Rodrigo Jiménez-Cusicanqui
SALAZAR SALAZAR
& ASOCIADOS

Paola Justiniano Arias
SANJINÉS &
ASOCIADOS - ABOGADOS

Fernando Krutzfeldt
Monasterio
VON BORRIES BLANCO
ESTUDIO DE ABOGADOS

Omar Martinez Velasquez
AUTORIDAD DE FISCALIZACIÓN
Y CONTROL SOCIAL DE
ELECTRICIDAD (AE)

Alejandra Bernal Mercado
C.R. & F. ROJAS ABOGADOS,
MEMBER OF LEX MUNDI

Rubí Mondaca
AUTORIDAD DE SUPERVISIÓN
DEL SISTEMA FINANCIERO

Ariel Morales Vasquez
C.R. & F. ROJAS ABOGADOS,
MEMBER OF LEX MUNDI

Ramiro Moreno
MORENO BALDIVIESO
ESTUDIO DE ABOGADOS

Ana Carola Muñoz Añez
INDACOCHEA & ASOCIADOS

Mirko Olmos
C.R. & F. ROJAS ABOGADOS,
MEMBER OF LEX MUNDI

David Pando
AUTORIDAD DE SUPERVISIÓN
DEL SISTEMA FINANCIERO

Carlos Pinto
FERRERE ATTORNEYS

Rocío Plata
RIGOBERTO PAREDES
& ASSOCIATES

Oscar Antonio Plaza Ponte
Sosa
BURO DE INFORMACIÓN
INFOCENTER SA

Guillermo Pou Munt
CEAS SRL

Ilda Raga Prado
SOCIEDAD DE INGENIEROS
DE BOLIVIA

Joaquín Rodríguez
AUTORIDAD DE FISCALIZACIÓN
Y CONTROL SOCIAL DE
ELECTRICIDAD (AE)

Patricio Rojas
C.R. & F. ROJAS ABOGADOS,
MEMBER OF LEX MUNDI

Mariela Rojas Mendieta
BURO DE INFORMACIÓN
INFOCENTER SA

Sergio Salazar-Arce
SALAZAR SALAZAR
& ASOCIADOS

Sergio Salazar-Machicado
SALAZAR SALAZAR
& ASOCIADOS

Sandra Salinas
C.R. & F. ROJAS ABOGADOS,
MEMBER OF LEX MUNDI

Raúl Sanjinés Elizagoyen
SANJINÉS &
ASOCIADOS - ABOGADOS

Carla Saracho
WBC ABOGADOS SRL

Jorge N. Serrate
WÜRTH BEDOYA COSTA
DU RELS ABOGADOS

Diego Tamayo
WÜRTH BEDOYA COSTA
DU RELS ABOGADOS

A. Mauricio Torrico Galindo
QUINTANILLA, SORIA &
NISHIZAWA SOC. CIV.

Ramiro Velasco
COLEGIO DE INGENIEROS
ELECTRICISTAS Y
ELECTRÓNICOS LA PAZ

波黑

Jasmin Bešo
FERK (REGULATORY
COMMISSION FOR ENERGY IN
THE FEDERATION OF BOSNIA
AND HERZEGOVINA)

Dario Biščević
DB SCHENKER

Bojana Bošnjak-London
MARIĆ & CO. LAW FIRM

Mubera Brkovic
PWC BOSNIA AND
HERZEGOVINA

Zlatko Čengić
UNIONINVEST D.D.

Mia Delić
SPAHO LAW OFFICE

Slaven Dizdar
MARIĆ & CO. LAW FIRM

Višnja Dizdarević
MARIĆ & CO. LAW FIRM

Amina Dugum

Feđa Dupovac
ADVOKATSKO DRUŠTVO
SPAHO D.O.O. SARAJEVO

Dina Grebo
CHAMBER OF COMMERCE
OF CANTON SARAJEVO

Arijana Hadžiahmetović-Softić
MARIĆ & CO. LAW FIRM

Kemal Hadzimusic
CHAMBER OF COMMERCE
OF CANTON SARAJEVO

Vedran Hadžimustafić
WOLF THEISS D.O.O. SARAJEVO

Nermina Hadziosmanovich
PWC BOSNIA AND
HERZEGOVINA

Samra Hadžović
LAW OFFICE HADZOVIC
IN ASSOCIATION WITH
WOLF THEISS

Zijad Hasović
KOMORA REVIZORA FBIH

Amir Husić
LAGERMAX AED BOSNA I
HERZEGOWINA D.O.O.

Nusmir Huskić
HUSKIC LAW OFFICE

Emir Ibisevic
DELOITTE ADVISORY
SERVICES D.O.O.

Arela Jusufbasić-Goloman
LAWYERS' OFFICE TKALCIC-
DULIC, PREBANIC, RIZVIC &
JUSUFBASIC-GOLOMAN

Harun Kahvedžić
PUBLIC EMPLOYMENT OFFICE
OF ZENICA-DOBOJ CANTON
AND UNIVERSITY IN ZENICA

Nedžada Kapidžić
NOTARY

Salko Kruho
DB SCHENKER

Sejda Kruščica-Fejzić
JP ELEKTROPRIVREDA
BIH PODRUŽNICA
ELEKTRODISTRIBUCIJA
SARAJEVO

Emil Kučković
LRC CREDIT BUREAU

Muamer Mahmutovic
CHAMBER OF COMMERCE
OF CANTON SARAJEVO

Nebojsa Makaric
ATTORNEY-AT-LAW
OFFICE LAWYERS
RUZICA TOPIC, NEBOJSA
MAKARIC, SASA TOPIC

Branko Marić
MARIĆ & CO. LAW FIRM

Mejrima Memić-Drino
PUBLIC EMPLOYMENT OFFICE
OF ZENICA-DOBOJ CANTON

Emir Naimkadić
JP ELEKTROPRIVREDA
BIH PODRUŽNICA
ELEKTRODISTRIBUCIJA
SARAJEVO

Indir Osmic
CMS REICH-ROHRWIG
HAINZ D.O.O.

Aida Plivac
PWC BOSNIA AND
HERZEGOVINA

Lejla Popara

Olodar Prebanić
LAWYERS' OFFICE TKALCIC-
DULIC, PREBANIC, RIZVIC &
JUSUFBASIC-GOLOMAN

Đorđe Racković
CENTRAL BANK OF BOSNIA
AND HERZEGOVINA

Sanja Saf
UNIONINVEST D.D.

Hasib Salkić
JUMP LOGISTICS D.O.O.

Lana Sarajlic

Arjana Selimić
JP ELEKTROPRIVREDA
BIH PODRUŽNICA
ELEKTRODISTRIBUCIJA
SARAJEVO

Nihad Sijerčić
KN KARANOVIĆ & NIKOLIĆ

Emir Spaho
ADVOKATSKO DRUŠTVO
SPAHO D.O.O. SARAJEVO

Mehmed Spaho
ADVOKATSKO DRUŠTVO
SPAHO D.O.O. SARAJEVO

Selma Spaho
ADVOKATSKO DRUŠTVO
SPAHO D.O.O. SARAJEVO

Mile Srdanović
FERK (REGULATORY
COMMISSION FOR ENERGY IN
THE FEDERATION OF BOSNIA
AND HERZEGOVINA)

Bojana Tkalčić-Djulić
LAWYERS' OFFICE TKALCIC-
DULIC, PREBANIC, RIZVIC &
JUSUFBASIC-GOLOMAN

Sasa Topic
ATTORNEY-AT-LAW
OFFICE LAWYERS
RUZICA TOPIC, NEBOJSA
MAKARIC, SASA TOPIC

Ružica Topić
ATTORNEY-AT-LAW
OFFICE LAWYERS
RUZICA TOPIC, NEBOJSA
MAKARIC, SASA TOPIC

Edin Zametica
DERK (STATE ELECTRICITY
REGULATORY COMMISSION)

博茨瓦纳

Jeffrey Bookbinder
BOOKBINDER BUSINESS LAW

Andrew Chifedi
ANDREWS REMOVAL
& FREIGHT

One Damane
MODIMO & ASSOCIATES

Nigel Dixon-Warren
KPMG

Candice Dubane
COLLINS NEWMAN & CO.

Lesego Gabasiane
COLLINS NEWMAN & CO.

Vasie Hager
PWC BOTSWANA

Julius Mwaniki Kanja
CHIBANDA,
MAKGALEMELE & CO.

We-Bathu Kwele
CHIBANDA,
MAKGALEMELE & CO.

Naledi Leepile
PWC BOTSWANA

Fidellis Lekhao
BOTSWANA UNIFIED
REVENUE SERVICE (BURS)

Queen Letshabo
RAHIM KHAN & COMPANY

City Mafa
TECTURA INTERNATIONAL
BOTSWANA

Mercia Bonzo Makgalemele
CHIBANDA,
MAKGALEMELE & CO.

Kgaotsang Matthews
MORIBAME MATTHEWS

Kusigani Mbambo
BOOKBINDER BUSINESS LAW

Finola McMahon
OSEI-OFEI SWABI & CO.

Ntandoyakhe Mhlanga
RAHIM KHAN & COMPANY

Gaselabotlhe Mmolawa
BRANDBUCKET
INVESTMENT PTY. LTD.

Peo Malaika Mmopi
BOOKBINDER BUSINESS LAW

Abel Walter Modimo
MODIMO & ASSOCIATES

Doreen Moeletsi
BOTSWANA UNIFIED
REVENUE SERVICE (BURS)

Tiroeaone Mojatale
BRANDBUCKET
INVESTMENT PTY. LTD.

Khumo Morupisi
KUA MOSI ENTERPRISES
PTY. LTD.

Johannes Mosanawe
MINISTRY OF LABOUR
AND HOME AFFAIRS

Petros Mosholombe
BOTSWANA POWER
CORPORATION

Bone Motau
COLLINS NEWMAN & CO.

Mmatshipi Motsepe
MANICA AFRICA PTY. LTD.

Robert Mpabanga
TRANSUNION BOTSWANA
(PTY) LTD.

Walter Mushi
COLLINS NEWMAN & CO.

Olebile Daphney Muzila
BOOKBINDER BUSINESS LAW

Gasepale Nametso
SLIGHT SHIFT PTY. LTD.

Rajesh Narasimhan
GRANT THORNTON LLP

Kwadwo Osei-Ofei
OSEI-OFEI SWABI & CO.

Onalenna Otlaadisa Diloro
BOOKBINDER BUSINESS LAW

Rory Peynado
GABORONE CITY COUNCIL

Fred Phiri
DALGLIESH LINDSAY
GROUP ARCHITECTS

Karen Phiri
ARMSTRONGS ATTORNEYS

Butler Phirie
PWC BOTSWANA

Joanne Robinson
OSEI-OFEI SWABI & CO.

Piyush Sharma
PIYUSH SHARMA ATTORNEYS

Moemedi J. Tafa
ARMSTRONGS ATTORNEYS

Girlie Tobedza
CHIBANDA,
MAKGALEMELE & CO.

Nilusha Weeraratne
PWC BOTSWANA

巴西

Maysa Abrahao Tavares
Verzola
SOUZA, CESCON, BARRIEU
& FLESCH ADVOGADOS

Eduardo Abrantes
SOUZA, CESCON, BARRIEU
& FLESCH ADVOGADOS

Marina Agueda
DE LUCA, DERENUSSON,
SCHUTTOFF E AZEVEDO
ADVOGADOS

Antônio Aires
DEMAREST ADVOGADOS

Luiz Albieri
ALBIERI E ASSOCIADOS

Maria Lúcia Almeida
Prado e Silva
DEMAREST ADVOGADOS

Leila Alves
DE LUCA, DERENUSSON,
SCHUTTOFF E AZEVEDO
ADVOGADOS

Franklin Alves de Oliveira
Gomes Filho
LOBO & DE RIZZO
ADVOGADOS

Ivana Amorim de Coelho
Bomfim
MACHADO, MEYER, SENDACZ
E OPICE ADVOGADOS

Gabriel Araujo
OLIVERIO DAL FABBRO
ADVOGADOS

Gianvito Ardito
PINHEIRO NETO ADVOGADOS

Amanda Arêas
SOUZA, CESCON, BARRIEU
& FLESCH ADVOGADOS

Luiza Arjona
SOUZA, CESCON, BARRIEU
& FLESCH ADVOGADOS

Ticiana Ayala
CHEDIAK, LOPES DA
COSTA, CRISTOFARO,
MENEZES CÔRTES, RENNÓ
E ARAGÃO ADVOGADOS

Matheus Azevedo Bastos de
Oliveira
DEMAREST ADVOGADOS

Josef Azulay
BARBOSA, MÜSSNICH &
ARAGÃO ADVOGADOS

Aldo Azullini
GRUPO BECHTRANS

Bruno Balduccini
PINHEIRO NETO ADVOGADOS

Rafael Baptista Baleroni
SOUZA, CESCON, BARRIEU
& FLESCH ADVOGADOS

Rodrigo Baraldi dos Santos
BARALDI ADVOCACIA
EMPRESARIAL

Sarah Barbassa
SOUZA, CESCON, BARRIEU
& FLESCH ADVOGADOS

Priscyla Barbosa
VEIRANO ADVOGADOS

Matheus Barcelos
BARBOSA, MÜSSNICH &
ARAGÃO ADVOGADOS

Sergio Basso
AES ELETROPAULO

Fernanda Bastos
SOUZA, CESCON, BARRIEU
& FLESCH ADVOGADOS

Leonardo Bastos Carvalho
LETECH ENGENHARIA

Júlio Henrique Batista
GUERRA E BATISTA
ADVOGADOS

Roberto Bekierman
FRAGA, BEKIERMAN E
CRISTIANO ADVOGADOS

Gilberto Belleza
BELLEZA & BATALHA C.
DO LAGO ARQUITETOS
ASSOCIADOS

Marcello Bernardes
PINHEIRO NETO ADVOGADOS

Leonardo Bertolazzi
BRAGA NASCIMENTO
E ZILIO LAW FIRM

Camila Biral Vieira
da Cunha Martins
DEMAREST ADVOGADOS

Rodrigo Bittencourt
ULHÔA CANTO, REZENDE
E GUERRA-ADVOGADOS

Alexander Blanco de Oliveira
WORLD LINE FREIGHT
FORWARDER LTDA

Amir Bocayuva Cunha
BARBOSA, MÜSSNICH &
ARAGÃO ADVOGADOS

Mellina Bortoli Caliman
PINHEIRO NETO ADVOGADOS

Carlos David Albuquerque
Braga
SOUZA, CESCON, BARRIEU
& FLESCH ADVOGADOS

Diana Braga Nascimento
Toscani
BRAGA NASCIMENTO
E ZILIO LAW FIRM

Leonardo Brandao
EY SERVIÇOS TRIBUTÁRIOS SS

Natalia Brasil Correa da Silva

Sergio Bronstein
VEIRANO ADVOGADOS

João Henrique Brum
DOMINGES E. PINHO
CONTADORES

Marcus Brumano
DEMAREST ADVOGADOS

Cristina de Freitas Bueno
SOUZA, CESCON, BARRIEU
& FLESCH ADVOGADOS

Fernanda Ferreira
Bastos Buhatem
SOUZA, CESCON, BARRIEU
& FLESCH ADVOGADOS

Frederico Buosi
VELLA PUGLIESE
BUOSI GUIDONI

Luiz Guilherme Camargo
SOUZA, CESCON, BARRIEU
& FLESCH ADVOGADOS

Paulo Campana
FELSBERG ADVOGADOS

Raíssa Campelo
PINHEIRO NETO ADVOGADOS

Renato Canizares
DEMAREST ADVOGADOS

Angela Carvalho
SOUZA, CESCON, BARRIEU
& FLESCH ADVOGADOS

Angela Pedreira de Freitas
Joaquim de Carvalho
SOUZA, CESCON, BARRIEU
& FLESCH ADVOGADOS

David Carvalho
KRAFT ADVOGADOS
ASSOCIADOS

Érika Carvalho
SOUZA, CESCON, BARRIEU
& FLESCH ADVOGADOS

Thiago Carvalho Stob
NORONHA ADVOGADOS

Ramon Castilho
SOUZA, CESCON, BARRIEU
& FLESCH ADVOGADOS

Roberto Castro
MACHADO, MEYER, SENDACZ
E OPICE ADVOGADOS

Fernanda Cirne
Montorfano Gibson
SOUZA, CESCON, BARRIEU
& FLESCH ADVOGADOS

Ricardo E. Vieira Coelho
PINHEIRO NETO ADVOGADOS

Roberta Coelho de Souza
Batalha
DEMAREST ADVOGADOS

Vivian Coelho
dos Santos Breder
ULHÔA CANTO, REZENDE
E GUERRA-ADVOGADOS

Caroline Cordeiro
COSTA E TAVARES PAES
SOCIEDADE DE ADVOGADOS

Luiz Felipe Cordeiro
CHEDIAK, LOPES DA
COSTA, CRISTOFARO,
MENEZES CÔRTES, RENNÓ
E ARAGÃO ADVOGADOS

Marcel Cordeiro
PWC BRAZIL

Pedro Costa
BARBOSA, MÜSSNICH &
ARAGÃO ADVOGADOS

Bruno Henrique Coutinho de
Aguiar
RAYES & FAGUNDES
ADVOGADOS

Maria Cibele Crepaldi Affonso
dos Santos
COSTA E TAVARES PAES
SOCIEDADE DE ADVOGADOS

Marcelo Leonardo Cristiano
FRAGA, BEKIERMAN E
CRISTIANO ADVOGADOS

Camilla Cunha
BARBOSA, MÜSSNICH &
ARAGÃO ADVOGADOS

Gabriel da Câmara de Queiroz
DEMAREST ADVOGADOS

Carlos da Costa e Silva Filho
VIEIRA, REZENDE, BARBOSA
E GUERREIRO ADVOGADOS

Pedro da Cunha e Silva de
Carvalho
VELLA PUGLIESE
BUOSI GUIDONI

Adriana Daiuto
DEMAREST ADVOGADOS

João Luis Ribeiro de Almeida
DEMAREST ADVOGADOS

Ana Beatriz de Almeida Lobo
VEIRANO ADVOGADOS

Fernando Amaral
de Almeida Prado
SINERCONSULT

Fabíola Meira
de Almeida Santos
BRAGA NASCIMENTO
E ZILIO LAW FIRM

João Victor de Barros
VEIRANO ADVOGADOS

Rodrigo de Castro
VEIRANO ADVOGADOS

Rafael De Conti
DE CONTI LAW OFFICE

Otavio Augusto De Farias
Carratu
GUERRA E BATISTA
ADVOGADOS

João Claudio De Luca Junior
DE LUCA, DERENUSSON,
SCHUTTOFF E AZEVEDO
ADVOGADOS

Beatriz Gross Bueno de
Moraes Gomes de Sá
DE VIVO, WHITAKER E
CASTRO ADVOGADOS

Daniela de Pontes Andrade
LOBO & DE RIZZO
ADVOGADOS

Gabriela Dell Agnolo de
Carvalho
ZEIGLER E MENDONÇA DE
BARROS SOCIEDADE DE
ADVOGADOS (ZMB)

Nádia Demoliner Lacerda
da Silva
MUNDIE E ADVOGADOS

Eduardo Depassier
LOESER E PORTELA
ADVOGADOS

Claudia Derenusson Riedel
DE LUCA, DERENUSSON,
SCHUTTOFF E AZEVEDO
ADVOGADOS

Heloisa Bonciani Nader
di Cunto
DUARTE GARCIA,
CASELLI GUIMARÃES E
TERRA ADVOGADOS

Cristiano Dias
COSTA E TAVARES PAES
SOCIEDADE DE ADVOGADOS

Wagner Douglas Dockhorn
COPREVI ADVOCACIA
PREVIDENCIÁRIA

José Ricardo dos Santos
Luz Júnior
BRAGA NASCIMENTO
E ZILIO LAW FIRM

Rodrigo Duarte
VEIRANO ADVOGADOS

Brigida Melo e Cruz
Gama Filho
PINHEIRO NETO ADVOGADOS

Marcelo Elias
PINHEIRO GUIMARÃES
ADVOGADOS

Bruna Esch
BARBOSA, MÜSSNICH &
ARAGÃO ADVOGADOS

Renata Espinola Gomes
EY SERVIÇOS TRIBUTÁRIOS SS

João Paulo F.A. Fagundes
RAYES & FAGUNDES
ADVOGADOS

Fabio Falkenburger
MACHADO, MEYER, SENDACZ
E OPICE ADVOGADOS

Vanessa Felício
VEIRANO ADVOGADOS

Thomas Benes Felsberg
FELSBERG ADVOGADOS

Josney Ferraz
UNITS AUDITORES
INDEPENDENTES

João Guilherme Ferreira
NORONHA ADVOGADOS

Marilia Ferreira de Miranda
TABELIÃ DE NOTAS E PROTESTO
DE SANTA BRANCA/SP

Gabriella Ferreira
do Nascimento

Renata Fialho
VEIRANO ADVOGADOS

Wesley Figueira
RUSSELL BEDFORD
INTERNATIONAL

Guilherme Filardi
DE LUCA, DERENUSSON,
SCHUTTOFF E AZEVEDO
ADVOGADOS

Nadio Filho
SMX LOGISTICS

Rodolpho Finimundi
BRAGA NASCIMENTO
E ZILIO LAW FIRM

Leandro Amorim C. Fonseca
COSTA E TAVARES PAES
SOCIEDADE DE ADVOGADOS

Alessandra Fonseca de Morais
PINHEIRO NETO ADVOGADOS

Julian Fonseca Peña Chediak
CHEDIAK, LOPES DA
COSTA, CRISTOFARO,
MENEZES CÔRTES, RENNÓ
E ARAGÃO ADVOGADOS

Luiz Carlos Fraga
FRAGA, BEKIERMAN E
CRISTIANO ADVOGADOS

Jessica Frisch Rozes Kimelblat
SOUZA, CESCON, BARRIEU
& FLESCH ADVOGADOS

Everton Gabriel Monezzi
BRAGA NASCIMENTO
E ZILIO LAW FIRM

Rafael Gagliardi
DEMAREST ADVOGADOS

Rodrigo Garcia da Fonseca
FONSECA E SALLES LIMA
ADVOGADOS ASSOCIADOS

Rafaella Gentil Gervaerd
CHEDIAK, LOPES DA
COSTA, CRISTOFARO,
MENEZES CÔRTES, RENNÓ
E ARAGÃO ADVOGADOS

Luis Filipe Gentil Pedro
MACHADO, MEYER, SENDACZ
E OPICE ADVOGADOS

Murilo Germiniani
MACHADO, MEYER, SENDACZ
E OPICE ADVOGADOS

Daniel Giacomini
BRAGA NASCIMENTO
E ZILIO LAW FIRM

Deborah Christina Giacomini
SOUZA, CESCON, BARRIEU
& FLESCH ADVOGADOS

Luiz Marcelo Góis
BARBOSA, MÜSSNICH &
ARAGÃO ADVOGADOS

Rodrigo Gomes Maia
NORONHA ADVOGADOS

Diógenes Gonçalves
PINHEIRO NETO ADVOGADOS

Renata Gonçalves
HALLIBURTON PRODUTOS LTDA

Jean Stnio Goncalves Feitosa
BRL GLOBAL LOGISTICS

Maria Eduarda Goston
Tisi Ferraz
MACHADO, MEYER, SENDACZ
E OPICE ADVOGADOS

Eduardo Ferraz Guerra
GUERRA E BATISTA
ADVOGADOS

Marco Guerra
KÖNIG DO BRASIL CARGA
INTERNACIONAL LTDA

Raphael Guerra
KÖNIG DO BRASIL CARGA
INTERNACIONAL LTDA

António Carlos Guidoni Filho
VELLA PUGLIESE
BUOSI GUIDONI

Bruno Habib Negreiros
Barbosa
VEIRANO ADVOGADOS

Enrique Hadad
LOESER E PORTELA
ADVOGADOS

Felipe Hanszmann
VIEIRA, REZENDE, BARBOSA
E GUERREIRO ADVOGADOS

Luis Hiar
LEFOSSE ADVOGADOS

Alberto Jun Il Shin
SOUZA, CESCON, BARRIEU
& FLESCH ADVOGADOS

Carlos Augusto
Leite Junqueira
SOUZA, CESCON, BARRIEU
& FLESCH ADVOGADOS

Flavio Kelner
RAF ARQUITETURA E
PLANEJAMENTO LTDA

Breno Kingma
VIEIRA, REZENDE, BARBOSA E GUERREIRO ADVOGADOS

Dan Kraft
KRAFT ADVOGADOS ASSOCIADOS

Gabriela Krieck
SOUZA, CESCON, BARRIEU & FLESCH ADVOGADOS

Laila Kurati
SERASA SA

Sergio André Laclau
VEIRANO ADVOGADOS

José Paulo Lago Alves Pequeno
NORONHA ADVOGADOS

Daniel Lago Rodrigues
REGISTRO DE IMÓVEIS DE TABOÃO DA SERRA

Alessandro Lambiasi
DE CONTI LAW OFFICE

Thomás Lampster
PINHEIRO NETO ADVOGADOS

José Augusto Leal
CASTRO, BARROS, SOBRAL, GOMES ADVOGADOS

André Leão
COSTA E TAVARES PAES SOCIEDADE DE ADVOGADOS

Alexandre Leite Ribeiro do Valle
VM&L SOCIEDADE DE ADVOGADOS

Charles Lenzi
AES ELETROPAULO

Karina Lerner
BARBOSA, MÜSSNICH & ARAGÃO ADVOGADOS

Rafael Lins e Silva Nascimento
COSTA E TAVARES PAES SOCIEDADE DE ADVOGADOS

Guilherme Lippel
SOUZA, CESCON, BARRIEU & FLESCH ADVOGADOS

Maury Lobo de Athayde
CHAVES, GELMAN, MACHADO, GILBERTO E BARBOZA

Odilon Lopes
UNITS AUDITORES INDEPENDENTES

Tiago Lopes
SOUZA, CESCON, BARRIEU & FLESCH ADVOGADOS

Letícia Lucas
BARALDI ADVOCACIA EMPRESARIAL

Zora Lyra
VIEIRA, REZENDE, BARBOSA E GUERREIRO ADVOGADOS

Marina Maccabelli
DEMAREST ADVOGADOS

Thiago Machado
SOUZA, CESCON, BARRIEU & FLESCH ADVOGADOS

Pedro Maciel
LEFOSSE ADVOGADOS

Lucilena Madaleno
EY SERVIÇOS TRIBUTÁRIOS SS

Renato G.R. Maggio
MACHADO, MEYER, SENDACZ E OPICE ADVOGADOS

José Guilherme do Nascimento Malheiro
SOUZA, CESCON, BARRIEU & FLESCH ADVOGADOS

Estêvão Mallet
MALLET E ADVOGADOS ASSOCIADOS

Glaucia Mara Coelho
MACHADO, MEYER, SENDACZ E OPICE ADVOGADOS

Johnatan Maranhao
PINHEIRO NETO ADVOGADOS

Manuel Marinho
PWC BRAZIL

Deborah Marques
SOUZA, CESCON, BARRIEU & FLESCH ADVOGADOS

Ana Marra
EY SERVIÇOS TRIBUTÁRIOS SS

Stefania Martignago
DE LUCA, DERENUSSON, SCHUTTOFF E AZEVEDO ADVOGADOS

Aldo Martinez
SOUZA, CESCON, BARRIEU & FLESCH ADVOGADOS

Larissa Martins
NORONHA ADVOGADOS

Vinicius Martins
SOUZA, CESCON, BARRIEU & FLESCH ADVOGADOS

Renata Martins de Oliveira
MACHADO, MEYER, SENDACZ E OPICE ADVOGADOS

Roberta R. Matheus
LEFOSSE ADVOGADOS

Gisela Mation
MACHADO, MEYER, SENDACZ E OPICE ADVOGADOS

Eduardo Augusto Mattar
PINHEIRO GUIMARÃES ADVOGADOS

Gustavo Mattos
VELLA PUGLIESE BUOSI GUIDONI

Marcelo Mattos
VEIRANO ADVOGADOS

Thiago Medaglia
FELSBERG ADVOGADOS

Davi Medina Vilela
VIEIRA, REZENDE, BARBOSA E GUERREIRO ADVOGADOS

Aloysio Meirelles de Miranda
ULHÔA CANTO, REZENDE E GUERRA-ADVOGADOS

Adlilon Melo
PWC BRAZIL

Adriano Mendes
ASSIS E MENDES ADVOGADOS

Camila Mendes Vianna Cardoso
KINCAID | MENDES VIANNA ADVOGADOS

Marianne Mendes Webber

Marina Meyer
DE LUCA, DERENUSSON, SCHUTTOFF E AZEVEDO ADVOGADOS

Mônica Missaka
NORONHA ADVOGADOS

Aline Moraes
NORONHA ADVOGADOS

Lycia Moreira
FRAGA, BEKIERMAN E CRISTIANO ADVOGADOS

Gustavo Morel
VEIRANO ADVOGADOS

Vladimir Mucury Cardoso
CHEDIAK, LOPES DA COSTA, CRISTOFARO, MENEZES CÔRTES, RENNÓ E ARAGÃO ADVOGADOS

Ian Muniz
VEIRANO ADVOGADOS

Ana Carolina Musa
VIEIRA, REZENDE, BARBOSA E GUERREIRO ADVOGADOS

Cássio S. Namur
SOUZA, CESCON, BARRIEU & FLESCH ADVOGADOS

Jorge Nemr
LEITE, TOSTO E BARROS

Flavio Nicoletti Siqueira
STTAS

Walter Nimir
ZEIGLER E MENDONÇA DE BARROS SOCIEDADE DE ADVOGADOS (ZMB)

Sergio Niskier

Vitor Novo
LEITE, TOSTO E BARROS

Flavio Nunes

Michael O'Connor
GUERRA E BATISTA ADVOGADOS

Evany Oliveira
PWC BRAZIL

João Oliveira
VEIRANO ADVOGADOS

Lidia Amalia Oliveira Ferranti
VM&L SOCIEDADE DE ADVOGADOS

Eduardo Ono Terashima
DEMAREST ADVOGADOS

Lucas Passos
MACHADO, MEYER, SENDACZ E OPICE ADVOGADOS

Ivana Pedreira Coelho
CASTRO, BARROS, SOBRAL, GOMES ADVOGADOS

Rogério Rabelo Peixoto
BANCO CENTRAL DO BRASIL

Gabrielle Pelegrini
VIEIRA, REZENDE, BARBOSA E GUERREIRO ADVOGADOS

Rafaela Pepe
SOUZA, CESCON, BARRIEU & FLESCH ADVOGADOS

Paula Pereira
SOUZA, CESCON, BARRIEU & FLESCH ADVOGADOS

Nivio Perez dos Santos
NEW-LINK COM. EXT. LTDA

Maria Pia Bastos-Tigre Buchheim
BASTOS - TIGRE, COELHO DA ROCHA E LOPES ADVOGADOS

Claudio Pieruccetti
VIEIRA, REZENDE, BARBOSA E GUERREIRO ADVOGADOS

Antonio Claudio Pinto da Fonseca
CONSTRUTORA MG LTDA

Cássia Pizzotti
DEMAREST ADVOGADOS

Renato Poltronieri
DEMAREST ADVOGADOS

Durval Araulo Portela Filho
PWC BRAZIL

Marcos Prado
SOUZA, CESCON, BARRIEU & FLESCH ADVOGADOS

Antonio Celso Pugliese
VELLA PUGLIESE BUOSI GUIDONI

Marcelo Pupo
FELSBERG ADVOGADOS

Ricardo Quaresma
XYZ EXPORT

João Ramos
SOUZA, CESCON, BARRIEU & FLESCH ADVOGADOS

Ronaldo Rayes
RAYES & FAGUNDES ADVOGADOS

Gabriella Reao
ULHÔA CANTO, REZENDE E GUERRA-ADVOGADOS

Anita Reis
SOUZA, CESCON, BARRIEU & FLESCH ADVOGADOS

Elisa Rezende
VEIRANO ADVOGADOS

Andreza Ribeiro
SOUZA, CESCON, BARRIEU & FLESCH ADVOGADOS

Erika Ribeiro de Menezes Pascoal
DE CONTI LAW OFFICE

Laura Ribeiro Vissotto
1º CARTÓRIO DE NOTAS DE SÃO JOSÉ DOS CAMPOS

Luis Fernando Riskalla
LEITE, TOSTO E BARROS ADVOGADOS

Beatriz Roditi Lilenbaum
NORONHA ADVOGADOS

Viviane Rodrigues
SOUZA, CESCON, BARRIEU & FLESCH ADVOGADOS

Marcelo Rolim
ROLINVEST

Fábio Rosas
SOUZA, CESCON, BARRIEU & FLESCH ADVOGADOS

José Luiz Rossi
SERASA SA

Lia Roston
RAYES & FAGUNDES ADVOGADOS

Jorge Roylei Kou
VELLA PUGLIESE BUOSI GUIDONI

Victor Saldanha
BRAGA NASCIMENTO E ZILIO LAW FIRM

Cristina Salvador
BARALDI ADVOCACIA EMPRESARIAL

Rodrigo Sanchez
SERASA SA

Rafael Santos
SOUZA, CESCON, BARRIEU & FLESCH ADVOGADOS

Priscilla Saraiva
ULHÔA CANTO, REZENDE E GUERRA-ADVOGADOS

Carolina Guerra Sarti
COSTA E TAVARES PAES SOCIEDADE DE ADVOGADOS

Julia Schulz Rotenberg
DEMAREST ADVOGADOS

Sabine Schuttoff
DE LUCA, DERENUSSON, SCHUTTOFF E AZEVEDO ADVOGADOS

Fernando Semerdjian
LOBO & DE RIZZO ADVOGADOS

Erik Sernik
VELLA PUGLIESE BUOSI GUIDONI

Donizetti Antonio Silva
DAS CONSULTORIA

Eduardo Simões Lanna
SOUZA, CESCON, BARRIEU & FLESCH ADVOGADOS

Michel Siqueira Batista
VIEIRA, REZENDE, BARBOSA E GUERREIRO ADVOGADOS

Livia Sousa Borges Leal
DEMAREST ADVOGADOS

Guilherme Spinacé
DEMAREST ADVOGADOS

Walter Stuber
WALTER STUBER CONSULTORIA JURÍDICA

Marcos Tabatschnic
PWC BRAZIL

Rodrigo Takano
MACHADO, MEYER, SENDACZ E OPICE ADVOGADOS

Bruno Tanus Job e Meira
SOUZA, CESCON, BARRIEU & FLESCH ADVOGADOS

Celina Teixeira
18º OFICIO DE NOTAS

Rodrigo Teixeira
LOBO & DE RIZZO ADVOGADOS

Maurício Teixeira Santos
SOUZA, CESCON, BARRIEU & FLESCH ADVOGADOS

Milena Tesser
RAYES & FAGUNDES ADVOGADOS

Carlos Augusto Texeira da Silva

Gustavo Treistman
VEIRANO ADVOGADOS

Gisele Trindade
VELLA PUGLIESE BUOSI GUIDONI

Bruno Valente
PWC BRAZIL

Luiz Fernando Valente De Paiva
PINHEIRO NETO ADVOGADOS

Nickolas Valentin Risovas
MACHADO, MEYER, SENDACZ E OPICE ADVOGADOS

Christiane Valese
RAYES & FAGUNDES ADVOGADOS

Kamile Medeiros Valle
SOUZA, CESCON, BARRIEU & FLESCH ADVOGADOS

Ronaldo C. Veirano
VEIRANO ADVOGADOS

Maria Tereza Vellano
AES ELETROPAULO

Anna Carolina Venturini
PINHEIRO NETO ADVOGADOS

Ademilson Viana
DEMAREST ADVOGADOS

Marcelo Viegas
MAR & MAR ENGENHARIA

Ana Cecilia Viegas Madasi
PINHEIRO NETO ADVOGADOS

Hugo Vieira
MUNDIE E ADVOGADOS

Victoria Villela Boacnin
PINHEIRO NETO ADVOGADOS

Eric Visini
FELSBERG ADVOGADOS

Rafael Vitelli Depieri
1º CARTÓRIO DE NOTAS DE SÃO JOSÉ DOS CAMPOS

José Carlos Wahle
VEIRANO ADVOGADOS

Eduardo Guimarães Wanderley
VEIRANO ADVOGADOS

Karin Yamauti Hatanaka
SOUZA, CESCON, BARRIEU & FLESCH ADVOGADOS

Natalia Yazbek
VEIRANO ADVOGADOS

Flavio Yoshida
RAYES & FAGUNDES ADVOGADOS

Andre Zanin de Oliveira
FEDERAÇÃO NACIONAL DAS AGÊNCIAS DE NAVEGAÇÃO MARÍTIMA FENAMAR

文莱

ABDULLAH AHMAD ARCHITECTS

ARKITEK IBRAHIM

ECO BUMI ARKITEK

KHA ARKITEK

RIDZLAN LIM ADVOCATES & SOLICITORS

Zainon Abang
LANDS DEPARTMENT, MINISTRY OF DEVELOPMENT

Rena Azlina Abd Aziz
REGISTRY OF COMPANIES & BUSINESS NAMES

Amiruddin Abdul Aziz
ARKITEK AZIZ

HJH Siti Norishan HJ Abdul Ghafor
AUTORITI MONETARI BRUNEI DARUSSALAM

Nur Shahreena Abdullah
TABUNG AMANAH PEKERJA

Saharana Ahmad
LANDS DEPARTMENT, MINISTRY OF DEVELOPMENT

Hajah Norajimah Haji Aji
DEPARTMENT OF LABOR, MINISTRY OF HOME AFFAIRS

Erma Ali Rahman
REGISTRY OF COMPANIES & BUSINESS NAMES

Aishah Alkaff

Najibah Aziz
ROYAL CUSTOMS AND EXCISE DEPARTMENT

Mohammed Roaizan bin Haji Johari
AUTORITI MONETARI BRUNEI DARUSSALAM

Kasmat Bin Hj Kaling
NBT (BRUNEI)

Mahri Bin Hj Latif
GEMILANG LATIF ASSOCIATES

Mohamad Iskandar Zulkarnain Bin Omar Ali
ZULS PARTNERS LAW OFFICE

Penigran Nina Jasmine Binti
AUTORITI MONETARI BRUNEI DARUSSALAM

Siti Norzainah Binti Azharan
AUTORITI MONETARI BRUNEI DARUSSALAM

Robin Cheok
CHEOK ADVOCATES & SOLICITORS

Wong Chung Hong
CHUNG HONG SDN. BHD.

Zul'Amali DP H Idris
ARKITEK IDRIS

Kunal Fabiani

Simon Guidecoq

Mohammad Faizal Haji Ali
BRUNEI METHANOL COMPANY

Nina Jasmine Haji Bahrin
AUTORITI MONETARI BRUNEI DARUSSALAM

Norzanah Hambali
LANDS DEPARTMENT, MINISTRY OF DEVELOPMENT

Norizzah Hazirah Hj Awg Hussin
DEPARTMENT OF LABOR, MINISTRY OF HOME AFFAIRS

Farah Kong
AUTORITI MONETARI BRUNEI DARUSSALAM

Susan Law
D'SUNLIT SDN BHD

Simon Leong
KR KAMARULZAMAN & ASSOCIATES

Kathy Lim
C H WILLIAMS TALHAR & WONG SDN BHD

Muhammad Billy Lim Abdul Aziz
ARKITEK REKAJAYA

Harold Ng
CCW PARTNERSHIP

Ahmad Norhayati
SEPAKAT SETIA PERUNDING ENGINEERING CONSULTANT

Siti Norishan
AUTORITI MONETARI BRUNEI DARUSSALAM

Ghazalin Pengarah
LANDS DEPARTMENT, MINISTRY OF DEVELOPMENT

Awangku Aziz Pengiran Ali Hassan
ENERGY AND INDUSTRY DEPARTMENT

Dayang Hajah Rahayu Dato Paduka Haji Abdul Razak
DARUSSALAM ASSETS SDN BHD

Veronica K Rajakanu
ZULS PARTNERS LAW OFFICE

Yvonne Sim

Wario Tacbad
ARKITEK HAZA

C.K Tan
B.T. FORWARDING COMPANY

Bernard Tan Thiam Swee

Amanda Ting

Ting Tiu Pheng
ARKITEK TING

Cecilia Wong
TRICOR (B) SDN BHD

Kie Kong Yeong
B.T. FORWARDING COMPANY

Soon Teck Yu
PETAR PERUNDING SDN BHD

Mahmoud Syaheer Yusoff
TABUNG AMANAH PEKERJA

Zulina Zainal Abidin
ROYAL CUSTOMS AND EXCISE DEPARTMENT

保加利亚

Svetlin Adrianov
PENKOV, MARKOV & PARTNERS

Stefan Angelov
V CONSULTING BULGARIA

Rusalena Angelova
DJINGOV, GOUGINSKI, KYUTCHUKOV & VELICHKOV

Elitsa Asenova
KINKIN & PARTNERS

Ina Bankovska
KINKIN & PARTNERS

Mileslava Bogdanova-Misheva
TSVETKOVA BEBOV KOMAREVSKI

Marina Borisova
KINKIN & PARTNERS

Plamen Borissov
BORISSOV & PARTNERS

Emil Cholakov
LM LEGAL SERVICES LTD.

Christopher Christov
PENEV LLP

Nikolay Cvetanov
PENKOV, MARKOV & PARTNERS

Ralitza Damyanova
DELCHEV & PARTNERS LAW FIRM

Maria Danailova
DANAILOVA, TODOROV AND PARTNERS LAW FIRM

Emil Delchev
DELCHEV & PARTNERS LAW FIRM

Daniel Borisov Delev
SOFIA MUNICIPALITY - TOWN HALL

Kostadinka Deleva
GUGUSHEV & PARTNERS

Valeria Dieva
KALAIDJIEV & GEORGIEV

George Dimitrov
DIMITROV, PETROV & CO.

Tzvetelina Dimitrova
GEORGIEV, TODOROV & CO.

Alexandra Doytchinova
SCHOENHERR

Simeon Draganov
GEODESY, CARTOGRAPHY AND CADASTER AGENCY

Silvia Dulevska
BULGARIAN NATIONAL BANK

Krasimir Gebrev
GEODESY, CARTOGRAPHY AND CADASTER AGENCY

Zornitsa Genova
CEZ DISTRIBUTION BULGARIA AD, MEMBER OF CEZ GROUP

Ani Petkova Georgieva
NATIONAL REVENUE AGENCY

Tatiana Gerganova
SOFIA MUNICIPALITY - TOWN HALL

Ralitsa Gougleva
DJINGOV, GOUGINSKI, KYUTCHUKOV & VELICHKOV

Kristina Gouneva
DOBREV & LYUTSKANOV

Katerina Gramatikova
DOBREV & LYUTSKANOV

Hristian Gueorguiev
DINOVA RUSEV & PARTNERS

Stefan Gugushev
GUGUSHEV & PARTNERS

Yassen Hristev
KINKIN & PARTNERS

Hristina Hristova
DHL EXPRESS BULGARIA

Velyana Hristova
PENKOV, MARKOV & PARTNERS

Krasimira Ignatova
PWC BULGARIA

Iliya Iliev
PRIMORSKA AUDIT COMPANY - MEMBER OF RUSSELL BEDFORD INTERNATIONAL

Ginka Iskrova
PWC BULGARIA

Rossen Ivanov
ARSOV, NACHEV, GANEVA

Vesela Kabatliyska
DINOVA RUSEV & PARTNERS

Angel Kalaidjiev
KALAIDJIEV & GEORGIEV

Vladi Kalinov
SOFIA MUNICIPALITY - TOWN HALL

Dessislava Karpulska
PWC BULGARIA

Hristina Kirilova
KAMBOUROV & PARTNERS

Violeta Kirova
BOYANOV & CO.

Nikolay Kolev
BOYANOV & CO.

Rada Koleva
PWC BULGARIA

Ilya Komarevski
TSVETKOVA BEBOV KOMAREVSKI

Yavor Kostov
ARSOV, NACHEV, GANEVA

Yordan Kostov

Stephan Kyutchukov
DJINGOV, GOUGINSKI, KYUTCHUKOV & VELICHKOV

Anita Laleva
NATIONAL REVENUE AGENCY

Nina Lazarova
REGISTRY AGENCY OF BULGARIA

Jordan Manahilov
BULGARIAN NATIONAL BANK

Todor Manev
DOBREV & LYUTSKANOV

Svetozar Manolov
SOFIA MUNICIPALITY - TOWN HALL

Hristina Manolova
DANAILOVA, TODOROV AND PARTNERS LAW FIRM

Ivan Marinov
DELCHEV & PARTNERS LAW FIRM

Elena Marinova
BULGARIAN NATIONAL BANK

Dimitrinka Metodieva
GUGUSHEV & PARTNERS

Slavi Mikinski
LEGALEX LAW OFFICE

Yordan Minkov
DINOVA RUSEV & PARTNERS

Lyubomira Miteva
KINKIN & PARTNERS

Yordanka Mravkova
REGISTRY AGENCY OF BULGARIA

Vladimir Natchev
ARSOV, NACHEV, GANEVA

Yordan Naydenov
BOYANOV & CO.

Hristo Nihrizov
DIMITROV, PETROV & CO.

Maria Pashalieva
PENKOV, MARKOV & PARTNERS

Viktor Pavlov
DIRECTORATE FOR STATE SUPERVISION CONTROL IN CONSTRUCTION

Ilian Petkov
ISPDD

Teodora Popova
PENEV LLP

Bozhko Poryazov
DELCHEV & PARTNERS LAW FIRM

Maria Pramatarova
SOFIA MUNICIPALITY - TOWN HALL

Nikolay Radev
KINKIN & PARTNERS

Silvia Ribanchova
SCHOENHERR

Milen Rusev
DINOVA RUSEV & PARTNERS

Aneta Sarafova
DANAILOVA, TODOROV AND PARTNERS LAW FIRM

Boiko Sekiranov
SOFIA MUNICIPALITY - TOWN HALL

Gergana Shinikova
KINKIN & PARTNERS

Julian Spassov
MCGREGOR & PARTNERS

Krum Stanchev
ELIA PLC

Petar Stefanov
RUTEX

Nina Stoeva
LEGALEX LAW OFFICE

Tsvetelina Stoilova
KINKIN & PARTNERS

Roman Stoyanov
PENKOV, MARKOV & PARTNERS

Donka Stoyanova
DIMITROV, PETROV & CO.

Vessela Tcherneva-Yankova
V CONSULTING BULGARIA

Yordan Terziev
ARSOV, NACHEV, GANEVA

Alexandrina Terziyska
GUGUSHEV & PARTNERS

Laura Thomas
LM LEGAL SERVICES LTD.

Kaloyan Todorov
DANAILOVA, TODOROV AND PARTNERS LAW FIRM

Svilen Todorov
TODOROV & DOYKOVA LAW FIRM

Lyubomira Todorova
KINKIN & PARTNERS

Toma Tomov
DOBREV & LYUTSKANOV

Dilyana Tsoleva
KINKIN & PARTNERS

Georgi Tzvetkov
DJINGOV, GOUGINSKI, KYUTCHUKOV & VELICHKOV

Dimitar Georgiev Valkanov
SOFIA WATER

Miroslav Varnaliev
UNIMASTERS LOGISTICS PLC

Siyana Veleva
KINKIN & PARTNERS

Dimitar Plamenov Velichkov
GEODESY, CARTOGRAPHY AND CADASTER AGENCY

Mariana Velichkova
TSVETKOVA BEBOV KOMAREVSKI

Nedyalka Vylcheva
DELCHEV & PARTNERS LAW FIRM

Monika Yaneva
KALAIDJIEV & GEORGIEV

Sofia Yordanova
PENEV LLP

Iliyana Zhoteva
REGISTRY AGENCY OF BULGARIA

布基纳法索

BCEAO

CREDITINFO VOLO

GIFA SARL

JOHN W. FFOOKS & CO.

NAVITRANS

Pierre Abadie
CABINET PIERRE ABADIE

Seydou Balama
ETUDE MAÎTRE BALAMA SEYDOU

Victoire Bambara
CABINET D'AVOCATS MOUMOUNY KOPIHO

Arsène Bazi
AB ENERGIE

Aimé Bonkoungou
SONABEL

Dieudonne Bonkoungou
SCPA THEMIS-B

Bobson Coulibaly
CABINET D'AVOCATS BARTHÉLEMY KERE

Sansan Césaire Kambou
CABINET D'ARCHITECTURE AGORA BURKINA

Aly Kanaté
EY

Vincent Armand Kobiané
ARDI – ARCHITECTES CONSEILS

Moumouny Kopiho
CABINET D'AVOCATS MOUMOUNY KOPIHO

Armand Kpoda
SCPA THEMIS-B

Sawadogo Natou
CABINET D'AVOCATS MOUMOUNY KOPIHO

Ali Neya
CABINET D'AVOCATS ALI NEYA

Sayouba Neya
CABINET D'AVOCATS ALI NEYA

Eric N'Guessan
EY

Lamoussa H. Ouattara
CABINET D'AVOCATS MOUMOUNY KOPIHO

Anna T. Ouattara-Sory
CABINET ME PAULIN SALAMBÉRÉ

André Ouedraogo
CABINET BONKOUNGOU

Madina Ouedraogo
BUREAU D'ASSISTANCE À LA CONSTRUCTION (BAC) SARL

Martin Ouedraogo
UNION INTERNATIONALE DE NOTARIAT

N. Henri Ouedraogo
DIRECTION GÉNÉRALE DES IMPÔTS

Oumarou Ouedraogo
CABINET OUEDRAOGO

Ousmane Honore Ouedraogo
MAISON DE L'ENTREPRISE DU BURKINA FASO

Roger Omer Ouédraogo
ASSOCIATION PROFESSIONNELLE DES TRANSITAIRES & COMMISSIONNAIRES EN DOUANE AGRÉES

Assana Pare
CABINET D'AVOCATS MOUMOUNY KOPIHO

Jules Sadou
CABINET D'AVOCATS MOUMOUNY KOPIHO

Kady Salia
CABINET D'AVOCATS MOUMOUNY KOPIHO

Hermann Lambert Sanon
GROUPE HAGE

Moussa Ousmane Sawadogo
DIRECTION GÉNÉRALE DES IMPÔTS

Abdoul Aziz Son
CABINET PIERRE ABADIE

Marc N. Souga
CABINET D'AVOCATS MOUMOUNY KOPIHO

Alassane Tiemtore
AUTORITÉ DE RÉGULATION DU SOUS-SECTEUR DE L'ÉLECTRICITÉ (ARSE)

Franceline Toé-Bouda
CABINET D'AVOCATS ME FRANCELINE TOÉ-BOUDA

Bouba Yaguibou
SCPA YAGUIBOU & ASSOCIÉS

Raïssa Yo
CABINET D'AVOCATS ALI NEYA

Albert Zoma
CABINET D'AVOCATS ALI NEYA

Ousmane Prosper Zoungrana
TRIBUNAL DE GRANDE INSTANCE DE OUAGADOUGOU

布隆迪

AGENCE DE PROMOTION DES INVESTISSEMENTS

BANQUE DE LA RÉPUBLIQUE DU BURUNDI

MINISTÈRE DES FINANCES

OBR

PSD

Gahama Alain
FINABANK SA

Jean Marie Barambona
UNIVERSITÉ DU BURUNDI

Cyprien Bigirimana
MINISTÈRE DE LA JUSTICE

Remy Bigirimana
GUICHET UNIQUE DE BURUNDI

Jean-Marie Bukware
GUICHET UNIQUE DE CRÉATION D'ENTREPRISE

Joseph Gitonyotsi

Ange-Dorine Irakoze
RUBEYA & CO. ADVOCATES

Joseph Makombe

René-Claude Madebari
LEGAL SOLUTION CHAMBERS

Stanislas Makoroka
UNIVERSITÉ DU BURUNDI

Anatole Miburo
CABINET ANATOLE MIBURO

Anatole Nahayo
UNIVERSITÉ DU BURUNDI

Horace Ncutiyumuheto
NCUTI LAW FIRM & CONSULTANCY

Claude Ndayimirije
CGPR

Charles Nihangaza
CONSULTANT CHARLES NIHANGAZA

Janvier Nsengiyumva
REGIDESO

Emmerence Ntahonkuriye
DIRECTION GÉNÉRAL DE L'URBANISME ET L'HABITAT (DGUH)

Happy-Hervé Ntwari
LEGAL SOLUTION CHAMBERS

Patrick-Didier Nukuri
BURUNDI LEGAL SPACE

Déogratias Nzemba
AVOCAT À LA COUR

Hubert Jacques Nzigamasabo
ABUTIP

Willy Rubeya
RUBEYA & CO. ADVOCATES

Benjamin Rufagari
GPO PARTNERS BURUNDI, A CORRESPONDENT FIRM OF DELOITTE

Fabien Segatwa
ETUDE ME SEGATWA

Gabriel Sinarinzi
CABINET ME GABRIEL SINARINZI

佛得角

Tiago Albuquerque Dias
DELOITTE

David Almada
D. HOPFFER ALMADA & ASSOCIADOS

Bruno Andrade Alves
PWC PORTUGAL

Luís Filipe Bernardo
DELOITTE

Jelson C. Vicente
AGENCIA DESPACHO ADUANEIRO JOSE MARIA LBV

Susana Caetano
PWC PORTUGAL

Vasco Carvalho Oliveira Ramos
ENGIC ENGENHEIROS ASSOCIADOS LDA

Ilídio Cruz
ILIDIO CRUZ & ASSOCIADOS - SOCIEDADE DE ADVOGADOS RL

Paulo Cruz
UBAGO GROUP - FRESCOMAR, SA

Manuel de Pina
SAMP - SOCIEDADES DE ADVOGADOS

Daniel Delgado
INLOGISTICS - AGÊNCIA DE NAVEGAÇÃO E TRANSITÁRIOS SA

Dúnia Delgado
PWC PORTUGAL

Jorge Lima Delgado Lopes
CONSULTOR GOVERNAÇÃO ELETRÓNICA

Amanda Fernandes
ILIDIO CRUZ & ASSOCIADOS - SOCIEDADE DE ADVOGADOS RL

Brites Fernandes
PMAR CABO VERDE

Tomás Garcia Vasconcelos
DELOITTE

Joana Gomes Rosa
ADVOCACIA - CONSULTORIA

Avdesh Kumar
JMD TRADING, LDA

Mirco Lima
PISO - SOC. DE IMOBILIÁRIA E CONTRUÇÕES, LDA

José Maria Lima Barbosa Vicente
AGENCIA DESPACHO ADUANEIRO JOSE MARIA LBV

Teresa Livramento Monteiro
DULCE LOPES, SOLANGE LISBOA RAMOS, TERESA LIVRAMENTO MONTEIRO- SOCIEDADE DE ADVOGADOS

Ana Cristina Lopes Semedo
BANCO DE CABO VERDE

João Medina
NEVILLE DE ROUGEMONT & ASSOCIADOS

Fernando Aguiar Monteiro
ADVOGADOS ASSOCIADOS

Wanderleya Nascimento
SAMP - SOCIEDADES DE ADVOGADOS

Alexandra Nunes
PWC PORTUGAL

João Nunes
CSA – CABO VERDE SHIPPING AGENCY, LDA

João Pereira
FPS

Luis Quinta
MAERSK LINE CABO VERDE, SA

Clóvis Ramos
ILIDIO CRUZ & ASSOCIADOS - SOCIEDADE DE ADVOGADOS RL

Rafael Rocha Fernandes
MUNICIPALITY OF PRAIA

José Rui de Sena
AGÊNCIA DE DESPACHO ADUANEIRO FERREIRA E SENA LDA

Lidia Sancha
ILIDIO CRUZ & ASSOCIADOS - SOCIEDADE DE ADVOGADOS RL

Viviane Santos
SAMP - SOCIEDADES DE ADVOGADOS

Tito Lívio Santos Oliveira Ramos
ENGIC ENGENHEIROS ASSOCIADOS LDA

Lanre Smith
BOM SPEC, LDA

Armindo Sousa
FPS

José Spinola
FPS

Salvador Varela
ADVOCACIA CONSULTORIA JURÍDICA

Leendert Verschoor
PWC PORTUGAL

柬埔寨

CREDIT BUREAU (CAMBODIA) CO. LTD.

Chankoulika Bo
BNG LEGAL

Lam Bui
MAERSK LINE CAMBODIA

Seng Bun Huy
MAR ASSOCIATES

Buth Bunsayha
ACLEDA BANK PLC

Sreypeou Chaing
CSP & ASSOCIATES LAW FIRM

Vajiravann Chamnan
DFDL MEKONG (CAMBODIA) CO. LTD.

Eaknguon Chea
HBS LAW

Phanin Cheam
MUNICIPALITY OF PHNOM PENH BUREAU OF URBAN AFFAIRS

Heng Chhay
R&T SOK & HENG LAW OFFICE

Rina Chhun
HBS LAW

Ouk Chittra
ELECTRICITÉ DU CAMBODGE (EDC)

Sopheak Virya Chroeng
ARBITRATION COUNCIL FOUNDATION

Sou Doungchay
MAR ASSOCIATES

Monyrith Eng
HML LAW GROUP & CONSULTANTS

Darwin Hem
BNG LEGAL

Pagnawat Heng
P&A ASIA LAW OFFICE

Charles Ngoc-Khoi Hoang
HBS LAW

Sovanvotey Hok
HBS LAW

Hans Hwang
SOK XING & HWANG

Xing Jiajia
SOK XING & HWANG

Sophorne Kheang
DFDL MEKONG (CAMBODIA) CO. LTD.

Robert M. King
EY

Sereyrath Kiri
SCIARONI & ASSOCIATES

Kunthy Koy
KN LEGAL CONSULTING

Sylvain Larbi
BNG LEGAL

Alex Larkin
DFDL MEKONG
(CAMBODIA) CO. LTD.

Kang Leap
HML LAW GROUP &
CONSULTANTS

Souhuoth Leng
P&A ASIA LAW OFFICE

Chanmakara Ly
DFDL MEKONG
(CAMBODIA) CO. LTD.

Tayseng Ly
HBS LAW

Samvutheary Mao
HML LAW GROUP &
CONSULTANTS

Sadao Matsubara
HBS LAW

Nimmith Men
ARBITRATION COUNCIL
FOUNDATION

Samorn Mike
HBS LAW

Sophanny Mom
ARBITRATION COUNCIL
FOUNDATION

Kaing Monika
THE GARMENT
MANUFACTURERS
ASSOCIATION IN CAMBODIA

Koy Neam
KN LEGAL CONSULTING

Vandeth Nguon
PWC CAMBODIA

Nith Niteyana
SOK SIPHANA & ASSOCIATES

Daniel Noonan
SCIARONI & ASSOCIATES

Clint O'Connell
DFDL MEKONG
(CAMBODIA) CO. LTD.

Sophea Om
ACLEDA BANK PLC

Sokvirak Pheang
PWC CAMBODIA

Porchhay Phoung
SCIARONI & ASSOCIATES

Charkreymorkord Pok
BNG LEGAL

Sok Ren Polina
SOK SIPHANA & ASSOCIATES

Robert Porter
VDB LOI

Allen Prak
P&A ASIA LAW OFFICE

Borapyn Py
DFDL MEKONG
(CAMBODIA) CO. LTD.

Matthew Rendall
SOK SIPHANA & ASSOCIATES

Navinth Rethda
R&T SOK & HENG LAW OFFICE

Chris Robinson
DFDL MEKONG
(CAMBODIA) CO. LTD.

Somarith Sam
ELECTRICITÉ DU
CAMBODGE (EDC)

Vattanakvisal San
BNG LEGAL

Chhe Sao Elen
SOK SIPHANA & ASSOCIATES

Neak Seakirin
NEAK LAW OFFICE

Leung Seng
VDB LOI

Bopha Sin
BNG LEGAL

Sao Socheata
SOK SIPHANA & ASSOCIATES

Chanraksa Soeung
P&A ASIA LAW OFFICE

Lor Sok
SOK XING & HWANG

Neou Sonika
SOK SIPHANA & ASSOCIATES

Tiv Sophonnora
R&T SOK & HENG LAW OFFICE

Samnangvathana Sor
DFDL MEKONG
(CAMBODIA) CO. LTD.

Sou Sorphea
SOK XING & HWANG

Nget Sovannith
P&A ASIA LAW OFFICE

Kun Sovanrithy
SOK SIPHANA & ASSOCIATES

Kheng Taingpor
MAR ASSOCIATES

Heng Thy
PWC CAMBODIA

Thavsothaly Tok
BNG LEGAL

Reangsey Darith Touch
EY

Kong Vibol
GENERAL DEPARTMENT
OF TAXATION

Vannida Yen
ARBITRATION COUNCIL
FOUNDATION

Lyhout Yin
HBS LAW

Thearith You
SOK SIPHANA & ASSOCIATES

Potim Yun
VDB LOI

喀麦隆

ETUDE ME ETOKE

Armelle Silvana Abel
MOJUFISC MONDE
JURIDIQUE ET FISCAL

Armelle Silvana
Abel Piskopanis
MOJUFISC MONDE
JURIDIQUE ET FISCAL

Roland Abeng
THE ABENG LAW FIRM

Elisabeth Ajamen
BEAC SIÈGE

Oscar Alebga
THE ABENG LAW FIRM

Rosine Pauline Amboa
MOJUFISC MONDE
JURIDIQUE ET FISCAL

Cyrano Atoka
CABINET FRANCINE NYOBE

Lolita Bakala Mpessa
CAMEROUN AUDIT
INTERNATIONAL (CAC
INTERNATIONAL)

Thomas Didier Remy
Batoumbouck
CADIRE

Pierre Bertin Simbafo
BICEC

Isidore Biyiha
GUICHET UNIQUE DES
OPERATIONS DU COMMERCE
EXTERIEUR-GIE

Ahmadou Bouba Oumarou

Elvis Chenwi
CHENWI & ASSOCIES

Paul Marie Djamen
MOBILE TELEPHONE NETWORKS
CAMEROON (MTN)

Aurélien Djengue Kotte
CABINET EKOBO

Joseph Djeuga
SOTRAFIC

Laurent Dongmo
JING & PARTNERS

William Douandji
ARCHITECT AND PARTNERS

Narcisse Ekome Essake
EKOME ESSAKE & ASSOCIÉS

Ebot Elias Arrey
ARC CONSULTANTS LTD.

Philippe Claude Elimbi Elokan

Marie Marceline Enganalim
ETUDE ME ENGANALIM
MARCELINE

Cédric Enyime
VANTURE CONSULTING

Hyacinthe Clément Fansi
Ngamou
NGASSAM, FANSI & MOUAFO
AVOCATS ASSOCIES

Berlise Fimeni Djieya
ATANGA LAW OFFICE

Sorelle Fonssouo Mogo
JING & PARTNERS

Marie Cécile Fopoussi

Philippe Fouda Fouda
BEAC SIÈGE

Nicaise Ibohn
THE ABENG LAW FIRM

Paul T. Jing
JING & PARTNERS

Manguele Joseph
BOLLORÉ AFRICA LOGISTICS

Thérèse Joumessi
ATANGA LAW OFFICE

Christian Kamdoum
PWC CAMEROUN

Claude Koumba
CFAO CAMEROON

Jean-Aime Kounga
THE ABENG LAW FIRM

Gaelle Kuitche
NGASSAM, FANSI & MOUAFO
AVOCATS ASSOCIÉS

Serge Madola

Tchande Magloire
PWC CAMEROUN

Philippe Mbele

Michel-Antoine Mben
NGASSAM, FANSI & MOUAFO
AVOCATS ASSOCIÉS

Augustin Yves Mbock Keked
CADIRE

Jacques Mbongue Eboa
CABINET D'AVOCATS
GÉRARD WOLBER

Constantin Didier Medou
Medou
CABINET MEDOU

Ivan Mélachéo
VANTURE CONSULTING

Jules Minamo
KARVAN FINANCE

Mungu Mirabel
THE ABENG LAW FIRM

Danielle Moukouri
D. MOUKOURI & PARTNERS

Jean Jacques Mpanjo Lobe
MCA AUDIT & CONSEIL

Arielle Christiane Marthe
Mpeck
ATANGA LAW OFFICE

Marie Agathe Ndeme
CADIRE

Manfred Ndock Ekoume
GUINESS CAMEROON

Bernard Ngaibe
THE ABENG LAW FIRM

Ntah Charlotte Ngara
ATANGA LAW OFFICE

Virgile Ngassam Njiké
NGASSAM, FANSI & MOUAFO
AVOCATS ASSOCIÉS

Dieu le Fit Nguiyan
UNIVERSITÉ DE DOUALA

Urbain Nini Teunda

George Njangtang
CONTEC SARL

Carine Obama Fossey
MOJUFISC MONDE
JURIDIQUE ET FISCAL

Jacob Oben
JING & PARTNERS

Jasmine Ouethy
MUEKE A DOUALA
AU CAMEROUN

Ernest Pilo

Ilias Poskipanis
MOJUFISC MONDE
JURIDIQUE ET FISCAL

Paul-Gérard Pougoue

Bolleri Pym
UNIVERSITÉ DE DOUALA

Claude Simo
CL AUDIT ET CONSEI

Linda Tatabod Amuteng

Aurelie Joelle Tatang Ngadjeu
ATANGA LAW OFFICE

Hélène Florette Tchidjip
Kapnang
ATANGA LAW OFFICE

Alain Tchiegang Dieukwa
ATANGA LAW OFFICE

Emmanuel Tchiffo
ATANGA LAW OFFICE

Pierre Morgant Tchuikwa
CADIRE

Marcelle Tello
NGASSAM, FANSI & MOUAFO
AVOCATS ASSOCIÉS

Floriand Tiemeni Djieya
ATANGA LAW OFFICE

Nadine Tinen Tchadgoum
PRICEWATERHOUSECOOPERS
TAX & LEGAL SARL

Chrétien Toudjui
AFRIQUE AUDIT CONSEIL
BAKER TILLY

Bergerele Reine
Tsafack Dongmo
MOJUFISC MONDE
JURIDIQUE ET FISCAL

Eliane Yomsi
KARVAN FINANCE

Philippe Zouna
PWC CAMEROUN

加拿大

TRANSUNION CANADA

David Bish
TORYS LLP

Paul Boshyk
MCMILLAN LLP

David Chapman
PWC CANADA

John Craig
FASKEN MARTINEAU
DUMOULIN LLP

Kim Deochand
CORPORATIONS CANADA

Audrey Diamant
PWC CANADA

Isabelle Foley
CORPORATIONS CANADA

Ross Francis
FOGLER RUBINOFF

Robert Frazer
BLAKE, CASSELS & GRAYDON,
MEMBER OF LEX MUNDI

Paul Gasparatto
ONTARIO ENERGY BOARD

Attila Gaspardy
PWC CANADA

Salma Gilani
BLAKE, CASSELS & GRAYDON,
MEMBER OF LEX MUNDI

Christopher Gillespsie
GILLESPIE-MUNRO INC.

Yoine Goldstein
MCMILLAN LLP

Talia Gordner
BLANEY MCMURTRY LLP

John Gotts
PWC CANADA

Mary Grozdanis
FOGLER RUBINOFF

John J. Humphries
TORONTO CITY HALL

A. Max Jarvie
MCMILLAN LLP

Andrew Kent
MCMILLAN LLP

Jordan Knowles
BLAKE, CASSELS & GRAYDON,
MEMBER OF LEX MUNDI

Joshua Kochath
COMAGE CONTAINER LINES

Eric Leinveer
BLAKE, CASSELS & GRAYDON,
MEMBER OF LEX MUNDI

Jon A. Levin
FASKEN MARTINEAU
DUMOULIN LLP

Alex Liszka
IBI GROUP INC.

Catherine MacInnis
IBI GROUP INC.

Mike Maodus
BLAKE, CASSELS & GRAYDON,
MEMBER OF LEX MUNDI

Matthew Merkley
BLAKE, CASSELS & GRAYDON,
MEMBER OF LEX MUNDI

William Northcote
SHIBLEY RIGHTON LLP

Meaghan Parry
BLAKE, CASSELS & GRAYDON,
MEMBER OF LEX MUNDI

Daniel Peterson
DAVIES WARD PHILLIPS &
VINEBERG LLP (TORONTO)

Martin Pinard
CORPORATIONS CANADA

Gautam Rishi
PWC CANADA

Gaynor Roger
SHIBLEY RIGHTON LLP

Harris M. Rosen
FOGLER RUBINOFF

Patrick Shaunessy
TORYS LLP

Daniel Styler
BLAKE, CASSELS & GRAYDON,
MEMBER OF LEX MUNDI

John Tobin
TORYS LLP

Shane Todd
FASKEN MARTINEAU
DUMOULIN LLP

Sharon Vogel
BORDEN LADNER GERVAIS LLP

George Waggott
MCMILLAN LLP

Andrea White
SHIBLEY RIGHTON LLP

中非共和国

GUICHET UNIQUE
DE FORMALITÉS DES
ENTREPRISES (GUFE)

Elisabeth Ajamen
BEAC SIÈGE

Jean Christophe Bakossa
L'ORDRE CENTRAFRICAIN
DES ARCHITECTES

Jean-Noël Bangue
COUR DE CASSATION
DE BANGUI

Blaise Banguitoumba
ENERCA (ENERGIE
CENTRAFRICAINE)

Thierry Chaou
SOFIA CREDIT

Maurice Dibert-Dollet
MINISTÈRE DE LA JUSTICE

Emile Doraz-Serefessenet
CABINET NOTAIRE
DORAZ-SEREFESSENET

Jacques Eboule
SDV LOGISTICS

Philippe Fouda Fouda
BEAC SIÈGE

Cyr Gregbanda
BAMELEC

Marious Guibaut Metongo
BOLLORÉ AFRICA LOGISTICS EN
RÉPUBLIQUE CENTRAFRICAINE

Laurent Hankoff
ENERCA (ENERGIE
CENTRAFRICAINE)

Ludovic Médard
Kolengue Kaye
AVOCATS SANS FRONTIÈRES

Jean Paul Maradas Nado
MINISTÈRE DE L'URBANISME

Serge Médard Missamou
CLUB OHADA RÉPUBLIQUE
CENTRAFRICAINE

Yves Namkomokoina
TRIBUNAL DE COMMERCE
DE BANGUI

Rigo-Beyah Parse
CABINET PARSE

Tahina Nathalie Rajaonarivelo
JOHN W. FFOOKS & CO.

Francky Rakotondrina
JOHN W. FFOOKS & CO.

Ghislain Samba Mokamanede
BAMELEC

乍得

3ACE COMMERCE
ENERGIE ET ETUDE

Elisabeth Ajamen
BEAC SIÈGE

Oscar d'Estaing Deffosso

Thomas Dingamgoto
CABINET THOMAS
DINGAMGOTO

Mahamat Ousman Djidda
ARCHITECTURAL

Philippe Fouda Fouda
BEAC SIÈGE

Prosper Kemayou
TRANSIMEX TCHAD SA

Mahamat Kikigne

Jean Paul Nendigui
N CONSULTING

Guy Emmanuel Ngankam
PRICEWATERHOUSECOOPERS
TAX & LEGAL SARL

Issa Ngarmbassa
ETUDE ME ISSA NGAR MBASSA

Benga Nomen Christopher
EXPRESS CARGO

Joseph Pagop Noupoué
EY JURIDIQUE ET FISCAL TCHAD

Jean Bernard Padare
SOCIÉTÉ CIVILE
PROFESSIONNELLE
PADARE & GONFOULI

Nissaouabé Passang
ETUDE ME PASSANG

Anselme Patipéwé Njiakin
EY JURIDIQUE ET FISCAL TCHAD

Diane Sobmeka Pofinet
SOCIÉTÉ CIVILE
PROFESSIONNELLE
PADARE & GONFOULI

Tahina Nathalie Rajaonarivelo
JOHN W. FFOOKS & CO.

Claudia Randrianavory
JOHN W. FFOOKS & CO.

Nastasja Schnorfeil-Pauthe

Ahmat Senoussi
ARCHITECTURAL

Abakar Ousman Sougui
DIRECTION DE LA
PROMOTION ECONOMIQUE
ET DU SECTEUR PRIVÉ

Nadine Tinen Tchadgoum
PRICEWATERHOUSECOOPERS
TAX & LEGAL SARL

Masrangue Trahogra
CABINET D'AVOCATS ASSOCIÉS

Abdoulaye Yacouba
MAIRIE DE N'DJAMENA

Mahamat Tahir Youssouf
Nahar
GUICHET UNIQUE DE
CREATIONS D'ENTREPRIES

Sobdibé Zoua
CABINET SOBDIBÉ ZOUA

Patedjore Zoukalne
MINISTÈRE DE L'URBANISME,
DE L'HABITAT, DES AFFAIRES
FONCIÈRES ET DES DOMAINES

智利

BOLETÍN DE INFORMACIONES
COMERCIALES

Andrea Abdala
MORALES, BESA & CÍA LTDA

Leticia Acosta Aguirre
REDLINES GROUP

Rodrigo Albagli
ALBAGLI ZALIASNIK
ABOGADOS

Fernando Arab
MORALES, BESA & CÍA LTDA

Luis Avello
PWC CHILE

Angeles Barría
PHILIPPI, PRIETOCARRIZOSA
FERRERO DU & URÍA

María José Becker
MORALES, BESA & CÍA LTDA

Sandra Benedetto
PWC CHILE

Jorge Benitez Urrutia
URREJOLA Y CIA

María José Bernal
PHILIPPI, PRIETOCARRIZOSA
FERRERO DU & URÍA

Mario Bezanilla
ALCAÍNO ABOGADOS

Fernando Binder
PWC CHILE

Rodrigo Cabrera Ortiz
ENEL DISTRIBUCIÓN CHILE SA

Marcelo Caceres Jara
CACERES STUDIO
ARQUITECTURA

Raimundo Camus Varas
YRARRÁZAVAL, RUIZ-TAGLE,
GOLDENBERG, LAGOS & SILVA

Miguel Capo Valdes
BESALCO SA

Héctor Carrasco
SUPERINTENDENCIA DE
BANCOS E INSTITUCIONES
FINANCIERAS CHILE

María Jesus Carrasco
URENDA, RENCORET,
ORREGO Y DÖRR

Isaac Cea
ICEA PROYECTOS E
INSTALACIONES ELECTRICAS

Andrés Chirgwin
CHIRGWIN LARRETA PEÑAFIEL

Nury Clavería
BESALCO SA

Gonzalo Cordero
MORALES, BESA & CÍA LTDA

M. Alejandra Corvalán A.
YRARRÁZAVAL, RUIZ-TAGLE,
GOLDENBERG, LAGOS & SILVA

Francisco De Sarratea
PWC CHILE

Gonzalo Errázuriz
URENDA, RENCORET,
ORREGO Y DÖRR

José Tomás Errázuriz
BARROS & ERRÁZURIZ

Peter Faille
URENDA, RENCORET,
ORREGO Y DÖRR

Sebastian Garcia
URENDA, RENCORET,
ORREGO Y DÖRR

Sebastian Garrido
ALESSANDRI ABOGADOS

Silvio Geroldi Iglesias
GEROARQ

Raúl Gómez Yáñez
URENDA, RENCORET,
ORREGO Y DÖRR

Carolina Gonzalez
PWC CHILE

Diego González
MORALES, BESA & CÍA LTDA

Sofía Haupt
ALESSANDRI ABOGADOS

Cristian Hermansen Rebolledo
ACTIC CONSULTORES

Daniela Hirsch
ALBAGLI ZALIASNIK
ABOGADOS

Javier Hurtado
CÁMARA CHILENA DE
LA CONSTRUCCIÓN

Fernando Jamarne Banduc
ALESSANDRI ABOGADOS

Daniel Labbé V.
YRARRÁZAVAL, RUIZ-TAGLE,
GOLDENBERG, LAGOS & SILVA

Tomás Landeta
URENDA, RENCORET,
ORREGO Y DÖRR

Ignacio Larraín
PHILIPPI, PRIETOCARRIZOSA
FERRERO DU & URÍA

Michel Laurie
PWC CHILE

Juan Ignacio León Lira
REYMOND & CÍA, ABOGADOS

Jose Luis Letelier
CARIOLA DIEZ PEREZ-COTAPOS

Jorge Lohse

Santiago Lopez
PWC CHILE

María Esther López Di Rubba
BANCO DE CHILE

Gianfranco Lotito
CLARO & CÍA, MEMBER
OF LEX MUNDI

Nicolás Maillard
MAILLARD & CELIS ABOGADOS

Dominque Manzur
URENDA, RENCORET,
ORREGO Y DÖRR

Juan Pablo Matus
CARIOLA DIEZ PEREZ-COTAPOS

Sebastian Melero
PHILIPPI, PRIETOCARRIZOSA
FERRERO DU & URÍA

Nicolás Miranda Larraguibel
ALESSANDRI ABOGADOS

Raúl Muñoz Prieto
RUSSELL BEDFORD
CHILE - MEMBER OF RUSSELL
BEDFORD INTERNATIONAL

Juan Pablo Navarrete
CAREY Y CÍA LTDA

Pablo Novoa
CARIOLA DIEZ PEREZ-COTAPOS

Nicolás Ocampo
CAREY Y CÍA LTDA

Alberto Oltra
DHL GLOBAL FORWARDING

Sergio Orrego
URENDA, RENCORET,
ORREGO Y DÖRR

Gerardo Ovalle Mahns
YRARRÁZAVAL, RUIZ-TAGLE,
GOLDENBERG, LAGOS & SILVA

Luis Parada Hoyl
BAZ|DLA PIPER

Miguel Pávez B.
RUSSELL BEDFORD
CHILE - MEMBER OF RUSSELL
BEDFORD INTERNATIONAL

Daniela Peña Fergadiott
BARROS & ERRÁZURIZ

Vicente Portales
CLARO & CÍA, MEMBER
OF LEX MUNDI

Alberto Pulido A.
PHILIPPI, PRIETOCARRIZOSA
FERRERO DU & URÍA

Nina Radovic Fanta
BESALCO SA

Gianfranco Raglianti
CAREY Y CÍA LTDA

Felipe Rencoret
URENDA, RENCORET,
ORREGO Y DÖRR

Alfonso Reymond Larrain
REYMOND & CÍA, ABOGADOS

Ignacio Riffo
CHIRGWIN LARRETA PEÑAFIEL

Cristian Riquelme
ALBAGLI ZALIASNIK
ABOGADOS

Edmundo Rojas García
CONSERVADOR DE BIENES
RAÍCES Y COMERCIO
DE SANTIAGO

Alvaro Rosenblut
ALBAGLI ZALIASNIK
ABOGADOS

Bernardita Saez
ALESSANDRI ABOGADOS

Hugo Sánchez Ramírez
SUPERINTENDENCIA
DE INSOLVENCIA Y
REEMPRENDIMIENTO

Andrés Sanfuentes
PHILIPPI, PRIETOCARRIZOSA
FERRERO DU & URÍA

Francisco Selamé
PWC CHILE

Ximena Silberman
CAREY Y CÍA LTDA

Andrés Siles
URENDA, RENCORET,
ORREGO Y DÖRR

Marcela Silva
PHILIPPI, PRIETOCARRIZOSA
FERRERO DU & URÍA

Luis Fernando Silva Ibañez
YRARRÁZAVAL, RUIZ-TAGLE,
GOLDENBERG, LAGOS & SILVA

Alan Smith
SMITH Y CÍA

Jorge Timmermann
BAZ|DLA PIPER

Ricardo Tisi
CARIOLA DIEZ PEREZ-COTAPOS

Carlos Torres
REDLINES GROUP

Víctor Hugo Valenzuela Millán
CARIOLA DIEZ PEREZ-COTAPOS

Felipe Valle
CARIOLA DIEZ PEREZ-COTAPOS

Nicolás Velasco Jenschke
SUPERINTENDENCIA DE INSOLVENCIA Y REEMPRENDIMIENTO

Sergio Yávar
GUERRERO OLIVOS

Arturo Yrarrázaval Covarrubias
YRARRÁZAVAL, RUIZ-TAGLE, GOLDENBERG, LAGOS & SILVA

Jean Paul Zalaquett
ENEL DISTRIBUCIÓN CHILE SA

Matías Zegers
BAZ|DLA PIPER

Barbara Zlatar
CARIOLA DIEZ PEREZ-COTAPOS

中国

SHANGHAI JIALIANG CPAS LIMITED

SHANGHAI XUNNIU INVESTMENT MANAGEMENT CO. LTD.

STEINBERG HKC

WHITE & CASE LLP

Jacob Blacklock
LEHMAN, LEE & XU

Russell Brown
LEHMANBROWN

Qiang Chai
CHINA INSTITUTE OF REAL ESTATE APPRAISERS AND AGENTS

Elliott Youchun Chen
JUNZEJUN LAW OFFICES

Jie Chen
JUN HE LAW OFFICE, MEMBER OF LEX MUNDI

Jun Chen
SHANGHAI CITY DEVELOPMENT LAW FIRM

Li Chen
JINAN SHANTONG TAX CONSULTING

Mingqing Chen
JUN HE LAW OFFICE, MEMBER OF LEX MUNDI

Tao Chen
JUN HE LAW OFFICE, MEMBER OF LEX MUNDI

Xiaofeng Chen
BEIJING HUANZHONG & PARTNERS

Xinping Chen
ZHONG LUN LAW FIRM

Diogo Colaço
OLICARGO INTERNATIONAL FREIGHT FORWARDER (SHANGHAI) CO. LTD.

Lei Cui
WEIHENG LAW FRIM

Fei Dang
MMLC GROUP

Michael Diaz Jr.
DIAZ, REUS & TARG, LLP

Zhitong Ding
CREDIT REFERENCE CENTER OF PEOPLE'S BANK OF CHINA

Tina Dong
LEHMAN, LEE & XU

Zack Dong
REEDSMITH

Lijing Du
JUN HE LAW OFFICE, MEMBER OF LEX MUNDI

Helen Feng
ANGELA WANG & CO.

Shuai Gao
AEROSPACE CONSTRUCTION COMPANY OF CHINA

Grace Geng
ZHONG LUN LAW FIRM

Adam Gilbourne
EASY IMEX LTD.

Shuquan He
SHANGHAI UNIVESITY

Sherry Hu
HOGAN LOVELLS

Ziyan Huang
JUN HE LAW OFFICE, MEMBER OF LEX MUNDI

Wilson Huo
ZHONG LUN LAW FIRM - BEIJING

Shan Jin
KING & WOOD MALLESONS

Xin Jin
KING & WOOD MALLESONS

Catherine Jing
REEDSMITH

Jiang Junlu
KING & WOOD MALLESONS

Ioana Kraft
EUROPEAN UNION CHAMBER OF COMMERCE IN CHINA

Jack Kai Lei
KUNLUN LAW FIRM

Audry Li
ZHONG LUN LAW FIRM

Juan Li
CHINA INSTITUTE OF REAL ESTATE APPRAISERS AND AGENTS

Qing Li
JUN HE LAW OFFICE, MEMBER OF LEX MUNDI

Rachel Li
ZHONG LUN LAW FIRM - BEIJING

Ellen Liu
MAYER BROWN JSM

Grace Liu
RUSSELL BEDFORD HUA-ANDER CPAS - MEMBER OF RUSSELL BEDFORD INTERNATIONAL

Ning Liu
JUN HE LAW OFFICE, MEMBER OF LEX MUNDI

Sherry Liu
NORONHA ADVOGADOS

Yanyan Liu
KUNLUN LAW FIRM

Lucy Lu
KING & WOOD MALLESONS

Scarlett Lu
KING & WOOD MALLESONS

Xiaomin Luo
PENGYUAN CREDIT SERVICES CO. LTD.

Hongli Ma
JUN HE LAW OFFICE, MEMBER OF LEX MUNDI

Jonathan Mok
ANGELA WANG & CO.

Matthew Mui
PWC CHINA

Matthew Murphy
MMLC GROUP

Xiaochen Ni
EUROPEAN UNION CHAMBER OF COMMERCE IN CHINA

Lei Niu
ZHONG LUN LAW FIRM

Peng Pan
KING & WOOD MALLESONS

Giovanni Pisacane
GWA GREATWAY ADVISORY

Han Shen
KING & WOOD MALLESONS

Tina Shi
MAYER BROWN JSM

Ruiqiu Song
KING & WOOD MALLESONS

Ice Sun
PWC CHINA

Yufan Sun
JUN HE LAW OFFICE, MEMBER OF LEX MUNDI

Terence Tung
MAYER BROWN JSM

Angela Wang
ANGELA WANG & CO.

Eric Wang
MAYER BROWN JSM

Guoqi Wang
RUSSELL BEDFORD HUA-ANDER CPAS - MEMBER OF RUSSELL BEDFORD INTERNATIONAL

Jessica Wang
J & BACH INTERNATIONAL LOGISTICS CO. LTD.

Jinghua Wang
JUN HE LAW OFFICE, MEMBER OF LEX MUNDI

Lihua Wang
JUN HE LAW OFFICE, MEMBER OF LEX MUNDI

Longxin Wang
YINGKE LAW FIRM

Thomas Wang
SHANGHAI BOSS & YOUNG

Wallace Wang
MAYER BROWN JSM

Xiaolei Wang
CREDIT REFERENCE CENTER OF PEOPLE'S BANK OF CHINA

Xiaolu Wang
ENHESA

Xuehua Wang
BEIJING HUANZHONG & PARTNERS

Anthea Wong
PWC CHINA

Kent Woo
GUANGDA LAW FIRM

Yuanbao Wu
XIONGZHI LAW FIRM

Xiaosong Xie
BEIJING HUANZHONG & PARTNERS

Xiaohong Xiong
PENGYUAN CREDIT SERVICES CO. LTD.

Benny Xu
J & BACH INTERNATIONAL LOGISTICS CO. LTD.

Yuan Xu
SHANDONG STARMEN CO. LTD.

Qing Yang
KUNLUN LAW FIRM

Tianyao Yang
LEHMANBROWN

Yuan Yang
CREDIT REFERENCE CENTER OF PEOPLE'S BANK OF CHINA

Andy Yeo
MAYER BROWN JSM

Hang Yu
SIEMENS CHINA

Natalie Yu
SHANGHAI LI YAN

Xia Yu
MMLC GROUP

Jianan Yuan
JUN HE LAW OFFICE, MEMBER OF LEX MUNDI

Alan Zhang
KING & WOOD MALLESONS

Jessica Zhang
PWC CHINA

Lingjuan Zhang
YINGKE LAW FIRM

Xin Zhang
GLOBAL LAW OFFICE

Yi Zhang
KING & WOOD MALLESONS

Young Zhang
BEIJING XINHAI CUSTOMS CLEARANCE CO. LTD.

George Zhao
KING & WOOD MALLESONS

Xingjian Zhao
DIAZ, REUS & TARG, LLP

Crys Zheng
LEHMAN, LEE & XU

Fei Zheng
JUN HE LAW OFFICE, MEMBER OF LEX MUNDI

Jianying Zheng
JUN HE LAW OFFICE, MEMBER OF LEX MUNDI

Christina Zhu
HOGAN LOVELLS

Viviane Zhu
DACHENG LAW OFFICES

Wei Zhu
SHANGHAI XINHAI CUSTOMS BROKERS COMPANY

Weina Zhu
DENTONS

Delong Zou
JUN HE LAW OFFICE, MEMBER OF LEX MUNDI

Roy Zou
HOGAN LOVELLS

哥伦比亚

EINCE LTDA

Enrique Álvarez
JOSÉ LLOREDA CAMACHO & CO.

Méndez Andrea Daniela
PWC COLOMBIA

Santiago Arango
JOSÉ LLOREDA CAMACHO & CO.

Alexandra Arbeláez Cardona
RUSSELL BEDFORD COLOMBIA - MEMBER OF RUSSELL BEDFORD INTERNATIONAL

Laura Arboleda
PARRA RODRÍGUEZ ABOGADOS SAS

Felipe Aristizábal
NIETO & CHALELA

Laura Ariza
REAL CARGA LTDA

Patricia Arrázola-Bustillo
GÓMEZ-PINZÓN ZULETA ABOGADOS SA

Estefania Arteaga
TMF COLOMBIA LTDA

Cesar Barajas
PARRA RODRÍGUEZ ABOGADOS SAS

Maria Cristina Barco Becerra
PRODESA Y CIA SA

Luis Alfredo Barragán
BRIGARD & URRUTIA, MEMBER OF LEX MUNDI

Santiago Barrientos
PARRA RODRÍGUEZ ABOGADOS SAS

Aurora Barroso
PARRA RODRÍGUEZ ABOGADOS SAS

Claudia Benavides Galvis
BAKER & MCKENZIE

Fernando Bermúdez Durana
MUÑOZ TAMAYO & ASOCIADOS

Andres Bernal
REAL CARGA LTDA

Joe Ignacio Bonilla Gálvez
MUÑOZ TAMAYO & ASOCIADOS

Juan Pablo Bonilla Sabogal
POSSE HERRERA RUIZ

Martha Bonnet
CAVELIER ABOGADOS

Mario Camargo
HM & COMPANY LTDA

Claudia Marcela Camargo Arias
PWC COLOMBIA

Samuel Cano
JOSÉ LLOREDA CAMACHO & CO.

Darío Cárdenas
CÁRDENAS & CÁRDENAS

Natalia Caroprese
JOSÉ LLOREDA CAMACHO & CO.

Carlos Carvajal
JOSÉ LLOREDA CAMACHO & CO.

Luis Miguel Carvajal
CODENSA SA ESP

Fernando Castañeda
ORGANIZACIÓN CORONA

Elvin Chiviri
CAMACOL

Felipe Cuberos
PHILIPPI PRIETOCARRIZOSA FERRERO DU & URÍA

Lyana De Luca
BRIGARD & URRUTIA, MEMBER OF LEX MUNDI

Patrick Del Duca
ZUBER LAWLER & DEL DUCA

Jennifer Diaz
PRODESA Y CIA SA

Juan Carlos Diaz
GENELEC DE COLOMBIA SAS

Maria Fernanda Diaz Chacon
BAKER & MCKENZIE

Luis Aurelio Diaz Jiménez
GRUPO EMPRESARIAL
OIKOS SAS

Carlos Fradique-Méndez
BRIGARD & URRUTIA,
MEMBER OF LEX MUNDI

Luis Gallo Medina
GALLO MEDINA
ABOGADOS ASOCIADOS

Wilman Garzón
CODENSA SA ESP

Julianna Giorgi
POSSE HERRERA RUIZ

Hugo Gonzalez
CAVELIER ABOGADOS

Sandra Liliana Gutiérrez
RUSSELL BEDFORD
COLOMBIA - MEMBER
OF RUSSELL BEDFORD
INTERNATIONAL

Santiago Gutiérrez
JOSÉ LLOREDA
CAMACHO & CO.

William Rene
Gutierrez Oregon
INSTITUTO COLOMBIANO
AGROPECUARIO

Edwar Hernandez
GENELEC DE COLOMBIA SAS

Thomas Holguin
BRIGARD & URRUTIA,
MEMBER OF LEX MUNDI

Carlos Jair Gómez Guzmán
PARRA RODRÍGUEZ
ABOGADOS SAS

Carlos Mario Lafaurie Escorce
PWC COLOMBIA

Nubia Lamprea
CODENSA SA ESP

Jorge Lara-Urbaneja
ARCINIEGAS LARA
BRICEÑO PLANA

Margarita Llorente Carreño
AMARILO SA

William Marín
PRODUCTOS FAMILIA

Miguel Martinez
GENELEC DE COLOMBIA SAS

Camilo Martínez Beltrán
DLA PIPER MARTINEZ BELTRÁN

Néstor Humberto
Martínez Neira
MARTINEZ NEIRA ABOGADOS

Alejandro Medina
PHILIPPI PRIETOCARRIZOSA
FERRERO DU & URÍA

Juan Camilo Medina Contreras
PWC COLOMBIA

Christoph Möller
PARRA RODRÍGUEZ
ABOGADOS SAS

Juan Felipe Morales Acosta
JOSÉ LLOREDA
CAMACHO & CO.

Luis Gabriel Morcillo-Méndez
BRIGARD & URRUTIA,
MEMBER OF LEX MUNDI

Francisco Javier Morón López
PARRA RODRÍGUEZ
ABOGADOS SAS

Luis E. Nieto
NIETO & CHALELA

Caterine Noriega Cárdenas
GESTIÓN LEGAL COLOMBIA

Juan Sebastián Noriega
Cárdenas
GESTIÓN LEGAL COLOMBIA

Adriana Carolina Ospina
Jiménez
BRIGARD & URRUTIA,
MEMBER OF LEX MUNDI

Juan Guillermo Otero
Gonzalez
BAKER & MCKENZIE

Juan Andrés Palacios
LEWIN & WILLS ABOGADOS

Álvaro Parra
PARRA RODRÍGUEZ
ABOGADOS SAS

Santiago Parra Salazar
PARRA RODRÍGUEZ
ABOGADOS SAS

Naufal Pedraza
PRODUCTOS FAMILIA

Carolina Posada
POSSE HERRERA RUIZ

Daniel Posse
POSSE HERRERA RUIZ

Natalia Eugenia Quijano Uribe
CODENSA SA ESP

Luisa Rico Sierra
LEYVA ONTIER

Irma Isabel Rivera
BRIGARD & URRUTIA,
MEMBER OF LEX MUNDI

Cristina Robayo Herrera
PARRA RODRÍGUEZ
ABOGADOS SAS

Luis Carlos Robayo Higuera
RUSSELL BEDFORD
COLOMBIA - MEMBER
OF RUSSELL BEDFORD
INTERNATIONAL

Laura Rodriguez
CAVELIER ABOGADOS

Adrián Rodríguez
LEWIN & WILLS ABOGADOS

Jaime Alberto Rodríguez
Cuestas
NOTARÍA 13 DE BOGOTÁ

Bernardo Rodríguez Ossa
PARRA RODRÍGUEZ
ABOGADOS SAS

Sonia Elizabeth Rojas Izaquita
GALLO MEDINA
ABOGADOS ASOCIADOS

Leonardo Romero
PRODESA Y CIA SA

Katherine Romero Hinestrosa
PARRA RODRÍGUEZ
ABOGADOS SAS

Cristina Rueda Londoño
PRIETO & CARRIZOSA SA

Ricardo Saldarriaga
JOSÉ LLOREDA
CAMACHO & CO.

Nader Samih
PRODUCTOS FAMILIA

Paula Samper Salazar
GÓMEZ-PINZÓN ZULETA
ABOGADOS SA

Ana Sanabria
TMF GROUP

Jorge Sarmiento
CAVELIER ABOGADOS

Raúl Alberto Suárez Arcila
SUÁREZ ARCILA &
ABOGADOS ASOCIADOS

Diego Muñoz Tamayo
MUÑOZ TAMAYO
& ASOCIADOS

Gustavo Tamayo Arango
JOSÉ LLOREDA
CAMACHO & CO.

Olga Viviana Tapias
RUSSELL BEDFORD
COLOMBIA - MEMBER
OF RUSSELL BEDFORD
INTERNATIONAL

Paola Tapiero
TRADE LEADER

Faunier David Toro Heredia
CODENSA SA ESP

Natalia Tovar Ibagos
EXPERIAN - DATACRÉDITO

Nataly Traslaviña
PARRA RODRÍGUEZ
ABOGADOS SAS

Maria Camila Valdés
GALLO MEDINA
ABOGADOS ASOCIADOS

Daniel Vargas Umaña
EXPERIAN - DATACRÉDITO

Frank Velandia
TECLOGIC LTDA

Patricia Vergara
GÓMEZ-PINZÓN ZULETA
ABOGADOS SA

Lilalba Vinasco
INSTITUTO COLOMBIANO
AGROPECUARIO

Alirio Virviescas
NOTARÍA 41 DE BOGOTÁ

Adriana Zapata
CAVELIER ABOGADOS

科摩罗

BANQUE CENTRALE
DES COMORES

CABINET D'AVOCATS
SAÏD IBRAHIM

Mohamed Abdou
PRÉFECTURE MORONI

Hilmy Aboudsaid
COMORES CARGO
INTERNATIONAL

Zainoudine Ahamada
MINISTÈRE DE L'ÉCONOMIE
ET DU COMMERCE

Aida Ahmed Yahaia
I2A SOCIETE IMMOBILIERE
DES COMORES

Moissi Ali
ENERGIE COMOROS

Feissoili Ali Oubeidi
CABINET FEISSOILI

Omar Said Allaoui
ECDI

Salim Amir

Mouzaoui Amroine
MOUVEMENT DES
ENTREPRENEURS
COMORIENNES (MODEC)

Youssoub Ibn Ismael Aticki
BARREAU DE MORONI

Assoumani Hassani
MINISTÈRE DE L'ÉCONOMIE
ET DU COMMERCE

Kabasse Ibrahima
MINISTÈRE DE L'ÉCONOMIE
ET DU COMMERCE

Madiane Mohamed Issa
CABINET D'AVOCAT
BAHASSANI

Faouzi Mohamed Lakj
TRIBUNAL DE COMMERCE
COMOROS

Mohamed Maoulida
AUDIT CONSEIL-INTERNATIONAL

Farahati Moussa
MOUVEMENT DES
ENTREPRENEURS
COMORIENNES (MODEC)

Azad Mze
CABINET D'AVOCATS MZE

Ibrahim A. Mzimba
CABINET MZIMBA AVOCATS

Halidi Ali Omar
MINISTÈRE DE L'ÉCONOMIE
ET DU COMMERCE

Marco Raymond

Abdillah Mohamed Soihiri
KILNIC SERVICES

刚果民主共和国

Albert-Blaise Akoka
DELOITTE RDC

Nathalie Banza
SDV LOGISTICS

Billy Batunzy
CABINET BATUNZY

Siku Beya
CABINET LUKOMBE
& LES AVOCATS

Hugo Bolanshi
YAV & ASSOCIATES

Jonathan Bononge
ROCAT SARL

Guillaume Bononge Litobaka
ROCAT SARL

François Bota kilukidi
WILVAN ARCHITECTURE

Claude Cherubala
VARCONN

Nicaise Chikuru
Munyiogwarha
CHIKURU & ASSOCIÉS

Kankenga Daniel
CONSORTIUM DE
CONSTRUCTION D'ELECTRICITÉ
ET MULTI SERVICE (COCEM)

Siegfried Dibong
PWC CONGO (DEMOCRATIC
REPUBLIC OF)

Prosper Djuma Bilali
CABINET MASAMBA

Holly Embonga Tomboli
CHIKURU & ASSOCIÉS

Jose Engbanda Mananga
GUICHET UNIQUE DE
CRÉATION D'ENTREPRISE

Irénée Falanka
CABINET IRÉNÉE FALANKA

Amisi Herady
GUICHET UNIQUE DE
CRÉATION D'ENTREPRISE

Lydie Isengingo Luanzo
BARREAU DE KINSHASA/
MATETE

Cedrick Kala Konga
EGEC

Rene Kala Konga
EGEC

Nicky Kanyiki Katshindi
PROCREDIT BANK

Benoit Kapila
SDV LOGISTICS

Donatien Kasseyet Kalume
AXCESS-CONGO

Gracia Kavumvula
MINISTÈRE DES AFFAIRES
FONCIÈRES

Dieu Donné Kfuma
CABINET KHUMA ET BEKOMBE

Arly Khuty
CABINET EMERY MUKENDI
WAFWANA & ASSOCIÉS

Marc Kongomayi Mulumba
SOCIÉTÉ NATIONALE
D'ELECTRICITÉ (SNEL)

Christ Kuty
CABINET EMERY MUKENDI
WAFWANA & ASSOCIÉS

Emmanuel Le Bras
PWC

Jean-Marie Lepriya Molenge
CABINET NGALIEMA

Desiré Likolo
EGEC

Jean-Pierre Kevin Lofumbwa
DELOITTE RDC

Francis Lugunda Lubamba
CABINET LUKOMBE
& LES AVOCATS

Carol Lutaladio
DIRECTION GÉNÉRALE DES
DOUANES ET ACCISES

Brigitte Luyambuladio
EGEC

Aubin Mabanza
KLAM & PARTNERS AVOCATS

Béatrice Mabanza
KLAM & PARTNERS AVOCATS

Yves Madre
DELOITTE RDC

Robert Majambo
YAV & ASSOCIATES

Steve Manuana
CABINET EMERY MUKENDI
WAFWANA & ASSOCIÉS

Aristide Mbayo Makyata
DIRECTION GÉNÉRALE DES
DOUANES ET ACCISES

Patou Monkinda Molanga
PROCREDIT BANK

Louman Mpoy
MPOY LOUMAN & ASSOCIÉS

Christine Mpunga Tshim
BANQUE CENTRALE DU CONGO

Tarin Muhongo
PWC CONGO (DEMOCRATIC
REPUBLIC OF)

Céléstine Mukalay Kionde
SOCIÉTÉ NATIONALE
D'ELECTRICITÉ (SNEL)

Vaval Mukobo
CABINET NGALIEMA

Eliance Muloji Wa Mbuyi
CABINET NGALIEMA

Jean Pierre Muyaya Kasanzu
CABINET EMERY MUKENDI
WAFWANA & ASSOCIÉS

Philippe Mvita Kabasele
BANQUE CENTRALE DU CONGO

Jean-Paul Mvuni Malanda
CABINET NGALIEMA

Gabriel Mwepu Numbi
DIRECTION GÉNÉRALE DES
DOUANES ET ACCISES

Nicaise Navanga
SDV LOGISTICS

Joseph Ngalamulume Lukalu
CABINET YOKO ET ASSOCIÉS

Patrick Ngandu
CABINET NGALIEMA

Placide Nkala Basadilua
GUICHET UNIQUE DE
CRÉATION D'ENTREPRISE

Victorine Bibiche Nsimba
Kilembe
CABINET YOKO ET ASSOCIÉS

Marlyne Nzailu
PWC CONGO (DEMOCRATIC
REPUBLIC OF)

Léon Nzimbi
PWC CONGO (DEMOCRATIC
REPUBLIC OF)

Laurent Okitonembo
CABINET DJUNGA & RISASI

Pierre Risasi
CABINET DJUNGA & RISASI

Freddy Mulamba Senene
MULAMBA & ASSOCIATES
LAW FIRM

Moise Tangala
CABINET IRÉNÉE FALANKA

Antoine Tshibuabua Mbuyi
SOCIÉTÉ NATIONALE
D'ÉLECTRICITÉ (SNEL)

Seraphin Umba
YAV & ASSOCIATES

Willy Vangu Malanda
WILVAN ARCHITECTURE

Ngaliema Zephyrin
CABINET NGALIEMA

刚果共和国

Elisabeth Ajamen
BEAC SIÈGE

Patrice Bazolo
PWC

Prosper Bizitou
PWC

Claude Coelho
CABINET D'AVOCATS
CLAUDE COELHO

Alexis Debi
PWC

Lydie Diawara
SNE (SOCIÉTÉ NATIONALE
D'ÉLECTRICITÉ)

Georges Ebale
TRIBUNAL DE COMMERCE
DE BRAZZAVILLE

Zahour El Hiouli
BUSINESS LAWYER
AND INTERPRETER

Mathias Essereke
CABINET D'AVOCATS
MATHIAS ESSEREKE

Philippe Fouda Fouda
BEAC SIÈGE

Joe Pépin Foundoux
PWC

Gaston Gapo
ATELIER D'ARCHITECTURE
ET D'URBANISME

Moïse Kokolo
PWC

Sylvert Bérenger
Kymbassa Boussi
ETUDE MAÎTRE BÉATRICE
DIANZOLO, HUISSIER
DE JUSTICE

Salomon Louboula
ETUDE NOTARIALE LOUBOULA

Jay Makoundou
PWC

Benic Mbanwie Sarr
PWC

Françoise Mbongo
CABINET MBONGO

Gaspard Ngoma
MINISTÈRE DE LA
CONSTRUCTION, DE
L'URBANISME, DE LA VILLE
ET DU CADRE DE VIE

Paul Obambi
CHAMBRE DE COMMERCE,
D'INDUSTRIE, D'AGRICULTURE
ET DES METIERS DE
BRAZZAVILLE

Jean-Marc Ognango
DELOITTE

Regina Nicole Okandza Yoka
DIRECTION GÉNÉRALE
DES IMPÔTS

Claude Joël Paka
ORDRE NATIONAL DES
AVOCATS DU CONGO
BARREAU DE BRAZZAVILLE

Aimé Pambou
BOLLORÉ TRANSPORTS
& LOGISTIQUES

Andre François Quenum
CABINET ANDRE
FRANCOIS QUENUM

Francky Rakotondrina
JOHN W. FFOOKS & CO.

Jean Jacques Youlou

Volana Sandra Zakariasy
JOHN W. FFOOKS & CO.

Alpha Zinga Moko
PWC

哥斯达黎加

BATALLA SALTO LUNA

TRANSUNION

Luis Acuna
ASESORES LEGALES EN
PROPIEDAD INDUSTRIAL

John Aguilar-Quesada
AGUILAR CASTILLO LOVE

Paula Amador
PWC COSTA RICA

Arnoldo André
LEXINCORP

Alejandro Antillón
PACHECO COTO

Arturo Apéstegui
PACHECO COTO

Carlos Araya
CENTRAL LAW - QUIROS
ABOGADOS

Carlos Arias
OLLER ABOGADOS

Luis Diego Barahona
PWC COSTA RICA

Alejandro Bettoni Traube
DONINELLI &
DONINELLI - ASESORES
JURÍDICOS ASOCIADOS

Arturo Bonilla Merino
SOLANO, ROJAS & BONILLA

Eduardo Calderón-Odio
BLP ABOGADOS

Natalia Callejas Aquino
AGUILAR CASTILLO LOVE

Giorginella Carranza
G LOGISTICS COSTA RICA SA

Adriana Castro
BLP ABOGADOS

Margot Chinchilla
SOCIACO

Andrey Dorado
ARIAS LAW

Roberto Esquivel
OLLER ABOGADOS

Dieter Gallop Fernández
G LOGISTICS COSTA RICA SA

Miguel Golcher Valverde
COLEGIO DE INGENIEROS
ELECTRICISTAS, MECÁNICOS
E INDUSTRIALES

Karla González-Bolaños
BLP ABOGADOS

Jorge Hernández
COLEGIO DE INGENIEROS
ELECTRICISTAS, MECÁNICOS
E INDUSTRIALES

Randall Zamora Hidalgo
COSTA RICA ABC

Stephanie Howard Peña
AGUILAR CASTILLO LOVE

Elvis Jiménez Gutiérrez
SUPERINTENDENCIA GENERAL
DE ENTIDADES FINANCIERAS

Vicente Lines
ARIAS LAW

José Pablo Masís

Andrés Mercado
OLLER ABOGADOS

Pamela Meza
OLLER ABOGADOS

Ignacio Monge Dobles
PACHECO COTO

Jorge Montenegro
SCGMT ARQUITECTURA
Y DISEÑO

Eduardo Montoya Solano
SUPERINTENDENCIA GENERAL
DE ENTIDADES FINANCIERAS

Ana Cristina Mora
EXPERTIS GHP ABOGADOS

Ricardo Murillo
SOCIACO

Cecilia Naranjo
LEX COUNSEL

Pedro Oller
OLLER ABOGADOS

Diana Pál-Hegedüs
PÁL-HEGEDÜS &
ORTEGA ABOGADOS

Marianne Pál-Hegedüs Ortega
GÓMEZ & GALINDO
ABOGADOS

Mauricio París
EXPERTIS GHP ABOGADOS

Natasha Perez
LEXINCORP COSTA RICA

Andrea Saenz
AGUILAR CASTILLO LOVE

Juliana Salamanca Valderrama
BDG BUILDING PROJECTS SA

Cristina Salas Trejos
LEXINCORP COSTA RICA

José Luis Salinas
GRUPO INMOBILIARIO
DEL PARQUE

Luis Sánchez
FACIO & CAÑAS, MEMBER
OF LEX MUNDI

Tracy Varela Calderón
ARIAS LAW

Alonso Vargas
LEXINCORP

Eugenio Vargas
LEXINCORP

Marianela Vargas
PWC

Abril Villegas
OLLER ABOGADOS

Jonathan Villegas Alvarado
SOCIACO

Guillermo Emilio Zúñiga
González
EXPERTIS GHP ABOGADOS

Jafet Zúñiga Salas
SUPERINTENDENCIA GENERAL
DE ENTIDADES FINANCIERAS

科特迪瓦

BCEAO

CABINET EXPERTISES

CREDITINFO VOLO

EOLIS

Claude Aman
BOLLORÉ AFRICA LOGISTICS

Nathalie Assou
ELISHA & ASSOCIÉS

Alexandre Bairo
KSK SOCIÉTÉ D'AVOCATS

Abou Berte
TIERI

Binde Binde
AFRICA TRANS-LOGISTICS
INTERNATIONAL

Amaury Boscio

Lassiney Kathann Camara
CLK AVOCATS

Thierry Court
TIERI

Arsène Dablé
SCPA DOGUÉ-ABBÉ
YAO & ASSOCIÉS

Zirignon Constant Delbe
MINISTÈRE DE L'AGRICULTURE
ET DU DÉVELOPPEMENT RURAL

Issa Diabaté
KOFFI & DIABATÉ

Lynn Diagou
SCPA DOGUÉ-ABBÉ
YAO & ASSOCIÉS

Aboubakar-Sidiki Diarrassouba
CLK AVOCATS

Cheick Diop
CABINET DU DOCTEUR
CHEICK DIOP AVOCATS

Aly Djiohou
IJF CONSEILS JURIDIQUES

Seydou Dongo
KOFFI & DIABATÉ

Yolande Doukoure Séhinabou
DSY ARCHITECTE

Dorothée K. Dreesen
ETUDE MAÎTRE DREESEN

Jean-Pierre Elisha
ELISHA & ASSOCIÉS

Esmel Emmanuel Essis
GUICHET UNIQUE DE
L'INVESTISSEMENT EN
CÔTE D'IVOIRE - CEPICI

Ramatou Fall
GUICHET UNIQUE DE
L'INVESTISSEMENT EN
CÔTE D'IVOIRE - CEPICI

Claude-Andrée Groga
CABINET JEAN-FRANÇOIS
CHAUVEAU

Annick Imboua-Niava
IMBOUA-KOUAO-TELLA
(IKT) & ASSOCIÉS

Nanette Kaba Ackah
BOLLORÉ AFRICA LOGISTICS

Barnabe Kabore

Kitifolo Kignaman-Soro
WEBB FONTAINE CÔTE D'IVOIRE

Kouamé Klemet
KSK SOCIÉTÉ D'AVOCATS

Angaman Koaudio
KSK SOCIÉTÉ D'AVOCATS

Guillaume Koffi
KOFFI & DIABATÉ

Noël Koffi
CABINET NOËL Y. KOFFI

Yocoli Grâce Konan
SCPA DOGUÉ-ABBÉ
YAO & ASSOCIÉS

Kiyobien Kone
KSK SOCIÉTÉ D'AVOCATS

Antoine Koné Yoha
ORAKYZEMA ARCHITECTOURA

Marc Arthur Kouacou
MAZARS CI

Guillaume Kouame
BOLLORÉ AFRICA LOGISTICS

Hermann Kouao
IMBOUA-KOUAO-TELLA
(IKT) & ASSOCIÉS

Marylene Kouassi
KSK SOCIÉTÉ D'AVOCATS

Blaise Kouassi Kouadio
SIELD

Marie Leonard
WEBB FONTAINE CÔTE D'IVOIRE

Charlotte-Yolande Mangoua
ETUDE DE MAÎTRE MANGOUA

Djimasna N'Doningar
COUR COMMUNE DE
JUSTICE ET D'ARBITRAGE
(CCJA) DE L'OHADA

Georges N'Goan
CABINET N'GOAN,
ASMAN & ASSOCIÉS

Eric N'Guessan
EY

Patricia N'Guessan
CABINET DE L'INDENIÉ

Isabelle Niamkey
CLK AVOCATS

Jacques Otro
CONSEIL NATIONAL DE
L'ORDRE DES ARCHITECTES

Madou Ouattara
TIERI

Athanase Raux
CABINET RAUX, AMIEN
& ASSOCIÉS

Zinda Sawadogo
KSK SOCIÉTÉ D'AVOCATS

Melissa Seri
IMBOUA-KOUAO-TELLA
(IKT) & ASSOCIÉS

Lanciné Sidibé
GUICHET UNIQUE DU
PERMIS DE CONSTRUIRE

Mamadou Sylla
LABORATOIRE DU BATIMENT
ET DES TRAVAUX PUBLICS

Osther Tella
IMBOUA-KOUAO-TELLA
(IKT) & ASSOCIÉS

Gwénaelle Teruin
CABINET JEAN-FRANÇOIS
CHAUVEAU

Euphrasie Tiacoh
ANYRAY & PARTNERS

Eloi Kouakou Yao
CLK AVOCATS

Didier Yao Koffi Kan
AITM

Volana Sandra Zakariasy
JOHN W. FFOOKS & CO.

Seydou Zerbo
SCPA DOGUÉ-ABBÉ
YAO & ASSOCIÉS

克罗地亚

PWC CROATIA

ZAGREB STOCK EXCHANGE

Ivona Andelovic
ODVJETNIČKO DRUŠTVO
GLINSKA & MIŠKOVIĆ D.O.O.

Andrea August
AGENCY FOR INVESTMENTS
AND COMPETITIVENESS

Zoran Avramović
MINISTRY OF JUSTICE

Milan Bandić
CENTRAL CITY
ADMINISTRATION OF ZAGREB

Hrvoje Bardek
BARDEK, LISAC, MUŠEC,
SKOKO D.O.O. IN
COOPERATION WITH CMS
REICHROHRWIG HAINZ
RECHTSANWÄLTE GMBH

Maja Baričević
CROATIAN BANK FOR
RECONSTRUCTION AND
DEVELOPMENT

Marija Bartoluci
LEKO I PARTNERI
ATTORNEYS-AT-LAW

Nera Beroš
LEKO I PARTNERI
ATTORNEYS-AT-LAW

Zoran Bohaček
CROATIAN BANKING
ASSOCIATION

Martina Bosak
LEKO I PARTNERI
ATTORNEYS-AT-LAW

Željka Bregeš
COMMERCIAL COURT

Mijo Brković
HROK D.O.O.

Rajka Bunjevac
CROATIAN CHAMBER
OF ARCHITECTS

Belinda Čačić
ČAČIĆ & PARTNERS LAW FIRM

Iva Crnogorac
DIVJAK, TOPIĆ & BAHTIJAREVIĆ

Saša Divjak
DIVJAK, TOPIĆ & BAHTIJAREVIĆ

Renata Duka
MINISTRY OF JUSTICE

Mirta Dusparić
CROATIAN BANK FOR
RECONSTRUCTION AND
DEVELOPMENT

Bozidar Feldman
MATIC, FELDMAN &
HERMAN LAW FIRM

Mirela Fučkar
MINISTRY OF JUSTICE

Tomislava Furčić
LAW OFFICE FURCIC

Ivan Gjurgjan
GJURGJAN & ŠRIBAR
RADIĆ LAW FIRM

Marta Glasnovic
EY SAVJETOVANJE D.O.O.

Dino Gliha
ČAČIĆ & PARTNERS LAW FIRM

Krešimir Golubić
GOLMAX D.O.O.

Anja Grbeš
MAČEŠIĆ & PARTNERS LTD.

Iva Grgić
BARDEK, LISAC, MUŠEC,
SKOKO D.O.O. IN
COOPERATION WITH CMS
REICHROHRWIG HAINZ
RECHTSANWÄLTE GMBH

Sonja Herceg
CROATIAN BANK FOR
RECONSTRUCTION AND
DEVELOPMENT

Sandra Hutter
CROATIAN ENERGY
REGULATORY AGENCY

Branimir Iveković
IVEKOVIĆ LAW OFFICE

Tina Jakupak
COMMERCIAL COURT

Vinka Jelavić
AGENCY FOR INVESTMENTS
AND COMPETITIVENESS

Irina Jelčić
HANŽEKOVIĆ & PARTNERS
LTD., MEMBER OF LEX MUNDI

Tamara Jelić Kazić
ODVJETNIČKO DRUŠTVO
BARDEK, LISAC, MUŠEC,
SKOKO D.O.O. IN
COOPERATION WITH CMS
REICH-ROHRWIG HAINZ

Saša Jovičić
WOLF THEISS

Ana Junaković
LAKTIC & PARTNERS
LAW FIRM LTD.

Tena Jurišić
ODVJETNIČKO DRUŠTVO
GLINSKA & MIŠKOVIĆ D.O.O.

Ančica Kačić
CENTRAL CITY
ADMINISTRATION OF ZAGREB

Andrijana Kastelan
ŽURIĆ I PARTNERI D.O.O.

Mislav Kemec

Filip Kočiš
AGENCY FOR INVESTMENTS
AND COMPETITIVENESS

Bruno Kokot

Iva Kemec Kokot
ZAGREB CIVIL LAW NOTARY

Katarina Kokot

Vesna Kadić Komadina
CUSTOMS DIRECTORATE
OF CROATIA

Dean Kovač
AGENCY FOR INVESTMENTS
AND COMPETITIVENESS

Linda Križić
DIVJAK, TOPIĆ & BAHTIJAREVIĆ

Anita Krizmanić
MAČEŠIĆ & PARTNERS LTD.

Dinko Lauš
LAURA D.O.O.

Sandra Lauš
LAURA D.O.O.

Ivan Ljubic
CROATIAN CHAMBER
OF ARCHITECTS

Marko Lovrić
DIVJAK, TOPIĆ & BAHTIJAREVIĆ

Ana Lubura
GARK KONZALTING D.O.O.

Miran Mačešić
MAČEŠIĆ & PARTNERS LTD.

Josip Madirazza
MADIRAZZA & PARTNERS

Mihaela Malenica
VIDAN ATTORNEYS-AT-LAW

Ivan S. Maleš
ODVJETNIČKO DRUŠTVO
GLINSKA & MIŠKOVIĆ D.O.O.

Ivana Manovelo
MAČEŠIĆ & PARTNERS LTD.

Danko Markovinović
STATE GEODETIC
ADMINISTRATION

Josip Martinić
WOLF THEISS

Iva Masten
VIDAN ATTORNEYS-AT-LAW

Tin Matić
TIN MATIĆ LAW OFFICE

Danijel Meštrić
VARAŽDIN COUNTY

Damir Mikulić
THE CITY OF VARAŽDIN

Andrea Mršić
BOŽIĆ AND PARTNERS

Zeljana Muslim
FINANCIAL AGENCY - HITRO.
HR CENTER

Dominik Musulin
DIVJAK, TOPIĆ & BAHTIJAREVIĆ

Vladimir Nol
EY SAVJETOVANJE D.O.O.

Jelena Orlic
WOLF THEISS

Marina Pavić
PRALJAK & SVIĆ

Josip Peric
BOŽIĆ AND PARTNERS

Igor Periša
HIGH COMMERCIAL COURT OF
THE REPUBLIC OF CROATIA

Tatjana Pinhak
MINISTRY OF JUSTICE

Ivan Pižeta
ŠAVORIĆ & PARTNERS

Miroslav Plaščar
ŽURIĆ I PARTNERI D.O.O.

Lucija Popov
CROATIAN NOTARIES CHAMBER

Marko Praljak
PRALJAK & SVIĆ

Branimir Puskarić
KORPER & PARTNERI LAW FIRM

Hrvoje Radić
GJURGJAN & ŠRIBAR
RADIĆ LAW FIRM

Josipa Rebrina
EY SAVJETOVANJE D.O.O.

Tihana Ana Relijic
VIDAN ATTORNEYS-AT-LAW

Sanja Rodek
LEKO I PARTNERI
ATTORNEYS-AT-LAW

Boris Šavorić
ŠAVORIĆ & PARTNERS

Katarina Savuk
ODVJETNIČKO DRUŠTVO
GLINSKA & MIŠKOVIĆ D.O.O.

Slaven Šego
ŠEGO LAW OFFICE

Zvonimir Sever
CROATIAN CHAMBER
OF CIVIL ENGINEERS

Dino Simonoski Bukovski
ŽURIĆ I PARTNERI D.O.O.

Dušanka Šimunović
CROATIAN CHAMBER
OF ARCHITECTS

Ana-Marija Skoko
BARDEK, LISAC, MUŠEC,
SKOKO D.O.O. IN
COOPERATION WITH CMS
REICHROHRWIG HAINZ
RECHTSANWÄLTE GMBH

Valentina Šokec
KORPER & PARTNERI LAW FIRM

Alan Soric
ALAN SORIC & ALEKSANDRA
TOMEKOVIC DUNDA
LAW OFFICE

Morena Šoštarić
GJURGJAN & ŠRIBAR
RADIĆ LAW FIRM

Irena Šribar Radić
GJURGJAN & ŠRIBAR
RADIĆ LAW FIRM

Marko Stilinović
ČAČIĆ & PARTNERS LAW FIRM

Jana Štrangarević
ČAČIĆ & PARTNERS LAW FIRM

Vatroslav Subotic
MINISTRY OF LABOUR
AND PENSION SYSTEM

Ivana Sučević-Soric
MELIN

Goranka Šumonja Laktić
LAKTIC & PARTNERS
LAW FIRM LTD.

Marin Svić
PRALJAK & SVIĆ

Tin Težak
MADIRAZZA & PARTNERS

Ana Udiljak
PRALJAK & SVIĆ

Luka Urbac
ODVJETNIČKO DRUŠTVO
GLINSKA & MIŠKOVIĆ D.O.O.

Hrvoje Vidan
VIDAN ATTORNEYS-AT-LAW

Igor Vidra
MINISTRY OF JUSTICE

Željko Vrban
HEP DISTRIBUTION SYSTEM
OPERATOR LTD.

Mario Vukelić
HIGH COMMERCIAL COURT OF
THE REPUBLIC OF CROATIA

Petar Živković
DIVJAK, TOPIĆ & BAHTIJAREVIĆ

Jelena Zjacic
MAČEŠIĆ & PARTNERS LTD.

Bosiljko Zlopaša
CUSTOMS DIRECTORATE
OF CROATIA

Andrej Žmikić
DIVJAK, TOPIĆ &
BAHTIJAREVIĆ LAW FIRM

Ivan Zornada
WOLF THEISS

Anamaria Zuvanic
ODVJETNIČKO DRUŠTVO
GLINSKA & MIŠKOVIĆ D.O.O.

塞浦路斯

DEPARTMENT OF
CUSTOMS & EXCISE

Olga Adamidou
ANTIS TRIANTAFYLLIDES
& SONS LLC

Achilleas Amvrosiou
ARTEMIS BANK INFORMATION
SYSTEMS LTD.

Irene Anastasiou
MINISTRY OF INTERIOR

Irene Anastassiou
DR. K. CHRYSOSTOMIDES
& CO. LLC

Andreas Andreou
CYPRUS GLOBAL LOGISTICS

Marios Andreou
PWC CYPRUS

Chryso Antoniou
ALEXANDROS ECONOMOU LLC

Ioanna Apostolidou
MINISTRY OF FINANCE,
TAX DEPARTMENT

Katia Argyridou
PWC CYPRUS

Pavlos Aristodemou
HARNEYS

Anita Boyadjian
INFOCREDIT GROUP LTD.

Charalambos Charalambous
MINISTRY OF INTERIOR

Georgia P. Charalambous
DELOITTE

Harry S. Charalambous
KPMG

Hadjinicolaou Christina
MINISTRY OF FINANCE,
TAX DEPARTMENT

Antonis Christodoulides
PWC CYPRUS

Stavros Christofi
KPMG

Constantinos Christofides

Kypros Chrysostomides
DR. K. CHRYSOSTOMIDES
& CO. LLC

Chrysostomos Chrysostomou
TOWN PLANNING AND
HOUSING DEPARTMENT

Chryso Dekatris
DR. K. CHRYSOSTOMIDES
& CO. LLC

Achilleas Demetriades
LELLOS P. DEMETRIADES
LAW OFFICE LLC

Eleni Droussioti
DR. K. CHRYSOSTOMIDES
& CO. LLC

Alexandros Economou
ALEXANDROS ECONOMOU LLC

Lefteris S. Eleftheriou
CYPRUS INVESTMENT
PROMOTION AGENCY

Elikkos Elia
DEPARTMENT OF LANDS
AND SURVEYS

Elena Frixou
ARTEMIS BANK INFORMATION SYSTEMS LTD.

Demetris Georgiades
HARNEYS

Elvira Georgiou
ANTIS TRIANTAFYLLIDES & SONS LLC

Phedra Gregoriou
MINISTRY OF JUSTICE AND PUBLIC ORDER

Michael Grekas
KPMG

Marios Hadjigavriel
ANTIS TRIANTAFYLLIDES & SONS LLC

Costas Hadjimarcou
LEPTOS ESTATES

Andreas Ioannides
ELECTRICITY AUTHORITY OF CYPRUS

Elena Ioannides
DR. K. CHRYSOSTOMIDES & CO. LLC

Kypros Ioannides
HADJIANASTASSIOU, IOANNIDES LLC (DELOITTE LEGAL)

Elefhteria Ioannou
MINISTRY OF ENERGY, COMMERCE, INDUSTRY AND TOURISM

Georgios Karrotsakis
INSOLVENCY SERVICE, DEPARTMENT OF REGISTRAR OF COMPANIES AND OFFICIAL RECEIVER

Erodotos Kassapis
RUSSELL BEDFORD INTERNATIONAL

Christia-Lydia Kastellani
DR. K. CHRYSOSTOMIDES & CO. LLC

Maria Katsikidou
ALEXANDROS ECONOMOU LLC

Harris Kleanthous
DELOITTE

Christina Kotsapa
ANTIS TRIANTAFYLLIDES & SONS LLC

Kyriacos Kouros
MINISTRY OF INTERIOR - TECHNICAL SERVICES

Theodoros Kringou
FIRST CYPRUS CREDIT BUREAU

Nicholas Ktenas
ANDREAS NEOCLEOUS & CO. LEGAL CONSULTANTS

Andrie Kypridemou
INSOLVENCY SERVICE, DEPARTMENT OF REGISTRAR OF COMPANIES AND OFFICIAL RECEIVER

Olga Lambrou-Ioannou
MOUAIMIS & MOUAIMIS LLC

Andreas Lelekis
CHRYSSES DEMETRIADES & CO. LLC

Margarita Liasi
KPMG

Antonis Loizou
ANTONIS LOIZOU & ASSOCIATES

Michalis Marcou
ELECTRICITY AUTHORITY OF CYPRUS

George V. Markides
KPMG

Pieris M. Markou
DELOITTE

Zoe Mina
DELOITTE

Michalis Mouaimis
MOUAIMIS & MOUAIMIS LLC

Panayotis Mouaimis
MOUAIMIS & MOUAIMIS LLC

Demetris Nicolaou
HARNEYS

Varnavas Nicolaou
PWC CYPRUS

Andry Panteli
P.G. ECONOMIDES & CO LIMITED - MEMBER OF RUSSELL BEDFORD INTERNATIONAL

Christos Papamarkides
DELOITTE

Andriana Patsalosavvi
MINISTRY OF INTERIOR - TECHNICAL SERVICES

Chrysilios Pelekanos
PWC CYPRUS

Carolos Petrou
PETA CO. LTD.

George Petrou
PETA CO. LTD.

Ioanna Petrou
PWC CYPRUS

Maria Petsa
CYPRUS STOCK EXCHANGE

Haris Satsias
LELLOS P. DEMETRIADES LAW OFFICE LLC

Louiza Shiali
PWC CYPRUS

Ioanna Siammouti
ANTIS TRIANTAFYLLIDES & SONS LLC

Andreas Sokratous
MINISTRY OF INTERIOR

Eliza Stasopoulou
CYPRUS STOCK EXCHANGE

Athina Stephanou
MINISTRY OF FINANCE, TAX DEPARTMENT

Anna Stylianou
ARTEMIS BANK INFORMATION SYSTEMS LTD.

Electra Theodorou
ALEXANDROS ECONOMOU LLC

Georgia Theodorou
PWC CYPRUS

Stelios Triantafyllides
ANTIS TRIANTAFYLLIDES & SONS LLC

Vasiliki Triantafyllides
ANTIS TRIANTAFYLLIDES & SONS LLC

Tryfonas Tryfonos
DEPARTMENT OF REGISTRAR OF COMPANIES AND OFFICIAL RECEIVER

Andrie Tsima
MINISTRY OF FINANCE, TAX DEPARTMENT

Alexandros Tsirides
COSTAS TSIRIDES & CO. LLC

Ekaterina Varfolomeeva
PWC CYPRUS

Chrysilios Vassiliou
DELOITTE

Christiana Vassiliou Miliou
ANTIS TRIANTAFYLLIDES & SONS LLC

Olga-Maria Zenon
ANTIS TRIANTAFYLLIDES & SONS LLC

捷克

KPMG ČESKÁ REPUBLIKA, S.R.O.

Jan Andruško
WHITE & CASE

Denisa Assefová
SCHOENHERR

Lukáš Balada
MUNICIPALITY OF PRAGUE 1, TRADE LICENSING DEPARTMENT

Libor Basl
BAKER & MCKENZIE

Tomáš Běhounek
BNT ATTORNEYS-AT-LAW

Rudolf Bicek
SCHOENHERR

David Bujgl
SQUIRE PATTON BOGGS V.O.S. ADVOKÁTNÍ KANCELÁŘ

Jan Capek
EY

Ivan Chalupa
SQUIRE PATTON BOGGS V.O.S. ADVOKÁTNÍ KANCELÁŘ

Peter Chrenko
PWC CZECH REPUBLIC

Pavel Cirek
ENERGY REGULATOR OFFICE CZECH REPUBLIC

Vladimír Čížek
SCHOENHERR

Martin Dančišin
GLATZOVÁ & CO.

Kamila Daňková
WHITE & CASE

Pavel Dejl
KOCIÁN ŠOLC BALAŠTÍK, ADVOKÁTNÍ KANCELÁŘ, S.R.O.

Svatava Dokoupilova
CZECH OFFICE FOR SURVEYING, MAPPING AND CADASTRE

Kristýna Domokošová
WHITE & CASE

Dagmar Dubecka
KOCIÁN ŠOLC BALAŠTÍK, ADVOKÁTNÍ KANCELÁŘ, S.R.O.

Jiří Dvořák
TH ENERGO

Tereza Erényi
PRK PARTNERS S.R.O. ADVOKÁTNÍ KANCELÁŘ, MEMBER OF LEX MUNDI

Jindřich Fuka
GLATZOVÁ & CO.

Michal Hanko
BUBNIK, MYSLIL & PARTNERS

Marie Hasíková
SCHOENHERR

Tomas Hejny
WHITE & CASE

Vít Horáček
LEGALITÉ ADVOKÁTNÍ KANCELÁŘ S.R.O.

Ondřej Hromádko
MUNICIPALITY OF PRAGUE 1, TRADE LICENSING DEPARTMENT

David Ilczyszyn
WHITE & CASE

Anezka Janouskova
MINISTRY OF JUSTICE

Lucie Janouskova
CZECH ASSOCIATION OF ENERGY SECTOR EMPLOYERS

Lucie Kačerová
KOCIÁN ŠOLC BALAŠTÍK, ADVOKÁTNÍ KANCELÁŘ, S.R.O.

Jan Klas
CZECH ASSOCIATION OF ENERGY SECTOR EMPLOYERS

Martina Kneiflová
EY

Eva Koci
MINISTRY OF FINANCE

Filip Košťál
WOLF THEISS RECHTSANWÄLTE GMBH & CO.

Jan Krampera
DVOŘÁK HAGER & PARTNERS

Petr Kucera
CRIF - CZECH CREDIT BUREAU AS

Bohumil Kunc
NOTARIAL CHAMBER OF THE CZECH REPUBLIC - NOTÁŘSKÁ KOMORA ČESKÉ REPUBLIKY

Petr Kusy
MINISTRY OF FINANCE

Lukas Lejcek
BDP-WAKESTONE S.R.O.

Jakub Lichnovský
PRK PARTNERS S.R.O. ADVOKÁTNÍ KANCELÁŘ, MEMBER OF LEX MUNDI

Daniela Machova
NOTARIAL CHAMBER OF THE CZECH REPUBLIC - NOTÁŘSKÁ KOMORA ČESKÉ REPUBLIKY

Peter Maysenhölder
BNT ATTORNEYS-AT-LAW

Veronika Merjavá
WHITE & CASE

David Musil
PWC CZECH REPUBLIC

Barbora Nedvědová
WHITE & CASE

Jiří Nekovar
EURO-TREND, S.R.O. - MEMBER OF RUSSELL BEDFORD INTERNATIONAL

Radim Neubauer
NOTARIAL CHAMBER OF THE CZECH REPUBLIC - NOTÁŘSKÁ KOMORA ČESKÉ REPUBLIKY

Veronika Odrobinova
DVOŘÁK HAGER & PARTNERS

Tomáš Procházka
DVOŘÁK HAGER & PARTNERS

Štěpán Radkovský
CZECH NATIONAL BANK

Tomáš Richter
CLIFFORD CHANCE

Michal Rohacek
FINANCNI SPRAVA - GENERAL FINANCIAL DIRECTORATE

Jaroslav Schulz
INCZ CZ, S.R.O.

Mike Silin
DHL CZECH REPUBLIC

Dana Sládečková
CZECH NATIONAL BANK

Petr Smerkl
WHITE & CASE

Aleš Smetanka
KOCIÁN ŠOLC BALAŠTÍK, ADVOKÁTNÍ KANCELÁŘ, S.R.O.

Kristýna Solomonová
MUNICIPALITY OF PRAGUE 1, TRADE LICENSING DEPARTMENT

Pavel Srb
WOLF THEISS RECHTSANWÄLTE GMBH & CO.

Tomas Strelecek
MINISTRY OF JUSTICE

Petra Stupkova
PRK PARTNERS S.R.O. ADVOKÁTNÍ KANCELÁŘ, MEMBER OF LEX MUNDI

Marek Švehlík
ŠVEHLÍ & MIKULÁŠ ADVOKÁTI, S.R.O.

Sarka Tlaskova
NOTARIAL CHAMBER OF THE CZECH REPUBLIC - NOTÁŘSKÁ KOMORA ČESKÉ REPUBLIKY

Daniel Vejsada
PRK PARTNERS S.R.O. ADVOKÁTNÍ KANCELÁŘ, MEMBER OF LEX MUNDI

Aneta Vermachová
MINISTRY OF JUSTICE

Jiri Vlastnik
VEJMELKA & WÜNSCH, S.R.O.

Stanislav Votruba
PREDISTRIBUCE

Luděk Vrána
VRÁNA & PARTNERS

Andrea Vrbkova
VEJMELKA & WÜNSCH, S.R.O.

Jonathan Weinberg
WHITE & CASE

Tomas Zach
KOCIÁN ŠOLC BALAŠTÍK, ADVOKÁTNÍ KANCELÁŘ, S.R.O.

丹麦

Elsebeth Aaes-Jørgensen
NORRBOM VINDING, MEMBER OF IUS LABORIS

Bo Andersen
REVISION KØBENHAVN I/S

Peter Bang
PLESNER

Thomas Bang
LETT LAW FIRM

Jacob Christensen
PLESNER

Frants Dalgaard-Knudsen
PLESNER

Agnes Cathrine Emdal Navntoft
KROMANN REUMERT, MEMBER OF LEX MUNDI

Anne Birgitte Gammeljord
ROVSING & GAMMELJORD

Thomas Hansen
PLESNER

Silan Harmankaya
PWC DENMARK

Anna Amalie Jensen
KROMANN REUMERT, MEMBER OF LEX MUNDI

Jens Steen Jensen
KROMANN REUMERT, MEMBER OF LEX MUNDI

Jacob C. Jørgensen
LAWYER

Trine Kahr
BRUUN & HJEJLE

Lars Kjaer
BECH-BRUUN LAW FIRM

Troels Kjersgaard
LETT LAW FIRM

Christian Kjølbye
PLESNER

Kamilla Krebs
KROMANN REUMERT,
MEMBER OF LEX MUNDI

Mikkel Stig Larsen
KROMANN REUMERT,
MEMBER OF LEX MUNDI

Susanne Schjølin Larsen
KROMANN REUMERT,
MEMBER OF LEX MUNDI

Lise Lauridsen
BECH-BRUUN LAW FIRM

Pelle Lykke Rørbæk
ROVSING & GAMMELJORD

Kasper Lykkegaard Sorensen
SPEDMAN GLOBAL
LOGISTICS AB

Nikolas Meyer-Karlsen
KROMANN REUMERT,
MEMBER OF LEX MUNDI

Robert Mikelsons
NJORD LAW FIRM

Morten Bang Mikkelsen
PWC DENMARK

Jesper Mortensen
PLESNER

Andreas Nielsen
BRUUN & HJEJLE

Michael Vilhelm Nielsen
PLESNER

Susanne Norgaard
PWC DENMARK

Jim Øksnebjerg
ADVOKATPARTNERSELSKABET
HORTEN

Carsten Pedersen
BECH-BRUUN LAW FIRM

Lars Lindencrone Petersen
BECH-BRUUN LAW FIRM

Marianne Philip
KROMANN REUMERT,
MEMBER OF LEX MUNDI

Sofie Precht Poulse
BECH-BRUUN LAW FIRM

Tessa Maria Rosenberg
BECH-BRUUN LAW FIRM

Kim Sejberg

Thomas Christian Thune
BECH-BRUUN LAW FIRM

吉布提

BANQUE CENTRALE
DE DJIBOUTI

DIRECTION DE L'HABITAT
ET DE L'URBANISME

Mohamed Abayazid Houmed
CABINET AVOCATS ASSOCIÉS
DJIBOUTI ABAYAZID &
ABDOURAHMAN

Mohamed Abdi Hassan
CABINET ARKIMED

Ahmed Abdourahman Cheik

Sadik Ali Imael
CABINET ZK

Idriss Assoweh
CABINET ASSOWEH
& ASSOCIÉS

Houssein Mahamoud Barreh
SERVICE DES DOMAINES ET DE
LA CONSERVATION FONCIÈRE

Thierno Barry

Loubna Bawazir
BANK OF AFRICA MER ROUGE

Idriss Bouha
MASSIDA SMART SOLUTIONS

Sofia Curradi

Ali Dini
AVOCAT À LA COUR

Hassan Mohamed Egue
DIRECTION LEGISLATION
& CONTENTIEUX DE LA
DIRECTIONS DES IMPOTS

Félix Emok N'Dolo
GROUPE CHD

Fahmi Fouad
SELECT

Djama Guelleh
ELECTRICITÉ DE DJIBOUTI

Mélanie Guerinot
MÉLANIE GUERINOT

Tolmone A. Haid
GOBAD ARCHITECTS

Ramiss Houmed
HLB DJIBOUTI

Moustafa Houssein Ali
ELECTRICITÉ DE DJIBOUTI

Zeinab Kamil Ali
CABINET ZK

Ismael Mahamoud
UNIVERSITÉ DE DJIBOUTI

Abdoulrazak Mohamed Ali
CABINET AVOCATS ASSOCIÉS
DJIBOUTI ABAYAZID &
ABDOURAHMAN

Ibrahim Mohamed Omar
CABINET CECA

Abdallah Mohammed Kamil
ETUDE MAÎTRE
MOHAMMED KAMIL

Idriss Omar
BUREAU D'ETUDE TECHNIQUE
ET CONSEILS (BETC)

Mahado Omar
BUREAU D'ETUDE TECHNIQUE
ET CONSEILS (BETC)

Mohamed Robleh Djama
CABINET D'AVOCAT ROBLEH

Ayman Said
AVOCAT

Aicha Youssouf Abdi
CABINET CECA

多米尼克

Kertist Augustus
WATERFRONT AND ALLIED
WORKERS UNION

A.D. Jno Baptiste
JNO. BAPTISTE SHIPPING
& CUSTOMS BROKERAGE
INTERNATIONAL

Rose Anne Charles
LAWRENCE ALICK
C. CHAMBERS

Jo-Anne Commodore
SUPREME COURT REGISTRY

Yakima Cuffy
DE FREITAS & DE FREITAS
AND JOHNSON

Lisa de Freitas
DE FREITAS & DE FREITAS
AND JOHNSON

Evelina E-M. Baptiste
MAGISTRATE COURT

Marvlyn Estrado
KPB CHARTERED
ACCOUNTANTS

Rhoda Joseph
INVEST DOMINICA AUTHORITY

Glen Khan
INDEPENDENT REGULATORY
COMMISSION

Noelize Knight Didier
HARRIS & HARRIS

Michelle Matthew
NATIONAL CO-OPERATIVE
CREDIT UNION LIMITED

Bertilia McKenzie
DOMINICA ELECTRICITY
SERVICES LIMITED (DOMLEC)

Severin McKenzie
MCKENZIE ARCHITECTURAL &
CONSTRUCTION SERVICES INC.

Richard Peterkin
GRANT THORNTON

Eugene G. Royer
EUGENE G. ROYER
CHARTERED ARCHITECT

Dawn Yearwood
YEARWOOD CHAMBERS

多米尼加共和国

Rhadys Abreu de Polanco
UNION INTERNACIONAL
DEL NOTARIADO LATINO

María Teresa Acta
HEADRICK RIZIK ALVAREZ
& FERNÁNDEZ

Juan Alcalde
OMG

Melba Alcántara
HEADRICK RIZIK ALVAREZ
& FERNÁNDEZ

Merielin Almonte
MERIELIN ALMONTE
ESTUDIO LEGAL

Patricia Álvarez
MEDINA GARRIGÓ ABOGADOS

Ana Alvira Mera
AGENCIA DE ADUANAS MERA

Maria Amalia Lorenzo
DELOITTE RD, SRL

Tamara Aquino
JJ ROCA & ASOCIADOS

Flavia Baez de George
CASTILLO Y CASTILLO

Jennifer Beauchamps
JIMÉNEZ CRUZ PEÑA

Luis Eduardo Bernard
GONZÁLEZ TAPIA ABOGADOS

Gustavo Biaggi
BIAGGI & MESSINA

Laura Bobea
MEDINA GARRIGÓ ABOGADOS

Marvin Cardoza
DIRECCIÓN GENERAL DE
IMPUESTOS INTERNOS

Roberto Carvajal Polanco
CARVAJAL POLANCO
& ASOCIADOS SRL

Andre Ceara
DMK LAWYERS
SANTO DOMINGO

Milvio Coiscou Castro
COISCOU & ASOCIADOS

José Colón
EDESUR

Ludovino Colón
EY

Pamela Contreras
JJ ROCA & ASOCIADOS

Leandro Corral
GUZMÁN-ARIZA

Rachel Cortes
HEADRICK RIZIK ALVAREZ
& FERNÁNDEZ

José Cruz Campillo
JIMÉNEZ CRUZ PEÑA

Caleb de la Rosa
DYNATEC

Leonardo de la Rosa
DYNATEC

Sarah de León Perelló
HEADRICK RIZIK ALVAREZ
& FERNÁNDEZ

Rosa Díaz
JIMÉNEZ CRUZ PEÑA

Rafael Dickson Morales
DICKSON MORALES -
ABOGADOS | CONSULTORES

Ruben Edmead
MARÍTIMA DOMINICANA

Zenon Felipe
MARÍTIMA DOMINICANA

Ingrid Fermín-Terrero
SEIBEL DARGAM
HENRÍQUEZ & HERRERA

María Fernández A. de Pou
RUSSIN, VECCHI &
HEREDIA BONETTI

Alejandro Fernández de Castro
PWC DOMINICAN REPUBLIC

Mary Fernández Rodríguez
HEADRICK RIZIK ALVAREZ
& FERNÁNDEZ

Romina Figoli
HEADRICK RIZIK ALVAREZ
& FERNÁNDEZ

Milagros Figuereo
JOB, BÁEZ, SOTO &
ASOCIADOS - MEMBER
OF RUSSELL BEDFORD
INTERNATIONAL

Gloria Gasso
OMG

Sandra Goico
SEIBEL DARGAM
HENRÍQUEZ & HERRERA

Víctor Gómez
HEADRICK RIZIK ALVAREZ
& FERNÁNDEZ

Pablo González Tapia
GONZÁLEZ TAPIA ABOGADOS

María Hernández
EY

Paula Hernández Mera
GONZÁLEZ TAPIA ABOGADOS

David Infante
DELOITTE RD, SRL

Luis J. Jiménez
JIMÉNEZ CRUZ PEÑA

Alejandro Lama
HEADRICK RIZIK ALVAREZ
& FERNÁNDEZ

José M. López
LOPESA

Paola Mañón Taveras
SEIBEL DARGAM
HENRÍQUEZ & HERRERA

Fernando Marranzini
HEADRICK RIZIK ALVAREZ
& FERNÁNDEZ

Carlos Marte
AGENCIA DE COMERCIO
EXTERIOR CM

Jesús Geraldo Martínez
Alcántara
SUPERINTENDENCIA DE BANCOS

Vanessa Mateo
JJ ROCA & ASOCIADOS

Fabiola Medina
MEDINA GARRIGÓ ABOGADOS

Laura Medina
JIMÉNEZ CRUZ PEÑA

Ligia Melo
MEDINA GARRIGÓ ABOGADOS

Melissa Mercedes
JJ ROCA & ASOCIADOS

Rodolfo Mesa Chávez
MESA & MESA ABOGADOS

Apolinar Muñoz
SCHAD CONSULTING

Natia Núñez
HEADRICK RIZIK ALVAREZ
& FERNÁNDEZ

Indira Ogando
DELOITTE RD, SRL

Pamela Ogando
DIRECCIÓN GENERAL DE
IMPUESTOS INTERNOS

Ramón Ortega
PWC

Henry Pastrano Lluberes
JIMÉNEZ CRUZ PEÑA

Elisabetta Pedersini
AARON SUERO & PEDERSINI

Kaulynam Peralta
EDESUR

Yakaira Pérez
EY

Luisa Ericka Pérez Hernández
SUPERINTENDENCIA DE BANCOS

Edward Piña Fernández
BIAGGI & MESSINA

Julio Pinedo
PWC DOMINICAN REPUBLIC

Aimée Prieto
PRIETO CABRERA &
ASOCIADOS

Arturo Ramirez
AARON SUERO & PEDERSINI

Sayra J. Ramirez
PRIETO CABRERA &
ASOCIADOS

Alejandro Miguel Ramírez
Suzaña
RAMIREZ SUZAÑA
& ASOCIADOS

Eduardo Ramos E.
COMISIÓN NACIONAL DE
DEFENSA DE LA COMPETENCIA
(PRO-COMPETENCIA)

Reynaldo Ramos Morel
RAMOS MOREL & ASOCIADOS

Jaime Roca
JJ ROCA & ASOCIADOS

Naomi Rodríguez
HEADRICK RIZIK ALVAREZ
& FERNÁNDEZ

Mariel Romero
EDESUR

Katherine Rosa
JIMÉNEZ CRUZ PEÑA

Juan Rosario
EDESUR

Wendy Sánchez
TRANSUNION DOMINICAN REPUBLIC

Felicia Santana
JJ ROCA & ASOCIADOS

Melissa Silie
MEDINA GARRIGÓ ABOGADOS

Manuel Silverio
JIMÉNEZ CRUZ PEÑA

Llilda Solano
DMK LAWYERS SANTO DOMINGO

Juan Tejeda
PWC DOMINICAN REPUBLIC

Laura Troncoso
OMG

Richard Troncoso
DELOITTE RD, SRL

Robert Valdez
SCHAD CONSULTING

Gisselle Valera Florencio
JIMÉNEZ CRUZ PEÑA

Vilma Veras Terrero
JIMÉNEZ CRUZ PEÑA

Jeannerette Vergez Soto
JOB, BÁEZ, SOTO & ASOCIADOS - MEMBER OF RUSSELL BEDFORD INTERNATIONAL

Monica Villafaña
RUSSIN, VECCHI & HEREDIA BONETTI

Dilcia Villanueva
EDESUR

Chery Zacarías
MEDINA GARRIGÓ ABOGADOS

厄瓜多尔

Claudio Mesias Agama Chiluisa
EMPRESA ELECTRICA DE QUITO

Pablo Aguirre
PWC ECUADOR

María Isabel Aillón
PÉREZ, BUSTAMANTE Y PONCE, MEMBER OF LEX MUNDI

Mario Armendáriz
DLL LAW OFFICE

Mariella Baquerizo
EQUIFAX ECUADOR BURÓ DE INFORMACIÓN CREDITICIA C.A.

Esteban Baquero
FERRERE ABOGADOS

Diego Cabezas-Klaere
CABEZAS & CABEZAS-KLAERE

Luis Cabezas-Klaere
CABEZAS & CABEZAS-KLAERE

Juan José Campaña del Castillo
P&P ABOGADOS

David Cornejo
PWC ECUADOR

Augusto Curillo
EMPRESA ELECTRICA DE QUITO

Juan Carlos Darquea
FERRERE ABOGADOS

Fernando Del Pozo Contreras
GALLEGOS, VALAREZO & NEIRA

Paola Gachet
FERRERE ABOGADOS

Martín Galarza Lanas
PUENTE SÁENZ & GALARZA ATTORNEYS-AT-LAW, CIA LTDA

Leopoldo González R.
PAZ HOROWITZ ABOGADOS

Arturo Griffin Valdivieso
PÉREZ, BUSTAMANTE Y PONCE, MEMBER OF LEX MUNDI

Pedro José Hajj Ferri
FERRERE ABOGADOS

Rubby Lucero
CABEZAS & CABEZAS-KLAERE

Marisol Naranjo Benites
SOUTH TRADE & SOLUTIONS ECUADOR

Francisco Javier Naranjo Grijalva
FEDLEX

Jessahe Navarrete
DLL LAW OFFICE

Luis Nolivos
NOLIVOS LAWYERS

Wolfgang Oberer
SCHRYVER

Letty Ordoñez
EMPRESA PÚBLICA DE MOVILIDAD Y OBRAS PÚBLICAS

Andrea Pavón
VICSAN LOGISTICS SA

Ciro Pazmiño Yánez
P&P ABOGADOS

Ciro Pazmiño Zurita
P&P ABOGADOS

Rodrigo Martin Pesantes Sáenz
PÉREZ, BUSTAMANTE Y PONCE, MEMBER OF LEX MUNDI

Ramiro Pinto
PINTO & GARCÉS ASOC. CÍA LTDA - MEMBER OF RUSSELL BEDFORD INTERNATIONAL

Patricia Ponce Arteta
BUSTAMANTE & BUSTAMANTE

Sandra Reed-Serrano
PÉREZ, BUSTAMANTE Y PONCE, MEMBER OF LEX MUNDI

Santiago Reyes
DLL LAW OFFICE

Leonardo Sempértegui
SEMPÉRTEGUI ONTANEDA

Estefanía Sigcha Orrico
DLL LAW OFFICE

José Urizar
FERRERE ABOGADOS

Hernan Vela Albuja
ISEFE

David Villafuerte
TRADING SOLUTIONS CONSULTORES SA

Manuel Zurita
MZ SISTEMAS ELECTRICOS Y ELECTRONICOS

埃及

CAIRO GOVERNORATE UTILITY DATA CENTER

EGYPTIAN HOLDING COMPANY OF WATER AND WASTE WATER

ISLAND AGENCIES AND SERVICES

Naguib Abadir
NACITA CORPORATION

Omar Abd el Salam
AL KAMEL LAW OFFICE

Alaa Abd El Wahed
GENERAL ORGANIZATION OF EXPORT & IMPORT CONTROL

Mohamed Abd El-Sadek
INTERNATIONAL CENTER FOR LAW, INTELLECTUAL PROPERTY AND ARBITRATION (ICLIPA)

Ayman Abdallah
AM LAW FIRM

Abdel Latif Abdel Moneam
3A INTERNATIONAL

Mostafa Abdel Rahim
HELMY, HAMZA & PARTNERS, MEMBER FIRM OF BAKER & MCKENZIE INTERNATIONAL

Mohamed Abdel-Aziz
SOUTH CAIRO ELECTRICITY DISTRIBUTION COMPANY

Doha Abdelfattah
AM LAW FIRM

Hanan Abdelgamad Aly
ECG ENGINEERING CONSULTANTS GROUP SA

Mostafa Abdel-Rahim
HELMY, HAMZA & PARTNERS, MEMBER FIRM OF BAKER & MCKENZIE INTERNATIONAL

Sherine Abdullah
EGYPTIAN ELECTRICITY UTILITY AND CONSUMER PROTECTION

Amr Mohamed Abo El Fetouh
GENERAL AUTHORITY FOR INVESTMENT GAFI

Ahmed Abou Ali
HASSOUNA & ABOU ALI

Gamal A. Abou Ali
HASSOUNA & ABOU ALI

Abeer Abu Zeid
YOUSSRY SALEH & PARTNERS

Nermine Abulata
MINISTRY OF INDUSTRY AND FOREIGN TRADE

Mona Adel Hussein
TALAL ABU-GHAZALEH LEGAL (TAG-LEGAL)

Hoda Adel Saleh
KARIM ADEL LAW OFFICE

Mohamed Reda Afifi
ENGINEERING CONSULTANCIES OFFICE

Mohamed Aggag
MINISTRY OF JUSTICE

Karim Ahmed
ASMA MARINE GLOBAL LOGISTICS AND FREIGHT FORWARDER

Suzan Saad Ahmed
AL-SAAD FOR ENGINEERING DESIGNS

Yulia V. Akinfieva
YOUSSRY SALEH & PARTNERS

Ashraf Al Wakeel
CENTRAL BANK OF EGYPT

Mahmoud AlFeki

Nadia Ali
CAIRO GOVERNORATE

Mamdouh Ali Ahmed

Ashraf Alkafrawy

Mohamed Allam
AM LAW FIRM

Serene Almaleh
SULTANS LAW

Abd El Wahab Aly Ibrahim
ABD EL WAHAB SONS

Mahmoud Alzayat
ALZAYAT LAW FIRM

Ahmed Amin
SCOPE

Sayed Ammar
AL KAMEL LAW OFFICE

Madonna Azmy
MAHER MILAD ISKANDER & CO.

Tarek Badawy
SARWAT A. SHAHID LAW FIRM

Waleed Badr
EASTMED SHIPPING GROUP

Shaban Baker
CENTRAL BANK OF EGYPT

Khaled Balbaa
KPMG HAZEM HASSAN

Wagih Barakat
AAW CONSULTING ENGINEERS

Salma Basset
NOUR AND SELIM, IN ASSOCIATION WITH AL TAMIMI & COMPANY

Alah Bassyouni

Mansour Boriek
ALEXANDRIA PORT AUTHORITY, MINISTRY OF TRANSPORTATION

Joseph Sami Boutros
AL ALAMEYA COMPANY

Helena Constantine
MAHER MILAD ISKANDER & CO.

Mohamed Darwish
EL SAID DARWISH & PARTNERS

Menna El Abdeeny
MINISTRY OF INDUSTRY AND FOREIGN TRADE

Abdallah El Adly
PWC EGYPT

Yehia H. El Bably
EL BABLY LAW FIRM

Assem El Hawy
NOUR AND SELIM, IN ASSOCIATION WITH AL TAMIMI & COMPANY

Mohamed Refaat El Houshi
THE EGYPTIAN CREDIT BUREAU I-SCORE

Medhat El Kaddy
KADMAR

Hassan El Maraashly
AAW CONSULTING ENGINEERS

Mohamed El Rafie
ALLIANCE LAW FIRM

Ibrahim El Salamoni
HEGAZI LAW

Ramy El Sayed Fawzy
GENERAL AUTHORITY FOR INVESTMENT GAFI

Yasmine El Shahed
SHALAKANY LAW OFFICE, MEMBER OF LEX MUNDI

Aly El Shalakany
SHALAKANY LAW OFFICE, MEMBER OF LEX MUNDI

Emad El Shalakany
SHALAKANY LAW OFFICE, MEMBER OF LEX MUNDI

Khaled El Shalakany
SHALAKANY LAW OFFICE, MEMBER OF LEX MUNDI

Sherry El Shalakany
SHALAKANY LAW OFFICE, MEMBER OF LEX MUNDI

Khaled El Sharkawy
SARWAT A. SHAHID LAW FIRM

Mohamed El Sherbini
SARWAT A. SHAHID LAW FIRM

Passant El Tabei
PWC EGYPT

Hossam Elden Fida

Ashraf Elibrachy
IBRACHY LEGAL CONSULTANCY

Alaa Elkadry
PRIVATE PRACTITIONER

Mostafa Elshafei
IBRACHY LEGAL CONSULTANCY

Ehab Ahmed Elsharaby
KARIM ADEL LAW OFFICE

Essam Elshazly
HORUS AIR AND SEA TRANSPORT

Karim Emam
PWC EGYPT

Mohsen Emam
CENTRAL BANK OF EGYPT

Shahdan Essam
TALAL ABU-GHAZALEH LEGAL (TAG-LEGAL)

Haitham Essmat
JOUDY INTERNATIONAL FOR IMPORT & EXPORT

Ahmed Ezzat
NOUR AND SELIM, IN ASSOCIATION WITH AL TAMIMI & COMPANY

Salma Ezzat
SHALAKANY LAW OFFICE, MEMBER OF LEX MUNDI

Mariam Fahmy
SHALAKANY LAW OFFICE, MEMBER OF LEX MUNDI

Hazem Fathi
HASSOUNA & ABOU ALI

Shereen Fouad
EGYPTIAN ELECTRICITY HOLDING COMPANY

Mennatullah Hamdy
MINISTRY OF INDUSTRY AND FOREIGN TRADE

Hany Hanna
MINISTRY OF JUSTICE

Mohamed Hashish
SOLIMAN, HASHISH AND PARTNERS

Hassan Hassaan
DLA MATOUK BASSIOUNY (PART OF DLA PIPER GROUP)

Dina Hassan
SHALAKANY LAW OFFICE, MEMBER OF LEX MUNDI

Mohab Hassan
HELMY, HAMZA & PARTNERS, MEMBER FIRM OF BAKER & MCKENZIE INTERNATIONAL

Tarek Hassib
AL KAMEL LAW OFFICE

Mostafa Helmy
IBRACHY LEGAL CONSULTANCY

Omneia Helmy
FACULTY OF ECONOMICS AND POLITICAL SCIENCE, CAIRO UNIVERSITY

Taher Helmy
HELMY, HAMZA & PARTNERS, MEMBER FIRM OF BAKER & MCKENZIE INTERNATIONAL

Hossam Hilal
GRANT THORNTON LLP

Mohamed Hisham Hassan
MINISTRY OF INVESTMENT

Badawi Hozaien
HOZAIEN LAW OFFICE

Haytham Hussein
EGYPTIAN GLOBAL LOGISTICS

Nada Hussein
SHALAKANY LAW OFFICE, MEMBER OF LEX MUNDI

Muhammad Hussein Sabaa
FACHHOCHSCHULE SÜDWESTFALEN

Abdel Hamid Ibrahim
EGYPTIAN FINANCIAL SUPERVISORY AUTHORITY

Badawy Ibrahim
MINISTRY OF FINANCE

Mona Ibrahim
UTI

Mehiar Joulji
SARWAT A. SHAHID LAW FIRM

Saif Allah Kadry
SOLIMAN, HASHISH AND PARTNERS

Mohamed Kafafi
THE EGYPTIAN CREDIT BUREAU I-SCORE

Omar Sherif Kamal El Din
SHALAKANY LAW OFFICE, MEMBER OF LEX MUNDI

Khaled Sherif Kamal El Dine
SHALAKANY LAW OFFICE, MEMBER OF LEX MUNDI

Mohamed Kamel
AL KAMEL LAW OFFICE

Mohamed Kandel
AL KAMEL LAW OFFICE

Ahmed Khairi
MINISTRY OF JUSTICE

Mohanad Khaled
BDO KHALED & CO.

Taha Khaled
BDO KHALED & CO.

Ahmed Khaleel

Mohamed Khodeir
GENERAL AUTHORITY FOR INVESTMENT GAFI

Ashraf Maamoun Farag
BOSCH CENTER

Gomaa M. Madny
MINISTRY OF TRADE AND INDUSTRY

Ibrahim Maher
DLA MATOUK BASSIOUNY (PART OF DLA PIPER GROUP)

Ahmed Maher Badr Afifi
MINISTRY OF JUSTICE

Lamia Mahgoub
PWC EGYPT

Yaser Gamaluddin Mahmoud Hamam
THE EGYPTIAN LAW FIRM

Magdy Makky
CUSTOMS ADMINISTRATION

Mustafa Makram
BDO KHALED & CO.

Abouelela Mohamed
ORIENTAL WEAVERS

Ahmed Mohamed
MINISTRY OF INDUSTRY AND FOREIGN TRADE

Yasmin Mohamed Mahran
TALAL ABU-GHAZALEH LEGAL (TAG-LEGAL)

Ola Mohammed Hassan
TALAL ABU-GHAZALEH LEGAL (TAG-LEGAL)

Eman Mohey
HASSOUNA & ABOU ALI

Alia Monieb
IBRACHY LEGAL CONSULTANCY

Mohamed Ahmed Salah El Din Mostafa El Sayed
MINISTRY OF JUSTICE

Marina Mouris
IBRACHY & DERMARKAR LAW FIRM

Mostafa Nagi
TANTA ECONOMIC COURT OF APPEAL

Mariam Negm
AM LAW FIRM

Shimaa Omar
READYMADE GARMENTS EXPORT COUNCIL

Ryham Ragab
RAGAB LAW FIRM

Tamer Ragy
RAGY & PARTNERS LAW FIRM

Said Ramadan Arafa
EGYPTIAN FINANCIAL SUPERVISORY AUTHORITY

Hoda Sabry
ALEXANDRIA PORT AUTHORITY, MINISTRY OF TRANSPORTATION

Nouv Salama
AL KAMEL LAW OFFICE

Maaly Salim
MINISTRY OF TRADE AND INDUSTRY

Zeinab Samir
AL KAMEL LAW OFFICE

Mohamed Serry
SERRY LAW OFFICE

Khalil Shaat
MUNICIPALITY OF GREATER CAIRO

Doaa M. Shabaan
INTERNATIONAL CENTER FOR LAW, INTELLECTUAL PROPERTY AND ARBITRATION (ICLIPA)

Mohammad Shamroukh
MINISTRY OF JUSTICE

Sharif Shihata
SHALAKANY LAW OFFICE, MEMBER OF LEX MUNDI

Mohamed Fakhry Shousha
EGYPTIAN FINANCIAL SUPERVISORY AUTHORITY

Shaimaa Solaiman
CHALLENGE LAW FIRM

Frédéric Soliman
SOLIMAN, HASHISH AND PARTNERS

Mamdouh Taha
GENERAL ORGANIZATION OF EXPORT & IMPORT CONTROL

Randa Tharwat
NACITA CORPORATION

Nariman Wagdy
YOUSSRY SALEH & PARTNERS

Sara Wagdy
NACITA CORPORATION

Mona Wahba Aly El Din
GENERAL AUTHORITY FOR INVESTMENT GAFI

Haidy Waheed
AM LAW FIRM

Amr Youssef
IBRACHY LEGAL CONSULTANCY

Mohamed Youssef
INTERNATIONAL COMPANY FOR YARN

Darah Zakaria
SHARKAWY & SARHAN LAW FIRM

Mona Zobaa
GENERAL AUTHORITY FOR INVESTMENT GAFI

萨尔瓦多

LEÓN SOL ARQUITECTOS

Francisco Armando Arias Rivera
ARIAS LAW

Mauricio Bernal
AES EL SALVADOR

Abraham Bichara
AES EL SALVADOR

Rafael Burgos
ARIAS LAW

Alexander Cader
PWC EL SALVADOR

Claudia Castellanos
LA OFICINA DE PLANIFICACIÓN DEL ÁREA METROPOLITANA DE SAN SALVADOR (OPAMSS)

Carlos Roberto Alfaro Castillo
AGUILAR CASTILLO LOVE

Christian Castro
AES EL SALVADOR

Armando Chacon
LEXINCORP

Walter Chávez
GOLD SERVICE

Eduardo Iván Colocho Catota
INNOVATIONS & INTEGRATED SOLUTIONS, SA DE CV

Luis Alfredo Cornejo Martínez
CORNEJO & UMAÑA, LTDA DE CV - MEMBER OF RUSSELL BEDFORD INTERNATIONAL

Celina Cruz
LA OFICINA DE PLANIFICACIÓN DEL ÁREA METROPOLITANA DE SAN SALVADOR (OPAMSS)

Porfirio Díaz Fuentes
DLM, ABOGADOS, NOTARIOS & CONSULTORES

David Ernesto Claros Flores
GARCÍA & BODÁN

Enrique Escobar
LEXINCORP

Guillermo Escobar
LEXINCORP

Roberta Gallardo de Cromeyer
ARIAS LAW

Edwin Gálvez
AES EL SALVADOR

Gabriela García
SUPERINTENDENCIA DEL SISTEMA FINANCIERO

Raúl González
CONSEJO NACIONAL DE ENERGÍA (CNE)

Yudy Guerrero
GOLD SERVICE

Gerardo Guidos
EXPERTIS

Guillermo Guidos
EXPERTIS

Antonio Guirola Moze
LEXINCORP

Luis Roberto Hernández Arita
HERNÁNDEZ ARITA INGENIEROS

Benjamín Valdez Iraheta

Hexiell Jarquin
DLM, ABOGADOS, NOTARIOS & CONSULTORES

Ligia Maria Lazo Ventura
LAZO ARQUITECTOS ASOCIADOS

Thelma Dinora Lizama de Osorio
SUPERINTENDENCIA DEL SISTEMA FINANCIERO

Mario Lozano
ARIAS LAW

Lorena Madrid
AGUILAR CASTILLO LOVE

Guillermo Massana
ATCASAL ASOCIACIÓN DE TRANSPORTISTAS DE CARGA DE EL SALVADOR

Astrud María Meléndez de Chávez
ASOCIACIÓN PROTECTORA DE CRÉDITOS DE EL SALVADOR (PROCREDITO)

Antonio R. Méndez-Llort
ROMERO PINEDA & ASOCIADOS, MEMBER OF LEX MUNDI

Raúl Alberto García Mirón
BUFETE GARCÍA MIRÓN & CÍA

Miriam Eleana Mixco Reyna
GOLD SERVICE

Ricardo Molina
NOVITAS

Fernando Montano
ARIAS LAW

Jose Navas
ALL WORLD CARGO, SA DE CV

Moises Orlando Pacas M.
ATCASAL ASOCIACIÓN DE TRANSPORTISTAS DE CARGA DE EL SALVADOR

Geraldine Palma
AES EL SALVADOR

Carlos Pastrana
RESTAURO ELETTRICITÀ È COSTRUZIONI

Sergio Perez
AES EL SALVADOR

Mónica Pineda Machuca
PACHECO COTO

Adriana Portillo
LEXINCORP

Ana Patricia Portillo Reyes
LATAMLEX - GUANDIQUE SEGOVIA QUINTANILLA

Emilio Rivera
PWC EL SALVADOR

Carlos Roberto Rodríguez
CONSORTIUM CENTRO AMÉRICA ABOGADOS

Rene Rodas
GEMMA LOGISTICS

Otto Rodríguez Salazar

Mario Enrique Sáenz
SÁENZ & ASOCIADOS

Jaime Salinas
GARCÍA & BODÁN

Oscar Samour
CONSORTIUM CENTRO AMÉRICA ABOGADOS

Ernesto Sánchez
ARIAS LAW

Alonso V. Saravia
ASOCIACIÓN SALVADOREÑA DE INGENIEROS Y ARQUITECTOS (ASIA)

Luis Tevez
BENJAMÍN VALDEZ & ASOCIADOS

Oscar Torres
GARCÍA & BODÁN

Laura Urrutia

Mauricio Antonio Urrutia Urrutia
SUPERINTENDENCIA DEL SISTEMA FINANCIERO

Julio C. Vargas Solano
GARCÍA & BODÁN

Karla Elizabeth Zelaya Rodríguez
SUPERINTENDENCIA DEL SISTEMA FINANCIERO

赤道几内亚

EY

SEGESA (SOCIEDAD DE ELECTRICIDAD DE GUINEA ECUATORIAL)

Elisabeth Ajamen
BEAC SIÈGE

Rui Andrade
VDA - VIEIRA DE ALMEIDA & ASSOCIADOS

Maria Araujo
VDA - VIEIRA DE ALMEIDA & ASSOCIADOS

Irene Balaguer Delgado
L&S ABOGADOS

Francisco Campos Braz
SOLEGE

Angel-Francisco Ela Ngomo Nchama
JUZGADO DE INSTRUCCION DE BATA

Philippe Fouda Fouda
BEAC SIÈGE

Soraia Lacerda
MIRANDA ALLIANCE

Marta López-Pena González
L&S ABOGADOS

João Mayer Moreira
VDA - VIEIRA DE ALMEIDA & ASSOCIADOS

Jose Mbara
PWC EQUATORIAL GUINEA

Paulino Mbo Obama
OFICINA DE ESTUDIOS - ATEG

Ponciano Mbomio Nvo
GABINETE JURIDICO DE PONCIANO MBOMIO NVO

Diosdado Nchama
MINISTERIO DE MINAS, INDUSTRIA Y ENERGIA

Frida Ndong
K5 FREEPORT OIL CENTRE

José Emilio Ndong
ABUY ASESORES

Honorio Ndong Obama
ATTORNEY-AT-LAW

Nanda Nzambi
PWC EQUATORIAL GUINEA

Edna Oliveira
MIRANDA ALLIANCE

Antonio Ondo Obiang Mangue
ARAB CONTRACTORS CO.

Zenika Sanogho
PWC EQUATORIAL GUINEA

Raquel Teresa Serón Calvo
L&S ABOGADOS

Sergio Abeso Tomo
GABINETE Y AGENCIA T&E

Boulbaba Zitouni Ben Yahia
GUINEA SERVICES
PROVIDERS SL

厄立特里亚

Senai Andemariam
BERHANE GILA-MICHAEL
LAW FIRM

Berhane Gila Michael
BERHANE GILA-MICHAEL
LAW FIRM

爱沙尼亚

Juulika Aavik
ADVOKAADIBÜROO
SORAINEN AS

Angela Agur
NJORD LAW FIRM

Oliver Ämarik
ADVOKAADIBÜROO
SORAINEN AS

Aet Bergmann
BNT ATTORNEYS-AT-LAW
ADVOKAADIBÜROO OÜ

Nikita Divissenko
VARUL MEMBER OF TARK
GRUNTE SUTKIENE

Ülleke Eerik
ESTONIAN LAND BOARD

Kelli Eilart
ADVOKAADIBÜROO
SORAINEN AS

Carri Ginter
ADVOKAADIBÜROO
SORAINEN AS

Janek Hamidžanov
METAPRINT LTD.

Andres Juss
ESTONIAN LAND BOARD

Sander Kärson
VARUL MEMBER OF TARK
GRUNTE SUTKIENE

Katre Kasepold
ESTONIAN LOGISTICS AND
FREIGHT FORWARDING
ASSOCIATION

Jevgeni Kazutkin
HOUGH, HUTT & PARTNERS OÜ

Kätlin Klaos
PWC ESTONIA

Edward Kostjuk
HOUGH, HUTT & PARTNERS OÜ

Villu Kõve
ESTONIAN SUPREME COURT

Tanja Kriisa
PWC ESTONIA

Paul Künnap
ADVOKAADIBÜROO
SORAINEN AS

Tanel Küün
LAW OFFICE TARK

Gaily Kuusik
DELOITTE ADVISORY AS

Martti Lemendik
METAPRINT LTD.

Hannes Lentsius
PWC ESTONIA

Kerstin Linnart
ALIANCE OF INDEPENDENT
LEGAL ADVISERS

Berit Loog
MINISTRY OF JUSTICE

Karin Madisson
ADVOKAADIBÜROO
SORAINEN AS

Ants Mailend
ADVOKAADIBÜROO
SORAINEN AS

Kaps Meelis
ELEKTRILEVI OÜ

Veiko Meos
CREDITINFO EESTI AS

Margus Mugu
COBALT LEGAL

Sandra-Kristin Noot
ELLEX RAIDLA
ADVOKAADIBÜROO OÜ

Arne Ots
ELLEX RAIDLA
ADVOKAADIBÜROO OÜ

Olavi Ottenson
DELOITTE ADVISORY AS

Kaitti Persidski
ESTONIAN CHAMBER
OF NOTARIES

Martin-Johannes Raude
ELLEX RAIDLA
ADVOKAADIBÜROO OÜ

Tõnu Roosve
ELEKTRILEVI OÜ

Einar Rosin
KPMG BALTICS OÜ

Kertu Ruus
ADVOKAADIBÜROO
SORAINEN AS

Katrin Sarap
NJORD LAW FIRM

Häli Sokk
ADVOKAADIBÜROO
SORAINEN AS

Lisette Suik
ADVOKAADIBÜROO
SORAINEN AS

Aivar Taro
COBALT LEGAL

Triin Toom
ADVOKAADIBÜROO
SORAINEN AS

Veikko Toomere
NJORD LAW FIRM

Neve Uudelt
ALIANCE OF INDEPENDENT
LEGAL ADVISERS

Kai Vainola
ADVOKAADIBÜROO
SORAINEN AS

Ingmar Vali
CENTRE OF REGISTERS &
INFORMATION SYSTEMS

Paul Varul
VARUL MEMBER OF TARK
GRUNTE SUTKIENE

Peeter Viirsalu
VARUL MEMBER OF TARK
GRUNTE SUTKIENE

埃塞俄比亚

Dagnachew Tesfaye Abetew
DAGNACHEW TESFAYE
AND MAHLET MESGANAW
LAW OFFICE

Million Alemu
LEGAL PRACTITIONER
AND CONSULTANT

Girma Alemu Mengesha
ASSEFA & ASSOCIATES

Assefa Ali Beshir
ASSEFA & ASSOCIATES

Fikadu Asfaw
FIKADU ASFAW AND
ASSOCIATES LAW OFFICE

Sisay Asres
FLK TRADING PLC

Henok Assefa
PRECISE CONSULT

Yodit Assefa
THE MOTOR &
ENGINEERING COMPANY

Ato Awoke Asfaw
AWOKE ASFAW AUTHORIZED
ACCOUNTING

Asrat Bekele
ASGB CONSULTING

Fekadu Bekele
ETHIOPIA REVENUES AND
CUSTOMS AUTHORITY (ERCA)

Semere Wolde Bonger
NATIONAL BANK OF ETHIOPIA

Hailu Burayu
LAWYER

Kumlachew Dagne

Abinet Damtachew
CONSTRUCTION PROXY

Wondowosen Degefa
ETHIOPIA REVENUES AND
CUSTOMS AUTHORITY (ERCA)

Teklay Gebrehiwot
ZENITH

Simon Getachew Kassaye
PWC

Berhane Ghebray
BERHANE GHEBRAY
& ASSOCIATES

Solomon Gizaw
HST CONSULTING

Yodit Gurji
FIKADU ASFAW AND
ASSOCIATES LAW OFFICE

Deborah Haddis Berhanu
MESFIN TAFESSE AND
ASSOCIATES LAW OFFICE

Getu Jemaneh
DELOITTE CONSULTING
PVT. LTD. CO.

Apollo Karumba
PWC

Belay Ketema
BELAY KETEMA LAW OFFICE

Tamrat Kidanemariam
Domenico
TAMRAT KIDANEMARIAM
DOMENICO LAW OFFICE

Tadesse Kiros
TADESSE KIROS LAW OFFICE

Mehrteab Leul
MEHRTEAB LEUL & ASSOCIATES

Yenehun Mamo
YENEHUN BIRLIE LAW OFFICE

Mahlet Mesganaw Getu
DAGNACHEW TESFAYE
AND MAHLET MESGANAW
LAW OFFICE

Mekdes Mezgebu
MESFIN TAFESSE AND
ASSOCIATES LAW OFFICE

Nuredin Mohammed

Belayneh Molla Adgeh
MB CONSULTING PRIVATE
LIMITED COMPANY

Titus Mukora
PWC KENYA

Mekonnen Muluneh Shiferaw
PWC

Habte Petros
YICHALAL TRANSIT
SERVICE AND FREIGHT
FORWARDING PLC

Nigussie Seid
ETHIOPIA REVENUES AND
CUSTOMS AUTHORITY (ERCA)

Meklit Seifu
DELNESSAHOU
TADESSE - COUNSELOR
AND ATTORNEY-AT-LAW

Biruh Setargew
PWC

Kebede Shai
ETHIOPIA REVENUES AND
CUSTOMS AUTHORITY (ERCA)

Kidist Sheferaw
MESFIN TAFESSE AND
ASSOCIATES LAW OFFICE

Getu Shiferaw
MEHRTEAB LEUL & ASSOCIATES

Mekdes Shiferaw
GREEN INTERNATIONAL
LOGISTIC SERVICES

Ameha Sime
AMEHA SIME B.C.

Delnessahou Tadesse
DELNESSAHOU
TADESSE - COUNSELOR
AND ATTORNEY-AT-LAW

Fasil Tadesse
FLK TRADING PLC

Mesfin Tafesse
MESFIN TAFESSE AND
ASSOCIATES LAW OFFICE

Dereje Taffese

Solomon Demissie Tegegn
NET ENGINEERING
CONSULTANCY

Michael Tekie
MEHRTEAB LEUL & ASSOCIATES

Gaim Yibrah Tesema
GAIM YIBRAH

Seyoum Yonhannes Tesfy
ADDIS ABABA UNIVERSITY

Gizeshwork Tessema
GIZE PLC

Wossenyeleh Tigu
MESFIN TAFESSE AND
ASSOCIATES LAW OFFICE

Osborne Wanyoike
PWC

Getahun Worku
LAWYER

Haileyesus Worku
WOYN CHEMICALS PLC

Mekidem Yehiyes
MESFIN TAFESSE AND
ASSOCIATES LAW OFFICE

Seyoum Yohannes Tesfay
ADDIS ABABA UNIVERSITY

Sintayehu Zeleke
FEDERAL HIGH COURT

斐济

WAF NATIONAL OFFICE

Eddielin Almonte
PWC FIJI

Lisa Apted
KPMG

Nicholas Barnes
MUNRO LEYS

Jone Cavubati
FIJI EXPORT COUNCIL

Rhea Chand
MUNRO LEYS

Sangeeta Chand
MINISTRY OF JUSTICE

William Wylie Clarke
HOWARDS LAWYERS

Visvanath Das
FIJI REVENUE AND
CUSTOMS AUTHORITY

Isireli Fa
THE FIJI LAW SOCIETY / FA
& COMPANY BARRISTERS
& SOLICITORS

Dilip Jamnadas
JAMNADAS AND ASSOCIATES

Jerome Kado
PWC FIJI

Viren Kapadia
SHERANI & CO.

Azam Khan
MINISTRY OF LOCAL
GOVERNMENT

Mohammed Afzal Khan
KHAN & CO. BARRISTERS
& SOLICITORS

Emily King
MUNRO LEYS

Peter Ian Knight
CROMPTONS SOLICITORS

Krishneel Krishna
FIJI REVENUE AND
CUSTOMS AUTHORITY

Madhulesh Lakhan
WILLIAMS & GOSLING LTD.

Hemendra Nagin
SHERANI & CO.

Supreena Naidu
AP LEGAL

Jon Orton
ORTON ARCHITECTS

Armish Pal
AP LEGAL

Pradeep Patel
BDO

Mohnish Prasad
FIJI REVENUE AND
CUSTOMS AUTHORITY

Varunendra Prasad
VP LAWYERS

Mele Rakai
SHERANI & CO.

Janet Raman
MUNRO LEYS

Shelvin Singh
SHELVIN SINGH LAWYERS

Narotam Solanki
PWC FIJI

Eparama Tawake
FIJI ELECTRICITY AUTHORITY

Ana Tuiketei
AP LEGAL

芬兰

Manne Airaksinen
ROSCHIER ATTORNEYS LTD.

Timo Airisto
WHITE & CASE

Petri Avikainen
WHITE & CASE

Hillevi Ekstrom
OY NIKLASHIPPING LTD.

Marja Eskola
PWC FINLAND

Oona Fromholdt
CASTRÉN & SNELLMAN ATTORNEYS LTD.

Esa Halmari
HEDMAN PARTNERS

Johanna Haltia-Tapio
HANNES SNELLMAN ATTORNEYS LTD.

Joni Hatanmaa
HEDMAN PARTNERS

Seppo Havia
DITTMAR & INDRENIUS

Henrietta Hindström
ROSCHIER ATTORNEYS LTD.

Harri Hirvonen
PWC FINLAND

Lauri Jääskeläinen
MINISTRY OF THE ENVIRONMENT

Pekka Jaatinen
CASTRÉN & SNELLMAN ATTORNEYS LTD.

Johanna Jarvinen
PANALPINA AB

Sarianna Järviö
WHITE & CASE

Juuso Jokela
SUOMEN ASIAKASTIETO OY

Mika Karppinen
HANNES SNELLMAN ATTORNEYS LTD.

Milla Kokko-Lehtinen
PWC FINLAND

Sini Laajala
HEDMAN PARTNERS

Kaisa Lamppu
PWC FINLAND

Anna-Ilona Lehtonen
ROSCHIER ATTORNEYS LTD.

Jan Lilius
HANNES SNELLMAN ATTORNEYS LTD.

Johanna Lilja
ROSCHIER ATTORNEYS LTD.

Jaakko Maijala
RUSSELL BEDFORD INTERNATIONAL

Olli Mäkelä
HANNES SNELLMAN ATTORNEYS LTD.

Kimmo Mettälä
KROGERUS ATTORNEYS LTD.

Linda Miettinen
EVERSHEDS ATTORNEYS LTD.

Mia Mokkila
ROSCHIER ATTORNEYS LTD.

Marta Monteiro
HANNES SNELLMAN ATTORNEYS LTD.

Eeva-Leena Niemelä
ROSCHIER ATTORNEYS LTD.

Janne Nurminen
ROSCHIER ATTORNEYS LTD.

Emma Nyyssölä
ASIANAJOTOIMISTO WHITE & CASE OY

Jani Pitkänen
EVERSHEDS ATTORNEYS LTD.

Arttur Puoskari
WHITE & CASE

Mikko Rajala
BIRD & BIRD ATTORNEYS LTD.

Vuokko Rajamäki
ROSCHIER ATTORNEYS LTD.

Krista Rekola
WHITE & CASE

Ingrid Remmelgas
ROSCHIER ATTORNEYS LTD.

Peter Salovaara
EVERSHEDS ATTORNEYS LTD.

Petri Seppälä
PWC FINLAND

Nikolas Sjöberg
KROGERUS ATTORNEYS LTD.

Aatos Solhagen
ASIANAJOTOIMISTO WHITE & CASE OY

Dina Stolt
ROSCHIER ATTORNEYS LTD.

Petri Taivalkoski
ROSCHIER ATTORNEYS LTD.

Jenni Teurokoski
HEDMAN PARTNERS

Tuuli Vapaavuori-Vartiainen
EVERSHEDS ATTORNEYS LTD.

Seija Vartiainen
PWC FINLAND

Marko Vuori
KROGERUS ATTORNEYS LTD.

Gunnar Westerlund
ROSCHIER ATTORNEYS LTD.

法国

EAU DE PARIS
MAIRIE DE PARIS

Claire Adenis-Lamarre
MILLER ROSENFALCK LLP

Nadhia Ameziane
DENTONS

Yves Ardaillou
BERSAY ASSOCIES

Vincent Audoir
ALLEZ & ASSOCIÉS

Julien Bellapianta
ATS INTERNATIONAL

Hervé Beloeuvre
FIDUCIAIRE BELOEUVRE ET ASSOCIÉS

Stéphane Bénézant
SCP GRANRUT AVOCATS

Florence Bequet-Abdou
PWC SOCIÉTÉ D'AVOCATS

Pierre Binon
BANQUE DE FRANCE

Andrew Booth
ANDREW BOOTH ARCHITECT

Isabelle-Victoria Carbuccia
IVCH PARIS

Frédéric Cauvin
PWC SOCIÉTÉ D'AVOCATS

Stéphanie Chatelon
TAJ, MEMBER OF DELOITTE TOUCHE TOHMATSU LIMITED

Chloé Chiapusso-Ello
SCP GRANRUT AVOCATS

Jean-Pierre Clavel
SCP JEAN-PIERRE CLAVEL

Stephan de Groër
JEANTET AARPI

Jean-Paul Decorps
ETUDE MAÎTRE JEAN-PAUL DECORPS

Antoine Delacarte
GUILLEMIN FLICHY AARPI

Djaffer Doulache
CABINET RCA

Segolene Dufetel
MAYER BROWN INTERNATIONAL LLP

Jean-Marc Dufour
FRANCE ECOMMERCE INTERNATIONAL

Odile Dupeyré
SOLVEIG AVOCATS

Philippe Durand
PWC SOCIÉTÉ D'AVOCATS

Thomas Ehrecke

Benoit Fauvelet
BANQUE DE FRANCE

Ingrid Fauvelière
JEANTET AARPI

Ivan Féron
PWC SOCIÉTÉ D'AVOCATS

Louis Feuillee
WHITE & CASE

Nataline Fleury
ASHURST LLP

Lionel Galliez
CONSEIL SUPÉRIEUR DU NOTARIAT (PARIS)

Nassim Ghalimi
VEIL JOURDE

Régine Goury
MAYER BROWN INTERNATIONAL LLP

François Grenier

Kevin Grossmann
CABINET GROSSMANN

Karl Hepp de Sevelinges
JEANTET AARPI

Marc Jobert
JOBERT & ASSOCIÉS

Ruben Koslar
JEANTET AARPI

Paul Lafuste
VEIL JOURDE

Daniel Arthur Laprès
AVOCAT À LA COUR D'APPEL DE PARIS

Annie Le Berre
PWC SOCIÉTÉ D'AVOCATS

Alann Le Guillou
WHITE & CASE

Olivier Lopez
COHEN & GRESSER, AARPI

Elsa Lourdeau
MAYER BROWN INTERNATIONAL LLP

Alexandre Majbruch
DENTONS

Wladimir Mangel
MAYER BROWN INTERNATIONAL LLP

Frederic Mercier
MATHEZ TRANSPORTS INTERNATIONAUX SA

Orane Mikolajayk

Nathalie Morel
MAYER BROWN INTERNATIONAL LLP

Nathalie Nègre-Eveillard
WHITE & CASE

Michel Nisse
PWC SOCIÉTÉ D'AVOCATS

Catherine Ottaway
HOCHE SOCIÉTÉ D'AVOCATS

Sabine Paul
MILLER ROSENFALCK LLP

Arnaud Pédron
TAJ SOCIÉTÉ D'AVOCATS

Arnaud Pelpel
PELPEL AVOCATS

Thomas Philippe
MAYER BROWN INTERNATIONAL LLP

Marie-Hélène Pinard-Fabro
PWC SOCIÉTÉ D'AVOCATS

Emmanuelle Ries
MILLER ROSENFALCK LLP

Jean-Francois Riffard
UNIVERSITE CLERMONT AUVERGNE, ECOLE DU DROIT

Nicolas Rontchevsky
AVOCAT ET PROFESSEUR AGRÉGÉ DES FACULTÉS DE DROIT

Pierre-Yves Rossignol
SCP GRANRUT AVOCATS

Guillaume Rougier-Brierre
GIDE LOYRETTE NOUEL, MEMBER OF LEX MUNDI

Philippe Roussel Galle
UNIVERSITÉ PARIS DESCARTES

Hugues Roux
BANQUE DE FRANCE

Abibatou Samb-Diouck
ETUDE SAMB-DIOUCK

Michael Samol
JEANTET AARPI

Maxime Samson

Pierre-Nicolas Sanzey
STEPHENSON HARWOOD

Emmanuel Schulte
BERSAY ASSOCIES

Maxime Simonnet
DENTONS

Johannes Singelnstein
RACINE AVOCATS

Isabelle Smith Monnerville
SMITH D'ORIA

Lionel Spizzichino
WILLKIE FARR & GALLAGHER LLP

Jean Tarrade
CONSEIL SUPÉRIEUR DU NOTARIAT (PARIS)

Steven Theallier
MAYER BROWN INTERNATIONAL LLP

François Vergne
GIDE LOYRETTE NOUEL, MEMBER OF LEX MUNDI

Nicolas Walker
REED SMITH

Ronène Zana
PWC SOCIÉTÉ D'AVOCATS

加蓬

JOHN W. FFOOKS & CO.

MUNICIPALITÉ DE LIBREVILLE

Angéla Adibet
DELOITTE JURIDIQUE ET FISCAL

Elisabeth Ajamen
BEAC SIÈGE

Philippe Bergon
ACTION RAPIDE TRANSIT

Jean-Pierre Bozec
PROJECT LAWYERS

Nicolas Chevrinais
EY FFA JURIDIQUE ET FISCAL

Regine D'Almeida Mensah
OHADA LEGIS

Sylvain Diangatebe Malongo
SOCIÉTÉ D'ENERGIE ET D'EAU DU GABON (SEEG)

Anaïs Edzang Pouzere
PRICEWATERHOUSECOOPERS TAX & LEGAL SA

Gilbert Erangah
ETUDE MAÎTRE ERANGAH

Augustin Fang
CABINET AUGUSTIN FANG

Philippe Fouda Fouda
BEAC SIÈGE

Gagan Gupta
OLAM INTERNATIONAL

Désiré Lasseghe
CNSS

Kevin Lebreton
ACTION RAPIDE TRANSIT

Athanase Ndoye Loury
SYNDIC JUDICIAIRE

Eric Mbah
CONSERVATION DE LA PROPRIETÉ FONCIÈRE ET DES HYPOTHÈQUES

Louis Pascal Mbighi
MINISTÈRE DE L'ECONOMIE

Gaetan Mboza
3M-PARTNERS & CONSEILS

Davy Mendoume
MINISTÈRE DE L'ECONOMIE

Yannick Mokanda
MINISTÈRE DE L'ECONOMIE

Claude Mombo
MINISTÈRE DE L'ECONOMIE

Haymard Moutsinga
AVOCAT À LA COUR

Thierry Ngomo
ARCHI PRO INTERNATIONAL

Lubin Ntoutoume
CABINET SCP NTOUTOUME ET MEZHER

Jean Serge Ogoula
CELLULE E-TAXES

Laurent Pommera
PRICEWATERHOUSECOOPERS TAX & LEGAL SA

Christophe Adrien Relongoué
PRICEWATERHOUSECOOPERS TAX & LEGAL SA

Anne Rodot
ACTION RAPIDE TRANSIT

Fabien Tannhof
SOCIÉTÉ D'ENERGIE ET D'EAU DU GABON (SEEG)

H. Tchiffambeu
3M-PARTNERS & CONSEILS

Ines Vaz
PRICEWATERHOUSECOOPERS TAX & LEGAL SA

Laetitia Yuinang
OLAM INTERNATIONAL

冈比亚

Malick Bah
NATIONAL ENVIRONMENT AGENCY

Abdul Aziz Bensouda
AMIE BENSOUDA & CO.

Amie N.D. Bensouda
AMIE BENSOUDA & CO.

Odzangbateh Dake
PWC GHANA

Ida Denise Drameh
IDA D. DRAMEH & ASSOCIATES

Dzidzedze Fiadjoe
PWC GHANA

Sheriff Gaye
BOLLORÉ TRANSPORT
& LOGISTICS

Sarane Hydara
MAHFOUS ENGINEERING
CONSULTANTS

Lamin S. Jatta
ACCORD ASSOCIATES

Kebba Jobe
DABANI ELECTRICAL
ENTERPRISE

Sulayman Jobe
DT ASSOCIATES, INDEPENDENT
CORRESPONDENCE FIRM
OF DELOITTE TOUCHE
TOHMATSU LIMITED

Sulayman M. Joof
S.M. JOOF AGENCY

Mariam Kante
BOLLORÉ TRANSPORT
& LOGISTICS

Abdoullah Konateh
MAHFOUS ENGINEERING
CONSULTANTS

George Kwatia
PWC GHANA

Anna Njie
AMIE BENSOUDA & CO.

Clement Okey
PWC GHANA

Baboucarr Owl
NATIONAL WATER AND
ELECTRICITY COMPANY LTD.

Ibrahima Salla
TRUST BANK LTD.

Janet Ramatoulie Sallah-Njie
TORODO CHAMBERS

Mary Abdoulie
Samba-Christensen
LEGAL PRACTITIONER

Aji Penda B. Sankareh
DT ASSOCIATES, INDEPENDENT
CORRESPONDENCE FIRM
OF DELOITTE TOUCHE
TOHMATSU LIMITED

Bakary Sanneh
DEPARTMENT OF PHYSICAL
PLANNING AND HOUSING

Joseph E. Sarre
GAMBIA ARCHITECTURAL AND
PLANNING CONSULTANTS

Yassin Senghore
SENGHORE LAW PRACTICE

Hawa Sisay-Sabally
LAWYER

Salieu Taal
TEMPLE LEGAL PRACTITIONERS

格鲁吉亚

Marekh Amirashvili
INTERNATIONAL
ADVOCATES LLC

Davit Askurava
NATIONAL BUREAU
OF ENFORCEMENT

Nino Bakhia
NATIONAL AGENCY OF
PUBLIC REGISTRY

Sandro Bakhsoliani
INSTA LLC

Mikheil Baliashvili
ARCHITECTURAL BUREAU

David Bardavelidze
OCEANNET GEORGIA LTD.

Giorgi Begiashvili
BEGIASHVILI & CO.
LIMITED LAW OFFICES

Levan Berdzenishvili
GEORGIAN TRANS
EXPEDITION LTD.

Tatia Berekashvili
MINISTRY OF ECONOMY AND
SUSTAINABLE DEVELOPMENT

Nino Berianidze
MINISTRY OF ECONOMY AND
SUSTAINABLE DEVELOPMENT

Revaz Beridze
ERISTAVI & PARTNERS

Nino Bezhitashvili
MINISTRY OF ECONOMY AND
SUSTAINABLE DEVELOPMENT

Sandro Bibilashvili
BGI LEGAL

Temur Bolotashvili
GEORGIAN INSTITUTE
OF BUILDING

Arsen Bortsvadze
AMPER CO. ENERGY
SOLUTIONS

Giorgi Chichinadze
MINISTRY OF ECONOMY AND
SUSTAINABLE DEVELOPMENT

Zurab Chkheidze
BEGIASHVILI & CO.
LIMITED LAW OFFICES

Ekaterine Danelia
NODIA, URUMASHVILI
& PARTNERS

Giorgi Eliadze
FINE LIFE

Khatia Esebua
ALLIANCE GROUP HOLDING

Mariam Gabashvili
ERISTAVI & PARTNERS

Zviad Gabisonia
FINE LIFE

Nikoloz Gamkrelidze
CAUCASTRANSEXPRESS LTD.

Teymuraz Gamrekelashvili
TELASI

Teona Gaprindashvili
NODIA, URUMASHVILI
& PARTNERS

Ekaterina Gazadze
GEORGIAN STOCK EXCHANGE

Archil Giorgadze
DECHERT GEORGIA LLC

Givi Giorgadze
INVESTORS COUNCIL

Lasha Gogiberidze
BGI LEGAL

Lali Gogoberidze
MINISTRY OF ECONOMY AND
SUSTAINABLE DEVELOPMENT

Alexander Gomiashvili
JSC CREDIT INFO GEORGIA

Levan Gotua
BEGIASHVILI & CO.
LIMITED LAW OFFICES

Goga Gujejiani
KAUKASUS TRANSPORT
LOGISTIK

Nana Gurgenidze
LEGAL PARTNERS
ASSOCIATED (LPA) LLC

Jaba Gvelebiani
LEGAL PARTNERS
ASSOCIATED (LPA) LLC

Gia Jandieri
NEW ECONOMIC SCHOOL

David Javakhadze
MINISTRY OF ECONOMY AND
SUSTAINABLE DEVELOPMENT

George Jugeli
INVESTORS COUNCIL

David Kakabadze

Grigol Kakauridze
MINISTRY OF ECONOMY AND
SUSTAINABLE DEVELOPMENT

Nikoloz Kakauridze
AZIMUTI LTD.

David Kakhiani
MONTAGE GEORGIA

Irakli Kandashvili

Oguz Kaan Karaer
MAQRO CONSTRUCTION

Irma Kavtaradze
MINISTRY OF ECONOMY AND
SUSTAINABLE DEVELOPMENT

Mari Khardziani
NATIONAL AGENCY OF
PUBLIC REGISTRY

Dachi Kinkladze
GEORGIA REVENUE SERVICE

Sergi Kobakhidze
PWC GEORGIA

Aieti Kukava
ALLIANCE GROUP HOLDING

Sophio Kurtauli
NATIONAL BUREAU
OF ENFORCEMENT

Nino Kvinikadze
NODIA, URUMASHVILI
& PARTNERS

Natia Lapiashvili
DECHERT GEORGIA LLC

Danelia Lasha
AZIMUTI LTD.

Ela Lekishvili
F-CHAIN

Irakli Lekishvili
TOYOTA CAUCASUS LLC

Tea Loladze
MINISTRY OF ECONOMY AND
SUSTAINABLE DEVELOPMENT

Mirab-Dmitry Lomadze

Sofia Machaladze
ERISTAVI & PARTNERS

Irakli Mamaladze
TEGETA MOTORS

Jaba Mamulashvili
BEGIASHVILI & CO.
LIMITED LAW OFFICES

Nicola Mariani
DECHERT GEORGIA LLC

Elene Mebonia
LEGAL PARTNERS
ASSOCIATED (LPA) LLC

Salome Meladze
BGI LEGAL

Salome Meunargia
LEGAL PARTNERS
ASSOCIATED (LPA) LLC

Roin Migriauli
LAW OFFICE MIGRIAULI
& PARTNERS

Giorgi Mikautadze
TBILISI CITY COURT

Ia Mikhelidze
GEORGIA REVENUE SERVICE

Sophie Natroshvili
BGI LEGAL

Lasha Nodia
NODIA, URUMASHVILI
& PARTNERS

Tamta Nutsubidze
BEGIASHVILI & CO.
LIMITED LAW OFFICES

Papuna Papiashvili
NATIONAL BUREAU
OF ENFORCEMENT

George Paresishvili
GEORGIAN STOCK EXCHANGE

Simon Parsons
PWC GEORGIA

Tsisnami Sabadze
MINISTRY OF ECONOMY AND
SUSTAINABLE DEVELOPMENT

Natia Sakhokia
NATIONAL BUREAU
OF ENFORCEMENT

Levan Samanishvili
OCEANNET GEORGIA LTD.

Mikheil Sarjveladze
MINISTRY OF JUSTICE

Manzoor Shah
GLOBALINK LOGISTICS GROUP

Tea Sonishvili
MINISTRY OF ECONOMY AND
SUSTAINABLE DEVELOPMENT

Levan Targamadze
SABA CONSTRUCTION

Giorgi Tavartkiladze
DELOITTE

Tamara Tevdoradze
BGI LEGAL

Antonina Tselovalnikova
GIANTI LOGISTICS

Besik Tsimakuridze

Tamar Tvildiani
TOYOTA CAUCASUS LLC

Kote Ukleba
ELECTRICAL SERVICE GROUP

Samson Uridia
GEORGIA REVENUE SERVICE

Zviad Voshakidze
TELASI

Emre Yetiskin
MAQRO CONSTRUCTION

德国

Helge Aulmann
REED SMITH LLP

Marc Bäumer
REED SMITH LLP

Anna-Lena Baur
GSK STOCKMANN + KOLLEGEN

Judith Becker
REED SMITH LLP

Mark Bekker
BEKKER LOGISTICA

Henning Berger
WHITE & CASE

Philipp Johannes Bergmann
REED SMITH LLP

Jennifer Bierly
GSK STOCKMANN + KOLLEGEN

Justus Binder
REED SMITH LLP

Heiko Büsing
PRICEWATERHOUSECOOPERS
LEGAL AKTIENGESELLSCHAFT
RECHTSANWALTSGESELLSCHAFT

Thomas Büssow
PWC GERMANY

Andreas Eckhardt
PRICEWATERHOUSECOOPERS
LEGAL AKTIENGESELLSCHAFT
RECHTSANWALTSGESELLSCHAFT

Sigrun Erber-Faller
NOTARE ERBER-FALLER
UND VORAN

Johann-Friedrich Fleisch
DLA PIPER UK LLP

Alexander Freiherr von Aretin
GRAF VON WESTPHALEN
RECHTSANWÄLTE
PARTNERSCHAFT

Simon Grieser
REED SMITH LLP

Andrea Gruss
MERGET + PARTNER

Klaus Günther
OPPENHOFF & PARTNER

Daniel Hacker
PRICEWATERHOUSECOOPERS
LEGAL AKTIENGESELLSCHAFT
RECHTSANWALTSGESELLSCHAFT

Marc Alexander Häger
OPPENHOFF & PARTNER

Sebastian Harder
PRICEWATERHOUSECOOPERS
LEGAL AKTIENGESELLSCHAFT
RECHTSANWALTSGESELLSCHAFT

Nadine Haubner
MAYER BROWN LLP

Tina Hoffmann
MAYER BROWN LLP

Götz-Sebastian Hök
DR. HÖK STIEGLMEIER
& PARTNER

Elke Holthausen-Dux
MOCK PARTNERSCHAFT VON
RECHTSANWÄLTEN MBB

Peter Holzhäuser
PRICEWATERHOUSECOOPERS
LEGAL AKTIENGESELLSCHAFT
RECHTSANWALTSGESELLSCHAFT

Markus Jakoby
JAKOBY RECHTSANWÄLTE

Helmuth Jordan
JORDAN & WAGNER
RECHTSANWALTSGESELLSCHAFT
MBH

Alexander Kollmorgen
K&L GATES LLP

Jörg Kraffel
WHITE & CASE

Ernst-Otto Kuchenbrandt
DEUTSCHE BUNDESBANK

Baerbel Kuhlmann
EY

Claudia Kuhn
REED SMITH LLP

Andreas Lange
MAYER BROWN LLP

Peter Limmer
NOTARE DR. LIMMER
& DR. FRIEDERICH

Steffen Lindemann
MAYER BROWN LLP

René Lochmann
REED SMITH LLP

Sabine Malik
SCHUFA HOLDING AG

Werner Meier
SIMMONS & SIMMONS

Frank Mizera
REED SMITH LLP

Marius Moeller
PWC GERMANY

Isaschar Nicolaysen
DLA PIPER UK LLP

Dirk Otto
DENK RECHTSANWAELTE

John Piotrowski
JAKOBY RECHTSANWÄLTE

Sebastian Prügel
WHITE & CASE

Angela Reimer
DIAZ REUS & TARG LLP

Anselm Reinertshofer
REED SMITH LLP

Sebastian Reinsch
JANKE & REINSCH

Alexander Reus
DIAZ REUS & TARG LLP

Malte Richter
MAYER BROWN LLP

Martina Rothe
ASHURST LLP

Jan Rudolph
LINKLATERS LLP

Philipp Ruehland
PRICEWATERHOUSECOOPERS LEGAL AKTIENGESELLSCHAFT RECHTSANWALTSGESELLSCHAFT

Diedrich Schröder
DLA PIPER UK LLP

Volker Schwarz
HEUSSEN RECHTSANWALTSGESELLSCHAFT MBH

Kirstin Schwedt
LINKLATERS LLP

Mike Silin
DHL CZECH REPUBLIC

Marce Spielberger
REED SMITH LLP

Kai Sebastian Staak
PRICEWATERHOUSECOOPERS LEGAL AKTIENGESELLSCHAFT RECHTSANWALTSGESELLSCHAFT

Dirk Stiller
PWC GERMANY

Karl-Thomas Stopp
MOCK PARTNERSCHAFT VON RECHTSANWÄLTEN MBB

Tobias Taetzner
PWC GERMANY

Kévin Paul-Hervé Tanguy
PRICEWATERHOUSECOOPERS LEGAL AKTIENGESELLSCHAFT RECHTSANWALTSGESELLSCHAFT

Jonathan Tobler
DLA PIPER UK LLP

Matei Ujica
REED SMITH LLP

Arne Vogel
M&P DR. MATZEN & PARTNER MBB

Oscar Weller
JANKE & REINSCH

Hartmut Wicke
NOTARE DR. WICKE UND HERRLER

Marco Wilhelm
MAYER BROWN LLP

Thomas Winkler
DOMUS AG - MEMBER OF RUSSELL BEDFORD INTERNATIONAL

Gerlind Wisskirchen
CMS HASCHE SIGLE

Uwe Witt
PRICEWATERHOUSECOOPERS LEGAL AKTIENGESELLSCHAFT RECHTSANWALTSGESELLSCHAFT

加纳

Solomon Ackom
GRIMALDI GHANA LTD.

George Kingsley Acquah
STANDARD CHARTERED BANK GHANA LIMITED

John Acquah
GRIMALDI GHANA LTD.

Larry Adjetey
LAW TRUST COMPANY

Sena Agbekoh
AB & DAVID

Irene Agyenim-Boateng
AB & DAVID

George Ahiafor
XDSDATA GHANA LTD.

Kweku Ainuson
AB LEXMALL & ASSOCIATES

Cecilia Akyeampong
TOWN AND COUNTRY PLANNING DEPARTMENT

Mellisa Amarteifio
SAM OKUDZETO & ASSOCIATES

Nene Amegatcher
SAM OKUDZETO & ASSOCIATES

Kennedy Paschal Anaba
LAWFIELDS CONSULTING

Kweku Brebu Andah
BAKER TILLY ANDAH + ANDAH CHARTERED ACCOUNTANTS

Wilfred Kwabena Anim-Odame
LANDS COMMISSION

Iris Annan
BENTSI-ENCHILL, LETSA & ANKOMAH, MEMBER OF LEX MUNDI

Daisy Joana Antwi
NTRAKWAH & CO.

Kwabena Asante Offei
BENTSI-ENCHILL, LETSA & ANKOMAH, MEMBER OF LEX MUNDI

Akousa Akoma Asiama
NTRAKWAH & CO.

Bridget Atta-Konadu
NTRAKWAH & CO.

Nana Akwasi Awuah
AB LEXMALL & ASSOCIATES

Joyce Bediako
NTRAKWAH & CO.

Ayesha Bedwei
PWC GHANA

Thomas Blankson
XDSDATA GHANA LTD.

Binditi Chitor
AB LEXMALL & ASSOCIATES

Diana Asonaba Dapaah
SAM OKUDZETO & ASSOCIATES

Ras Afful Davis
CLIMATE SHIPPING & TRADING

Jerry Dei
SAM OKUDZETO & ASSOCIATES

Judith Donkoh
NTRAKWAH & CO.

Kofi Edem Penty
RENAISSANCE LAW CHAMBERS

Christina Furler
FURLER ARCHITECTS LTD.

Abeku Gyan-Quansah
PWC GHANA

Rhoda Gyepi-Garbrah
NTRAKWAH & CO.

Roland Horsoo
BOUYGUES CONSTRUCTION

Daniel Imadi
BENTSI-ENCHILL, LETSA & ANKOMAH, MEMBER OF LEX MUNDI

Rosa Kudoadzi
BENTSI-ENCHILL, LETSA & ANKOMAH, MEMBER OF LEX MUNDI

Isaac Kunko
AB LEXMALL & ASSOCIATES

Mary Kwarteng
PWC GHANA

George Kwatia
PWC GHANA

Yaw Kyere
AB LEXMALL & ASSOCIATES

Eric Nii Yarboi Mensah
SAM OKUDZETO & ASSOCIATES

Godwin Ofosuhene Nkrumah
BENTSI-ENCHILL, LETSA & ANKOMAH, MEMBER OF LEX MUNDI

Kwadwo Ntrakwah
NTRAKWAH & CO.

Nana Yaw Ntrakwah
NTRAKWAH & CO.

Abena Ntrakwah-Mensah
NTRAKWAH & CO.

Wordsworth Odame Larbi
CONSULTANT

Sam Okudzeto
SAM OKUDZETO & ASSOCIATES

Rexford Assasie Oppong
KNUST

Prince Oppong Boakye
BENTSI-ENCHILL, LETSA & ANKOMAH, MEMBER OF LEX MUNDI

Patience Ose-Nyarko
TOWN AND COUNTRY PLANNING DEPARTMENT

Vera Owusu Osei
AB & DAVID

Cynthia Jumu Quarcoo
CQ LEGAL & CONSULTING

Henry Layea Quartey
BAKER TILLY ANDAH + ANDAH CHARTERED ACCOUNTANTS

Benjamin Quaye
MINISTRY OF LAND AND NATURAL RESOURCES OF THE REPUBLIC OF GHANA

Jacob Saah
SAAH & CO.

Shirley Somuah
NTRAKWAH & CO.

Ebenezer Teye Agawu
CONSOLIDATED SHIPPING AGENCIES LIMITED

Joyce Franklyn Thompson
NTRAKWAH & CO.

M.C. Vasnani
CONSOLIDATED SHIPPING AGENCIES LIMITED

Thecla Wricketts
BENTSI-ENCHILL, LETSA & ANKOMAH, MEMBER OF LEX MUNDI

希腊

Sophia Ampoulidou
DRAKOPOULOS LAW FIRM

Evangelos Angelopoulos
E ANGELOPOULOS LAW OFFICE

Amalia Balla
POTAMITIS-VEKRIS

George Bersis
POTAMITIS-VEKRIS

Dimitris Bimpas
IME GSEVEE

Ira Charisiadou
CHARISIADOU LAW OFFICE

Viktoria Chatzara
IKRP ROKAS & PARTNERS

Theodora Christodoulou
KLC LAW FIRM

Alkistis Christofilou
IKRP ROKAS & PARTNERS

Evangelia Christopoulou
NOTARY

Vasiliki Christou
KLC LAW FIRM

Leda Condoyanni
HELLENIC CORPORATE GOUVERNANCE COUNCIL

Eleni Dikonimaki
TEIRESIAS SA - BANK INFORMATION SYSTEMS

Sotirios Douklias
KG LAW FIRM

Panagiotis Drakopoulos
DRAKOPOULOS LAW FIRM

Anastasia Dritsa
KYRIAKIDES GEORGOPOULOS LAW FIRM

Elisabeth Eleftheriades
KG LAW FIRM

Stergios Frastanlis
ZEPOS & YANNOPOULOS LAW FIRM, MEMBER OF LEX MUNDI

Dionyssia I. Gamvrakis
SARANTITIS LAW FIRM

Georgios Garoufis
PWC GREECE

Dionysios Gavounelis
KIP LAW FIRM

Gerasimos Georgopoulos
GENIKO EMBORIKO MITROO - GEMI

Antonis Giannakodimos
ZEPOS & YANNOPOULOS LAW FIRM, MEMBER OF LEX MUNDI

Antonios Gkiokas
PWC GREECE

Christos Goulas
KREMALIS LAW FIRM, MEMBER OF IUS LABORIS

Aikaterini Grivaki
PWC GREECE

Dimitris V. Hatzihristidis
ELECTRICAL ENGINEER

Efthymios Kallitsis

Theodora D. Karagiorgou
KOUTALIDIS LAW FIRM

Artemis Karathanassi
PWC GREECE

Catherine Karatzas
KARATZAS & PARTNERS

Aristotelis Katranis
KYRIAKIDES GEORGOPOULOS LAW FIRM

Rita Katsoula
POTAMITIS-VEKRIS

Dionysios Kazaglis
SARANTITIS LAW FIRM

Anna Kazantzidou
VAINANIDIS ECONOMOU & ASSOCIATES LAW FIRM

Anastasia Kelveridou
KYRIAKIDES GEORGOPOULOS LAW FIRM

Efthymios Kleftogiannis
PWC GREECE

Constantinos Klissouras
KIP LAW FIRM

Ioanna Kompou
PWC GREECE

Georgia Konstantinidou
DRAKOPOULOS LAW FIRM

Lena Kontogeorgou
NOTARY

Panos Koromantzos
BAHAS, GRAMATIDIS & PARTNERS

Olga Koromilia
PWC GREECE

Liana Kosmatou
C. PAPACOSTOPOULOS & ASSOCIATES

Zafiria Kosmidou
KARATZAS & PARTNERS

Dimitrios Kotsionis
MICHAEL KYPRIANOU & CO. LLC

Vasiliki (Cecilia) Kousouri
KYRIAKIDES GEORGOPOULOS LAW FIRM

Dimitrios Kremalis
KREMALIS LAW FIRM, MEMBER OF IUS LABORIS

Irene C. Kyriakides
KYRIAKIDES GEORGOPOULOS LAW FIRM

Panos Lolonis
HELLENIC CADASTRE AND MAPPING AGENCY

Artemis Malliaropoulou
INTERNATIONAL CRIMINAL COURT

Effrosyni-Maria Mantalia
ELIAS PARASKEVAS ATTORNEYS 1933

Evangelos Margaritis
DRAKOPOULOS LAW FIRM

Emmanuel Mastromanolis
ZEPOS & YANNOPOULOS LAW FIRM, MEMBER OF LEX MUNDI

Alexandros N. Metaxas
SARANTITIS LAW FIRM

Maria Moschopoulou
ELIAS PARASKEVAS ATTORNEYS 1933

Marilisa Myrat
KARATZAS & PARTNERS

Anthony Narlis
CALBERSON SA

Anastasia Oikonomopoulou
KLC LAW FIRM

Athina Palli
ZEPOS & YANNOPOULOS LAW FIRM, MEMBER OF LEX MUNDI

Christina Papachristopoulou
KIP LAW FIRM

Elena Papachristou
ZEPOS & YANNOPOULOS LAW FIRM, MEMBER OF LEX MUNDI

Konstantinos Papadiamantis
POTAMITIS-VEKRIS

Lily Papakiriaki
KYRIAKIDES GEORGOPOULOS LAW FIRM

Dimitris Papamentzelopoulos
KLC LAW FIRM

Christina Papanikolopoulou
ZEPOS & YANNOPOULOS LAW FIRM, MEMBER OF LEX MUNDI

Stavros Papantonis
ACTION AUDITING SA - MEMBER OF RUSSELL BEDFORD INTERNATIONAL

Martha Papasotiriou
UNITYFOUR

Dimitris E. Paraskevas
ELIAS PARASKEVAS ATTORNEYS 1933

Marios Petropoulos
KREMALIS LAW FIRM, MEMBER OF IUS LABORIS

Spiros Pilios
GENESIS WORLD TRANS

Katerina Politi
KYRIAKIDES GEORGOPOULOS LAW FIRM

Panagiotis Polychronopoulos
KELEMENIS & CO.

Stathis Potamitis
POTAMITIS-VEKRIS

Vicky Psaltaki
SARANTITIS LAW FIRM

Mary Psylla
PWC GREECE

Eva Rodaki
PWC GREECE

Vasiliki Salaka
KARATZAS & PARTNERS

Ioannis Sarakinos
SARAKINOS LAW

Nikolaos Siakantaris
UNITYFOUR

Konstantinos Siakoulis
GENIKO EMBORIKO MITROO - GEMI

Ioannis Skandalis
PWC GREECE

Ioanna Stamou
KARATZAS & PARTNERS

Alexia Stratou
KREMALIS LAW FIRM, MEMBER OF IUS LABORIS

Georgios Thanopoulos
IME GSEVEE

Athanasios Thoedorou

John Tripidakis
JOHN TRIPIDAKIS & ASSOCIATES LAW FIRM

Kimon Tsakiris
KG LAW FIRM

Angeliki Tsatsi
KARATZAS & PARTNERS

Antonios Tsavdaridis
IKRP ROKAS & PARTNERS

Panagiota Tsinouli
KYRIAKIDES GEORGOPOULOS LAW FIRM

Panagiota D. Tsitsa
NOTARY PANAGIOTA TSITSA

Katerina Tzamalouka
KYRIAKIDES GEORGOPOULOS LAW FIRM

Alexia Tzouni
POTAMITIS-VEKRIS

Spyros Valvis
PWC GREECE

Penny Vithoulka
C. PAPACOSTOPOULOS & ASSOCIATES

Konstantinos Vlachakis
NOTARY

Kalliopi Vlachopoulou
KELEMENIS & CO.

Lydia Vradi
KARATZAS & PARTNERS

Sofia Xanthoulea
JOHN TRIPIDAKIS & ASSOCIATES LAW FIRM

Fredy Yatracou
PWC GREECE

Stergios Zygouras
KOUTALIDIS LAW FIRM

格林纳达

DANNY WILLIAMS & CO.

GRENADA ELECTRICITY SERVICES LTD.

W.R. Agostini
W.R. AGOSTINI & CO.

Raymond Anthony
RAYMOND ANTHONY & CO.

James Bristol
HENRY, HENRY & BRISTOL

Carlyle Felix
MINISTRY OF ECONOMIC DEVELOPMENT, PLANNING, TRADE, COOPERATIVES AND INTERNATIONAL BUSINESS

Melissa Garraway
SEON & ASSOCIATES

Kim George
KIM GEORGE & ASSOCIATES

Carlyle Glean Jr.
GLEAN'S CONSTRUCTION & ENGINEERING CO.

Cyrus Griffith
LABOUR DEPARTMENT

Annette Henry
MINISTRY OF LEGAL AFFAIRS

Keith Hosten
HOSTEN'S (ELECTRICAL SERVICES) LTD.

Ernie James
MINISTRY OF ECONOMIC DEVELOPMENT, PLANNING, TRADE, COOPERATIVES AND INTERNATIONAL BUSINESS

Nigel A. John
LATITUDES CONSULT

Garvey Louison
LOUISON CONSULTING

Debra Brenda Mason
GRENADA NUTMEG & COCOA PRODUCTS

Gail Ann Newton
GRENADA PORT AUTHORITY

Karen Samuel
SAMUEL PHILLIP & ASSOCIATES

Safiya Sawney
TRADSHIP INTERNATIONAL

Valentino Sawney
TRADSHIP INTERNATIONAL

David R. Sinclair
SINCLAIR ENTERPRISES LIMITED

Isabelle Slinger
INSTITUTE OF CHARTERED ACCOUNTANTS OF THE EASTERN CARIBBEAN

Sharon Tenny
GRENADA INDUSTRIAL DEVELOPMENT CORPORATION

Alana Twum-Barimah
SUPREME COURT REGISTRY

Shireen Wilkinson
WILKINSON, WILKINSON & WILKINSON

危地马拉

EMPRESA ELÉCTRICA DE GUATEMALA SA

PROTECTORA DE CRÈDITO COMERCIAL

Oty Aixa Farfán Álvarez
SUPERINTENDENCIA DE ADMINISTRACIÓN TRIBUTARIA

Erwin Ronaldo Alvarez Urbina
INSTAELECTRA XPRESS

Nancy Amaya
ATA SERVICIOS

Pedro Aragón
ARAGÓN & ARAGÓN

Mario René Archila Cruz
ARIAS LAW

Jorge Luis Arenales de la Roca
ARIAS LAW

José Alejandro Arévalo Alburez
SUPERINTENDENCIA DE BANCOS

Elías Arriaza Sáenz
CONSORTIUM - RACSA

Sandra Audicio
MARINE CARGO LINE, SA

María de los Angeles Barillas Buchhalter
SARAVIA & MUÑOZ

Nancy Barrera
PWC GUATEMALA

Jose Rodrigo Barrillas Garcia
NOVALES ABOGADOS

Jorge Rolando Barrios
BONILLA, MONTANO, TORIELLO & BARRIOS

Elmer Erasmo Beltetón Morales
REGISTRO GENERAL DE LA PROPIEDAD DE GUATEMALA (RGP)

Luis Gustavo Berganza
REGISTRO GENERAL DE LA PROPIEDAD DE GUATEMALA (RGP)

Axel Beteta

Eva Cacacho González
QIL+4 ABOGADOS SA

Emanuel Callejas
CARRILLO & ASOCIADOS

Natalia Callejas Aquino
AGUILAR CASTILLO LOVE

Rodrigo Callejas Aquino
CARRILLO & ASOCIADOS

Delia Cantoral
EY

Jorge Castañeda
SPEC

Raul Castañeda
SPEC

Juan Carlos Castillo Chacón
AGUILAR CASTILLO LOVE

Eduardo Castillo Cortes
CASTILLO ARQUITECTOS

Maria Mercedes Castro
GARCÍA & BODÁN

Juan Carlos Chavarría
EY

Jose Andres Fuxet Ciani
LEXINCORP

Julio Contreras
REGISTRO GENERAL DE LA PROPIEDAD DE GUATEMALA (RGP)

Juan Luis De la Roca
REGISTRO MERCANTIL

Eleonora de Palma
ATA SERVICIOS

Luis Pedro Del Valle
ARIAS LAW

Claudia Lavinia Figueroa
REGISTRO GENERAL DE LA PROPIEDAD DE GUATEMALA (RGP)

José María Flores Tintí

Abel Francisco Cruz Calderón
SUPERINTENDENCIA DE ADMINISTRACIÓN TRIBUTARIA

Joel Estuardo Gamarro Palomo

Giovanni Garcia
ATA SERVICIOS

Jose Gonzalez
PRECON

Omar Gonzalez
ARQUITECTURA Y DISENO

Liz Gordillo Anleu
ARIAS LAW

Diego Hernández
QIL+4 ABOGADOS SA

Carlos Guillermo Herrera
REGISTRO GENERAL DE LA PROPIEDAD DE GUATEMALA (RGP)

Pamela Jimenez
ARIAS LAW

Eva Maria Lima
MUNICIPALIDAD DE GUATEMALA

Ruy Llanera
COMERICAL AMERICANA DE CONSTRUCCIONES (CONAME)

María Isabel Luján Zilbermann
QIL+4 ABOGADOS SA

Juan Andrés Marroquín
CARRILLO & ASOCIADOS

César Enrique Marroquín Fernández
SUPERINTENDENCIA DE BANCOS

Marco Antonio Martinez
CPS LOGISTICS

Luis Amilcar Mazariegos Ramos

Abelardo Medina
MINISTRY OF ECONOMY

Magbis Mardoqueo Méndez López
REGISTRO GENERAL DE LA PROPIEDAD DE GUATEMALA (RGP)

Ricardo Mendez Tello
EEGSA

Edgar Mendoza
PWC GUATEMALA

Pedro Mendoza Montano
IURISCONSULTI ABOGADOS Y NOTARIOS

Edvin Montoya
LEXINCORP

Maria Eugenia Morales Aceña
CORTE SUPREMA DE JUSTICIA GUATEMALA

Anajoyce Oliva
MUNICIPALIDAD DE GUATEMALA

Julio César Ordóñez Montenegro
BANCO G&T CONTINENTAL

Carlos Ortega
MAYORA & MAYORA SC

Jorge A. Osoy
MUNICIPALIDAD DE GUATEMALA

Roberto Ozaeta
PWC GUATEMALA

Marco Antonio Palacios
PALACIOS & ASOCIADOS

Raul Antonio Palma Cruz
ATA SERVICIOS

Erick Palomo
REGISTRO GENERAL DE LA PROPIEDAD DE GUATEMALA (RGP)

Maria Jose Pepio Pensabene
CÁMARA GUATEMALTECA DE LA CONSTRUCCIÓN

Claudia Pereira
MAYORA & MAYORA SC

Hugo Arévalo Perez
ARÉVALO PEREZ, IRALDA Y ASOCIADOS SC

Mélida Pineda
CARRILLO & ASOCIADOS

Edi Orlando Pineda Ramírez
SUPERINTENDENCIA DE BANCOS

Gabriela Posadas
QIL+4 ABOGADOS SA

Manuel Ramírez
EY

Ada Celeste Rios Cruz De Sandoval
REGISTRO DE GARANTIAS MOBILIARIAS

Andres Rivera
ACEROS ARQUITECTÓNICOS

Francisco Rivera
SUPERINTENDENCIA DE ADMINISTRACIÓN TRIBUTARIA

Alfredo Rodríguez Mahuad
CONSORTIUM - RACSA

Ranulfo Rafael Rojas Cetina
CORTE SUPREMA DE JUSTICIA GUATEMALA

Federico Rolz
MR. BODEGUITAS

Jose Rosales
GARCÍA & BODÁN

Luis Alfonso Ruano
CGW

Maricela Sagastume
REGISTRO GENERAL DE LA PROPIEDAD DE GUATEMALA (RGP)

Glendy Salguero
PWC GUATEMALA

Salvador Augusto Saravia Castillo
SARAVIA & MUÑOZ

Alfredo Skinner-Klee
SKINNER-KLÉE & ASOCIADOS

Alejandro Solares
QIL+4 ABOGADOS SA

Claudia Solares
REGISTRO DE GARANTIAS MOBILIARIAS

Francisco Solórzano
SUPERINTENDENCIA DE ADMINISTRACIÓN TRIBUTARIA

José Augusto Toledo Cruz
ARIAS LAW

Arelis Yariza Torres de Alfaro
SUPERINTENDENCIA DE BANCOS

Rodrigo Valladares
REGISTRO MERCANTIL

Elmer Vargas
PACHECO COTO

Ivar Vega
RV INSTALACIONES

Roselyn Villatoro
NOVALES ABOGADOS

Marlon Virula
EY

几内亚

Camara Abdoul Kabele
CABINET CAMARA ABDOUL

Yves Constant Amani
CABINET D'AVOCATS BAO & FILS

Toure Aïssata Aribot
PORT AUTONOME DE CONAKRY

Pierre Kodjo Avode
SYLLA & PARTNERS

Mohamed Aly Baldé
PWC GUINEA

Mody Sory Barry
DIRECTION NATIONALE DES IMPÔTS

Aguibou Bérété
MINISTÈRE DE L'INDUSTRIE, DES PME ET DE LA PROMOTION DU SECTEUR PRIVÉ

Renaud Bidault
DÉMÉNAGEMENTS INTERNATIONAUX ET GARDE-MEUBLES

Ismaila Camara
MAERSK LOGISTICS SA

Souleymane Camara

Francis Charles Haba
CABINET BABADY ET FRANCIS SCPA

Sally Oussouby Cissoko
DIRECTION NATIONALE DES IMPÔTS

Fatoumata Condé
APIP GUINÉE - AGENCE DE PROMOTION DES INVESTISSEMENTS PRIVÉS

Abdelaziz Derrahi
ELECTRICITÉ DE GUINÉE

Ahmadou Diallo
CHAMBRE DES NOTAIRES

Mamadou Aliou Diallo
GROUPE MAD

Youssouf Diallo
CHAMBRE DES NOTAIRES

Hann Dienaba Keita
APIP-GUINÉE

Barry Fatoumata
CABINET ARCHI PLUS

Naby Moussa Fofana
BANQUE CENTRALE DE GUINÉE (BCRG)

Soukeina Fofana
BANQUE CENTRALE DE GUINÉE (BCRG)

Guy Laurent Fondjo
AFRILAND FIRST BANK

Joachim Gbilimou

Yéké Goumou
MINISTÈRE DE L'INDUSTRIE, DES PME ET DE LA PROMOTION DU SECTEUR PRIVÉ

Madigbe Kaba
SYLLA & PARTNERS

Rene-Marie Kadouno
EY

Diawara Karamokoba
APIP-GUINÉE DIRECTION GÉNÉRALE DES DOUANES

Aribot Karim
DIRECTION NATIONALE DES IMPÔTS

Namory Keita
DIRECTION NATIONALE DES IMPÔTS

Mariama Ciré Keita Diallo
NIMBA CONSEIL SARL

Fatoumata Koulibaly
BANQUE CENTRALE DE GUINÉE (BCRG)

Maténin Kourouma
APIP GUINÉE - AGENCE DE PROMOTION DES INVESTISSEMENTS PRIVÉS

Nounké Kourouma
ADMINISTRATION DES GRANDS PROJETS ET DES MARCHÉS PUBLICS

Boua Kouyaté
SECRÉTARIAT DU DIALOGUE PERMANENT PUBLIC-PRIVÉ

Gbamon Kpoulomou
TRIBUNAL DE PREMIÈRE INSTANCE DE MAFANCO

Mohamed Lahlou
PWC GUINEA

Augustin Lovichi
ELECTRICITÉ DE GUINÉE

Jean Alfred Mathos
NOTAIRE MATHOS JEAN ALFRED

Kaba Moriba
CABINET D'AVOCAT KABA MORIBA

Badara Niang
EY

Lamah Pierre
COMMISSION NATIONALE OHADA DE GUINÉE

Rassi Raja
CABINET D'AVOCAT KOUMY

Mamadou Saliou Baldé
MINISTÈRE DE LA CONSTRUCTION, DE L'URBANISME ET HABITAT

David Sandouno
BUREAU DES TRAVAUX TOPOGRAPHIQUES

Camara Mamadou Sanoussy
NOTAIRE CAMARA MAMADOU SANOUSSY

Satouma Yari Sounah
ETUDE YANSANE

Mohamed Sidiki Sylla
SYLLA & PARTNERS

Paul Tchagna
PWC GUINEA

Abdourahamane Tounkara
GUINÉE CONSULTING

Aboubacar Salimatou Toure
BANQUE DE DÉVELOPPEMENT DE GUINÉE

Mohamed Lamine Touré
BANQUE CENTRALE DE GUINÉE (BCRG)

Mariama Cire Traore
EY

Barry Traoré
CABINET MAÎTRE FATOUMATA AMADOU BARRY

Diallo Youssouf
TRANSMAR SA

Kalivogui Zeze
CABINET D'AVOCAT DE ME KALIVOGUI ZEZE

Togba Nicolas Zomy
CABINET MAÎTRE ZOMY

几内亚比绍

BCEAO

CREDITINFO VOLO

ELECTRICIDADE E AGUAS DA GUINE-BISSAU

MINISTÉRIO DA ECONOMIA E INTEGRAÇÃO REGIONAL

MINISTÉRIO DA JUSTIÇA

Serge Agbomenou
BISSAU EQUIPAMENTOS

José Alves Té
MINISTÉRIO DA JUSTIÇA

Duarte Amaral da Cruz
MC&A - SOCIEDADE DE ADVOGADOS RL

Emílio Ano Mendes
GB LEGAL - MIRANDA ALLIANCE

Luís Antunes
LUFTEC – TÉCNICAS ELÉCTRICAS LDA

Jorcelene Badilé Nhaga
LUD TRÂNSITO - TRANSITÁRIOS BISSAU

Serafim Baptista
LUD TRÂNSITO - TRANSITÁRIOS BISSAU

Tiago Bastos
AICEP PORTUGAL GLOBAL

Humiliano Alves Cardoso
GABINETE ADVOCACIA

Malam Cassama
PRIVATE SECTOR REHABILITATION AND AGRO-INDUSTRIAL DEVELOPMENT PROJECT

Januario Pedro Correia
BANCO DA ÁFRICA OCCIDENTAL

Seco Dafe
BANCO DA ÁFRICA OCCIDENTAL

Adelaida Mesa D'Almeida
JURISCONTA SRL

Ibrahim Demba
MAERSK LOGISTICS

Mamadjan Djalo
MADJENS SARL

Jose Carlos Esteves
JCE CONSULTING

Juliano Augusto Fernandes
JULAFER & LOPESFINO ADVOGADOS ASSOCIADOS

Alcide Gomes
QUID JURIS SARL

Fernando Gomes
TSK LEGAL ADVOGADOS E JURISCONSULTOS

Vladimir Jorge Gomes
BANQUE ATLANTIQUE

Neil Gomes Pereira
CENTRO DE FORMALIZAÇÃO DE EMPRESAS

Liliane Gomis
MAERSK LINE

Numna Gorky Mendes de Medina
GENERAL DIRECTORATE OF CONTRIBUTIONS AND TAXES

Monica Indami
BISSAU FIRST INSTANCE COURT, COMMERCIAL DIVISION

Alceine Indjai
BUREAU PROSPECTIVA BISSAU

Carlos Leles
CÁMARA MUNICIPAL DE BISSAU

Suzette Maria Lopes da Costa Graça
CONSERVATÓRIA DO REGISTO PREDIAL, COMERCIAL E AUTOMÓVEL

Gregorio Malu
TRANSMAR SERVICES LDA

Miguel Mango
AUDI - CONTA LDA

Duarte Marques da Cruz
MC&A - SOCIEDADE DE ADVOGADOS RL

Vítor Marques da Cruz
MC&A - SOCIEDADE DE ADVOGADOS RL

Marciano Mendes
EQUITAS-ADVOCACIA & CONSULTORIA JURIDICA

Ismael Mendes de Medina
GB LEGAL - MIRANDA ALLIANCE

Ruth Monteiro
TSK LEGAL ADVOGADOS E JURISCONSULTOS

Halen Armando Napoco
EQUITAS-ADVOCACIA & CONSULTORIA JURIDICA

Eduardo Pimentel
CENTRO DE FORMALIZAÇÃO DE EMPRESAS

Carlos Pinto Pereira
PINTO PEREIRA & ASSOCIADOS

Tony Luis Pires

Armando Procel
REPÚBLICA DA GUINÉ-BISSAU

Fernando Resina da Silva
VDA - VIEIRA DE ALMEIDA & ASSOCIADOS

Marta Sampaio
MEDITERRANEAN SHIPPING COMPANY LISBON (MSC)

Frederico Sanca
MAERSK LINE

Suleimane Seide
MINISTRY OF FINANCE

José Semedo
TSK LEGAL ADVOGADOS E JURISCONSULTOS

Dickson Siedi
ARQUIDIS ESTUDOS E PROJECTOS

Alfredo Silva
CÁMARA MUNICIPAL DE BISSAU

A. Ussumane So
LOSSER LDA BUSINESS DEVELOPMENT CONSULTANTS

Jorge Sousa
CAMARA DE COMERCIO INDUSTRIA PORTUGAL GUINÉ BISSAU (CCIPGB)

Fernando Tavares
TRANSMAR SERVICES LDA

Fernando Teixeira
ORDEM NACIONAL DOS ARQUITECTOS

Gabriel Umabano
TSK LEGAL ADVOGADOS E JURISCONSULTOS

Carlos Vamain
GOMES & VAMAIN ASSOCIADOS

圭亚那

DIGICOM

RODRIGUES ARCHITECTS LTD.

Tracey Bancroft
CITY ENGINEERS OFFICE MAYOR & COUNCILLORS OF CITY OF GEORGETOWN

Wiston Beckles
CORREIA & CORREIA LTD.

Marcel Bobb
FRASER, HOUSTY & YEARWOOD ATTORNEYS-AT-LAW

Julius Campbell
CORREIA & CORREIA LTD.

Desmond Correia
CORREIA & CORREIA LTD.

Lucia Desir-John
D & J SHIPPING SERVICES

Rocky Hanoman
POLLONAIS, BLANC, DE LA BASTIDE & JACELON

Renford Homer
GUYANA POWER & LIGHT INC.

Kalam Azad Juman-Yassin
GUYANA OLYMPIC ASSOCIATION

Kashir Khan
ATTORNEY-AT-LAW

Rhonda La Fargue
GUYANA POWER & LIGHT INC.

Edward Luckhoo
LUCKHOO & LUCKHOO

Alexis Monize
GUYANA OFFICE FOR INVESTMENT

Harry Noel Narine
PKF INTERNATIONAL

Charles Ogle
MINISTRY OF LABOUR, HUMAN SERVICES AND SOCIAL SECURITY

Carolyn Paul
AMICE LEGAL CONSULTANTS INC.

Vishwamint Ramnarine
PFK BARCELLOS, NARINE & CO.

Reginald Roach
R&D ENGINEERING SERVICES

Ronald Roberts
INDEPENDENT CONTRACTOR

Ryan Ross
GUYANA POWER & LIGHT INC.

Shantel Scott
FRASER, HOUSTY
& YEARWOOD
ATTORNEYS-AT-LAW

Judy Semple-Joseph
CREDITINFO GUYANA

Leslie Sobers
ATTORNEY-AT-LAW

Allyson West
PRICEWATERHOUSECOOPERS
LIMITED

Tonika Wilson-Gabriel
PRICEWATERHOUSECOOPERS
LIMITED

Horace Woolford
GUYANA POWER & LIGHT INC.

Roger Yearwood
BRITTON, HAMILTON & ADAMS

海地

BANQUE DE LA
RÉPUBLIQUE D'HAÏTI

MÉROVÉ-PIERRE - CABINET
D'EXPERTS-COMPTABLES

Theodore Achille III
UNOPS

Marc Kinson Antoine
ADEKO ENTERPRISES

Jude Baptiste
CABINET JUDE BAPTISTE
ET ASSOCIÉS

Larissa Bogat
CABINET LISSADE

Jean Baptiste Brown
BROWN LEGAL GROUP

Martin Camille Cangé
ELECTRICITÉ D'HAÏTI

Karl B. Couba

David Lafortune
BROWN LEGAL GROUP

Ronald Laraque
AAU

Patrick Laurent
CABINET PATRICK
LAURENT & ASSOCIÉS

Camille Leblanc
CABINET LEBLANC & ASSOCIÉS

Garry Lhérisson
ATELIER D'ARCHITECTURE
ET D'URBANISME

Dieuphète Maloir
SAM CONSTRUCTION

Joel Nexil
AIR COURRIER & SHIPPING

Jean Yves Noël
NOËL, CABINET
D'EXPERTS-COMPTABLES

Joseph Paillant
BUCOFISC

Micosky Pompilus
CABINET D'AVOCATS
CHALMERS

Margarette Antoine Sanon
CABINET MARGARETTE
ANTOINE SANON

Michel Succar
CABINET LISSADE

Salim Succar
CABINET LISSADE

Jean Vandal
VANDAL & VANDAL

洪都拉斯

CNBS - COMISIÓN NACIONAL
DE BANCOS Y SEGUROS

COMISIÓN NACIONAL
DE ENERGÍA

Mario Aguero
ARIAS LAW

Daniel Aguilera
TRANSCOMA

Edward Aguilera
TRANSCOMA

Olvin Aguilera
TRANSCOMA

Vanessa Aguilera
TRANSCOMA

Juan José Alcerro Milla
AGUILAR CASTILLO LOVE

Alberto Alvarez
AGUILAR CASTILLO LOVE

Valmir Araujo
OPERADORA PORTUARIA
CENTROAMERICANA

Geovanni Ayestas
EMPRESA NACIONAL
DE ENERGIA

José Simón Azcona
INMOBILIARIA ALIANZA SA

Freddy Castillo
GARCÍA & BODÁN

Helui Castillo
COHEP (CONSEJO
HONDUREÑO DE LA
EMPRESA PRIVADA)

Jaime Alberto Colindres
Rosales
DYCELES S DE RL

Natalie Ann Cooper Umaña
INVERSIONES CELAQUE SA

Alejandra Cruz
CASCO-FORTIN, CRUZ
& ASOCIADOS

Graciela Cruz
GARCÍA & BODÁN

Heidy Cruz
GARCÍA & BODÁN

Gilda Espinal Veliz
ASJ - ASOCIACIÓN PARA
UNA SOCIEDAD MÁS JUSTA

Jose Luis Haya
ARQUITECNIC

Evangelina Lardizábal
ARIAS LAW

Erick Lezama
ARIAS LAW

Rafael Enrique Medina Elvir
CÁMARA DE COMERCIO E
INDUSTRIA DE TEGUCIGALPA

Jesús Humberto Medina-Alva
CENTRAL LAW MEDINA,
ROSENTHAL & ASOCIADOS

Juan Carlos Mejía Cotto
INSTITUTO DE LA PROPIEDAD

E. Mendoza
COHEP (CONSEJO
HONDUREÑO DE LA
EMPRESA PRIVADA)

Ramón E. Morales
PWC HONDURAS

Juan Diego Napky
GARCÍA & BODÁN

Vanessa Oquelí
GARCÍA & BODÁN

Gabriela Padilla
CASCO-FORTIN, CRUZ
& ASOCIADOS

Dino Rietti
ARQUITECNIC

José Rafael Rivera Ferrari
CONSORTIUM LEGAL

Milton Gabriel Rivera Urquía
PWC HONDURAS

Conrado Rodriguez
ADVOCATUS LAW FIRM

Enrique Rodriguez Burchard
AGUILAR CASTILLO LOVE

Fanny Rodríguez del Cid
ARIAS LAW

Germany Salgado
ADVOCATUS LAW FIRM

René Serrano
ARIAS LAW

Juan Sinclair
EMPRESA NACIONAL DE
ENERGÍA ELÉCTRICA

Gustavo Solorzano
COHEP (CONSEJO
HONDUREÑO DE LA
EMPRESA PRIVADA)

Cristian Stefan Handal
ADVOCATUS LAW FIRM

Valerya Theodoracopoulos
ARIAS LAW

Mariano Turnes
OPERADORA PORTUARIA
CENTROAMERICANA

Daysi Gricelda Urquía
Hernández
TRANSUNION

Armando Urtecho López
COHEP (CONSEJO
HONDUREÑO DE LA
EMPRESA PRIVADA)

Lizzeth Villatoro
CASCO-FORTIN, CRUZ
& ASOCIADOS

Mauricio Villeda Jr.
GUTIERREZ FALLA
& ASOCIADOS

Jose Emilio Zablah Ulloa
PWC HONDURAS

Mario Rubén Zelaya
ENERGÍA INTEGRAL
S. DE RL DE CV

Benito Arturo Zelaya Cálix
LEXINCORP

中国香港

AECOM ASIA
COMPANY LIMITED

ALLEN & OVERY

STEINBERG HKC

Albert P.C. Chan
THE HONG KONG
POLYTECHNIC UNIVERSITY

Nick Chan
SQUIRE PATTON BOGGS

Vashi Chandiramani
EXCELLENCE INTERNATIONAL

Jacqueline Chiu
MAYER BROWN JSM

Nikki Chong
ASHURST HONG KONG

Lillian Chow
THE OFFICIAL RECEIVER'S
OFFICE OF THE SPECIAL
ADMINISTRATIVE REGION
OF HONG KONG

Selraniy Chow
PWC HONG KONG

Robert Chu
FINANCIAL SERVICES AND
THE TREASURY BUREAU
OF THE GOVERNMENT OF
THE HONG KONG SPECIAL
ADMINISTRATIVE REGION

Tony Chu
VICTON REGISTRATIONS LTD.

Cynthia Chung
DEACONS, MEMBER
OF LEX MUNDI

Jimmy Chung
RUSSELL BEDFORD HONG
KONG - MEMBER OF RUSSELL
BEDFORD INTERNATIONAL

Joanna Chung
FINANCIAL SERVICES AND
THE TREASURY BUREAU
OF THE GOVERNMENT OF
THE HONG KONG SPECIAL
ADMINISTRATIVE REGION

Victor Dawes
TEMPLE CHAMBERS

Jorge Forton
DUN & BRADSTREET (HK) LTD.

Wilson Fung
MAYER BROWN JSM

Keith Man Kei Ho
WILKINSON & GRIST

Samuel Ho
TRANSUNION LIMITED

Reynold Hung
PWC HONG KONG

Peter Kwon
ASHURST HONG KONG

Billy Lam
MAYER BROWN JSM

Christie Lam
HONG KONG FINANCIAL
SECRETARY

Kai Chiu Lam
CLP POWER HONG
KONG LIMITED

Eva Lau
THE LAND REGISTRY
OF HONG KONG

Ka Shi Lau
BCT FINANCIAL LIMITED
(BCTF) / BANK CONSORTIUM
TRUST COMPANY
LIMITED (BCTC)

Yolanda Lau
ADDLESHAW GODDARD

Gina Lee
TRANSUNION LIMITED

Camille Leung
SQUIRE PATTON BOGGS

Jenny Liu
ASHURST HONG KONG

Terry LK Kan
SHINEWING SPECIALIST
ADVISORY SERVICES LIMITED

Albert Lo
TRANSUNION LIMITED

Kathy Lo
FINANCIAL SERVICES AND
THE TREASURY BUREAU
OF THE GOVERNMENT OF
THE HONG KONG SPECIAL
ADMINISTRATIVE REGION

Psyche S.F. Luk
FAIRBAIRN CATLEY
LOW & KONG

Louise Ng
SQUIRE PATTON BOGGS

Mat Ng
JLA-ASIA

James Ngai
RUSSELL BEDFORD HONG
KONG - MEMBER OF RUSSELL
BEDFORD INTERNATIONAL

Kok Leong Ngan
CLP POWER HONG
KONG LIMITED

Yeung Or
INLAND REVENUE
DEPARTMENT, HKSAR

Martinal Quan
METOPRO ASSOCIATES LIMITED

Hin Han Shum
SQUIRE PATTON BOGGS

Holden Slutsky
PACIFIC CHAMBERS

Brett Stewien
ADDLESHAW GODDARD

Keith Tam
DUN & BRADSTREET (HK) LTD.

Tammie Tam
MAYER BROWN JSM

Yuk Ting Fiona Fok
JLA-ASIA

Anita Tsang
PWC HONG KONG

William Tsang
Y H TSANG & CO.

Lawrence Tsong
TRANSUNION LIMITED

Paul Tsui
HONG KONG ASSOCIATION
OF FREIGHT FORWARDING
& LOGISTICS LTD. (HAFFA)

King Wai Leonard Chan
JLA-ASIA

Christopher Whiteley
ASHURST HONG KONG

Fergus Wong
PWC HONG KONG

David Wu
CYTS-SPIRIT LOGISTICS LTD.

Erica Xiong
RUSSELL BEDFORD HONG
KONG - MEMBER OF RUSSELL
BEDFORD INTERNATIONAL

Yuan Xu
SHANDONG STARMEN CO. LTD.

Kwok Kuen Yu
COMPANIES REGISTRY

Sunny Yu
FINANCIAL SERVICES AND
THE TREASURY BUREAU
OF THE GOVERNMENT OF
THE HONG KONG SPECIAL
ADMINISTRATIVE REGION

匈牙利

HELLMANN WORLDWIDE
LOGISTICS KFT

Balázs Balog
RETI, ANTALL AND
PARTNERS LAW FIRM

Dénes Balog
ELMŰ HÁLÓZATI KFT

Sándor Békési
PARTOS & NOBLET
HOGAN LOVELLS

Sándor Benkei
ÓBUDA-ÚJLAK ZRT

Hédi Bozsonyik
SZECSKAY ATTORNEYS-AT-LAW

Beata Bujnoczki
PRICEWATERHOUSECOOPERS
HUNGARY LTD.

Szilágyi Csaba
ÓBUDA-ÚJLAK ZRT

Sárosi Csanád
OBUDA-UJALK

Zsuzsanna Cseri
CSERI & PARTNERS
LAW OFFICES

Krisztián Devecz
PARTOS & NOBLET
HOGAN LOVELLS

Nóra Elmer-Szabó
SÁNDOR SZEGEDI
SZENT-IVÁNY KOMÁROMI
EVERSHEDS SUTHERLAND

Gyula Gábriel
BOGSCH & PARTNERS

Laszlo Gaspar
FBIS ARCHITECTS

Mihály Gerhát
PRICEWATERHOUSECOOPERS
HUNGARY LTD.

Ervin Gombos
GMBS KFT

Zoltán Gurszky
ELMŰ HÁLÓZATI KFT

Csaba Attila Hajdu
BNT ATTORNEYS-AT-LAW

Tamás Halmos
PARTOS & NOBLET
HOGAN LOVELLS

Attila Horváth
ÓBUDA-ÚJLAK ZRT

Dóra Horváth
RETI, ANTALL AND
PARTNERS LAW FIRM

József Horváth
ÓBUDA-ÚJLAK ZRT

Andrea Jádi Németh
BPV / JÁDI NÉMETH
ATTORNEYS-AT-LAW

Atilla Jambor
DR. JÁMBOR ATTILA
LAW OFFICE

Zoltán Janosi
PARTOS & NOBLET
HOGAN LOVELLS

Ferenc Kalla
GTF KFT

Veronika Kiss
PARTOS & NOBLET
HOGAN LOVELLS

Andrea Kladiva
CSERI & PARTNERS
LAW OFFICES

Andrea Kocziha
PRICEWATERHOUSECOOPERS
HUNGARY LTD.

Csaba Kovács
ELMŰ HÁLÓZATI KFT

Gergely Kovács
BOGSCH & PARTNERS

Miklós Machács
MEASUREMENT AND
TECHNICAL SAFETY AUTHORITY
(BUDAPEST CAPITAL CITY
GOVERNMENT OFFICE)

Csaba Máté
ÓBUDA-ÚJLAK ZRT

Dóra Máthé
PRICEWATERHOUSECOOPERS
HUNGARY LTD.

Kinga Mekler
SÁNDOR SZEGEDI
SZENT-IVÁNY KOMÁROMI
EVERSHEDS SUTHERLAND

Zsolt Miklóshalmi
ÓBUDA-ÚJLAK ZRT

Mariann Miskovics
SÁNDOR SZEGEDI
SZENT-IVÁNY KOMÁROMI
EVERSHEDS SUTHERLAND

László Mohai
MOHAI LAW OFFICE

Gyorgy Nadas
UNIVERSITY OF DEBRECEN

Viktor Nagy
BISZ CENTRAL CREDIT
INFORMATION PLC

Sándor Németh
SZECSKAY ATTORNEYS-AT-LAW

Christopher Noblet
PARTOS & NOBLET
HOGAN LOVELLS

Galbavi Pál
ÓBUDA-ÚJLAK ZRT

Örs Pénzes

Sipka Péter
UNIVERSITY OF DEBRECEN

Eszter Piller
PRICEWATERHOUSECOOPERS
HUNGARY LTD.

Henriett Rabb
UNIVERSITY OF DEBRECEN

Rita Rado
CSERI & PARTNERS
LAW OFFICES

Richard Safcsak
BISZ CENTRAL CREDIT
INFORMATION PLC

Zsófia Sallai
BNT ATTORNEYS-AT-LAW

István Sándor
KELEMEN, MESZAROS,
SANDOR & PARTNERS

Szilvia Szeleczky
BUDAPEST 1ST DISTRICT
MUNICIPALITY

Ágnes Szent-Ivány
SÁNDOR SZEGEDI
SZENT-IVÁNY KOMÁROMI
EVERSHEDS SUTHERLAND

Adám Tóth
DR. TÓTH ÁDÁM
KÖZJEGYZŐI IRODA

József Vizer
RSM HUNGARY TAX AND
FINANCIAL ADVISORY
SERVICES PLC

Marton Leo Zaccaria
UNIVERSITY OF DEBRECEN

冰岛

Kristján Pálsson
REYKJAVIK MUNICIPAL
BUILDING CONTROL OFFICER

Ásta Sólveig Andrésdóttir
REGISTERS ICELAND

Benedikt Egill Árnason
LOGOS, MEMBER
OF LEX MUNDI

Ragnar Tomas Árnason
LOGOS, MEMBER
OF LEX MUNDI

Heiðar Ásberg Atlason
LOGOS, MEMBER
OF LEX MUNDI

Stefán Árni Auðólfsson
LMB LEGAL SERVICES

Margrét Berg Sverrisdóttir
COURT OF ARBITRATION
OF THE ICELAND CHAMBER
OF COMMERCE

Arnar Bjarnason
FRAKT.IS

Jakob Björgvin Jakobsson
ARCTIC LEGAL SERVICES

Karen Bragadóttir
TOLLSTJÓRI - DIRECTORATE
OF CUSTOMS

Margret Anna Einarsdottir
JÓNATANSSON & CO.
LEGAL SERVICES

Eymundur Einarsson
ENDURSKOÐUN OG
RÁÐGJÖF EHF

Ásta Margrét Eiríksdóttir
BBA LEGAL

Ólafur Eiríksson
LOGOS, MEMBER
OF LEX MUNDI

Sigríður Anna Ellerup
REGISTERS ICELAND

Björg Finnbogadóttir
REGISTERS ICELAND

Anna Björg Guðjónsdóttir
BBA LEGAL

Gudrun Gudmundsdottir
JÓNAR TRANSPORT

Marta Guðrún Blöndal
COURT OF ARBITRATION
OF THE ICELAND CHAMBER
OF COMMERCE

Andri Gunnarsson
NORDIK LEGAL SERVICES

Reynir Haraldsson
JÓNAR TRANSPORT

Hörður Davíð Harðarson
TOLLSTJÓRI - DIRECTORATE
OF CUSTOMS

Burkni Maack Helgason
CREDITINFO ICELAND

Jón Ingi Ingibergsson
PWC ICELAND

Aðalsteinn E. Jónasson
LEX LAW OFFICES

Hróbjartur Jónatansson
JÓNATANSSON & CO.
LEGAL SERVICES

Lára V. Júlíusdóttir
LÖGMENN LAUGAVEGI 3 EHF

Antoine Lochet
BBA LEGAL

Bjorn Mar Olafsson
PWC ICELAND

Helga Melkorka Óttarsdóttir
LOGOS, MEMBER
OF LEX MUNDI

Kristján Pálsson
JÓNAR TRANSPORT

Ásgeir Á. Ragnarsson
BBA LEGAL

Arna Sigurjónsdóttir
LMB LEGAL SERVICES

Gunnar Sturluson
LOGOS, MEMBER
OF LEX MUNDI

Rúnar Svavar Svavarsson
VEITUR, DISTRIBUTION-
ELECTRICAL SYSTEM

Jón Þórarinsson
CREDITINFO ICELAND

Helgi Þór Þorsteinsson
LEX LAW OFFICES

Steinþór Þorsteinsson
TOLLSTJÓRI - DIRECTORATE
OF CUSTOMS

Jon Vilhjalmsson
EFLA CONSULTING ENGINEERS

印度

ASHOK DHINGRA ASSOCIATES

ASIATIC ELECTRICAL
SWITCHGEAR (P) LTD.

AUM ARCHITECTS

CONSULTA JURIS

FCA INDIA AUTOMOBILES
PVT. LTD.

JAYNIX ENGINEERING PVT. LTD.

M.D. ARCHITECTS

MAHARANI LAXMI AMMANNI
CENTRE FOR SOCIAL
SCIENCE RESEARCH

Ajay Abad
SKP BUSINESS CONSULTING LLP

Jolly Abraham
DESAI & DIWANJI

Alfred Adebare
LEXCOUNSEL

Ca Surabhi Agarwal
SS KOTHARI MEHTA & CO.

Kritika Agarwal
MAJMUDAR & PARTNERS

Sanjay Kumar Agarwal

Vinay Agarwal
MIRC ELECTRONICS LIMITED

Mayank Aggarwal
LUTHRA & LUTHRA
LAW OFFICES

Neeharika Aggarwal
KNM & PARTNERS

Rahul Agrawal
ZOOM IN GROUP

Padmakar Agte
POWER SOLUTIONS

Jotinder Ahluwalia
RELIANCE INFRASTRUCTURE
LTD.

Aqil Ahmed
SOUTH DELHI MUNICIPAL
CORPORATION

Praveen Alok
KHAITAN AND COMPANY

Saurabh Babulkar
SETH DUA & ASSOCIATES

Surendrakumar Badge
BEST

Tarun Baidya
VARDHAMAN CUSTOMS
CLEARING & FORWARDING
AGENCIES

Shashi Bala
MUNICIPAL CORPORATION
OF GREATER MUMBAI

Shrenik N. Bamb
SHRENIK N. BAMB
& ASSOCIATES

Pallavi Banerjee
J. SAGAR ASSOCIATES,
ADVOCATES & SOLICITORS

Pritam Banerjee
DEUTSCHE POST DHL GROUP

Anupam Bansal
ABRD ARCHITECTS

Neeraj Bansal
JAWAHARLAL NEHRU
PORT TRUST

Raghav Bansal
RSB LEAGUE CONSULTANTS,
ATTORNEYS & SOLICITORS

Shashwat Bansal
RSB LEAGUE CONSULTANTS,
ATTORNEYS & SOLICITORS

Subhash Bansal
RSB LEAGUE CONSULTANTS,
ATTORNEYS & SOLICITORS

Sumitava Basu
JURIS CORP

Sumant Batra
KESAR DASS B & ASSOCIATES

Neeraj Bhagat
NEERAJ BHAGAT & CO.

M.L. Bhakta
KANGA & CO.

Pradeep Bhandari
INTUIT MANAGEMENT
CONSULTANCY

M.P. Bharucha
BHARUCHA & PARTNERS

Deepak Bhaskar
TRILEGAL

Moksha Bhat
TRILEGAL

Gurleen Bhatia
KNM & PARTNERS

Gurpriya Bhatia
I.L.A. PASRICH & COMPANY

Saurav Bhattacharya
PWC INDIA

Sukanya Bhattacharya
LUTHRA & LUTHRA
LAW OFFICES

Mona Bhide
DAVE & GIRISH & CO.

Hetal Bilaye
NISHITH DESAI ASSOCIATES

Nidhi Bothra
VINOD KOTHARI & CO.
PRACTICING COMPANY
SECRETARIES

Amit Brid
BRID ELECTRIC CORPORATION

J.K. Budhiraja
INSOLVENCY PROFESSIONAL
AGENCY OF INSTITUTE OF COST
ACCOUNTANTS OF INDIA

K.K. Chadha
ARCHITECT

Harshala Chandorkar
TRANSUNION CIBIL LIMITED

Sravani Channapragada
J. SAGAR ASSOCIATES,
ADVOCATES & SOLICITORS

Charu Lata
UNIVERSAL LEGAL

Anand Chatrath
B. M. CHATRATH & CO.

Jyoti Chaudhari
LEGASIS SERVICES PRIVATE

Sanjiv Kumar Chaudhary

Aseem Chawla
PHOENIX LEGAL

Chandni Chawla
PHOENIX LEGAL

Daizy Chawla
SINGH & ASSOCIATES,
ADVOCATES AND SOLICITORS

Manjula Chawla
PHOENIX LEGAL

Vinita Chhatwal
I.L.A. PASRICH & COMPANY

Vinod Chithore
MUNICIPAL CORPORATION OF GREATER MUMBAI

Priyanka Choksi
DESAI & DIWANJI

Poorvi Chothani
LAWYER

Sachin Chugh
SINGHI CHUGH & KUMAR, CHARTERED ACCOUNTANTS

Chirag Dabhi
C & D LOGISTICS

Manish Dadhania
PRECISION SINTERED PRODUCTS

Chetan Daga
SUDIT K. PAREKH AND CO.

Neelesh Datir
ALBIEA

Amin Dayani

Rhuta Deobagkar
TRILEGAL

Sunil Deole
DEOLE BROS

Nimish Desai
NHD FORWARDERS PVT. LTD.

Vishwang Desai
DESAI & DIWANJI

Pushkar Deshpande
KOCHHAR & CO.

Rishi Dev
RISHI DEV ARCHITECTS AND ASSOCIATES

Farida Dholkawala
DESAI & DIWANJI

Rajiv Dogra
KODIAK CONTAINER LINES PVT. LTD.

Rakesh Dogra

Anagha Dongre
SUDIT K. PAREKH AND CO.

Rajesh Dongre
ABRD ARCHITECTS

Jigar Doshi
SKP BUSINESS CONSULTING LLP

Jitendra R. Doshi
SHREEJI SERVICES

Maulik Doshi
SKP BUSINESS CONSULTING LLP

Atul Dua
SETH DUA & ASSOCIATES

Manojkumar Dubal
MANOJ DUBAL & ASSOCIATES

Harshit Dusad
JURIS CORP

Riya Dutta
ADVAYA LEGAL

Sunil G. Ambre
SUNIL AMBRE & ASSOCIATES

Ritika Ganju
PHOENIX LEGAL

Anuj Garg
INDIA LAW OFFICES

Pankaj Garg
NATIONAL COMPANY LAW TRIBUNAL

Rahul Garg
PWC INDIA

Sarthak Garg
PHOENIX LEGAL

Abhinav Gaur
LAWYER

Rajeev Kumar Gera
GERA & ASSOCIATES

Tarun Ghia

Arup Ghosh
TATA POWER DELHI DISTRIBUTION LTD.

Manoj Gidwani
SKP BUSINESS CONSULTING LLP

Prabhakar Giri
VARDHAMAN CUSTOMS CLEARING & FORWARDING AGENCIES

Mukund Godbole
GODBOLEMUKADAM AND ASSOCIATES

Ankit Goel
GTECH INFRA ENGINEERS PVT. LTD.

Gourav Goyal
NEERAJ BHAGAT & CO.

Amit Gupta
AAY AAR ELECTRICALS CONTROL (P) LTD.

Ashish Gupta
ARMS & ASSOCIATES

Atul Gupta
TRILEGAL

G. D. Gupta
AAY AAR ELECTRICALS CONTROL (P) LTD.

Gunjan Gupta
SINGHANIA & PARTNERS LLP

Naveen Gupta
DASS GUPTA AND ASSOCIATES

Pulkit Gupta
EY

Sameer Gupta
PHOENIX LEGAL

Shubham Gupta
LUTHRA & LUTHRA LAW OFFICES

Sudhanshu Gupta
SINGHANIA & PARTNERS LLP

Prakash Hamirwasia
SKP BUSINESS CONSULTING LLP

Parma Nand Hans
MNC MANAGEMENT SOLUTIONS & KAPSON LAW

Anil Harish
D.M. HARISH & CO.

Bhanu Harish
SINGHANIA & PARTNERS LLP

Akil Hirani
MAJMUDAR & PARTNERS

Michael D. Holland
FIABCI

Suresh L. Hulikal
ALLIANZ DE ARCHITECTURE

Jomy Jacob
OFFICE OF CHIEF COMMISSIONER OF CUSTOMS

Jyoti N. Jadhav
SUPER FREIGHT

Pravin Jadhav
VASTU SHILP

Bhagwan Jagwani
KRUTI SYSTEMS

Sameena Jahangir
RGM LEGAL

Anshul Jain
LUTHRA & LUTHRA LAW OFFICES

Dheeraj Jain
RHA PRAXIS INITIATIVE

Nikita Jain
SKP BUSINESS CONSULTING LLP

Rohit Jain
SINGHANIA & PARTNERS LLP

Sanjiv Kumar Jain
VARDHAMAN CUSTOMS CLEARING & FORWARDING AGENCIES

Sanyogita Jain
KNM & PARTNERS

Chinmay Jani
CHINMAY JANI ARCHITECT

Abhinava Jayaswal
LAWYER

Anand Kumar Jha
CENTRAL BOARD OF EXCISE & CUSTOMS

Abhijit Joglekar
RELIANCE INFRASTRUCTURE LTD.

Sanjay Joseph
INCOME TAX DEPARTMENT (INDIA)

Piyush Joshi
CLARUS LAW ASSOCIATES

Yogesh Joshi
SPEEDWELL TECHNOLOGIES PVT. LTD.

Kunal Juneja
MP LAW OFFICES

Kumalya Kale
SHELTER ASSOCIATES

Vikas Kallianpur
VASTU SHILP

Atul Kansal
INDUS ENVIRONMENTAL SERVICES PVT. LTD.

Pranay Kapadia
NAVYATA LIFESPACE

Aditi Kapoor
TRILEGAL

Vishal Kapoor
MINISTRY OF POWER

Rajas Kasbekar
RAJAS KASBEKAR PRIVATE PRACTICE

Shrinath Kasi
RELIANCE INFRASTRUCTURE LTD.

Kripi Kathuria
PHOENIX LEGAL

Vandita Kaul
DEPARTMENT OF FINANCIAL SERVICES, MINISTRY OF FINANCE

Charandeep Kaur
TRILEGAL

Ramneet Kaur
ASP ASSOCIATES

Mitalee Kaushal
KNM & PARTNERS

Arun Kedia
VAV LIFE SCIENCES P. LTD.

Sanjay Kesari
EMPLOYEE'S PROVIDENT FUND ORGANISATION

Giridhar Kesavan
VINZAS SOLUTIONS INDIA PVT. LTD.

Gautam Khaitan
O.P. KHAITAN & CO.

Farrukh Khan
DIWAN ADVOCATES

Mohd. Wasiq Khan
DIWAN ADVOCATES

Dhiraj Khandelwal
KHANDELWAL DHIRAJ & ASSOCIATES

Naveen Khanna
SUNRISE FREIGHT FORWARDERS

Tanya Khare
KHAITAN AND COMPANY

Rajeev Kharyal
TATA POWER DELHI DISTRIBUTION LIMITED

Gautam Khurana
INDIA LAW OFFICES

Ankit Khushu
KACHWAHA & PARTNERS

Kamal Kishore
SUNRISE FREIGHT FORWARDERS

Shashank Kokil

Ravinder Komaragiri
THE TATA POWER COMPANY LIMITED

Shinoj Koshy
LUTHRA & LUTHRA LAW OFFICES

Saniya Kothari
LEXCOUNSEL

Vinod Kothari
VINOD KOTHARI & CO. PRACTICING COMPANY SECRETARIES

Gordhan Kukreja
LAWYER

Abhijeet Kulkarni
CAPEX EQUIPMENT RENTAL SOLUTIONS

Anup Kulkarni
J. SAGAR ASSOCIATES, ADVOCATES & SOLICITORS

Ajai Kumar

Jagmohan Kumar
AARKITEK COMBINE

Manoj Kumar
MANOJ & ASSOCIATES

Mrityunjay Kumar
DHINGRA & SINGH - ATTORNEYS-AT-LAW

Mukesh Kumar
KNM & PARTNERS

Nitin Kumar
AARKITEK COMBINE

Raj Kumar
RAJ ENGINEERS

Vinay Kumar
MADHAV DESIGN GROUP

Arvind Kumar Bhatnagar
ARVIND KUMAR & ASSOCIATES

Parveen Kumar Sharma
CERSAI

Manoj Kumar Singh
SINGH & ASSOCIATES, ADVOCATES AND SOLICITORS

Shreedhar T. Kunte
SHARP & TANNAN GROUP - MEMBER OF RUSSELL BEDFORD INTERNATIONAL

Samira Lalani
PHOENIX LEGAL

Minhaz Lokhandwala
DESAI & DIWANJI

Khushboo Luthra
SINGHANIA & PARTNERS LLP

Balkrishna M. Mandrekar
SUPER FREIGHT

Divya Malcolm
KOCHHAR & CO.

Yogesh Malhan
SINGH & ASSOCIATES, ADVOCATES AND SOLICITORS

Pragati Malik
SPACES ARCHITECTURE STUDIO

Vipender Mann
KNM & PARTNERS

Rishabh G. Mastaram
RGM LEGAL

Manish Mathur
MATHUR ASSOCIATES N ARCHITECTS

HL Meena
DEPARTMENT OF INDUSTRIES

Ajoy Mehta
MUNICIPAL CORPORATION OF GREATER MUMBAI

Atul Mehta
MEHTA & MEHTA

Dara Mehta
LITTLE & CO.

Dipti Mehta
MEHTA & MEHTA

Pankaj Mehta
FORTUNE LEGAL ADVOCATES & LEGAL CONSULTANTS

Preeti G. Mehta
KANGA & CO.

Anand Mohan Mishra
UNO ARCH

Gunjan Mishra
LUTHRA & LUTHRA LAW OFFICES

Nikhil Mohan Mishra
UNO ARCH

Nilendu Mishra
MINISTRY OF CORPORATE AFFAIRS - REGISTRAR

Saurabh Misra
SAURABH MISRA & ASSOCIATES, INTERNATIONAL LAWYERS

Amit B. Mistry
LAXMICHAND CHHEDA CONSULTANCY

Ajay Mital
SOUTH DELHI MUNICIPAL CORPORATION

Bhavin Modi
SPACE VISION - ARCHITECT & PLANNER

Hemal Modi
SHARP & TANNAN GROUP - MEMBER OF RUSSELL BEDFORD INTERNATIONAL

Priyanka Mongia
PHOENIX LEGAL

Avikshit Moral
JURIS CORP

Jitendra Mukadam
GODBOLEMUKADAM AND ASSOCIATES

Hardik Mungekar
DAISARIA ASSOCIATES

Tanvi Muraleedharan
JURIS CORP

Priyanka Naik
SUDIT K. PAREKH AND CO.

Vijay Nair
KNM & PARTNERS

Ratnakar Nama
ARCHITECT

Vijayan Nambiar
DELIGHT LOGISTICS PVT. LTD.

Vaibhav Nautiyal
INDUS ENVIRONMENTAL SERVICES PVT. LTD.

Harendar Neel
J. SAGAR ASSOCIATES, ADVOCATES & SOLICITORS

Sanjay Nirmal
MUNICIPAL CORPORATION OF GREATER MUMBAI

Parag Pai
MITI

Divyanshu Pandey
J. SAGAR ASSOCIATES, ADVOCATES & SOLICITORS

Janak Pandya
NISHITH DESAI ASSOCIATES

Niraj Pangam
G.L. PANGAM & ASSOCIATES

Ajay Pant
INDUS ENVIRONMENTAL SERVICES PVT. LTD.

Amit Parab
SHELTER ASSOCIATES

Rajiv Paralkar
DEOLE BROS

Kunal Pareek
TATA POWER DELHI DISTRIBUTION LTD.

Amir Z. Singh Pasrich
I.L.A. PASRICH & COMPANY

Sameer Patel
DESAI & DIWANJI

Sanjay Patil
BDH INDUSTRIES LIMITED

Vijay E. Patil
MUNICIPAL CORPORATION OF GREATER MUMBAI

Soumya Patnaik
J. SAGAR ASSOCIATES, ADVOCATES & SOLICITORS

Alok Patnia
ALOK RANJAN & ASSOCIATES

Ashish Patole

Ashok Poojary
MARS SHIPPING AGENCY

Joseph Pookkatt
APJ-SLG LAW OFFICES

Rashmi Pradeep
CYRIL AMARCHAND MANGALDAS

Anush Raajan
BHARUCHA & PARTNERS

Ajay Raghavan
TRILEGAL

Ravishankar Raghavan
MAJMUDAR & PARTNERS

Hafeez Rahman
I.L.A. PASRICH & COMPANY

Vasanth Rajasekaran
SETH DUA & ASSOCIATES

N.V. Raman
MP LAW OFFICES

Sharanya G. Ranga
ADVAYA LEGAL

Dipak Rao
SINGHANIA & PARTNERS LLP

Meghna Rao
SINGHANIA & PARTNERS LLP

Yomesh Rao
YMS CONSULTANTS LTD.

Shruti Rathore
DIWAN ADVOCATES

Ankita Ray
CYRIL AMARCHAND MANGALDAS

Purushottam Redekar
GM ARCH PVT. LTD.

Hiren Ruparel
BALAJI SHIPPING AGENCY

Dheeraj Ruri
DEEP CONSULTANCY AND BUSINESS SERVICES

Rajneesh Sabharwal
TATA POWER DELHI DISTRIBUTION LTD.

Suparna Sachar
O.P. KHAITAN & CO.

Shamik Saha
PHOENIX LEGAL

Priyanka Sahi
GRANT THORNTON INDIA LLP

M. S. Sahoo
INSOLVENCY AND BANKRUPTCY BOARD OF INDIA (IBBI)

Keshav Saini
KNM & PARTNERS

Sirisha Sampat
KANGA & CO.

Hitesh Sanghvi
HITESH SANGHVI LAW OFFICES

Kanwar Sanjay
SWAIT ARCH.

Daya Saran
SUPER FREIGHT

Jaspal Sarowa
JASPAL SAROWA

Heemanshu Satija
P. J. ASSOCIATES

Vijay Satpute
POWER SOLUTIONS

Sunil Sawant
POWER SOLUTIONS

Sukrit Seth
SETH DUA & ASSOCIATES

Tarun Sethi
AARKITEK COMBINE

Aashit Shah
J. SAGAR ASSOCIATES, ADVOCATES & SOLICITORS

Dilip S. Shah
RELIANCE INFRASTRUCTURE LTD.

Gunjan Shah
DESAI & DIWANJI

Manish Shah
SUDIT K. PAREKH AND CO.

Paresh Shah
RPS LOGISTICS

Prasham Shah
JURIS CORP

Raj Shah
NINA ELECTRICAL CORPORATION

Vijay Shah
ARCHITECT

Garima Shahi
SINGHANIA & PARTNERS LLP

A. Shaila
MAHARASHTRA SALES TAX DEPARTMENT

Ashwani Sharma
R.S. ASSOCIATES

Himani Sharma
AXON PARTNERS LLP

L.N. Sharma
R.S. ASSOCIATES

Manoranjan Sharma
KNM & PARTNERS

Rupali Sharma
KOCHHAR & CO.

Saumya Sharma
LEXCOUNSEL

Saurabh Sharma
JURIS CORP

Shipra Sharma
MINISTRY OF SHIPPING

Sangita Shet
MITI

Sujoy Shet
MITI

Santosh Shetty
INTERNATIONAL CARGO TERMINALS AND INFRASTRUCTURE PRIVATE LIMITED

Ashutosh Shingate
EATON INDUSTRIAL SYSTEMS PRIVATE LIMITED

Arjun Shiv
TRILEGAL

Vishnu Shriram
PHOENIX LEGAL

Prabhat Shroff
SHROFF & COMPANY

Vikram Shroff
NISHITH DESAI ASSOCIATES

Akash Shukla
PWC INDIA

A.K. Singh
VARDHAMAN CUSTOMS CLEARING & FORWARDING AGENCIES

Aakarsh Singh
UNIVERSAL LEGAL

Akanksha Singh
DIWAN ADVOCATES

Bhisham Singh
MNC MANAGEMENT SOLUTIONS & KAPSON LAW

Dileep Singh
SAMSUNG INDIA ELECTRONICS PVT. LTD.

Dinesh Singh
SCL PVT. LIMITED

Ranvir Singh
R.S. ASSOCIATES

Sajai Singh
J. SAGAR ASSOCIATES, ADVOCATES & SOLICITORS

Shailendra Singh

Sheetlesh Singh
MNRD & ASSOCIATES

Subodh Singh
OFFICE OF CHIEF COMMISSIONER OF CUSTOMS

Vijiya Singh
APJ-SLG LAW OFFICES

Amardeep Singh Bhatia
MINISTRY OF CORPORATE AFFAIRS - REGISTRAR

Shakti Singh Champawat
DESAI & DIWANJI

Mukesh Singhal
KNM & PARTNERS

Ravinder Singhania
SINGHANIA & PARTNERS LLP

Alok Sinha
ALOK SINHA & CO.

Neha Sinha
LUTHRA & LUTHRA LAW OFFICES

Praveer Sinha
TATA POWER DELHI DISTRIBUTION LIMITED

Sanjay Sinha
MINISTRY OF LABOUR & EMPLOYMENT

Suharsh Sinha
AZB & PARTNERS

Vineet Sinha
KNM & PARTNERS

Veena Sivaramakrishnan
JURIS CORP

Preetha Soman
NISHITH DESAI ASSOCIATES

Shweta Soni
FORTUNE LEGAL ADVOCATES & LEGAL CONSULTANTS

Akhil Srivastava
Y R ELECTRICALS

Rudra Srivastava
SINGHANIA & PARTNERS LLP

Aravind Srivatsan
PWC INDIA

Nitim Subhash
INDIMET PVT. LTD.

Surendra Suri
DEEP CONSULTANCY AND BUSINESS SERVICES

Abhishek Swaroop
LUTHRA & LUTHRA LAW OFFICES

Anuja Talukder
PWC INDIA

Medha Tamhanekar
UNIVERSAL LEGAL

Rajesh Tayal
KNM & PARTNERS

Stephanie Tellis
LEGASIS SERVICES PRIVATE

Chetan Thakkar
KANGA & CO.

Anand Thakur
KEI INDUSTRIES LTD.

Piyush Thareja
NEERAJ BHAGAT & CO.

Pooja Thomas
PHOENIX LEGAL

Amit Tiwari
VENTRANS INDIA

Suhas Tuljapurkar
LEGASIS SERVICES PRIVATE

Prakash Veer Tyagi
GATEWAY RAIL FRIGHT LIMITED

Ramesh K. Vaidyanathan
ADVAYA LEGAL

Uday Y. Vajandar
THE BRIHAN MUMBAI ELECTRIC SUPPLY & TRANSPORT UNDERTAKING

Chahat Varma
INDIA LAW OFFICES

Ashok Vashist
R.S. ASSOCIATES

Ajay Verma
JURIS CHAMBERS

Dipankar Vig
MP LAW OFFICES

Sameep Vijayvergiya
DHINGRA & SINGH - ATTORNEYS-AT-LAW

Nilesh Vikamsey
KHIMJI KUNVERJI & CO.

Vinayak Vishwas Patil
CREATIVE CONSULTANTS & DESIGNERS

Rajiv Wadhwa
AAY AAR ELECTRICALS CONTROL (P) LTD.

Rajiv Wadhwa
PLVK POWER ENGINEERS & CONSULTANTS

Girish Wadewkar
MOKSHA COMMUNICATIONS

Abhijeet Yadav
THE TATA POWER COMPANY LIMITED

Akriti Yadav
KNM & PARTNERS

Manoj Yadav
NEERAJ BHAGAT & CO.

Neha Yadav
LEXCOUNSEL

Sanjay Yadav
SOUTH DELHI MUNICIPAL CORPORATION

Sumiti Yadava
CLARUS LAW ASSOCIATES

印度尼西亚

BPJS Ketenagakerjaan

Hermawan Juniarto
LAW FIRM

Indonesia Notary Organization

Mentari Freight Services

PT Antar Benua Cahaya

PT Mulya Abadi Asro

Hizban Achmad
INDO KARYA SENIOR

Robertus Adinugraha
MELLI DARSA & CO.

Shamy Adrian
LAND DATA AND INFORMATION CENTER

Nafis Adwani
ALI BUDIARDJO, NUGROHO, REKSODIPUTRO, MEMBER OF LEX MUNDI

Widiarahmi Afiandari
NURJADIN SUMONO MULYADI & PARTNERS

Eko Agus Supiadi
UPTSA (UNIT PELAYANAN TERPADU SATU ATAP) SURABAYA TIMUR (ONE-STOP SHOP)

Hilman Ahmad
LAND DATA AND INFORMATION CENTER

Lia Alizia
MAKARIM & TAIRA S.

Fessy Alwi
NOTARY

Cindy Anjani
ADNAN KELANA HARYANTO & HERMANTO

Karina Antonio
NURJADIN SUMONO MULYADI & PARTNERS

Sasono Ardi Hersubeno
PT PLN (PERSERO), EAST JAVA DISTRIBUTION

Hizkia Ardianto
EY

Cucu Asmawati
SIMBOLON & PARTNERS LAW FIRM

Ibrahim Assegaf
ASSEGAF, HAMZAH & PARTNERS

Nyoman Astawa
PT PLN (PERSERO) INDONESIA STATE ELECTRICITY CORPORATION

Hamud M. Balfas
LAW OFFICE OF HBP & PARTNERS

Reynalda Basya Ilyas
BUDIDJAJA & ASSOCIATES

Dimas Bimo
MELLI DARSA & CO.

Fabian Buddy Pascoal
HANAFIAH PONGGAWA & PARTNERS

Prianto Budi
PT PRATAMA INDOMITRA KONSULTAN - MEMBER OF RUSSELL BEDFORD INTERNATIONAL

Tony Budidjaja
BUDIDJAJA & ASSOCIATES

Didin Cahya Wahyudin
INDONESIAN PUBLIC TAX CONSULTANTS ASSOCIATION (AKP2I ASOSIASI KONSULTAN PAJAK PUBLIK INDONESIA)

Deded Chandra
BPJS KESEHATAN

Teresa Chiquita
MAKARIM & TAIRA S.

Roy Coastrio
LAWYER

Juni Dani
BUDIDJAJA & ASSOCIATES

Melli Darsa
MELLI DARSA & CO.

Reginald A. Dharma
ADNAN KELANA HARYANTO & HERMANTO

Nawangwulan Dilla Savitri
RIVAI TRIPRASETIO & PARTNERS

Natasha Djamin
OENTOENG SURIA & PARTNERS

Bama Djokonugroho
BUDIDJAJA & ASSOCIATES

Estu Dyah

Asma El Moufti
PT TERMINAL PETIKEMAS SURABAYA

Ahmad Fadli
BRIGITTA I. RAHAYOE & PARTNERS

Nurulita Fauzie
BRIGITTA I. RAHAYOE & PARTNERS

Edly Febrian Widjaja
BUDIDJAJA & ASSOCIATES

Fajar Febriandi
PT TOYOTA MOTOR MANUFACTURING

Ratna Febrina
SF CONSULTING

Lr. Fetnayeti
MINISTRY OF TRADE

Aprilda Fiona Butarbutar
APRILDA FIONA & PARTNERS LAW FIRM

Sinuhadji Frans Yoshua
OENTOENG SURIA & PARTNERS

Widigdya Gitaya
WSG & COMPANY

Michael Hadi
PT KREDIT BIRO INDONESIA JAYA (KBIJ)

Joei Hadi Nata Tan
TYCON CONTRACTOR

Mohammad Iqbal Hadromi
HADROMI & PARTNERS

Melanie Sri Handayani
BANK INDONESIA

Abdul Haris M. Rum
HIMPUNAN KONSULTAN HUKUM PASAR MODAL

Hariyanto S.H.
HARIYANTO & PARTNERS

Stefanus Haryanto
ADNAN KELANA HARYANTO & HERMANTO

Ibnu Hasan
TNB & PARTNERS

Yansah Hasstriansyah
BADAN PELAYANAN TERPADU SATU PINTU (BPTS)

Erwandi Hendarta
HADIPUTRANTO, HADINOTO & PARTNERS

Anang Hidayat
PT GPI LOGISTICS

Nurman Hidayat
INDONESIA INVESTMENT COORDINATING BOARD

Brigitta Imam Rahayoe
BRIGITTA I. RAHAYOE & PARTNERS

Adiwidya Imam Rahayu
BRIGITTA I. RAHAYOE & PARTNERS

Deshaputra Intanperdana
HADROMI & PARTNERS

Jamaslin James Purba
JAMES PURBA & PARTNERS

Pak Jatmiko
DISTRICT COURT OF SURABAYA

Edy Junaedi
BADAN PELAYANAN TERPADU SATU PINTU (BPTS)

Brinanda Lidwina Kaliska
MAKARIM & TAIRA S.

Mirza Karim
KARIMSYAH LAW FIRM

Othman Karim
KARIMSYAH LAW FIRM

Shakuntala Kartikasari
PTI ARCHITECTS

Anita Lucia Kendarto
NOTARIS & PEJABAT PEMBUAT AKTA TANAH

Johan Kurnia
HADIPUTRANTO, HADINOTO & PARTNERS

Ayu Katarina Kusnadi
OENTOENG SURIA & PARTNERS

Winita E. Kusnandar
KUSNANDAR & CO.

Diana Kusumasari
BUDIDJAJA & ASSOCIATES

Jatmiko Adi Kusumo
INTERIORS & CO.

Rosevelt Riedel Lontoh
ALI BUDIARDJO, NUGROHO, REKSODIPUTRO, MEMBER OF LEX MUNDI

Noorfina Luthfiany
BANK INDONESIA

Syamsul Ma'Arif
MAHKAMAH AGUNG REPUBLIK INDONESIA

Bobby R. Manalu
SIREGAR SETIAWAN MANALU

Yasser Mandela
BUDIDJAJA & ASSOCIATES

Manumpak Manurung

Benny Marbun
PT PLN (PERSERO) INDONESIA STATE ELECTRICITY CORPORATION

Ahmad Maulana
ASSEGAF, HAMZAH & PARTNERS

Mario Maurice Sinjal
NURJADIN SUMONO MULYADI & PARTNERS

Amalia Mayasari
SIMBOLON & PARTNERS LAW FIRM

Ella Melany
HANAFIAH PONGGAWA & PARTNERS

Any Miami
PWC INDONESIA

Kristo Molina
WITARA CAKRA ADVOCATES (IN ASSOCIATION WITH WHITE & CASE LLP)

Fifiek Mulyana SH
MULYANA ABRAR & ADVOCATES

Sri Mulyati
RIVAI TRIPRASETIO & PARTNERS

Alexander Nainggolan
HADROMI & PARTNERS

Safita Ratna Narthfilda
OENTOENG SURIA & PARTNERS

Imran Nating
INDONESIAN ASSOCIATION OF RECEIVERS AND ADMINISTRATORS (AKPI)

Ratih Nawangsari
OENTOENG SURIA & PARTNERS

Rizana Noor
PT KREDIT BIRO INDONESIA JAYA (KBIJ)

Monasisca Noviannei
INDONESIA INVESTMENT COORDINATING BOARD

Putra Nugraha
WITARA CAKRA ADVOCATES (IN ASSOCIATION WITH WHITE & CASE LLP)

Reza Nurtjahja
PT URBANE INDONESIA

Inta Oviyantari
PTI ARCHITECTS

Heru Pambudi
MINISTRY OF FINANCE

Agung Pangestu Wijaya
PT DANAPIDA BERTU

Ay Tjhing Phan
PWC INDONESIA

Abraham Pierre
KPMG

Deni Prasetyo
LAND DATA AND INFORMATION CENTER

Norbertus Hengky Pratoko
INDONESIAN LOGISTICS AND FORWARDERS ASSOCIATION

Fredie Pratomo
PT BINATAMA AKRINDO

Ety Puspitasari
CKB LOGISTICS

Indra Raharja
APRILDA FIONA & PARTNERS LAW FIRM

Dewi Sri Rahayu
NOTARIS & PPAT

Tantia Rahmadhina
RIVAI TRIPRASETIO & PARTNERS

Dhamma Ratna
NOTARIS & PEJABAT PEMBUAT AKTA TANAH

Jean H. Reksodiputro
PT PEFINDO BIRO KREDIT

Sophia Rengganis
PWC INDONESIA

Rengganis Rengganis
HADROMI & PARTNERS

Reza Riztama
PT PRATAMA INDOMITRA KONSULTAN - MEMBER OF RUSSELL BEDFORD INTERNATIONAL

Mahesa Rumondor
ADNAN KELANA HARYANTO & HERMANTO

Valdano Ruru
MAKARIM & TAIRA S.

Ayudi Rusmanita
NURJADIN SUMONO MULYADI & PARTNERS

Indra Safitri
HIMPUNAN KONSULTAN HUKUM PASAR MODAL

Ayundha Sahar
OENTOENG SURIA & PARTNERS

Rika Salim
OENTOENG SURIA & PARTNERS

Darma Saputra
BANK INDONESIA

Widodo Saputro
PT ANDHIKA PRIMA PERKASA

Mahardikha K. Sardjana
HADIPUTRANTO, HADINOTO & PARTNERS

Nur Asyura Anggini Sari
BANK INDONESIA

Haryo Sedewo
INDONESIA INVESTMENT COORDINATING BOARD

Harment Sembiring
INDONESIA NATIONAL SINGLE WINDOW

Ibrahim Senen
ARMAND YAPSUNTO MUHARAMSYAH & PARTNERS (AYMP)

Erwin Setiawan
EY

Indra Setiawan
ALI BUDIARDJO, NUGROHO, REKSODIPUTRO, MEMBER OF LEX MUNDI

Arief Setyadi
PKF ACCOUNTANTS & BUSINESS ADVISERS

Lardi SH
LARDI & PARTNERS

Taji M. Sianturi
TAJI & REKAN

Kevin Omar Sidharta
ALI BUDIARDJO, NUGROHO, REKSODIPUTRO, MEMBER OF LEX MUNDI

Obed Simamora
LAND OFFICE OF SURABAYA

Ricardo Simanjuntak
RICARDO SIMANJUNTAK & PARTNERS

Yudianta Medio N. Simbolon
SIMBOLON & PARTNERS LAW FIRM

Nien Rafles Siregar
SIREGAR SETIAWAN MANALU

Risbert Soelaiman

Ardi Haqi Solla
OTORITAS JASA KEUANGAN - INDONESIA FINANCIAL SERVICES AUTHORITY

Nadia Soraya
TNB & PARTNERS

Selvana Stella Oviona
BUDIDJAJA & ASSOCIATES

Tirtamarta Sudarman
PT PESAT JAYA UTAMA

Bambang Suprijanto
EY

Puspita W. Surono
MINISTRY OF FINANCE

Atik Susanto
OENTOENG SURIA & PARTNERS

Hantriono Susizo
MINISTRY OF FINANCE

Otje Sutedi
PTI ARCHITECTS

ST Suwandi
PT BINTANG TIMUR

Randy Suwenli
HANAFIAH PONGGAWA & PARTNERS

Aria Suyudi
CONSULTANT

Pieter Talaway
PIETER TALAWAY & ASSOCIATES

Kurniawan Tanzil
MAKARIM & TAIRA S.

Arief Tejo S.
INDONESIAN LOGISTICS AND FORWARDERS ASSOCIATION

Achmad Tri Cahyono
OTORITAS JASA KEUANGAN - INDONESIA FINANCIAL SERVICES AUTHORITY

Gatot Triprasetio
RIVAI TRIPRASETIO & PARTNERS

Runi Tusita
PWC INDONESIA

Trina Uli
SIMBOLON & PARTNERS LAW FIRM

Sony Panji Wicaksono
BANK INDONESIA

Haykel Widiasmoko
ABDUL HAKIM GARUDA NUSANTARA, HARMAN & PARTNER

Arojoto Wisanto
BAM DECORIAT INDONESIA

Garry Wood
PT KREDIT BIRO INDONESIA JAYA (KBIJ)

Pelopor Yanto
LAND DATA AND INFORMATION CENTER

Jono Yeo
BUDIDJAJA & ASSOCIATES

Akbar Zainuri
KARIMSYAH LAW FIRM

伊朗

Mohammad Zamroni
ZAMRO LAW FIRM

Jacob Zwaan
KPMG

伊朗

TRADE PROMOTION ORGANIZATION OF IRAN

Sareh Abadtalab
STATE ORGANIZATION FOR REGISTRATION OF DEEDS AND PROPERTIES

Camellia Abdolsamad
INTERNATIONAL LAW OFFICE OF DR. BEHROOZ AKHLAGHI & ASSOCIATES

Morteza Adab
COMPANY REGISTRATION OFFICE

Ali Ahmadi
TEHRAN CHAMBER OF COMMERCE, INDUSTRIES AND MINES

Mousa Ahmadi
ISLAMIC AZAD UNIVERSITY

Behrooz Akhlaghi
INTERNATIONAL LAW OFFICE OF DR. BEHROOZ AKHLAGHI & ASSOCIATES

Hamidreza Alipour Shirsavar
ISLAMIC AZAD UNIVERSITY

Ali Amani
DAYA-RAHYAFT AUDITING & MANAGEMENT SERVICES

Gholam Ali Asghari
GREAT TEHRAN ELECTRICITY DISTRIBUTION COMPANY (GTEDC)

Zayer Ayat
IRANIAN NATIONAL TAX ADMINISTRATION (INTA)

Toktam Aynehkar
PERSOL CORPORATION

Fatemeh Bagherzadeh
FARJAM LAW OFFICE

Rambod Barandoust
CONSULTANT

Hamid Berenjkar
OFFICE OF HAMID BERENJKAR

Somayeh Bodaghi
CENTRAL BANK OF THE ISLAMIC REPUBLIC OF IRAN

Golsa Daghighi
INTERNATIONAL LAW OFFICE OF DR. BEHROOZ AKHLAGHI & ASSOCIATES

Gholam-Hossein Davani
DAYA-RAHYAFT AUDITING & MANAGEMENT SERVICES

Morteza Dezfoulian

Sofie Djagharbekian
TOROSSIAN, AVANESSIAN & ASSOCIATES

Sepideh Dowlatshahi
BARTAR ASSOCIATES LAW FIRM

Maryam Ebrahimi
DENTONS

Maryam Ebrahimi Ghaleaziz
STATE ORGANIZATION FOR REGISTRATION OF DEEDS AND PROPERTIES

Roza Einifar
INTERNATIONAL LAW OFFICE OF DR. BEHROOZ AKHLAGHI & ASSOCIATES

Shirin Ozra Entezari
DR. SHIRIN O. ENTEZARI & ASSOCIATES

Seyyed Amir Hossein Etesami
SECURITIES AND EXCHANGE ORGANIZATION OF IRAN

Shahin Fadakar
INTERNATIONAL LAW OFFICE OF DR. BEHROOZ AKHLAGHI & ASSOCIATES

Soroosh Falahati
BAYAN EMROOZ INTERNATIONAL LAW FIRM

Allahyar Ghajar
TEHRAN MUNICIPALITY - FANAVARAN SHAHR CO.

Nasim Gheidi
GHEIDI & ASSOCIATES LAW OFFICE

S. Arash H. Mirmalek
PERSOL CORPORATION

Amir Hosseini
PERSOL CORPORATION

Nasim Jahanbani
GREAT TEHRAN ELECTRICITY DISTRIBUTION COMPANY (GTEDC)

Mohammad Jalili
IRAN CREDIT SCORING

Jafar Jamali
SECURITIES AND EXCHANGE ORGANIZATION OF IRAN

Hossein Kakhki
IRAN CUSTOMS OFFICE

Farid Kani
ATIEH ASSOCIATES

Majid Mahallati
A.M. MAHALLATI & CO.

Gholam Reza Malekshoar
CENTRAL BANK OF THE ISLAMIC REPUBLIC OF IRAN

Mahnaz Mehrinfar
INTERNATIONAL LAW OFFICE OF DR. BEHROOZ AKHLAGHI & ASSOCIATES

Fatemeh Sadat Mirsharifi
MINISTRY OF COMMERCE

Ali Mirzaie
STATE ORGANIZATION FOR REGISTRATION OF DEEDS AND PROPERTIES

Golazin Mokhtari
ATIEH ASSOCIATES

Hamidreza Mokhtarian
MEHR INTERNATIONAL LAW FIRM

Mehdi Mousavi
PERSOL CORPORATION

Vahid Nasiri
BAYAN EMROOZ INTERNATIONAL LAW FIRM

Fariba Norouzi
PARSIAN INSURANCE CO.

Rasoul Nowrouzi

Zohreh Papi
CENTRAL BANK OF THE ISLAMIC REPUBLIC OF IRAN

Farmand Pourkarim
TEHRAN MUNICIPALITY - FANAVARAN SHAHR CO.

Mohammad Rahmani
BAYAN EMROOZ INTERNATIONAL LAW FIRM

Yahya Rayegani
PRAELEGAL IRAN

Atiyeh Rezaei
DR. SHIRIN O. ENTEZARI & ASSOCIATES

Negin Saberi
INTERNATIONAL LAW OFFICE OF DR. BEHROOZ AKHLAGHI & ASSOCIATES

Emadaldin Sakhaei
MINISTRY OF ECONOMIC AND FINANCE AFFAIRS

Encyeh Seyed Sadr
INTERNATIONAL LAW OFFICE OF DR. BEHROOZ AKHLAGHI & ASSOCIATES

Ahmad Shabanifard
INTERNATIONAL CENTRE OF HIGHER EDUCATION, AUSTRALIA

Sara Shabanifard
RS COMPONENT

Khatereh Shahbazi
INTERNATIONAL LAW OFFICE OF DR. BEHROOZ AKHLAGHI & ASSOCIATES

Farzan Shirvanbeigi
TEHRAN MUNICIPALITY - FANAVARAN SHAHR CO.

Rajat Ratan Sinha
RCS PVT. LTD. BUSINESS ADVISORS GROUP

Pedram Soltani
PERSOL CORPORATION

Sepideh Taheri
STATE ORGANIZATION FOR REGISTRATION OF DEEDS AND PROPERTIES

Mohammad Reza Talishi
PERSOL CORPORATION

Ebrahim Tavakoli
BARTAR ASSOCIATES LAW FIRM

Vrej Torossian
TOROSSIAN, AVANESSIAN & ASSOCIATES

Gholam Hossein Vahidi
DR. VAHIDI & ASSOCIATES

Zohreh Yazdani Paraei
ENGINEER

Ahmad Yousefi
ATTORNEY-AT-LAW

Parham Zahedi
GHEIDI & ASSOCIATES LAW OFFICE

Hamed Zamami
BARTAR ASSOCIATES LAW FIRM

Elham Zareie
INTERNATIONAL LAW OFFICE OF DR. BEHROOZ AKHLAGHI & ASSOCIATES

伊拉克

EY

Gezairi Transport Iraqi Company Ltd.

Ahmed Abboud Al Janabi
MENA ASSOCIATES, MEMBER OF AMERELLER RECHTSANWÄLTE

Hadeel Salih Abboud Al-Janabi
MENA ASSOCIATES, MEMBER OF AMERELLER RECHTSANWÄLTE

Mohammad Abdul Hassan

Ammar Abdul Jabbar
PROGER SPA

Alkaznaji Abdulhassan
ALKAZNAJI ABDULHASSAN

Hazim Akram
ATTORNEY-AT-LAW

Qussay Jafar Al Alawi

Mohammed Al-Badri
AMANAT BAGHDAD (BAGHDAD MAYORALTY)

Hussein Al-Fadhili
ATTORNEY-AT-LAW

Hussein Al-Hadeethi

Nafa Ali
MINISTRY OF ELECTRICITY

Qismah Ali
CENTRAL BANK OF IRAQ

Ihsan Jasim Al-Khalidi
MINISTRY OF PLANNING

Rashid Al-Khouri
RASHID AL-KHOURI

Zuhair Al-Maliki
AL-MALIKI & ASSOCIATES LAW FIRM

Ghath Raad Al-Nidawi
MINISTRY OF PLANNING

Rukaya Sabaah Al-Oqabee
MINISTRY OF PLANNING

Sattar Al-Qassy
ACCOUNTANT

Azhar Al-Rubaie
MINISTRY OF PLANNING

Ali Al-Rubaii

Maysa Alshukr
MAYSA ALSHUKR

Florian Amereller
AMERELLER RECHTSANWÄLTE

Suhaib Asad
PWC JORDAN

Raad N. Athab
RAAD N. ATHAB

Munther B. Hamoudi
AL-BURAQ ENGINEERING CO. LTD.

Malik Bair
MENA ASSOCIATES, MEMBER OF AMERELLER RECHTSANWÄLTE

Ahmed Dawood
BHC LAW FIRM LLC

Greg Englefield
CONFLUENT LAW GROUP

Rafeef Hadeed
CENTRAL BANK OF IRAQ

Safaa Hadi Ghani
CENTRAL BANK OF IRAQ

Nadhim Mansi Hafid

Daniel Heintel
MENA ASSOCIATES, MEMBER OF AMERELLER RECHTSANWÄLTE

Abdulaziz Jabbar Abdulaziz
COMPANY REGISTRAR DIRECTOR GENERAL

Mohamad Rasool Jaber

Riyadh Hassan Japak

Shahad Jassem
BHC LAW FIRM LLC

Deepak John
BRIDGEWAY SHIPPING & CLEARING SERVICES

Jwad Kadhim Kareem
AL-SHAMS SHOW

Mohamad Khalil

Ahmed Abbas Khareem

Mohamad Khareem

Zaid Mahdi
ADIB COMPANY

Modher Taha Majeed
AL TAMIMI & COMPANY ADVOCATES & LEGAL CONSULTANTS

Hassan Melih
HASSAN MELIH

Ali Mohammad Kanbar

Khalid Mozan
AL MOZAN COMPANIES GROUP

Rasha Nadeem
BHC LAW FIRM LLC

Adnan K. Nahidh
SIYAH GROUP

Ammar Naji
CONFLUENT LAW GROUP

Tom Nolda
CONFLUENT LAW GROUP

Ammar Ralobide
AMMAR RALOBIDE

Akram Saeed
ATTORNEY-AT-LAW

Dhirar Salim
KASB GENERAL CONTRACTING

Kareem Salim Kamash
GENERAL COMMISSION FOR TAXES

Mohammed Mustafa Sami
PROGER SPA

Ahmed Sauode
AHMED SAUODE

Abdelrahman Sherif
DLA MATOUK BASSIOUNY (PART OF DLA PIPER GROUP)

Stephan Stephan
PWC JORDAN

Khaled Yaseen
AL-SAQER ADVISERS & LEGAL SERVICES

Dahlia Zamel
MENA ASSOCIATES, MEMBER OF AMERELLER RECHTSANWÄLTE

Haythem Zayed
PWC JORDAN

爱尔兰

ESB INTERNATIONAL

Seán Barton
MCCANN FITZGERALD

John Comerford
COONEY CAREY CONSULTING LTD. - MEMBER OF RUSSELL BEDFORD INTERNATIONAL

Miranda Cox
PWC IRELAND

Emma Doherty
MATHESON

Gavin Doherty
EUGENE F. COLLINS SOLICITORS

Gillian Dully
LK SHIELDS SOLICITORS, MEMBER OF IUS LABORIS

Kenneth Egan
ARTHUR COX, MEMBER OF LEX MUNDI

Garret Farrelly
MATHESON

Laura Feely
EUGENE F. COLLINS SOLICITORS

Frank Flanagan
MASON HAYES & CURRAN

Orla Hegarty
UNIVERSITY COLLEGE DUBLIN

Thomas Johnson
IRISH BUILDING
CONTROL INSTITUTE

William Johnston
ARTHUR COX, MEMBER
OF LEX MUNDI

Liam Kennedy
A&L GOODBODY

Eamonn Madden
COONEY CAREY CONSULTING
LTD. - MEMBER OF RUSSELL
BEDFORD INTERNATIONAL

Bernadette McArdle
IRISH BUILDING
CONTROL INSTITUTE

Gerry McCartney
IRISH CREDIT BUREAU

Brid McCoy
AMOSS SOLICITORS

Eddie Meaney
DHL EXPRESS

Kevin Meehan
COMPASS MARITIME LTD.

Heather Murphy
MATHESON

James O'Boyle
THE PROPERTY REGISTRATION
AUTHORITY

Brian O'Malley
A&L GOODBODY

Laura O'Sullivan
MASON HAYES & CURRAN

Maurice Phelan
MASON HAYES & CURRAN

Kevin Quinn
PWC IRELAND

Brendan Ringrose
WHITNEY MOORE

Mark Traynor
A&L GOODBODY

Joe Tynan
PWC IRELAND

Marcus Walsh
A&L GOODBODY

Patrick Walshe
PHILIP LEE SOLICITORS

Emma Weld-Moore
DANIEL MURPHY SOLICITORS

Maura Young
IRISH CREDIT BUREAU

以色列

Ben Baharav
S. HOROWITZ & CO.,
MEMBER OF LEX MUNDI

Moshe Balter
BALTER, GUTH, ALONI LLP

Yuval Bar-Gil
YIGAL ARNON & CO.

Jacob Ben-Chitrit
YIGAL ARNON & CO.

Jeremy Benjamin
GOLDFARB SELIGMAN & CO.

Marina Benvenisti
RUTH CARGO

Rona Bergman Naveh
GROSS, KLEINHENDLER,
HODAK, HALEVY,
GREENBERG & CO.

Roy Caner
ERDINAST BEN NATHAN
& CO. ADVOCATES

Doron Cohen
RAVEH, RAVID & CO.
CPAS - MEMBER OF RUSSELL
BEDFORD INTERNATIONAL

Itay Deutsch
NASCHITZ, BRANDES,
AMIR & CO.

Jonathan Finklestone
ERDINAST BEN NATHAN
& CO. ADVOCATES

Eliran Furman
YIGAL ARNON & CO.

Viva Gayer
ERDINAST BEN NATHAN
& CO. ADVOCATES

Tuvia Geffen
NASCHITZ, BRANDES,
AMIR & CO.

Ido Gonen
GOLDFARB SELIGMAN & CO.

Amos Hacmun
HESKIA-HACMUN LAW FIRM

Liron HaCohen
YIGAL ARNON & CO.

Yael Hershkovitz
GROSS, KLEINHENDLER,
HODAK, HALEVY,
GREENBERG & CO.

Tali Hirsch Sherman
MINISTRY OF CONSTRUCTION
AND HOUSING

Mirit Hoffman Reif
DAVE WOLF & CO. LAW FIRM

Yossi Katsav
RUTH CARGO

Zeev Katz
PWC ISRAEL

Vered Kirshner
PWC ISRAEL

Adam Klein
GOLDFARB SELIGMAN & CO.

Gideon Koren
GIDEON KOREN &
CO. LAW OFFICES

Andrew Larah
STEINMETZ, HARING,
GURMAN & CO.

Hadas Lavi
S. HOROWITZ & CO.,
MEMBER OF LEX MUNDI

Dana Leshem
ERDINAST BEN NATHAN
& CO. ADVOCATES

Michelle Liberman
S. HOROWITZ & CO.,
MEMBER OF LEX MUNDI

Sharon Liberman
PWC ISRAEL

Amnon Lorch
YIGAL ARNON & CO.

Liron Mendelevitz
KRIEF ALBATROS LTD.

Michael Mograbi
PELTRANSPORT

Rotem Muntner
RUTH CARGO

Gil Oren
YIGAL ARNON & CO.

Daniel Justin Permut
STEINMETZ, HARING,
GURMAN & CO.

Doron Sadan
PWC ISRAEL

Dan Sharon
DAN SHARON - CONSULTING
ENGINEERS 2002 LTD.

Daniel Singerman
COFACEBDI

Yoav Tal
ERDINAST BEN NATHAN
& CO. ADVOCATES

Eran B. Taussig
BALTER, GUTH, ALONI LLP

Eylam Weiss
WEISS-PORAT & CO.

Zeev Weiss
WEISS-PORAT & CO.

Ita Yarmish
DAVE WOLF & CO. LAW FIRM

Michal Zohar Neistein
NASCHITZ, BRANDES,
AMIR & CO.

意大利

WHITE & CASE LLP

Paolo Acciari
MINISTERO DELL'ECONOMIA
E FINANZE

Fabrizio Acerbis
PWC ITALY

Giuseppe Alemani
ALEMANI E ASSOCIATI

Iacopo Aliverti Piuri
DENTONS

Federico Antich
STUDIO DELL'AVVOCATO
ANTICH

Umberto Antonelli
STUDIO LEGALE ASSOCIATO
AD ASHURST LLP

Gea Arcella
CIVIL LAW NOTARY, LAWYER

Claudia Adele Aresu
PWC - TAX AND
LEGAL SERVICES

Roberto Argeri
CLEARY GOTTLIEB STEEN
& HAMILTON LLP

Gaetano Arnò
PWC - TAX AND
LEGAL SERVICES

Clemente Arricale
PRIVATE ENGINEER -
CLEMENTE ARRICALE

Gianluigi Baroni
PWC - TAX AND
LEGAL SERVICES

Alvise Becker
PWC - TAX AND
LEGAL SERVICES

Vlad Beffa
STUDIO SAVOIA

Susanna Beltramo
STUDIO LEGALE BELTRAMO

Claudia Beranzoli
COURT OF APPEAL OF ROME

Carlo Berarducci
CARLO BERARDUCCI
ARCHITECTURE

Paola Bernardo
PWC - TAX AND
LEGAL SERVICES

Marta Bianchi
PWC - TAX AND
LEGAL SERVICES

Edoardo Augusto Bononi
STUDIO LEGALE ASSOCIATO
AD ASHURST LLP

Gianluca Borraccia
PWC - TAX AND
LEGAL SERVICES

Giampaolo Botta
SPEDIPORTO - ASSOCIAZIONE
SPEDIZIONIERI CORRIERI E
TRASPORTATORI DI GENOVA

Giuseppe Broccoli
BDA STUDIO LEGALE

Marco Buffarini
MINISTERO DELL'ECONOMIA
E FINANZE

Claudio Burello
PWC - TAX AND
LEGAL SERVICES

Sergio Calderara
CLEGAL

Federico Calloni
STUDIO CORNO - MEMBER
OF RUSSELL BEDFORD
INTERNATIONAL

Claudia Caluori
STUDIO DELL'AVVOCATO
ANTICH

Gianluca Cambareri
TONUCCI & PARTNERS

Antonio Campagnoli
IL PUNTO REAL
ESTATE ADVISOR

Paolo Canal
ORSINGHER ORTU –
AVVOCATI ASSOCIATI

Stefano Cancarini
PWC - TAX AND
LEGAL SERVICES

Gianni Carfì Pavia
PWC - TAX AND
LEGAL SERVICES

Cecilia Carrara
LEGANCE AVVOCATI ASSOCIATI

Sandro Cecili
ARIETI S.P.A. ACEA GROUP

Nicla Cimmino
PWC ITALY

Ludovica Citarella
BDA STUDIO LEGALE

Ottavia Civardi
A. HARTRODT ITALIANA SRL

Domenico Colella
ORSINGHER ORTU –
AVVOCATI ASSOCIATI

Stefano Colla
PWC - TAX AND
LEGAL SERVICES

Fabrizio Colonna
STELÈ PERELLI

Mattia Colonnelli de Gasperis
COLONNELLI DE GASPERIS
STUDIO LEGALE

Barbara Corsetti
PORTOLANO CAVALLO
STUDIO LEGALE

Filippo Corsini
CHIOMENTI STUDIO LEGALE

Barbara Cortesi
STUDIO LEGALE GUASTI

Marco Cosa
NCTM STUDIO LEGALE

Antonio Cutini
PWC ITALY

Salvatore Cuzzocrea
PWC - TAX AND
LEGAL SERVICES

Mariano Davoli
PIROLA PENNUTO ZEI
& ASSOCIATI

Daniele De Giorgi
CLEARY GOTTLIEB STEEN
& HAMILTON LLP

Antonio De Martinis
SPASARO DE MARTINIS
LAW FIRM

Francesca De Paolis
STUDIO LEGALE
SALVATORE DE PAOLIS

Rosa Del Sindaco
ABBATESCIANNI STUDIO
LEGALE E TRIBUTARIO

Claudio Di Falco
CLEARY GOTTLIEB STEEN
& HAMILTON LLP

Claudio Di Mario
ADL CONSULTING

Silvia Digregorio
COURT OF APPEAL OF ROME

Francesco Falsetti
SALINI IMPREGILO

Maddalena Ferrari
STUDIO NOTARILE FERRARI

Giuseppe Ferrelli
STUDIO LEGALE SINATRA

Barbara Mirta Ferri
PWC - TAX AND
LEGAL SERVICES

Gianclaudio Fischetti
PWC - TAX AND
LEGAL SERVICES

Paolo Franceschetti
AGENZIA DELLE ENTRATE

Emanuele Franchi
PWC ITALY

Pier Andrea Fré Torelli Massini
CARABBA & PARTNERS

Filippo Frigerio
PORTOLANO CAVALLO
STUDIO LEGALE

Marialaura Frittella
COCUZZA E ASSOCIATI

Bruno Frugis
ITALIAN REVENUE AGENCY

Paolo Gallarati
NCTM STUDIO LEGALE

Andrea Gangemi
PORTOLANO CAVALLO
STUDIO LEGALE

Daniele Geronzi
LEGANCE AVVOCATI ASSOCIATI

Vincenzo Fabrizio Giglio
GIGLIO & SCOFFERI STUDIO
LEGALE DEL LAVORO

Antonio Grieco
GRIECO E ASSOCIATI

Valentino Guarini
PWC - TAX AND
LEGAL SERVICES

Federico Guasti
STUDIO LEGALE GUASTI

Francesca Inchingolo
COURT OF APPEAL OF ROME

Francesco Iodice
CLEARY GOTTLIEB STEEN
& HAMILTON LLP

Alberto Irace
ARIETI S.P.A. ACEA GROUP

Giovanni Izzo
ABBATESCIANNI STUDIO
LEGALE E TRIBUTARIO

Ignazio La Candia
PIROLA PENNUTO ZEI
& ASSOCIATI

Pietro La Fortezza
DLA PIPER

Cecilia Laporta
BDA STUDIO LEGALE

Francesco Laureti
NCTM STUDIO LEGALE

Stefano Liotta
ARIETI S.P.A. ACEA GROUP

Alessandra Livreri
A. HARTRODT ITALIANA SRL

Enrico Lodi
CRIF S.P.A.

Ottavia Lombardo
DLA PIPER

Claudio Lumaca
AGENZIA DELLE ENTRATE

Stefano Macchi di Cellere
MACCHI DI CELLERE
GANGEMI LLP

Federico Magi
PWC - TAX AND
LEGAL SERVICES

Carlo Majer
LEXELLENT

Roberta Marconi
ITALIAN REVENUE AGENCY

Anna Chiara Margottini
ORSINGHER ORTU –
AVVOCATI ASSOCIATI

Laura Marretta
ROMOLOTTI MARRETTA

Donatella Martinelli
STUDIO LEGALE ASSOCIATO
TOMMASINI E MARTINELLI

Federico Mattei
PWC - TAX AND
LEGAL SERVICES

Carloandrea Meacci
STUDIO LEGALE ASSOCIATO
AD ASHURST LLP

Gianluca Medina
STUDIO LEGALE ASSOCIATO
AD ASHURST LLP

Gilberto Melchiorri
UNITED NATIONS ECONOMIC
COMMISSION FOR EUROPE

Michele Melchiorri
UNITED NATIONS ECONOMIC
COMMISSION FOR EUROPE

Laura Mellone
BANK OF ITALY

Priscilla Merlino
NUNZIANTE MAGRONE

Marco Monaco Sorge
TONUCCI & PARTNERS

Maria Teresa Monteduro
MINISTERO DELL'ECONOMIA
E FINANZE

Micael Montinari
PORTOLANO CAVALLO
STUDIO LEGALE

Davide Moretti
BANK OF ITALY

Valeria Morosini
TOFFOLETTO E SOCI LAW FIRM,
MEMBER OF IUS LABORIS

Monica Negrini
BDA STUDIO LEGALE

Gianmatteo Nunziante
NUNZIANTE MAGRONE

Luca Occhetta
PIROLA PENNUTO ZEI
& ASSOCIATI

Fabiana Padroni
RISTUCCIA & TUFARELLI

Luciano Panzani
COURT OF APPEAL OF ROME

Ignazio Pasquetti
STUDIO PASQUETTI S.I.P. 2C

Giovanni Patti
ABBATESCIANNI STUDIO
LEGALE E TRIBUTARIO

Gino Pazienza
ENER-PRICE

Federica Periale
STUDIO LEGALE ASSOCIATO
AD ASHURST LLP

Federica Pianta
COCUZZA E ASSOCIATI

Annamaria Pinzuti
STUDIO LEGALE ASSOCIATO
AD ASHURST LLP

Maria Progida
PWC - TAX AND
LEGAL SERVICES

Daniele Raynaud
RAYNAUD STUDIO LEGALE

Valentina Ricci
STELÉ PERELLI

Marianna Ristuccia
RISTUCCIA & TUFARELLI

Filippo Maria Riva
PWC - TAX AND
LEGAL SERVICES

Cinzia Romano
STUDIO LEGALE
SALVATORE DE PAOLIS

Tommaso Edoardo Romolotti
ROMOLOTTI MARRETTA

Michele Salemo
STUDIOCREDIT

Francesca Salerno
LEGANCE AVVOCATI ASSOCIATI

Mike Salerno
KRCOM

Giuseppe Santarelli
TONUCCI & PARTNERS

Vera Santomartino
MINISTERO DELL'ECONOMIA
E FINANZE

Arturo Santoro
PIROLA PENNUTO ZEI
& ASSOCIATI

Guido Savelli
SPASARO DE MARTINIS
LAW FIRM

Paolo Savini
AGENZIA DELLE ENTRATE

Filippo Savoia
STUDIO SAVOIA

Felice Schipani
AGENZIA DELLE ENTRATE

Alice Scotti
STUDIO LEGALE GUASTI

Lidia Maria Sella
STUDIO CORNO - MEMBER
OF RUSSELL BEDFORD
INTERNATIONAL

Andrea Semmola
STUDIO LEGALE ASSOCIATO
AD ASHURST LLP

Susanna Servi
CARABBA & PARTNERS

Chiara Sestagalli
STUDIO LEGALE ASSOCIATO
AD ASHURST LLP

Ginevra Sforza
PORTOLANO CAVALLO
STUDIO LEGALE

Massimiliano Silvetti
LEGÁLIA

Carlo Sinatra
STUDIO LEGALE SINATRA

Manlio Carlo Soldani

Lorenzo Sozio
SPASARO DE MARTINIS
LAW FIRM

Elisa Sulcis
STUDIO LEGALE SINATRA

Maria Antonietta Tanico
STUDIO LEGALE TANICO

Andrea Tedioli
STUDIO LEGALE TEDIOLI

Giuseppe Telesca
AGENZIA DELLE ENTRATE

Roberto Tirone
COCUZZA E ASSOCIATI

Francesca Tironi
PWC - TAX AND
LEGAL SERVICES

Davide Tollardo
SPASARO DE MARTINIS
LAW FIRM

Giacinto Tommasini
STUDIO LEGALE ASSOCIATO
TOMMASINI E MARTINELLI

Stefano Tresca
ISEED

Luca Tufarelli
RISTUCCIA & TUFARELLI

Valentina Turco
PORTOLANO CAVALLO
STUDIO LEGALE

Rachele Vacca de Dominicis
GRIECO E ASSOCIATI

Mario Valentini
PIROLA PENNUTO ZEI
& ASSOCIATI

Elisabetta Ventrella
BDA STUDIO LEGALE

Fabio Zanchi
BDA STUDIO LEGALE

Emilio Zendri
ARIETI S.P.A. ACEA GROUP

Domenico Zuccaro
CLEARY GOTTLIEB STEEN
& HAMILTON LLP

Filippo Zucchinelli
PWC - TAX AND
LEGAL SERVICES

牙买加

CARL CHEN & ASSOCIATES

FREIGHT HANDLERS LIMITED

INTERPLAN

MARITIME AND
TRANSPORT LIMITED

RIVI GARDENER &
ASSOCIATE LTD.

THE SHIPPING ASSOCIATION
OF JAMAICA

Rollin Alveranga
MINISTRY OF WATER,
LAND, ENVIRONMENT
AND CLIMATE CHANGE

Althea Anderson
LEX CARIBBEAN

Danielle Archer
THE LAW PRACTICE OF
DANIELLE S. ARCHER
& ASSOCIATES

Gregory Bennett
NATIONAL ENVIRONMENT
& PLANNING AGENCY

Rachel Bond
PATTERSON MAIR HAMILTON

Christopher Bovell
DUNNCOX

Errington Case
JAMAICA PUBLIC SERVICE
COMPANY LIMITED

Terrence Cooper
CRIF NM CREDIT
ASSURE LIMITED

Jemelia Davis
THE SUPREME COURT
OF JAMAICA

Brian Denning
PWC JAMAICA

Damion Dodd
PWC JAMAICA

Joan Ferreira-Dallas
ABTAX LIMITED

Nicole Foga
FOGA DALEY

Thalia Francis
KPMG

Lecia Gaye Taylor
HYLTON & HYLTON

Kay-Ann Graham
NUNES, SCHOLEFIELD
DELEON & CO.

Narda Graham
DUNNCOX

Gabrielle Grant
MYERS, FLETCHER & GORDON,
MEMBER OF LEX MUNDI

Howard Harris
FOGA DALEY

Marsha Henry-Martin
MINISTRY OF LOCAL
GOVERNMENT & COMMUNITY
DEVELOPMENT

Matthew A. Hogarth
WILMOT HOGARTH & CO.

Donovan Jackson
NUNES, SCHOLEFIELD
DELEON & CO.

Topaz Johnson
DUNNCOX

Grace Lindo
NUNES, SCHOLEFIELD
DELEON & CO.

Melinda Lloyd
JAMAICA PUBLIC SERVICE
COMPANY LIMITED

Rachael Lodge
FOGA DALEY

Marlon Lowe
JAMAICA CUSTOMS
DEPARTMENT

Zaila McCalla
THE SUPREME COURT
OF JAMAICA

Karen McHugh
PWC JAMAICA

Karlene McKenzie
CABINET OFFICE OF THE
GOVERNMENT OF JAMAICA

Jaime Mendoza
UNITED NATIONS CONFERENCE
ON TRADE & DEVELOPMENT
(UNCTAD), GENEVA

Alton Morgan
LEGIS-ALTON E. MORGAN &
CO. ATTORNEYS-AT-LAW

Sharon Neil Smith
PATTERSON MAIR HAMILTON

Camara Nelson
WEST INDIES HOME
CONTRACTORS

Sandralyn Nembhard
ABTAX LIMITED

Shyvonne Osborne
FOGA DALEY

Gina Phillipps Black
MYERS, FLETCHER & GORDON,
MEMBER OF LEX MUNDI

Shalise Porteous
NATIONAL LAND AGENCY

Norman Rainford
KPMG

Judith Ramlogan
COMPANIES OFFICE

Paul Randall
CREDITINFO JAMAICA LIMITED

Hilary Reid
MYERS, FLETCHER & GORDON,
MEMBER OF LEX MUNDI

Norman Shand
KINGSTON AND ST.
ANDREW CORPORATION

Jacqueline Simmonds
JAMAICA PUBLIC SERVICE
COMPANY LIMITED

Chantal Simpson
MYERS, FLETCHER & GORDON,
MEMBER OF LEX MUNDI

Tana'ania Small Davis
LIVINGSTON, ALEXANDER &
LEVY ATTORNEYS-AT-LAW

Hakon Stefansson
CREDITINFO JAMAICA LIMITED

Craig Stephen
CREDITINFO JAMAICA LIMITED

Danielle Stiebel
MYERS, FLETCHER & GORDON,
MEMBER OF LEX MUNDI

Humprey Taylor
TAYLOR CONSTRUCTION LTD.

Sherica Taylor
LEX CARIBBEAN

Marvalyn Taylor-Wright
TAYLOR-WRIGHT & COMPANY

Lorraine Thomas-Harris
LTN LOGISTICS
INTERNATIONAL CO. LTD.

Lori-Ann Thompson
NATIONAL LAND AGENCY

John Vassell
DUNNCOX

Cheriese Walcott
NATIONAL LAND AGENCY

Dominic Williams
JAMAICA PUBLIC SERVICE
COMPANY LIMITED

Lisa Williams
LIVINGSTON, ALEXANDER &
LEVY ATTORNEYS-AT-LAW

Anwar Wright
TAYLOR-WRIGHT & COMPANY

Scott Wright
TAYLOR-WRIGHT & COMPANY

Angelean Young-Daley
JAMAICA PUBLIC SERVICE
COMPANY LIMITED

日本

KANSAI ELECTRIC POWER

Daiki Akahane
LAW OFFICES OF AKAHANE, ISEKI & HONDA (AIH LAW)

Fumika Cho
WHITE & CASE

Jeffrey Dressler
WHITE & CASE

Takuya Eguchi
MORI HAMADA & MATSUMOTO - OSAKA

Toyoki Emoto
ATSUMI & SAKAI

Shuntaro Fujii
ANDERSON MORI & TOMOTSUNE

Kiyoshi Fujita
ADACHI, HENDERSON, MIYATAKE & FUJITA

Miho Fujita
ADACHI, HENDERSON, MIYATAKE & FUJITA

Tatsuya Fukui
ATSUMI & SAKAI

Shinnosuke Fukuoka
NISHIMURA & ASAHI

David Gilmore
HERBERT SMITH FREEHILLS

Tomoko Goto
NISHIMURA & ASAHI

Taichi Haraguchi
ERNST & YOUNG TAX CO.

Yuichi Hasegawa
ADACHI, HENDERSON, MIYATAKE & FUJITA

Shunsuke Honda
ANDERSON MORI & TOMOTSUNE

Kai Hoshino
EY

Keisuke Imon
WHITE & CASE

Hiroshi Inagaki
HANKYU HANSHIN EXPRESS CO. LTD.

Ryuji Ino
ERNST & YOUNG TAX CO.

Akiko Isoyama
PWC TAX JAPAN

Jun Ito
KINTETSU WORLD EXPRESS, INC.

Saki Kamiya
ANDERSON MORI & TOMOTSUNE

Kazuo Kasai
WHITE & CASE

Hiroshi Kasuya
BAKER & MCKENZIE

Yujiro Katayama
NISHIMURA & ASAHI

Kenji Kawakami
FUTABA CORPORATION

Toriuchi Kazuki
ALPS LOGISTICS CO. LTD.

Takumi Kiriyama
NISHIMURA & ASAHI

Akemi Kito
PWC TAX JAPAN

Akiko Kobayashi
CREDIT INFORMATION CENTER CORP.

Masayoshi Kobayashi
BAKER & MCKENZIE

Hiroyuki Konishi
KONISHI TAX AND ACCOUNTING

Yasuyuki Kuribayashi
CITY-YUWA PARTNERS

Takafumi Masukata
NIPPON EXPRESS CO., LTD.

Hiroaki Matsui
NISHIMURA & ASAHI

Naoki Matsuo
CITY-YUWA PARTNERS

Nakano Michiaki
SOUTH TORANOMON LAW OFFICES

Kazuya Miyakawa
PWC TAX JAPAN

Toshio Miyatake
ADACHI, HENDERSON, MIYATAKE & FUJITA

Teppei Mogi
OH-EBASHI LPC & PARTNERS

Michihiro Mori
NISHIMURA & ASAHI

Tatsuaki Murakami
NISHIMURA & ASAHI

Hirosato Nabika
CITY-YUWA PARTNERS

Hideto Nakai
KINDEN CORP.

Ken Nakatsuka
NAKATSUKA KEN TAX ACCOUNTING OFFICE

Keisuke Nishimura
WHITE & CASE

Miho Niunoya
ATSUMI & SAKAI

Fumiya Obinata
NISHIMURA & ASAHI

Takeshi Ogura
OGURA ACCOUNTING OFFICE

Kotaro Okamoto
EY

Daisuke Omote
ATSUMI & SAKAI

Takashi Saito
CITY-YUWA PARTNERS

Hitomi Sakai
KOJIMA LAW OFFICES

Yuka Sakai
CITY-YUWA PARTNERS

Sara Sandford
GARVEY SCHUBERT BARER LAW FIRM

Kei Sasaki
ANDERSON MORI & TOMOTSUNE

Tetsuro Sato
BAKER & MCKENZIE

Yuri Sugano
NISHIMURA & ASAHI

Sachiko Sugawara
ATSUMI & SAKAI

Tomoyuki Susukida
WHITE & CASE

Junya Suzuki
BAKER & MCKENZIE

Yasuyuki Suzuki
STANDARD CHARTERED BANK

Yoshimasa Takagi
EY

Hiroaki Takahashi
ANDERSON MORI & TOMOTSUNE

Hiroto Takahashi
ATSUMI & SAKAI

Y. Takahashi
SANKYU INC.

Junichi Tobimatsu
TOBIMATSU LAW

Yamamoto Tomohide
KINDEN CORP.

Takaharu Totsuka
ANDERSON MORI & TOMOTSUNE

Naohiro Toyoda
AEON FINANCIAL SERVICE CO. LTD.

Yoshito Tsuji
OBAYASHI CORPORATION

Takeo Tsukamoto
NISHIMURA & ASAHI

Ichiro Tsumiomri
EY

Shougo Tsuruta
PWC TAX JAPAN

Yoshihiro Tsutaya
ANDERSON MORI & TOMOTSUNE

Yuichi Urata
OH-EBASHI LPC & PARTNERS

Jun Usami
WHITE & CASE

Kenji Utsumi
NAGASHIMA OHNO & TSUNEMATSU

Tatsuya Yagishita
DAITO KOUN CO. LTD.

Mizuho Yamada
WHITE & CASE

Michi Yamagami
ANDERSON MORI & TOMOTSUNE

Shunichi Yamamoto

约旦

DEPARTMENT OF LANDS & SURVEY
EY

Hayja'a Abu Al Hayja'a
TALAL ABU GHAZALEH LEGAL SERVICES CO.

Nayef Abu Alim
PREMIER LAW FIRM LLP

Hanin Abughazaleh
AL TAMIMI & COMPANY ADVOCATES & LEGAL CONSULTANTS

Fatina Abweini
MINISTRY OF JUSTICE

Waleed Adi
EMRC ENERGY AND MINERALS REGULATORY COMMISSION

Malak Al Hasoun
MINISTRY OF JUSTICE

Haifa Al Kiali
MAGISTRATES COURT

Zeina Al Nabih
AL TAMIMI & COMPANY ADVOCATES & LEGAL CONSULTANTS

Abd El Rahman M. Al Qatawenh
ATTORNEY

Wijdan Al Rabadi
EMRC ENERGY AND MINERALS REGULATORY COMMISSION

Ziad Al Shufiyyen
EMRC ENERGY AND MINERALS REGULATORY COMMISSION

Maha Al-Abdallat
CENTRAL BANK OF JORDAN

Mohammad Al-Akhras
PWC JORDAN

Rawan Alameddin
HAMMOURI & PARTNERS LAW FIRM

Eman M. Al-Dabbas
INTERNATIONAL BUSINESS LEGAL ASSOCIATES

Ashraf Alja'fari

Zeinab Aljaafreh
CENTRAL BANK OF JORDAN

Omar Aljazy
ALJAZY & CO. ADVOCATES & LEGAL CONSULTANTS

Sabri S. Al-Khassib
AMMAN CHAMBER OF COMMERCE

Liana Al-Mufleh
HAMMOURI & PARTNERS LAW FIRM

Naser Al-Mughrabi
PWC JORDAN

Moath Alsbin
EMRC ENERGY AND MINERALS REGULATORY COMMISSION

Ghada Al-Sha'arawi
BEIRUTI ATTORNEYS & COUNSELORS AT LAW

Zaid Al-Sha'rawi
CENTRAL BANK OF JORDAN

Hussien Alsorakhi
ISTD

Eid M. Alwrikat
JUSTICE PALACE

Essa Amawi
AMAWI & CO. ADVOCATES & LEGAL CONSULTANTS

Mohammed Amawi
AMAWI & CO. ADVOCATES & LEGAL CONSULTANTS

Ahmad Amoudi
CRIF JORDAN

Faisal Asfour
KHALIFEH & PARTNERS LAWYERS

Raaed Asfour
ISTD

Murad Awamleh
GREATER AMMAN MUNICIPALITY

Hatem Barakat

Jafar Barham
JORDAN CUSTOMS

Aya Bassoumi
HAMMOURI & PARTNERS LAW FIRM

Ayham Batarseh
ZALLOUM & LASWI LAW FIRM

Raeda Bawadi
MAGISTRATES COURT

Mohammad Beiruti
BEIRUTI ATTORNEYS & COUNSELORS AT LAW

Yotta Bulmer
HAMMOURI & PARTNERS LAW FIRM

Anwar Ellaian
THE JORDANIAN ELECTRIC POWER CO. LTD. (JEPCO)

Vincent Flamant
AQABA CONTAINER TERMINAL

Fadiz A. Freij
BEIRUTI ATTORNEYS & COUNSELORS AT LAW

Talah Ghosheh
AMAWI & CO. ADVOCATES & LEGAL CONSULTANTS

Rami Hadidi
HADIDI & CO. ATTORNEYS

Tariq Hammouri
HAMMOURI & PARTNERS LAW FIRM

George Hazboun
INTERNATIONAL CONSOLIDATED FOR LEGAL CONSULTATIONS

Reem Hazboun
INTERNATIONAL CONSOLIDATED FOR LEGAL CONSULTATIONS

Jenan Hijjawi
COMPANIES CONTROL DEPARTMENT

Mohammad Hussein
AL REFA'I INTERNATIONAL TRANSPORT & CLEARING EST.

Tayseer Ismail Ibrahim
NOUR ALSHARQ TRADE COMPANY ENGINEERING & COMPANY SERVICES

Abdullah Jaradat
ABDULLAH & PARTNERS

Farah Jaradat
HAMMOURI & PARTNERS LAW FIRM

Emad Karkar
PWC JORDAN

Rakan Kawar
ALI SHARIF ZU'BI, ADVOCATES & LEGAL CONSULTANTS, MEMBER OF LEX MUNDI

Samer Kawar
SAMER KAWAR & ASSOCIATES, CONSULTANTS AND LEGAL ADVISORS

Ahmed Khalifeh
HAMMOURI & PARTNERS LAW FIRM

Nadeen Khraset
ABDULLAH & PARTNERS

Nadeen Khresab
ABDULLAH LAW FIRM

Hussein Kofahy
CENTRAL BANK OF JORDAN

Ammar Krayim
KRAYIM CONSTRUCTION

Lama Krayim
KRAYIM CONSTRUCTION

Rasha Laswi
ZALLOUM & LASWI LAW FIRM

Firas Malhas
INTERNATIONAL BUSINESS LEGAL ASSOCIATES

Ola Khalil Mohammad
CENTRAL BANK OF JORDAN

Nour Nayef Momani
CENTRAL BANK OF JORDAN

Hala Mujalli
GREATER AMMAN MUNICIPALITY

Khaldoun Nazer
KHALIFEH & PARTNERS LAWYERS

Majd Nemeh
INTERNATIONAL CONSOLIDATED
FOR LEGAL CONSULTATIONS

Hamza Obidat
INTERNATIONAL CONSOLIDATED
FOR LEGAL CONSULTATIONS

Mohammad Ouglat
ISTD

Mhanna Qattan
GREATER AMMAN
MUNICIPALITY

Naji Qutieshat
INTERNATIONAL BUSINESS
LEGAL ASSOCIATES

Osama Y. Sabbagh
THE JORDANIAN ELECTRIC
POWER CO. LTD. (JEPCO)

Tareq Sahouri
SAHOURI & PARTNERS LLC

Siwar Saket
KHALIFEH & PARTNERS
LAWYERS

Majdi Salaita
ALI SHARIF ZU'BI, ADVOCATES
& LEGAL CONSULTANTS,
MEMBER OF LEX MUNDI

Lana Salameh
JC LAW

Omar Salhea
ISTD

Omar Sawadha
HAMMOURI & PARTNERS
LAW FIRM

Manhal Sayigh
THE JORDANIAN ELECTRIC
POWER CO. LTD. (JEPCO)

Adele Shaban
JC LAW

Mohammed Y. Shaban
AMIN KAWAR & SONS CO.

Nadia Shahin
AMIN KAWAR & SONS CO.

Areen Shraideh
INTERNATIONAL BUSINESS
LEGAL ASSOCIATES

Stephan Stephan
PWC JORDAN

Mohammed-Hanif Tarajia
ABDULLAH & PARTNERS

Moawyah Tarawneh
KHALIFEH & PARTNERS
LAWYERS

Khaled Tuffaha
KPMG KAWASMY &
PARTNERS CO.

Azzam Zalloum
ZALLOUM & LASWI LAW FIRM

Mahmoud Ziuod
THE JORDANIAN ELECTRIC
POWER CO. LTD. (JEPCO)

Deema Abu Zulaikha
TALAL ABU GHAZALEH
LEGAL SERVICES CO.

Kareem Zureikat

哈萨克斯坦

Dinara Abdirova
OLYMPEX ADVISERS

Emil Halilyevich Abdrashitov
NOTARY ASSOCIATION
OF THE ALMATY CITY

Sardar Inarovich Abdysadykov
NOTARY ASSOCIATION
OF THE ALMATY CITY

Kuben Abzhanov
BAKER & MCKENZIE

Kuben Abzhanov
GRATA INTERNATIONAL

Saule Akhmetova
GRATA INTERNATIONAL

Altynbek Akpanov
ECONOMIC RESEARCH
INSTITUTE KAZAKHSTAN

Akmaral Akylbayeva
ARNA PARTNERS

Gaukhar Alibekova
MINISTRY OF NATIONAL
ECONOMY

Assel Aralbayeva
SUPREME COURT OF THE
REPUBLIC OF KAZAKHSTAN

Andrey Artyushenko
ARTYUSHENKO & PARTNERS

Samat Aryshev
ALMATY ENERGO ZBYT

Yermek Aubakirov
MICHAEL WILSON &
PARTNERS LTD.

Zarina Baikenzhina
WHITE & CASE

Rakhat Baisuanov
ARNA PARTNERS

Aigul Baizhanova
MINISTRY OF JUSTICE

Elmira Battal
SYNERGY PARTNERS LAW FIRM

Aidos Bekov
JSC STATE CREDIT BUREAU

Arman Berdalin
SAYAT ZHOLSHY & PARTNERS

Aidyn Bikebayev
SAYAT ZHOLSHY & PARTNERS

Timur Bizhanov
MINISTRY OF REGIONAL
DEVELOPMENT

Aizhan Bozaeva
MINISTRY OF FINANCE

Aziza Bozhakanova
MINISTRY OF JUSTICE

Victoria Chagay
ARTYUSHENKO & PARTNERS

Alexander Chumachenko
AEQUITAS LAW FIRM

Yuliya Chumachenko
AEQUITAS LAW FIRM

Dmitriy Chumakov
SAYAT ZHOLSHY & PARTNERS

Saltanat Dauletova
KPMG KAZAKHSTAN

Ruslan Degtyarenko
DENTONS KAZAKHSTAN LLP

Inara Elemanova
CENTIL LAW FIRM

Sungat Essimkhanov
NUCLEAR AND ENERGY
SUPERVISION AND CONTROL
COMMITTEE OF THE
MINISTRY OF ENERGY

Alexander Giros
PARADIGM PROJECTS
KAZAKHSTAN

Ardak Idayatova
AEQUITAS LAW FIRM

Majra Iskakova
ALMATY ENERGO ZBYT

Kamil Jambakiyev
NORTON ROSE FULBRIGHT

Galiya Joldybayeva
MINISTRY OF NATIONAL
ECONOMY

Mariyash Kabikenova
REHABILITATION MANAGER

Elena Kaeva
PWC KAZAKHSTAN

Aybek Kambaliyev
GRATA INTERNATIONAL

Saltanat Kamenova
ECONOMIC RESEARCH
INSTITUTE KAZAKHSTAN

Maksud Karaketov
CENTIL LAW FIRM

Alimzhan Karkinbaev
MINISTRY OF REGIONAL
DEVELOPMENT

Anel Kassabulatova
SIGNUM LAW FIRM

Aigerim Kauldasheva
SUPREME COURT OF THE
REPUBLIC OF KAZAKHSTAN

Madina Kazhimova
MINISTRY OF NATIONAL
ECONOMY

Saltanat Kemalova
SIGNUM LAW FIRM

Lyazzat Kereitbayeva
MINISTRY OF NATIONAL
ECONOMY

Yekaterina Khamidullina
AEQUITAS LAW FIRM

Olga Kim
CENTIL LAW FIRM

Askar Konysbayev
GRATA INTERNATIONAL

Alexander Korobeinikov
BAKER & MCKENZIE

Nurlan Kubenov
KPMG KAZAKHSTAN

Gaukhar Kudaibergenova
SIGNUM LAW FIRM

Tair Kulteleev
AEQUITAS LAW FIRM

Gulmira Lamacharipova
MINISTRY OF JUSTICE

Elena Lee
MICHAEL WILSON &
PARTNERS LTD.

Madina Makanova

Yerzhan Manasov
LINKAGE & MIND LLP

Marzhan Mardenova
PWC KAZAKHSTAN

Yessen Massalin
OLYMPEX ADVISERS

Nurkhan Mermankulov
SUPREME COURT OF THE
REPUBLIC OF KAZAKHSTAN

Bolat Miyatov
GRATA INTERNATIONAL

Victor Mokrousov
DECHERT KAZAKHSTAN LLP

Elena Motovilova
MINISTRY OF FINANCE

Andrei Mukazhanov
ALMATY ENERGO ZBYT

Daniyar Mussakhan
NORTON ROSE FULBRIGHT

Abylkhair Nakipov
SIGNUM LAW FIRM

Yevgeniya Nossova
DECHERT KAZAKHSTAN LLP

Kulbatyrov Nurlan
ECONOMIC RESEARCH
INSTITUTE KAZAKHSTAN

Islambek Nurzhanov
SYNERGY PARTNERS LAW FIRM

Ruslan Omarov
FIRST CREDIT BUREAU

Sergazy Omash
SUPREME COURT OF THE
REPUBLIC OF KAZAKHSTAN

Kazieva Orynkul
STATE REVENUE COMMITTEE

Yuliya V. Petrenko
BMF PARTNERS LAW FIRM LLP

Andrey Yuriyevich
Ponomarenko
ALMATY BRANCH OF THE RSE
RESEARCH AND PRODUCTION
CENTER OF LAND CADASTRE

Aigerim Raikhanova
CENTIL LAW FIRM

Taizhanova Roza
OLYMPEX ADVISERS

Darya Ryapissova
GRATA INTERNATIONAL

Gaukhar Sapina
MINISTRY OF NATIONAL
ECONOMY

Talgat Sariev
SIGNUM LAW FIRM

Nazym Seidakhmetova
SIGNUM LAW FIRM

Yerlan Serikbayev
MICHAEL WILSON &
PARTNERS LTD.

Aida Shadirova
DECHERT KAZAKHSTAN LLP

Abai Shaikenov
DENTONS KAZAKHSTAN LLP

Elmira Shamayeva
WHITE & CASE

Sofia Shaykhrazieva
CENTIL LAW FIRM

Meruert Sisembaeva
MINISTRY OF FINANCE

Alzhan Stamkulov
SYNERGY PARTNERS LAW FIRM

Nurzhan Stamkulov
SYNERGY PARTNERS LAW FIRM

Ulan Stybayev
SIGNUM LAW FIRM

Zhaslan Alimgazinovich
Sultanbekov
FIRMA PARITET LTD.

Zarina Syzdykova
GRATA INTERNATIONAL

Dana Tokmurzina
PWC KAZAKHSTAN

Mirat Tokombayev
NUCLEAR AND ENERGY
SUPERVISION AND CONTROL
COMMITTEE OF THE
MINISTRY OF ENERGY

Yerzhan Toktarov
SAYAT ZHOLSHY & PARTNERS

Botanova Totynur
STATE REVENUE COMMITTEE

Shynggys Turez
ECONOMIC RESEARCH
INSTITUTE KAZAKHSTAN

Maria Turganbaeva
MINISTRY OF JUSTICE

Nurken Turmakhambetov
MINISTRY OF REGIONAL
DEVELOPMENT

Alexandr Tyo
CENTIL LAW FIRM

Aigerim Tyurebayeva
KPMG KAZAKHSTAN

Anara Urakova
BMF PARTNERS LAW FIRM LLP

Azim Usmanov
CENTIL LAW FIRM

Aliya Utegaliyeva
PWC KAZAKHSTAN

Nikita Sergeevich Vasilchuk
ENERGOPROMSTROIPROEKT
LLC

Sergei Vataev
DECHERT KAZAKHSTAN LLP

Larissa Yemelyanova
AEQUITAS LAW FIRM

Aigerim Yermahanova
MINISTRY OF NATIONAL
ECONOMY

Olga Olegovna Yershova
NOTARY ASSOCIATION
OF THE ALMATY CITY

Yerzhan Yessimkhanov
GRATA INTERNATIONAL

Bakytgul Zhabaginova
ECONOMIC RESEARCH
INSTITUTE KAZAKHSTAN

Saken Zhailauov
SAEN ENGINEERING GROUP

Zhanar Zhandossova
BMF PARTNERS LAW FIRM LLP

Bulat Zhulamanov
SUPREME COURT OF THE
REPUBLIC OF KAZAKHSTAN

Liza Zhumakhmetova
SIGNUM LAW FIRM

Balykov Daulen Zhumalovich
INTER-DISTRICT ECONOMIC
COURT OF ALMATY

Sofiya Zhylkaidarova
SIGNUM LAW FIRM

肯尼亚

PYRAMID BUILDERS

Philip Aluku
SDV TRANSAMI

Barack Barkwang
COULSON HARNEY LLP

Mohammed A. Bhatti
BHATTI ELECTRICAL LIMITED

Hillary Biwott
CAPITAL MARKETS AUTHORITY

Dennis Chiruba
ANJARWALLA & KHANNA
ADVOCATES

Philip Coulson
COULSON HARNEY LLP

Oliver Fowler
KAPLAN & STRATTON

Peter Gachuhi
KAPLAN & STRATTON

Francis Gichuhi Kamau
A4 ARCHITECT

Ben Githinji
APT DESIGN SOLUTIONS

William Ikutha Maema
ISEME, KAMAU &
MAEMA ADVOCATES

Milly Jalega
ISEME, KAMAU &
MAEMA ADVOCATES

Abdilatif Jarso
B.M. MUSAU & CO.
ADVOCATES

Kenneth Kamaitha
KAPLAN & STRATTON

Martha Kamanu-Mutugi
KENYA POWER

Cathrine Kamau
DELUXE INKS LIMITED

Reuben Njoroge Kamau Kabbau
DREAMS ARCHITECTS

Samuel Kamunyu
CAPITAL MARKETS AUTHORITY

Apollo Karumba
PWC KENYA

Ronald Khavagali
B.M. MUSAU & CO. ADVOCATES

Hassan Kibet
ISEME, KAMAU & MAEMA ADVOCATES

Alan Kigen
KAMOTHO MAIYO & MBATIA ADVOCATES

William M. Kilonzo
ASSOCIATED SERVICES

Timothy Kiman
SIGINON FREIGHT LTD.

Meshack T. Kipturgo
SIGINON FREIGHT LTD.

Owen Koimburi
MAZARS KENYA

Emmanuel Kubo
SISULE MUNYI KILONZO & ASSOCIATES

Evelyn Kyania
B.M. MUSAU & CO. ADVOCATES

David Lekerai
ISEME, KAMAU & MAEMA ADVOCATES

Eric Lukoye
KENYA TRADE NETWORK AGENCY (KENTRADE)

Dominic Makau
CENTRAL ELECTRICALS INTERNATIONAL LTD.

Jacob Malelu
B.M. MUSAU & CO. ADVOCATES

Nicholas Malonza
SISULE MUNYI KILONZO & ASSOCIATES

Esther Manthi
CAPITAL MARKETS AUTHORITY

James Mburu Kamau
ISEME, KAMAU & MAEMA ADVOCATES

Ken Melly
ISEME KAMAU & MAEMA ADVOCATES (DLA PIPER)

Emma Miloyo
DESIGN SOURCE

Mansoor A. Mohamed
RUMAN SHIPCONTRACTORS LIMITED

Peter Momanyi
MAZARS KENYA

Titus Mukora
PWC KENYA

Teresia Munywoki
B.M. MUSAU & CO. ADVOCATES

John Muoria
WARUHIU K'OWADE & NG'ANG'A ADVOCATES

Benjamin Musau
B.M. MUSAU & CO. ADVOCATES

Peter Musyimi
KENYA LAW REFORM COMMISSION

Susan Mutinda
B.M. MUSAU & CO. ADVOCATES

Arnold Mutisya
COULSON HARNEY LLP

Joshua Mutua
KENYA POWER

Jane Mutulili
LA FEMME ENGINEERING SERVICES LTD.

Jacob W. Mwangi
THE ARCHITECTURAL ASSOCIATION OF KENYA

Peter Mwaura
ANJARWALLA & KHANNA ADVOCATES

James Ndegwa
KENYA POWER

Christina Nduba-Banja
COULSON HARNEY LLP

Mbage Ng'ang'a
WARUHIU K'OWADE & NG'ANG'A ADVOCATES

Christine Njau
ISEME, KAMAU & MAEMA ADVOCATES

Victor Njenga
KAPLAN & STRATTON

Chege Njoroge
LESINKO NJOROGE & GATHOGO

Jacqueline Njoroge
B.M. MUSAU & CO. ADVOCATES

Alex Nyagah
ARCHBUILD LIMITED

Rose Nyongesa
ISEME, KAMAU & MAEMA ADVOCATES

Conrad Nyukuri
AXIS KENYA

Robert Oimeke
ENERGY REGULATORY COMMISSION (ERC)

John Ojwang
NAIROBI CITY COUNTY GOVERNMENT

Sam Omukoko
METROPOL CORPORATION LTD.

Esther Omulele
MMC AFRICA LAW

Andrew Ondieki
PWC KENYA

Phillip Onyango
KAPLAN & STRATTON

Tom Odhiambo Onyango
TRIPLEOKLAW ADVOCATES

Cephas Osoro
HORWATH ERASTUS & CO. MEMBER, CROWE HORWARTH INTERNATIONAL

Charles Osundwa
KAPLAN & STRATTON

Andrew Ragui
PWC KENYA

Sonal Sejpal
ANJARWALLA & KHANNA ADVOCATES

Joseph Taracha
CENTRAL BANK OF KENYA

Maureen W. Makutano
AXIS KENYA

Angela Waki
COULSON HARNEY LLP

Evelyn Wamae
KENYA TRADE NETWORK AGENCY (KENTRADE)

Arphaxade Wanjala

Angela Waweru
KAPLAN & STRATTON

John Wekesa
KENYA POWER

Edmond Wesonga
B.M. MUSAU & CO. ADVOCATES

基里巴斯

MINISTRY OF PUBLIC WORKS AND UTILITIES

Kenneth Barden
ATTORNEY-AT-LAW

Susan Barrie
TOBARAOI TRAVEL

Raweita Beniata
OLP KIRIBATI

Ierevita Biriti
KIRIBATI CHAMBER OF COMMERCE AND INDUSTRY

Tomitiana Eritama
MINISTRY OF LABOUR & HUMAN RESOURCES DEVELOPMENT

Mantaia Kaongotao
MK LAW & CO.

Tieri Kautuntamoa
BUSINESS & COMPANIES REGULATORY DIVISION, BUSINESS REGULATORY CENTRE, MINISTRY OF COMMERCE, INDUSTRY & COOPERATIVES

Motiti Moriati Koae
DEVELOPMENT BANK OF KIRIBATI

Laokiri Koreaua
KIRIBATI TAX OFFICE

Tion Neemia
SHIPPING AGENCY OF KIRIBATI

Tiiroa Roneti
MINISTRY OF COMMERCE, INDUSTRY AND TOURISM

Mautaake Tannang
KIRIBATI ELECTRICAL CONSULTING & CONTRACTING SERVICES

Naata Tekeaa
DEVELOPMENT BANK OF KIRIBATI

Tauniu Teraoi Moy
TOBARAOI TRAVEL

Reei Tioti
MINISTRY OF ENVIRONMENT, LANDS & AGRICULTURE DEVELOPMENT (MELAD)

韩国

Arnold Yoohum Baek
KIM & CHANG

Jennifer Min-Sook Chae
KOREA CREDIT BUREAU

Kyoung Soo Chang
SHIN & KIM

Seung Hee Grace Chang
SHINHAN CUSTOMS SERVICE INC.

Paavan Chhabra
HEALY CONSULTANTS GROUP PLC

Junghoon Cho
KOREAN ELECTRICAL CONTRACTORS ASSOCIATION

Min Kyong Cho
WHITE & CASE LLP FOREIGN LEGAL CONSULTANT OFFICE

Sung-Min Cho
JOYANG LOGISTICS

Young-Dae Cho
KIM & CHANG

Jinhyuk Choi
BARUN LAW LLC

Kyung-Joon Choi
KIM, CHANGE & LEE

Paul Jihoon Choi
BARUN LAW LLC

Sung-Soo Choi
KIM & CHANG

Isabel Cleaver
HEALY CONSULTANTS GROUP PLC

Robert Flemer
KIM & CHANG

Mark Goodrich
WHITE & CASE LLP FOREIGN LEGAL CONSULTANT OFFICE

Jason Ha
BARUN LAW LLC

Sang-Goo Han
YOON & YANG LLC

Sang-Hoon Han
SHIN & KIM

Young Huh
HEALY CONSULTANTS GROUP PLC

Ji-Sang Hur
KOREA CUSTOMS SERVICE

C.W. Hyun
KIM & CHANG

James I.S. Jeon
SOJONG PARTNERS

Jae-Wook Jeong
SHIN & KIM

Changho Jo
SAMIL PRICEWATERHOUSECOOPERS

Bo Moon Jung
KIM & CHANG

Haeng Chang Jung
HANARO TNS

Hyukjun Jung
BARUN LAW LLC

Jinku Kang
LEE & KO

Kyung-won Kang
SAMIL PRICEWATERHOUSECOOPERS

Young-Seok Ki
SHIN & KIM

Byung-Tae Kim
SHIN & KIM

Chul Man Kim
YULCHON LLC

Jennifer Min Sun Kim
SOJONG PARTNERS

Jong-Hyun Kim
SHIN & KIM

Ki Young Kim
YULCHON LLC

Rieu Kim
BARUN LAW LLC

Sang-jin Kim
KEPCO

Seong Won (David) Kim
HANARO TNS

Sun Kyoung Kim
YULCHON LLC

Wonhyung Kim
YOON & YANG LLC

Yoon Young Kim
HWANG MOK PARK PC

Youn Jong Kim
SHINHAN CUSTOMS SERVICE INC.

Seong-Cheon Ko
SAMIL PRICEWATERHOUSECOOPERS

Joonghoon Kwak
LEE & KO

Alex Joong-Hyun Lee
SAMIL PRICEWATERHOUSECOOPERS

Dong Hun Lee
KOREA CUSTOMS SERVICE

Eugene Lee
BARUN LAW LLC

Hongyou Lee
PANALPINA KOREA LTD.

Jae-Hahn Lee
KIM, CHANGE & LEE

Kyu Wha Lee
LEE & KO

Kyung Yoon Lee
KIM & CHANG

Moonsub Lee
SOJONG PARTNERS

Sangmin Lee
KIM & CHANG

Seung Yoon Lee
KIM & CHANG

Su Yeon Lee
YULCHON LLC

Young Jin Lee
SUPREME COURT OF KOREA

Yong-Hee Lim
SAMIL PRICEWATERHOUSECOOPERS

Yunseok Lim
SUPREME COURT OF KOREA

Young Min Kim
YOON & YANG LLC

Jae Wook Oh
BARUN LAW LLC

Yon Kyun Oh
KIM & CHANG

Danbi Park
KIM & CHANG

Grace Park
KIM & CHANG

Jihye Park
LEE & KO

Sang Il Park
HWANG MOK PARK PC

Yong Seok Park
SHIN & KIM

Sang-ug Ryu
SUPREME COURT OF KOREA

Jeong Seo
KIM & CHANG

Minah Seo
HWANG MOK PARK PC

Ji Seon Kim
HWANG MOK PARK PC

Changho Seong
SEOUL CENTRAL
DISTRICT COURT

Mi-Jin Shin
KIM & CHANG

Philippe Shin
SHIN & KIM

Moon-Bae Sohn
KOREA CREDIT BUREAU

Ahn Sooyoung
HWANG MOK PARK PC

Kiwon Suh
CHEONJI ACCOUNTING
CORPORATION

Catherine J. Yeo
KIM & CHANG

Elizabeth Shinwon Yoon
SHINHAN CUSTOMS
SERVICE INC.

Jae-Yoon Yoon
KOREA CUSTOMS SERVICE

Huiwon Yun
HUIWON YUN PRIVATE
PRACTITIONER

科索沃

KPMG ALBANIA SHPK

MINISTRY OF ECONOMIC
DEVELOPMENT (MED)

MINISTRY OF TRADE
AND INDUSTRY

USAID PARTNERSHIPS FOR
DEVELOPMENT PROJECT

Leonora Beka
KALO & ASSOCIATES

Gani Bucaj
ENERGY REGULATORY OFFICE

Destan Bujupaj
DESTAN BUJUPAJ
ENFORCEMENT AGENT

Shyqiri Bytyqi
VALA CONSULTING

Ali Curri
KESCO

Naim Devetaku
VALA CONSULTING

Sokol Elmazaj
BOGA & ASSOCIATES

Mirjeta Emini
BOGA & ASSOCIATES

Yllka Emini
TAX ADMINISTRATION
OF KOSOVO

Haxhi Gashi
UNIVERSITY OF PRISHTINA,
LAW FACULTY

Adea Geci
AB OLIVIER & ASSOCIATES LLC

Lorena Gega
PRICEWATERHOUSECOOPERS
AUDIT SH.P.K.

Jashar Goga
KOSOVO CUSTOMS

Valon Hasani
LAWYER

Bujar Haxhidauti
KOSOVO CUSTOMS

Rudina Heroi-Puka
KESCO

Naim Huruglica
KOSOVO CUSTOMS

Rifat Hyseni
TAX ADMINISTRATION
OF KOSOVO

Albert Islami
ALBERT ISLAMI & PARTNERS

Liresa Kadriu
VALA CONSULTING

Arben Kelmendi
KELMENDI & PARTNERS LLC

Leonik Mehmeti
DELOITTE

Fitore Mekaj
BOGA & ASSOCIATES

Delvina Nallbani
BOGA & ASSOCIATES

Driton Nikaj
RAIFFEISEN LEASING
KOSOVA SH.P.K.

Besim Osmani
AB OLIVIER & ASSOCIATES LLC

Besim Osmani
INTERLEX ASSOCIATES LLC

Valdet Osmani
ARCHITECT ASSOCIATION
OF KOSOVO

Loreta Peci
PRICEWATERHOUSECOOPERS
AUDIT SH.P.K.

Naser Prapashtica
CRIMSON CAPITAL

Blerim Prestreshi
SCLR PARTNERS

Ilaz Ramajli
RAMAJLI & PARTNERS CO.

Vigan Rogova
ETHEM ROGOVA LAW FIRM

Ariana Rozhaja
VALA CONSULTING

Shendrit Sadiku
PRICEWATERHOUSECOOPERS
KOSOVO

Sami Salihu
TAX ADMINISTRATION
OF KOSOVO

Arbena Shehu
NOTARY CHAMBER OF THE
REPUBLIC OF KOSOVO

Teki Shehu

Ardi Shita

Fatmir Stublla

Arbresha Tuhina
BAKER TILLY KOSOVO

Gëzim Xharavina
ARCHITECTURAL, DESIGN
AND ENGINEERING

Arta Xhema
BAKER TILLY KOSOVO

Lulzim Zeka
BAKER TILLY KOSOVO

Petrit Zeka
BAKER TILLY KOSOVO

Shpend Zeka
PRICEWATERHOUSECOOPERS
KOSOVO

Ruzhdi Zenelaj
DELOITTE

Ruzhdi Zeqiri
CRIMSON CAPITAL

Shaha Zylfiu
CENTRAL BANK OF THE
REPUBLIC OF KOSOVO

科威特

TALAL ABU-GHAZALEH
LEGAL (TAG-LEGAL)

Maged Abd Al Hady
HORWATH AL-MUHANNA
& CO.

Mohammad Abdal
ZAIN GROUP

Nader Abdelaziz
ASAR – AL RUWAYEH
& PARTNERS

Sherif Shawki Abdel-Fattah
PRICEWATERHOUSECOOPERS
AL-SHATTI & CO.

Farid Abdin
MAERSK KUWAIT CO. W.L.L.

Ahmed Abdou
ASAR – AL RUWAYEH
& PARTNERS

Abdulrazzaq Abdullah
ABDULRAZZAQ ABDULLAH
& PARTNERS LAW FIRM

Hossam Abdullah
AL-HOSSAM LEGAL

Hani Abu Daqa
CREDIT INFORMATION
NETWORK

Mohammad Abulwafa
ASAR – AL RUWAYEH
& PARTNERS

Lina A.K. Adlouni
ADLOUNI & PARTNERS
LEGAL CONSULTANTS &
ATTORNEYS LAW FIRM

Hossam Afify
PRICEWATERHOUSECOOPERS
AL-SHATTI & CO.

Basma Akbar
CAPITAL MARKET
AUTHORITY OF KUWAIT

Khaldah Al Ali
MINISTRY OF FINANCE

Hanan Al Gharaballv
CAPITAL MARKET
AUTHORITY OF KUWAIT

Jasim Mohammad Al Habib
KUWAIT MUNICIPALITY

Hamad M. Al Mashaan
AL-AHLIA CONTRACTING
GROUP

Heyam Al Mehri
MINISTRY OF JUSTICE

Meshari Al Nusf
KUWAIT INSURANCE COMPANY

Hashem Al Qallaf
KUWAIT CITY FIRST
INSTANCE COURT

Rezq Al Sammak
KUWAIT INSURANCE COMPANY

Nouf Al Sanea
CAPITAL MARKET
AUTHORITY OF KUWAIT

Ahmed Abdul Aziz Al
Thuwaikh
KUWAIT CITY FIRST
INSTANCE COURT

Fahad Al Zumai
KUWAIT UNIVERSITY

Ayyad Al-Adwani
AL-ADWANI LAW FIRM

Aiman Alaraj
KEO INTERNATIONAL
CONSULTANTS

Waleed Al-Awadhi
CENTRAL BANK OF KUWAIT

Abdullah Al-Ayoub
ABDULLAH KH. AL-AYOUB
& ASSOCIATES, MEMBER
OF LEX MUNDI

Abrar Alazemi
MINISTRY OF FINANCE

Anwar Al-Bisher
ALBISHER LEGAL GROUP

Ahmed Aldhoayan
ALRAAI LAW FIRM

Areej Aldulaimi
MINISTRY OF JUSTICE

Omar Hamad Yousuf Al-Essa
THE LAW OFFICE OF
AL-ESSA & PARTNERS

Lulwha Alfahad
MINISTRY OF FINANCE

Nada F.A. Al-Fahad
GEC DAR GULF ENGINEERS
CONSULTANTS

Adaweyah Alfailakawi
MINISTRY OF COMMERCE
AND INDUSTRY

Rawan M. Al-Ghazali
THE LAW OFFICES OF MISHARI
AL-GHAZALI AND RAWAN
MISHARI AL-GHAZALI

Nora Al-Haroun
CAPITAL MARKET
AUTHORITY OF KUWAIT

Shaikhah Alhelali

Hanan Almudhahkah
MINISTRY OF FINANCE

Rasha Al-Naibari
CAPITAL MARKET
AUTHORITY OF KUWAIT

Jasem Al-Oun
AREF INVESTMENT GROUP

Waleed Alowaiyesh
CAPITAL MARKET
AUTHORITY OF KUWAIT

Yousef Alroumi
CAPITAL MARKET
AUTHORITY OF KUWAIT

Jasem Alsharekh
ALRAAI LAW FIRM

Adnan Alsharrah
CREDIT INFORMATION
NETWORK

Tariq Hamad Alshatti
AL-DOSTOUR LAW FIRM

Fahed Al-Subaih
CAPITAL MARKET
AUTHORITY OF KUWAIT

Haya Alzayed
MINISTRY OF JUSTICE

Najed Abdul Aziz
ABDULRAHMAN MOHAMAD
AL-BAHAR AND SONS WLL

Akusa Batwala
ASAR – AL RUWAYEH
& PARTNERS

Lutfi Ben Fatma
AL-TWAIJRI & PARTNERS

Waleed BenHassan
CREDIT INFORMATION
NETWORK

Piyush Bhandari
INTUIT MANAGEMENT
CONSULTANCY

Priyanka Bhandari
INTUIT MANAGEMENT
CONSULTANCY

Nada Bourahmah
THE LAW OFFICES OF MISHARI
AL-GHAZALI AND RAWAN
MISHARI AL-GHAZALI

Najmah Brown
AL-ADWANI LAW FIRM

Maysaa Mousa Bushihri
KUWAIT MUNICIPALITY

Twinkle Anie Chacko
ABDULRAZZAQ ABDULLAH
& PARTNERS LAW FIRM

Alok Chugh
EY

Bader Ali Dashti
CUSTOMS - GENERAL
ADMINISTRATION

Fouad Douglas
PRICEWATERHOUSECOOPERS
AL-SHATTI & CO.

Talal Edan
CUSTOMS - GENERAL
ADMINISTRATION

Haya Essa Al Zayed
MINISTRY OF JUSTICE

Mahmoud Ezzat
CAPITAL MARKET
AUTHORITY OF KUWAIT

Jomon George
HORWATH AL-MUHANNA
& CO.

Michel Ghanem
MEYSAN PARTNERS

Marc-Aurele Grassin
MEYSAN PARTNERS

Sam Habbas
ASAR – AL RUWAYEH
& PARTNERS

Mohammed Haneefa
MAERSK KUWAIT CO. W.L.L.

Hussein M. Hassan
ABDULLAH KH. AL-AYOUB
& ASSOCIATES, MEMBER
OF LEX MUNDI

Samir Ibrahim
ALRAAI LAW FIRM

Jad Jabre
ASAR – AL RUWAYEH
& PARTNERS

Wael S. Khalifa
GLOBAL CLEARINGHOUSE
SYSTEMS

Mazen A. Khoursheed
PACKAGING & PLASTIC
INDUSTRIES CO. KSCC

Dany Labaky
THE LAW OFFICE OF
AL-ESSA & PARTNERS

Ahmed Labib
ASAR – AL RUWAYEH
& PARTNERS

Anju Menon
ABDULLAH KH. AL-AYOUB
& ASSOCIATES, MEMBER
OF LEX MUNDI

Abdulrahman Mohamad
CAPITAL MARKET
AUTHORITY OF KUWAIT

Ayman Nada
AL MARKAZ LAW FIRM

Seth Ochieng
HEALY CONSULTANTS
GROUP PLC

Rabea Saad Al-Muhanna
HORWATH AL-MUHANNA
& CO.

Mohammed Radwan
ALRAAI LAW FIRM

Johnson Rajan
INTUIT MANAGEMENT
CONSULTANCY

Ganesh Ramanath
PRICEWATERHOUSECOOPERS
AL-SHATTI & CO.

Abdulwahab Abdullatif Sadeq
MEYSAN PARTNERS

Aya Salih
AL-ADWANI LAW FIRM

Ibrahim Sattout
ASAR – AL RUWAYEH
& PARTNERS

Afrah Shabeeb
THE LAW OFFICES OF MISHARI
AL-GHAZALI AND RAWAN
MISHARI AL-GHAZALI

Chetan Sharma
ABDULLAH KH. AL-AYOUB
& ASSOCIATES, MEMBER
OF LEX MUNDI

Emad Tawfiq

David Walker
ASAR – AL RUWAYEH
& PARTNERS

Abdullah Y. Al Khurafi
MIRAS LEGAL

Ahmed Zakaria
BOUBYAN CAPITAL
INVESTMENT

吉尔吉斯共和国

Almaz Abdiev
DEPARTMENT OF CADASTRE
AND REGISTRATION OF RIGHTS
ON IMMOVABLE PROPERTY

Yulia Abdumanapova
BAKER TILLY BISHKEK LLC

Gulnara Akhmatova
LAWYER

Atabek Akhmedov
GRATA INTERNATIONAL

Sanzhar Aldashev
GRATA INTERNATIONAL

Bayansulu Bassepova
PWC KAZAKHSTAN

Kerim Begaliev
CENTIL LAW FIRM

Elena Bit-Avragim
VERITAS LAW AGENCY

Samara Dumanaeva
KOAN LORENZ

Nurlan Dzhusumaliev
MINISTRY OF ECONOMY

Bakytbek Dzhusupbekov
DEPARTMENT OF CADASTRE
AND REGISTRATION OF RIGHTS
ON IMMOVABLE PROPERTY

Victor Efremov
VERITAS LAW AGENCY

Akjoltoi Elebesova
CREDIT INFORMATION
BUREAU ISHENIM

Chynara Esengeldieva
KOAN LORENZ

Kymbat Ibakova
KOAN LORENZ

Indira Ibraimova
MEGA STROY LLC

Aidaraliev Erkin Isagalievich
ALTERNATIVA GARANT
LAW FIRM

Saara Kabaeva
KOAN LORENZ

Merim Kachkynbaeva
KALIKOVA & ASSOCIATES
LAW FIRM

Elena Kaeva
PWC KAZAKHSTAN

Amanbek Kebekov
DEPARTMENT OF CADASTRE
AND REGISTRATION OF RIGHTS
ON IMMOVABLE PROPERTY

Sultan Khalilov
KALIKOVA & ASSOCIATES
LAW FIRM

Evgeny Kim
KOAN LORENZ

Nurdin Kumushbekov
USAID BEI BUSINESS
ENVIRONMENT IMPROVEMENT
PROJECT (BY PRAGMA
CORPORATION)

Kuttubai Marzabaev
ORION CONSTRUCTION
COMPANY

Chinara Moldobaeva

Umtul Muratkyzy
KOAN LORENZ

Mariya Nazarova
PWC KAZAKHSTAN

Karlygash Ospankulova
IGROUP, PUBLIC ASSOCIATION

Elena Petrova
JSC BISHKEKKYRYLUSH

Nargiz Sabyrova
VERITAS LAW AGENCY

Aisanat Safarbek Kyzy
GRATA INTERNATIONAL

Emil Saryazhiev
CREDIT INFORMATION
BUREAU ISHENIM

Erkin Saryazhiev
KOMPANION BANK CJSC

Kanat Seidaliev
GRATA INTERNATIONAL

Saodat Shakirova
ARTE LAW FIRM

Tatyana Shapovalova

Aidin Omuralievich Sharsheev
CENTRAL COLLATERAL
REGISTRATION OFFICE UNDER
MINISTRY OF JUSTICE

Anvar Suleimanov
PWC KAZAKHSTAN

Guljan Tashimova
ORION CONSTRUCTION
COMPANY

Nurlan Sadykovich Temiraliev
MINISTRY OF JUSTICE

Jibek Tenizbaeva
KOAN LORENZ

Idaiat Toktash
LAW FIRM LEX

Asel Tursuniiazova
KUMAREL NURAMIR LLC

Gulnara Uskenbaeva
AUDIT PLUS

Gulnara Uskenbaeva
SUPPLIER ASSOCIATION -
COMMITTEE MEMBER OF CCI

Mansur Usmanov
MEGA STROY LLC

老挝

Chonchanok Akarakitkasem
LS HORIZON LIMITED (LAO)

Anthony Assassa
VDB LOI

Phetmany Boualivong
ELECTRICITE DU LAOS

Thatsnachone Bounthanh
XANGLAO ENGINEERING
CONSULTANTS

Siri Boutdakham
LAO LAW &
CONSULTANCY GROUP

Khammuan Bouxatry
ZICOLAW (LAOS)
SOLE CO. LTD.

Xaynari Chanthala
LS HORIZON LIMITED (LAO)

Chatchai Chanyuttasart
HUNG HUANG (LAO)
LOGISTICS CO. LTD.

Nawika Charoenkitchatorn
LAO PREMIER INTERNATIONAL
LAW OFFICE

Sirikarn Chattrastrai
LAO PREMIER INTERNATIONAL
LAW OFFICE

Rawat Chomsri
LAO PREMIER INTERNATIONAL
LAW OFFICE

Agnès Couriol
DFDL

Bounyong Dalasone
LAO PREMIER INTERNATIONAL
LAW OFFICE

Bounyasith Daopasith
LAO PREMIER INTERNATIONAL
LAW OFFICE

Aristotle David
ZICOLAW (LAOS)
SOLE CO. LTD.

Simeuang Douangbouddy
XANGLAO ENGINEERING
CONSULTANTS

Somlith Duangchanpasert
VDB LOI

Daodeuane Duangdara
VDB LOI

Steve Goddard
ARION LEGAL

Petlumpanh Inthajuck
ELECTRICITE DU LAOS

Bounlay Kangmanivanh
VDB LOI

Valyna Keochomsi
LS HORIZON LIMITED (LAO)

Dokkeo Keovongsa
BANK OF LAO PDR

Phetlamphone Khanophet
BANK OF LAO PDR

Sisomephieng Khanthalivanh
BANK OF LAO PDR

Kan Khuprasert
LAO PREMIER INTERNATIONAL
LAW OFFICE

Ganesan Kolandevelu
KPMG LAO CO. LTD.

Natchar Leedae
LAO PREMIER INTERNATIONAL
LAW OFFICE

Anna Linden
SCIARONI & ASSOCIATES

Ha Manh Nguyen
EY

Christian Metzger

Vongsa Nanthavong
ELECTRICITE DU LAOS

Tuan Nhu Nguyen
EY

Souvanno S. Phabmixay
SV LEGAL ADVOCATE
(LAO) CO. LTD.

Viengsavanh Phanthaly
ZICOLAW (LAOS)
SOLE CO. LTD.

Nampanya Phayboun
ZICOLAW (LAOS)
SOLE CO. LTD.

Komonchanh Phet-asa
ELECTRICITE DU LAOS

Vassana Phetlamphanh
ELECTRICITE DU LAOS

Sengny Phimmany
SCIARONI & ASSOCIATES

Khamphaeng Phochanthilath
ZICOLAW (LAOS)
SOLE CO. LTD.

Ketsana Phommachanh
MINISTRY OF JUSTICE

Chansamone Phommachanto
T.E.C. LOGISTICS

Viengsamone Phommavongsa
BANK OF LAO PDR

Phonexay Southiphong
DESIGN GROUP CO. LTD.

Latsamy Sysamouth
MINISTRY OF JUSTICE

Danyel Thomson
DFDL

Arpon Tunjumras
LAO PREMIER INTERNATIONAL
LAW OFFICE

Huong Vu
EY

Patthana Xaykosy
LAO PREMIER INTERNATIONAL
LAW OFFICE

Monmany Yaganagi
LAO INTERCONSULT CO. LTD.

拉脱维亚

COLLIERS INTERNATIONAL

Raivis Bušmanis
STATE LABOUR INSPECTORATE

Andis Čonka
LATVIJAS BANKA

Ainis Dabols
LATVIAN ASSOCIATION
OF TAX ADVISERS

Andris Dimants
COBALT LEGAL

Anete Dimitrovska
ELLEX KLAVINS, MEMBER
OF LEX MUNDI

Valters Diure
ELLEX KLAVINS, MEMBER
OF LEX MUNDI

Edvīns Draba
LAW FIRM SORAINEN
& PARTNERS

Jānis Dreimanis
COURT ADMINISTRATION

Zlata Elksniņa-Zaščirinska
PWC LATVIA

Kalvis Engīzers
COBALT LEGAL

Kaspars Freimanis
PRIMUS ATTORNEYS-AT-LAW

Kristīne Gailīte
COBALT LEGAL

Janis Gavars
ELLEX KLAVINS, MEMBER
OF LEX MUNDI

Andris Ignatenko
ESTMA LTD.

Viesturs Kadiķis
PUBLIC UTILITIES COMMISSION

Valters Kalme
PUBLIC UTILITIES COMMISSION

Snezhina Kazakova
DHL EXPRESS LATVIA

Irina Kostina
ELLEX KLAVINS, MEMBER
OF LEX MUNDI

Dainis Leons
SADALES TIKLS AS

Indriķis Liepa
COBALT LEGAL

Dainis Locs
COURT ADMINISTRATION

Rolands Lūsveris
SADALES TIKLS AS

Zane Markvarte
MARKVARTE LEXCHANGE
LAW OFFICE

Ivo Maskalans
COBALT LEGAL

Baiba Orbidane
ELLEX KLAVINS, MEMBER
OF LEX MUNDI

Guna Paidere
REGISTER OF ENTERPRISES

Ilze Rauza
PWC LATVIA

Lelde Rozentale
STATE LAND SERVICE OF
THE REPUBLIC OF LATVIA

Elina Rozulapa
ER3

Andris Škutāns
AB WAYS

Sandra Stipniece
CHAMBER OF SWORN
NOTARIES OF LATVIA

Darja Tagajeva
PWC LATVIA

Ruta Teresko
AZ SERVICE LTD.

Jānis Timermanis
AS KREDĪTINFORMĀCIJAS
BIROJS

Edgars Timpa
STATE LABOUR INSPECTORATE

Ingus Užulis
PUBLIC UTILITIES COMMISSION

Maris Vainovskis
EVERSHEDS BITĀNS

Elina Vilde
EVERSHEDS BITĀNS

Sabine Vilka
COBALT LEGAL

Armands Viskers
BALTIC LEGAL

Krista Zariņa
ELLEX KLAVINS, MEMBER
OF LEX MUNDI

Agate Ziverte
PWC LATVIA

Daiga Zivtina
ELLEX KLAVINS, MEMBER
OF LEX MUNDI

Vadims Zvicevics
COBALT LEGAL

黎巴嫩

Nadim Abboud
LAW OFFICE OF A.
ABBOUD & ASSOCIATES

Nina Abdallah
KHATTAR ASSOCIATES

Nada Abdelsater-Abusamra
ABDELSATER ABUSAMRA &
ASSOCIATES - ASAS LAW

Marie Abi Antoun
ABDELSATER ABUSAMRA &
ASSOCIATES - ASAS LAW

Nancy Abou Ghaida
MENA CITY LAWYERS

Riham Al Ali
SMAYRA LAW OFFICE

Zeina Azzi
OBEID & MEDAWAR LAW FIRM

Corinne Baaklini
MENA CITY LAWYERS

Jean Baroudi
BAROUDI & ASSOCIATES

Boutros Bou Lattouf
EBL BUREAU IN BEIRUT

Tony Boutros
RUSSELL BEDFORD
INTERNATIONAL

Najib Choucair
CENTRAL BANK OF LEBANON

Alice Choueiri
MENA CITY LAWYERS

Hadi Diab
SMAYRA LAW OFFICE

Mario El Cheikh
AGC SAL

Richard El Mouallem
PWC LEBANON

Nada Elsayed
PWC LEBANON

Hadi Fathallah
ESCO FATHALLAH & CO.

Izzat Fathallah
ESCO FATHALLAH & CO.

Wafic Fathallah
ESCO FATHALLAH & CO.

Ribal Fattal
LAW OFFICE OF A.
ABBOUD & ASSOCIATES

Elie Feghali
BADRI AND SALIM EL
MEOUCHI LAW FIRM,
MEMBER OF INTERLEGES

Lea Ferzli
BAROUDI & ASSOCIATES

Serena Ghanimeh
ABDELSATER ABUSAMRA &
ASSOCIATES - ASAS LAW

Ghassan Haddad
BADRI AND SALIM EL
MEOUCHI LAW FIRM,
MEMBER OF INTERLEGES

Rawad Halawi

Rayan Hdayfe
EMEA LEGAL COUNSELS

Walid Honein
BADRI AND SALIM EL
MEOUCHI LAW FIRM,
MEMBER OF INTERLEGES

Chawkat Houalla
ADIB & HOUALLA LAW OFFICE

Fady Jamaleddine
MENA CITY LAWYERS

Mohammad Joumaa
PWC LEBANON

Georges Jureidini
COSERV SARL -
PANALPINA AGENTS

Elie Kachouh
ELC TRANSPORT SERVICES SAL

Georges Kadige
KADIGE & KADIGE LAW FIRM

Michel Kadige
KADIGE & KADIGE LAW FIRM

Raydan Kakoun
BADRI AND SALIM EL
MEOUCHI LAW FIRM,
MEMBER OF INTERLEGES

Tatiana Kehdy
BAROUDI & ASSOCIATES

Najib Khattar
KHATTAR ASSOCIATES

Abdo Maatouk
SMAYRA LAW OFFICE

Georges Mallat
HYAM G. MALLAT LAW FIRM

Nabil Mallat
HYAM G. MALLAT LAW FIRM

Aline Matta
TALAL ABU-GHAZALEH
LEGAL (TAG-LEGAL)

Rachad Medawar
OBEID & MEDAWAR LAW FIRM

Mirvat Moustapha
MENA CITY LAWYERS

Andre Nader
NADER LAW OFFICE

Rana Nader
NADER LAW OFFICE

Toufic Nehme
LAW OFFICES OF
TOUFIC NEHME

Rana Osman
MENA CITY LAWYERS

Nehman Rhayem
ELECTRICITÉ DU LIBAN

Mireille Richa
TYAN & ZGHEIB LAW FIRM

Jihan Rizk
KHATTAR ASSOCIATES

Jihad Rizkallah
BADRI AND SALIM EL
MEOUCHI LAW FIRM,
MEMBER OF INTERLEGES

Yara Romanos
BADRI AND SALIM EL
MEOUCHI LAW FIRM,
MEMBER OF INTERLEGES

Mustafa Saadeh
TYAN & ZGHEIB LAW FIRM

Christelle Sakr
TYAN & ZGHEIB LAW FIRM

Nisrine Mary Salhab
HYAM G. MALLAT LAW FIRM

Rached Sarkis
CONSULTANT

Mona Sfeir
HYAM G. MALLAT LAW FIRM

Rami Smayra
SMAYRA LAW OFFICE

Nady Tyan
TYAN & ZGHEIB LAW FIRM

Alaa Zeineddine
EMEA LEGAL COUNSELS

莱索托

ARCHIPLAN STUDIO

BIDVEST PANALPINA LOGISTICS

KHATLELI TOMANE MOTEANE
(KTM) ARCHITECTS

MASERU MUNICIPAL COUNCIL

Emile du Toit
EY

Motselisi Khiba
HARLEY & MORRIS

Mannete Khotle
COMPUSCAN LESOTHO

Makali Lepholisa
LESOTHO REVENUE AUTHORITY

Qhalehang Letsika
MEI & MEI ATTORNEYS INC.

Mateboho Litlhakanyane
QUANTUM CONSULTANTS

Monica Louro
WEBBER NEWDIGATE

Veronica Matiea
HIGH COURT

John Mclean
COMPUSCAN LESOTHO

Renate Mholo
EY

Denis Molyneaux
WEBBER NEWDIGATE

Tseliso Monaphathi
HIGH COURT

Ntlatlapa Mosae
SELLO-MAFATLE ATTORNEYS

Molupe Mothepu
LESOTHO REVENUE AUTHORITY

Daan Roberts
WEBBER NEWDIGATE

Duduzile Seamatha
PWC

Tiisetso Sello-Mafatle
SELLO-MAFATLE ATTORNEYS

Lindiwe Sephomolo
ASSOCIATION OF LESOTHO
EMPLOYERS AND BUSINESS

Starford Sharite
HIGH COURT

Hennie Smit
PWC SOUTH AFRICA

Mooresi Tau Thabane

Marorisang Thekiso
PWC

Phoka Thene
LETŠENG DIAMONDS

Mark Frederick Webber
HARLEY & MORRIS

Dieter Winkler
COMPUSCAN LESOTHO

利比里亚

Arthur Abdulai
EXPRESS HANDLING SERVICES

Kofi Abedu-Bentsi
BAKER TILLY LIBERIA

Adebayo M. Adeyemi
TSC ENGINEERING
AND CONSTRUCTION
CONSULTANTS, INC.

Rajesh Angepat
BOLLORÉ AFRICA LOGISTICS

Patrick Bono
FRONTIER LOGISTICS INC

Henry N. Brunson
FEDEX

William Buku
LIBERIA REVENUE AUTHORITY

F. Augustus Caesar Jr.
CAESAR ARCHITECTS, INC.

Eva-Mae Campbell
CAESAR ARCHITECTS, INC.

Preston Chea Doe
THELMA LAW & ASSOCIATES

Clarence Cooper
FRONTIER LOGISTICS INC

Henry Reed Cooper
COOPER & TOGBAH
LAW OFFICE

John Davis
LIBERIA BANK FOR
DEVELOPMENT AND
INVESTMENT

Morris Davis
KEMP & ASSOCIATES

Frank Musah Dean
DEAN & ASSOCIATES

Samuel Dennis Jr.
SEB ELECTRICAL TEAM

Moses Dolo
LIBERIA ELECTRICITY
CORPORATION

Fonsia Donzo
CENTRAL BANK OF LIBERIA

Folbay Edwin
FRONTIER LOGISTICS INC

Emmanuel Enders
SEB ELECTRICAL TEAM

Francis Folleh
BRO'S ELECTRIC
AND CONSTRUCTION
ASSOCIATES (BECCA)

George Fonderson
BAKER TILLY LIBERIA

Christine Sonpon Freeman
COOPER & TOGBAH
LAW OFFICE

Arthur W.B. Fumbah
BAKER TILLY LIBERIA

Lucia Gbala
HERITAGE PARTNER &
ASSOCIATES, INC.

Deweh Gray
FEMALE LAWYERS
ASSOCIATION OF LIBERIA

Ernest Hughes
LIBERIA ELECTRICITY
CORPORATION

Ruth Jappah
JSGB & ASSOCIATES
LEGAL CONSULTANTS

Cyril Jones
JONES & JONES

Abu Kamara
LIBERIA BUSINESS REGISTRY

Momolu G. Kanda Kai
CONGLOE AND
ASSOCIATES INC.

Sophie Kayemba Mutebi
PWC

Boakai Kollie
ALLIANCE CONSULTING
ENGINEERS, PLANNERS
& SURVEYORS INC.

Jonah Soe Kotee
ASSOCIATION OF LIBERIAN
HUMAN RESOURCE
PROFESSIONALS (ALHRP)

Kwaiwo Kotee
ASSOCIATION OF LIBERIAN
HUMAN RESOURCE
PROFESSIONALS (ALHRP)

Cooper Kruah
HENRIES LAW FIRM

Bob Weetol Livingstone
UNITED METHODIST
UNIVERSITY

Jura Lynch
ATTORNEY-AT-LAW

Nim'ne E. Mombo
PKF INTERNATIONAL

Brenda Brewer Moore
ASSOCIATION OF LIBERIAN
HUMAN RESOURCE
PROFESSIONALS (ALHRP)

Klade Neufville
ASSOCIATION OF LIBERIAN
HUMAN RESOURCE
PROFESSIONALS (ALHRP)

Ndubuisi Nwabudike
SANNOH & PARTNERS

James Nyenpan
LEGAL WATCH

Bill Nyumah
BRO'S ELECTRIC
AND CONSTRUCTION
ASSOCIATES (BECCA)

Manzuer A. Raji
AFSAT CORPORATION

Arabella Reed
PWC

Sylvester Rennie
LEGAL WATCH

Boye A. Robertson
MONROVIA CITY
CORPORATIONS (MCC)

Philomena Bloh Sayeh
CENTER FOR NATIONAL
DOCUMENTS & RECORDS
(NATIONAL ARCHIVES)

Ocelia Scott
CENTRAL BANK OF LIBERIA

Yancy Seeboe
NATIONAL CUSTOM BROKERS
ASSOCIATION OF LIBERIA

Steven D. Seimavula
PKF INTERNATIONAL

Roland D. Siaka
WEST CONSTRUCTION
LIBERIA, INC.

Albert S. Sims
SHERMAN & SHERMAN

Robert Smallwood
PWC

Victor B. Smith
ALLIANCE CONSULTING
ENGINEERS, PLANNERS
& SURVEYORS INC.

Christoper C. Swen
BEST BRAINS TECHNOLOGY
LIBERIA LTD. (BBTELL)

Darlington Y. Talery
LIBERIA REVENUE AUTHORITY

Ambrose Taplah
KEMP & ASSOCIATES

Justin Tengbeh
NATIONAL CUSTOM BROKERS
ASSOCIATION OF LIBERIA

Benjamin M. Togbah
COOPER & TOGBAH
LAW OFFICE

Nyenati Tuan
TUAN WREH LAW FIRM

J. Awia Vankan
HERITAGE PARTNER &
ASSOCIATES, INC.

T. Negbalee Warner
HERITAGE PARTNER &
ASSOCIATES, INC.

利比亚

ALTERAZ ENGINEERING CONSULTANTS

GOLDEN PLANNER ARCHITECTURE AND ENGINEERING

ZAHAF & PARTNERS LAW FIRM

Ahmed Abdulaziz
MUKHTAR, KELBASH & ELGHARABLI

Abdallah B. Al Hasse
CONSULTANCY HOUSE

Abdudayem Elgharabli
MUKHTAR, KELBASH & ELGHARABLI

Abdul Salam El-Marghani
PWC

Husam Elnaili
PWC

Mahmoud ELSheikh
UNIVERSITY OF TRIPOLI

Ahmed Ghattour
AHMED GHATTOUR & CO.

Paolo Greco
P&A LEGAL

Jalal Hamad
CONSULTANCY HOUSE

Hassan Hassaan
DLA MATOUK BASSIOUNY (PART OF DLA PIPER GROUP)

Bahloul Kelbash
MUKHTAR, KELBASH & ELGHARABLI

Belkasem Magid Obadi
GENERAL ELECTRICITY COMPANY OF LIBYA (GECOL)

Ibrahim Maher
DLA MATOUK BASSIOUNY (PART OF DLA PIPER GROUP)

Mahmud Mukhtar
MUKHTAR, KELBASH & ELGHARABLI

Ali Naser
LIBYAN CREDIT INFORMATION CENTER

Abuejila Saif Annaser
SAIF ANNASER LAW OFFICE

Muftah Saif Annaser
SAIF ANNASER LAW OFFICE

Abdulkarim Tayeb
LIBYAN CREDIT INFORMATION CENTER

Mazen Tumi
TUMI LAW FIRM

立陶宛

Loreta Andziulyte
ECOVIS PROVENTUSLAW LAW FIRM

Artūras Asakavičius
LAW FIRM SORAINEN & PARTNERS

Andrea August
AGENCY FOR INVESTMENTS AND COMPETITIVENESS

Pavel Balbatunov

Lina Balbatunova

Rimgailė Baliūnaitė
NATIONAL COMMISSION FOR ENERGY CONTROL AND PRICES

Petras Baltusevičius
DSV TRANSPORT UAB

Jomilė Baranauskaitė
VALIUNAS ELLEX

Donatas Baranauskas
VILNIAUS MIESTO 14 - ASIS NOTARU BIURAS

Kornelija Basijokiene
GLIMSTEDT

Vilius Bernatonis
TARK GRUNTE SUTKIENE

Andrius Bogdanovičius
JSC CREDITINFO LIETUVA

Ausra Brazauskiene
LAW FIRM ELLEX VALIUNAS IR PARTNERIAI, MEMBER OF LEX MUNDI

Alina Burlakova
LAW FIRM ELLEX VALIUNAS IR PARTNERIAI, MEMBER OF LEX MUNDI

Daiva Čekanavičienė
GLIMSTEDT

Robertas Čiočys
LAW FIRM ELLEX VALIUNAS IR PARTNERIAI, MEMBER OF LEX MUNDI

Justas Ciomanas
LITHUANIAN CHAMBER OF NOTARIES

Giedre Dailidenaite
PRIMUS ATTORNEYS-AT-LAW

Ignas Darguzas
LAW FIRM SORAINEN & PARTNERS

Aurelija Daubaraitė
LAW FIRM SORAINEN & PARTNERS

Asta Daudaitė
MINISTRY OF ECONOMY

Gintaras Daugela
BANK OF LITHUANIA

Giedre Domkute
AAA LAW

Artur Drapeko
LAW FIRM SORAINEN & PARTNERS

Dalia Foigt
COBALT LEGAL

Reda Gabrilavičiūtė
MINISTRY OF JUSTICE

Aida Ganusauskaitė
LAW FIRM ELLEX VALIUNAS IR PARTNERIAI, MEMBER OF LEX MUNDI

Karolina Gasparke
BNT ATTORNEYS-AT-LAW

Yvonne Goldammer
BNT ATTORNEYS-AT-LAW

Živilė Golubevė
NATIONAL COMMISSION FOR ENERGY CONTROL AND PRICES

Joana Gramakovaitė
PWC LITHUANIA

Dovile Greblikiene
VALIUNAS ELLEX

Kostas Grigaitis
AAA LAW

Skomantas Grigas
D. ZABIELA, M. RINDINAS AND S. GRIGAS LAW FIRM ZRG

Arturas Gutauskas
PRIMUS ATTORNEYS-AT-LAW

Frank Heemann
BNT ATTORNEYS-AT-LAW

Rokas Jankus
MOTIEKA & AUDZEVIČIUS

Ieva Kairytė
PWC LITHUANIA

Inga Karulaityte-Kvainauskiene
ECOVIS PROVENTUSLAW LAW FIRM

Romualdas Kasperavičius
STATE ENTERPRISE CENTRE OF REGISTERS

Milda Kaupelienė
MINISTRY OF ECONOMY

Jonas Kiauleikis
LAW FIRM SORAINEN & PARTNERS

Laura Kirilevičiūtė
MINISTRY OF ECONOMY

Agnė Kisieliauskaitė
VALIUNAS ELLEX

Augustas Klezys
LAW FIRM SORAINEN & PARTNERS

Tomas Kontautas
LAW FIRM SORAINEN & PARTNERS

Dalius Kontrimavičius
NATIONAL COMMISSION FOR ENERGY CONTROL AND PRICES

Ieva Krivickaitė
LAW FIRM SORAINEN & PARTNERS

Gediminas Kuncevicius
INTERMODAL CONTAINER SERVICE

Egidijus Kundelis
PWC LITHUANIA

Lauras Lukosius
BALTIC FREIGHT SERVICES

Odeta Maksvytytė
PRIMUS ATTORNEYS-AT-LAW

Linas Margevicius
LEGAL BUREAU OF LINAS MARGEVICIUS

Vilius Martišius
METIDA LAW FIRM ZABOLIENE AND PARTNERS

Laura Matukaityte
LAW FIRM SORAINEN & PARTNERS

Jolita Meškelytė
MINISTRY OF JUSTICE

Tautginas Mickevicius
MINISTRY OF JUSTICE

Bronislovas Mikūta
STATE ENTERPRISE CENTRE OF REGISTERS

Donata Montvydaitė
LAW FIRM ELLEX VALIUNAS IR PARTNERIAI, MEMBER OF LEX MUNDI

Nerijus Nedzinskas
PWC LITHUANIA

Michail Parchimovič
MOTIEKA & AUDZEVIČIUS

Algirdas Pekšys
LAW FIRM SORAINEN & PARTNERS

Šarūnė Prankonytė
PRIMUS ATTORNEYS-AT-LAW

Justina Rakauskaitė
GLIMSTEDT

Marius Rindinas
D. ZABIELA, M. RINDINAS AND S. GRIGAS LAW FIRM ZRG

Greta Roguckytė
TARK GRUNTE SUTKIENE

Vytautas Sabalys
LAW FIRM SORAINEN & PARTNERS

Svajone Saltauskiene
VILNIUS CITY 29TH NOTARY'S OFFICE

Simona Šarkauskaitė
D. ZABIELA, M. RINDINAS AND S. GRIGAS LAW FIRM ZRG

Arvydas Sedekerskis
LITHUANIAN ELECTRIC ENERGY ASSOCIATION

Auša Sičiūnienė
VILNIUS CITY MUNICIPALITY

Donatas Šliora
TARK GRUNTE SUTKIENE

Agneska Stanulevic
PWC LITHUANIA

Gintarė Stonienė
GINTARE

Marius Strackaitis
LITHUANIAN CHAMBER OF NOTARIES

Ieva Tarailiene
STATE ENTERPRISE CENTRE OF REGISTERS

Monika Tukačiauskaitė
LAW FIRM SORAINEN & PARTNERS

Daiva Ušinskaitė-Filonovienė
TARK GRUNTE SUTKIENE

Vygantas Vaitkus
NATIONAL COMMISSION FOR ENERGY CONTROL AND PRICES

Vilija Vaitkutė Pavan
VALIUNAS ELLEX

Adrijus Vegys
BANK OF LITHUANIA

Agnietė Venckiene
LAW FIRM SORAINEN & PARTNERS

Darius Zabiela
D. ZABIELA, M. RINDINAS AND S. GRIGAS LAW FIRM ZRG

Ernesta Žiogienė
PRIMUS ATTORNEYS-AT-LAW

Povilas Žukauskas
LAW FIRM ELLEX VALIUNAS IR PARTNERIAI, MEMBER OF LEX MUNDI

Audrius Žvybas
GLIMSTEDT

卢森堡

Tom Baumert
CHAMBER OF COMMERCE OF THE GRAND-DUCHY OF LUXEMBOURG

Louis Berns
ARENDT & MEDERNACH SA

Sébastien Binard
ARENDT & MEDERNACH SA

Eleonora Broman
LOYENS & LOEFF LUXEMBOURG SARL

Christel Dumont
DENTONS

Catherine Dupont
PWC LUXEMBOURG

Gérard Eischen
CHAMBER OF COMMERCE OF THE GRAND-DUCHY OF LUXEMBOURG

Thomas Feider
ADMINISTRATION DE L'ENREGISTREMENT ET DES DOMAINES

Margherita Gentili
DENTONS

Peggy Goossens
PIERRE THIELEN AVOCATS

Andreas Heinzmann
GSK STOCKMANN + KOLLEGEN

Véronique Hoffeld
LOYENS & LOEFF LUXEMBOURG SARL

Chantal Keereman
BONN & SCHMITT

François Kremer
ARENDT & MEDERNACH SA

Paul Lanois
LAWYER

Florence Lhyvernay
OPF PARTNERS

Tom Loesch
LAW FIRM LOESCH

Evelyne Lordong
ARENDT & MEDERNACH SA

Laurent Lucius
CHAMBER OF COMMERCE OF THE GRAND-DUCHY OF LUXEMBOURG

Hawa Mahamoud
GSK STOCKMANN + KOLLEGEN

Jeannot Medinger
CREOS LUXEMBOURG SA

Philipp Metzschke
ARENDT & MEDERNACH SA

Marco Peters
CREOS LUXEMBOURG SA

Wim Piot
PWC LUXEMBOURG

Elisa Ragazzoni
PAUL WURTH GEPROLUX SA

Judith Raijmakers
LOYENS & LOEFF LUXEMBOURG SARL

Jean-Luc Schaus
DECKER BRAUN AVOCATS

Roger Schintgen
PAUL WURTH GEPROLUX SA

Phillipe Schmit
ARENDT & MEDERNACH SA

Alex Schmitt
BONN & SCHMITT

Valerio Scollo
GSK STOCKMANN + KOLLEGEN

Marielle Stevenot
MNKS LAW FIRM

Massimo Trifilio
PWC LUXEMBOURG

Davide Visin
PWC LUXEMBOURG

Candice Wiser
BONN & SCHMITT

马其顿共和国

Igor Aleksandrovski
APOSTOLSKA & ALEKSANDROVSKI

Ljubinka Andonovska
CENTRAL REGISTRY OF THE REPUBLIC OF MACEDONIA

Natasha Andreeva
NATIONAL BANK OF THE REPUBLIC OF MACEDONIA

Zlatko Antevski
LAWYERS ANTEVSKI

Dina Apostolova
EMIL MIFTARI LAW OFFICE

Dina Apostolovska
EMIL MIFTARI LAW OFFICE

| 致 谢 | 307 |

Maja Atanasova
GEORGI DIMITROV ATTORNEYS

Dragan Blažev
TIMELPROJECT ENGINEERING

Vladimir Bocevski
CAKMAKOVA ADVOCATES

Jela Boskovic Ognjanoska
LAWELL ATTORNEYS

Ljupco Cvetkovski
DDK ATTORNEYS-AT-LAW

Dragan Dameski
DDK ATTORNEYS-AT-LAW

Irene Dimitrievikj
CAKMAKOVA ADVOCATES

Elena Dimova
CAKMAKOVA ADVOCATES

Ana Georgievska
DIMA FORWARDERS

Dimche Georgievski
DIMA FORWARDERS

Bojan Gerovski
IKRP ROKAS & PARTNERS

Katarina Ginoska
GEORGI DIMITROV ATTORNEYS

Marijana Gjoreska
CENTRAL REGISTRY OF THE REPUBLIC OF MACEDONIA

Angelina Gogusevska
TITANIJA DOOEL – SKOPJE

Verica Hadzi Vasileva-Markovska
AAG - ANALYSIS AND ADVISORY GROUP

Ana Hadzieva-Angelovska
DDK ATTORNEYS-AT-LAW

Aleksandar Ickovski

Maja Jakimovska
THE LAW OFFICE OF MAJA JAKIMOVSKA

Aneta Jovanoska Trajanovska
LAWYERS ANTEVSKI

Emilija Kelesoska Sholjakovska
DDK ATTORNEYS-AT-LAW

Risto Kitev
MEPOS OPERATIVA LTD.

Zlatko T. Kolevski
KOLEVSKI LAW OFFICE

Stanko Korunoski
CENTRAL REGISTRY OF THE REPUBLIC OF MACEDONIA

Vladimir Kostoski
APOSTOLSKA & ALEKSANDROVSKI

Andrea Lazarevska
GEORGI DIMITROV ATTORNEYS

Ivana Lekic
PWC MACEDONIA

Georgi Markov
PWC MACEDONIA

Emil Miftari
EMIL MIFTARI LAW OFFICE

Vlatko Mihailov
EMIL MIFTARI LAW OFFICE

Petra Mihajlovska
CAKMAKOVA ADVOCATES

Oliver Mirchevski
EVN MACEDONIA

Irena Mitkovska
LAWYERS ANTEVSKI

Biljana Mladenovska Dimitrova
LAWYERS ANTEVSKI

Martin Monevski
MONEVSKI LAW FIRM

Vojdan Monevski
MONEVSKI LAW FIRM

Svetlana Neceva
LAW OFFICE PEPELJUGOSKI

Ilija Nedelkoski
CAKMAKOVA ADVOCATES

Elena Nikodinovska
EMIL MIFTARI LAW OFFICE

Marina Nikoloska
CAKMAKOVA ADVOCATES

Martin Odzaklieski
MINISTRY OF TRANSPORT AND COMMUNICATIONS

Bojana Paneva
LAW FIRM TRPENOSKI

Aleksandar Penovski
LAW FIRM TRPENOSKI

Ana Pepeljugoska
LAW OFFICE PEPELJUGOSKI

Valentin Pepeljugoski
LAW OFFICE PEPELJUGOSKI

Iva Petrovska
CAKMAKOVA ADVOCATES

Andrea Popovski
CENTRAL REGISTRY OF THE REPUBLIC OF MACEDONIA

Sonja Risteska
ANALYTICA MK

Ljubica Ruben
MENS LEGIS LAW FIRM

Sasho Saltirovski
EVN MACEDONIA

Radovan Sanclic
LAW FIRM TRPENOSKI

Lidija Sarafimova-Danevska
NATIONAL BANK OF THE REPUBLIC OF MACEDONIA

Simonida Shosholceva-Giannitsakis
IKRP ROKAS & PARTNERS

Djino Skrijelj
VICTORIA SPED D.O.O. SKOPJE

Sonja Stojcevska
CAKMAKOVA ADVOCATES

Blagoj Stojevski
EVN MACEDONIA

Ana Stojilovska
ANALYTICA MK

Dragica Tasevska
NATIONAL BANK OF THE REPUBLIC OF MACEDONIA

Paul Tobin
PWC BULGARIA

Elena Todorovska
LAWELL ATTORNEYS

Toni Trajanov
MACEDONIAN CREDIT BUREAU AD SKOPJE

Dragan Trajkovski
ELTEK

Svetlana Trendova
APOSTOLSKA & ALEKSANDROVSKI

Stefan Trost
EVN MACEDONIA

Natasha Trpenoska Trenchevska
LAW FIRM TRPENOSKI

Slavce Trpeski
AGENCY FOR REAL ESTATE CADASTRE

Vladimir Vasilevski
BETASPED D.O.O.

Ivana Velkovska
PWC MACEDONIA

Tome Velkovski
AAG - ANALYSIS AND ADVISORY GROUP

Sladjana Zafirova
TIVA-AS D.O.O.E.L. - VALANDOVO

Dragisa Zlatkovski
SISKON LTD.

马达加斯加

JOHN W. FFOOKS & CO.

Natacha Adrianjakamanarivo
CABINET MAZARS FIVOARANA

Liva Harisoa Andriamahady
MADAGASCAR LAW OFFICES

Laura Andriamanjato
SMR & HR ASSOCIATES SA

Eric Robson Andriamihaja
ECONOMIC DEVELOPMENT BOARD OF MADAGASCAR

Tsiry Andriamisamanana

Aimée Andrianasolo
OFFICE DE REGULATION ÉLECTRICITÉ (ORE)

Lalaina Andrianina Rakotonaivo
LEXEL JURIDIQUE & FISCAL

Andry Andriantsilavo
OFFICE DE REGULATION ÉLECTRICITÉ (ORE)

Cedric Catheline
BUREAU DE LIAISON SGS

Frédéric Christophe Ranjatoely
LEXEL JURIDIQUE & FISCAL

Eric Diore De Perigny
S.E.A.L.

Yves Duchateau
BOLLORÉ AFRICA LOGISTICS MADAGASCAR

Raphaël Jakoba
MADAGASCAR CONSEIL INTERNATIONAL

Hanna Keyserlingk
CABINET HK JURIFISC

Jody Pruvot
CABINET HK JURIFISC

Pascaline R. Rabearisoa
DELTA AUDIT DELOITTE

Mirado Ambininjara Rabearintsoa
MADAGASCAR LAW OFFICES

Rija Rabeharisoa
CABINET MAZARS FIVOARANA

Ketakandriana Rabemananjara
OFFICE DE REGULATION ÉLECTRICITÉ (ORE)

Sahondra Rabenarivo
MADAGASCAR LAW OFFICES

Jeannot Julien Padoue Rafanomezana
ETUDE DE ME JEANNOT RAFANOMEZANA

Tahina Rajaona
MADAGASCAR LAW OFFICES

Pierrette Rajaonarisoa
BOLLORÉ AFRICA LOGISTICS MADAGASCAR

Jean Sylvio Rajaonson
ETUDE ME. RAJAONSON

Fetrahanta Sylviane Rakotomanana
PRICEWATERHOUSECOOPERS TAX & LEGAL MADAGASCAR - PWC MADAGASCAR

Corinne Holy Rakotoniaina
PRICEWATERHOUSECOOPERS TAX & LEGAL MADAGASCAR - PWC MADAGASCAR

Hery Rakotonindrainy
OFFICE DE REGULATION ÉLECTRICITÉ (ORE)

Fidèle Armand Rakotonirina
CABINET MAZARS FIVOARANA

Harotsilavo Rakotoson
SMR & HR ASSOCIATES SA

Lanto Tiana Ralison
PRICEWATERHOUSECOOPERS TAX & LEGAL MADAGASCAR - PWC MADAGASCAR

Handry Orlando Ramananarivo
ARTCHIC MADAGASCAR

Andriamahafaly Ramanantsoa
MINISTÈRE DE L'EQUIPEMENT, DES PROJETS PRÉSIDENTIELS ET DE L'AMÉNAGEMENT DU TERRITOIRE

Aviva Ramanitra
LEXEL JURIDIQUE & FISCAL

Roland Ramarijaona
DELTA AUDIT DELOITTE

Laingo Ramarimbahoaka
MADAGASCAR CONSEIL INTERNATIONAL

Tsiry Ramiadanarivelo

William Randrianarivelo
PRICEWATERHOUSECOOPERS TAX & LEGAL MADAGASCAR - PWC MADAGASCAR

Felanasoa Randrianjafy
MINISTÈRE DE LA JUSTICE

Oméga Rasetanarimalala
MINISTÈRE DE L'EQUIPEMENT, DES PROJETS PRÉSIDENTIELS ET DE L'AMÉNAGEMENT DU TERRITOIRE

Sylvia Rasoarilala
BANKY FOIBEN'I MADAGASIKARA / BANQUE CENTRALE DE MADAGASCAR

Sahondra Rasoarisoa
DELTA AUDIT DELOITTE

Henintsoa Ratiarison
MADAGASCAR LAW OFFICES

Michael Ratrimo
MADAGASCAR INTERNATIONAL CONTAINER TERMINAL SERVICES LTD.

Mahery Ratsimandresy
PRIME LEX

Rotsy Ratsimbarison
MADAGASCAR CONSEIL INTERNATIONAL

Théodore Raveloarison
JARY - BUREAU D'ÉTUDES ARCHITECTURE INGÉNIERIE

Princy Raveloharison
PRICEWATERHOUSECOOPERS TAX & LEGAL MADAGASCAR - PWC MADAGASCAR

Andriamisa Ravelomanana
PRICEWATERHOUSECOOPERS TAX & LEGAL MADAGASCAR - PWC MADAGASCAR

Landy Raveloson
CABINET HK JURIFISC

Jean Marcel Razafimahenina
DELTA AUDIT DELOITTE

Chantal Razafinarivo
CABINET RAZAFINARIVO

Parson Harivel Razafindrainibe
ETUDE RAZAFINDRAINIBE / RAVOAJANAHARY

Lisiniaina Razafindrakoto
BUREAU DE LIAISON SGS

Olivier Ribot
LEXEL JURIDIQUE & FISCAL

Louis Sagot
CABINET D'AVOCAT LOUIS SAGOT

马拉维

Everson Bandawe
ALLIANCE FREIGHT SERVICES LIMITED

Andrew Chimpololo
UNIVERSITY OF MALAWI (POLYTECHNIC COLLEGE)

Runcain Chimwala
CONTINENTAL FREIGHT AGENCY LIMITED

Richard Chinawa
OCEAN AIR FREIGHT SERVICES

Ricky Chingota
SAVJANI & CO.

Maryann Chitseko
EY

Gautoni D. Kainja
KAINJA & DZONZI

Innocent Kalua
D&A ATTORNEYS

Griffin Kamanga
SPINE CARGO CO.

Cyprian Kambili

Dannie J. Kamwaza
KAMWAZA DESIGN PARTNERSHIP

Frank Edgar Kapanda
SUPREME COURT OF APPEAL

Alfred Kaponda
ESCOM

Mavbuto Kasote
KAMWAZA DESIGN PARTNERSHIP

Alfred Majamanda
MBENDERA & NKHONO ASSOCIATES

James Masumbu
TEMBENU, MASUMBU & CO.

Noel Misanjo
SAVJANI & CO.

Vyamala Aggriel Moyo
PWC MALAWI

Misheck Msiska
EY

Arthur Alick Msowoya
WILSON & MORGAN

Charles Mvula
DUMA ELECTRICS LTD. - CONTROL SYSTEMS AND ENERGY MANAGEMENT

Matthews Mwadzangati
BLANTYRE CITY COUNCIL

Mtchuka Mwale
NICHOLLS & BROOKES

Patricia Mwase
CREDIT DATA CREDIT REFERENCE BUREAU LTD.

Yusuf Nthenda
CHIDOTHE, CHIDOTHE & COMPANY

Grant Nyirongo
ELEMECH DESIGNS

Reena Purshtam
Donns Shawa
RD Consultants

马来西亚

Bank Negara Malaysia

Bursa Malaysia

Inland Revenue Board of Malaysia

Platinum Tax Consultants Sdn Bhd

Worldgate Express Services Sdn Bhd

Aniza Abd Manaf
Credit Bureau Malaysia Sdn Bhd

Azura Abd Rahman
Land & Mines Office

Nor Azimah Abdul Aziz
Companies Commission

Idayu Abdul Rahim
Companies Commission

Sonia Abraham
Azman, Davidson & Co.

Wilfred Abraham
Zul Rafique & Partners, Advocate & Solicitors

Wan Nur Ain Nabilah
Azmi & Associates

Muhammad Arif Harinder
Titimas Logistics Sdn Bhd

Nur Sajati Binti Asan Mohamed
Azmi & Associates

Wan Amir Azlan
Azmi & Associates

Shamsuddin Bardan
Malaysian Employers Federation

Mohd Nawawi bin Hj Said Abdullah
Tenaga Nasional Berhad

Ahmad Fuad bin Md Kasim
Tenaga Nasional Berhad

Che Adnan Bin Mohamad
Nadi Consult Era Sdn Bhd

Tahir bin Mohd Deni
Tenaga Nasional Berhad

YM Tengku Rohana Binti Tengku Nawawi
Land & Mines Office

KC Chan
Freight Transport Network Sdn Bhd

Hong Yun Chang
Tay & Partners

Lee Cheng Keat
Perunding Mektrik Sdn Bhd

Chow Keng Chin
Indra Gandhi & Co.

Eric Chin
CTOS Data Systems Sdn Bhd

Jacky Choi
Jeff Leong, Poon & Wong

Jack Chor
Christopher Lee & Co.

Melinda Marie D'Angelus
Azmi & Associates

Ruzaida Daud
Energy Commission

Indra Gandhi
Indra Gandhi & Co.

Puan Morhaniza Hamir
Malaysia Productivity Corporation

Khalid Hashim
Azmi & Associates

Noor Hassan
Malaysia Productivity Corporation

Andrew Heng
Ferrier Hodgson MH Sdn Bhd

Abdul Hafiz Bin Hidzir
Tenaga Nasional Berhad

Wong Hin Loong
Azman, Davidson & Co.

Ang Seng Hing
Ushamas Forwarding (M) Sdn Bhd

Wei En Hoong
Tay & Partners

Mohamad Ali Abdul Husain
North Port (Malaysia) Bhd

Dato' Dr. Sallehudin Ishak
Land & Mines Office

Kumarakuru Jai
Ferrier Hodgson MH Sdn Bhd

Abdul Azis Japri
Tenaga Nasional Berhad

Norhaiza Jemon
Companies Commission

Manfred Tee Jeok Renn
Shearn Delamore & Co.

Jamielyn Jimmy
Jeff Leong, Poon & Wong

Dato' Dr. Ir. Andy K. H. Seo

Komathi P. Karuppanan
Azmi & Associates

Amos Kok
Jeff Leong, Poon & Wong

LOH Kok Leong
Russell Bedford LC & Company - Member of Russell Bedford International

Christopher Lee
Christopher Lee & Co.

Cing-Cing Lee
Azmi & Associates

Richard Lee
Jeff Leong, Poon & Wong

Seen Yin Lee
Jeff Leong, Poon & Wong

Jeff Leong
Jeff Leong, Poon & Wong

Alex Lian
Jeff Leong, Poon & Wong

Koon Huan Lim
Skrine, Member of Lex Mundi

San Peen Lim
PWC Malaysia

Lim Litt
Ferrier Hodgson MH Sdn Bhd

Kin Sin Low
Jeff Leong, Poon & Wong

Ahmad Lutfi Abdull Mutalip
Azmi & Associates

Ir. Bashir Ahamed Maideen
Nadi Consult Era Sdn Bhd

John Matthew
Christopher Lee & Co.

Khairon Niza Md Akhir
Companies Commission

Arvind Menon
Ranhill Bersekutu Sdn Bhd

Hasliana Mohamad
Tenaga Nasional Berhad

Hanani Hayati Mohd Adhan
Azmi & Associates

Azmi Mohd Ali
Azmi & Associates

Nik Mohd Fadhil Bin Salleh
Fire and Rescue Department of Kuala Lumpur

Muzzamir Mohd Mydin
Azmi & Associates

Zuhaidi Mohd Shahari
Azmi & Associates

Rohaizad Mohd Yusof
North Port (Malaysia) Bhd

Mohd Yusoff Mokhzani Aris
Malaysia Productivity Corporation

Marina Nathan
Companies Commission

Swee Kee Ng
Shearn Delamore & Co.

Noor Wahida Noordin
Ministry of International Trade and Industry

Allison Ong
Azman, Davidson & Co.

Hock An Ong
BDO

Tamilmaran A/L Palaniappan
North Port (Malaysia) Bhd

Kim Yong Pang
Ferrier Hodgson MH Sdn Bhd

Tan Kar Peng
Kamaruddin Wee & Co. Advocates & Solicitors

Aurobindo Ponniah
PWC Malaysia

Aminah Bt Abd Rahman
Ministry of Urban Wellbeing, Housing and Local Government

Ahmad Ridha Abdul Razak
Abraz Arkitects

Muzawipah Bt Md. Salim
Tenaga Nasional Berhad

Sugumar Saminathan
Malaysia Productivity Corporation

Victor Saw Seng Kee
PricewaterhouseCoopers Advisory Services Sdn Bhd

Zamzuri Selamat
Syarikat Bekalan Air Selangor Sdn Bhd (Syabas)

Fiona Sequerah
Christopher Lee & Co.

Jagdev Singh
PWC Malaysia

Adeline Thor Sue Lyn
Russell Bedford LC & Company - Member of Russell Bedford International

Muhendaran Suppiah
Muhendaran Sri

Esther Tan
Zul Rafique & Partners, Advocate & Solicitors

Shu Shuen Tan
Zul Rafique & Partners, Advocate & Solicitors

Raphael Tay
Chooi & Company

Hemant Thakore
Ranhill Bersekutu Sdn Bhd

Kenneth Tiong
The Associated Chinese Chambers of Commerce and Industry of Malaysia (ACCCIM)

Vijayakumar Varutharaju
Tenaga Nasional Berhad

Siti Wahida Binti Sheikh Hussien
Credit Bureau Malaysia Sdn Bhd

Anne Wai Yee Wong
Jeff Leong, Poon & Wong

Wan Rosmawati Wan Ibrahim
Malayan Banking Berhad

Chee Lin Wong
Skrine, Member of Lex Mundi

Keat Ching Wong
Zul Rafique & Partners, Advocate & Solicitors

Yeoh Keng Yao
Titimas Logistics Sdn Bhd

Khairani M. Yusof
Malaysia Productivity Corporation

马尔代夫

Avant-Garde Lawyers

Bank of Maldives PLC

Samih Adam
Maldives Monetary Authority

Junaina Ahmed
Shah, Hussain & Co. Barristers & Attorneys

Mohamed Ahsan
Archeng Studio

Mohamed Shahdy Anwar
Suood Anwar & Co. - Attorneys-at-Law

Jatindra Bhattray
PWC Maldives

Asma Chan-Rahim
Shah, Hussain & Co. Barristers & Attorneys

Fazleena Fakir
Maldives Monetary Authority

Aishath Haifa
Shah, Hussain & Co. Barristers & Attorneys

Mohamed Hameed
Antrac Holding Pvt. Ltd.

Ameelia Hussain
Maldives Monetary Authority

Abdul Rasheed Ibrahim
Customs Service

Ishan Ibrahim
Asia Forwarding Pvt. Ltd.

Yameen Ibrahim
Suood Anwar & Co. - Attorneys-at-Law

Savithri Karunaratne
EY

Prasanta Misra
PWC Maldives

Mohamed Munavvar
Munavvar & Associates Law Firm

Ahmed Murad
Mazlan & Murad Law Associates

Ismail Nashid
Maldives Customs Service

Hassan Raaif Mohamed
Maldives Monetary Authority

Sulakshan Ramanan
EY

Sumeera Rodrigo
EY

Ahmed Saif
STELCO

Shuaib M. Shah
Shah, Hussain & Co. Barristers & Attorneys

Mizna Shareef
Shah, Hussain & Co. Barristers & Attorneys

Manal Shihab
Suood Anwar & Co. - Attorneys-at-Law

Fathimath Sodhaf
Maldives Customs Service

Sumudu Wijesundara
EY

Lubna Zahir Hussain
The Law Commission of the Maldives

马里

BCEAO

Creditinfo Volo

Assadeck Allasane
Direction Générale des Douanes

Oumar Bane
Jurifis Consult

Mariam Bocoum
Matrans

Mahamane I. Cisse
Cabinet Lexis Conseils

Boubacar Coulibaly
Matrans

Sekou Dembele
Etude Maître Sekou Dembele

Fatoumata D. Diarra
African Legal & Tax Mali (ALT-Mali)

Mamadou Diarra
Cabinet Juri-Partner

Mariama Doumbia
Matrans

Abdoulaye Fofana
Matrans

Baba Haidara
Etude Gaoussou Haidara

Gaoussou Haïdara
Etude Gaoussou Haidara

Mamadou Ismaïla Konate
Jurifis Consult

Abdoul Karim Samba Timbo Konaté
Agence d'Architecture Cadet

Gaoussou A.G. Konaté
Agence d'Architecture Cadet

Mohamadi Magassa
Icon SARL

Celestin Maiga
SYTRAM

Bérenger Y. Meuke
JURIFIS CONSULT

Claudia Randrianavory
JOHN W. FFOOKS & CO.

Bourema Sagara
JURIFIS CONSULT

Alassane T. Sangaré
NOTARY

Oumar Sanogo
DIRECTION DE L'INSPECTION
DU TRAVAIL

Djibril Semega
CABINET SEAG CONSEIL

Mamadou Moustapha Sow
CABINET SOW & ASSOCIÉS

Boubacar Thiam
ASSOCIATION
PROFESSIONNELLE DES
BANQUES ET ÉTABLISSEMENT
FINANCIERS DU MALI

Abdoulaye Toure
CELLULE TECHNIQUE
DES REFORMES ET DU
CLIMAT DES AFFAIRES

Moctar Toure
COMMISSION DE REGULATION
DE L'ELECTRICITE ET DE L'EAU

Imirane A. Touré
DIRECTION NATIONALE DE
L'URBANISME ET DE L'HABITAT

Lasseni Touré
ETUDE GAOUSSOU HAIDARA

Alassane Traoré
ICON SARL

马耳他

CENTRAL BANK OF MALTA

Shawn Agius
INLAND REVENUE DEPARTMENT

Matthew Attard
GANADO ADVOCATES

Nicole Attard
GVZH ADVOCATES

Mark Attard Montalto
MINISTRY OF JUSTICE

Anthony Azzopardi
DEPARTMENT OF INDUSTRIAL
AND EMPLOYMENT RELATIONS

Kevan Azzopardi
MALTA FINANCIAL SERVICES
AUTHORITY (MFSA)

Leonard Bonello
GANADO ADVOCATES

Amanda Bonnci
GVZH ADVOCATES

Christopher Borg
ENEMALTA PLC

Kris Borg
DR. KRIS BORG &
ASSOCIATES - ADVOCATES

Mario Raymond Borg
INLAND REVENUE DEPARTMENT

Martina Borg Steven
GVZH ADVOCATES

Karl Briffa
GVZH ADVOCATES

Josianne Brimmer
FENECH & FENECH ADVOCATES

Joseph Buhagiar
MALTA ENTERPRISE

Jeanelle Cachia
GVZH ADVOCATES

Katia Cachia
GVZH ADVOCATES

Simon Camilleri
CREDITINFO

Joseph Caruana
MALTA FINANCIAL SERVICES
AUTHORITY (MFSA)

Laragh Cassar
CAMILLERI CASSAR
ADVOCATES

Kyle DeBattista
CAMILLERI PREZIOSI

David Felice
ARCHITECTURE PROJECT

Neville Gatt
PWC MALTA

Steve Gingell
PWC MALTA

Sandro Grech
SG MALTA LIMITED -
CORRESPONDENT OF RUSSELL
BEDFORD INTERNATIONAL

Karl Grech Orr
GANADO ADVOCATES

Roberta Gulic Hammett
PWC MALTA

Kurt Hyzler
GVZH ADVOCATES

Consuelo Marzi
GANADO ADVOCATES

Michael Mifsud
IDENTITY MALTA AGENCY

Henri Mizzi
CAMILLERI PREZIOSI

John Paris
CREDITINFO

Jonathan Scerri
ENEMALTA PLC

Jude Schembri
PWC MALTA

Ian Stafrace
IAN STAFRACE LEGAL

Pierre Theuma
MALTA ENTERPRISE

Dimitris Tsoukalas
W.J. PARNIS ENGLAND

Andrei Vella
CAMILLERI PREZIOSI

Luca Vella
GVZH ADVOCATES

Simone Vella Lenicker
ARCHITECTURE PROJECT

Quentin Zahra
EUROFREIGHT

Andrew J. Zammit
GVZH ADVOCATES

马绍尔群岛

BANK OF MARSHALL ISLANDS

MARSHALLS ENERGY
COMPANY

Helkena Anni
MARSHALL ISLANDS REGISTRY

Kenneth Barden
ATTORNEY-AT-LAW

Tune Carlos
PACIFIC INTERNATIONAL, INC.

Raquel De Leon
MARSHALL ISLANDS SOCIAL
SECURITY ADMINISTRATION

Kenneth Gideon
PII SHIPPING

Avelino R. Gimao Jr.
MARSHALL ISLANDS SOCIAL
SECURITY ADMINISTRATION

Richard W. Hamlin
OKNEY & HAMLIN

Don Hess
COLLEGE OF THE
MARSHALL ISLANDS

Jerry Kramer
PACIFIC INTERNATIONAL, INC.

Lani Milne
ENVIRONMENTAL PROTECTION
AGENCY - MARSHALL ISLANDS

Philip A. Okney
LAW OFFICE OF
PHILIP A. OKNEY

Steve Philip
CHAMBER OF COMMERCE

Dennis James Reeder
REEDER & SIMPSON

Michael Slinger
CHAMBER OF COMMERCE

David M. Strauss
ATTORNEY-AT-LAW

毛里塔尼亚

Mohamed Abdallahi Bellil

Wane Abdelaziz
CHAMBRE DE COMMERCE,
D'INDUSTRIE ET D'AGRICULTURE
DE MAURITANIE

Sid'Ahmed Abeidna
SOGECO MAURITANIA

Jemal Abde Nasser Ahmed
DIRECTION GÉNÉRALE
DES DOUANES

Kane Aly
GUICHET UNIQUE MAURITANIA

Mohamed Lemine Ould Babiye
BANQUE CENTRALE
DE MAURITANIE

Dieng Adama Boubou
BANQUE CENTRALE
DE MAURITANIE

Mohamed Marouf Bousbe

Moulaye Ahmed Boussabou
BANQUE CENTRALE
DE MAURITANIE

Mohamed Cheikh Abdallah
AFACOR - AUDIT FINANCE
ASSISTANCE COMPTABLE
ORGANISATION SARL

Brahim Ebety

Moulaye El Hassen Kamara
SOCERE LAMBERT SOMEC
MAURITANIE (SLSM)

Fadel Elaoune
MINISTÈRE DES AFFAIRES
ECONOMIQUES ET DU
DÉVELOPPEMENT

Boumiya Hamoud

Cheikhany Jules
CHEIKHANY JULES LAW OFFICE

Oumar Sada Kelly
ASSURIM CONSULTING

Mohamed Koum Maloum
BETEM INGENIERIES DE
L'ENERGIE ET DE L'EAU

Mohamed Lemine O/Bah

Mohamed Lemine Selmane
MINISTÈRE DES AFFAIRES
ECONOMIQUES ET DU
DÉVELOPPEMENT

Mohamed Salem Mah
TRIBUNAL DE COMMERCE
DE NOUAKCHOTT

Moustapha Maouloud
GUICHET UNIQUE MAURITANIA

Bah Elbar M'beirik
CHAMBRE COMMERCIALE
AUPRÈS DE LA COUR
D'APPEL DE NOUAKCHOTT

Abdou M'Bodj

Ould Med Yahya
DIRECTION GÉNÉRALE
DES DOMAINES ET DU
PATRIMOINE DE L'ÉTAT

Mazar Mohamed Mahmoud
Hmettou
SOCIÉTÉ MAURITANIENNE
D'ELECTRICITÉ (SOMELEC)

Ahmed Salem Mohamed Vall
DIRECTION GÉNÉRALE
DES IMPÔTS

Layti Ndiaye
SOGECO MAURITANIA

Mine Ould Abdoullah
CABINET D'AVOCAT
OULD ABDOULLAH

Ishagh Ould Ahmed Miské
CABINET ISHAGH MISKE

Moustapha Ould Bilal
TRIBUNAL DE COMMERCE
DE NOUAKCHOTT

M'Hamed Ould Bouboutt
MINISTÈRE DES AFFAIRES
ECONOMIQUES ET DU
DÉVELOPPEMENT

Abdellahi Ould Charrouck
ATELIER ARCHITECTURE
ET DESIGN

Hassena Ould Ely
PORT AUTONOME DE
NOUAKCHOTT

Ahmed Ould Radhi
BANQUE CENTRALE
DE MAURITANIE

Haimoud Ould Ramdan
MINISTÈRE DE LA JUSTICE

Mohamed Elmokhtar Roueiha
BUREAU CAUPID

Aliou Sall
ETUDE ME ALIOU
SALL & ASSOCIÉS

Sophie Teffahi
PORT AUTONOME DE
NOUAKCHOTT

Mohamed Yarguett
MINISTÈRE DU PÉTROLE, DE
L'ENERGIE ET DES MINES

毛里求斯

SUPREME COURT

Daygarasen Amoomoogum
MAURITIUS CHAMBER OF
COMMERCE AND INDUSTRY

Wasoudeo Balloo
KPMG

Keshav Beeharry
MCB GROUP LIMITED

Khoushwant Bheem Singh
NOTARY

Valerie Bisasur
BLC CHAMBERS

Urmila Boolell
BANYMANDHUB
BOOLELL CHAMBERS

Satyajit Bundhoo
BANYMANDHUB
BOOLELL CHAMBERS

Adele Catherine
ENSAFRICA (MAURITIUS)

Bernard Chan Sing
MAURITIUS NETWORK
SERVICES LTD.

D.P. Chinien
REGISTRAR OF COMPANIES
AND BUSINESSES,
CORPORATE AND BUSINESS
REGISTRATION DEPARTMENT

Stephanie Chong Mei Lin
Ah Tow
MCB GROUP LIMITED

Jenifer Chung
PWC MAURITIUS

Jessen Coolen
MCB GROUP LIMITED

Asmaa Coowar
PWC MAURITIUS

Amritraj Dassyne
CHAMBERS OF NOTARIES
OF MAURITIUS

Veda Dawoonauth
EVERSHEDS SUTHERLAND
(MAURITIUS)

Martine de Fleuriot de la
Colinière
ENSAFRICA (MAURITIUS)

A. Delbar
CUSTOMS HOUSE
BROKERS ASSOCIATION

Carolyn Desvaux de Marigny
ENSAFRICA (MAURITIUS)

Shalinee Dreepaul-Halkhoree
JURISTCONSULT CHAMBERS

Amil Emandin
ASSOCIATION
PROFESSIONNELLE DES
TRANSITAIRES

Yannick Fok
EVERSHEDS SUTHERLAND
(MAURITIUS)

J. Gilbert Gnany
MCB GROUP LIMITED

Tilotma Gobin Jhurry
BANK OF MAURITIUS

Chavi Gonpot
BLC CHAMBERS

Yandraduth Googoolye
BANK OF MAURITIUS

Moorari Gujadhur
MADUN GUJADHUR
CHAMBERS

Gopaul Gupta
VELOGIC LTD.

Arvin Halkhoree
JURISTCONSULT CHAMBERS

Arzeenah Hassunally
PWC MAURITIUS

Rubishwur Hemoo
MINISTRY OF LOCAL
GOVERNMENT AND
OUTER ISLANDS

Nooreena Hosany
MINISTRY OF LOCAL
GOVERNMENT AND
OUTER ISLANDS

Deoyani Hurrynag
REGISTRAR GENERAL

Navin Jowaheer
WASTEWATER MANAGEMENT
AUTHORITY

Nishi Kichenin
JURISTAX

Thierry Koenig
ENSAFRICA (MAURITIUS)

Anthony Leung Shing
PWC MAURITIUS

Jayram Luximon
CENTRAL ELECTRICITY BOARD

Malcolm Moller
APPLEBY

Bala Moonsamy
CMT INTERNATIONAL LTD.

Ramdas Mootanah
ARCHITECTURE & DESIGN LTD.

Manisha Mootoocurpen
BANYMANDHUB
BOOLELL CHAMBERS

Ashwin Mudhoo
JURISTCONSULT CHAMBERS

Loganayagan Munian
ARTISCO INTERNATIONAL

Khemila Narraidoo
JURISTCONSULT CHAMBERS

Nicholas Ng
EVERSHEDS SUTHERLAND
(MAURITIUS)

Daniel Ng Cheong Hin
MAURITIUS CARGO
COMMUNITY SERVICES LTD.

Stéphanie Odayen
JURISTCONSULT CHAMBERS

Nawsheen Oozeer
BOARD OF INVESTMENT
(MAURITIUS)

Cristelle Parsooramen
BANYMANDHUB
BOOLELL CHAMBERS

Elsie Rasolohery Pascal
ENSAFRICA (MAURITIUS)

Hasanali Pirbhai
MADUN GUJADHUR
CHAMBERS

Varuna Punchoo
NOTARY

Iqbal Rajahbalee
BLC CHAMBERS

Lilowtee Rajmun
MAURITIUS EXPORT
ASSOCIATION

Vivekanand Ramburun
CUSTOMS AND EXCISE
DEPARTMENT

Dhanraj Ramdin
MAURITIUS REVENUE
AUTHORITY

Jayshen Rammah
MERITS CONSULTING
ENGINEERS LTD.

Annabelle Ribet
JURISTCONSULT CHAMBERS

Nicolas Richard
JURISTCONSULT CHAMBERS

André Robert
BLC ROBERT & ASSOCIATES

Purmessur Sarwansingh
MINISTRY OF LOCAL
GOVERNMENT AND
OUTER ISLANDS

Hurrydeo Seebchurrun
CENTRAL ELECTRICITY BOARD

Geetanjali Seewoosurrun
CENTRAL ELECTRICITY BOARD

Gilbert Seeyave
BDO FINANCIAL SERVICES LTD.

Steven Sarangavany Sengayen
STEVEN & ASSOCIATES
LAW FIRM

Bhavish Sewraz
JURISTCONSULT CHAMBERS

Deviantee Sobarun
REGISTRAR GENERAL

Menzie Sunglee
CENTRAL ELECTRICITY BOARD

Dhanesswurnath Vikash
Thakoor
BANK OF MAURITIUS

Muhammad R.C. Uteem
UTEEM CHAMBERS

Amy Vaulbert de Chantilly
JURISTCONSULT CHAMBERS

Nashenta Vuddamalay Zindel
ENSAFRICA (MAURITIUS)

Bobby Yerkiah
KPMG

墨西哥

COMISIÓN REGULADORA
DE ENERGÍA

INSTITUTO REGISTRAL Y
CATASTRAL DEL ESTADO
DE NUEVO LEÓN

NOTARÍA PÚBLICA 62

SECRETARIAT OF LABOUR
AND SOCIAL WELFARE

Andrea Melissa Alanís Ochoa
PENA MOURET ABOGADOS SC

Jaime Alejandro Gutiérrez Vidal
INSTITUTO FEDERAL
DE ESPECIALISTAS DE
CONCURSOS MERCANTILES

Federico Alvarez Gonzalez
WHITE & CASE SC

Miguel Andrade Gómez
ASOCIACIÓN MEXICANA
DE AGENTES

Lesly Arellano
RIVADENEYRA, TREVINO
& DE CAMPO SC

Francisco Samuel Arias
González
NOTARY PUBLIC 28

Francisco Javier Arias Vazque
MINISTRY OF FINANCE

José Alejandro Astorga Hilbert
INSTITUTO FEDERAL
DE ESPECIALISTAS DE
CONCURSOS MERCANTILES

Rodrigo Avendano
WHITE & CASE SC

Maria Paulina
Avendaño Verduzco
GOODRICH, RIQUELME
Y ASOCIADOS

Alberto Avila
FEDERATION OF
INTERAMERICAN
CONSTRUCTION
INDUSTRY (FIIC)

Elsa Regina Ayala Gómez
SECRETARÍA DE ECONOMÍA,
DIRECCIÓN GENERAL
DE NORMATIVIDAD
MERCANTIL (RUG)

Alfonso Azcona Anaya
ZITYMERKA SA DE CV

Vanessa Barajas
HUB LOGISTICS MEXICO

Jorge Barrero Stahl
SANTAMARINA Y STETA SC

Rodrigo Barros
MINISTRY OF FINANCE

Hernando Becerra de Cima
GONZALEZ CALVILLO SC

Luis Horacio Bortoni Vazquez
SECRETARIA DE DESARROLLO
URBANO (SEDUE) -
SECRETARIAT FOR URBAN
DEVELOPMENT AND ECOLOGY

Andrea Burgos Harfush
CREEL, GARCÍA-CUÉLLAR,
AIZA Y ENRIQUEZ SC

Gilberto Calderon
GALAZ, YAMAZAKI, RUIZ
URQUIZA SC, MEMBER
OF DELOITTE TOUCHE
TOHMATSU LIMITED

Adrian Martin Camacho
Fernandez
COMISIÓN FEDERAL
DE ELECTRICIDAD

Enrique Camarena Dominguez
MAQUEO, DE GARAY
Y AGUILAR SC

Samuel Campos Leal
GONZALEZ CALVILLO SC

Carlos Cano
PWC MEXICO

Jaime Cantú
MULTITRASLADOS

Tomás Cantú González
CANTU ESTRADA Y MARTINEZ
(CEM ABOGADOS)

Carlos Carbajal
J.A. TREVIÑO ABOGADOS
SA DE CV

Fernando Antonio Cardenas
Gonzalez
NOTARY PUBLIC #44

Lisa Carral F.
SANTAMARINA Y STETA SC

Pedro Carreon
PWC MEXICO

María Casas López
BAKER & MCKENZIE

Kathalina Chapa Peña
CAF-SIAC CONTADORES

Carlos Chávez
GALICIA ABOGADOS SC

Ernesto Chávez
INTERCONTINENTAL
NETWORK SERVICES

Carlos A. Chávez Pereda
J.A. TREVIÑO ABOGADOS
SA DE CV

Rodrigo Conesa
RITCH MUELLER, HEATHER
Y NICOLAU, SC

Bruno Cordova
PWC MEXICO

Samanta Cornu Sandoval
SECRETARIA DE DESARROLLO
URBANO (SEDUE) -
SECRETARIAT FOR URBAN
DEVELOPMENT AND ECOLOGY

Nancy Mireya Coronado Perez
DIRECCION DE
PROTECCION CIVIL (CIVIL
PROTECTION AGENCY)

Jose Covarrubias-Azuela
SOLÓRZANO, CARVAJAL,
GONZÁLEZ Y PÉREZ-CORREA SC

Juan Paulo Cruz de la Curz
PODER JUDICIAL DEL
ESTADO DE NUEVO LEÓN

David Cuellar
PWC MEXICO

Carlos De la Garza
MARTINEZ, ALGABA, DE HARO,
CURIEL Y GALVAN-DUQUE SC

Jorge de Presno
BASHAM, RINGE Y CORREA,
MEMBER OF IUS LABORIS

Franco Alberto Del Valle Prado
DEL VALLE, PRADO Y
FERNANDEZ, SC

Tracy Delgadillo Miranda
J.A. TREVIÑO ABOGADOS
SA DE CV

Julia Díaz
MULTITRASLADOS

Carlos Diez Garcia
GONZALEZ CALVILLO SC

Felipe Dominguez
MOORE STEPHENS
OROZCO MEDINA SC

Dolores Enriquez
PWC MEXICO

David Escalante
KPMG CARDENAS DOSAL SC

Isaura Escobar
DELEGACIÓN DE
AZCAPOTZALCO

Miguel Espitia
BUFETE INTERNACIONAL

Miguel Espitia
GLOBAL BUSINESS UNIVERSITY

Alfredo Falconer Orbe
COMISION NACIONAL
BANCARIA Y DE VALORES

Lucía Fernández
GONZALEZ CALVILLO SC

Victor Fernandez Sanchez
COMISIÓN FEDERAL
DE ELECTRICIDAD

Pedro Flores
MOORE STEPHENS
OROZCO MEDINA SC

Julio Flores Luna
GOODRICH, RIQUELME
Y ASOCIADOS

Valente Fuentes Tello
MAQUEO, DE GARAY
Y AGUILAR SC

Manuel Galicia
GALICIA ABOGADOS SC

Maria Antonieta Galvan
Carriles
TRIBUNAL SUPERIOR
DE JUSTICIA DEL LA
CIUDAD DE MÉXICO

Mauricio Gamboa
TRANSUNION DE
MEXICO SA SIC

Brenda Garcia
PWC MEXICO

Eduardo Garcia Fraschetto
SÁNCHEZ DEVANNY
ESEVERRI SC

Paulo Gabriel Garza González
PODER JUDICIAL DEL
ESTADO DE NUEVO LEÓN

Arturo Garza-Mátar
SÁNCHEZ DEVANNY
ESEVERRI SC

Jose Alberto Gonzalez
KPMG CARDENAS DOSAL SC

Pamela Gonzalez
GONZALEZ CALVILLO SC

Ricardo Gonzalez Orta
GALAZ, YAMAZAKI, RUIZ
URQUIZA SC, MEMBER
OF DELOITTE TOUCHE
TOHMATSU LIMITED

Antonio Gonzalez Rodriguez
GALAZ, YAMAZAKI, RUIZ
URQUIZA SC, MEMBER
OF DELOITTE TOUCHE
TOHMATSU LIMITED

Jose Gonzalez-Elizondo
BAKER & MCKENZIE

Alvaro Gonzalez-Schiaffino
BASHAM, RINGE Y CORREA,
MEMBER OF IUS LABORIS

James Graham
3CT

Sergio Granados
PWC MEXICO

Adrian Guarneros
SERVICIO DE ADMINISTRACIÓN
TRIBUTARIA

Antonio Guerra Gomez
GUERRA GOMEZ, ABOGADOS

Mario Alberto Gutiérrez
PWC MEXICO

Yves Hayaux-du-Tilly
NADER, HAYAUX & GOEBEL

F. Abimael Hernández
SOLÓRZANO, CARVAJAL,
GONZÁLEZ Y PÉREZ-CORREA SC

Roberto Hernandez Garcia
COMAD SC

David Hoyos de la Garza
SÁNCHEZ DEVANNY
ESEVERRI SC

Ricardo Ibarra
SERVICIO DE ADMINISTRACIÓN
TRIBUTARIA

Ivan Imperial
KPMG CARDENAS DOSAL SC

María Concepción Isoard
Viesca
RITCH MUELLER, HEATHER
Y NICOLAU, SC

Jorge Jiménez
RUSSELL BEDFORD MÉXICO
- MEMBER OF RUSSELL
BEDFORD INTERNATIONAL

Diana Juárez Martínez
BAKER & MCKENZIE

Adrian Kohlmann
KOVA INNOVACIÓN

Alfredo Kupfer Dominguez
SÁNCHEZ DEVANNY
ESEVERRI SC

Ricardo León-Santacruz
SÁNCHEZ DEVANNY
ESEVERRI SC

Luis Leyva Martinez
COMISION NACIONAL
BANCARIA Y DE VALORES

Carlos López Juárez
GOODRICH, RIQUELME
Y ASOCIADOS

Alfonso López Lajud
SÁNCHEZ DEVANNY
ESEVERRI SC

Rogelio Lopez-Velarde
LOPEZ VELARDE,
HEFTYE Y SORIA SC

Jose Antonio Lozada Capetillo
TRIBUNAL SUPERIOR
DE JUSTICIA DEL LA
CIUDAD DE MÉXICO

Arturo Lozano Guerrero
CANTU ESTRADA Y MARTÍNEZ
(CEM ABOGADOS)

Gerardo Maltos
GRUPO SYS

Gabriel Manrique
RUSSELL BEDFORD MÉXICO -
MEMBER OF RUSSELL
BEDFORD INTERNATIONAL

Esteban Maqueo Barnetche
MAQUEO, DE GARAY
Y AGUILAR SC

José Antonio Marquez
González
NOTARY PUBLIC #2

Renato Martínes Quezada
EC LEGAL

Carlos Manuel Martinez
PWC MEXICO

Gerardo Martínez
RIVADENEYRA, TREVINO
& DE CAMPO SC

Victor Hugo Núñez Martínez
MEXICAN TAX
ADMINISTRATION
SERVICE (SAT)

Juan Sergio Alfonso Martínez
González
COMISIÓN FEDERAL
DE ELECTRICIDAD

Ana Lilia Martínez Valdés
SECRETARÍA DE ECONOMÍA -
MINISTRY OF ECONOMY

Mariana Maxinez
GALAZ, YAMAZAKI, RUIZ
URQUIZA SC, MEMBER
OF DELOITTE TOUCHE
TOHMATSU LIMITED

Jose Alberto Miguel Perez
SECRETARÍA DE ECONOMÍA,
DIRECCIÓN GENERAL
DE NORMATIVIDAD
MERCANTIL (RUG)

Angel Humberto Montiel
Trujano
TRIBUNAL SUPERIOR
DE JUSTICIA DEL LA
CIUDAD DE MÉXICO

Ignacio R. Morales Lechuga
NOTARÍA 116

Daniel Moran
GONZALEZ CALVILLO SC

Guillermo Moran
GALAZ, YAMAZAKI, RUIZ
URQUIZA SC, MEMBER
OF DELOITTE TOUCHE
TOHMATSU LIMITED

Emilio Rodriguez Muniz
MEXICAN TAX
ADMINISTRATION
SERVICE (SAT)

Eloy F. Muñoz M.
IMEYEL SOLUCIONES
INTEGRALES SA DE CV

Juan Nájera
NDA NAJERA DANIELI & ASOCS

Jorge Narváez Hasfura
BAKER & MCKENZIE

Javier Luis Navarro Velasco
BAKER & MCKENZIE

Mario Neave
GALAZ, YAMAZAKI, RUIZ
URQUIZA SC, MEMBER
OF DELOITTE TOUCHE
TOHMATSU LIMITED

Pablo Nosti Herrera
MIRANDA & ESTAVILLO SC

María José Ortiz Haro
GALICIA ABOGADOS SC

Gilberto Osio
SOLÓRZANO, CARVAJAL,
GONZÁLEZ Y PÉREZ-CORREA SC

Cynthia Irene Osio Sanchez
COMAD SC

Raúl Paniahua
NADER, HAYAUX & GOEBEL

Sonia Paredes Sepúlveda
PENA MOURET ABOGADOS SC

Victor Paz
CAF-SIAC CONTADORES

Gabriel Peña Mouret
PENA MOURET ABOGADOS SC

Sergio Peña Zazueta
TRANSUNION DE
MEXICO SA SIC

Arturo Perdomo
GALICIA ABOGADOS SC

Eduardo Perez Armienta
MOORE STEPHENS
OROZCO MEDINA SC

Luis Uriel Pérez Delgado
GOODRICH, RIQUELME
Y ASOCIADOS

José Jacinto Pérez Silva
OPERADORA TERRA REGIA SA

Pablo Perezalonso Eguía
RITCH MUELLER, HEATHER
Y NICOLAU, SC

Fernando Pérez-Correa
SOLÓRZANO, CARVAJAL,
GONZÁLEZ Y PÉREZ-CORREA SC

Guillermo Piecarchic
PMC LAW SC

José Piecarchic Cohen
PMC LAW SC

Federico Pineda
HUB LOGISTICS MEXICO

Ricardo Platt
FEDERATION OF
INTERAMERICAN
CONSTRUCTION
INDUSTRY (FIIC)

Gizeh Polo
CREEL, GARCÍA-CUÉLLAR,
AIZA Y ENRIQUEZ SC

Víctor Manuel Ponce Rosendo
JUNTA LOCAL DE
CONCILIACIÓN Y ARBITRAJE
DE NUEVO LEON

David Eugenio Puente-Tostado
SÁNCHEZ DEVANNY
ESEVERRI SC

Eric Quiles Gutierrez
WHITE & CASE SC

Olga Cristina Ramirez Acosta
SECRETARIA DE DESARROLLO
URBANO (SEDUE) -
SECRETARIAT FOR URBAN
DEVELOPMENT AND ECOLOGY

Jorge Francisco Ramirez
Mazlum
MEXICAN TAX
ADMINISTRATION
SERVICE (SAT)

Manuel Ramos
BUFETTE DE OBRAS, SERVICIOS
Y SUMINISTROS SA DE CV

Carolina Ramos Ballesteros
MIRANDA & ESTAVILLO SC

Brindisi Reyes Delgado
RITCH MUELLER, HEATHER
Y NICOLAU, SC

Eduardo Reyes Díaz-Leal
BUFETE INTERNACIONAL

Héctor Reyes Freaner
BAKER & MCKENZIE

Hector Francisco Reyes Lopez
SECRETARIA DE DESARROLLO
URBANO (SEDUE) -
SECRETARIAT FOR URBAN
DEVELOPMENT AND ECOLOGY

Claudia Ríos
PWC MEXICO

Fernando Rivadeneyra
RIVADENEYRA, TREVINO
& DE CAMPO SC

Jose Ignacio Rivero
GONZALEZ CALVILLO SC

Beatriz Robles
CAF-SIAC CONTADORES

Alba Rodriguez Chamorro
COMISION NACIONAL
BANCARIA Y DE VALORES

Irazu Rodríguez Garza
COMISIÓN FEDERAL
DE ELECTRICIDAD

Cecilia Rojas
GALICIA ABOGADOS SC

Maria Eugenia Romero Torres
MINISTRY OF FINANCE

Raúl Sahagun
BUFETE INTERNACIONAL

Juan Pablo Sainz
NADER, HAYAUX & GOEBEL

José Roberto Salinas
SALINAS PADILLA, ROMAN
ÁVILA & ASSOCIATES,
LEGAL FIRM SC

Jorge Sanchez
GALAZ, YAMAZAKI, RUIZ
URQUIZA SC, MEMBER
OF DELOITTE TOUCHE
TOHMATSU LIMITED

Lucero Sánchez de la Concha
BAKER & MCKENZIE

Luis Sanchez Galguera
GALAZ, YAMAZAKI, RUIZ
URQUIZA SC, MEMBER
OF DELOITTE TOUCHE
TOHMATSU LIMITED

Rodrigo Sanchez Mejorada
SÁNCHEZ-MEJORADA,
VELASCO Y RIBÉ

Karla Sanchez Reyes
SECRETARÍA DE ECONOMÍA,
DIRECCIÓN GENERAL
DE NORMATIVIDAD
MERCANTIL (RUG)

Alberto Sanchez Rodriguez
DIRECCION DE
PROTECCION CIVIL (CIVIL
PROTECTION AGENCY)

Cristina Sanchez Vebber
SÁNCHEZ DEVANNY
ESEVERRI SC

Carlos Sánchez-Mejorada y
Velasco
SÁNCHEZ-MEJORADA
Y ASOCIADOS

Cristina Sánchez-Urtiz
MIRANDA & ESTAVILLO SC

Quetzalcoatl Sandoval Mata
VELEZ Y SANDOVAL SC

Ricardo Sandoval Ortega
COMISIÓN FEDERAL
DE ELECTRICIDAD

María Esther Sandoval Salgado
INSTITUTO FEDERAL
DE ESPECIALISTAS DE
CONCURSOS MERCANTILES

José Santiago
GRUPO IMEV, SA DE CV

Monica Schiaffino Pérez
LITTLER MEXICO

Arturo Suárez
KPMG CARDENAS DOSAL SC

Juan Francisco Torres Landa
Ruffo
HOGAN LOVELLS

Jaime A. Tovar Villegas
NOTARÍA 116

Jaime A. Treviño
J.A. TREVIÑO ABOGADOS

Roberto Treviño Ramos
PODER JUDICIAL DEL
ESTADO DE NUEVO LEÓN

Alfonso Vargas
RITCH MUELLER, HEATHER
Y NICOLAU, SC

Layla Vargas Muga
GOODRICH, RIQUELME
Y ASOCIADOS

Camilo Vazquez Lopez
SANTAMARINA Y STETA SC

Denise Carla Vazquez Wallach
SECRETARÍA DE ECONOMÍA,
DIRECCIÓN GENERAL
DE NORMATIVIDAD
MERCANTIL (RUG)

José Luis Vega Garrido
GOODRICH, RIQUELME
Y ASOCIADOS

Rodrigo Vejar Félix
MAQUEO, DE GARAY
Y AGUILAR SC

Luis Miguel Velasco Lizárraga
SÁNCHEZ DEVANNY
ESEVERRI SC

Enrique Lavin Velez
MEXICAN TAX
ADMINISTRATION
SERVICE (SAT)

Adrian Roberto Villagomez
Aleman
COMAD SC

Claudio Villavicencio
GALAZ, YAMAZAKI, RUIZ
URQUIZA SC, MEMBER
OF DELOITTE TOUCHE
TOHMATSU LIMITED

Paula Villavicencio
GONZALEZ CALVILLO SC

Juan Pablo Villela Vizcaya
CREEL, GARCÍA-CUÉLLAR,
AIZA Y ENRIQUEZ SC

Antonio Zuazua
KPMG CARDENAS DOSAL SC

密克罗尼西亚联邦

Marcelino Actouka
POHNPEI UTILITIES
CORPORATION

Nixon Anson
POHNPEI UTILITIES
CORPORATION

Rusty Carlos
POHNPEI STATE
ENVIRONMENTAL
PROTECTION AGENCY

Lam Dang
CONGRESS OF THE FSM

Erick Divinagracia
RAMP & MIDA LAW FIRM

Mark Heath
MICRONESIA REGISTRATION
ADVISORS, INC.

Jerry Kramer
PACIFIC INTERNATIONAL, INC.

Simon Lihpai
DIVISION OF FORESTRY &
MARINE CONSERVATION

Ronald Pangelinan
A&P ENTERPRISES INC.

Salomon Saimon
MICRONESIAN LEGAL
SERVICES CORPORATION

Nora Sigrah
FSM DEVELOPMENT BANK

Joseph Vitt
POHNPEI TRANSFER &
STORAGE, INC.

摩尔多瓦

NATIONAL COMMISSION
FOR FINANCIAL MARKETS

UNION FENOSA

Alexei Bosneaga
MINISTRY OF REGIONAL
DEVELOPMENT AND
CONSTRUCTION

Andrei Caciurenco
ACI PARTNERS LAW OFFICE

Olga Ceban
NATIONAL UNION OF
JUDICIAL OFFICERS

Roman Ceban
MOLDOVA BUSINESS
PEOPLE ASSOCIATION

Valeriu Cernei
GLADEI & PARTNERS

Valentina Chiper
MINISTRY OF ECONOMY

Ludmila Ciubaciuc
PWC MOLDOVA

Daniel Cobzac
COBZAC & PARTNERS

Andrei Crigan
MOLDOVA BUSINESS
PEOPLE ASSOCIATION

Anastasia Dereveanchina
PWC MOLDOVA

Silviu Foca
BIROUL DE CREDIT - MOLDOVA

Iulia Furtuna
TURCAN CAZAC

Ana Galus
TURCAN CAZAC

Vasile Gherasim
POPA & ASSOCIATES

Roger Gladei
GLADEI & PARTNERS

Victoria Goncearuc
COBZAC & PARTNERS

Silvia Grosu
PWC MOLDOVA

Andrian Guzun
SCHOENHERR

Patricia Handraman
GLADEI & PARTNERS

Ana Iovu
COBZAC & PARTNERS

Vladimir Iurkovski
SCHOENHERR

Roman Ivanov
VERNON DAVID & ASSOCIATES

Cristina Martin
ACI PARTNERS LAW OFFICE

Angela Matcov
AGENCY OF LAND RELATIONS AND CADASTRE STATE ENTERPRISE "CADASTRU"

Mihaela Mitroi
PWC ROMANIA

Alexandru Munteanu
PWC MOLDOVA

Serghei Munteanu
MINISTRY OF REGIONAL DEVELOPMENT AND CONSTRUCTION

Oxana Novicov
NATIONAL UNION OF JUDICIAL OFFICERS

Igor Odobescu
ACI PARTNERS LAW OFFICE

Aelita Orhei
GLADEI & PARTNERS

Vladimir Palamarciuc
TURCAN CAZAC

Bodiu Pantelimon
SRL RECONSCIVIL

Carolina Parcalab
ACI PARTNERS LAW OFFICE

Iulian Paşatii
GLADEI & PARTNERS

Maya Pircalab
ACI PARTNERS LAW OFFICE

Vladimir Plehov

Dumitru Popescu
PWC MOLDOVA

Irina Popuşoi
COBZAC & PARTNERS

Irina Rotari
MINISTRY OF ECONOMY

Elena Sadovici
CUSTOMS SERVICE OF THE REPUBLIC OF MOLDOVA

Alexandru Savva

Adrian Sorocean
ACI PARTNERS LAW OFFICE

Tatiana Stavinschi
PWC MOLDOVA

Liviu Surdu
GLORINAL SRL

Lilia Tapu
PWC MOLDOVA

Cristina Tiscul-Diaconu
ACI PARTNERS LAW OFFICE

Alexander Tuceac
TURCAN CAZAC

Alexander Turcan
TURCAN CAZAC

蒙古

Amarmurun Amartuvshin
LEHMAN, LEE & XU

Odgerel Amgalan
MONLOGISTICS WORLDWIDE LLC

Dunnaran Baasankhuu
MINTER ELLISON

Munkhjargal Baashuu
GTS ADVOCATES LLP

Telenged Baast
MONLOGISTICS WORLDWIDE LLC

Minjae Baek
ANDERSON AND ANDERSON LLP

Molor Bakhdal
TSETS LLP

Nandinchimeg Banzragch
TSOGT & NANDIN

Delgermaa Bataa
NEW LOGISTICS LLC

Uranzaya Batdorj
TSETS LLP

Dashzeveg Bat-Erdene
DELOITTE

Azzaya Batsuuri
ELECTROSETIPROJECT, LLC

Solongo Battulga
GTS ADVOCATES LLP

Altanduulga Bazarragchaa
UBEDN

Jacob Blacklock
LEHMAN, LEE & XU

Bayar Budragchaa
ELC LLP ADVOCATES

David C. Buxbaum
ANDERSON AND ANDERSON LLP

Tsendmaa Choijamts
PWC MONGOLIA

Khatanbat Dashdarjaa
ARLEX CONSULTING SERVICES

Zoljargal Dashnyam
GTS ADVOCATES LLP

Otgontuya Davaanyam
ANDERSON AND ANDERSON LLP

Tseveensuren Davkharbayar
MONGOL ADVOCATES

Onchinsuren Dendevsambuu
DELOITTE

Elisabeth Ellis
MINTER ELLISON

Gerel Enebish
LEHMAN, LEE & XU

Sanjkhand Erdenebaatar
PWC MONGOLIA

Alimaa Erdenebat
HOGAN LOVELLS

Oyunbold Ganchimeg
THE BANK OF MONGOLIA

Dulguun Gantumur
MINTER ELLISON

Simon Guidecoq

Dermot Kane
KANE TUNELLING LLC

Undram Lhagvasuren
ANAND ADVOCATES LAW FIRM

Azzaya Lkhachin
PWC MONGOLIA

Amarjargal Lkhagvaa
LEHMAN, LEE & XU

Ganzorig Luvsan
UBEDN

Bayarmanla Manljav
MONGOLYN ALT (MAK) CORPORATION

Christopher Melville
HOGAN LOVELLS

Ulziimaa Naidandorj
MONGOLIAN COMPANY FORMATION LLC

Mend-Amar Narantsetseg
GTS ADVOCATES LLP

Tsogt Natsagdorj
TSOGT & NANDIN

Enkhtsetseg Nergui
ANAND ADVOCATES LAW FIRM

Bayarsaikhan Nyamragcha
TSAST CONSTRUCTION LLC

Sebastian Rosholt
MINTER ELLISON

Scott Schlink
MINTER ELLISON

Bayarjargal Sodbaatar
ANAND ADVOCATES LAW FIRM

Tumurkhuu Sukgbaatar
UBEDN

Ganbayar Surmaajav
THE BANK OF MONGOLIA

Ganbagana Togtokhbayar
DELOITTE

Enkhtuvshin Tsetsegmaa
ANDERSON AND ANDERSON LLP

Ganzaya Tsogtgerel
ANDERSON AND ANDERSON LLP

Dudgen Turbat
THE BANK OF MONGOLIA

Munkh-Orgil Tuvaandorj
ANAND ADVOCATES LAW FIRM

Alicia Yen
HEALY CONSULTANTS GROUP PLC

Khosbayar Zorig
ARLEX CONSULTING SERVICES

黑山

CEDIS
MINISTRY OF ECONOMY

Anja Abramovic
PRELEVIĆ LAW FIRM

Jelena Bogetić
BDK ADVOKATI

Bojana Bošković
MINISTRY OF FINANCE

Bojan Božović
HARRISONS SOLICITORS

Dragoljub Cibulić
BDK ADVOKATI

Milan Dakic
BDK ADVOKATI

Vladimir Dašić
BDK ADVOKATI

Savo Djurovic
ADRIATIC MARINAS D.O.O.

Dragan Draca
PRICEWATERHOUSECOOPERS CONSULTING D.O.O.

Veselin Dragićević
CHAMBER OF ECONOMY OF MONTENEGRO, SECTOR FOR ASSOCIATIONS AND ECONOMIC DEVELOPMENT

Sladana Dragović
NORMAL COMPANY

Dragana Filipovic
MINISTRY OF SUSTAINABLE DEVELOPMENT AND TOURISM

Mile Gujić
NORMAL COMPANY

Danilo Gvozdenović
MINISTRY OF SUSTAINABLE DEVELOPMENT AND TOURISM

Fata Hodžić
LAW OFFICE VUJAČIĆ

Ana Jankov
BDK ADVOKATI

Nada Jovanovic
CENTRAL BANK OF MONTENEGRO

Milica Jovicevic
MONTENOMAX

Radoš-Lolo Kastratović
ADVOKATSKA KANCELARIJA

Milica Komar
VUKMIROVIC MISIC LAW FIRM

Ana Krsmanović
MINISTRY OF FINANCE

Nikola Martinović
ADVOKATSKA KANCELARIJA

Milica Milanovic
PRICEWATERHOUSECOOPERS CONSULTING D.O.O.

Ivan Nikolic
TOTAL SPED

Novica Pesic
PESIC & BAJCETA

Zorica Pesic Bajceta
PESIC & BAJCETA

Luka Popović
BDK ADVOKATI

Dragana Radević
CEED

Radovan Radulovic
MONTENOMAX

Ivan Radulović
MINISTRY OF FINANCE

Dražen Raičković
FINANCEPLUS

Branka Rajicic
PRICEWATERHOUSECOOPERS CONSULTING D.O.O.

Sead Salkovic
FINANCEPLUS

Slaven Šćepanović
SCEPANOVIC LAW OFFICE

Marko Tintor
CENTRAL BANK OF MONTENEGRO

Vera Vucelic
HARRISONS SOLICITORS

Saša Vujačić
LAW OFFICE VUJAČIĆ

Jelena Vujisić
LAW OFFICE VUJAČIĆ

Tatjana Vujosevic
MINISTRY OF SUSTAINABLE DEVELOPMENT AND TOURISM

Lana Vukmirovic Misic
VUKMIROVIC MISIC LAW FIRM

Sandra Zdravkovic
MONTECCO INC D.O.O.

Djordje Zejak
BDK ADVOKATI

Jelena Zivkovic
EUROFAST GLOBAL

摩洛哥

PORTNET SA

Idriss Abou Mouslim
BHIRAT

Sidimohamed Abouchikhi
CREDITINFO MAROC

Abdelkrim Karim Adyel
CABINET ADYEL

Samir Agoumi
DAR ALKHIBRA

Ali Alamri
MOROCCAN CARGO PARTNER

Aishah Alkaff

Amina Ammor
CREDITINFO MAROC

Maïlis Andrieu
CHASSANY WATRELOT & ASSOCIÉS

Redouane Assakhen
CENTRE RÉGIONAL D'INVESTISSEMENT

Adnane Bahija
DAR ALKHIBRA

Fassi-Fihri Bassamat
CABINET BASSAMAT & ASSOCIÉE

Toufiq Benali
MINISTÈRE DE L'URBANISME ET DE L'AMÉNAGEMENT DU TERRITOIRE

Meriem Benis
HAJJI & ASSOCIÉS

Badria Benjelloun
MINISTÈRE DE L'URBANISME ET DE L'AMÉNAGEMENT DU TERRITOIRE

Karim Benkirane
ESPACE TRANSIT

Mohamed Benkirane
ESPACE TRANSIT

Meriem Benzakour
CABINET D'AVOCATS MORSAD

Oussama Boualam
LYDEC

Ali Bougrine
UGGC LAW FIRM

Bouchaib Chahi
AGENCE NATIONALE DE LA CONSERVATION FONCIÈRE DU CADASTRE ET DE LA CARTOGRAPHIE (ANCFCC)

Abdallah Chater
CENTRE RÉGIONAL D'INVESTISSEMENT

Anas Chorfi
AGENCE MAROCAINE POUR LE DEVELOPPEMENT DE L'ENTREPRISE (AMDE)

Mahat Chraibi
PWC ADVISORY MAROC

Marie-Amélia da Silva Marques
CHASSANY WATRELOT & ASSOCIÉS

Driss Debbagh
KETTANI LAW FIRM

Merieme Diouri
ETUDE DE NOTARIAT MODERNE

Mohssin El Makoudi
DAR ALKHIBRA

Hamid Errida
ACCOUNTHINK MAROC SARLAU

Kunal Fabiani

Safia Fassi-Fihri
BFR ASSOCIÉS

Simon Guidecoq

Houda Habachi
BAKOUCHI & HABACHI - HB LAW FIRM LLP

Kamal Habachi
BAKOUCHI & HABACHI - HB LAW FIRM LLP

Amin Hajji
HAJJI & ASSOCIÉS

Zohra Hasnaoui
CABINET H-AVOCATS

Ahmad Hussein
CABINET H-AVOCATS

Bahya Ibn Khaldoun
UNIVERSITÉ M.V. SOUISSI RABAT, MAROC

Younes Jalal
TRANSIT JALAL

Nadia Kettani
KETTANI LAW FIRM

Rita Kettani
KETTANI LAW FIRM

Yassir Khalil
YASSIR KHALIL STUDIO

Abdelatif Laamrani
LAAMRANI LAW OFFICE

Hakim Lahlou
LAHLOU-ZIOUI & ASSOCIÉS

Mhammed Lahlou
ETUDE DE NOTARIAT MODERNE

Zineb Laraqui
CABINET ZINEB LARAQUI

Mohamed Amine Mahboub
ETUDE DE ME MAHBOUB

Amine Mahfoud
AMINE MAHFOUD NOTAIRE

Noureddine Marzouk
PWC ADVISORY MAROC

Adil Morsad
CABINET D'AVOCATS MORSAD

Ahmed Morsad
CABINET D'AVOCATS MORSAD

Tayeb Mohamed Omar
AVOCAT AU BARREAU DE CASABLANCA

Hicham Oughza
DAR ALKHIBRA

Mohamed Oulkhouir
CHASSANY WATRELOT & ASSOCIÉS

Abderrahim Outass
FONCTION LIBÉRALE

Mohamed Rifi
PWC ADVISORY MAROC

Morgane Saint-Jalmes

Mehdi Salmouni-Zerhouni
SALMOUNI-ZERHOUNI LAW FIRM

Ghalia Sebti
AIT MANOS

Farhat Smail
ADMINISTRATION DES DOUANES ET IMPOTS INDIRECTS

Rachid Tahri
ASSOCIATION DES FREIGHT FORWARDERS DU MAROC

Rim Tazi
LPA-CGR AVOCATS

Kenza Yamani
CHASSANY WATRELOT & ASSOCIÉS

Amine Zniber
ETUDE DE NOTAIRE ZNIBER

Meryem Zoubir
CHASSANY WATRELOT & ASSOCIÉS

莫桑比克

HPF ADVOGADOS

Amina Abdala
TTA – SOCIEDADE DE ADVOGADOS

Duarte Amaral da Cruz
MC&A - SOCIEDADE DE ADVOGADOS RL

Luís Antunes
LUFTEC – TÉCNICAS ELÉCTRICAS LDA

Henrique Castro Amaro
AMARO ARQUITECTOS E ASSOCIADOS LDA

Carolina Balate
PWC MOZAMBIQUE

Goncalo Barros Cardoso
GUILHERME DANIEL & ASSOCIADOS

Ebrahim Bhikhá
PWC MOZAMBIQUE

Abubacar Calú
ELECTROVISAO LDA

Eduardo Calú
SAL & CALDEIRA, ADVOGADOS, LDA

Alexandra Carvalho Monjardino
ATTORNEY-AT-LAW

Natércio Chambule
MAPUTO CITY COURT (COMMERCIAL CHAMBER)

Pedro Chilengue
MOTT MACDONALD PDNA MOÇAMBIQUE, LDA

Pedro Couto
CGA - COUTO, GRAÇA E ASSOCIADOS, SOCIEDADE DE ADVOGADOS

Avelar da Silva
INTERTEK INTERNATIONAL LTD.

Thera Dai
CGA - COUTO, GRAÇA E ASSOCIADOS, SOCIEDADE DE ADVOGADOS

Guilherme Daniel
GUILHERME DANIEL & ASSOCIADOS

Fabrícia de Almeida Henriques
HENRIQUES, ROCHA & ASSOCIADOS (MOZAMBIQUE LEGAL CIRCLE ADVOGADOS)

Arlinda de Lurdes Nhaquila
CONSERVATÓRIA DO REGISTO DAS ENTIDADES LEGAIS

Alferio Dgedge
FL&A - FERNANDA LOPES & ASSOCIADOS ADVOGADOS

Fulgêncio Dimande
MANICA FREIGHT SERVICES SARL

Teresa Empis Falcão
VDA - VIEIRA DE ALMEIDA & ASSOCIADOS

Ahmad Essak
PWC MOZAMBIQUE

Vanessa Fernandes
CGA - COUTO, GRAÇA E ASSOCIADOS, SOCIEDADE DE ADVOGADOS

Telmo Ferreira
CGA - COUTO, GRAÇA E ASSOCIADOS, SOCIEDADE DE ADVOGADOS

Maria Fatima Fonseca
MAPUTO CITY COURT (COMMERCIAL CHAMBER)

Pinto Fulane
BANCO DE MOÇAMBIQUE

Nipul K. Govan
HENRIQUES, ROCHA & ASSOCIADOS (MOZAMBIQUE LEGAL CIRCLE ADVOGADOS)

Jorge Graça
CGA - COUTO, GRAÇA E ASSOCIADOS, SOCIEDADE DE ADVOGADOS

Abdul Satar Hamid
BDO MOZAMBIQUE

Zara Jamal
JLA

Adriano João
PWC MOZAMBIQUE

Katia Jussub
CM&A - CARLOS MARTINES & ASSOCIADOS

Gimina Langa
SAL & CALDEIRA, ADVOGADOS, LDA

Rui Loforte
CGA - COUTO, GRAÇA E ASSOCIADOS, SOCIEDADE DE ADVOGADOS

B. Longamane
FL&A - FERNANDA LOPES & ASSOCIADOS ADVOGADOS

Fernanda Lopes
FL&A - FERNANDA LOPES & ASSOCIADOS ADVOGADOS

Mara Lopes
HENRIQUES, ROCHA & ASSOCIADOS (MOZAMBIQUE LEGAL CIRCLE ADVOGADOS)

Eugénio Luis
BANCO DE MOÇAMBIQUE

Duarte Marques da Cruz
MC&A - SOCIEDADE DE ADVOGADOS RL

Vítor Marques da Cruz
MC&A - SOCIEDADE DE ADVOGADOS RL

Stayleir Marroquim
MARROQUIM, NKUTUMULA, MACIA & ASSOCIADOS

Carlos Martins
CM&A - CARLOS MARTINES & ASSOCIADOS

João Martins
PWC MOZAMBIQUE

Tiago Martins
TRANSITEX GLOBAL LOGISTICS OPERATIONS PTY. LTD.

João Mayer Moreira
VDA - VIEIRA DE ALMEIDA & ASSOCIADOS

Ana Berta Mazuze
HENRIQUES, ROCHA & ASSOCIADOS (MOZAMBIQUE LEGAL CIRCLE ADVOGADOS)

Jean-Louis Neves Mandelli
SHEARMAN & STERLING LLP

Ilidio Nhamahango
BDO MOZAMBIQUE

Kekobad Patel
CONFEDERAÇÃO DAS ASSOCIAÇÕES ECONÓMICAS DE MOÇAMBIQUE (CTA)

Diana Ramalho
SAL & CALDEIRA, ADVOGADOS, LDA

Arsénio Ricardo
ELECTROCUAMBA

Christopher Tanner
FAO REPRESENTATION

Acacio Tembe
MOTT MACDONALD PDNA MOÇAMBIQUE, LDA

Constancio Tevete
FL&A - FERNANDA LOPES & ASSOCIADOS ADVOGADOS

Liana Utxavo
MANICA FREIGHT SERVICES SARL

Cesar Vamos Ver
SAL & CALDEIRA, ADVOGADOS, LDA

Ricardo Veloso
PWC ANGOLA

Joaquim Vilanculos
FL&A - FERNANDA LOPES & ASSOCIADOS ADVOGADOS

缅甸

AGX LOGISTICS MYANMAR CO. LTD.

DUANE MORRIS & SELVAM LLP MYANMAR

PRICEWATERHOUSECOOPERS MYANMAR CO. LTD.

RAJAH & TANN LLP

Quamruddin Ahmed
BAY LINE SHIPPING PTE. LTD.

Mar Mar Aung
DFDL

Sam Britton
ZICOLAW MYANMAR LTD.

Sher Hann Chua
TILLEKE & GIBBINS MYANMAR LTD.

William Greenlee
DFDL

Yu Lin Khoo
ZICOLAW MYANMAR LTD.

Nay Myo Myat Ko
CARE FREIGHT SERVICES LTD.

U Moe Kyaw Aye
MYANMAR CUSTOMS

Yan Lin
YANGON CITY ELECTRICITY SUPPLY BOARDS

Jean Loi
VDB LOI

Ah Lonn Maung
DFDL

Myo Min
DIRECTORATE OF INVESTMENT AND COMPANY ADMINISTRATION (DICA)

Yee Mon Mon
YANGON CITY ELECTRICITY SUPPLY BOARDS

Nila Mu
DICA

Mya Myint Zu
DFDL

Win Naing
WIN & CHO LAW FIRM

Nwe Oo
TILLEKE & GIBBINS MYANMAR LTD.

Su Wai Phyo
ZICOLAW MYANMAR LTD.

Key Pwint Phoo Wai
CARE FREIGHT SERVICES LTD.

U San Lwin
JLPW LEGAL SERVICES

Kyaw Soe Min
MYANMA APEX BANK

Cheah Swee Gim
KELVIN CHIA YANGON LTD.

Yuwadee Theanngarm
TILLEKE & GIBBINS MYANMAR LTD.

U Myint Thein
MYINT THEIN & SON

Danyel Thomson
DFDL

Su Su Tin
WIN THIN & ASSOCIATES

Hnin Thet Wai
ZICOLAW MYANMAR LTD.

Lucy Wayne
LUCY WAYNE & ASSOCIATES LIMITED

Htut Khaung Win
YANGON CITY DEVELOPMENT COMMITTEE

Khin Phyu Win
MYANMAR GLOBAL LAW FIRM

Myo Win
VDB LOI

Zaw Win
YANGON CITY DEVELOPMENT COMMITTEE

Cho Cho Wynn
THILAWA SPECIAL ECONOMIC ZONE MANAGEMENT COMMITTEE

Kyaw Ye Tun
MINISTRY OF FINANCE

纳米比亚

Gino Absai
KPMG ADVISORY SERVICES (NAMIBIA) PTY. LTD.

Joos Agenbach
KOEP & PARTNERS

Tiaan Bazuin
NAMIBIAN STOCK EXCHANGE

Adeline Beukes
STANDARD BANK NAMIBIA LIMITED

Daneale C. Beukes
ENGLING, STRITTER & PARTNERS

Clifford Bezuidenhout
ENGLING, STRITTER & PARTNERS

Benita Blume
H.D. BOSSAU & CO.

Hanno D. Bossau
H.D. BOSSAU & CO.

Stephanie Busch
ENSAFRICA | NAMIBIA

Andy Chase
STAUCH+PARTNERS ARCHITECTS

Esi Chase
ADVOCATE

Dirk Hendrik Conradie
CONRADIE & DAMASEB

Myra Craven
ENS

André Davids
MAERSK NAMIBIA PTY. LTD.

Britt du Plessis
STANDARD BANK NAMIBIA

Marcha Erni
TRANSUNION

Johann Espag
CLARKE ARCHITECTS

Ulrich Etzold
ETZOLD-DUVENHAGE FIRM

Stefan Hugo
PWC NAMIBIA

Frank Köpplinger
KÖPPLINGER BOLTMAN

Norbert Liebich
TRANSWORLD CARGO PTY. LTD.

Anneri Lück
PWC NAMIBIA

Prisca Mandimika
MINISTRY OF LANDS
AND RESETTLEMENT

John Mandy
MMM CONSULTANCY

Marie Mandy
MMM CONSULTANCY

Tiago Martins
TRANSITEX GLOBAL LOGISTICS
OPERATIONS PTY. LTD.

Memory Mbai
KPMG ADVISORY SERVICES
(NAMIBIA) PTY. LTD.

Johan Nel
PWC NAMIBIA

Tim Parkhouse
NAMIBIAN EMPLOYER'S
FEDERATION

Frank Sauerbach
DEUTSCHE GESELLSCHAFT
FÜR INTERNATIONALE
ZUSAMMENARBEIT (GIZ)

Johny M. Smith
WALVIS BAY CORRIDOR GROUP

Helmut Stolze
CONRADIE & DAMASEB

Axel Stritter
ENGLING, STRITTER
& PARTNERS

Erentia Tromp
INSTITUTE OF CHARTERED
ACCOUNTANTS OF NAMIBIA

Willem van Greunen
KÖPPLINGER BOLTMAN

Stefan van Zijl
KOEP & PARTNERS

尼泊尔

Lalit Aryal
LA & ASSOCIATES CHARTERED
ACCOUNTANTS

Narayan Bajaj
NARAYAN BAJAJ & ASSOCIATES

Jaya Raj Bhandari
NEPAL ELECTRICITY AUTHORITY

Ankit Dhakal
DHAKAL & GHIMIRE LAW
OFFICES, PVT. LTD.

Sarita Duwal
JKK AND ASSOCIATES

Suraj Guragain
LA & ASSOCIATES CHARTERED
ACCOUNTANTS

Janak Raj Joshi
MINISTRY OF LAND REFORM
AND MANAGEMENT

Rabin K.C.
CORPORATE LAW ASSOCIATES

Shreedhar Kapali
SHANGRI-LA FREIGHT PVT. LTD.

Jha Kaushlendra
JKK AND ASSOCIATES

Gourish K. Kharel
KTO INC.

Amir Maharjan
SAFE CONSULTING ARCHITECTS
& ENGINEERS PVT. LTD.

Ashok Man Kapali
SHANGRI-LA FREIGHT PVT. LTD.

Bijaya Mishra
PRADHAN, GHIMIRE
& ASSOCIATES

Anjan Neupane
NEUPANE LAW ASSOCIATES

Usha Pandey
PRADHAN, GHIMIRE
& ASSOCIATES

Dev Raj Paudyal
UNIVERSITY OF SOUTHERN
QUEENSLAND

Devendra Pradhan
PRADHAN, GHIMIRE
& ASSOCIATES

Rajan Sharma
NEPAL FREIGHT FORWARDERS
ASSOCIATION

P. L. Shrestha
EVERGREEN CARGO
SERVICES PVT. LTD.

Rajeshwor Shrestha
SINHA VERMA LAW CONCERN

Ramji Shrestha
PRADHAN, GHIMIRE
& ASSOCIATES

Suman Lal Shrestha
H.R. LOGISTIC PVT. LTD.

Mahesh Kumar Thapa
SINHA VERMA LAW CONCERN

荷兰

MINISTRY OF FINANCE

Joost Achterberg
KENNEDY VAN DER LAAN

Maarten Appels
VAN DOORNE NV

Ruud Berndsen
LIANDER

Gert Jan Boeve
VAN BENTHEM & KEULEN NV

Reint Bolhuis
AKD LAWYERS & CIVIL
LAW NOTARIES

Matthijs Bolkenstein
EVERSHEDS SUTHERLAND BV

Roland Brandsma
PWC NETHERLANDS

Ate Bremmer
KENNEDY VAN DER LAAN

Martin Brink
VAN BENTHEM & KEULEN NV

Margriet de Boer
JUST LITIGATION
ADVOCATUUR BV

Wyneke de Gelder
PWC NETHERLANDS

Taco de Lange
AKD LAWYERS & CIVIL
LAW NOTARIES

Rolef de Weijs
HOUTHOFF BURUMA

Marc Diepstraten
PWC NETHERLANDS

Menno Duin
VERENIGING VAN
ROTTERDAMSE CARGADOORS

Sharon Edoo
EVERSHEDS SUTHERLAND BV

Noël Ellens
FRUYTIER LAWYERS
IN BUSINESS

Arjan Enneman
EXPATAX BV

Jan Hockx
LEXENCE

Mick Hurks
HÖCKER ADVOCATEN

Niels Huurdeman
HOUTHOFF BURUMA

Marcel Kettenis
PWC NETHERLANDS

Edwin M.A.J. Kleefstra
STOLP+KAB ADVISEURS
EN ACCOUNTANTS BV

Christian Koedam
PWC NETHERLANDS

Gerard Koster
BAKER & MCKENZIE
AMSTERDAM NV

Thomas Kraan
STICHTING BUREAU
KREDIET REGISTRATIE

Andrej Kwitowski
AKADIS BV

Martijn Lentz
CHAMBER OF COMMERCE

Lucas Lustermans
EVERSHEDS SUTHERLAND BV

Danique Meijer
HVK STEVENS LEGAL BV

Sharon Neven
PWC NETHERLANDS

Matthias Noorlander
AUTHORITY FOR CONSUMERS
AND MARKETS

Peter Plug
OFFICE OF ENERGY
REGULATION

Hugo Reumkens
VAN DOORNE NV

Jan Willem Schenk
HVK STEVENS LEGAL BV

Rutger Schimmelpenninck
HOUTHOFF BURUMA

Jack Schrijver
BAKER & MCKENZIE
AMSTERDAM NV

Maaike Sips
PWC NETHERLANDS

Fedor Tanke
BAKER & MCKENZIE
AMSTERDAM NV

Manon Ultee
PWC NETHERLANDS

Kor Van Dijk
BAKER & MCKENZIE
AMSTERDAM NV

Gert-Jan van Gijs
VAT LOGISTICS (OCEAN
FREIGHT) BV

Wies van Kesteren
DE BRAUW BLACKSTONE
WESTBROEK

IJsbrand Van Straten
STIBBE

Frédéric Verhoeven
HOUTHOFF BURUMA

Janine Verweij
OFFICE OF ENERGY
REGULATION

Reinout Vriesendorp
DE BRAUW BLACKSTONE
WESTBROEK

Floris-Jan Werners
VAN DOORNE NV

Stephan Westera
LEXENCE

Marcel Willems
FIELDFISHER NV

Bianco Witjes
LIANDER

Bob Zonderwijk
VAN DOORNE NV

新西兰

RSM NEW ZEALAND
(AUCKLAND)

Mo Al Obaidi
HESKETH HENRY LAWYERS

Michael Brosnahan
MINISTRY OF BUSINESS,
INNOVATION & EMPLOYMENT

Daniel Brunt
NEW ZEALAND
CUSTOMS SERVICE

Paul Chambers
ANDERSON CREAGH
LAI LIMITED

Philip Coombe
PANALPINA WORLD
TRANSPORT LLP

Robyn Cox
MINISTRY OF BUSINESS,
INNOVATION & EMPLOYMENT

George Culver
PWC NEW ZEALAND

John Cuthbertson
PWC NEW ZEALAND

Matthew Davie
BELL GULLY

Corey Dixon
PWC NEW ZEALAND

Laura Drake
SIMPSON GRIERSON,
MEMBER OF LEX MUNDI

Igor Drinkovic
MINTER ELLISON RUDD WATTS

Ashton Dunn
ASTECH ELECTRICAL LTD.

Jonathan Embling
MINTER ELLISON RUDD WATTS

Alexandra Flaus
WEBB HENDERSON

Michael Gartshore
WEBB HENDERSON

Ian Gault
BELL GULLY

Tony Gault
PWC NEW ZEALAND

Syvaie Ghamry
MINTER ELLISON RUDD WATTS

Lucy Harris
SIMPSON GRIERSON,
MEMBER OF LEX MUNDI

James Hawes
SIMPSON GRIERSON,
MEMBER OF LEX MUNDI

Matthew Kersey
RUSSELL MCVEAGH

Jeffrey Lai
ANDERSON CREAGH
LAI LIMITED

Kate Lane
MINTER ELLISON RUDD WATTS

Michael Langdon
MINTER ELLISON RUDD WATTS

Alex MacDuff
RUSSELL MCVEAGH

Annaliese McIntyre
WEBB HENDERSON

Andrew Minturn
QUALTECH
INTERNATIONAL LTD.

Phillipa Muir
SIMPSON GRIERSON,
MEMBER OF LEX MUNDI

Robert Muir
LAND INFORMATION
NEW ZEALAND

Ian Page
BRANZ

Mihai Pascariu
MINTER ELLISON RUDD WATTS

Jose Paul
AUCKLAND CITY COUNCIL

Marcus Playle
RUSSELL MCVEAGH

Silvana Schenone
MINTER ELLISON RUDD WATTS

Kelvin Sue
SIMPSON GRIERSON,
MEMBER OF LEX MUNDI

Andrew Tetzlaff
SIMPSON GRIERSON,
MEMBER OF LEX MUNDI

Jennifer Tunna
LOWNDES

Ben Upton
SIMPSON GRIERSON,
MEMBER OF LEX MUNDI

Simon Vannini

Mike Whale
LOWNDES

尼加拉瓜

Guillermo Abella
INTERMODAL | CMA CGM

Samantha Aguilar
LATAMLEX NICARAGUA

Yara Valesia Alemán Sequeira
ARIAS LAW

Bernardo Arauz
BAUTRANS & LOGISTICS

Humberto Argüello
CETREX

Alfredo Artiles
KPMG

Maria Alejandra Aubert
Carcamo
GARCÍA & BODÁN

Juan Ramon Aviles Molina
LAWYER

Soledad Balladares
SUPERINTENDENCIA DE BANCOS

Henrik Bang
EXPORTADORA ATLANTIC SA

Ana Carolina Baquero Urroz
LATIN ALLIANCE

Minerva Adriana Bellorín
Rodríguez
PACHECO COTO

Flavio Andrés Berríos Zepeda
MULTICONSULT & CIA LTDA

Blanca Buitrago
GARCÍA & BODÁN

Edmundo Castillo
EXPERTIS CASTILLO Y FIALLOS

Francisco Castro
PWC NICARAGUA

Brenda Darce
CETREX

Maricarmen Espinosa de
Molina
MOLINA & ASOCIADOS
CENTRAL LAW

Ana Gabriel Espinoza
ARIAS LAW

Maria Antonieta Fiallos
EXPERTIS CASTILLO Y FIALLOS

Diana Fonseca
ARIAS LAW

Terencio Garcia Montenegro
GARCÍA & BODÁN

Maryeling Suyen Guevara
Sequeira
ARIAS LAW

Federico Gurdian
GARCÍA & BODÁN

Eduardo Gutierrez
PACHECO COTO

Denisse Gutiérrez Rayo
GARCÍA & BODÁN

Gerardo Hernandez
CONSORTIUM LEGAL

Rodrigo Ibarra Rodney
ARIAS LAW

Eduardo Lacayo
TRANSUNION

Brenda Ninoska Martínez
Aragón
CONSORTIUM LEGAL

Jose Ivan Mejia Miranda
GARCÍA & BODÁN

Xiomara Mena
CETREX

Fernando Midence Mantilla
ALVARADO Y ASOCIADOS,
MEMBER OF LEX MUNDI

Soraya Montoya Herrera

Jeanethe Morales Núñez
SUPERINTENDENCIA DE BANCOS

Tania Muñoz
KPMG

Luis Murillo
REX CARGO NICARAGUA SA

Ramón Ortega
PWC

Jose René Orúe Cruz
CENTRO DE MEDIACION
Y ARBITRAJE CMA

Silvio Guillermo Otero Quiroz
GLOBALTRANS INTERNACIONAL

Ivania Paguaga
ARIAS LAW

Antonio Palomares
DISNORTE-DISSUR

Andrea Paniagua
PWC DOMINICAN REPUBLIC

Wilder Pérez
AIMAR GROUP

Rigoberto Pineda
PINEDA GARCÍA & ASOCIADOS

Alonso Porras
PACHECO COTO

Olga Renee Torres
LATIN ALLIANCE

Yader Oswaldo Reyes
Membreno
GRUPO VESTA

Erwin Rodriguez
PWC NICARAGUA

Carlos Taboada Rodríguez
CONSORTIUM LEGAL

Patricia Rodríguez
MULTICONSULT & CIA LTDA

Alfonso José Sandino Granera
CONSORTIUM LEGAL

Rodrigo Taboada
CONSORTIUM LEGAL

Carlos Téllez
GARCÍA & BODÁN

Joe Henry Thompson
ESTUDIO JURÍDICO ADUANERO

Diógenes Velásquez V.
PACHECO COTO

Gustavo Viales
ASOCIACIÓN NICARAGÜENSE
DE AGENTES NAVIERAS

Diana Zelaya
GARCÍA & BODÁN

Mario Zelaya
DGUERRERO INGS. SA

尼日尔

BCEAO

CREDITINFO VOLO

MINISTÈRE DE L'ENERGIE
ET DU PETROLE

PROJET SÉCURITÉ DES
INSTALLATIONS ELECTRIQUES
INTÉRIEURES AU NIGER (SIEIN)

VILLE DE NIAMEY

Abdallah Abdoulati
BANQUE CENTRALE DES ETATS
DE L'AFRIQUE DE L'OUEST

Cyprien Abdoulaye
DIRECTION GÉNÉRALE
DES IMPÔTS

Daouda Adamou
OFFICE NOTARIAL AHD

Issoufou Adamou
NIGELEC

Mohamadou Amadou
FIDUCIAIRE CONSEILS ET AUDIT

Issouf Baco
SOCIÉTÉ NIGÉRIENNE
DE TRANSIT (NITRA)

Ibrahim Boubacar Arbi
CABINET D'INGÉNIERIE
CONSEIL (CIC-NIGER SARL)

Amadou Boukar
CELLULE DE PARTENARIAT
PUBLIC PRIVÉ

Mohamed Amadou Boukar
ETUDE DE MAÎTRE MOHAMED
AMADOU BOUKAR

Moustapha Boukari
CABINET BOUKARI

Moussa Coulibaly
CABINET D'AVOCATS
SOUNA-COULIBALY

Moussa Dantia
MAISON DE
L'ENTREPRISE NIGER

Aïssatou Djibo
ETUDE DE MAÎTRE
DJIBO AÏSSATOU

Ali Djimba
CAT LOGISTICS

Mai Moussa Ellhadji Basshir
TRIBUNAL DE GRANDE
INSTANCE HORS CLASSE
DE NIAMEY

Boureïma Fodi
CABINET D'AVOCATS
SOUNA-COULIBALY

Abder Rhamane Halidou
Abdoulaye
CHAMBRE NATIONALE DES
NOTAIRES DU NIGER

Souley Hammi Illiassou
CABINET KOUAOVI

Ali Idrissa Sounna
TOUTELEC NIGER SA

Seybou Issifi
URBAMED CONSULT

Habibou Kane Kadoure
AGENCE PROJEDIS AFRIQUE

Bernar-Oliver Kouaovi
CABINET KOUAOVI

Fati Kountche-Adji
CABINET FATI KOUNTCHE

Zeinabou Labo Maiga
MINISTÈRE DE LA JUSTICE

Lambert Lainé
ETUDE DE MAÎTRE
ACHIMI RILIWANOU

Aly Mamadou Ousmane
MINISTÈRE DU COMMERCE
ET DE LA PROMOTION
DU SECTEUR PRIVÉ

Sabiou Mamane Naissa
TRIBUNAL DE COMMERCE
DE NIAMEY

Mamane Sani Manane
BUREAU D'ÉTUDES
BALA & HIMO

Ali Moctar
CHAMBRE DES
NOTAIRES DU NIGER

Sadou Mounkaila
HASKÉ SOLAIRE

Yayé Mounkaïla
CABINET D'AVOCATS
MOUNKAILA-NIANDOU

Ibrahim Mounouni
BUREAU D'ÉTUDES
BALA & HIMO

Ali Hamidou Nafissatou
CELLULE DE PARTENARIAT
PUBLIC PRIVÉ

Linda Rakotonavalona
JOHN W. FFOOKS & CO.

Achimi M. Riliwanou
ETUDE DE MAÎTRE
ACHIMI RILIWANOU

Idrissa Tchernaka
SCPA LBTI & PARTNERS

Hamadou Yacouba
ETUDE DE MAÎTRE DODO
DAN GADO HAOUA

Wouro Yahia
ETUDE D'AVOCATS MARC LE
BIHAN & COLLABORATEURS

Ali Yeya
DIRECTION GÉNÉRALE
DES IMPÔTS

Tinni Younoussa
BATE INTERNATIONAL

尼日利亚

ASO VILLA DEMO DAY

CREDIT REGISTRY SERVICES
(CREDIT BUREAU) PLC

FEDERAL INLAND
REVENUE SERVICE

LAGOS STATE GOVERNMENT

NIGERIAN MARITIME
ADMINISTRATION &
SAFETY AGENCY

Ijeoma Abalogu
GBENGA BIOBAKU & CO.

Ismail Abdulaziz
POINTBLANK ATTORNEYS

Stella Abdulkadir
JACOBS & BIGAELS

Bala Abdullahi
BANK OF AGRICULTURE

Fariha Abdullahi
DIKKO AND MAHMOUD
SOLICITORS AND ADVOCATES

Mohammed K. Abdulsalam
GITRAS LTD.

Innocent Abidoye
NNENNA EJEKAM ASSOCIATES

Lemea Abina
STERLING PARTNERSHIP

Oluseyi Abiodun Akinwunmi
AKINWUNMI & BUSARI
LEGAL PRACTITIONERS

Zainab Abolarin
CRC CREDIT BUREAU LIMITED

Akinbiyi Abudu
EY

Peter Adaji
CORPORATE AFFAIRS
COMMISSION

Bashir H. Adamu
DESIGN PLUS

Alawale Adebambo
PERCHSTONE & GRAEYS

Olufunmilayo Adebanjo
FIRST BANK OF NIGERIA PLC

Olaleye Adebiyi
WTS ADEBIYI & ASSOCIATES

Olasupo Musa Adedokun
NATIONAL COLLATERAL
REGISTRY

Joseph Adegbite
NIGERIAN PORTS AUTHORITY

Kunle Adegbite
CANAAN SOLICITORS

Bode Adegoke
BLOOMFIELD LAW PRACTICE

Steve Adehi
STEVE ADEHI AND CO.

Olufunke Adekoya
AELEX, LEGAL PRACTITIONERS
& ARBITRATORS

Ademola Adesalu
CRC CREDIT BUREAU LIMITED

Adebayo Adewale
BAWAG CHAMBERS

Agbolade Adeyemi
UDO UDOMA & BELO-OSAGIE

Tunji Adeyemi
BANWO & IGHODALO

Olamilekan Adeyemo
PWC NIGERIA

Mary Adeyi
DIKKO AND MAHMOUD
SOLICITORS AND ADVOCATES

Albert Adu
ALLIANCE LAW FIRM

Dayo Adu
BLOOMFIELD LAW PRACTICE

Daniel Agbor
UDO UDOMA & BELO-OSAGIE

Akram Ahmed
BHAGAVAN CLEARING
AGENCY NIGERIA LTD.

Balarabe Ahmed
MAERSK LINE NIGERIA

Fatima Aigbomian
STERLING PARTNERSHIP

Michael Ajaegbo
ALLIANCE LAW FIRM

Kunle Ajagbe
PERCHSTONE & GRAEYS

Babatunde Ajibade
SPA AJIBADE & CO.

Odein Ajumogobia
AJUMOGOBIA & OKEKE

Blessing Ajunwo
ALLIANCE LAW FIRM

Ahmed Akanbi
AKANBI & WIGWE LEGAL
PRACTITIONERS

Azeez Akande
JACKSON, ETTI & EDU

Manuel Akinshola
JACOBS & BIGAELS

Iwilade Akintayo
KUSAMOTU & KUSAMOTU

Bukola Akinwonmi
OLANIWUN AJAYI LP

Jesuloba Akinyele
OLANIWUN AJAYI LP

Dafe Akpeneye
PWC NIGERIA

Folake Alabi
OLANIWUN AJAYI LP

Temidayo Alade
OLANIWUN AJAYI LP

Ezinne Alajemba
AKANBI & WIGWE LEGAL
PRACTITIONERS

Toyosi Alasi
BANWO & IGHODALO

Joke Aliu
ALUKO & OYEBODE

Al-Amin Aliyu
CORPORATE AFFAIRS
COMMISSION

Maimunat Aliyu
CORPORATE AFFAIRS
COMMISSION

Usman Aliyu Mahmud
NIGERIAN COMMUNICATIONS
COMMISSION

Jonathan Aluju
OLANIWUN AJAYI LP

Chioma Amadi
AKANBI & WIGWE LEGAL
PRACTITIONERS

Kayode Amodu
J.B. MAJIYAGBE & CO.

Sola Arifayan
IKEYI & ARIFAYAN

Oluseye Arowolo
DELOITTE

Jude Ashiedu
EDUJETAGE

Oluwapelumi Asiwaju
G. ELIAS & CO. SOLICITORS
AND ADVOCATES

Zion Athora
EY

Ebunoluwa Awosika
AJUMOGOBIA & OKEKE

Anthony Ayalogu
NIGERIAN CUSTOMS

Israel Aye
STERLING PARTNERSHIP

Seth Azubuike
PERCHSTONE & GRAEYS

Tomilehin Babafemi
G. ELIAS & CO. SOLICITORS
AND ADVOCATES

Zainab Babalola
AKINWUNMI & BUSARI
LEGAL PRACTITIONERS

Bisola Babington
PERCHSTONE & GRAEYS

Jerry Bakut
NIGERIAN EXPORT PROCESSING
ZONE AUTHORITY

Mohammed Bawa
CENTRAL BANK OF NIGERIA

Risikat Bukola Bello
MINISTRY OF PHYSICAL
PLANNING AND URBAN
DEVELOPMENT

Gilbert Benson-Oladeinbo
G. ELIAS & CO. SOLICITORS
AND ADVOCATES

Ibifubara Berenibara
AELEX, LEGAL PRACTITIONERS
& ARBITRATORS

Betty Biayeibo
PUNUKA ATTORNEYS
& SOLICITORS

Taofeek Bola Shittu
IKEYI & ARIFAYAN

Cephas Caleb
ALUKO & OYEBODE

Afolabi Caxton-Martins
ADCAX NOMINEES LTD.

Mercy Chibuike-Iheama
CENTRE FOR MANAGEMENT
DEVELOPMENT (CMD)

Ukata Christian
AFRIGLOBE SHIPPING LINES LTD.

Kyzito Dakyen
CENTRAL BANK OF NIGERIA

Bisola Dere
STERLING PARTNERSHIP

Obinna Dike
ALLIANCE LAW FIRM

Damilola Durosimi-Etti
OLANIWUN AJAYI LP

Colin Egemonye
GOLDSMITHS SOLICITORS

Osaro Eghobamien S.A.N.
PERCHSTONE & GRAEYS

Emmanuel Egwuagu
OBLA & CO.

Nnenna Ejekam
NNENNA EJEKAM ASSOCIATES

Tunde Ekundayo
GIANT VIEWS PLUS

David Elesinmogun
ELESINMOGUN & EGWUATU

Theophilus I. Emuwa
AELEX

Kenneth Erikume
PWC NIGERIA

Idongesit Essien
NIGERIAN EXPORT PROMOTION
COUNCIL (NEPC)

Samuel Etuk
1ST ATTORNEYS

Samuel Etukakpan
ENABLING BUSINESS
ENVIRONMENT SECRETARIAT

Ekiomado Ewere-Isaiah
JACKSON, ETTI & EDU

William Ezeagu
NIGERIAN EXPORT PROMOTION
COUNCIL (NEPC)

Nosike Ezebo
IKEYI & ARIFAYAN

Anse Agu Ezetah
CHIEF LAW AGU EZETAH & CO.

Kenechi Ezezika
IKEYI & ARIFAYAN

Babatunde Fagbohunlu
ALUKO & OYEBODE

Omowumi Fajemiroye
OLANIWUN AJAYI LP

Oluwabamise Fatoke
PERCHSTONE & GRAEYS

Yetunde Filani
WTS ADEBIYI & ASSOCIATES

Augustine Fischer
APM TERMINALS

Fatai Folarin
DELOITTE

Tajudeen Funsho
TAJUDEEN AO FUNSHO
AND ASSOCIATE

Bolaji Gabari
SPA AJIBADE & CO.

Peter Gai
CORPORATE AFFAIRS
COMMISSION

Hassana Gambo
UNIVERSAL ARCHITECTS AND
ENGINEERING CONSULTS

Lionel Garrick
FORTELEGAL PARTNERS

Remi Gbajumo
MAGISTRATE COURT (LAGOS)

Akalonu Gertrude Uzochikwa
CORPORATE AFFAIRS
COMMISSION

Sagir Gezawa
S. S. GEZAWA & CO.

Temitope Giwa
OLANIWUN AJAYI LP

Osayaba Giwa-Osagie
GIWA-OSAGIE & CO

Lateefat Hakeem-Bakare
AJUMOGOBIA & OKEKE

Ibrahim Hashim
ELECTROMECH PRIME
UTILITY RESOURCES LTD.

Tokunbo Ibrahim
PWC NIGERIA

Joseph Idiong
ASSOCIATION OF
NIGERIAN EXPORTERS

Maymunah Idris
FEDERAL MINISTRY OF JUSTICE

Anjola Ige
OLANIWUN AJAYI LP

Chimezie Ihekweazu
CHIKWEM CHAMBERS

Chidinma Ihemedu
ALLIANCE LAW FIRM

Oluwabukola Iji
SPA AJIBADE & CO.

Emmanuel Ikeakonwu
DELOITTE

Nduka Ikeyi
IKEYI & ARIFAYAN

Meshach Ikpe
ABUBAKAR D. SANI & CO.

Funmi Ilamah
ENABLING BUSINESS
ENVIRONMENT SECRETARIAT

Ifedolapo Ilesanmi
KUSAMOTU & KUSAMOTU

Oyeniyi Immanuel
STREAMSOWERS & KÖHN

Ifedayo Iroche
PERCHSTONE & GRAEYS

Paul Kalejaiye
KUSAMOTU & KUSAMOTU

Okorie Kalu
PUNUKA ATTORNEYS
& SOLICITORS

Evarist Kameja
MKONO & CO. ADVOCATES

Jelilat Kareem
CRC CREDIT BUREAU LIMITED

Olatunde King
BANWO & IGHODALO

Dolapo Kokuyi
DETAIL COMMERCIAL
SOLICITORS

Ayodele Kusamotu
KUSAMOTU & KUSAMOTU

Folabi Kuti
PERCHSTONE & GRAEYS

Alhassan L. Alhassan
HOPE ATTORNEYS

Mobolaji Ladapo
OLANIWUN AJAYI LP

Abubakar Ladi Dahiru
CORPORATE AFFAIRS
COMMISSION

Ishaya Livinus Etsu
NIGERIAN ELECTRICITY
REGULATORY
COMMISSION (NERC)

Tahav Iorse-Sheriffs
ASSOCIATED ATTORNEY

Obinna Maduako
OLANIWUN AJAYI LP

Abubakar Mahmoud
DIKKO AND MAHMOUD
SOLICITORS AND ADVOCATES

Muhammad Mainassara
CENTRAL BANK OF NIGERIA

Abdu Maiwada Abubakar
KANO MAGISTRATE COURT

Oghogho Makinde
ALUKO & OYEBODE

Brenda Masangwa
MKONO & CO. ADVOCATES

Kolawole Mayomi
SPA AJIBADE & CO.

Felicia Mosuro
ADCAX NOMINEES LTD.

Bashir Mudi
KANO URBAN PLANNING
AND DEVELOPMENT
AUTHORITY (KNUPDA)

Oluwatoyin Nathaniel
G. ELIAS & CO. SOLICITORS
AND ADVOCATES

Ugochi Ndebbio
KPMG

Juliet Ndoh
IMO STATE UNIVERSITY

Justine Nidiya
CORPORATE AFFAIRS
COMMISSION

Ifunanya Nwajagu
FEDERAL MINISTRY OF JUSTICE

Obinna Nwankwo
NATIONAL COLLATERAL
REGISTRY

Ugochukwu Obi
PERCHSTONE & GRAEYS

V. Uche Obi
ALLIANCE LAW FIRM

Nnamdi Obinwa
KPMG

Chijioke Odo
DELOITTE

Onyinye Odogwu
PUNUKA ATTORNEYS
& SOLICITORS

Abutu Odu
OLAJIDE OYEWOLE LLP

E.A. Offiong
NATIONAL COLLATERAL
REGISTRY

Ugonna Ogbuagu
IKEYI & ARIFAYAN

Nelson Ogbuanya
NOCS CONSULTS

Godson Ogheneochuko
UDO UDOMA & BELO-OSAGIE

Ozofu Ogiemudia
UDO UDOMA & BELO-OSAGIE

Abimbola Ogunbanjo
CHRIS OGUNBANJO & CO.

Makinde Ogunleye
CORPORATE CASTLES LTD.

Yvonne Ogunoiki
IKEYI & ARIFAYAN

Adebola Ogunsanya
OLANIWUN AJAYI LP

Gloria Ogwu
PUNUKA ATTORNEYS
& SOLICITORS

Oladimeji Ojo
ALUKO & OYEBODE

Cindy Ojogbo
OLANIWUN AJAYI LP

Mercy Ojukwu
CENTRAL BANK OF NIGERIA

Chinyere Okafor
G. ELIAS & CO. SOLICITORS
AND ADVOCATES

Ikenna Okafor
PERCHSTONE & GRAEYS

Ngo-Martins Okonmah
ALUKO & OYEBODE

Chukwuma Okoroafor
SOLOLA & AKPANA

Chidubem Okoye
OLANIWUN AJAYI LP

Oluwatosin Okunrinboye
AJUMOGOBIA & OKEKE

Stephen Ola Jagun
JAGUN ASSOCIATES

Eniola Oladunjoye
BANWO & IGHODALO

Moshood Olajide
PWC NIGERIA

Kola B. Olatunbosun
ARCHITEXT ASSOCIATES

Funmilayo Olofintuyi
KUSAMOTU & KUSAMOTU

Adebayo Ologe
PERCHSTONE & GRAEYS

Olumide Ologe
CORPORATE AFFAIRS
COMMISSION

Ajibola Olomola
KPMG

Afolasade Olowe
JACKSON, ETTI & EDU

Temi Olowu
UDO UDOMA & BELO-OSAGIE

Uma Olugo
1ST ATTORNEYS

Olufunke Olutoye
ALUKO & OYEBODE

Peter Oluwafemi
JUDE & PARTNERS

Tolulope Omidiji
PWC NIGERIA

Emmanuel Omoju
WTS ADEBIYI & ASSOCIATES

Bayo Omole
MATRIX SOLICITORS

David Omoleye
KANO DISTRIBUTION
ELECTRICITY COMPANY

Seun Omothosho
CRC CREDIT BUREAU LIMITED

Oluwatunmise Omotoyinbo
OLANIWUN AJAYI LP

Funke Onakoya
AKINWUNMI & BUSARI
LEGAL PRACTITIONERS

Adetola Onayemi
OFFICE OF THE VICE PRESIDENT

Gabriel Onojason
ALLIANCE LAW FIRM

Fred Onuobia
G. ELIAS & CO. SOLICITORS
AND ADVOCATES

Aaron Onyebuchi
STRACHAN PARTNERS

Amede Oputa
DE SPLENDOR SOLICITORS

Nnamdi Oragwu
PUNUKA ATTORNEYS
& SOLICITORS

Benedict Oregbemhe
SPA AJIBADE & CO.

Gbenga Oregun
GMT LIMITED

Ola Orewale
AELEX, LEGAL PRACTITIONERS
& ARBITRATORS

Tunde Osasona
WHITESTONE WORLDWIDE LTD.

Olufunmilayo Osifuye
LAGOS STATE PHYSICAL
PLANNING & DEVELOPMENT
AUTHORITY

Olufemi Ososanya
HLB Z.O. OSOSANYA & CO.

Ignatius Nwosu Owelle
HOMELUX CONSTRUCTION
& EQUIPMENT CO. LTD.

Abraham Oyakhilome
FIRST & FIRST INTERNATIONAL
AGENCIES

Olajumoke Oyebode
PWC NIGERIA

Oluwatomiwa Oyedara
AKINWUNMI & BUSARI
LEGAL PRACTITIONERS

Taiwo Oyedele
PWC NIGERIA

Abiodun Oyeledun
DETAIL COMMERCIAL
SOLICITORS

Bukola Oyeneyin
AKANBI & WIGWE LEGAL
PRACTITIONERS

Olubukola Oyerinde
PWC NIGERIA

Ademola Oyewuni
TIGER SHIPPING

Samuel Oyeyipo
NIGERIAN EXPORT PROMOTION
COUNCIL (NEPC)

Patrick Oyong
FEDERAL MINISTRY OF JUSTICE

Samuel Pamah
BENSON AND BROTHERS
COMPANY

Mahendra Pandey
EKO ELECTRICITY
DISTRIBUTION PLC

Tunde Popoola
CRC CREDIT BUREAU LIMITED

Sulayman Bolanle Raheem
MINISTRY OF PHYSICAL PLANNING AND URBAN DEVELOPMENT

Nura Sagir Umar
HIGH COURT OF JUSTICE - KANO

Kofo Salam-Alada
CENTRAL BANK OF NIGERIA

Sheriff Salami
CRC CREDIT BUREAU LIMITED

Simisola Salu
PWC NIGERIA

Temitope Samagbeyi
EY

Abubakar Sani
ABUBAKAR D. SANI & CO.

Yewande Senbore
OLANIWUN AJAYI LP

Eric Sesu
PWC NIGERIA

Taofeek 'Bola Shittu
IKEYI & ARIFAYAN

Christine Sijuwade
UDO UDOMA & BELO-OSAGIE

Olusina Sipasi
AELEX, LEGAL PRACTITIONERS & ARBITRATORS

Olugbenga Sodipo
IKEYI & ARIFAYAN

Similoluwa Somuyiwa
OLANIWUN AJAYI LP

Adeola Sunmola
UDO UDOMA & BELO-OSAGIE

Femi Sunmonu
FEMI SUNMONU & ASSOCIATES-QAIS CONRAD LAUREATE SOLICITORS & NOTARY PUBLIC

Rafiu Sunmonu
DELMORE ENGINEERING AND CONSTRUCTION COMPANY LIMITED

Kolade T. Olawuni
BABALAKIN & CO.

Ijeoma Uche
KPMG

Kelechi Ugbeva
BLACKWOOD AND STONE LP

Chinyerugo Ugoji
AELEX

Ovie E. Ukiri
AJUMOGOBIA & OKEKE

Aniekan Ukpanah
UDO UDOMA & BELO-OSAGIE

Adamu M. Usman
F.O. AKINRELE & CO.

Ebere Uzum
UDO UDOMA & BELO-OSAGIE

Uzoamaka Wemambu
STANBIC IBTC BANK LTD.

Uchechukwu Wigwe
AKANBI & WIGWE LEGAL PRACTITIONERS

Kamaluddeen Yahaya
KAMALUDDEEN YAHAYA & CO.

Samuel Yisa
KPMG

Naomi Zayumba
MKONO & CO. ADVOCATES

挪威

NORWEGIAN BUILDING AUTHORITY

Nanette Arvesen
ADVOKATFIRMAET THOMMESSEN AS

Jan L. Backer
WIKBORG, REIN & CO.

Eli Beck Nilsen
PWC NORWAY

Stig Berge
ADVOKATFIRMAET THOMMESSEN AS

Elin Bergman
MENON ECONOMICS

John Ole Bjørnerud
HAFSLUND

Ingrid Fladberg Brucker
ADVOKATFIRMA SIMONSEN VOGT WIIG

Camilla Bull
HOMBLE OLSBY ADVOKATFIRMA AS

Per Arne Dæhli
ADVOKATFIRMAET SELMER DA

Tron Dalheim
ARNTZEN DE BESCHE ADVOKATFIRMA AS

Lars Davidsen
HAFSLUND

Lill Egeland
ADVOKATFIRMA SIMONSEN VOGT WIIG

Knut Ekern
PWC NORWAY

Turid Ellingsen
STATENS KARTVERK

Marius Moursund Gisvold
WIKBORG, REIN & CO.

Gjermund Grimsby
MENON ECONOMICS

Leo A. Grünfeld
MENON ECONOMICS

Jarand Gule
YARA INTERNATIONAL ASA

Erlend Haaskjold
ARNTZEN DE BESCHE ADVOKATFIRMA AS

Johan Astrup Heber
WIKBORG, REIN & CO.

Hilde Høksnes
ADVOKATFIRMAET SELMER DA

Heidi Holmelin
ADVOKATFIRMAET SELMER DA

Odd Hylland
PWC NORWAY

Anette Istre
ADVOKATFIRMA SIMONSEN VOGT WIIG

Andreas Jarbø
ADVOKATFIRMAET SELMER DA

Kyrre Width Kielland
ADVOKATFIRMA RÆDER DA

Jarle Kjelingtveit
UNIL AS

Eirin Kogstad
ARNTZEN DE BESCHE ADVOKATFIRMA AS

Bente Langsrud
ARNTZEN DE BESCHE ADVOKATFIRMA AS

Per Einar Lunde
PWC NORWAY

Leif Petter Madsen
WIKBORG, REIN & CO.

William Peter Nordan
ADVOKATFIRMA SIMONSEN VOGT WIIG

Christina Norland
ADVOKATFIRMAET SELMER DA

Ole Kristian Olsby
HOMBLE OLSBY ADVOKATFIRMA AS

Einar Riddervold
PWC NORWAY

Ståle Skutle Arneson
ADVOKATFIRMA SIMONSEN VOGT WIIG

Fredrik Sparre-Enger
ADVOKATFIRMAET SELMER DA

Iselin Stolpestad
THE BRONNOYSUND REGISTER CENTER

Svein Sulland
ADVOKATFIRMAET SELMER DA

Liss Sunde
ADVOKATFIRMA RÆDER DA

Kaare Christian Tapper
WIKBORG, REIN & CO.

Ragnar Ulsund
HAFSLUND

Kai Sølve Urke
WIKBORG, REIN & CO.

Oyvind Vagan
THE BRONNOYSUND REGISTER CENTER

阿曼

MUSCAT ELECTRICITY DISTRIBUTION COMPANY

MUSCAT MUNICIPALITY

Hussein Al Balushi
MAZOON ELECTRICITY COMPANY

Dali Al Habboub
SNR DENTON & CO.

Hamed Amur Al Hajri
OMAN CABLES INDUSTRY (SAOG)

Mohammed Al Khalili
AL BUSAIDY MANSOOR JAMAL & CO.

Al Waleed Al Kiyumi
SNR DENTON & CO.

Abdulredha Al Lawati
SNR DENTON & CO.

Habib Murad Ali Al Raisi
CENTRAL BANK OF OMAN (CBO)

Hamood Al Rawahi
SAHAR ASKALAN LEGAL ADVOCACY & CONSULTANCY (SALEGAL)

Ahmed Al Salmi
SAHAR ASKALAN LEGAL ADVOCACY & CONSULTANCY (SALEGAL)

Eman Al Shahry
SASLO - SAID AL SHAHRY & PARTNERS

Said bin Saad Al Shahry
SASLO - SAID AL SHAHRY & PARTNERS

Thamer Al Shahry
SASLO - SAID AL SHAHRY & PARTNERS

Wafa Al Shuaibi
SASLO - SAID AL SHAHRY & PARTNERS

Zuhaira Al Sulaimani
CURTIS MALLET - PREVOST, COLT & MOSLE LLP

Haitham Omar Albalulah
MOHAMMED IBRAHIM LAW FIRM

Najat Al-Ismaily
SNR DENTON & CO.

Ahmed Aljahweri
M.O. HOUSING

Adil Alsobhi
ALSOBHI CONSTRUCTION

Umaima Al-Wahaibi
SNR DENTON & CO.

Ahmed Amor Al Esry
EY

Sahar Askalan
SAHAR ASKALAN LEGAL ADVOCACY & CONSULTANCY (SALEGAL)

Russell Aycock
PWC OMAN

Azhar Azmi
SAHAR ASKALAN LEGAL ADVOCACY & CONSULTANCY (SALEGAL)

Piyush Bhandari
INTUIT MANAGEMENT CONSULTANCY

Priyanka Bhandari
INTUIT MANAGEMENT CONSULTANCY

Sadaf Buchanan
SNR DENTON & CO.

Francis D'Souza

Jamie Gibson
TROWERS & HAMLINS

Justine Harding
SNR DENTON & CO.

Davis Kallukaran
HORWATH MAK GHAZALI LLC

Faiz Khan
AL BUSAIDY MANSOOR JAMAL & CO.

Pushpa Malani
PWC OMAN

Mansoor Jamal Malik
AL BUSAIDY MANSOOR JAMAL & CO.

Fathia Mbarak
TROWERS & HAMLINS

Yashpal Mehta

Unmi Muraleedharan
MUAMIR DESIGN & ENGG CONSULTANCY LLC

Ahmed Naveed Farooqui
OMAN CABLES INDUSTRY (SAOG)

Raghavendra Pangala
SEMAC & PARTNERS LLC

Dhanalakshmi Pillai Perumal
SNR DENTON & CO.

Johnson Rajan
INTUIT MANAGEMENT CONSULTANCY

Mohammed Raza
EY

Khalid Rhamtalah Al-Badwi
RAJAB AL KATHIRI & ASSOCIATES LEGAL CONSULTANTS

Nick Simpson
SNR DENTON & CO.

Ahmed Subai
SASLO - SAID AL SHAHRY & PARTNERS

Roy Thomas
OMAN CABLES INDUSTRY (SAOG)

Rajesh Vaidyanathan
KHIMJI RAMDAS

Simon Ward
CURTIS MALLET - PREVOST, COLT & MOSLE LLP

巴基斯坦

CARGO CORPORATION

FEDERAL BOARD OF REVENUE

MAERSK LINE

NATIONAL ELECTRIC POWER REGULATORY AUTHORITY

Tahir Abbas
MCC PORT QASIM

Zaheer Abbas Chughtai
QAISER & ABBAS ATTORNEYS & CORPORATE COUNSELLORS

Mahmood Abdul Ghani
MAHMOOD ABDUL GHANI & CO.

Umer Abdullah
ABDULLAH & HUSSAIN

Farid Ud Din Ahmad
KPMG

Khalil Ahmad
KARIM CHAMBER

Nadeem Ahmad
ORR, DIGNAM & CO. ADVOCATES

Rana Ahmad
RANA IJAZ & PARTNERS

Jawad Ahmed
MUHAMMAD FAROOQ & CO. CHARTERED ACCOUNTANTS

Shabbir Ahmed
MCC PORT QASIM

Shahid Ahmed
PROCON ENGINEERING PVT. LTD., PART OF MASTER MOTOR CORPORATION PVT. LTD.

Waheed Ahmed
LEGIS INN ATTORNEYS & CORPORATE CONSULTANTS

Jamil Ahmed Khan
ERECTION ENGINEERS AND CONTRACTORS

Majid Ahmed Khan
ERECTION ENGINEERS AND CONTRACTORS

Muhammed Anas Ajmal
NAVEENA EXPORTERS

Mehmood Alam
TMT LAW SERVICES

Abbas Ali
EY

Akhtar Ali
AKHTAR ALI ASSOCIATES

Syed Ahmed Ali
SURRIDGE & BEECHENO

Tabassum Ali
TMT LAW SERVICES

Syed Ali Zafar
MANDVIWALLA & ZAFAR

A.R. Asad
DACO INTERNATIONAL TRANSPORT PVT. LTD.

Jam Asif Mehmood
AHMED & QAZI

Bushra Aslam
SECURITIES AND EXCHANGE COMMISSION

Muhammad Awais
EY

Jahanzeb Awan
KHALID ANWER & CO.

Anum Azhar
SAAD RASOOL LAW ASSOCIATES

Shaezer Azmat
EY

Fawad Baluch
KHALID ANWER & CO.

Hasan Hameed Bhatti
LAHORE WASTE MANAGEMENT COMPANY

Akeel Bilgrami
NAJMI BILGRAMI COLLABORATIVE PVT. LTD.

Huzaima Bukhari
HUZAIMA & IKRAM

Aitzaz Aslam Chaudhary
SAAD RASOOL LAW ASSOCIATES

Waheed Chaudhary
LEGIS INN ATTORNEYS & CORPORATE CONSULTANTS

Salman Chima
CHIMA & IBRAHIM

Khurram Shehzad Chughtai
JUS & REM

Faisal Daudpota
KHALID DAUDPOTA & CO.

Junaid Daudpota
KHALID DAUDPOTA & CO.

Diana Dsouza
DATACHECK PVT. LTD.

Huma Ejaz Zaman
MANDVIWALLA & ZAFAR

Ikram Fayaz
QAMAR ABBAS & CO.

Kausar Fecto
KAUSAR FECTO & CO. CHARTERED ACCOUNTANTS

Aman Ghanchi
UNILEVER PAKISTAN LIMITED

Asma Ghayoor
SINDH BUILDING CONTROL AUTHORITY

Irfan Mir Halepota
LAW FIRM IRFAN M. HALEPOTA

Asma Hameed Khan
SURRIDGE & BEECHENO

Ikramul Haq
HUZAIMA & IKRAM

Salman Haq
EY

Khalil Hashmi
SYNTHETIC PRODUCTS ENTERPRISES LIMITED

Saim Hashmi
AHMED & QAZI

Faiz-ul Hassan
LAND ADMINISTRATION & REVENUE MANAGEMENT INFORMATION SYSTEM (LARMIS)

Mohammad Hassan Bakshi
ASSOCIATION OF BUILDERS AND DEVELOPERS OF PAKISTAN (ABAD)

Khizer Hayat
DANYAL AGENCIES

Dilawar Hussain
DS ENGINEERING SERVICES

Shaukat Hussain

Syed Intisar Hussain
AL HAJ FAW MOTORS (PVT.) LIMITED

Azhar Iqbal
QURESHI LAW ASSOCIATES

Hasan Irfan Khan
IRFAN & IRFAN

Fiza Islam
LEGIS INN ATTORNEYS & CORPORATE CONSULTANTS

Muzaffar Islam
LEGIS INN ATTORNEYS & CORPORATE CONSULTANTS

Ilyas Jabbar
STATE BANK OF PAKISTAN

Tariq Nasim Jan
DATACHECK PVT. LTD.

Zafarullah Jan
KARACHI INTERNATIONAL CONTAINER TERMINAL

Ismail Javed
JAVED UMAR ENTERPRISES

Rubina Javed
TEXPERTS INTERNATIONAL

M. Javed Hassan
TEXPERTS INTERNATIONAL

Babur Kabir
MCC PORT QASIM

Minam Karim
LMA EBRAHIM HOSAIN, BARRISTERS, ADVOCATES & CORPORATE LEGAL CONSULTANTS

Habib Kazi
KHALID ANWER & CO.

Mayhar Kazi
RIAA BARKER GILLETTE KARACHI

Aftab Ahmed Khan
SURRIDGE & BEECHENO

Ahmad Shahzad Khan
MARIUM ASSOCIATES

Ameer Khan
INDUS MOTORS CO. LTD.

Arif Khan
QAMAR ABBAS & CO.

Bilal Khan
AL HAJ FAW MOTORS (PVT.) LIMITED

Hilal Khan
AL HAJ FAW MOTORS (PVT.) LIMITED

Jahan Khan
SHAHEEN LOGISTICS PVT. LTD.

Shahzeb N. Khan
RIAA BARKER GILLETTE

Shair Khan
MCC PORT QASIM

Faiz Ullah Khan Niazi
SAAD RASOOL LAW ASSOCIATES

Misbah Kokab
TMT LAW SERVICES

Muhammad Saleem Kundi
KUNDI SERVICES LTD.

Ali Abbas Lali
SAAD RASOOL LAW ASSOCIATES

Irfan Majeed
NAVEENA EXPORTERS

Mohsin Malik
BUILDERS ASSOCIATES PVT. LTD.

Nadeem Malik
PROCON ENGINEERING PVT. LTD., PART OF MASTER MOTOR CORPORATION PVT. LTD.

Muhammad Mansoor
UF LOGISTICS

Basharat Mehmood
QURESHI LAW ASSOCIATES

Aitzaz Manzoor Memon
RIAA BARKER GILLETTE KARACHI

Muhammad Mudassir
ADVOCATE HIGH COURT

Syed Muhammad Ijaz
HUZAIMA & IKRAM

Kashif Mukhtar
NATIONAL INDUSTRIES

Anwar Kashif Mumtaz
SAIDUDDUN & CO.

Faiza Muzaffar
LEGIS INN ATTORNEYS & CORPORATE CONSULTANTS

Mohammed Nadeem
PROCON ENGINEERING PVT. LTD., PART OF MASTER MOTOR CORPORATION PVT. LTD.

Muhammad Gohar Nawaz
LAHORE WASTE MANAGEMENT COMPANY

Faryal Nazir
LMA EBRAHIM HOSAIN, BARRISTERS, ADVOCATES & CORPORATE LEGAL CONSULTANTS

Omaimah Nazir

Owais Patel
DATACHECK PVT. LTD.

Ahmad Pervez Mirza
ARCHITECTS AFFILIATION

Faisal Perwaiz Umer
PERWAIZ UMAR ENTERPRISES

Shahbakht Pirzada
RIAA BARKER GILLETTE KARACHI

Khushbakht Qaiser
QAISER & ABBAS ATTORNEYS & CORPORATE COUNSELLORS

Zarfishan Qaiser
QAISER & ABBAS ATTORNEYS & CORPORATE COUNSELLORS

Naveed Qamar
PROCON ENGINEERING PVT. LTD., PART OF MASTER MOTOR CORPORATION PVT. LTD.

Adnan Qureshi
QURESHI LAW ASSOCIATES

Junaid Qureshi
PAKISTAN INTERNATIONAL CONTAINER TERMINAL

Abdul Rahman
QAMAR ABBAS & CO.

Nageen Rahman
KPMG

Zaki Rahman
LMA EBRAHIM HOSAIN, BARRISTERS, ADVOCATES & CORPORATE LEGAL CONSULTANTS

Arslan Rana
MCC PORT QASIM

Kashif Rasheed
PAK SUZUKI MOTOR CO. LTD.

Ghulam Rasool
HAIDER SHAMSI & CO., CHARTERED ACCOUNTANTS

Saad Rasool
SAAD RASOOL LAW ASSOCIATES

Tayyab Raza
TMT LAW SERVICES

Abdur Razzaq
QAMAR ABBAS & CO.

Khalid A. Rehman
SURRIDGE & BEECHENO

Saad Saboor
EY

Ahmed Saeed
SAAD RASOOL LAW ASSOCIATES

Rana Sajjad
RANA IJAZ & PARTNERS

Aftab Salahuddin
EY

Jawad A. Sarwana
ABRAHAM & SARWANA

Shakil Sarwar
GHANDHARA NISSAN LTD.

Mohammad Ali Seena
SURRIDGE & BEECHENO

Zulfiqar Shah
LAND ADMINISTRATION & REVENUE MANAGEMENT INFORMATION SYSTEM (LARMIS)

Muhammad Shahid
SYNTHETIC PRODUCTS ENTERPRISES LIMITED

Shabir Sharif
MASTRADE21

Arshad Shehzad
TAXPERTS

Adnan Sheikh
AKRAM SHEIKH LAW ASSOCIATES

Barrister Sherjeel
AKRAM SHEIKH LAW ASSOCIATES

Muneeb Ahmed Shiekh
MANDVIWALLA & ZAFAR

Muhammad Siddique
SECURITIES AND EXCHANGE COMMISSION

Masood Siddiqui
ASHAKOOR & BROS

Ameena Suhail
QURESHI LAW ASSOCIATES

Haris Syed Raza
GERRY'S DNATA PVT. LTD.

Muhammad Tahir
STATE BANK OF PAKISTAN

Waqas Ahmed Tamimi
DELOITTE YOUSUF ADIL, CHARTERED ACCOUNTANTS

Ali Thaheem
SURRIDGE & BEECHENO

Saud ul-Hassan
EY

Farhan Ullah
ATTORNEY

Fiza Usama
LEGIS INN ATTORNEYS & CORPORATE CONSULTANTS

Chaudhary Usman
LMA EBRAHIM HOSAIN, BARRISTERS, ADVOCATES & CORPORATE LEGAL CONSULTANTS

Hana Yahyal
SAIDUDDUN & CO.

Muhammad Yousuf
HAIDER SHAMSI & CO., CHARTERED ACCOUNTANTS

Syed Zeeshan Ali
EY

帕劳

Jun Aclan
CTSI LOGISTICS

Kenneth Barden
ATTORNEY-AT-LAW

Tito Cabunagan
PALAU PUBLIC UTILITY CORPORATION

Maria Cristina Castro
WESTERN CAROLINE TRADING CO.

Anthony Frazier

Sterlina Gabriel
BUREAU OF LAND AND SURVEYS

Wilbert Kamerang
PALAU SHIPPING COMPANY, INC.

Mouias Kangichi
KOROR STATE GOVERNMENT

Carlos Mariano
CARLOS MARIANO LAW FIRM

Ramsey Ngiraibai
KOROR PLANNING AND ZONING OFFICE

Techur Rengulbai
BUREAU OF PUBLIC WORKS

William L. Ridpath
WILLIAM L. RIDPATH, ATTORNEY-AT-LAW (AMCIT)

V. Tikei Sbal
FINANCIAL INSTITUTIONS COMMISSION

Rhinehart Silas
BUREAU OF REVENUE, CUSTOMS AND TAXATION

Ken Sugiyama
PALAU PUBLIC UTILITY CORPORATION

Sylcerius Tewalei
BUREAU OF LABOUR

巴拿马

Alvaro Aguilar
LOMBARDI AGUILAR GROUP

Gabriel Aguilar
LOMBARDI AGUILAR GROUP

Aristides Anguizola
MORGAN & MORGAN

Mercedes Araúz de Grimaldo
MORGAN & MORGAN

Khatiya Asvat
PATTON, MORENO & ASVAT

Fernando Aued
PATTON, MORENO & ASVAT

Francisco A. Barrios G.
PWC PANAMA

Gustavo Adolfo Bernal
ETESA

Klaus Bieberach Schriebl
TAX@PANAMA

Giovanna Cardellicchio
APC BURÓ SA

Johanna Castillo
ARIAS LAW

Luis Chalhoub
ICAZA, GONZALEZ-RUIZ & ALEMAN

Julio César Contreras III
AROSEMENA NORIEGA & CONTRERAS

Gonzalo Córdoba
APC BURÓ SA

Juan Carlos Croston
MANZANILLO INTERNATIONAL TERMINAL OPERATOR MIT

Eduardo De Alba
ARIAS, FÁBREGA & FÁBREGA

Claudio De Castro
ARIAS, FÁBREGA & FÁBREGA

Jorge G. Lombardi Dutari
LOMBARDI AGUILAR GROUP

Marisol Ellis
ICAZA, GONZALEZ-RUIZ & ALEMAN

Felipe Escalona
GALINDO, ARIAS & LÓPEZ

Ricardo Eskildsen Morales
ESKILDSEN & ESKILDSEN

María Cristina Fábrega
ARIAS LAW

Juan Pablo Fabrega Polleri
FABREGA, MOLINO & MULINO

L. Fernandes
THE PANAMA MARITIME CHAMBER

Michael Fernandez
CÁMARA PANAMEÑA DE LA CONSTRUCCIÓN (CAPAC)

Enna Ferrer
ALFARO, FERRER & RAMÍREZ

Angie Guzmán
MORGAN & MORGAN

Edgar Herrera
GALINDO, ARIAS & LÓPEZ

Jorge L. Lara T.
INGENIERÍA LARA SA

Cristina Lewis de la Guardia
GALINDO, ARIAS & LÓPEZ

Esteban Lopez Moreno
KATZ Y LOPEZ

Ivette Elisa Martínez Saenz
PATTON, MORENO & ASVAT

Olmedo Miranda Boyd
AROSEMENA NORIEGA & CONTRERAS

David M. Mizrachi Fidanque
MIZRACHI, DAVARRO & URIOLA

Erick Rogelio Muñoz
SUCRE, ARIAS & REYES

Mayrolis Parnther
ARIAS LAW

Hassim Patel
PWC PANAMA

Sebastián Perez
UNION FENOSA - EDEMET - EDECHI

Nayda Price
PATTON, MORENO & ASVAT

Linda Quintero
PINZON LOZANO & ASOCIADOS ARQUITECTOS

Anel Roach
ALEMAN, CORDERO, GALINDO & LEE

Mario Rognoni
AROSEMENA NORIEGA & CONTRERAS

Nelson E. Sales
ALFARO, FERRER & RAMÍREZ

Daniel Sessa
GALINDO, ARIAS & LÓPEZ

Yinnis Solís de Amaya
UNION FENOSA - EDEMET - EDECHI

Hermes Tello
ELECTROMECHANICAL CONSULTING GROUP

Ramón Varela
MORGAN & MORGAN

Gabriela Vasquez
GALINDO, ARIAS & LÓPEZ

Mario Vlieg
ALEMAN, CORDERO, GALINDO & LEE

巴布亚新几内亚

CREDIT & DATA BUREAU LIMITED

PWC PAPUA NEW GUINEA

Rob Addis
PENTAGON FREIGHT SERVICES (PNG) LTD.

Ian Clarke
DENTONS

Paul Cullen
DENTONS

Rebecca Cullen
DENTONS

Gibson Geroro
GERORO LAWYERS

Simon Guidecoq

Lea Henao
STEAMSHIPS TRADING COMPANY LTD.

Clarence Hoot
INVESTMENT PROMOTION AUTHORITY

Lauari Ikavape
INVESTMENT PROMOTION AUTHORITY

Timothy Koris
PNG POWER LTD.

Sarah Kuman
ALLENS

Peter Lowing
LEAHY LEWIN NUTLEY SULLIVAN

Doug Mageo
PNG POWER LTD.

Stephen Massa
DENTONS

Steve Patrick
GADENS LAWYERS

Ray Paul
PNG CUSTOMS SERVICE

Daroa Peter
INVESTMENT PROMOTION AUTHORITY

Lou Pipi
NCDC MUNICIPALITY

Nancy Pogla
ALLENS LINKLATERS

Desmond Pokajam
INVESTMENT PROMOTION AUTHORITY

Herjit Saini
DENTONS

Renee Siaguru
ALLENS

Sinton Spence Mbe
SINTON SPENCE CHARTERED ACCOUNTANTS

Lilian Sukot
PNG POWER LTD.

Alex Tongayu
INVESTMENT PROMOTION AUTHORITY

Sally Weatherstone
DENTONS

Stuart Wilson
LCS ELECTRICAL & MECHANICAL CONTRACTORS

Alicia Yen
HEALY CONSULTANTS GROUP PLC

巴拉圭

Perla Alderete
VOUGA ABOGADOS

Bruno Angulo
PWC PARAGUAY

Sandybelle Avalos
RUSSELL BEDFORD INTERNATIONAL

Enrique Benitez
BDO AUDITORES CONSULTORES

Maximo Gustavo Benitez Gimenez
SUPERINTENDENCIA DE BANCOS - BCP

Alex Berkemeyer
BERKEMEYER, ATTORNEYS & COUNSELORS

Hugo T. Berkemeyer
BERKEMEYER, ATTORNEYS & COUNSELORS

Juan Ramírez Biedermann
ESTUDIO JURÍDICO LIVIERES GUGGIARI

Carlos Cañete
BDO AUDITORES CONSULTORES

Pedro Cuevas
ADMINISTRACIÓN NACIONAL DE ELECTRICIDAD

Sergio Dejesus
KEMPER – DEJESUS & PANGRAZIO ABOGADOS Y CONSULTORES

Natalia Enciso Benitez
NOTARY PUBLIC

Maria Ines Galeano
OLMEDO ABOGADOS

Néstor Gamarra
SERVIMEX SACI

Liliana Maria Giménez de Castillo
DIRECCIÓN GENERAL DE LOS REGISTROS PÚBLICOS

Lourdes Gonzalez
DIRECCIÓN GENERAL DE LOS REGISTROS PÚBLICOS

Nadia Gorostiaga
PWC PARAGUAY

Sigfrido Gross Brown
ESTUDIO JURIDICO GROSS BROWN

Marcelo Gul Pavoni
TMF GROUP

Carl Gwynn
GWYNN & GWYNN - LEGAL COUNSELLORS

Norman Gwynn
SUPREME COURT OF JUSTICE

Manfred Heyn
FERRERE ABOGADOS

Christian Kemper
KEMPER – DEJESUS & PANGRAZIO ABOGADOS Y CONSULTORES

Gabriel Lamas
ONIX SACI CONSULTING + ENGINEERING

Pablo Livieres Guggiari
ESTUDIO JURÍDICO LIVIERES GUGGIARI

Nestor Loizaga
FERRERE ABOGADOS

Augusto Mengual
MIATERRA

Oscar A. Mersan Galli
MERSÁN ABOGADOS

María Esmeralda Moreno Rodríguez Alcalá
MORENO RUFFINELLI & ASOCIADOS

Monica Núñez
BERKEMEYER, ATTORNEYS & COUNSELORS

Anibal Pangrazio
KEMPER – DEJESUS & PANGRAZIO ABOGADOS Y CONSULTORES

Rocío Penayo
MORENO RUFFINELLI & ASOCIADOS

Yolanda Pereira
BERKEMEYER, ATTORNEYS & COUNSELORS

Maria Antonia Ramírez de Gwynn
GWYNN & GWYNN - LEGAL COUNSELLORS

Veronica Recalde
KEMPER – DEJESUS & PANGRAZIO ABOGADOS Y CONSULTORES

Mauricio Salgueiro
VOUGA ABOGADOS

Rafael Salomoni
SALOMONI & ASOCIADOS

Cecilia Sánchez
VOUGA ABOGADOS

Angela Schaerer de Sosa
ESCRIBANA PÚBLICA

Carlos Torres
GRUPO IBD

Maria Gloria Triguis Gonzalez
BERKEMEYER, ATTORNEYS & COUNSELORS

Emmanuel Trulls
FERRERE ABOGADOS

Andres Vera
VOUGA ABOGADOS

David Vera
VOUGA ABOGADOS

Walter Vera
VOUGA ABOGADOS

Carlos Vouga
VOUGA ABOGADOS

Rodolfo Vouga Muller
VOUGA ABOGADOS

秘鲁

AGUIRRE ABOGADOS & ASESORES

WHITE & CASE SC

Guillermo Acuña Roeder
RUBIO LEGUÍA NORMAND

Marco Antonio Alarcón Piana
ESTUDIO LUIS ECHECOPAR GARCÍA SRL

Cesar Angulo
MUÑIZ, RAMÍREZ, PERÉZ-TAIMAN & OLAYA ABOGADOS

Evelin Aragon Grados
ADEX

Jimy Atunga Rios
M.A.V. LOGISTICA Y TRANSPORTE SA

Guilhermo Auler
AULER Y PINTO ABOGADOS

Brian Avalos
PAYET, REY, CAUVI, PÉREZ ABOGADOS

Arelis Avila Tagle
CONUDFI

Jose Luis Ayllon Carreño
CÁMARA PERUANA DE LA CONSTRUCCIÓN

Guillermo Bracamonte
MIRANDA & AMADO

Stephany Giovanna Bravo de Rueda Arce
RANSA COMERCIAL SA

Wilfredo Caceres
ESTUDIO MUÑIZ, RAMIREZ, PEREZ-TAIMAN & OLAYA

Renzo Camaiora
GALLO BARRIOS PICKMANN

Fernando Castro
MUÑIZ, RAMÍREZ, PERÉZ-TAIMAN & OLAYA ABOGADOS

Alvaro Chuquipiondo
BARRIOS & FUENTES ABOGADOS

Sandra Copacondori
BARRIOS & FUENTES ABOGADOS

Tomas Cosco
RUSSELL BEDFORD PERÚ - MEMBER OF RUSSELL BEDFORD INTERNATIONAL

Ricardo de la Piedra
ESTUDIO OLAECHEA, MEMBER OF LEX MUNDI

Jose Dedios
PAYET, REY, CAUVI, PÉREZ ABOGADOS

Carlos Roberto Drago Llanos
SUNAT

Alex Espinoza
PWC PERU

Hugo Espinoza Rivera
SUNARP

María del Pilar Falcón Castro
ESTUDIO LLONA & BUSTAMANTE ABOGADOS

Napoleón Fernández
SUNARP

Fiama Fernandez Saldamando
CONUDFI

Luis Enrique Narro Forno
SUNAT

Luis Fuentes
BARRIOS & FUENTES ABOGADOS

Julio Gallo
GALLO BARRIOS PICKMANN

Lorena Galvez
GALLO BARRIOS PICKMANN

Alejandra Giufra Chavez
ESTUDIO LLONA & BUSTAMANTE ABOGADOS

Diego Gomez
BARRIOS & FUENTES ABOGADOS

Rafael Gonzales
BARRIOS & FUENTES ABOGADOS

Gerardo Guzman
DELMAR UGARTE ABOGADOS

Carlos Hernández Ladera
RANSA COMERCIAL SA

Jose Antonio Honda
ESTUDIO OLAECHEA, MEMBER OF LEX MUNDI

Diego Huertas del Pino
BARRIOS & FUENTES ABOGADOS

Felipe Eduardo Iannacone Silva
SUNAT

César Ballón Izquierdo
RANSA COMERCIAL SA

Sacha Larrea
SCOTIABANK PERU

Alexandra Lemke
BARRIOS & FUENTES ABOGADOS

Gonzalo Leo
BARRIOS & FUENTES ABOGADOS

Juan Carlos Leon Siles
ADEX

German Lora
PAYET, REY, CAUVI, PÉREZ ABOGADOS

Rafael Lulli Meyer
REBAZA, ALCÁZAR & DE LAS CASAS ABOGADOS FINANCIEROS

Cesar Luna Victoria
RUBIO LEGUÍA NORMAND

Milagros Maravi Sumar
RUBIO LEGUÍA NORMAND

Orlando Marchesi
PWC PERU

Carlos Martínez Ebell
RUBIO LEGUÍA NORMAND

Jesús Matos
ESTUDIO OLAECHEA, MEMBER OF LEX MUNDI

Gino Menchola
PWC PERU

Jorge Miranda
RUBIO LEGUÍA NORMAND

Diego Muñiz
ESTUDIO OLAECHEA, MEMBER OF LEX MUNDI

Juan Carlos Novoa
SOCIEDAD NACIONAL DE MINERÍA, PETRÓLEO Y ENERGÍA

Lilian Oliver
SUNARP

Alexandra Orbezo
REBAZA, ALCÁZAR & DE LAS CASAS ABOGADOS FINANCIEROS

Luis Orrego
DELMAR UGARTE ABOGADOS

Ariel Orrego-Villacorta
BARRIOS & FUENTES ABOGADOS

Cristina Oviedo
PAYET, REY, CAUVI, PÉREZ ABOGADOS

David Pacheco
ESTUDIO OLAECHEA, MEMBER OF LEX MUNDI

Nélida Palacios
SUNARP

Roxana Antonieta Pantigozo Delgado
SUNAT

Edmundo Paredes
SUPERINTENDENCY OF BANKING, INSURANCE AND PRIVATE PENSION FUND ADMINISTRATOR

Lucianna Polar
ESTUDIO OLAECHEA, MEMBER OF LEX MUNDI

Angélica Portillo Flores
SUNARP

Juan Manuel Prado Bustamante
ESTUDIO LLONA & BUSTAMANTE ABOGADOS

Maribel Príncipe Hidalgo
RUBIO LEGUÍA NORMAND

María José Puertas
GALLO BARRIOS PICKMANN

Cesar Puntriano
PWC PERU

Manuel Quindimil
CÁMARA DE COMERCIO AMERICANA DEL PERÚ

Bruno Marchese Quintana
RUBIO LEGUÍA NORMAND

Fernando M. Ramos
BARRIOS & FUENTES ABOGADOS

Alonso Rey Bustamante
PAYET, REY, CAUVI, PÉREZ ABOGADOS

José Miguel Reyes
BARRIOS & FUENTES ABOGADOS

Andrea Rieckhof
GALLO BARRIOS PICKMANN

Andres Rieckhof
REBAZA, ALCÁZAR & DE LAS CASAS ABOGADOS FINANCIEROS

Anggie Rivera
BARRIOS & FUENTES ABOGADOS

Juan Manuel Robles
RUBIO LEGUÍA NORMAND

Erick Rojas
CÁMARA PERUANA DE LA CONSTRUCCIÓN

Martin Ruggiero
PAYET, REY, CAUVI, PÉREZ ABOGADOS

Felix Arturo Ruiz Sanchez
RUBIO LEGUÍA NORMAND

Carolina Sáenz
RUBIO LEGUÍA NORMAND

Carolina Salcedo
ESTUDIO MUÑIZ, RAMIREZ, PEREZ-TAIMAN & OLAYA

Raúl Sanchez
BARRIOS & FUENTES ABOGADOS

Raul Sanchez Sabogal
ADEX

Pablo Santos
CONUDFI

Pablo Santos Curo
ADEX

Victor Scarsi
LUZ DEL SUR

Martin Serkovic
ESTUDIO OLAECHEA, MEMBER OF LEX MUNDI

Hugo Silva
RODRIGO, ELÍAS, MEDRANO ABOGADOS

Ricardo P. Silva
ESTUDIO MUÑIZ, RAMIREZ, PEREZ-TAIMAN & OLAYA

Carla Sinchi
PAYET, REY, CAUVI, PÉREZ ABOGADOS

Enrique Sebastián Soto Ruiz
CONGRESO DE LA REPUBLICA

Jose Steck
NPG ABOGADOS

Edmundo Taboada
BARRIOS & FUENTES ABOGADOS

Carlos Tapia
NPG ABOGADOS

Claudia Tejada
BARRIOS & FUENTES ABOGADOS

Xenia Tello
ESTUDIO OLAECHEA, MEMBER OF LEX MUNDI

Ricardo Arturo Toma Oyama
SUNAT

Arturo Tuesta
PWC PERU

Manuel A. Ugarte
DELMAR UGARTE ABOGADOS

Jean A. Unda Valverde
SOCIEDAD NACIONAL DE MINERÍA, PETRÓLEO Y ENERGÍA

Jack Vainstein
VAINSTEIN & INGENIEROS SA

Erick Valderrama
RUSSELL BEDFORD PERÚ - MEMBER OF RUSSELL BEDFORD INTERNATIONAL

Yelitza Valdivia
MIRANDA & AMADO

Mitchell Alex Valdiviezo Del Carpio
RUBIO LEGUÍA NORMAND

Manuel Villa-García
ESTUDIO OLAECHEA, MEMBER OF LEX MUNDI

Rafael Villaran
ESTUDIO LUIS ECHECOPAR GARCÍA SRL

Agustín Yrigoyen
GARCÍA SAYÁN ABOGADOS

Sabino Zaconeta Torres
ASOCIACIÓN PERUANA DE AGENTES MARÍTIMOS

菲律宾

CREDIT INFORMATION CORPORATION

DEPARTMENT OF ENERGY

Go Abigail
SIGUION REYNA MONTECILLO & ONGSIAKO

Juan Paolo Agbayani
MARTINEZ VERGARA GONZALEZ & SERRANO

Ma. Carmen Agcaoili-Orena
AGCAOILI & ASSOCIATES

Shirley Alinea
MARTINEZ VERGARA GONZALEZ & SERRANO

Charina Amanda B. Javier
SKALA ARCHITECTS

Henry D. Antonio
KPMG R.G. MANABAT & CO.

Rosario Carmela Asutria
SEC

Francis Avellana
BAP CREDIT BUREAU, INC.

Alex B. Runes
MERALCO

Manuel Batallones
BAP CREDIT BUREAU, INC.

Merope Bautista
TRADECON TRADING & CONSTRUCTION

Vera Marie Bautista
SYCIP SALAZAR HERNANDEZ & GATMAITAN

Rosario Cherry Bernaldo
SHAREHOLDERS ASSOCIATION OF THE PHILIPPINES (SHAREPHIL)

Ronald Bernas
QUISUMBING TORRES, MEMBER FIRM OF BAKER & MCKENZIE INTERNATIONAL

Irene Joy Besido Garcia
KAPUNAN GARCIA & CASTILLO LAW OFFICES

Kristine Bongcaron
MARTINEZ VERGARA GONZALEZ & SERRANO

Pearl Grace Cabali
PUYAT JACINTO SANTOS LAW OFFICE

Juan Arturo Iluminado Cagampang de Castro
DE CASTRO & CAGAMPANG-DE CASTRO LAW FIRM

Justina Callangan
SEC

Renato Calma
ORTEGA, BACORRO, ODULIO, CALMA & CARBONELL

Roselle Caraig
ISLA LIPANA & CO.

Mia Carmela Imperial
QUISUMBING TORRES, MEMBER FIRM OF BAKER & MCKENZIE INTERNATIONAL

Domingo Castillo
SYCIP SALAZAR HERNANDEZ & GATMAITAN

Jon Edmarc R. Castillo
SYCIP SALAZAR HERNANDEZ & GATMAITAN

Luis M. Catibayan
BUREAU OF IMPORT SERVICES

Ria Danielle Ching
KPMG R.G. MANABAT & CO.

Kenneth L. Chua
QUISUMBING TORRES, MEMBER FIRM OF BAKER & MCKENZIE INTERNATIONAL

Juan Paolo E. Colet

Toni Angeli Coo

Karl Raymond Cruz
SYCIP SALAZAR HERNANDEZ & GATMAITAN

Robert Dalaodao
IN-LINE FORWARDER

Thomas John Thaddeus de Castro
AGCAOILI & ASSOCIATES

Emerico O. de Guzman
ANGARA ABELLO CONCEPCION REGALA & CRUZ LAW OFFICES (ACCRALAW)

Hector De Leon, Jr.
SYCIP SALAZAR HERNANDEZ & GATMAITAN

Ann Sherrol De los Santos
SHAREHOLDERS ASSOCIATION OF THE PHILIPPINES (SHAREPHIL)

Anthony Dee
SYCIP SALAZAR HERNANDEZ & GATMAITAN

Corazon Del Castillo
SIGUION REYNA MONTECILLO & ONGSIAKO

Evelyn Dela Cerna
FAST LINK

Aimee Rose dela Cruz
ISLA LIPANA & CO.

Jenny Jean Domino
SYCIP SALAZAR HERNANDEZ & GATMAITAN

Rolando Ducut
IN-LINE FORWARDER

Alexander Dy
VILLANUEVA GABIONZA & DY LAW OFFICES

Karla Eunice
PAREDES GARCIA AND GOLEZ LAW OFFICE

Colonel Jesus Fernandez
LOCAL GOVERNMENT OF QUEZON CITY

Florida Fomaneg
ISLA LIPANA & CO.

Catherine Franco
QUISUMBING TORRES, MEMBER FIRM OF BAKER & MCKENZIE INTERNATIONAL

Arnelito Garcia
AB GARCIA CONSTRUCTION INC.

Geraldine S. Garcia
FOLLOSCO MORALLOS & HERCE

Vicente Gerochi IV
SYCIP SALAZAR HERNANDEZ & GATMAITAN

Ma. Cecilia Gironella
GIRONELLA LAW OFFICE

Carlo Miguel Romeo S. Go
SYCIP SALAZAR HERNANDEZ & GATMAITAN

Manuel Z. Gonzalez
MARTINEZ VERGARA GONZALEZ & SERRANO

George Matthew Habacon
SYCIP SALAZAR HERNANDEZ & GATMAITAN

Judy Hao
ANGARA ABELLO CONCEPCION REGALA & CRUZ LAW OFFICES (ACCRALAW)

Jose Emmanuel Hernandez
DE GUZMAN SAN DIEGO MEJIA & HERNANDEZ

Tadeo F. Hilado
ANGARA ABELLO CONCEPCION REGALA & CRUZ LAW OFFICES (ACCRALAW)

Benito Jose L. de los Santos
ABS LAW FIRM

Charmane Kanahashi
PAREDES GARCIA AND GOLEZ LAW OFFICE

Justin Vincent La Chica
ROMULO, MABANTA, BUENAVENTURA, SAYOC & DE LOS ANGELES, MEMBER OF LEX MUNDI

Carina Laforteza
SYCIP SALAZAR HERNANDEZ & GATMAITAN

Frederic Landicho
NAVARRO AMPER & CO.

Hiyasmin Lapitan
SYCIP SALAZAR HERNANDEZ & GATMAITAN

Everlene Lee
ANGARA ABELLO CONCEPCION REGALA & CRUZ LAW OFFICES (ACCRALAW)

Jennifer Lee
QUASHA ANCHETA PENA & NOLASCO

Jeva Lee
AB GARCIA CONSTRUCTION INC.

Ana Liezl Pelayo
IN-LINE FORWARDER

Joyce Liza Chan
QUISUMBING TORRES, MEMBER FIRM OF BAKER & MCKENZIE INTERNATIONAL

Roane Alfredo Lopez
ORTEGA, BACORRO, ODULIO, CALMA & CARBONELL

Herbert M. Bautista
LOCAL GOVERNMENT OF QUEZON CITY

Mel A. Macaraig
CASTILLO LAMAN TAN PANTALEON & SAN JOSE

Sam Angelo Maducdoc
KPMG R.G. MANABAT & CO.

Marlon G. Mariano
LOCAL GOVERNMENT OF QUEZON CITY

Hector A. Martinez
PLATON, MARTINEZ FLORES SAN PEDRO & LEAÑO

Michael Mejia
DE GUZMAN SAN DIEGO MEJIA & HERNANDEZ

Enriquito J. Mendoza
ROMULO, MABANTA, BUENAVENTURA, SAYOC & DE LOS ANGELES, MEMBER OF LEX MUNDI

Maria Teresa Mercado-Ferrer
SYCIP SALAZAR HERNANDEZ & GATMAITAN

Marianne Miguel
SYCIP SALAZAR HERNANDEZ & GATMAITAN

Jesusito G. Morallos
FOLLOSCO MORALLOS & HERCE

Gregorio S. Navarro
NAVARRO AMPER & CO.

Perpetua Calliope Ngo
MARTINEZ VERGARA GONZALEZ & SERRANO

Krisanto Karlo Nicolas
NICOLAS & DE VEGA LAW OFFICES

Harold Ocampo
ISLA LIPANA & CO.

Jude Ocampo
OCAMPO & SURALVO LAW OFFICES

Karen Ocampo
OCAMPO & SURALVO LAW OFFICES

Gwyneth Ong
MARTINEZ VERGARA GONZALEZ & SERRANO

Mariah-Rose Rafaela Ong
KPMG R.G. MANABAT & CO.

Maria Christina Ortua
SYCIP SALAZAR HERNANDEZ & GATMAITAN

Ma. Milagros Padernal
UY SINGSON ABELLA & CO.

Sheila Mae Panares
SEC

Benedicto Panigbatan
SYCIP SALAZAR HERNANDEZ & GATMAITAN

Gil Christopher Paredes
KPMG R.G. MANABAT & CO.

Hilario Paredes
PAREDES GARCIA & GOLEZ LAW OFFICE

Ma. Patricia Paz
SYCIP SALAZAR HERNANDEZ & GATMAITAN

Maria Pilar Pilares-Gutierrez
CASTILLO LAMAN TAN PANTALEON & SAN JOSE

Maybellyn Pinpin-Malayo
ISLA LIPANA & CO.

Hailin Quintos
SYCIP SALAZAR HERNANDEZ & GATMAITAN

Revelino Rabaja
ISLA LIPANA & CO.

Janice Kae Ramirez
QUASHA ANCHETA PENA & NOLASCO

Frederika Rentoy
LOCAL GOVERNMENT OF QUEZON CITY

Elaine Patricia S. Reyes-Rodolfo
ANGARA ABELLO CONCEPCION REGALA & CRUZ LAW OFFICES (ACCRALAW)

Leandro Ben Robediso
KPMG R.G. MANABAT & CO.

Pedro P. Rodriguez
LOCAL GOVERNMENT OF QUEZON CITY

Ricardo J. Romulo
ROMULO, MABANTA, BUENAVENTURA, SAYOC & DE LOS ANGELES, MEMBER OF LEX MUNDI

Renz Jeffrey A. Ruiz
SYCIP SALAZAR HERNANDEZ & GATMAITAN

Patrick Henry D. Salazar
QUISUMBING TORRES, MEMBER FIRM OF BAKER & MCKENZIE INTERNATIONAL

Neptali Salvanera
ANGARA ABELLO CONCEPCION REGALA & CRUZ LAW OFFICES (ACCRALAW)

Rodolfo San Diego
DE GUZMAN SAN DIEGO MEJIA & HERNANDEZ

Jennilyn Sio
SHAREHOLDERS ASSOCIATION OF THE PHILIPPINES (SHAREPHIL)

Neil Sison
SISON CORILLO PARONE & CO.

Felice Suzanne Soria
ANGARA ABELLO CONCEPCION REGALA & CRUZ LAW OFFICES (ACCRALAW)

Manilyn Rose Sotelo
ISLA LIPANA & CO.

Erdan Suero

Cristina Suralvo
OCAMPO & SURALVO LAW OFFICES

Shennan Sy
KALAW SY VIDA SELVA & CAMPOS

Fidel T. Valeros
PUYAT JACINTO SANTOS LAW OFFICE

Gloria Victoria Y. Taruc
ENERGY REGULATORY COMMISSION

Carlos Martin Tayag
ROMULO, MABANTA, BUENAVENTURA, SAYOC & DE LOS ANGELES, MEMBER OF LEX MUNDI

Amando Tetangco Jr.
BANGKO SENTRAL NG PILIPINAS

Jolina Pauline Tuazon
PUYAT JACINTO SANTOS LAW OFFICE

Roland Glenn Tuazon
ROMULO, MABANTA, BUENAVENTURA, SAYOC & DE LOS ANGELES, MEMBER OF LEX MUNDI

Martin Victorino Cusi
VILLANUEVA GABIONZA & DY LAW OFFICES

Virginia B. Viray
PUYAT JACINTO SANTOS LAW OFFICE

Gil Roberto Zerrudo
QUISUMBING TORRES, MEMBER FIRM OF BAKER & MCKENZIE INTERNATIONAL

波兰

ENERGY REGULATORY OFFICE

NAPRAWA KABLI ENERGETYCZNYCH ANDRZEJ ROGOWSKI

Wojciech Andrzejewski
KANCELARIA PRAWNA PISZCZ, NOREK I WSPÓLNICY SP.K.

Marcin Bącal
CHAJEC, DON-SIEMION & ZYTO LEGAL ADVISORS

Tomasz Baranczyk
PWC POLAND

Michał Barłowski
WARDYŃSKI & PARTNERS

Justyna Bartnik
MORAWSKI & PARTNERS LAW FIRM

Wojciech Bieganski
DLA PIPER WIATER SP.K.

Paulina Blukacz
MINISTRY OF FINANCE

Joanna Bugajska
JAMP

Rafał Burda
DLA PIPER WIATER SP.K.

Kinga Cekiera
BREVELLS CEKIERA OLEKSIEWICZ SP.K.

Olga Chodorowska
KAMIŃSKI & PARTNERS KANCELARIA PRAWNICZA SP.K.

Małgorzata Chruściak
CMS CAMERON MCKENNA

Łukasz Chruściel
RACZKOWSKI PARUCH LAW FIRM IUS LABORIS POLAND GLOBAL HR LAWYERS

Karolina Czapska
RACZKOWSKI PARUCH LAW FIRM IUS LABORIS POLAND GLOBAL HR LAWYERS

Katarzyna Czwartosz
WHITE & CASE M. STUDNIAREK I WSPÓLNICY - KANCELARIA PRAWNA SP.K.

Michał Dąbrowski
MINISTRY OF JUSTICE

Aleksandra Danielewicz
DLA PIPER WIATER SP.K.

Andrzej Dmowski
RUSSELL BEDFORD POLAND SP. Z O.O. - MEMBER OF RUSSELL BEDFORD INTERNATIONAL

Ewa Don-Siemion
CHAJEC, DON-SIEMION & ZYTO LEGAL ADVISORS

Bartosz Draniewicz
KANCELARIA PRAWA GOSPODARCZEGO I EKOLOGICZNEGO DR BARTOSZ DRANIEWICZ

Edyta Dubikowska
SQUIRE PATTON BOGGS

Patryk Filipiak
FILIPIAKBABICZ LEGAL, ZIMMERMAN FILIPIAK RESTRUKTURYZACJA SA

Maciej Geromin
ALLERHAND INSTITUTE

Michał Gliński
WARDYŃSKI & PARTNERS

Magdalena Gmur
DLA PIPER WIATER SP.K.

Rafał Godlewski
WARDYŃSKI & PARTNERS

Bartosz Groele
ALLERHAND INSTITUTE

Andrzej Grześkiewicz
GRIDNET

Marcin Hołówka
KANCELARIA ADWOKATA MARCINA HOŁÓWKI

Łukasz Iwański
ENERGOMIX

Michal Jadwisiak
WHITE & CASE M. STUDNIAREK I WSPÓLNICY - KANCELARIA PRAWNA SP.K.

Jakub Jędrzejak
WKB WIERCIŃSKI, KWIECIŃSKI, BAEHR SP.K.

Magdalena Kalińska
WKB WIERCIŃSKI, KWIECIŃSKI, BAEHR SP.K.

Mateusz Kaliński
KANCELARIA PRAWA RESTRUKTURYZACYJNEGO I UPADLOSCIOWEGO TATARA I WSPOLPRACOWNICY

Karolina Kalucka
DLA PIPER WIATER SP.K.

Aleksandra Kaminska
DENTONS

Tomasz Kański
SOŁTYSIŃSKI KAWECKI & SZLĘZAK

Iwona Karasek-Wojciechowicz
JAGIELLONIAN UNIVERSITY

Zbigniew Korba
DELOITTE DORADZTWO PODATKOWE SP. Z O.O.

Jacek Korzeniewski
BAKER & MCKENZIE

Aleksandra Kozlowska
DLA PIPER WIATER SP.K.

Adam Królik
KANCELARIA PRAWA RESTRUKTURYZACYJNEGO I UPADLOSCIOWEGO TATARA I WSPOLPRACOWNICY

Iga Kwasny
MOORE STEPHENS CENTRAL AUDIT SP. Z O.O.

Ewa Łachowska-Brol
WIERZBOWSKI EVERSHEDS SUTHERLAND SP.K., MEMBER OF EVERSHEDS SUTHERLAND (EUROPE) LIMITED

Wojciech Langowski
MILLER CANFIELD

Katarzyna Lawinska
BAKER & MCKENZIE

Agnieszka Lehwark
DLA PIPER WIATER SP.K.

Monika Leszko
DLA PIPER WIATER SP.K.

Konrad Piotr Lewandowski
MAURICE WARD & CO. SP. Z O.O.

Agnieszka Lisiecka
WARDYŃSKI & PARTNERS

Tomasz Listwan
MOORE STEPHENS CENTRAL AUDIT SP. Z O.O.

Paweł Ludwiniak
ELTECH

Konrad Marciniuk
MILLER CANFIELD

Adam Marszałek
DLA PIPER WIATER SP.K.

Pawel Meus
GIDE LOYRETTE NOUEL POLAND WARSAW

Tomasz Michalik
MDDP MICHALIK DŁUSKA DZIEDZIC I PARTNERZY

Anna Miernik
CLIFFORD CHANCE

Tomasz Milewski
MILLER CANFIELD

Joanna Młot
CMS CAMERON MCKENNA

Adam Morawski
MORAWSKI & PARTNERS LAW FIRM

Grzegorz Namiotkiewicz
CLIFFORD CHANCE

Michal Niemirowicz-Szczytt
LEX IUVAT KANCELARIA RADCY PRAWNEGO MICHAL NIEMIROWICZ-SZCZYTT

Dominika Nowak
DLA PIPER WIATER SP.K.

Marta Osowska
WHITE & CASE M. STUDNIAREK I WSPÓLNICY - KANCELARIA PRAWNA SP.K.

Tomasz Ostrowski
WHITE & CASE M. STUDNIAREK I WSPÓLNICY - KANCELARIA PRAWNA SP.K.

Sławomir Paruch
RACZKOWSKI PARUCH LAW FIRM IUS LABORIS POLAND GLOBAL HR LAWYERS

Krzysztof Pawlak
SOŁTYSIŃSKI KAWECKI & SZLĘZAK

Agata Pawlak-Jaszczak
KANCELARIA PRAWNA PISZCZ, NOREK I WSPÓLNICY SP.K.

Malgorzata Pietrzak-Paciorek
BAKER & MCKENZIE

Mariusz Purgał
TOMASIK, PAKOSIEWICZ, GROELE ADWOKACI I RADCOWIE PRAWNI SP.P.

Anna Ratajczyk-Sałamacha
GIDE LOYRETTE NOUEL POLAND WARSAW

Radosław Rudnik
CHAJEC, DON-SIEMION & ZYTO LEGAL ADVISORS

Szymon Sakowski
DLA PIPER WIATER SP.K.

Marek Sawicki
DLA PIPER WIATER SP.K.

Gabriela Siegmund
SOŁTYSIŃSKI KAWECKI & SZLĘZAK

Karol Skibniewski
SOŁTYSIŃSKI KAWECKI & SZLĘZAK

Michal Snitko-Pleszko
BLACKSTONES

Marek Sosnowski
GIDE LOYRETTE NOUEL POLAND WARSAW

Maciej Stepien
PWC POLAND

Małgorzata Studniarek
DLA PIPER WIATER SP.K.

Michał Subocz
WHITE & CASE M. STUDNIAREK I WSPÓLNICY - KANCELARIA PRAWNA SP.K.

Michal Suska
ENERGOMIX

Filip Świtała
MINISTRY OF FINANCE

Jadwiga Szabat
ECOVIS SYSTEM REWIDENT SP. Z O.O.

Leonart Szanajca-Kossakowski
DLA PIPER WIATER SP.K.

Emil Szczepanik
MINISTRY OF JUSTICE

Łukasz Szegda
WARDYŃSKI & PARTNERS

Marcelina Szwed
DLA PIPER WIATER SP.K.

Maciej Szwedowski
SQUIRE PATTON BOGGS

Karol Tatara
KANCELARIA PRAWA RESTRUKTURYZACYJNEGO I UPADLOSCIOWEGO TATARA I WSPOLPRACOWNICY

Dariusz Tokarczuk
GIDE LOYRETTE NOUEL POLAND WARSAW

Mateusz Tusznio
WARDYŃSKI & PARTNERS

Dominika Wagrodzka
BNT NEUPERT ZAMORSKA & ZAMORSKA PARTNERZY SP.J.

Emilia Waszkiewicz
BAKER & MCKENZIE

Cezary Wernic
MINISTRY OF FINANCE

Sebastian Wieczorek
DENTONS

Anna Wietrzyńska-Ciołkowska
DLA PIPER WIATER SP.K.

Anna Wojciechowska
WKB WIERCIŃSKI, KWIECIŃSKI, BAEHR SP.K.

Jakub Woliński
BNT NEUPERT ZAMORSKA & ZAMORSKA PARTNERZY SP.J.

Steven Wood
BLACKSTONES

Anna Wyrzykowska
WKB WIERCIŃSKI, KWIECIŃSKI, BAEHR SP.K.

Edyta Zalewska
GIDE LOYRETTE NOUEL POLAND WARSAW

Maciej Zalewski
WHITE & CASE M. STUDNIAREK I WSPÓLNICY - KANCELARIA PRAWNA SP.K.

Anna Ziemian
DLA PIPER WIATER SP.K.

Darius Zimnicki
CHAJEC, DON-SIEMION & ZYTO LEGAL ADVISORS

Agnieszka Ziółek
CMS CAMERON MCKENNA

Katarzyna Zukowska
WARDYŃSKI & PARTNERS

Krzysztof Żyto
CHAJEC, DON-SIEMION & ZYTO LEGAL ADVISORS

保加利亚

Victor Abrantes
INTERNATIONAL SALES AGENT

Anabela Aguilar Salvado
PEDRO RAPOSO & ASSOCIADOS

Bruno Andrade Alves
PWC PORTUGAL

Igor Amarii
MBS ADVOGADOS

Joana Andrade Correia
RAPOSO BERNARDO & ASSOCIADOS

Luís Antunes
LUFTEC – TÉCNICAS ELÉCTRICAS LDA

Filipa Arantes Pedroso
MORAIS LEITÃO, GALVÃO TELES, SOARES DA SILVA & ASSOCIADOS, MEMBER OF LEX MUNDI

Miguel Azevedo
GARRIGUES PORTUGAL SLP - SUCURSAL

João Banza
PWC PORTUGAL

Manuel P. Barrocas
BARROCAS ADVOGADOS

Jeanine Batalha Ferreira
PWC PORTUGAL

Mark Bekker
BEKKER LOGISTICA

Antonio Belmar da Costa
ASSOCIAÇÃO DOS AGENTES DE NAVEGAÇÃO DE PORTUGAL (AGEPOR)

Andreia Bento Simões
MORAIS LEITÃO, GALVÃO TELES, SOARES DA SILVA & ASSOCIADOS, MEMBER OF LEX MUNDI

João Bettencourt da Camara
CREDINFORMAÇÕES - EQUIFAX

João Cadete de Matos
BANCO DE PORTUGAL

Susana Caetano
PWC PORTUGAL

Vicente Caldeira Pires
PEDRO RAPOSO & ASSOCIADOS

Inês Calor
CICS.NOVA, UNIVERSIDADE NOVA DE LISBOA

Francisco Campilho
EDP DISTRIBUIÇÃO - ENERGIA, SA

Vitor Campos
NATIONAL LABORATORY FOR CIVIL ENGINEERING - LNEC

Rui Capote
PLEN - SOCIEDADE DE ADVOGADOS, RL

Fernando Cardoso da Cunha
GALI MACEDO & ASSOCIADOS

João Carneiro
MIRANDA & ASSOCIADOS

Petra Carreira
GARRIGUES PORTUGAL SLP - SUCURSAL

Isa Carvalho
MBS ADVOGADOS

Jaime Carvalho Esteves
PWC PORTUGAL

Filipa Castanheira de Almeida
MORAIS LEITÃO, GALVÃO TELES, SOARES DA SILVA & ASSOCIADOS, MEMBER OF LEX MUNDI

Tiago Castanheira Marques
ABREU ADVOGADOS

João Duarte de Sousa
GARRIGUES PORTUGAL SLP - SUCURSAL

Sara Ferraz Mendonça
MORAIS LEITÃO, GALVÃO TELES, SOARES DA SILVA & ASSOCIADOS, MEMBER OF LEX MUNDI

Ana Luisa Ferreira
ABREU ADVOGADOS

Rita Ferreira Lopes
MORAIS LEITÃO, GALVÃO TELES, SOARES DA SILVA & ASSOCIADOS, MEMBER OF LEX MUNDI

Eduardo Fonseca
PWC PORTUGAL

Rui Gloria
TOCHA, CHAVES & ASSOCIADOS, SROC - MEMBER OF RUSSELL BEDFORD INTERNATIONAL

Nuno Gundar da Cruz
MORAIS LEITÃO, GALVÃO TELES, SOARES DA SILVA & ASSOCIADOS, MEMBER OF LEX MUNDI

Tiago Lemos
PLEN - SOCIEDADE DE ADVOGADOS, RL

Bruno Lobato
MOUTEIRA GUERREIRO, ROSA AMARAL & ASSOCIADOS - SOCIEDADE DE ADVOGADOS RL

Helga Lopes Ribeiro
MOUTEIRA GUERREIRO, ROSA AMARAL & ASSOCIADOS - SOCIEDADE DE ADVOGADOS RL

Tiago Gali Macedo
GALI MACEDO & ASSOCIADOS

Ana Margarida Maia
MIRANDA & ASSOCIADOS

Carlos Pedro Marques
EDP DISTRIBUIÇÃO - ENERGIA, SA

Catarina Medeiros
PWC PORTUGAL

Patricia Melo Gomes
MORAIS LEITÃO, GALVÃO TELES, SOARES DA SILVA & ASSOCIADOS, MEMBER OF LEX MUNDI

Joaquim Luís Mendes
GRANT THORNTON CONSULTORES LDA.

Andreia Morins
PWC PORTUGAL

António Mouteira Guerreiro
MOUTEIRA GUERREIRO, ROSA AMARAL & ASSOCIADOS - SOCIEDADE DE ADVOGADOS RL

Rita Nogueira Neto
GARRIGUES PORTUGAL SLP - SUCURSAL

Eduardo Paulino
MORAIS LEITÃO, GALVÃO TELES, SOARES DA SILVA & ASSOCIADOS, MEMBER OF LEX MUNDI

João Branco Pedro
NATIONAL LABORATORY FOR CIVIL ENGINEERING - LNEC

Inga Petkelyte-Kilikeviciene
KPL LEGAL

Pedro Catão Pinheiro
GALI MACEDO & ASSOCIADOS

Acácio Pita Negrão
PLEN - SOCIEDADE DE ADVOGADOS, RL

Margarida Ramalho
ASSOCIAÇÃO DE EMPRESAS DE CONSTRUÇÃO, OBRAS PÚBLICAS E SERVIÇOS

Sara Reis
MIRANDA & ASSOCIADOS

Maria João Ricou
CUATRECASAS, GONÇALVES PEREIRA, RL (PORTUGAL)

Ana Robin de Andrade
MORAIS LEITÃO, GALVÃO TELES, SOARES DA SILVA & ASSOCIADOS, MEMBER OF LEX MUNDI

Telmo Rodrigues
ABREU ADVOGADOS

Filomena Rosa
INSTITUTO DOS REGISTOS E DO NOTARIADO

Pedro Rosa
GARRIGUES PORTUGAL SLP - SUCURSAL

Francisco Salgueiro
NEVILLE DE ROUGEMONT & ASSOCIADOS

Maria do Ceu Santiago
MBS ADVOGADOS

Filipe Santos Barata
GÓMEZ-ACEBO & POMBO ABOGADOS, SLP SUCURSAL EM PORTUGAL

Cláudia Santos Malaquias
MIRANDA & ASSOCIADOS

Cristina Serrazina
PEDRO RAPOSO & ASSOCIADOS

Ana Sofia Silva
CUATRECASAS, GONÇALVES PEREIRA, RL (PORTUGAL)

Rui Silva
PWC PORTUGAL

João Silva Pereira
BARROCAS ADVOGADOS

Inês Sousa Godinho
GÓMEZ-ACEBO & POMBO ABOGADOS, SLP SUCURSAL EM PORTUGAL

Francisco Sousa Guedes
SGOC SOUSA GUEDES, OLIVEIRA COUTO & ASSOCIADOS, SOC. ADVOGADOS RL

Carmo Sousa Machado
ABREU ADVOGADOS

Rui Souto
RAPOSO SÁ MIRANDA & ASSOCIADOS

Ricardo Veloso
PWC ANGOLA

Diogo Vitorino Martins
MOUTEIRA GUERREIRO, ROSA AMARAL & ASSOCIADOS - SOCIEDADE DE ADVOGADOS RL

波多黎各自治邦（美国）

AUTORIDAD DE ENERGÍA ELÉCTRICA

Martha L. Acevedo-Peñuela
O'NEILL & BORGES LLC

Olga Angueira
COLEGIO DE ARQUITECTOS Y ARQUITECTOS PAISAJISTAS DE PUERTO RICO

Antonio A. Arias-Larcada
MCCONNELL VALDÉS LLC

Hermann Bauer
O'NEILL & BORGES LLC

Jorge Capó Matos
O'NEILL & BORGES LLC

Odemaris Chacon
ESTRELLA, LLC

Manuel De Lemos
MANUEL DE LEMOS AIA ARQUITECTOS

Carla Diaz
PWC PUERTO RICO

Antonio Escudero Viera
MCCONNELL VALDÉS LLC

Ubaldo Fernandez
O'NEILL & BORGES LLC

Alfonso Fernández
IVY GROUP

Nelson William González
COLEGIO DE NOTARIOS DE PUERTO RICO

Pedro Janer
CMA ARCHITECTS & ENGINEERS LLP

Rubén M. Medina-Lugo
CANCIO, NADAL, RIVERA & DÍAZ

Oscar O. Meléndez-Sauri
MALLEY TAMARGO & MELÉNDEZ-SAURI LLC

Juan Carlos Méndez
REICHARD & ESCALERA

Antonio Molina
PIETRANTONI MÉNDEZ & ALVAREZ LLC

Luis Mongil-Casasnovas
*CANCIO, NADAL,
RIVERA & DÍAZ*

Jose Armando Morales
Rodriguez
JAM CARGO SALES INC.

Jhansel Núñez
ATTORNEY

Virmarily Pacheco
*COLEGIO DE NOTARIOS
DE PUERTO RICO*

Diego R. Puello Álvarez
MCCONNELL VALDÉS LLC

Marta Ramirez
O'NEILL & BORGES LLC

Roberto E. Reyes Perez
*REYES PEREZ &
ASSOCIATES LLC*

Jesus Rivera
*BANCO POPULAR DE
PUERTO RICO*

Kenneth Rivera-Robles
*FPV & GALÍNDEZ CPAS,
PSC - MEMBER OF RUSSELL
BEDFORD INTERNATIONAL*

Victor Rodriguez
*MULTITRANSPORT
& MARINE CO.*

Victor Rodriguez
PWC PUERTO RICO

Edgardo Rosa
*FPV & GALÍNDEZ CPAS,
PSC - MEMBER OF RUSSELL
BEDFORD INTERNATIONAL*

Jorge M. Ruiz Montilla
MCCONNELL VALDÉS LLC

Jaime Santos
*PIETRANTONI MÉNDEZ
& ALVAREZ LLC*

Tania Vazquez Maldonado
*BANCO POPULAR DE
PUERTO RICO*

Raúl Vidal y Sepúlveda
*OMNIA ECONOMIC
SOLUTIONS LLC*

卡塔尔

Hani Al Naddaf
*AL TAMIMI & COMPANY
ADVOCATES & LEGAL
CONSULTANTS*

Abdulla Mohamed Al Naimi
QATAR CREDIT BUREAU

Grace Alam
*BADRI AND SALIM EL
MEOUCHI LAW FIRM,
MEMBER OF INTERLEGES*

Rashed Albuflasa
NOBLE GLOBAL LOGISTICS

Mohammad Alkhalifa
MINISTRY OF JUSTICE

Maitha Al-Naemi
MINISTRY OF JUSTICE

Maryam Al-Thani
QATAR CREDIT BUREAU

Zied Alzobi
MINISTRY OF JUSTICE

Amira Awad
MINISTRY OF JUSTICE

Imran Ayub
KPMG QATAR

Piyush Bhandari
*INTUIT MANAGEMENT
CONSULTANCY*

Priyanka Bhandari
*INTUIT MANAGEMENT
CONSULTANCY*

Alexis Coleman
PINSENT MASONS LLP

Michael Earley
*SULTAN AL-ABDULLA
& PARTNERS*

Fouad El Haddad
LALIVE LLC

Ahmed Eljaale
*AL TAMIMI & COMPANY
ADVOCATES & LEGAL
CONSULTANTS*

Dalal K. Farhat Harb
FD CONSULT

Mohammed Fouad
*SULTAN AL-ABDULLA
& PARTNERS*

Walid Honein
*BADRI AND SALIM EL
MEOUCHI LAW FIRM,
MEMBER OF INTERLEGES*

Rafiq Jaffer
*AL TAMIMI & COMPANY
ADVOCATES & LEGAL
CONSULTANTS*

Tamsyn Jones
KPMG QATAR

Dani Kabbani
EVERSHEDS

Upuli Kasthuriarachchi
PWC QATAR

Pradeep Kumar
DIAMOND SHIPPING SERVICES

Frank Lucente
*AL TAMIMI & COMPANY
ADVOCATES & LEGAL
CONSULTANTS*

Seem Maleh
*AL TAMIMI & COMPANY
ADVOCATES & LEGAL
CONSULTANTS*

Julie Menhem
EVERSHEDS

Muhammad Mitha
*AL TAMIMI & COMPANY
ADVOCATES & LEGAL
CONSULTANTS*

Peter Motti
DENTONS

Sujani Nisansala
PWC QATAR

Neil O'Brien
PWC QATAR

Ferdinand Ray Ona II
NOBLE GLOBAL LOGISTICS

Michael Palmer
*SQUIRE PATTON
BOGGS (MEA) LLP*

Sony Pereira
*NATIONAL SHIPPING
AND MARINE SERVICES
COMPANY WLL*

Johnson Rajan
*INTUIT MANAGEMENT
CONSULTANCY*

Sohaib Rubbani
PWC QATAR

Lilia Sabbagh
*BADRI AND SALIM EL
MEOUCHI LAW FIRM,
MEMBER OF INTERLEGES*

Mohamed Samy
MINISTRY OF JUSTICE

Murad Sawalha
*AL TAMIMI & COMPANY
ADVOCATES & LEGAL
CONSULTANTS*

Zain Al Abdin Sharar
*QATAR INTERNATIONAL
COURT AND DISPUTE
RESOLUTION CENTRE*

Ali Sophie
*TALAL ABU-GHAZALEH
LEGAL (TAG-LEGAL)*

Abdul Aziz Mohammed
Sorour
MINISTRY OF JUSTICE

Tabara Sy
LALIVE LLC

罗马尼亚

ARHIPAR SRL

Elena Abdulgani
MCGREGOR & PARTNERS SCA

Daniel Alexie

Cosmin Anghel
CLIFFORD CHANCE BADEA SCA

Mihai Anghel
ȚUCA ZBÂRCEA & ASOCIAȚII

Gabriela Anton
ȚUCA ZBÂRCEA & ASOCIAȚII

Francesco Atanasio
ENEL

Ioana Avram
EVERSHEDS LINA & GUIA SCA

Andreea Badea
DLA PIPER DINU SCA

Andrei Badiu
*3B EXPERT AUDIT - MEMBER
OF RUSSELL BEDFORD
INTERNATIONAL*

Georgiana Balan
D&B DAVID ȘI BAIAS LAW FIRM

Florina Balanescu
ENEL

Irina Elena Bănică
*POP & PARTNERS SCA
ATTORNEYS-AT-LAW*

Paula Boteanu
DLA PIPER DINU SCA

Mihai Bucuiuman

Sandra Cahu
DLA PIPER DINU SCA

Maria Cambien
PWC ROMANIA

Victor Cândea
*STATE INSPECTORATE
FOR CONSTRUCTIONS*

Ioana Cercel
D&B DAVID ȘI BAIAS LAW FIRM

Marius Chelaru
*STOICA & ASOCIAȚII -
SOCIETATE CIVILĂ DE AVOCAȚI*

Teodor Chirvase

Veronica Cocârlea
JINGA & ASOCIAȚII

Raluca Coman
CLIFFORD CHANCE BADEA SCA

Razvan Constantinescu
*DENTONS EUROPE - TODOR
SI ASOCIATII SPARL*

Paula Corban
DLA PIPER DINU SCA

Anamaria Corbescu
*DENTONS EUROPE - TODOR
SI ASOCIATII SPARL*

Oana Cornescu
ȚUCA ZBÂRCEA & ASOCIAȚII

Sergiu Cretu
ȚUCA ZBÂRCEA & ASOCIAȚII

Alexandru Cristea
ȚUCA ZBÂRCEA & ASOCIAȚII

Tiberiu Csaki
*DENTONS EUROPE - TODOR
SI ASOCIATII SPARL*

Radu Damaschin
*NESTOR NESTOR DICULESCU
KINGSTON PETERSEN*

Anca Danilescu
*ZAMFIRESCU RACOȚI &
PARTNERS ATTORNEYS-AT-LAW*

Dan Dascalu
D&B DAVID ȘI BAIAS LAW FIRM

Adrian Deaconu
TAXHOUSE SRL

Luminița Dima
*NESTOR NESTOR DICULESCU
KINGSTON PETERSEN*

Rodica Dobre
PWC ROMANIA

Monia Dobrescu
MUȘAT & ASOCIAȚII

Constantin Dragos-Mircea
OFFICE OF ARCHITECTURE

Laura Adina Duca
*NESTOR NESTOR DICULESCU
KINGSTON PETERSEN*

Alina Dumitrascu
*CABINET CONSULTANTA
ECONOMICA MERCESCU*

Geanina Dumitru
*ENEL (FORMER ELECTRICA
MUNTENIA SUD)*

Nastasia Dumitru
DLA PIPER DINU SCA

Lidia Dutu
DLA PIPER DINU SCA

Serban Epure
BIROUL DE CREDIT

Iulia Ferăstrău-Grigore
MARAVELA & ASOCIAȚII

Raluca Gabor
ȚUCA ZBÂRCEA & ASOCIAȚII

Adriana Gaspar
*NESTOR NESTOR DICULESCU
KINGSTON PETERSEN*

Monica Georgiadis
DLA PIPER DINU SCA

Ștefan Ghenciulescu
*ORDINUL ARHITECȚILOR
DIN ROMANIA*

George Ghitu
MUȘAT & ASOCIAȚII

Fanizzi Giuseppe
ENEL

Magda Grigore
MARAVELA & ASOCIAȚII

Adina Grosu
*DENTONS EUROPE - TODOR
SI ASOCIATII SPARL*

Ana-Maria Hrituc
*PROTOPOPESCU,
PUSCAS SI ASOCIAȚII*

Florentina Hurdubei
ȚUCA ZBÂRCEA & ASOCIAȚII

Romina Iancu
DLA PIPER DINU SCA

Camelia Iantuc
CLIFFORD CHANCE BADEA SCA

Alexandra Ichim

Alina Ignat
*REGIONAL INSPECTORATE FOR
CONSTRUCTIONS BUCHAREST*

Mariana Ionescu
*ORDINUL ARHITECȚILOR
DIN ROMANIA*

Cătălina Iordache
BUCHAREST CITY HALL

Diana Emanuela Ispas
*NESTOR NESTOR DICULESCU
KINGSTON PETERSEN*

Horia Ispas
ȚUCA ZBÂRCEA & ASOCIAȚII

Cristian Lina
EVERSHEDS LINA & GUIA SCA

Edita Lovin
*RETIRED JUDGE OF ROMANIAN
SUPREME COURT OF JUSTICE*

Ileana Lucian
MUȘAT & ASOCIAȚII

Madalina Mailat
CLIFFORD CHANCE BADEA SCA

Smaranda Mandrescu
*POP & PARTNERS SCA
ATTORNEYS-AT-LAW*

Gelu Titus Maravela
MARAVELA & ASOCIAȚII

Alexandra-Mikaela Măruțoiu
*NESTOR NESTOR DICULESCU
KINGSTON PETERSEN*

Neil McGregor
MCGREGOR & PARTNERS SCA

Mariana Mercescu
*CABINET CONSULTANTA
ECONOMICA MERCESCU*

Mirela Metea
MARAVELA & ASOCIAȚII

Maria Cristina Metelet
*POP & PARTNERS SCA
ATTORNEYS-AT-LAW*

Cătălina Mihăilescu
ȚUCA ZBÂRCEA & ASOCIAȚII

Stefan Mihartescu
D&B DAVID ȘI BAIAS LAW FIRM

Mihaela Mitroi
PWC ROMANIA

Marian Mustareata
NATIONAL BANK OF ROMANIA

Adriana Neagoe
NATIONAL BANK OF ROMANIA

Larisa-Georgiana Negoias
DLA PIPER DINU SCA

Manuela Marina Nestor
*NESTOR NESTOR DICULESCU
KINGSTON PETERSEN*

Andreea Nica
DLA PIPER DINU SCA

Theodor Catalin Nicolescu
*NICOLESCU & PERIANU
LAW FIRM*

Raluca Onufreiciuc
SĂVESCU & ASOCIAȚII

Gabriela Oprea
CLIFFORD CHANCE BADEA SCA

Andrei Ormenean
MUȘAT & ASOCIAȚII

Bogdan Papandopol
*DENTONS EUROPE - TODOR
SI ASOCIATII SPARL*

Mircea Parvu
SCPA PARVU SI ASOCIATII

Gheorghe Pătrașcu
BUCHAREST CITY HALL

Laurentiu Petre
SĂVESCU & ASOCIAȚII

Sergiu Petrea
SC TECTO ARHITECTURA SRL

Ana Maria Placintescu
MUȘAT & ASOCIAȚII

Carolina Pletniuc
EVERSHEDS LINA & GUIA SCA

Claudiu Pop
POP & PARTNERS SCA
ATTORNEYS-AT-LAW

Mihai Popa
MUȘAT & ASOCIAȚII

Alina Elena Popescu
MARAVELA & ASOCIAȚII

Iulian Popescu
MUȘAT & ASOCIAȚII

Mariana Popescu
NATIONAL BANK OF ROMANIA

Tiberiu Potyesz
BITRANS LTD.

Olga Preda
POP & PARTNERS SCA
ATTORNEYS-AT-LAW

Elena Monica Preotescu
DLA PIPER DINU SCA

Sebastian Radocea
ȚUCA ZBÂRCEA & ASOCIAȚII

Laura Radu
STOICA & ASOCIAȚII -
SOCIETATE CIVILĂ DE AVOCAȚI

Magdalena Raducanu
DENTONS EUROPE - TODOR
SI ASOCIATII SPARL

Alexandra Radulescu
DLA PIPER DINU SCA

Dana Rădulescu

Argentina Rafail
DENTONS EUROPE - TODOR
SI ASOCIATII SPARL

Corina Ricman
CLIFFORD CHANCE BADEA SCA

Bogdan Riti
MUȘAT & ASOCIAȚII

Ioan Roman
MARAVELA & ASOCIAȚII

Angela Rosca
TAXHOUSE SRL

Florica Salaytah
STATE INSPECTORATE
FOR CONSTRUCTIONS

Cristina Sandu
TAXHOUSE SRL

Raluca Sanucean
ȚUCA ZBÂRCEA & ASOCIAȚII

Andrei Săvescu
SĂVESCU & ASOCIAȚII

Corina Simion
PWC ROMANIA

Alina Solschi
MUȘAT & ASOCIAȚII

Oana Soviani
DENTONS EUROPE - TODOR
SI ASOCIATII SPARL

Diana Stan
ORDINUL ARHITECȚILOR
DIN ROMANIA

Georgiana Stan
DLA PIPER DINU SCA

Ionut Stancu
NESTOR NESTOR DICULESCU
KINGSTON PETERSEN

Marie-Jeanna Stefanescu
RATEN-CITON

Tania Stefanita
TAXHOUSE SRL

Sorin Corneliu Stratula
STRATULA MOCANU
& ASOCIATII

Cătălina Sucaciu
MARAVELA & ASOCIAȚII

Alina Tacea
MUȘAT & ASOCIAȚII

Felix Tapai

Diana Tătulescu
NESTOR NESTOR DICULESCU
KINGSTON PETERSEN

Amelia Teis
D&B DAVID ȘI BAIAS LAW FIRM

Iulian Țepure
ORDINUL ARHITECȚILOR
DIN ROMANIA

Ciprian Timofte
ȚUCA ZBÂRCEA & ASOCIAȚII

Anda Todor
DENTONS EUROPE - TODOR
SI ASOCIATII SPARL

Adela Topescu
PWC ROMANIA

Andra Trantea
DLA PIPER DINU SCA

Madalina Trifan
DENTONS EUROPE - TODOR
SI ASOCIATII SPARL

Ada Țucă
JINGA & ASOCIAȚII

Cristina Tutuianu
PWC ROMANIA

Andrei Vartires
DENTONS EUROPE - TODOR
SI ASOCIATII SPARL

Cosmin Vasilescu
DENTONS EUROPE - TODOR
SI ASOCIATII SPARL

Cristina Gabriela Vedel
POP & PARTNERS SCA
ATTORNEYS-AT-LAW

Luigi Vendrami
DHL INTERNATIONAL ROMANIA

Daniel Nicolae Vinerean

Maria Vlad
JINGA & ASOCIAȚII

Andrei Zaharescu
BUCHAREST CITY HALL

Stefan Zamfirescu
ZAMFIRESCU RACOȚI &
PARTNERS ATTORNEYS-AT-LAW

俄罗斯

FEDERAL CUSTOMS SERVICE

FEDERAL SERVICE FOR STATE
REGISTRATION, CADASTER AND
CARTOGRAPHY IN MOSCOW

FEDERAL SERVICE FOR STATE
REGISTRATION, CADASTER
AND CARTOGRAPHY
IN ST. PETERSBURG

HYUNDAI MOTOR
MANUFACTURING RUS, LLC

INTRANS

MOSENERGOSBYT

SAINT PETERSBURG
SUPPLY COMPANY

WHITE & CASE LLP RUSSIA

Andrei Afanasiev
BAKER & MCKENZIE - CIS,
LIMITED

Teymur Akhundov
ALRUD LAW FIRM

Vera Akimkina

Andrei Andreev
UNIFEEDER

Anatoly E. Andriash
NORTON ROSE FULBRIGHT
(CENTRAL EUROPE) LLP

Aleksei Anisimov
KHAZOV, KASHKIN
& PARTNERS

Vitaly Anisimov
GRATA INTERNATIONAL

Irina Anyukhina
ALRUD LAW FIRM

Suren Avakov
AVAKOV TARASOV
& PARTNERS

Vladimir S. Averyanov
LAW OFFICE OF
AVERYANOV & OLENEV

Anna Babich
MANNHEIMER SWARTLING

Vladimir Barbolin
CLIFFORD CHANCE

Marc Bartholomy
CLIFFORD CHANCE

Gleb Bazurin
LINIYA PRAVA LAW FIRM

Edward Bekeschenko
BAKER & MCKENZIE - CIS,
LIMITED

Evgenia Belokon
NORTON ROSE FULBRIGHT
(CENTRAL EUROPE) LLP

Victoria Belykh
OKB - UNITED CREDIT BUREAU

Artem Berlin
KACHKIN & PARTNERS

Mikhail Beshtoyev

Dmitry Bessolitsyn
PRICEWATERHOUSECOOPERS
LEGAL

Roman Bevzenko
PEPELIAEV GROUP

Ekaterina Boeva
ALRUD LAW FIRM

Sergey Bogatyev
BEITEN BURKHARDT
RECHTSANWÄLTE
(ATTORNEYS-AT-LAW)

Andrey Bondarchuk
COMMITTEE ON URBAN
DEVELOPMENT AND
ARCHITECTURE OF
ST PETERSBURG

Natalia Borisevich
UNITED CONSULTING GROUP

Julia Borozdna
PEPELIAEV GROUP

Thomas Brand
BRAND & PARTNER

Olga Chirkova
HANNES SNELLMAN
ATTORNEYS LTD.

Alexander Chizhov
EY

Dmitry Churin
CAPITAL LEGAL SERVICES

Marat Davletbaev
NEKTOROV, SAVELIEV
& PARTNERS

Darya Degtyareva
ALRUD LAW FIRM

Svetlana Demicheva
DENTONS

German Derbushev
PRICEWATERHOUSECOOPERS
LEGAL

Yana Dianova
GRATA INTERNATIONAL

Daniel Dmitriev
ENERGIA LLC

Olga Duchenko
KACHKIN & PARTNERS

Elizaveta Dvoinishnikova
CAPITAL LEGAL SERVICES

Arslan Dyakiev
PRICEWATERHOUSECOOPERS
LEGAL

Natalia Dybina
KHAZOV, KASHKIN
& PARTNERS

Sergey Fedorov
BORENIUS ATTORNEYS
RUSSIA LTD.

Victoria Feleshtin
LEVINE BRIDGE

Ilya Fomin
GOLSBLAT BLP

Dzhaniko Gagua
N-LOGISTICS

Marsel Galiautdinov
JSC LUKOIL

Magomed Gasanov
ALRUD LAW FIRM

Vladimir Vladimirovich
Golobokov
CENTER FOR INNOVATION
AND INFORMATION
TECHNOLOGY FOUNDATION

Lidia Gorshkova
PEPELIAEV GROUP

Anton Grebennikov
FWD FREIGHT AND
FORWARDING

Vladimir Grigoriyev
COMMITTEE ON URBAN
DEVELOPMENT AND
ARCHITECTURE OF
ST PETERSBURG

Anna Grishchenkova
KORELSKIY ISCHUK
ASTAFIEV (KIAP)

Igor Guschev
DUVERNOIX LEGAL

Teymur Guseynov
EGOROV PUGINSKY
AFANASIEV & PARTNERS

George Gutiev
GOLSBLAT BLP

Roman Ibriyev
MOESK

Anton Isakov
GOLSBLAT BLP

Roman Ishmukhametov
BAKER & MCKENZIE

Polina Kachkina
KACHKIN & PARTNERS

Nikita Kalinichenko
NEKTOROV, SAVELIEV
& PARTNERS

Maxim Kalinin
BAKER & MCKENZIE

Lilia Kalinina
PENNVILLE HOLDINGS LIMITED

Nadezhda Karavanova
DEPARTMENT OF URBAN
PLANNING POLICY
OF MOSCOW

Kamil Karibov
BEITEN BURKHARDT
RECHTSANWÄLTE
(ATTORNEYS-AT-LAW)

Pavel Karpunin
CAPITAL LEGAL SERVICES

Ekaterina Karunets
BAKER & MCKENZIE - CIS,
LIMITED

Roman Kashkin
KHAZOV, KASHKIN
& PARTNERS

Ivan Khaydurov
HOUGH TROFIMOV
& PARTNERS

Evgeny Khazanov
ROLL STANDARD

Snezhana Kitaeva
LENENERGO

Ksenia Kochneva
DLA PIPER

Vadim Kolomnikov
DEBEVOISE & PLIMPTON LLP

Oleg Kolotilov
KULKOV, KOLOTILOV &
PARTNERS (KK&P)

Aleksey Konevsky
PEPELIAEV GROUP

Anastasia Konovalova
NORTON ROSE FULBRIGHT
(CENTRAL EUROPE) LLP

Vadim Konyushkevich
LINIYA PRAVA LAW FIRM

Alexander Korkin
PEPELIAEV GROUP

Evgenia Korotkova
DECHERT LLP

Evgeniy Koshkarov
ARIVIST

Igor Kostennikov
YUST LAW FIRM

Vadim Kovalyov
CAPITAL LEGAL SERVICES

Dmitriy Kozlov
UNITED CONSULTING GROUP

Alyona Kozyreva
NORTON ROSE FULBRIGHT
(CENTRAL EUROPE) LLP

Leonid Kropotov
DLA PIPER

Ekaterina Krylova
AGENCY FOR STRATEGIC
INITIATIVES

Elena Kukushkina
BAKER & MCKENZIE - CIS,
LIMITED

Leonid Kulakov
COMMITTEE ON URBAN
DEVELOPMENT AND
ARCHITECTURE OF
ST PETERSBURG

Dmitry Kunitsa
MORGAN LEWIS

Roman Kuzmin
LINIYA PRAVA LAW FIRM

Sergei L. Lazarev
RUSSIN & VECCHI

Ekaterina Lazorina
PWC RUSSIA

Bogdan Lebed
BUDMAKS CONSTRUCTION

致 谢

Sergei Lee
CASTRÉN & SNELLMAN INTERNATIONAL LTD.

Evgeny Lidzhiev
LIDINGS LAW FIRM

Sergey Likhachev
GOLSBLAT BLP

Anastasiya Likhanova
GEOMETRIYA

Gregory Linkov
CENTER FOR INNOVATION AND INFORMATION TECHNOLOGY FOUNDATION

Yulia Litovtseva
PEPELIAEV GROUP

Dmitry Lobachev
KHRENOV & PARTNERS

Maxim Losik
CASTRÉN & SNELLMAN INTERNATIONAL LTD.

Stepan Lubavsky
FINEC

Yulia Ludinova
COMMITTEE ON URBAN DEVELOPMENT AND ARCHITECTURE OF ST PETERSBURG

Sergey Lyadov
TRANS BUSINESS

Ilya Lyubchenko
UNITED CONSULTING GROUP

Aleksandr Lyuboserdov
PROFESSIONAL LEGAL CENTER

Alexei Yurievich Makarovsky
MOESK

Bagel Maksim Anatolyevich
GARANT ENERGO

Sofya Mamonova
NORTON ROSE FULBRIGHT (CENTRAL EUROPE) LLP

Alisa Manaka
MOESK

Vilena Mandrika
RUSSIN & VECCHI

Igor Marmalidi
PEPELIAEV GROUP

Igor Matveyev
BORENIUS ATTORNEYS RUSSIA LTD.

Ekaterina Mayorova
ALRUD LAW FIRM

Vladimir Meleshin
EXPRESS REGISTRATOR

Anastasia Mergasova
CAPITAL LEGAL SERVICES

Maria Mikhailova
MORGAN LEWIS

Stanislav Mikhaylov
HOLDING RBI

Nadezhda Minina
NEKTOROV, SAVELIEV & PARTNERS

Dmitry Mishin
PRICEWATERHOUSECOOPERS LEGAL

Michael Morozov
KPMG RUSSIA

Natalya Morozova
VINSON & ELKINS

Ivan Nasonov
N-LOGISTICS

Elena Nazarova
SCHNEIDER GROUP

Kliment Nechaev
CAPITAL LEGAL SERVICES

Tatiana Nikolayevna Nekrasova
MOESK

Dmitry Nekrestyanov
KACHKIN & PARTNERS

Tatyana Neveeva
EGOROV PUGINSKY AFANASIEV & PARTNERS

Petr Nikitenko
LIDINGS LAW FIRM

Alexey Nikitin
BORENIUS ATTORNEYS RUSSIA LTD.

Pavel Novikov
BAKER & MCKENZIE - CIS, LIMITED

Anton Novoseltsev
LIDINGS LAW FIRM

Gennady Odarich
PRICEWATERHOUSECOOPERS LEGAL

Elena Ogawa
LEVINE BRIDGE

Irina Onikienko
CAPITAL LEGAL SERVICES

Julia Oprenko
NORTON ROSE FULBRIGHT (CENTRAL EUROPE) LLP

Ekaterina Orlova
ATTORNEY

Olga Pankova
BAKER & MCKENZIE

Sergey Petrachkov
ALRUD LAW FIRM

Maya Petrova
BORENIUS ATTORNEYS RUSSIA LTD.

Sergei Pikin
ENERGY DEVELOPMENT FUND

Ivan Podbereznyak
DEBEVOISE & PLIMPTON LLP

Anna Ponomareva
GOLSBLAT BLP

Sergei Vladimirovich Popov
OOO SKIV

Ilya Povetkin
LENENERGO

Natalia Prisekina
RUSSIN & VECCHI

Svetlana Prokofieva
LENENERGO

Alexandr Pyatigor
MOESK

Daniil Rivin
BAKER & MCKENZIE

Anton Romanov
DMSTR CONSTRUCTION

Alexander Rostovsky
CASTRÉN & SNELLMAN INTERNATIONAL LTD.

Kirill Rubashevskiy
LINIYA PRAVA LAW FIRM

Ekaterina Rudova
CAPITAL LEGAL SERVICES

Alexander Rudyakov
YUST LAW FIRM

Anna Rybalko
DELOITTE & TOUCHE CIS

Marianna Rybynok
KHRENOV & PARTNERS

Gudisa Sakania
MOESK

Artem Samoylov
LINIYA PRAVA LAW FIRM

Kirill Saskov
KACHKIN & PARTNERS

Ulf Schneider
SCHNEIDER GROUP

Maxim Semenyako
IUSLAND LAW OFFICES

Vladimir Shabanov
YIT SAINT-PETERSBURG JSC

Alexei Shcherbakov
TSDS GROUP OF COMPANIES

Alexander Shevchuk
ASSOCIATION OF INSTITUTIONAL INVESTORS

Yulia Aleksandrovna Shirokova
MOESK

Vladimir Skrynnik
JUST PRIVATUM LAW FIRM

Yury Smolin
DE BERTI JACCHIA FRANCHINI FORLANI STUDIO LEGALE

Mihail Sergeevich Smolko
GSP GROUP

Nikolay Solodovnikov
PEPELIAEV GROUP

Julia Solomkina
LEVINE BRIDGE

Ksenia Soloschenko
CASTRÉN & SNELLMAN INTERNATIONAL LTD.

Elena Solovyeva
AGENCY FOR STRATEGIC INITIATIVES

Sergey Sosnovsky
PEPELIAEV GROUP

Ksenia Stepanischeva
LIDINGS LAW FIRM

Elena Subocheva
RUSSIN & VECCHI

Ilya Sukharnikov
EY VALUATION AND ADVISORY SERVICES LLC

Andrey Sukhov
DEPARTMENT OF URBAN PLANNING POLICY OF MOSCOW

Fredrik Svensson
MANNHEIMER SWARTLING

Dagadina Svetlana
CLIFF LEGAL SERVICES

Dmitry Tarasov
AVAKOV TARASOV & PARTNERS

Julia Tarasova
LEVINE BRIDGE

Ilya Tarbaev
ABZ-DORSTROY

Vladlena Terekhina
PRICEWATERHOUSECOOPERS LEGAL

Tatiana Tereshchenko
PRIME ADVICE ST. PETERSBURG LAW OFFICE

Evgeny Timofeev
GOLSBLAT BLP

Evgeniy Tregubenko
T&T SERVICES, LLC

Sergey A. Treshchev
SQUIRE PATTON BOGGS MOSCOW LLC

Alexander Tsakoev
NORTON ROSE FULBRIGHT (CENTRAL EUROPE) LLP

Alexandra Ulezko
KACHKIN & PARTNERS

Olga Varlamova
PENNVILLE HOLDINGS LIMITED

Anastasia Vasilieva
BEITEN BURKHARDT RECHTSANWÄLTE (ATTORNEYS-AT-LAW)

Sergey Vasilliev
DLA PIPER

Artem Vasyutin
DELOITTE & TOUCHE CIS

Inna Vavilova
PRIME ADVICE ST. PETERSBURG LAW OFFICE

Stanislav Veselov
ALRUD LAW FIRM

Denis E. Voevodin
DENTONS

Aleksei Volkov
NATIONAL BUREAU OF CREDIT HISTORIES

Yuriy Vorobyev
PEPELIAEV GROUP

Viktoria Aleksandrovna Vostrosablina
MOESK

Andrey Yakushin
CENTRAL BANK OF RUSSIA

Vadim Yudenkov
OOO GEOTECHNIC

Sergey Yurov
MONASTYRSKY, ZYUBA, STEPANOV & PARTNERS

Vladislav Zabrodin
CAPITAL LEGAL SERVICES

Roman Zaitsev
DENTONS

Marina Zaykova
CLOSED STOCK COMPANY STS ENERGY

Andrey Zelenin
LIDINGS LAW FIRM

Andrey Zharskiy
ALRUD LAW FIRM

Roman Zhavner
EGOROV PUGINSKY AFANASIEV & PARTNERS

Artem Zhavoronkov
DENTONS

Evgeny Zhilin
YUST LAW FIRM

Ekaterina Znamenskaya
NEKTOROV, SAVELIEV & PARTNERS

卢旺达

BOLLORÉ AFRICA LOGISTICS

GM CORPORATE CONSULT LIMITED (GMCC)

Emmanuel Abijuru
CAPITAL PERFORMANCE ADVOCATES

Angel Phionah Ampurire
TRUST LAW CHAMBERS

Ray Amusengeri
PWC

Richard Balenzi
TRUST LAW CHAMBERS

Alberto Basomingera
CABINET ZÉNITH LAW FIRM

Natacha Bugondo

Flavia Businge
EAST AFRICAN COMMUNITY SECRETARIAT

Louis de Gonzague Mukerangabo
VISION TECHNOLOGIES COMPANY

Paul Frobisher Mugambwa
PWC

Claver Gakwavu
RWANDA ENERGY GROUP

Patrick Gashagaza
GPO PARTNERS RWANDA

Jean Havugimana
ECODESEP LTD.

Francois Xavier Kalinda
UNIVERSITY OF RWANDA

Désiré Kamanzi
ENSAFRICA RWANDA

Wilson Karegyeya
RWANDA UTILITIES AND REGULATORY AUTHORITY

Tushabe Karim
RWANDA DEVELOPMENT BOARD

Didas Kayihura
FOUNTAIN ADVOCATES

Eudes Kayumba
LANDMARK STUDIO

Théophile Kazeneza
CABINET D'AVOCATS KAZENEZA

Valence Kimeny
NATIONAL BANK OF RWANDA

Patrice Manirakiza
REPRO LTD.

Isaïe Mhayimana
ZENITH LAW FIRM

Alvin Mihigo
R & PARTNERS LAW FIRM

Calvin Mitali
EQUITY JURIS CHAMBERS

Merard Mpabwanamaguru
CITY OF KIGALI - ONE STOP CENTER FOR CONSTRUCTION

Alex Mugire
RWANDA CUSTOMS

Richard Mugisha
TRUST LAW CHAMBERS

Elonie Mukandoli
NATIONAL BANK OF RWANDA

Léopold Munderere
CABINET D'AVOCATS-CONSEILS

Jacques Munyandamutsa
RWANDA ENERGY UTILITY CORPORATION LIMITED

Pascal Mutesa
RWANDA ENERGY UTILITY CORPORATION LIMITED

Patrick Mutimura
BMP CONSULTING

Pothin Muvara
RWANDA NATURAL RESOURCES AUTHORITY, OFFICE OF THE REGISTRAR OF LAND TITLES

Grace Nishimwe
RWANDA NATURAL RESOURCES AUTHORITY, OFFICE OF THE REGISTRAR OF LAND TITLES

Aimable Nkuranga
TRANSUNION RWANDA

Martin Nkurunziza
GPO PARTNERS RWANDA

Pius Ntazinda
TRUST LAW CHAMBERS

Fred Nuwagaba
EAST AFRICAN COMMUNITY SECRETARIAT

Christy Nyarwaya
PWC

Emile Nzabamwita
CASE CONSULTANTS

Dieudonne Nzafashwanayo
ENSAFRICA RWANDA

Aaron Nzeyimana
CMA-CGM RWANDA

Seth Ochieng
HEALY CONSULTANTS GROUP PLC

Nelson Ogara
PWC

Josue Penaloza Quispe
BRALIRWA LTD.

Fred Rwihunda
RFM ENGINEERING LTD.

Yves Sangano
RWANDA DEVELOPMENT BOARD, OFFICE OF THE REGISTRAR GENERAL OF RWANDA

Pierre Valery Singizumukiza
SINGIZUMUKIZA PIERRE VALERY - NOTARY PUBLIC

Asante Twagira
ENSAFRICA RWANDA

Nelly Umugwaneza

M. Aimee Uwanyiligira
RWANDA ENERGY UTILITY CORPORATION LIMITED

Maureen Wamahiu
TRANSUNION RWANDA

Stephen Zawadi
MILLENNIUM LAW CHAMBERS

萨摩亚

BETHAM BROTHERS ENTERPRISES LTD.

LESA MA PENN

Ferila Brown
PLANNING AND URBAN MANAGEMENT AGENCY

Lawrie Burich
QUANTUM CONTRAX LTD.

Shelley Burich
QUANTUM CONTRAX LTD.

Henry Tamotu Ah Ching

Fiona Ey
CLARKE EY LAWYERS

Patrick Fepulea'I
FEPULEA'I & SHUSTER

Taulapapa Brenda Heather-Latu
LATU LAWYERS

Komisi Koria
CLARKE EY LAWYERS

Herman Kruse
KRUSE, ENARI & BARLOW

Matafeo George Latu
LATU LAWYERS

Tima Leavai
LEAVAI LAW

Peato Sam Ling
SAMOA SHIPPING SERVICES LTD.

Sala Theodore Sialau Toalepai
SAMOA SHIPPING SERVICES LTD.

Keilani Soloi
SOLOI SURVEY SERVICES

Leiataua Tom Tinai
INSTITUTION OF PROFESSIONAL ENGINEERS SAMOA (IPES)

Leilani Va'a-Tamat
VAAI HOGLUND & TAMATI LAW FIRM

Shane Wulf
MWK LAWYERS

圣马力诺

Renzo Balsimelli
UFFICIO URBANISTICA

Dennis Beccari
AVV. ERIKA MARANI

Gian Luca Belluzzi
STUDIO COMMERCIALE BELLUZZI

Gianna Burgagni
STUDIO LEGALE E NOTARILE

Cecilia Cardogna
STUDIO LEGALE E NOTARILE

Vincent Cecchetti
CECCHETTI, ALBANI & ASSOCIATI

Debora Cenni

Alberto Chezzi
STUDIO CHEZZI

Marco Ciacci
BANCA AGRICOLA

Sara Cupioli
UFFICIO TRIBUTARIO DELLA REPUBBLICA DI SAN MARINO

Alessandro de Mattia
AZIENDA AUTONOMA DI STATO PER I SERVIZI PUBBLICI

Laura Ferretti
SEGRETERIA DI STATO INDUSTRIA ARTIGIANATO E COMMERCIO TRASPORTI E RICERCA - DIPARTIMENTO ECONOMIA

Marcello Forcellini
STUDIO CHEZZI

Davide Gasperoni
UFFICIO TRIBUTARIO DELLA REPUBBLICA DI SAN MARINO

Simone Gatti
WORLD LINE

Cinzia Guerretti
WORLD LINE

Anna Maria Lonfernini
STUDIO LEGALE E NOTARILE LONFERNINI

Erika Marani
AVV. ERIKA MARANI

Lucia Mazza
UFFICIO TECNICO DEL CATASTO

Daniela Mina

Gianluca Minguzzi
ANTAO PROGETTI S.P.A.

Emanuela Montanari

Lorenzo Moretti
STUDIO LEGALE E NOTARILE

Alfredo Nicolini
LAWYER

Sara Pelliccioni
STUDIO LEGALE E NOTARILE AVV. MATTEO MULARONI - IN ASSOCIAZIONE CON BUSSOLETTI NUZZO & ASSOCIATI

Giuseppe Ragini
STUDIO LEGALE E NOTARILE GIUSEPPE RAGINI

Daniela Reffi
UFFICIO TECNICO DEL CATASTO

Marco Giancarlo Rossini
STUDIO LEGALE E NOTARILE

圣多美和普林西比

AGER - AUTORIDADE GERAL DE REGULACAO

CÂMARA DOS DESPACHANTES OFICIAIS - SÃO TOMÉ E PRÍNCIPE

António de Barros A. Aguiar
SOCOGESTA

Eudes Aguiar
AGUIAR & PEDRONHO STUDIO

Adelino Amado Pereira
AMADO PEREIRA & ASSOCIADOS, SOCIEDADE DE ADVOGADOS

André Aureliano Aragão
JURISCONSULTA & ADVOGADO

Nuno Barata
MIRANDA & ASSOCIADOS

Jeanine Batalha Ferreira
PWC PORTUGAL

Lara Beirao
CENTRAL BANK OF SÃO TOMÉ E PRÍNCIPE

Angelo De Jesus Bonfim
AMADO PEREIRA & ASSOCIADOS, SOCIEDADE DE ADVOGADOS

Miris Botelho Bernardo
TRIBUNAL DE 1A INSTANCIA DE SAO TOMÉ (JUIZO CIVEL)

Sukayna Braganca
BANCO INTERNACIONAL DE SÃO TOMÉ E PRÍNCIPE

Paula Caldeira Dutschmann
MIRANDA & ASSOCIADOS

Jaime Carvalho Esteves
PWC PORTUGAL

Tânia Cascais
MIRANDA & ASSOCIADOS

Mirian Castelo David Pontifice
BANCO INTERNACIONAL DE SÃO TOMÉ E PRÍNCIPE

Francisco Chibeles
ECOMOVEL

Olinto Costa
DIRECTORATE OF TAXES

Inês Barbosa Cunha
PWC PORTUGAL

Jaime de Oliveira
ODL & ASSOCIADOS

Celiza Deus Lima
ODL & ASSOCIADOS

Cláudia do Carmo Santos
MIRANDA & ASSOCIADOS

Stela dos Santoa Soares
POSSER DA COSTA ADVOGADOS ASSOCIADOS

Agostinho Fernandes
BANCO INTERNACIONAL DE SÃO TOMÉ E PRÍNCIPE

Edmar Ferriera Carvalho
LAWYER

Maria Figueiredo
MIRANDA & ASSOCIADOS

Salvador Fonseca
DIRECTORATE OF TAXES

Abdulay Godinho
DIRECÇÃO DOS REGISTOS E NOTARIADO DE SÃO TOMÉ

Ronísima Gomes Santana
BANCO INTERNACIONAL DE SÃO TOMÉ E PRÍNCIPE

Fernando Lima da Trindade
MINISTRY OF PUBLIC WORKS, GEOGRAPHICAL-CADASTRE, NATURAL RESOURCES, AND ENVIRONMENT

Pascoal Lima Dos Santos Daio
LAWYER

João Mayer Moreira
VDA - VIEIRA DE ALMEIDA & ASSOCIADOS

Herlander Rossi Medeiros
DIRECÇÃO GERAL DOS REGISTROS E DO NOTARIADO

Silvino Mendes
DIRECÇÃO DE OBRAS PÚBLICAS E URBANISMO

Manuel Morais
EQUADOR - VIAGENS E TURISMO LDA (AGENTE BELLETRANS)

Raul Mota Cerveira
VDA - VIEIRA DE ALMEIDA & ASSOCIADOS

Victor Nascimento
DESPACHANTE VICTOR NASCIMENTO

Virna Neves
STP COUNSEL, MEMBER OF THE MIRANDA ALLIANCE

Zerna Nezef
STP COUNSEL, MEMBER OF THE MIRANDA ALLIANCE

Anastácio Oliveira

Ana Posser
POSSER DA COSTA ADVOGADOS ASSOCIADOS

Guilherme Posser da Costa
POSSER DA COSTA ADVOGADOS ASSOCIADOS

Cosme Bonfim Afonso Rita
CÂMARA DE COMÉRCIO, AGRICULTURA E SERVIÇOS

Ilma Salvaterra
GUICHÉ ÚNICO PARA EMPRESAS

Vitor Santos
EBIC – EMPRESA DE CONSTRUÇÃO CIVIL

Edinha Soares Lima
SOLIMA & ASSOCIADOS

Manikson Trigueiros
POSSER DA COSTA ADVOGADOS ASSOCIADOS

Afonso Varela
PRIVATE PRACTITIONER

Idalécio Viana

沙特阿拉伯

DELOITTE & TOUCHE

EY

THE LAW FIRM OF HATEM ABBAS GHAZZAWI & CO.

Khalid Abdulaziz
PWC SAUDI ARABIA

Rupert Agius-Pease
KPMG

Naif Bader Al-Harbi
UNIFIED REGISTRY - MINISTRY OF COMMERCE & INDUSTRY

Omar Al Ansari
LEGAL ADVISORS, ABDULAZIZ I. AL-AJLAN & PARTNERS IN ASSOCIATION WITH BAKER & MCKENZIE LIMITED

Fayez Al Debs
PWC SAUDI ARABIA

Abdulrahman Saleh Alzeraigi Al Sohaibani
ABDULNASIR AL SOHAIBANI

Abdullah Al Tamimi
AL TAMIMI & COMPANY ADVOCATES & LEGAL CONSULTANTS

Sulaiman Al Tuwaijri
SAUDI ARABIAN GENERAL INVESTMENT AUTHORITY

Khalid Al-Abdulkareem
CLIFFORD CHANCE

Luay Alamr
ALAMR GROUP COMPANY FOR ENGINEERING CONSULTANCY

Nizar Al-Awwad
SAUDI CREDIT BUREAU - SIMAH

Fahad AlDehais
EVERSHEDS LAW FIRM

Eisa Aleisa
SAUDI ARABIA CUSTOMS

Nasser Alfaraj
LEGAL ADVISORS, ABDULAZIZ I. AL-AJLAN & PARTNERS IN ASSOCIATION WITH BAKER & MCKENZIE LIMITED

Afnan K. Al-Haboudal
AL-GHAZZAWI PROFESSIONAL ASSOCIATION

Fatima Alhasan
LEGAL ADVISORS, ABDULAZIZ I. AL-AJLAN & PARTNERS IN ASSOCIATION WITH BAKER & MCKENZIE LIMITED

Nicholas Diacos Al-Hejailan
THE LAW FIRM OF SALAH AL-HEJAILAN

Omar AlHoshan
ALHOSHAN CPAS & CONSULTANTS - MEMBER OF RUSSELL BEDFORD INTERNATIONAL

Abdulaziz Alhussan
OSOOL LAW FIRM

Naif Aljbaly
NAIF ALJBALY LAW FIRM

Sultan Almasoud
SHERMAN & STERLING IN ASSOCIATION WITH DR. SULTAN ALMASOUD & PARTNERS

Saud Almelhem
DEPARTMENT OF ZAKAT & INCOME TAX

Aiman Meqham Almeqham
AL-MEQHAM CERTIFIED PUBLIC ACCOUNTANTS

Nabil Abdullah Al-Mubarak

Naif I. Alnammi
SAUDI ARABIA CUSTOMS

Sultan Alqudiry
SAUDI CREDIT BUREAU - SIMAH

Waleed Khaled AlRudaian
SAUDI ARABIAN GENERAL INVESTMENT AUTHORITY

Ahmad Alsadhan
CLIFFORD CHANCE

Abdulmohsen Alshenify
SAUDI ARABIA CUSTOMS

Wisam AlSindi
ALSINDI LAW FIRM

Abdullah Alsowayan
SAUDI ARABIAN
MONETARY AGENCY

Hussain Alsudairy
MINISTRY OF MUNICIPAL
AND RURAL AFFAIRS

Faisal Alzamil
EVERSHEDS LAW FIRM

Haroon Ansary
PWC SAUDI ARABIA

Lamisse Bajunaid
ALSINDI LAW FIRM

John Balouziyeh
DENTONS

Nada Bashammakh
ALSINDI LAW FIRM

Piyush Bhandari
INTUIT MANAGEMENT
CONSULTANCY

Priyanka Bhandari
INTUIT MANAGEMENT
CONSULTANCY

Kamal El-Batnigi
KPMG

Emad El-Hout
ALFANAR PRECAST

Majed Mohammed Garoub
LAW FIRM OF MAJED
M. GAROUB

Fehem Hashmi
CLIFFORD CHANCE

Amgad Husein
DENTONS

Christopher H. Johnson
JOHNSON & PUMP IN
ASSOCIATION WITH
AL-SHARIF LAW FIRM

Zaid Mahayni
SEDCO HOLDING

Mohammed Majed AlQahtani
UNIFIED REGISTRY - MINISTRY
OF COMMERCE & INDUSTRY

Justin McGettigan
KPMG

Rukn Eldeen Mohammed
OMRANIA & ASSOCIATES

Humaid Mudhaffr
SAUDI CREDIT
BUREAU - SIMAH

Grahame Nelson
AL TAMIMI & COMPANY
ADVOCATES & LEGAL
CONSULTANTS

Johnson Rajan
INTUIT MANAGEMENT
CONSULTANCY

Faisal Saad Al-Bedah
SAUDI ARABIA CUSTOMS

Emad Salameh
AL TAMIMI & COMPANY
ADVOCATES & LEGAL
CONSULTANTS

Muhammad Anum Saleem
EVERSHEDS LAW FIRM

Subahi Mohammed Subahi
AL-GHAZZAWI PROFESSIONAL
ASSOCIATION

Mohammed Yaghmour
PWC SAUDI ARABIA

Soudki Zawaydeh
PWC SAUDI ARABIA

塞内加尔

BCEAO

CREDITINFO VOLO

Baba Aly Barro
PRICEWATERHOUSECOOPERS
TAX & LEGAL SA

Mamadou Berthe
ATELIER D'ARCHITECTURE

Ibrahima Diagne
GAINDE 2000

Amadou Dioulé Diallo
MINISTÈRE DE L'URBANISME
ET DE L'ASSAINISSEMENT

Abdoul Aziz Dieng
CENTRE DE GESTION
AGRÉE DE DAKAR

Malick Dieng
CAFIJEX

Alioune Badara Diop
ONAS

Amadou Diop
GAINDE 2000

Angelique Pouye Diop
APIX AGENCE CHARGÉE
DE LA PROMOTION DE
L'INVESTISSEMENT ET DES
GRANDS TRAVAUX

Fodé Diop
ART INGÉNIERIE SUARL

Medieumbe Diouf
ONAS

Abdoulaye Drame
CABINET ABDOULAYE DRAME

Fama de Sagama Fall Gueye
ONAS

Ibrahim Faye
SCI LA PROMOBILIERE

Moustapha Faye
SOCIÉTÉ CIVILE
PROFESSIONNELLE D'AVOCATS
FRANÇOIS SARR & ASSOCIÉS

Catherine Faye Diop
ORDRE DES ARCHITECTES
DU SÉNÉGAL

Balla Gningue
SCP MAME ADAMA
GUEYE & ASSOCIÉS

Antoine Gomis
SCP SENGHOR & SARR,
NOTAIRES ASSOCIÉS

Matthias Hubert
PRICEWATERHOUSECOOPERS
TAX & LEGAL SA

Abdou Kader Konaté
ARCHITECTE DPLG

Malick Kandji
APIX AGENCE CHARGÉE
DE LA PROMOTION DE
L'INVESTISSEMENT ET DES
GRANDS TRAVAUX

Abdou Dialy Kane
CABINET MAÎTRE
ABDOU DIALY KANE

Mahi Kane
PRICEWATERHOUSECOOPERS
TAX & LEGAL SA

Sidy Kanoute
AVOCAT À LA COUR

Mouhamed Kebe
GENI & KEBE

Mamadou Lamine Ba
APIX

Doudou Charles Lo
FINKONE TRANSIT SA

Cheikh Loum Pouye
FINKONE TRANSIT SA

Mamadou Mbaye
SCP MAME ADAMA
GUEYE & ASSOCIÉS

Ngouda Mbaye
HECTO ENERGY

Saliou Mbaye
HECTO ENERGY

Birame Mbaye Seck
DIRECTION DU
DEVELOPPEMENT URBAIN

Elodie Dagneaux Ndiaye
APIX AGENCE CHARGÉE
DE LA PROMOTION DE
L'INVESTISSEMENT ET DES
GRANDS TRAVAUX

Sadel Ndiaye
SCP NDIAYE & MBODJ

Absatou Ndiaye Samaké
GENI & KEBE

Moustapha Ndoye
CABINET MAITRE
MOUSTAPHA NDOYE

Macoumba Niang
REGISTRE DU COMMERCE
ET DU CREDIT MOBILIER

Herinjiva Tahirisoa
Rakotonirina

Abibatou Samb-Diouck
ETUDE SAMB-DIOUCK

François Sarr
SOCIÉTÉ CIVILE
PROFESSIONNELLE D'AVOCATS
FRANÇOIS SARR & ASSOCIÉS

Daniel-Sédar Senghor
SCP SENGHOR & SARR,
NOTAIRES ASSOCIÉS

Codou Sow-Seck
GENI & KEBE

Ndatté Sy
SENELEC

Ibra Thiombane
CABINET JURAFRIK CONSEIL
EN AFFAIRES (JCA)

Ndèye Khoudia Tounkara
ETUDE ME MAYACINE
TOUNKARA ET ASSOCIÉS

塞尔维亚

HARRISONS

Milos Anđelković
WOLF THEISS

Senka Anđelković
NATIONAL ALLIANCE
FOR LOCAL ECONOMIC
DEVELOPMENT

Aleksandar Andrejic
PRICA & PARTNERS LAW OFFICE

Aleksandar Arsic
PRICEWATERHOUSECOOPERS
CONSULTING D.O.O.

Vlado Babic
AIR SPEED

Jovan Beara
UVRA

Slavko Bingulac
IMMORENT SINGIDUNUM
D.O.O.

Jelena Bojovic
NATIONAL ALLIANCE
FOR LOCAL ECONOMIC
DEVELOPMENT

Bojana Bregovic
WOLF THEISS

Milan Brkovic
ASSOCIATION OF
SERBIAN BANKS

Marina Bulatovic
WOLF THEISS

Marija Čabarkapa
AVS LEGAL

Ana Čalić Turudija
PRICA & PARTNERS LAW OFFICE

Dragoljub Cibulić
BDK ADVOKATI

Vladimir Dabić
THE INTERNATIONAL
CENTER FOR FINANCIAL
MARKET DEVELOPMENT

Marina Dacijar
BELGRADE COMMERCIAL
COURT

Milan Dakic
BDK ADVOKATI

Jovica Damnjanovic
DEVELOPMENT
CONSULTING GROUP

Vladimir Dašić
BDK ADVOKATI

Gili Dekel
DIRECT CAPITAL S D.O.O.

Lidija Djeric
LAW OFFICES POPOVIC,
POPOVIC & PARTNERS

Uroš Djordjević
ŽIVKOVIĆ & SAMARDŽIĆ
LAW OFFICE

Zeljko Djuric
CONTINENTAL WIND

Jelena Kuveljic Dmitric

Dragan Draca
PRICEWATERHOUSECOOPERS
CONSULTING D.O.O.

Ilija Drazic
DRAŽIĆ, BEATOVIĆ &
PARTNERS LAW OFFICE

Dragan Gajin
NEWTON LAW GROUP

Jovana Gavrilovic
PRICA & PARTNERS LAW OFFICE

Jelena Gazivoda
LAW OFFICES JANKOVIĆ,
POPOVIĆ & MITIĆ

Danica Gligorijevic
PRICA & PARTNERS LAW OFFICE

Miloš Ilić
ŽIVKOVIĆ & SAMARDŽIĆ
LAW OFFICE

Marko Janicijevic
TOMIC SINDJELIC
GROZA LAW OFFICE

Ana Jankov
BDK ADVOKATI

Mihajlo Jovanović
ADVOKATSKA KANCELARIJA
OLJACIC & TODOROVIC

Nemanja Kačavenda
A.D. INTEREUROPA, BELGRAD

Irena Kalmić
BDK ADVOKATI

Dušan Karalić
DMK TAX & FINANCE

Marija Karalić
DMK TAX & FINANCE

Milica Košutić
LAW OFFICES JANKOVIĆ,
POPOVIĆ & MITIĆ

Vidak Kovacevic
WOLF THEISS

Ivan Krsikapa
NINKOVIĆ LAW OFFICE

Zach Kuvizić
KUVIZIC & TADIC LAW OFFICE

Kosta D. Lazic
LAW OFFICE KOSTA D. LAZIC

Milan Lazić
KN KARANOVIĆ & NIKOLIĆ

Ružica Mačukat
SERBIAN BUSINESS REGISTERS
AGENCY (SBRA)

Miladin Maglov
SERBIAN BUSINESS REGISTERS
AGENCY (SBRA)

Aleksandar Mančev
PRICA & PARTNERS LAW OFFICE

Djordje Mijatov
LAW OFFICE ILIĆ

Predrag Milenković
DRAŽIĆ, BEATOVIĆ &
PARTNERS LAW OFFICE

Milena Mitić
KN KARANOVIĆ & NIKOLIĆ

Aleksandar Mladenović
MLADENOVIC & STANKOVIC
IN COOPERATION WITH ROKAS
INTERNATIONAL LAW FIRM

Veljko Nešić
PRICA & PARTNERS LAW OFFICE

Dimitrije Nikolić
GEBRUDER WEISS D.O.O.

Djurdje Ninković
NINKOVIĆ LAW OFFICE

Bojana Noskov
WOLF THEISS

Zvonko Obradović
SERBIAN BUSINESS REGISTERS
AGENCY (SBRA)

Igor Oljačić
ADVOKATSKA KANCELARIJA
OLJACIC & TODOROVIC

Stefan Pavlovic
MLADENOVIC & STANKOVIC
IN COOPERATION WITH ROKAS
INTERNATIONAL LAW FIRM

Časlav Petrović
ZAVIŠIN SEMIZ & PARTNERS

Jasmina Petrović
CITY OF BELGRADE,
URBANISM DEPARTMENT

Mihajlo Prica
PRICA & PARTNERS LAW OFFICE

Branka Rajicic
PRICEWATERHOUSECOOPERS
CONSULTING D.O.O.

Branimir Rajsic
KARANOVIC & NIKOLIC
LAW FIRM

Marko Repić
ADVOKATSKA KANCELARIJA
OLJACIC & TODOROVIC

Sonja Sehovac
ŽIVKOVIĆ & SAMARDŽIĆ
LAW OFFICE

Stojan Semiz
ZAVIŠIN SEMIZ & PARTNERS

Neda Spajić
ŽIVKOVIĆ & SAMARDŽIĆ
LAW OFFICE

Marko Srdanović
MUNICIPALITY OF SURCIN

Mirjana Stankovic
DEVELOPMENT
CONSULTING GROUP

Dragana Stanojević
USAID BUSINESS ENABLING PROJECT - BY CARDNO EMERGING MARKETS USA LTD.

Milica Stojanović
LAW OFFICES JANKOVIĆ, POPOVIĆ & MITIĆ

Petar Stojanović
JOKSOVIC, STOJANOVIĆ AND PARTNERS

Nikola Sugaris
ZAVIŠIN SEMIZ & PARTNERS

Robert Sundberg
DEVELOPMENT CONSULTING GROUP

Marko Tesanovic
WOLF THEISS

Ana Tomic
JOKSOVIC, STOJANOVIĆ AND PARTNERS

Jovana Tomić
ŽIVKOVIĆ & SAMARDŽIĆ LAW OFFICE

Snežana Tosić
SERBIAN BUSINESS REGISTERS AGENCY (SBRA)

Goran Vucic
JOKSOVIC, STOJANOVIĆ AND PARTNERS

Srećko Vujaković
MORAVCEVIC, VOJNOVIC & PARTNERS IN COOPERATION WITH SCHOENHERR

Tanja Vukotić Marinković
SERBIAN BUSINESS REGISTERS AGENCY (SBRA)

Milena Vuković Buha
AJILON SOLUTIONS

Miloš Vulić
PRICA & PARTNERS LAW OFFICE

Djordje Zejak
BDK ADVOKATI

Miloš Živković
ŽIVKOVIĆ & SAMARDŽIĆ LAW OFFICE

Igor Živkovski
ŽIVKOVIĆ & SAMARDŽIĆ LAW OFFICE

塞舌尔

PUBLIC UTILITIES CORPORATION

Fanette Albert
SEYCHELLES PLANNING AUTHORITY

Clifford Andre
LAW CHAMBER OF CLIFFORD ANDRE

Justin Bacharie
ELECTRICAL CONSULTANT SEYCHELLES

Karishma Beegoo
APPLEBY

Terry Biscornet
SEYCHELLES PLANNING AUTHORITY

Cyril Bonnelame
OCEANA FISHERIES

Juliette Butler
APPLEBY

Petar Chakarov
HEALY CONSULTANTS GROUP PLC

Francis Chang-Sam
LAW CHAMBERS OF FRANCIS CHANG-SAM

Alex Ellenberger
ADD LOCUS ARCHITECTS LTD.

Joseph Francois
SEYCHELLES PLANNING AUTHORITY

Bernard Georges
GEORGES & GEORGES

Fred Hoareau
COMPANY AND LAND REGISTRY

Brian Julie
BRYAN JULIE LAW CHAMBERS

Conrad Lablache
PARDIWALLA TWOMEY LABLACHE

Alison Lister
SEYCHELLES REVENUE COMMISSION

Carlos Loizeau
CENTRAL BANK OF SEYCHELLES

Malcolm Moller
APPLEBY

Marcus Naiken
HUNT, DELTEL & CO. LTD.

Margaret Nourice
STAMP DUTY COMMISSION

Brian Orr
MEJ ELECTRICAL

Zara Pardiwalla
PARDIWALLA TWOMEY LABLACHE

Wendy Pierre
COMPANY AND LAND REGISTRY

Victor Pool
OFFICE OF THE ATTORNEY GENERAL

Lisa Rouillon
ATTORNEY-AT-LAW

Serge Rouillon
ATTORNEY-AT-LAW

Divino Sabino
PARDIWALLA TWOMEY LABLACHE

Veerghese Samuel
OFFICE OF THE ATTORNEY GENERAL

Anthony Savy de St. Maurice
AQUARIUS SHIPPING AGENCY LTD.

Kieran B. Shah
BARRISTER & ATTORNEY-AT-LAW

Brohnsonn Winslow
WINSLOW NAYA CONSULTING

塞拉利昂

Amos Odame Adjei
PWC GHANA

Alfred Akibo-Betts
NATIONAL REVENUE AUTHORITY

Padrina Ardua Annan
PWC GHANA

Awoonor Renner
BCAR - BEACARD CHAMBERS AWOONOR RENNER

Gideon Ayi-Owoo
PWC GHANA

Isiaka Balogun
KPMG

Abdul Akim Bangura
ASSOCIATION OF CLEARING AND FORWARDING AGENCIES SIERRA LEONE

Mallay F. Bangura
ELECTRICITY DISTRIBUTION AND SUPPLY AUTHORITY

Philip Bangura
BANK OF SIERRA LEONE

Ayesha Bedwei
PWC GHANA

Adiatu Iyamide Betts
KPMG

Anthony Y. Brewah
BREWAH & CO.

Nicholas Colin Browne-Marke
COURT OF APPEALS

Siman Mans Conteh
INCOME TAX BOARD OF APPELLATE COMMISSIONERS

Kwesi Amo Dadson
PWC GHANA

Samiria Decker
CLAS CONSULT LTD.

Momoh Dumbuya
ELECTRICITY DISTRIBUTION AND SUPPLY AUTHORITY

Manilius Garber
JARRETT-YASKEY, GARBER & ASSOCIATES: ARCHITECTS (JYGA)

Francis Kwame Gerber
HALLOWAY & PARTNERS SOLICITORS

Cyril Jalloh
NATIONAL SOCIAL SECURITY AND INSURANCE TRUST

Mohamed Jalloh
AKIM AND SATU C&F AGENCY

Ahmed Yassin Jallo-Jamboria

Ransford Johnson
LAMBERT & PARTNERS, PREMIERE CHAMBERS

Jerrie Kamara
KPMG

Alieyah Keita

Patrick Syl Kongo
NATIONAL REVENUE AUTHORITY

Lansana Kotor-Kamara
FAST TRACK COMMERCIAL COURT

George Kwatia
PWC GHANA

Millicent Lewis-Ojumu
CLAS CONSULT LTD.

Michala Mackay
CORPORATE AFFAIRS COMMISSION OF SIERRA LEONE

Ibrahim Mansaray
FAST TRACK COMMERCIAL COURT

Clifford Marcus-Roberts
KPMG

Tamba P. Ngegba
MINISTRY OF WORKS HOUSING AND INFRASTRUCTURE (MWH&I)

Francis Nyama
ELECTRICITY DISTRIBUTION AND SUPPLY AUTHORITY

Afolabi Oluwole
CUSTOMERWORTH

Eduard Parkinson
ELECTRICITY DISTRIBUTION AND SUPPLY AUTHORITY

Alusine Sesay
JUDICIARY OF SIERRA LEONE

Sahid Mohammed Sesay
SERRY KAMAL & CO

Mohamed Sherrington Samura
ELECTRICITY GENERATION AND TRANSMISSION COMPANY (EGTC)

Vivian Solomon
SUPREME COURT OF SIERRA LEONE

Millicent Stronge
DELUXE CHAMBER

Donald Samuel Williams
NATIONAL REVENUE AUTHORITY (NRA), LARGE TAXPAYERS OFFICE (LTO), DOMESTIC TAX DEPARTMENT (DTD)

Oluyemisi Williams
CLAS CONSULT LTD.

Prince Williams
CORPORATE AFFAIRS COMMISSION OF SIERRA LEONE

新加坡

MINISTRY OF TRADE & INDUSTRY

STATE COURTS

Lim Ah Kuan
SP POWERGRID LTD.

Yvonne Ang
PUBLIC UTILITIES BOARD

Caroline Berube
HJM ASIA LAW & CO LLC

Piyush Bhandari
INTUIT MANAGEMENT CONSULTANCY

Priyanka Bhandari
INTUIT MANAGEMENT CONSULTANCY

Andrew Chan
ALLEN & GLEDHILL LLP

Ewe Jin Chan
ECAS CONSULTANT PTE. LTD.

Jason Chan
ALLEN & GLEDHILL LLP

Tan Chau Yee
HARRY ELIAS PARTNERSHIP

YC Chee
RSM CHIO LIM LLP

Hooi Yen Chin
POLARIS LAW CORPORATION

Ng Chin Lock
SP POWERGRID LTD.

Chee Beow Chng
CHIP ENG SENG CORPORATION LTD.

Eng Christopher
INSOLVENCY AND PUBLIC TRUSTEE'S OFFICE

Kit Min Chye
TAN PENG CHIN LLC

Kamil Dada
TETRAFLOW PTE LTD.

Charmaine Deng
BUILDING & CONSTRUCTION AUTHORITY

Miah Fok
CREDIT BUREAU SINGAPORE PTE. LTD.

Joseph Foo
THE NATIONAL ENVIRONMENT AGENCY

Sandy Foo
DREW NAPIER

Kohe Hasan
REED SMITH

Kaiwei Ho
MINISTRY OF MANPOWER

Jay Jay
JUST R. TRANSPORT ENTERPRISE PTE. LTD.

Chong Kah Kheng
RAJAH & TANN SINGAPORE LLP

Poh Chee Kai
BUILDING & CONSTRUCTION AUTHORITY

Soo How Koh
PWC SINGAPORE

Wong Kum Hoong
ENERGY MARKET AUTHORITY

Huen Poh Lai
RSP ARCHITECTS PLANNERS & ENGINEERS (PTE) LTD.

K. Latha
ACCOUNTING & CORPORATE REGULATORY AUTHORITY, ACRA

Dave Lau
ACCOUNTING & CORPORATE REGULATORY AUTHORITY, ACRA

Yvonne Lay
INLAND REVENUE AUTHORITY OF SINGAPORE

Lee Lay See
RAJAH & TANN SINGAPORE LLP

Eng Beng Lee
RAJAH & TANN SINGAPORE LLP

Yuan Lee
WONG TAN & MOLLY LIM LLC

Edwin Leow
NEXIA TS TAX SERVICES PTE. LTD.

Yik Wee Liew
WONG PARTNERSHIP LLP

Joshua Lim
ACCOUNTING & CORPORATE REGULATORY AUTHORITY, ACRA

Kenneth Lim
ALLEN & GLEDHILL LLP

Meng May Lim
BUILDING & CONSTRUCTION AUTHORITY

Peng Hong Lim
PH CONSULTING PTE. LTD.

William Lim
CREDIT BUREAU SINGAPORE PTE. LTD.

Wai Hui Ling
BUILDING & CONSTRUCTION AUTHORITY

Joseph Liow
STRAITS LAW

Eugene Luah
DREW NAPIER

Chang Bek Mei
BUILDING & CONSTRUCTION AUTHORITY

Loh Meiling
NEXIA TS TAX SERVICES PTE. LTD.

Nikisha Mirpuri
REED SMITH

Girish Naik
PWC SINGAPORE

Daryl Ng
DNKH LOGISTICS

Beng Hong Ong
WONG TAN & MOLLY LIM LLC

Teo Han Ping
MINISTRY OF MANPOWER

Mark Quek
ALLEN & GLEDHILL LLP

Teck Beng Quek
LAND TRANSPORT AUTHORITY

Johnson Rajan
INTUIT MANAGEMENT CONSULTANCY

Lim Bok Hwa Sandy
JUST R. TRANSPORT ENTERPRISE PTE. LTD.

Jimmy Soh
YUSEN LOGISTICS SINGAPORE PTE LTD.

Hak Khoon Tan
ENERGY MARKET AUTHORITY

Henry Tan
NEXIA TS TAX SERVICES PTE. LTD.

Kristy Tan
ALLEN & GLEDHILL LLP

Martin Tan
URBAN REDEVELOPMENT AUTHORITY

Tay Lek Tan
PWC SINGAPORE

Yong Seng Tay
ALLEN & GLEDHILL LLP

Joo Heng Teh
TEH JOO HENG ARCHITECTS

Siu Ing Teng
SINGAPORE LAND AUTHORITY

Edwin Tong
ALLEN & GLEDHILL LLP

Keam Tong Wong
WOH HUP PRIVATE LIMITED

Kok Siong Wong
STEVEN TAN RUSSELL BEDFORD PAC - MEMBER OF RUSSELL BEDFORD INTERNATIONAL

Siew Kwong Wong
ENERGY MARKET AUTHORITY

Isaac Yong
FIRE SAFETY & SHELTER DEPARTMENT

Lin Zhan
REED SMITH

Yin Zili
BUILDING & CONSTRUCTION AUTHORITY

斯洛伐克

ZÁRECKÝ ZEMAN

Beáta Babačová
ČECHOVÁ & PARTNERS S.R.O.

Ján Budinský
CRIF - SLOVAK CREDIT BUREAU, S.R.O.

Peter Čavojský
CLS ČAVOJSKÝ & PARTNERS, S.R.O

Katarína Čechová
ČECHOVÁ & PARTNERS S.R.O.

Tomas Cermak
WEINHOLD LEGAL

Tomáš Cibuľa
WHITE & CASE S.R.O.

Peter Drenka
HAMALA KLUCH VÍGLASKÝ S.R.O.

Jan Dvorecky
SCM LOGISTICS S.R.O.

Matúš Fojtl
GEODESY, CARTOGRAPHY AND CADASTRE AUTHORITY

Marek Follrich
SQUIRE PATTON BOGGS

Roman Hamala
HAMALA KLUCH VÍGLASKÝ S.R.O.

Tatiana Hlušková
MINISTRY OF ECONOMY

Peter Hodál
WHITE & CASE S.R.O.

Veronika Hrušovská
PRK PARTNERS S.R.O.

Lucia Huntatová
JNC LEGAL S.R.O.

Miroslav Jalec
ZÁPADOSLOVENSKÁ DISTRIBUČNÁ AS

Mária Juraševská
PWC SLOVAKIA

Michaela Jurková
ČECHOVÁ & PARTNERS S.R.O.

Tomáš Kamenec
ZUKALOVÁ - ADVOKÁTSKA KANCELÁRIA S.R.O.

Marián Kapec
ZÁPADOSLOVENSKÁ DISTRIBUČNÁ AS

Kristina Klenova
WHITE & CASE S.R.O.

Martin Kluch
HAMALA KLUCH VÍGLASKÝ S.R.O.

Ivan Kolenič
ČECHOVÁ & PARTNERS S.R.O.

Roman Konrad
PROFINAM, S.R.O.

Miroslav Kopac
NATIONAL BANK OF SLOVAKIA

Jakub Kováčik
CLS ČAVOJSKÝ & PARTNERS, S.R.O

Karol Kovács
NOTARSKA KOMORA SLOVENSKEJ REPUBLIKY

Gabriela Kubicová
PWC SLOVAKIA

Soňa Lehocká
ALIANCIAADVOKÁTOV AK, S.R.O.

Alex Medek
WHITE & CASE S.R.O.

Nina Molcanova
PWC SLOVAKIA

Petra Murínová
DEDÁK & PARTNERS

Miloš Nagy
ZÁPADOSLOVENSKÁ DISTRIBUČNÁ AS

Jaroslav Niznansky
JNC LEGAL S.R.O.

Andrea Olšovská
PRK PARTNERS S.R.O.

Simona Rapavá
WHITE & CASE S.R.O.

Gerta Sámelová-Flassiková
ALIANCIAADVOKÁTOV AK, S.R.O.

Zuzana Satkova
PWC SLOVAKIA

Nikoleta Scasna
PWC SLOVAKIA

Christiana Serugova
PWC SLOVAKIA

Michal Simunic
ČECHOVÁ & PARTNERS S.R.O.

Jaroslav Škubal
PRK PARTNERS S.R.O.

Jakub Vojtko
JNC LEGAL S.R.O.

Otakar Weis
PWC SLOVAKIA

Katarina Zaprazna
PWC SLOVAKIA

Michal Záthurecký
WHITE & CASE S.R.O.

Miroslav Zaťko
ČECHOVÁ & PARTNERS S.R.O.

Dagmar Zukalová
ZUKALOVÁ - ADVOKÁTSKA KANCELÁRIA S.R.O.

斯洛文尼亚

Nika Bosnič
ODVETNIKI ŠELIH & PARTNERJI

Maša Drkušič
ODI LAW FIRM

Andrej Ekart
LOCAL COURT MARIBOR

Mojca Fakin
FABIANI, PETROVIČ, JERAJ, REJC ATTORNEYS-AT-LAW LTD.

Aleksander Ferk
PWC SVETOVANJE D.O.O.

Ana Filipov
FILIPOV O.P.D.O.O.

Pavle Flere

Alenka Gorenčič
DELOITTE

Mia Gostinčar
LAW FIRM MIRO SENICA AND ATTORNEYS LTD.

Eva Gostisa
JADEK & PENSA D.O.O. - O.P.

Hermina Govekar Vičič
BANK OF SLOVENIA

Damijan Gregorc
LAW FIRM MIRO SENICA AND ATTORNEYS LTD.

Barbara Hočevar
PWC SVETOVANJE D.O.O.

Branko Ilić
ODI LAW FIRM

Andraž Jadek

Matjaž Jan
ODI LAW FIRM

Andrej Jarkovič
LAW FIRM JANEŽIČ & JARKOVIČ LTD.

Jernej Jeraj
FABIANI, PETROVIČ, JERAJ, REJC ATTORNEYS-AT-LAW LTD.

Boris Kastelic
FINANCIAL INSTITUTION OF THE REPUBLIC OF SLOVENIA

Lovro Kleindienst
TRANSOCEAN SHIPPING

Sašo Koderman
ODVETNIK SEDMAK

Miro Košak
NOTARY OFFICE KOŠAK

Gregor Kovačič
JADEK & PENSA D.O.O. - O.P.

Neža Kranjc
ODVETNIKI ŠELIH & PARTNERJI

Nina Kristarič
JADEK & PENSA D.O.O. - O.P.

Uroš Križanec
SKM LAW FIRM

Sabina Lamut
LAMUTS D.O.O

Borut Leskovec
JADEK & PENSA D.O.O. - O.P.

Vesna Ložak
ODVETNISKA DRUZBA NEFFAT

Jera Majzelj
ODVETNIKI ŠELIH & PARTNERJI

Miroslav Marchev
PWC SVETOVANJE D.O.O.

Nastja Merlak
JADEK & PENSA D.O.O. - O.P.

Matjaž Miklavčič
SODO D.O.O.

Bojan Mlaj
ENERGY AGENCY OF THE REPUBLIC OF SLOVENIA

Eva Možina
SCHOENHERR

Domen Neffat
ODVETNISKA DRUZBA NEFFAT

Mateja Odar
ODVETNIKI ŠELIH & PARTNERJI

Neli Okretič
JADEK & PENSA D.O.O. - O.P.

Ela Omersa
FABIANI, PETROVIČ, JERAJ, REJC ATTORNEYS-AT-LAW LTD.

Sonja Omerza
DELOITTE

Aljaz Perme

Nataša Pipan-Nahtigal
ODVETNIKI ŠELIH & PARTNERJI

Petra Plevnik
LAW FIRM MIRO SENICA AND ATTORNEYS LTD.

Bojan Podgoršek
NOTARIAT

Anja Primožič
DELOITTE

Špela Remec
ODVETNIKI ŠELIH & PARTNERJI

Jasmina Rešidović
NOTARY OFFICE KOŠAK

Patricija Rot
JADEK & PENSA D.O.O. - O.P.

Sanja Savič
DELOITTE

Bostjan Sedmak
ODVETNIK SEDMAK

Branka Sedmak
JADEK & PENSA D.O.O. - O.P.

Andreja Škofič Klanjšček
DELOITTE

Nives Slemenjak
SCHOENHERR

Rok Starc
NOTARY OFFICE KOŠAK

Gregor Strojin
SUPREME COURT OF THE REPUBLIC OF SLOVENIA

Tilen Terlep
ODVETNIKI ŠELIH & PARTNERJI

Katarina Vodopivec
SUPREME COURT OF THE REPUBLIC OF SLOVENIA

Irena Vodopivec Jean
BANK OF SLOVENIA

Ana Vran
FABIANI, PETROVIČ, JERAJ, REJC ATTORNEYS-AT-LAW LTD.

Katja Wostner
BDO SVETOVANJE D.O.O.

Petra Zapušek
JADEK & PENSA D.O.O. - O.P.

Nina Žefran
DELOITTE

Tina Žvanut Mioč
JADEK & PENSA D.O.O. - O.P.

所罗门群岛

CREDIT & DATA BUREAU LIMITED

Agnes Atkin
MINISTRY OF LAND, HOUSING AND SURVEY

Don Boykin
PACIFIC ARCHITECTS LTD.

Anthony Frazier

Julie Haro
PREMIERE GROUP OF COMPANIES LTD.

John Katahanas
SOL - LAW

Sebastian Keso
TRADCO SHIPPING

Judy Kirchner
BJS AGENCIES LTD.

Silverio Lepe
SOL - LAW

Wayne Morris
MORRIS & SOJNOCKI CHARTERED ACCOUNTANTS

Maurice Nonipitu
KRAMER AUSENCO

Andrew Radclyffe

Gregory Joseph Sojnocki
MORRIS & SOJNOCKI CHARTERED ACCOUNTANTS

John Sullivan
SOL - LAW

Makario Tagini
GLOBAL LAWYERS, BARRISTERS & SOLICITOR

Whitlam K. Togamae
WHITLAM K TOGAMAE LAWYERS

Yolande Yates
GOH & PARTNERS

索马里

Abdul Rahmad Haji Abdalla Abdalla
BANADIR REGIONAL ADMINISTRATION - MUNICIPALITY OF MOGADISHU

Ismail Abdullahi
MINISTRY OF LABOUR AND SOCIAL AFFAIRS

Abdikarin Mohamed Ahmed
HORN LEGAL CONSULTING SERVICES

Tahlil H. Ahmed
HORN LEGAL CONSULTING SERVICES

Maryan Ahmed Harun
HORN LEGAL CONSULTING SERVICES

Mohamed Ali
SIMATECH INTERNATIONAL - SIMA MARINE LTD.

Daud Ali Abdulle
HOLAC CONSTRUCTION COMPANY

Abdulkadir Ali Adow
MAYOR'S OFFICE AT THE MUNICIPALITY OF MOGADISHU

Bile Dhoore
EAST AFRICA MODERN ENGINEERING COMPANY (EAMECO)

Abdi Abshir Dorre
SOMALI CHAMBER OF COMMERCE & INDUSTRY

Mohamed Dubad
EAST AFRICA MODERN ENGINEERING COMPANY (EAMECO)

Hassan Mohammed Farah
HOLAC CONSTRUCTION COMPANY

Omar Mohamed Farah
HOLAC CONSTRUCTION COMPANY

Abdiwahid Osman Haji
MOGADISHU LAW OFFICE

Mahad Hassan
HORN LEGAL CONSULTING SERVICES

Mahdi Hassan
DARYEEL SHIPPING AND FORWARDING

Sadia Hassan

Abdirahman Hassan Wardere
MOGADISHU UNIVERSITY

Hassan Abukar Hirabe
HOLAC CONSTRUCTION COMPANY

Said Mohamed Hussein
MINISTRY OF COMMERCE & INDUSTRY

Ahmed Jama Kheire
ADAMI GENERAL SERVICE

Godfrey Maina Macharia

Ahmed Mahmoud

Abdiwahid Mohamed
SOMALI CHAMBER OF COMMERCE & INDUSTRY

Mariam Mohamed

Bashir Mohamed Sheikh
MOGADISHU UNIVERSITY

Ali Mohamud Mahadalle
HIJAZ CLEARANCE AND FORWARDING SERVICE

Samia Saciid
EAST AFRICA MODERN ENGINEERING COMPANY (EAMECO)

Hassan Yussuf
INTERNATIONAL BANK OF SOMALIA

南非

BIDVEST PANALPINA LOGISTICS

PINSENT MASONS AFRICA LLP

Douglas Ainslie
BOWMANS

Nicolaos Akritidis
PARADIGM ARCHITECTS

Okyerebea Ampofo-Anti
WEBBER WENTZEL

Kobus Blignaut
ATTORNEY

Zamadeyi Cebisa
WEBBER WENTZEL

Brendon Christian
BUSINESS LAW BC

Haydn Davies
WEBBER WENTZEL

Gretchen de Smit
ENS

Heather Dodd
SAVAGE + DODD ARCHITECTS

Anine Greef
TRANSUNION

Daneille Halters
TRANSUNION

Nastascha Harduth
WERKSMANS INC.

Julian Jones
CLIFFE DEKKER HOFMEYR INC.

Tobie Jordaan
CLIFFE DEKKER HOFMEYR INC.

J. Michael Judin
JUDIN COMBRINCK INC. ATTORNEYS

Lisa Koenig
TRANSUNION

Jeffrey Kron
NORTON ROSE FULBRIGHT SOUTH AFRICA

David Kruyer
CONCARGO PTY. LTD.

Johnathan Leibbrandt
WEBBER WENTZEL

Eric Levenstein
WERKSMANS INC.

Shoayb Loonat
ENUMERATE CONSULTING

Kyle Mandy
PWC SOUTH AFRICA

Venashrie Mannar
ADAMS & ADAMS

Tiago Martins
TRANSITEX GLOBAL LOGISTICS OPERATIONS PTY. LTD.

Patt Mazibuko
CITY OF JOHANNESBURG - BUILDING DEVELOPMENT MANAGEMENT

Terrick McCallum
BAKER & MCKENZIE

Katlego Mmuoe

Azwindini Molaudzi
CITY OF JOHANNESBURG - BUILDING DEVELOPMENT MANAGEMENT

Laban Naidoo
CITY OF JOHANNESBURG - BUILDING DEVELOPMENT MANAGEMENT

Graeme Palmer
GARLICKE & BOUSFIELD INC.

Shannon Quinn
JUDIN COMBRINCK INC. ATTORNEYS

Kwanele Radebe
THE STANDARD BANK OF SOUTH AFRICA LIMITED

Malope Ramagaga
CITYPOWER

Lucinde Rhoodie
CLIFFE DEKKER HOFMEYR INC.

Wesley Rosslyn-Smith
UNIVERSITY OF PRETORIA

Richard Shein
BOWMANS

David Short
FAIRBRIDGES ATTORNEYS

Rajat Ratan Sinha
RCS PVT. LTD. BUSINESS ADVISORS GROUP

Richard Steinbach
NORTON ROSE FULBRIGHT SOUTH AFRICA

Danie Strachan
ADAMS & ADAMS

Zaidah Swart
WOLFSOHN AND ASSOCIATES

Anton Theron
TONKIN CLACEY PRETORIA

Paul Vermeulen
CITYPOWER

Jean Visagie
PWC SOUTH AFRICA

Rory Voller
COMPANIES AND INTELLECTUAL PROPERTY COMMISSION (CIPC)

Anthony Whittaker
CITYPOWER

St. Elmo Wilken
ENS

Gareth Williams-Wynn
KARTER MARGUB & ASSOCIATES

Colin Wolfsohn
WOLFSOHN AND ASSOCIATES

南苏丹

Mufti Othaneil Akum
MINISTRY OF JUSTICE

Roda Allison Dokolo
LOMORO & CO. ADVOCATES

Monyluak Alor Kuol
LIBERTY ADVOCATES LLP

Jimmy Araba Parata
ENGINEERING COUNCIL OF SOUTH SUDAN

Gabriel Isaac Awow
MINISTRY OF JUSTICE

Premal Batavyio
INFOTECH GROUP

Leo Bouma
NEWTON LAW GROUP

Soro Edward Eli
IMPORT FORUM INTERNATIONAL LIMITED

Halim Gebeili
NEWTON LAW GROUP

Ajo Noel Julius Kenyi
AJO & CO. ADVOCATES

Benson Karuiru
EY

Jimmy Kato
JIREH SERVICES COMPANY LIMITED

Nawaz Khan
SOUTH SUDAN ENGINEERING SOLUTIONS

Hellen Achiro Lotara
NATIONAL MINISTRY OF LABOUR, PUBLIC SERVICE & HUMAN RESOURCES DEVELOPMENT

Monywiir Marial
AJO & CO. ADVOCATES

Ramadhan A.M. Mogga
RAMADHAN & LAW ASSOCIATES

Issa Muzamil
JUBA ASSOCIATED ADVOCATES

Peter Atem Ngor
RHINO STARS

Peter Pitya
MINISTRY OF HOUSING

Lomoro Robert Bullen
LOMORO & CO. ADVOCATES

Jeremaih Sauka
MINISTRY OF JUSTICE

James Tadiwe
NATIONAL CONSULTANTS ASSOCIATION

Mut Turuk
TURUK & CO.ADVOCATES

Daniel Wani
ENGINEERING COUNCIL OF SOUTH SUDAN

Simon Patrick Wani
AJO & CO. ADVOCATES

西班牙

EQUIFAX IBERICA

MINISTERIO DE ECONOMÍA, INDUSTRIA Y COMPETITIVIDAD

Basilio Aguirre
REGISTRO DE LA PROPIEDAD DE ESPAÑA

Iñigo Alejandre
ASHURST LLP

Maria Alonso
DLA PIPER SPAIN

Angel Alonso Hernández
URÍA & MENÉNDEZ, MEMBER OF LEX MUNDI

Alfonso Alvarado Planas
DIRECCIÓN GENERAL DE INDUSTRIA, ENERGÍA Y MINAS

Javier Álvarez
J&A GARRIGUES SLP

Jacobo Archilla Martín-Sanz
ASOCIACION/ COLEGIO NACIONAL DE INGENIEROS DEL ICAI

Irene Arévalo
WHITE & CASE

Serena Argente Escartín
RAPOSO BERNARDO & ASSOCIADOS

Nuria Armas
BANCO DE ESPAÑA

Ana Armijo
ASHURST LLP

Denise Bejarano
PÉREZ - LLORCA

Monika Beltram
MONEREO MEYER MARINEL-LO ABOGADOS

Vicente Bootello
J&A GARRIGUES SLP

Agustín Bou
JAUSAS

Héctor Bouzo Cortejosa
SOLCAISUR S.L.

Antonio Bravo
EVERSHEDS NICEA

Laura Camarero
BAKER & MCKENZIE

Rosalia Cambronero
DIRECCIÓN GENERAL DEL ESPACIO PÚBLICO, AYUNTAMIENTO DE MADRID

Lola Cano
BANCO DE ESPAÑA

Ignacio Castrillón Jorge
IBERDROLA DISTRIBUCIÓN ELÉCTRICA SAU

Miguel Cruz Amorós
PWC SPAIN

Pelayo de Salvador Morell
DESALVADOR REAL ESTATE LAWYERS

Iván Delgado González
PÉREZ - LLORCA

Rossanna D'Onza
BAKER & MCKENZIE

Iván Escribano
J&A GARRIGUES SLP

Julia Fernández Esteban
EVERSHEDS NICEA

Adriadna Galimany
GÓMEZ-ACEBO & POMBO ABOGADOS

Patricia Garcia
BAKER & MCKENZIE

Valentín García González
CUATRECASAS, GONÇALVES PEREIRA

Ignacio García Silvestre
BAKER & MCKENZIE

Borja García-Alamán
J&A GARRIGUES SLP

Cristino Gomez
ARKITANDEM SL

Manuel Gomez
J&A GARRIGUES SLP

Juan Ignacio Gomeza Villa
NOTARIO DE BILBAO

Flaminia González-Barba Bolza
WHITE & CASE

Alvaro González-Escalada
LOGESTA

David Grasa Graell
AGG

Carlos Hernández
METROPOLITANA DE ADUANAS Y TRANSPORTES & ICONTAINERS. COM

Juan Miguel Hernandez Herrera
URÍA & MENÉNDEZ, MEMBER OF LEX MUNDI

Gabriele Hofmann
FOURLAW ABOGADOS

Pablo Hontoria
PÉREZ - LLORCA

Alejandro Huertas León
J&A GARRIGUES SLP

Guillermo Lillo Jaramillo
J&A GARRIGUES SLP

María Lourdes López Rivera
PWC SPAIN

Esperanza Lopez Rodriguez
URÍA & MENÉNDEZ, MEMBER OF LEX MUNDI

Marina Lorente
J&A GARRIGUES SLP

Alberto Lorenzo
BANCO DE ESPAÑA

Julio Isidro Lozano
LVA LUIS VIDAL + ARCHITECTS

Joaquin Macias
ASHURST LLP

Alberto Manzanares
ASHURST LLP

Gregorio Marañon Medina
MARAÑON LONGORIA SL

Daniel Marín
GÓMEZ-ACEBO & POMBO ABOGADOS

Ignacio Martín Martín Fernández
CAZORLA ABOGADOS, SLP

Marina Martinez
BAKER & MCKENZIE

Jorge Martín-Fernández
CLIFFORD CHANCE

Alberto Mata
THE SPAIN AMERICAN
BAR ASSOCIATION

José Manuel Mateo
J&A GARRIGUES SLP

María Jesús Mazo Venero
CONSEJO GENERAL
DEL NOTARIADO

José María Menéndez Sánchez
ASOCIACION/
COLEGIO NACIONAL DE
INGENIEROS DEL ICAI

Valentín Merino López
VALENTÍN MERINO
ARQUITECTOS SL

Alberto Monreal Lasheras
PWC SPAIN

Pedro Manuel Moreira Dos
Santos
SCA LEGAL SLP

Enrique Moreno Serrano
URÍA & MENÉNDEZ,
MEMBER OF LEX MUNDI

Pedro Neira
CAZORLA ABOGADOS, SLP

Àlex Nistal Vázquez
MONEREO, MEYER &
MARINEL-LO ABOGADOS SLP

Nicolás Nogueroles Peiró
COLEGIO DE REGISTRADORES
DE LA PROPIEDAD Y
MERCANTILES DE ESPAÑA

Rafael Núñez-Lagos de Miguel
URÍA & MENÉNDEZ,
MEMBER OF LEX MUNDI

Álvaro Felipe Ochoa Pinzón
J&A GARRIGUES SLP

Juan Oñate
LINKLATERS

Francisco Pablo
DHL EXPRESS

Isabel Palacios
CLIFFORD CHANCE

Daniel Parejo Ballesteros
J&A GARRIGUES SLP

Julio Peralta de Arriba
WHITE & CASE

Patricia Pila
DLA PIPER SPAIN

María José Plaza
ASOCIACION/
COLEGIO NACIONAL DE
INGENIEROS DEL ICAI

Carlos Pol
JAUSAS

Carolina Posse
GÓMEZ-ACEBO &
POMBO ABOGADOS

Ignacio Quintana Elena
PWC SPAIN

Nelson Raposo Bernardo
RAPOSO BERNARDO
& ASSOCIADOS

Álvaro Rifá
URÍA MENÉNDEZ

Javier Rodríguez
GÓMEZ-ACEBO &
POMBO ABOGADOS

Eduardo Rodriguez-Rovira
URÍA & MENÉNDEZ,
MEMBER OF LEX MUNDI

Álvaro Rojo
J&A GARRIGUES SLP

Javier Romeu
TIBA INTERNACIONAL SA

Mireia Sabate
BAKER & MCKENZIE

Jaime Salvador
RUSSELL BEDFORD ESPAÑA
AUDITORES Y CONSULTORES
SL - MEMBER OF RUSSELL
BEDFORD INTERNATIONAL

Eduardo Santamaría Moral
J&A GARRIGUES SLP

Pablo Santos Fita
DELOITTE ABOGADOS

Marcos Soberón
LINKLATERS

Raimon Tagliavini
URÍA MENÉNDEZ

Francisco Téllez de Gregorio
FOURLAW ABOGADOS

Adrián Thery
J&A GARRIGUES SLP

Ivan Tintore Subirana
METROPOLITANA DE
ADUANAS Y TRANSPORTES
& ICONTAINERS.COM

Alejandro Valls
BAKER & MCKENZIE

Adrián Vázquez
URÍA & MENÉNDEZ,
MEMBER OF LEX MUNDI

Juan Verdugo
J&A GARRIGUES SLP

Fernando Vives Ruiz
J&A GARRIGUES SLP

斯里兰卡

Asanka Abeysekera
TIRUCHELVAM ASSOCIATES

Anushika Abeywickrama
F.J. & G. DE SARAM

Nihal Sri Ameresekere
CONSULTANTS 21 LTD.

Nandi Anthony
CREDIT INFORMATION
BUREAU OF SRI LANKA

Surangi Arawwawala
PWC SRI LANKA

Peshala Attygalle
NITHYA PARTNERS

Harsha Cabral
CHAMBERS OF
HARSHA CABRAL

Dilmini Cooray
D.L. & F. DE SARAM

Savantha De Saram
D.L. & F. DE SARAM

Chamari de Silva
F.J. & G. DE SARAM

Suvendrini Dimbulana
D.L. & F. DE SARAM

Nilmini Ediriweera
JULIUS & CREASY

Manjula Ellepola
F.J. & G. DE SARAM

Amila Fernando
JULIUS & CREASY

Anjali Fernando
F.J. & G. DE SARAM

Ayomi Fernando
EMPLOYERS' FEDERATION
OF CEYLON

P.N.R. Fernando
COLOMBO MUNICIPAL
COUNCIL

Thuwaraka Ganeshan
TIRUCHELVAM ASSOCIATES

Thambippillai Gobalasingam
DELOITTE

Jivan Goonetilleke
D.L. & F. DE SARAM

Naomal Goonewardena
NITHYA PARTNERS

Shehara Gunasekera
F.J. & G. DE SARAM

M. Basheer Ismail
DELOITTE

David Jacob
FITS EXPRESS PVT. LTD.

Sonali Jayasuriya-Rajapakse
D.L. & F. DE SARAM

Niral Kadawatharatchie
FREIGHT LINKS
INTERNATIONAL (PTE.) LTD.

Rajah Kadirgama
FAST TRANSIT LOGISTICS
PVT. LTD.

Charana Kanankegamage
F.J. & G. DE SARAM

H.E.I. Karunarathna
COLOMBO MUNICIPAL
COUNCIL

Chamila Karunarathne
F.J. & G. DE SARAM

Sankha Karunaratne
F.J. & G. DE SARAM

Janaka Lakmal
CREDIT INFORMATION
BUREAU OF SRI LANKA

Ishara Madarasinghe
F.J. & G. DE SARAM

Sujeewa Mudalige
PWC SRI LANKA

Kandiah Neelakandan
NEELAKANDAN &
NEELAKANDAN

Abirami Nithiananthan
TIRUCHELVAM ASSOCIATES

Nirosha Peiris
TIRUCHELVAM ASSOCIATES

Priyantha Peiris
COLOMBO MUNICIPAL
COUNCIL

Dayaratne Perera
COLOMBO MUNICIPAL
COUNCIL

Nissanka Perera
PWC SRI LANKA

W.A. Chulananda Perera
DEPARTMENT OF CUSTOMS

Sunil Premarathna
DEPARTMENT OF CUSTOMS

Nishan Premathiratne
CHAMBERS OF
HARSHA CABRAL

Sabaratnam Rajendran
DEPARTMENT OF CUSTOMS

Rasheedha Ramjani
TIRUCHELVAM ASSOCIATES

Hiranthi Ratnayake
PWC SRI LANKA

Sanjeewanie Ratnayake
CREDIT INFORMATION
BUREAU OF SRI LANKA

Mohamed Rizni
SPEED INTERNATIONAL
FREIGHT SYSTEMS LTD.

Heshika Rupasinghe
TIRUCHELVAM ASSOCIATES

Shane Silva
JULIUS & CREASY

Priya Sivagananathan
JULIUS & CREASY

A.H. Sumathipala
NEELAKANDAN &
NEELAKANDAN

Harshana Suriyapperuma
SECURITIES & EXCHANGE
COMMISSION

J.M. Swaminathan
JULIUS & CREASY

Shehara Varia
F.J. & G. DE SARAM

G.G. Weerakkody
COLOMBO MUNICIPAL
COUNCIL

Charmalie Weerasekera
LAWYER

Oshani Wijewardena
D.L. & F. DE SARAM

John Wilson
JOHN WILSON PARTNERS

圣基茨和尼维斯

Michella Adrien
THE LAW OFFICES OF
MICHELLA ADRIEN

Charlene Berry
SCOTIABANK

Neil Coates
GRANT THORNTON

Rayana Dowden
WEBSTER LAW FIRM

Bernie Greaux
TROPICAL SHIPPING

Dahlia Joseph Rowe
JOSEPH ROWE
ATTORNEYS-AT-LAW

Adeola Moore
INLAND REVENUE AUTHORITY

Shaunette Pemberton
GRANT THORNTON

Steadroy Pemberton
FIVE DIAMOND SERVICES
COMPANY LTD

Tony Scatliffe II
R & T DESIGN-BUILD
CONSULTANTS GROUP LTD.

Heidi Lynn Sutton
LAW OFFICES OF T.A.C.T.
LIBURD & H.D. SUTTON

Sanshe N.N. Thompson
ST. KITTS ELECTRICITY
DEPARTMENT

Deborah Tyrell
HALIX CORPORATION

Larry Vaughan
CUSTOMS AND EXCISE
DEPARTMENT

Leonora Walwyn
WALWYNLAW

Lennox Warner
LENNOX WARNER
AND PARTNER

Charles Wilkin QC
KELSICK, WILKIN & FERDINAND

Collin Williams
ROYAL LOGISTICS

圣卢西亚

Clive Antoine
MINISTRY OF SUSTAINABLE
DEVELOPMENT, ENERGY,
SCIENCE AND TECHNOLOGY

Natalie Augustin
GLITZENHIRN AUGUSTIN & CO.

Oswald Augustin
JOSEPH SHIPPING

Judge Francis Belle
EASTERN CARIBBEAN
SUPREME COURT

Sardia Cenac-Prospere
FLOISSAC FLEMING
& ASSOCIATES

Geoffrey Duboulay
FLOISSAC FLEMING
& ASSOCIATES

Michael Duboulay
FLOISSAC FLEMING
& ASSOCIATES

Lydia Faisal
RICHARD FREDERICK AND
LYDIA FAISALS' CHAMBERS

Sylma Finisterre
FINISTERRE ATTORNEYS

Brenda Floissac-Fleming
FLOISSAC FLEMING
& ASSOCIATES

Peter I. Foster
PETER I. FOSTER & ASSOCIATES

Carol J. Gedeon
CHANCERY CHAMBERS

Garth George
ST. LUCIA ELECTRICITY
SERVICES LTD.

Cheryl Goddard-Dorville
FLOISSAC FLEMING
& ASSOCIATES

Claire Greene-Malaykhan
PETER I. FOSTER & ASSOCIATES

Natasha James
EASTERN CARIBBEAN
SUPREME COURT

John Larcher
J.H. LARCHER'S ELECTRICS LTD.

Kareem Larcher
J.H. LARCHER'S ELECTRICS LTD.

Bradley Paul
BRADLEY PAUL ASSOCIATES

Richard Peterkin
GRANT THORNTON

Candace Polius
POLIUS & ASSOCIATES

Martin S. Renee
RENEE'S CONSTRUCTION
COMPANY

Matthew T. Sargusingh
TRI-FINITY ASSOCIATES

Catherine Sealys
PROCUREMENT SERVICES
INTERNATIONAL

Chala Smith
REGISTRY OF COMPANIES AND
INTELLECTUAL PROPERTY

Finelle Smith
GRANT THORNTON

Avery Trim
MINISTRY OF PHYSICAL
DEVELOPMENT, HOUSING,
AND URBAN RENEWAL

Leandra Gabrielle Verneuil
CHAMBERS OF JENNIFER
REMY & ASSOCIATES

圣文森特和格林纳丁斯

Central Water and Sewerage Authority

St. Vincent Electricity Services Ltd.

Kay R.A. Bacchus-Browne
KAY BACCHUS-BROWNE CHAMBERS

Stanley DeFreitas
DEFREITAS & ASSOCIATES

Vilma Diaz de Gonsalves
CORPORATE SERVICES INC.

Theona R. Elizee-Stapleton
COMMERCE & INTELLECTUAL PROPERTY OFFICE (CIPO)

Zhinga Horne Edwards
LAW CHAMBERS OF ZHINGA HORNE EDWARDS

Stanley John
ELIZABETH LAW CHAMBERS

Moulton Mayers
MOULTON MAYERS ARCHITECTS

Martin Sheen
COMMERCE & INTELLECTUAL PROPERTY OFFICE (CIPO)

Shelford Stowe
MINISTRY OF HOUSING, INFORMAL HUMAN SETTLEMENTS, LANDS AND SURVEYS

Trevor Thompson
TVA CONSULTANT

苏丹

Omer Abdel Ati
OMER ABDELATI LAW FIRM

Ali Abdelrahman Khalil
SHAMI, KHALIL & SIDDIG ADVOCATES

Mohammed Abdullah Mohammed
SDV LOGISTICS

Wala Hassan Aboalela
EL KARIB & MEDANI ADVOCATES

Abdalla Abuzeid
ABDALLA A. ABUZEID & ASSOCIATES

Mohamed Ibrahim Adam
DR. ADAM & ASSOCIATES

Hatim Al Hag

Abdalla Bashir Ibrahim Alataya
MAHMOUD ELSHEIKH OMER & ASSOCIATES ADVOCATES

Imtinan Ali
CIASA

Omer El Sharif Abdulla
EMIRATES ISLAMIC BANK

Ahmed Eldirdiri
SUDANESE COMMERCIAL LAW OFFICE (SCLO)

Mohamed Elebodi
CIASA

Ahmed M. Elhillali
AMERICAN SUDANESE CONSULTING INC.

Mustafa Elshiekh
CIASA

Hatim Elshoush
EL BARKAL ENGINEERING COMPANY

Eyhab Fadl
MAHMOUD ELSHEIKH OMER & ASSOCIATES ADVOCATES

Huzeifa Fareed Ahmed Osman
MAHMOUD ELSHEIKH OMER & ASSOCIATES ADVOCATES

Nazar Hamad
AL SHAIEA COMPANY

Amr Hamad Omar
EMIRATES ISLAMIC BANK

Ahmed Hamoda Elnour
SUDAN ELECTRIC DISTRIBUTION COMPANY

Elwaleed Hussein
CIASA

Mohamed Ibrahim
SOMARAIN ORIENTAL CO.

Alaa Jalal Eldin Mohamed Ibrahim
MAHMOUD ELSHEIKH OMER & ASSOCIATES ADVOCATES

Ahmed Mahdi
MAHMOUD ELSHEIKH OMER & ASSOCIATES ADVOCATES

Ghada Mahmoud Eljeedawi
SOMARAIN ORIENTAL CO.

Tarig Mahmoud Elsheikh Omer
MAHMOUD ELSHEIKH OMER & ASSOCIATES ADVOCATES

Amin Mekki Medani
EL KARIB & MEDANI ADVOCATES

Lamis Mohamed Abdalgadir Osman
MAHMOUD ELSHEIKH OMER & ASSOCIATES ADVOCATES

Sayab Mohamed Osman Ibrahim Swar
MAHMOUD ELSHEIKH OMER & ASSOCIATES ADVOCATES

Tarig Monim
TM ADVISORY

Tariq Mubarak
EL KARIB & MEDANI ADVOCATES

Abdulhakim Omar
SDV LOGISTICS

Rayan Omer
OMER ABDELATI LAW FIRM

Enas Salih
SHAMI, KHALIL & SIDDIG ADVOCATES

Abdelkhalig Shaib
ASAR – AL RUWAYEH & PARTNERS

Wafa Shami
SHAMI, KHALIL & SIDDIG ADVOCATES

Husameldin Taha
SUDANESE COMMERCIAL LAW OFFICE (SCLO)

Marwa Taha
SHAMI, KHALIL & SIDDIG ADVOCATES

Abdel Gadir Warsama Ghalib
DR. ABDEL GADIR WARSAMA GHALIB & ASSOCIATES LEGAL FIRM

Mohamed Zain
KAYAN CONSULTANCY

苏里南

NOTARIAAT BLOM

Robert Bottse
HBN LAW

Sieglien Burleson

Dennis Chandansingh
DCA ACCOUNTANTS & CONSULTANTS

Anneke Chin-A-Lin

Joanne Danoesemito
VSH SHIPPING

Anoeschka Debipersad
A.E. DEBIPERSAD & ASSOCIATES

Norman Doorson
MANAGEMENT INSTITUTE GLIS

Marcel K. Eyndhoven
N.V. ENERGIEBEDRIJVEN SURINAME

Kenneth Foe A. Man

Dirk Heave

Rachelle Jong-Along-Asan
HAKRINBANK NV

Antoon Karg
LIM A. PO LAW FIRM

Johan Kastelein
KASTELEIN DESIGN

Satish Mahes
HAKRINBANK NV

Henk Naarendorp
CHAMBER OF COMMERCE & INDUSTRY

Joanne Pancham
CHAMBER OF COMMERCE & INDUSTRY

Edwards Redjosentone
N.V. ENERGIEBEDRIJVEN SURINAME

Adiel Sakoer
NV EKLIPZE LOGISTICS

Tjanderwatie Sieglien Sewdien
COSTER ADVOCATEN

Prija Soechitram
CHAMBER OF COMMERCE & INDUSTRY

Albert D. Soedamah
LAWFIRM SOEDAMAH & ASSOCIATES

Jane Peggy Tjon
COSTER ADVOCATEN

Silvano Tjong-Ahin
MANAGEMENT INSTITUTE GLIS

Carol-Ann Tjon-Pian-Gi
LAWYER AND SWORN TRANSLATOR

Milton van Brussel
BDO

Jennifer van Dijk-Silos
LAW FIRM VAN DIJK-SILOS

Kenneth van Gom
GOM FOOD INDUSTRIES NV

Baboelal Widjindra
CHAMBER OF COMMERCE & INDUSTRY

Andy Wong
N.V. ENERGIEBEDRIJVEN SURINAME

Anthony Wong
GENERAL CONTRACTORS ASSOCIATION OF SURINAME

斯威士兰

FEDERATION OF SWAZILAND EMPLOYERS AND CHAMBER OF COMMERCE

KPMG

Lucas Bhembe
EZULWINI MUNICIPALITY

Ray Dlamini
BICON CONSULTING ENGINEERS

Veli Dlamini
INTERFREIGHT PTY. LTD.

Chris Forte
SWAZI SURVEYS

Earl John Henwood
HENWOOD & COMPANY

Andrew Linsey
PWC SWAZILAND

Mangaliso Magagula
MAGAGULA & HLOPHE

Nhlanhla Maphanga
LANG MITCHELL ASSOCIATES

Gabsile Maseko
ROBINSON BERTRAM

Tshidi Masisi-Hlanze
MASISI-HLANZE ATTORNEYS

Sabelo Masuku
HOWE MASUKU NSIBANDE ATTORNEYS

Thandiwe Mkandla
HENWOOD & COMPANY

Kenneth J. Motsa
ROBINSON BERTRAM

George Mzungu
M&E CONSULTING ENGINEERS

Knox Nxumalo
ROBINSON BERTRAM

Kobla Quashie
KOBLA QUASHIE AND ASSOCIATES

José Rodrigues
RODRIGUES & ASSOCIATES

Bongani Simelane
MUNICIPAL COUNCIL OF MBABANE

Pieter Smoor
INTEGRATED DEVELOPMENT CONSULTANTS (IDC)

John Thomson
MORMOND ELECTRICAL CONTRACTORS

Manene Thwala
THWALA ATTORNEYS

Bradford Mark Walker
BRAD WALKER ARCHITECTS

Patricia Zwane
TRANSUNION ITC SWAZILAND PTY. LTD.

瑞典

STOCKHOLM CITY HALL

Charles Andersson
ASHURST ADVOKATBYRÅ AB

Therese Andersson
ÖHRLINGS PRICEWATERHOUSECOOPERS AB

Mats Berter
MAQS LAW FIRM

Alexander Broch
ÖRESUNDS REDOVISNING AB

Laura Carlson
STOCKHOLM UNIVERSITY, DEPARTMENT OF LAW

Åke Dahlqvist
UC

Mia Edlund
BAKER & MCKENZIE

Lars Hartzell
ELMZELL ADVOKATBYRÅ AB, MEMBER OF IUS LABORIS

Elisabeth Heide
ASHURST ADVOKATBYRÅ AB

Erik Hygrell
WISTRAND ADVOKATBYRÅ

Rickard Jansson
PANALPINA AB

Kim Jokinen
ÖHRLINGS PRICEWATERHOUSECOOPERS AB

Elena Kadelburger
MILLER ROSENFALCK LLP

Almira Kashani
MILLER ROSENFALCK LLP

Jarle Kjelingtveit
UNIL AS

Rikard Lindahl
ADVOKATFIRMAN VINGE KB, MEMBER OF LEX MUNDI

Dennis Linden
LANTMÄTERIET

Inger Lindhe
LANTMÄTERIET

Heléne Lindqvist
BOLAGSVERKET - SWEDISH COMPANIES REGISTRATION OFFICE (SCRO)

Christoffer Monell
MANNHEIMER SWARTLING ADVOKATBYRÅ

Karl-Arne Olsson
WESSLAU SODERQVIST ADVOKATBYRA

Jesper Schönbeck
ADVOKATFIRMAN VINGE KB, MEMBER OF LEX MUNDI

Mikael Söderman
ADVOKATFIRMAN BASTLING & PARTNERS

Astrid Trolle Adams
MILLER ROSENFALCK LLP

Petter Vaeren
FLOOD HERSLOW HOME

Albert Wållgren
ADVOKATFIRMAN VINGE KB, MEMBER OF LEX MUNDI

Carl Johan Wallnerström
SWEDISH ENERGY MARKETS INSPECTORATE (ENERGIMARKNADSINSPEKTIONEN)

Magnus Wennerhorn
WHITE & CASE

Anna Werner
ELMZELL ADVOKATBYRÅ AB, MEMBER OF IUS LABORIS

瑞士

Rashid Bahar
BÄR & KARRER AG

Marc Bernheim
STAIGER ATTORNEYS-AT-LAW LTD.

Myriam Büchi-Bänteli
PWC SWITZERLAND

Lukas Bühlmann
PWC SWITZERLAND

Martin Burkhardt
LENZ & STAEHELIN

Massimo Calderan
ALTENBURGER LTD. LEGAL + TAX

Ivo Cathry
FRORIEP LEGAL AG

Boudry Charles
LALIVE

Flavio Delli Colli
LENZ & STAEHELIN

Stefan Eberhard
OBERSON ABELS SA

致　谢　333

Suzanne Eckert
WENGER PLATTNER

Jana Essebier
VISCHER AG

Robert Furter
PESTALOZZI, MEMBER
OF LEX MUNDI

Gaudenz Geiger
STAIGER ATTORNEYS-
AT-LAW LTD.

Riccardo Geiser
ALTENBURGER LTD.
LEGAL + TAX

Matthias Giger
CEVA LOGISTICS

Olivier Hari
SCHELLENBERG WITTMER LTD.

Thomas H. Henle
IL INDUSTRIE-LEASING LTD.

Anouk Hirt
BÄR & KARRER AG

Ani Homberger
LALIVE

David Jenny
VISCHER AG

L. Mattias Johnson
FRORIEP LEGAL AG

Cyrill Kaeser
LENZ & STAEHELIN

Michael Kramer
PESTALOZZI, MEMBER
OF LEX MUNDI

Cédric Lenoir
LALIVE

Beat Luescher
AZ ELEKTRO AG

Valerie Meyer Bahar
NIEDERER KRAFT & FREY AG

Kaisa Miller
EY

Andrea Molino
MAG LEGIS SA

Konrad Moor
BÜRGI NÄGELI LAWYERS

Marco Mühlemann
EY

Angela Oppliger
VISCHER AG

Daniela Reinhardt
PWC SWITZERLAND

Alexander Reus
DIAZ REUS & TARG LLP

Roman Rinderknecht
EY

Ueli Schindler
AECOM/URS

Daniel Schmitz
PWC SWITZERLAND

Corinne Studer
HANDELSREGISTERAMT
DES KANTONS

Jean-Paul Vulliéty
LALIVE

Patrick Weber
EKZ ELEKTRIZITÄTSWERKE
DES KANTONS ZÜRICH

Stefan Zangger
BELGLOBE INTERNATIONAL LLC

Marc Zimmermann
LENZ & STAEHELIN

叙利亚

EY

Alaa Ahmad
SYRIAN STRATEGIC THINK
TANK RESEARCH CENTER

Sadi Alkhouri
KPMG SYRIA

Serene Almaleh
SULTANS LAW

Layla Alsamman
DELOITTE SYRIA

Jamil Ammar
RUTGERS LAW SCHOOL

Ghada Armali
SARKIS & ASSOCIATES

Reem Awad
COMMERCE & ENGINEERING
CONSULTANTS

Mohammad Khaled
Darwicheh
TALAL ABU-GHAZALEH
LEGAL (TAG-LEGAL)

Richard El Mouallem
PWC LEBANON

Nada Elsayed
PWC LEBANON

Anas Ghazi
MEETHAK - LAWYERS
& CONSULTANTS

Gordon Gray
NATIONAL U.S.-ARAB
CHAMBER OF COMMERCE

Fadi Kardous
KARDOUS LAW OFFICE

Mamon Katbeh
CENTRAL BANK OF SYRIA

Hussein Khaddour
SYRIAN LEGAL BUREAU

Alaa Nizam
ALAA NIZAM LAW OFFICE

Gabriel Oussi
OUSSI LAW FIRM

Fadi Sarkis
SARKIS & ASSOCIATES

Arem Taweel
EBRAHEEM TAWEEL
LAW OFFICE

Ebraheem Taweel
EBRAHEEM TAWEEL
LAW OFFICE

中国台湾

Jack Chang
YANGMING PARTNERS

Kuo-Ming Chang
JOINT CREDIT
INFORMATION CENTER

Sur-Form Chang
ACER INCORPORATED

Victor Chang
LCS & PARTNERS

Christine Chen
WINKLER PARTNERS

Daniel Chen
WINKLER PARTNERS

Edgar Y. Chen
TSAR & TSAI LAW FIRM,
MEMBER OF LEX MUNDI

Emily Chen
LCS & PARTNERS

Nicholas V. Chen
PAMIR LAW GROUP

Romy Chen
NATIONAL DEVELOPMENT
COUNCIL

Ying-Hua Chen
TAIWAN STOCK EXCHANGE

Yo-Yi Chen
FORMOSA TRANSNATIONAL

Chun-Yih Cheng
FORMOSA TRANSNATIONAL

Cathy Chin
TAIWAN INTERNATIONAL
LOGISTICS & SUPPLY
CHAIN ASSOCIATION

May Chou
APL

Philip T. C. Fei
FEI & CHENG ASSOCIATES

Mark Harty
LCS & PARTNERS

Sophia Hsieh
TSAR & TSAI LAW FIRM,
MEMBER OF LEX MUNDI

Chin-Yun Hsu
SECURITIES AND FUTURES
BUREAU, FINANCIAL
SUPERVISORY COMMISSION

Robert Hsu
BOLLORÉ LOGISTICS
TAIWAN LTD.

Jamie Huang
HUANG & PARTNERS

Margaret Huang
LCS & PARTNERS

T.C. Huang
HUANG & PARTNERS

Charles Hwang
YANGMING PARTNERS

Gloria Juan
YANGMING PARTNERS

Jung-Chang Lai
TAIPEI CITY GOVERNMENT

Wei-Ping Lai
YU-DING LAW FIRM

En-Fong Lan
PRIMORDIAL LAW FIRM

Jenny Lee
PAMIR LAW GROUP

Max Lee
TSAR & TSAI LAW FIRM,
MEMBER OF LEX MUNDI

Vivian Lee
HUANG & PARTNERS

John Li
LCS & PARTNERS

Justin Liang
BAKER & MCKENZIE

Angela Lin
LEXCEL PARTNERS

Frank Lin
REXMED INDUSTRIES CO. LTD.

Jeffrey Lin
JOINT CREDIT
INFORMATION CENTER

Kien Lin
JOINT CREDIT
INFORMATION CENTER

Lilian Lin
FINANCIAL SUPERVISORY
COMMISSION,
BANKING BUREAU

Ming-Yen Lin
DEEP & FAR,
ATTORNEYS-AT-LAW

Nelson J. Lin
HUANG & PARTNERS

Rich Lin
LCS & PARTNERS

Sheau Chyng Lin
PRIMORDIAL LAW FIRM

Tien-Tsai Lin
NATIONAL CUSTOMS BROKERS
ASSOCIATION OF ROC

Veronica Lin
EIGER

You-Jing Lin
CHI-SHENG LAW FIRM

Julia Liu
BOLLORÉ LOGISTICS
TAIWAN LTD.

Kang-Shen Liu
LEXCEL PARTNERS

Shu-Ying Liu
MINISTRY OF
ECONOMIC AFFAIRS

Wanyi Liu
FINANCIAL SUPERVISORY
COMMISSION,
BANKING BUREAU

Stacy Lo
LEXCEL PARTNERS

Alice Lu
LCS & PARTNERS

Judy Lu
LEE AND LI,
ATTORNEYS-AT-LAW

Wan-Chu Lu
MINISTRY OF INTERIOR

Joseph Ni
GOOD EARTH CPA

Patrick Pai-Chiang Chu
LEE AND LI,
ATTORNEYS-AT-LAW

Shiaw-Der Pan
MOTC

Lloyd Roberts
EIGER

Ching-Ping Shao
NATIONAL TAIWAN UNIVERSITY

Scarlett Tang
TSAR & TSAI LAW FIRM,
MEMBER OF LEX MUNDI

Tanya Y. Teng
HUANG & PARTNERS

Bee Leay Teo
BAKER & MCKENZIE

David Tien
LEE AND LI,
ATTORNEYS-AT-LAW

C.F. Tsai
DEEP & FAR,
ATTORNEYS-AT-LAW

Chiun-Yi Tsai
MINISTRY OF
ECONOMIC AFFAIRS

David Tsai
LEXCEL PARTNERS

Rita Tsai
APL

Yu-ti Tsai
WINKLER PARTNERS

Huan-Kai Tseng
PWC TAIWAN

Vivian W. Chen
PWC TAIWAN

Antoine Wang
TBBC LTD.

Felix Yifan Wang
YANGMING PARTNERS

Richard Watanabe
PWC TAIWAN

Huang William
GIBSIN ELECTRICAL
CONSULTANCY

Chun-Feng Wu
TAIWAN INTERNATIONAL
PORTS CORP. LTD.

Ja-Lin Wu
NATIONAL DEVELOPMENT
COUNCIL

Pei-Yu Wu
BAKER & MCKENZIE

Yen-yi Wu
WINKLER PARTNERS

Alex Yeh
LCS & PARTNERS

塔吉克斯坦

AITEN CONSULTING GROUP

ASSOCIATION OF BANKS
OF TAJIKISTAN

BAKER TILLY TAJIKISTAN

Bakhtiyor Abdulloev
ABM TRANS SERVICE LLC

Manuchehr Abdusamadzoda
CIBT - CREDIT INFORMATION
BUREAU IN TAJIKISTAN

Zarrina Adham
CJSC MDO HUMO

Zulfiya Akchurina
GRATA INTERNATIONAL

Ilhom Amirhonov
ABM TRANS SERVICE LLC

Dzhamshed Asrorov
CJSC MDO HUMO

Gulanor Atobek
DELOITTE & TOUCHE LLC

Amirbek Azizov
MINISTRY OF LABOR,
MIGRATION AND EMPLOYMENT
OF POPULATION

Denis Bagrov
CENTIL LAW FIRM

Abdulbori Baybabaev
LAW FIRM LEX

Petar Chakarov
HEALY CONSULTANTS
GROUP PLC

Akhror Edgarov
CJSC MDO HUMO

Manvel Harutyutyan
GRANT THORNTON LLP

Elena Kaeva
PWC KAZAKHSTAN

Assel Khamzina
PWC KAZAKHSTAN

Alisher Khoshimov
CENTIL LAW FIRM

Khurshed Mirziyoev
TAX COMMITTEE UNDER
GOVERNMENT OF THE
REPUBLIC OF TAJIKISTAN

Kamoliddin Mukhamedov
GRATA INTERNATIONAL

Rustam Nazrisho
NAZRISHO & MIRZOEV
LAW FIRM LLC

Temirlan Nildibayev
PWC KAZAKHSTAN

Ganchina Nuralieva
CENTIL LAW FIRM

Bahodur Nurov
GRATA INTERNATIONAL

Anjelika Pazdnyakova
GRANT THORNTON LLP

Faizali Rajabov
ASSOCIATION OF
CONSTRUCTORS OF TAJIKISTAN

Firdavs S. Mirzoev
NAZRISHO & MIRZOEV LAW FIRM LLC

Aisanat Safarbek Kyzy
GRATA INTERNATIONAL

Nadir Saidovich
SAID LTD.

Emin Sanginzoda
MINISTRY OF LABOR, MIGRATION AND EMPLOYMENT OF POPULATION

Kanat Seidaliev
GRATA INTERNATIONAL

Marina Shamilova
LEGAL CONSULTING GROUP

Takdir Sharifov
TAKDIR SHARIFOV PRIVATE PRACTITIONER

Sherzod Sodatkadamov
NAZRISHO & MIRZOEV LAW FIRM LLC

Farzona Tilavova
KAMOLOT 1 CONSULTING GROUP

Aliya Utegaliyeva
PWC KAZAKHSTAN

Abdurakhmon Yuldoshev
MINISTRY OF LABOR, MIGRATION AND EMPLOYMENT OF POPULATION

坦桑尼亚

ILALA MUNICIPAL COUNCIL

KINONDONI MUNICIPAL COUNCIL

Said Athuman
TANZANIA REVENUE AUTHORITY

Lydia Dominic

Lucas Elingaya
EAST AFRICAN LAW CHAMBERS

Esther April Erners
CRB AFRICA LEGAL

Asma Hilal
CRB AFRICA LEGAL

Anitha Ishengoma
TANESCO LTD.

Protase R.G. Ishengoma
ISHENGOMA, KARUME, MASHA & MAGAI ADVOCATES

Sujata Jaffer
NEXIA SJ TANZANIA

Faustin Joseph Kahatano
ASSOCIATION ARCHITECTS OF TANZANIA

Alex Kalanje
ZIMBABWE ELECTRICITY TRANSMISSION & DISTRIBUTION COMPANY

Njerii Kanyama
ENSAFRICA TANZANIA ATTORNEYS

Charles Kisoka
EAST AFRICAN LAW CHAMBERS

Stanley Mabiti
ABENRY & COMPANY ADVOCATES

Nkanwa Magina
BANK OF TANZANIA

Mandisa Maketa
BOLLORÉ AFRICA LOGISTICS

Sunil Maru
SUMAR VARMA ASSOCIATES

Salome Masenga
I & M BANK TANZANIA

Umaiya Masoli
BANK OF TANZANIA

Abdul Masunga
ZIMBABWE ELECTRICITY TRANSMISSION & DISTRIBUTION COMPANY

Verediana Mkabahati
BOLLORÉ AFRICA LOGISTICS

Deogratius Mmasy
PWC TANZANIA

Freddy Moshy
TANZANIA REVENUE AUTHORITY

Mirumbe Mseti
PWC TANZANIA

Ayoub Mtafya
NEXLAW ADVOCATES

Angel Mwesiga
ABENRY & COMPANY ADVOCATES

Deogratias Myamani
BANK OF TANZANIA

Athanasius Nangali
ZIMBABWE ELECTRICITY TRANSMISSION & DISTRIBUTION COMPANY

Gerald Nangi
AKO LAW IN ASSOCIATION WITH CLYDE & CO.

Stella Ndikimi
EAST AFRICAN LAW CHAMBERS

Janet Ndyetabura
VELMA LAW

Raymond Ngatuni
ENSAFRICA TANZANIA ATTORNEYS

Burure Ngocho
ISHENGOMA, KARUME, MASHA & MAGAI ADVOCATES

Alex Thomas Nguluma
ENSAFRICA TANZANIA ATTORNEYS

Hope Paul
ENSAFRICA TANZANIA ATTORNEYS

Charles R.B. Rwechungura
CRB AFRICA LEGAL

Eve Hawa Sinare
REX CONSULTING LIMITED

Ambassador Mwanaidi Sinare Maajar
ENSAFRICA TANZANIA ATTORNEYS

Henry Sondo
ABENRY & COMPANY ADVOCATES

Miriam Sudi
PWC TANZANIA

David Tarimo
PWC TANZANIA

Vulfrida Teye
VELMA LAW

Regis Tissier
BOLLORÉ AFRICA LOGISTICS

Camilla Yusuf
CRB AFRICA LEGAL

泰国

ADVANCE ADJUSTING ASSOCIATES CO. LTD. (AAA)

C.K. & P. ELECTRIC CO. LTD.

INSPECTRUM ENGINEERING SERVICES

LS HORIZON LIMITED

MESI ENGINEERING CO. LTD.

METROPOLITAN ELECTRICITY AUTHORITY

MINISTRY OF FINANCE

NEOEX ENTERPRISE CO. LTD.

PEL ENGINEERING CO. LTD.

Panida Agkavikai
BANGKOK GLOBAL LAW OFFICES LIMITED

Chavapol Akkaravoranun
BAKER & MCKENZIE

Narupat Amornkosit
ENERGY REGULATORY COMMISSION (ERC)

Somsak Anakkasela
PWC THAILAND

Salinthip Anpattanakul
SILK LEGAL COMPANY LTD.

Puangrat Anusanti
EY

Janist Aphornratana
TMF THAILAND LIMITED

Jedsada Ariyachatkul
THAI CUSTOMS DEPARTMENT

Amara Bhuwanawat
SIAM PREMIER INTERNATIONAL LAW OFFICE LIMITED

Nuttapon Boonchokchuay
PORT AUTHORITY OF THAILAND

Janpen Boonmool
TVL GLOBAL LOGISTICS

Anawat Buraphachon
DEPARTMENT OF PUBLIC WORKS AND TOWN & COUNTRY PLANNING

Thanakorn Busarasopitkul
PWC THAILAND

Guillaume Busschaert
COMIN THAI ENGINEERING SOLUTIONS CO. LTD.

Brendan Carroll
BAKER & MCKENZIE

Nopadol Chaipunya
BANGKOK METROPOLITAN ADMINISTRATION

Panotporn Chalodhorn
OFFICE OF THE JUDICIARY

Aye Chananan
PANU & PARTNERS

Albert T. Chandler
CHANDLER MHM LIMITED

Isorn Chandrawong
BANGKOK JURIST LTD.

Udomphan Chantana
DEPARTMENT OF LANDS

Phadet Charoensivakon
NATIONAL CREDIT BUREAU CO. LTD.

Damrong Charoenying
BANGKOK METROPOLITAN ADMINISTRATION

Chonlada Chayjaroensuksakul
TVL GLOBAL LOGISTICS

Cheewin Chiangkan
BAKER & MCKENZIE

Chinnavat Chinsangaram
WEERAWONG, CHINNAVAT & PEANGPANOR LTD.

Weerawong Chittmittrapap
WEERAWONG, CHINNAVAT & PEANGPANOR LTD.

Suphakorn Chueabunchai
CHANDLER MHM LIMITED

Pakwan Chuensunwankul
DEPARTMENT OF BUSINESS DEVELOPMENT, MINISTRY OF COMMERCE

Suwanna Chuerboonchai
SECURITIES AND EXCHANGE COMMISSION

Nuttita Chungsawat
ANTARES ADVISORY LTD.

Paul Connelly
INTERNATIONAL LEGAL COUNSELLORS THAILAND LIMITED (ILCT)

Samruay Daengduang
DEPARTMENT OF BUSINESS DEVELOPMENT, MINISTRY OF COMMERCE

Monnira Danwiwat
BANGKOK GLOBAL LAW OFFICES LIMITED

Thanathat Ghonkaew
COMIN THAI ENGINEERING SOLUTIONS CO. LTD.

Thirapa Glinsukon
PWC THAILAND

Manita Hengriprasopchoke
THANATHIP & PARTNERS COUNSELLORS LIMITED

Kullakarn Indrasawat
THAI CUSTOMS DEPARTMENT

Chalermpol Intarasing
TILLEKE & GIBBINS

Monthcai Itisurasing
LEED AP

Kanok Jullamon
THE SUPREME COURT OF THAILAND

Suthatip Jullamon
THE SUPREME COURT OF THAILAND

Wallaya Kaewrungruang
SIAM COMMERCIAL BANK PCL

Nuttinee Kaewsa-ard
NATIONAL CREDIT BUREAU CO. LTD.

Prasert Kongkauroptham
THAI CONTRACTORS ASSOCIATION UNDER HM THE KING'S PATRONAGE

Amnart Kongsakda
BANGKOK GLOBAL LAW OFFICES LIMITED

Alan Laichareonsup
TILLEKE & GIBBINS

Phannarat La-Ongmanee
TMF THAILAND LIMITED

Chanida Leelanuntakul
BAKER & MCKENZIE

William Lehane
SIAM PREMIER INTERNATIONAL LAW OFFICE LIMITED

Woraphong Leksakulchai
HUGHES KRUPICA CONSULTING CO. LTD.

Atthapong Limchaikit
INTER CONNECTIONS LOGISTICS

Sakchai Limsiripothong
WEERAWONG, CHINNAVAT & PEANGPANOR LTD.

Wassana Limwattanakul
TVL GLOBAL LOGISTICS

Weerasak Loysaior
THAI CUSTOMS DEPARTMENT

Prateep Lumrungruang
DFDL

Arunee Mahathorn
THANATHIP & PARTNERS COUNSELLORS LIMITED

Florian Maier
ANTARES ADVISORY LTD.

Thanissorn Masuchand
BAKER & MCKENZIE

Rudeewan Mikhanorn
EY

Pongphan Narasin
MAZARS THAILAND LTD.

Anuwat Ngamprasertkul
PWC THAILAND

Bowornsith Nitiyavanich
HUGHES KRUPICA CONSULTING CO. LTD.

Nicha Nutchayangkul
LAWPLUS LTD.

Surapol Opasatien
NATIONAL CREDIT BUREAU CO. LTD.

Wynn Pakdeejit
BAKER & MCKENZIE

Rangsima Pakkoh
ENERGY REGULATORY COMMISSION (ERC)

Pakinee Pipatpoka
NATIONAL CREDIT BUREAU CO. LTD.

Viroj Piyawattanametha
BAKER & MCKENZIE

Harit Na Pombejra
SILK LEGAL COMPANY LTD.

Panitt Pongpakdee
ONESTOP EXPORT SERVICE

Ratana Poonsombudlert
CHANDLER MHM LIMITED

Ruengrit Pooprasert
BLUMENTHAL RICHTER & SUMET

Predee Pravichpaibul
WEERAWONG, CHINNAVAT & PEANGPANOR LTD.

Kanya Pujjusamai
THAI CONTRACTORS ASSOCIATION UNDER HM THE KING'S PATRONAGE

Rangsima Rattana
LEGAL EXECUTION DEPARTMENT

Warantorn Rattanasombat
SIAM PREMIER INTERNATIONAL LAW OFFICE LIMITED

Vunnipa Ruamrangsri
PWC THAILAND

Ruthai Rugrachagarn
THAI CONTRACTORS ASSOCIATION UNDER HM THE KING'S PATRONAGE

Chaiwat Rungsipanodorn
BANGKOK METROPOLITAN ADMINISTRATION

Watchara Sanghattawattana
THAI CONTRACTORS ASSOCIATION UNDER HM THE KING'S PATRONAGE

Peangnate Sathiensopon
CHANDLER MHM LIMITED

Ubolmas Sathiensopon
CHANDLER MHM LIMITED

Peangnate Sawatdipong
CHANDLER MHM LIMITED

Alexander James Seeley
INTERNATIONAL LEGAL COUNSELLORS THAILAND LIMITED (ILCT)

Pradujduan Sirion
BANGKOK GLOBAL LAW
OFFICES LIMITED

Panya Sittisakonsin
BAKER & MCKENZIE

Kulit Sombatsiri
THAI CUSTOMS DEPARTMENT

Ratanavadee Somboon
LEGAL EXECUTION
DEPARTMENT

Kowit Somwaiya
LAWPLUS LTD.

Audray Souche
DFDL

Korapat Sukhummek
PWC THAILAND

Atchara Suknaibaiboon
TMF THAILAND LIMITED

Picharn Sukparangsee
BANGKOK GLOBAL LAW
OFFICES LIMITED

Malee Sumanotayan
THAI CUSTOMS DEPARTMENT

Nuchapa Sungkakorn
THAI CUSTOMS DEPARTMENT

Apinan Suntharanan
SIAM COMMERCIAL BANK PCL

Pattamakan Suparp
TMF THAILAND LIMITED

Tanatis Suraborworn
BANGKOK METROPOLITAN
ADMINISTRATION

Nattapon Suraratrangsi
ZICOLAW

Ruenvadee Suwanmongkol
LEGAL EXECUTION
DEPARTMENT

Naddaporn Suwanvajukkasikij
LAWPLUS LTD.

Hunt Talmage
CHANDLER MHM LIMITED

Jedsadaporn Tamnanjit
MTOUCHE CO. LTD. THAILAND

Jeffery Tan
TRICHAROEN ENGINEERING
CO., LTD.

Sasivimol Tanasarnti
LEGAL EXECUTION
DEPARTMENT

Kornjan Tangkrisanakajorn
THANATHIP & PARTNERS
COUNSELLORS LIMITED

Thitima Tangprasert
EY

Ornanong Tesabamroong
S.J. INTERNATIONAL
LEGAL CONSULTING AND
ADVISORY CO., LTD.

Noppramart
Thammateeradaycho
SIAM PREMIER INTERNATIONAL
LAW OFFICE

Norarat Theeranukoon
BANGKOK GLOBAL LAW
OFFICES LIMITED

Atitaya Thongboon
LEGAL EXECUTION
DEPARTMENT

Waraporn Tungwatcharobol
RAJAH & TANN

Kitipong Urapeepatanapong
BAKER & MCKENZIE

Supawadee Vajasit
RAJAH & TANN

Surasak Vajasit
RAJAH & TANN

Chinachart Vatanasuchart
TILLEKE & GIBBINS

Kanokkorn Viriyasutum
CHANDLER MHM LIMITED

Anthony Visate Loh
DELOITTE

Somboon Weerawutiwong
PWC THAILAND

Auradee P. Wongsaroj
CHANDLER MHM LIMITED

Somchai Yungkarn
CHANDLER MHM LIMITED

Yada Yuwataepakorn
BAKER & MCKENZIE

东帝汶

Jose Abilio
CUSTOMS, MINISTRY
OF FINANCE

Nur Aini Djafar Alkatiri
BANCO CENTRAL DE
TIMOR-LESTE

Rui Amendoeira
VDA - VIEIRA DE ALMEIDA
& ASSOCIADOS

José Borges Guerra
MIRANDA & ASSOCIADOS

Paula Caldeira Dutschmann
MIRANDA & ASSOCIADOS

Miguel Carreira Martins
WONG ALLIANCE

João Cortez Vaz
VDA - VIEIRA DE ALMEIDA
& ASSOCIADOS

Joana Custóias
MIRANDA & ASSOCIADOS

Octaviana Da S. A. Maxanches
BANCO CENTRAL DE
TIMOR-LESTE

Pascoela M. R. da Silva
BANCO CENTRAL DE
TIMOR-LESTE

Francisco de Deus Maia
BANCO CENTRAL DE
TIMOR-LESTE

Luis de Oliveira Sampaio
JSMP - JUDICIAL SYSTEMS
MONITORING PROGRAMME

Casimiro dos Santos
JSMP - JUDICIAL SYSTEMS
MONITORING PROGRAMME

Tony Duarte

Anthony Frazier

João Galamba de Oliveira
ABREU AND C&C ADVOGADOS

Tereza Garcia André
MIRANDA & ASSOCIADOS

Adi Ghanie
PWC INDONESIA

Eusebio Guterres
UNIDO BUSINESS
REGULATORY CONSULTANT

João Leite
MIRANDA & ASSOCIADOS

Carolina Letra
CAIXA GERAL DE
DEPOSITOS (CGD)

Andre Lopez
ANL TIMOR, UNIPESSOAL LDA

Elisa Pereira
ABREU AND C&C ADVOGADOS

Vega Ramadhan
PWC INDONESIA

Gaurav Sareen
DELOITTE

Ricardo Silva
MIRANDA & ASSOCIADOS

Erik Stokes
RMS ENGINEERING AND
CONSTRUCTION

Fernando Torrão Alves
CAIXA GERAL DE
DEPOSITOS (CGD)

Tim Robert Watson
PWC INDONESIA

多哥

BCEAO

CREDITINFO VOLO

A. M. Abbi Toyi
DIRECTION DES AFFAIRES
DOMANIALES ET CADASTRALES

Abbas Aboulaye
AUTORITÉ DE
RÉGLEMENTATION DU SECTEUR
DE L'ELECTRICITÉ (ARSE)

Claude Adama
AQUEREBURU AND PARTNERS,
SOCIÉTÉ D'AVOCATS
JURIDIQUE ET FISCAL

Djifa Emefa Adjale Suku
SCP DOGBEAVOU & ASSOCIES

Mensah Adje
AQUEREBURU AND PARTNERS,
SOCIÉTÉ D'AVOCATS
JURIDIQUE ET FISCAL

Kossi Mawuse Adjedomole
MARTIAL AKAKPO ET ASSOCIÉS

Komi Adjivon Kowuvi
SOCIÉTÉ TOGOLAISE DES EAUX

Koudzo Mawuéna Agbemaple
AUTORITÉ DE
RÉGLEMENTATION DU SECTEUR
DE L'ELECTRICITÉ (ARSE)

Martial Akakpo
MARTIAL AKAKPO ET ASSOCIÉS

Nicolas Kossi Akidjetan
ORDRE NATIONAL
DES ARCHITECTES DU
TOGO (ONAT)

Yves Yaovi Akoue
ETINSEL

Kossi Adotê Akpagana
SCP DOGBEAVOU & ASSOCIES

Eklu Patrick Amendah
ORDRE NATIONAL
DES ARCHITECTES DU
TOGO (ONAT)

Coffi Alexis Aquereburu
AQUEREBURU AND PARTNERS,
SOCIÉTÉ D'AVOCATS
JURIDIQUE ET FISCAL

Cécile Assogbavi
ETUDE NOTARIALE ASSOGBAVI

Kossi Ayate
TRIBUNAL DE LOME

Antoine Ayivi
LIGUE DES GENIES

Sandrine Badjili
MARTIAL AKAKPO ET ASSOCIÉS

Ibrahima Beye
PRÉSIDENCE DE LA
RÉPUBLIQUE DU TOGO

Assiom Kossi Bokodjin
CABINET D'AVOCATS
ME TOBLE GAGNON

Cedric Chalvon
SEGUCE TOGO

Essenouwa Degla
COMPAGNIE ENERGIE
ELECTRIQUE DU TOGO (CEET)

Kokou Djegnon
MINISTÈRE DE L'URBANISME
ET DE L'HABITAT

Sédjro Koffi Dogbeavou
SCP DOGBEAVOU & ASSOCIES

Essiame Koko Dzoka
LAWYER

Aklesso Louis-Edson Edeou
VERSUS ARCHITECTURE

Bassimsouwé Edjam-Etchaki
DIRECTION DES SERVICES
TECHNIQUE DE LA MAIRIE

Mathias A. Edorh-Komahe
LAWYER

Koffi Mawunyo Equagoo
CABINET D'AVOCATS
MAÎTRE MENSAH-ATTOH,
KOFFI SYLVAIN

Bérenger Ette
PWC CÔTE D'IVOIRE

N'dane Felibigou-Edjeou
OTR – COMMISSARIAT
DES DOUANES

Akossiwa Fonouvi
CABINET DE MAÎTRE
GALOLO SOEDJEDE

Ayélé Annie Gbadoe Deckon
AQUEREBURU AND PARTNERS,
SOCIÉTÉ D'AVOCATS
JURIDIQUE ET FISCAL

Mèmèssilé Dominque Gnazo
CABINET DE NOTAIRE GNAZO

Tchakoura Gnon
OTR – COMMISSARIAT
DES DOUANES

Tino Hoffer
AQUEREBURU AND PARTNERS,
SOCIÉTÉ D'AVOCATS
JURIDIQUE ET FISCAL

Atchroe Leonard Johnson
SCP AQUEREBURU & PARTNERS

Sandra Ablamba Johnson
PRÉSIDENCE DE LA
RÉPUBLIQUE DU TOGO

Gilbert Josias
CHAMBRE DE COMMERCE ET
D'INDUSTRIE DU TOGO (CCIT)

Molgah Kadjaka-Abougnima
CABINET DE NOTAIRE
KADJAKA-ABOUGNIMA

Amatékoé Kangni
MARTIAL AKAKPO ET ASSOCIÉS

Komivi Kassegne
COMPAGNIE ENERGIE
ELECTRIQUE DU TOGO (CEET)

Kodko Cephas Keoula
CHAMBRE DE COMMERCE ET
D'INDUSTRIE DU TOGO (CCIT)

Agbéwonou Koudasse
CABINET DE MAÎTRE
GALOLO SOEDJEDE

Kokou Kpeglo
OTR – COMMISSARIAT
DES DOUANES

Hokaméto Kpenou
AUTORITÉ DE
RÉGLEMENTATION DU SECTEUR
DE L'ELECTRICITÉ (ARSE)

Emmanuel Mamlan
MARTIAL AKAKPO ET ASSOCIÉS

Koffi Sylvain Mensah Attoh
CABINET MAÎTRE
MENSAH-ATTOH

Colette Migan
CABINET MAÎTRE
MENSAH-ATTOH

Laname Nayante
CALAFI

Kwami Obossou
OTR – COMMISSARIAT
DES DOUANES

Dissadama Ouro-Bodi
OFFICE TOGOLAIS
DES RECETTES

Francky Rakotondrina
JOHN W. FFOOKS & CO.

Tihana Ana Relijic
VIDAN ATTORNEYS-AT-LAW

Samuel Sanwogou
CHAMBRE DE COMMERCE ET
D'INDUSTRIE DU TOGO (CCIT)

Adjémida Douato Soededjede
SAFECO

Galolo Soedjede
CABINET DE MAÎTRE
GALOLO SOEDJEDE

Lazare Sossoukpe
SCP DOGBEAVOU & ASSOCIES

Mouhamed Tchassona Traore
ETUDE ME MOUHAMED
TCHASSONA TRAORE

Gagnon Yawo Toble
CABINET D'AVOCATS
ME TOBLE GAGNON

Fafavi Tossah Adom
SCP DOGBEAVOU & ASSOCIES

Senyo Komla Wozufia
COMELEC ÉLECTRICITÉ

Apotevi Zekpa
COMPAGNIE ENERGIE
ELECTRIQUE DU TOGO (CEET)

Komla Edem Zotchi
MARTIAL AKAKPO ET ASSOCIÉS

汤加

Delores Elliott

Pipiena Faupula
MINISTRY OF REVENUE
AND CUSTOMS

Lopeti Heimuli
MINISTRY OF INFRASTRUCTURE

Taaniela Kula
MINISTRY OF LANDS, SURVEY,
NATURAL RESOURCES
& ENVIRONMENT

Loupua Kuli
LEGISLATIVE ASSEMBLY
OF TONGA

Mosese Lavemai
PORTS AUTHORITY TONGA

Samisoni Masila
TONGA DEVELOPMENT BANK

Seini Movete
TONGA DEVELOPMENT BANK

Sione Tomasi Naite Fakahua
FAKAHUA-FA'OTUSIA
& ASSOCIATES

Laki M. Niu
LAKI NIU OFFICES

Sipiloni Raass
JAIMI ASSOCIATES
- ARCHITECTS

Tuipulotu Taufoou
DATELINE TRANS-AM SHIPPING

Vaimoana Taukolo
MINISTRY OF COMMERCE, TOURISM AND LABOUR

Fine Tohi
DATELINE TRANS-AM SHIPPING

Lesina Tonga
LESINA TONGA LAW FIRM

Pesalili Tuiano
MINISTRY OF INFRASTRUCTURE

Distquaine P. Tu'ihalamaka
MINISTRY OF COMMERCE, TOURISM AND LABOUR

Paula Tupou
ALPA ELECTRIC COMPANY LIMITED

Christine M. 'Uta'atu
UTA'ATU & ASSOCIATES

Tahifisi Vehikite
KTEC CONSULTANTS. KINGDOM OF TONGA ENGINEERING CONSULTANTS

Fotu Veikune
MINISTRY OF INFRASTRUCTURE

Dianne Warner
SKIP'S CUSTOM JOINERY LTD.

特立尼达和多巴哥

REGULATED INDUSTRIES COMMISSION

Ashmead Ali
ASHMEAD ALI & CO.

Linda M. Besson
CARIBBEAN EMPLOYERS CONFEDERATION

Luis Dini
HSMDT LTD.

Rosanne Dopson
J.D. SELLIER & CO.

Thomas Escalante
TRANSUNION

Dennis Fakoory
FAKOORY & COMPANY LTD.

Hadyn-John Gadsby
J.D. SELLIER & CO.

Glenn Hamel-Smith
M. HAMEL-SMITH & CO., MEMBER OF LEX MUNDI

Melissa Inglefield
M. HAMEL-SMITH & CO., MEMBER OF LEX MUNDI

Randall Karim
MINISTRY OF TRADE, INDUSTRY AND INVESTMENT

Sunil Lalloo
GA FARRELL AND ASSOCIATES

Mariella Lange
HSMDT LTD.

Orrisha Maharajh
JOHNSON, CAMACHO & SINGH

Kevin Maraj
PRICEWATERHOUSECOOPERS LIMITED

Christian Marquez
MINISTRY OF TRADE, INDUSTRY AND INVESTMENT

Imtiaz Mohammed
DELTA ELECTRICAL CONTRACTORS, LTD.

Nassim Mohammed
EY

David Montgomery
HLB MONTGOMERY & CO.

Evelyn Murphy
TROPICAL SHIPPING AGENCY UNLIMITED

Sheldon Mycoo
SYNOVATIONS LIMITED

Kevin Nurse
JOHNSON, CAMACHO & SINGH

Kerry Pariag
TOWN AND COUNTRY PLANNING DIVISION

Yolander Persaud
ASHMEAD ALI & CO.

Sonji Pierre Chase
JOHNSON, CAMACHO & SINGH

Catherine Ramnarine
M. HAMEL-SMITH & CO., MEMBER OF LEX MUNDI

Krystal Richardson
M. HAMEL-SMITH & CO., MEMBER OF LEX MUNDI

Clyde Roach
ROTECH SERVICES LTD.

Keith Robinson
PRICEWATERHOUSECOOPERS LIMITED

Andre Rudder
J.D. SELLIER & CO.

Alana T.G. Russell
ASHMEAD ALI & CO.

Arun Seenath
DELOITTE

Neshan Singh
MINISTRY OF TRADE, INDUSTRY AND INVESTMENT

Stephen A. Singh
JOHNSON, CAMACHO & SINGH

Tammy Timal-Toonday
GRANT THORNTON ORBIT SOLUTIONS LIMITED

Jonathan Walker
M. HAMEL-SMITH & CO., MEMBER OF LEX MUNDI

Turkessa Warwick
BROKERAGE SOLUTION

Tonika Wilson-Gabriel
PRICEWATERHOUSECOOPERS LIMITED

突尼斯

Mourad Abdelmoula
AFINCO, A MEMBER OF NEXIA INTERNATIONAL

Ilhem Abderrahim
SOCIÉTÉ TUNISIENNE DE L'ELECTRICITE ET DU GAZ (STEG)

Adly Bellagha
ADLY BELLAGHA & ASSOCIATES

Zied Ben Ali
SOCIÉTÉ TUNISIENNE D'INDUSTRIE ÉLECTRIQUE ET DE LUMIÈRE (STIEL)

Thouraya Ben Ghenia
TRIBUNAL IMMOBILIER - TUNISIE

Wassim Ben Mahmoud
BUREAU WASSEM BEN MAHMOUD

Amel Ben Rahal
BANQUE CENTRALE DE TUNISIE

Anis Ben Said
GLOBAL AUDITING & ADVISING

Abdelfetah Benahji
FERCHIOU & ASSOCIÉS

Slah-Eddine Bensaid
SCET-TUNISIE

Abdessattar Berraies
CABINET ZAANOUNI & ASSOCIÉS

Peter Bismuth
TUNISIE ELECTRO TECHNIQUE

Omar Boukhdir
BOLLORÉ AFRICA LOGISTICS

Mongi Bousbia
SOCIÉTÉ TUNISIENNE DE L'ELECTRICITE ET DU GAZ (STEG)

Salaheddine Caid Essebsi
CAID ESSEBSI & BEN SALEM ASSOCIÉS

Elyes Chafter
CHAFTER RAOUADI LAW FIRM

Zine el Abidine Chafter
CHAFTER RAOUADI LAW FIRM

Ali Chaouali
SOCIÉTÉ TUNISIENNE DE L'ELECTRICITE ET DU GAZ (STEG)

Faouzi Cheikh
BANQUE CENTRALE DE TUNISIE

Mona Cherif
GIDE LOYRETTE NOUEL, MEMBER OF LEX MUNDI

Abdelmalek Dahmani
DAHMANI TRANSIT INTERNATIONAL

Mohamed Derbel
BDO

Mohamed Lotfi El Ajeri
EL AJERI LAWYERS EAL

Sarra Elloumi
CABINET ZAANOUNI & ASSOCIÉS

Abderrahmen Fendri
CAF MEMBRE DU RÉSEAU INTERNATIONAL PWC

Noureddine Ferchiou
FERCHIOU & ASSOCIÉS

Rym Ferchiou
FERCHIOU & ASSOCIÉS

Amina Fradi
CAF MEMBRE DU RÉSEAU INTERNATIONAL PWC

Imen Guettat
CAF MEMBRE DU RÉSEAU INTERNATIONAL PWC

Anis Jabnoun
GIDE LOYRETTE NOUEL, MEMBER OF LEX MUNDI

Badis Jedidi
MEZIOU KNANI & ASSOCIÉS

Sami Kallel
KALLEL & ASSOCIATES

Mabrouk Maalaoui
CAF MEMBRE DU RÉSEAU INTERNATIONAL PWC

Slim Malouche
MALOUCHE AVOCATS-CONSEILS

Samia Mayara
ACCELEA ENGINEERING

Sarah Mebazaa
ARCHITECT

Mohamed Mgazzen
SOCIÉTÉ TUNISIENNE DE L'ELECTRICITE ET DU GAZ (STEG)

Amel Mrabet
EL AJERI LAWYERS EAL

Mohamed Taieb Mrabet
BANQUE CENTRALE DE TUNISIE

Hichem M'rabet
SOCIÉTÉ TUNISIENNE DE L'ELECTRICITE ET DU GAZ (STEG)

Imen Nouira
CONSERVATION FONCIÈRE TUNISIA

Sofian Obbaia
CENTRAL BANK OF TUNISIA

Olfa Othmane
BANQUE CENTRALE DE TUNISIE

Habiba Raouadi
CHAFTER RAOUADI LAW FIRM

Nizar Sdiri
NIZAR SDIRI LAW FIRM

Ferid Smida
OFFICE DE LA TOPOGRAPHIE ET DU CADASTRE - TUNISIE

Hafedeh Trabelsi
CABINET D'ARCHITECTURE HAFEDEH TRABELSI

Wassim Turki
AWT AUDIT & CONSEIL

Anis Wahabi
AWT AUDIT & CONSEIL

Mohamed Zaanouni
CABINET ZAANOUNI & ASSOCIÉS

土耳其

BOĞAZIÇI ELEKTRIK DAĞITIM AŞ (BEDAŞ)

GUNDUZ SIMSEK GAGO AVUKATLIK ORTAKLIGI

Metin Abut
MOROĞLU ARSEVEN

Hakan Ağu
PENETRA YMM LTD.

Zeynep Ahmetoğlu
MOROĞLU ARSEVEN

Deniz Akbaş
SERAP ZUVIN LAW OFFICES

Fatih Akbulut
CAYA GROUP

Efe Can Akıncı
ADMD - MAVIOGLU & ALKAN LAW OFFICE

Seda Akipek
CERRAHOĞLU LAW FIRM

Mey Akkayan
HERGUNER BILGEN OZEKE

Müjdem Aksoy Çevik
CERRAHOĞLU LAW FIRM

Sinan Akyüz
MINISTRY OF CUSTOMS AND TRADE

Simge Akyüz-Haybat
DEVRES LAW OFFICE

Duygu Alkan
ADMD - MAVIOGLU & ALKAN LAW OFFICE

Ekin Altıntaş
PWC TURKEY

Selin Barlin Aral
PAKSOY LAW FIRM

Ergun Benan Arseven
MOROĞLU ARSEVEN

Mehmet Mücahit Arvas
MINISTRY OF CUSTOMS AND TRADE

Aysun Atıl
MINISTRY OF CUSTOMS AND TRADE

Serdar Ay
MINISTRY OF CUSTOMS AND TRADE

Aykut Aydın
BEZEN & PARTNERS

Murat Ayyıldız
ERYÜREKLI LAW OFFICE

Elvan Aziz
PAKSOY LAW FIRM

Burak Babacan
KPMG

Derya Baksı
TARLAN – BAKSI LAW FIRM

Aslihan Balci
SOMAY HUKUK BÜROSU

Naz Bandik Hatipoglu
ÇAKMAK AVUKATLIK ORTAKLIĞI

Ayça Bayburan
ADMD - MAVIOGLU & ALKAN LAW OFFICE

Harun Bayramoglu
ITKIB ISTANBUL TEXTILE AND APPAREL EXPORTERS' ASSOCIATION

Imge Besenk
PEKIN & PEKIN

Serdar Bezen
BEZEN & PARTNERS

Yeşim Bezen
BEZEN & PARTNERS

Ayşe Eda Biçer
ÇAKMAK AVUKATLIK ORTAKLIĞI

Cansin Bilal
PWC TURKEY

Aysegul Bogrun
ERSOY BILGEHAN LAWYERS AND CONSULTANTS

Seyma Boydak
SERAP ZUVIN LAW OFFICES

Başak Bumin
PERA CONSTRUCTION

Esin Çamlıbel
TURUNÇ LAW OFFICE

Ümit Can
SARIIBRAHIMOĞLU LAW OFFICE

Nabi Can Acar
MOROĞLU ARSEVEN

Zeynep Cantimur
CAPITAL MARKETS BOARD OF TURKEY

Maria Lianides Çelebi
BENER LAW OFFICE, MEMBER OF IUS LABORIS

Ersay Cete
MINISTRY OF CUSTOMS AND TRADE

Huseyin Batuhan Çolak
HERGUNER BILGEN OZEKE

Sertaç Coşgun
PWC TURKEY

Yavuz Dayıoğlu
PWC TURKEY

Gizem Demirci
SARIIBRAHIMOĞLU LAW OFFICE

Ebru Demirhan
TABOGLU & DEMIRHAN

Rüçhan Derici
3E DANIŞMANLIK LTD. ŞTI.

Emine Devres
DEVRES LAW OFFICE

Şule Dilek Çelik
CERRAHOĞLU LAW FIRM

Deniz Dinçer Öner
PWC TURKEY

Derya Doğan
MOROĞLU ARSEVEN

Orkun Dokener
3E DANIŞMANLIK LTD. ŞTI.

Safa Mustafa Durakoğlu
ÇAKMAK AVUKATLIK ORTAKLIĞI

Hakan Durusel
PEKIN & PEKIN

Elsen Ece Otlu
PWC TURKEY

Gülşen Engin
ÇAKMAK AVUKATLIK ORTAKLIĞI

Gökben Erdem Dirican
PEKIN & PEKIN

Goktug Ersoy
PAKSOY LAW FIRM

Naz Esen
TURUNÇ LAW OFFICE

Özgür Can Geçim
EY

Tuba Gedik
PWC TURKEY

Oya Gençay
CENTRAL BANK OF THE REPUBLIC OF TURKEY

Mehmet Emir Göka
ÇAKMAK AVUKATLIK ORTAKLIĞI

Göksu Gökay
PEKIN & PEKIN

Hafize Gökçe
ADMD - MAVIOGLU & ALKAN LAW OFFICE

Alev Güçlüer
MOROĞLU ARSEVEN

Serkan Gul
HERGUNER BILGEN OZEKE

Kenan Güler
GÜLER DINAMIK GÜMRÜK MÜŞAVIRLIĞI AŞ

Onur Gülsaran
CERRAHOĞLU LAW FIRM

Omer Gumusel
PEKIN & BAYAR LAW FIRM

Arzum Gunalcin
GÜNALÇIN HUKUK BÜROSU

Nurettin Gündoğmuş
AKTIF INVESTMENT BANK AS

Zeki Gündüz
PWC TURKEY

Burcu Güray
MOROĞLU ARSEVEN

Can Gürlek
MINISTRY OF ECONOMY

Ayşegül Gürsoy
CERRAHOĞLU LAW FIRM

Tuna Gürsu
MINISTRY OF CUSTOMS AND TRADE

Göktuğ Halaç
BEZEN & PARTNERS

Gülin Halebak Kuşakoğlu
TUYID - TURKISH IR SOCIETY

Timur Hülagü
CENTRAL BANK OF THE REPUBLIC OF TURKEY

Tolga İpek
HERGUNER BILGEN OZEKE

Mustafa Isik
MINISTRY OF CUSTOMS AND TRADE

Sevi Islamagec
MOROĞLU ARSEVEN

M. Yağız Kacar
TURUNÇ LAW OFFICE

Ali Can Kahya
MINISTRY OF ECONOMY

Zeynep Kalaycı
PAKSOY LAW FIRM

Ilker Karabulut
3E DANIŞMANLIK LTD. ŞTI.

Özgür Karacaoğlu
MINISTRY OF CUSTOMS AND TRADE

Başak Karakoç
MOROĞLU ARSEVEN

Elçin Karatay
PEKIN & PEKIN

Özge Kavasoğlu
THE BANKS ASSOCIATION OF TURKEY

Betül Kencebay
TUYID - TURKISH IR SOCIETY

Burak Kepkep
PAKSOY LAW FIRM

Süleyman Kısaç
TURK TELEKOM

Serhat Kisakurek
BENER LAW OFFICE, MEMBER OF IUS LABORIS

Özlem Kızıl Voyvoda
ÇAKMAK AVUKATLIK ORTAKLIĞI

Selman Koç
CERRAHOĞLU LAW FIRM

Serhan Koçaklı
KOLCUOĞLU DEMIRKAN KOÇAKLI ATTORNEYS-AT-LAW

Korhan Kocali
CERRAHOĞLU LAW FIRM

Galya Kohen
TABOGLU & DEMIRHAN

Umut Korkmaz
PEKIN & PEKIN

Vedia Nihal Koyuncu
TARLAN – BAKSI LAW FIRM

Nazım Olcay Kurt
HERGUNER BILGEN OZEKE

Aybala Kurtuldu
SERAP ZUVIN LAW OFFICES

Dilara Leventoğlu
TABOGLU & DEMIRHAN

Orhan Yavuz Mavioğlu
ADMD - MAVIOGLU & ALKAN LAW OFFICE

Maral Minasyan
KOLCUOĞLU DEMIRKAN KOÇAKLI ATTORNEYS-AT-LAW

Gokhan Mirahmetoglu
UNION OF CHAMBERS AND COMMODITY EXCHANGES OF TURKEY

Busra Nur
ODAMAN & TASKIN LAW FIRM

Zumbul Odaman Taskin
ODAMAN & TASKIN LAW FIRM

Pelin Oguzer
MOROĞLU ARSEVEN

Mert Oner
KPMG

Yavus Oner
KPMG

Volkan Oray
GÜLER DINAMIK GÜMRÜK MÜŞAVIRLIĞI AŞ

Mine Orer
ÇAKMAK AVUKATLIK ORTAKLIĞI

Kerem Utku Örer
TARLAN – BAKSI LAW FIRM

Burcu Osmanoglu
OSMANOGLU HUKUK | OSMANOGLU LAW FIRM

Nursen Osmanoglu
OSMANOGLU HUKUK | OSMANOGLU LAW FIRM

Mert Özden
SARIIBRAHIMOĞLU LAW OFFICE

Yusuf Mansur Özer
ERSOY BILGEHAN LAWYERS AND CONSULTANTS

Duygu Ozmen
PEKIN & BAYAR LAW FIRM

Özlem Özyiğit
YASED - INTERNATIONAL INVESTORS ASSOCIATION

Ahmed Pekin
PEKIN & PEKIN

Ferhat Pekin
PEKIN & BAYAR LAW FIRM

İlknur Peksen
ERSOY BILGEHAN LAWYERS AND CONSULTANTS

Ecem Pirler
ÇAKMAK AVUKATLIK ORTAKLIĞI

Erenalp Rençber
PEKIN & PEKIN

Dilara Saatçioğlu
PWC TURKEY

Gülbin Şahinbeyoğlu
CENTRAL BANK OF THE REPUBLIC OF TURKEY

Batuhan Şahmay
BENER LAW OFFICE, MEMBER OF IUS LABORIS

Bulent Sarac
MINISTRY OF CUSTOMS AND TRADE

Selim Sarıibrahimoğlu
SARIIBRAHIMOĞLU LAW OFFICE

Gülce Saydam Pehlivan
PAKSOY LAW FIRM

Uğur Sebzeci
BEZEN & PARTNERS

Şimal Şeker
PWC TURKEY

Selen Şenocak
KOLCUOĞLU DEMIRKAN KOÇAKLI ATTORNEYS-AT-LAW

Ömer Kayhan Seyhun
CENTRAL BANK OF THE REPUBLIC OF TURKEY

Irmak Seymen
ADMD - MAVIOGLU & ALKAN LAW OFFICE

Sinan Şığva
GENERAL DIRECTORATE OF LAND REGISTRY AND CADASTRE

Sezil Simsek
PWC TURKEY

Murat Soylu
BEZEN & PARTNERS

Çağıl Sünbül
PWC TURKEY

Esin Taboğlu
TABOGLU & DEMIRHAN

Aysenaz Tahmaz
ÇAKMAK AVUKATLIK ORTAKLIĞI

Dilara Tamtürk
ADMD - MAVIOGLU & ALKAN LAW OFFICE

Elif Tan
MOROĞLU ARSEVEN

Eda Tanriverdi
TURUNÇ LAW OFFICE

Bekir Tarik Yigit
GENERAL DIRECTORATE OF LAND REGISTRY AND CADASTRE

Aylin Tarlan Tüzemen
TARLAN – BAKSI LAW FIRM

Eser Taşcı
TUYID - TURKISH IR SOCIETY

Mehmet Ali Taskin
ODAMAN & TASKIN LAW FIRM

Selen Terzi Özsoylu
PAKSOY LAW FIRM

Deniz Torun
ADMD - MAVIOGLU & ALKAN LAW OFFICE

Oguz Tumis
3E DANIŞMANLIK LTD. ŞTI.

Mehmet Selcuk Turkoglu
CAPITAL MARKETS BOARD OF TURKEY

Ibrahim Tutar
PENETRA YMM LTD.

Burcu Tuzcu Ersin
MOROĞLU ARSEVEN

Kayra Üçer
HERGUNER BILGEN OZEKE

Sait Uğur
ADMD - MAVIOGLU & ALKAN LAW OFFICE

Leyla Ulucan
ERSOY BILGEHAN LAWYERS AND CONSULTANTS

Özlem Üntez
MINISTRY OF ECONOMY

Burcu Urganci
HERGUNER BILGEN OZEKE

Ü. Barış Urhan
TÜSİAD

Doğa Usluel
ÇAKMAK AVUKATLIK ORTAKLIĞI

Anil Uysal
TALAL ABU-GHAZALEH LEGAL (TAG-LEGAL)

Ufuk Yalçın
HERGUNER BILGEN OZEKE

Ayşegül Yalçınmani
CERRAHOĞLU LAW FIRM

Hasan Yaşar
PEKIN & PEKIN

Cüneyt Yetgin
GÜLER DINAMIK GÜMRÜK MÜŞAVIRLIĞI AŞ

Muhammet Yiğit
BENER LAW OFFICE, MEMBER OF IUS LABORIS

Beste Yıldızili
TURUNÇ LAW OFFICE

Can Yilmaz
SERAP ZUVIN LAW OFFICES

Senay Yılmaz
TOBB - THE UNION OF CHAMBERS AND COMMODITY EXCHANGES OF TURKEY

Melis Yüksel
SARIIBRAHIMOĞLU LAW OFFICE

Murat Yülek
PGLOBAL GLOBAL ADVISORY AND TRAINING SERVICES LTD.

Izzet Zakuto
SOMAY HUKUK BÜROSU

Serap Zuvin
SERAP ZUVIN LAW OFFICES

乌干达

MMAKS ADVOCATES

MaryRose Akii
FBW GROUP

Daniel Angualia
ANGUALIA, BUSIKU & CO. ADVOCATES

Robert Apenya
ENGORU, MUTEBI ADVOCATES

Leria Arinaitwe
SEBALU & LULE ADVOCATES

Justine Bagyenda
BANK OF UGANDA

Edward Balaba
EY

Robert Bbosa
KYEYUNE ROBERT

Alice Namuli Blazevic
KATENDE, SSEMPEBWA & CO. ADVOCATES

Joseph Buwembo
BUWEMBO & CO. ADVOCATES

Mark Bwambale
KAMPALA CAPITAL CITY AUTHORITY (KCCA)

Mulindwa Muwonge Desire
BUWEMBO & CO. ADVOCATES

Matovu Emmy
MARMA TECHNICAL SERVICES

Nasali Joan
BUWEMBO & CO. ADVOCATES

Lwanga John Bosco
MARMA TECHNICAL SERVICES

Nicholas Kabonge
PWC UGANDA

Marion Kakembo
KSK ASSOCIATES

Francis Kamulegeya
PWC UGANDA

Ali Kankaka
KYAZZE, KANKAKA & CO. ADVOCATES

Doreen Kansiime
SEBALU & LULE ADVOCATES

Stephen Kasenge
KSK ASSOCIATES

Allan Katangaza
BOWMANS (AF MPANGA, ADVOCATES)

Arthur Katende
KATENDE, SSEMPEBWA & CO. ADVOCATES

Baati Katende
KATENDE, SSEMPEBWA & CO. ADVOCATES

David Katende
ENVIROKAD

Sim K. Katende
KATENDE, SSEMPEBWA & CO. ADVOCATES

Collins Dicksons Kateshumbwa
UGANDA REVENUE AUTHORITY

Vincent Katutsi
KATEERA & KAGUMIRE ADVOCATES

Assumpta Kemigisha
NANGWALA, REZIDA & CO. ADVOCATES

Lucy Kemigisha
EY

Sebaggala M. Kigozi
UGANDA MANUFACTURERS ASSOCIATION

Kenneth Kihembo
KSK ASSOCIATES

Mubaraka Nkuutu Kirunda
UGANDA MANUFACTURERS ASSOCIATION

Lillian Helen Kuteesa
NANGWALA, REZIDA & CO. ADVOCATES

Mercy Kyomugasho-Kainobwisho
UGANDA REGISTRATION SERVICES BUREAU

Musuuza Lawrence
BUWEMBO & CO. ADVOCATES

Arnold Lule
ENGORU, MUTEBI ADVOCATES

Michael Malan
COMPUSCAN CRB LTD.

Richard Marshall
PWC UGANDA

Alex Mbonye Manzi
UGANDA SHIPPERS COUNCIL

Paul Moores
FBW GROUP

Robert Mugabe
UGANDA REGISTRATION SERVICES BUREAU

Patrick Mugalula
KATENDE, SSEMPEBWA & CO. ADVOCATES

Albert Mukasa
BKA ADVOCATES

Cornelius Mukiibi
C. MUKIIBI SENTAMU & CO. ADVOCATES

Priscilla Mutebi
ENGORU, MUTEBI ADVOCATES

Miriam Nabatanzi
UGANDA REGISTRATION SERVICES BUREAU

Harriet Nakaddu
PWC UGANDA

Victoria Nakaddu
SEBALU & LULE ADVOCATES

Eva Nalwanga Gitta
KASIRYE BYARUHANGA AND CO.

Matthias Nalyanya
LEX UGANDA ADVOCATES & SOLICITORS

Priscilla Namusikwe
SHONUBI, MUSOKE & CO.

Jane Nankabirwa
FBW GROUP

Diana Nannono
KATENDE, SSEMPEBWA & CO. ADVOCATES

Nusula Kizito Nassuna
CAPITAL MARKETS AUTHORITY

Martin Ngugi
BROSBAN CONSULTANTS ARCHITECTURE AND PLANNING

Charles Odere
LEX UGANDA ADVOCATES & SOLICITORS

Mercy Odu
BOWMANS (AF MPANGA, ADVOCATES)

William Okello

Joseph Oteng Otogo
ELECTRICITY REGULATORY AUTHORITY

Alex Rezida
NANGWALA, REZIDA & CO. ADVOCATES

Moses Segawa
SEBALU & LULE ADVOCATES

Paul Semanda
FBW GROUP

Alan Shonubi
SHONUBI, MUSOKE & CO.

Charles Lwanga Ssemanda
BESTIN LIMITED

Ambrose Turyahabwe
DHL GLOBAL FORWARDING (U) LTD.

Bemanya Twebaze
UGANDA REGISTRATION SERVICES BUREAU

乌克兰

Yaroslav Abramov
INTEGRITES

Denys Absalyamov
JSC UKRENERGOCHERMET

Igor Agarkov
ROKADA GROUP

Mykola Agarkov
EGOROV PUGINSKY AFANASIEV & PARTNERS

Mykola Aleksandrov
EGOROV PUGINSKY AFANASIEV & PARTNERS

Rotov Alexander
CONFEDERATION OF BUILDERS OF UKRAINE

Anna Babych
AEQUO

Anastasia Belkina
PWC

Gleb Bialyi
EGOROV PUGINSKY AFANASIEV & PARTNERS

Aleksandr Biryukov
LCF LAW GROUP

Oleg Boichuk
EGOROV PUGINSKY AFANASIEV & PARTNERS

Bohdan Bon
DENTONS

Yulia Bondar
HLB UKRAINE

Timur Bondaryev
ARZINGER

Alexander Borodkin
VASIL KISIL & PARTNERS

Pavlo Byelousov
AEQUO

Kateryna Chechulina
CMS CAMERON MCKENNA LLC

Iaroslav Cheker
KPMG

Sergey Chulkov
KIEVENERGO

Graham Conlon
CMS CAMERON MCKENNA LLC

Ivan Demtso
KPMG

Aleksandr Deputat
ELIT GROUP

Dmytro Donenko
ENGARDE ATTORNEYS-AT-LAW

Mariana Dudnyk
PWC

Igor Dykunskyy
DLF ATTORNEYS-AT-LAW

Anna Folvarochna
ASTERS

Oleksandr Fomenko
KIEVENERGO

Andriy Fortunenko
AVELLUM

Oleksandr Frolov
CMS CAMERON MCKENNA LLC

Ivan Nikolaevich Gelyukh
KIEVENERGO

Leonid Gilevich
ILYASHEV & PARTNERS

Vitalii Grusevych
CONFEDERATION OF BUILDERS OF UKRAINE

Yaroslav Guseynov
PWC

Ilhar Hakhramanov
AVELLUM

Vitalii Hamalii
PWC

Mykola Heletiy
CMS CAMERON MCKENNA LLC

Dmytro Honcharenko
ETERNA LAW

Oksana Ilchenko
EGOROV PUGINSKY AFANASIEV & PARTNERS

Olga Ivanova
ARZINGER

Tetyana Ivanovich
SPENSER & KAUFFMANN

Jon Johannesson
IBCH

Oleg Kachmar
VASIL KISIL & PARTNERS

Oleg Kanikovskyi
PROXEN & PARTNERS

Kostiantyn Karaianov
DLA PIPER UKRAINE LLC

Yuriy Katser
KPMG

Pavlo Khodakovsky
ARZINGER

Halyna Khomenko
EY

Vadym A. Kizlenko
ILYASHEV & PARTNERS

Uliana Kolodii
ZAMMLER 3PL

Maryana Kolyada
PWC

Nataliia Kondrashyna
ASTERS

Stanislav Koptilin
ILYASHEV & PARTNERS

Andrey Kosharny
ELIT GROUP

Andrii Koshman
KPMG

Vladimir Kotenko
EY

Alla Kozachenko
DLA PIPER UKRAINE LLC

Alona Kravchenko
INYURPOLIS LAW FIRM

Alina Kuksenko
ASTERS

Vitaliy Kulinich
EGOROV PUGINSKY AFANASIEV & PARTNERS

Tatyana Kuzmenko
AIG LAW FIRM

Oles Kvyat
ASTERS

Yulia Kyrpa
AEQUO

Oleksii Latsko
EGOROV PUGINSKY AFANASIEV & PARTNERS

Yevgen Levitskyi
AEQUO

Nikolay Alexandrovich Lezin
KIEVGORSTROY

Maksym Libanov
NATIONAL SECURITIES AND STOCK MARKET COMMISSION

Nickolas Likhachov
SPENSER & KAUFFMANN

Artem Lukyanov
DENTONS

Anastasiya Lytvynenko
ALKIRIS LAW FIRM

Dmytro Makarenko
STATE SERVICE FOR GEODESY, CARTOGRAPHY AND CADASTER

Oleh Malskyy
ETERNA LAW

Victor Marchan
DENTONS

Olexander Martinenko
CMS CAMERON MCKENNA LLC

Olena Martsynovska
DLA PIPER UKRAINE LLC

Larysa Melnychuk
ZAMMLER 3PL

Arsenyy Milyutin
EGOROV PUGINSKY AFANASIEV & PARTNERS

Ivan Mustanien
EY

Adam Mycyk
DENTONS

Mariya Natsyna
AIG LAW FIRM

Artem Naumov
INYURPOLIS LAW FIRM

Yuriy Nechayev
AVELLUM

Mykola Negrych
GEOS DEVELOPMENT AND CONSTRUCTION

Anna Ogrenchuk
LCF LAW GROUP

Olena Ohonovska
EGOROV PUGINSKY AFANASIEV & PARTNERS

Kateryna Oliynyk
EGOROV PUGINSKY AFANASIEV & PARTNERS

Maryna Opirska
DLA PIPER UKRAINE LLC

Liliya Palko
KPMG

Olena Papazova
KPMG

Alesya Pavlynska
ARZINGER

Yuriy Petrenko
SPENSER & KAUFFMANN

Konstantin Pilkov
CAI & LENARD

Serhiy Piontkovsky
BAKER & MCKENZIE

Sergiy Popov
KPMG

Viktor Poternak
AIG LAW FIRM

Viktoriia Prokharenko
AURORA PJSC

Vadym Samoilenko
ASTERS

Olga Samusieva
HLB UKRAINE

Iuliia Savchenko
ASTERS

Maryana Sayenko
ASTERS

Natalia Selyakova
DENTONS

Viktor Semenyuta
KIEVENERGO

Olga Serbul
LAW FIRM IP & C CONSULT LLC

Anna Shabinskaya
PRIVATE NOTARY - SHABINSKAYA ANNA VIKTOROVNA

Stepan Shef
HLB UKRAINE

Victor Shekera
KPMG

Naida Shykhkerimova
KPMG

Dmytro Simashko
DLA PIPER

Anton Sintsov
EGOROV PUGINSKY AFANASIEV & PARTNERS

Anastasia Sotir
AEQUO

Yulia Spolitak
ETERNA LAW

Natalia Spyrydonova
EGOROV PUGINSKY AFANASIEV & PARTNERS

Andriy Stelmashchuk
VASIL KISIL & PARTNERS

Roman Stepanenko
EGOROV PUGINSKY AFANASIEV & PARTNERS

Andriy Stetsenko
CMS CAMERON MCKENNA LLC

Mykola Stetsenko
AVELLUM

Artem Stoyanov
LCF LAW GROUP

Dmitriy Sykaluk
DLF ATTORNEYS-AT-LAW

Dmytro Symanov
CAI & LENARD

Marharyta Tatarova
ETERNA LAW

Anna Tkachenko
DENTONS

Dmytro Tkachenko
DLA PIPER UKRAINE LLC

Dmytro Tkachenko
RIQUEZA CAPITAL GROUP, LLC

Ivan Trofimenko
DEPT. OF STATE REGISTRATION AND NOTARIAT AT THE MINISTRY OF JUSTICE OF UKRAINE

Oleg Tsvyah
STATE GEOKADASTRE

Andriy Tsvyetkov
ATTORNEYS' ASSOCIATION GESTORS

Serhii Uvarov
AVELLUM

Camiel van der Meij
PWC

Andriy Valentinovich Vavrish
CHIEF DEPARTMENT OF TOWN-PLANNING, ARCHITECTURE AND URBAN ENVIRONMENT DESIGN OF THE KIEV CITY STATE ADMINISTRATION

Slava Vlasov
PWC

Yuliia Volkova
AEQUO

Elena Volyanskaya
LCF LAW GROUP

Olexiy Yanov
LAW FIRM IP & C CONSULT LLC

Yulia Yashenkova
AIG LAW FIRM

Aleksandra Yevstafyeva
EGOROV PUGINSKY AFANASIEV & PARTNERS

Vasyl Yurmanovych
INTEGRITES

Anton Zaderygolova
DLA PIPER UKRAINE LLC

Galyna Zagorodniuk
DLA PIPER UKRAINE LLC

Anna Zorya
ARZINGER

阿联酋

AL HAMD ELECTROMECHANICAL WORKS LLC

PEARL HOMES TECHNICAL SERVICES LLC DUBAI UAE

REED SMITH

Qurashi Abdulghani
DUBAI MUNICIPALITY

Nadia Abdulrazagh
NADIA ABDULRAZAGH ADVOCACY & LEGAL CONSULTATIONS

Saleh Abdurahman
ARAA GROUP ADVOCATES & LEGAL CONSULTANTS

Laith Abu Qaoud
TALAL ABU-GHAZALEH LEGAL (TAG-LEGAL)

Hesam Aghaloui
OHM ELECTROMECHANIC

Laila Al Asbahi
TAMLEEK REAL ESTATE REGISTRATION TRUSTEE

Mahmood Al Bastaki
DUBAI TRADE

Obaid Saif Atiq Al Falasi
DUBAI ELECTRICITY AND WATER AUTHORITY

Yousuf Mohd Al Khazraji
DUBAI ELECTRICITY AND WATER AUTHORITY

Abdullah Al Nasser
ARAA GROUP ADVOCATES & LEGAL CONSULTANTS

Marwan Sultan Al Sabbagh
DUBAI ELECTRICITY AND WATER AUTHORITY

Buti Al Subosi
TAMLEEK REAL ESTATE REGISTRATION TRUSTEE

Faizan Asif Ali
BLUE ZONE ELECTROMECHANICAL LLC

Hussain Almatrood
AL TAMIMI & COMPANY ADVOCATES & LEGAL CONSULTANTS

Layali AlMulla
DUBAI MUNICIPALITY

Mohammed Alsuboosi
DUBAI COURTS

Yousaf Al-Suwaidi
DUBAI COURTS

Piyush Bhandari
INTUIT MANAGEMENT CONSULTANCY

Priyanka Bhandari
INTUIT MANAGEMENT CONSULTANCY

Maryam Bin Lahej Al-Falasi
DUBAI COURTS

Mazen Boustany
BAKER & MCKENZIE

Omar Bushahab
BUSINESS REGISTRATION IN DEPARTMENT OF ECONOMIC DEVELOPMENT

Diego Carmona
AL TAMIMI & COMPANY ADVOCATES & LEGAL CONSULTANTS

R. Chandran
TRANSWORLD SHIPPING

Maggie Chang
PWC UNITED ARAB EMIRATES

Pooja Dabir
PWC UNITED ARAB EMIRATES

Niaz Ebrahim
BRIGHT ELECTRICAL WORKS LLC

Ghassan El Asmar
DUBAI ELECTRICITY AND WATER AUTHORITY

Amany El Bagoury
AL SAFAR & PARTNERS ADVOCATES AND LEGAL CONSULTANTS

Syed Ali Hussnain Gilani
AL MEHER CONTRACTING CO. LLC

Nasim Hashim
AFRIDI & ANGELL, MEMBER OF LEX MUNDI

Talal Mohammed Hassan Al-Tamimi
AL TAMIMI & COMPANY ADVOCATES & LEGAL CONSULTANTS

Ahmed Hegazy
TAMLEEK REAL ESTATE REGISTRATION TRUSTEE

Bedarul Hoque
POWER ELECTROMECHANICAL WORKS LLC

Rita Jaballah
AL TAMIMI & COMPANY ADVOCATES & LEGAL CONSULTANTS

Tara Jamieson
AFRIDI & ANGELL, MEMBER OF LEX MUNDI

Edger Larose Joseph
AMPTEC ELECTROMECHANICAL LLC

Sony Joseph
INTERTECHS ELECTROMECHANICAL CONTRACTORS LLC

Gul Kalam
OHM ELECTROMECHANIC

Jonia Kashalaba
PWC UNITED ARAB EMIRATES

Khaled Kilani
ARAMEX EMIRATES LLC

Saurbh Kothari
AFRIDI & ANGELL, MEMBER OF LEX MUNDI

Vipul Kothari
KOTHARI AUDITORS & ACCOUNTANTS

Ravi Kumar
DUBAI TRADE

Charles S. Laubach
AFRIDI & ANGELL, MEMBER OF LEX MUNDI

Daniele Lavalle
AL ETIHAD CREDIT BUREAU

Rana Madi
DUBAI MUNICIPALITY

Christine Maksoud
BAROUDI & ASSOCIATES

Arslan Malik
OHM ELECTROMECHANIC

Junaid Malik
AL ETIHAD CREDIT BUREAU

Srikrishnan Mannapara
SONY MEA

Shammas Manthadathil
AL MURJAN ELECTRICAL INSTALLATION LLC

Lorance Mathew
SAFE PLUS TECHNICAL SERVICES LLC

Mohamed Mihlar
INTERGULF LTD. (AN IFFCO GROUP CO.)

Abdulla Mohamed
ARAA GROUP ADVOCATES & LEGAL CONSULTANTS

Badih Moukarzel
HUQOOQ LEGAL PRACTICE

Udayan Mukherjee
DENTONS

Mohammed Murshed Alam
AL MURJAN ELECTRICAL INSTALLATION LLC

Sarathe Natarajan
NAFFCO

Himadri Pathak
INTUIT MANAGEMENT CONSULTANCY

Vijendra Vikram Singh Paul
TALAL ABU-GHAZALEH LEGAL (TAG-LEGAL)

Iqbal Pedhiwala
SHABMANS TRADING EST

Sinoj Philip

Silvia Pretorius
AFRIDI & ANGELL, MEMBER OF LEX MUNDI

Motaz Qaoud
AL KHAWAJA ENGINEERING CONSULTANCY

Samer Qudah
AL TAMIMI & COMPANY ADVOCATES & LEGAL CONSULTANTS

Mohamed Younus Rafeeq
BINLAHEJ ELECTROMECHANICAL LLC

Yusuf Rafiudeen
DUBAI ELECTRICITY AND WATER AUTHORITY

Ashraf M. Rahman
ADAM GLOBAL

Azizur Rahman
CHANCE ELECTROMECHANICAL WORKS LLC

Mohammed Sanaur Rahman
AL BADHA ELECTRICAL & SANITARY INS. LLC

Nooshin Rahmanijade
ARAA GROUP ADVOCATES & LEGAL CONSULTANTS

Johnson Rajan
INTUIT MANAGEMENT CONSULTANCY

Mehul Rajyaguru
AL HILI STAR ELECTROMECHANICAL WORKS LLC

Chatura Randeniya
AFRIDI & ANGELL, MEMBER OF LEX MUNDI

Jochem Rossel
PWC UNITED ARAB EMIRATES

Mohammad Safwan
AL HASHEMI PLANNERS, ARCHITECTS, ENGINEERS

Said Said
DUBAI TRADE

Mohammed Ahmed Saleh
DUBAI MUNICIPALITY

Osama Shabaan
TALAL ABU-GHAZALEH LEGAL (TAG-LEGAL)

Hassan Shakrouf
GLOBAL TEAM UAE

Advaita Sharma
ADAM GLOBAL

Clinton Slogrove
AL TAMIMI & COMPANY ADVOCATES & LEGAL CONSULTANTS

Izabella Szadkowska
AL TAMIMI & COMPANY ADVOCATES & LEGAL CONSULTANTS

Walid Takrouri
AL ETIHAD CREDIT BUREAU

Hamad Thani Mutar
DUBAI COURTS

Nitin Tirath
DUBAI TRADE

Mohsen Tomh
OPTIONS ENGINEERING CONSULTANCIES

Arun Udayabhanu
BRIGHT ELECTRICAL WORKS LLC

Hannan Uddin
CHANCE ELECTROMECHANICAL WORKS LLC

Sriram Viswanathan
DYNATRADE AUTOMOTIVE GROUP

Gary Watts
AL TAMIMI & COMPANY ADVOCATES & LEGAL CONSULTANTS

Jody Waugh
AL TAMIMI & COMPANY ADVOCATES & LEGAL CONSULTANTS

Anna White
AFRIDI & ANGELL, MEMBER OF LEX MUNDI

Alan Wood
PWC UNITED ARAB EMIRATES

Victoria Yates
AFRIDI & ANGELL, MEMBER OF LEX MUNDI

Baher Yousef
ENGINEERING CONSULTANTS GROUP (ECG)

Mohammed Zeen
NAFFCO

英国

EXPERIAN LTD.

THE INSOLVENCY SERVICE

WHITE & CASE LLP LONDON

Alexandra Adams
CLYDE & CO.

Philip Allenby
DLA PIPER UK LLP

Clare Barras
CMS CAMERON MCKENNA LLP

Corina Barsa
CLYDE & CO.

Ravi Basra
LUBBOCK FINE - MEMBER OF RUSSELL BEDFORD INTERNATIONAL

Marie Batchelor
BIRKETTS LLP

Andrew Booth
ANDREW BOOTH ARCHITECT

Moshe Bordon
MILBANK, TWEED, HADLEY & MCCLOY LLP

Marlies Braun
WEDLAKE BELL LLP

Rob Briggs
CMS CAMERON MCKENNA LLP

Howard Bushell
HER MAJESTY'S LAND REGISTRY

Jonathan Caldwell
DLA PIPER UK LLP

Brendon Christian
BUSINESS LAW BC

Karen Clarke
CMS CAMERON MCKENNA LLP

Colin Cochrane
REED SMITH LLP

Simon Cohen
SHEARMAN & STERLING LLP

Michael Collard
5 PUMP COURT CHAMBERS

James Collinson
DLA PIPER UK LLP

James Cross
REED SMITH LLP

Ashley Damiral
CMS CAMERON MCKENNA LLP

John Dewar
MILBANK, TWEED, HADLEY & MCCLOY LLP

Shannon Diggory
REED SMITH LLP

Zaki Ejaz
RIGHT LEGAL ADVICE

Thomas Fancett
CMS CAMERON MCKENNA LLP

Paul Fleming
DECHERT LLP

Claire Fourel
ASHURST LLP

Nick Francis
PWC UNITED KINGDOM

Robert Franklin
CLYDE & CO.

Jack Gardener
CLYDE & CO.

Donald Gray
DARWIN GRAY LLP

Louise Gullifer
OXFORD UNIVERSITY,
COMMERCIAL LAW CENTER

Marc Harvey
DLA PIPER UK LLP

Andrew Haywood
PENNINGTONS MANCHES LLP

Nicky Heathcote
HER MAJESTY'S
LAND REGISTRY

Robert Hillhouse
CLYDE & CO.

Jess Hogan
DLA PIPER UK LLP

Chris Horrocks
DECHERT LLP

Daden Hunt
BIRKETTS LLP

Karl Hurley
OFGEM

Michael Josypenko
INSTITUTE OF EXPORT

Katherine Keenan
WEDLAKE BELL LLP

Pascal Lalande
HER MAJESTY'S
LAND REGISTRY

Keavy Larkin
OFGEM

Mickael Laurans
THE LAW SOCIETY OF
ENGLAND & WALES

Bob Ledsome
DEPARTMENT FOR
COMMUNITIES AND
LOCAL GOVERNMENT

Sarah Leslie
SHEPHERD & WEDDERBURN

Monika Lorenzo-Perez
REED SMITH LLP

Suzy Lovell
CMS CAMERON MCKENNA LLP

Ryan Lynch
MEMERY CRYSTAL LLP

Joanna Macintosh
LATHAM & WATKINS LLP

Neil Maclean
SHEPHERD & WEDDERBURN

Neil Magrath
UK POWER NETWORKS

Christopher Mallon
SKADDEN, ARPS, SLATE,
MEAGHER & FLOM LLP

Peter Manning
SIMMONS & SIMMONS LLP

Jane Marsden
MEMERY CRYSTAL LLP

Charles Mayo
SIMMONS & SIMMONS LLP

Antoinette McManus
PWC UNITED KINGDOM

Monika Mecevic
DECHERT LLP

Paul Miller
REED SMITH LLP

Charlotte Moller
REED SMITH LLP

Agnes Molnar
REED SMITH

Becca Naylor
REED SMITH LLP

Tom Neilson
MILBANK, TWEED, HADLEY
& MCCLOY LLP

Peter Newman
MILBANK, TWEED, HADLEY
& MCCLOY LLP

Kevin Nicholson
PWC UNITED KINGDOM

Phil Norton
CLYDE & CO.

Felicia Hanson Ofori-Quaah
MILBANK, TWEED, HADLEY
& MCCLOY LLP

Elizabeth Ormesher
CMS CAMERON MCKENNA LLP

Ivan Orsolini
REED SMITH LLP

Karolina Pechanova
DIAZ REUS & TARG LLP

Ross Pooley
LATHAM & WATKINS LLP

Helena Potts
LATHAM & WATKINS LLP

Alexander Reus
DIAZ REUS & TARG LLP

Lizzette Robleto de Howarth
THE LAW SOCIETY OF
ENGLAND & WALES

Alex Rogan
SKADDEN, ARPS, SLATE,
MEAGHER & FLOM LLP

David Rough
FREEDOM INFRASTRUCTURE
SERVICES

Philippa Scott
SHEARMAN & STERLING LLP

Angela Shaw
HER MAJESTY'S
LAND REGISTRY

Sandra Simoni
DEPARTMENT FOR
COMMUNITIES AND
LOCAL GOVERNMENT

Stuart Swift
MILBANK, TWEED, HADLEY
& MCCLOY LLP

Alex Turner
DEPARTMENT FOR
COMMUNITIES AND
LOCAL GOVERNMENT

Julia Vaynzof
CLYDE & CO.

Amelia Villiers-Stuart
WEDLAKE BELL LLP

Alistair White
DLA PIPER UK LLP

Geoff Wilkinson
WILKINSON CONSTRUCTION
CONSULTANTS

Nicholas Williams
REED SMITH

Alexandra Wood
CLYDE & CO.

David Ziyambi
LATHAM & WATKINS LLP

美国

LOS ANGELES DEPARTMENT
OF WATER AND POWER

Sam J. Alberts
DENTONS

Benjamin Alexander
GREENBERG GLUSKER FIELDS
CLAMAN & MACHTINGER LLP

Manish Antani
EISNER JAFFE PC

Pamy J. S. Arora
CORNELL GROUP, INC.

Eve Brackmann
STUART KANE

Steven Clark
CLARK FIRM PLLC

Federico Cruz

María Amalia Cruz

Vilas Dhar
DHAR LAW, LLP

Joshua L. Ditelberg
SEYFARTH SHAW LLP

Motsa Dubois
FIABCI

Michael Dyll
TEXAS INTERNATIONAL FREIGHT

David Elden
PARKER, MILLIKEN, CLARK,
O'HARA & SAMUELIAN

Julia Fetherston
BOSTON CONSULTING GROUP

Irma Foley
ORRICK, HERRINGTON
& SUTCLIFFE LLP

Robert Goethe
CORNELL GROUP, INC.

William Gould
TROYGOULD PC

Javier Gutierrez
STUART KANE

Tony Hadley
EXPERIAN

Thomas Halket
HALKET WEITZ LLP

Timi Anyon Hallem
MANATT, PHELPS &
PHILLIPS, LLP

Donald Hamman
STUART KANE

Dennis Harber
MIAMI LEGAL, TITLE
& REMEDIATION

Sanford Hillsberg
TROYGOULD PC

Neil Jacobs
NI JACOBS & ASSOCIATES

Christopher Kelleher
SEYFARTH SHAW LLP

Joshua Kochath
COMAGE CONTAINER LINES

John LaBar
HENRY, MCCORD,
BEAN, MILLER, GABRIEL
& LABAR PLLC

Jen Leary
CLIFTONLARSONALLEN LLP

Wen-Ching Lin
LAW OFFICES OF
WEN-CHING LIN

Bradford L. Livingston
SEYFARTH SHAW LLP

Jeffrey Makin
ARENT FOX LLP

Dietrick Miller
TROYGOULD PC

Stephanie Moura
RUSSELL BEDFORD
INTERNATIONAL

Kelly J. Murray
PWC UNITED STATES

David Newberg
COLLIER, HALPERN,
NEWBERG, NOLLETTI, LLP

Samuel Nolen
RICHARDS, LAYTON & FINGER,
P.A., MEMBER OF LEX MUNDI

Christopher O'Connell
PARKER, MILLIKEN, CLARK,
O'HARA & SAMUELIAN

Richard O'Neill
CONSOLIDATED EDISON
CO. OF NY, INC.

Eric Pezold
SNELL & WILMER

Darrell Pierce
DYKEMA

Shanen Prout
LAW OFFICE OF
SHANEN R. PROUT

Kenneth Rosen
UNIVERSITY OF ALABAMA
SCHOOL OF LAW

Richard Rosen
NYC DEPARTMENT
OF BUILDINGS

Daren M. Schlecter
LAW OFFICE OF DAREN
M. SCHLECTER

William Shawn
SHAWNCOULSON LLP

Joseph Tannous
JT CONSTRUCTION

Michael Temin
FOX ROTHSCHILD LLP

Magda Theodate
GLOBAL EXECUTIVE
TRADE CONSULTING

Julie Travis
KAMINE CONSTRUCTION LAW

Frederick Turner
TURNER & TURNER

James J. Varellas III
VARELLAS & VARELLAS

Javier Villa
RUSSELL BEDFORD
INTERNATIONAL

Robert Wallace
STUART KANE

Ann Marie Zaletel
SEYFARTH SHAW LLP

Olga Zalomiy
LAW OFFICES OF OLGA
ZALOMIY, PC

Isaac B. Zaur
CLARICK GUERON
REISBAUM LLP

Malka Zeefe
DENTONS

乌拉圭

EQUIFAX - CLEARING
DE INFORMES

GRAETZ NUÑEZ

JIMÉNEZ DE ARÉCHAGA,
VIANA & BRAUSE

Marta Alvarez
ADMINISTRACIÓN NACIONAL
DE USINAS Y TRANSMISIÓN
ELÉCTRICA (UTE)

Bernardo Amorín
AMORIN ABOGADOS

Alfredo Arocena
FERRERE ABOGADOS

Gaston Atchugarry
GASTON ATCHUGARRY
ARQUITECTURA-URUGUAY

Leticia Barrios

Juan Bonet
GUYER & REGULES,
MEMBER OF LEX MUNDI

Sofia Borba
ARCHITECT

Luis Burastero Servetto
LUIS BURASTERO & ASOC.

Valeria Cabrejos
AMORIN ABOGADOS

Lucia Carbajal
POSADAS, POSADAS & VECINO

Federico Caresani
GALANTE & MARTINS

Augusto Cibils
PWC URUGUAY

Maria Noel Corchs
TMF GROUP

Victoria Costa
HUGHES & HUGHES

Leonardo Couto
JOSE MARIA FACAL & CO.

Hernán de la Fuente
ESCRIBANÍA DE LA FUENTE

Fernando De Posadas
POSADAS, POSADAS & VECINO

Rosana Díaz
SUPERINTENDENCIA DE
SERVICIOS FINANCIEROS
- BANCO CENTRAL
DEL URUGUAY

Carolina Diaz De Armas
GUYER & REGULES,
MEMBER OF LEX MUNDI

Analía Fernández Gonzalez
BERGSTEIN ABOGADOS

Javier Fernández Zerbino
BADO, KUSTER, ZERBINO
& RACHETTI

Hector Ferreira
HUGHES & HUGHES

Fabiana Ferreyra
TMF GROUP

Juan Federico Fischer
FISCHER & SCHICKENDANTZ

Federico Florin
GUYER & REGULES,
MEMBER OF LEX MUNDI

Sergio Franco
PWC URUGUAY

Andrés Fuentes
ARCIA STORACE FUENTES
MEDINA ABOGADOS

Diego Galante
GALANTE & MARTINS

Margarita Garcia
ESTUDIO LOZANO LTDA.

Alejandra García
FERRERE ABOGADOS

Daniel García
PWC URUGUAY

Enrique Garcia Pini
ADMINISTRACIÓN NACIONAL
DE USINAS Y TRANSMISIÓN
ELÉCTRICA (UTE)

Rodrigo Goncalvez
GUYER & REGULES,
MEMBER OF LEX MUNDI

Daniel Gonzalez
POSADAS, POSADAS & VECINO

Nelson Alfredo Gonzalez
SDV URUGUAY

Pablo Gonzalez
TMF GROUP

Renato Guerrieri
GUYER & REGULES,
MEMBER OF LEX MUNDI

Tomas Gurmendez
POSADAS, POSADAS & VECINO

Andrés Hessdörfer
OLIVERA ABOGADOS

Marcela Hughes
HUGHES & HUGHES

Alfredo Inciarte Blanco
ESTUDIO INCIARTE

Jimena Lanzani
GUYER & REGULES,
MEMBER OF LEX MUNDI

Santiago Madalena
GUYER & REGULES,
MEMBER OF LEX MUNDI

Leandro Marques
PWC URUGUAY

Ana Claudia Marrero
BERGSTEIN ABOGADOS

Enrique Martínez
Schickendantz
ASOCIACIÓN DE
DESPACHANTES DE
ADUANA DEL URUGUAY

Leonardo Melos

Ricardo Mezzera
MEZZERA ABOGADOS

Alejandro Miller Artola
GUYER & REGULES,
MEMBER OF LEX MUNDI

Daniel Ignacio Mosco Gómez
GUYER & REGULES,
MEMBER OF LEX MUNDI

Pablo Mosto
ADMINISTRACIÓN NACIONAL
DE USINAS Y TRANSMISIÓN
ELÉCTRICA (UTE)

Mateo Noseda
GUYER & REGULES,
MEMBER OF LEX MUNDI

María Concepción Olivera
OLIVERA ABOGADOS

Juan Martín Olivera Amato
OLIVERA ABOGADOS

Lucía Patrón
FERRERE ABOGADOS

Mariana Pisón
BERGSTEIN ABOGADOS

Walter Planells
FERRERE ABOGADOS

Maria Clara Porro
FERRERE ABOGADOS

María Posada
SUPERINTENDENCIA DE
SERVICIOS FINANCIEROS -
BANCO CENTRAL
DEL URUGUAY

María Carolina Queraltó
ARCIA STORACE FUENTES
MEDINA ABOGADOS

María Macarena Rachetti
PWC URUGUAY

Agustín Rachetti Pérez
BADO, KUSTER, ZERBINO
& RACHETTI

Cecilia Ricciardi
FISCHER & SCHICKENDANTZ

Carolina Sarroca
ARCIA STORACE FUENTES
MEDINA ABOGADOS

Eliana Sartori
PWC URUGUAY

Leonardo Slinger
GUYER & REGULES,
MEMBER OF LEX MUNDI

Fabiana Steinberg
HUGHES & HUGHES

Dolores Storace
ARCIA STORACE FUENTES
MEDINA ABOGADOS

Carolina Techera
PWC URUGUAY

Lucia Techera
GUYER & REGULES,
MEMBER OF LEX MUNDI

Juan Ignacio Troccoli
FISCHER & SCHICKENDANTZ

Gerardo Viñoles
VIÑOLES ARQUITECT STUDIO

Mario Vogel
TMF GROUP

María Eugenia Yavarone
FERRERE ABOGADOS

乌兹别克斯坦

UZBEKENERGO

Ulugbek Abdullaev
DENTONS

Jahongir Abdurasulov
CHARGES REGISTRY OF THE
CENTRAL BANK OF UZBEKISTAN

Ravshan Adilov
CENTIL LAW FIRM

Azizbek Akhmadjonov
KOSTA LEGAL

Rustam Akramov
GRATA INTERNATIONAL

Bobir Artukmetov

Elvina Asanova
GRATA INTERNATIONAL

Bokhodir Atakhanov
CENTER FOR COORDINATION
AND DEVELOPMENT OF
SECURITIES MARKET

Jakhongir Azimov
DIPLOMAT LAW FIRM

Alisher Chaykhov
CHAMBER OF COMMERCE
AND INDUSTRY OF
UZBEKISTAN (CCIU)

Maxim Dogonkin
KOSTA LEGAL

Nail Hassanov
KOSTA LEGAL

Nadira Hassanova
AZALIA IMPREX

Kamilla Khamraeva
CENTIL LAW FIRM

Sergey Mayorov
SIMAY KOM

Muzaffar Salomov
CREDIT BUREAU CREDIT
INFORMATIONAL-
ANALYTICAL CENTRE LLC

Nizomiddin Shakhabutdinov
LEGES ADVOKAT LAW FIRM

Alisher Shaykhov
CHAMBER OF COMMERCE
AND INDUSTRY UZBEKISTAN

Sofia Shaykhrazieva
CENTIL LAW FIRM

Otabek Suleimanov
CENTIL LAW FIRM

Nargiza Turgunova
GRATA INTERNATIONAL

瓦努阿图

UTILITIES REGULATORY
AUTHORITY OF VANUATU

Barry Amoss
SOUTH SEA SHIPPING
(VANUATU) LTD.

Loïc Bernier
CAILLARD & KADDOUR

Alan Brown
FLETCHER CONSTRUCTION

Shirley Bule
BARRETT & PARTNERS

Laurence Cameron
PACIFIC CUSTOMS &
FREIGHT AGENCIES

Frederic Derousseau
UNELCO

Delores Elliott

David Hudson
HUDSON & SUGDEN

Bill Jimmy
VANUATU'S OWN LOGISTICS

Chris Kernot
FR8 LOGISTICS LTD.

Sandy Mwetu
MUNICIPALITY OF PORT VILA

Mark Pardoe
SOUTH SEA SHIPPING
(VANUATU) LTD.

Nisha Rambay
BARRETT & PARTNERS

Mark Stafford
BARRETT & PARTNERS

Martin St-Hilaire
CABINET AJC, AN INDEPENDENT
CORRESPONDENT MEMBER
OF DFK INTERNATIONAL

委内瑞拉

Claudia Abreu
BAKER & MCKENZIE

Tamara Adrian
ADRIAN & ADRIAN

Yanet Aguiar
DESPACHO DE ABOGADOS
MIEMBROS DE NORTON
ROSE FULBRIGHT SC

Juan Enrique Aigster
HOET PELAEZ CASTILLO
& DUQUE

Servio T. Altuve Jr.
SERVIO T. ALTUVE R.
& ASOCIADOS

Leidys Amengual
CONAPRI

Aixa Añez
D'EMPAIRE REYNA
& ASOCIADOS

Carlos Bachrich Nagy
DE SOLA PATE & BROWN,
ABOGADOS - CONSULTORES

Marian Basciani
DE SOLA PATE & BROWN,
ABOGADOS - CONSULTORES

Francesco Castiglione
BAKER & MCKENZIE

Geraldine d'Empaire
D'EMPAIRE REYNA
& ASOCIADOS

Arturo De Sola Lander
DE SOLA PATE & BROWN,
ABOGADOS - CONSULTORES

Carlos Domínguez Hernández
HOET PELAEZ CASTILLO
& DUQUE

Omar Fernandez Russo
CEPACEX

Jose Javier Garcia
PWC VENEZUELA

Maria Geige
DESPACHO DE ABOGADOS
MIEMBROS DE NORTON
ROSE FULBRIGHT SC

Luis Ignacio Gil Palacios
PALACIOS, ORTEGA
Y ASOCIADOS

Adriana Goncalves
BAKER & MCKENZIE

Andres Gonzalez Crespo
CASAS RINCON GONZALEZ
RUBIO & ASOCIADOS

Diego Gonzalez Crespo
CASAS RINCON GONZALEZ
RUBIO & ASOCIADOS

Enrique Gonzalez Crespo
CASAS RINCON GONZALEZ
RUBIO & ASOCIADOS

Alfredo Hurtado
HURTADO ESTEBAN Y
ASOCIADOS - MEMBER
OF RUSSELL BEDFORD
INTERNATIONAL

Carla Hurtado

Enrique Itriago
RODRIGUEZ & MENDOZA

Daniela Jaimes
DESPACHO DE ABOGADOS
MIEMBROS DE NORTON
ROSE FULBRIGHT SC

Gabriela Longo
PALACIOS, ORTEGA
Y ASOCIADOS

Sarai Lopez
TRANSPORTE INTERNACIONAL
LÓGICA OCEÁNICA, CA

Greta Marazzi
ADRIAN & ADRIAN

Rafael Alberto Medina Ulacio
EMPRESAS MEDINA

Pedro Mendoza
MENDOZA DAVILA TOLEDO

Maritza Meszaros
BAKER & MCKENZIE

Lorena Mingarelli Lozzi
DE SOLA PATE & BROWN,
ABOGADOS - CONSULTORES

José Manuel Ortega
PALACIOS, ORTEGA
Y ASOCIADOS

Pedro Pacheco
PWC VENEZUELA

Bruno Paredes
LOGISTIKA TSM

Ruth Paz
PWC VENEZUELA

Bernardo Pisani
RODRIGUEZ & MENDOZA

Eduardo Porcarelli
CONAPRI

Juan Carlos Pró-Rísquez
DESPACHO DE ABOGADOS
MIEMBROS DE NORTON
ROSE FULBRIGHT SC

Carlos Rivero
CÁMARA DE CONSTRUCCION
DE VENEZUELA

Andreína Rondón
CONAPRI

Pedro Saghy
DESPACHO DE ABOGADOS
MIEMBROS DE NORTON
ROSE FULBRIGHT SC

Eva Marina Santos
HOET PELAEZ CASTILLO
& DUQUE

Laura Silva Aparicio
HOET PELAEZ CASTILLO
& DUQUE

Lenhy Saraid Torrealba Flores
EMPRESAS MEDINA

Oscar Ignacio Torres
TRAVIESO EVANS ARRIA
RENGEL & PAZ

Arnoldo Troconis
D'EMPAIRE REYNA
& ASOCIADOS

Jose Valecillos
D'EMPAIRE REYNA
& ASOCIADOS

Delfin Zambrano

越南

GRANT THORNTON LLP

HO CHI MINH CITY POWER
CORPORATION (EVN HCMC)

Viet Anh Hoang
DIMAC LAW FIRM

Frederick Burke
BAKER & MCKENZIE
(VIETNAM) LTD.

Tran Cong Quoc
BIZCONSULT LAW FIRM

Giles Thomas Cooper
DUANE MORRIS LLC

Thi Bich Tram Dao
INDOCHINE COUNSEL

Thuy Linh Do
RUSSELL BEDFORD KTC
ASSURANCE & BUSINESS
ADVISORS - MEMBER
OF RUSSELL BEDFORD
INTERNATIONAL

Linh Doan
LVN & ASSOCIATES

Dang The Duc
INDOCHINE COUNSEL

Thanh Duong
DIMAC LAW FIRM

Thanh Long Duong
ALIAT LEGAL

Lien Duong Hong
PWC VIETNAM

Le Hong Phong
BIZCONSULT LAW FIRM

Dai Thang Huynh
DFDL

Milton Lawson
FRESHFIELDS BRUCKHAUS
DERINGER

Anh Tuan Le
THE NATIONAL CREDIT
INFORMATION CENTRE - THE
STATE BANK OF VIETNAM

Nhan Le
DUANE MORRIS LLC

Phuong Uyen Le Hoang
RUSSIN & VECCHI

Loc Le Thi
YKVN

Logan Leung
RAJAH & TANN LCT LAWYERS

Tien Ngoc Luu
VISION & ASSOCIATES

Christopher Marjoram
PWC VIETNAM

Hoang Minh Duc
DUANE MORRIS LLC

Duy Minh Ngo
VB LAW

Anh Thi Tu Nguyen
INDOCHINE COUNSEL

Ha Nguyen
DIMAC LAW FIRM

Huong Nguyen
MAYER BROWN LLP

Khanh Ly Nguyen
RUSSELL BEDFORD KTC
ASSURANCE & BUSINESS
ADVISORS - MEMBER
OF RUSSELL BEDFORD
INTERNATIONAL

Minh Tuan Nguyen
VIET PREMIER LAW LTD.

Oanh Nguyen
BAKER & MCKENZIE
(VIETNAM) LTD.

Quoc Phong Nguyen
ALIAT LEGAL

Thi Minh Ngoc Nguyen
THE NATIONAL CREDIT
INFORMATION CENTRE - THE
STATE BANK OF VIETNAM

Thi Phuong Lan Nguyen
VIETNAM CREDIT
INFORMATION JSC (PCB)

Thi Phuong Thao Nguyen
VIETNAM CREDIT
INFORMATION JSC (PCB)

Tien Hoa Nguyen
S&B LAW

Tieu My Nguyen
HONOR PARTNERSHIP LAW
COMPANY LIMITED (HPLAW)

Tram Nguyen
LVN & ASSOCIATES

Tram Nguyen
YKVN

Trang Nguyen
THE NATIONAL CREDIT
INFORMATION CENTRE - THE
STATE BANK OF VIETNAM

Dong Huong Nguyen Thi
RAJAH & TANN LCT LAWYERS

Hung Duy Pham
RUSSELL BEDFORD KTC
ASSURANCE & BUSINESS
ADVISORS - MEMBER
OF RUSSELL BEDFORD
INTERNATIONAL

Huong Pham
YKVN

Thanh Huong Pham
THE NATIONAL CREDIT
INFORMATION CENTRE - THE
STATE BANK OF VIETNAM

Anh Vu Phan
INDOCHINE COUNSEL

Phan Nguyen Minh Phuong
VN COUNSEL

Dang Anh Quan
RUSSIN & VECCHI

Nguyen Que Tam
CSP LEGAL LLC

Van Anh Thai
RUSSELL BEDFORD KTC -
MEMBER OF RUSSELL
BEDFORD INTERNATIONAL

Nguyen Thi Hong Thang
VN COUNSEL

Dinh The Phuc
ELECTRICITY REGULATORY
AUTHORITY OF VIETNAM

Tan Heng Thye
CSP LEGAL LLC

Chi Anh Tran
BAKER & MCKENZIE
(VIETNAM) LTD.

Son Tran Duc
RAJAH & TANN LCT LAWYERS

Nam Hoai Truong
INDOCHINE COUNSEL

Tran Yen Uyen
CSP LEGAL LLC

Dzung Vu
LVN & ASSOCIATES

Hong Hanh Vu
MAYER BROWN LLP

Phuong Vu
LVN & ASSOCIATES

Thu Hang Vu
HONOR PARTNERSHIP LAW
COMPANY LIMITED

Que Vu Thi
RAJAH & TANN LCT LAWYERS

Son Ha Vuong
VISION & ASSOCIATES

约旦河西岸和加沙

PALESTINE TRADE
CENTER - PALTRADE

Khaldon Abu Alsoud
ARAB BANK

Nidal Abu Lawi
PALESTINE REAL ESTATE
INVESTMENT CO.

Tareq Al Masri
MINISTRY OF NATIONAL
ECONOMY

Shadi Al-Haj
PWC

Sharhabeel Al-Zaeem
AL-ZAEEM & ASSOCIATES

Haytham L. Al-Zubi
AL-ZUBI LAW OFFICE

Moayad Amouri
PWC

Thaer Amro
AMRO & ASSOCIATES
LAW OFFICE

Muhanad Assaf
ITTQAN CONSULTING SERVICES

Firas Attereh
HUSSAM ATTEREH GROUP
FOR LEGAL SERVICES

Duaa Aweida
ITTQAN CONSULTING SERVICES

Anan Boshnaq
E-FREIGHT INTERNATIONAL CO.

Imad Dayyah
TRAINING & MANAGEMENT
INSTITUTE (TAMI)

Ashraf Far
ITTQAN CONSULTING SERVICES

Ali Faroun
PALESTINIAN MONETARY
AUTHORITY

Philip Farrage
BAKER TILLY INTERNATIONAL

Victor Ghattas
ARCO

Lina Ghbeish
PALESTINE CAPITAL
MARKETS AUTHORITY

Hussein Habbab
PALESTINE IJARA COMPANY

Nadeen Haddad
THE PALESTINIAN COMPANY
FOR OPERATIONAL AND
CAPITAL LEASE (PALLEASE)

Mohannad Hajali
EY

Ali Hamoudeh
JERUSALEM DISTRICT
ELECTRICITY COMPANY
(JDECO)

George Handal
BETHLEHEM FREIGHT

Omar Hannoun
PALESTINE REAL ESTATE
INVESTMENT CO.

Samir Hulileh
PADICO HOLDINGS

Hiba I. Husseini
HUSSEINI & HUSSEINI

Ayman Jbail
EY

Bilal Kamal
KAMAL LAW FIRM

Rasem Kamal
KAMAL & ASSOCIATES -
ATTORNEYS AND
COUNSELLORS-AT-LAW

Mohamed Khader
LAUSANNE TRADING
CONSULTANTS

Deena Khalaf
AL KAMAL SHIPPING AND
CLEARING CO. (LTD.)

Raja Khwialed
COMPANIES CONTROL

Mahmoud Kittana
KAMAL LAW FIRM

Sireen Lubbadeh
MINISTRY OF NATIONAL
ECONOMY

Dima Saad Mashaqi
RAMALLAH MUNICIPALITY

Wroud Meliji
THE PALESTINIAN COMPANY
FOR OPERATIONAL AND
CAPITAL LEASE (PALLEASE)

Emir Mushahwar
LAW OFFICES OF NABIL
A. MUSHAHWAR

Manal Nassar
JERUSALEM DISTRICT
ELECTRICITY COMPANY
(JDECO)

Tony H. Nassar
A.F. & R. SHEHADEH
LAW OFFICE

Mark-George Nesnas
ITTQAN CONSULTING SERVICES

Raed Rajab

Wael Saadi
PWC

Hazem Salah
ARAB BANK

Maysa Sarhan
PALESTINIAN MONETARY
AUTHORITY

Suhaib Sharief
THE PALESTINIAN COMPANY
FOR OPERATIONAL AND
CAPITAL LEASE (PALLEASE)

Kareem Fuad Shehadeh
A.F. & R. SHEHADEH
LAW OFFICE

Mazin Theeb
SHAHD ELECTRICAL
ENGINEERING CONSULTANTS

Tareq Z. Touqan
EQUITY LEGAL GROUP

Yazeed Zakarneh
PALESTINIAN SHIPPERS'
COUNCIL

Kosty Ziadeh
ZIADEH LAW OFFICE

也门

Khalid Abdullah
SHEIKH MOHAMMED
ABDULLAH SONS (EST. 1927)

Tariq Abdullah
LAW OFFICES OF SHEIKH
TARIQ ABDULLAH

Shafiq Adat
LAW OFFICES OF SHEIKH
TARIQ ABDULLAH

Jamal Adimi
JAMAL ADIMI LAW OFFICE

Ghazi Shaif Al Aghbari
AL AGHBARI &
PARTNERS LAW FIRM

Maher Al Kladi
LAW OFFICES OF SHEIKH
TARIQ ABDULLAH

Khaled Al Wazir
KHALED AL WAZIR LAW FIRM

Noura Yahya H. Al-Adhhi
CENTRAL BANK OF YEMEN

Yaser Al-Adimi
ABDUL GABAR A. AL-ADIMI
FOR CONSTRUCTION & TRADE

Ramzi Al-Ariqi
GRANT THORNTON YEMEN

Khaled Al-Buraihi
KHALED AL-BURAIHI FOR
ADVOCACY & LEGAL SERVICES

Ahmed Al-Gharasi
AL-GHASARI TRADING

Mohamed Taha Hamood
Al-Hashimi
MOHAMED TAHA
HAMOOD & CO.

Omar Al-Qatani
CENTRAL BANK OF YEMEN

Qais Alsanabani
Q&A LAW OFFICE

Mahmood Abdulaziz
Al-sharmani
LAWYER

Abdulla Farouk Luqman
LUQMAN LEGAL ADVOCATES
& LEGAL CONSULTANTS

Amani Hail
CENTRAL BANK OF YEMEN

Ejlal Mofadal
CENTRAL BANK OF YEMEN

Laila A. Mohammed
AL AGHBARI &
PARTNERS LAW FIRM

Zuhair Abdul Rasheed
LAW OFFICES OF SHEIKH
TARIQ ABDULLAH

Khaled Mohammed Salem Ali
LUQMAN LEGAL ADVOCATES
& LEGAL CONSULTANTS

Nigel Truscott
DAMAC GROUP

赞比亚

ENERGY MANAGEMENT
SERVICES

Sudhir Balsure
SWIFT FREIGHT
INTERNATIONAL LTD.

Agatha Ntutuma Banda
MINISTRY OF LANDS AND
NATURAL RESOURCES

Salome Banda
KPMG

Wilson Banda
PATENTS AND COMPANIES
REGISTRATION
AGENCY (PACRA)

Lewis K. Bwalya
ZESCO LTD.

Anthony Bwembya
PATENTS AND COMPANIES
REGISTRATION
AGENCY (PACRA)

Lilian Chibale
KPMG

Bonaventure Chibamba
Mutale
ELLIS & CO.

Mwelwa Chibesakunda
CHIBESAKUNDA & COMPANY,
MEMBER OF DLA PIPER GROUP

Sydney Chipoyae
JOHN KAITE LEGAL
PRACTITIONERS

Alick Chirwa
SINOK LOGISTICS LTD.

Sydney Chisenga
CORPUS LEGAL PRACTITIONERS

Bradley Choonga
PWC ZAMBIA

Namuyombe Gondwe
SWIFT FREIGHT
INTERNATIONAL LTD.

Prasad Hettiarachchi
ELECTRICAL MAINTENANCE
LUSAKA LTD.

Jackie Jhala
CORPUS LEGAL PRACTITIONERS

Malcolm G.G. Jhala
DELOITTE

Bruce Kaemba
ZAMBIA CUSTOMS AND
FORWARDING AGENTS
ASSOCIATION

Charles Kafunda
HIGH COURT

John K. Kaite
JOHN KAITE LEGAL
PRACTITIONERS

Kelly Kalumba
GREEN COLD ARCHITECTS

Arnold Kasalwe
EY ZAMBIA

Johan Lombaard
MANICA AFRICA PTY. LTD.

Fumanikile Lungani
CORPUS LEGAL PRACTITIONERS

Christopher Mapani
PATENTS AND COMPANIES
REGISTRATION
AGENCY (PACRA)

Ernest Mate
CORPUS LEGAL PRACTITIONERS

Bonaventure Mbewe
BONAVENTURE MBEWE

Harriet Mdala
MUSA DUDHIA & COMPANY

Jyoti Mistry
PWC ZAMBIA

Mukuka Mubanga
ZESCO LTD.

Monde Mukela
ENTRY POINT AFRICA

Chintu Y. Mulendema
CYMA

Muchinda Muma
CORPUS LEGAL PRACTITIONERS

Charles Musonda
SIMSURVEY MAPPING & CONSULTANTS

Lloyd Musonda
PATENTS AND COMPANIES REGISTRATION AGENCY (PACRA)

Chanda Musonda-Chiluba
AFRICA LEGAL NETWORK (ALN)

Arthi Muthusamy
PWC ZAMBIA

Inonge Elizabeth Muuba
MUSA DUDHIA & COMPANY

Kafula Mwiche
MADISON FINANCIAL SERVICES PLC

Hope Ndao
MUSA DUDHIA & COMPANY

Peter Ngoma
SIMSURVEY MAPPING & CONSULTANTS

Miriam Sabi
ZRA - TAXPAYER SERVICES

Namakuzu Shandavu
CORPUS LEGAL PRACTITIONERS

Lindiwe Shawa
PWC ZAMBIA

Clavel M. Sianondo
MALAMBO AND COMPANY

Chitembo Simwanza
ZESCO LTD.

Mutengo Sindano
MINISTRY OF LANDS AND NATURAL RESOURCES

Mildred Stephenson
CREDIT REFERENCE BUREAU AFRICA LIMITED T/A TRANSUNION

Jimmy Zulu
DELOITTE

Lungisani Zulu
BANK OF ZAMBIA

津巴布韦

FINANCIAL CLEARING BUREAU

Richard Beattie
THE STONE/BEATTIE STUDIO

Tim Boulton
MANICA AFRICA

Peter Cawood
PWC ZIMBABWE

Shaxious Cheza
ZIMBABWE INVESTMENT AUTHORITY

Simplicius Julius Chihambakwe
CHIHAMBAKWE, MUTIZWA & PARTNERS

Clayton Z. Chikara
DHLAKAMA B. ATTORNEYS

Nonhlanhla Chiromo
RESERVE BANK OF ZIMBABWE

Ruzayi Chiviri
RESERVE BANK OF ZIMBABWE

Beloved Dhlakama
DHLAKAMA B. ATTORNEYS

Farayi Dyirakumunda
EXPERT DECISION SYSTEMS ZIMBABWE

Paul Fraser
LOFTY & FRASER

Takunda Gumbo
CHINAWA LAW CHAMBERS

Takura Gumbo
ATHERSTONE & COOK

Obert Chaurura Gutu
GUTU & CHIKOWERO

Charles Jaure
ZIMBABWE INVESTMENT AUTHORITY

Shamiso Khupe
GUTU & CHIKOWERO

Charity Machiridza
BDO TAX & ADVISORY SERVICES PVT. LTD.

Rita Makarau
HIGH COURT ZIMBABWE

Zanudeen Makorie
COGHLAN, WELSH & GUEST

Chatapiwa Malaba
KANTOR AND IMMERMAN

Oleen Maponga nee Singizi
EXPERT DECISION SYSTEMS ZIMBABWE

Gertrude Maredza
GUTU & CHIKOWERO

R. R. Mariwa
ZIMBABWE ELECTRICITY TRANSMISSION & DISTRIBUTION COMPANY

Tsungirirai Marufu-Maune
GUTU & CHIKOWERO

David Masaya
PWC ZIMBABWE

Collen Masunda
RESERVE BANK OF ZIMBABWE

Norman Mataruka
RESERVE BANK OF ZIMBABWE

Thembiwe Mazingi
COGHLAN, WELSH & GUEST

Jim McComish
PEARCE MCCOMISH ARCHITECTS

Nyasha Mhunduru
EXPERT DECISION SYSTEMS ZIMBABWE

H.P. Mkushi
SAWYER & MKUSHI

Kundai Msemburi
SECURITIES & EXCHANGE COMMISSION

Sithembinkosi Msipa
JUDICIAL SERVICES COMMISSION

Benjamin Mukandi
FREIGHT WORLD PVT. LTD.

Haruperi Mumbengegwi
MANOKORE ATTORNEYS

Tiri Muringani
SPEARTEC

Eldard Mutasa
HIGH COURT ZIMBABWE

Ostern Mutero
SAWYER & MKUSHI

Alec Tafadzwa Muza
MAWERE & SIBANDA LEGAL PRACTITIONERS

Christina Muzerengi
GRANT THORNTON ZIMBABWE

Christopher Muzhingi
PWC ZIMBABWE

Sympathy Muzondiwa
SAWYER & MKUSHI

Duduzile Ndawana
GILL, GODLONTON & GERRANS

Itayi Ndudzo
MUTAMANGIRA AND ASSOCIATES

Maxwell Ngorima
BDO TAX & ADVISORY SERVICES PVT. LTD.

Edwell Ngwenya
FREIGHT WORLD PVT. LTD.

Tatenda Nhemachena
MAWERE & SIBANDA LEGAL PRACTITIONERS

Farai Nyabereka
MANOKORE ATTORNEYS

Michael Nyamazana
AFRICA CORPORATE ADVISORS

Dorothy Pasipanodya
GILL, GODLONTON & GERRANS

Phillipa M. Phillips
PHILLIPS LAW

Nobert Musa Phiri
MUVINGI & MUGADZA LEGAL PRACTITIONERS

John Ridgewell
BCHOD AND PARTNERS

Edward Rigby
CASLING, RIGBY, MCMAHON

Unity Sakhe
KANTOR & IMMERMAN

Bellina Sigauke
RESERVE BANK OF ZIMBABWE

Sichoni Takoleza
ZIMBABWE INVESTMENT AUTHORITY

Ruby Tapera
ZIMBABWE INVESTMENT AUTHORITY

Murambiwa Tarabuku
PEARCE MCCOMISH ARCHITECTS

Takunda Timbe
MUVINGI & MUGADZA LEGAL PRACTITIONERS

Sonja Vas
SCANLEN & HOLDERNESS

Adam Bongani Wenyimo
GUTU & CHIKOWERO

Ruvimbo Zakeo
GILL, GODLONTON & GERRANS

Copyright©2018 by International Bank for Reconstruction and Development/The World Bank

This work was originally published by The World Bank in English as *Doing Business 2018: Reforming to Create Jobs* in 2018. The Chinese translation was arranged by China Financial & Economic Publishing House. China Financial & Economic Publishing House is responsible the quality of the translation. In case of any discrepancies, the original language will govern.

The findings, interpretations, and conclusions expressed in this work do not necessarily reflect the views of The World Bank, its Board of Executive Directors, or the governments they represent.

The World Bank does not guarantee the accuracy of the data included in this work. The boundaries, colors, denominations, and other information shown on any map in this work do not imply any judgment on the part of The World Bank concerning the legal status of any territory or the endorsement or acceptance of such boundaries.

©2018年，版权所有

国际复兴开发银行/世界银行

本书原版由世界银行于2018年以英文出版，书名为《2018年营商环境报告：改革以创造就业》。中文版由中国财政经济出版社安排翻译并对译文的质量负责。中文版与英文版在内容上如有任何差异，以英文版为准。

本书所阐述的任何研究成果、诠释和结论未必反映世界银行、其执行董事会及其所代表的政府的观点。

世界银行不保证本书所包含的数据的准确性。本书所附地图的疆界、颜色名称及其他信息，并不表示世界银行对任何领土的法律地位的判断，也不意味着为这些疆界的认可或接受。

图书在版编目（CIP）数据

2018年营商环境报告：改革以创造就业 / 世界银行著. —北京：中国财政经济出版社，2018.11

书名原文：Doing Business 2018

ISBN 978-7-5095-8475-0

Ⅰ. ①2… Ⅱ. ①世… Ⅲ. ①工商企业–企业管理–研究报告–中国–2018 Ⅳ. ①F279.23

中国版本图书馆CIP数据核字（2018）第195387号

责任编辑：吴　敏　　责任印制：史大鹏　　责任校对：李　丽

中国财政经济出版社 出版

URL：http://www.cfeph.cn

E-mail：cfeph@cfeph.cn

（版权所有　翻印必究）

社址：北京市海淀区阜成路甲28号　邮政编码：100142

营销中心电话：010-88191537　　北京财经书店电话：64033436　84041336

天津市银博印刷集团有限公司印刷　各地新华书店经销

889×1194毫米　16开　22印张　445 000字

2018年11月第1版　2018年11月北京第1次印刷

定价：180.00元

ISBN 978-7-5095-8475-0

（图书出现印装问题，本社负责调换）

本社质量投诉电话：010-88190744

打击盗版举报热线：010-88191661　QQ：2242791300